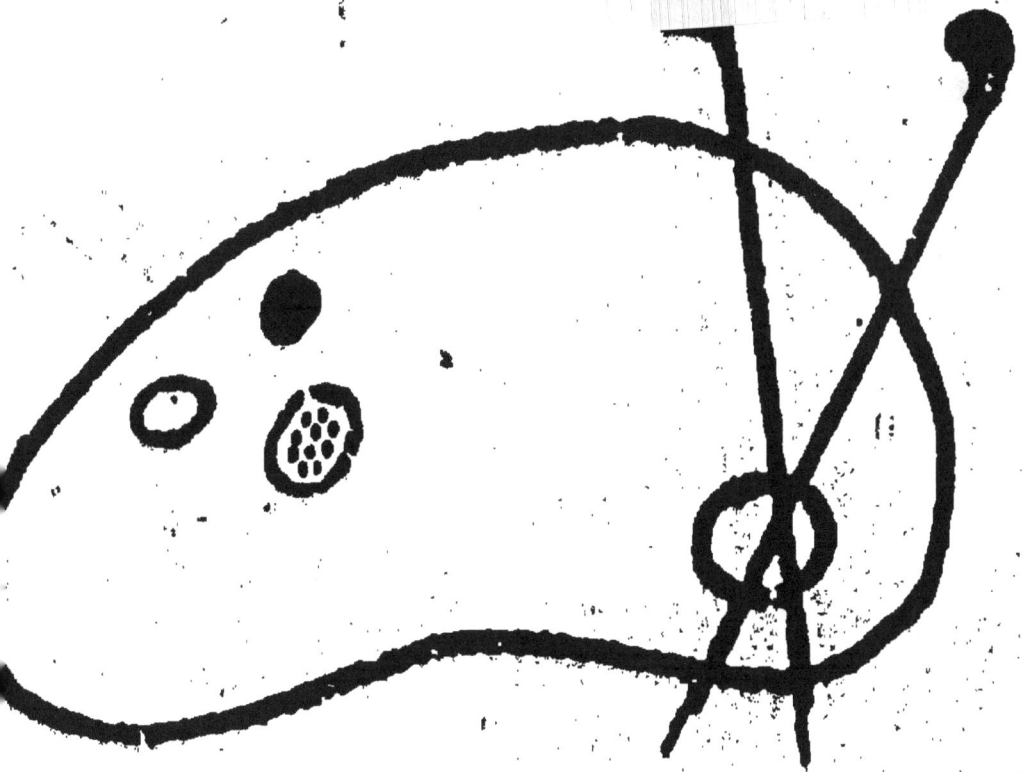

Couvertures supérieure et inférieure
en couleur

DICTIONNAIRE

DE LA

LÉGISLATION ALGÉRIENNE

CODE ANNOTÉ ET MANUEL RAISONNÉ

DES

LOIS, ORDONNANCES, DÉCRETS, DÉCISIONS ET ARRÊTÉS

PUBLIÉS AU BULLETIN OFFICIEL DES ACTES DU GOUVERNEMENT

SUIVI

D'UNE TABLE ALPHABÉTIQUE DES MATIÈRES ET D'UNE TABLE CHRONOLOGIQUE DES LOIS, DÉCRETS, ETC

PAR M. P. DE MÉNERVILLE

Président à la Cour d'appel d'Alger
Officier de la Légion d'honneur.

DEUXIÈME VOLUME

1860-1866

DEUXIÈME ÉDITION

ALGER		PARIS
A. JOURDAN, ancienne maison BASTIDE		DURAND, libraire-éditeur, rue Cujas, 9
Libraire, place du Gouvernement		COSSE ET MARCHAL, imp.-édit., place Dauphine, 27
Et les principaux libraires de l'Algérie		CHALLAMEL, libraire-commis. rue des Boulangers, 30

1872

JURISPRUDENCE DE LA COUR D'APPEL D'ALGER

EN MATIÈRE CIVILE ET COMMERCIALE

Recueil contenant tous les arrêts importants rendus depuis l'institution de la magistrature en Algérie, sur des questions de droit indigène ou de législation spéciale, avec annotations. — 1853-1855. — Un vol. in-8°, par le même auteur. — Prix : 12 fr.

1194 Paris. — Imprimerie Cosson et C°

DICTIONNAIRE

DE LA

LÉGISLATION ALGÉRIENNE.

20567

1194 — Paris — Imprimerie Gosser et Cᵉ, rue Racine, 26.

DICTIONNAIRE

DE LA

LÉGISLATION ALGÉRIENNE

CODE ANNOTÉ ET MANUEL RAISONNÉ

DES

LOIS, ORDONNANCES, DÉCRETS, DÉCISIONS ET ARRÊTÉS

PUBLIÉS AU BULLETIN OFFICIEL DES ACTES DU GOUVERNEMENT

SUIVI

D'UNE TABLE ALPHABÉTIQUE DES MATIÈRES ET D'UNE TABLE CHRONOLOGIQUE DES LOIS, DÉCRETS, ETC.

PAR M. P. DE MÉNERVILLE

Président à la Cour d'appel d'Alger
Officier de la Légion d'honneur

DEUXIÈME VOLUME

1860-1866

ALGER	PARIS
A. JOURDAN, ancienne maison BASTIDE	DURAND, libraire-éditeur, rue Cujas, 9
Libraire, place du Gouvernement	COSSE ET MARCHAL, imp.-édit., place Dauphine, 27
Et les principaux libraires de l'Algérie	CHALLAMEL, libraire-commiss., rue des Boulangers, 30

1872

Cette nouvelle publication est la continuation de l'ouvrage déjà publié sous le même titre en 1858 et en 1860, et comprend les décrets et actes législatifs ou administratifs relatifs à l'Algérie, et insérés au *Bulletin officiel* du gouvernement général, du 1er octobre 1860 au 1er juillet 1866.

Pendant cette période de six années, des modifications importantes ont été apportées dans le régime administratif de la colonie, ainsi que dans l'état des personnes ou de la propriété.

Suppression du ministère de l'Algérie, et rétablissement du gouvernement général (1860). — Concentration entre les mains de l'autorité militaire, de la haute direction des services civils et de l'administration de tout le territoire (1864). — Sénatus-consulte sur la constitution de la propriété arabe (1863) et mesures d'exécution — Sénatus-consulte sur la naturalisation des indigènes et des étrangers (1865) — bases de l'impôt foncier — remplacement du régime des concessions par la mise en vente des terres domaniales. — Lettre de l'Empereur au Gouverneur général sur la politique de la France en Algérie (1865).

Le mode de classement adopté pour le volume de 1830 à 1860, qui doit prendre le titre de premier volume, a été rigoureusement suivi, afin d'éviter toute confusion; de nombreuses décisions de jurisprudence sur les principales questions qui ont donné lieu à controverse et à interprétation, ont été également insérées en note.

Enfin, dans le but de faciliter et abréger les recherches, des renvois corrélatifs ont été indiqués à chaque décret ou arrêté, et les deux tables, l'une alphabétique, l'autre chronologique, embrassent toutes les matières contenues dans les deux volumes.

Octobre 1866.

EXPLICATION DES ABRÉVIATIONS

EMPLOYÉES AU Ier ET AU IIe VOLUME.

AD.	Arrêté du directeur de l'intérieur.
AG.	— du gouverneur général ou du général en chef.
AGI.	— du général en chef et de l'intendant civil (1851-1854).
AI.	— de l'intendant civil.
AM.	— ministériel.
AP.	— du préfet.
APE.	— du président du conseil, chef du pouvoir exécutif (1848).
B.	Bulletin officiel des actes du gouvernement de 1830 au 24 juin 1858.
BM.	Bulletin du ministère de l'Algérie et des colonies du 24 juin 1858 au 24 novembre 1860.
BG.	Bulletin officiel du gouvernement général à partir du 24 novembre 1860.
DAN.	Décret de l'assemblée nationale.
DGP.	— du gouvernement provisoire.
DP.	— du président de la république.
DI.	— impérial.
OR.	Ordonnance royale.
SC.	Sénatus-consulte.
Circ. G.	Circulaire du gouverneur général.
Décis. I.	Décision impériale.
Décis. M.	Décision ministérielle.
Inst. M.	Instruction ministérielle.
Arr.	Arrêté.
Arr. min.	arrêté ministériel.
Art.	article.
Cass.	cassation.
C. inst. cr.	code d'instruction criminelle.
C. Nap.	code Napoléon.
C. pén.	code pénal.
C. pr. civ.	code de procédure civile.
Décr.	décret.
Ord. roy.	ordonnance royale.

Lorsque les actes du gouvernement portent deux dates, la première est celle du jour où ils ont été signés, la deuxième celle du jour de la promulgation, savoir : — A Alger du 20 octobre 1830 au 30 septembre 1858 par leur insertion au *Bulletin officiel* (B); — A Paris, du 30 sept. 1858 au 15 février 1861 par leur insertion au *Bulletin du ministère de l'Algérie et des colonies* (BM); — A Alger, à partir du 19 janvier 1861 par leur insertion au nouveau *Bulletin officiel du gouvernement général* (BG).

Les renvois au premier volume sont indiqués par le chiffre 1 suivi du chiffre de la page et placé entre parenthèses.

Les renvois au deuxième volume sont indiqués par la date du document cité avec la mention *suprà* ou *infrà* seulement, si ce document se trouve dans le même article, ou s'il se trouve dans un autre, avec la désignation de cet article.

DICTIONNAIRE

DE LA

LÉGISLATION ALGÉRIENNE.

1860—1866.

A

Abatage. — Abattoirs.

Divers arrêtés émanés soit du ministre de l'Algérie et des colonies, soit du gouverneur général, ont jusqu'à 1865 déterminé le tarif des droits d'abatage à percevoir dans les villes et sur les marchés. Ces arrêtés portent les dates des 9 sept. 1856, 11 fév. 1857, 29 et 31 déc. 1863, 24 fév. 1865, 1er mars et 22 avril 1864 (B. 501, 506, BG, 70, 73, 77, 106, 109). — Mais à la date du 7 juin 1865, le gouverneur général a délégué aux généraux commandant les provinces, et aux préfets des départements le droit de statuer sur cette fixation. Il devient donc inutile de reproduire les tarifs fixés par les arrêtés précités, puisque ces tarifs sont devenus l'objet de mesures d'administration locale et ont été ou peuvent être modifiés dans chaque département, par décisions rendues sans l'intermédiaire du gouverneur général.

Circ. G. — 1er mars 1864 (V. *Boucherie*). *Interprétation des art. 2 et 5 de l'arr. du 14 juil. 1863 sur la liberté du commerce de la boucherie, en ce qui concerne l'obligation d'abattre les bestiaux dans les abattoirs ou lieux désignés à cet effet, le droit des maires de réglementer cette matière, le colportage de la viande de commune à commune et la diminution des tarifs.*

Circ. G. — 7-10 juin 1865. BG. 148. — *Délégation aux généraux commandant les provinces et aux préfets des départements du droit de statuer sur la fixation des tarifs.*

Aux termes du décr. du 7 août 1856, art. 2, les tarifs des droits d'abatage doivent être fixés pour chaque commune par des arrêtés ministériels.

D'un autre côté, le décr. du 27 oct. 1858 soumet à votre homologation la généralité des tarifs en matière de taxes et de droits communaux. — Afin de me conformer aux intentions de l'Empereur, qui sont favorables à la décentralisation administrative, et d'apporter à vos attributions un complément naturel, j'ai décidé qu'à l'avenir vous statueriez sur la fixation des tarifs de l'espèce, en vertu de ma délégation. — Ma circulaire du 1er mars 1864, sur le commerce de la boucherie, contient des instructions dont je vous prie de vouloir bien vous inspirer lorsque vous aurez à fixer à nouveau des droits d'abatage. — Toutefois, si le nouveau tarif vous paraissait devoir susciter des réclamations et, surtout, s'il entraînait une aggravation de droits, vous voudriez bien m'en référer préalablement à toute décision.

Le général de division sous-gouverneur,
DESVAUX.

Renvois. — V. *Table alphabétique.*

Abonnement. V. TABLE ALPHABÉTIQUE.

Académie. V. INSTRUCTION PUBLIQUE, § 1. 1, 364.

Achat d'effets militaires. V. EFFETS MILITAIRES.

Achour. V. IMPÔT ARABE.

Actes de dévouement. V. MÉDAILLES D'HONNEUR.

Actes de l'état civil. V. ÉTAT CIVIL.

Actes du gouvernement (publication des). V. BULLETIN OFFICIEL, MOBACHER, MONITEUR DE L'ALGÉRIE.

Actes de notoriété. V. TABLE ALPHABÉTIQUE.

1

Actes de la préfecture (recueil des). V. TABLE ALPHABÉTIQUE.

Acte sous seing privé (1). V. TABLE ALPHABÉTIQUE.

Actions commerciales. V. *Ibidem.*

Adjoints civils.

L'institution d'adjoints civils en territoire militaire ou civil a pris naissance en 1862, sous le gouvernement du maréchal Pélissier. Les motifs de cette création, la nature des attributions confiées à ces délégués de l'autorité, l'utilité de leur concours pour l'administration du pays, sont exposés dans le rapport du directeur général des services civils inséré en note de l'arrêté ci-après du 22 fév. 1863.

AG. — 30-31 déc. 1862. — BG. 69. — *Institution aux mines de Kef oum Teboul d'un adjoint civil du commandant de la place de la Calle.*

Vu l'art. 54 de l'arr. du président du conseil, chef du pouvoir exécutif, en date du 16 déc. 1848 (*Admin. gén.*, I, 28);— Vu le décr. du 10 déc. 1860 (*Admin. gén.*, infrà); — Considérant qu'autour de l'établissement de la compagnie concessionnaire des mines de Kef oum Teboul, cercle de la Calle, subdivision de Bône, division de Constantine, s'est groupée une population nombreuse, dont les intérêts et les besoins nécessitent la présence d'un délégué de l'autorité administrative.

Art. 1. — Il est institué, aux mines de Kef oum Teboul, un adjoint civil du commandant de place de la Calle, et qui sera chargé, en son lieu et place et sous son autorité, des fonctions d'officier de l'état civil, d'officier de police judiciaire et de la police locale. — Cet adjoint sera nommé par le général commandant la division, parmi les résidents français majeurs et jouissant de leurs droits civils et civiques.

Le général de division sous-gouverneur,
DE MARTIMPREY.

AG. — 16-25 mai 1863. — BG. 81. — *Institution à Berrouaghia d'un adjoint civil du commandant de place de Médéah.*

Vu le décr. du 27 oct. 1858 (*Admin. gén.*, I, 57) et le § 4 du tableau C, annexé audit décret; — Vu le décr. du 10 déc. 1860 (*Admin. gén.*,

infrà); — Considérant que le village de Berrouaghia, situé à 52 kil. de Médéah, sur la route impériale de Laghouat (prov. d'Alger), et dont la création a été prononcée par un décr. du 5 mars 1860, est en voie de peuplement et renferme déjà une population assez nombreuse pour nécessiter la présence permanente d'un délégué de l'autorité;

Art. 1. Il est institué à Berrouaghia un adjoint civil du commandant de la place de Médéah, et qui sera chargé, en son lieu et place, et sous son autorité, d'exercer les fonctions d'officier de l'état civil, d'officier de police judiciaire, et de pourvoir aux besoins de la police locale. — Conformément au § 1 du tableau A annexé au décr. du 27 oct. 1858, cet adjoint sera nommé par le général commandant la division parmi les résidents français majeurs jouissant de leurs droits civils et civiques.

Mal PÉLISSIER, DUC DE MALAKOFF.

AG. — 13-27 juin 1863. — BG. 85. — *Institution au village d'Aïn el Arba d'un adjoint spécial au commissaire civil d'Aïn Temouchent.*

Vu le décr. du 10 déc. 1860; — Considérant, etc. (comme ci-dessus);

Art. 1. — Il est institué au village d'Aïn el Arba un emploi d'adjoint spécial qui sera chargé, sous l'autorité du commissaire civil d'Aïn Temouchent, des fonctions d'officier de l'état civil et de pourvoir aux besoins de la police locale.

Art. 2. — Cet adjoint sera nommé par le préfet et choisi parmi les résidents français de la localité jouissant de leurs droits civils et civiques.

Mal PÉLISSIER, DUC DE MALAKOFF.

AG. — 21-22 août 1863. — BG. 90. — *Institution au village de Bouguirat (prov. d'Oran) d'un adjoint civil du commandant de la place de Mostaganem. — Nomination par le général commandant la division. — Attribution d'officier de l'état civil, de police judiciaire et de police locale.*

AG. — 12-31 janv. 1864. — BG. 102. — *Même institution à Bordj Menaïel sous l'autorité du commandant de la place de Dellys (prov. d'Alger).*

AG. — 22 fév.-12 mars 1864. — BG. 104. — *Même institution dans chacune des places de Biskra, Aïn Beïda, Tebessa, Bordj bou Arréridj, Boucada et Collo (prov. de Constantine), sous l'autorité du commandant de la place (2).*

---

(1) *Jurisprudence.* — Validité des actes passés entre Européens et indigènes; rédaction dans les deux langues.

1° — L'indigène qui a demandé en première instance la validité d'un acte signé par lui, mais non traduit conformément à l'arrêté de 1851, n'est pas recevable à exciper pour la première fois en appel de la nullité de cet acte. C'est là une demande nouvelle. — *Cour d'Alger*, 5 mai 1859.

2° — L'inobservation de l'arrêté du 9 juin 1851 n'est pas une cause de nullité absolue. Spécialement un acte de bail passé en français entre musulman et israélite est valable dans son entier, si son existence n'est pas déniée, et si l'exécution en a été demandée par la partie qui invoque la nullité. — *Cour d'Alger*, 5 juill. 1863.

3° — L'arrêté du 9 juin 1851 qui a déclaré nul tout acte sous seing privé auquel participe un indigène, lorsque le texte français n'est pas traduit en arabe, ne doit pas être appliqué dans les contestations où se trouve la preuve manifeste que les parties ont eu connaissance exacte des conditions auxquelles elles entendaient se soumettre. — *Cour d'Alger*, 8 mars 1864.

(2) *Rapport au gouverneur général.* — En attendant qu'il puisse être donné suite au projet de création de

justices de paix en territoire militaire, M. le général commandant la division de Constantine propose d'instituer, dans plusieurs des centres de sa division, des adjoints civils qui seraient les auxiliaires et les délégués des commandants de place pour le service de l'état civil et l'exécution des règlements de police.

Il expose, à l'appui de cette proposition, qu'indépendamment des attributions judiciaires qu'ils exercent, et dont il est question de les exonérer, les commandants de place sont également investis des fonctions de maire et d'officier de l'état civil; que ces fonctions, assurément moins difficiles à remplir que celles de juge de paix, doivent leur être conservées, mais sous la condition de pouvoir déléguer une partie de leur autorité à des agents spéciaux, chargés de les suppléer, attendu qu'il convient de tenir compte des entraves apportées au service par les mutations fréquentes qui se produisent parmi les officiers détachés de la garnison locale, et se renouvelant nécessairement avec elle.

C'est en vue de remédier aux inconvénients qui résultent partout de cette situation que M. le général commandant la division de Constantine propose d'appliquer la mesure qui vient d'être indiquée, aux places de Biskra, d'Aïn Beïda, de Tébessa, de Bordj bou Arréridj; de Bou

AG. — 14 avr.-10 mai 1864.—BG. 109.— *Même institution dans chacune des places de Tizi Ouzou, Dra el Mizan, Laghouat, Boghar, Djelfa et Teniet el Hâad (prov. d'Alger) sous l'autorité du commandant de la place.*

AG. — 27 avr.-10 mai 1864.—BG. 109.— *Même institution dans chacun des centres de Oued el Hammam (subd. de Mascara) et de Lourmel (subd. d'Oran), sous l'autorité du commandant de place.*

AG. — 21-30 déc. 1864.— BG. 128.— *Même institution dans chacun des centres de Gar Rouban et Lalla Maghnia (subd. de Tlemcen), de Tiaret et de Saïda (subd. de Mascara) sous l'autorité du commandant de place.*

AG. — 14-31 janv. 1865.— BG. 131.— *Institution d'adjoints spéciaux au commissaire civil d'Aïn Temouchent.*

Vu le décr. du 7 juill. 1864, (*Adm. gén.*, infrà); — Vu l'arr. du 15 juin 1863 (*suprà*), portant création d'un emploi d'adjoint spécial pour le centre européen d'Aïn el Arba, province d'Oran;

Art. 1.— Il est institué dans chacun des centres d'Aïn Khial et du Rio Salado, dépendant du district d'Aïn Temouchent, un adjoint spécial qui sera chargé, sous l'autorité du commissaire civil de ce district, des fonctions d'officier de l'état-civil, et de pourvoir aux besoins de la police municipale et rurale.— Ces adjoints seront nommés conformément aux prescriptions de l'art. 2 de l'ar. du 15 juin 1863, ci-dessus visé.

Art. 2. — L'adjoint civil institué à Aïn el Arba étendra sa juridiction sur les centres de M'léta et d'Er Rahel, qui font partie du même district, et y exercera les fonctions qui lui ont été conférées. Mal DE MAC-MAHON, DUC DE MAGENTA.

RENVOIS. — V. *Table alphabétique.*

Administration civile indigène. V. AFFAIRES ARABES, § 2.

Administration générale.

Avec l'année 1861 s'ouvre une nouvelle phase d'organisation administrative pour l'Algérie. Le ministère spécial est supprimé et le gouvernement général rétabli avec des pouvoirs ministériels confiés au gouverneur général. Sous ses ordres sont placés un sous-gouverneur et un directeur général des affaires civiles. La justice, l'instruction publique et les cultes sont les seuls services qui rentrent dans les attributions des départements ministériels auxquels ils ressortissent en France. Un conseil consultatif est institué auprès du gouverneur général, le budget et la répartition des impôts sont soumis à l'examen d'un conseil supérieur.

Le maréchal Pélissier, duc de Malakoff, est nommé gouverneur général.

Cette organisation est maintenue jusqu'au 7 juill. 1864. Mais, à cette date, une nouvelle et

profonde modification est apportée au régime administratif suivi depuis 1848.

L'administration du territoire entier est remise à l'autorité militaire. En conséquence, les préfets des départements sont subordonnés aux généraux commandant les divisions. Les fonctions de directeur général des services civils sont supprimées et remplacées pour la centralisation et l'expédition des affaires par la création d'un secrétariat général du gouvernement.

Le maréchal de Mac-Mahon, duc de Magenta, est nommé gouverneur général en remplacement du maréchal duc de Malakoff, décédé.

Le rapport ministériel, inséré en note du décret du 7 juill. 1864, fait connaître les motifs qui ont déterminé ces changements.

DIVISION.

§ 1. — Administration générale.
   1° à 8° 1850—1860 (I, 5 et suiv.).
   9° 1861—1864. — Rétablissement du gouvernement général. — Administration du maréchal Pélissier, duc de Malakoff.
   10° 1864. — Suppression de la direction générale des services civils. — Modifications au régime administratif. — Administration du maréchal de Mac Mahon, duc de Magenta.
§ 2. — Administration centrale à Paris. — 1850—1860 (I, 48 et suiv.).
§ 3. — Personnel administratif.
§ 4. — Sous-préfectures.

§ 1. — ADMINISTRATION GÉNÉRALE.

9° 1861-1864.

Rétablissement du gouvernement général.
Administration du maréchal Pélissier, duc de Malakoff.

DI. — 24 nov. 1860-19 janv. 1861.—BC. 1. — *Suppression du ministère de l'Algérie et des colonies.*

Art. 4.— Le ministère de l'Algérie et des colonies est supprimé. Les colonies sont réunies au ministère de la marine.

Art. 7. — M. le maréchal PÉLISSIER, duc de MALAKOFF, est nommé gouverneur général de l'Algérie.

DI. — 26 nov. 1860-19 janv. 1861.— BG. 1. — *Dispositions transitoires, signature des affaires courantes.*

Art. 1. — Jusqu'à l'établissement régulier du gouvernement général de l'Algérie, les services du ministère de l'Algérie continueront à fonctionner, et M. le comte DE CHASSELOUP-LAUBAT, ministre de la marine et des colonies, conservera la signature pour l'expédition des affaires courantes. — Le conseiller d'Etat, secrétaire général, ainsi que les directeurs de l'ancien ministère de l'Algérie et des colonies, feront, sous l'autorité du ministre, la répartition et la remise des services, conformément aux dispositions qui seront ultérieurement adoptées pour l'organisation du gouvernement de l'Algérie.

---

cada, de Collo, et il signale dans ces termes les avantages qu'il est permis d'en attendre:

« Bien choisis, les adjoints civils s'initieront rapidement aux traditions de l'administration locale et contribueront efficacement à les conserver en mettant chaque nouveau commandant de place au courant de la marche à suivre et des instructions qui la règlent. En outre, nous commencerons aussi à habituer les populations au régime municipal, en attendant que le moment soit venu de l'introduire parmi elles. Déjà, une institution de ce genre a été autorisée pour la mine d'Oum Teboul, comme faisant partie de la banlieue militaire de la Calle. »

Comme le fait observer M. le général Desvaux, la mesure qu'il réclame a déjà été appliquée au centre qu'il désigne, et il convient d'ajouter que, pour des motifs semblables à ceux qui viennent d'être exposés, plusieurs adjoints civils ont été institués également à Berrouaghia, à Aïn el Arba, à Bouguirat et à Bordj Menaïel, c'est-à-dire dans la province d'Alger, comme dans celle d'Oran. Les créations du même genre, sollicitées aujourd'hui pour la province de Constantine, me paraissent amplement justifiées par les considérations qui précèdent.
Le directeur général des services civils
MERCIER-LACOMBE.

1. — 10 déc. 1860-19 janv. 1861. — BG. 1. — *Organisation du gouvernement et de la haute administration de l'Algérie.*

Art. 1. — Le gouvernement et la haute administration de l'Algérie sont centralisés à Alger sous l'autorité d'un gouverneur général. — Le décret de nomination du gouverneur général est contre-signé par notre ministre d'Etat.

Art. 2. — Le gouverneur général rend compte directement à l'empereur de la situation politique et administrative du pays.

Art. 3. — Le gouverneur général commande les forces de terre et de mer en Algérie; toutefois, le ministre de la guerre et le ministre de la marine conservent, sur l'armée et sur la marine, l'autorité qu'ils exercent sur les armées en campagne et les stations.

Art. 4. — Un sous-gouverneur, général de division, chef d'état-major général, supplée le gouverneur général en cas d'absence.

Art. 5. — La justice, l'instruction publique et les cultes rentrent dans les attributions des départements ministériels auxquels ils ressortissent en France. Toutefois, les écoles françaises-arabes et les écoles indigènes restent dans les attributions exclusives du gouverneur général.

Art. 6. — Le gouverneur général, sauf en ce qui concerne l'instruction publique, les cultes, la magistrature française et les officiers ministériels, nomme directement à tous les emplois qui étaient à la désignation du ministre de l'Algérie. — Pour les nominations des fonctionnaires qui doivent être faites par nous et qui n'appartiennent pas à l'instruction publique, aux cultes et à la justice, le gouverneur général adresse ses propositions au ministre de la guerre, qui nous les soumet (1).

Art. 7. — Les actes de haute administration et de gouvernement qui doivent émaner de nous et qui ne concernent ni la justice, ni la marine, ni l'instruction publique et les cultes, nous sont, sur les propositions du gouverneur général, présentés par notre ministre de la guerre, et les décrets sont contre-signés par lui. — Le gouverneur général statue sur toutes les autres affaires administratives qui n'ont point été placées dans les attributions d'une autre autorité (2).

Art. 8. — Le procureur général près la cour impériale d'Alger fait, chaque mois, un rapport au gouverneur général, et il lui remet le double des rapports généraux adressés à notre garde des sceaux. — Aucune poursuite contre un fonctionnaire français ou indigène ne peut avoir lieu sans que le procureur général n'ait remis au gouverneur général le double du rapport qu'il adresse à notre garde des sceaux, pour être transmis, s'il y a lieu, à notre conseil d'Etat, conformément à l'art. 75 de la constitution de l'an VIII (3).

Art. 9. — Un conseil consultatif est placé auprès du gouverneur général et sous sa présidence. Il est composé. — 1° Du directeur général de l'administration civile; — 2° D'un commandant supérieur du génie; — 3° D'un inspecteur général des travaux publics; — 4° D'un inspecteur général des services financiers; — 5° De deux conseillers rapporteurs; — 6° D'un secrétaire. — Le conseil consultatif donne son avis sur toutes les affaires renvoyées à son examen par le gouverneur général (4).

Art. 10. — Tout acte engageant le domaine de l'Etat ou contenant aliénation dudit domaine, à quelque titre que ce soit, et rentrant dans les pouvoirs du gouverneur général, doit être fait en conseil consultatif. — Toute amodiation dépassant dix-huit années pour les biens de l'Etat, quelle que soit la nature des biens, ne pourra être faite que par nous, notre conseil d'Etat entendu. — Le conseil consultatif est nécessairement appelé à délibérer sur les actes concernant le domaine qui doivent, aux termes de la législation en vigueur, être soumis à notre conseil d'Etat. — Un décret déterminera les autres affaires sur lesquelles le conseil consultatif sera nécessairement appelé à donner son avis.

Art. 11. — Le gouverneur général prépare le budget annuel de l'Algérie, l'assiette et la répartition des divers impôts.

Art. 12. — Le budget et les répartitions mentionnés à l'article précédent sont soumis à l'examen d'un conseil supérieur (5). — Ce conseil est composé ainsi qu'il suit : — 1° Du gouverneur général, président; — 2° Du sous-gouverneur; — 3° Des membres du conseil consultatif; — 4° Des trois généraux commandant les divisions militaires; — 6° Du premier président de la cour impériale d'Alger; — 6° Des trois préfets des départements; — 7° De l'évêque; — 8° Du recteur de l'Académie; — 9° De six membres des conseils généraux (deux choisis par le conseil général de chaque province).

Art. 13. — Après délibération du conseil supérieur, le projet de budget et les répartitions sont arrêtés par le gouverneur général, et nous sont soumis par notre ministre de la guerre.

Art. 14. — La sous-répartition des fonds alloués au budget réparti par chapitres est arrêtée par le gouverneur général, après délibération du conseil supérieur.

Art. 15. — Les dépenses et les recettes provinciales et communales continueront d'être réglées conformément à la législation en vigueur.

Art. 16. — Les crédits ouverts au budget général et aux budgets provinciaux de l'Algérie sont mis à la disposition du gouverneur général. — Le gouverneur général délègue aux ordonnateurs secondaires partie des crédits qui lui sont ouverts pour servir à l'acquittement des dépenses dont il ne se réserve pas l'ordonnancement direct. — L'état de ces ordonnateurs est adressé au ministre des finances (6).

Art. 17. — Les conseils généraux des provinces sont maintenus tels qu'ils ont été institués par le décr. du 27 oct. 1858 (I, 87). — Les attributions des généraux de division et des préfets sont également maintenues telles qu'elles ont été déterminées par ledit décret. — Toutefois, le gouverneur général pourra autoriser les généraux commandant de division à se faire représenter dans les conseils généraux par les directeurs des fortifications (7).

Art. 18. — Toutes les dispositions contraires au présent décret sont et demeurent rapportées (8).

(1-2) V. *infrà* art. 18 mars 1861, attributions déléguées au directeur général des affaires civiles.
(3) V. Promulgation (notes de jurisprudence).
(4) V. *infrà* l'article spécial *Conseil de gouvernement.*
(5) V. *infrà* l'article spécial *Conseil supérieur.*
(6) V. *infrà* art. 30 déc. 1860. — Désignation des ordonnateurs secondaires.—Art. 15 juin 1865. Sous-ordonnateurs. — Arr. 25 avr. 1861 désignation de l'ordonnateur secondaire dans le service télégraphique. — Arr. 15 fév. 1865 modification en ce qui concerne les intendants militaires.

(7) V. l'article spécial *Conseils généraux.*
(8) Les traitements des conseillers rapporteurs et secrétaire du conseil consultatif, ainsi que des employés de la direction générale ont été fixés ainsi qu'il suit, par décis. imp. du 26 déc. 1860. BG. 1) Conseillers rapporteurs, 10,000 fr., 12,000 fr. — Secrétaire du conseil, 8,000 fr. — Chefs de division à la direction générale des services civils, 10,000, 12,000. — Chefs de section, 5,000, 6,000, 7,000. — Commis principaux, 3,000, 3,500, 4,000. — Commis ordinaires, 1,800, 2,100, 2,400, 2,700.

D1. — 22 déc. 1860.-15 fév. 1861. — BM. 108. —
*Le ministre de la marine et des colonies est
chargé de la liquidation des dépenses et de
la reddition des comptes de l'exercice 1859 et
de l'exercice 1860, en ce qui concerne les services algériens imputables sur les fonds du
budget de l'État. — Par décision impériale
du même jour, M. Zœpffel directeur, a été
chargé de diriger cette liquidation.*

D2. — 26 déc. 1860.-26 janv. 1861. — BG. 2. —
*Répartition entre les budgets de divers minis-
tères, et le budget spécial du gouvernement
général de l'Algérie, des crédits alloués pour
l'ensemble des dépenses de l'exercice de 1861,
à l'ancien ministère de l'algérie et des colonies.*

D3. — 26 déc. 1860.-19 janv. 1861. — BG. 1. —
*Organisation de la direction générale des ser-
vices civils.*

Art. 1. — La direction générale des services
civils en Algérie comprend : — Le cabinet du directeur; — Trois divisions comprenant un mombre
de sections et d'employés de diverses classes suffisant pour assurer l'exécution du service. — Les
attributions des divisions sont déterminées ainsi
qu'il suit : 1°. — Administration générale, provinciale et communale. — 2°. — Domaine, colonisation et travaux publics. — 3°. — Comptabilité générale, services financiers, douanes commerce et
industrie.

Art. 2. — En cas d'absence ou d'empêchement
du directeur général des services civils, le gouverneur général désigne le fonctionnaire chargé de
le suppléer.

Art. 3. — Le gouverneur général nomme les
chefs de division, les chefs et les employés de tous
grades de la direction générale. — Il détermine,
par un arrêté, les conditions d'admission et d'a-
vancement dans le personnel de cette administration.

A4. — 31 déc. 1860-19 janv. 1861. — BG. 1.
— *Comptabilité. — Désignation des ordonnateurs secondaires du gouverneur général* (1).

Vu l'art. 16 du décr. du 10 déc. 1860 (*supra*):

Art. 1. — Sont institués ordonnateurs secondaires pour l'acquittement des dépenses afférentes
aux services dont ils sont respectivement chargés :
— Le directeur général des services civils en
Algérie; — Les préfets des départements de l'Algérie; — Les intendants militaires (2); — Les directeurs de l'artillerie; — Les directeurs des fortifications; — Le commissaire de la marine à
Alger; — Les chefs du service des postes à Alger,
Oran et Constantine; — Le chef du service de
l'Algérie au ministère de la guerre.

Art. 2. — Ampliation du présent arrêté sera
adressée à M. le ministre des finances.

Mal PÉLISSIER, DUC DE MALAKOFF.

Décis. M. — 11 janv. 1861 (non publiée au
Bulletin officiel). — *Les troupes stationnées
en Algérie continueront à recevoir la dénomination de 7e corps d'armée. Par suite, le
gouverneur général prendra le titre de commandant, et le sous-gouverneur celui de chef
d'état-major du 7e corps d'armée.*

A6. — 14 janv. 1861 (V. *Promulgation*). —
*Création d'un bulletin officiel des actes du
gouvernement.*

A7. — 13-18 mars 1861. — BG. 5. — *Attributions du gouverneur général déléguées au directeur général des affaires civiles* (3).

Article unique. — Les objets suivants, compris
dans les pouvoirs à nous conférés par les art. 6
et 7 du décr. du 10 déc. 1860, sont par nous délégués au directeur général des services civils :

1° Nomination aux emplois de l'administration centrale de l'Algérie, jusqu'au grade de commis principal inclusivement ;

2° Nomination des agents des services extérieurs,
autres que les chefs de service ;

3° Délivrance des commissions ou lettres de service,
aux fonctionnaires et agents nommés par l'Empereur ou
par nous ;

4° Visa des commissions délivrées par les ministres
compétents aux agents des services métropolitains détachés en Algérie ;

5° Propositions aux ministres et directeurs généraux
compétents pour l'avancement des agents appartenant aux
administrations continentales, jusqu'au grade de chef de
service inclusivement ;

6° Liquidation des dépenses imputables au budget du
gouvernement de l'Algérie ;

7° Délégation des crédits afférents aux budgets provinciaux et locaux ;

8° Règlement des cahiers des centimes additionnels à l'impôt arabe ;

9° Allocations et virements de crédits sur les mêmes
budgets ;

10° Examen et approbation des états des restes à recouvrer, présentés par les employés comptables des services financiers ;

11° Dégrèvements ou modérations d'impôts, y compris
les impôts arabes, jusqu'à la somme de 1,000 fr. ;

12° Remises ou modérations des amendes et peines pécuniaires ne dépassant pas 500 fr., dues par suite de
contraventions aux lois sur l'enregistrement, le timbre, le
notariat, les poids et mesures et les contributions diverses, autres que celles prononcées par les tribunaux ;

13° Approbation des cahiers des charges, adjudications, marchés de gré à gré, plans et devis soumis à la
sanction ministérielle, pourvu que la dépense des travaux
ou fournitures ne dépasse pas 100,000 fr. ;

14° Décisions au sujet des questions de perception en
matière d'enregistrement et de timbre ;

Autorisations préalables aux instances en cette matière ;

15° Approbation des états d'assiette des coupes à effectuer dans les forêts domaniales et de toutes autres opérations de simple administration desdites forêts ;

16° Instructions générales et spéciales pour l'exécution
des lois, décrets et arrêtés ;

17° Décisions au sujet des demandes de congés formées par les agents, à la nomination du directeur général
des services civils, et par les divers employés détachés
des administrations continentales, autres que les chefs de
service ;

18° Enfin, signature de la correspondance administrative pour toutes les affaires que nous ne nous serons pas
réservées.

Mal PÉLISSIER, DUC DE MALAKOFF.

Circ. G. — 14-18 mars 1861. — BG. 5. — *Répartition des attributions entre le sous-gouverneur et le directeur général des affaires
civiles. — Instruction aux généraux commandant les provinces.*

Général, je porte à votre connaissance les dispositions que j'ai arrêtées pour la répartition des
attributions entre le sous-gouverneur, chef d'état-
major général, et le conseiller d'État, directeur
général des services civils, afin d'assurer et de

dépenses en territoire militaire et remis aux préfets.
(2) Modification apportée par l'arr. du 15 fév. 1865,
infra.
(3) V. *infra*, décis. 20 mars 1861. — Sous-délégation
de signatures aux chefs de division.

(1) V. *infrà* arr. 15 juin 1863, désignation des sous-
ordonnateurs.—Arr. 23 avr. 1864. Ordonnateur du service
télégraphique. — Arr. 17 sept. 1864. Secrétaire général
du gouvernement désigné en remplacement du directeur
général des services civils. — Arr. 15 fév. 1865. Ordonnancement retiré aux intendants militaires pour diverses

régler le concours que ces deux hauts fonctionnaires doivent me prêter dans mes rapports avec vous, d'une part, pour le commandement, et de l'autre, pour l'administration du pays.

Le caractère du peuple arabe, bien que la pacification soit en ce moment complète, exige que les questions politiques, en ce qui touche les indigènes, restent encore dévolues au service militaire. En effet, cette pacification est de date trop récente pour que nous n'ayons pas à prévoir la possibilité de mouvements partiels auxquels telle ou telle mesure pourrait servir de prétexte, et qu'il importe de prévenir en concentrant dans les mêmes mains l'examen des affaires qui se rattachent à la politique des tribus et de celles qui s'appliquent au commandement.

J'ai donc décidé que, dans le départ de la correspondance, toutes les questions qui sont aujourd'hui traitées auprès de vous par l'état-major et par la direction divisionnaire des affaires arabes seraient du domaine de l'état-major général.

La direction générale des services civils traitera toutes les autres affaires des territoires militaires, au même titre que celles des départements.

D'un autre côté, comme il convient que la direction générale ne reste pas étrangère à la connaissance de faits qui, se rattachant à des matières propres à cette administration, doivent l'intéresser, non-seulement dans le présent, mais surtout en vue de l'avenir, j'ai décidé qu'en outre que, deux fois par semaine, le chef du bureau politique mettrait personnellement sous les yeux de M. le conseiller d'Etat, directeur général, les affaires ayant ce caractère.

A la suite de ces rapports, le directeur général provoquerait du chef d'état-major général, sous-gouverneur, s'il le jugeait nécessaire, une conférence, dans laquelle les affaires qui y auraient donné lieu seraient examinées en commun, pour m'être déférées au besoin.

Une même pensée anime les grands services placés auprès du gouverneur général : le développement des intérêts de l'Algérie. La mission du service militaire est d'y concourir en raffermissant le sol, afin que le service civil, chargé de l'occuper progressivement et définitivement, puisse y élever l'édifice de l'avenir.

Je vous invite, général, à prendre ces dispositions pour règle de la direction de votre correspondance, et à vous inspirer de l'esprit conciliant qui les a dictées.

Recevez.

M⁴ᵈ PÉLISSIER, DUC DE MALAKOFF.

AG. — Même date. — *Attributions respectives des divers services de la direction générale.* — *Règlement d'ordre intérieur.*

Décis. G. — 20-26 mars 1861. — BG, 6. —

Pièces et documents dont la signature est déléguée par le directeur général aux chefs de division. — *Règlement d'ordre intérieur.*

Circ. G. — 8-10 avr. 1861. — BG, 8. — *Instruction aux généraux commandant les divisions, intendants militaires et préfets des départements relatives aux notes marginales à inscrire sur les dépêches adressées au gouverneur général par les chefs de service.*

M..., ma circulaire du 14 mars dernier (*suprà*) vous a fait connaître la répartition d'attributions que j'ai arrêtée entre M. le général de division, sous-gouverneur, et M. le conseiller d'Etat, directeur général des services civils.

Mon arrêté du même jour a fixé les attributions respectives des divers services de la direction générale.

Les affaires départies au sous-gouverneur se divisent entre le *bureau de l'état-major général* et le *bureau politique*, suivant qu'elles concernent les intérêts militaires, ou l'administration des indigènes en territoire militaire.

La direction générale comprend quatre services principaux, savoir : le *cabinet* et *trois divisions.*

Afin de prévenir les retards et les erreurs que peut entraîner une fausse direction de la correspondance, je vous prie d'apporter la plus grande attention à ce que chacune de vos lettres indique toujours, au moyen de mentions marginales, le service de l'administration centrale auquel ressortit l'objet traité dans la dépêche.

Toute lettre concernant un service purement militaire, doit être timbrée en marge : *état-major général.*

Toute lettre relative à l'administration des indigènes du territoire militaire, doit être timbrée : *bureau politique.*

Toute lettre traitant d'affaires civiles, doit être timbrée : *direction générale,* avec indication subséquente de la *division* et de la *section* auxquelles l'affaire doit aboutir, suivant son objet spécial et en se reportant à la nomenclature établie par mon arrêté précité du 14 mars 1861.

Enfin, les réponses aux dépêches émanées du gouvernement général devront toujours rappeler en marge le timbre de ces mêmes dépêches.

Le soin que vous voudrez bien apporter à ce que vos bureaux se conforment à ces prescriptions contribuera beaucoup à la régulière et prompte expédition des affaires.

Recevez.

M⁴ᵈ PÉLISSIER, DUC DE MALAKOFF.

DI — 13-27 avr. 1861. — BG. 10. — *Règlement des attributions du directeur général* (1).

Art. 1. — Le directeur général des services civils en Algérie exerce, sous l'autorité du gouver-

---

(1) *Rapport à l'empereur.* — Sire, le décret du 10 déc. 1860 a placé auprès du gouverneur général un directeur général des services publics, vice-président du conseil consultatif. — Le titre de ces fonctions en indique la nature et l'étendue, et V. M. a voulu donner un nouveau gage de sa sollicitude pour les intérêts que le directeur général a pour mission de défendre, en conférant à ce haut fonctionnaire l'honneur de siéger au conseil d'Etat.

Cependant, sire, le gouverneur général de l'Algérie pense que l'absence de toute disposition relative aux attributions administratives du directeur général, autres que celle du vice-président du conseil consultatif du gouvernement général, forme dans le décret d'institution une lacune qu'il convient de combler. — Le gouverneur général estime « qu'une définition précise, sans rien changer à ce qui existe en fait, aurait l'avantage de rendre évidentes pour tous, et la place éminente que les intérêts civils occupent dans le nouveau gouvernement de

l'Algérie, et la puissance d'action donnée au fonctionnaire chargé de les représenter, de les défendre et de les faire prévaloir, et qu'ainsi bien des erreurs d'appréciation se trouveraient dissipées. »

Les situations nettement tracées ont, en effet, l'avantage de faciliter l'action administrative, et c'est par un règlement successif des attributions des diverses autorités appelées à concourir à l'administration de la colonie qu'on assurera d'une manière utile le fonctionnement de l'organisation nouvelle. — Par ces divers motifs, sire, j'ai l'honneur de soumettre à la signature de V. M. le projet de décret ci-joint, qui est conforme aux propositions de M. le maréchal duc de Malakoff, et qui détermine les attributions du directeur général des services civils en Algérie.

Le ministre de la guerre,

M⁴ᵈ RANDON.

neur général et en son nom, la direction de l'administration civile.

Il propose et soumet au gouverneur général toutes les mesures qui intéressent la colonisation, l'agriculture, le commerce et les travaux publics, ainsi que celles qui ont pour objet d'assurer l'exécution des lois, décrets, règlements généraux et instructions concernant l'administration publique.

Art. 2. — Il prend les ordres du gouverneur général sur la correspondance administrative et les propositions intéressant les affaires civiles, des généraux divisionnaires, des préfets et des chefs de service qui correspondent directement avec le gouverneur général.

Art. 3. — Il statue sur ceux des objets compris dans les attributions administratives du gouverneur général que ce dernier juge à propos de lui déléguer; il signe par délégation toute la correspondance administrative que le gouverneur général ne s'est pas réservée.

Circ. G. — 16-18 avr. 1861. — BG. 9 — *Instruction aux généraux commandant les divisions, préfets des départements et chefs des divers services sur la nécessité d'une bonne entente en tous les services.*

M..., l'impulsion que je veux donner à toutes les forces vives de ce pays et aux diverses branches de l'administration publique qui doivent en diriger l'emploi vers le bien commun, m'appelle naturellement à vous entretenir de la bonne entente qui peut seule assurer le succès de mes efforts.

Cette entente règne au sommet de l'administration. Elle procède du désir de féconder le nouvel ordre de choses que la volonté de l'empereur a inauguré pour l'Algérie, en y transférant la centralisation administrative. Il faut qu'elle se communique à tous les rangs de la hiérarchie, entretenue par un même esprit de dévouement au seul intérêt qui doive nous préoccuper tous : le développement énergique et soutenu de la prospérité de notre belle colonie.

Le bien du service, c'est-à-dire la prompte et intelligente expédition des affaires dans un esprit de justice et de progrès : telle est la règle commune que nous devons nous imposer, et sur ce terrain, il sera toujours facile d'être d'accord.

L'unité est le premier besoin de l'administration de ce pays; sans unité, rien de stable, rien de suivi, rien de possible; l'unité ne peut être que le résultat d'une émulation de zèle et de dévouement entre tous les agents qui sont appelés à concourir à l'œuvre de la colonisation, qu'ils appartiennent aux rangs de l'armée ou à l'ordre civil.

Admettre un antagonisme possible entre ces deux éléments de l'administration, c'est vouloir perpétuer une erreur, un préjugé d'un autre temps : moins que jamais aujourd'hui, il aurait sa raison d'être. Le gouvernement de l'Algérie a une mission essentiellement civile; il ne déviera point de ce but entre mes mains.

La centralisation des pouvoirs à Alger n'a pas été instituée à d'autre fin que de faire converger tous les moyens d'action vers le but à atteindre. Je demande et j'exige que le même esprit anime tous ceux qui sont appelés à participer à l'œuvre. C'est par la bonne entente, par le concours de toutes les volontés que nous répondrons aux vues magnanimes de l'empereur sur l'Algérie, et que

nous procurerons à ce pays, régénéré par nos institutions, tout le bien qu'il a le droit d'attendre de nous.

Dans cet ordre d'idées, je tiens à ce que, dans les localités, les services, au lieu de s'isoler suivant leur spécialité, se groupent autour du représentant de l'autorité administrative, suivant le territoire, et lui prêtent leur concours de tous les instants. Ce n'est pas faire assez que de remplir officiellement les obligations de son emploi, il faut que la bonne volonté, franche et spontanée, de tous les agents d'exécution facilite la tâche de celui qui tient dans sa circonscription les rênes de l'administration.

C'est avec la certitude d'être compris que j'adresse ce loyal appel au zèle et au patriotisme des divers chefs de service et de leurs subordonnés. Si quelques difficultés de détail venaient à surgir, qu'elles me soient immédiatement soumises, je m'empresserai de les résoudre conformément aux principes que je viens de proclamer.

Recevez.

M^{al} PÉLISSIER, DUC DE MALAKOFF.

Circ. G. — 27 avr.-7 mai 1861. — BG. 11 — *Décentralisation administrative. — Instructions aux généraux commandant les divisions, et préfets des départements.*

Une mesure récente vient d'étendre, pour la métropole, la nomenclature des affaires dont le décr. du 25 mars 1852 avait laissé la solution aux fonctionnaires de l'administration départementale.

Les décr. du 30 déc. 1856 (I, 31) et du 27 oct. 1858 (I, 57) ont déjà eu pour effet de rendre applicables à l'Algérie la plupart des dispositions du décr. de 1852. L'esprit qui a présidé au rétablissement du gouvernement général commande de persévérer dans cette voie et de développer, dans toutes leurs conséquences, les principes d'une large décentralisation administrative dont l'opportunité est peut-être plus évidente en Algérie que partout ailleurs.

Je suis donc déterminé à étendre à la colonie, sous la réserve des changements exigés par les circonstances locales, le bénéfice du décr. du 13 avr. 1861, qui a élargi considérablement les attributions des fonctionnaires départementaux. Mais avant d'arrêter les bases de ce nouveau travail de décentralisation, je désire que vous me soumettiez des propositions, quant aux matières dont la solution vous paraîtrait devoir être abandonnée aux préfets, aux sous-préfets, aux commissaires civils, ou aux fonctionnaires qui en tiennent lieu dans les territoires militaires.

Vous compléterez ce travail par l'indication des pièces et états périodiques dont l'envoi au gouvernement général vous paraîtrait devoir être supprimé. J'ai déjà eu occasion de constater l'entière inutilité d'une grande partie des écritures occasionnées par les transmissions de cette nature.

Je vous recommande, d'une manière toute particulière, de m'adresser vos propositions dans le plus bref délai possible.

Recevez.

M^{al} PÉLISSIER, DUC DE MALAKOFF.

Décis. G. — 22 mai 1861 (non publiée au *Bulletin officiel.*) — *Institution d'un médecin de la direction générale des services civils. — Nomination du docteur Wolters* (1).

(1) *Instruction du directeur général sur les attributions de ce médecin.* —30 août 1861.—BG. 50.—Par décision de Son Exc. le gouverneur général, en date du 22 mai dernier, M. le docteur Wolters a été nommé médecin de la direction générale des services civils. — La mission spéciale de ce médecin consiste à constater, sur le vu des certificats délivrés par les médecins traitants et sur la ré-

quisition des chefs de service, l'état de santé des fonctionnaires ou employés relevant de la direction générale, et qui se mettent en instance pour obtenir, soit leur entrée à l'hôpital, soit un congé de convalescence.

On a paru croire que ce médecin avait mandat de contrôler, dans tous les cas, les certificats délivrés, conformément aux errements précédemment observés, par

Circ. G. — 12-26 juill. 1861. — BG. 24. — *Services financiers.* — *Instruction aux généraux commandant les divisions et préfets des départements sur les rapports semestriels à fournir par les chefs de service.*

M..., de notables améliorations ont été successivement introduites dans la marche des divers services financiers. — Il m'a semblé, cependant, que le concours des fonctionnaires et agents financiers n'a pas toujours été suffisamment utilisé; j'ai remarqué surtout que les chefs de service ne sont pas appelés assez fréquemment à signaler à l'administration supérieure, soit les difficultés d'exécution qui se produisent, soit les mesures d'ensemble et d'intérêt général à adopter. — On se prive ainsi de renseignements d'une utilité incontestable. — Il ne faut pas perdre de vue, en effet, que, bien qu'institués en apparence sur le modèle des administrations de la métropole, les services financiers de l'Algérie n'ont pu, par suite de la situation toute spéciale de la colonie, arriver encore à une organisation complétement régulière et uniforme dans les trois provinces. — Pour atteindre le but vers lequel convergent nos efforts, il n'est pas douteux qu'il est très-utile de recueillir l'avis des chefs de service; leur expérience pratique les met, d'ailleurs, plus que personne, en position d'élucider un grand nombre de questions dont la solution peut influer sensiblement sur la prospérité publique. Je me bornerai à citer les projets pour l'établissement, dans un temps plus ou moins éloigné, de l'impôt foncier, du remaniement des contributions actuellement établies, de l'abaissement des tarifs, de l'application du code forestier, etc.

Ces considérations m'ont déterminé à décider que chacun de MM. les chefs des services financiers sera appelé à rédiger, dans le mois qui suivra l'expiration de chaque semestre, un rapport général sur l'ensemble de son service. Ce rapport, pour la rédaction duquel j'entends que toute indépendance soit laissée au chef de service, dans la limite de ses attributions, pourrait être divisé en deux parties, savoir : — § 1. Compte rendu de la marche du service pendant le semestre expiré; — § 2. Propositions relatives aux améliorations, changements et mesures utiles à adopter. — Le rapport présenté à la fin de l'année devra, en outre, lorsqu'il s'agira d'un service chargé d'opérer des recettes, être accompagné d'un état comparatif des produits pendant les deux années précédentes et d'observations sur les causes des augmentations et diminutions. — Ces rapports vous seront adressés au plus tard les 1er février et 1er octobre, et vous me les transmettrez, en original, avec votre avis le plus tôt possible.

Mal PÉLISSIER, DUC DE MALAKOFF.

DI. — 4 oct.-8 nov. 1861. — BG. 33. — *Création de l'emploi de secrétaire général de la direction générale (1).*

Il est créé, à la direction générale des services civils en Algérie, un emploi de secrétaire général. — Le secrétaire général dirigera personnellement la 1re division de cette administration.

AG. — 29 oct.-50 nov. 1861. — BG. 33. — *Attributions du secrétaire général de la direction générale.*

Vu nos arr. des 13 et 14 mars 1861, relatifs à l'administration centrale de l'Algérie (*suprà*);

Art. 1. — Les attributions spécialement inhérentes au secrétariat général de la direction générale des services civils sont les suivantes:

Centralisation de la correspondance administrative et du travail des divisions. — Personnel de l'administration centrale. — Exécution des mesures prescrites par le gouverneur général, ou, en son nom, par le directeur général, pour la prompte expédition des affaires. — Archives de l'administration centrale. — Garde et conservation des décrets, arrêtés et circulaires. — Délivrance des ampliations, expéditions et copies conformes des documents déposés aux archives. — Bulletin officiel du gouvernement général. — Examen des recueils des actes administratifs des préfectures. — Bibliothèque de l'administration centrale. — Visas et légalisations. — Signature : — Des copies ou extraits conformes de pièces et documents à joindre à la correspondance administrative; — Des lettres d'avis de délégation de crédits aux ordonnateurs secondaires. — Honneurs et préséances. — Médailles et récompenses pour belles actions. — Pensions de retraite. — Affaires de franchises et de contre-seing. *Service intérieur.* — Surveillance des gens de service. — Matériel et dépenses intérieures. — Entretien des bâtiments. — Impressions et autographies. — Fournitures des bureaux. — Chauffage et éclairage. — Visa et exécution des commandes. — Conservation du mobilier. — Adjudications et marchés. — Liquidation des dépenses et règlement des mémoires relatifs aux fournitures. — Contrôle des inventaires et de la comptabilité-matières de l'administration centrale.

Art. 2. — La 3e section du cabinet du directeur général est supprimée.

Art. 3. — Le secrétaire général est président de droit de la commission permanente des marchés instituée par notre arr. du 5 sept. 1861 (V. *Marchés admin.*, infrà).

Art. 4. — En cas d'absence du directeur général, les attributions déléguées à ce fonctionnaire, par notre arr. du 13 mars 1861, sont exercées par le secrétaire général.

Art. 5. — Toutes dispositions contraires au présent arrêté sont abrogées.

Mal PÉLISSIER, DUC DE MALAKOFF.

AG. — 27-30 nov. 1861. — BG. 33. — *Délégation de la vice-présidence du conseil consultatif, au secrétaire général de la direction générale.*

Art. 1. — En cas d'absence du directeur général des services civils, pour mission ou par congé, la vice-présidence du conseil consultatif, instituée par l'art. 9 du décr. du 10 déc. 1861 (*supra*), est dévolue au secrétaire général de la direction générale des services civils.

Mal PÉLISSIER, DUC DE MALAKOFF.

AG. — 28-29 nov. 1861. — BG. 33. — *Délégation du gouvernement général au sous-gouverneur (2).*

MM. les officiers de santé militaires. C'est une erreur. Ce contrôle n'a lieu qu'autant que les certificats émanant des médecins militaires auraient été délivrés par ces derniers à titre de médecins traitants, c'est-à-dire de praticiens ordinaires. On comprend qu'en pareil cas la contre-visite du médecin de l'administration est obligatoire; mais elle s'exerce en dehors de toute relation hiérarchique, et n'a rien, dès lors, qui doive éveiller la susceptibilité du corps médical militaire.

Du reste, la mission du médecin de l'administration s'applique aux seuls fonctionnaires et employés résidant à Alger ou qui viennent s'y faire visiter. En dehors de cette résidence, il n'est rien changé aux errements anté-

rieurs, c'est-à-dire que les admissions aux hôpitaux militaires, ou les délivrances de congés de convalescence continuent à être faites sur le vu de certificats de visite et de contre-visite émanant des médecins en chef des hôpitaux militaires.

G. MERCIER-LACOMBE.

(1) Par décision impériale du 4 oct. 1861, — BG 33, — le traitement de ce fonctionnaire est fixé à 15,000 fr.

(2) Les mêmes dispositions ont été prises toutes les fois que le gouverneur général ou le directeur général des services civils ont dû s'absenter.

Vu l'art. 4 du décr. du 10 déc. 1860;

Art. 1. — Le gouvernement et la haute administration de l'Algérie sont délégués au général de division, sous-gouverneur.

Art. 2. — Cette délégation aura son effet à partir du 29 nov. 1861, et pour toute la durée de notre mission hors de notre gouvernement.

Mᵈˡ PÉLISSIER, DUC DE MALAKOFF.

AG. — *Même date.* — *Même délégation au secrétaire général en ce qui concerne les attributions de directeur général des services civils* (1).

DI. — 21 déc. 1861-23 janv. 1862. — BG. 40. — *Promulgation du décret du 13 avril 1861.* — *Décentralisation administrative.* — *Extension des pouvoirs des sous-préfets.*

Art. 1. — Les sous-préfets de l'Algérie statueront désormais, soit directement, soit par délégation des préfets, sur les affaires dont la nomenclature est donnée par l'art. 6 du décr. du 13 avr. 1861, lequel sera publié et promulgué en Algérie, à la suite du présent.

Art. 2. — Ils statueront, en outre, sur les affaires ci-après désignées :

1° En matière de voirie : alignements et nivellements pour travaux à exécuter par les particuliers sur les routes impériales et provinciales et sur les chemins de grande communication, dont le tracé est définitivement arrêté ;

2° Autorisation des établissements insalubres de troisième classe ;

3° Approbation des arrêtés pris par les maires dans les limites de leurs attributions ;

4° Ordonnancement secondaire des dépenses inscrites tant au budget de l'État qu'au budget provincial, par délégation du préfet.

Art. 3. — Les sous-préfets nommeront :

Les maires et adjoints des localités non érigées en communes ;

Les membres des commissions syndicales instituées par le décret du 16 avr. 1856 (*Commune*, I, 214) ;

Les agents de police de toute classe ;

Les gardes champêtres ;

Les gardes des eaux ;

Les gardes champêtres arabes montés ;

Les chaouchs de l'amin des Berrahis ;

Les employés inférieurs du culte musulman ;

Les maîtres adjoints des écoles arabes-françaises ;

Les maîtres des écoles primaires musulmanes ;

Les sous-officiers, caporaux, brigadiers, tambours et trompettes de la milice.

Art. 4. — Les sous-préfets rendront compte de leurs actes aux préfets, qui pourront les annuler ou les réformer, soit pour violation des lois et règlements, soit sur la réclamation des parties intéressées, sauf recours devant l'autorité compétente.

Décret du 13 avr. 1861.

Art. 6. — Les sous-préfets statueront désormais, soit directement, soit par délégation des préfets, sur les affaires qui, jusqu'à ce jour, exigeaient la décision préfectorale, et dont la nomenclature suit :

1° Légalisation, sans la faire certifier par les préfets, des signatures données dans les cas suivants : — 1° Actes de l'état civil, chaque fois que la légalisation du sous-préfet est requise ; — 2° Certificats d'indigence ; — 3° Certificats de bonnes vie et mœurs ; — 4° Certificats de vie ; — 5° Libération du service militaire ; — 9° Pièces destinées à constater l'état de soutien de famille ;

2° Délivrance des passe-ports ;

3° Délivrance des permis de chasse ;

4° Autorisation de mise en circulation de voitures publiques ;

6° Autorisation des loteries de bienfaisance jusqu'à concurrence de 2,000 fr. ;

6° Autorisation de changement de résidence, dans l'arrondissement, des condamnés libérés ;

7° Autorisation de débits de boissons temporaires ;

8° Approbation des polices d'assurance contre l'incendie des édifices communaux ;

9° Homologation des tarifs des concessions dans les cimetières, quand ils sont établis d'après les conditions fixées par arrêté préfectoral ;

10° Homologation des tarifs des droits de place dans les halles, foires et marchés, lorsqu'ils sont établis d'après les conditions fixées par arrêté préfectoral ;

11° Homologation des tarifs des droits de pesage, jaugeage et mesurage, lorsqu'ils sont établis d'après les conditions fixées par arrêté préfectoral ;

12° Autorisation des battues pour la destruction des animaux nuisibles dans les bois des communes et des établissements de bienfaisance ;

13° Approbation des travaux ordinaires et de simple entretien des bâtiments communaux, dont la dépense n'excède pas 1,000 fr., et dans la limite des crédits ouverts au budget ;

14° Budgets et comptes des bureaux de bienfaisance ;

15° Approbation des baux et fermes des biens des bureaux de bienfaisance, lorsque la durée n'excède pas dix-huit ans ;

16° Placement des fonds des bureaux de bienfaisance ;

17° Acquisitions, ventes et échange d'objets mobiliers des bureaux de bienfaisance ;

18° Règlement du service intérieur de ces établissements ;

19° Acceptation, par les bureaux de bienfaisance, des dons et legs d'objets mobiliers ou de sommes d'argent, lorsque la valeur n'excède pas 3,000 fr. et qu'il n'y a pas de réclamation des héritiers.

Les sous-préfets nommeront les simples préposés d'octroi.

AG. — 15-27 juin 1863. — BG. 85. — *Comptabilité.* — *Désignation des sous-ordonnateurs des ordonnateurs secondaires institués par l'arr. du 31 déc. 1860* (*supra*).

Vu l'ord. du 2 janv. 1846 (*Finances I*, 334) ; — Le décr. du 27 oct. 1838 (I, 37) ; — Le décr. du 10 déc. 1860 (*supra*) ; — notre arr. du 31 déc. de la même année (*supra*).

Art. 1. — Les ordonnateurs secondaires institués par notre arrêté susvisé, pour l'acquittement des dépenses afférentes aux services dont ils sont respectivement chargés, ont pour sous-ordonnateurs, dans la limite de nos instructions, savoir :

Le directeur général des services civils, préfet d'Alger : — Le secrétaire général de la préfecture d'Alger. Les sous-préfets. Les chefs des régies financières. Le chef du service des forêts. L'ingénieur en chef des ponts et chaussées.

Les préfets d'Oran et de Constantine : — Les sous-préfets. Les chefs des régies financières. Le chef du service des forêts. Les ingénieurs en chef des ponts et chaussées.

Les intendants militaires des divisions : — Les sous-intendants militaires ou faisant fonctions de sous-intendants.

Les directeurs des fortifications et d'artillerie : — L'officier chargé de l'ordonnancement des dépenses du génie et de l'artillerie dans les provinces.

Art. 2. — Ampliation du présent arrêté sera adressée à S. Exc. M. le ministre des finances.

Mᵈˡ PÉLISSIER, DUC DE MALAKOFF.

AG. — 28 avr. 1864. (V. *Télégraphie*) — *Comptabilité.* — *Directeurs du service télégraphique institués ordonnateurs secondaires.* (V. décr. du 31 déc. 1860, *supra*.)

10° 1864.

Suppression de la direction générale des services civils. Modifications au régime administratif. — Maréchal de Mac-Mahon, duc de Magenta, gouverneur.

DI. — 7 juill.-15 sept. 1864. — BG. 121. — *Mo-*

(1) V. note 2, p 8.

difcation au régime administratif de l'Algérie.—Suppression de la direction générale
des affaires civiles (1).

Vu nos décr. des 27 oct. 1858, 24 nov. et 10
déc. 1860 sur le gouvernement et la haute administration de l'Algérie; — Voulant établir l'unité
de direction dans le gouvernement de l'Algérie et
apporter dans l'administration les ameliorations
que comportent l'état du pays et l'intérêt des populations;

TIT. 1. — ADMINISTRATION CENTRALE.

Art. 1.— Le gouverneur général conserve les
attributions administratives qui lui sont conférées
par la législation de l'Algérie, et notamment par le
décr. du 10 déc. 1860.

Art. 2. — Le sous-gouverneur continue à remplir les fonctions de chef d'état-major général, et
il exerce les attributions civiles qui lui sont déléguées par le gouverneur général. — Il est spécialement chargé, sous l'autorité du gouverneur gé-

---

(1) Rapport à l'empereur. — Sire, j'ai eu l'honneur
de soumettre, il y a plusieurs mois, à l'appréciation de
V. M. divers mesures dont elle m'avait recommandé l'é-
tude et qui avaient pour objet d'apporter dans l'organisation administrative de l'Algérie des modifications con-
seillées par l'expérience acquise pendant ces dernières
années. Les événements qui viennent de troubler la sécurité de la colonie ont donné à ces mesures un caractère
plus prononcé d'opportunité, et je demande à V. M. la
permission de revenir sur les considérations qui les ont
inspirées.

Il n'est plus permis de douter aujourd'hui des véritables causes de l'insurrection, qui, du sud de l'Algérie,
s'est rapidement propagée dans le Tell, et qui aurait gagné le cœur même de nos établissements de colonisation
si nos troupes n'étaient accourues pour les défendre. Ce
n'est pas seulement le fanatisme qui a soulevé les indigènes, c'est aussi l'espoir insensé de surprendre la vigilance d'une autorité qu'ils ont cru désarmée, parce qu'ils
la voyaient divisée dans son action. Ce sont les clameurs
imprudentes d'une presse passionnée qui, en inquiétant
l'opinion publique, ont fait craindre aux indigènes un
avenir plein de rigueur pour leurs personnes et de périls
pour leurs intérêts.

Ces populations, crédules mais fières, demandent à
être contenues par une autorité ferme autant que juste.
Pour assurer la sécurité indispensable à la prospérité de
nos colons, pour permettre au gouvernement de V. M.
de poursuivre avec calme la grande œuvre de régénération qu'il a entreprise en Algérie, il faut nécessairement relever le principe d'autorité auquel l'indépendance des généraux et des préfets enlève une partie de
sa force.

Quel est, en effet, l'état actuel des choses en Algérie?
La réunion de la population européenne sur certains
points, les intérêts de diverse nature qui se sont développés sous l'influence de notre politique ont naturellement amené la division du pays en territoires civils et
en territoires militaires.

Les premiers sont régis par la législation générale de
la colonie, législation que les dispositions libérales de
V. M. tendent chaque jour à confondre avec le droit
commun de la métropole. On y a créé, partout où la population présente une certaine densité, des communes organisées sur des bases à peu près analogues à celles de
nos communes françaises. Les différents fois qui composent, dans chaque province, le territoire civil forment un
département administré par un préfet.

Les territoires militaires sont soumis à un régime administratif exceptionnel. Les autorités militaires y remplissent, vis-à-vis des populations européennes, les fonctions administratives civiles. Le général commandant la
division exerce les attributions dévolues au préfet dans
le territoire civil. Les populations indigènes sont soumises, sous son autorité, à une administration spéciale
conforme à leurs mœurs, et dont les bureaux arabes sont
les agents actifs et les dévoués auxiliaires.

Les chefs des divers services administratifs relèvent
tantôt du préfet, tantôt du général, selon que les affaires
qu'ils ont à traiter appartiennent à l'un ou à l'autre territoire. — Dans chaque province, un conseil général est
chargé de délibérer sur les intérêts communs des deux
territoires et sur le budget. Mais, bien que les ressources
principales de ce budget soient fournies par l'impôt
arabe, les indigènes n'y sont à peine représentés, et le
préfet a la prépondérance sur le général commandant la
division.

En résumé, deux autorités, le général et le préfet, indépendantes chacune dans un territoire morcelé; deux

populations, dont les origines diffèrent profondément,
administrées d'un côté par l'autorité civile, de l'autre
par l'autorité militaire, le préfet appliquant aux populations du département les principes de l'administration
métropolitaine, le général exerçant en territoire militaire
les attributions du préfet vis-à-vis des Européens, tandis
que les indigènes de ce territoire sont soumis à un régime
différent de celui qui est appliqué aux indigènes du département. Voilà le tableau des anomalies que présente
la situation administrative de l'Algérie. — Cette dualité
de pouvoirs s'entre-croisant, se heurtant dans une même
province, dont ils se partagent les fractions plus ou moins
isolées, amènent sans cesse des conflits que les esprits
les plus conciliants ont de la peine à prévenir.

L'unité de vues, qui serait si profitable à la chose publique, fait complètement défaut aussi bien que l'unité
d'action. Ainsi, le général qui a sous son commandement les troupes et les populations indigènes, et dispose,
par conséquent, de moyens considérables, n'en peut user
dans l'intérêt des populations du territoire civil. Si de
grands intérêts européens viennent à se constituer en
territoire militaire, le préfet n'est point appelé à les diriger, et ces intérêts n'ont pas même les garanties de la
juridiction contentieuse des conseils de préfecture, qui
s'arrête en principe aux limites du territoire civil. Enfin,
la grande mesure qui vient d'être consacrée par le sénatus-consulte du 22 avr. 1863, la constitution de la propriété indivisible dans les territoires occupés par les
Arabes, cette mesure qui, pour être appliquée avec rapidité et régularité, devrait recevoir une impulsion unique
et une direction puissante, se trouve compliquée de l'intervention de l'autorité civile pour les territoires de tribu
qu'on a prématurément compris dans les limites des
départements, sans que les intérêts civils aient bénéficié
en rien de cette annexion.

Il m'a semblé que, pour faire cesser de fâcheux tiraillements entre deux autorités placées en face l'une de
l'autre, il suffisait d'augmenter les pouvoirs et la responsabilité des généraux commandant les divisions, en leur
subordonnant les préfets, et en leur rendant l'administration des indigènes établie en dehors des circonscriptions
communales. Ces généraux, chargés de la haute direction
des services civils, prendraient le titre de commandants
de province.

L'unité ainsi rétablie, les anomalies qui ont frappé
V. M. auraient à peu près disparu, et cependant les institutions données à l'Algérie seraient respectées. On n'aurait plus à craindre l'antagonisme entre les hommes,
puisque les généraux investis de l'autorité supérieure di-
rigeraient l'action des préfets, obligés de soumettre à leur
approbation les mesures de politique générale et de sécurité publique.

L'administration serait homogène pour les Européens
qui relèveraient de l'autorité civile, comme elle serait
normale pour les indigènes qui seraient soumis à l'autorité militaire. Les Européens conserveraient ainsi leurs
administrateurs naturels en même temps qu'ils rencon-
treraient ont auprès des généraux la force morale, l'appui
matériel, le concours fécond de l'armée, pour aider à
l'expansion de l'élément colonisateur, industriel et commercial. Les indigènes retrouveraient dans l'autorité
militaire une administration appropriée à leurs habitudes,
ayant la puissance et la force qu'il faut opposer à une
population guerrière, la vigilance et la mobilité qui permettent de saisir partout les menées coupables, la promptitude et l'énergie que commande la répression.

Le maréchal, ministre de la guerre,
RANDON.

néral, de la direction politique et de la centralisation administrative des affaires arabes.

Art. 5. — La direction générale des services civils est supprimée.

Art. 4. — Il est créé un secrétaire général du gouvernement pour l'expédition générale des affaires civiles.

Art. 5. — Il sera nommé un préfet pour la province d'Alger, comme pour les deux autres provinces.

Art. 6. — Le conseil consultatif prend le titre de conseil de gouvernement. — Le secrétaire général du gouvernement est membre de droit du conseil, et y prend rang après le sous-gouverneur.

Ar. 7. — Le conseil supérieur est maintenu. Le secrétaire général y prend rang après les généraux divisionnaires.

Art. 8. — Le conseil supérieur se réunit annuellement aux époques déterminées par nous pour délibérer sur le budget général de l'Algérie.—Le projet de budget général arrêté provisoirement par le gouverneur général, après délibération du conseil supérieur, est transmis au ministre de la guerre, qui est chargé d'en soutenir la discussion au conseil d'État et d'en suivre l'exécution comme budget annexe de son département.

TIT. 2. — DIVISION DU TERRITOIRE.

Art. 9. — Dans un délai de trois mois, à partir de la promulgation du présent décret, il sera procédé, dans chacune des trois provinces de l'Algérie, à une délimitation nouvelle du territoire civil et du territoire militaire ; proposée par le gouverneur général, elle sera sanctionnée par des décrets.

Art. 10. — Le territoire civil de chaque province conserve son titre de *département* ainsi que ses subdivisions en arrondissements, districts et communes dont les limites sont également déterminées par des décrets. — Le territoire militaire est divisé en circonscriptions déterminées par des arrêtés du gouverneur général.

Art. 11. — Les Français, les étrangers, les indigènes habitant d'une manière permanente les circonscriptions des communes constituées, sont régis, dans les deux territoires, par les institutions civiles actuellement en vigueur et qui seront successivement développées.

Art. 12. — Les indigènes vivant soit isolément, soit à l'état de tribus, et qui ne sont pas rattachés à des communes constituées, sont soumis à l'autorité militaire dont la mission est de les préparer à passer sous le régime du droit commun.

TIT. 3. — ADMINISTRATION PROVINCIALE.

§ 1. — *Administration générale des provinces.*

Art. 13. — L'administration générale du territoire civil et du territoire militaire de chaque province est confiée au général commandant la division qui prend le titre de *général commandant la province*. — En cas d'absence ou d'empêchement, il est remplacé par le plus ancien général de brigade de la province.

Art. 14. — Les généraux commandant les provinces sont nommés par nous, sur la proposition du ministre de la guerre.

Art. 15. — Le général commandant la province est chargé, sous l'autorité du gouverneur général, de la haute direction et du contrôle des services civils de la province; — Il rend compte périodiquement au gouverneur général de la situation du territoire soumis à son autorité; — Il reçoit les instructions du gouverneur général pour toutes les mesures qui touchent à la colonisation ou aux affaires arabes ; — Il propose l'avancement ou la révocation des fonctionnaires ou agents civils de la province dont la nomination appartient à l'Empereur ou au gouverneur; — Il pourvoit aux emplois dont la nomination lu est déférée par les délégations du gouverneur général; — Il statue sur toutes les affaires d'intérêt provincial dont la décision, réservée au pouvoir central, lui est déléguée par le gouverneur général (1). — Dans les circonstances urgentes et imprévues, il peut prendre, sous sa responsabilité et sauf à en référer immédiatement au gouverneur général, des mesures d'ordre et de sécurité publique.

Art. 16. — Le général commandant la province est spécialement chargé, sous l'autorité du gouverneur général, de la police de la presse. — Il donne les autorisations de publier les journaux et révoque ces autorisations en cas d'abus. — Il donne les avertissements aux journaux, en prononce la suspension temporaire, et provoque, lorsqu'il y a lieu, les poursuites judiciaires.

§ 2. — *Administration du territoire civil.*

Art. 17. — Le territoire civil de chaque province est administré par le préfet, sous l'autorité du général commandant la province. En cas d'absence ou d'empêchement, le préfet est remplacé par le secrétaire général de la préfecture.

Art. 18. — Le préfet a sous ses ordres les chefs des différents services civils et financiers dont l'action s'étend sur les deux territoires. Il surveille ces services, soit en vertu de son autorité directe dans le territoire civil, soit par délégation du général commandant la province dans le territoire militaire. — Il conserve, d'ailleurs, les attributions directes qui lui sont conférées par les art. 10 et 11 du décr. du 27 oct. 1858 (I. 57).

Art. 19. — Le préfet adresse périodiquement au général commandant la province des rapports d'ensemble sur la situation du territoire civil. — Il reçoit ses instructions pour toutes les affaires qui intéressent la colonisation et lui rend compte de leur exécution. — Il transmet au gouverneur général, par l'intermédiaire du général commandant la province qui les revêt de son avis, toutes ses propositions concernant les affaires réservées à la décision du pouvoir central.

Art. 20. — Les sous-préfets relèvent directement du préfet qui peut leur déléguer ses attributions pour statuer sur les affaires d'intérêt local qui exigeaient jusqu'à ce jour la décision préfectorale.

Art. 21. — Les commissaires civils relèvent directement, soit du préfet, soit du sous-préfet, chargé de l'administration de l'arrondissement auquel est rattaché leur district. — Ils ont, dans leur ressort, les mêmes attributions que les sous-préfets.

Art. 22. — Les sous-préfets et les commissaires civils rendent compte de leurs actes à l'autorité dont ils relèvent et qui peut toujours annuler ces actes ou les réformer.

§ 3. — *Administration du territoire militaire.*

Art. 23. — Le territoire militaire est administré directement par le général commandant la province qui exerce, en ce qui concerne les Français et les étrangers établis dans ce territoire, les attributions dévolues au préfet dans le territoire civil. — Le général commandant la province peut déléguer ces dernières attributions au préfet, qui signe, dans ce cas, au nom du général, toute la correspondance que celui-ci ne s'est pas réservée.

Art. 24. — Les bureaux civils institués auprès des généraux commandant les divisions sont réunis aux bureaux des préfectures, lesquels demeurent désormais chargés, sous la direction des préfets, de la préparation du travail et de la corres-

---

(1) V. *infrà* art. 20 mars 1863. — Délégation de pouvoirs spéciaux.

pondance des généraux commandant les provinces, en ce qui concerne l'administration des Français et des étrangers du territoire militaire.

Art. 25. Le général commandant la province a sous ses ordres, pour l'administration du territoire militaire, les officiers généraux supérieurs commandant les subdivisions militaires et les cercles qui exercent leur autorité sur les populations indigènes par l'intermédiaire des bureaux arabes. — Les affaires arabes sont centralisées auprès de lui par un directeur provincial.

§ 4. — *Institutions communes aux territoires civil et militaire.*

Art. 26. — Les conseils des affaires civiles institituées par l'art. 14 du décr. du 27 oct. 1858 sont supprimés. — Les attributions de ces conseils sont réunies à celles des conseils de préfecture, dont la juridiction est étendue à tout le territoire de la province.

Art. 27. — Les conseils généraux sont maintenus. Les généraux commandant les provinces exercent vis-à-vis de ces conseils les attributions qui sont dévolues aux préfets par la législation en vigueur; ils pourront toujours déléguer aux préfets tout ou partie de ces attributions. — L'élément indigène devra désormais entrer pour un quart au moins dans la composition de chaque conseil général. Les israélites pourront y avoir un membre.

TIT. 4. — DISPOSITIONS GÉNÉRALES.

Art. 28. — Il n'est dérogé en rien à la compétence des tribunaux telle qu'elle est établie par la législation actuelle de l'Algérie, soit en ce qui concerne les Français ou les étrangers, soit en ce qui concerne les indigènes dans l'un ou l'autre territoire. — Des juges de paix seront établis sur tous les points où les fonctions judiciaires sont encore dévolues aux commandants de place.

Art. 29. — Toutes dispositions contraires au présent décret sont et demeurent rapportées (1).

DI. — *Même date.* — Conseil de gouvernement. — *Création d'un troisième emploi de conseiller rapporteur.*

AG. — *17-26 sept. 1864.* — BG. 122. — *Comptabilité.* — Le secrétaire général du gouvernement est institué ordonnateur secondaire en ce qui concerne les dépenses secondaires dont le mandatement incombait à l'ancien directeur général des services civils en ladite qualité.

DI. — 15 oct.-8 nov. 1864. — BG. 126. — *Organisation des bureaux du secrétariat général du gouvernement.*

Art. 1. — Le secrétariat du gouvernement comprend, outre le cabinet du secrétaire général, trois bureaux dont les attributions sont déterminées ainsi qu'il suit : — 1er Bureau. — Administration générale, provinciale et communale; — 2e Colonisation et agriculture, travaux publics, mines et usines; — 3e Domaine, commerce et industrie, forêts, comptabilité et services financiers.

Art. 2. — Les traitements annuels du personnel sont fixés ainsi qu'il suit (2) :

Art. 3. — Le gouverneur général nomme les chefs et sous-chefs de bureau et les commis de

tous grades du secrétariat général. Il règle la composition du personnel de chaque bureau, ainsi que les conditions d'avancement dans les cadres de cette administration.

Art. 4. — En cas d'absence ou d'empêchement du secrétaire général, le gouverneur général désigne pour le suppléer un conseiller général.

DI. — 26 déc. 1864.-6 fév. 1865. — BC. 152. — *Attributions respectives, en matière de budget, du ministre de la guerre et du gouverneur général.*

Vu les lois, ordonnances et règlements sur la comptabilité publique; — L'ord. du 2 janv. 1846, (Finances I, 554); — Le décr. du 10 déc. 1860 (supra); — Vu l'art. 8 du décr. du 7 juill. 1864, qui modifie celui du 10 déc. 1860, dans ses dispositions relatives au budget général de l'Algérie (supra); — Considérant qu'il est nécessaire de déterminer les attributions respectives du ministre de la guerre et du gouverneur général de l'Algérie, dans les opérations qui comportent la préparation et l'exécution du budget dont il s'agit;

Art. 1. — Le budget du gouvernement général de l'Algérie est fixé sous ce titre par la loi annuelle de finances et rattaché comme annexe au budget du ministère de la guerre.

Art. 2. — Le budget général de l'Algérie est proposé par le gouverneur général et présenté par le ministre de la guerre.

Art. 3. — Chaque année, à l'époque déterminée, de concert entre le ministre de la guerre et le gouverneur général de l'Algérie, ce dernier réunit les éléments de l'état des recettes présumées à réaliser par le trésor pendant le nouvel exercice dont il s'agit de former le budget. — Cet état, après avoir été soumis au conseil supérieur de l'Algérie, est arrêté provisoirement par le gouverneur général et transmis, avec les documents à l'appui, au ministre de la guerre, pour être, après examen, adressé au ministre des finances, qui en porte le résultat au budget général de l'État, sous le titre : Produits et revenus de l'Algérie.

Art. 4. — Chaque année, à l'époque fixée par l'article précédent, le gouverneur général réunit les états partiels des crédits présumés nécessaires pour subvenir aux dépenses des services civils de l'Algérie, classés à la charge du budget de l'État, pendant le nouvel exercice dont il s'agit de former le budget. — Ces états sont soumis au conseil supérieur de l'Algérie et, après délibération, arrêtés provisoirement par le gouverneur général, qui les transmet au ministre de la guerre avec tous les documents à l'appui. — Les propositions du gouverneur général sont, après examen, adressées au ministre des finances et soumises au conseil d'État, comme annexe au budget du département de la guerre.

Art. 5. — Après la promulgation de la loi des finances, les crédits législatifs, ouverts pour les dépenses des services civils de l'Algérie sont notifiés par le ministre de la guerre au gouverneur général, qui procède sans délai à la formation des états de répartition de ces crédits par chapitres. — Ces états sont examinés en conseil de gouvernement, arrêtés provisoirement par le gouverneur

---

(1) Les traitements du gouverneur général et des hauts fonctionnaires administratifs de l'Algérie, ont été fixés ainsi qu'il suit par diverses décis. imp. du 5 sept. 1864. — BG. 112.

Gouverneur général, 125,000 fr. — Sous-gouverneur, 50,000. — Secrétaire général du gouvernement, 50,000. — Préfets, 25,000. — Secrétaires généraux de préfecture, 7,000.

Antérieurement le traitement des préfets avait été fixé à 30,000 fr. pour Alger et 23,000 pour Constantine et Oran par décis. imp. du 15 nov. 1858 (I. 47). Une autre

décision du 25 juill. 1860 — BM 90 — avait élevé le traitement du préfet d'Alger à 40,000 fr. — A partir du décret du 10 déc. 1860 jusqu'à celui du 7 juill. 1864, les fonctions de préfet d'Alger étaient attribuées au directeur général des services civils dont le traitement était de 50,000 fr.

(2) Chefs de bureau : 9,000, 8,000, 7,000. — Sous-chefs : 6,000, 5,500, 5,000. — Commis principaux : 4,000, 3,500, 3,000. — Commis ordinaires : 2,700, 2,400, 2,100, 1,800. — Surnuméraires appointés : 1,200.

général, et transmis au ministre de la guerre qui les adresse, après examen, au ministre des finances, pour être soumis au cons.(.) d'État.

Art. 6. — Les virements d'un chapitre à un autre sont proposés par le gouverneur général au ministre de la guerre qui soumet, avec son avis, les propositions au conseil d'État.

Art. 7. — Les crédits alloués par chapitre sont sous-répartis entre les divers articles du budget par le gouverneur général, le conseil de gouvernement entendu. — Les virements d'un article à un autre dans l'intérieur d'un même chapitre sont autorisés dans la même forme. — Le tableau de sous-répartition est transmis au ministre de la guerre, à qui il est également rendu compte de tous les virements effectués.

Art. 8. — Dans les cinq premiers jours de chaque mois, le gouverneur général adresse au ministre de la guerre la demande des fonds nécessaires pour l'exécution des divers services civils de l'Algérie pendant le mois suivant. — Ces demandes de fonds sont transmises au ministre des finances par le ministre de la guerre qui délègue au gouverneur général la disposition des crédits distribués. — Le gouverneur général sous-délègue aux ordonnateurs secondaires qu'il désigne les crédits dont il ne s'est pas réservé l'ordonnancement direct.

Art. 9. — Aucune créance ne peut être définitivement liquidée à la charge du trésor que par le gouverneur général de l'Algérie, en vertu de la délégation générale qui lui est attribuée par le titre précédent.

Art. 10. — Aucune dépense faite pour le compte de l'État ne peut être acquittée, si elle n'a été préalablement ordonnancée directement par le gouverneur général ou mandatée en vertu de ses sous-délégations par les ordonnateurs secondaires.

Art. 11. — Le gouverneur général demeure chargé d'établir le journal général, le grand-livre et les livres auxiliaires dans lesquelles sont consignés, suivant les formes déterminées par les règlements, toutes les opérations concernant la fixation des crédits, la liquidation, l'ordonnancement et le payement des dépenses à la charge du trésor en Algérie.

Art. 12. — Le gouverneur général adresse tous les mois au ministre de la guerre, en double expédition, la balance des comptes du grand-livre et de ceux des comptes auxiliaires, accompagnée de la situation des livres auxiliaires par chapitres. — Le ministre de la guerre transmet une de ces expéditions au ministre des finances, qui rattache successivement les résultats de ces comptabilités aux écritures de l'administration des finances. — L'autre expédition, à l'appui de laquelle le gouverneur général doit produire un état de développement des dépenses par article et par service, est conservée par le ministre de la guerre chargé de suivre l'exécution du budget. — Le compte général et définitif des dépenses de chaque exercice est établi au 31 déc. de l'année suivante, par le gouverneur général, d'après ses écritures officielles et dans la forme prescrite par les règlements. — Ce compte est adressé au ministre de la guerre, qui en fait contrôler les résultats par leur rapprochement avec ceux de la comptabilité générale des finances. Il est publié comme annexe du compte du budget de la guerre et joint à ce titre à la publication de la loi de règlement du budget expiré.

Art. 13. — Toutes dispositions contraires au présent décret sont rapportées.

D2. — 14 janv.-6 févr. 1865. — BG. 152. — *Application du décret qui précède aux crédits de l'exercice 1865.*

Art. 1. — Les attributions respectives, en matière de budget, du ministre de la guerre et du gouvernement général de l'Algérie, déterminées par l'art. 8 de notre décr. du 7 juill. 1864, et par notre décr. du 26 déc. 1864, sont applicables aux crédits alloués pour l'exercice 1865 au gouvernement général de l'Algérie, tels qu'ils sont répartis par notre décr. du 15 nov. 1864, portant répartition par chapitres des crédits du budget dudit exercice. — En conséquence, les crédits alloués au gouvernement général de l'Algérie pour 1865 seront mis chaque mois à la disposition de notre ministre de la guerre, qui déléguera successivement au gouverneur général le montant des crédits distribués.

Circ C. — 20 janv. 1865 (non publiée au *Bulletin officiel*). — *Instruction aux généraux commandant les divisions, et préfets des départements sur l'exécution du décret du 7 juill. 1864.*

Le décr. du 7 juill. 1864, tout en investissant les généraux commandant les provinces de diverses attributions nouvelles qu'il spécifie et en introduisant certaines modifications dans la forme usitée pour la correspondance entre le gouvernement général et les préfets, n'a pas eu pour résultat d'enlever à ces derniers la compétence qu'ils tiennent du décr. du 27 oct. 1858, soit pour la nomination aux emplois, soit pour la décision des affaires générales ou départementales, avec ou sans l'intervention du conseil de préfecture.

A un autre point de vue, leur autorité se trouve fortifiée en ce sens qu'ils auront désormais sous leurs ordres exclusifs, aux termes de l'art. 17 du décret, les chefs des différents services civils et financiers qui, précédemment, étaient placés sous la double autorité du général ou du préfet, suivant le territoire. L'action hiérarchique est donc simplifiée par cette innovation, qui permet d'imprimer aux différents services de l'administration provinciale une impulsion unique et toujours concordante avec les intérêts des deux territoires dont il s'agit de préparer l'assimilation.

Il est très-important que sur ce dernier point chacun comprenne bien les droits et les devoirs qui découlent pour lui de l'organisation nouvelle. Dans la métropole, les divers services qui relèvent des ministères spéciaux, tels que les travaux publics, les mines, les domaines, les forêts, les contributions, l'instruction publique et la justice, ont vis-à-vis de l'autorité préfectorale une certaine indépendance que peut autoriser l'état du pays. Il n'en saurait être de même en Algérie, où, pour remplir la tâche complexe qui leur est imposée vis-à-vis des populations moins avancées, les préfets ont besoin de centraliser l'action de l'autorité administrative sous toutes ses formes, et si les services spéciaux se retranchaient dans leur indépendance, il ne serait plus possible d'obtenir l'harmonie qui doit caractériser les actes de l'autorité.

Les préfets devront donc prendre en main la direction effective et réelle de toutes les branches de l'administration, au lieu de se contenter, comme en France, de relation par correspondance avec les différents services civils et financiers de la province. Ils réuniront les représentants de ces services dans des conférences fréquentes, se feront rendre compte de la situation des affaires et leur donneront toutes les instructions que comporte la pratique du système d'unité et de rapidité d'action que doit inaugurer le décr. du 7 juill. Si les préfets n'ont pas d'ordres directs à donner à certains services spéciaux, comme la justice, par exemple, ils ont toujours une haute investigation à exercer sur les faits qui sont du domaine de la police judiciaire, sur l'état de l'esprit public et de la moralité des populations. Ils ont le droit d'exiger qu'on leur rende compte, parce qu'ils sont l'intermédiaire obligé de tous les services auprès de l'autorité politique et qu'ils ont eux-mêmes le devoir d'éclairer cette autorité.

La restauration de l'unité de pouvoir au profit du préfet doit se faire aussi en faveur du sous-préfet, qui est le délégué direct du premier pour toutes les branches de son administration, et qui doit avoir, comme lui, juridiction de haute surveillance et de contrôle. Les sous-préfets auront désormais à exercer un droit d'investigation sur tous les services de leur arrondissement; ils pourront réclamer leur concours toutes les fois qu'il sera nécessaire pour l'accomplissement de leur tâche, et ils exigeront qu'on leur rende compte au même titre que les préfets peuvent l'exiger au chef-lieu.

Les mêmes errements seront naturellement suivis dans les commissariats civils.

Tels sont les principes dont les sous-préfets et les commissaires civils devront s'inspirer dans leurs rapports avec les différents chefs de services. La rapidité dans l'expédition des affaires et l'unité de vues dans l'instruction, tels sont les principaux résultats que j'attends de l'intelligente application de ces principes, dont la pratique ne me paraît devoir donner lieu à aucune difficulté sérieuse.

M^{al} DE MAC-MAHON, DUC DE MAGENTA.

AG. — 15-25 fév. 1865. — BG. 134. — *Comptabilité.* — *Ordonnancement de diverses dépenses en territoire militaire, retiré aux intendants militaires et remis aux préfets.*

Art. 1. — A partir de ce jour, les intendants militaires des trois divisions de l'Algérie cessent d'être ordonnateurs secondaires du gouverneur général de l'Algérie, pour ce qui concerne les dépenses imputables sur les fonds du budget du gouvernement général de l'Algérie, relatifs au service dont l'administration est confiée aux préfets, et sur ceux des budgets provinciaux et des budgets des localités non érigées en commune.

Art. 2. — Les préfets des départements de l'Algérie sont chargés désormais de l'ordonnancement desdites dépenses du territoire militaire, au lieu et place des intendants militaires.

Art. 3. — Les dispositions qui précèdent ne sont pas applicables aux dépenses de l'exercice 1864, dont la liquidation reste confiée aux soins des intendants militaires.

M^{al} DE MAC-MAHON, DUC DE MAGENTA.

AG. — 20-27 mars 1865. — BG. 139. — *Délégation de pouvoirs aux généraux commandant les provinces.*

Vu les décr. du 30 déc. 1856 et du 27 oct. 1858, sur l'organisation administrative de l'Algérie; — Les §§ 5 et 6 de l'art. 15 du décr. du 7 juill. 1864; — Les instructions générales pour l'exécution dudit décret, en date du 30 sept. 1864 (non publiées);

Art. 1. — Les généraux commandant les provinces nomment, en notre nom, et en vertu de notre délégation, aux fonctions et emplois suivants : — Les receveurs municipaux des communes dont le budget s'élève à 500,000 fr. *et au-dessus;* — Les officiers des milices jusqu'au grade de capitaine inclusivement; — Les membres des chambres consultatives d'agriculture, et les membres des bureaux desdites chambres; — Les muphtis, imans et autres agents du culte musulman; — Les vérificateurs, adjoints, auxiliaires du service des poids et mesures. — Ces nominations sont faites conformément aux lois et règlements en vigueur.

Art. 2. — Les généraux délivrent les congés aux fonctionnaires de l'administration civile, les préfets, sous-préfets et secrétaires généraux exceptés. — Ils règlent la quotité du traitement à allouer aux porteurs de congé, pendant la durée de leur absence, dans les limites déterminées par le décr. du 9 nov. 1865 (*Pensions de retraite,* I, 250). — Ils fixent la résidence des receveurs et autres agents du service de l'enregistrement et des domaines et celle des agents forestiers autres que le chef du service et les inspecteurs.

Art. 3. — Sont délégués par nous aux généraux commandant les provinces, les attributions suivantes :

1° Institution d'adjoints civils aux commandants de place en territoire militaire, de maires dans les localités non érigées en communes, ou d'adjoints spéciaux dans les districts de commissaires civils;

2° Organisation des corps de milice;

3° Création ou suppression des corporations de berranis;

4° Délivrance des autorisations d'exercer les professions d'imprimeur ou de libraire;

5° Approbation des listes de commerçants notables appelés à élire les membres des tribunaux et des chambres de commerce;

6° Composition des chambres syndicales de courtiers;

7° Approbation des adjudications d'immeubles domaniaux (carrières et terrains complantés d'oliviers compris) dont la vente a été régulièrement autorisée, et lesquelles n'ont donné lieu à aucune réclamation insérée au procès-verbal (V. circ. du 19 juin 1865 qui suit);

8° Approbation des ventes de gré à gré d'immeubles domaniaux d'une valeur n'excédant pas 1,000 fr., mais dans les conditions déterminées par le décr. du 25 juill. 1860 (*Domaine,* I, 287);

9° Approbation des locations de gré à gré des immeubles domaniaux, après estimation contradictoire de la valeur locative, et lorsque la durée de la location de gré à gré ne doit pas excéder trois années, ou le prix du loyer annuel, supérieur à 1,000 fr., ne doit pas dépasser 8,000 fr.;

10° Autorisation de la cession des baux approuvés en vertu du paragraphe précédent;

11° Liquidation définitive des états des sommes restant à recouvrer, à la fin de chaque exercice, dans les bureaux des régies financières, sauf les cas où il y a lieu de prononcer des dégrèvements;

12° Approbation des mémoires à produire dans les instances domaniales, à la charge de transmettre immédiatement au gouverneur général une copie du mémoire approuvé;

13° Création de bureaux de débits de tabacs de la régie et de poudres à feu;

14° Création de bureaux de distribution de papier timbré.

Art. 4. — Les généraux commandant les provinces pourront, par des arrêtés pris d'urgence, suspendre l'exécution des actes du préfet qui seraient contraires aux lois et règlements, ou qui donneraient lieu aux réclamations des parties intéressées; mais ces mêmes actes ne pourront être annulés ou réformés que par le pouvoir central.

Art. 5. — Les généraux commandant les provinces rendent immédiatement compte au gouverneur général de toutes les mesures prises et ex en vertu du présent arrêté de délégation.

M^{al} DE MAC-MAHON, DUC DE MAGENTA.

Circ. G. — 19 juin-6 août 1865. — BG. 151. — *Instruction aux généraux commandant les provinces sur l'application de l'art. 3, § 7, de l'arrêté qui précède.*

Dans le but de compléter le sens du § 7 de l'art. 3 de mon arr. en date du 20 mars dernier, portant délégation de pouvoirs, j'ai l'honneur de vous faire connaître que je vous autorise à fixer les jours auxquels doivent avoir lieu les adjudications des immeubles domaniaux dont j'aurai, préalablement, autorisé la vente.

M^{al} DE MAC-MAHON, DUC DE MAGENTA.

Circ. 6. — 21-26 mai 1866. — BO. 181. — *Délimitation de la zone de colonisation. — Instructions aux généraux commandant les provinces.*

En abrogeant les 2° et 5° paragraphes de la loi du 16 juin 1851, le sénatus-consulte du 22 avr. 1863 a rendu possibles les transactions dans toutes les tribus où la terre est *melk*, une fois que les biens domaniaux et communaux ont été dégagés. La constitution de la propriété individuelle viendra, dans les tribus où la terre est *arch*, créer une situation semblable.

Dans un temps plus ou moins rapproché, en raison de la marche des travaux d'exécution du sénatus-consulte, disparaîtront donc les obstacles qui, inhérents à l'ordre de choses même que nous avons trouvé établi en Algérie, entravent l'activité de la colonisation et retardent la fusion des intérêts européens et indigènes.

Est-ce à dire pour cela qu'il faut que, dès à présent, nos colons s'établissent partout où bon leur semblera, loin de nos villes et de nos routes, sur des points où nous pourrions ne pas être en mesure, à un moment donné, de les protéger ? Évidemment non ! leurs intérêts bien entendu comme ceux de notre domination, exigent qu'au contraire l'installation de la population européenne se fasse graduellement, et qu'en même temps les indigènes soient, par tous les moyens à notre disposition, préparés à un contact dont naîtra le progrès.

Il importe, en un mot, de déterminer une zone de colonisation dont les limites ne sauraient être infranchissables en présence des dispositions du sénatus-consulte du 22 avr. 1863, dans l'intérieur desquelles il est du devoir du gouvernement général de l'Algérie de maintenir, quant à présent, les Européens. — Comment le gouvernement arrivera-t-il à ce résultat? Par les mesures mêmes qu'il emploiera pour rendre dans cette zone, suivant l'expression de l'empereur, les colons riches et prospères.

Là, seulement, se dépenseront les crédits alloués pour les grands travaux d'utilité publique; là s'ouvriront les voies ferrées, les routes et les chemins; là seront construits des barrages, creusés des canaux d'irrigation; là le gouvernement général affectera ses ressources budgétaires à la colonisation et lui viendra en aide, en construisant les églises, écoles, mairies, etc., lorsqu'un centre de population devra être constitué.

Dans cette zone, la population indigène ne saurait rester en dehors du mouvement que nous voulons développer. Les Djemâas s'organiseront, et cette organisation préparera les Arabes à notre mode d'administration communale; les écoles de nos communes seront installées de manière à recevoir des enfants musulmans; des écoles arabes-françaises se fonderont sur les points éloignés de nos centres de population; un impôt ayant pour base la terre et non ses produits, toujours variables, sera substitué à l'impôt actuel des tribus; nous chercherons à introduire nos méthodes agricoles et à créer partout l'intérêt individuel.

Sortir de cette zone de colonisation serait ne pas vouloir participer aux avantages que le gouvernement attend des grands travaux en cours d'exécution et en projet. Ce serait s'exposer à ne pas trouver toujours une protection suffisante de la part de nos garnisons et de nos colonnes. Ce serait, enfin, se placer dans une situation exceptionnelle dont on aurait à supporter, sans secours aucun de l'État, les conséquences quelles qu'elles puissent être, le jour où des désordres viendraient à se produire en pays arabe.

Ce partage de l'Algérie en deux zones n'est pas de nature à jeter de l'inquiétude parmi les populations européennes qui sont, dès à présent, en dehors du périmètre de colonisation. Elles y sont, soit dans des centres qui se sont formés autour de nos postes militaires, soit sur des points où elles ont été appelées par des exploitations de forêts, mines ou autres. — Aux unes comme aux autres, la protection du gouvernement reste assurée telle qu'elle l'était par le passé. Rien n'est changé dans leur situation : rien non plus ne s'oppose à ce que de nouvelles exploitations industrielles se créent avec des autorisations spéciales en dehors du terrain de colonisation.

En résumé, la zone de colonisation est la partie de l'Algérie dans laquelle le gouvernement général concentrera à l'avenir tous ses moyens d'action. C'est dans elle que l'initiative européenne trouvera à la fois et en toutes circonstances liberté d'action et protection; c'est dans elle qu'en constituant la propriété individuelle, répandant l'instruction et émancipant sagement l'élément indigène, nous donnerons, dès à présent, une vie nouvelle aux populations arabes et kabyles.

J'ai arrêté comme il suit les limites de cette zone:

Province d'Alger. — Dans l'O. de la province d'Alger, la ligne de démarcation partant des limites de la division d'Oran remonte jusqu'au territoire civil de Ténès, en laissant dans la zone de colonisation le territoire des Ouled Ziad, des Sbéah du N., des Ouled Faèrs, des Begredoura, des Heumis.

A partir de la limite E. du territoire civil de Ténès, la ligne remonte vers la vallée du Ghéliff, en laissant dans la zone de colonisation le territoire des Heumis et de Medjadja, jusqu'au point où l'Oued Bou Serian se jette dans le Chéliff. De là, elle se dirige vers le territoire civil de Miliana, laissant au S., dans la zone de colonisation, les Ouled Aïssa, Ouled Yaya, Beni Boukni, les Bel Harrar, les Beni Gommerian et les Arib.

De la partie N. du territoire civil de Miliana, la ligne regagne le territoire civil de Zurich et de Cherchell, en laissant dans la zone de colonisation le territoire de Righa et des Beni Menad.

A partir de la division d'Oran, la ligne limite du S. se dirige vers le territoire civil d'Orléansville, laissant dans la zone de colonisation les Sbéah du S.

D'Orléansville, la ligne se dirige sur le territoire de Duperré, en laissant dans la zone de colonisation les Ouled Kosseir, d'où elle suit les dernières pentes de la vallée du Chéliff, dans le pays des Attafs.

A partir du territoire de Duperré, cette ligne gagne le territoire civil de Médéa, en laissant dans la zone de colonisation les Feni Ferah, les Ouzagrah, les Ouled Mira, les Ouled Mbarkta, les Sbabia, les Hachem, les Doui Hasseni, les Djendel et les Ouamri.

Du territoire de Médéa, la ligne descend la Chiffa jusqu'à Boughedou, puis se dirige vers le N.-E., en laissant dans la zone de colonisation les Beni Salah, les Guellaï, les Beni Moussa, les Khachnas, les Isser Droën et le Sebaou et Kedim, où elle vient rejoindre le territoire civil de Dellys.

Province d'Oran. — La zone de colonisation est circonscrite, dans la province d'Oran, par une ligne qui, à l'O., partant du cap Camerata, suit la limite actuelle de la subdivision d'Oran (limite qui résulte des titres de cantonnements des Ouled Zdir et des Ouled Khalfa) jusqu'au territoire civil d'Aïn Khial, et de là se dirige vers le S., en laissant intérieurement tous les établissements européens, jusqu'au territoire civil de Tlemcen, y compris celui de l'Hannaïa. De Tlemcen, la ligne se dirige vers l'E., pour aller aboutir au Djebel Zegrar, en suivant d'abord, sur une grande partie de son parcours, la route de Tlemcen aux Ouled Mimoun, puis en passant à Aïn Krailouf, Sidi Hamed Charf, Djebel Oum el Aksa et enfin, en remontant l'Oued Tralimet sur une partie de son cours, de manière à comprendre le territoire civil des Ouled Mimoun ainsi que celui des tribus des Ouled Sidi Ali ben Youb et des Hamyans. — Du Djebel Zegrar, la ligne remonte vers le N.-E. pour arriver au barrage de Sig, en laissant intérieurement les territoires de Tenira, des Ouled Brahim, de Sidi bel Abbès, de Sig et de leurs annexes.

En partant du barrage du Sig, la limite vient englober le territoire des Tabalist de la subdivision d'Oran, celui de la tribu entière des Ferraga, ainsi que du village de Pont de l'Oued el Hammam. A partir du territoire de l'Oued el Hammam, la limite longe la tribu des Ferraga dont une petite partie est de ce côté. Elle descend l'Oued el Hammam jusqu'au confluent de cette rivière avec l'Oued Fergoug, c'est-à-dire jusqu'au barrage, puis remonte l'Oued Fergoug jusqu'à sa rencontre avec le Chabet Meûssen. Elle suit alors ce dernier, en le remontant jusqu'à un sommet faisant partie du Djebel Melreg, dernier contre-fort des montagnes des Beni Neelg.

Du Djebel Melreg, la ligne va rejoindre la limite de la division d'Alger près de Sid el Ouada, en laissant intérieurement trois douars des Ouled Messed (Ouled Melek, Cherfa et Ouled Ali) ainsi qu'un douar des Hadjadja, les Ouled Tayeb, puis successivement, les territoires entiers des Beni Gaddou, Akerma Garraba, Assassa, Ouled Yaya, Ouled Souid, Akerma Chéraga, Mebal et Ouled Koulden.

A l'E., la ligne suit la limite de la province d'Alger, depuis les environs de Sid el Ouada jusqu'au delà du télégraphe des Ouled el Abbès, sur la rive droite du Chélif. De là, elle retourne vers l'O. et va rejoindre le Chélif près de l'Oued Tagbria, en suivant les limites des territoires des Ouled el Abbès et des Ouled Smain qu'elle laisse intérieurement. Enfin, la ligne suit à peu près le cours du Chélif en laissant toutefois à l'intérieur la partie du territoire des Ouled Brahim et des Chelaïa, qui se trouve sur la rive droite de ce cours d'eau.

Province de Constantine. — Dans la province de Constantine, au N.-O., la limite, en partant du territoire civil d'El Ouricia, descend l'Oued Robiba et suit la limite N. de la tribu des Ouled Abd el Nour, de la subdivision de Constantine jusqu'aux sources de l'Oued Eutmenia.

A partir de ce point, la ligne remonte vers le N. en suivant l'Oued Tsemda jusqu'à la route de Milah au Bordj bou Aktas, suit cette route jusqu'à l'Oued Milah, puis la ligne des crêtes de Ras el Bir et des Mouïa, jusqu'auprès d'El Kantour. Là elle remonte vers le N. en suivant le cours de l'Oued Guebli, et va rejoindre le territoire de Collo qu'elle englobe, en suivant successivement la ligne de l'Oued bou Arbia, de l'Oued Fersan et de l'Oued Tamameri.

La limite S., en partant de l'O., laisse intérieurement les territoires d'El Ouricia, de Bouhira et de Nessaoud. Elle suit d'abord le cours de l'Oued Kerouah jusqu'à son confluent avec l'Oued bou Sellemi, remonte cette rivière jusqu'au confluent de l'Oued Guellal, puis se dirige dans l'E. en laissant intérieurement les territoires des Eulma, des Mamra, de l'Oued Dekri, de Hammam Grous, d'Aïn Melila, la maison de commandement de Bordj bou Zekri et la plaine de Toulla.

A partir de la plaine de Toulla, la ligne continue à se diriger vers l'E., pour aller joindre l'Oued Cherf, près de Set'ara, en suivant les limites S. des Ouled M'baouch, Sellaoua et des Ouled Sidi Krallfa, dont elle laisse les territoires à l'intérieur de la zone. De Seïtora, elle descend le cours de l'Oued Cherf jusqu'à la limite des Beni Oudjana et des Achach ouled Ali, et va rejoindre la Seybouse par le Djebel Merhoum et l'Oued bou Mouïa.

A partir de la Seybouse, la ligne descend vers le S., pour envelopper le territoire civil de Souk Abras, puis remonte vers le N. en laissant intérieurement les territoires des villages européens de Duvivier, Barral et Mondovi.

De ce point, elle se dirige vers l'E. en laissant intérieurement les territoires des Ouled Besbès, des Merdès, des Beni Amar, et va rejoindre l'Oued Messida dont elle suit le cours jusqu'à sa source, rejoint la rive S. de Guerra M'ta Oued el Hout, et enfin va aboutir à la mer en suivant le cours de l'Oued Zitoun, de l'Oued el Eurg et de l'Oued Messida, de manière à laisser intérieurement les territoires de la Calle et de l'établissement d'Oum Teboul.

Les territoires civils de Nemours, Mascara, Tiaret, Azrale, Bougie, Djidjelli et Batna resteront constitués tels qu'ils le sont aujourd'hui.

Des instructions seront données pour livrer à la colonisation tous les biens domaniaux compris dans cette zone, qui pourra être successivement étendue lorsque des intérêts sérieux l'exigeront. — Quant aux autres postes en dehors de cette zone, ils doivent être considérés comme exclusivement militaires et il n'y a pas lieu d'y favoriser l'établissement de nouveaux colons.

M^{al} DE MAC-MAHON, DUC DE MAGENTA.

§ 2. — ADMINISTRATION CENTRALE A PARIS.

L'administration centrale telle qu'elle avait existé jusqu'au décret du 10 déc. 1860, s'est trouvée supprimée par la nouvelle organisation. Mais l'art. 7 du décr. ayant chargé S. E. le ministre de la guerre de présenter à l'Empereur les propositions du gouverneur général relativement aux actes de haute administration réservés au chef de l'Etat et de contre-signer les décrets, une direction spéciale a dû être instituée au ministère de la guerre sous le titre de *Service de l'Algérie*, pour préparer les travaux nécessités par l'exécution de cette mesure.

§ 3. — PERSONNEL ADMINISTRATIF.

D3. — 21 déc. 1861-23 janv. 1862. — BG, 40. — *Suppression du fonds d'abonnement. — Nouvelle organisation du personnel.*

Vu le décr. en date du 10 déc. 1860 (*supra*, § 1);
— Vu le décr. du 26 fév. 1859 (I, 55);

Art. 1. — Le fonds d'abonnement établi pour les bureaux de l'administration provinciale en Algérie, par le décr. du 26 fév. 1859, est supprimé.

Art. 2. — A l'avenir, les cadres des bureaux de l'administration provinciale comprendront deux catégories d'employés, savoir : 1° Les employés nommés par le gouverneur général, directement ou sur la proposition des généraux commandant les divisions territoriales et des préfets; — 2° Les employés nommés par les généraux, les préfets et les sous-préfets, par délégation du gouvernement général.

Art. 3. — Les employés nommés par le gouvernement général sont : — Les chefs et sous-chefs de bureau; — Les commis principaux; — Les adjoints des bureaux arabes départementaux; — Les secrétaires des sous-préfectures et des commissariats civils. — Le gouverneur général peut déléguer tout ou partie de ces nominations au directeur général des services civils.

Art. 4. — Les généraux, les préfets et les sous-préfets nomment, par délégation du gouverneur général, les autres employés de leurs bureaux.

Art. 5. — Les employés des deux catégories sont rétribués directement sur les fonds de l'Etat, inscrits au budget du gouvernement général de l'Algérie, au titre de l'administration provinciale.

Art. 6. — Les employés de l'administration provinciale sont, en ce qui touche les conditions du droit à pension, soumis au régime de la loi du 9 juin 1853, sur les pensions civiles (*Pensions de retraites*, I, 517). — Toutefois, ceux de ces employés qui ont été nommés, en vertu de l'art. 1 du décr. du 26 fév. 1859, seront soumis au rappel des retenues de toute nature, prescrites et déterminées par l'art. 5 de la loi précitée, pour le temps pendant lequel ils en ont été affranchis.

Art. 7. — Les cadres, les conditions d'admission et d'avancement du personnel de l'administration provinciale, ainsi que les mesures disciplinaires relatives au même personnel, seront déterminées par des arrêtés du gouverneur général.

Art. 8. — Est maintenu l'abonnement établi par l'art. 2 du décr. du 26 fév. 1859, pour les dépenses matérielles, telles que frais de bureau, d'impressions, chauffage, éclairage, etc.

Art. 9. — Sont abrogées toutes dispositions antérieures contraires au présent décret.

AC. — 17-27 avr. 1863. — BG. 79. — *Conditions d'admission au grade de commis principal dans les bureaux de l'administration.*

Vu l'*art.* 9 de notre arr. du 16 avr. 1862 (non publié), sur le personnel de l'administration provinciale, ainsi conçu :

« Art. 9. — Les commis ordinaires, pour passer au grade de commis principal, subiront un examen de capacité devant une commission nommée à cet effet, dans chaque préfecture. — Le gouverneur général fixera, chaque année, le programme des connaissances et des preuves à exiger des candidats, ainsi que le mode et l'époque des examens. — La commission dressera un état des candidats déclarés admissibles au grade de commis principal. Cet état, après avoir été arrêté définitivement par le gouverneur général, servira de base aux propositions du préfet, lorsqu'il y aura lieu de faire des nominations. »

Art. 1. — L'examen des candidats au grade de commis principal dans les bureaux de l'administration provinciale, aura lieu, dans chaque préfecture, du 25 au 31 mai prochain, devant une commission de trois membres, composée ainsi qu'il suit : — Le secrétaire général de la préfecture, président ; — Un conseiller de préfecture ; — Un chef de bureau. — Ces deux derniers seront désignés par le préfet. — Un employé du grade de sous-chef ou de commis principal, également désigné par le préfet, remplira les fonctions de secrétaire. — En cas d'absence ou d'empêchement du secrétaire général, il sera suppléé par le plus ancien es conseillers de préfecture.

Art. 2. — La session d'examen ne pourra durer plus de deux jours. L'ouverture en sera fixée par arrêté du préfet, pris vingt jours au moins à l'avance.

Art. 3. — Sont admis à se présenter au concours : — Les commis ordinaires de 1re classe des préfectures, des bureaux civils des généraux de division, des sous-préfectures ; — Les adjoints des bureaux arabes départementaux et les secrétaires de commissariat civil ayant rang de commis ordinaire de 1re classe. — Les candidats devront se faire inscrire d'avance au secrétariat général de la préfecture. — La liste des inscriptions ne sera close que la veille du jour fixé pour l'ouverture de la session.

Art. 4. — Les épreuves consisteront en deux compositions écrites sur des matières d'administration algérienne, se rapportant à l'un des cinq paragraphes suivants ; — § 1. Organisation politique, administrative et judiciaire ; — § 2. Constitution et régime de la propriété ; — § 3. Régime commercial et industriel ; — § 4. Régime financier et comptabilité publique ; — § 5. Administration des indigènes, tant en territoire militaire qu'en territoire civil.

Art. 5. — La première composition portera sur un sujet de *théorie administrative.* — Le candidat devra rédiger séance tenante : — Soit un exposé analytique de l'un des cinq paragraphes généraux indiqués dans l'article précédent ; — Soit une dissertation de principe sur un sujet donné et se rattachant à l'un de ces mêmes paragraphes. — La deuxième composition portera sur un sujet de *pratique administrative.* — Le candidat devra fournir, sur un sujet donné et se rattachant, comme précédent, à l'un des cinq paragraphes du programme général : — Soit un projet de décret ou d'arrêté, avec rapport ou exposé des motifs et lettre d'exécution ; — Soit une instruction de l'autorité supérieure ayant pour objet de prescrire une mesure d'utilité générale ou d'ordre public, ou de rappeler à l'observation des lois et règlements en matière d'administration pure ou en matière de comptabilité.

Art. 6. — Les deux sujets à proposer seront arrêtés par la commission d'examen, la veille du jour fixé pour l'ouverture du concours. — Chaque sujet de composition sera, après son adoption, renfermé dans un pli cacheté et numéroté 1 et 2, qui ne sera ouvert, en présence des concurrents, qu'au moment même où devra commencer la composition sur le sujet donné. — Le temps accordé pour chaque composition ne devra pas excéder trois heures. — Les seuls ouvrages qu'il sera permis aux concurrents de consulter, sont les suivants : — Le *Bulletin officiel* des actes du gouvernement de l'Algérie et de l'ancien ministère de l'Algérie et des colonies ; — La *Législation algérienne*, de M. de Ménerville ; — Les *Cinq codes* de l'empire français.

Art. 8. — Les procès-verbaux des opérations des commissions d'examen seront adressés par les préfets au gouverneur général, accompagnés des compositions des candidats déclarés admissibles au grade de commis principal, et d'une notice signalétique sur chacun d'eux.

Mal PÉLISSIER, DUC DE MALAKOFF.

§ 4. — SOUS-PRÉFECTURES.

DI. — 1er-30 avr. 1865. — BG. 116. — *Suppression de la sous-préfecture de Medeah.*

Vu le décret du 15 oct. 1858 (I, 57) ;

Art. 1. — La sous-préfecture de Medeah est supprimée, et la circonscription communale de Medeah est rattachée à l'arrondissement administratif de Blidah.

RENVOIS. — V. *Table alphabétique.*

Administration municipale.
V. COMMUNE.

Affaires arabes.

DIVISION.

§ 1. — ADMINISTRATION POLITIQUE DES INDIGÈNES.

1° Bureaux arabes militaires.

DI. — 5-30 mars 1866. — BG. 170. — *Mode de recrutement des bureaux arabes militaires.*

Vu l'arrêté organique du 1er fév. 1844 ; — Les décr. des 11 juin 1850 et 19 fév. 1852 (I, 59 et 60).

Art. 1. — Les différents corps de l'armée stationnés en France sont appelés à concourir au recrutement dans les bureaux arabes dans les proportions suivantes : — 1 officier par régiment d'infanterie, — 1 par régiment de cavalerie, — 1 par deux bataillons de chasseurs à pied, — 1 sur 50 de l'effectif du grade de capitaine, pour le corps d'état-major. — Les corps du génie et de l'artillerie concourront également au recrutement dans la mesure des intérêts du service. — Les officiers appartenant à ces différents corps sont mis à la disposition du gouverneur général de l'Algérie par notre ministre de la guerre.

Art. 2. — Les limites fixées ci-dessus ne sont point applicables au 7e corps d'armée et notamment aux troupes employées à titre permanent en Algérie, dans lesquelles les officiers des bureaux arabes continueront à être choisis de préférence.

Art. 3. — Le gouverneur général adresse mensuellement à notre ministre de la guerre, l'état

2

nominatif des officiers employés dans les bureaux arabes.

Art. 4. — Lorsque, par suite du retour en France des corps auxquels ils appartiennent, les officiers employés dans les bureaux arabes se trouveront en excédant du nombre fixé par l'art. 1, il leur sera donné un délai de six mois pour permuter avec des officiers appartenant à des corps qui n'auront point participé au recrutement de ces bureaux.

Art. 5. — Les dispositions qui régissent les bureaux arabes sont maintenues en tout ce qui n'est pas contraire au présent décret.

2° Règlements administratifs. — Mesures de politique générale.

AG. — 20 fév.-26 mars 1861. — BG. 6. — Prisonniers arabes internés à Ajaccio.

Vu le règlement min. du 19 mars 1859 (non publié), concernant les prisonniers arabes internés à Ajaccio; — Considérant que la répartition en trois classes de ces prisonniers établit entre eux une distinction fâcheuse au point de vue politique, et qu'il y a lieu de ramener les allocations qui leur sont faites à un taux uniforme;

Art. 1. — La répartition en trois classes des prisonniers arabes internés à Ajaccio est supprimée.

Art. 2. — Ces prisonniers formeront une seule et même classe et recevront une allocation de 1 f. par jour et par homme.

Mal PÉLISSIER, DUC DE MALAKOFF.

AG. — 25 fév.-12 mars 1861. — BG. 4. — Mesures relatives aux indigènes internés hors de leurs tribus.

Vu la décis. min. du 27 déc. 1858 (I, 80), qui règle l'internement des indigènes en Algérie; — Considérant que les indigènes internés hors de leur tribu sont quelquefois sans ressources personnelles, et qu'ils ne trouvent pas toujours les moyens assurés de subvenir à leurs besoins par leur travail; — Que, dès lors, ils deviennent une charge pour les tribus dans lesquelles ils sont mis en surveillance, et souvent sont poussés au mal par la misère; qu'il importe, au double point de vue de l'équité et du bon ordre, de remédier à cet état de choses;

Art. 1. — Les indigènes contre lesquels la peine de l'internement en Algérie aura été prononcée, seront placés dans les localités où il existe des pénitenciers indigènes et nourris par ces établissements.

Art. 2. — Lorsque, par exception à l'art. 1, un indigène devra être interné sur un point où il n'existe pas de pénitencier indigène, il sera placé dans un chef-lieu de subdivision ou de cercle, et, dans ce cas, il sera hébergé par la maison des Hôtes du bureau arabe.

Art. 3. — L'allocation pour la nourriture des indigènes internés est fixée à 0,50 cent. par jour et par individu.

Art. 4. — Les frais de nourriture des indigènes internés en Algérie seront imputables au budget des centimes additionnels des subdivisions auxquelles appartiennent ces internés. — A cet effet, il sera ajouté au chap. 1er, sect. 5, un nouvel article portant : Entretien des indigènes internés en Algérie.

Art. 5. — A l'époque de l'établissement du budget de chaque subdivision, le chiffre de la dépense présumée à inscrire à l'article Entretien des indigènes internés en Algérie, sera calculé sur la moyenne des internés des années précédentes, à raison de 50 cent. par jour et par individu.

Art. 6. — Tous les trois mois, les frais d'entretien des internés indigènes seront acquittés par les caisses des subdivisions auxquelles ils appartiennent, sur l'envoi de feuilles de dépenses établies par les soins des autorités chargées de l'administration des pénitenciers indigènes et des maisons des Hôtes.

Mal PÉLISSIER, DUC DE MALAKOFF.

AG. — 29 avr.-21 mai 1865. — BG. 147. — Travaux d'utilité communale dans les tribus. — Mode d'exécution.

Vu le décr. du 5 juill. 1854 (Chemins vicinaux, I, 145); — le décr. du 7 juill. 1864 (suprà, Admin. gén);

Art. 1. — Les travaux d'utilité communale, et notamment les chemins vicinaux, les canaux de dessèchement, les puits ordinaires, les barrages, canaux d'irrigation et puits artésiens servant à l'arrosage des terres de culture et des communaux, sont à la charge des communes (douars). — Sont considérés comme chemins vicinaux tous ceux, autres que les routes impériales et provinciales, qui servent à communiquer d'un lieu public à d'autres lieux publics que l'autorité provinciale déterminera, tels que : chef-lieu de commune (douar), village ou groupe de trois habitations permanentes au moins, grande route, marché, mosquée, édifice ou bien communal, fontaine publique, puits, abreuvoir, gué, bacs, port, rivière ou ruisseau d'un usage commun.

Art. 2. — En cas d'insuffisance des ressources pécuniaires des communes (douars), il sera pourvu à l'exécution et à l'entretien desdits travaux, au moyen des prestations en nature.

Art. 3. — Les projets de travaux d'utilité communale sont établis d'après les instructions du commandant du cercle et accompagnés de l'avis de la commissions des centimes additionnels, les djemâas entendues. Ces projets sont approuvés par le commandant de la province. — Les commissions des centimes additionnels, les djemâas consultées, expriment leurs vœux sur l'ordre de préférence à donner aux travaux; elles proposent, par cercle, les prestations en nature à fournir, soit dans la commune (douar), soit en dehors de la commune. — Le commandant de la province statue sur ces propositions.

Art. 4. — Le maximum de la prestation en nature est fixé à quatre journées de travail. — Lorsque la prestation est fournie en dehors du territoire de la commune (douar), le temps nécessaire pour se rendre à l'endroit qui lui est assigné et pour en revenir est compté au prestataire. — Tout habitant, chef de famille ou d'établissement, à titre de propriétaire ou de locataire, porté sur un des rôles des impôts zekkat, lezma, hokor et achour, est appelé à fournir chaque année une prestation de quatre jours : 1° Pour lui, pourvu qu'il soit âgé de 18 ans au moins et de 55 ans au plus; — 2° Pour toute bête de somme ou de trait au service de la famille ou de l'établissement. — Il n'est point dû de prestation pour les chevaux et juments.

Art. 5. — Nul n'est affranchi de la prestation en nature. La prestation en nature n'est point rachetable en argent. — Tout prestataire demeure libre de se faire remplacer sur les chantiers par un homme valide.

Art. 6. — Sont considérées comme journées de prestation celles fournies pour le service des affaires arabes, dans les cas prévus par les instructions du gouverneur général.

Art. 7. — Les travaux sont exécutés sous la surveillance des officiers du génie, des officiers des affaires arabes et autres agents désignés à cet effet par les commandants de cercle. — Les prestataires sont réunis par les chefs indigènes sur les points désignés (art. 5); les officiers et agents répartissent les travailleurs et les bêtes de somme sur les chantiers. — Il est fait usage, pour les travaux, des outils français achetés sur les fonds des centimes additionnels, et, à leur défaut, des outils employés dans la tribu.

Art. 8. — Si la commission des centimes additionnels, mise en demeure, n'a pas voté les prestations nécessaires, le général, commandant la province, imposera d'office les communes (douars) dans la limite du maximum déterminé par l'art. 4.

Art. 9. — Si le prestataire ne se présente pas au jour et à l'heure indiqués, ou s'il ne se fait pas remplacer, conformément à l'art. 5, il sera soumis à une double prestation, pour chacune de ses journées d'absence. — En cas de récidive, il sera condamné à l'amende ou au besoin à la prison, suivant les règlements en vigueur.

Mal DE MAC-MAHON, DUC DE MAGENTA.

Circ. G. — 18 août 1865. (V. Passe-ports). — Indigènes se rendant à Tunis.

§ 2. — ADMINISTRATION CIVILE INDIGÈNE.

Circ. M. — 9 mars 1860 (non publiée au Bulletin officiel). Instructions aux préfets des départements relatives aux réquisitions pour le service de l'armée.

L'art. 4 de l'arr. min. du 4 déc. 1858, concernant les indigènes qui travaillent sur les terres européennes, porte (V. Affaires arabes, I, 85):—L'exécution de ces dispositions, en ce qui concerne les corvées ou obligations établies, soit au bénéfice des chefs investis, soit pour les charges communales de la tribu, ne présente aucune difficulté et ne soulève pas d'objection. Mais il n'en est pas de même relativement aux terres pour le service militaire et pour les transports de l'Etat.

On fait observer avec raison que l'acquittement de l'impôt, et surtout la mobilisation des contingents armés pour suivre nos opérations militaires étant les plus grandes marques de sujétion politique et d'obéissance que les musulmans puissent nous donner, nous ne pouvions pas renoncer à ces témoignages de dépendance.

Les mêmes considérations politiques commandent de ne pas porter atteinte au droit que l'administration militaire a toujours eu de requérir les bêtes de somme des indigènes pour les convois de l'Etat, soit lors des expéditions, soit pour le ravitaillement des postes avancés. Une prestation en argent ne compenserait pas les avantages et l'économie que l'on retire de ces réquisitions. Dans des circonstances données, le défaut de bêtes de somme créerait de véritables embarras aux services militaires.

Par ces motifs, pour concilier, autant que possible, les facilités que l'arr. du 4 déc. a voulu assurer au travail des indigènes sur les terres européennes, avec les intérêts de la politique et de la domination, j'ai décidé que les indigènes qui se trouvent dans la position déterminée par l'art. 4, devront, en toute circonstance et sans faculté de rachat, le service de guerre, lorsque les contingents sont convoqués. Il est entendu qu'ils le devront par eux-mêmes dans la localité dans laquelle ils sont fixés et par leurs représentants dans la tribu dans laquelle ils ont conservé des intérêts. Dans aucun cas, ils ne pourront être forcés de se déplacer pour venir fournir par eux-mêmes le service militaire.

Quant aux réquisitions pour les convois, ils pourront, si le nombre des bêtes de somme et de conducteurs requis est inférieur aux ressources de la tribu, se racheter de la corvée en payant à la tribu le prix fixé par le commandant de la division;

mais si la tribu ne possédait par un nombre suffisant de bêtes de somme, l'indigène absent sera tenu de fournir en nature et toujours par des représentants, le contingent qui lui sera demandé. Il est bien entendu que ces dispositions ne s'appliquent qu'aux bêtes de somme possédées par l'indigène dans sa tribu; quant à celles qu'il possède au lieu où il a fixé son domicile personnel, elles rentrent dans le droit commun de cette localité et sont soumises à la réquisition, si cette réquisition vient à y être effectuée.

Pour ce qui est des corvées au profit des chefs investis, s'il en existe encore, et des prestations dans l'intérêt de la tribu, l'art. 4 sera appliqué dans sa teneur, et les sommes provenant des rachats seront versées, soit aux agents bénéficiaires des corvées, soit à la caisse des centimes additionnels, à l'impôt arabe, chargée de pourvoir aux dépenses communales.

Le ministre de l'Algérie et des colonies,
Cte DE CHASSELOUP-LAUBAT.

AG — 31 juil. 1865 (V. Commune). Administration des indigènes habitant le territoire annexé à l'arrond. de Sétif, confiée au maire du village de Saint-Arnaud.

Circ. G. — 8 août 1865. (V. Etat civil) — Irrégularités commises par les cadis en matière d'état civil.

AG — 19 août-31 déc. 1865. — BG. 101. — Remise par l'autorité militaire à l'administration civile, de la partie du territoire connue sous le nom de Cherebet Latra, de la tribu des Soumata, comprise entre la limite N. des terres du village de Bou Medfa, annexe de la commune de Vesoul-Benian et l'Oued Djer; partie du territoire formant les six parcelles nos 838 à 843 inclusivement du plan cadastral et comportant une contenance de 25 hect. 50 a, le tout conformément au plan annexé.

RENVOIS. — V. Table alphabétique.

Affaires domaniales. V. TABLE ALPHABÉTIQUE.

Affichage—Afficheurs. V. ibidem.

Agents de change. V. ibidem.

Agents du gouvernement et de l'administration. V. FONCTIONNAIRES.

Agriculture.

DIVISION.

§ 1. — SOCIÉTÉ D'AGRICULTURE.

AG. —23-27 oct. 1840. — B. 84. — Institution d'une société agricole.

Vu la demande à nous adressée dans le but d'obtenir l'autorisation de former à Alger une société agricole ayant pour objet de rechercher et de publier les meilleures méthodes de cultures applicables au pays; — Vu les statuts de ladite société; — Attendu l'utilité d'une pareille institution;

Art. 1. — La formation d'une société qui prendra le titre de Société agricole de l'Algérie, et dont le siège sera à Alger, est autorisée. Elle sera organisée et administrée d'après les statuts annexés au présent arrêté, et elle s'y conformera pour toutes ses opérations.

Art. 2. — Il sera institué par nous un commissaire du gouvernement pour examiner les comptes de la société.

Art. 5. — La société devra, avant de commencer ses travaux, faire connaître à l'autorité civile les lieux, jours et heures de ses réunions habituelles. Elle donnera également avis des séances extraordinaires qu'elle pourra tenir.

Art. 6. — Nous nous réservons la faculté de prononcer la dissolution de la société, dans le cas où elle s'écarterait du but de son institution et contreviendrait aux statuts approuvés par nous.

Cte VALÉE.

93. — 1er mai-5 juin 1861. — BG. 16. — *La société agricole est déclarée établissement d'utilité publique.*

Vu l'arr. du 25 oct. 1840— (ci-dessus);—Vu les statuts de la société approuvés par le gouverneur général, le 16 avr. 1848; la délibération du conseil d'administration, en date du 10 nov. dernier, tendant à ce que cette société soit reconnue comme établissement d'utilité publique, sous le titre de : *Société impériale d'agriculture d'Alger*; la demande conforme présentée le 14 du même mois; et l'avis favorable du préfet du département d'Alger;

Art. 1. — La société d'agriculture d'Alger est reconnue comme établissement d'utilité publique, sous le titre de *Société d'agriculture d'Alger*. Ses statuts sont approuvés tels qu'ils sont annexé au présent décret.

Statuts.

Art. 1. — La société fondée sous le titre de société agricole de l'Algérie, prendra celui de *Société d'agriculture d'Alger*.

Art. 2. — Le but de la société est de propager les meilleures méthodes de culture en publiant, au moins tous les trois mois, dans un bulletin, les documents qui lui seront transmis par l'administration, les mémoires qui lui seront adressés par les chambres et les sociétés d'agriculture de l'Algérie, par ses membres et même par toute personne étrangère; de faire des rapports sur toutes les questions qui lui seront proposées par l'autorité, sur des sujets concernant l'agriculture; de recueillir et coordonner tous les renseignements statistiques relatifs au mouvement progressif de la culture en Algérie. — A cet effet, elle établira des correspondances soit en Algérie, soit en France, soit ailleurs.

Art. 3. — Elle ouvrira des concours sur des sujets qu'elle indiquera, dans le but de faire rédiger des mémoires agricoles ou exécuter des travaux de culture.

Art. 4. — Elle pourra distribuer, fonder même des prix, donner des encouragements et des récompenses honorifiques.

Art. 5. — La société se compose de membres honoraires, de membres titulaires ou résidants et de membres correspondants.

Art. 6. — Nul ne sera admis s'il n'est présenté par deux membres titulaires.

Art. 7. — Sont de droit présidents d'honneur de la société d'agriculture d'Alger : — Le ministre de la guerre; — Le gouverneur général de l'Algérie; — Le préfet d'Alger.

Art. 8. — Les membres honoraires sont choisis parmi les hommes qui ont rendu des services à l'Algérie, ou qui, parvenus à une haute position dans les sciences, dans l'armée, dans l'administration, peuvent être à la Société du plus utile concours. — Ce titre peut être accordé aux anciens membres de la société qui se sont distingués par leur assiduité et leurs travaux. — Les membres honoraires sont inscrits sur le tableau avant les membres titulaires. — Ils ne sont tenus à payer aucun droit d'admission ou de cotisation. — Quand ils assisteront aux séances, ils auront voix délibérative; ils ne pourront voter cependant sur les affaires d'administration intérieure ou de comptabilité. Ils pourront être nommés membres des commissions, mais non du bureau.

Art. 9. — Les membres titulaires devront résider habituellement en Algérie et pouvoir prendre une part active aux travaux de la société.

Art. 10. — Chaque membre titulaire versera dans la caisse de la société, immédiatement après son admission, une somme de 12 fr. En outre, il devra payer une cotisation de 2 fr. par mois, payable par trimestre.

Art. 11. — Tout membre qui ne payera pas exactement sa cotisation pourra, après trois avertissements mensuels donnés par le trésorier et après délibération, être rayé du tableau comme démissionnaire. — Il y aura exception à cette règle, pour ceux qui feront une absence temporaire de moins d'un an.

Art. 12. — Tout membre titulaire qui quittera l'Algérie ou le voisinage d'Alger, pourra être nommé membre correspondant, et la société votera sur sa demande sans qu'il soit besoin de présentation. — Ce nouveau titre lui appartiendra même de plein droit, s'il justifie que, pendant cinq ans au moins, il a pris une part active aux travaux de la société.

Art. 13. — Les membres correspondants sont choisis parmi les notables cultivateurs de l'Algérie, qui, par leur éloignement d'Alger, ne peuvent assister régulièrement aux séances de la société; parmi les hommes distingués dans les sciences agricoles et ceux qui se sont signalés par leur dévouement à la cause de l'Algérie ou qui habitent la France ou l'étranger.

Art. 14. — Tout membre correspondant qui se trouvera momentanément à Alger aura la faculté d'assister aux assemblées générales, mais avec voix consultative seulement, à moins qu'il ne soit nommé membre d'une commission temporaire pour quelque objet spécial, et, dans ce seul cas, il aura voix délibérative.

Art. 15. — La société compte sur le concours de ses membres correspondants pour lui transmettre leurs observations personnelles, leurs mémoires, les ouvrages qu'ils croiraient pouvoir l'intéresser. — Ils seront priés de faire les recherches et d'envoyer les renseignements que la société jugera lui être utiles.

Art. 16. — La société nomme chaque année son bureau en assemblée générale, dans la première quinzaine de janvier. — Le bureau se compose : — 1° D'un président; — 2° De deux vice-présidents; — 3° D'un secrétaire principal; — 4° D'un secrétaire adjoint; — 5° D'un trésorier; — 6° D'un comité de rédaction; — 7° D'une commission de comptabilité.

Art. 17. — Tous les membres du bureau sont nommés à la majorité des suffrages, par vote séparé pour chaque genre de fonctions.

Art. 18. — Les fonctions du président sont de diriger les travaux des séances, proposer les matières à traiter, veiller au maintien du règlement, mettre les objets en délibération, recueillir les avis et prononcer les résultats des délibérations.

Art. 19. — Il pourra assister à toutes les séances des commissions et aura droit de les présider.

Art. 20. — Dans le cas d'absence du président, il sera remplacé par l'un des vice-présidents, suivant leur ordre de nomination.

Art. 21. — Les fonctions du secrétaire principal consistent à tenir le registre des séances, à y inscrire les délibérations, à signer avec le président les actes émanés de la société, à présenter tous les ans, à la séance publique, l'exposé des travaux de la société.

Art. 22. — Le trésorier sera chargé du recouvrement et de l'emploi des fonds.

Art. 23. — Il ne pourra payer aucune somme sans le visa de la commission de comptabilité et le vu bon à payer du président.

Art. 24. — La commission de comptabilité prépare à chaque fin d'année un budget pour l'année suivante, lequel sera soumis à l'assemblée générale qui votera sur chaque article, à la majorité absolue des membres présents.

Art. 25. — Le trésorier aura la surveillance des livres, des archives, et généralement de tous les objets appartenant à la société. Il en transmettra le catalogue et l'inventaire à son successeur.

Art. 26. — Il y aura tous les quinze jours réunion des membres titulaires.

Art. 27. — Le président pourra convoquer extraordinairement la société en assemblée générale.

Art. 28. — Chaque fois qu'une assemblée devra avoir lieu, tous les membres de la société seront convoqués par lettre à domicile. Ces lettres indiqueront les objets à l'ordre du jour.

Art. 29. — À l'heure indiquée par la lettre de convocation, le président, un des vice-présidents, ou à défaut, le doyen d'âge des membres présents, occupe le fauteuil et déclare la séance ouverte.

Art. 30. — Lecture est faite, par le secrétaire, du procès-verbal de la séance précédente.

Art. 31. — Le procès-verbal adopté, lecture est donnée de la correspondance, et les objets à l'ordre du jour sont mis en délibération, en suivant l'ordre indiqué dans les lettres de convocation.

Art. 32. — Après l'épuisement de l'ordre du jour, chaque sociétaire a la faculté de faire des propositions; ces propositions devront être formulées par écrit, signées de leurs auteurs et déposées sur le bureau.

Art. 33. — Toute proposition, pour être prise en considération, devra être appuyée par trois membres.

Art. 34. — Si l'urgence est proclamée par les deux tiers des membres présents, la proposition est développée séance tenante, et l'assemblée en délibère de suite. — S'il n'y a pas urgence, la proposition prise en considération est renvoyée à la séance suivante pour être discutée; elle pourra aussi devenir l'objet de l'examen d'une commission. — Dans l'un et l'autre cas, il en sera fait mention dans les convocations.

Art. 35. — L'assemblée désignera ses commissions par scrutin de liste, à la majorité relative des membres présents, et chaque commission élira son président.

Art. 36. — Chaque commission devra dresser un rapport signé de tous ses membres et présenté par celui des commissaires qu'elle choisira pour rapporteur.

Art. 37. — Chaque fois qu'un sujet est mis en délibération, tout membre qui voudra prendre part à la discussion ne pourra exposer son opinion qu'après en avoir demandé l'autorisation au président. Le président ne pourra refuser la parole ou l'interdire, sans avoir au préalable obtenu l'assentiment de la majorité.

Art. 38. — Le président ne prononcera la clôture de la discussion qu'après avoir consulté l'assemblée

Art. 59. — L'adoption ou le rejet de toute proposition mise en délibération aura lieu par assis et levé, et à la majorité absolue des membres présents. — Néanmoins, sur la demande de trois membres, le scrutin pourra être secret, et il le sera toujours lorsqu'il s'agira de l'admission d'un nouveau membre.

Art. 40. — Tous les membres de la société, honoraires, titulaires et correspondants, recevront gratuitement les bulletins trimestriels.

Art. 41. — Les ressources de la société consistent : — 1° Dans le versement de chaque membre titulaire, à son entrée dans la société; — 2° Dans le montant des cotisations; — 3° Dans la vente du bulletin; — 4° Dans les subventions et donations du gouvernement, des administrations et des particuliers.

Art. 42. — Aucune dépense ne pourra être faite sans que les fonds pour la couvrir ne soient assurés.

Décis. I. — 8 sept.-50 déc. 1861. — BG. 56. — *La société d'agriculture d'Alger est autorisée à prendre le titre de Société impériale d'agriculture* (1).

DI. — 26 mai-10 juin 1865. — BG. 148. — *Création d'une ferme-école arabe-française dans la province d'Alger.*

Tit. 1.

Art. 1. — Une ferme-école arabe-française est instituée dans la province d'Alger. Des établissements semblables seront ultérieurement créés dans les deux autres provinces.

Art. 2. — Les élèves de la ferme-école arabe-française sont divisés en deux classes, suivant la manière dont ils sont recrutés. — La première se compose des enfants européens et indigènes envoyés par les familles. Leur entretien est à la charge des familles auxquelles les budgets provinciaux, ceux des communes et des centimes additionnels peuvent venir en aide au moyen de bourses, demi-bourses et quarts de bourses. — La seconde comprend les orphelins européens et indigènes. Leur entretien est à la charge des budgets susmentionnés.

Tit. 2.

Art. 3. — Les enfants ne peuvent être admis dans la ferme-école arabe-française que s'ils ont 10 ans au moins et 15 ans au plus. Ils auront à présenter, avant leur entrée à l'école : 1° un acte de naissance ou de notoriété établi conformément à la loi; 2° une déclaration d'un docteur en médecine attaché à un hôpital civil ou militaire, dûment légalisée et constatant qu'ils ont eu la petite vérole ou ont été vaccinés et ne sont atteints ni d'affection chronique ni de maladie contagieuse. — La famille qui enverra un enfant à la ferme-école arabe-française aura à produire un certificat de l'autorité civile ou militaire du lieu de sa résidence, constatant qu'elle est en état de payer la pension ou portion de pension à sa charge.

Art. 4. — Le prix de la pension est fixé à 360 fr.; celui de la demi-pension, à 180 fr.; celui du quart de pension, à 90 fr. — Le trousseau, dont la composition sera arrêtée par le conseil d'administration, sauf l'approbation du gouverneur

---

(1) 8 sept. 1861. — *Rapport à l'Empereur.* — Sire, Le gouverneur général de l'Algérie demande que la société d'agriculture d'Alger, qui a été reconnue par décret du 1er mai dernier, comme établissement d'utilité publique, soit autorisée à prendre le titre de *Société impériale d'agriculture.* — Je ne puis que proposer à V. M. de vouloir bien accorder cette nouvelle marque de sa protection à une société qui, par le caractère dont elle vient d'être

revêtue, comme par l'autorité morale qu'elle s'est acquise, occupe un rang distingué parmi les institutions utiles de l'Algérie.

Le maréchal ministre de la guerre,
RANDON.

Approuvé.
NAPOLÉON.

général de l'Algérie, est à la charge de l'établissement.

Art. 5. — Les familles des élèves de la première catégorie doivent remettre au directeur de l'établissement, lorsque les enfants lui sont présentés, l'engagement de verser au trésor, par trimestre et d'avance, le prix de la pension à leur charge.

TIT. 3.

Art. 6. — La direction de la ferme-école arabe-française s'exerce sous la surveillance du gouverneur général de l'Algérie. — Le directeur de la ferme-école arabe-française est nommé par le gouverneur général. — Le sous-directeur, les professeurs et maîtres sont nommés par le gouverneur général, sur la proposition du directeur. — Un médecin est chargé spécialement du service de santé; il est nommé par le gouverneur général.

Art. 7. — Il est établi à la ferme-école arabe-française un conseil d'instruction et un conseil de discipline. Des arrêtés du gouverneur général en déterminent la composition et les attributions.

TIT. 4.

Art. 8. — L'instruction donnée dans la ferme-école arabe-française est théorique et pratique. — L'instruction théorique comprend la lecture, l'écriture, les éléments d'arithmétique et des notions de science vétérinaire. — L'instruction pratique comprend les travaux d'agriculture et de jardinage, ainsi que des professions manuelles dont le concours est nécessaire à l'agriculture et au jardinage. — Le gouverneur général règle le programme des études et des travaux, ainsi que l'emploi du temps.

Art. 9. — La discipline est réglée par un règlement préparé par le directeur, sur l'avis des conseils d'instruction et d'administration, et arrêté par le gouverneur général.

Art. 10. — Ce règlement déterminera des dispositions pour que les devoirs religieux soient remplis séparément par les Européens et les musulmans.

TIT. 5.

Art. 11. — Un conseil, dont les attributions et la composition sont réglées par le gouverneur général, est chargé de l'administration de l'établissement.

Art. 12. — Les traitements du personnel sont fixés par le gouverneur général. Il en est de même du nombre et du traitement des agents subalternes dont les nominations sont faites par le directeur, sur la présentation du conseil d'administration.

Art. 13. — Un intendant militaire inspecte la ferme-école arabe-française, sous le rapport de l'administration.

Art. 14. — Le gouverneur général désigne deux inspecteurs, l'un Européen, l'autre musulman, pour inspecter, de concert, les travaux de la ferme-école arabe-française, toutes les fois que cette inspection est jugée nécessaire.

TIT. 6.

Art. 15. — Les élèves qui sortiront de la ferme-école arabe-française recevront un certificat qui fera connaître quelle a été leur conduite dans l'établissement et quel est le degré de leur instruction au point de vue théorique et pratique.

Art. 16. — Une partie du produit des travaux de l'établissement, qui sera ultérieurement fixée, servira à former une caisse de secours au moyen de laquelle la ferme-école arabe-française pourra venir en aide à ceux des anciens élèves qui se trouveraient momentanément sans travail et sans emploi.

TIT. 7.

Art. 17. — Le gouverneur général détermine

le mode de comptabilité de épenses de la ferme-école arabe-française.

§ 2. — CULTURES INDUSTRIELLES.

Coton.

AG. — 11-23 juill. 1861. — BG. 25. — *Primes allouées à la production cotonnière pendant la campagne 1861-1862, en exécution du décret du 25 avr. 1860 (I, 91).*

AG. — 11 juill.-6 août 1862. — BG. 53. — *Réglement des mêmes primes pour la campagne 1862-1863.*

AG. — 26 juin-16 juill. 1863. — BG. 67. — *Réglement des mêmes primes pour la campagne 1863-1864.*

DI. — 14 déc. 1863. — *Autorisation de la société anonyme formée à Paris sous la dénomination de Compagnie française des cotons et produits agricoles algériens.*

Art. 1. — La société anonyme formée à Paris, sous la dénomination de *Compagnie française des cotons et produits agricoles algériens*, est autorisée. — Sont approuvés les statuts de ladite société, tels qu'ils sont contenus dans les actes passés les 24 nov. et 2 déc. 1863 devant Mes Vassal et Simon, notaires à Paris, lesquels actes resteront annexés au présent décret.

Art. 2. — La présente autorisation pourra être révoquée en cas de violation ou de non-exécution des statuts approuvés, sans préjudice des droits des tiers.

Art. 3. — La société sera tenue de remettre tous les six mois un extrait de son état de situation au ministre de l'agriculture, du commerce et des travaux publics, au préfet du département de la Seine, au préfet de police, à la chambre de commerce et au greffe du tribunal de commerce de la Seine.

Art. 4. — Notre ministre de l'agriculture, du commerce et des travaux publics est chargé de l'exécution du présent décret, qui sera publié au *Bulletin des lois*, inséré au *Moniteur* et dans un journal d'annonces judiciaires du département de la Seine, et enregistré avec l'acte d'association au greffe du tribunal de commerce de la Seine.

AG. — 7-16 avr. 1864. — BG. 107. — *Réglement des primes pour la campagne 1864-1865.*

DI. — 25 mars-12 avr. 1865. — BG. 142. — *Autre mode d'encouragement accordé à la culture du coton.*

Vu notre décr. du 25 avr. 1860, sur les encouragements à accorder à la production du coton en Algérie (I, 91); — Considérant que si les primes à l'exportation, créées par le décret susvisé, ont eu leur utilité dans le principe, les circonstances actuelles ne justifient pas le maintien de cette forme d'encouragement, et qu'il convient, dès lors, de donner à la subvention de l'Etat un caractère d'intérêt plus général;

Art. 1. — Les encouragements accordés à la production du coton en Algérie, en exécution de notre décr. du 25 avr. 1860, consisteront désormais en subventions, soit pour la construction de barrages ou de forages établis en vue de la culture cotonnière, soit pour l'introduction en Algérie de machines d'égrenage perfectionnées.

Art. 2. — Toutes les dispositions contraires au présent décret sont rapportées.

Production de la soie.

AG. — 9 déc. 1861. — BG. 52. — *Révision du traité du 26 sept. 1856 (I, 92) entre l'administration et les sieurs Chazel et Reidon, pour l'achat et la filature des cocons récoltés en Algérie.*

Décis. G. — 25 fév. 1865. — BG. 157. — *Résiliation du traité du 26 sept. 1856.*

§ 5. — EXPOSITIONS AGRICOLES.

De 1859 à 1862, l'exécution de l'arrêté ministériel du 15 sept. 1856 (I,93) est demeurée suspendue, d'après le vœu exprimé notamment par le conseil général du département de Constantine; en conséquence l'exposition agricole annuelle qui devait être ouverte successivement au chef-lieu de chacune des trois provinces n'a pas eu lieu. Un arr. du 30 août 1861 a remis en vigueur l'arr. de 1856 et trois nouvelles expositions ont été ouvertes en 1862 à Alger, en 1863 à Constantine, en 1864 à Oran; mais un arr. du 27 fév. 1865 a définitivement supprimé le renouvellement périodique.

AG. — 30 août-18 sept. 1861. — BG. 33. — *Remise en vigueur des dispositions de l'arr. du 15 sept. 1856 qui n'ont pas été appliquées depuis 1859. — L'exposition agricole aura lieu a Alger pour 1862.*

AG. — 31 mars-10 mai 1862. — BG. 51. — *Règlement relatif à l'exposition de 1862.*

AG. — 24 fév.-31 mars 1863. — BG. 76. — *L'exposition aura lieu à Constantine pour 1863. — Règlement.*

AG. — 24-28 avr. 1864. — BG. 102. — *L'exposition aura lieu à Oran pour 1864. — Règlement.*

AG. — 27 fév. 1865. — BG. 154. — *Suppression des expositions générales annuelles.*

Vu l'arr. du 30 août 1861 (ci-dessus); — Considérant que, par leur répétition trop fréquente, les expositions générales annuelles manquent leur but, des progrès sensibles en agriculture ne pouvant se réaliser d'une année à une autre; — Considérant encore que la tenue annuelle de ces exhibitions impose à l'Etat, aux départements, aux communes et aux particuliers qui sont appelés à y prendre part, des dépenses considérables, hors de proportion avec les résultats à obtenir; — Attendu, toutefois, que ces expositions, ne se reproduisant qu'à des époques assez éloignées les unes des autres, sont utiles, favorisent le progrès agricole et permettent d'établir des comparaisons entre les produits, les procédés de culture et les instruments perfectionnés;

Art. 1. — Les expositions générales annuelles sont et demeurent supprimées.

Art. 2. — Des arrêtés spéciaux détermineront à l'avenir, suivant les besoins reconnus, l'époque et les localités où des expositions devront avoir lieu en Algérie, ainsi que les conditions d'admission à ces concours de l'agriculture et de l'industrie.
M^{al} DE MAC-MAHON, DUC DE MAGENTA.

RENVOIS. — V. *Table alphabétique.*

Ajournements. V. PROCÉDURE JUDICIAIRE.

Aliénés. V. TABLE ALPHABÉTIQUE.

Alignements. V. *ibidem.*

Amendes. V. *ibidem.*

Amin. V. CORPORATIONS INDIGÈNES.

Amnistie. V. Ier volume.

Animaux. V. TABLE ALPHABÉTIQUE.

Anniversaire (Prise d'Alger). V. *ibidem*

Annonces légales. V. MONITEUR ALGÉRIEN. — PRESSE.

Antiquités. V. MUSÉES.

Apostilles. V. PÉTITION.

Appareils à vapeur. V. MACHINES.

Apprentissage. V. TABLE ALPHABÉTIQUE.

Aqueduc. V. EAU. — TRAVAUX PUBLICS.

Arbres. V. TABLE ALPHABÉTIQUE.

Archéologie. V. MUSÉES.

Architectes. V. BATIMENTS CIVILS.

Armée.

Circ. G. — 27 oct. 1861. — *Arrestation de déserteurs. — Prime de capture (I, 97). — Instructions du directeur général des affaires civiles, préfet d'Alger aux sous-préfets, commissaires civils et maires du département.*

Aux termes du décr. du 12 janv. 1811, art. 1, l'arrestation des déserteurs ou réfractaires donne droit à une prime de capture de 25 fr. — Ces dispositions sont applicables aux condamnés militaires des ateliers des travaux publics, en évasion. — Mais la circulaire ministérielle du 21 janv. 1858, art. 59, explique dans quel cas la prime de capture est due aux agents qui ont procédé à l'arrestation :

« Le ministre, y est-il dit, ne saurait trop recommander aux membres de l'intendance de bien s'assurer, avant de faire effectuer le payement des primes de capture, que les individus qui les réclament se sont mis spécialement à la recherche des déserteurs ou insoumis dont ils ont opéré l'arrestation. »

Il résulte de là que lorsque des pénitenciers se sont rendus volontairement aux gardes champêtres, ces sortes d'arrestations ne donnent à ces derniers aucun droit à la prime de capture, et qu'ils seraient mal fondés à réclamer, en pareil cas, la remise du signalement, n° 1.

D'autre part, l'autorité militaire a signalé des gardes champêtres qui ont accompagné dans les auberges des condamnés qu'ils avaient arrêtés, et qui leur ont fait délivrer des boissons, ou même qui les ont hébergés dans leur propre domicile. — Ces exemples ont paru révéler une connivence coupable entre ces agents et les détenus évadés. Ils tendraient à multiplier le nombre des évasions et, par suite, à augmenter les dépenses à la charge de l'Etat. — Ils constituent donc un abus qui appelle une sévère répression, et tout garde champêtre qui s'en rendrait coupable encourrait la révocation. — Je vous prie de donner connaissance de ces instructions aux gardes champêtres de votre circonscription.
MERCIER-LACOMBE.

RENVOIS. — V. *Table alphabétique.*

Armes. V. TABLE ALPHABÉTIQUE.

Armuriers. V. *ibidem.*

Arpenteurs. V. OPÉRATIONS TOPOGRAPHIQUES.

Arrêtés (des gouverneurs et intendants.) — V. TABLE ALPHABÉTIQUE.

Arrêtés municipaux. V. COMMUNE.

Arrondissement. V. CIRCONSCRIPTIONS.

Art médical.

AG. — 21 nov.-26 déc. 1862. — BG. 69. — *Conditions d'exercice de la profession d'officier de santé, sage-femme, pharmacien et herboriste en Algérie. — Promulgation des décrets des 22 août et 28 oct. 1854.*

Vu le décr. du 10 déc. 1860 (*Admin. gén.*, suprà); — Les deux décr. du 12 juill. 1851, portant règlement, le premier sur l'exercice de la médecine et de la chirurgie, le second sur la profession de pharmacien et d'herboriste en Algérie (I, 105); — Les lois des 19 vent. et 21 germ. an 11; — Les décr. des 24 août et 28 oct. 1854, le premier sur le régime des établissements d'enseignement supérieur, le second portant fixation du prix des inscriptions prises dans les écoles préparatoires de médecine et de pharmacie; — Enfin, le décr. du 4 août 1857, portant création de l'école préparatoire de médecine et de pharmacie d'Alger, lequel vise, dans son préambule, les lois et décrets susmentionnés des 19 vent. et 21 germ. an 11, 24 août et 28 oct. 1854, et dont l'art. 10 est ainsi conçu (V. *Instruct. publ.*, I, 365);

Attendu, en ce qui concerne, notamment le décr. du 22 août 1854, qu'il a changé les formes de réception établies par les lois de ventôse et de germinal an 11, pour les officiers de santé et les sages-femmes, les pharmaciens et les herboristes de 2e cl.; — Considérant que les autorisations qu'aux termes des décr. du 12 juill. 1851, combinés avec celui du 10 déc. 1860, il appartient au gouverneur général de délivrer aux praticiens de France ou de l'étranger pour exercer en Algérie, doivent être subordonnées à l'observation des nouvelles formes établies par le décret précité; — Mais que le défaut de promulgation dudit décret dans la colonie a fait naître et entretenu à cet égard des doutes qu'il importe de dissiper;

Art. 1. — Le tit. 3 du décr. impérial du 22 août 1854 et le décr. impérial du 28 oct. 1854 seront promulgués et publiés en Algérie, à la suite du présent, par la voie du *Bulletin officiel* du gouvernement général de l'Algérie (V. infrà, *Instr. publ.*, § 2, le texte de ces deux décrets).

Art. 2. — A partir de cette promulgation, les officiers de santé, les sages-femmes, les pharmaciens et les herboristes de 2e cl., reçus en France, soit par les anciens jurys médicaux, soit par une école réparatoire de médecine, ne pourront recevoir l'autorisation d'exercer en Algérie, prescrite par les décrets du 12 juill. 1851, qu'en justifiant de nouveaux certificats d'aptitude obtenus après de nouveaux examens de l'école préparatoire de médecine et de pharmacie d'Alger.

Art. 3. — Les médecins et chirurgiens gradués dans les universités étrangères, les pharmaciens et sages-femmes pourvues de titres délivrés par les mêmes universités ne pourront obtenir d'autorisation qu'aux mêmes conditions. — Ceux des praticiens étrangers qui voudront exercer en Algérie au titre de docteur, devront préalablement se faire recevoir par une faculté de médecine de France et se pourvoir, à cet effet, auprès du ministre de l'instruction publique, conformément aux prescriptions de la loi du 19 vent. an 11.

Art. 4. — Sont confirmées les autorisations délivrées d'après les formes anciennes, depuis la promulgation du décr. du 4 août 1857 antérieurement à celle du présent arrêté.

Mal PÉLISSIER, DUC DE MALAKOFF.

DI. — 1er oct.-30 déc. 1864. — BG. 128. — *Commerce des substances vénéneuses. — Coque du Levant* (1).

Vu l'ordonn. roy. du 29 oct. 1846 portant règlement de la vente des substances vénéneuses; — Vu le décr. du 8 juill. 1850 et le tableau y annexé (I, 105).

Art. 1. — La coque du Levant est ajoutée aux substances vénéneuses dont le tableau est annexé au décret susvisé du 8 juill. 1850.

Circ. G. — 3-5 mars 1866. — BC. 170. — *Interdiction de la vente du médicament connu sous le nom de gouttes de Harlem, considéré comme remède secret par l'école supérieure de pharmacie de Paris.*

RENVOIS. — V. *Table alphabétique.*

Art vétérinaire.

Circ. G. — 11 oct.-15 nov. 1862. — BG. 65. — *Instructions aux généraux commandant les divisions et préfets des départements sur l'exécution du décr. du 12 juill. 1851 (I, 106).*

Il s'élève fréquemment des plaintes sur les pertes occasionnées à l'agriculture par les charlatans, les empiriques et autres individus qui se livrent, en dehors de la spécialité de leur profession, à la pratique de l'art vétérinaire, sans être porteurs de titres constatant qu'ils possèdent les connaissances nécessaires pour traiter avec succès les maladies des animaux domestiques.

L'exercice de la profession de vétérinaire n'étant assujetti, par la loi, à aucune espèce de restriction, il ne peut être question, quant à présent, d'attribuer aux vétérinaires brevetés le privilège exclusif de soigner les animaux malades, ni d'interdire aux propriétaires le droit de confier, à qui bon leur semble, le traitement de leurs bestiaux; mais il n'en est pas moins du devoir de l'administration d'appeler, par ses actes et ses conseils, l'attention des cultivateurs sur les chances de perte auxquelles ils s'exposent en abandonnant le soin de leurs animaux à des hommes qui n'ont pas étudié l'art vétérinaire, ou qui n'en ont fait qu'une étude incomplète.

La législation algérienne y a pourvu autant qu'il était possible de le faire dans l'état actuel de la législation métropolitaine. — Le décr. du 12 juill. 1851 contient des dispositions qui atteignent indirectement les charlatans et les empiriques qui se mêlent de médecine vétérinaire, en disposant : — 1° Que nul ne peut prendre le titre de médecin ou de maréchal vétérinaire, s'il n'est breveté par

---

(1) 27 déc. 1864. — *Circulaire du gouverneur général aux généraux commandant les divisions et préfets des départements, déclarant exécutoire de plein droit en Algérie le décret du 1er oct. 1864.* — Un décret du 1er oct. dernier a décidé, dans un double intérêt d'alimentation et de santé publiques, que « la coque du Levant est désormais ajoutée aux substances vénéneuses dont le tableau est annexé au décret du 8 juill. 1850.

Ce dernier décret et le tableau y annexé ont été promulgués et rendus exécutoires en Algérie, en même temps que la loi du 19 juill. 1845 et l'ord. du 29 oct. 1846, en vertu du décret du 12 juill. 1851 sur la vente des substances vénéneuses (I, 104, 105). Par suite, le décret du 1er oct. 1864 est exécutoire de plein droit dans la colo-

nie, au même titre que les dispositions précédentes auxquelles il se rattache.

Je vous prie, en conséquence, de vouloir bien donner à cette disposition toute la publicité possible, de la faire insérer à cet effet dans le *Recueil des actes administratifs* de la préfecture et dans les journaux de la province. Il y aura lieu de recommander à MM. les maires d'en informer les pharmaciens, commerçants, manufacturiers, fabricants ou tous autres qui, dans leurs communes respectives, seraient assujettis aux prescriptions de l'ord. de 1846.

Le général de division, sous-gouverneur,
DESVAUX.

l'une des écoles de France; — 2° Que nul ne peut être employé comme vétérinaire pour un service public, permanent ou temporaire, s'il n'est breveté à ce titre; — 3° Qu'aucun propriétaire ne peut prétendre à des indemnités pour pertes de bestiaux morts d'épizootie, s'il ne justifie qu'un vétérinaire breveté, civil ou militaire, a été appelé à les traiter.

Il importerait que ces dispositions fussent rappelées aux maires et aux administrés par des avis insérés au *Recueil des actes administratifs*, dans les journaux, et même par des affiches placardées dans les communes.

Aux termes du même décret, des listes des médecins et maréchaux vétérinaires brevetés doivent être adressées, chaque année, par les autorités préfectorales et affichées dans toutes les communes. Je vous invite à veiller à ce que cette prescription soit strictement exécutée dans votre ressort administratif. — Cette liste est ordinairement établie à la suite de celles des médecins, pharmaciens, sages-femmes et herboristes; il serait bien qu'elle fût imprimée à part et suivie de la reproduction des dispositions du décret du 12 juill. 1851, que je viens de rappeler.

La publicité donnée à cette liste aura pour résultat de faire connaître aux colons et à tous autres habitants des campagnes, les praticiens auxquels ils peuvent recourir avec confiance et sécurité; mais comme il importe, d'autre part, de ne pas nuire aux besoins de l'agriculture en diminuant par cette mesure le nombre déjà restreint des vétérinaires, il conviendra de faire sentir à ceux d'entre eux qui exercent cette profession sans être porteurs de diplômes, que l'intérêt public et leur intérêt propre exigent qu'ils se mettent en mesure de les obtenir, en se présentant dans une des trois écoles spéciales d'Alfort, de Lyon ou de Toulouse, pour y subir des examens et se faire délivrer le brevet de capacité.

M^{al} PÉLISSIER DUC DE MALAKOFF.

RENVOIS. — V. *Table alphabétique.*

Arts et métiers. V. TABLE ALPHABÉTIQUE.

Asiles de vieillards et maisons d'asile. V. *ibidem.*

Assesseurs musulmans. V. *ibid.*

Assises (Cour d'). V. *ibidem.*

Assistance publique. V. *ibidem.*

Astronomie. V. *ibidem.*

Attroupements. V. *ibidem.*

Auditeurs au Conseil d'État. V. *ibidem.*

Autorisation d'acquérir. V. FONCTIONNAIRES.

Autorisation de poursuites. V. TABLE ALPHABÉTIQUE.

Autorisation de mariage. V. MARIAGE.

Avocats (1). V. TABLE ALPHABÉTIQUE.

Avoués. V. DÉFENSEURS.

B

Banque de l'Algérie (2).

DI. — 12 mars 1859 (non publié au *Bulletin officiel*). — *Modification aux art. 51 et 52 des statuts* (I, 112).

Vu la lettre de notre ministre des finances, en date du 15 août 1858, de laquelle il résulte que l'État a été remboursé des avances qu'il avait faites à la banque de l'Algérie en exécution de l'art. 5 de la loi du 4 avril 1851;—Vu, etc.;

Art. 1. — Le § 4 de l'art. 51 et l'art. 52 des statuts de la banque de l'Algérie annexés à la loi du 4 août 1851 sont modifiés ainsi qu'il suit :

Art. 51, § 4. — Sur ces bénéfices il sera prélevé une somme suffisante pour servir aux actionnaires l'intérêt du capital versé à raison de 6 p. 100 l'an.

Art. 52. — En cas d'insuffisance des bénéfices, le complément nécessaire pour servir l'intérêt de 6 p. 100 aux actionnaires sera prélevé sur le fonds de réserve.

DI. — 30 mars-10 avr. 1861. — BG. 8. — *Élévation du capital de la banque à 10 millions.*

---

(1) JURISPRUDENCE. — Un israélite indigène, non naturalisé, peut exercer la profession d'avocat devant la justice française et obtenir son inscription au tableau de l'ordre.

Un arrêt de la cour d'Alger, du 24 fév. 1862, a décidé : 1° Que bien que l'indigène musulman ou israélite n'ait jamais été admis à la jouissance des droits de citoyen français, un grand nombre de ces droits ne pouvant d'ailleurs se concilier avec ceux que lui confère son statut personnel, cependant il n'en est pas moins Français, par le seul fait de la conquête et des capitulations d'Alger et de Constantine; — 2° Que la qualité de citoyen n'est pas requise pour l'exercice de la profession d'avocat, et qu'il suffit d'être Français et de remplir les autres conditions prescrites par les lois et règlements spéciaux à cette institution.

Cette décision, déférée à la cour de cassation, a été confirmée par arrêt de la chambre civile, du 15 fév. 1864 (Dalloz, 1864, I, 67) qui pose en principe que les israélites indigènes devenus sujets français par le fait de la conquête, ne peuvent depuis lors revendiquer le bénéfice ou l'appui d'aucune autre nationalité; que la qualité de Français est donc nécessairement la base et la règle de leur condition civile et sociale; qu'en outre la profession essentiellement libérale et indépendante d'avocat n'est point subordonnée à la possession et à la jouissance des droits de citoyen.

Les faits de la cause présentaient cette singularité que l'indigène israélite dont il s'agissait au procès, muni

d'un diplôme de licencié en droit de la Faculté de Paris, avait prêté serment devant la cour impériale de Paris, le 4 juill. 1858, qu'il avait été admis au stage par arrêté du conseil de l'ordre des avocats près la même cour le 12 du même mois, et inscrit au tableau dudit ordre par suivre décision du conseil, en date du 30 juill. 1861. Il avait ainsi le droit de plaider devant toutes les juridictions de l'empire, mais étant revenu se fixer auprès de sa famille à Alger, la demande par lui formée à l'effet d'être inscrit au tableau de l'ordre des avocats près la cour impériale d'Alger avait été repoussée par le conseil de l'ordre, par le seul motif qu'il n'avait pas la qualité de Français, et c'était de cette décision qu'il avait relevé appel.

(2) JURISPRUDENCE. — Si les statuts réservent au ministre des finances un droit de surveillance et même d'intervention dans divers cas prévus, il n'en résulte nullement qu'il ait compétence et juridiction sur les contestations qui peuvent s'élever entre actionnaires relativement aux actes du conseil d'administration qui touchent à leurs intérêts privés. — L'assentiment que le ministre aurait donné à l'un de ces actes au point de vue administratif, ne peut en aucun cas préjudicier aux droits des associés personnellement intéressés. — En conséquence et attendu que la banque est constituée en société commerciale anonyme, le tribunal de commerce est seul compétent pour statuer sur une demande en nullité d'une décision du conseil d'administration qui a disposé, pour un cas non prévu par les statuts, de fonds dont il était dû compte aux actionnaires. — *Cour d'Alger*, 22 déc. 1863.

Vu la loi du 4 août 1851, relative à la fondation d'une banque en Algérie, et les statuts qui y sont annexés (I, 119) ; — Le décr. du 12 mars 1859 (ci-dessus) ; — La délibération de l'assemblée générale des actionnaires de la banque, en date du 27 nov. 1860 ;

Art. 1. — Le capital de la banque de l'Algérie est porté de 5 à 10 millions, représentés par 20,000 actions de 500 fr. chacune. — L'émission des 14,000 actions nouvelles aura lieu au fur et à mesure des besoins et en vertu de délibérations du conseil d'administration approuvées par notre ministre des finances. — Ces actions seront, en exécution de l'art. 10 des statuts, attribuées, par préférence, aux propriétaires des actions déjà émises.

Art. 2. — La quotité du prélèvement ordonné par l'art. 31 des statuts pour la constitution du fonds de réserve sera fixée par le conseil d'administration. Ce prélèvement ne pourra, dans aucun cas, être inférieur au tiers de l'excédant des bénéfices nets après payement, aux actionnaires, de l'intérêt à 6 p. 100 du capital par eux versé.

Art. 3. — Aussitôt que le fonds de réserve aura atteint le tiers du capital social, tout prélèvement cessera d'être opéré au profit de ce compte.

Art. 4. — La banque de l'Algérie est autorisée à ouvrir, avec l'approbation de notre ministre des finances, toutes souscriptions à des emprunts publics ou autres, et pour la réalisation de toutes sociétés anonymes, en commandite ou par actions, mais sous la réserve que ces souscriptions n'auront lieu que pour le compte des tiers.

Renvois. — V. *Table alphabétique.*

Barrages. V. Table alphabétique.
Bateaux (de pêche et à vapeur). V. *ibidem.*
Bâtiments civils.
AG — 14-26 août 1861. — BG. 27. — *Nouvelle organisation du personnel. — Traitement.*

Vu les décis. min. des 25 mars et 5 août 1843, l'ord. du 22 avr. 1846, l'arr. du 12 nov. 1850 et la décis. min. du 8 fév. 1854, concernant l'organisation du service des bâtiments civils en Algérie (I, 119). — Considérant qu'il importe de mettre cette organisation en harmonie avec les besoins actuels du service ;

Art. 1. — Le service des bâtiments civils se compose en Algérie : — D'un architecte en chef par département, — D'architectes ordinaires, — D'inspecteurs principaux, — D'inspecteurs ordinaires.

Art. 2. — Les traitements annuels de ce personnel sont fixés ainsi qu'il suit : — Architectes en chef de 1re cl., 6,000 fr. ; — Id. de 2e cl., 5,000 fr. — Architectes ordinaires de 1re cl., 4,000 fr. ; — Id. de 2e cl., 3,500 fr. — Inspecteurs principaux de 1re cl., 3,000 fr. ; — Id. de 2e cl., 2,700 fr. — Inspecteurs ordinaires de 1re cl., 2,400 fr. ; — Id. de 2e cl., 2,100 fr.

Art. 3. — Les avancements se feront par classe et à des intervalles qui ne pourront être moindres de deux années.

Art. 4. — Les agents qui n'ont pas le traitement réglementaire de leur grade ou de leur classe, resteront dans leur situation actuelle jusqu'au 1er janv. 1862, époque à laquelle leur position sera régularisée dans les conditions ci-dessus déterminées.

Mal Pélissier, duc de Malakoff.

Renvois. — V. *Table alphabétique.*

Baux et locations. V. Table alphabétique.

Berranis. V. Corporations indigènes.

Bestiaux. V. Table alphabétique.
Bêtes fauves. V. *ibidem.*
Bey-Beylik. V. *ibidem.*
Bienfaisance publique.
Circ. G, — 5-10 avr. 1861. — BG. 8. — *Instruction aux préfets relative au service de l'inspection générale des établissements de bienfaisance.*

Par une circulaire du 25 janv. dernier (non publiée), je vous ai invité à me faire connaître s'il vous paraissait opportun de rendre son organisation primitive au service de l'inspection des établissements de bienfaisance, tel qu'il a été créé par la décision ministérielle du 1er août 1855 (non publiée). Je vous ai prié en même temps de me signaler les modifications qu'il y aurait lieu d'apporter aux dispositions du règlement du 15 nov. 1855 (non publié) et de l'arrêté ministériel du 28 avr. 1856 (I, 119), dans le cas où cette organisation serait remise en vigueur.

Les rapports qui m'ont été adressés en réponse à cette circulaire, concluent à peu près dans les mêmes termes. L'expérience a démontré, suivant les expressions de l'un d'entre vous, que, depuis la création du service de l'inspection, les résultats obtenus, soit par le contrôle de la comptabilité, soit par l'uniformité apportée dans l'administration des établissements de bienfaisance, ont produit des avantages réels au double point de vue de l'ordre et de l'économie. »

Quant aux dispositions du règlement et de l'arr. ministériel constitutifs de ce service, elles m'ont été unanimement représentées comme satisfaisant à toutes les conditions désirables. — J'ai décidé, en conséquence, que l'organisation du service d'inspection des établissements de bienfaisance, telle qu'elle existait avant la suppression du gouvernement général, serait remise en vigueur à partir de ce jour.

La décision ministérielle du 1er août 1855, le règlement du 15 nov. 1855 et arr. ministériel du 28 avr. 1856 ont nettement déterminé la nature et les limites des attributions de l'inspecteur des établissements de bienfaisance.

L'arr. organique du 28 avr. 1856 a donné l'énumération des établissements qui sont soumis à l'inspection ; mais cette énumération m'a paru incomplète, en ce sens qu'elle ne comprend pas diverses institutions subventionnées par l'État, les départements ou les communes, telles que les monts-de-piété, les caisses d'épargne, les dépôts d'ouvriers, les sociétés de secours mutuels approuvées, les maisons de refuge recevant des subsides, etc. J'ai décidé que le contrôle de l'inspecteur central serait étendu à ces institutions.

Je n'ai pas besoin de vous rappeler les considérations qui ont fait restreindre à des cas exceptionnels la communication directe des rapports d'inspection à MM. les préfets. Ces rapports ne constituent, à proprement parler, que des renseignements dont il appartient à l'administration centrale d'apprécier et de contrôler la valeur. Ces documents seront donc adressés au gouvernement général, comme par le passé, et je me réserve de vous envoyer des instructions spéciales, toutes les fois qu'ils me signaleront des faits de nature à motiver votre intervention, soit auprès des commissions hospitalières, soit auprès des fonctionnaires ou agents placés sous vos ordres.

Il demeure entendu, néanmoins, que l'inspecteur devrait déférer à vos demandes, dans le cas où, pendant le cours de ses tournées, vous croiriez devoir réclamer son concours, pour étudier une question spéciale ou vous fournir des informations sur un point déterminé. Il devrait, dans ce cas, vous adresser des rapports particuliers, indépendamment des rapports généraux exclusivement destinés au gouverneur général. Quant aux relations de l'inspecteur central avec l'inspecteur départemental, là où ces fonctions existent, elles me paraissent suffisamment indiquées par la nature des attributions respectives conférées à ces agents, et je n'ai pas besoin de vous dire que l'inspecteur local devra prêter tout son concours au délégué de l'administration supérieure.

Recevez, etc.

M^{al} PÉLISSIER, DUC DE MALAKOFF.

A G. — 26 mars-11 avr. 1862. — BG. 47. — *Réorganisation du service d'inspection des établissements hospitaliers et pénitentiaires.*

Vu les décis. des 5 et 19 avr. 1861, relatives à l'organisation du service d'inspection, tant des établissements de bienfaisance que des prisons en Algérie; — Le décr. du 15 janv. 1852, qui fixe le cadre et l'organisation du service des inspections administratives dans la métropole; — Considérant qu'il importe d'assurer d'une manière efficace le contrôle de la moralité et de la régularité des dépenses afférentes aux divers établissements relevant de l'assistance publique, ainsi qu'aux maisons centrales, maisons d'arrêt et de justice; — Considérant qu'afin d'atteindre ce résultat et de maintenir les dépenses dans les limites de la plus stricte économie, il convient de déterminer, d'une manière fixe et uniforme, la nature et l'étendue des attributions dévolues aux inspecteurs des établissements de bienfaisance et des prisons;

Art. 1. — Le service d'inspection des établissements hospitaliers et pénitentiaire se divise en deux sections : celle des établissements de bienfaisance et celle des prisons.

Art. 2. — L'inspection des établissements, de l'une et l'autre section, dans les trois départements algériens, est respectivement confiée à deux fonctionnaires spéciaux. — Ces deux fonctionnaires ont le siège de leur résidence à Alger. Ils relèvent du gouvernement général de l'Algérie et sont spécialement placés sous les ordres du directeur général des services civils.

Art. 3. — Les inspecteurs ont deux sortes d'attributions, dont les unes s'accomplissent pendant la durée de leurs tournées, et les autres dans l'intervalle de ces tournées.

Art. 4. — Dans l'intervalle de leurs tournées, ils sont appelés à exprimer leur avis sur toutes les affaires qui sont soumises à leur examen par l'administration supérieure.

Art. 5. — Ils peuvent être réunis en conseil, sur la convocation spéciale du directeur général des services civils, pour l'examen et la discussion des projets de cahier des charges afférents à des dépenses ou fournitures excédant 10,000 fr. et imputables sur le budget de l'Etat. — Ils peuvent également être convoqués à l'effet d'examiner en conseil les règlements et projets de toute nature qui, aux termes des règlements de la métropole, doivent être soumis à l'approbation du ministre de l'intérieur. — A défaut de désignation contraire, le conseil des inspecteurs est présidé par le secrétaire général de la direction générale des services civils. Prennent également part aux discussions du conseil, le chef de la section chargé du service intéressé et, s'il y a lieu, l'employé spécialement désigné à cet effet par le secrétaire général.

Art. 6. — Indépendamment des missions extraordinaires qui peuvent leur être confiées, les inspecteurs font, chaque année, une tournée dans chacun des départements de l'Algérie, en se conformant à l'itinéraire et aux instructions spéciales qui leur sont adressées par le directeur général des services civils.

Art. 7. — L'inspection des établissements de bienfaisance comprend les hôpitaux, hospices, infirmeries et les quartiers d'aliénés exceptionnellement annexés à ces établissements, les bureaux de bienfaisance, les enfants trouvés, abandonnés et orphelins, monts-de-piété, dispensaires, caisses d'épargne, sociétés de secours mutuels approuvées, maisons de refuge recevant des subsides et toutes autres institutions subventionnées par l'Etat, les départements ou les communes.

Art. 8. — L'inspection des prisons comprend les maisons d'arrêt, de justice et de correction, les geôles municipales, les maisons centrales de force, de correction ou de reclusion soumises au régime de l'entreprise ou à la régie et tous autres établissements de répression.

Art. 9. — Dans chacun de ces établissements, l'inspecteur procède conformément aux instructions qui lui sont données par le gouverneur général et, à défaut, conformément aux lois et règlements de la métropole.

Art. 10. — Le service des inspecteurs est divisé en trois classes dont les traitements annuels sont fixés comme suit : 1re cl., 7,000 fr.; 2e cl., 6,000 fr.; 3e cl., 5,000 fr. — Nul ne peut être promu à la classe immédiatement supérieure, s'il ne compte trois années de services dans la classe inférieure. — Les inspecteurs actuellement en fonctions prendront rang dans la classe correspondante au traitement dont ils sont déjà titulaires.

Art. 11. — Les traitements des inspecteurs sont à la charge du budget de l'Etat. — Des dispositions ultérieures détermineront l'époque et les conditions dans lesquelles le traitement de l'inspecteur des établissements de bienfaisance cessera d'être payé sur les fonds départementaux, pour être imputé sur le budget de l'Algérie.

Art. 12. — Sont abrogés, en ce qu'ils ont de contraire aux dispositions ci-dessus, les arrêtés, règlements et instructions antérieurs au présent arrêté.

Art. 13. — Le présent arrêté sera mis en vigueur à partir du 1er janv. 1863.

M^{al} PÉLISSIER, DUC DE MALAKOFF.

RENVOIS. — V. *Table alphabétique.*

Biens indivis. V. TABLE ALPHABÉTIQUE.

Biens vacants. *ibidem.*

Bit el mal. V. *ibidem.*

Bois et forêts.

DIVISION.

§ 1. — LÉGISLATION SPÉCIALE.

Décis. G. — 10-28 mai 1861. — BG. 15. — *Cahier des charges générales pour l'exploitation des forêts de chênes-liège adopté par le conseil consultatif et approuvé par le gouverneur général.*

Décis. G. — 24 juill.-9 août 1861. — BG. 26. — *Mesures pour prévenir les incendies.—Amendes collectives à imposer aux tribus.*

1° Des amendes collectives équivalant à quatre fois le montant de la zekkat, seront imposées aux tribus ou fractions de tribu reconnues coupables d'avoir allumé ou laissé propager des incendies dans les forêts;

2° Les troupeaux de ces tribus ou fractions de tribu seront à tous jamais exclus des pâturages dans les forêts incendiées.

3° Des mesures particulières seront prises envers les chefs et les membres des djemmâs.

4° Néanmoins les indigènes pourront, en vertu de permissions expresses, brûler les broussailles croissant sur les terrains dont ils jouissent, mais ces opérations ne pourront avoir lieu que sur les points désignés dans les permissions, et sous la direction et la surveillance des agents du service forestier.

DI. — 1er-26 oct. 1861. — BG. 50. — *Répression des exploitations illicites dans les forêts de chênes-liège appartenant à l'Etat* (1).

Considérant que des exploitations illicites ont fréquemment lieu dans les forêts de chênes-liège de l'Algérie, appartenant à l'Etat ; — Considérant que ces exploitations sont nuisibles à la fois à la régénération de ces forêts et aux intérêts de l'Etat et des concessionnaires qui exploitent en vertu de titres réguliers;

Art. 1. — Toute exploitation du liège dans les forêts de l'Etat, soumise ou non au régime forestier, et non encore concédée, devra être autorisée par le gouverneur général.

Art. 2. — La levée des lièges dans les bois non encore concédés, et dans les portions de bois de trop minime importance, pour être l'objet d'une concession, pourra être provisoirement autorisée par le gouverneur général, à charge par le permissionnaire de se conformer aux conditions imposées par le service forestier, et de payer une redevance domaniale fixée d'après l'avis du chef de service des forêts et les propositions du général ou du préfet.

Art. 3. — Sont formellement interdits le colportage et la vente des lièges provenant des forêts non concédés ou des exploitations qui n'auront point été autorisées conformément à l'art. 1. — L'origine des lièges sera justifiée par un certificat émanant, soit du service des forêts, soit des concessionnaires ou propriétaires de massifs forestiers dont les droits de propriété auront été reconnus par les services compétents.

Art. 4. — Les lièges dont la provenance ne pourra être justifiée, seront saisis en quelque endroit qu'ils se trouvent et placés sous séquestre jusqu'à ce que le tribunal, statuant sur la question de propriété desdits lièges, prononce, s'il y a lieu, la main levée du séquestre ou en ordonne la restitution à l'Etat, aux concessionnaires ou aux propriétaires. — Dans ce dernier cas, application sera faite aux délinquants, à leurs complices, ou aux détenteurs de liège de provenance irrégulière, des art. 192, 196, 198, 200, 201, 202, 203 et 204 c. for., sans préjudice des dommages-intérêts à arbitrer.

Art. 5. — Les délits commis en contravention du présent décret seront constatés dans les formes voulues par la loi, par les officiers de police judiciaire, les agents du service forestier, les gardes particuliers, et les prévenus seront, suivant leur nationalité et la compétence des juridictions, traduits devant les tribunaux correctionnels, les juges de paix à compétence étendue ou les conseils de guerre.

Art. 6. — Les bois et écorces de liège nécessaires à la consommation des indigènes usagers seront délivrés gratuitement par les soins du service forestier dans les forêts non concédés. Cette délivrance sera faite sur la demande transmise au chef du bureau arabe ou à l'agent forestier local, par le chef de la tribu ou de la fraction de la tribu. — La délivrance pourra être effectuée au commencement de chaque année pour les bois et lièges jugés nécessaires pour la consommation de toute l'année. — Quant aux délivrances de l'espèce dans les forêts concédés, elles seront faites conformément aux dispositions insérées dans le cahier des charges des concessionnaires.

Décis. G. — 15 nov. 1861. — BG. 45. — *Cahier des charges particulières pour l'exploitation des forêts de chêne-zeens adopté par le conseil consultatif et approuvé par le gouverneur général.*

DI. — 28 mai-16 juill. 1862. — BG. 56. — *Cahier des charges générales pour l'exploitation des forêts de chênes-liège, approuvé par l'Empereur et prescrit pour les concessions qui seront accordées à l'avenir.*

AG. — 5-10 août 1863. — BG. 89. — *Règlement sur les transactions, sur les délits et contraventions forestières.*

Vu l'ord. du 2 fév. 1840 :

Art. 1. — Les transactions, avant ou après jugement, sur délits et contraventions en matière forestière, sont préparées par les agents forestiers, chefs de cantonnement.

Art. 2. — Les délinquants admis à transiger reçoivent de l'agent forestier un bulletin les autorisant à verser la somme convenue à la caisse du receveur des domaines de la localité, qui s'en charge en recette provisoire, au chapitre des opérations de trésorerie, et renvoie immédiatement à l'agent forestier le bulletin d'autorisation, après y avoir certifié l'exécution du versement. Cette pièce est adressée, sans retard, au chef du service forestier, avec son rapport et le procès-verbal.

Art. 3. — Si le délinquant admis à transiger n'a pas opéré dans la huitaine le versement spécifié ci-dessus, le projet de transaction est annulé et il est donné suite soit au procès-verbal, soit au jugement intervenu.

Art. 4. — Dans la huitaine de l'approbation du projet de la transaction, le chef du service forestier en donne avis au directeur de l'enregistrement et des domaines, qui fait régulariser la perception.

Art. 5. — En cas de non-ratification de la transaction par l'autorité compétente, la somme encaissée est restituée au délinquant, à la diligence du chef du service forestier et sur l'ordre du directeur de l'enregistrement et des domaines. — Les frais d'enregistrement, de timbre et de justice ne donnent point lieu à restitution.

Art. 6. — Il est rendu compte, tous les trois mois, au gouverneur général, par les généraux commandant les divisions et par les préfets, de la suite donnée à chacun des procès-verbaux de contravention rapportés dans leurs territoires.

Le général de division sous-gouverneur,
DE MARTINPREY.

---

(1) *Rapport à l'Empereur.* — Sire, les déprédations commises par les indigènes dans les forêts de chênes-liège de l'Algérie appartenant à l'Etat, ont été signalées depuis longtemps, et, dès 1855, le département de la guerre s'était préoccupé des moyens à employer pour réprimer ces délits.

Mais les mesures administratives ont été insuffisantes et les Arabes continuent leurs exploitations au préjudice de la conservation des arbres, qu'ils dépouillent de leur écorce sans aucune précaution. D'un autre côté, les produits ainsi obtenus presque sans frais font, sur les marchés, une concurrence redoutable aux lièges provenant des concessions régulièrement exploitées.

Il devient donc indispensable d'édicter des mesures propres à sauvegarder les intérêts légitimes de l'Etat et ceux des concessionnaires, et le gouverneur général a préparé, dans ce but, un ensemble de dispositions qu'il a soumises à son conseil consultatif et qui sont contenues dans le projet de décret que j'ai l'honneur de placer sous les yeux de V. M.

Mal RANDON.

Circ. G. — 20-26 juill. 1864. — BG. 117. — *Mesures pour prévenir les incendies. — Instructions aux généraux commandant les divisions et préfets des départements* (1).

Les mesures judiciaires, comme les mesures de répression de l'ordre administratif, n'ont pu prévenir, jusqu'ici, le retour des incendies de forêts qui viennent, quasi périodiquement, affliger l'Algérie. Il n'en est pas moins du devoir de l'administration de redoubler de surveillance pour conjurer de pareils sinistres. La présente circulaire a donc pour objet d'appeler, d'une manière toute particulière, votre attention sur les dispositions à prendre en vue de sauvegarder, autant que possible, et cette partie importante du domaine de l'État et les intérêts considérables qui y sont engagés.

Pour l'appréciation des faits d'incendie, je ne puis que vous engager à vous référer à ma circulaire du 15 juill. 1863. (V. infrà *Incendie*.)

Quant aux mesures de surveillance à adopter en dehors de celles qui incombent naturellement au service forestier, dont tous les agents doivent, aux époques de grande sécheresse, multiplier leurs tournées dans leurs cantonnements respectifs, — et MM. les inspecteurs faisant fonctions de conservateurs auront, à cet égard, à stimuler le zèle de leur personnel, — je crois devoir vous signaler l'installation de postes de vigies arabes, tels qu'ils ont été organisés plus particulièrement sur quelques points de la province de Constantine, où ils ont rendu d'excellents services. Placées, en effet, sur les crêtes des grands massifs forestiers, ces vigies embrassent souvent de l'œil une grande étendue de pays; elles donnent l'alarme à la première apparition du feu, et l'on peut ainsi, en temps utile, faire converger tous les efforts de sauvetage vers les lieux menacés. C'est grâce à ces précieuses indications que plusieurs grandes exploitations forestières de la province de Constantine doivent d'avoir été préservées des derniers incendies.

Il ne vous échappera pas que ce service de surveillance peut être assimilé à celui de la milice rurale. Il a été fait, de jour et de nuit, avec une exactitude louable par les Arabes des douars qui en ont été requis; bien plus, les populations indigènes ont compris, tout d'abord, les avantages directs et indirects qu'elles étaient appelées à en retirer. Rien ne s'oppose donc à ce que l'on suive les mêmes errements partout où la chose sera jugée utile. Il n'est pas douteux que, n'ayant pas à s'occuper en ce moment de ses travaux de culture, chaque douar, installé, soit au sein des forêts de l'État, soit dans le voisinage, — que ces forêts soient ou non concédées, — puisse à tour de rôle fournir le contingent d'hommes demandés pour la composition des postes de surveillance dont il s'agit.

Le gouverneur général par intérim,
MORRIS.

DI. — 9 août-5 oct. 1864. — BG. 123. — *Suppression du régime des concessions pour l'exploitation des forêts de chênes-liège. — Affermage par voie d'adjudication publique. — Cahier des charges annexé au décret.*

Art. 1. — L'exploitation des forêts de chênes-liège en Algérie sera désormais affermée par voie d'adjudication publique, conformément au cahier des charges annexé au présent décret.

Art. 2. — Les baux à ferme de ces forêts seront adjugés pour une durée qui ne pourra excéder 90 années consécutives, à partir du 1er janv. de

l'année qui suivra la date de l'adjudication.

Art. 3. — Des décrets rendus en conseil d'État détermineront à l'avance le périmètre, le lotissement et la catégorie des forêts dont l'exploitation devra être mise en adjudication, ainsi que la durée des baux à consentir.

Art. 4. — Les adjudications auront lieu publiquement, aux enchères, sur soumissions cachetées.

Art. 5. — L'adjudication deviendra définitive par le visa d'approbation apposé sur le procès-verbal par le gouverneur général de l'Algérie. — Dans le cas, toutefois, où la même personne se serait rendue adjudicataire de plusieurs lots, l'adjudication ne sera définitive qu'après avoir été approuvée par un décret rendu en conseil d'État.

Art. 6. — La réunion en tout ou partie, par voie de cession, d'acquisition, d'association ou de toute autre manière, des lots adjugés, soit à d'autres lots, soit à des territoires forestiers antérieurement concédés, ne pourra être autorisée que par un décret rendu en la même forme. — Tous actes de réunion opérés par l'adjudicataire, contrairement à la disposition qui précède, seront considérés comme nuls et non avenus, et pourront motiver sa déchéance, en exécution de l'art. 52 du cahier des charges.

AG. — 5-25 janv. 1866. — BG. 166. — *Abrogation de l'arrêté du 8 avr. 1844 (I, 121.)*

Art. 1. — L'arr. du 8 avr. 1844, portant interdiction sur les marchés de l'Algérie de la vente du bois vert provenant de l'olivier, est et demeure rapporté.

Le général de division, sous-gouverneur,
DE LADMIRAULT.

Circ. G. — 8-18 mai 1866. — BG. 178. — *Mesures à prendre contre les incendies. — Instruction aux généraux commandant les provinces.*

Tandis que l'étude de la grave et difficile question des incendies se poursuit avec la maturité qu'elle réclame, pour aboutir à des mesures fondamentales, dont la nature et la portée nécessiteront la sanction de S. M. l'Empereur, il importe de prendre, dès aujourd'hui, les précautions convenables pour conjurer ou tout au moins atténuer un danger toujours menaçant dans la saison qui va s'ouvrir.

À cet effet, j'ai arrêté les dispositions suivantes, empruntées soit à une pratique déjà éprouvée, soit aux propositions de la commission d'enquête, en tant que leur solution immédiate rentrait dans les limites de mon pouvoir.

1° Rappeler à tous les commandants supérieurs, à tous les chefs de tribus, qu'aux termes de l'art. 5 de l'arr. d'un de mes prédécesseurs, en date du 11 juill. 1858 (I, 120), sous les peines d'un emprisonnement de six jours à deux mois, et d'une amende de 20 à 200 fr., sans préjudice des dommages-intérêts au profit des parties lésées, et des poursuites criminelles dans les cas prévus par la loi, qu'il a édictées, art. 5, et sous la responsabilité des tribus et de leurs chefs, telle qu'elle est établie par la décision du 20 juin 1865, il est et demeure interdit de mettre, pour quelque cause et sous quelque prétexte que ce soit, le feu aux bois, broussailles, herbes et végétaux quelconques sur pied.

2° Néanmoins sur les points où le nettoiement par incinération aura été reconnu nécessaire et sans inconvénients, cette opération pourra être autorisée par le général commandant la province, sur la demande des intéressés et sous les conditions jugées utiles pour parer à tout accident.

Dans tous les cas, la mise à feu ne pourra avoir lieu que pendant la période du 15 oct. au 1er juin, après demande adressée à cet effet par les chefs

---

(1) V. ci-après circ. 8 mai 1866. Même objet.

de tribus au commandant du cercle, qui indiquera le jour où l'opération, à laquelle il assistera, aura lieu sur une étendue déterminée, et après exécution constatée de tous les travaux de défense prescrits au préalable, notamment d'une tranchée de complet nettoiement destinée à circonscrire le feu dans les limites qui lui auront été assignées.

3° Les permissionnaires qui ne se conformeraient pas exactement aux conditions à eux imposées, seront considérés comme ayant mis le feu sans autorisation, et comme tels, passibles, sans préjudice de la répression administrative contre les indigènes coupables, des pénalités prononcées par l'arrêté précité du 11 juill. 1838, qui reproduit l'art. 148 c. for., et par l'art. 454 c. pén., selon les cas spécifiés audit article.

4° A partir du 1er juin jusqu'au 15 oct. suivant, il y aura défense générale de porter ou allumer du feu dans l'intérieur et à la distance de 200 mètres des forêts, bois ou broussailles, si ce n'est dans les maisons, gourbis ou tentes; d'y fumer et d'y tirer des coups de fusil chargés de bourres inflammables; d'y mettre ou maintenir en feu des fauldes à charbon.—Tout contrevenant sera poursuivi et puni par application de l'arr. sus-mentionné du 11 juill. 1838.

5° Le pacage sera interdit dans les bois où le feu aura été introduit sans autorisation.

6° Pendant la même période, des postes de vigies-incendies seront, comme par le passé, établis dans les territoires boisés, sur des points culminants, choisis et distribués de manière à embrasser toute la contrée dans un vaste et complet réseau de surveillance. Des patrouilles indigènes, correspondant entre elles et avec les guetteurs fixes, parcourront le pays avec la même mission.

7° Le service journalier des postes et patrouilles sera contrôlé au moyen de signes de présence convenus, et surveillé par les cheiks et kaïds, les officiers et agents des bureaux arabes, au besoin même par d'autres officiers spécialement et temporairement adjoints à cet effet, enfin par les agents et les gardes des forêts. — Ces divers officiers et agents feront, dans le but indiqué, des rondes fréquentes, réglées et coordonnées par l'autorité dont ils relèvent, et en rendront compte au fur et à mesure, chacun à son chef immédiat.

8° Autant que les exigences du service militaire le permettront, des détachements de troupes seront envoyés et cantonnés, du 15 juill. au 15 sept., dans les bassins forestiers les plus importants, pour contenir et arrêter au besoin toute tentative d'incendie.

9° Les concessionnaires ou fermiers de forêts seront mis en demeure de remplir exactement les obligations que leur impose le cahier des charges, en ce qui concerne le service de leurs gardes particuliers, et l'exécution des débroussaillements et tranchées, au point de vue des incendies.

Je vous prie de porter les dispositions qui précèdent à la connaissance des divers intéressés, et d'en assurer l'exécution. — Spécialement, vous voudrez bien notifier et faire expliquer aux populations, par tous les moyens dont vous disposez, les défenses, permissions, conditions et pénalités formulées sous les nos 1, 2, 3, 4, et me tenir au courant des mesures que vous aurez prises en conformité de la présente circulaire. — Les chefs indigènes qui n'auraient pas surveillé l'exécution de ces prescriptions, et chez lesquels les incendies viendraient à se déclarer, seront responsables, punis et révoqués selon les circonstances.

Mal DE MAC-MAHON, DUC DE MAGENTA.

§ 2. — FORÊTS DOMANIALES SOUMISES AU RÉGIME FORESTIER.

1° Province d'Alger.

Arrondissement de Blidah.

AG. — 19 mars-7 mai 1861. — BG. 11. — Est soumise au régime forestier la parcelle boisée de 200 hect. dépendant comme dotation communale du territoire de Tipaza.—(Cet arrêté a été rapporté par un autre du 24 déc. 1862 — BG. 75 — motivé sur ce que cette parcelle avait été considérée, par erreur, comme faisant partie des terrains réservés par l'administration, tandis qu'elle appartenait à un propriétaire).

AG. — 5 avr.-25 mai 1861. — BG. 14. — Forêt d'El Affroun, 208 hect.

AG. — 6 avr.-7 mai 1861. — BG. 11. — Forêt de Tefeschoun, 455 hect., composée des massifs boisés connus sous les noms de Tefeschoun, Ben Nessah et Chalba, situés à Koleah.

AG. — 11 août-31 déc. 1862. — BG. 72.—Parcelle dépendant des haouch Telly, 100 hect. 40 ares 90 cent.

AG. — Même date. — Forêt des Karesas, commune de Koleah, 117 hect. 75 ares 85 cent., sous réserve des droits des tiers.

AG. — 29 mai-15 juin 1863. — BG. 83.—Forêt de Mokta Kerra.—Distraction d'une parcelle de 17 ares pour le service de la colonisation (arr. du 26 août 1858. — I, 122).

AG. — 17 août-8 sept. 1864. — BG. 120—Bois de Doumiah, entre l'Oued Djer et l'Oued Bouchouaou, à 10 kilom. de Koleah, 165 hect. 79 ares 70 cent.

Cercle de Dellys.

AG. — 4-18 août 1864. — BG. 119. — Bois de Bou Kartout. (arr. du 16 janv. 1857; I, 122.) —Distraction d'une parcelle de 55 hect. pour le service de la colonisation.

Commune de Douera.

AG.—7-21 déc. 1865. — BG. 162.—Deux massifs boisés, connus sous le nom de bois de Saint-Jules, dépendant des haouchs Hadj Yacoub et El Kakna, situés dans la commune de Douera, et soumis au régime forestier par arr. du 27 juill. 1864 (non publié), sont distraits du service forestier et mis à la disposition du service des domaines.

Cercle de Tenès.

AM. — 20 juill.-11 sept. 1860. — BM. 94.— Forêt de Montenotte, 153 hect. 18 ares 85 cent.

AG. — 19 avr.-5 mai 1862. — BG. 50. — Bois de Rehan Hadjela, 94 hect. 21 ares, 70 cent., sous la réserve des droits d'usage.

Cercle d'Orléansville.

AG. — 11 oct.-31 déc. 1862. — BG. 72. — Bois de l'Oued Ras, 550 hect. environ.

AG. — 27-31 déc. 1862. — BG. 75. — Bois de la montagne rouge au territoire des Ouled Kosseir, 651 hect. 50 cent.

AG. — 16 nov.-15 déc. 1863. — BG. 98. — Bois de la pépinière forestière, 170 hect. 66 ares, terrains domaniaux autour d'Orléansville.

AG. — 17 août-8 sept. 1864. — BG. 120. — Bois de Lalla Aouda au territoire des Ouled Kosseir, 525 hect.

Arrondissement de Milianah.

AG. — 2-27 juin 1865. — BG. 85. — *Bois des Fraylia, du Djebel Doui et des Abid, 1067 hect. 88 ares 90 cent.*

AG. — 29 sept.-10 oct. 1865. — BG. 94. — *Bois contigus à la forêt de Sidi Sba, 335 hect. 52 ares 45 cent.*

AG. — 6-26 sept. 1864. — BG. 122. — *Bois du Zaccar Kherby, 559 hect. 77 ares 70 cent.*

Cercle d'Aumale.

AG. — 21 oct.-31 déc. 1862. — BG. 73. — *Massif boisé, 725 hect. 62 ares 20 cent. Banlieue d'Aumale partie nord.*

2° Province d'Oran.

Cercle de Sidi bel Abbès.

AM. — 29 août 1860. — BM. 104. — *Forêt de Tenirah, 6510 hect.*

AG. — 12 nov.-31 déc. 1863. — BG. 99. — *Forêt de Guetarnia, réduction à 6,137 hect. de la contenance soumise au régime forestier par l'arr. du 26 août 1858 (I, 123).*

Arrondissement du Sig.

AG. — 30 juill.-31 déc. 1862. — BG. 72. — *Bois de tamarins de Bou-Adjemi, 566 hect.*

§ 5. — AGENTS DU SERVICE ADMINISTRATIF

Décis. M. — 5 nov. 1860. — BM. 105. — *Frais de premier établissement des préposés forestiers. — Indemnité, 100 fr.*

M. le préfet, une décision du 4 mai 1817, combinée entre les ministres de la guerre et des finances et rendue applicable à l'Algérie, alloue, à chaque sous-officier nommé, sur la proposition du département de la guerre, à un emploi de garde forestier en Algérie, une prime de 100 fr. pour frais de premier établissement. — Il m'a paru juste de généraliser l'application de cette mesure, et j'ai décidé, en conséquence, le 5 nov. courant, qu'à l'avenir une somme de 100 fr. sera allouée à tous les gardes indistinctement, entrant dans le service actif de l'Algérie. — Mon intention est que les préposés dont l'entrée en fonctions sera postérieure à ma nouvelle décision bénéficient des dispositions qu'elle édicte.

Cte P. DE CHASSELOUP-LAUBAT.

RENVOIS. — V. *Table alphabétique.*

Boissons. V. TABLE ALPHABÉTIQUE.

Boucherie.

AG. — 14-16 juill. 1863. — BG. 87. — *Abrogation de tous les règlements restrictifs du commerce de la boucherie.*

Vu les arr. min. des 16 nov. 1846, 11 juill. 1855 et 18 sept. 1856, concernant la réglementation de la boucherie en Algérie (I, 121 et s.); — Vu le décr. du 10 déc. 1860, relatif au gouvernement et à la haute administration de l'Algérie (*Admin. gén.*, suprà); — Considérant que les dispositions de l'arr. du 16 nov. 1846, sont inconciliables avec le principe de la liberté commerciale; — Considérant que l'arr. du 11 juill. 1855, tout en prononçant l'abrogation partielle de ces dispositions, laisse néanmoins subsister, dans ses prescriptions essentielles, la réglementation générale édictée par l'arr. de 1846, notamment en spécifiant, dans son art. 5 que ses prescriptions continueront d'être applicables dans toutes les localités où une déclaration spéciale n'aura pas expressément supprimé le régime de la réglementation; — Considé-

rant, d'ailleurs, que la plupart de ces prescriptions sont déjà tombées en désuétude, et qu'elles présentent, au point de vue de l'application, des difficultés de toute nature;

Art. 1. — Sont abrogés les arrêtés susvisés, relatifs à l'exercice de la boucherie en Algérie, et spécialement toutes les dispositions restrictives consacrées par lesdits arrêtés.

Art. 2. — Est toutefois maintenue la défense faite aux bouchers d'abattre les bestiaux ailleurs que dans les abattoirs, ou, à défaut, dans les lieux désignés à cet effet par l'autorité, sous les peines édictées par l'art. 471, n° 15, c. pén.

Art. 3. — Toutes les mesures de police relatives à l'exercice de la profession de boucher, de charcutier et de tripier, seront désormais réglées par les autorités municipales, en se conformant au droit commun.

Mal PÉLISSIER, DUC DE MALAKOFF.

Circ. G. — (Même date.) — *Instructions aux généraux commandant les divisions et préfets des départements sur l'exécution de l'arrêté qui précède.*

J'ai l'honneur de vous adresser ampliation de deux arrêtés en date de ce jour, par lesquels j'ai prononcé l'abrogation de tous les arrêtés antérieurs portant réglementation générale sur l'exercice des professions de boulanger et de boucher en Algérie. — Vous connaissez le décret du 22 juin dernier, ainsi que le lumineux rapport d'après lequel l'Empereur a abrogé les divers règlements restrictifs de la liberté du commerce de la boulangerie dans la métropole. L'arrêté que j'ai pris sur cet objet s'inspirant des mêmes principes, je n'ai pas besoin d'insister sur le caractère de cette mesure. — L'abrogation des règlements généraux concernant la boucherie se justifie par des considérations de même nature. — En principe, le commerce de la boulangerie et celui de la boucherie sont désormais complètement libres en Algérie. — L'exercice des professions de boulanger et de boucher n'est plus soumis qu'aux mesures de police qui sont du ressort de l'autorité municipale. — Les arrêtés que les maires pourront prendre à ce sujet devront être conformes au droit commun, c'est-à-dire qu'ils se renfermeront dans les limites assignées par la loi au pouvoir municipal.

Ces mesures auront donc exclusivement pour objet : — D'une part, d'assurer la sincérité du débit et la salubrité des denrées vendues par les boulangers et les bouchers, conformément à la loi des 16-24 août 1790; — D'autre part, d'exercer la faculté qui leur est laissée par l'art. 30, tit. 1, de la loi des 19-22 juill. 1791, de taxer le prix du pain et de la viande d'après les mercuriales. — Les arrêtés que les autorités municipales prendront à cet égard seront placés sous la sanction de l'art. 471, n° 15, c. pén., et ne pourront prescrire d'autre pénalité. — Ils seront soumis à votre visa, afin que vous puissiez vous assurer qu'ils ne contiennent aucune restriction incompatible avec le principe de liberté consacré par mes arrêtés de ce jour.

En ce qui concerne la question de la taxe, il convient de laisser aux maires, sous leur responsabilité, le soin d'user du pouvoir discrétionnaire qu'ils tiennent de la loi. Généralement, la taxe officielle du pain et de la viande n'est qu'une concession faite au préjugé populaire. Il est déjà bon nombre de localités de l'Algérie où l'on y a renoncé, et il serait conforme aux véritables principes économiques que partout elle fût supprimée. Toutefois, la matière est délicate; vous vous abstiendrez donc d'exercer à cet égard aucune pression sur les autorités locales; elles sont mieux placées que l'autorité supérieure pour apprécier l'opportunité du parti à prendre en pareil cas.

L'important, c'est que, conformément aux vues de l'Empereur, les deux professions dont il s'agit soient affranchies de toutes les entraves d'une réglementation minutieuse, inutile et contraire au principe de la liberté commerciale.

Mⁱ PÉLISSIER, DUC DE MALAKOFF.

Circ. G. — 1ᵉʳ mars-4 avr. 1864. — BG. 106.— *Interprétation des art. 2 et 5 de l'arr. du 14 juill. 1865.*

Monsieur le préfet, les art. 2 et 5 de mon arr. du 14 juill. 1865, sur le commerce de la boucherie en Algérie, sont ainsi conçus : (V. le texte ci-dessus.) — Ces dispositions ayant donné lieu, dans la pratique, à des interprétations contradictoires, il m'appartient d'en déterminer le sens précis, afin de couper court à toute controverse et de bien fixer la limite des droits et des devoirs de chacun.

La question suivante m'a été soumise : — « L'art. 2, reproduit ci-dessus, doit-il être entendu en ce sens que, dans les villes pourvues d'un abattoir public, les bouchers domiciliés et exerçant dans ces villes sont astreints, comme par le passé, à n'abattre leurs bestiaux que dans ces établissements? — Les arrêtés que prendraient les maires à cet effet sont-ils exécutoires? » — Ma réponse ne peut-être qu'affirmative. — Les abattoirs ont été institués dans un intérêt de sûreté et de salubrité publiques, pour empêcher que des viandes provenant d'animaux malsains ne soient livrées à la consommation, pour prévenir les accidents fréquents dans les tueries particulières et les abus qu'elles peuvent favoriser.

Les abattoirs sont, en outre, une source importante de revenus pour les communes qui les possèdent, en Algérie où leur tarif comprend un droit de consommation et remplace la taxe qui pourrait être perçue à l'entrée des villes, sous forme d'octroi. — Mon arr. du 14 juill. 1865, tout en consacrant le principe de la liberté du commerce de la boucherie, n'a nullement voulu compromettre l'intérêt de sûreté et de salubrité publiques, ni l'intérêt financier des communes sauvegardés par l'institution des abattoirs, institution qu'il a maintenue, au contraire, à cette double fin. Il a voulu seulement détruire les entraves inutiles résultant d'une réglementation excessive et qui n'avait plus sa raison d'être.

De ce que l'art. 2 mentionne, à la suite des abattoirs, des « lieux désignés par l'autorité » où, à défaut d'abattoirs, les bestiaux pourront être abattus, on en a conclu, en combinant cette disposition avec le principe général posé dans l'art. 1, qu'il était désormais loisible aux bouchers d'abattre leurs bestiaux partout ailleurs qu'à l'abattoir de leur résidence, pourvu que ce fût dans un lieu désigné conformément à l'art. 2.

Mais cette interprétation est abusive; elle force, tout à la fois, la lettre et l'esprit de mon arrêté ; elle ne tend à rien moins qu'à la suppression des abattoirs, en les rendant inutiles; car il est évident que les bouchers des villes seraient naturellement portés à donner la préférence aux « lieux désignés » des communes rurales voisines, où ils trouveraient une surveillance beaucoup moins sévère et où ils n'acquitteraient qu'un simple droit de marque de beaucoup inférieur au droit d'abattoir perçu dans les villes. — Le bon sens indique qu'il n'en saurait être ainsi. Aux termes de l'art. 2, lorsqu'un abattoir existe, c'est exclusivement dans ce lieu que les bouchers de la ville doivent abattre leurs bestiaux; car c'est à l'autorité municipale de leur résidence qu'incombe la police du commerce qu'ils exercent, et c'est à la caisse municipale de cette même résidence qu'appartient légitimement le droit de consommation qui se trouve impliqué dans la taxe de l'abattoir.

Mon arrêté, en ce qui touche la police de l'abat des animaux destinés à la boucherie, n'a fait que confirmer l'ordre de choses préexistant; il le dit en termes formels : « Est maintenue la défense, etc. » Or, sous l'empire des règlements antérieurs, il n'était jamais venu à l'idée de personne que les bouchers pussent se soustraire à l'obligation de conduire leurs animaux à l'abattoir de la ville, en les abattant dans une commune voisine, au gré de leur fantaisie ou de leur intérêt, qui seraient rarement celui du consommateur.

Des considérations majeures d'ordre public ne permettent pas qu'il en soit ainsi. L'abattoir public est donc obligatoire pour les bouchers domiciliés dans une commune pourvue d'un établissement de l'espèce; ces bouchers ne peuvent, sous quelque prétexte que ce soit, abattre leurs bestiaux dans un autre lieu désigné, ni même dans un autre abattoir. —Tel est, M. le préfet, le sens logique et vrai de l'art. 2 de mon arr. du 14 juill. : je n'admets pas qu'il comporte une autre interprétation. — Les arrêtés que prendraient les maires dans le sens que je viens d'indiquer seraient parfaitement conformes au texte réglementaire, ils n'excéderaient pas la limite de leurs pouvoirs, et la sanction pénale ne pourrait leur être refusée par les tribunaux.

Du colportage de la viande.

Mais on m'a signalé des arrêtés municipaux qui vont beaucoup plus loin, et qui interdisent, d'une manière absolue, l'introduction d'animaux abattus hors de la commune, ou des viandes en provenant, alors même que ces animaux ou ces viandes seraient introduits par des bouchers forains et marqués d'une estampille municipale. De pareils arrêtés sont entachés d'un excès de pouvoirs. En interdisant le colportage de la viande de boucherie d'une commune à l'autre, ils portent atteinte à la liberté de ce commerce, telle qu'elle a été établie par mon arr. du 14 juill. Je ne saurais les approuver, et les tribunaux sont fondés à leur refuser la sanction pénale.

Ces arrêtés devront être rapportés.

La viande de boucherie doit pouvoir être colportée de commune à commune, comme le pain, comme toute autre denrée destinée à alimenter les marchés publics. C'est une des conséquences directes et forcées de la liberté du commerce. — Mais, dira-t-on, la police et la caisse municipales vont donc se trouver désarmées vis-à-vis de la boucherie foraine? —Oui, dans une certaine mesure ; non, toutefois, d'une manière absolue, et je vais le démontrer.

En ce qui touche la question de salubrité, point essentiel dont la police municipale ait à se préoccuper, il y a déjà la garantie résultant de ce que la viande colportée a été abattue dans un lieu soumis à la surveillance de l'autorité publique. Il y a donc présomption qu'elle provient d'un animal sain ; mais rien ne s'oppose à ce que la police locale n'astreigne le boucher forain à soumettre, avant toute mise en vente, la viande qu'il apporte, au contrôle de l'abattoir municipal. Sans offrir une sécurité aussi complète que l'inspection préalable de l'animal sur pied, cette vérification de la viande abattue et dépecée suffit néanmoins pour prévenir les fraudes les plus compromettantes pour la santé publique.

Du reste, les consommateurs, suffisamment avertis que la salubrité de la viande provenant de la boucherie foraine n'a pu être vérifiée que de seconde main par la police locale, se tiendraient sur leurs gardes et prendraient leurs précautions. La vigilance administrative n'est pas tenue de suppléer dans tous les cas à la prudence des particuliers.

Quant au dommage résultant pour la caisse

municipale de ce qu'elle sera frustrée des droits d'abattoir auxquels aurait donné lieu la viande importée du dehors, il ne sera jamais bien considérable. Il me paraît peu probable que la boucherie foraine puisse jamais faire une concurrence sérieuse à la boucherie sédentaire.—Mais il y a un moyen bien simple de protéger cette dernière contre une pareille concurrence et de sauvegarder en même temps l'intérêt financier de la commune : il consisterait à percevoir, sur la viande introduite par les bouchers forains, un droit de place qui compenserait le droit d'abattoir, en assignant à ces bouchers, sur les marchés de la ville, des emplacements pour l'étalage et le débit de leur denrée.

Il est bien entendu, d'ailleurs, que dans la fixation du droit dont il s'agit, il serait tenu compte du droit de marque déjà payé par le boucher forain, avant l'introduction de sa viande sur le marché ; car une mesure fiscale qui grèverait la viande importée au delà des charges qui sont imposées au boucher domicilié, équivaudrait à une interdiction. Encore une fois, le colportage de la viande est une des conséquences de la liberté du commerce : il doit être respecté.

Mais le colportage peut être réglementé et il doit l'être au double point de vue que je viens d'indiquer, c'est-à-dire, d'une part, pour assurer, autant qu'il est possible de le faire en pareil cas, la salubrité de la viande colportée ; d'autre part, pour sauvegarder les finances de la commune dans une mesure équitable, et en même temps pour égaliser les conditions de la concurrence entre le boucher sédentaire et le boucher forain.

Diminution des tarifs.

Mais, M. le préfet, il y a dans cette question un autre intérêt dont je n'ai pas encore parlé, et qui mérite aussi, au plus haut degré, la sollicitude de l'administration : c'est l'intérêt du consommateur. — Il est grandement à désirer que la viande puisse entrer de plus en plus dans l'alimentation de toutes les classes de la population, et ce n'est que par le bon marché que ce résultat peut être obtenu. Il serait fâcheux qu'on pût accuser la fiscalité des communes d'être un obstacle au bon marché de la viande, en grevant cette denrée de droits susceptibles d'en élever le prix d'une manière assez sensible pour contribuer à le rendre inaccessible à la bourse du pauvre. Il faut, au contraire, que les tarifs qui grèvent les denrées alimentaires de première nécessité, et la viande de boucherie en est une, soient établis avec une modération qui en rende l'effet en quelque sorte imperceptible pour le consommateur ; et quand on parle du consommateur, en pareil cas, c'est toujours le plus pauvre qu'il faut avoir en vue.

Je crois que, sous ce rapport, le tarif actuel des droits d'abattoir est susceptible d'une révision. Je verrais avec plaisir les administrations municipales y procéder dans le sens de la plus grande atténuation possible des droits perçus, et elles me trouveront toujours disposé à homologuer de nouveaux tarifs proposés dans cet esprit. La réduction des droits amènerait nécessairement, au début, une diminution, de ce chef, dans les revenus municipaux ; mais j'ai lieu de penser que des tarifs plus modérés finiraient par devenir au moins aussi productifs que les tarifs actuels, parce qu'ils favoriseraient indubitablement une plus grande consommation.

En résumé, sous l'empire de mon arrêté du 14 juill. 1865 :—1° Les bouchers domiciliés sont tenus, comme par le passé, d'abattre exclusivement leurs bestiaux dans les abattoirs des villes où ils sont établis ; — 2° L'introduction des viandes par les bouchers forains ne peut être interdite ; mais le commerce de la boucherie foraine peut être réglementé dans le double intérêt de la salubrité publique et des finances communales ; — 5° Il est à désirer que, dans les communes où il existe des abattoirs, le tarif des droits perçus à ce titre soit revisé dans le sens d'une modération de ces droits.

M^{al} Pélissier, duc de Malakoff.

Boulangerie.

AG. — 14-16 juill. 1865. — BG. 87. — *Abrogation de tous les règlements restrictifs du commerce de la boulangerie.*

Vu les arr. min. des 6 janv. 1845, 23 juin 1853, 24 mars et 10 nov. 1854, relatifs à la réglementation de la profession de boulanger en Algérie ; ensemble l'arr. du 17 avr. 1847, concernant le même objet (I, 128 et s.) ;—Vu le décr. du 22 juin 1863, portant modification du régime de la boulangerie dans la métropole ;—Vu le décr. du 10 déc. 1860, relatif au gouvernement et à la haute administration de l'Algérie (*Admin. gén.*, suprà) ;

Considérant que les dispositions restrictives édictées par l'arr. susvisé du 6 janv. 1845 et partiellement maintenues par les arrêtés postérieurs, sont inconciliables avec le principe de la liberté commerciale, et qu'elles ont donné lieu, dans la pratique, à une foule de difficultés auxquelles il importe de mettre un terme ;—Considérant que des doutes se sont élevés sur la question de savoir si certaines de ces dispositions sont encore en vigueur ;—Considérant, d'ailleurs, qu'aux termes de différents arrêts des cours et tribunaux, plusieurs de ces prescriptions ont été reconnues entachées d'illégalité, et qu'il en est ainsi notamment de l'art. 11 de l'arr. min. du 6 janv. 1845 ;

Art. 1. — Sont abrogés les arrêtés susvisés relatifs à l'exercice de la profession de boulanger en Algérie, et spécialement toutes les dispositions restrictives consacrées par lesdits arrêtés.

Art. 2. — Toutes les mesures de police relatives à l'exercice de ladite industrie seront réglées par les autorités municipales, en se conformant au droit commun.

M^{al} Pélissier, duc de Malakoff.

Circ. G. — Même date. — *Instruction sur l'exécution de l'arrêté qui précède* — (V. *Boucherie*.)

Bourses. V. Table alphabétique.

Bourses de commerce. V. *ibidem*.

Brevets d'invention. V. *ibidem*.

Brocanteurs-fripiers. V. *ibidem*.

Broussailles. V. *ibidem*.

Budget. V. *ibidem*.

Bulletin officiel (des actes du gouvernement).

AG. — 14 janv. 1861 (V. *Promulgation*).—*Rétablissement du Bulletin officiel des actes du gouvernement.*

AG. — 29 avr.-7 mai 1861. — BG. 11. — *Abonnement obligatoire pour les communes. — Conditions d'abonnement pour les particuliers.*

Vu le décr. du 24 nov. 1860, qui a rétabli le gouvernement général de l'Algérie (*Admin. gén.*, suprà) ; — Le décr. du 10 déc. 1860, sur le gouvernement et la haute administration de l'Algérie (*ibidem*) ; — Le décr. du 5 mars 1859 (I, 209), qui a classé l'abonnement au *Bulletin officiel de l'Algérie et des colonies* au rang des dépenses obligatoires des communes de l'Algérie; → notre arr. du 14 janv. (ci-dessus).

Art. 1. — Les communes de plein exercice continueront de recevoir le *Bulletin officiel du gouvernement général*, au même titre et sur le même pied que le *Bulletin officiel* de l'ancien ministère de l'Algérie et des colonies ; par suite, le prix de l'abonnement, fixé à 10 fr. par an, continuera d'être inscrit au budget de chaque commune, comme dépense obligatoire. — Ce prix sera versé aux caisses du receveur des domaines.

Art. 2. — Il sera reçu des abonnements particuliers au *Bulletin officiel*, au prix fixé par l'article 1. Ces abonnements ne pourront être pris que chez les receveurs des domaines. Les récépissés de ces comptables seront transmis par les abonnés au directeur général des services civils.

M^{al} PÉLISSIER, DUC DE MALAKOFF.

Circ. G.—5-7 mai 1861.—BG. 11.—*Instruction sur le mode d'exécution de l'arrêté qui précède.*

Un certain nombre de demandes adressées à l'administration, m'ont donné lieu de reconnaître que c'était faire une chose utile et convenable que de mettre le *Bulletin officiel du gouvernement général* à la disposition de tous ceux qui auraient un intérêt quelconque à le recevoir. J'ai en conséquence décidé, par l'art. 2 de l'arrêté du 19 avr. 1861 que des abonnements particuliers seraient reçus au prix fixés par l'art. 1.—Ces abonnements devront toujours partir du 1er janvier de chaque année; le prix en sera versé aux caisses des receveurs des domaines; comme il est dit plus haut, et ils seront servis sur le vu de la quittance : cette pièce devra être transmise par l'abonné au directeur général des services civils.

Des formules spéciales seront mises à la disposition des comptables chargés de percevoir le prix des abonnements. Les recettes provenant de ce chef seront inscrites dans les écritures au titre, § 7, *Produits divers* (abonnements au *Bulletin officiel*). Le contrôle de ces recettes sera fait au moyen d'un état des sommes perçues dans chaque province, que la direction générale vous adressera à la fin de l'année, pour être communiqué à l'employé supérieur chargé de l'examen des gestions des receveurs des domaines.

M^{al} PÉLISSIER, DUC DE MALAKOFF.

RENVOIS.—V. *Table alphabétique.*

Bulletin officiel de l'Algérie et des colonies. V. TABLE ALPHABÉTIQUE.

---

(1) Par suite de cette décision et en exécution de l'art. 2, le préfet d'Alger a pris l'arrêté suivant à la date du 15 avr. 1865 :

Vu l'arr. du 18 mars 1865, annulant les diverses décisions qui plaçaient dans les attributions du bureau de bienfaisance les établissements et institutions d'assistance publique musulmane ; — Attendu qu'il importe de pourvoir aux besoins de ces établissements et institutions et de remanier en même temps leur régime intérieur ;

Art. 1. — Sont maintenus comme établissements et institutions d'assistance publique départementale : — 1° Les bourses d'apprentissage destinées à initier les jeunes garçons musulmans à nos industries ; — 2° La maison de refuge destinée à recevoir pendant la nuit les malheureux et les infirmes sans domicile ; — 3° L'asile ouvert aux enfants des deux sexes de deux à dix ans ; — 4° Les deux ouvroirs consacrés aux jeunes filles et aux ouvrières musulmanes pour les habituer à gagner leur vie par le travail ; — 5° La maison d'asile des vieillards et incurables indigènes.

Art. 2. — Deux commissions sont instituées : l'une pour la répartition des bourses d'apprentissage des jeunes

Bureaux arabes. V. *ibidem.*

Bureaux de bienfaisance.

DI. — 4-25 mai 1861. — BG. 14. — *Institution d'un bureau de bienfaisance à Saint-Denis du Sig* (dép. d'Oran).

AG. — 10 oct. 1861 (non publié au *Bulletin officiel*). — *Les ouvroirs musulmans sont placés sous la surveillance et l'autorité du bureau spécial de bienfaisance musulmane* (abrogé ci-après).

DI. — 26 mars 1862 (V. *Bienfaisance publique*). — *Organisation du service d'inspection des établissements de bienfaisance.*

DI. — 10-34 mai 1862. — BG. 55. — *Institution à Guelma* (dép. de Constantine) *d'un bureau de bienfaisance.*

AG. — 18-27 mars 1865. — BG. 159. — *Modification apportée aux attributions du bureau de bienfaisance musulmane* (1).

Vu le décr. du 5 déc. 1857, portant création du bureau de bienfaisance musulmane d'Alger (I, 155); — L'arr. du 10 oct. 1861 (ci-dessus); — Considérant qu'afin de fortifier et de simplifier l'action du bureau de bienfaisance musulmane, il importe de le dégager des soins multiples qui lui ont été successivement confiés en dehors de but essentiel de son institution; — Considérant, d'un autre côté, qu'il y a lieu de déterminer, conformément aux prescriptions de l'art. 4 du décret susvisé, le mode de renouvellement des membres, tant européens qu'indigènes, appelés à faire partie de ce bureau;

Art. 1. — Sont rapportées les décisions qui ont rattaché au bureau de bienfaisance musulmane les divers établissements et institutions d'assistance publique musulmane, et notamment celles d'entre les dispositions de l'arr. du 10 oct. 1861 qui placent les ouvroirs musulmans sous la surveillance et l'autorité du bureau de bienfaisance.

Art. 2. — Il pourra être constitué, par des arrêtés préfectoraux, des commissions spéciales chargées de prêter gratuitement leur concours pour l'administration et la surveillance des diverses institutions ressortissant au service de l'assistance musulmane. Jusqu'à ce qu'il en soit autrement ordonné, le préfet déterminera les formes et les limites de ce concours.

Art. 3. — Les membres du bureau de bienfaisance musulmane, à l'exception du chef du bureau arabe départemental, sont nommés pour quatre ans. — Ils sont renouvelés par quart tous les ans (un Européen et un indigène). — La nomination

---

garçons, l'autre pour la surveillance de la maison de refuge de Ouall Dada. — La première sera composée d'un président et de onze membres, dont huit français et trois indigènes ; — La seconde sera formée de deux membres français et d'un membre indigène.

Art. 3. — Le président et les membres de ces commissions, nommés par nous pour trois ans, relèvent de notre action directe. — Ils sont renouvelés par tiers tous les ans. — Les membres sortant peuvent être réélus. — Pour les trois premiers renouvellements, les membres à remplacer sont désignés par la voie du sort.

Art. 4. — Le comité permanent des dames patronesses institué par l'arr. du 10 oct. 1861 sur les ouvroirs, étendra son autorité et sa surveillance sur l'asile des vieillards et sur l'asile des enfants.

Trois autres arrêtés portant la même date règlementent tout ce qui est relatif aux bourses d'apprentissage, à la maison de refuge musulmane de Ouall Dada, aux maisons d'asile ouvertes aux enfants, vieillards infirmes et incurables musulmans des deux sexes, et aux ouvroirs également musulmans.

du président sera également renouvelée tous les quatre ans. — Les membres sortants peuvent être nommés à nouveau. — Pour les trois premiers renouvellements, les membres à remplacer sont désignés par la voie du sort. — Il sera immédiatement procédé au remplacement, tant du président que du premier quart sortant. — Par exception, les pouvoirs du président et des membres désignés en vertu de cette disposition transitoire seront réputés expirer le 1ᵉʳ janv. 1869.

M^l DE MAC-MAHON, DUC DE MAGENTA.

RENVOIS. — V. *Table alphabétique.*

C

Cabarets.—Cafés. V. BOISSONS.

Cabotage. V. TABLE ALPHABÉTIQUE.

Cadastre. V. *ibidem.*

Cadis. V. *ibidem.*

Caisse des dépôts et consignations. V. DÉPÔTS.

Caisses d'épargne.

DI. — 11 nov.-28 déc. 1865. — BG. 165. — *Fondation d'une caisse d'épargne à Mostaganem et à Tlemcen sous les mêmes conditions et avec les mêmes statuts que les caisses d'épargne déjà fondées à Bône, Philippeville, et Constantine (I, 154).*

RENVOIS. — V. *Table alphabétique.*

Caisse de retraite et de prévoyance.

AG. — 30 juill.-21 août 1862. — BG. 61. — *Approbation des statuts de la caisse obligatoire de retraite et de prévoyance créée en faveur des employés municipaux de la commune de Bône.*

Vu le décr. du 27 oct. 1858, sur l'organisation administrative de l'Algérie (*Admin. gén.*, I, 57); — Vu la délibération du conseil municipal de la commune de Bône, en date du 9 nov. 1861, relative à la création d'une caisse obligatoire de retraite et de prévoyance en faveur des employés municipaux de cette commune, et le projet de statuts qui y est joint; — Considérant, d'une part, que la fondation de cette caisse est une œuvre utile dont le principe est consacré par la jurisprudence du ministère de l'intérieur, et, de l'autre, que le projet de statuts dont il s'agit a été établi en conformité des dispositions recommandées spécialement par une circulaire du ministre de l'intérieur, en date du 15 juill. 1835;

Art. 1. — Une caisse obligatoire de retraite et de prévoyance en faveur des employés municipaux de la commune de Bône, nommés par le maire, est fondée à partir du 1ᵉʳ sept. prochain.

Art. 2. — Le projet de statuts établi par ladite commune, pour le fonctionnement de cette caisse, est approuvé.

M^l PÉLISSIER, DUC DE MALAKOFF.

RENVOIS. — V. *Table alphabétique.*

Cantonnement des indigènes. V. TABLE ALPHABÉTIQUE.

Cantonniers. V. VOIRIE, § 1.

Capitaine de navire. V. NAVIGATION.

Capitation. V. IMPÔT ARABE.

Capitulation. V. TABLE ALPHABÉTIQUE.

Carrières. V. *ibidem.*

Carte géologique. V. *ibidem.*

Casernement. V. *ibidem.*

Cassation. V. *ibidem.*

Cautionnement. V. *ibidem.*

Centime (fort). V. *ibidem.*

Centimes additionnels. V. *ibidem.*

Centres de population. V. *ibidem.*

Cérémonies publiques. V. PRÉSÉANCES.

Chambres d'agriculture. V. TABLE ALPHABÉTIQUE.

Chambre de commerce.

AG. — 8 juin.-4 juill. 1861. — BG. 21. — *Chambre de commerce de Constantine. — Le nombre des électeurs est fixé à 51, savoir : —Français : Constantine, 58, Batna, 2, Sétif, 4, — Etrangers : Constantine, 5, — Indigènes : Constantine, Musulmans, 2, Israélites, 5.*

AG. — 29 janv.-27 avr. 1865. — BG. 79. — *Chambre de commerce de Philippeville. — Nombre des électeurs fixés à 25, savoir : Français, Philippeville, 16, El Arrouch, 2, Djidjelli, 2, Jemmapes, 1. — Etrangers et indigènes, Philippeville, 4.*

AG. — 18 fév.-27 avr. 1865. — BG. 79. — *Chambre de commerce de Bône. — Nombre des électeurs fixé à 27, savoir : — Français, Bône, 19, la Calle, 1, Millésimo, 1, Héliopolis, 1, Guelma, 1. — Etrangers et indigènes, Bône, 4.*

AG. — 29 mai-15 juin 1865. — BG. 85. — *Chambre de commerce d'Oran. — Nombre des électeurs fixé à 85, savoir : — Français, Oran, 50, Mostaganem, 6, Mascara, 4, Tlemcen, 4, Sidi bel Abbès, 4, Arzew, 2, Aïn Temouchent, 2, Saint-Denis du Sig, 2, Nemours, 1. — Etrangers, Oran, 5. — Indigènes, Oran, 5.*

AG. — 14-22 avr. 1865. — BG. 143. — *Chambre de commerce de Constantine. — Nombre des électeurs fixé à 51, comme à l'arrêté ci-dessus du 8 juin 1861.*

Chambre de commerce de Bône. — Nombre des électeurs fixé à 28, savoir : — Français, Bône, 19, la Calle, 2, Millesimo, 1, Héliopolis, 1, Guelma, 1. — Etrangers et indigènes, Bône, 5.

RENVOIS. — V. *Table alphabétique.*

Chambre des mises en accusation. V. TABLE ALPHABÉTIQUE.

Charcuterie. V. ABATAGE, BOUCHERIE.

Chasse.

Circ. G. — 15 mars 1862. — BG. 51. — *Instructions aux généraux commandant les divisions et préfets des départements sur la police de la chasse.*

J'ai eu lieu de reconnaître que les dispositions de la loi du 3 mai 1844 (rendue applicable à l'Algérie par le décr. du 22 nov. 1830, I, 159), qui prohibent la mise en vente, l'achat et le colportage du gibier, pendant le temps où la chasse est interdite, n'étaient pas exécutées avec la rigueur qu'exige le but que s'est proposé le législateur. La consommation du gibier dans les hôtels, auberges et restaurants, à cette époque de l'année, est un fait notoire et permanent. — Cet abus, qui est général en Algérie, accuse, de la part des agents de l'autorité qui sont préposés à cette branche de la police, un défaut de vigilance tout à fait répréhensible et auquel, dans l'intérêt de la conservation du gibier, il importe de mettre un terme.

Je dois donc vous rappeler qu'aux termes de l'art. 4 de la loi précitée, « Il est interdit de mettre en vente, de vendre, d'acheter, de transporter et de colporter du gibier pendant le temps où la chasse n'est pas permise. » — En cas d'infraction à cette disposition, le gibier doit être saisi et immédiatement donné à l'établissement de bienfaisance le plus voisin. — La recherche du gibier peut être faite à domicile, chez les aubergistes, chez les marchands de comestibles et dans les lieux ouverts au public.

L'art. 12 de la même loi prononce une amende de 50 à 200 fr. et un emprisonnement de six jours à deux mois : contre ceux qui auront chassé en temps prohibé (n° 1), et contre ceux qui, dans le même temps, auront mis en vente, vendu, acheté, transporté ou colporté du gibier (n° 4). — En vertu de ces dispositions, il est donc facile de mettre obstacle au commerce du gibier, pendant la période de prohibition, et c'est le seul moyen efficace d'assurer l'action conservatrice de la loi du 3 mai 1844.

J'appelle donc toute votre attention, sur la nécessité de donner à qui de droit, les instructions les plus formelles et les plus pressantes, pour que le transport, le colportage et la mise en vente du gibier soient sévèrement réprimés pendant tout le temps où la chasse est interdite dans votre circonscription administrative. — Le gibier est saisissable sur la personne des chasseurs ou des colporteurs, hors de leur domicile ; sur les voitures publiques ; sur ceux qui apportent des denrées dans les villes, Européens ou indigènes ; chez les hôteliers, aubergistes, restaurateurs et marchands de comestibles.

Les agents préposés à l'exécution des lois de police rurale et municipale sont autorisés à se livrer, dans les limites qui viennent d'être déterminées, à la recherche du gibier prohibé ; il doit leur être recommandé de s'acquitter avec vigilance et fermeté de cette partie de leurs devoirs. — Il sera bon que, par voie d'affiches et d'avis spécial, vous donniez une publicité nouvelle, dans votre département, aux art. 4, 11 et 12 de la loi du 3 mai 1844.

M^{al} PÉLISSIER DUC DE MALAKOFF.

RENVOIS. — V. Table alphabétique.

Chefs indigènes. V. TABLE ALPHABÉTIQUE.

Chemins de fer.

DI.—18 sept. 1860-13 fév. 1861. — BM. 107.— *Autorisation de la société anonyme formée à Paris sous la dénomination de compagnie des chemins de fer algériens, et approbation des statuts de ladite société.*

LOI. — 2 juill. 1861. — BG. 22. — *Il est ouvert au ministre de la guerre un crédit de 2,500,000 fr. pour continuer les travaux du chemin de fer d'Alger à Blidah, en cas d'inexécution de la convention du 7 juill. 1860.*

DI. — 14 juill.-8 août 1862. — BG. 59. — *La loi du 15 juill. 1845 sur la police des chemins de fer est promulguée et rendue exécutoire en Algérie* (1).

DI. — 27 juill.-26 août 1862. — BG. 62. — *L'ord. du 15 nov. 1846 portant règlement sur la police, la sûreté et l'exploitation des chemins de fer; — La loi du 27 fév. 1850 relative aux commissaires et sous-commissaires préposés à la surveillance administrative; — Le décret du 26 juill. 1852 concernant les inspections et l'exploitation commerciale; — Le décret du 22 fév. 1855 portant création d'un service spécial de surveillance sont promulgués et rendus exécutoires en Algérie.*

DI. — 21-50 août 1862. — BG. 65. — *Création de deux emplois de commissaires de surveillance administrative.*

Vu la loi du 15 juill. 1845 et le règlement d'administration publique du 15 nov. 1846; — La loi du 27 fév. 1850;—Les décr. des 14 et 27 juill. 1862, ci-dessus visés;

Art. 1. — Il est créé deux emplois de commissaires de surveillance administrative du chemin de fer d'Alger à Blidah, à la résidence de chacune de ces deux villes.

Art. 2. — Les attributions de ces commissaires s'étendront, savoir : pour celui d'Alger, jusqu'à la station de Birtouta (commune de Chébli), et pour celui de Blidah, jusqu'au même point.

Art. 5. — Le traitement affecté à chacun de ces emplois est fixé à 1,500 fr. par an. Cette allocation comprend les frais de toute nature auxquels les agents peuvent être astreints.

M^{al} PÉLISSIER, DUC DE MALAKOFF.

LOI. — 11 juin 5-sept. 1863. — BG. 92.— *Sont approuvés les art. 3, 4, 5, 6, 7 et 9 de la convention passée le 1er mai 1863 entre le ministre de la guerre et la compagnie des chemins de fer de Paris à Lyon et à la Méditerranée concernant l'exécution des chemins de fer algériens, lesdits articles relatifs aux engagements mis à la charge du trésor par cette convention.*

DI. — Même date. — *Approbation de la même convention. — Texte de la convention.— Cahier des charges.*

AG. — 30 août-8 sept. 1864. BG. 120. — *Est promulgué et rendu exécutoire l'arrêté ministériel du 20 avr. 1863, qui a fixé le tarif applicable au magasinage des colis non réclamés dans les gares de chemins de fer et qui doivent, après six mois, être remis au domaine. — Texte dudit arrêté.*

RENVOIS. — V. Table alphabétique.

Chemins vicinaux.

Circ. G. — 25 nov.-15 déc. 1865. — BG. 98.— *Circulaire aux préfets au sujet de l'entretien*

---

(1) Dans l'intérêt de la sécurité publique et pour prévenir les incendies, un arrêté préfectoral, du 25 août 1864, dispose pour le département d'Alger : 1° que les propriétaires riverains du chemin de fer devront couper les chaumes ou herbes sèches au ras du sol sur une largeur d'au moins 20 mètres et transporter les produits de cette coupe en dehors de la même largeur; — 2° Que la compagnie concessionnaire devra de même couper au ras du sol les herbes sèches des accotements, talus et dépendances du chemin de fer et porter le produit des coupes à 20 mètres au delà; — 3° Que la distance de 20 mètres ci-dessus sera mesurée suivant les cas, soit de l'arête supérieure des déblais, soit de l'arête inférieure des talus des remblais, soit du bord extérieur des fossés du chemin.

des chemins vicinaux de la banlieue des villes.

J'ai eu plusieurs fois occasion de remarquer que les administrations municipales des villes ont une tendance à concentrer les ressources communales sur les améliorations urbaines, au détriment de l'entretien des chemins vicinaux. C'est là une tendance fâcheuse et que vous devez vous efforcer de combattre. Les intérêts des populations rurales ne méritent pas moins d'attention que ceux des habitants des villes, car leurs besoins sont aussi grands; elles contribuent, pour la même part, aux revenus des communes, et elles ont le droit, par conséquent, de trouver une égale sollicitude chez les fonctionnaires municipaux.

Mais les intérêts ruraux ne se recommandent pas seulement par leur légitimité; ils sont, de plus étroitement liés aux intérêts urbains. D'une bonne viabilité vicinale dépend, en effet, l'approvisionnement facile des villes et, par suite, le bon marché des denrées et la multiplicité des transactions commerciales qui naissent de l'abondance des produits naturels. Les municipalités qui négligent l'entretien des chemins vicinaux méconnaissent donc un principe essentiel de l'économie politique et des vrais intérêts de leurs administrés.

Je vous prie, en conséquence, de vouloir bien porter votre attention la plus sérieuse sur cette partie des services municipaux, et de rappeler à l'observation de la règle d'équité et de prévoyance que je viens de rappeler, celles des municipalités de votre département qui tendraient à s'en écarter.

M^d PÉLISSIER, DUC DE MALAKOFF.

RENVOIS.—V. Table alphabétique.

Chevaux. V. COURSES, DOUANES.

Chèvres.—Chevriers. V. TABLE ALPHABÉTIQUE.

Chiens (taxe sur les).

AG. — 29 oct. 1861-18 mars 1865. — BG. 137. — Modification aux art. 5 et 10 de l'arr. du 6 août 1856 (I, 146).

Vu, etc.;

Considérant qu'il y a lieu de faire profiter les contribuables de l'Algérie des modifications qui viennent d'être introduites en France dans le mode de perception de la taxe sur les chiens, par le décr. du 10 août 1861;

Art. 1. — Les possesseurs de chiens qui, dans les délais fixés par l'art. 5 de l'arrêté réglementaire du 6 août 1856 (I, 146), auront fait à la mairie une déclaration indiquant le nombre de leurs chiens et les usages auxquels ils sont destinés, en se conformant aux distinctions établies par l'art. 1 du même arrêté, ne seront plus tenus de la renouveler annuellement. En conséquence, la taxe à laquelle ils auront été soumis continuera d'être payée jusqu'à déclaration contraire. — Le changement de résidence du contribuable hors de la commune, ainsi que toute modification dans le nombre et la destination des chiens entraînant une aggravation de taxe, rendra une nouvelle déclaration obligatoire.

Art. 2. — Les art. 5 et 10 de l'arrêté précité sont modifiés dans les dispositions qui seraient contraires au présent arrêté.

M^d PÉLISSIER, DUC DE MALAKOFF.

RENVOIS. — V. Table alphabétique.

Chirurgie. V. ART MÉDICAL.

Cimetières. V. TABLE ALPHABÉTIQUE.

Circonscriptions.

DIVISION.

CIRCONSCRIPTIONS ADMINISTRATIVES

§ 1. — Départements.
§ 2. — Arrondissements ou sous-préfectures.
§ 3. — Districts ou commissariats civils.
§ 4. — Communes.

CIRCONSCRIPTIONS JUDICIAIRES.

§ 5. — Cour impériale.
§ 6. — Tribunaux.
§ 7. — Justices de paix.

CIRCONSCRIPTIONS ADMINISTRATIVES.

§ 1. — DÉPARTEMENTS.

1° Département d'Alger.

DI. 1er-30 avr. 1865. — BG. 146. — Délimitation nouvelle du territoire civil ou département d'Alger.

Vu notre décr. du 7 juill. 1864, sur la réorganisation administrative de l'Algérie, art. 9 et 10 (Admin. gén., § 1, suprà); — Notre décr. du 16 août 1859, portant délimitation du territoire du département d'Alger (I, 148); — Notre décr. de ce jour, portant suppression de la sous-préfecture de Médéah (Admin. gén., § 4, suprà);

Art. 1. — Le territoire civil de la province d'Alger, formant le département d'Alger, est divisé en trois arrondissements, savoir : — L'arrond. d'Alger, qui comprend la partie du territoire agglomérée à l'E., le district de Dellys à l'E. de ce territoire, le district d'Aumale au S., et celui de Ténès, à l'O.; — L'arrond. de Blidah, qui comprend la partie du territoire agglomérée à l'O., les districts de Blidah, de Koléah, de Marengo et de Cherchel, et la commune de Médéah; — L'arrond. de Milianah, qui comprend les communes de Milianah, Duperré, Vesoul Benian et le district d'Orléansville; — Le tout, conformément aux parties teintées en jaune de la carte générale annexée au présent décret.

Art. 2. — Par suite de la délimitation nouvelle déterminée par l'art. 1, sont distraits du territoire délimité par notre décr. du 16 août 1859, ci-dessus visé : — 1° Comme n'étant rattachés à aucune commune constituée : — Le territoire des Issers Gharbi, compris antérieurement dans l'arrond. d'Alger, et tel qu'il est délimité par l'art. 6 du décr. précité; — Le territoire des Hassen ben Ali, antérieurement compris dans la circonscription de l'arrond. de Médéah et tel qu'il est délimité par l'art. 15 du décr. précité; — Le territoire des Ouled Kosséir, antérieurement compris dans le périmètre du district d'Orléansville (arrond. de Milianah), qui reprendra les limites qui lui avaient été assignées par le décr. du 22 sept. 1852 (I, 166); — 2° Comme n'ayant pas cessé d'être administrés par l'autorité militaire : — Le territoire occupé par les Mouzaïa du versant S. de l'Atlas, compris dans le périmètre actuel de la commune de Médéah; — Le territoire des Bou Hallouane compris dans la circonscription communale de Vesoul Benian (arrond. de Milianah); — La fraction des Fraïlia, comprise dans la circonscription communale de Duperré (même arrond.).

2° Département de Constantine.

DI. — Même date. — Délimitation nouvelle du territoire civil ou département de Constantine.

Vu notre décr. du 25 fév. 1860, portant délimitation du territoire du département de Constantine (I, 149) ; — Vu, etc.;

Art. 1. — Le territoire civil de la province e

Constantine, formant le département de Constantine, est délimité à nouveau, conformément aux parties teintées en jaune de la carte générale de la province, annexée au présent décret.

Art. 2. — Le département de Constantine reste divisé en cinq arrondissements, qui ont pour chefslieux : Constantine, Bône, Guelma, Philippeville et Sétif. — Les nouvelles limites desdits arrondissements, celles des districts de Batna, de Souk-Ahras et de Djidjelli, des communes de Condé-Smendou (arrond. de Constantine), de Penthièvre et de Mondovi (arrond. de Bône), d'El Arrouch (arrond. de Philippeville), de Sétif et d'El Ouricia (arrond. de Sétif), sont fixées conformément aux notices et aux plans A, B, C, D, E, annexés au présent décret.

Art. 3. — Le district de Souk Ahras est distrait de l'arrond. de Guelma, pour être rattaché à celui de Bône.

Art. 4. — Le district du village de Gastu (Ksentina el Kedima) est prolongé le long de l'Oued Hammam, jusqu'à la limite du territoire d'Enchir Saïd, et distrait de l'arrond. de Philippeville pour être rattaché à celui de Guelma.

5° Département d'Oran.

DI. — Même date. — *Délimitation nouvelle du territoire civil ou département d'Oran.*

Vu notre décr. du 15 oct. 1858, portant création des arrondissements de Tlemcen et de Mascara (*Admin. gén.*, § 4, I, 57); — Notre décr. du 11 janv. 1860, portant création et délimitation du district d'Aïn Témouchent, arrond. d'Oran (*Commissariats civils*, I, 202. — *Circonscriptions*, § 3, I, 170).

Art. 1. — Le territoire civil de la province d'Oran, formant le département d'Oran, reste divisé en quatre arrondissements, savoir : — L'arrond. d'Oran, qui comprend la partie du territoire agglomérée à l'E., au S. et à l'O. d'Oran, et les districts de Saint-Denis du Sig, de Sidi bel Abbès et d'Aïn Temouchent; — L'arrond. de Mostaganem; — L'arrond. de Mascara; — L'arrond. de Tlemcen, qui comprend le district de Nemours; — Le tout conformément aux parties teintées en jaune de la carte générale annexée au présent décret;

Art. 2. — Sont classés dans le territoire civil : — 1° Les douars établis sur le territoire des Andalous, compris dans le périmètre de la commune d'Aïn el Turk, aux termes de notre décr. du 23 mars 1861, portant création de ladite commune (*Commune*, § 5, *infrà*); — 2° Le centre européen de Lourmel, qui est rattaché à la commune de Bou Tlélis, dont il formera une section; — 3° Le centre européen Perrégaux, créé par notre décr. du 29 juill. 1858 (*Villes et villages*, 669); — Et le centre de Mokta Douz, créé par notre décr. du 28 août 1862 (*Villes et villages*, infrà); — Ces deux centres, rattachés au district de Saint-Denis du Sig, y formeront ensemble une section communale; — 4° Les lotissements de la plaine de l'Habra (rive droite et rive gauche); — 5° Les 24,100 hect. de terrains récemment adjugés à la compagnie Cahen; — Ces lotissements et terrains seront également rattachés au district de Saint-Denis du Sig; — 6° Le centre européen du pont de l'Isser et les concessions dites de Lamiguier, lesquels sont rattachés à l'arrond. de Tlemcen; — 7° Les centres européens de Relizane, l'Hillil et Bouguirat, tels qu'ils ont été créés et délimités par nos décr. des 24 janv. 1857, 8 janv. 1859 et 16 avr. 1862 (*Villes et villages*, I, 669, et *infrà*); — 8° Enfin les concessions d'Aïn Madar, à l'est de Bouguirat. — Ces territoires sont rattachés à l'arrond. de Mostaganem.

Art. 3. — Sont distraits du territoire civil et de la circonscription du district d'Aïn Témouchent,

telle qu'elle avait été déterminée par notre décr. du 11 juill. 1860 (I, 170), les territoires occupés par les tribus des Oulad Zeir et des Oulad Khalfa et par une fraction des douairs, territoires qui n'ont pas cessé d'être administrés par l'autorité militaire.

§ 2. — ARRONDISSEMENTS OU SOUS-PRÉFECTURES.

1° Département d'Alger.

DI. — 22 août-30 oct. 1861. — BG. 51. — *Modification aux limites des arrondissements d'Alger et de Blidah.*

Vu notre décr. du 20 oct 1858, sur la délimitation des arrond. d'Alger et de Blidah (I, 153); — Notre décr. de ce jour qui modifie les limites des communes de Coléah et de Chéragas (*infrà*, § 4);

Art. 1. — Les limites des arrond. d'Alger et de Blidah sont modifiées ainsi qu'il suit :

A partir de la mer, le Mazafran remonté jusqu'à la route de Coléah aux Quatre-Chemins; — La route de Coléah aux Quatre-Chemins, jusqu'à son point de jonction avec celle de Blidah à Alger; — La route de Blidah à Alger, jusqu'à l'Oued Baba Tobj; — L'Oued Baba Tobj, jusqu'à un fossé de dessèchement; — Ce fossé, une ligne fictive formant le prolongement du fossé d'obstacle; — L'obstacle jusqu'à l'Oued Terro; — La limite des haouchs Baba Ali, Bel Hadj Hassan Pacha et Zaoutra, jusqu'à l'Harrach; — L'Oued el Harrach, jusqu'à la limite S. du département.

DI. — 1er avr. 1865 (V. *suprà*, § 1, 1°). — *Territoire des arrondissements d'Alger, Blidah et Milianah.*

2° Département de Constantine.

DI. — 29 août-31 déc. 1863. — BG. 101. — *Modifications aux limites de l'arrondissement de Guelma.*

Vu le décr. du 25 fév. 1860, fixant les limites du dép. de Constantine, et notamment l'art. 6, réglant les limites de l'arrond. de Guelma (I, 160);

Art. 1. — Le territoire de colonisation dit de l'Oued Halia, d'une contenance de 562 hect. 55 a. 45 c. est annexé à l'arrond. de Guelma.

Art. 2. — Les limites de l'arrond. de Guelma fixées par l'art. 6 de notre décr. du 25 fév. 1860 susvisé sont, en conséquence, modifiées ainsi qu'il suit :

Au N. et à l'E. en partant du Djebel Thafa, par l'Oued Menger; — La limite S. du territoire du village de Kesentina el Kedima; — La crête des montagnes de Kef Sidi Ali Larleneuf, de Djebel Manchoura, de Djebel Fedjoudj, le Djebel el Aouara, le Djebel Messara, le Djebel Demen Abdallah, Aïn Derdar, sur la rive droite de la Seybouse, le Djebel Moreadsaune, Kaf Nechunah, Oued S'fa, Oued el Honchia, le Djebel Hachacha, la crête des montagnes du Djebel Mahabonba et du Djebel Srir, l'Oued Sedra jusqu'à l'Oued Medjerda.

Au S. et à l'O. — L'Oued Medjerda, en remontant jusqu'à la limite O. du territoire de Souk Ahras, le Djebel Meriba, Aïn Kerma, Djebel Fequirina, Oued Ghanena, Oued el Milah, la Seybouse jusqu'à l'Oued Halia, dont on remonte le cours depuis son confluent jusqu'au Chabel el Arneb; le Chabel el Arneb jusqu'à sa rencontre avec un sentier arabe; ce sentier jusqu'à son embranchement avec le chemin de Guelma, au-dessous et au N. d'un rocher et d'un buisson d'oliviers; ledit chemin jusqu'à sa rencontre avec le ravin dit Chabet el Rihan, que l'on remonte jusqu'à son confluent avec la Seybouse; la Seybouse jusqu'à la limite E. du village de Petit, l'Oued Bouara, le Djebel Mahouna, l'Oued Charf, l'Oued bou Deb, le Djebel Antal, Djebel bou Cheldra, Djebel Saada, Djebel Aïn Tersen et le Djebel Thafa, point de départ.

DI. — 1er avr. 1865. — (V. *suprà*, § 1-2°.) — *Territoire des arrondissements de Constantine, Bône, Guelma, Philippeville et Sétif.*

2º Département d'Oran.

1. — 1er avr. 1865. — (V. suprà, § 1-3º.) — *Territoire des arrondissements de Mostaganem, Mascara et Tlemcen.*

§ 3. — DISTRICTS.

2º Département de Constantine.

1. — 12 août-11 oct. 1865. — BG. 95. — *Modification aux limites du district du commissariat civil et de la commune de Batna.*

Vu notre décr. du 14 sept. 1859, portant délimitation du district de Batna (I, 168);

Art. 1. — Les limites du district du commissariat civil et de la commune de Batna sont modifiées ainsi qu'il suit :

Au N. : Une ligne partant de la pointe O. du Koudia Hamla à la pointe O. du Djebel Tizn, en suivant l'Oued Hamla jusqu'au Faïd Habila, que rejoint la pointe O. du Djebel bou Merzoug; — La ligne de crête du Djebel bou Merzoug Foum Islamen; la ligne de crête du Djebel Akhrer Rem jusqu'à son sommet, et en descendant vers l'E. par le Kef Tetront jusqu'au Chabet bou Illef, que l'on traverse pour atteindre la pointe O. du Djebel Tar Erbit; — La ligne de crête du Djebel Tar Erbit jusqu'à l'Oued Fesdis; — La crête du Djebel Fesdis jusqu'au Chabet bel Khreiza; — La ligne de crête du Djebel bel Khreize jusqu'au Teniet bel Mzarara; — La ligne de crête du Djebel Tarlit jusqu'au Menkheb el Mogha, à l'O. d'Aïn el Ksar; — De Menkheb el Mogha, une ligne droite allant rejoindre Koudiat Mzaoula M'ta Tonda; — La ligne de crête du Djebel Tonda.

A l'E. : Une ligne droite allant de la pointe S. du Djebel Tonda à la pointe N. du Djebel Mezoula; — Les crêtes du Djebel Mezoula et celles du Djebel Tafraouet jusqu'à la hauteur du Teniet el Betoum; le sommet du col dit Teniet el Betoum; on remonte le ruisseau Tisfrah jusqu'à sa source; on gagne le sommet du Djebel bou Arif (Ras el Forar) et on descend les crêtes vers l'O. jusqu'au Merfak Sfondar; de la pointe du Merfak Sfondar une ligne brisée passant par un genévrier, une ruine romaine sur un mamelon et une suite de terres jusqu'à l'Oued bou Keda; — Un arrachement dans un mamelon situé sur la rive gauche de l'Oued bou Keda et sur le prolongement de la ligne des terres précitée; — Le mamelon sus-indiqué, resserré entre les ruisseaux de Bou Keda et de El Assafeur, dominant leur confluent, un terre au pied dudit mamelon; — Le chemin de Sfondar à Lambèse jusqu'à la rencontre de la route de Batna à Aïn el Assafeur, descendant cette route vers l'O. jusqu'à Aïn el Arneb, dont on remonte ensuite le cours jusqu'au point où il est traversé par un sentier conduisant à Aïn Assafeur à Lambèse, sentier qui fait limite jusqu'au Cherf Tafrouta (Senia Abdallah ben Brahim) ; — Suivant sur une longueur d'environ 5. kilom. l'arête rocheuse du Cherf Tafrouta jusqu'au chemin qui conduit de Teniet Ograb dans le Djebel bou Arif à Aïn Merdjet el Barrania.

Au S. : Le chemin de Teniet Ograb qu'on suit jusqu'au-dessous d'Aïn Markouna et qu'on continue jusqu'à la rencontre du ravin Bou Khabouzau, que l'on remonte un instant pour aller prendre le sentier conduisant à Aïn bou Benana.

A l'O. : D'Aïn bou Benana on gagne le sentier dit Trick el Meur, que l'on suit sur le versant N. du Djebel bou Adeloun pour passer à Aïn el Khrian, Aïn bou Ksel et aboutir à Aïn Tekouilet, au haut du Chabet el Ghoul ; — D'Aïn Tekouilet, le sentier seaduisant d'El Ghoul au sommet du Djebel Jeh Ali; — On descend ensuite au col Dahhlet bes Alia, qui reste le Djebel Jeh Ali au Koudiat Guerouzou, et l'on suit la crête de ce koudiat jusqu'en face de Guetar el Houi; on descend alors le ravin de ce nom qui passe à l'Amandier, d'où une ligne droite traverse la plaine et aboutit à la pointe du Koudiat Hamla, point de départ de la limite.

§ 4. — COMMUNES.

1º Département d'Alger.

2. — 22 août 1861. (V. commune, § 5.) — *Nouvelle délimitation de diverses communes.*

Commune de la Rassauta.

La commune de la Rassauta comprend le territoire de ce nom et les villages de la Maison-Carrée et du Fort-de-l'Eau, formant sections de communes. Sa délimitation, fixée par décr. du 31 déc. 1856 (I, 174), est modifiée ainsi qu'il suit :

Au N. La mer, depuis l'Oued el Harrach jusqu'à l'Oued el Khemis ;

A l'E. L'Oued el Khemis, depuis son embouchure jusqu'à un petit chemin conduisant à la route d'Alger au Fondouk, en face de la ferme Ben Ouatb;

Au S. Ce chemin et la route qu'on quitte bientôt, audessous du marabout de Sidi Khalef, pour prendre le chemin de traverse conduisant au chemin de l'Arba à la Réghata; ce chemin jusqu'à son embranchement avec le chemin de Bonfarik au Fondouk ; enfin, ce dernier chemin jusqu'à la route de l'Arba à Alger;

A l'O. La route de l'Arba à Alger, jusqu'à sa jonction avec la route de la Maison-Carrée à Rovigo. — Cette route, jusqu'au pont de Ouali Dada; le fossé d'écoulement des marais de Ben Abbès et Ouali Dada, jusqu'à l'Harrach; l'Harrach jusqu'à son embouchure, point de départ.

Commune de Roulba.

La commune de Roulba, outre le territoire de son chef-lieu, comprend les hameaux d'Aïn-Beïda et de Malifou et le village d'Aïn Taya. Ce dernier village formera section de commune. Elle est délimitée ainsi qu'il suit :

Au N. La mer, depuis l'embouchure de l'Oued el Khemis, jusqu'à l'embouchure de l'Oued Réghata.

A l'E. L'Oued Réghaïa, l'Oued el Biar. La limite O. du haouch ben Aïda, jusqu'à l'ancienne route d'Alger à Dellys.

Au S. L'ancienne route d'Alger à Dellys, jusqu'à l'Oued el Kemis.

A l'O. L'Oued el Kemis jusqu'à son embouchure point de départ.

Commune du Fondouk.

La commune de Fondouk, outre le territoire de son chef-lieu, comprend le territoire du village d'Hamedi, qui forme section de commune. — Les limites de la commune du Fondouk, fixées par décr. du 31 déc. 1856 (I, 173), sont modifiées ainsi qu'il suit :

Au N. A partir du point de rencontre de l'Oued el Khemis, avec l'ancienne route d'Alger à Dellys ; cette route jusqu'à la limite O. du haouch ben Aïda.

A l'E. La limite O. des haouch ben Aïda et Mahi Eddin. La limite N. du haouch Sch'Kaïdria. La limite O. et S. du territoire du village de Saint-Paul. La limite O. du territoire du village de Saint-Pierre, jusqu'à sa rencontre avec celle du haouch Kara Mustapha. La limite du haouch Kara Mustapha. Le chemin du Fondouk à Kara Mustapha. Les limites E. du territoire du village de Fondouk.

Au S. La limite S. du territoire du village de Fondouk. Le chemin de l'Arba au Fondouk. Le chabet Traquia. La limite S. du haouch ben Djilali.

A l'O. La limite O. du haouch ben Djilali jusqu'au chemin de l'Arba au Fondouk ; ce chemin et l'Oued Boumsia que l'on suit jusqu'au chemin de l'Arba à la Réghata; ce chemin et le chemin de traverse aboutissant à la route d'Alger au Fondouk, au-dessus du marabout Sidi Khalef. La route et un petit chemin en face de la ferme de Ben Ouatb, jusqu'à l'Oued el Khemis. L'Oued el Khemis que l'on descend jusqu'à l'ancienne route d'Alger à Dellys, point de départ.

Commune de l'Alma.

La commune de l'Alma, outre le territoire de son chef-lieu, comprend les territoires des villages de Reghaïa, de Saint-Pierre et Saint-Paul, ainsi que celui de l'exploitation agricole de Sainte-Marie du Corso, qui formeront tous trois sections de commune. — Les limites de la commune de l'Alma sont fixées de la manière suivante :

Au N. La mer, depuis l'Oued Megrama à l'E., jusqu'à l'Oued Regbaïa à l'O.

A l'O. L'Oued Regbaïa. L'Oued el Biar. La limite O. des haouchs ben Aïda et Mahi Eddin.

Au S. La limite N. du haouch Sch'Kafaria. La limite O. et S. du territoire du village de Saint-Paul ; La limite O. et S. du territoire du village de Saint-Pierre, jusqu'à sa rencontre avec la limite S. du haouch Sidi Salem. Cette limite, jusqu'à l'Oued Boudouaou, que l'on remonte jusqu'à la rencontre de l'Oued Djelloula ; l'Oued Djelloula que l'on remonte jusqu'à sa naissance ; une ligne brisée et le chabet Sidi ben Assenat, formant la limite S. du bled Ouled ben Cheïtab; l'Oued Corso, que l'on descend jusqu'à l'Oued Kenbat; une ligne brisée rejoignant le chabet Saf Saf; le chabet Saf Saf, un chemin et un ravin se jetant dans l'Oued Zaouïa, formant la limite S. du bled Ouled ben Assenat. L'Oued Zaouïa, l'Oued Taounin. Le chemin du Trek Mescour ; une ligne brisée passant par la source Aïn Djalfa ou Kouar et par des rochers et aboutissant au marabout Sidi Mescour. Le chemin dit Trek Mescour, que l'on reprend jusqu'à la limite S. du territoire du village de M'Raldin. Cette limite jusqu'au chabet Tergès; le chabet Tergès ; l'Oued Addouch ; une ligne brisée, passant par la source dite Aïn Hamon et rejoignant le chemin conduisant au village arabe des Beni Amadouch. L'Oued Talouan et un chemin aboutissant à l'Oued Isser, formant la limite N. du bled Beni Amram.

A l'E. L'Oued Isser, jusqu'à la limite entre l'haouch Oued Hamza et le haouch Ouled Boudar. La limite entre ces deux haouchs jusqu'à celle qui sépare le haouch Hammeur Fokani des Ouled Boudar et Bou Merdès. La limite entre les haouchs Tayeb ben Ghellal et le haouch Bou Merdès. La limite entre le haouch Bel Kadi, le bled Ben-Djebil et le bled Ben Merdja, formée en partie par l'Oued Megrama, point de départ.

Commune de l'Arba.

La commune de l'Arba comprend le territoire de Rivet, qui forme section de commune. Elle est limitée ainsi qu'il suit :

Au N. Depuis l'Oued Djemaa, par le chemin conduisant de Ben-Ramdan au Fondouk; l'Oued Roran jusqu'à la limite des haouchs El Rats et Ben Delmati. La ligne sinueuse formant les limites entre les haouchs Ben Delmati, Ben Rhama, Nacef Kodja et Ouled Hamed, et les haouchs El Rats ben Katla et Ben Lachet, aboutissant à la route de l'Arba à Alger. — Cette route, le chemin de Boufarik au Fondouk, le chemin de l'Arba à la Regbaïa, jusqu'à l'Oued Boumsian.

A l'E. L'Oued Boumsian que l'on remonte jusqu'à la limite S. du haouch Kassad Ali, au-dessus du chemin du Fondouk à l'Arba.

Au S. La limite S. des haouchs Kassad Ali, Ouled Saïd, Djerrar, Aïn Kadra et Brekia ; celle du territoire du village de Rivet et des haouchs Zerouth, Ben Hassein, Michelmann, Kaïd Hamed et Boane. — Les limites S. du territoire du village de l'Arba et des haouchs Mazouria, Boane, Cheurfa et Tabarant.

A l'O. Le cours de l'Oued Djemaa que l'on suit jusqu'au chemin conduisant de Ben Ramdan au Fondouk, point de départ.

Commune de Rovigo.

La circonscription territoriale de la commune de Rovigo est déterminée ainsi qu'il suit :

Au N. La route de Boufarik à Sidi Moussa, depuis l'Harrach jusqu'à son embranchement avec la route d'Alger à Rovigo. — La route d'Alger à Rovigo et le chemin de Ben Ramdan au Fondouk jusqu'à l'Oued Djemaa.

A l'E. L'Oued Djemaa que l'on remonte jusqu'à la limite S. du haouch Bou Seddour.

Au S. La limite S. des haouchs Bou Seddour, Arabadj, Rabadj, Arba ben Amara, Tobba de Sidi Ali Roumily, Boukandoura, Djemaa des Beni Serghin, Beni Kachmet et Beni Aïtia, Merboum, Beni Aoun et celle du territoire du village de Rovigo, au point de rencontre de l'Oued Thiamamine avec l'Oued el Harrach.

A l'O. L'Oued el Harrach jusqu'à la route de Boufarik à Sidi Moussa, point de départ.

Le tout conformément au plan n° 6 annexé au présent décret.

Commune de Sidi Moussa.

Le territoire de Sidi Moussa est délimité de la manière suivante :

Au N. Le fossé d'écoulement des marais des Ben Abbès et d'Ouali Dada, depuis son embouchure dans l'Harrach jusqu'au pont d'Ouali Dada, sur la route de Rovigo à la Maison-Carrée, cette route jusqu'à son embranchement avec celle d'Alger à l'Arba.

A l'E. La route d'Alger à l'Arba jusqu'à la limite entre les haouchs Ouled Hamed et Ben Lachet.

Au S. Une ligne brisée formant la séparation entre les haouchs Ouled Hamed, Nacef Khodja, Ben Rhama, Ben Delmati et les haouchs Ben Lachet, Ben Katla et El Rats jusqu'à l'Oued Roran. — L'Oued Roran, remonté jusqu'à sa rencontre avec le chemin conduisant du Fondouk à Ben Ramdam ; ce chemin, la route de Rovigo à Alger et celle de Sidi Moussa à Boufarik jusqu'à l'Harrach.

A l'O. L'Harrach jusqu'au fossé d'écoulement des marais Ben Abbès et Ouali Dada, point de départ.

Commune de Chéragas.

La commune de Chéragas comprend le territoire actuel de ce village et les territoires de Guyotville, Sidi Ferruch, Staouëli et Zeralda, formant chacun section de commune.

Les limites de la commune de Chéragas, fixées par le décr. du 20 oct. 1858 (I, 171), sont modifiées ainsi qu'il suit :

Au N. La mer, depuis l'embouchure du Mazafran à l'O., jusqu'à l'Oued Mellah à l'E.

A l'E. Le cours de l'Oued Mellah jusqu'au chemin du Baïnen à la Bouzaréah ; une ligne active aboutissant à la rencontre de l'Oued Beni Messous et d'un ravin ; le ravin que l'on remonte jusqu'à la naissance des parcelles nᵒˢ 298 et 299 du plan cadastral ; cette ligne jusqu'au chemin de fer des Beni Messous à Alger ; ce chemin et celui qui aboutit au chemin de Baïnea ; la limite E. du haouch Ben Mamouth jusqu'à la route de Coléah à Alger ; la route de Coléah à Alger jusqu'à un petit chemin à droite conduisant à la naissance de l'Oued Ziafar que l'on suit jusqu'à la limite O. des propriétés d'Ibrahim ben Omar et Marchaaly ; cette limite, celle de la propriété Braham Oualid ; la limite O. des concessions de Dely Ibrahim ; la limite des terres de l'Orphelinat protestant; celle des concessions de Dely Ibrahim aboutissant à un petit ravin ; le ravin ; l'Oued Dely Ibrahim et l'Oued Ouled Fayet, l'Oued Bridja ; la limite N. des concessions de Saint-Ferdinand ; la limite O. du territoire affecté au village de Mahelma jusqu'à l'Oued Ben Chaban et la limite E. du haouch El Kadri jusqu'à la route de Coléah à Alger.

Au S. La route de Coléah à Alger depuis la limite E. du haouch El Kadri jusqu'au Mazafran au lieu dit Mokta Khéra.

A l'O. L'Oued Mazafran dont on suit le cours jusqu'à son embouchure, point de départ.

Commune de Blidah.

La commune de Blidah, outre le territoire de son chef-lieu, comprend les territoires de Joinville, Montpensier, Dalmatie et Beni Méred, formant chacun section de commune.

Le territoire de la commune de Blidah, fixé par décr. du 51 déc. 1856 (I, 155), est modifié ainsi qu'il suit :

Au N. A partir de la Chiffa, le chemin du haouch Khedoudja à Boufarik jusqu'à l'Oued Beni Aza. L'Oued Beni Aza et le chemin de Beni Méred Ben Khelil jusqu'à la limite entre les haouchs Ben Khelil et Ben Daly Bey. Cette limite jusqu'à un chemin séparant les haouchs Beni Méred et Ben Daly Bey, des concessions de Boufarik; la limite entre les concessions de Boufarik et le haouch Ben Daly Bey et Beni Méred, le communal de Beni Méred et la propriété Parnet jusqu'à la route d'Alger à Blidah.

A l'E. La route d'Alger à Blidah jusqu'à la limite entre le territoire de Beni Méred et celui de Guerrouaou et Mechdoufa ; une ligne sinueuse séparant les territoires de Beni Méred et de Dalmatie de ceux de Guerrouaou et Mechdoufa et de Soumah.

Au S. La limite S. du département telle qu'elle a été fixée par le décr. du 28 oct. 1854 (I, 148) jusqu'à la Chiffa.

A l'O. La Chiffa que l'on descend jusqu'au chemin du haouch Khedoudja à Boufarik, point de départ.

Commune de l'Oued el Aleug.

La commune d'Oued el Aleug est délimitée de la manière suivante :

Au N. A partir de la Chiffa, la ligne sinueuse séparant le haouch Chaïba des haouchs Zaouïa, Boughlel et Faff jusqu'à la route de Blidah à Coléah; cette route dans la direction de Coléah jusqu'à la limite N. du village d'Oued el Aleug. La ligne séparative entre le haouch Ferghen et le territoire du village d'Oued el Aleug et les haouchs Sidi Yatah et Ben Salah jusqu'à l'Oued Torfa.

A l'E. La limite entre les haouchs Ben Salah et Ben Khélil jusqu'à la route de Miliannah à Alger par Boufarik; la route jusqu'à la hauteur de la redoute de Sidi Khelifa; le chemin du haouch Ben Khélil à Beni Méred; l'Oued Beni Aza, remonté jusqu'au chemin du haouch Khedoudja à Boufarik.

Au S. Le chemin du haouch Khedoudja à Boufarik jusqu'à la Chiffa.

A l'O. La Chiffa que l'on descend jusqu'à la limite entre les haouchs Chaïba et Zaouïa, point de départ.

Commune de Boufarik.

La commune de Boufarik, outre le territoire de son chef-lieu, comprend les territoires de Soumah et de Boufnan, formant chacun section de commune.

Le territoire de la commune de Boufarik, délimité par décr. du 31 déc. 1856 (I, 175), est modifié ainsi qu'il suit :

Au N. La route de Coléah à Alger, depuis le Mazafran à l'O. jusqu'à la limite entre les haouchs Smiril et Ouled Mendil à l'E.

A l'E. La ligne sinueuse séparant les haouchs Smiril et Sidi Aïd des haouchs Ouled Mendil, Ouled Chebet, Mohammed ben Cherif, et la concession Ribaud jusqu'au chemin de Sidi Habed à la route médiane; ce chemin et la limite entre les haouchs Souk Ali et Zéria jusqu'à la route de Boufarik à Sidi Moussa; la route et le chemin d'Alger à Boufnan jusqu'à la limite du territoire de Boufnan jusqu'au territoire militaire.

Au S. La limite S. du département, fixée par le décr. du 28 oct. 1854 (I, 148) jusqu'à l'extrémité O. du territoire du village de Soumah.

A l'O. La ligne sinueuse séparant les territoires de Soumah et Guerrouaou et Mechdoufa, des territoires de Dalmatie et Beni Méred jusqu'à la route de Blidah à Alger; cette route, dans la direction d'Alger, jusqu'à l'extrémité N. de la propriété Parnet; la limite entre cette propriété, le communal de Beni Méred et les haouchs Méred et Ben Daly Bey, et le territoire de Boufarik et le haouch Ben Khélil, aboutissant au chemin de Ben Khélil à Beni Méred; ce chemin jusqu'à la route de Miliannah à Alger par Boufarik à la hauteur de la redoute de Sidi Khelifa; la route et la limite entre les haouchs Ben Salah et Ben Khélil; l'Oued Torfa; l'Oued Ferghen; l'Oued Fatis et le Mazafran descendu jusqu'à la route de Coléah à Alger, point de départ.

Commune de Chébli.

La commune de Chébli comprend les villages de Chébli et de Birtouta; ce dernier centre formera section de commune.

Au N. A partir de la limite entre les haouchs Smiril et Ouled Mendil, la route de Blidah à Alger; cette route que l'on suit jusqu'à l'Oued Berba Tobéil; cet Oued; un canal de dessèchement jusqu'à une ligne fictive formant le prolongement du fossé d'obstacle; la ligne et le fossé d'obstacle jusqu'à l'Oued Terro; l'Oued Terro et la limite entre le haouch Baba Ali et les haouchs Hassen Pacha et Zaouïa jusqu'à l'Harrach.

A l'E. L'Harrach que l'on remonte jusqu'au territoire militaire.

Au S. La limite S. du département, telle qu'elle a été fixée par le décr. du 28 oct. 1854 (I, 148) jusqu'à l'extrémité E. du territoire du village de Boufnan.

A l'O. La limite du territoire de Boufnan; le chemin de Boufnan à Alger, la route de Sidi Moussa à Boufarik que l'on suit dans la direction de cette ville jusqu'à la limite entre les haouchs Zéria et Souk Ali; la limite et le chemin conduisant de la route médiane à Sidi Habet; la ligne sinueuse séparant les haouchs Sidi Aïd et Smiril de la concession Ribaud et des haouchs Mohammed Chérif, Ouled Chebet et Ouled Mendil jusqu'à la route de Blidah à Alger, point de départ (1).

Commune de Koléah.

La commune de Coléah, outre le territoire du chef-lieu et les annexes de Fouka et Douaouda, comprend les territoires de Bérard, de Tefeschoun et de Castiglione, formant également sections de commune.

Le territoire de la commune de Coléah, fixé par décr. du 20 oct. 1859 (I, 175), est modifié ainsi qu'il suit :

Au N. La mer, depuis l'Oued Hourreil à l'O. jusqu'au Mazafran à l'E.

A l'E. Le Mazafran, depuis son embouchure jusqu'à l'Oued Fatis; l'Oued Ferghen et l'Oued Torfa, remonté jusqu'à la limite des haouchs Ferghen et des Beni Salah.

Au S. La ligne séparative entre les haouchs Ferghen et les haouchs Ben Sala, Sidi Yahia et le territoire N. du village d'Oued el Aleug jusqu'à la route de Blidah à Coléah; cette route, dans la direction de Blidah, jusqu'à la limite entre les haouchs Chaïba et Saff. La ligne sinueuse séparant le haouch Chaïba des haouchs Saff, Boughèle et Zaouïa jusqu'à l'Oued Chiffa; l'Oued Chiffa, que l'on descend jusqu'à l'Oued Bouchouaou; l'Oued Bouchouaou et l'Oued Miet remonté jusqu'au chemin du Cherchell au marché du Sbet; ce chemin jusqu'à l'Oued Djer.

A l'O. L'Oued Djer jusqu'à la limite entre les haouchs Serambach et Sidi el Heubchi, cette limite jusqu'aux crêtes; les crêtes formant la limite entre les haouchs Ben Koucha et Sidi el Heubchi, jusqu'à la limite du territoire du village de Bérard; la limite du territoire de ce village, formée d'une ligne fictive aboutissant à l'Oued Hourriet, et le cours de ce ravin jusqu'à la mer, point de départ.

Commune de Mouzaïaville.

La commune de Mouzaïaville comprend le territoire actuel de ce village, le village de la Chiffa, avec M'ta el Habbous; le village de l'Affroun avec Bou-Roumi, lesquels forment chacun section de commune.

Les limites de la commune de Mouzaïaville, fixées par décr. du 16 août 1859 (I, 176), sont modifiées de la manière suivante :

Au N. A partir de l'Oued Djer, le chemin de Cherchell au marché de Sbet jusqu'à l'Oued Miet; l'Oued Miet et l'Oued Bouchouaou jusqu'à la Chiffa.

A l'E. Le cours de la Chiffa, remonté jusqu'à la limite de la concession des mines de Mouzaïa, au point où l'Oued Merdja se jette dans cette rivière.

Au S. La limite N. de la concession des mines de Mouzaïa et du marabout Sidi Abd el Kader Tatchet et aboutissant à la ligne fictive formant la limite de la tribu des Soumatha, entre les points trigonométriques 117 et 116.

A l'O. La limite entre les Soumatha et les Mouzaïa, passant sur le point trigonométrique 116 jusqu'à l'Oued Yamelt; cet Oued et l'Oued Tala Lezbeb jusqu'à la route de Médéah à Blidah; la route de l'ancien chemin de Mouzaïa à Blidah, à la hauteur du point trigonométrique n° 116; une ligne brisée passant par le point culminant du Nador et aboutissant à un ravin qui se jette dans

---

(1) Par autre décret du 21 avr. 1866, — BG 176, — la partie du territoire de Birtouta annexé à la commune de Douéra par décret du 20 oct. 1859 (I, 175), est rattachée à la commune de Chébli.

l'Oued Emchen ; l'Oued Emchen et l'Oued Berout jusqu'au Kef Fers Fougani ; l'Oued Sidi Rabah et l'Oued el
Sbet jusqu'à l'ancien chemin de Milianah à Bildah ; la
limite S. du territoire d'El Affroun, formée par ce chemin et un ravin qui se jette dans l'Oued Djer jusqu'au
chemin de Cherchell au marché du Sbet, point de départ.

2° Département de Constantine.

AC1. — 5-25 fév. 1861. — BG. 5. — *Villages
rattachés aux communes du Khroubs et des
Ouled Rhamoun.*

Vu le décr. du 28 janv. 1860, qui détermine les
circonscriptions municipales de la vallée de Bou
Merzoug (*Commune, § 5, I, 226, et Circonsc.,
I, 157*); — Considérant que les centres de Guerfa,
Lamblèche et Madjiba ne présentent pas, quant à
présent, les éléments nécessaires pour la constitution d'une administration municipale; que, dans
cette situation, il importe de pourvoir provisoirement à la marche du service, en rattachant ces
trois villages aux centres administratifs les plus
voisins;

Art. 1. — Les circonscriptions de Lamblèche et
de Madjiba sont provisoirement rattachées à la
commune du Khroubs (arrond. de Constantine). —
La circonscription de Guerfa est rattachée à la
commune des Ouled Rhamoun (même arrond.).

Mal PÉLISSIER, DUC DE MALAKOFF.

D1. — 25 mai 1861. (V. Commune, § 5.) — *Limites du territoire de la section formée par
l'annexion du village du Hamma à la commune de Constantine.*

D2. — 22 août 1861. (V. Commune, § 5.) — *Délimitation de 12 communes nouvelles.*

Commune de Condé.
(Arrond. de Constantine.)

Au N., le territoire d'El Kantour et Bled Bouzitoum ;
A l'E., le territoire des Ouled Atia et la propriété Ben
Djelloul;
Au S., le terrain arch des Eulma Aïn el Khiouti et le
territoire de Siraïrenis ;
A l'O., le territoire de Brahim Khodja, celui des Ouled
Brahim et le territoire arch des Eulma jusqu'à El Kan-
tour.

Commune de Mondovi.
(Arrond. de Bône.)

Au N., et à l'E., rive droite de la Seybouse en partant
de cette rivière par le chemin qui sépare la terre Mirbec,
englobée dans la commune, celle de la concession Cesti, qui
reste en dehors; suit le chemin jusqu'au K'relig, ancien
lit de cours d'eau qui sert de limite entre la terre de Mirbec et celle de Mérénia, qui reste en dehors; suit vers le
S. les sinuosités de ce lit jusqu'au jardin Daroussa. De ce
point, la limite tourne brusquement dans le N.-E., en suivant le chemin qui sert de limite entre la terre de Mérè-
nia et celle de Daroussa, jusqu'au point où la limite des
deux propriétés se dirige vers la crête de la montagne qui
sépare la terre de Mischmische, qui reste en dehors, et
celle de Daroussa, qui fait partie du territoire de la commune.
Parvenue au sommet de cette éminence, la limite tourne
brusquement vers le S.-O. en suivant la limite fixée entre les terres de Daroussa et celle de l'Oued Berber, cette
dernière laissée en dehors; et aboutit au K'relig qui sépare la terre de Larguèche d'avec celle de Daroussa ; remonte le K'relig jusqu'à la rencontre de la ligne séparative de la propriété Canteloube; suit vers le S.-E. la
ligne séparative de cette propriété d'avec celle de Larguèche, qui reste en dehors du territoire, et aboutit en
suivant un ravin, puis une crête, jusqu'à la montagne Azar
Khratan; suit la crête de cette montagne vers l'E., puis
vers le S., jusqu'à la grande crête Dra el Ghrerik; suit
ensuite, vers le S.-O., la limite du territoire civil jusqu'à
l'Oued Oumel Ayou; le remonte sur la Chaba M'ia Ou-
zoir, qui englobe les concessions d'Ahara et aboutit à
l'Oued Trelli, en suivant la limite du territoire civil, puis
descend l'Oued Trelli jusqu'à la Seybouse.

Au S., et sur la rive gauche de la Seybouse, la limite
remonte au-dessus d'Oustetta en comprenant dans le territoire la concession Ogier ; sur ce point rencontre l'Oued
Abd Allah, qui sépare les terrains d'Oustetta des terrains
arabes de Talaba ; remonte ce ruisseau vers le N. jusqu'à
la grande crête qui sert de limite S. au territoire de Barral ; suit cette crête vers l'O., puis le grand ravin qui se
dirige aussi vers l'O., jusqu'à l'Oued-Deffi, qui longe le
chemin du col Frara, traverse ce cours d'eau et ce chemin en se dirigeant, toujours vers l'O., au sommet de la
colline, et va aboutir à l'extrémité S. de la terre de Ben
Farra, située au-dessus de la source de l'Oued Moaris.
A l'O., la limite est formée par le chemin qui sépare
la terre de Ben Farra du terrain de la tribu des Talaha
qui aboutit à l'Oued Oulf Sba, puis descend l'Oued Oulf
Sba, jusqu'au point où commence sur la rive gauche de la
terre de Sidi Hamida ; suit vers le N. le chemin qui sépare cette terre de celle de Mazagran qui reste en dehors ;
aboutit à la terre de Drèan en suivant ce chemin, derrière
les cinq maisons Rerkani ; laisse cette dernière terre en
dehors, et suit la limite avec la terre de Sidi Hamida, qui
est formée par le ravin qui descend vers la ferme Gazar
jusqu'au chemin de Bône aux Ouled Bouazis, à la hauteur
du marabout de Sidi Hamida; suit ce chemin vers le N.-
E., puis le chemin de traverse de Souk Harras à Bône
par le col de Frara, rencontre à côté de la ferme Gazar
jusques et au delà du point où il traverse la route de Bône
à Souk Ahras où est la propriété Moreau, qui est au dehors du territoire ; suit la limite de cette propriété et de
la propriété Mirbec, vers l'E., jusqu'au chemin de la rive
gauche de la Seybouse qui sépare les deux propriétés;
suit le chemin vers le N. jusqu'à l'extrémité N. de la terre
Mirbec, et suit la limite de cette terre et de la terre Tal-
lel, restée en dehors jusqu'à la Seybouse.

Commune de Bugeaud.
Commune de Duzerville.
Commune de Penthièvre.
(Arrond. de Bône.)

Les limites de ces trois communes sont celles fixées pour
Bugeaud et Penthièvre, par les ord. des 5 juin et 26 sept.
1847, et pour Duzerville par l'arr. du 12 fév. 1845
(*Villes et villages, I, 666*).

Commune d'El Arrouch.
(Arrond. de Philippeville.)

Au N. : la limite N. du territoire d'El Arrouch, l'Oued
Saf Saf jusqu'à la rencontre de la crête Budjebel M'Sou-
mia : de ce dernier point, au sentier rejoignant le chemin d'El Kantour aux Zerdèzas.
Au S. : le chemin des Zerdèzas jusqu'au Coudiat Ar-
romal, suivant ensuite la crête jusqu'au Djebel Aïn
Debbeh, pour aller jusqu'à la rencontre du Coudiat Atia.
A l'E. : les crêtes de montagnes formant limite du territoire de Sainte-Vilhelmine, allant rejoindre, en suivant
les crêtes des montagnes Saïtana, le Chabet Rg'la Rara,
l'Oued Bougrina jusqu'à la limite N. du territoire d'El
Arrouch.

Commune de Gastonville.
Commune de Robertville.
Commune de Saint-Charles.
(Arrond. de Philippeville.)

Les limites de chacune de ces trois communes seront
celles fixées par l'ord. du 6 avr. 1847, et par le décr. du
11 fév. 1851 (*Villes et villages I, 666 et 670*).

Commune de Souk Ahras.
Commune de Duvivier.
(Arrond. de Guelma.)

La circonscription de ces deux communes comprend les
territoires délimités par les décr. des 27 mai 1857 et
25 fév. 1860 (*Villes et villages I, 667. — Circonsc.,
I, 170*).

Commune de Bouhira.
(Arrond. de Sétif.)

Au N. : la limite du village de Bouhira;
A l'E. : les limites des villages d'Aïn Amar et de Bouhira;
Au S. : les limites du village d'Aïn Arnal et des fermes
de Messaoud et de Bouhira;
A l'O. : les limites du territoire civil.

D1. — 23 mars 1863. (V. *Commune*, § 3.) — *Délimitation de la commune d'El Ouricia (arrond. de Sétif).*

Les limites de la commune d'El Ouricia sont fixées ainsi qu'il suit, conformément au plan annexé au présent décret :

Au N. Partant d'une borne et par une ligne droite jusqu'à la rencontre du Chabet Salah Méraouan ; de ce Chabet au Chabet bèn el Keradl, remontant vers le S. audit Chabel, et par une ligne droite jusqu'à la source Aïn Kerma, par une autre ligne droite formant limite du territoire de Mahouan et par des lignes brisées remontant au N. et formant les limites O. du village d'El Ouricia et de l'Oued Tamar à la rencontre des ruines romaines ; de ces ruines sur des rochers et de là à une aubépine ; de cette aubépine au Koudiat Chouf el Ghassab ; de ce Koudiat à l'Oued Skelma ; de là par une ligne formant angle jusqu'à une source ; de cette source, en suivant la crête des montagnes, à la rencontre d'Aïn ben Chennouf ; de ce dernier point, par une ligne droite, au Chabet Deb.

A l'E. Le Chabet Deb et Aïn Gaïa ; de cette source, en suivant le pied de la montagne jusqu'à Drah Adjroul, rejoignant en ligne droite une source et partant de là par des lignes brisées jusqu'aux limites actuelles du village d'El Ouricia ; de là bifurquant le chemin de Sétif pour arriver à celui de Goussimet à Aïn Rigada.

Au S. L'Oued Fermaton, limite N. du territoire de Sétif et la limite N. des villages de Fermaton et de Lanasser à l'O.

A l'O. Le chemin de Sétif à Bougie et la limite O. du village de Mahouan jusqu'à la rencontre du Dar Sidi Maki et la crête du Djebel Matrouna, par des lignes brisées au Kerbet Serlague et à l'Aïn ben Laris ; de l'Aïn ben Laris aux ruines romaines et à l'aubépine, point de départ.

D1. — Même date. — (V. *Commune*, § 3.) — *Délimitation de la commune du Khroubs (arrond. de Constantine).*

Les limites de la circonscription communale du Khroubs sont fixées ainsi qu'il suit, conformément au plan annexé au présent décret :

Au N. En partant du chemin de Constantine aux Zemoul, le chemin de Djama Torcha, les crêtes du Bled ben Djelloul jusqu'à Hadjar Safa, le Kef Merdjaja, les crêtes de Djebel el Ouache jusqu'à Aïn Kerma ; le Chabet de Djemaa jusqu'à sa rencontre avec le chemin de Constantine à Guelma ; puis, de là, une ligne droite allant aboutir à une mare sur l'Oued Aïn Kerma ; de ce point, une ligne brisée passant par une ruine romaine et aboutissant au Djebel bou Melal.

A l'E. La crête des montagnes dites Karaml, de Fedj Bou Gharab et de l'Oum Sellas jusqu'à la rencontre du chemin de Bône à Constantine ; ledit chemin jusqu'à l'Oued Mendjez ; le cours de ce ruisseau jusqu'à son embouchure dans l'Oued Aïn Balta ; ce dernier jusqu'au chemin de Khroubs aux Segnia, ce chemin passant à Aïn Hadjar, Aïn Skhrar, Bir Bouhal, Aïn Manchoura jusqu'à sa rencontre avec le chemin des Zemoul à Ouralsa.

Au S. Le chemin des Zemoul à Ouralsa jusqu'à la route de Constantine à Batna ; le Chabet Hamman Sour jusqu'au chemin de Bou Saada aux Ouled Siameta ; ledit chemin jusqu'à la limite S. des lots 226, 227, 228 bis, et la limite S. de l'ancien Azel Kharandji.

A l'O. Les limites O. de l'ancien Azel Kharandji et Tignemeurt jusqu'à l'intersection du chemin des Zemoul à Constantine avec celui de Bir Khala à El Gourxi ; ce dernier chemin jusqu'à la limite de la commune de Constantine.

A l'O.-N.-O. La limite S.-E. de la commune de Constantine, en partant de l'E. et du chemin des Zemoul jusqu'à la pointe N.-E. de la commune forestière. — Les limites de chacun des territoires réunis et groupés, — 1° Sous les noms de Khroubs, Lamblèche et Madjlba ; — 2° Sous le nom des Ouled Rahmoun et de Guerla, sont celles qui sont indiquées dans nos décrets du 6 août 1859 (*Villes et villages*, 1, 667).

D1. — Même date. — *Modification à la circonscription de la commune de Sétif.*

Art. 1. — La circonscription de la commune de Sétif est déterminée par les limites ci-après et conformément au plan ci-annexé :

Au N. Une ligne brisée formant les limites N. des villages de Lanasser et Fermaton jusqu'à l'Oued bou Sellam, que l'on remonte jusqu'à la rencontre de la limite S.-O. de la ferme de Goussimet ; la limite S. de la ferme précitée et le chemin de Djemila jusqu'à l'Oued Bouchana.

A l'E. L'Oued Bouchana et l'Oued Fid Yaya.

Au S. Les limites S. des villages de Tinar, Aïn Trich, Oued Malab, Meslong et de la ferme d'El Harmelia.

A l'O. Les limites O. et N. de la ferme d'El Harmelia, des territoires d'El Hachichia et Temellouka ; les limites O. des villages de Khaïfoun et Lanasser.

D1. — 12 août 1863. — (V. *supra*, § 3.) — *Modifications aux limites du district du commissariat civil et de la commune de Batna.*

D1. — 10 mars 1864. — (V. *Commune*, § 3.) — *Délimitation de la section communale créée dans la commune de Batna.*

Au N.-O. La crête des montagnes formant la limite du territoire civil, depuis l'Oued bou Ylef jusqu'au Teniet el Msara, qui est aussi la limite de la section D du plan parcellaire du district de Batna.

Au N.-E. Du sommet du Teniet el Msara, la limite de la section D, que l'on suit jusqu'à la crête du Bou Arif, en passant par l'Oued Ali Guerrah.

Au S. La crête du Bou Arif, formant limite du district jusqu'à la limite de la section B, dite de Batna.

Au S.-O. La limite de la section B, l'Oued Batna que l'on remonte jusqu'à l'Oued bou Ylef, dont on remonte le cours jusqu'à la limite du district, point de départ.

3° Département d'Oran.

D1. — 23 mars 1864. — (V. *Commune*, § 3.) *Délimitation de 3 communes nouvelles.*

Commune de Mers el Kebir.

Cette commune, qui comprend les centres de Mers el Kebir et de Saint-André, a pour territoire celui qui est indiqué au plan ci-annexé et elle est limitée ainsi qu'il suit :

Au N. et à l'E. Par la mer jusqu'à la rencontre d'un ravin passant à environ 60 mèt. O. des blockhaus du Rocher ; la limite remontant ce ravin arrive à la crête N. de la chaîne de montagnes dite Djebel Merdjajou ou el Mayda ; au S., par cette même crête jusqu'à la limite N. du territoire d'Aïn el Turck à l'O , par une ligne brisée formant la limite E. du territoire d'Aïn el Turck, passant par le Djebel Santo et venant se terminer à la mer, à environ 750 mèt. N.-E. des ruines appelées Dar Brass, dans le territoire d'Aïn el Turck.

Commune d'Aïn el Turck.

La commune d'Aïn el Turck comprend le territoire indiqué au plan ci-annexé, et a pour limites :

Au N. La mer.
A l'E. Le territoire de la commune de Mers el Kebir.
A l'O. L'Oued Atchan et l'Oued Madrag.
Et au S. La crête N. du Djebel Merdjajou, le chemin d'Aïn Berzoug à Oran et l'Oued Berzoug.

Commune de Bou Tlelis.

La commune de Bou Tlelis comprend le territoire de l'ancienne colonie de ce nom, ayant pour limites :

Au N. L'Oued Atchan, l'Oued Berzoug et le chemin d'Aïn Berzoug à Oran, en suivant la crête de la montagne.
A l'E. Le Chabet Tirsiza et le Chabet Bou Gakos.
Au S. Le grand lac Salé.
A l'O. La limite E. de Lourmel.

D1. — 9 juin-20 juill. 1866. — BG. 188. — *En exécution du décret du 1er avr. 1865 (supra, § 4 — 3°) portant délimitation nouvelle du territoire civil du département d'Oran. — Sont* *distraits du territoire civil de la province d'Oran et de la circonscription des communes de Saint-Denis du Sig, de Sainte-Barbe du Tlélat et de Saint-Louis, pour être replacés en territoire militaire, les territoires occupés par les diverses fractions de la tribu des Gharabas, et teintés en rose sur la carte annexée au présent décret.*

§ 6. — TRIBUNAUX DE 1ᵉ INSTANCE.

DI. — 21 nov. 1860. — (Infrà, *Justice* § 1.) — *Ressort des tribunaux de Tlemcen et de Sétif.*

AM. — 15 juin 1861. — (Ibidem.) — *Circonscription des mêmes tribunaux en matière criminelle et en territoire militaire.*

§ 7. — JUSTICES DE PAIX.

DI. — 29 déc. 1860-19 janv. 1861. — BG. 1. — *Ressort de quatre nouvelles justices de paix créées en Algérie.*

Vu le décr. du 21 nov. dernier, portant création de quatre nouvelles justices de paix en Algérie (*Justice de paix*, § 2, infrà);

Art. 1. — Le ressort des deux justices de paix de Constantine est déterminé de la manière ci-après :

La justice de paix, canton E., comprend la portion de la ville de Constantine, située à l'E. des rues Négrier, Damrémont, du 26ᵉ, de la rue Sérigny, jusqu'à la rue Vieux, des rues Vieux et de Milah jusqu'au ravin; elle comprend également la vallée du Bou Merzoug jusqu'aux limites du territoire civil, et la vallée du haut Rummel jusqu'à la limite des arrondissements de Constantine et de Sétif.

Le juge de paix du canton E. tiendra par mois, une audience au village de Khroube, et une audience sur le territoire de l'Oued el Tmania.

La justice de paix, canton O., comprend la portion de la ville et de l'arrondissement de Constantine située en dehors de la circonscription déterminée pour le canton E. par le § 2.

Le juge de paix du canton O. tiendra, tous les dix jours, une audience au village de Smendou.

Art. 2. — Les citations données à des parties domiciliées à plus de 12 kilomètres de Constantine, seront données pour les audiences tenues *extra-muros*.

Art. 3. — Le ressort de la justice de paix de Mondovi comprend les communes de Mondovi, de Penthièvre, de Nechmeya, de Barral et le village de Duvivier. (Modifié par le décr. suivant.)

Art. 4. — Le ressort de la justice de paix de Jemmapes comprend la commune de Jemmapes. (Modifié par le décr. suivant.)

Art. 5. — Le ressort de la justice de paix de Cherchel comprend la commune de Cherchel.

DI. — 5-26 juin 1861. — BG. 20. — *Modification au décret précédent.*

Art. 1. — Les art. 3 et 4 du décr. du 29 déc. 1860 sont rectifiés et modifiés de la manière suivante :

Art. 3. — Le ressort de la justice de paix de Mondovi a pour limites, conformément au plan annexé au présent décret :

Au N. Une ligne partant du point où les collines de la Bélléta rencontrent le lac Feizara, suivant les crêtes de la Bélléta jusqu'à Sidi Bou Farnara, longeant ensuite les limites E. de la concession des mines de fer et du territoire de Duzerville et venant aboutir à la Seybouse, au lieu dit Medjez el Ghanem.

A l'E. La Seybouse jusqu'à la rencontre du territoire des Beni Salah (cercle militaire), et de là les limites de ce territoire jusqu'à celles de l'arrondissement de Guelma.

Au S. Les limites du même arrondissement jusqu'au lieu dit Demen el Khadra.

A l'O. Une ligne brisée partant dudit lieu, passant à Demen Bouzid, longeant l'Oued el Hout, puis le rivage du lac Feizara, et se terminant aux collines de la Bélléta.

Art. 4. — La justice de paix de Jemmapes a le même ressort que celui assigné au district du commissariat civil.

Art. 2. — Le village de Duvivier est compris dans la circonscription de la justice de paix de Guelma.

DI. — 24 mars 1866. — (Non publié au *Bulletin officiel*). — *Circonscription de huit justices de paix nouvellement créées.*

Vu le décr. du 5 mai 1865 portant création de justices de paix en Algérie (Infrà, *Justices de paix* § 2); — Vu les art. 1, 2 et 5 du décr. du 15 mars 1860, (*Justice*, I, 400); — Vu notre décr. du 17 mars 1866 (infrà, *Justices de paix*, § 1).

Art. 1. — Le ressort de la justice de paix de Dellys (prov. d'Alger) comprend le territoire du district civil actuel. — Conformément à notre décr. du 17 mars 1866, la juridiction du juge de paix de Dellys s'étend à tous les Européens, israélites, indigènes et musulmans naturalisés, domiciliés dans le cercle. — Le juge de paix tiendra, tous les 15 jours, une audience au caravansérail des Issers, et, lorsqu'il le jugera utile, au village de Bordj Ménail.

Art. 2. — La juridiction du juge de paix de Tizi Ouzou (prov. d'Alger) s'étend aux Européens, aux israélites et aux musulmans naturalisés, domiciliés dans les cercles de Tizi Ouzou, de Fort-Napoléon et de Dra el Mizân. — Le juge de paix tiendra, chaque mois, une audience à Fort-Napoléon et à Dra el Mizân.

Art. 3. — Le ressort de la justice de paix de Misserghin (prov. d'Oran) comprend les communes de Misserghin et de Bou-Tlelis. — Une fois par mois, le juge de paix de Misserghin tiendra audience au village de Lourmel, pour les habitants de ce village et pour les Européens, les israélites et les musulmans naturalisés, établis dans le territoire militaire, formant la partie O. du cercle d'Oran. — Le juge de paix pourra s'arrêter à Bou Tlélis pour y tenir audience.

Art. 4. — La juridiction du juge de paix de Tiaret (prov. d'Oran) s'étend aux Européens, aux israélites et aux musulmans naturalisés domiciliés dans l'étendue du cercle militaire.

Art. 5. — La justice de paix de Souk Arras (prov. de Constantine) comprend le district civil actuel. — Conformément à notre décr. du 17 mars 1866, la juridiction du juge de paix de Souk Arras s'étend à tous les Européens, israélites et musulmans naturalisés domiciliés dans l'étendue du cercle militaire. — Tous les mois, ce magistrat tiendra une audience à Duvivier.

Art. 6. — Le ressort de la justice de paix d'El Arrouch comprend les trois communes d'El Arrouch, de Gastonville et de Roberville.

Art. 7. — La juridiction des juges de paix d'Aïn Beïda et de Biskra s'étend aux Européens, aux israélites, indigènes et musulmans naturalisés, domiciliés dans l'étendue de chacun ces deux cercles.

DI. — 24 mars 1866. — (Non publié au *Bulletin officiel*) la commune de Sainte-Barbe du Tlélat est détachée de la justice de paix de Saint-Denis du Sig pour ressortir à celle d'Oran.

RENVOIS. — V. *Table alphabétique.*

Clubs. V. SOCIÉTÉS SECRÈTES.

Cochenille. V. AGRICULTURE, § 2.

Code de justice militaire. V. JUSTICE MILITAIRE.

Code disciplinaire (de la marine marchande). V. TABLE ALPHABÉTIQUE.

Collèges. V. *ibidem*.

Colonies (agricoles, militaires, pénitentiaires). V. *ibidem*.

Colonisation.

Cire. G. — 29 nov. 1864-15 fév. 1865. — BG, 155. — *Instructions aux généraux et préfets sur la formation de nouveaux périmètres de colonisation.*

Au moment où, par la constitution de la propriété individuelle, le sénatus-consulte du 22 avr. 1863 place les indigènes dans la situation la plus propre à assurer l'amélioration de leur état moral et matériel, je remplis les intentions de l'empereur, manifestées dans les instructions générales transmises par S. Exc. M. le ministre de la guerre, en venant vous indiquer ce qu'il paraît utile de faire en faveur de l'élément européen, dont l'expansion progressive et normale peut surtout, en contribuant à asseoir notre domination, agir utilement par son contact et ses travaux sur l'esprit des populations arabes.

Le sénatus-consulte a inauguré un nouveau régime de colonisation, basé principalement sur la libre transmission des biens entre Européens et indigènes. Mais pour que cette liberté des transactions, dès à présent édictée pour toutes les terres *melk*, et qui sera successivement étendue à de nouvelles zones, au fur et à mesure de l'appropriation individuelle du sol dans les tribus, devienne effective et réellement profitable au point de vue du peuplement du pays et de son développement, il ne suffit pas que le principe en ait été solennellement proclamé. L'expérience a démontré que le champ ouvert à la liberté des contrats ne s'étend véritablement que dans le rayon d'influence des centres de population agglomérée, vers lesquels convergent les voies de communication, où s'exercent les industries nécessaires aux besoins usuels de la vie, où enfin les colons trouvent des moyens assurés de satisfaction pour leurs intérêts moraux et matériels. C'est donc vers la création de nouveaux périmètres de colonisation, en vue de la formation de nouveaux centres de population, que doivent tendre tous les efforts de l'administration algérienne.

Mais il importe avant tout de tracer sommairement les principes qui devront la diriger dans cette opération. Trop souvent des villages ont été créés dans des conditions de solitude absolue et à des distances considérables de tout autre établissement européen. Dès lors, sans moyens de communication avec les autres centres de production, ils ne pouvaient trouver en eux-mêmes, à cause du peu d'importance assignée à leur population, les éléments de vitalité nécessaires. Le village ainsi que la ferme ne peuvent prospérer que lorsqu'ils s'appuient sur un autre village, sur une autre ferme.

Les efforts de la colonisation devront donc être portés de préférence là où existent déjà des voies de communication, sur les points où la défense du pays peut exiger la formation d'un village, c'est-à-dire d'un centre naturel de résistance, et s'étendre ensuite par zones successives du littoral vers l'intérieur. Toutefois avant d'ouvrir des zones nouvelles à l'activité européenne, il importe de s'occuper de l'agrandissement des périmètres déjà existants et, si faire se peut, d'en créer autour des villes et des points principaux d'occupation, de telle façon que ces périmètres aillent toujours se rapprochant les uns des autres et forment un réseau continu et de colonisation compacte, dans lequel les deux populations, indigène et européenne, se mêleront pour se prêter un mutuel secours : secours de main-d'œuvre d'un côté, de capital, de science agricole de l'autre.

En ce qui concerne les nouveaux périmètres, vous aurez, préalablement à toute proposition de formation, à vous rendre un compte exact des conditions économiques et agricoles dans lesquelles pourra se faire leur établissement. Le plus grand soin devra être apporté dans le choix des zones, et, à cet effet, vous aurez à examiner personnellement les travaux des commissions instituées par l'arrêté ministériel du 23 août 1859 (*Concessions*, I, 231), et à constater si les centres projetés remplissent les conditions désirables aux divers points de vue de la sécurité, de l'influence politique, de la salubrité, des eaux potables et d'irrigation, des communications, du commerce et de la dépense.

Arrivant ensuite aux moyens d'exécution, le lotissement des terres méritera également un soin tout particulier. Il conviendra toujours d'avoir égard, dans la formation des lots, aux convenances locales, aux diverses qualités des terres, aux facilités d'irrigation et enfin aux chemins d'exploitation.

Ce n'est que par un lotissement bien entendu qu'on peut arriver à la constitution solide et régulière de la propriété, qui est la base première de toute bonne colonisation, car elle est le stimulant le plus actif du travail, de l'immobilisation des capitaux et de l'immigration elle-même.

Un mot maintenant sur la question de disponibilité des territoires à livrer au peuplement. S'ils sont domaniaux, il ne saurait y avoir de difficultés ; mais, dans le cas contraire, l'État pourra se les procurer soit par voie d'échange, soit, s'il s'agit d'un bien communal de tribu, en traitant de gré à gré avec les douars, suivant les formes prescrites au titre II du règlement d'administration publique du 23 mai 1863 (infrà, *Propriété*, § 5, 1°), relatif à l'exécution du sénatus-consulte, soit enfin en ayant recours à l'expropriation pour cause d'utilité publique.

De ces trois moyens, le premier, outre qu'il est le plus économique, offre l'avantage de permettre d'utiliser certaines terres domaniales qui, en raison de leur nature et de leur éloignement, pourraient être reconnues impropres à la colonisation européenne. Mais il ne faut pas se dissimuler que les échanges faciles dans la province de Constantine, où le domaine possède des ressources territoriales assez considérables, seront d'une réalisation moins aisée dans les provinces d'Alger et d'Oran. Il y aura donc lieu le plus souvent, dans ces deux dernières, de procéder par la voie des acquisitions et de recourir même, dans beaucoup de cas, à l'expropriation. J'estime toutefois qu'il ne faudra arriver à cette mesure extrême qu'après avoir essayé des autres combinaisons et seulement en vue des besoins parfaitement constatés.

Bien que le système à adopter pour l'aliénation des terres domaniales au profit des immigrants ne soit pas encore définitivement arrêté, nous devons nous tenir prêts à toutes les éventualités, et il importe de pouvoir disposer dans un bref délai en faveur des Européens, de périmètres de colonisation assez étendus. Je ne puis donc que vous inviter, dans ce but, à prescrire immédiatement des études d'après les données qui précèdent, et en m'accusant réception de la présente dépêche, à me faire connaître, au moins d'une manière approximative, les territoires qui, dans votre province, vous paraîtront pouvoir être livrés au peuplement dans un avenir assez rapproché.

Pour que le travail que vous avez à me soumettre présente tous les éléments d'appréciation nécessaires, je désire que vous l'accompagniez d'une carte de rattachement, indiquant par une teinte verte les terres domaniales, et par une teinte rouge les terres à acquérir ou à exproprier. Vous aurez à vous concerter avec M. le préfet du département pour tout ce qui concerne son ressort administratif.

M^l DE MAC-MAHON, DUC DE MAGENTA.

RENVOIS. — V. *Table alphabétique.*

Colonisation (inspecteurs de la). V. TABLE ALPHABÉTIQUE.

Colportage. V. *ibidem.*

Comité consultatif (de l'Algérie). V. *ibidem.*

Comité consultatif (des affaires domaniales). V. *ibidem.*

Commandants de place. V. *ibidem.*

Commandite. V. SOCIÉTÉS.

Commerce.

Circ. G. — 16 juin-16 juill. 1852. — BG. 50. — *Surveillance à exercer sur les marchés indigènes, et répression des fraudes commises par les vendeurs, notamment dans le commerce des laines. — Instruction aux généraux commandant les provinces et aux préfets des départements.*

La question des laines de l'Algérie est du plus haut intérêt pour l'avenir industriel et agricole de la colonie. Le commerce des laines compose déjà un des principaux articles de l'exportation algérienne, et cette exportation est susceptible de s'accroître encore. Les trois provinces d'Alger, d'Oran et de Constantine, où se trouvent en assez grande quantité des types appartenant au pur sang mérinos, peuvent arriver à une production de 15 millions de kilogrammes de laines, pouvant servir à toutes espèces de fabrications. De toutes les branches de commerce qui sont appelées à concourir à la prospérité de l'Algérie, celle des laines est certainement l'une des plus fécondes par la certitude des produits et la facilité des écoulements. Il importe donc au plus haut degré de faire fructifier de pareils éléments. Il est à regretter, à ce sujet, que les indigènes ne se soient pas encore bien rendu compte de l'avantage qu'il y a pour eux et pour le pays, à produire beaucoup.

Les indigènes, m'a-t-il été dit, en vue d'augmenter le poids des laines, ajoutent aux toisons des matières étrangères: après avoir mouillé les toisons avec du lait, ils les couvrent de terre ou de poussière très-fine: le lait, en se desséchant, forme une espèce de colle qui rend la poussière ou la terre adhérente à la laine, en augmente le poids au détriment de la qualité et rend le nettoyage de la toison, non-seulement difficile et dispendieux, mais presque impossible ; de là un préjudice considérable pour les acheteurs. Des fraudes nombreuses de cette nature ont eu pour résultat d'éloigner des marchés de laines les acheteurs sérieux ; de telle sorte que, cette année, le commerce, loin de donner de nos laines un prix en rapport avec les besoins de la consommation, n'a offert, sur plusieurs points de l'Algérie, que les deux tiers du prix qu'il avait payé l'année dernière.

On ne saurait donc trop insister auprès des populations indigènes pour leur faire comprendre que ces manœuvres déloyales tournent, en définitive, à leur préjudice, et qu'en dépréciant leurs marchandises ils font un tort considérable au pays

et se privent eux-mêmes d'un trafic aussi important que lucratif. Il faut qu'ils sachent aussi que les producteurs et tous ceux qui se rendent coupables de fraudes sur la valeur des matières vendues, se placent sous le coup des peines édictées par l'art. 423 c. pén., et par la loi du 27 mars 1851, qui a été rendue applicable à l'Algérie par le décr. du 14 sept. de la même année. (*Substances alimentaires* I, 628).

En conséquence de ce qui précède, je vous prie de prendre immédiatement les mesures les plus propres à faire connaître aux populations indigènes que l'administration est résolue à punir sévèrement ces sortes de délits. Je vous invite donc à faire surveiller avec la plus sérieuse attention, les marchés et tous autres lieux de réunion, où s'opèrent des transactions commerciales. Il ne faut pas hésiter à sévir contre les vendeurs de mauvaise foi.

M^l PÉLISSIER, DUC DE MALAKOFF.

RENVOIS. — V. *Table alphabétique.*

Commissaires civils.

DIVISION.

§ 1. — Législation spéciale (1).
§ 2. — Institution de commissariats.

§ 2. — INSTITUTION DE COMMISSARIATS.

DI. — 1er-50 avr. 1865. — BG. 146. — *Institution d'un commissariat civil à Relizane* (V. *commune*, § 5.)

RENVOIS. — V. *Table alphabétique.*

Commissaires de police. V. POLICE.

Commissaires-priseurs.

DIVISION.

§ 1. — Législation spéciale.
§ 2. — Création d'offices.

§ 1. — LÉGISLATION SPÉCIALE.

Décis. M. — 4 août 1859. (Non publiée mais notifiée aux parquets du ressort, le 11 août 1859.) — *La redevance à laquelle pourront prétendre à l'avenir les commissaires-priseurs pour remboursement des avances faites par eux à l'occasion des ventes collectives d'objets de peu d'importance appartenant à des propriétaires divers, est réduite au taux uniforme de 5 pour 100.*

AM. — 24 sept. 1860. (V. Mont-de-piété.) — *Cautionnement spécial imposé aux commissaires-priseurs chargés du service des prisées et des ventes.*

§ 2. — CRÉATION D'OFFICES.

DI. — 15 mai-12 juin 1861. — BG. 18. — *Suppression de l'office créé à Ténès par arr. du 19 nov. 1848* (I, 306).

DI. — Même date. — *Création d'un office à Tlemcen.*

RENVOIS. — V. *Table alphabétique.*

---

(1) JURISPRUDENCE. — La faculté accordée aux commissaires civils par l'art. 53 de l'arr. organique du 16 déc. 1842 (I, 195) d'autoriser sur la demande des parties intéressées, toutes saisies-arrêt ou saisies-revendication, s'étend également aux saisies-conservatoires en matière commerciale. — *Cour d'Alger*, 18 nov. 1865.

Commissaires de surveillance des chemins de fer. V. CHEMINS DE FER.

Commissions administratives et autres. V. TABLE ALPHABÉTIQUE.

Commune.

DIVISION.

§ 1. — Administration municipale. — Constitution de la propriété communale. — Comptabilité.
§ 2. — Organisation transitoire (I, 315).
§ 5. — Organisation actuelle. — Communes de plein exercice. — Corps municipaux.
§ 4. — Revenus communaux.

§ 1. — ADMINISTRATION MUNICIPALE. — COMPTABILITÉ.

Circ. G. — 22-27 avr. 1861. — BG. 10. — *Publicité donnée aux séances des conseils municipaux. — Instructions aux préfets des départements.*

L'art. 24 de l'ord. du 28 sept. 1847 (I, 207), sur l'organisation municipale en Algérie, est ainsi conçu : « Les séances des conseils municipaux ne sont pas publiques; leurs débats ne peuvent être publiés qu'avec l'approbation de l'autorité supérieure. » Cette disposition n'a pas toujours été observée, et l'administration supérieure s'est fait une loi d'user d'une grande tolérance à cet égard.

J'ai reconnu que, renfermée dans de sages limites, la publicité donnée aux délibérations des conseils municipaux, loin d'avoir des inconvénients, pourrait présenter des avantages réels. Une expérience concluante a été faite à cet égard par la large publicité qu'ont reçue les délibérations des conseils généraux. Bien que le même droit n'ait pas été donné aux administrations municipales, il est implicitement contenu néanmoins dans la disposition reproduite plus haut. Tout en maintenant la faculté qu'elle confère à l'autorité supérieure de prévenir une publicité qui pourrait être inopportune ou dangereuse dans certain cas, mon intention est de laisser aux divers corps délibérants qu'admet la législation du pays, toute la latitude compatible avec le bon ordre et le respect de l'autorité.

La publicité appliquée aux objets discutés au sein des conseils municipaux, en même temps qu'elle sert nécessairement à éclairer les administrés sur le fond des choses, a, par cela même, le double avantage de dissiper bien des défiances et des préventions injustes, à l'endroit des administrateurs, et d'intéresser chacun à la discussion des questions locales et au bon emploi des ressources communes.

Ces considérations me conduisent à établir les règles suivantes, en ce qui touche l'exécution de l'art. 24 de l'ord. du 28 sept. 1847 : 1° Des résumés sommaires des délibérations des conseils municipaux pourront être communiqués par les maires et sous leur responsabilité, à la presse locale. — 2° Les procès-verbaux pourront être textuellement reproduits par l'impression, après que les délibérations auront été rendues exécutoires, et dans ce cas une autorisation spéciale ne sera pas nécessaire.—3° L'autorisation préalable devra toujours être demandée, lorsqu'il s'agira de délibérations non encore revêtues de l'approbation ou du visa de l'administration supérieure. Cette autorisation pourra être accordée par les sous-préfets. — 4° L'autorité administrative se montrera toujours très-large dans la délivrance des autorisations demandées. Elle ne les refusera que dans les cas très-rares et presque impossibles à prévoir, où la nature des délibérations et des circonstances rendrait la publicité inopportune et dangereuse.

En un mot, il faut interpréter libéralement les dispositions restrictives d'une loi qui a voulu être prévoyante et non oppressive; c'est dans cet esprit que je vous invite à user du pouvoir qui vous est conféré (1).

M^u PÉLISSIER, DUC DE MALAKOFF.

AG. — 29 avr. 1861—(V. *Bulletin officiel.*)— *Dépenses obligatoires. — Abonnement des communes au Bulletin officiel.*

Circ. G.—3 mai 1861.—(V. *Bulletin officiel*).— *Instruction sur le mode d'exécution de l'arrêté qui précède.*

Circ. G.—8 oct. 1863. (V. *Travaux publics*).— *Interdiction des stipulations d'intérêts dans les marchés passés pour travaux ou fournitures pour le compte des communes.*

Circ. G.—29 oct. 1863.—(V. *Travaux publics*). — *Règles à suivre pour les traités de gré à gré, ou la mise en adjudication publique des marchés à passer pour travaux communaux ou fournitures.*

DI. — 1er-21 avr. 1865.—BG. 145. — *Dépenses obligatoires. — Partage entre les communes et les budgets provinciaux des dépenses afférentes aux prétoires des justices de paix.*

Vu l'ord. du 28 sept. 1847; — Vu le décr. du 27 oct. 1858 sur l'organisation administrative de l'Algérie (*Admin. gén.*, I, 57);

Art. 1. — A partir du 1er janv. 1866, les dépenses afférentes au loyer et aux réparations locatives, ainsi qu'à l'achat et à l'entretien du mobilier des prétoires de justice de paix, seront acquittées, à titre de dépenses obligatoires, par les communes dans lesquelles sera établi le siège de cette juridiction.

Art. 2. — Les menues dépenses des prétoires de justice de paix, telles que chauffage, éclairage, frais d'impression et fournitures de bureau, continueront à être supportées, à titre de dépenses obligatoires, par les budgets provinciaux.

Art. 3. — Toutes dispositions contraires sont rapportées.

Circ. G. — 25 sept. 1865. — (V. *Contributions*

---

(1) En ce qui concerne la mention du nom des orateurs dans les procès-verbaux de délibération livrés à la publicité, une circulaire du ministre de l'intérieur, du 16 sept. 1865, l'interdit en France d'une manière absolue, et règle en même temps les conditions dans lesquelles l'autorisation doit être accordée (Dalloz, 1865, 5, 74).— En ce qui concerne la communication des registres des délibérations aux habitants de la commune, la loi du 21 mars 1831 portait qu'elle ne pourrait être refusée à aucun des citoyens contribuables de la commune. Cette loi a été abrogée en France et remplacée par la loi du 5 mai 1855, dont l'art. 22 déclare que tout habitant ou contribuable de la commune a droit de demander communication sans déplacement et de prendre copie des délibérations du conseil municipal de sa commune. L'ordonnance du 28 sept. 1847, spéciale pour l'Algérie, ne mentionne pas, il est vrai, la même autorisation, mais en présence du principe si nettement formulé en France, et des termes de la circulaire ci-dessus du 22 avr. 1861, qui admet pour la publication des délibérations des conseils municipaux toute latitude compatible avec le bon ordre et le respect de l'autorité, les maires des communes algériennes peuvent sans inconvénient prendre pour règle de conduite à l'égard de leurs administrés les prescriptions de l'art. 22 de la loi de 1855. Cette recommandation a été adressée à ceux du département d'Alger par une circulaire préfectorale du 20 oct. 1865.

diverses). — *Comptabilité.* — *Création du service des cotisations municipales.*

§ 5. Organisation actuelle. — Communes de plein exercice. — Corps municipaux.

Le nombre des communes de plein exercice est de 75, dont 29 dans la province d'Alger, 22 dans celle d'Oran, 24 dans celle de Constantine, comptant ensemble 152 annexes.

D I. — 25 mai-12 juin 1861. — BG, 19. — *Village du Hamma érigé en section de la commune de Constantine*

Vu l'ord. du 28 sept. 1847, sur l'organisation municipale en Algérie (I, 207); — Notre décret du 26 avr. 1854, portant institution d'une municipalité à Constantine (I, 217);

Art. 1. — Le village du Hamma, avec son territoire, forme une section de la commune de Constantine. — Il y est créé, à cet effet, un emploi d'adjoint dont l'administration s'étendra, sous la direction du maire de la commune, d'une part jusqu'aux limites du territoire de Bizot, de l'autre sur Debbabia, Bérégli, et arrivera jusqu'au pont d'Aumale, exclusivement.

D I. — 22 août-30 oct. 1861. — BG, 51. — *Institution de six communes de plein exercice (départ. d'Alger).*

Vu l'ord. du 28 sept. 1847; — Les décr. des 31 déc. 1856, 20 oct. 1858 et 16 août 1859, portant délimitation de commune dans les arrondissements d'Alger et de Blidah (*Commune*, I, 221. — *Circonscription*, I, 148, 155, 155;)

Art. 1. — Sont érigées en communes de plein exercice, dans le département d'Alger, les sections de commune ou centres dont les noms suivent : — Rouiba, — L'Alma, — Rovigo, — Sidi Moussa (arrondissement d'Alger), — Oued el Aleug, — Chébli (arrond. de Blidah).

Art. 2. — Les limites de ces nouvelles communes ainsi que les limites de : — La Rassauta, — Fondouk, — L'Arba, — Chéragas (arrond. d'Alger), — Blidah, — Boufarik, — Koléah, — Mouzaïaville, (arrondissement de Blidah), sont fixées ou modifiées ainsi qu'il suit. (V, *Circonscriptions*, § 4, 1°.)

Art. 3. — Indépendamment du maire, le corps municipal de chacune des communes mentionnées à l'article précédent est fixé conformément aux indications du tableau suivant :

La Rassauta. — 3 adjoints dont 1 pour le chef-lieu, 1 pour le fort de l'Eau et un pour la Maison-Carrée. — 7 conseillers municipaux, dont 4 Français ou naturalisés Français (1); 2 étrangers européens ayant au moins deux années de résidence en Algérie, dont une dans la circonscription communale (2); 1 indigène musulman.

Rouiba. — 2 adj. dont 1 pour le chef-lieu, et 1 pour Aïn Rays. — 7 cons. mun. dont 4 Français, 2 étranger, et 1 indigène musulman.

Le Fondouk. — 2 adj. dont 1 pour le chef-lieu, et 1 pour Hamed. — 6 cons. mun. dont 4 Français, 1 étranger, 1 indigène musulman.

L'Alma. — 4 adj. dont 1 pour le chef-lieu, 1 pour le Reghaïa, 1 pour Saint-Pierre et Saint-Paul, et 1 pour le Corso. — 7 cons. mun. dont 4 Français, 1 étranger et 2 indigènes musulmans.

L'Arba. — 2 adj. dont 1 pour le chef-lieu, et 1 pour Rivet. — 6 cons. mun. dont 4 Français, 1 étranger, 1 indigène musulman.

Rovigo. — 1 adj. — 6 cons. mun. dont 4 Français, 1 étranger, et 1 indigène musulman.

Sidi Moussa. — 1 adj. — 6 cons. mun. dont 4 Français, 1 étranger, 1 indigène musulman.

Chéragas. — 5 adj. dont 1 pour le chef-lieu, 1 pour Guyotville, 1 pour Sidi Ferruch, 1 pour Staouéli, et 1 pour Zeralda. — 6 cons. mun. dont 3 Français, 1 étranger et 1 indigène musulman.

Blidah. — 5 adj. dont un pour le chef-lieu, 1 pour Joinville, 1 pour Montpensier, 1 pour Béni Mered, et 1 pour Dalmatie. — 10 cons. mun. dont 7 Français, 1 étranger, 1 indigène musulman et un indigène israélite.

Oued el Aleug. — 1 adj. — 6 cons. mun. dont 4 Français, 1 étranger et 1 indigène musulman.

Boufarik. — 3 adj. dont 1 pour le chef-lieu, 1 pour Souma, et 1 pour Bouïnan. — 9 cons. mun. dont 6 Français, 1 étranger, et 1 indigène musulman.

Chébli. — 2 adj. dont 1 pour le chef-lieu, et 1 pour Birtouta. — 6 cons. mun. dont 4 Français, 1 étranger et 1 indigène musulman.

Koléah. — 6 adj. dont 1 pour le chef-lieu, 1 pour Fouka, 1 pour Douaouda, 1 pour Castiglione, 1 pour Tefeschoun, et 1 pour Bérard. — 7 cons. mun. dont 5 Français, 1 étranger et 1 indigène musulman.

Mouzaïaville. — 5 adj. dont 1 pour le chef-lieu 1 pour la Chiffa et 1 pour El Affroun. — 6 cons. mun. dont 4 Français, 1 étranger et 1 indigène musulman.

Art. 4. — Le présent décret ne recevra son effet qu'à partir du 1er janv. 1862, pour tout ce qui concerne les services de la comptabilité et l'établissement des budgets. Jusque-là l'ordonnancement des dépenses continuera à s'effectuer sur les budgets actuellement établis.

Art. 5. — Des arrêtés du préfet d'Alger fixeront les détails d'exécution pour le partage à faire, entre les communes anciennes et les sections érigées en communes nouvelles, des bonis ou des créances à payer après règlement des budgets de l'exercice 1861.

D I. — Même date. — *Institution de 12 communes de plein exercice (départ. de Constantine).*

Art. 1. — Sont érigées en communes de plein exercice les centres de population ci-après désignés :

Arrondissement de Constantine. — 1° Condé, ayant pour annexe Bizot.

Arrond. de Bone. — 2° Mondovi, ayant pour annexe Barral; — 3° Bugeaud; — 4° Duzerville, ayant pour annexe El Hadjar; — 5° Penthièvre, ayant pour annexe Nechmeya.

Arrond. de Philippeville. — 6° El Arrouch, ayant pour annexe El Kantour; — 7° Gastonville; — 8° Roberville; — 9° Saint-Charles.

Arrond. de Guelma. — 10° Souk Ahras, ayant pour annexe Medjez Sfa; — 11° Duvivier.

Arrond. de Sétif. — 12° Bouhira, ayant pour annexe Messaoud et Aïn Arnat.

Art. 2. — Les limites de chacune de ces douze communes sont fixées ainsi qu'il suit, conformément aux plans annexés au présent décret. (V. *Circonscriptions*, § 4, 2°.)

Art. 3. — Indépendamment du maire, le corps municipal de chacune des nouvelles communes est composé de la manière suivante :

Condé. — 2 adj. dont 1 pour le chef-lieu, et 1 pour Bizot. — 7 cons. mun. dont 5 Français, 1 étranger et 1 indigène musulman (3).

Mondovi. — 2 adj. dont 1 pour le chef-lieu et 1 pour Barral. — 6 cons. mun. dont 5 Français, 1 étranger.

Bugeaud. — 1 adj. — 6 cons. mun. dont 5 Français et 1 étranger.

Duzerville. — 2 adj. dont 1 pour le chef-lieu et 1 pour El Hadjar. — 6 cons. mun. dont 5 Français et 1 étranger.

Penthièvre. — 2 adj. dont 1 pour le chef-lieu et 1 pour Nechmeya. — 6 cons. mun. dont 5 Français et 1 étranger.

El Arrouch. — 2 adj. dont 1 pour le chef-lieu et 1

(1 et 2) Ces conditions s'appliquent également aux conseillers municipaux dont l'énumération suit pour les autres communes et qui sont indiqués seulement avec la qualité de Français ou étrangers, soit dans cet arrêté, soit dans les suivants.

(1) V. la note à l'arrêté précédent. — Conditions prescrites pour les étrangers.

pour El Kantour. — 8 cons. mun. dont 6 Français, 1
étranger et 1 indigène musulman.

Gastonville. — 1 adj. — 6 cons. mun. dont 5 Français
et 1 étranger.

Robertville. — 1 adj. — 6 cons. mun. dont 5 Français
et 1 étranger.

Saint-Charles. — 1 adj. — 7 cons. mun. dont 5 Français,
1 étranger et 1 indigène musulman.

Souk Arras. — 2 adj. dont 1 pour le chef-lieu et 1
pour Medjez Sfa. — 8 cons. mun. dont 5 Français, 1
étranger, 1 indigène musulman et 1 indigène israélite.

Duvivier. — 1 adj. — 6 cons. mun. dont 5 Français
et 1 étranger.

Bouhira. — 5 adj. dont 1 pour le chef-lieu, 1 pour
Aïn Arnat et 1 pour Messaoud. — 8 cons. mun. dont 2
Français, 5 étrangers et 1 indigène musulman.

En ce qui concerne la commune de Bouhira, le nombre de conseillers municipaux au titre français pourra être augmenté aux époques de renouvellement intégral, par des arrêtés spéciaux pris par le préfet en conseil de préfecture. Toutefois, le nombre des membres français ou naturalisés français ne devra pas dépasser le maximum de cinq.

Art. 4. — Jusqu'à ce qu'il en soit autrement ordonné, les fonctions de maire de la commune de Souk Arras seront remplies par le commissaire civil.

Art. 5. — Il ne sera pourvu à l'établissement de budgets spéciaux dans chacune des douze nouvelles communes, qu'à partir du 1er janv. 1862. Les dépenses de l'exercice 1861, continueront à être ordonnancées et réglées conformément aux dispositions de l'art. 45 du décr. du 27 oct. 1859.

DI. — 29 mars-8 mai 1863. — BG. 80. — *Institution du centre d'El Ouricia (dép. de Constantine), en commune de plein exercice.*

Art. 1. — Est érigé en commune de plein exercice le centre d'El Ouricia, ayant pour annexe Mahouan (arrond. de Sétif). — Les limites de la commune d'El Ouricia sont fixées ainsi qu'il suit, conformément au plan annexé au présent décret (V. *Circonscriptions*, § 4, 2°).

Art. 2. — Le corps municipal de la commune d'El Ouricia sera composé ainsi qu'il suit : — Un maire résidant à El Ouricia ; — 2 adjoints dont 1 pour le chef-lieu et 1 pour la section de Mahouan — 6 conseillers municipaux dont 4 Français, 1 étranger et 1 indigène musulman.

Art. 3. — Il ne sera pourvu à l'établissement du budget spécial de cette commune qu'à partir du 1er juill. 1863. Les dépenses de l'exercice 1862 et celles du 1er semestre 1863 continueront à être ordonnancées et réglées conformément aux dispositions de l'art. 54 du décr. du 27 oct. 1859.

DI. — Même date. — *Institution de la commune du Khroubs (dép. de Constantine).*

Art. 1. — Les cinq centres de population de la vallée du Bou Merzoug, créés par nos décr. du 6 août 1859 (*villes et villages*, I, 667) et agrandis par le décr. du 28 janv. 1860 (I, 226), sont réunis et érigés en une seule commune de plein exercice, sous le nom de commune du Khroubs. — Cette commune a pour chef-lieu le Khroubs avec son territoire, ceux de Lamblèche et de Madjiba, et pour annexe le centre des Ouled Rahmoun, avec son territoire et celui de Guerfa.

Art. 2. — Les limites de la circonscription communale du Khroubs sont fixées ainsi qu'il suit, conformément au plan annexé au présent décret (V. *Circonscriptions*, § 4, 2°).

Art. 3. — Indépendamment du maire, le corps municipal se compose de — 2 adjoints résidant l'un au chef-lieu, le Khroubs, l'autre à l'annexe de Ouled Rahmoun — 8 conseillers municipaux dont 6 Français, 1 étranger et 1 musulman.

Art. 4. — (Comme à l'art. 3 de l'arrêté précédent.)

AG. — 31 juill.-10 août 1863. — BG. 89. — *Création d'une mairie au village de Saint-Arnaud (arrond. de Sétif). Administration spéciale pour les Eulma.*

Vu le décr. du 10 déc. 1860 (*Admin. gén.* suprà). — Les deux décr. du 8 août 1854 : le premier, portant création des bureaux arabes départementaux, et le second réglant le mode d'administration des indigènes en territoire civil (*Affaires arabes*, I, 83) ; Considérant que le village nouvellement créé aux Eulma (arrond. de Sétif), sous le nom de Saint-Arnaud, à 98 kil. du chef-lieu administratif, compte déjà un nombre assez considérable d'habitants européens, pour nécessiter la présence permanente d'un délégué de l'autorité ; — Considérant, d'autre part, que la population arabe des Eulma, de Bordj Mamra, et des autres portions du territoire annexé à l'arrond. de Sétif, par le décr. du 25 fév. 1860 (*circonscriptions* I, 159), est beaucoup trop éloignée du chef-lieu pour être directement administrée par le sous-préfet.

Art. 1. — Il est institué une mairie au village de Saint-Arnaud, pour tout ce qui est du domaine de l'administration et de la police municipale, et pour la tenue des registres de l'état civil des Européens. — Les fermes isolées comprises dans le périmètre de colonisation assigné au village, aussi bien que celles situées dans l'étendue du territoire des Eulma et des territoires limitrophes, conformément à la délimitation de l'arrondissement de Sétif, fixée par l'art. 11 du décr. du 25 fév. 1860, sont rattachées, quant aux constatations relatives à l'état civil des Européens, à la mairie de Saint-Arnaud.

Art. 2. — La mairie de Saint-Arnaud et les populations indigènes établies sur les territoires ci-dessus désignés, seront administrées, sous la surveillance et l'autorité du sous-préfet de Sétif, par un adjoint du bureau arabe départemental, qui sera désigné par le préfet. — Cet agent résidera au caravansérail des Eulma.

Le général de division sous-gouverneur,
E. DE MARTIMPREY.

DI. — 10 mars-12 juill. 1864. — BG. 116. — *Création d'une section communale dans la commune de Batna (prov. de Constantine).*

Vu nos décr. des 18 fév. 1860 et 29 sept. 1862 (*Commune*, I, 226. — *Villes et villages* infrà), portant création de la commune de Batna et des villages de Fesdis et Ksaïa, dans la circonscription de cette commune.

Art. 1. — Une section communale est créée dans la commune de Batna. — Cette section comprendra les centres de Fesdis et Ksaïa.

Art. 2. — Les limites de cette section sont fixées de la manière suivante (V. *Circonscriptions*, § 4, 2°).

DI. — 25 mars-10 mai 1864. — BG. 109. — *Institution de 3 communes de plein exercice (dép. d'Oran).*

Vu les décr. des 31 janv. 1848 et 8 juill. 1854, instituant la commune d'Oran, et le décr. du 31 déc. 1856, instituant la commune de Misserghin (I, 216, 217, 222).

Art. 1. — Les centres de Mers-el-Kebir et d'Aïn-el-Turck, section de la commune d'Oran, et celui de Bou-Tlélis, section de la commune de Misserghin, sont érigés en communes de plein exercice conformément aux dispositions suivantes :

Art. 2. — *Commune de Mers-el-Kebir.* — Cette commune, qui comprend les centres de Mers-el-Kebir et de Saint-André, a pour territoire celui qui est indiqué au plan ci-annexé et elle est limitée ainsi qu'il suit (*Circonscriptions*, § 4, 5°) :

Art. 3. — Le corps municipal de la commune de Mers-el-Kebir se compose de : 1 maire, 1 adjoint, de 6 cons. mun., dont 4 Français et 2 étrangers.

Art. 4. — *Commune d'Aïn el Turck.* — Limites (V. *Circonscriptions*, § 4, 5°). Elle a pour section : 1° le centre de Bou-Sfer ; 2° la plaine des Andalouses.

Art. 5. — Le corps municipal de cette commune se compose du maire, de 5 adj., dont 1 pour chacune des sections, de 6 cons. mun., dont 4 Français, 1 étranger et 1 indigène musulman.

Art. 6. — *Commune de Bou-Tlélis.* — La commune de Bou-Tlélis comprend le territoire de l'ancienne colonie de ce nom, tel qu'il est indiqué au plan ci-annexé et ayant pour limites (*Circonscriptions*, § 4, 5°) :

Art. 7. — Le corps municipal de cette commune se compose du maire, de 1 adj., de 6 cons. mun., dont 4 Français, 1 étranger, et 1 indigène musulman.

DI. — 1er-22 avr. 1865. — BG. 145. — *Création d'une section communale de la commune de Dellys.* — *Modification à la composition du conseil municipal.*

Vu nos décr. des 31 déc. 1856, 16 août et 5 sept. 1859, portant création de la commune de Dellys et déterminant la composition du corps municipal de cette commune (I, 222, 225) ; — Vu notre décr. du 4 juin 1860, portant création du village de Rébeval, à 18 kil. de Dellys (*Villes et villages*, I, 665).

Art. 1. — Les centres de population de Ben N'choud, Rébeval et T'nin sont réunis en section annexe de la commune de Dellys et placés sous l'autorité d'un adjoint au maire de ladite commune, qui devra résider dans la section.

Art. 2. — L'emploi d'adjoint au maire de Dellys, créé par notre décr. du 31 déc. 1856, à la résidence de Ben N'choud, est supprimé.

Art. 3. — Le nombre des conseillers municipaux de la commune de Dellys, fixé à 9 par notre décr. du 5 sept. 1859, est porté à 10, dont 7 Français ou naturalisés Français, 1 étranger et 2 indigènes musulmans.

DI. — 1-50 avr. 1865. — BG. 146. — *Institution de Relizane (dép. d'Oran) en commune de plein exercice.* — *Création d'un commissariat civil.*

Vu nos décr. des 24 janv. 1857, 8 janv. 1859 (*Villes et villages*, I, 669 et infrà) et 16 avr. 1862, portant création des centres européens de Relizane, l'Hillil et Bouguirat, dans la plaine de la Mina, province d'Oran ; — Notre décr. du 1er avr. 1865, portant délimitation nouvelle des territoires de la province d'Oran (*Circonscriptions*, § 1, suprà).

Art. 1. — Les territoires des centres ci-dessus désignés, tels qu'ils sont respectivement délimités par les décrets de création susv'sés, forment un district administré par un commissaire civil, et qui prend le nom de District de Relizane. — Le district de Relizane est rattaché à l'arrond. de Mostaganem.

Art. 2. — Le district de Relizane est érigé en commune de plein exercice. — Les centres de l'Hillil et de Bouguirat formeront des sections de commune administrées, sous l'autorité du maire, par des adjoints spéciaux. — Les concessions d'Aïn-Madar sont rattachées à la section de Bouguirat.

Art. 3. — Le corps municipal de la commune de Relizane se compose ainsi qu'il suit : 1 maire, 5 adj., dont 2 à la résidence de l'Hillil et de Bouguirat, 8 cons., dont 6 Français et 2 étrangers ayant au moins 2 années de résidence en Algérie, dont une dans la localité.

Art. 4. — Provisoirement et jusqu'à ce qu'il en soit autrement ordonné, les fonctions de maire seront remplies par le commissaire civil.

DI. — 5 mai-9 juin 1866. — BG. 184. — *Création d'une nouvelle section rurale de la commune d'Alger.*

Art. 1. — La section communale dite de Bouzaréa, formera désormais deux sections, dont l'une, celle du Nord, prendra le nom de Pointe-Pescade et comprendra le village de Saint-Eugène, et l'autre, celle du Sud, conservera le nom de Bouzaréa. — Les limites desdites sections sont déterminées conformément au plan annexé au présent décret.

Art. 2. — Il sera nommé un adjoint spécial pour chacune des sections de la Pointe-Pescade et de Bouzaréa.

§ 4. — Revenus communaux.

Circ. — 5 juin 1861. — (V. *Contributions diverses.*) — *Mode de présentation et d'instruction des réclamations des contribuables, en matière de taxe des loyers, de taxe sur les chiens, et de prestation pour les chemins vicinaux.*

Renvois. — V. *Table alphabétique.*

Comptabilité (publique et communale). V. Table alphabétique.

Comptes de retour. V. *ibidem.*

Concessions.

Jusqu'à l'année 1860, le régime adopté pour l'aliénation des terres domaniales affectées à la colonisation était celui des concessions, sous des conditions et suivant des règles qu'indiquent les divers actes législatifs reproduits au 1er vol. p. 226 et suiv. Mais à partir de cette époque, ce principe a été complétement abandonné en principe, et un décr. du 25 juill. 1860 (*Domaine*, I. 287) a établi comme règle générale, qu'à l'avenir les terres appartenant à l'État ne pourraient plus être aliénées que par voie de vente, soit à prix fixe, soit aux enchères publiques, soit de gré à gré, ou par voie d'échange. Les art. 23 et 24 de ce décret, réservant seulement au ministre la faculté d'accorder à d'anciens militaires, et avec des conditions simplifiées, des concessions d'une contenance au maximum de 50 hect., et à l'empereur seul, le droit d'accorder des concessions d'une plus grande étendue.

En 1864, un nouveau décret en date du 31 déc. supprime d'une manière absolue le système des concessions gratuites et prescrit, comme mode à employer exclusivement pour l'aliénation des terres domaniales, la vente à prix fixe et à bureau ouvert, sauf quelques rares exceptions prévues aux art. 11 et 13, pour des cas spéciaux d'utilité ou d'ordre public.

L'art. 12 de ce décret consacre en outre une mesure d'un grand intérêt pour la colonisation et l'établissement de la propriété foncière, c'est l'affranchissement accordé aux concessions faites jusqu'à ce jour, de toute clause résolutoire autre que celle du payement du rachat de la rente.

Les instructions détaillées qui accompagnent ces divers décrets en précisent en outre l'esprit et le mode d'exécution (V. infrà, *Domaines*, § 1).

DIVISION.

§ 1. — Législation spéciale.

§ 2. — Concessions particulières.

§ 1. — LÉGISLATION SPÉCIALE.

AG. — 3 mars-31 déc. 1862. — BG. 71. — *Présidence des commissions d'enquête pour l'établissement des centres de population.*

Vu les ord. des 1er oct. 1844 et 21 juill. 1845 (*Propriété*, I, 578. — *Concessions*, I, 228); — Les instr. min. du 7 mars 1845 (non publiées); — L'arr. du 2 avr. 1846 (*Concessions*, I, 228); — L'arr. min. du 23 août 1859 (*Concessions*, I, 231).

Art. 1. — Les commissions d'enquête pour l'établissement des nouveaux centres, telles qu'elles sont constituées par l'arr. du 2 avr. 1846, sont présidées, en territoire civil, par le préfet ou son délégué, le sous-préfet ou le commissaire civil de la circonscription; en territoire militaire, par le général commandant la division ou son délégué, le commandant de la subdivision ou du cercle.

Mal PÉLISSIER, DUC DE MALAKOFF.

DI. — 31 déc. 1864. — (V. Domaine, infrà.) — *Suppression du système de concessions gratuites. — Affranchissement de toute clause résolutoire accordé aux concessions faites jusqu'à ce jour.*

Circ. G. — 10 fév. 1865. — (V. Ibidem.) *Instructions pour l'exécution du décret qui précède.*

Circ. G. — Même date. — (V. Ibidem.) — *Même objet.*

§ 2. — CONCESSIONS PARTICULIÈRES.

DI. — 25 nov.-31 déc. 1862. — BG. 70. — *Concession au sieur Etourneau de la propriété domaniale Haouch Sidi-Rached, commune de Marengo (dép. d'Alger).*

Vu la loi du 16 juin 1851 (*Propriété*, I, 593). — Les ord. des 21 juill. 1845, 5 juin et 1er sept. 1847, et le décr. du 26 avril 1851 (*Concessions*, I, 228 et s.). — Le décr. du 25 juill. 1860, sur l'aliénation des terres domaniales en Algérie (*Domaine*, I, 287).

Art. 1. — Il est fait concession au sieur Etourneau (Etienne-Amateur), demeurant à Alger, d'un terrain d'une contenance de 990 h. 18 a. 40 c., restant disponible sur la propriété domaniale dite *Haouch Sidi-Rached*, sise sur le territoire des Hadjoutes, commune de Marengo, ledit terrain indiqué et limité par un liséré rose sur le plan annexé au présent décret.

Art. 2. — L'Etat se réserve expressément la propriété de la ruine antique connue sous le nom de *Tombeau de la Chrétienne* (Kober Roumia), qui existe sur ledit Haouch, ainsi que celle d'une étendue superficielle de 12 hect. autour de ce monument. — Le concessionnaire sera tenu de céder gratuitement à l'Etat, à quelque époque que ce soit : — 1° Le sol nécessaire à l'établissement de deux chemins, d'une largeur chacun de douze mètres destinés à faciliter l'accès du Tombeau de la Chrétienne, ainsi qu'aux terrains réservés autour de ce monument, tant du côté de la mer que du côté du col de la montagne; — 2° Le sol nécessaire à l'ouverture de la route projetée d'Alger à Cherchell, le long de la mer, quelle que puisse être la largeur de cette route.

Art. 5. — Il servira à l'Etat une rente annuelle et perpétuelle de 1 fr. par hect., payable par trimestre et d'avance, à la caisse du receveur des domaines à Cherchell, à partir du 1er janv. 1868. — Cette rente sera rachetable conformément aux dispositions du titre 2 de l'ord. du 1er oct. 1844. — Le concessionnaire sera soumis, en outre, aux charges et impôts qui pourront être établis ultérieurement sur la propriété foncière en Algérie.

Art. 4. — Il procédera au peuplement de l'immeuble concédé, au moyen de familles immigrantes européennes recrutées et installées, par ses soins, sur des lots de ferme qui ne pourront être d'une superficie inférieure à 25 hect., ni supérieurs à 100 hect., et il édifiera, sur chacun desdits lots, des bâtiments d'habitation et d'exploitation en rapport avec leur importance respective. — Toutefois, il demeurera libre de grouper un certain nombre de constructions en un seul hameau.

Art. 5. — Il devra exécuter le peuplement du territoire concédé dans le délai de huit années, qui commencera à courir le 1er janv. 1863 et prendra fin le 31 déc. 1870. Il commencera cette opération par l'installation, dans le cours de la première année, de trois familles au moins, composées en totalité de douze personnes. — L'exécution de cette condition sera constatée par un procès-verbal dressé, à l'expiration de la première année, conformément aux dispositions de l'art. 8 du décr. du 26 avr. 1851. A défaut de ce commencement d'exécution, la présente concession sera considérée comme nulle et non avenue, et fera retour à l'Etat, franche et quitte de toutes charges provenant du fait du concessionnaire.

Art. 6. — Il devra entretenir en bon état de conservation les canaux d'irrigation et de dessèchement qui traverseront la propriété concédée et planter leurs bords d'arbres de haute futaie ou autres. — Il devra également curer et nettoyer les cours d'eau non navigables ni flottables qui traversent ou bordent ladite propriété, conformément aux lois et règlements qui régissent la matière en France et en Algérie.

Art. 7. — Il ne jouira des sources et cours d'eau existant sur ledit immeuble, que comme usufruitier et conformément au règlement existant ou à intervenir sur le régime des eaux en Algérie.

Art. 8. — Il ne pourra user ou tirer parti des chutes d'eau existant sur l'immeuble concédé, qu'autant qu'il en aura régulièrement demandé et obtenu l'autorisation.

Art. 9. — Indépendamment des réserves mentionnées en l'art. 2, il sera tenu, pendant dix ans, d'abandonner à l'Etat, sans indemnité, les terrains nécessaires à l'établissement de routes, chemins, canaux et autres ouvrages d'utilité publique. — Les services des ponts et chaussées et du génie militaire auront la faculté de ramasser ou d'extraire, dans toute l'étendue de la concession, les matériaux nécessaires à la construction et à l'entretien des travaux d'utilité publique, qui pourront être ultérieurement exécutés, sans que le concessionnaire puisse prétendre à aucune indemnité, sauf, à titre de dédommagement, dans le cas où des dégâts auraient été causés à ses récoltes ou à ses constructions, soit par les fouilles, soit par le passage des voitures. — A l'expiration des dix ans prévus au § 1 du présent article, les terrains qui seraient occupés pour l'extraction des matériaux nécessaires à ces travaux, pourront être payés au concessionnaire comme s'ils eussent été pris pour l'emplacement des routes ou autres ouvrages d'utilité publique. — Il n'y aura lieu à faire entrer dans l'estimation la valeur des matériaux à extraire que dans le cas où l'on s'emparerait d'une carrière déjà en exploitation. Alors, lesdits matériaux seront évalués d'après leur prix courant, abstraction faite de l'existence et des besoins de la route pour laquelle ils seraient pris, ou des constructions auxquelles ils seraient destinés.

Art. 10. — L'Etat se réserve la propriété des objets d'art, mosaïques, bas-reliefs, statues, débris de statues, médailles qui pourraient exister sur la concession.

Art. 11. — Toutes les règles établies par le décr. du 26 avril 1851 qui ne sont pas contraires au décr. du 25 juill. 1860 sont applicables à la présente concession.

RENVOIS. — V. *Table alphabétique.*

Concordats amiables. V. TABLE ALPHABÉTIQUE.

Confiscation. V. *ibidem.*

Conflit administratif. V. *ibidem.*

Congés (baux et locations). V. TABLE ALPHABÉTIQUE.

Congés (de fonctionnaires). V. *ibidem.*

Congrégations religieuses. V. *ibidem.*

Conseils (d'administration, et autres spéciaux). V. *ibidem.*

Conseils généraux.

APE. — 9 déc. 1848 (V. *Admin. gén.*, I, 26).— *Art. 10.—Institution dans chaque département d'un conseil général électif, dont les attributions seront les mêmes que celles des conseils généraux de France.*

APE. — 16 déc. 1848 (V. *Admin. gén.*, I, 28).— *Art. 54 à 42.—Prescriptions relatives à l'élection des membres de ces conseils généraux.*

DI. — 27 oct. 1858 (V. *Admin. gén.*, I, 57). — *Art. 16 à 57, 41, 42, 47, 53, 56, 57.—Nouvelle institution de conseils généraux, nomination des membres, attributions.*

DI. — 25 juill. 1860. — BM. 90. — *Le nombre maximum des membres du conseil général de chaque province est fixé à 25.*

DI. — 18 août 1860 (V. *infra, Mobilier administratif*). — *Art. 2. — Attributions, fixation de la somme à laquelle devra s'élever le taux du mobilier dans chaque province pour les hôtels des hauts fonctionnaires.*

DI.—10 déc. 1860 (V. *supra, Admin. gén.*).—*Art. 12, 17. — Organisation de 1858 maintenue, délégation de deux membres au conseil supérieur du gouvernement.*

Circ. G. — 11-18 mai 1861. — BG. 15. — *Instructions aux généraux commandant les divisions et préfets des départements, relatives au renouvellement partiel des conseils généraux.*

M..., aux termes de l'art. 18 du décr. du 27 oct. 1858 (I, 57), les membres des conseils généraux de l'Algérie sont renouvelés par tiers tous les ans. Les membres sortant peuvent être renommés. — Les trois séries ont été fixées par la voie du sort, et la première a été renouvelée dans l'intervalle des sessions de 1859 et de 1860. — Le moment est venu de s'occuper du renouvellement de la 2ᵉ série et de procéder, en même temps, au remplacement des membres qui auraient cessé leurs fonctions par suite de démission, de décès ou de perte de leurs droits civiques. Ces derniers ne seront remplacés que pour le temps qu'ils avaient encore à exercer suivant la série à laquelle ils appartenaient.

J'ai remarqué que les membres non résidants figuraient en trop forte proportion dans la composition actuelle de chaque conseil général. Bien que le décret d'institution n'ait établi aucune règle à cet égard, et que le titre de propriétaire dans la province suffise pour constituer l'aptitude au mandat de conseiller général, le but de l'institution et la nature des fonctions qu'il s'agit de conférer, indiquent assez qu'outre ce titre de propriétaire,

la résidence est une condition d'aptitude essentielle et presque indispensable. Ce n'est que par une résidence effective et permanente qu'on peut s'identifier assez avec les intérêts et les besoins d'un pays pour discuter, en toute connaissance de cause, les diverses questions dont la solution importe à son développement économique et à sa prospérité.

D'ailleurs, les affaires d'une province peuvent donner lieu à des convocations extraordinaires, et, dans ce cas, l'éloignement des conseillers présente une difficulté sérieuse : il est toujours plus facile de réunir les membres résidants que ceux qui, pour remplir leur mandat, sont obligés de traverser la Méditerranée. Aussi la dernière session des conseils généraux a-t-elle fourni l'occasion de constater l'absence du plus grand nombre des non-résidants.

Sans exclure systématiquement ces derniers, ce qui serait s'exposer à priver les conseils provinciaux d'un concours précieux à plus d'un titre, il faut tendre à ne les admettre que dans une proportion normale et raisonnable, laquelle, selon moi, ne doit pas dépasser le cinquième du nombre total dans chaque conseil. Je suis persuadé que la population coloniale offre assez d'hommes honorables, éclairés et pénétrés de l'amour du bien public, dans chaque province, pour que, dès à présent, il soit possible de recruter dans son sein tous les membres des conseils généraux de l'Algérie.

Vous devrez donc tenir grand compte de cette considération dans les propositions que vous aurez à établir pour le renouvellement partiel de cette année.

Il est un autre point d'une grande importance sur lequel je dois appeler particulièrement votre attention.

Vous savez que, dans la métropole, la circonscription cantonale forme la base de l'organisation des conseils généraux : il en résulte que toutes les parties du territoire se trouvent représentées dans ces assemblées. Ce principe doit s'appliquer, autant qu'il est permis de le faire, à la formation des conseils généraux de l'Algérie, et vous profiterez du renouvellement actuel pour corriger ou atténuer les inégalités qui pourraient exister sous ce rapport. Je désire qu'on arrive, en fin de compte, à une représentation provinciale justement équilibrée, c'est-à-dire au sein de laquelle les besoins et les intérêts légitimes de chaque portion du territoire puissent trouver des organes solidaires et sympathiques.

Comme par le passé, les propositions que je demande devront être concertées entre les autorités administratives des deux territoires, qui pourront s'éclairer mutuellement sur le choix des candidats. Je ne doute pas qu'il ne leur soit facile de s'entendre pour ne désigner que les hommes les plus honorables, les plus éclairés, les mieux disposés, enfin, à seconder le gouvernement du pays dans ses vues d'amélioration et de progrès.

Recevez, etc.

Mᵃˡ PÉLISSIER, DUC DE MALAKOFF.

DI. — 22 mai 1861 (*V. infra, Conseil supérieur de gouvernement*).—Art. 1.—*Mode d'élection des délégués au conseil supérieur.*

DI. — 29 juin-16 juill. 1865. — BG. 87. — *Conseil supérieur. — Délégués des conseils généraux* (1).

Art. 5. — Les délégués des conseils généraux, à désigner pour la prochaine session du conseil supérieur, seront élus au scrutin de liste et à la majorité absolue des suffrages exprimés. — Un

_____

(1) Abrogé par décr. du 26 août 1865, *infrà.*

arrêté du gouverneur général déterminera les formes du vote.

Art. 4. — A l'avenir, indépendamment des deux délégués au conseil supérieur, à élire par chaque conseil général, dans sa session ordinaire, il sera nommé, en la même forme, deux suppléants pour remplacer les délégués, en cas de vacance.

AG. — 11-16 juill. 1865. — BG. 87. — *Exécution du décret qui précède; forme du vote pour la désignation des délégués* (1).

Vu l'art. 5 du décr. du 29 juin 1863; — Considérant : 1° Que la session des conseils généraux de l'Algérie pour 1863 n'aura lieu qu'après celle du conseil supérieur; 2° que le plus grand nombre des membres des conseils généraux habitent hors du chef-lieu de la province, et plusieurs même en France, et que, dès lors, il y a impossibilité de les réunir extraordinairement pour le choix des délégués.

Art. 1. — Le vote, pour le choix des délégués des conseils généraux de l'Algérie au conseil supérieur du gouvernement, pour la session de 1863, aura lieu par correspondance, sous un pli spécial et cacheté, contenant deux noms. — A cet effet, à la réception du présent arrêté, le préfet du département invitera chacun des membres du conseil général de la province à lui envoyer son bulletin de vote par lettre missive. — L'invitation du préfet contiendra la liste de tous les membres du conseil général en exercice, et rappellera les noms des deux délégués désignés dans la session de 1862.

Art. 2. — Le recensement des votes sera fait par le préfet, en conseil de préfecture et en présence des membres du bureau de la session de 1862, du général ou de son délégué, et des conseillers habitant le chef-lieu, lesquels seront convoqués à cet effet. — Le résultat de l'opération sera constaté par un procès-verbal et rendu public par la voie du *Moniteur de l'Algérie* et des journaux politiques publiés au chef-lieu de chaque province.

Art. 3. — Dans le cas où le premier scrutin ne produirait qu'un résultat incomplet, il sera procédé, dans les mêmes formes, à un nouveau scrutin, à vingt jours d'intervalle. — L'invitation relative à cette seconde opération fera connaître le résultat du premier tour de scrutin.

Art. 4. — Le premier recensement des votes aura lieu le 20 août prochain. — Si un second scrutin est nécessaire, le dépouillement en aura lieu le 10 sept. suivant,

M^{al} PÉLISSIER, DUC DE MALAKOFF.

(Les mêmes dispositions ont été appliquées en 1864.)

DI. — 7 juill. 1864 (V. suprà, *Admin. gén.*).— *Art. 27.* — *Organisation antérieure maintenue.—Attributions des généraux commandant les provinces.— Composition des conseils avec l'élément indigène.*

DI. — 26-31 août 1865. — BG. 151.— *Conseils généraux.—Nomination des délégués au conseil supérieur.— Interprètes.*

Art. 3. — Les art. 3 et 4 de notre décr. du 29 juin 1863 sont abrogés. — Chaque conseil général nommera, avant de se séparer, les deux délégués appelés à le représenter à la prochaine session du conseil supérieur du gouvernement.

Art. 4. — Le général commandant la province est autorisé à désigner, s'il le juge nécessaire, un interprète qui assistera aux séances du conseil général, avec mission de traduire aux conseillers indigènes les propositions faites, les objections élevées et les conclusions mises aux voix, et de tra-

duire au conseil les propositions et observations de ces mêmes conseillers.

DI. — 26 août-15 sept. 1865. — BG. 153.—*Conseils généraux.* — *Dépenses relatives à l'assistance publique.* — *Fixation de la part des communes.*

Vu les art. 53, n° 14; 44, n° 14, et 48 du décr. du 27 oct. 1858 (I, 57). — Considérant que ce décret a omis d'indiquer le mode de fixation des bases et de la proportion du concours des communes dans les dépenses d'hospitalisation des malades, des incurables et des vieillards indigents.

Art. 1. — La compétence attribuée aux conseils généraux par l'art. 53, n° 14, sus-visé, est étendue aux dépenses occasionnées par le traitement et l'entretien des malades, des incurables et des vieillards indigents dans les hospices, hôpitaux ou asiles.

Conseil de gouvernement.

Depuis 1831, époque de la première organisation administrative, il a été institué, auprès du commandant en chef et du gouverneur général, un conseil consultatif, dont la composition et les attributions ont été déterminées suivant les circonstances, mais dont la mission restait au fond la même malgré les changements de dénomination. Il a été successivement appelé : conseil d'administration (1831);—conseil supérieur d'administration (1845); — conseil de gouvernement (1848); — conseil consultatif (1860); — conseil de gouvernement (1864).

De 1858 à 1860, le gouvernement général ayant été supprimé, le conseil de gouvernement avait subi le même sort; mais un conseil supérieur de l'Algérie et des colonies l'avait remplacé auprès du ministre de l'Algérie.

DI. — 10 déc. 1860.—(V. suprà, *Admin. gén.*).—*Art. 9-10.—Institution d'un conseil consultatif auprès du gouverneur général.* — *Composition dudit conseil.*

DI. — 30 avr.-18 mai 1861. — BG. 15. — *Attributions du conseil consultatif.*

Art. 1. — Le conseil consultatif institué auprès du gouverneur général, est appelé à donner nécessairement son avis sur les affaires suivantes :

1° Etablissement ou modifications des circonscriptions administratives, judiciaires, communales. Désignation des chefs-lieux;

2° Etablissement de périmètres de colonisation;

3° Cantonnement des indigènes;

4° Création de centres de population;

5° Plans d'allotissement de terres à affecter à la colonisation;

6° Concessions de terres d'une étendue de plus de 50 hect.; concessions de mines, de dessèchements de marais;

7° Concession d'exploitation de biens domaniaux pour une durée de plus de neuf années, lorsque l'évaluation des charges annuelles de toute espèce imposées au concessionnaire est supérieure à 1,000 fr. (terres, forêts, carrières, salines, lacs et sources, droits de chasse);

8° Exploitation de madragues et de pêcheries;

9° Ventes de gré à gré et échanges d'immeubles domaniaux, à la suite des expertises réglementaires, lorsque lesdits immeubles ont une valeur supérieure à 10,000 fr.;

10° Acquisitions et transactions pour compte de l'Etat, dans la limite du paragraphe précédent;

11° Soumission des forêts au régime forestier;

12° Concessions d'immeubles domaniaux aux provinces, aux communes, aux hospices et aux établissements d'utilité publique;

13° Affectation d'immeubles domaniaux aux services publics, civils ou militaires;

(1) Abrogé par décr. du 26 août 1865, *infrà.*

14° Déclaration d'utilité publique pour les cas d'expropriation;

15° Apposition et mainlevée de séquestre;

16° Créations et autorisations d'établissements de bourses et chambres de commerce, de chambres consultatives d'agriculture, de sociétés anonymes, tontines, banques, comptoirs d'escompte, de conseils de prud'hommes, d'hôpitaux, d'hospices, orphelinats, bureaux de bienfaisance, monts-de-piété et autres institutions ayant pour objet un intérêt public;

17° Caisses de retraite en faveur des agents des administrations provinciales ou communales;

18° Acceptation de dons et legs aux provinces, aux communes ou aux établissements décrétés d'utilité publique, lorsqu'il y a réclamation de la part des familles.

19° Établissement, modification et suppression d'impôts au profit de l'État, des provinces ou des communes; tarifs de droits de douane ou d'octroi;

20° Bases et mode de perception des contributions arabes, tarifs y relatifs;

21° Ouverture et tracé des routes à exécuter aux frais de l'État ou des provinces;

22° Projets, plans et devis des travaux à exécuter au compte de l'État ou des provinces, lorsque la dépense qui doit en résulter est évaluée à plus de 50,000 fr. — Mode d'exécution en régie ou par entreprise et conditions à imposer par les cahiers des charges;

23° Marchés et fournitures de toutes sortes à faire au compte de l'État dans la limite indiquée au paragraphe précédent;

24° Emprunts à contracter par les provinces ou par les communes, sauf, en ce qui touche ces dernières, les cas où il peut être statué directement par l'autorité locale;

25° Comptes administratifs des budgets provinciaux des communes dont les revenus s'élèvent à plus de 300,000 fr., et des budgets des centimes additionnels à l'impôt arabe;

26° Législation et règlements organiques sur l'état civil, le culte, la justice et l'instruction publique des indigènes.

Art. 2. — Le conseil consultatif est appelé, en outre, à donner son avis sur tous les projets de loi, décrets et règlements généraux intéressant l'administration, le commerce, les finances ou la colonisation en Algérie.

Art. 3. — Le conseil consultatif ne peut délibérer qu'autant que la moitié des membres, y compris le président, sont présents à la séance. — Les avis sont donnés à la majorité des voix; en cas de partage, la voix du président est prépondérante. — Lorsque le conseil sera saisi de l'examen de questions ne rentrant pas dans les attributions des membres qui le composent, relatives à l'administration indigène en territoire militaire, le gouverneur général pourra appeler à y siéger, avec voix consultative, le chef du service, ou l'officier compétent.

Art. 4. — Toutes dispositions contraires au présent décret sont et demeurent abrogées.

DI. — 5 nov.-5 déc. 1862. — BG. 66.—Conseil consultatif. — Préséances et suppléances.

Rapport à l'Empereur. — Sire, le conseil consultatif du gouvernement général de l'Algérie, institué par le décret organique du 10 déc. 1860 et composé des chefs de service dont la juridiction s'étend sur les trois provinces et de deux conseillers rapporteurs, se trouve presque toujours incomplet, par suite de l'absence simultanée de plusieurs de ses membres que leurs fonctions appellent au dehors du chef-lieu de la colonie. A certaines époques de l'année, ces absences peuvent être assez nombreuses pour mettre le conseil dans l'impossibilité de délibérer, et l'expédition des affaires reste en souffrance. — En vue de remédier à cet inconvénient, le gouverneur général propose d'adopter un système de suppléance qui consisterait à faire remplacer dans le conseil le chef de service absent par le fonctionnaire qui le supplée dans la direction du service, ou qui, résidant à

Alger, vient immédiatement après lui dans l'ordre hiérarchique. — Dans cet ordre d'idées, l'inspecteur général des travaux publics serait suppléé par l'ingénieur en chef du département d'Alger. — L'inspecteur général des services financiers, par l'inspecteur des finances le plus ancien de grade résidant à Alger. — Les conseillers rapporteurs, par le secrétaire du conseil.

Quant au directeur des services civils, qui est à la fois membre et vice-président du conseil, sa suppléance, à ce double titre, serait nécessairement divisée. Le secrétaire général de la direction générale le remplacerait au conseil comme représentant les services civils, et, conformément à l'usage, la vice-présidence appartiendrait au membre titulaire placé le premier dans l'ordre hiérarchique indiqué par le décr. du 10 déc. 1860.

Enfin, en ce qui concerne les préséances, le membre suppléant prendrait rang au conseil après les membres titulaires.

Le ministre de la guerre,
Mal RANDON.

Approuvé :
NAPOLÉON.

DI. — 11-27 juin 1863. — BG. 85. — Conseil consultatif. — Nomination de trois nouveaux membres.

Vu l'art. 9 de notre décr. du 10 déc. 1860 (supra).

Art. 1. — Sont membres de droit du conseil consultatif du gouvernement général de l'Algérie: — Le général de division, chef d'état-major général, sous-gouverneur;—Le procureur général près la cour impériale d'Alger; — Le chef du bureau politique des affaires arabes.

Art. 2. — Le sous-gouverneur préside le conseil toutes les fois que le gouverneur général n'assiste pas à la séance. — En cas d'absence ou d'empêchement du sous-gouverneur, la présidence est dévolue au directeur général des services civils, vice-président.

Art. 3.—Le procureur général prend rang dans le conseil après le directeur général des services civils. — Le chef du bureau politique prend rang après l'inspecteur général des services financiers.

DI. — 7 juill. 1864. — (V. supra, Admin. gén.) — Art. 6. — Le conseil consultatif prend le nom de conseil de gouvernement.

Conseils de préfecture.

OR. — 1er sept. 1847, art. 4 (V. Admin. gén., § 1, I, 24). — Création de conseils de direction ayant la compétence des conseils de préfecture de France.

APE. — 9 déc. 1848, art. 15 (V. Ibidem, I, 26). — Création de conseils de préfecture avec les mêmes attributions qu'en France.

APE. — 16 déc. 1848, art. 22 et s. (V. ibidem, I, 28). — Composition et attributions.

DP. — 30 août 1850 (V. Ibidem, I, 31).—Mode de remplacement des conseillers.

DI. — 8 juill. 1854 et décr. du 25 nov. 1855 (V. Ibidem, I, 31). — Auditeurs au conseil d'État attachés aux conseils de préfecture.

DI. — 30 déc. 1856, art. 5 (V. Ibidem, I, 52). — Attributions des conseils.

DI. — 27 oct. 1858, art. 4-11 (V. Ibidem, I, 40). — Composition et attributions des conseils.

DI. — 18-31 déc. 1862. — BG. 70. — Division des conseillers en trois classes. — Traitements.

Art. 1. — Les conseillers de préfecture de l'Algérie sont divisés en trois classes, dont les traitements sont fixés ainsi qu'il suit : — 1re classe,

5,000 fr. — 2°, 4,500. — 5°, 4,000. — Le nombre des conseillers de première classe ne pourra excéder le tiers des membres en exercice. — La promotion à une classe supérieure ne peut être obtenue qu'après cinq ans au moins d'exercice dans la classe immédiatement inférieure. — Les promotions peuvent avoir lieu sur place, par décisions du gouverneur général, dans la limite des crédits ouverts au budget législatif.

Art. 2. — Toutes les dispositions antérieures contraires sont rapportées.

AG. — 9 fév.-15 avr. 1865. — BG. 77. — Cadre normal et classification des conseillers.
Vu le décr. du 18 déc. 1862 (suprà).

Art. 1. — Le cadre normal des conseillers de préfecture en Algérie est fixé ainsi qu'il suit : — 3 de 1re cl., à 5,000 fr. — 5 de 2e cl., à 4,500 fr. — 4 de 5e cl., à 4,000 fr.

Art. 2. — Les conseillers qui, antérieurement au 18 décembre, jouissaient d'un traitement inférieur à 4,000 fr., recevront ce traitement et seront titularisés de 5e cl. à dater du 1er janv. 1865. — Seront également titularisés de 5e cl. les conseillers jouissant d'un traitement de 4,000 fr. et qui n'auraient pas accompli au 1er janv. 1865 les cinq années d'exercice exigées par le § 3 de l'art. 1er du décret précité. — Les conseillers de préfecture jouissant d'un traitement de 4,500 fr. et ayant accompli cinq années d'exercice en jouissance de ce traitement, seront promus à la 1re cl.,

ce qui n'aura lieu toutefois qu'en se renfermant dans la limite réglementaire et par rang d'ancienneté. — Ceux qui n'auront pas accompli cinq années de grade ou qui, en raison du maximum fixé par le décret, ne pourraient être promus, seront titularisés de 2e cl.

M. PÉLISSIER, DUC DE MALAKOFF.

DI. — 16 avr.-22 nov. 1865. — BG. 97. — Promulgation du décret du 50 déc. 1862, sur la publicité des audiences des conseils de préfecture.

Vu notre décr. du 50 déc. 1862; — Notre décr. du 27 oct. 1858, sur l'organisation administrative de l'Algérie (Admin. gén., I, 57).

Art. 1. — Notre décr. susvisé du 50 déc. 1862 portant qu'à l'avenir les audiences des conseils de préfecture statuant sur les affaires contentieuses seront publiques, est rendu exécutoire en Algérie et y sera promulgué à cet effet. — Toutefois, l'art. 4 dudit décret sera, pour l'Algérie, remplacé par la disposition suivante : — En cas d'insuffisance du nombre des membres nécessaires pour délibérer, il y sera pourvu conformément au § 2 de l'art. 9 de notre décr. du 27 oct. 1858.

Décr. du 50 déc. 1862 (1).

Vu la loi du 28 pluviôse an VIII; — L'arr. du 19 fructidor an IX; — Le décr. du 16 juin 1809,

---

(1) Rapport à l'empereur. — Sire, l'empereur Napoléon 1er disait, dans une discussion au conseil d'Etat : « Il y a un grand vice dans le jugement des affaires contentieuses, c'est qu'elles sont jugées sans entendre les parties. » — L'ord. du 2 fév. 1851 a modifié la procédure suivie devant le conseil d'Etat, mais elle n'a pas été rendue applicable aux conseils de préfecture.

Ces conseils statuent chaque année sur plus de 200,000 affaires qui concernent notamment les travaux publics, la grande voirie, les chemins vicinaux, les contributions, les élections, les cours d'eau, les mines, les établissements insalubres et la comptabilité communale. Sur ces matières, ils forment le premier degré de la juridiction administrative; mais les justiciables regrettent de ne pas trouver auprès d'eux toutes les garanties que leur assurent au conseil d'Etat, depuis 50 ans, la création d'un commissaire du gouvernement, la présence des parties et la publicité des audiences.

Le moment me paraît venu, sire, de mettre un terme à cette situation exceptionnelle, qui n'est en rapport ni avec les principes qui président à notre organisation judiciaire, ni avec les idées et les exigences de notre temps. — J'apprécie l'importance des services rendus par les conseils de préfecture, la haute impartialité de leurs jugements, le savoir et le zèle des magistrats qui s'honorent d'y prolonger leur carrière; mais il est impossible de méconnaître l'avantage des débats publics et contradictoires. La justice aime à s'appuyer sur l'opinion, et son autorité gagne à se trouver en contact direct avec les citoyens dont elle règle les intérêts et termine les différends.

J'ai l'honneur de soumettre à V. M. les propositions suivantes.

A l'avenir, les séances des conseils de préfecture, statuant sur les affaires contentieuses, seraient publiques; les parties seraient admises à y présenter leurs observations, en personne ou par mandataires. Cette innovation, consacrée déjà par la pratique dans trois départements, promet d'atteindre le but essentiel en pareille matière, c'est-à-dire de rendre, à peu de frais, bonne et prompte justice.

La publicité des audiences serait une mesure défectueuse si, en donnant satisfaction aux parties, elle laissait l'administration désarmée contre elle. Il importe que, dans chaque affaire, une voix autorisée puisse s'élever dans l'intérêt de la loi et revendiquer les droits de l'Etat; il est donc nécessaire de créer auprès des conseils de préfecture un ministère public. Le commissaire du gouvernement prendrait des conclusions dans toute question contentieuse, et veillerait à l'exacte observation des lois et des règles de la jurisprudence. Son intervention contribuerait, sans aucun doute, à réduire le nombre des infirmations, et, par suite, il est permis de l'espérer, celui des recours devant la juridiction supérieure.

Cette création n'entraînerait aucune charge nouvelle pour le budget. Les fonctions de commissaire du gouvernement seraient confiées au secrétaire général de chaque préfecture. C'est le moyen le plus simple de constituer, sans accroissement de dépense, un ministère public assez haut placé pour inspirer confiance aux justiciables et assez expérimenté pour faire prévaloir un corps de doctrines.

L'application de cette mesure dans les départements qui ne comptent que trois conseillers n'aurait pas l'inconvénient d'en réduire le nombre au-dessous du chiffre nécessaire pour délibérer, puisque le préfet, aux termes de l'arrêté du 19 fruct. an 9, fait partie du conseil, et qu'à son défaut un suppléant prendrait sa place. J'attache, d'ailleurs, une véritable importance à la présence des préfets dans le sein des conseils de préfecture : ils en ont la présidence, et c'est pour eux un impérieux devoir de remplir toutes les obligations qu'elle leur impose. On n'a donc pas à craindre que le nombre des juges soit insuffisant; réduit à trois dans quelques conseils, il sera encore égal à celui des magistrats de l'ordre judiciaire dans la plupart des circonscriptions, et ni l'importance, ni la multiplicité des affaires n'exigent qu'on l'augmente au delà des limites fixées pour les tribunaux ordinaires.

Enfin, pour compléter cette organisation, un greffe serait établi près de chaque conseil de préfecture; tous les dossiers y seraient déposés, les communications nécessaires y seraient faites aux intéressés, et un registre spécial permettrait de suivre le mouvement des affaires. Le greffier serait désigné par le préfet, et choisi parmi les employés de la préfecture.

Quant aux formes relatives à l'introduction des instances, à l'instruction et à la direction des affaires, elles ont été établies, soit par des actes législatifs, soit par la jurisprudence du conseil d'Etat. Elles réunissent toutes les conditions d'une procédure à la fois simple, sommaire et peu dispendieuse. Je ne voudrais pas des inconvénients à changer un ensemble de règles éprouvées par un long usage et qui répond partout aux besoins et aux vœux des justiciables.

Telles sont, Sire, les principales dispositions du décret soumis à V. M. Si elle daigne les agréer, la juridiction

Art. 1. — A l'avenir, les audiences des conseils de préfecture, statuant sur les affaires contentieuses, seront publiques.

Art. 2. — Après le rapport qui sera fait sur chaque affaire par une commission, les parties pourront présenter leurs observations, soit en personne, soit par mandataire. — La décision motivée sera prononcée en audience, après délibéré hors la présence des parties.

Art. 3. — Le secrétaire général de la préfecture remplira les fonctions de commissaire du gouvernement. Il donnera ses conclusions dans les affaires contentieuses. — Les auditeurs au conseil d'Etat attachés à une préfecture pourront y être chargés des fonctions du ministère public.

Art. 4. — En cas d'insuffisance du nombre des membres nécessaires pour délibérer, il y sera pourvu conformément à l'arr. du 19 fructidor an IX et au décr. du 16 juin 1808 (modifié par le décret de promulgation ci-dessus).

Art. 5. — Il y aura auprès de chaque conseil un secrétaire-greffier, nommé par le préfet et choisi parmi les employés de la préfecture.

Art. 6. — Les comptes des receveurs des communes et des établissements de bienfaisance ne seront pas jugés en séance publique.

AG. — 19-22 nov. 1863. — BG. 97. — *Règlement pour la procédure devant les conseils de préfecture de l'Algérie.*

Vu le décr. du 27 oct. 1858, sur l'organisation administrative de l'Algérie, et celui du 10 déc. 1860, sur le gouvernement général et la haute administration de l'Algérie (*Admin. gén.*, I, 57 et supra); — Vu les décr. des 30 déc. 1862 et 16 avr. 1863, sur la publicité des audiences des conseils de préfecture statuant au contentieux (ci-dessus).

Tit. 1. — *Des instances.*

Art. 1. — Les instances devant les conseils de préfecture seront introduites et suivies dans les formes déterminées par les lois et règlements sur chaque matière. — Pour les matières qui n'auront pas été l'objet de dispositions spéciales, la procédure sera réglée par les dispositions suivantes :

§ 1. — *De la requête.*

Art. 2. — Quiconque voudra introduire une instance devant le conseil de préfecture, le fera par une requête adressée au préfet par lettre affranchie ou déposée au greffe du conseil. — La requête devra être formulée sur papier timbré, sauf les cas où le timbre n'est pas obligatoire. (V. *Pétitions, Mémoires,* infrà).

Art. 3. — La requête contiendra : — 1° Les nom, prénoms, profession et demeure du requérant ; — 2° L'élection, autant que possible, d'un domicile au chef-lieu du département, lorsque le requérant n'y aura pas son domicile réel ; — 3° L'exposé des faits et des moyens ; — 4° Les conclusions.

Art. 4. — A la requête seront jointes les pièces à l'appui accompagnées d'un bordereau. — Si la requête est présentée au nom d'une commune ou d'un établissement public, la délibération qui autorise l'instance devra être au nombre des pièces jointes. — Si des tiers doivent être appelés à défendre dans l'instance, des doubles de la requête sur papier libre, en nombre suffisant, devront être joints à l'original.

Art. 5. — Lorsqu'une requête ne satisfera pas aux conditions ci-dessus déterminées, la partie sera officieusement invitée à la rectifier ou compléter, si elle le juge convenable. — La requête n'en prendra pas moins date du jour de son arrivée à la préfecture ou du dépôt au greffe, et il sera passé outre, avec ou sans rectification.

Art. 6. — Dans les affaires engagées entre l'Etat ou le département et des tiers, si l'instance est poursuivie par l'administration, la demande ne pourra être introduite qu'en vertu d'un arrêté ou d'une décision de renvoi du préfet, qui sera déposé au greffe avec les rapports ou mémoires et les conclusions des chefs de service compétents, accompagnés des pièces à l'appui, s'il y a lieu.

Art. 7. — Si l'instance est introduite par des tiers, le dépôt qui sera fait au greffe, soit de leur requête, soit de toute autre production, vaudra notification au préfet. — Les défenses de l'administration seront produites dans la même forme que ses demandes.

§ 2. — *Constitution de mandataire.*

Art. 8. — Lorsque la partie voudra user de la faculté, qui lui est donnée par l'art. 2 du décr. du 30 déc. 1862, de se faire représenter par un mandataire, celui-ci devra être constitué par procuration notariée, ou par procuration sous seing privé, dûment légalisée et enregistrée, qui accompagnera la requête, ou devra être déposée au greffe avant l'audience, pour être jointe au dossier. — Les avocats et défenseurs sont dispensés de toute justification de mandat écrit ; ils seront considérés comme régulièrement constitués par leur signature apposée au bas de la requête ou par la simple déclaration de la partie présente à l'audience. — Le choix par la partie d'un officier ministériel pour son mandataire *ad litem*, emporte de plein droit élection de domicile en son étude.

§ 3. — *Du greffe.*

Art. 9. — Toute requête introductive d'instance sera enregistrée au greffe du conseil de préfecture, sur un registre tenu à cet effet par le secrétaire-greffier. — Ce registre, paraphé par *première* et *dernière* par le préfet président du conseil, sera divisé en colonnes et contiendra les mentions suivantes :

1° Numéro d'ordre de l'affaire ;

2° Date de la réception du dossier au greffe, avec mention de la date de réception à la préfecture, lorsque la requête n'aura pas été directement déposée au greffe ;

3° Noms des parties intéressées et de leurs mandataires, s'il y a lieu ;

4° Sommaire de l'affaire ;

5° Nom du conseiller rapporteur ;

6° Date de la remise du dossier au rapporteur ;

7° Actes successifs de l'instruction, avec leurs dates ;

8° Date de la communication du dossier au commissaire du gouvernement ;

9° Date et analyse sommaire de la décision ;

10° Date de la délivrance des ampliations et de leur remise, soit au secrétariat général de la préfecture, soit aux parties ;

11° Colonne en blanc, devant servir à prendre note des oppositions, des pourvois et des décisions confirmatives du conseil d'Etat.

Il pourra être ouvert des registres analogues et spéciaux :

1° Pour les réclamations en matière de contributions,

---

des conseils de préfecture n'aura plus rien à envier à celle du conseil d'Etat ; les affaires contentieuses seront entourées, en première instance comme en appel, des formes protectrices de la même procédure. Sans doute, la publicité provoque le contrôle, mais l'administration française ne redoute pas cette épreuve, et je vais au-devant de ses désirs en proposant à V. M. de décréter la publicité des audiences et le droit pour les parties d'être entendues avant d'être jugées.

Le ministre de l'intérieur,
DE PERSIGNY.

de prestations pour chemins vicinaux et autres taxes ou redevances assimilées aux contributions publiques

2° Pour les contraventions en matière de grande voirie et de police de roulage.

Art. 10. — Le secrétaire-greffier donnera récépissé de toute requête et des pièces y jointes, après avoir vérifié l'exactitude du bordereau do ces pièces. — Le récépissé mentionnera la date de la réception à la préfecture, dans le cas spécifié au n° 2 de l'article précédent. — Lorsque la requête aura été reçue par la voie de la poste, le récépissé sera adressé par la même voie à la partie, à son domicile réel ou à son domicile élu.

Tit. 2. — De l'instruction.

§ 1. — Actes préparatoires.

Art. 11. — Dans les trois jours de la réception à la préfecture ou du dépôt au greffe, le préfet, président du conseil, sur le vu de la requête introductive d'instance, rend une ordonnance de *soit communiqué*, qui est notifiée aux parties adverses au pied des doubles joints à l'original de la requête. — L'ordonnance fixe le délai dans lequel devra être déposée la requête en défense. Ce délai courra du jour de la notification de l'ordonnance à personne ou à domicile. — La requête en défense sera produite en la même forme et accompagnée des mêmes justifications que la requête introductive d'instance.

Art. 12. — Le secrétaire-greffier présente au préfet, deux fois par semaine, et plus souvent, s'il est nécessaire, l'état des affaires enregistrées au greffe. — Sur le vu de cet état, le préfet désigne les rapporteurs. — Les dossiers sont immédiatement remis à chaque rapporteur désigné.

Art. 13. — L'instruction a lieu par écrit, sous la direction du conseiller rapporteur. — Celui-ci, par délégation du préfet, prescrit les avertissements, demandes, significations ou réclamations de pièces à faire aux parties et fixe les délais d'accomplissement de ces actes préparatoires. — Les prorogations de délais ne pourront être accordées que par le préfet, sur l'avis du conseiller rapporteur.

Art. 14. — Il est donné communication aux parties de toutes les pièces produites contre elles, et dont on veut faire usage dans l'instance. — Les communications de droit pendant le cours de l'instruction, ou celles autorisées par le préfet ou par le rapporteur délégué, sont faites au greffe sans déplacement.

§ 2. — Forme des notifications.

Art. 15. — Les notifications ou significations entre particuliers ou personnes morales, ont lieu par ministère d'huissier, en la forme ordinaire (jurisprudence du conseil d'Etat). — Les notifications ou significations faites à la requête de l'administration, soit à des particuliers, soit à des personnes morales, ont lieu dans la forme administrative. — Au pied de l'acte notifié, mention est faite et signée par le fonctionnaire ou agent notificateur, du jour de la notification et de la personne qui l'a reçue. — Cette notification est en outre constatée par un procès-verbal, que la partie ou son représentant est invitée à signer. Le procès-verbal est renvoyé dans les vingt-quatre heures par la voie hiérarchique.

Art. 16. — Hors le cas déterminé par le § 1er de l'article précédent, le ministère d'huissier n'est pas nécessaire : lorsque les parties y auront eu recours pour saisir le conseil de préfecture de requêtes en demande ou en défense, de productions ou de conclusions complémentaires, elles en supporteront les frais, qui ne seront pas compris dans les dépens à liquider.

§ 3. — Décisions préparatoires ou interlocutoires.

Art. 17. — En tout état de cause et avant le jugement, le conseil de préfecture, pour éclairer sa religion, peut ordonner, soit d'office, soit à la demande du rapporteur, du commissaire du gouvernement ou des parties, toutes mesures d'instruction préalables ou complémentaires, telles que : apports de pièces, levées de plans, vérification de lieux, enquête, expertise, etc.

Art. 18. — Toute décision préparatoire ou interlocutoire ordonnant la comparution des parties devant le conseil ou devant le rapporteur ou une visite de lieux, soit par le conseil entier, soit par l'un de ses membres à ce commis, indiquera le jour et l'heure, ainsi que l'objet de la comparution ou de la visite des lieux. — Celle qui ordonnera une enquête, une expertise ou une production de pièces fixera le délai dans lequel cette enquête, cette expertise ou cette production de pièces devra être opérée. Elle nommera le commissaire enquêteur ou les experts et indiquera les points sur lesquels portera l'enquête ou l'expertise.

Art. 19. — Il ne sera pas admis plus d'une requête en demande ou en défense. Toutefois, le conseil de préfecture, s'il le juge nécessaire et à la demande du rapporteur, pourra inviter les parties à présenter des explications écrites ou des conclusions complémentaires sur certains points du débat.

§ 4. — Du rapport.

Art. 20. — Le rapport sera rédigé par écrit et signé par le conseiller-rapporteur. — Néanmoins, à raison de la nature sommaire de l'affaire ou par des motifs d'urgence, le préfet pourra autoriser le rapporteur à ne faire qu'un rapport oral à l'audience. — Dans tous les cas, le rapporteur devra libeller par écrit : 1° les questions à résoudre ; — 2° son avis en forme de décision motivée.

Art. 21. — Le rapport, s'il est écrit, les questions à résoudre et le projet de décision motivée, seront déposés au greffe par le conseiller rapporteur. — Il sera fait immédiatement, au greffe, une copie des questions à résoudre, et le dossier de l'affaire, y compris le rapport, sera communiqué sans délai au commissaire du gouvernement. — Les parties ou leurs mandataires pourront prendre communication sans déplacement des questions à résoudre. Elles ne sont jamais admises à prendre connaissance du projet de décision.

§ 5. — De la formation du rôle.

Art. 22. — Sur le vu des affaires en état et sur la proposition du commissaire du gouvernement, le préfet, président du conseil, règle, chaque semaine, le rôle d'audience pour la semaine suivante ou pour les semaines ultérieures, en tenant compte du rang d'ancienneté. — Toutefois, les affaires ayant un caractère d'urgence ou qui sont soumises à des délais, prennent toujours la tête du rôle de chaque audience.

Art. 23. — Le rôle sera placardé tant dans l'intérieur du greffe qu'à la porte d'entrée de la salle d'audience, huit jours au moins avant la séance. — Un avis officieux sera, en outre, adressé par le secrétaire-greffier et par la poste, aux parties ou à leurs mandataires, pour les informer de l'audience à laquelle leurs causes seront appelées.

Tit. 3. — Des audiences, des débats et du jugement.

§ 1. — Des audiences.

Art. 24. — Les conseils de préfecture tiendront une audience publique par semaine. — Le jour et l'heure de cette audience seront fixés par un arrêté du préfet. — Lorsque le jour fixé sera férié, l'audience sera, de droit, renvoyée au lendemain. — Sauf les

cas urgents, les audiences publiques seront suspendues pendant les sessions des conseils généraux.
— Le préfet pourra indiquer des audiences extraordinaires lorsque la nature, le nombre ou l'urgence des affaires l'exigeront. — Le conseil aura
la même faculté, lorsqu'une affaire dont les débats
sont commencés comportera plusieurs séances.

Art. 25. — Les membres du conseil de préfecture assistent aux audiences publiques en costume.
Il en est de même des avocats et défenseurs,
appelés comme conseils ou mandataires des parties.

Art. 26. — Sont applicables aux audiences publiques des conseils de préfecture, les art. 88 et
suiv., c. pr. civ., relatifs à la police des audiences
des tribunaux. — Un huissier de la préfecture sera
chargé, sous l'autorité du président, d'assurer
l'ordre et la police de l'audience.

§ 2. — Débats.

Art. 27. — Les affaires seront appelées par le
secrétaire greffier dans l'ordre du rôle. — Après la
lecture du rapport et l'exposé oral du conseiller
rapporteur, les parties ou leurs mandataires sont
admis à présenter de vive voix des observations à
l'appui de leurs conclusions écrites. — Le commissaire du gouvernement est ensuite entendu et
donne ses conclusions.

Art. 28. — L'instruction écrite formant la base
de la procédure administrative, toutes les fois que
les parties ou leurs mandataires auront, dans leurs
observations orales, modifié les conclusions des
mémoires produits, elles seront tenues de libeller
ces modifications dans de nouvelles conclusions
écrites et signées. — Le conseil décidera s'il sera
passé outre à la continuation de l'affaire, ou si
elle sera renvoyée pour un complément d'instruction.

Art. 29. — Le demandeur n'est pas tenu de se
présenter à l'audience en personne ou par mandataire. S'il ne répond pas à l'appel de la cause,
le mémoire contenant ses moyens et conclusions
sera lu en entier par le rapporteur. — Il en est
de même à l'égard du défendeur qui, mis en demeure contradictoirement à l'art. 10, aura produit en
temps opportun sa défense écrite. Mais s'il n'a
pas fait cette production, il sera considéré comme
faisant défaut alors même qu'il se présenterait à
l'audience en personne ou par mandataire, et le
conseil prononcera sur les pièces du dossier. —
Toutefois, le conseil pourra, si les causes qui ont
empêché la partie de produire sa défense écrite
sont trouvées légitimes, lui accorder le renvoi de
la cause pour effectuer cette production.

§ 3. — Du jugement.

Art. 30. — Les débats étant terminés, l'affaire
est mise en délibéré, hors de la présence des parties. — La décision est prise à la majorité des voix;
en cas de partage, la voix du président est prépondérante. — La décision est prononcée après le
délibéré à la même audience ou au commencement
de l'audience suivante.

Art. 31. — Chaque décision contiendra : — Les
noms, prénoms, professions et demeures des parties; — Les noms de leurs mandataires; — Le
résumé de leurs conclusions et le visa des pièces
principales; — Le visa de la loi ou du règlement
dont il sera fait application. — Si l'arrêté prononce
une condamnation pénale, il reproduira dans le
visa, le texte de la loi qui sert de base à la condamnation; — Les noms du conseiller rapporteur,
du commissaire du gouvernement et des membres
du conseil qui auront siégé; — Les motifs et le
dispositif de l'arrêté. — Enfin, la liquidation des
dépens, quand elle pourra être faite immédiatement.

Art. 32. — L'état des frais dont la liquidation
n'aura pas été comprise dans la décision définitive,
sera délivré par le secrétaire greffier, taxé par
le conseiller rapporteur et rendu exécutoire par
le préfet, président du conseil. — Tous frais susceptibles d'être admis en taxe, le seront d'après
le tarif en vigueur pour les tribunaux civils.

Art. 33. — Les décisions des conseils de préfecture sont rendues au nom de l'Empereur. Les expéditions ou ampliations porteront en tête le même
intitulé que les lois et décrets, et seront terminées
par la forme exécutoire du mandement aux officiers de justice. — Ces ampliations ou expéditions
seront délivrées sur papier timbré, lorsqu'il y aura
lieu de les notifier par ministère d'huissier ou d'en
procurer l'exécution par voie de contrainte. —
Elles seront signées par le secrétaire-greffier et
certifiées par le secrétaire général de la préfecture
ou par un conseiller de préfecture délégué à cet
effet.

Art. 34. — Le secrétaire greffier transmettra
ampliation des décisions rendues, dans le plus bref
délai, au secrétariat général de la préfecture. —
Ce délai ne pourra excéder trois jours, s'il s'agit
d'une décision préparatoire ou interlocutoire, ni
huit jours s'il s'agit d'un jugement définitif.

Art. 35. — Les parties ou leurs mandataires
peuvent prendre connaissance au greffe des décisions rendues. — Elles ont un délai de trois jours
pour faire acte d'acquiescement. Cet acte sera immédiatement dressé par le secrétaire-greffier, et
dispensera de toute notification.

Art. 36. — La notification sera faite conformément aux prescriptions de l'art. 15 du présent arrêté. — Elle ne pourra être faite qu'à l'expiration
des trois jours accordés pour l'acquiescement, à
moins d'urgence constatée dans la décision.

Tit. 4. — Du recours contre les jugements.

§ 1. — De l'opposition.

Art. 37. — La partie contre laquelle le défaut
a été prononcé peut relever le défaut, nonobstant
toute signification et jusqu'à exécution. (Jurisprudence du conseil d'État.) — L'affaire qui revient
par suite d'opposition suit la même marche que la
demande introductive d'instance, et vient à son
nouveau rang. — L'arrêté qui statuera sur opposition sera définitif.

Art. 38. — L'opposition d'une partie défaillante
à une décision rendue contradictoirement avec une
autre partie ayant le même intérêt, ne sera pas
recevable. (Décr. du 22 juill. 1806, art. 31.)

§ 2. — De la tierce opposition.

Art. 39. — Les conseils de préfecture doivent
admettre la tierce opposition à leurs arrêtés définitifs, pour les cas déterminés par l'art. 474 c.
pr. civ., et tant que la décision ne sera pas passée en force de chose jugée. (Jurisprudence du
conseil d'État.) — La tierce opposition sera introduite d'après les formes établies au tit. 1 du présent arrêté.

§ 3. — Du pourvoi.

Art. 40. — L'appel est ouvert contre les arrêtés
définitifs des conseils de préfecture par voie de
requête au conseil d'État, à moins qu'il n'en soit
autrement ordonné.

Art. 41. — L'appel devra être interjeté dans
les délais déterminés par l'art. 443 c. pr. civ. et
dans les formes prescrites par le décr. du 22 juill.
1806.

Art. 42. — Le pourvoi n'est pas suspensif, à
moins qu'il n'en soit autrement ordonné. (Décr.
du 22 juill. 1806.)

TIT. 5. — *Procédures diverses.*

§ 1. — *Des réclamations en matière de contributions et taxes.*

Art. 43. — Pour les réclamations en matière d'impôts ou de taxes assimilées aux contributions publiques, l'instruction, le jugement et la notification des décisions ont lieu conformément aux dispositions de l'arrêté ministériel du 10 mai 1849, publiées à la suite du présent. — Toutefois, dès que les demandes sont régulières, les dossiers sont déposés au greffe pour l'instruction, sous la direction du conseiller-rapporteur.

Art. 44. — Il est dressé un rôle spécial pour le jugement des réclamations de l'espèce. Des audiences spéciales leur sont consacrées autant que possible. — Toutes les fois qu'il y a contradiction de la part de l'administration des contributions, les parties demanderesses sont, comme en matière ordinaire, avisées huit jours à l'avance de l'audience fixée pour le jugement.

§ 2. — *Des contraventions en matière de grande voirie.*

Art. 45. — En matière de contraventions, le conseil de préfecture est valablement saisi par le dépôt au greffe des procès-verbaux accompagnés d'une décision de renvoi signée du préfet, avec ou sans autre production, suivant les cas.

Art. 46. — Si le procès-verbal n'a pas été notifié au contrevenant, le préfet en ordonne sans délai la notification. — Dans tous les cas, le contrevenant sera invité à fournir, s'il le juge à propos, une requête en défense dans un délai de huitaine. — Le préfet désignera en même temps le rapporteur. — Le prévenu pourra constituer un mandataire dans la forme indiquée en l'art. 5.

Art. 47. — Lorsqu'il n'y aura pas eu production de requête en défense, dans le délai assigné, il n'y aura pas lieu à prononcer défaut contre le prévenu, s'il se présente à l'audience.

Art. 48. — Le contrevenant sera informé par l'avis officieux mentionné à l'art. 22, de l'audience à laquelle devra être appelée son affaire, et il sera admis à présenter oralement sa défense. — S'il ne comparaît pas, ou si aucun mandataire ne se présente pour lui, le contrevenant est jugé par défaut, sauf son droit d'opposition.

Mʳ PÉLISSIER, DUC DE MALAKOFF.

Instruction du ministre des finances du 10 mai 1849.

Droit de réclamation.

Art. 1. — Tout contribuable qui se croit mal imposé a le droit de former une demande en décharge ou réduction de sa contribution. (Lois des 2 mess. an VII, art. 4; 5 niv. an VII, art. 50; 21 avr. 1832, art. 23; 25 avr. 1844, art. 22.)

Art. 5. — Les réclamations individuelles doivent être rédigées sur papier timbré, sauf le cas où elles ont pour objet une cote moindre de 50 fr. — On entend par cote, non le montant total de l'article au rôle, mais seulement le montant de la contribution sur laquelle porte la réclamation. (Lois des 13 brum. an VII, art. 12, et 21 avr. 1832, art. 23.)

Art. 10. — Les réclamations sont adressées au préfet lorsqu'elles ont pour objet des contributions imposées dans les communes de l'arrondissement du chef-lieu, et au sous-préfet lorsqu'elles concernent des contributions imposées dans les communes des autres arrondissements. (Arr. du 4 flor. an VIII.)

Délais dans lesquels les réclamations doivent être présentées.

Art. 11. — Les demandes en décharge ou réduction et en mutation de cote doivent être présentées dans les trois mois de la publication des rôles, soit primitifs, soit supplémentaires. (Lois des 2 mess. an VII, art. 5 et 7; 21 avr. 1832, art. 28; 4 août 1844, art. 8. Arr. du cons. d'État du 19 mars 1845.) — Lorsque, par suite de changement de résidence, un contribuable se trouve imposé par double emploi, le délai pour réclamer ne court que du jour où le contribuable a eu officiellement connaissance de sa double cotisation.

Art. 12. — Les demandes en transfert de patentes doivent être présentées dans les trois mois qui suivent la cession de l'établissement. (Loi du 25 avr. 1844, art. 22 et 23.)

Art. 13. — Les demandes en réduction de patente, par suite de décès ou de faillite, doivent être présentées dans les trois mois à partir du décès ou de la date du jugement déclarant l'ouverture de la faillite. (Circ. du 26 juill. 1845, n° 91. Arr. du cons. d'État du 6 déc. 1848.)

Art. 14. — Les demandes en dégrèvement, pour cause de destruction ou démolition totale ou partielle des bâtiments, doivent être présentées dans les trois mois qui suivent l'achèvement de la démolition. (Lois des 21 avr. 1832, art. 28; 17 août 1835, art. 2; 4 août 1844, art. 8; 18 juill. 1845.)

Art. 18. — Le jour de la publication du rôle et celui de l'échéance ne sont pas compris dans les trois mois fixés par la loi pour la présentation des demandes en décharge ou réduction. (Arr. du cons. d'État du 29 juill. 1816. Circ. du 30 sept. 1816, n° 154.) — Il en est de même du premier et du dernier jour des délais accordés dans les autres cas de réclamation.

Formes des réclamations.

Art. 19. — Il doit être présenté une pétition particulière pour chacune des contributions sur lesquelles portent les réclamations. (Instr. du 30 sept. 1831.) — Les réclamations doivent être individuelles, sauf le cas de pertes où le maire réclame pour les habitants. (Arr. du 24 flor. an VIII, art. 26.) — Les demandes collectives ne peuvent être admises qu'autant que ceux qui les forment sont, pour indivis ou autres causes, collectivement inscrits dans un même article de rôle. (Arr. du 5 avr. 1801.)

Art. 20. — Nul n'est admis à réclamer pour autrui, s'il ne justifie qu'il a qualité pour le faire; ainsi, à moins de pouvoir spécial, les fermiers et les locataires ne sont pas recevables à se pourvoir pour les propriétaires, ni les propriétaires pour les colons, ni les pères pour leurs enfants majeurs et réciproquement. (Arr. du cons. d'État du 31 juill. 1833. Circ. des 31 janv. 1844, n° 23; 8 oct. 1844, n° 56.)

Art. 21. — Toute demande en décharge ou réduction doit être accompagnée : 1° de la quittance des termes échus; 2° de l'avertissement ou d'un extrait du rôle. (Loi du 2 mess. an VII, art. 17 et 18. Arr. du 24 flor. an VIII. Circ. du 22 déc. 1826. Loi du 21 avr. 1832, art. 28.)

Réception et enregistrement des réclamations.

Art. 23. — Les demandes de toute nature, revêtues des formalités prescrites, sont enregistrées dans les bureaux de la préfecture et des sous-préfectures, à la date de leur réception. (Arrêté min. du 25 oct. 1832, art. 1.) — Cette date est inscrite sur chaque demande avec le numéro de l'enregistrement; elle doit être très-exactement constatée, attendu qu'elle sert à établir le cas de déchéance et à fixer l'époque à partir de laquelle le réclamant pourrait différer le payement de l'impôt, en vertu des dispositions de l'art. 28 de la loi du 21 avr. 1832.

Art. 24. — Les demandes non rédigées sur papier timbré, lorsque le timbre est dû, ou qui ne

seraient pas accompagnées des pièces exigées, devront être renvoyées aux réclamants avant l'enregistrement pour être régularisées. (Loi du 2 mess.
an VIII, art. 19.)

Art. 25. — Les demandes reçues à la préfecture
sont transmises sans délai au directeur des contributions directes; celles reçues dans les sous-
préfectures sont immédiatement envoyées au préfet, qui les adresse également au directeur.

*Examen et enregistrement des réclamations par le
directeur.*

Art. 26. — Le directeur examine les réclamations à mesure qu'il les reçoit.

Art. 27. — Les demandes en décharge ou
réduction qui auraient été présentées après l'expiration du délai fixé sont, avant toute instruction
sur le fond, renvoyées au préfet avec un rapport
motivé du directeur sur les faits relatifs à la déchéance. Ces demandes sont ensuite soumises au
conseil de préfecture, à qui il appartient de décider si la déchéance a été ou non encourue. (Circ.
du 5 juin 1841.) — La disposition qui précède
s'applique aux états de cotes indûment imposées.
— Un conseil de préfecture ne peut relever de la
déchéance, mais il peut et doit vérifier et déclarer
si la déchéance a été ou n'a pas été encourue.
Les demandes en décharge ou réduction présentées même hors délais doivent donc lui être
soumises comme celles présentées dans les délais.
Il n'appartient pas au préfet d'opposer la déchéance au réclamant. (Arrêt du cons. d'État
des 7 fév. et 20 déc. 1848.)

Art. 29. — Dans le cas où les demandes irré-
gulières ou incomplètes ont été transmises à la
direction, le directeur les renvoie au préfet, afin
qu'il mette les parties en demeure de les régulariser. (Loi du 2 mess. an VII, art. 9.)

Instruction des réclamations.

Art. 38. — Le contrôleur prend l'avis des répartiteurs sur toutes les demandes en décharge et
en réduction relatives aux contributions foncière,
personnelle, mobilière et des portes et fenêtres;
sur les demandes en dégrèvement de contribution
foncière pour cause de vacances dans les villes de
20,000 âmes et au-dessus, où ces dégrèvements
donnent lieu à réimposition; sur les demandes en
exemption temporaire d'impôt; enfin, sur les états
de cotes indûment imposées et de cotes irrécou-
vrables. (Arrêté du 24 flor. an VIII, art. 4. Loi du
21 avr. 1832, art. 28.) — Il prend l'avis du maire
seul sur les demandes en décharge ou réduction
relatives à la contribution des patentes; il constate
avec ce magistrat les faits qui ont donné lieu à
des demandes individuelles en remise ou modération pour toutes les natures de contributions.
(Loi du 25 avr. 1844, art. 22. Arrêté du 24 flor.
an VIII, art. 25.) — Les demandes collectives pour
pertes sont vérifiées sous les commissaires, conformément à l'art. 25 de l'arrêté du 24 flor. an VIII,
et suivant la marche indiquée ci-après. (Art. 45
à 49.)

Art. 40. — L'avis des répartiteurs ou celui du
maire doit être donné dans un délai de dix jours.
(Loi du 2 mess. an VII, art. 20.) — Cet avis doit
être motivé. (Loi du 2 mess. an VII, art. 21.)

Art. 52. — Le directeur fait son rapport sur les
demandes en décharge ou réduction relatives aux
contributions foncière, personnelle, mobilière et
des portes et fenêtres, dès qu'il a reconnu la régularité de l'instruction. (Loi du 21 avr. 1832,
art. 29.) — Il communique au sous-préfet les dossiers des réclamations relatives à la contribution

des patentes et ceux des demandes en remise ou
modération pour toutes les contributions; il ne rédige ses rapports qu'après avoir reçu l'avis de ce
fonctionnaire. (Circ. du 26 juill. 1845, n° 91.)

Art. 53. — Le rapport du directeur doit contenir le résumé de toute l'instruction et la discussion
des faits; les conclusions doivent être basées sur
les lois, les règlements ou la jurisprudence applicables à l'espèce.

Art. 54. — Si le directeur conclut à l'admission pure et simple de la demande, il adresse
immédiatement son rapport à la préfecture. (Lois
des 26 mars 1831, art. 28, et 21 avr. 1832,
art. 29.)

Art. 55. — Si, au contraire, le directeur conclut
au rejet de la demande, ou s'il propose de ne l'admettre qu'en partie, il transmet le dossier à la
sous-préfecture, et invite le réclamant à en prendre
communication et à faire connaître, dans dix
jours, s'il veut fournir de nouvelles observations
ou recourir à la vérification par voie d'experts. La
lettre d'avis du directeur au réclamant énonce
explicitement les motifs des conclusions prises sur
la réclamation. (Loi du 21 avril 1832, art. 29.) —
Ces formalités ne concernent que les demandes
individuelles en décharge ou réduction; elles ne
s'appliquent pas aux demandes en remise ou modération, ni aux états des percepteurs.

Art. 56. — Le dépôt à la sous-préfecture et
l'avis de ce dépôt au réclamant doivent être renouvelés, lorsque, dans la suite de l'instruction,
il est produit contre la demande de nouveaux
moyens sur lesquels le pétitionnaire n'a pas été
mis en demeure de s'expliquer. (Circ. du 27 janv.
1844, n° 22.)

Art. 57. — Les avis du dépôt des dossiers sont
transmis au maire, pour être notifiés aux réclamants; le maire renvoie au directeur un bordereau nominatif constatant la notification. (Circ. du
4 mai 1844, n° 55.)

Art. 58. — Toute décision rendue contrairement à la demande, sans que la formalité du dépôt
ait été accomplie ou sans que le réclamant ait été
informé de ce dépôt en temps utile, peut être attaquée pour cause de nullité. (Circ. du 27 janv. 1844,
n° 22.)

Art. 59. — Le dossier reste déposé à la sous-
préfecture pendant 15 jours, à partir de la date
de l'envoi fait par le directeur. Ce délai expiré, le
dossier est renvoyé au directeur avec les observations du réclamant, s'il en a fait. (Instr. du 30 sept.
1831.)

Art. 60. — Si le réclamant n'a pas fourni d'observations, ce qui doit être attesté par le sous-
préfet, le directeur adresse aussitôt les pièces à la
préfecture. Dans le cas contraire, le directeur rédige un second rapport, après avoir, au besoin,
pris l'avis du contrôleur.

Expertise demandée par les réclamants.

Art. 61. — Si l'expertise est demandée, le directeur renvoie toutes les pièces au contrôleur,
pour qu'il soit procédé à cette opération. (Circ.
du 6 sept. 1845, n° 99.)

Art. 62. — L'expertise peut être réclamée pour
toutes les natures de contributions, et même pour
le droit fixe de patente.

Art. 63. — Dès que le contrôleur a reçu le
dossier de l'affaire pour laquelle l'expertise est
demandée, il s'assure que le réclamant a désigné
des experts, et il invite le sous-préfet à nommer
celui qui doit représenter l'administration.

Art. 65. — L'expertise a lieu aux jour et heure
indiqués. (Loi du 2 messidor an VII, art. 26, 55
et 107.) — Si le maire ou les répartiteurs, le réclamant ou son fondé de pouvoirs ne se présentent

pas, il est fait mention dans le procès-verbal de leur convocation et de leur absence, et il est passé outre.

Art. 67. — Dans aucun cas, les experts no peuvent se dispenser d'aller sur les lieux et de visiter les objets soumis à leur appréciation. (Arr. du cons. d'Etat du 18 oct. 1835.)

Art. 69. — Il ne peut être nommé de tiers expert. (Circ. du 5 juill. 1845, n° 90.)

Art. 70. — Le contrôleur joint son avis motivé au procès-verbal de l'expertise ; il n'est pas tenu de se ranger à l'avis des experts ou de l'un d'entre eux.

Art. 71. — Dès que le directeur a reçu le dossier et le procès-verbal de l'expertise, il fait son rapport et le transmet immédiatement à la préfecture. (Arr. du 24 floréal an VIII, art. 23.)

Art. 75. — Les demandes en décharge et réduction doivent, à moins de circonstances indépendantes du fait des agents des contributions directes, être instruites et jugées dans les trois mois de leur présentation.

Décision sur les réclamations.

Art. 74. — Le conseil de préfecture statue sur les demandes individuelles en décharge, réduction et mutation de cote, ainsi que sur les états de cotes indûment imposées. (Loi du 28 pluviôse an VIII, art. 4.)

Art. 76. — Lorsqu'une réclamation contient en même temps une demande en décharge ou réduction et une demande en remise ou modération, l'instruction est scindée, afin que le conseil de préfecture et le préfet puissent prononcer chacun selon sa compétence. (Arr. du cons. d'Etat, 18 oct. 1832.)

Art. 77. — Si le réclamant a demandé la vérification par voie d'experts, le conseil de préfecture ne peut valablement statuer qu'après qu'il a été procédé à l'expertise, à moins que, par le fait du réclamant, cette opération n'ait pu être effectuée. (Arrêts du cons. d'Etat du 5 janv. 1834, 18 mars 1842 et 18 mars 1843.)

Art. 78. — Le conseil de préfecture n'est pas lié par les avis donnés dans l'instruction, ni par les estimations de l'expertise ; il n'est pas non plus obligé de rejeter les réclamations par cela seul que les réclamants n'auraient pas jugé à propos de recourir à l'expertise ou de fournir de nouvelles observations ; il adopte la base de cotisation qui lui paraît la plus juste. Il doit, dans tous les cas, exprimer les motifs pour lesquels il s'est déterminé. (Arrêts du cons. d'Etat, 19 déc. 1831 et 12 avril 1844.)

Art. 79. — Si le conseil de préfecture ne se trouve pas suffisamment éclairé par l'instruction, il peut ordonner une contre-vérification, en indiquant les points à éclaircir. (Instr. du 24 prairial an VIII. Loi du 26 mars 1831, art. 29. Instr. du 50 sept. 1831.) — La contre-vérification est faite par l'inspecteur, ou, à son défaut, par un contrôleur autre que celui qui a procédé à la première instruction ; elle a lieu en présence du réclamant ou de son fondé de pouvoirs, et, suivant le cas, en présence du maire ou des répartiteurs. — L'agent chargé de la contre-vérification dresse un procès-verbal dans lequel il mentionne les observations du réclamant et celles du maire ou des répartiteurs. Le directeur fait un nouveau rapport.

Art. 80. — Le conseil de préfecture ne peut, à peine de nullité, faire procéder à une contre-vérification en dehors de l'action des agents des con-

tributions directes. (Arrêt du conseil d'Etat du 24 juin 1846. Circ. du 28 sept. 1846, n° 152.)

Art. 81. — Lorsque la réclamation a pour objet une propriété imposée sous un autre nom que celui du véritable propriétaire, le conseil de préfecture prononce sur la mutation de cote. (Arrêté du 24 floréal an VIII, art. 2.) — Dans les autres cas, le conseil de préfecture ne statue que sur le fait du dégrèvement : l'imputation appartient à l'autorité administrative. (Circ. du 17 mai 1836.)

Exécution des décisions.

Art. 84. — Aussitôt que le conseil de préfecture ou le préfet a statué, les dossiers, accompagnés des décisions rendues, sont envoyés au directeur, qui prépare les ordonnances de dégrèvement à soumettre à la signature du préfet. (Circ. du 15 sept. 1825.)

Art. 87. — Les frais d'expertise sont supportés par le réclamant, lorsque la demande a été rejetée ; ils sont acquittés entre les mains du percepteur, en vertu de l'ordonnance du préfet. (Arrêté du 24 floréal an VIII, art. 18 et 20. Instr. du 30 sept. 1831.)

Art. 88. — Lorsque la demande a été reconnue fondée en tout ou en partie, les frais d'expertise sont supportés par la commune, s'il s'agit des contributions foncière et personnelle-mobilière ; dans ce cas, ils sont réimposés comme charge locale. Ils sont imputés sur le fonds de non-valeurs, lorsqu'il s'agit des autres contributions. (Arrêté du 24 floréal an VIII, art. 18 et 19. Instr. du 30 sept. 1831.)

Avis des décisions aux parties intéressées.

Art. 89. — Le directeur rédige des lettres d'avis pour faire connaître aux réclamants les décisions rendues sur leurs réclamations, et, lorsqu'il y a lieu, l'envoi des ordonnances de dégrèvement aux percepteurs. (Circ. des 10 sept. 1825, 25 avr. 1829 et 18 sept. 1845.) — Des lettres semblables sont rédigées pour les contribuables qui, sans avoir réclamé directement, ont obtenu des dégrèvements sur la demande des maires ou sur celle des percepteurs. (Circ. du 18 sept. 1845). — Des avis sont également donnés aux percepteurs pour leur faire connaître : 1° les taxes ou portions de taxes portées sur leurs états qui n'auraient pas été admises en décharge ou passées en non-valeur ; 2° les taxes maintenues sur demandes individuelles en décharge ou réduction. (Circ. du 10 sept. 1825.)

Art. 90. — Les lettres d'avis adressées aux contribuables, dont les demandes en décharge ou réduction ont été rejetées en tout ou en partie, doivent énoncer explicitement les motifs de la décision, et indiquer le droit qu'ont ces contribuables de se pourvoir en conseil d'Etat. (Loi du 2 messidor an VII, art. 23. Circ. des 10 sept. 1825 et 16 déc. 1841.)

Pourvois.

Art. 95. — Le contribuable qui veut se pourvoir au conseil d'Etat doit exercer son recours dans les trois mois de la notification de la décision. (Décr. du 22 juill. 1806, art. 11. Arrêt du cons. d'Etat du 30 mars 1844.)

Art. 96. — La requête doit être formée sur papier timbré ; elle doit être accompagnée d'une expédition de la décision attaquée. (Loi du 19 avril 1832, art. 50.)

Art. 97. — Les recours contre les décisions du conseil de préfecture peuvent être transmis sans frais au président du conseil d'Etat par l'intermédiaire du préfet. (Loi du 21 avril 1832, art. 50.) — Le préfet y joint ses observations.

Art. 98. — Nul ne peut se pourvoir dans l'intérêt d'autrui s'il ne justifie qu'il a qualité pour le faire. (Arrêt du cons. d'État du 6 juin 1844. Circ. du 8 oct. 1844, n° 56.)

Art. 99. — Les maires ne peuvent se pourvoir dans l'intérêt de leur commune que lorsqu'ils y ont été autorisés par le conseil municipal. (Arrêt du 9 mai 1838.)

Art. 100. — Les percepteurs sont admis à se pourvoir contre les décisions des conseils de préfecture sur les états de côtés indûment imposées, et leurs requêtes sont introduites comme celles des contribuables. (Arrêt du 15 août 1839.)

INSTRUCTION
du ministre de l'intérieur aux préfets,
du 17 janvier 1863.

M. le préfet, le décret du 30 déc. dernier, qui étend aux conseils de préfecture la forme depuis longtemps consacrée, en matière contentieuse, devant la haute juridiction du conseil d'État, ne change rien aux règles suivies antérieurement quant à l'introduction des instances, à l'instruction et à la décision des affaires. — Assurer aux parties les avantages d'un débat public et contradictoire et suivre, autant qu'il est possible, le mode de procédure tracé par les règlements antérieurs du conseil d'État (ord. des 2 févr. 1831 et 30 janv. 1832), tel est le sens, le but et la portée des nouvelles dispositions que l'empereur vient d'approuver.

Le règlement intérieur du conseil d'État (30 janv. 1832) s'occupe d'abord de l'établissement d'un rôle pour chaque séance publique (art. 17). Un rôle analogue doit être tenu pour les audiences des conseils de préfecture. — C'est à vous qu'il appartient d'ordonner l'inscription sur ce rôle des affaires à soumettre au conseil, suivant le caractère d'urgence qu'elles vous paraîtraient présenter; c'est vous qui dirigerez les rapporteurs. — Les obligations de présence et de costume, mentionnées en l'art. 18, sont de droit commun. — Après le rapport fait par un conseiller, les parties peuvent présenter leurs observations, soit en personne, soit par mandataire. — Les art. 88 et suiv. du Code de procédure civile sont applicables à la tenue des séances des conseils de préfecture.

L'institution d'un ministère public est la conséquence nécessaire de la publicité donnée aux audiences. La mission de prendre des conclusions et de veiller à la stricte observation des lois et des règles de la jurisprudence est confiée au secrétaire général de la préfecture, qui en remplit les fonctions. Les auditeurs au conseil d'État, attachés aux préfectures, pourront, avec mon autorisation, être chargés du ministère public.

Pour maintenir la célérité dans l'expédition des affaires et ne pas altérer le caractère de la juridiction administrative, les conclusions du commissaire du gouvernement doivent être présentées, ainsi que les observations des parties, sous une forme sommaire. Quant à l'instruction des affaires, elle est essentiellement écrite devant les conseils de préfecture, comme devant le conseil d'État. — L'établissement d'un greffe ou secrétariat spécial auprès des conseils de préfecture était indispensable. — L'art. 5 du décr. y pourvoit en disposant qu'un secrétaire-greffier sera nommé par le préfet, et choisi parmi les employés de ses bureaux; c'est la généralisation d'une mesure qui existe déjà dans plusieurs départements. — Le greffier devra tenir un registre dans lequel seront inscrites toutes les affaires au moment où elles seront présentées au greffe. — Ce registre contiendra le numéro d'ordre, la date de la remise au greffe, le nom des parties, le sommaire de l'affaire, les avertissements, com-

munications, oppositions, et la date des décisions ou arrêtés. Il mentionnera la remise des dossiers au rapporteur et le récépissé des pièces communiquées ou remises aux parties. — Le greffier sera chargé, en outre, de tenir le registre des arrêtés du conseil de préfecture.

Je ne crois pas avoir besoin d'entrer dans plus de détails; je me borne à vous signaler, quant à présent, les points principaux sur lesquels votre attention devait être particulièrement appelée. — Vous aurez soin, dès la réception de cette circulaire, de préparer un arrêté prescrivant les mesures nécessaires pour l'exécution du décret. — Il importe que ce travail me parvienne dans le plus bref délai. — Je désire recevoir chaque année, avant le 1er février, un état conforme au tableau ci-joint, des affaires contentieuses portées devant le conseil de préfecture de votre département. — Ce tableau indiquera, par nature d'affaires, le nombre : — 1° De chacune d'elles; — 2° De celles qui auront été jugées par défaut; — 3° De celles qui auront été jugées, les parties entendues en personne ou par mandataire; — 4° De celles qui restent à juger.

AG. — 21-31 déc. 1863. — BG. 99. — *Exercice des fonctions de ministère public.*

Vu les décr. du 30 déc. 1862 et du 16 avr. 1863 (ci-dessus); — Considérant que les parties de l'Administration déléguées, dans l'intérêt du service, aux secrétaires généraux des préfectures de l'Algérie, exigent un temps et des soins qui ne permettent pas à ces fonctionnaires de se livrer avec toute l'assiduité qu'ils comportent aux travaux du ministère public à eux dévolus par le décret susvisé du 30 déc. 1862.

Art. 1. — Dans chaque département, un des membres du conseil de préfecture, par nous désigné à cet effet, remplira près dudit conseil les fonctions du ministère public, comme substitut du commissaire du gouvernement, pour toutes les affaires où le secrétaire général de la préfecture ne pourra occuper lui-même et présenter des conclusions.

Mal PÉLISSIER, DUC DE MALAKOFF.

DI. — 25 mars-4 avr. 1865. — BG. 140. — *Augmentation du nombre des conseillers.*

Vu l'art. 9 du décr. du 27 oct. 1858 (*Admin. gén.*, I, 57); — Les décr. du 16 avr. 1863 et 30 déc. 1862 (ci-dessus); — L'art. 26 de notre décr. du 7 juill. 1864 (*Admin. gén.*, suprà).

Art. 1. — Le nombre des membres des conseils de préfecture de l'Algérie est porté à cinq pour la province d'Alger, et à quatre pour chacune des provinces d'Oran et de Constantine. — Un des membres du conseil de préfecture, désigné à cet effet par le gouverneur général, sur la proposition du général commandant la province, remplira les fonctions de substitut du commissaire du gouvernement, dans les affaires contentieuses où le secrétaire général ne pourra occuper le siège du ministère public.

Art. 2. — Toutes les dispositions contraires au présent décret sont rapportées.

Conseil supérieur de gouvernement (1860).

DI. — 10 déc. 1860 (V. suprà, *Admin. gén.*), art. 12. — *Institution d'un conseil supérieur de gouvernement à l'examen duquel seront soumis le budget, l'assiette et la répartition des divers impôts.* — *Composition dudit conseil.*

DI. — 22 mai-12 juin 1861. — BG. 18. — *Formation et fonctionnement de ce conseil.*

Vu les art. 11, 12, 13 et 14 de notre décr. du 10 déc. 1860 (*suprà*).

Art. 1.— Les six membres des conseils généraux appelés à faire partie du conseil supérieur de gouvernement seront élus, chaque année, au nombre de deux pour chaque conseil, pendant la session ordinaire des conseils généraux. — L'élection aura lieu au scrutin de liste et à la majorité absolue des suffrages.

Art. 2. — La session du conseil supérieur de gouvernement se tiendra, chaque année, au mois d'octobre, après la session des conseils généraux. — Les membres seront convoqués par lettres closes du gouverneur général.

Art. 3.— La session ne pourra durer plus de dix jours.— Le secrétaire sera nommé par le gouverneur général ; il sera choisi parmi les membres du conseil.

Art. 4.— Le conseil ne pourra délibérer qu'autant qu'il réunira la majorité de ses membres, soit douze membres au moins. — Les délibérations seront prises à la majorité des membres présents.— Les votes auront lieu par assis et levé ; toutefois il sera recouru au scrutin secret, si ce mode est demandé par quatre membres au moins.

Art. 5. — Les procès-verbaux présenteront l'analyse des discussions, sans désigner nominativement les membres qui y ont pris part.

Art. 6.— Les procès-verbaux pourront être publiés après la session, en vertu d'un vote du conseil et avec l'approbation du gouverneur général. — Pendant la session, et sous les mêmes conditions, un résumé sommaire des délibérations pourra être communiqué à la presse locale.

DI.— 19 juin 1863 (V. suprà, *Conseils gén.*). — *Mode de nomination des deux délégués et adjonction de deux délégués suppléants.*

AG.— 11 juill. 1865 (V. suprà, *Conseils gén.*) — *Forme du vote pour la nomination des délégués avant la réunion des conseils généraux.*

DI.— 26 août 1865 (V. suprà, *Conseils gén*.— *Abrogation des dispositions qui précèdent.— Nomination des délégués avant la séparation des conseils généraux.*

DI.— 7 août 1864 (V. suprà, *Admin. gén.*).—*Art. 7, 8.— L'institution du conseil supérieur est maintenue.— Epoque des réunions.— Attributions.*

Conservateur des hypothèques.
V. Hypothèques, Finances.

Consignations. V. Dépôts.

Consistoires. V. Cultes, Préséances.

Constitution de l'État. V. Table Alphabétique.

Constructions. V. Voirie.

Consuls.

Circ. G.— 9-13 juill. 1861.— BG. 22.— *Conséquences de la reconnaissance du royaume d'Italie par le gouvernement français.— Consuls du roi d'Italie seuls accrédités.*

Renvois.— V. Table alphabétique.

Contrainte. V. Contributions diverses.

Contrainte par corps.

DI. — 30 oct. 1861-23 mai 1862. — BG. 52. — *Promulgation de la loi du 2 mai 1861.— Modification du taux des consignations d'aliments.*

Vu la loi du 2 mai 1861 portant modification de l'art. 29 de celle du 17 avr. 1832.— Vu l'ord. du 16 avr. 1843 (*Procédure jud.*, I, 568) dont l'art. 45 a rendu exécutoire en Algérie la loi précitée du 17 avr. 1832.— Considérant que les motifs qui ont fait adopter pour la métropole la loi du 2 mai 1861 rendent son application également nécessaire en Algérie.

Art. 1.— La loi du 2 mai 1861, sur la contrainte par corps, est rendue exécutoire en Algérie ; à cet effet, elle y sera promulguée et publiée à la suite du présent décret, qui sera inséré au *Bulletin des lois.*

Loi du 2 mai 1861.

Art. unique.— L'art. 29 de la loi du 17 avr. 1832, sur la contrainte par corps, est modifié ainsi qu'il suit :

Un mois après la promulgation de la présente loi, la somme destinée aux aliments des détenus pour dettes, sera de 45 fr. à Paris ; de 40 fr. dans les villes de 100,000 âmes et au-dessus ; et de 35 fr. dans les autres villes, pour chaque période de trente jours.

Renvois.— V. Table alphabétique.

Contrefaçon étrangère. V. Librairie.

Contributions diverses.

AG.— 19 nov. 1863 (V. suprà, *Conseils de préfecture*). — *Règlement sur la procédure des instances administratives.—Réclamations en matière de contributions et taxes.— Instruction du ministre des finances du 10 mai 1849.*

AG. — 12 nov.-6 déc. 1864. — BG. 127. — *Recouvrement des contributions diverses.— Modification à l'arr. du 20 sept. 1850.*

Art. 1.— Les art. 47 et 68 de l'arr. du 20 sept. 1850 (I, 245), sont modifiés ainsi qu'il suit :

Art. 47.— La saisie sera pratiquée nonobstant toute opposition, sauf à l'opposant à procéder ainsi qu'il appartiendra devant les juridictions compétentes, avec ou sans recours préalable devant l'autorité administrative contre le requérant.

Art. 68.— En cas de contestation sur la légalité de la vente, ou d'opposition sur les fonds en provenant, le receveur procède ainsi qu'il est prescrit à l'art. 49 de l'arr. du 20 sept. 1850.

Mal DE MAC-MAHON, DUC DE MAGENTA.

AG. — 20-21 mai 1865. — BG. 147. — *Remises allouées aux receveurs des contributions diverses faisant fonctions de trésoriers des établissements de bienfaisance.*

Vu le décr. du 20 janv. 1858, portant règlement pour le service des recettes municipales en Algérie (*receveurs mun.* I, 597) ;—L'arr. du 7 oct. 1858, portant fixation du tarif des remises allouées aux receveurs des contributions diverses, chargés des deniers des communes ou des établissements de bienfaisance (non publié) ;— Considérant que, par décis. min. du 19 mars 1858 (non publiée), le tarif pour les receveurs municipaux spéciaux, faisant fonctions de trésoriers des établissements de bienfaisance, a été fixé à 1 p. 100 sur les premiers 10,000 fr., tant de recettes que de dépenses, et à 50 cent. p. 100 sur les sommes au delà de 10,000 fr.;— Considérant qu'en principe, pour ménager les ressources des établissements de bienfaisance, la rétribution allouée à leurs comptables doit être de beaucoup inférieure à celle qui est accordée pour la gestion financière des communes.

Art. 1.— Le tarif des remises allouées aux receveurs des contributions diverses faisant fonctions de trésoriers des établissements de bienfaisance, est le même que celui fixé par la décision précitée du 19 mars 1858, pour les receveurs municipaux chargés de cette gestion.

Art. 2. Le présent arrêté sera mis en vigueur à partir du 1ᵉʳ janv. 1866.

Le général de division, sous-gouverneur,
DESVAUX.

Circ. G.— 25-30 sept. 1865.— BG. 154.— *Service des cotisations municipales.—Instructions aux préfets des départements.*

Dans le but de faciliter la libération des communes envers ceux de leurs créanciers qui auraient à suivre simultanément des recouvrements de même nature auprès de plusieurs caisses communales, l'administration de la métropole a créé un service de *cotisations municipales,* au moyen duquel les fonds destinés à l'acquittement de certaines dépenses sont centralisés à la caisse du receveur général et tenus à la disposition du préfet, chargé de délivrer les mandats de payement.— Ce service réglementé par diverses circulaires du ministre de l'intérieur, notamment par celles des 25 nov. 1856 et 17 janv. 1857, et par les art. 604 et suivants de l'instruction générale des finances du 20 juin 1859, me paraît devoir, moyennant quelques modifications, être utilement introduit en Algérie.— En conséquence, après m'être concerté avec M. le ministre des finances, j'ai arrêté les dispositions suivantes : — Le service des *cotisations municipales* sera organisé en Algérie à partir du 1ᵉʳ janv. 1866.

Il comprendra les articles ci-après :

1° Fonds destinés aux frais des registres de l'état civil et des tables décennales ;

2° Fonds destinés aux frais de confection des matrices, rôles et avertissements des taxes municipales sur les loyers et sur les chiens ;

3° Fonds destinés aux frais d'impression ;

4° Fonds destinés aux frais de timbre ;

5° Fonds destinés aux frais de confection des matrices, rôles et avertissements des prestations concernant les chemins vicinaux ;

6° Fonds applicables aux chemins vicinaux intéressant plusieurs communes et aux salaires y relatifs ;

7° Fonds destinés aux salaires des agents forestiers chargés de la conservation des bois de plusieurs communes ;

8° Fonds destinés au remboursement par les communes de leur part dans les diverses dépenses de l'assistance publique ;

9° Fonds destinés à des travaux d'intérêt commun, tels que dessèchements de marais, construction et entretien de digues, canaux, ports et autres travaux d'art ;

10° Fonds provenant de la part des communes dans le produit des amendes de police correctionnelle ;

11° Fonds destinés à l'abonnement à diverses publications ;

12° Fonds destinés au service médical des indigents, lorsqu'il est confié au même médecin par plusieurs communes.

La centralisation de ces divers fonds, placée sous la surveillance et le contrôle du directeur des contributions diverses, sera confiée à l'un des receveurs de ce service résidant au chef-lieu de la province (celui de la ville ou celui de la banlieue, suivant que l'un ou l'autre, d'après l'avis du directeur, vous paraîtra pouvoir plus facilement en être chargé).— A cet effet, les recouvrements effectués en vertu d'arrêtés préfectoraux notifiés au directeur des contributions, seront opérés, soit directement par le receveur désigné, soit pour son compte, au moyen de virements, par ses collègues des autres localités.

Les dépenses seront, par vos soins, mandatées sur sa caisse.— Les opérations, tant en recettes qu'en dépenses, seront comprises dans les opérations de trésorerie sous la rubrique : *Recettes à charge de remboursement.*

En vertu d'une décision de M. le ministre des finances, en date du 15 sept. 1865, les receveurs des contributions diverses n'auront droit à aucune taxation ni commission sur les recettes et les payements qu'ils effectueront au titre des cotisations municipales. Toutes les règles concernant la comptabilité des fonds de cotisations municipales en France, et qui ne sont contraires ni aux présentes dispositions, ni à l'organisation administrative de l'Algérie, seront de droit applicables à ce service. — Je ne puis donc, à cet égard, que me référer aux circulaires et instructions précitées des ministres de l'intérieur et des finances.

Mᵃˡ DE MAC-MAHON, DUC DE MAGENTA.

DI. — 17 mars-5 mai 1866. — BG. 174. — *Mode uniforme de poursuites en matière de taxes municipales.*

Vu l'art. 28 de l'arr. du 4 nov. 1848, relatif au mode de poursuites pour le recouvrement de la taxe sur les loyers, établie en faveur des communes de l'Algérie, ensemble l'art. 6 du décr. du 4 août 1856, relatif à la taxe municipale sur les chiens (I, 211, 146); — L'arr. du 20 sept. 1850, concernant le recouvrement des contributions diverses en Algérie, art. 32 et suiv. (I, 245); — L'instruction générale du 20 juin 1859, sur le service et la comptabilité des receveurs généraux et particuliers et autres comptables des deniers publics, art. 850;

Art. 1. — En ce qui concerne les produits communaux assimilés, pour le recouvrement, aux contributions directes, les poursuites s'exerceront selon le mode réglé pour les contributions diverses par l'arrêté ministériel du 20 sept. 1850, susvisé.

Art. 2. — Les produits communaux assimilés aux contributions directes sont les suivants : — Taxe sur les loyers; — Taxe sur les chiens; — Prestations pour les chemins vicinaux; — Rétribution scolaire; — Taxe du pavage. — Enfin et généralement, toutes taxes, cotisations et contributions spéciales et locales, établies conformément aux lois et usages locaux et perçues en vertu de rôles rendus exécutoires par l'autorité compétente.

Art. 3. — Pour le recouvrement de leurs revenus autres que ceux désignés en l'article précédent, les communes sont placées sous l'empire du droit commun et soumises aux règles ordinaires de la procédure. — On se conformera, quant aux poursuites, aux règles déterminées par l'art. 850 de l'Instruction générale du 20 juin 1859, ci-dessus visée.

Art. 4. — Sont abrogés : — 1° L'art. 28 de l'arr. du 4 nov. 1848; — 2° L'art. 6 du déc. du 4 août 1856.

RENVOIS. — V. *Table alphabétique.*

Contribution foncière. V. IMPÔT FONCIER.

Contributions personnelles, mobilières, etc. V. TABLE ALPHABÉTIQUE.

Contrôle de garantie. V. OR ET ARGENT.

Copie de pièces. V. TIMBRE.

Corail-Corailleurs. V. PÊCHE, § 2.

Corporations indigènes.

AG. — 9-16 juill. 1865. — BG. 87. — *Suppression des corporations des Nègres et des Mozabites à Constantine.*

Vu le décr. du 3 sept. 1850 (I, 250); — L'arr. du 26 déc. de la même année, instituant les corporations de Berranis à Constantine (I, 253); — Attendu que les corporations des Mozabites et des Nègres de cette ville ne comportent plus un effectif suffisant pour les faire maintenir en corporations distinctes;

Art. 1. — Les corporations spéciales de *Nègres* et de *Mozabites* de la ville de Constantine sont supprimées.

Art. 2. — Les Mozabites appartenant à la population flottante de la ville de Constantine, seront rattachés à la corporation des Mzitis, et les Nègres à celle des Kabyles. Chacun de ces groupes formera une section dont la surveillance et la police intérieure sera exercée par un Mokaddem qui fonctionnera sous la direction de l'amin auquel il est rattaché.

Art. 3. — Les chaouchs des corporations supprimées sont maintenus pour exercer sous les ordres de ces mêmes amins.

Mal PÉLISSIER, DUC DE MALAKOFF.

AG. — 6-31 janv. 1864. — BG. 109. — *Réduction du nombre des corporations indigènes à Constantine.*

Art. 1. — Le nombre des corporations de Berranis de la ville de Constantine est, jusqu'à nouvel ordre, limité à trois, savoir : — 1° Kabyles, comprenant les Mzitis; — 2° Biskris; — 3° Chaouïas, comprenant les Nègres.

Art. 2. — Le personnel indigène de ces corporations est fixé à trois amins et cinq chaouchs, dont deux pour la corporation des Kabyles, un pour celle des Biskris et deux pour celle des Chaouïas.

Art. 3. — A partir du 1er janvier, le traitement des amins est élevé à 1,000 fr. par an, et celui des chaouchs à 600 fr. L'emploi de khodja est maintenu; le titulaire continuera à jouir d'un traitement annuel de 720 fr.

Mal PÉLISSIER, DUC DE MALAKOFF.

AG. 13-27 oct. 1864. — BG. 125. — *Suppression à partir du 1er janv. 1865 de la corporation des Berranis créée à Orléansville.*

RENVOIS. — V. *Table alphabétique.*

Corporations religieuses musulmanes. V. TABLE ALPHABÉTIQUE.

Corps municipaux. V. COMMUNE.

Correspondance officielle et privée. V. TABLE ALPHABÉTIQUE.

Cotisations municipales (service des). V. *Ibidem.*

Coton. V. AGRICULTURE, § 2.

Cours d'assises. V. JUSTICE, § 1.

Cours d'eau. V. TABLE ALPHABÉTIQUE.

Courses de chevaux. V. *Ibidem.*

Courtiers.

AG. — 4-25 juill. 1862. — BG. 57. — *Droits de courtage des navires pour le port de Nemours.*

Vu l'art. 78 de l'ord. du 26 sept. 1862 (*Justice*, I, 591); — L'arr. min. du 6 mai 1844, portant règlement sur l'exercice de la profession de courtier en Algérie (I, 256);

Art. 1. — La perception des droits de courtage des navires à Nemours, aura lieu à l'avenir de la manière suivante : — 1° La perception se fera par échelle de jauge; — 2° Il sera payé pour la conduite des navires, entrée et sortie, savoir :

Navires français. — Jusqu'à 80 tonn. 25 fr. ; de 80 à 150 tonn. 35 fr. ; au-dessus de 150 tonn. 40 fr.

Navires à vapeur, quel qu'en soit le tonnage, 40 fr.

Navires étrangers. — Jusqu'à 80 tonn. 30 fr. ; de 80 à 150 tonn. 35 fr. ; au-dessus de 150 tonn. 45 fr.

Navires espagnols dits llahuts, balancelles et caboteurs marocains, 20 fr.

Caboteurs de la côte : — De 10 à 20 tonn. 12 fr. ; de 20 à 35 tonn. 18 fr.

Art. 2. — Les traductions de pièces faites par le courtier interprète, continueront à être taxées par le président du tribunal de commerce sur la présentation desdites pièces.

Art. 3. — Tous règlements antérieurs sur les droits de courtage des navires à Nemours, sont abrogés.

Mal PÉLISSIER, DUC DE MALAKOFF

AG. — 14 janv.-3 fév. 1865. — BG. 74. — *Droits de courtage maritime et de traduction pour le port d'Alger.*

Vu, etc.

Art. 1. — La perception des droits de courtage pour la conduite des navires à Alger aura lieu, à l'avenir, de la manière et dans les conditions suivantes :

1re CATÉGORIE. — *Grand cabotage.*

Navires à voiles français chargés en totalité ou en partie. — A l'entrée, 25 cent. par tonn. de jauge. A la sortie, 12 cent 1/2 par tonn.

Navires à voiles étrangers chargés en totalité ou en partie. — A l'entrée, 35 cent. par tonn. de jauge. A la sortie, 17 cent. 1/2 par tonn. de jauge.

Ces droits seront applicables sans distinction de provenance et de destination, jusqu'à la limite de 500 tonneaux. Pour tout navire dépassant ce tonnage, le droit de conduite ne sera perçu qu'à raison de 10 centimes sur l'excédant de 500 tonneaux.

2e CATÉGORIE. — *Cabotage sur le littoral algérien.*

Navires chargés en totalité ou en partie sur un lest ou en relâche. — De 1 à 25 tonn., droit fixe, 15 fr. pour l'entrée et la sortie. — Au-dessus de 25 tonn., droit fixe, 20 fr. pour l'entrée et la sortie.

Ces droits ne seront applicables qu'aux navires, dits balancelles, attachés aux ports de l'Algérie. Quant aux autres navires faisant accidentellement le cabotage du littoral, il leur sera fait application des taxes du grand cabotage.

3e CATÉGORIE. — *Cabotage entre Alger et les ports du littoral espagnol (îles Baléares comprises).*

De 1 à 60 tonn., droit fixe de 25 fr., entrée et sortie. — Au-dessus de 60 tonn., droits du grand cabotage.

4e CATÉGORIE. — *Paquebots à vapeur.*

Français, droit fixe, 40 fr. pour l'entrée et la sortie. *Étrangers,* droit fixe, 50 fr. pour l'entrée et la sortie. Quels que soient le tonnage et la force des navires, chargés ou sur lest, avec ou sans passagers.

Vapeurs en relâche ou faisant escale dans les divers ports de l'Algérie : la 1/2 des droits ci-dessus.

Art. 2. — Les traductions de pièces faites par les courtiers interprètes, dans le cas de contestation prévu par l'art. 80 du code de commerce, seront taxées comme il se pratique en France, savoir :

Pour une traite endossée ou non, 3 fr. — Id. avec protêt et compte de retour, 6 fr. — Pour un connaissement ordinaire, 4 fr. — Id. extraordinaire, 6 fr. — Actes judiciaires, la 1re page, 6 fr. — Chacune des autres pages, 4 fr.

Art. 5. — Tous règlements antérieurs sur les droits de courtage à Alger, pour la conduite des navires et la traduction des pièces écrites en langues étrangères, sont abrogés.

Mᵃˡ PÉLISSIER, DUC DE MALAKOFF.

AG. — 30 août-10 juin 1864. — BG. 113. — *Application du tarif qui précède à tous les ports de la province d'Oran.*

AG. — 4-19 août 1864. — BG. 118. — *Droits de courtage sur les bateaux coralilleurs dans le port de la Calle.*

Art. 1. — Le tarif des droits de courtage sur les bateaux coralilleurs dans le port de la Calle est fixé ainsi qu'il suit :

Pour chaque bateau au-dessus de 6 tonn. et pêchant toute l'année, 50 fr. — *Id.*, ne pêchant que pendant la saison d'été, 20 fr. — Pour chaque bateau de 6 tonn. et au-dessous, pour l'année entière, 20 fr.

Art. 2. — Le courtier de la Calle sera tenu d'afficher, dans un endroit apparent de son bureau, une pancarte portant que son intervention est entièrement facultative, et que tout armateur ou patron parlant français pourra agir en personne et même par un consignataire auprès de la douane.

Le général de division sous-gouverneur,
DE MARTIMPREY.

AG. — 12 nov.-30 déc. 1864. — BG. 128. — *Addition au tarif fixé par l'arr. ci-dessus du 14 fanv. 1863 pour le port d'Alger.*

Art. 1. — L'article ci-après est ajouté à la nomenclature des droits de courtage maritime fixés par l'arr. du 14 janv. 1863.

1ʳᵉ CATÉGORIE. — *Grand cabotage.*

Navires en relâche. — *Navires entrant ou sortant sur lest.* — À l'entrée et à la sortie, 10 cent. par tonn.

Mᵃˡ DE MAC-MAHON, DUC DE MAGENTA.

AG. — 10 août-15 sept. 1865. — BG. 153. — *Addition au tarif fixé par l'arr. ci-dessus du 30 avr. 1864 pour le port d'Oran.*

Art. 1. — Le paragraphe ci-après est ajouté à la nomenclature des droits de courtage maritime fixés par l'arr. du 30 avr. 1864.

1ᵉʳ CATÉGORIE. — *Grand cabotage.*

Navires en relâche. — *Navires entrant ou sortant sur lest.* — À l'entrée et à la sortie, 10 cent. par tonn. de jauge.

Pour le port de Mers el Kebir seulement.

Navires en relâche. — *Navires entrant ou sortant sur lest.* — À l'entrée et à la sortie, 15 cent. par tonn. de jauge.

Mᵃˡ DE MAC-MAHON, DUC DE MAGENTA.

RENVOIS. — V. *Table alphabétique.*

Crédit foncier.

DI. — 17 janv.-3 fév. 1862. — BG. 74. — *Promulgation de la loi du 6 juill. 1860. — Prêts aux départements, aux communes et aux associations syndicales.*

Vu le décr. du 11 janv. 1860 (I, 260).

Art. 1. — La loi du 6 juill. 1860, qui autorise la société de crédit foncier de France à prêter aux départements, aux communes et aux associations syndicales les sommes qu'ils auraient obtenu la faculté d'emprunter sera promulguée en Algérie et y recevra son application.

Loi du 6 juill. 1860.

Art. 1. — La société du Crédit foncier de France est autorisée à prêter, dans les conditions ci-après, aux départements, aux communes et aux

associations syndicales, les sommes qu'ils auraient obtenu la faculté d'emprunter.

Art. 2. — Les prêts sont consentis avec ou sans affectation hypothécaire, et remboursables, soit à long terme, par annuités, soit à court terme, avec ou sans amortissement.

Art. 3. — Ils sont réalisables en numéraire.

Art. 4. — La commission allouée au Crédit foncier, pour frais d'administration, ne peut excéder 45 cent. pour 100 fr. par an.

Art. 5. — En représentation des prêts et jusqu'à concurrence de leur montant, le Crédit foncier est autorisé à créer et négocier des obligations, en se conformant aux règles établies au titre V de ses statuts. Ces obligations jouiront de tous les droits et privilèges attachés aux obligations foncières ou lettres de gages, par les lois et décr. concernant le Crédit foncier.

Art. 6. — Les créances provenant des prêts aux communes, aux départements et aux associations syndicales, sont affectées, par privilège, au payement des obligations créées en vertu de la présente loi. — Les créances provenant des prêts hypothécaires demeurent affectées, par privilège, au payement des obligations créées en représentation de ces prêts.

Art. 7. — Le Crédit foncier pourra, avant la réalisation des prêts qui sont l'objet de la présente loi, émettre des titres provisoires pour une somme qui n'excédera pas 5,000,000.

Art. 8. — Le chiffre des actions émises par le Crédit foncier sera maintenu dans la proportion de un vingtième au moins des obligations ou titres en circulation.

Art. 9. — En cas de remboursement par anticipation, l'indemnité à payer par le débiteur est fixée à 50 cent. par 100 fr., soit 1/2 p. 100 du capital remboursé. Par dérogation à l'art. 63 des statuts du Crédit foncier, cette règle est applicable à toutes les opérations faites par le Crédit foncier.

RENVOIS. — V. *Table alphabétique.*

Crieurs publics. V. AFFICHEURS.

Cultes.

§ 2. — CULTE CATHOLIQUE.

Depuis le 1ᵉʳ janv. 1860 divers décr. en date des 21 août 1860, 17 mai 1862, 29 août 1863, 20 avr. 1864, 17 janv. 1866 — BG. 57, 93, 113, 166 — ont érigé en succursales 9 églises dans la province d'Alger, 7 dans celle de Constantine et 6 dans celle d'Oran. On compte ainsi 188 paroisses et les 240 villes, villages ou centres de population sont desservis par 225 églises.

§ 3. — CULTE RÉFORMÉ.

Le culte protestant compte 1 consistoire central, 11 conseils presbytériaux et 12 paroisses.

DI. — 1ᵉʳ janv. 1862. — *Création de deux nouvelles places de pasteurs dans l'église consistoriale protestante d'Alger ; l'une, pour le culte réformé, à la résidence de Tlemcen (dép. d'Oran), l'autre, pour le culte de la confession d'Augsbourg à la résidence de Cherchell (dép. d'Alger). — Traitement des titulaires, 2,400 fr.*

DI. — 1ᵉʳ janv. 1862. — *Le traitement du 3ᵉ pasteur de la paroisse protestante d'Alger est élevé à 4,000 fr.*

DI. — 27 juin-26 juill. 1864. — BG. 117. — *Création d'une place de pasteur du culte de la confession d'Augsbourg à Constantine. — Traitement, 3,000 fr.*

§ 5. — CULTE ISRAÉLITE.

Le culte hébraïque est représenté par un consistoire central, et deux consistoires principaux.

L'organisation du culte israélite est réglée en France par une ordonnance du 25 mai 1844, en Algérie par celle du 9 nov. 1845 (I, 265), l'action du consistoire central de Paris sur les consistoires provinciaux algériens est déterminée par le décret ci-après du 29 août 1862.

DÉ. — 10 juill.-9 août 1861. — BG. 26. — *Droits de personne civile conférés aux consistoires israélites* (1).

Vu l'ord. du 9 nov. 1845 sur l'organisation du culte israélite en Algérie (I, 265).

Art. 1. — Les consistoires israélites établis ou à établir en Algérie sont appelés à exercer les droits inhérents à la qualité de personne civile, en se conformant aux règles tracées par la législation relative à la réorganisation du culte israélite dans la métropole et spécialement par l'art. 64 de l'ord. du 25 mai 1844. (V. *Bulletin des lois*.)

DÉ. — 4 août-25 déc. 1861. — BG. 54. — *Remise gratuite aux consistoires israélites des immeubles domaniaux affectés au culte.*

Vu notre décr. du 10 juill. 1861. (Ci-dessus.)

Art. 1. — Les édifices et bâtiments domaniaux actuellement affectés au culte mosaïque en Algérie, ont concédés aux consistoires israélites à titre gratuit et en pleine propriété.

Art. 2. — La remise de la propriété desdits bâtiments sera faite aux présidents des consistoires par les agents de l'administration de l'enregistrement et des domaines, en vertu d'arrêtés pris par le gouverneur général, sur la proposition des généraux commandant les divisions ou des préfets, suivant le territoire.

Art. 3. — Pendant 5 ans, l'État se réserve la faculté de reprendre, parmi les édifices actuellement occupés, ceux qu'il jugerait convenables, à la charge de donner en échange d'autres bâtiments domaniaux susceptibles de recevoir la même destination. Les concessions ainsi faites à titre d'échange auront lieu en vertu de décrets rendus sur le rapport de notre ministre de la guerre et la proposition du gouverneur général.

DÉ. — 29 août 1862. — (Non publié au *Bulletin officiel*.**) —** *Organisation du culte israélite en France. — Dispositions relatives à l'Algérie.*

Art. 11. — Les attributions du consistoire central, telles qu'elles sont réglées par l'ord. du 25 mai 1844 et le présent décr., comprennent la haute surveillance des intérêts du culte israélite en Algérie. — Le consistoire central devient l'intermédiaire entre le ministre des cultes et le consistoire algérien qui sera représenté dans son sein, par un membre laïque choisi parmi les électeurs résidant à Paris, et agréé par nous.

AM. — 12 juin-16 juill. 1865. — BG. 87. — *Dissolution du consistoire israélite d'Alger.*

Vu les propositions du consistoire central des israélites relativement à la réorganisation du consistoire d'Alger. — Vu l'art. 23 de l'ord. du 25 mai 1844. (V. *Bulletin des lois*.)

Art. 1. — Le consistoire israélite d'Alger est dissous.

Art. 2. — Les affaires de la circonscription consistoriale seront provisoirement administrées par une commission composée de trois israélites indigènes et de deux israélites européens.

Art. 3. — Sont nommés membres de cette commission. (Suivent les nominations.)

Le ministre des cultes,
ROULAND.

AG. — 23-30 déc. 1865. — BG. 164. — *Remise aux consistoires israélites des provinces d'Alger et d'Oran d'immeubles domaniaux affectés au culte mosaïque. — Exécution du décr. du 4 août 1861.* (Ci-dessus.)

RENVOIS. — V. *Table alphabétique.*

Cultures. V. AGRICULTURE, PROPRIÉTÉ.

Curateurs. V. SUCCESSIONS VACANTES.

D

Débits (boissons, papier timbré, poudres). V. TABLE ALPHABÉTIQUE.

Décentralisation administrative. V. *ibidem.*

Décès. V. *ibidem.*

Décime de guerre. V. *ibidem.*

Déclinatoire. V. *ibidem.*

Défenseurs.

DÉ. — 12 avril 1862. — BG. 50. — *Création de deux nouveaux offices de défenseurs l'un à Blidah, l'autre à Constantine.*

---

(1) JURISPRUDENCE. — 1° En admettant que le commissaire administrateur délégué en Algérie, par le consistoire, près d'une synagogue, ait la capacité nécessaire pour signer une convention comme représentant de la communauté israélite, il est sans qualité pour ester en justice à l'effet d'en poursuivre l'exécution ; ce droit n'appartient qu'au consistoire provincial, après autorisation de l'autorité supérieure. Ord. 25 mai 1844, art. 64 ; 9 nov. 1845, art. 15 ; décr. 16 août 1849. — Cour d'Alger, 20 juin 1859, Dalloz, 1860 2-111.

2° Les établissements publics ne sont tenus de se pourvoir pour ester en justice d'une autorisation nouvelle pour chaque degré de juridiction, qu'autant que la nécessité de cette autorisation nouvelle leur est expressément imposée par la loi (ainsi, lois du 18 juill. 1837 pour les communes, du 10 mai 1838 pour les départements, et des 7-18 août 1851 pour les hospices). Un consistoire israélite soit de l'Algérie, soit de la métropole, pourvu de l'autorisation de plaider à laquelle l'assujettit l'art. 64 de l'ordonnance du 25 mai 1844, peut, sans autorisation

nouvelle, interjeter appel du jugement de 1re instance.

Les consistoires israélites auxquels l'art. 19 de l'ord. du 25 mai 1844 a confié le choix des *Schohets*, classe d'agents chargés d'abattre les bestiaux destinés à la consommation des israélites et d'en préparer la viande dite *Kascher*, conformément aux prescriptions du rite hébraïque, ont comme conséquence de cette mission, le droit de passer des marchés avec les bouchers à l'effet de concentrer chez ces derniers le débit de la viande Kascher.

Et la stipulation de ces marchés, autorisant les bouchers avec lesquels ils sont passés à vendre la viande Kascher aux israélites de la localité pour un prix supérieur à celui de la taxe, à la charge de payer au consistoire une redevance déterminée, est valable. Une telle stipulation ne pourrait être annulée, ni comme blessant l'ordre public ou les bonnes mœurs, ni comme contraire à la liberté de l'industrie et à la liberté de conscience, ni comme établissant un supplément illégal de taxe, alors, d'ailleurs, qu'elle a obtenu l'approbation de l'autorité municipale. — Cass. 27 déc. 1864, Dalloz, 1865, 1, 2,

RENVOIS. — V. *Table alphabétique.*

Défrichements. V. *ibidem.*

Délais de procédure. V. PROCÉ-
DURE JUDICIAIRE.

Délimitation. V. TABLE ALPHABÉTI-
QUE.

Délits de chasse. V. *ibidem.*

Dellal. V. *ibidem.*

**Démolition pour sûreté publi-
que.** V. *ibidem.*

Dénombrement. V. RECENSEMENT.

Département. V. TABLE ALPHABÉTI-
QUE.

Dépôts et consignations. V. *ibidem.*

Dépôts musulmans ou amaïns.
V. *ibidem.*

Dépôts d'ouvriers. V. *ibidem.*

Déserteurs. V. *ibidem.*

Desséchements.'

DI. — 4 août-11 sept. 1860. — BM. 94. — *Déclaration d'utilité publique. — Desséchement
des marais de la Macta, du Grand lac salé
et du lac des Garabas (province d'Oran).*

Vu le sénatus-consulte du 25 déc. 1852 (codes
français) ; — Considérant qu'il importe à la salubrité publique et aux intérêts de l'agriculture, de
dessécher les grands marais et d'aménager les
eaux qui peuvent être employées à l'irrigation.

Art. 1. — Les travaux de desséchement et d'a-
ménagement des eaux, relatifs aux marais de la
Macta, du Grand lac salé d'Oran et du lac des Garabas ou Dayaoum el Relas, sont déclarés d'utilité
publique.

Art. 2. — Une somme de 500,000 fr., imputable
sur les ressources créées par le budget extraordinaire de l'Algérie, sera mise à la disposition du
ministre, pour être affectée soit à des subventions
à donner à des compagnies chargées d'exécuter
ces travaux au moyen de concessions, soit à l'exécution desdits travaux les plus urgents. — Sur cette
somme pourront être également imputées les dépenses nécessaires soit à la concession, soit à l'exécution d'autres travaux de desséchement ou d'irrigation dont l'utilité serait ultérieurement déclarée.
— Les concessions seront faites et les subventions
accordées par décrets rendus par nous, le conseil
d'Etat entendu.

DI. — 8 mars-10 avr. 1862. — BG. 49. — *Règlement d'administration publique sur l'organisation d'un syndicat des canaux de desséchement de Boufarik.*

Vu le projet de règlement pour l'organisation
du syndicat des canaux de desséchement de Boufarik, dressé et présenté par le service des ponts
et chaussées, sous les dates des 25 avr. et 9 mai
1860, ensemble le plan faisant connaître le développement des canaux, ainsi que le périmètre projeté du syndicat; — Vu les réclamations et observations produites dans l'enquête à laquelle ledit
projet ainsi que le plan susvisé ont été soumis,
dans la commune de Boufarik, du 16 mai au 1er
juin 1860; — La délibération du conseil municipal
de Boufarik, en date du 22 mai 1860, admettant
que la quote part contributive de la commune aux
dépenses soit fixée au quart, sauf à reviser cette
proportion plus tard, dans le cas où l'expérience

démontrerait qu'elle est susceptible d'être diminuée ; — La loi du 16 juin 1851, sur la constitution de la propriété en Algérie (*Propriété*, I, 593).

TIT. 1. — *Formation du syndicat.*

Art. 1. — Les propriétaires intéressés à la conservation des canaux exécutés par l'Etat, pour l'assainissement et le desséchement des territoires de
Rhylen, Cheurfa, Goreith et Boufarik (dép. d'Alger, arrond. de Blidah) et compris dans le périmètre figuré par un liséré vert sur le plan ci-dessus visé, et qui restera annexé au présent décret,
formeront entre eux une association sous le titre
de *Syndicat des canaux de desséchement de
Boufarik*, pour assurer annuellement le curage
desdits canaux et l'entretien de leurs accessoires,
tels que ouvrages d'art et plantations. — Le siége
de l'association est fixé à Boufarik.

Art. 2. — L'association sera administrée par un
syndicat composé de 7 membres nommés par le
préfet, sur une liste de 14 candidats qui sera présentée par les intéressés. — La formation de cette
liste aura lieu au scrutin et à la majorité relative
des suffrages par les propriétaires intéressés, qui
auront autant de voix qu'ils auront de fois 10 hect.,
sans toutefois que le nombre de voix puisse excéder dix. — Le préfet réglera par un arrêté tout
ce qui est relatif à la formation de la liste. A défaut d'y procéder dans le délai déterminé par l'arrêté préfectoral, le préfet nommera les syndics
parmi les propriétaires les plus intéressés.

Art. 3. — Le syndicat sera renouvelé dans chaque période de six ans, à raison de quatre membres
après la troisième année et de trois membres après
la sixième. Lors du premier renouvellement partiel, les membres sortants seront désignés par le
sort. Ils seront rééligibles et continueront leurs
fonctions jusqu'à leur remplacement. Le renouvellement s'opérera conformément à l'article précédent.

Art. 4. — Les membres du syndicat ne pourront
se faire représenter aux assemblées par des mandataires. — A l'effet de les remplacer en cas d'absence, trois suppléants seront nommés dans la
même forme que les syndics titulaires. — Les fonctions des syndics seront gratuites.

Art. 5. — Dans le cas où l'un des syndics titulaires ou suppléants serait démissionnaire ou
viendrait à décéder, le préfet pourvoira à son remplacement, en prenant dans la dernière liste de
candidature présentée par les intéressés; les fonctions du syndic, ainsi nommé, ne dureront que le
temps pendant lequel le membre remplacé serait
encore en fonctions.

Art. 6. — Un des syndics sera nommé par le
préfet pour remplir les fonctions de directeur du
syndicat. — Il sera, en cette qualité, chargé de la
surveillance générale des intérêts de la communauté et de la conservation des plans, registres et
autres papiers relatifs à l'administration des travaux.

Art. 7. — Les fonctions de directeur du syndicat dureront six ans. — Le directeur aura un adjoint nommé par le préfet. Cet adjoint, dont les
fonctions seront annuelles, sera pris parmi les
membres du syndicat et remplacera le directeur en
cas d'empêchement. — Le directeur et son adjoint
seront rééligibles et continueront leurs fonctions
jusqu'à leur remplacement.

Art. 8. — Le syndicat sera convoqué et présidé
par le directeur, et, en cas d'empêchement, par le
directeur adjoint. — Il pourra être réuni sur la
demande de deux de ses membres, ou sur l'invitation directe du préfet.

Art. 9. — Les délibérations seront prises à la
majorité des voix des membres présents. En cas
de partage, celle du président sera prépondérante.

— Le syndicat ne pourra délibérer qu'au nombre de cinq membres au moins. Toutefois, lorsqu'après deux convocations faites par le directeur, à huit jours d'intervalle, et dûment constatées sur le registre des délibérations, les syndics ne seront pas réunis en nombre suffisant, la délibération prise après la troisième convocation sera valable, quel que soit le nombre des membres présents. — Dans tous les cas, les délibérations du syndicat ne pourront être exécutées qu'après l'approbation du préfet.

Art. 10.— Le préfet pourra déclarer démissionnaire et remplacer immédiatement, conformément à l'art. 5 ci-dessus, tout membre du syndicat qui, sans motifs reconnus légitimes, aura manqué à trois convocations successives.

Art. 11.— Les délibérations seront inscrites, par ordre de date, sur un registre coté et paraphé par le directeur; elles seront signées par tous les membres présents à la séance, ou mention sera faite des motifs qui les auront empêchés de signer. — Tous les membres de l'association auront droit de prendre communication, sans déplacement, des délibérations du syndicat.

Art. 12.— Le syndicat est spécialement chargé :

1° De faire dresser un plan parcellaire appuyé d'un rapport indiquant, avec des teintes diverses, outre les noms des propriétaires, la classification des terrains compris dans le périmètre de l'association ;

2° De faire rédiger les projets de travaux d'entretien, de les discuter et de les soumettre au préfet ;

3° D'en proposer le mode d'exécution, soit par adjudication, soit par régie ou par toute autre voie, de passer dans le premier cas, avec publicité et concurrence, les adjudications et les marchés de toute nature ;

4° De déléguer un ou plusieurs de ses membres chargés de surveiller l'exécution des travaux ;

5° De déterminer annuellement le montant des contributions nécessaires au payement des dépenses d'entretien et de garde des travaux, d'administration, de perception et autres, et de répartir ces dépenses entre les intéressés, d'après les bases indiquées ci-après ;

6° De proposer les budgets annuels ;

7° De délibérer sur les emprunts qui peuvent être nécessaires à l'association. Ces emprunts sont autorisés par le préfet et sont contractés par le directeur au nom de l'association ;

8° De contrôler et de vérifier le compte administratif du syndic directeur, ainsi que la comptabilité du receveur du syndicat ;

9° Enfin, de donner son avis sur tous les intérêts de la communauté, lorsqu'il est consulté par l'administration et de proposer tout ce qu'il croit utile à l'association.

Art. 13.— Dans le cas où le syndicat ne remplirait pas les fonctions qui lui sont attribuées, le préfet, après une mise en demeure régulière, pourra le dissoudre. Il procédera immédiatement après à la nomination d'un nouveau syndicat, suivant les formes précédemment établies, et il pourra, si c'est nécessaire, désigner telles personnes qu'il jugera convenable pour veiller aux intérêts de l'association pendant la période de temps qui s'écoulera entre la cessation des fonctions du syndicat dissous et l'entrée en fonction du nouveau.

Tit. 2. — Concession des canaux.

Art. 14.— Conformément à l'art. 5 de la loi du 16 juin 1851, il est fait concession aux propriétaires associés de la jouissance de tous les canaux d'utilité générale exécutés par l'État dans les territoires désignées à l'art. 1er du présent règlement. — Ces canaux, figurés au nombre de 125 sur le plan annexé au présent décret, sont désignés sur ledit plan par leur longueur, largeur au plafond et inclinaison des talus; ils présentent un développement de 69,538 mètres. — Les autres canaux situés sur le même territoire ne sont pas considérés comme canaux d'utilité générale, et leur en-

tretien n'est pas à la charge de l'association. — La nomenclature des canaux d'utilité générale pourra être modifiée par le préfet, sur la demande expresse du syndicat.

Art. 15.— La concession de jouissance des canaux stipulée par l'article précédent ne fait point obstacle au droit expressément réservé à l'administration d'arrêter les règlements particuliers portant détermination :

1° Des prises d'eau ;

2° De la distribution des eaux entre les propriétaires qui voudront en user ;

3° De l'époque et de la durée des irrigations ;

4° Des redevances annuelles à payer au syndicat ;

5° Et en général de toutes les mesures relatives à l'usage des eaux.

Art. 16.— Immédiatement après la constitution du syndicat, il sera dressé, contradictoirement entre l'administration et le syndicat, un état détaillé faisant connaître, outre les dimensions principales des canaux et fossés, le nombre et l'essence des plantations, les ouvrages d'art et tous autres accessoires. Il sera fait au syndicat une remise générale de tous les objets détaillés dans ledit état, et, à partir de ce moment, le syndicat sera chargé de les entretenir suivant leurs dispositions et dimensions primitives. Aucune modification ne pourra être apportée par le syndicat au système général des travaux sans l'autorisation du préfet.

Art. 17.— Le syndicat jouira, dans l'exécution de ses travaux, des privilèges accordés par les lois et règlements aux entrepreneurs des travaux publics pour l'extraction, le transport et le dépôt des terres et matériaux, à charge par lui d'indemniser à l'amiable les propriétaires et, en cas de non-accord, d'après les règlements arrêtés par le conseil de préfecture, sauf recours au conseil d'État.

Tit. 3. — Répartition des dépenses.

Art. 18.— Les dépenses relatives aux travaux énumérés en l'art. 1er du présent règlement seront réparties de la manière suivante : — L'État payera, à titre de subvention, une somme égale au quart de la dépense annuelle; — La commune de Boufarik payera un deuxième quart, conformément à la délibération de son conseil municipal susvisée; — Les deux quarts restant, ou la moitié de la dépense annuelle, seront payés par les propriétaires réunis en syndicat.

Art. 19.— La part de la dépense laissée par l'article précédent à la charge des propriétaires sera répartie entre les intéressés proportionnellement : — 1° A la surface des terrains desséchés appartenant à chacun ; — 2° Au degré d'intérêt de chacun des terrains à la conservation des canaux.— Cet intérêt sera mesuré en tenant compte uniquement des avantages inhérents au dessèchement proprement dit, sans avoir égard aux avantages résultant de l'affectation aux arrosages des eaux mises au jour par les travaux de dessèchement.

Art. 20.— La part de subvention mise à la charge de l'État sera revisée au bout de cinq ans. — Elle pourra être diminuée, ou même supprimée, si les taxes d'arrosage ou autres payées au syndicat permettent cette réduction ou cette suppression.

Tit. 4.— Des travaux, de leur mode d'exécution et de leur payement.

Art. 21.— Les projets des travaux, ainsi que les devis d'entretien, seront rédigés par l'ingénieur ordinaire des ponts et chaussées, chargé du service hydraulique spécial de la Métidja, examinés par le syndicat et par l'ingénieur en chef, et approuvés par le préfet.

Art. 22.— Les travaux d'entretien et les travaux extraordinaires seront adjugés, autant que possible, d'après le mode adopté pour ceux des ponts et chaussées, en présence du directeur du syndicat.— Ils pourront cependant être exécutés de toute autre manière, sur la demande du syndicat et après l'autorisation du préfet.

Art. 23.— L'exécution des travaux aura lieu sous la direction des ingénieurs des ponts et chaussées et sous la surveillance du directeur auquel le syndicat pourra adjoindre, s'il le juge convenable, un ou plusieurs de ses membres pour aider et seconder le directeur. — Il sera nommé, s'il y a lieu, par le préfet, un conducteur spécial sur la présentation du syndicat et sur l'avis de l'ingénieur en chef.

Art. 24.— La réception définitive des travaux sera faite par l'ingénieur du service hydraulique spécial de la Métidja, en présence du directeur et d'un membre du syndicat. — Le procès-verbal de réception, visé par l'ingénieur en chef, sera joint à l'appui du mandat de solde que délivrera le directeur. Ce mandat devra, en outre, être accompagné d'une délibération spéciale du syndicat.

Art. 25.— Les travaux d'urgence pourront être exécutés immédiatement, par économie, en vertu de l'ordre du directeur, qui sera tenu d'en rendre compte au syndicat dont la délibération sera envoyée sans retard au préfet. — Le magistrat pourra suspendre l'exécution de ces travaux, s'il le juge convenable, après avoir pris l'avis de l'ingénieur en chef et du syndicat. — A défaut du directeur, le préfet pourra faire constater l'urgence des travaux et ordonner, sur l'avis des ingénieurs, leur exécution immédiate.

Art. 26. — Les payements d'à-compte pour les travaux d'entretien et les travaux extraordinaires auront lieu en vertu des mandats du directeur, délivrés sur les états de situation dressés par les ingénieurs et visés par le syndic chargé de la surveillance des travaux.

Art. 27.— Dans le courant des mois de juillet et août de chaque année, le syndicat déposera, pendant quinze jours, à la mairie de Boufarik, le compte des travaux exécutés pendant la durée de l'exercice syndical précédent, lequel embrassera les douze mois écoulés depuis le 1er juillet d'une année jusqu'au 30 juin de l'année suivante. — Les intéressés pourront prendre connaissance du compte des travaux et présenter leurs observations.

Art. 28.— Pendant les mois de mars et avril de chaque année, l'ingénieur ordinaire, accompagné du directeur, vérifiera la situation des travaux et dressera, de concert avec lui, le projet de budget et l'état d'indication des travaux à exécuter pendant l'exercice syndical suivant, qui doit commencer du 1er juillet.— Ce projet sera déposé pendant quinze jours à la mairie de Boufarik, afin que les propriétaires puissent présenter leurs observations.— Il sera ensuite soumis à l'examen du syndicat, à celui de l'ingénieur en chef et à l'approbation du préfet. — En cas de dissentiment entre eux, l'ingénieur et le directeur dresseront séparément leur projet de budget, qui sera soumis à la publicité prescrite au paragraphe précédent, et le préfet prononcera, après avoir consulté l'ingénieur en chef et après avoir préalablement demandé l'avis du syndicat, qui devra le fournir sous un délai de quinzaine, faute de quoi il sera passé outre. — Il sera procédé de même en cas de dépenses extraordinaires et non prévues.— Le projet de budget sera toujours accompagné d'un rapport qui fera connaître l'état des ouvrages.

Art. 29.— Les travaux de curage, arrêtés après l'accomplissement des formalités prescrites par l'article précédent, commenceront au mois d'octobre, immédiatement après la saison d'arrosage.

Tit. 5. — De la rédaction des rôles et de leur recouvrement.

Art. 30.—Le recouvrement des taxes sera fait par un receveur des contributions diverses ou par un caissier spécial qui sera nommé par le préfet, sur la présentation du syndicat.

Art. 31.—Le receveur fournira, en immeubles ou en deniers, à son choix, un cautionnement égal au quart du montant des rôles de la première année de son entrée en fonctions. Il lui sera alloué une remise dont la quotité sera proposée par le syndicat et déterminée par le gouverneur-général de l'Algérie, s'il s'agit d'un receveur des contributions diverses, et par le préfet dans le cas contraire. Cette remise sera comprise dans les rôles, lors de la confection.

Art. 32.—Au moyen de cette remise, le receveur sera chargé de la confection et de la distribution des billets d'avertissement aux contribuables. Il tiendra note des mutations de propriété et il donnera quittance des sommes qu'il recevra. Les rôles ainsi dressés, après avoir été affichés à la porte de la mairie de Boufarik pendant un délai de huit jours, soumis à l'examen du syndicat, et visés par le directeur, seront rendus exécutoires par le préfet.—La perception en sera faite comme en matière de contributions publiques.

Art. 33. — Le receveur sera responsable du défaut de payement des taxes, dans les délais fixés par les rôles, à moins qu'il ne justifie des poursuites faites contre les contribuables en retard.

Art. 34. — Le receveur acquittera les mandats délivrés, conformément aux dispositions du présent règlement. Il rendra compte, annuellement, au syndicat, avant le 1er août, des recettes et des dépenses qu'il aura faites pendant l'exercice précédent, expiré le 30 juin.—Il ne lui sera pas tenu compte des payements irrégulièrement faits.

Art. 35. — Le syndicat pourra commettre l'un de ses membres, ou toute autre personne, pour faire les vérifications nécessaires.—Il vérifiera le compte annuel du receveur, l'arrêtera provisoirement et l'adressera au préfet, pour être soumis au conseil de préfecture, qui l'arrêtera définitivement, s'il y a lieu.

Art. 36.—Le syndic directeur vérifiera, lorsqu'il le jugera convenable, la situation de la caisse du receveur, qui sera tenu de lui communiquer toutes les pièces de sa comptabilité.

Tit. 6. — Dispositions générales.

Art. 37.—Les réclamations relatives à la confection des rôles, ainsi que les contestations relatives à l'exécution des travaux, seront portées devant le conseil de préfecture, sauf recours au conseil d'État.

Art. 38. — Le syndicat pourra, sauf l'approbation du préfet, nommer des gardes-canaux, les remplacer au besoin, et fixer leur salaire. Ces agents seront assermentés.

Art. 39.—Toutes réparations et tous dommages seront poursuivis par voie administrative, comme en matière de grande voirie.

Art. 40. — Les délits seront poursuivis par les voies ordinaires devant les tribunaux compétents.

Art. 41. — Les honoraires, frais de voyage et autres, qui pourront être dûs aux ingénieurs et agents des ponts-et-chaussées, employés en exécution du présent décret, seront réglés d'après les bases de notre décret du 10 mai 1854, et payés sur les fonds des travaux.

Renvois.—V. Table alphabétique.

Dia (prix du sang). V. TABLE ALPHABÉTIQUE.

Dictionnaire arabe. V. LANGUE ARABE.

Directions (affaires arabes, affaires civiles, finances, santé et autres). V. TABLE ALPHABÉTIQUE.

Dispensaires. V. HÔPITAUX.

Dispenses de parenté. V. TABLE ALPHABÉTIQUE.

Distances légales. V. *ibidem.*

Distillateurs. V. *ibidem.*

Districts. V. *ibidem.*

Divisions (militaires et territoriales). V. *ibidem.*

Domaine.

DIVISION.

§ 1.—Constitution et administration de la propriété domaniale.
§ 2.— Annexion d'immeubles au domaine.
§ 3. — Rentes domaniales. — Réduction et remboursement.
§ 4. — Service administratif.

§ 1.—ADMINISTRATION DE LA PROPRIÉTÉ DOMANIALE. — ALIÉNATION DES TERRES.

Circ. M. — 22 août-11 sept. 1860.— BM. 94.—
Instructions aux préfets sur l'exécution de l'art. 23 du décret du 25 juillet 1860.

D'après le décr. du 25 juill. dernier (I, 287), le système qui devra être désormais le plus généralement suivi par l'aliénation des terres domaniales en Algérie est celui de la vente, soit à prix fixe, soit aux enchères publiques. Le régime de la concession n'est toutefois pas complétement écarté, mais vous avez dû remarquer qu'il doit être uniquement appliqué au profit des colons cultivateurs et des anciens militaires, dont les ressources pécuniaires sont peu importantes, et qui, dès lors, ne peuvent songer qu'à la création de la petite propriété ; l'administration sera toujours disposée à leur accorder des concessions jusqu'à concurrence d'un maximum de 50 hect., soit dans les villages, soit sur des territoires dont les périmètres seront ultérieurement tracés.

Quant aux personnes qui ne peuvent pas être considérées comme cultivateurs, et qui voudraient établir en Algérie des exploitations plus ou moins considérables, le régime de la concession ne peut plus leur être applique, même dans la limite de ce maximum, et elles devront, pour la réalisation de leurs projets, concourir aux ventes, qui, je l'espère, pourront bientôt être organisées en Algérie.

J'ai l'honneur de vous prier de publier ces dispositions par la voie du recueil des actes de votre préfecture, et de ne me transmettre à l'avenir que les demandes des habitants qui vous paraîtraient réunir les conditions voulues pour obtenir de petites concessions.—Mais, pour ceux-ci, lorsque, possédant un certain pécule, ils voudront se fixer en Algérie, je vous serai reconnaissant de me les faire immédiatement connaître, en m'indiquant les ressources dont ils pourraient disposer, et il sera répondu dans le plus bref délai possible à leurs demandes.

Le ministre de l'Algérie et des Colonies,
Cte P. DE CHASSELOUP-LAUBAT.

Circ. G. — 28 avr.-5 mai 1862. — BG. 50. —
Instructions aux généraux commandant les divisions et préfets des départements relatives à l'exécution du décr. du 25 juillet 1860.

Un décr. du 25 juill. 1860 a réglementé sur de nouvelles bases l'aliénation des terres domaniales en Algérie.—Je crois utile de vous exprimer ma pensée sur ce décret, et de remplacer par des instructions plus détaillées la circulaire que M. le ministre de l'Algérie et des colonies vous a adressée le 22 août 1860, afin d'assurer d'une manière uniforme, dans les trois provinces, la complète exécution des mesures prescrites.

TIT. 1. — *Des périmètres de colonisation* (1).

Il est souvent arrivé que, par suite du défaut de terres disponibles, des émigrants apportant leurs capitaux en Algérie avec l'intention d'y fonder des établissements agricoles, n'ont pu être placés avec toute la diligence désirable, ou ne l'ont été que dans de fâcheuses conditions d'isolement.

Justement préoccupés de cet état de choses, les ministres de la guerre et de l'Algérie ont prescrit à plusieurs reprises, depuis 1850, d'aviser aux moyens d'y remédier, en tenant toujours préparées et allotiés d'avance les terres présumées nécessaires pour les besoins de l'émigration, pendant une période d'au moins une année, et en massant toujours les colons par groupes compacts, au lieu de les éparpiller sur le sol à de grandes distances les uns des autres. — Mais plusieurs difficultés locales, et notamment l'insuffisance du personnel des géomètres, ont longtemps empêché qu'on se départît à cet égard, aussi complétement qu'il l'eût fallu, des errements du passé. — Il était cependant de la plus extrême importance, aux divers points de vue de la sécurité, de l'économie dans les dépenses administratives de toute nature, et des facilités de travail et de débouchés, de ne pas continuer de disséminer ainsi les efforts de la colonisation. — Les art. 1, 2, 3 et 4 du décret pourvoient à cette nécessité, en ordonnant la création de périmètres dans lesquels sera désormais concentré le placement des colons, et où devront être juxtaposées, de manière à se prêter un mutuel appui, la grande, la moyenne et la petite propriété. — Les projets de périmètres de colonisation sont préparés, en territoire civil, par les préfets; en territoire militaire, par les généraux commandant les divisions. — L'étendue territoriale à assigner à chacun d'eux ne peut être déterminée d'avance d'une manière uniforme ; elle variera nécessairement suivant la configuration naturelle des lieux, et suivant le plus ou moins de ressources que le domaine possède déjà, ou qui sont susceptibles de lui être dévolues par le cantonnement des populations indigènes. Mais je désire qu'elle soit toujours aussi considérable que possible et qu'elle comprenne, autant que possible, une superficie d'au moins 6,000 hect. ; car il est très-essentiel pour le succès du nouveau système inauguré par le décret, d'une part, que de vastes espaces soient envahis à la fois par le mouvement expansif de la colonisation; d'autre part, que les personnes disposées à se rendre en Algérie pour y acquérir les terres mises en vente, soient toujours préalablement renseignées d'une manière complète, non-seulement sur la consistance de ces terres, mais en outre sur la situation du pays dans un certain rayon à l'entour.

La recommandation que je viens de faire rencontrerait sans doute bien souvent de sérieuses difficultés d'application si j'entendais qu'on dût

(1) V. *Colonisation*, circ. du 29 nov. 1864, *suprà*.

toujours rendre disponibles la totalité des terres à comprendre dans un périmètre de colonisation. Mais telle n'est pas la pensée du décret. Il ne saurait être question, si ce n'est peut-être dans quelques cas exceptionnels, d'évincer par voie de traités amiables ou d'expropriation, les légitimes détenteurs de propriétés privées, pour attribuer ces propriétés à d'autres personnes; non plus que d'expulser les tribus arabes de l'ensemble du territoire qu'elles occupent à titre collectif, afin de dégager de toute enclave la place à faire à la colonisation européenne. Il s'agit uniquement de constater les faits de possession antérieure susceptibles d'être confirmés et de les mentionner avec soin sur le plan du périmètre et sur le tableau indicatif, pour que chacun puisse exactement se rendre compte de tout ce qui est à vendre ou à concéder dans l'intérieur du périmètre et de tout ce qui, par un motif quelconque, n'est plus disponible. — La marche à suivre étant ainsi expliquée, il est permis d'espérer que rien ne pourra s'opposer à ce que les périmètres de colonisation renferment toujours le minimum de contenance indiqué ci-dessus, et même à ce qu'ils embrassent habituellement une superficie plus considérable. — Il conviendra que les périmètres à former s'appliquent d'abord aux territoires voisins des centres de population déjà existants; puis, qu'ils s'étendent de proche en proche à des localités plus éloignées, de telle sorte que leur assemblage représente avec le temps la topographie complète de l'Algérie. — Aussitôt que vous aurez fixé les limites du territoire destiné à un périmètre de colonisation, il sera procédé, par les soins concertés des chefs des services de la topographie et des domaines, au levé du plan d'ensemble de ce territoire et à la reconnaissance de tous les droits de propriété. — Ce travail préliminaire étant terminé, une commission composée, comme il est dit en l'art. 7 du décret, à laquelle seront adjoints les membres de la commission des centres, lorsqu'il vous aura paru opportun de créer, dans l'intérieur du périmètre, un ou plusieurs villages, arrêtera sur les lieux les modes à adopter pour le lotissement, ainsi que pour l'aliénation de toutes les terres disponibles.

Puis, vous m'adresserez, avec votre avis personnel, l'ensemble du projet qui devra to' ours se composer des pièces suivantes : — 1° Une notice indiquant la situation du périmètre, sa superficie, ses dispositions topographiques, le régime actuel des eaux et les modifications qu'il comporte; la direction de voies de communication déjà ouvertes et de celles à ouvrir; l'importance de la population européenne et de la population indigène établies dans l'intérieur du périmètre; enfin, lorsqu'il y aura lieu, les réserves territoriales stipulées pour l'exécution des travaux publics, l'établissement de villages, la formation de communaux et autres créations d'utilité publique; — 2° Un plan de lotissement de l'ensemble du périmètre et un tableau indicatif faisant connaître le numéro d'ordre et la contenance de chaque lot. — Ce plan sera réduit à l'échelle voulue, pour permettre toujours de représenter, sur une seule feuille de papier grand-aigle, tous les détails nécessaires sur la totalité du périmètre. Il sera divisé en sections désignées par des lettres de l'alphabet, et dont toutes les parcelles composeront une série distincte de numéros d'ordre. Le nombre des sections variera suivant l'importance du périmètre et les délimitations naturelles du sol; mais il sera toujours formé une section particulière pour le territoire de chaque nouveau village. Les lotissements seront préparés en vue de juxtaposer toujours, autant que possible, ainsi que je l'ai déjà dit, la grande, la moyenne et la petite propriété, en réservant plus particulièrement

pour cette dernière, les territoires des villages.

Les diverses parties du périmètre seront indiquées au plan par une teinte légère de couleur différente, selon la destination déjà donnée ou à donner à chaque parcelle. — On désignera : — 1° Par une teinte jaune toutes les parcelles à aliéner par ventes à prix fixe; — 2° Par une teinte verte celles à aliéner par ventes aux enchères publiques; — 3° Par une teinte carmin celles à aliéner par concessions; — 4° Par une teinte bleue celles à réserver pour des dotations communales; — 5° Par une teinte violette celles à réserver pour d'autres créations d'utilité publique; — 6° Enfin, le plan ne portera aucune teinte en ce qui concerne les parcelles laissées à la disposition de leurs détenteurs actuels, européens ou indigènes, de même qu'à l'égard de l'emplacement des voies de communication et cours d'eau. — Quant au tableau indicatif, il devra naturellement être divisé en sections correspondant aux sections du plan. On y mentionnera, pour chaque section distinctement, dans six colonnes ménagées dans ce but et correspondant aux six catégories d'immeubles qui viennent d'être indiquées, la superficie de chaque parcelle, de façon à pouvoir produire une totalisation de contenances par nature d'affectations, indépendamment d'une totalisation générale par actions; et une autre colonne y sera également ménagée pour indiquer le prix de vente de chaque parcelle destinée à être vendue à prix fixe.

3° L'avis de la commission sur la répartition du sol, sur les divers modes d'aliénation à adopter et sur la fixation du prix de chaque lot à vendre à prix fixe.

4° Enfin, les projets particuliers relatifs aux nouveaux villages qu'il aura pu être reconnu opportun de créer dans l'intérieur du périmètre. Ces projets seront accompagnés des plans spéciaux et autres documents réglementaires exigés pour l'instruction des affaires de l'espèce. — Aussitôt qu'un projet de périmètre de colonisation aura été adopté dans toutes ses parties, la décision et, s'il y a lieu le décret qui l'auront approuvé, seront insérés au *Bulletin officiel* et recevront en outre, tant en France qu'en Algérie, et même parfois aussi à l'étranger, une publicité aussi large que possible. C'est un stimulant que le passé n'a peut-être pas assez utilisé, et dont l'emploi devra présenter de grands avantages en contribuant puissamment à faire connaître l'Algérie.

TIT. 2. — *Des modes d'aliénation.*

Jusqu'à ce jour les terres domaniales de l'Algérie ont été presque exclusivement distribuées par voie de concession. — Ce système a eu sa raison d'être dans le dénuement du peuplement agricole des premiers temps de la conquête; nous lui devons l'existence d'environ 200 villes ou villages, fondés au milieu de circonstances souvent fort difficiles, et c'est un service qu'il serait injuste de méconnaître. — Mais tel qu'il a été pratiqué jusqu'à présent, il étreignait les colons dans des règles si gênantes et il compliquait à un si haut degré les devoirs de l'administration qu'il était devenu urgent de le modifier.

La concession est maintenue (1) dans des conditions simplifiées, pour assurer la construction et le peuplement des villages dont la création est souvent commandée en Algérie par un intérêt politique ou administratif; comme aussi pour faciliter l'établissement, sur le territoire des villages ou ailleurs, de familles laborieuses dont les ressources ne seraient pas suffisantes pour subvenir à la fois aux frais de leur installation et au payement

(1) V. *infrà*, décr. du 31 déc. 1864, art. 11

immédiat de tout ou partie du prix de la terre à leur attribuer. Dans ces cas, auxquels l'emploi habituel de la concession doit être désormais limité, elle aura pour but exclusif de constituer la petite propriété, et ne s'appliquera jamais à des lots d'une superficie supérieure à 50 hect.

On pourra aussi y recourir parfois, à titre exceptionnel, pour des étendues plus considérables, afin de faciliter et de rémunérer l'exécution de travaux d'utilité publique. — Mais, en dehors des circonstances que je viens d'indiquer, ce mode d'aliénation sera, à l'avenir, remplacé par d'autres, dégagés de toute entrave à la complète liberté du travail, à savoir : — La vente à prix fixe; — La vente aux enchères publiques; — La vente de gré à gré; — L'échange.

Sect. 1. — De la vente à prix fixe.

Sauf ce qui a été dit ci-dessus relativement aux concessions, la vente à prix fixe, empruntée aux Etats-Unis d'Amérique où elle a produit de remarquables résultats, est devenue, dans la pensée du décret, le mode à employer à l'avenir le plus habituellement pour l'aliénation des terres domaniales en Algérie. — Les terres d'une valeur exceptionnelle devant être aliénées par voie d'adjudication publique, ainsi qu'on le verra ci-après, je ne crois pas qu'il soit nécessaire que la commission, appelée par le décret (art. 7), à déterminer le prix de celles à vendre à prix fixe, s'attache à relever très-minutieusement la valeur comparative de chaque lot. Il me paraît, au contraire, préférable que, dans l'intérieur d'un même périmètre le prix soit uniformément fixé à tant par hectare, et ne varie que pour être mis en rapport exact avec l'étendue superficielle des lots.

Un délai de deux mois, au moins, doit toujours s'écouler entre l'insertion au *Bulletin officiel* de la décision approbative du périmètre et le commencement des ventes à prix fixe, dont la date d'ouverture est indiquée par la même décision. Pendant ce délai, le plan de lotissement et le tableau indicatif sont déposés au bureau du receveur des domaines chargé des ventes (art. 4, 11 et 12).

Aux termes de l'art. 12, le même individu peut se rendre acquéreur de plusieurs lots. Mais tout demandeur est tenu, sous peine de nullité de sa demande, de verser immédiatement entre les mains du receveur des domaines, à titre de garantie, une somme égale au tiers du prix de vente de chacun des lots soumissionnés. Le lendemain, cette somme est encaissée définitivement, en déduction du prix de vente, ou restituée au déposant, suivant que la vente doit ou non être réalisée. La disposition que je viens de rappeler était indispensable pour garantir, en toute circonstance, la sincérité des soumissions ; il est à remarquer qu'elle n'implique, en réalité, aucune charge nouvelle pour les soumissionnaires sérieux, puisqu'elle les oblige uniquement à devancer de 24 heures le payement qu'ils sont tenus de faire au moment même de leur acquisition, conformément aux dispositions de l'art. 8. — Les ventes à prix fixe ont lieu d'après un projet de contrat arrêté d'une manière uniforme pour les trois provinces et dont les principales conditions se résument par les trois points ci-après : — 1° Affranchissement de toutes charges relatives à la mise en valeur du sol; — 2° Payement par tiers du prix de vente, dont un tiers comptant; — 3° Mise en possession de l'acquéreur après le payement du premier tiers. — Ces ventes deviennent définitives par le fait seul de la signature du contrat, sans être subordonnées à aucune sorte de ramification administrative (art. 6, 8, 9, et 10). En cas de concurrence de deux ou d'un plus grand nombre de personnes survenues pendant le cours

d'une même journée pour acquérir le même lot, une enchère publique est ouverte, à huitaine, par les soins du receveur, dans son bureau, et le lot est acquis au plus offrant. Des affiches font connaître le jour et l'heure de l'enchère. Les ventes opérées ainsi n'imposent aucune autre condition que celles relatives aux ventes réalisées sans concurrence ; et comme ces dernières, elles sont rendues définitives par la signature du procès-verbal d'adjudication, sans impliquer la nécessité ultérieure d'aucune approbation administrative (art. 12).

Au commencement de chaque trimestre, les généraux divisionnaires et les préfets adressent au gouverneur général, chacun en ce qui le concerne, un état des ventes effectuées pendant le trimestre. Cet état est divisé en deux parties, de manière à présenter distinctement le relevé des ventes réalisées sans concurrence, et de celles opérées avec concurrence (art. 13). — Enfin, à l'expiration de l'année qui suit le jour fixé pour l'ouverture de la vente, le gouverneur général détermine, à nouveau, sur les propositions de l'autorité provinciale, le mode d'aliénation des lots pour lesquels il ne s'est pas présenté d'acquéreurs (art. 14).

Sect. 2. — De la vente aux enchères publiques.

L'emploi du mode des enchères publiques pour l'aliénation des terres domaniales ne doit pas être limité au cas où plusieurs concurrents se sont présentés, le même jour, à la vente à prix fixe, pour acquérir le même lot. Il faudra, en outre, y recourir, ainsi que je l'ai déjà dit, lorsque les terres à mettre en vente auront acquis par des travaux antérieurs d'appropriation, par une situation privilégiée, par des facilités d'irrigation extraordinaires, par toute autre cause, une valeur vénale exceptionnelle. — Ces cas ne constitueront sans doute que de rares exceptions ; mais il se conçoit qu'on se départisse à leur égard du système de la vente à prix fixe, et que l'Etat ne consente à se dessaisir de ces propriétés privilégiées qu'au moyen d'enchères publiques, entourées de toutes les précautions nécessaires pour assurer toujours des prix d'adjudication proportionnés à la valeur réelle des immeubles.

Le décret maintient donc implicitement (art. 15 et 16), pour les adjudications de l'espèce, qui diffèrent essentiellement de celles à effectuer par suite de concurrence aux ventes à prix fixe, les formes et règles édictées par l'art. 10 de l'ordonnance organique du 9 nov. 1845 (I, 282), complétées par les dispositions du cahier des charges adopté par décision ministérielle du 17 juill. 1858.

Sect. 3. — De la vente de gré à gré.

L'art. 16 du décret spécifie les cas où il y a lieu de consentir des ventes de gré à gré d'immeubles domaniaux en faveur de particuliers ; ce sont ceux d'indivision, d'enclave, de préemption légale et de possession de bonne foi. Hors ces cas expressément définis, elles ne sont permises qu'au profit des communes, des départements et des établissements publics. — Les règles à suivre en cette matière (art. 18 et 19) ne diffèrent de celles précédemment en vigueur qu'en ce sens qu'on a élargi la compétence du gouverneur général, en laissant à son approbation les actes de vente, lorsque l'estimation de l'immeuble ne dépasse pas 10,000 fr.

Sect. 4. — De l'échange.

Des échanges peuvent avoir lieu entre l'Etat et les particuliers, les communes, les départements et les établissements publics, en vue de faire cesser des enclaves nuisibles à la colonisation, ou de rendre disponibles entre les mains de l'administration les immeubles dont elle a besoin pour une destination quelconque. — Les règles et formalités applicables à ce mode d'aliénation, sont déterm-

nées par les art. 20, 21 et 22 du décret, lesquels
se bornent à reproduire, sauf un petit nombre de
changements, les dispositions correspondantes de
l'ord. précitée du 9 nov. 1845.

SECT. 5. — Des concessions (1).

J'ai déjà indiqué plus haut la part réservée à la
concession dans l'ensemble du nouveau système
consacré par le décret.—Vous avez vu qu'elle ne
doit être employée habituellement que pour constituer la petite propriété, par lots d'une superficie
de 50 hect. au maximum, et qu'il n'en peut être
fait usage pour des étendues supérieures à 50 hect.
qu'à titre d'exception et dans des cas très-rares.

Les concessions de 50 hect. et au-dessous, qui
ont le plus ordinairement leur place naturelle dans
la circonscription territoriale des villages, sont
spécialement destinées aux nouveaux émigrants,
aux anciens militaires et à leurs familles et aux
cultivateurs résidant en Algérie. — Elles sont accordées par le gouverneur général, qui peut, toutefois, par une décision spéciale à chaque lotissement, déléguer aux préfets et aux généraux divisionnaires, le pouvoir de les octroyer sur l'avis du
conseil de préfecture ou du conseil des affaires
civiles.

Vous me trouverez toujours disposé à consentir
ces délégations, dans l'intérêt de la prompte expédition des affaires; mais le cas échéant, je vous
recommande expressément de vous conformer
d'une manière invariable au lotissement arrêté,
et de ne jamais accorder plus d'un lot au même
demandeur.

Il ne sera imposé désormais pour les concessions
de 50 hect. et au-dessous, aucune autre condition
que celle de bâtir, dans un délai déterminé, une
habitation proportionnée à l'importance de l'immeuble, et de payer à l'État une redevance de 1 fr.
par hectare. Mais les demandeurs restent tenus,
comme par le passé, de justifier préalablement de
leurs ressources pécuniaires dans les formes établies par le décr. du 23 avr. 1852 (Actes de notoriété, I, 5), (art. 23 du nouveau décr.).—Quant
aux concessions supérieures à 50 hect., les conditions à imposer sont déterminées, dans chaque
cas, par l'empereur, qui peut seul les accorder,
par décret, sur l'avis du Conseil d'État (art. 24.)

Mais les règles nouvelles sont inapplicables aux
concessions à faire aux communes, aux départements et aux établissements publics. On continuera
de se conformer, en ce qui concerne ces dernières concessions, aux règles tracées par la législation antérieure (art. 25).—Il est à observer,
enfin, que toutes les prescriptions édictées en matière de concession par les règlements antérieurs,
et particulièrement par les ord. des 5 juin et 1er
sept. 1847 et par le décr. du 26 avr. 1851 (Concessions, I, 229 et suiv.), auxquelles il n'est pas
dérogé par le nouveau décret, restent obligatoires.
Il convient de s'y référer, notamment pour trouver
les dispositions applicables aux prorogations de
délais, aux affranchissements des clauses résolutoires et aux déchéances.

TIT. 5. — Dispositions transitoires.

Deux dispositions transitoires étaient nécessaires pour régulariser le passé : elles font l'objet
des art. 26 et 27 du décret. — Le premier de ces
articles affranchit les concessions anciennes de
toute autre condition de travail que celle de bâtir.
—Le second permet de régulariser conformément
à la législation antérieure les demandes de concession qui étaient en cours d'instruction au moment de la promulgation du décret.

Je ferai observer, relativement à l'art. 26, qu'à
raison du très-long délai qui s'est écoulé depuis la
promulgation du décret, il convient de provoquer
sans nouveau retard, la déchéance de tous ceux
des concessionnaires anciens qui, sans excuse légitime, auraient omis d'accomplir leurs travaux de
construction, les seuls dont ils n'aient pas été exonérés. — Et quant à l'art. 27, je ne puis que vous
inviter à vous reporter à la circulaire spéciale que
je vous ai adressée à ce sujet, le 15 avr. dernier,
n° 2332, en vous recommandant de nouveau d'assurer, dans le délai fixé, l'exécution complète des
diverses prescriptions qu'elle contient. — Enfin,
l'art. 28 rend applicables aux immeubles domaniaux urbains les divers modes d'aliénation réglementés par le décret, à l'exception de la vente à
prix fixe et de la concession, qui sont exclusivement destinés aux immeubles ruraux.

Telles sont les observations que j'avais à faire
au sujet du décr. du 25 juill. 1860. Je les terminerai par les deux recommandations suivantes :

1° Dans le but d'appeler vers l'Algérie un courant d'émigration plus rapide que par le passé, j'ai
déjà réclamé le concours de quelques agents spéciaux, et mon intention est d'en accroître le
nombre. Mais pour cela, il est indispensable que
des surfaces considérables soient toujours disponibles et allotties d'avance, car les intérêts de l'a-
venir seraient gravement compromis si, faute de
terres, nous nous trouvions dans la nécessité d'arrêter l'élan que nous aurions nous-même provoqué.—J'attache donc beaucoup d'importance à ce
que vous apportiez personnellement les soins les
plus actifs et les plus soutenus à la formation incessante de nouveaux périmètres de colonisation.

2° Il arrivera sans doute très-souvent que des
demandes de concessions ou de vente de gré à gré,
contraires aux dispositions restrictives du décret
et par conséquent, inadmissibles, vous seront
adressées. — Ces demandes ne devront pas être
laissées sans suite, car il est du devoir de l'administration de toujours répondre aux lettres qu'elle
reçoit. Mais afin d'éviter, en ce qui les concerne,
toute perte de temps et toute correspondance inutile, il conviendra que, sans m'en référer au préalable, vous vous borniez désormais à indiquer aux
demandeurs les empêchements légaux qui s'opposent absolument à la prise en considération de
leur requête.

M^al PÉLISSIER, DUC DE MALAKOFF.

D5.—12 mars-1er avr. 1864.—BG. 105. — Vente
par adjudication publique de 24,100 hect. de
terrains domaniaux situés dans les plaines
de l'Habra et de la Macta (prov. d'Oran).

Art. 1er.—Il sera procédé à la vente par adjudication publique, aux enchères, en un seul lot et
aux conditions du cahier des charges annexé au
présent décret, de terrains domaniaux situés dans
les plaines de l'Habra et de la Macta (province
d'Oran), présentant une superficie totale de 24,100
hect., tels qu'ils sont désignés audit cahier des
charges, lequel est approuvé.

Art. 2.—Le procès-verbal d'adjudication, la déclaration de command, s'il en est fait une, et tous
les actes à intervenir en vertu du présent décret
et du cahier des charges mentionné en l'article
précédent, seront enregistrés au droit fixe de 1 fr.
—La transcription au bureau des hypothèques ne
donnera ouverture qu'au même droit fixe.

Cahier des charges.

Art. 1. — La vente comprend 24,100 hect. de
terrains domaniaux situés dans la plaine de l'Habra et de la Macta et composés, savoir : de
15,320 hect. en terres de labour, de pâturage et
de parcours, et de 8,780 hect. à l'état de marais

_____

(1) Système de concessions abrogé par l'art. 11, décr.
du 31 déc. 1864, infrà.

et de forêts ; — Tels, au surplus, qu'ils se trouvent délimités par un liséré rouge au plan dressé le 6 août 1862 par le service topographique, et dont copie est ci-annexée. — Ne sont pas compris dans cette vente : — 1° Les propriétés de Si ben Abbou, Ben Dif, Passeron, Mohammed Ould Cadhi, etc.; — 2° Un hectare réservé pour un puits à l'usage commun dans les Abid Cheragas. — Le tout d'une contenance de 451 hect. formant enclave dans les terrains à aliéner.

Art. 2. — L'adjudication sera passée, à Oran, devant une commission composée du général commandant la division, président, du préfet du département, du directeur des domaines et de l'ingénieur en chef des ponts-et-chaussées.

Art. 3. — Elle aura lieu aux enchères publiques et à l'extinction des feux.

Art. 4. — Les enchères porteront exclusivement sur la somme à verser au trésor et dans laquelle n'entrera pas le montant des travaux prescrits par l'art. 5. — Elles seront ouvertes sur la mise à prix de 24,100 fr.

Art. 5. — L'adjudication étant faite en vue de l'assainissement et de la mise en valeur de la plaine de l'Habra et du développement de la culture du coton, l'adjudicataire sera tenu d'exécuter à ses frais, risques et périls, dans un délai qui n'excédera pas le 31 oct. 1866, et sous le contrôle des ingénieurs des ponts et chaussées, les travaux ci-après indiqués, savoir : — 1° Barrage-réservoir de l'Habra, à construire, en entier, en maçonnerie hydraulique; — 2° Dessèchement de la plaine de la Makta; — 3° Canaux pour l'irrigation des terrains à aliéner. — Les avant-projets seront communiqués, à titre de renseignements, aux personnes qui voudront concourir à l'adjudication. —Enfin, l'adjudicataire devra soumettre à l'administration les projets définitifs des travaux.

Art. 6. — Nul ne pourra concourir à l'adjudication s'il n'a préalablement justifié à la commission chargée, aux termes de l'art. 2, d'opérer la vente, du dépôt, dans l'une des caisses du trésor public, d'une somme de 200,000 fr. en numéraire ou en rentes sur l'Etat calculées conformément à l'ordon. royale du 19 juin 1825, ou en bons du trésor ou autres effets publics, avec transfert au profit de la caisse des dépôts et consignations de celles de ces valeurs qui seraient nominatives ou à ordre.—Cette somme formera le cautionnement de l'adjudicataire et lui sera restituée lorsqu'il aura terminé et fait recevoir par le service des ponts et chaussées le barrage-réservoir de l'Habra.

Art. 7. — Toute personne se présentant pour autrui devra justifier d'une procuration régulière qui sera déposée sur le bureau, après avoir été certifiée par le mandataire.

Art. 8. — La faculté de déclarer command est réservée à l'adjudicataire. — La déclaration de l'adjudicataire et l'acceptation du command auront lieu simultanément, par acte passé, dans les trois jours de l'adjudication, dans les bureaux du général commandant la division d'Oran.

Art. 9. — L'adjudicataire et le command, s'il en est déclaré, seront tenus de faire, le premier, dans le procès-verbal de l'adjudication, et le second, dans l'acte d'acceptation de la déclaration passée à son profit, élection de domicile à Oran. Faute par eux de faire cette élection, tous actes postérieurs leur seront valablement signifiés en l'hôtel de la division d'Oran.

Art. 10. — En cas de déclaration de command, la somme de 200,000 fr. versée par l'adjudicataire, aux termes de l'art. 6, restera affectée, pour le compte du command et dans les conditions dudit article, à la garantie de l'exécution des charges de l'adjudication.

Art. 11. — Toutes les contestations qui pour-

ront s'élever, pendant les opérations, sur la validité de l'adjudication et sur tous les incidents, seront décidées par la commission.

Art. 12. — La minute du procès-verbal d'adjudication sera signée sur-le-champ par tous les membres de la commission et par l'adjudicataire ou par son fondé de pouvoirs. En cas d'absence de ces derniers, ou s'ils ne veulent ou ne peuvent signer, il en sera fait mention au procès-verbal.

Art. 13. — L'adjudication ne deviendra définitive que par l'approbation du gouverneur général. A défaut de notification à l'adjudicataire de la décision du gouverneur général, dans un délai de dix jours au plus, à partir de la date de l'adjudication, ladite adjudication sera considérée comme définitive et produira tous ses effets.

Art. 14. — Dans le cas où l'approbation serait refusée, l'adjudication sera considérée comme nulle et non avenue, sans que l'adjudicataire puisse prétendre à aucune indemnité.

Art. 15. — L'adjudicataire jouira des servitudes actives et souffrira les servitudes passives, apparentes ou occultes, déclarées ou non, sauf à faire valoir les unes et à se défendre des autres, à ses risques et périls, sans aucun recours contre l'Etat, vendeur, et sans pouvoir, en aucun cas, l'appeler en garantie.

Art. 16. — Les biens sont vendus francs et libres de toutes rentes, dettes, hypothèques et de tous droits d'usage.

Art. 17. — L'Etat se réserve la propriété des objets d'art, mosaïques, bas-reliefs, statues et médailles qui seraient trouvés sur les terrains vendus pendant l'exécution des travaux.

Art. 18. — L'adjudicataire prendra lesdits terrains dans l'état où il les trouvera au jour de l'approbation ou de l'expiration du délai fixé par l'art. 13, sans pouvoir prétendre à aucune garantie ni à aucune diminution de prix pour dégradations, réparations ou erreurs dans la désignation ou la contenance.

Art. 19. — L'adjudicataire sera assujetti, à partir de l'achèvement des travaux, aux taxes annuelles imposées aux usagers des eaux pour l'entretien et la réparation des barrages, canaux et autres ouvrages concernant les irrigations,'et pour les frais de curage. Seront soumis aux mêmes taxes ceux des propriétaires des 12,000 hect. précédemment adjugés qui voudront être admis à profiter des eaux d'irrigation provenant du barrage, et qui en feront la demande. Il sera, en conséquence, formé un syndicat entre eux et ledit adjudicataire.

Art. 20. — L'adjudicataire ou le command seront tenus de payer, en sus du prix de vente : 1° Les frais d'annonces et d'affiches préalables à l'adjudication; 2° Les droits de timbre de la minute, de la grosse et de l'expédition du procès-verbal d'adjudication et des annexes dudit procès-verbal; 3° Le droit d'enregistrement de la vente, et, s'il y a lieu, celui de la déclaration de command; 4° Les frais de timbre de la transcription hypothécaire et les salaires du conservateur. Les autres frais, s'il y en a, seront à la charge de l'Etat.

Art. 21. —Le prix de l'adjudication sera payé à la caisse du receveur des domaines à Oran en quatre termes égaux, savoir : Le premier, dans le mois de la notification à l'adjudicataire de l'approbation de l'adjudication ou de l'expiration du délai fixé par l'art. 13, et les trois autres, de six mois en six mois, le tout sans intérêts.

Art. 22. — La vente sera résolue de plein droit, si l'adjudicataire ne paye pas, dans le délai fixé par l'article précédent, le premier terme du prix de l'adjudication. Dans ce cas, la somme de 200,000 fr. versée à titre de cautionnement deviendra la propriété de l'Etat; elle sera acquise au Trésor à titre de dommages et intérêts.

Art. 23. — L'adjudicataire sera mis en possession des terrains vendus dès que l'adjudication
aura été approuvée, conformément à l'art. 15, ou
après l'expiration du délai fixé par ledit article.

Art. 24. — Faute par l'adjudicataire d'avoir terminé ses travaux ou effectué le payement des trois
derniers termes du prix d'adjudication, dans les
délais prescrits par les art. 5 et 21, la vente sera
résolue de plein droit, et il sera pourvu tant à la
continuation et à l'achèvement des travaux qu'à
l'exécution des autres conditions du marché, au
moyen d'une nouvelle adjudication, qui sera ouverte sur une mise à prix fixée d'après la valeur
des ouvrages exécutés, des matériaux approvisionnés et du matériel qui pourrait exister sur les
chantiers. Cette mise à prix pourra être abaissée,
s'il y a lieu. Le nouvel adjudicataire sera mis au
lieu et place de l'ancien et soumis aux mêmes conditions. L'Etat prélèvera sur le prix que la réad-
judication aura déterminé une somme égale au
montant du cautionnement de l'adjudicataire primitif, s'il lui a déjà été remboursé, ainsi que les
portions non payées du prix de la première adjudication, et le surplus sera attribué à l'adjudicataire évincé. Si l'adjudication n'amène aucun résultat, une seconde adjudication sera tentée sur
les mêmes bases, après un délai de trois mois. Si
cette seconde tentative reste également sans résultat, l'adjudicataire primitif sera définitivement déchu de tous ses droits; la déchéance sera prononcée par le gouverneur général, et les ouvrages
faits et les matériaux approvisionnés appartiendront à l'Etat. Les dispositions du présent article
ne sont pas applicables au cas où le retard des
travaux et l'inexécution des clauses du marché
proviendraient de force majeure régulièrement
constatée.

Art. 25. — Le droit à la jouissance des eaux
d'irrigation provenant du barrage appartient, sous
la réserve énoncée en l'art. 19, aux 36,000 hect.
dont le périmètre est tracé sur le plan annexé à
l'avant-projet dressé par le service des ponts et
chaussées. La répartition des eaux sera faite proportionnellement aux superficies, de telle manière
que l'adjudicataire aura droit à la jouissance des
vingt-quatre trente-sixièmes de l'eau disponible.
Il est bien entendu que les droits actuels des riverains de l'Habra et de ses affluents, placés au-dessus du barrage-réservoir, sont réservés.

Art. 26. — Le droit à la jouissance de l'eau appartient au sol lui-même, d'où il suit que l'adjudicataire ne pourra vendre une partie de ses terrains sans transférer en même temps le droit qui
lui est attribué à la jouissance de l'eau.

Art. 27. — L'adjudicataire aura droit à la jouissance de toutes les chutes d'eau existant actuellement ou créées par lui sur ses terrains, à la charge
de se conformer aux lois et règlements sur la matière.

Art. 28. — Les contestations qui pourraient s'é-
lever entre l'adjudicataire et l'administration, au
sujet de l'exécution et de l'interprétation des
clauses du présent cahier des charges, jusqu'à
l'entier achèvement et la réception, par le service
des ponts et chaussées, des travaux prescrits par
l'art. 5, seront jugées administrativement par le
conseil de préfecture du département d'Oran, statuant au contentieux, sauf recours au conseil
d'Etat.

Art. 29. — Toutes plantations de bornes ou indications de limites que l'adjudicataire jugera utile
de faire établir, de concert avec le service des
domaines, seront exécutées à ses frais.

Vu pour être annexé au décret du 12 mars 1864.

*Le Maréchal de France, Ministre
de la guerre,*

Randon.

DI. — 12 août-26 sept. 1864. — BG. 122. — *Exécution des art. 1, 2 et 3 du décr. du 25 juill.
1860. — Projets de périmètres de colonisation.
— Approbation impériale.*

Art. 1. — A l'avenir, les projets de périmètre
de colonisation à préparer, en conformité des dispositions des art. 1, 2 et 3 du décr. du 25 juill.
1860, ne seront exécutoires qu'après avoir été arrêtés par nous, notre conseil d'Etat entendu.

Circ. G. — 29 nov. 1864 (*V. Colonisation*). —
*Instructions sur la formation de nouveaux
périmètres de colonisation.*

DI. — 31 déc. 1864-31 janv. 1865. — BG. 131. —
*Vente à prix fixe et à bureau ouvert des terres
domaniales en Algérie. — Abolition des
clauses résolutoires imposées aux concessions.*

Vu la loi du 16 juin 1851 (propriété, I, 287); —
Les décr. du 25 juill. 1860 et 12 août 1864, sur
l'aliénation des terres domaniales et la formation
des périmètres de colonisation.

Art. 1. — Les terres appartenant à l'Etat, allo-
ties en vue de la création ou de l'agrandissement
des périmètres de colonisation constitués conformément aux dispositions de notre décr. du 12 août
1864, seront à l'avenir aliénées par la voie de la
vente à prix fixe et à bureau ouvert, sauf les exceptions déterminées par les art. 11 et 12 du présent décret. — Le prix de chaque lot à vendre est
fixé par le gouvernement général, le conseil général entendu.

Art. 2. — Les ventes à prix fixe sont faites par
le receveur des domaines de la circonscription où
sont situées les terres. — Elles sont, deux mois
au moins avant l'opération, annoncées par voie
d'affiches, et elles se continuent jusqu'à complet
épuisement des lots. — Une notice, accompagnée
d'un plan d'allotissement et de rattachement et
d'un tableau indicatif des lots fait connaître la situation du périmètre mis en vente, les cours d'eau,
fontaines et sources qui s'y trouvent, les voies de
communication ouvertes ou dont l'ouverture est
arrêtée, les centres de population les plus pro-
ches, et tous autres renseignements propres à
faire connaître les ressources de la localité. — Cette
notice est reproduite avec ses annexes par les affiches, et l'ensemble de ces documents reste en
outre à la disposition du public, jusqu'à la clôture
de la vente, dans les bureaux du receveur des
domaines.

Art. 3. — Si deux ou plusieurs personnes voulant acquérir le même lot se présentent dans la
même séance devant le receveur chargé de la
vente, une enchère publique est ouverte trois jours
après, et le lot est acquis au plus offrant, dans les
conditions de payement indiquées à l'art. 4 du
présent décret. — Des affiches apposées à la diligence du receveur font connaître le jour et l'heure
de l'enchère.

Art. 4. — Le prix de chaque lot est payable par
cinquième : le premier cinquième au moment de
la vente, et les autres d'année en année. — L'intérêt légal en Algérie est dû pour la partie du prix
non payée au comptant (1).

Art. 5. — Aussitôt que le premier cinquième du
prix a été versé, le receveur des domaines fait
signer à l'acquéreur le contrat de vente et le fait
mettre en possession.

Art. 6. — L'acquéreur paye, en sus du prix de
la vente, les droits de timbre, d'enregistrement et
de transcription hypothécaire du contrat, dont une

(1) Réduit au taux de 5 p. 100 par décret postérieur
du 21 juill. 1865, et payement du premier cinquième ordonné au moment seulement de la signature du contrat
de vente.

expédition lui est remise dans le délai d'un mois à partir du jour de la vente.

Art. 7.— En cas de retard dans le payement du prix, la déchéance de l'acquéreur peut être prononcée conformément à l'art. 8 de la loi du 15 floréal an X, par arrêté du gouverneur général, pris sur la proposition de l'autorité provinciale compétente.

Art. 8. — La vente est faite sans autre condition résolutoire que celle prévue à l'art. 7 ci-dessus.

Art. 9. — Le gouvernement général nous rend compte, au commencement de chaque trimestre, des ventes effectuées pendant le trimestre précédent.

Art. 10.— Dès qu'un périmètre de colonisation comptera une population suffisante, il sera créé une ou plusieurs communes de plein exercice.

Art. 11.— Le système de concession des terres autorisé par les art. 23 et 24 du décr. du 25 juill. 1860 est et demeure supprimé.— Toutefois, lorsqu'il y aura lieu de faciliter la formation de groupes de population présentant un caractère particulier d'utilité, la délivrance de concessions pourra être exceptionnellement autorisée par nous, sur le rapport de notre ministre de la guerre, d'après les propositions du gouverneur général de l'Algérie et par décret spécial. — Ce décret désignera le nom des concessionnaires, le numéro et l'étendue des lots attribués, et réglera les conditions des concessions.— Peut être également autorisée par voie de décret impérial la cession par l'État d'immeubles domaniaux en vue de l'exécution de travaux d'utilité publique.

Art. 12.— Les concessions faites jusqu'à ce jour sont et demeurent affranchies de toute clause résolutoire autre que celle du payement ou du rachat de la rente sans préjudice des réserves temporaires stipulées dans l'acte de concession.

Art. 13.— Sont maintenues les dispositions des sections 2, 3 et 4 du décr. du 25 juill. 1860 relatives aux propriétés domaniales désignées pour être vendues aux enchères, aux conditions et aux formes de la vente de gré à gré et des échanges, ainsi que les dispositions de l'art. 25 du décret précité concernant les concessions à faire aux départements, aux communes et aux établissements publics.

Art. 14.— Toutes dispositions contraires au présent décret sont et demeurent abrogées.

Circ. G.— 10-15 fév. 1865. — BG. 135. — *Instructions aux généraux commandant les provinces, sur l'exécution du décret qui précède.*

Le n° 151 du *Bulletin officiel* du gouvernement général de l'Algérie contient un décret en date du 31 déc. 1864, qui réglemente, sur de nouvelles bases, l'aliénation des terres domaniales en Algérie.—Il ne me paraît pas nécessaire de m'arrêter sur les considérations de tout ordre qui ont motivé la rédaction de ce décret. Les dispositions qu'il renferme en font suffisamment ressortir le but libéral et la part qui y est faite à l'initiative individuelle. — Je me bornerai donc à quelques éclaircissements de détails qui me semblent nécessaires pour donner à certains points du décret, sur lesquels des doutes peuvent exister, leur véritable interprétation.

L'art. 1 détermine la règle à suivre rigoureusement à l'avenir pour l'aliénation des terres domaniales allotties en vue de la création ou de l'agrandissement des périmètres de colonisation. Ainsi, la vente à prix fixe et à bureau ouvert est devenue, dans la pensée du décret du 31 déc. 1864, le mode à employer exclusivement pour l'aliénation des terres domaniales en Algérie, sauf quelques rares exceptions prévues aux art. 11 et 13 du décret et dont il sera parlé ci-après.

Vous remarquerez que le § 2 de l'art. 1 supprime implicitement la commission provinciale instituée en vertu de l'art. 7 du décr. du 25 juill. 1860. Le concours de cette commission a paru en effet inutile du moment où, à l'aide des indications puisées tant auprès du receveur des domaines que du géomètre de la circonscription, vous pouviez être suffisamment éclairé pour me soumettre des propositions en vue de la fixation du prix à assigner à chaque lot à vendre.

L'art. 2 ne comporte aucune explication. — La marche à suivre, tant pour annoncer la vente à prix fixe que pour procéder à cette opération, se trouve toute tracée dans les instructions générales en date des 22 août 1860 et 23 avr. 1862, relatives à l'exécution du décr. du 25 juill. 1860. Ainsi, un délai de deux mois au moins doit s'écouler toujours entre l'insertion au *Bulletin officiel* du gouvernement général de l'Algérie du décret impérial approbatif du périmètre et le commencement des ventes à prix fixe, dont la date d'ouverture sera indiquée par la même décision. — Pendant ce délai, la notice, le plan de lotissement et de rattachement, ainsi que le tableau indicatif des lots, seront déposés au bureau du receveur des domaines, chargé des ventes.

La notice sera reproduite avec ses annexes par les affiches qui mentionneront également que les cours d'eau, fontaines et sources qui se trouvent dans le périmètre mis en vente, appartiennent, en Algérie, au domaine public. Cette mention est d'autant plus importante qu'en France la législation n'est pas la même, et que de cette différence il pourrait résulter des erreurs ou des mécomptes pour les acheteurs.

Dans le but de prévenir toute fausse interprétation sur la teneur de l'art. 3, il conviendra de spécifier dans les affiches que les offres seront reçues par le receveur des domaines pendant toute la durée réglementaire de la séance du bureau, laquelle est de huit heures, se divisant en deux parties, savoir : — Le matin, de 7 à 10 heures; — Le soir, de midi à 5 heures. — Par suite, au cas où deux ou plusieurs personnes voulant acquérir le même lot se présenteraient dans la même séance de la journée, c'est-à-dire soit de 7 à 10 heures du matin, soit de midi à 5 heures, il serait ouvert, trois jours après, à la diligence du receveur, une enchère publique, à laquelle pourraient prendre part non-seulement les demandeurs primitifs, mais encore toute personne qui désirerait concourir à l'adjudication. — Ce nouveau droit, créé au profit de tous les demandeurs, découle naturellement de la publicité à donner par la voie des affiches à l'enchère, publicité qui n'aurait pas sa raison d'être si l'adjudication était restreinte aux seuls concurrents du même lot.

Les ventes à prix fixe ont lieu d'après un projet de contrat arrêté d'une manière uniforme pour les trois provinces, et dont les principales conditions se résument par les trois points ci-après : — 1° Payement en cinq annuités du prix de vente, le premier cinquième au moment de la vente, c'est-à-dire au moment de la signature du contrat (art. 4); — 2° Mise en possession de l'acquéreur après le versement du premier cinquième (art. 5). Afin que l'acquéreur n'éprouve aucun trouble dans la jouissance de son lot, la quittance qui sera délivrée par le receveur des domaines devra être libellée de façon à tenir lieu de titre provisoire pendant le mois qui s'écoulera avant la remise de l'expédition du contrat de vente (art. 6); — 3° Affranchissement de toutes les charges relatives à la mise en valeur du sol (art. 8). — Ces ventes deviennent définitives par le fait seul de la signature du contrat, sans être subordonnées à aucune sorte de ratification administrative.

L'art. 7 dispose que, dans le cas de retard pour le payement du prix, la déchéance de l'acquéreur peut être prononcée conformément à l'art. 8 de la loi du 15 floréal, an X. — Le texte de cet article étant peu connu, il sera bon de l'insérer dans les affiches, afin de bien éclairer les demandeurs.

L'art. 9 prescrit au gouverneur général de rendre compte à l'empereur, au commencement de chaque trimestre, des ventes effectuées pendant le trimestre précédent. — Pour me mettre en mesure de satisfaire à cette obligation, je vous recommande de m'adresser exactement, dans les dix premiers jours de chaque trimestre au plus tard, l'état des ventes effectuées dans les territoires civil et militaire de votre province pendant le trimestre précédent. — Cet état devra être divisé en deux parties, de manière à présenter distinctement le relevé des ventes réalisées sans concurrence et de celles opérées par voie d'enchères publiques.

La disposition édictée par l'art. 10 ne pourra qu'exercer une bonne influence sur les ventes. Le principe de la création d'une ou de plusieurs communes de plein exercice, dès qu'un périmètre de colonisation comptera une population suffisante, est en effet un gage de confiance et de sécurité donné aux familles qui viendront se fixer dans le pays.

L'art. 11 pose cette règle que le système des concessions gratuites de terres est désormais supprimé. C'est là un principe absolu et qui, dans les conditions ordinaires, ne donne lieu à aucune exception.—La gratuité de la concession est toutefois maintenue pour le cas où les besoins de la défense ou tout autre motif d'ordre public nécessiteraient sur un point avancé du pays la création d'un centre de population : le gouvernement local, reconnaissant alors utile de faire fléchir la règle devant des considérations toutes spéciales, peut faire des propositions dans ce sens ; mais l'obligation de recourir à la sanction de l'empereur pour chaque concession précise d'une manière claire et nette le sens de cette disposition, dont l'application ne peut évidemment avoir lieu que dans des circonstances véritablement exceptionnelles.

Comme liquidation du passé, et par une mesure libérale qui aura pour effet de débarrasser de toute entrave le droit de propriété d'un grand nombre de cultivateurs, le décret accorde (art. 12) aux concessions faites jusqu'à ce jour l'affranchissement de toute clause résolutoire autre que celle du payement ou du rachat de la rente, sans préjudice des réserves temporaires stipulées dans l'acte de concession. — Par ces mots : « réserves temporaires, » il faut entendre l'obligation faite aux concessionnaires, pendant un délai de 10 ans, de livrer sans indemnité à l'État tous les terrains qui lui seraient nécessaires pour l'établissement des routes, chemins, aqueducs et cours d'eau avec servitudes ordinaires de francs bords. — D'un autre côté, il est bien entendu qu'ils acquitteront l'impôt foncier et tous autres impôts qui viendraient à grever la propriété en Algérie.—Enfin, les droits de propriété du domaine sur les cours d'eau, sources et fontaines connues ou inconnues, ainsi que sur les objets d'art antique ou d'architecture qui pourraient être découverts sur la concession, sont et demeurent expressément maintenus.

Comme vous le remarquerez, l'affranchissement de la clause résolutoire s'applique sans aucune restriction, non-seulement aux concessions accordées dans les conditions ordinaires, mais encore à celles qui ont été faites en vue d'obligations d'intérêt général contractées par les impétrants, telles que les concessions consenties à charge de peuplement ou de grandes cultures industrielles. —

L'affranchissement de la clause résolutoire a donné lieu de plein droit et par le fait seul de la promulgation du décret au Bulletin officiel de l'Algérie. Tout acte administratif est complètement inutile pour régulariser cette situation dans les titres déjà délivrés. — En conséquence, il n'y aura lieu de modifier dans le sens du nouveau décret (art. 12) que les titres de propriété qui resteraient encore à délivrer pour régulariser des prises de possession de bonne foi, ainsi que ceux qui pourraient être ultérieurement concédés dans les cas exceptionnels définis aux art. 11 et 15.

Quant aux concessionnaires qui sont morts ou disparus, et dont les terres auraient été laissées sans maîtres et dans un état complet d'abandon, leur déchéance ne peut plus être prononcée que pour défaut de payement de la rente, par application des dispositions de l'art. 8 de la loi du 15 floréal an X, complétées par les art. 3 et 4 de l'ord. du 11 juin 1817.

Enfin, l'art. 15 du nouveau décret maintient les dispositions édictées dans le décr. du 25 juill. 1860, touchant les trois modes d'aliénation : 1° Par la vente aux enchères publiques dans les cas déterminés ; — 2° Par la vente de gré à gré, en cas d'indivision, d'enclave, de préemption légale ou de possession de bonne foi ; — 3° Par l'échange, en vue de faire cesser des enclaves nuisibles à la colonisation, ou de rendre disponibles entre les mains de l'administration les immeubles dont elle aurait besoin pour une destination quelconque.

Telles sont les observations que j'avais à faire au sujet du décr. du 31 déc. 1864. Les dispositions qu'il contient sont d'une grande simplicité et d'une exécution facile. — Elles sont de nature à appeler vers l'Algérie un courant d'émigration plus rapide, en faisant cesser des réglementations inutiles ; en un mot, elles répondent, dans une large mesure, aux grands principes de liberté commerciale et industrielle inaugurés par l'empereur dans sa lettre mémorable du 6 fév. 1863 ; principes économiques qui font appel à l'initiative individuelle et renferment le rôle de l'administration dans les matières d'intérêt général et d'ordre public.

Je ne terminerai pas sans rappeler à votre attention, en les confirmant, les instructions contenues dans ma dépêche du 29 nov. dernier, et relatives à la formation de nouveaux périmètres de colonisation (supra, Colonisation).—Pour assurer le succès du nouveau système inauguré par le décr. du 31 déc. 1864, il est indispensable que des surfaces suffisantes soient toujours disponibles et allotées d'avance ; car les intérêts de l'avenir seraient gravement compromis si l'élan de l'émigration européenne se trouvait arrêté faute de terres. Un principe fécond a été posé ; la France l'a accueilli avec un sentiment de vive satisfaction ; c'est maintenant aux autorités algériennes à prendre les mesures nécessaires pour lui faire porter tous ses fruits. — C'est vous dire que j'attache une importance extrême à ce que vous apportiez personnellement les soins les plus actifs et les plus soutenus à la formation incessante de nouveaux périmètres de colonisation.

Je vous recommande surtout de bien vous pénétrer des principes qui devront vous diriger dans cette opération, et qui se trouvent indiqués dans ma circulaire précitée du 29 nov. dernier, que je vous rappelle par dépêche spéciale de ce jour.

Mⁱˢ DE MAC MAHON, DUC DE MAGENTA.

Circ. G. — Même date. — Même objet.

Le décr. du 31 déc. 1864, substituant à la concession gratuite le système des ventes à prix fixe et à bureau ouvert pour l'aliénation des terres en

Algérie, a produit en France l'impression la plus favorable, en même temps qu'il était accueilli par les populations algériennes comme le gage certain d'un véritable progrès. — Il importe maintenant que l'application de ce décret soit suivie de résultats qui ne démentent pas les espérances qu'on est en droit d'en attendre pour le développement de la colonisation et la prospérité du pays. — Je crois devoir en cet état de choses rappeler avant tout les instructions contenues dans ma dépêche du 29 nov. dernier et vous prier de presser l'envoi des propositions que je vous ai demandées relativement aux divers territoires qui, dans votre province, vous paraîtraient susceptibles d'être utilement livrés au peuplement dans un avenir peu éloigné.

Agrandir ou compléter les périmètres de la colonisation déjà existants; — en créer de nouveaux venant s'appuyer sur les premiers ou se reliant à la ligne des chemins de fer sur tout leur parcours, afin de n'appeler l'immigration que sur des points où les colons puissent trouver la sécurité pour eux-mêmes et contribuer en même temps à celle de leurs voisins; — ouvrir enfin des zones nouvelles à l'activité européenne, chaque fois que le courant des populations et un intérêt de stratégie ou de commerce l'exigeront, telle est la marche que j'ai indiquée à vos études, à vos investigations, et je ne puis qu'insister auprès de vous pour que vous la suiviez rigoureusement, car elle me semble de nature à produire des résultats prochains et efficaces.

La vitalité des centres de population dépend essentiellement, vous le savez, des conditions dans lesquelles ils se trouvent placés. Je ne saurais donc trop vous recommander, quelle que soit la provenance des terres destinées à former les nouveaux périmètres, de veiller personnellement avec soin à ce qu'ils soient choisis de telle façon que, sous le rapport de la sécurité, des facilités commerciales, de la proximité des marchés, de l'état des routes, de la salubrité, des eaux d'alimentation et d'irrigation, ils présentent des chances de bonne et fructueuse exploitation.

Il importe essentiellement et au développement du pays et à la dignité du pouvoir, de ne pas laisser à l'état de lettre morte les dispositions libérales du décr. du 31 déc. 1864 sur la vente des terres.

Mal DE MAC-MAHON, DUC DE MAGENTA.

§ 4. — SERVICE ADMINISTRATIF.

Circ. G. — 27 mai-12 juin 1861. — B.G. 18. — *Instructions aux préfets et aux directeurs des domaines, sur les notes et rapports à fournir par les chefs de service.*

Diverses instructions de l'administration de l'Enregistrement et des domaines, et notamment celle du 9 nov. 1855, n° 1779, ont prescrit aux directeurs des domaines de transmettre au ministère des finances : — 1° Les bordereaux de situation de caisse que les vérificateurs et inspecteurs doivent établir dès leur arrivée dans les bureaux des receveurs dont ils sont appelés à vérifier le service; — 2° Les rapports rédigés par les vérificateurs à la suite de l'examen des gestions des receveurs; — 3° Les précis d'opérations par lesquels les vérificateurs indiquent l'emploi de leur temps et les résultats de leur travail; — 4° Les comptes rendus par les inspecteurs de leurs opérations et du contrôle de celles des vérificateurs; — 5° Les notes fournies par les vérificateurs et inspecteurs sur les receveurs.

D'un autre côté, aux termes des instructions n° 1360, 1564, 1979 et 1980, les directeurs sont tenus de fournir, chaque trimestre, des états de situation de la vérification et de l'inspection des régies, et, au commencement de chaque année, un relevé des bureaux vérifiés à l'improviste pendant l'année précédente. — Enfin, les instructions 1652 et 1981 ont recommandé aux directeurs d'adresser au service central les rapports sommaires et les notes qu'ils auront rédigés par suite de la vérification qu'ils sont tenus d'opérer, chaque année, dans tous les bureaux du chef-lieu de leur département.

Les documents qui viennent d'être énumérés n'ont jamais, jusqu'à présent, été communiqués au gouvernement général : ces pièces restent sans suite dans les bureaux des chefs de service des trois provinces. Ce mode de procéder empêche l'autorité centrale de se rendre un compte exact des opérations des employés de l'enregistrement et des domaines et de diriger efficacement l'ensemble de ce service.

J'ai décidé, en conséquence, que les dispositions ci-dessus rappelées, seront appliquées en Algérie, à partir du 1er janv. 1861 : toutes les pièces exigées par les instructions 1979, 1360, 1564, 1976, 1980 et 1981, et déposées, depuis le 1er janvier dernier, dans les bureaux des directions des domaines, devront donc m'être adressées sans retard, après, toutefois, qu'une copie en aura été retenue. — On y joindra le relevé des vérifications opérées à l'improviste en 1860, et les états de situation de l'inspection et de la vérification des régies au 1er avril 1861.

A l'avenir, les bordereaux de situation de caisse, les rapports de gestion, les précis d'opérations, les comptes rendus et les notes me seront transmis dans un bref délai, dès qu'ils seront parvenus dans chaque direction. — Pour abréger, cette transmission pourra être faite sans lettre d'envoi, à moins que les directeurs n'aient des observations particulières à présenter : on se bornera à indiquer, à l'encre rouge, en marge de chaque pièce, qu'elle est destinée au gouvernement général (direction générale des services civils, 3e div. 2e sec.). — Il est entendu que les éloges ou critiques que les directeurs sont appelés à fournir au vu des documents dont il s'agit, ne devront être communiqués à l'employé intéressé qu'après qu'ils auront été soumis à mon appréciation.

Je dois rappeler, en outre, que tous les vérificateurs et inspecteurs, même ceux chargés d'opérations extraordinaires autres que celles du contrôle, sont tenus de justifier de l'emploi de leur temps par l'envoi, à la fin de chaque mois, d'un précis ou d'un compte rendu. Lorsque l'employé supérieur n'aura pas accompli, pendant le mois, la mission dont il est chargé, il n'en devra pas moins présenter un précis ou compte rendu dans lequel il détaillera, au paragraphe des opérations diverses, les travaux par lui accomplis, en indiquant le nombre de jours employés à chaque affaire ou mission, et le temps absorbé par chaque déplacement.

Mal PÉLISSIER, DUC DE MALAKOFF.

Circ. G. — 11-25 février 1865. — B.G. 134. — *Même objet.*

Une circulaire en date du 27 mai 1861, prescrit à MM. les directeurs, chefs du service de l'enregistrement et des domaines, de transmettre périodiquement, au gouverneur général, tous les documents relatifs aux opérations de vérification, d'inspection et de surveillance du service.

En outre, il est spécifié, à l'avant-dernier paragraphe de cette circulaire, « que les éloges ou critiques que les directeurs sont appelés à fournir au vu des documents dont il s'agit, ne devront être communiqués à l'employé intéressé, qu'après

qu'ils auront été soumis à l'appréciation du gouverneur général. »

Cette disposition particulière me paraissant de
nature à gêner l'action qu'il est indispensable de
laisser entière et prompte au chef de service, responsable des actes du personnel placé sous ses
ordres, j'ai l'honneur de vous faire connaître que
je la rapporte.

Il demeure bien entendu que les documents périodiques relatifs aux opérations de vérification,
d'inspection et de surveillance du service continueront, comme par le passé, à m'être envoyés, et
feront mention des éloges ou critiques adressés
directement aux agents.

Le général de division, sous-gouverneur,
Desvaux.

Renvois. — V. *Table alphabétique.*

Domestiques à gages. V. Ouvriers.

Domicile. V. Table alphabétique.

Dotation. V. *ibidem.*

Douanes.

DIVISION.

§ 1. — Législation spéciale. — Régime commercial.
§ 2. — Organisation du service.

§ 1. — Législation spéciale. — Régime
COMMERCIAL.

D1. — 11 août-15 oct. 1860. — BM. 92. — *Suppression des droits compensateurs sur divers
articles. — Réduction des droits sur les liqueurs alcooliques.*

Vu la loi du 5 mai 1860, qui a supprimé les
primes établies à la sortie des tissus de laine; —
La loi du 23 mai 1860, qui a réduit l'impôt sur
les sucres.

Art. 1. Les droits compensateurs, établis par
l'art. 5 de notre décret du 11 fév. dernier (I, 503) et
compris au tableau C, sont supprimés à l'égard des
coussins en drap, de la passementerie en laine et
soie, et des gandouras. Ils sont réduits à 6 fr. 25 c.
par hectolitre pour les liqueurs alcooliques.

D2. — 15 déc. 1860-19 janv. 1861. — BG. 1. —
*Abrogation de la prohibition qui atteint en
Algérie la sortie des écorces à tan suivant
décret du 17 nov. 1851 (I, 501).*

D3. — 25 août-5 sept. 1861 (non publié au *Bulletin officiel*). — *Les cuirs tannés et les laines
cardées, peignées et filées, sont ajoutées à la
nomenclature des produits fabriqués de l'Algérie, dont la loi du 11 janv. 1851 (I, 500),
autorise l'admission en franchise dans les
ports de la Métropole.*

D4. — 9-17 sept. 1861 (non publié au *Bulletin
officiel*), art. 5. — *L'acquittement des droits
d'entrée sur les tissus belges ou anglais importés dans les conditions des traités franco-
anglais et franco-belges, ne pourra avoir lieu
en Algérie que dans le port d'Alger.*

D5. — 3 janv.-31 déc. 1862. — BG. 71. — *Le
bureau de douanes d'Oran est ajouté à celui
d'Alger, ouvert par le décret précédent à
l'importation et à l'acquittement des droits
d'entrée sur les mêmes tissus.*

LOI. — 16-23 mai 1863. — Publiée en Algérie
23 juill. 1864. — BG. 117. — *Admission en
franchise de divers produits naturels et produits fabriqués.*

Art. 3. — Les produits naturels et les produits
fabriqués, dénommés dans les tableaux A et B
ci-après, sont ajoutés à ceux dont l'art. 9 de la loi

du 11 janv. 1851 et l'art. 17 de la loi du 26 juill.
1856 autorisent l'admission en franchise de droits
dans les ports de l'empire.

Ceux des produits admis en franchise sur le continent français, conformément aux dispositions du
paragraphe précédent, qui jouissent actuellement
en Algérie, soit de la franchise des droits de
douane, soit d'une modération quelconque de tarif,
devront à leur importation de l'étranger en Algérie, être soumis aux droits d'entrée du tarif général de France. — Les liqueurs alcooliques payeront
à leur entrée en France un droit de 8 fr. 75 c.

(Décr. des 11 févr. et 11 août 1860, 5 janv. et
24 juin 1861 et 30 nov. 1862.)

Tableau A. — *Produits naturels de l'Algérie auxquels la franchise est accordée à leur entrée en
France.*

Plumes d'oiseau à écrire. — Soies moulinées. — Cire
brute de toute sorte. — Orge perlé. — Pain et biscuit
de mer. — Conserves alimentaires. — Olives en sau-
mure ou à l'huile. — Graines de sorgho entières. — Résines d'exsudation. Brutes : résines molles, poix galipot.
Épurées : térébenthine compacte ou liquide. — Résines
de combustion : brai gras, goudron. — Résines distillées : essence de térébenthine, résidus de distillation,
brai sec, colophane, résine d'huile. — Graisses de poisson de pêche algérienne. — Bois communs de toute
sorte, bruts, équarris ou sciés. — Henné en feuille pour
la teinture. — Drina en feuilles. — Garance moulue.
— Marbres sciés ou travaillés. — Or brut. — Argent
brut. — Fer, fonte brute non scléreuse, en masses pe-
sant 15 kilog. ou plus. — Fer étiré, en barres plates ou
rondes. — Fer platiné ou laminé, noir, tôle, étamé
(fer-blanc), plombé, cuivré ou zingué. — Fer. Acier en
barre de toute espèce, en tôle de toute espèce. — Cuivre
pur ou allié de zinc et d'étain de 1re fusion, en masses,
barres ou plaques ; laminé, en barres ou en planches. —
Étain brut, battu ou laminé. — Zinc brut ou laminé. —
Antimoine métallique (régule).

Tableau B. — *Produits fabriqués en Algérie auxquels
la franchise est accordée à leur entrée en France.*

Laines peignées et cardées. (Décret du 25 août 1861.)
— Potasse brute. — Extrait colorant de la graine et de
la plante du sorgho à l'état liquide. — Carmin. — Noir
animal. — Parfumerie : eaux distillées et de senteur,
alcooliques, sans alcool. Vinaigres parfumés. Pâtes liquides ou en pain. Savons liquides, en poudre, pains
ou boules. Poudres de senteur. Pommades de toute
sorte. Fards. Pastilles odorantes à brûler. — Amidon.
— Cire ouvrée (bougie, etc.) — Acide stéarique ouvré
(bougies stéariques, etc.) — Chandelles. — Vins ordinaires et de liqueurs. — Vinaigres. — Alcools de toute
sorte. — Sulfate de soude (décret de 30 nov. 1862 et
soude naturelle). — Poterie de terre grossière, faïence
commune. — Fils, nattes, tresses, cordages de laine
(décret du 25 août 1861), de crin, de palmier nain,
d'alpha et d'aloès. — Carton. — Papier. — Peaux tannées,
corroyées, hongroyées ou autrement apprêtées, teintes ou
vernies, mégies, chamoisées ou maroquinées (Décret du
25 août 1861). — Pelleteries ouvrées. — Liège ouvré (en
bouchons, etc.). — Ouvrages en bois de toute sorte. — Meubles de toute sorte. — Librairie en feuilles. — Orfèvrerie
d'or, de vermeil ou d'argent. — Bijouterie d'or, de vermeil ou d'argent. — Brosserie de palmier nain et de drinn.
— Blagues à tabac brodées or, soie et argent sur cuir et
sur tissu. — Bourses en soie façon de Tunis. — Brace-
lets et cordons en passementerie arabes. — Chachias en
velours. — Chapeaux du Sahara en paille ou sparte avec
plumes d'autruche. — Coussins en cuir ou en velours
brodés d'or et d'argent. — Coussins en drap. — Éven-
tails brodés d'or et d'argent ou plumes d'autruche, en
paille. — Ouvrages en marqueterie indigène ou en mosaïque arabe. — Lanterne mauresque. — Œufs d'autruche peints et garnis. — Paniers ou corbeilles de nègre avec
frange et tressages en drap. — Pantoufles pour hommes
ou pour femmes, unies ou brodées or et argent, sur cuir
et sur velours. — Poupées en costumes indigènes. —
Tuyaux de pipes en bois, garnis ou non, et pipes
arabes. — Cannes en bois de myrthe et autres. — Plateaux en cuivre ciselé. — Passementeries arabes, laine

et sole, or et soie, tout or. — Chapelets arabes. — Instruments de musique arabes. — Fichus de soie lamés
d'or et d'argent. — Savons autres que ceux de parfumerie. — Gandaras (espèces de grandes tuniques sans capu-
chon) en laine pure ou mélangée de soie.
Exportation. — Minerai de cuivre. Exempt.

LOI. — 23 mai-22 août 1865. — BO. 90. — *Modification au mode de perception du droit de
tonnage sur les navires étrangers.*

Art. 1. — Le droit de tonnage actuellement imposé aux navires étrangers dans les ports de l'Algérie sera perçu par tonneau d'affrètement sur les
marchandises que ces navires débarqueront ou em-
barqueront.

Art. 2. — Le droit de tonnage sera également
perçu proportionnellement au nombre de passagers débarqués ou embarqués, et fixé comme suit :
1° 1 tonneau par chaque passager embarqué ou
débarqué, chaque enfant, quel que soit son âge,
étant compté pour un passager; 2° 2 tonneaux par
cheval; 3° 5 tonneaux par voiture à deux roues,
et 4 tonneaux par voiture à plus de deux roues.
— Les bagages des passagers, y compris les petites
provisions de voyage qu'ils ont avec eux, ne seront pas compris dans l'évaluation des marchandises débarquées ou embarquées.

Art. 3. — Le droit de tonnage perçu en vertu
des art. 1 et 2 ci-dessus ne pourra, dans aucun
cas, excéder la somme qui aurait été perçue d'a-
près le tarif actuel.

DI. — 2-9 sept. 1865 (non publié au *Bulletin officiel.*) — *Admission en franchise de certains
produits.*

Art. 1. — Les produits originaires de l'Algérie,
qui, à leur importation en France, ne jouissent pas
de la franchise, seront admis, soit en exemption
des droits de douane, si la franchise est inscrite
dans les tarifs conventionnels franco-anglais et
franco-belges, soit à des droits qui ne pourront excéder ceux déterminés par ces tarifs.

Art. 2. — Les produits similaires importés de
l'étranger en Algérie seront soumis aux droits inscrits au tarif général métropolitain.

DI. — 7 sept.-10-sept. 1865. — BO. 94. — *Bureaux de Bouçada et de Géryville ouverts à
diverses importations par terre et à l'exportation.*

Vu l'ord. du 16 déc. 1843 et la loi du 11 janv.
1851 (I, 298 et s.); — Les décr. des 11 août 1855,
7 sept. 1856, 25 juin 1860 et 8 janv. 1862 (I,
301, 302);

Art. 1. — Les bureaux de douane de Bouçada
et de Géryville (Algérie) sont ouverts à l'importation des provenances du Dieríd, du Souf et du Maroc, et à l'exportation des produits métropolitains

et algériens, sous les conditions déterminées par
les décrets susvisés des 11 août 1855 et 7 sept.
1856.

DI. — Même date. — *Tarif des fers à l'importation.*

Vu les art. 4 et 5 de la loi du 11 janv. 1851; —
L'art. 2 de notre décr. du 11 fév. 1860 (I, 500,
503); — Vu les traités conclus avec l'Angleterre et
la Belgique;

Art. 1. — Le tarif des fers à l'importation en
Algérie est rétabli ainsi qu'il suit : — Fers en
barres plates, carrées ou rondes, y compris les rails
pour chemins de fer, 6 fr. les 100 kilog. (décime
compris).

LOI. — 19 mai-20 juin 1866. — BO. 186. — *Marine marchande. — Droits. — Franchises. —
Navigation.*

Art. 1. — Tous les objets, bruts ou fabriqués, y
compris les machines à feu et les pièces de machines entrant dans la construction, le gréement,
l'armement et l'entretien des bâtiments de mer destinés au commerce, en bois ou en fer, à voiles ou
à vapeur, seront admis en franchise de droits, à
charge de justifier, dans le délai d'un an, de l'affectation desdits objets à la destination ci-dessus
prévue. — Des décrets impériaux détermineront
les justifications et les conditions auxquelles cette
immunité sera subordonnée. — Toute infraction
aux dispositions de ces décrets donnera lieu au
payement des droits dont on serait frappé les
objets indiqués ci-dessus, et de plus sera punie
d'une amende égale au triple de ces mêmes droits.

Art. 3. — Six mois après la promulgation de la
présente loi, les bâtiments de mer à voiles ou à
vapeur, gréés et armés, seront admis à la francisation, moyennant le payement d'un droit de 2 fr.
par tonneau de jauge. — Le même droit sera appliqué aux coques de navires en bois ou en fer.

Art. 4. — Les droits de tonnage établis sur les
navires étrangers entrant dans les ports de l'Empire seront supprimés à partir du 1er janv. 1867. —
Les droits de tonnage actuellement perçus tant sur
les navires français que sur les navires étrangers,
et affectés, comme garantie, au payement des emprunts contractés pour travaux d'amélioration dans
les ports de mer français, sont maintenus. — Des
décrets impériaux, rendus sous forme de règlements d'administration publique, pourront, en vue
de subvenir à des dépenses de même nature, établir un droit de tonnage qui ne pourra excéder
2 fr. 50 c. par tonneau, décime compris, et qui
portera à la fois sur les navires français et étrangers.

Dispositions spéciales à l'Algérie (1).

Art. 8. — Les dispositions des art. 1, 3 et 4 de
la présente loi sont applicables en Algérie.

---

(1) 15 juin 1865. — *Circulaire du directeur général
des douanes.* — La loi du 19 mai 1866 sur la marine
marchande renferme plusieurs dispositions relatives à
l'Algérie. Elles font l'objet des art. 8, 9, 10 et 11.
— Les explications que pourra comporter l'art. 8 trouveront
place dans les instructions qui seront adressées prochainement au service pour l'application des articles correspondants de la loi nouvelle dans la métropole. — Le § 1
de l'art. 9 n'exige pas d'explications.

Le § 2 modifie le régime du cabotage en Algérie par
navires étrangers. Dans les conditions actuelles, ils peuvent y prendre part en payant le droit de tonnage de
4 fr. par tonneau, selon le mode déterminé par l'art. 3
de la loi du 23 mai 1865. — A partir du 1er janvier
prochain, cette taxe cessera d'être perçue, mais les bâtiments étrangers ne seront plus admis à faire le cabotage
qu'en vertu d'une autorisation du gouverneur général de
l'Algérie. L'affranchissement de surtaxe stipulé à l'art. 10,
§ 1, est applicable aux marchandises importées par navires étrangers, de quelque lieu qu'ils viennent. — D'un

autre côté, en attendant l'adoption de la loi spéciale sur
le régime commercial de l'Algérie, dont le conseil d'État
est saisi en ce moment, les sucres bruts, les cafés, les
tabacs en feuilles et les marchandises prohibées à l'entrée en France cesseront, suivant le § 2 du même article, de jouir en Algérie à l'importation des entrepôts
de la métropole, sous pavillon français, des modérations
de droits concédées par l'ordonnance du 11 déc. 1843.

La prohibition qui frappe dans nos possessions d'A-
frique les sucres raffinés ou assimilés aux raffinés,
autres que de France ou de certains de nos établissements d'outre-mer, est levée par l'art. 11. Ces produits
acquitteront, selon leur provenance, le droit du sucre
brut au-dessus du type n° 15, augmenté d'une surtaxe de
5 fr. par 100 kilog. (décime compris).

Les art. 9, 10 et 11 seront exécutoires dans les délais
ordinaires de promulgation, sauf la disposition relative
au cabotage par navires étrangers.

BARBIER,

82 DRAINAGE.

Art. 9. — La navigation entre la France et l'Algérie et l'étranger pourra s'effectuer par tous pavillons. — Le cabotage d'un port à l'autre de cette possession française pourra, sur une autorisation du gouverneur général de l'Algérie, être fait par des navires étrangers.

Art. 10. — Les surtaxes de navigation établies en Algérie sur les marchandises importées par navires étrangers sont supprimées. — Sont également supprimées les modérations de droit accordées par l'art. 9, § 2, de l'ord. du 16 déc. 1843 (I, 298), à certaines marchandises prises dans les entrepôts français et exportées en Algérie par bâtiments français.

Art. 11. — La prohibition établie sur les sucres raffinés importés de l'étranger en Algérie, est levée. Lesdits sucres raffinés payeront, en sus du droit sur le sucre brut, une surtaxe de 5 fr. par 100 kilogr.

DI. — 8-20 juin 1866. — BG. 186. — *Décret rendu en exécution de l'art. 1 de la loi qui précède.*

Vu l'art. 1 de la loi du 19 mai 1866 sur la marine marchande;

Art. 1. — A partir de la promulgation du présent décret seront admis en franchise de droits à l'importation, conformément à l'art. 1 de la loi du 19 mai 1866, sur la marine marchande, les objets bruts ou fabriqués entrant dans la construction, le gréement, l'armement et l'entretien des bâtiments de mer, en bois ou en fer, à voiles ou à vapeur, destinés à l'usage des personnes. — Ne seront pas considérés comme faisant partie de l'armement les objets tels que meubles meublants, literie, linge, vaisselle, coutellerie, verres et cristaux de table, et en général tous objets destinés à l'usage des personnes.

Art. 2. — Pourront seuls jouir du bénéfice des dispositions du présent décret, en ce qui concerne les matières brutes, les constructeurs de navires et les fabricants d'objets destinés à la construction, à l'armement, au gréement ou à l'entretien des bâtiments de mer. — A cet effet, ils auront à justifier de leur qualité auprès des douanes d'importation.

Art. 3. — Les déclarations faites en douane pour l'admission en franchise présenteront, à l'égard de chaque espèce de produits, les indications exigées par les règlements de douane pour la liquidation des droits.

Art. 4. — Les importateurs devront s'engager, par une soumission valablement cautionnée, à justifier, dans un délai qui ne pourra excéder une année, de l'affectation aux bâtiments de mer des matières premières entrées en franchise, ou des produits fabriqués avec ces matières, ou enfin des machines et mécaniques, des parties détachées de machines et autres objets complètement achevés admis en franchise temporaire. — Si, à l'expiration du terme d'un an, les justifications ci-dessus n'ont pas été produites, la douane liquidera les droits d'office et en poursuivra le recouvrement, conformément au § 5 de l'art. 1 de la loi du 19 mai 1866.

Art. 5. — Toute déclaration s'appliquant à des machines et mécaniques, à des parties détachées et à d'autres objets complètement fabriqués, devra contenir la description desdits objets, afin de garantir l'identité, et ce, sans préjudice de l'estampille, laquelle pourra être appliquée aux machines à feu, ou autres, aux pièces de machines, aux chaudières, aux voiles et à tels autres objets pour lesquels le service des douanes jugera cette mesure utile.

Art. 6. — L'incorporation aux bâtiments des matières premières, ou la mise à bord des objets fabriqués destinés à la construction, au gréement ou à l'armement, sera précédée d'une déclaration énonçant : 1° la nature et le poids des matières premières ainsi que des produits fabriqués à employer ou à embarquer; 2° la date, le numéro et le bureau de délivrance de chaque acquit-à-caution; 3° le navire à la construction, à la réparation ou à l'usage duquel lesdites matières premières ou lesdits objets fabriqués auraient été affectés. — Lorsqu'il s'agira d'un objet fabriqué ayant exigé l'emploi de plusieurs métaux, la déclaration indiquera le poids de chaque espèce de métal.

Art. 7. — La douane, pour contrôler les déclarations d'emploi, soit des matières premières, soit des produits fabriqués, fera usage de tel procédé qu'elle jugera nécessaire.

Art. 8. — Ne pourront être affectés aux navires, en compensation : 1° Des fers en barres de forme irrégulière, que des produits fabriqués avec des fers de forme également irrégulière; 2° Des tôles et des cuivres laminés d'un millimètre d'épaisseur et au-dessous, que des objets fabriqués avec des tôles ou des cuivres laminés n'excédant pas cette épaisseur. — Dans aucun cas, il ne sera admis, pour l'apurement des comptes d'importation, des objets confectionnés avec des matières d'un degré de fabrication moins avancé que celui des produits soumissionnés à l'entrée.

Art. 9. — Les produits fabriqués avec des matières premières introduites en franchise devront représenter ces mêmes matières, poids pour poids et sans aucun déchet.

Art. 10. — Toute infraction aux dispositions du présent décret donnera lieu à l'application des pénalités édictées par le § 5 de l'art. 1 de la loi du 19 mai 1866.

Art. 11. — Tout objet mis à bord des bâtiments de mer et toute matière incorporée dans la construction desdits bâtiments sous le bénéfice des dispositions du présent décret seront, en cas de débarquement, de désarmement, de réparation ou de démolition du navire, soumis aux dispositions de la législation générale en matière de douane.

AG. — 30 mai 1866 (non publié au *Bulletin officiel*). — *Suppression, en ce qui concerne l'importation des armes de luxe et des matières pouvant servir à la fabrication de la poudre, de la formalité prescrite par l'arr. du 12 fév. 1844* (1).

Renvois. — V. *Table alphabétique.*

Drainage. V. Table alphabétique.

Diverses considérations ayant amené un nouvel examen de ces règlements d'ordre intérieur et de sécurité publique, S. E. M. le maréchal de Mac-Mahon a bien voulu, conformément à mon avis, décider que la date du 30 mai dernier, que, ainsi que cela a été fait pour le soufre, les armes et les produits précités provenant de France et de l'étranger, seraient, désormais, admis à la consommation sans aucune autorisation préalable lorsqu'ils seraient pour propriétaires des personnes connues et notamment des négociants patentés.

(1) *Dépêche du directeur des douanes de l'Algérie au président de la chambre de commerce d'Alger.* — 1er juin 1866. Aux termes de divers arrêtés de M. le gouverneur général de l'Algérie, et notamment de celui du 12 fév. 1844 (I, 299, note 2), le service des douanes ne devait permettre le débarquement des armes de luxe et de chasse, ainsi que des divers produits propres à la fabrication de la poudre, qu'au vu d'autorisations émanant de MM. les préfets, sous-préfets et commissaires civils : obligation qui, tout en occasionnant des démarches aux destinataires de ces objets, les mettait encore dans l'impossibilité d'en disposer immédiatement après l'accomplissement des formalités de douane.

Droguistes. V. ART MÉDICAL.

Droits municipaux. V. TABLE ALPHABÉTIQUE.

Dunes.

D). —1er-25 mai 1861.—BG. 14.—*Promulgation du décret du 14 déc. 1810 sur l'ensemencement, la plantation et la culture des dunes*

Art. 1. —Le décr. du 14 déc. 1810 réglant les mesures à prendre pour l'ensemencement, la plantation et la culture des végétaux reconnus les plus favorables à la fixation des dunes, sera promulgué en Algérie et y recevra son application.

Décret du 14 décembre 1810.

Art. 1. — Dans les départements maritimes, il sera pris des mesures pour l'ensemencement, la plantation et la culture des végétaux reconnus les plus favorables à la fixation des dunes.

Art. 2.—A cet effet, les préfets de tous les départements dans lesquels se trouvent des dunes, feront dresser, chacun dans leur département respectif, par les ingénieurs des ponts et chaussées, un plan des dunes qui sont susceptibles d'être fixées par des plantations appropriées à leur nature; ils feront distinguer sur ce plan les dunes qui appartiennent au domaine, celles qui appartiennent aux communes, celles enfin qui sont la propriété des particuliers.

Art. 3.—Chaque préfet rédigera ou fera rédiger, à l'appui de ces plans, un mémoire sur la manière la plus avantageuse de procéder, suivant les localités, à l'ensemencement et à la plantation des dunes ; il joindra à ce rapport un projet de règlement, lequel contiendra les mesures d'administration publique les plus appropriées à son département et qui pourront être utilement employées pour arriver au but désiré.

Art. 4.—Les plans, mémoires et projets de règlements levés et rédigés en exécution des articles précédents, seront envoyés par les préfets à notre ministre de l'intérieur, lequel pourra, sur le rapport de notre directeur général des ponts et chaussées, ordonner la plantation, si les dunes ne renferment aucune propriété privée ; et dans le cas contraire, nous en fera son rapport, pour être par nous statué en conseil d'État, dans la forme adoptée pour les règlements d'administration publique.

Art. 5. — Dans le cas où les dunes seraient la propriété de particuliers ou des communes, les plans devront être publiés et affichés dans les formes prescrites par la loi du 8 mars 1810, et si lesdits particuliers ou communes se trouvaient hors d'état d'exécuter les travaux commandés, ou s'y refusaient, l'administration publique pourra être autorisée à pourvoir à la plantation à ses frais: alors elle conservera la jouissance des dunes, et recueillera les fruits des coupes qui pourront être faites, jusqu'à l'entier recouvrement des dépenses qu'elle aura été dans le cas de faire, et des intérêts; après quoi lesdites dunes retourneront aux propriétaires, à charge d'entretenir convenablement les plantations.

Art. 6. — A l'avenir, aucune coupe de plants d'oyats, roseaux de sable, épines maritimes, pins, sapins, mélèzes et autres plantes résineuses, conservatrices des dunes, ne pourra être faite que d'après une autorisation spéciale du directeur général des ponts et chaussées et sur l'avis des préfets.

Art 7. — Il pourra être établi des gardes pour la conservation des plantations existant actuellement sur les dunes, ou qui y seront faites à l'avenir ; leur nomination, leur nombre, leurs fonctions, leur traitement, leur uniforme seront réglés d'après le mode usité pour les gardes des bois communaux. Les délits seront poursuivis devant les tribunaux, et punis conformément aux dispositions du code pénal.

Art. 8. — N'entendant en rien innover, par le présent décret, à ce qui se pratique pour les plantations qui s'exécutent sur les dunes du département des Landes et du département de la Gironde.

DI. — 21 juill.-30 août 1862. — BG. 65. — *Promulgation du décr. du 29 avr. 1862 sur les attributions respectives des administrations des ponts et chaussées et des forêts en matière de pêche, surveillance des cours d'eau et culture des dunes*, (v. le texte du décr. V° *Pêche*, § 1, infrà.)

E

Eau.

DIVISION.

§ 1. — Aqueducs et fontaines.
§ 2. — Concessions pour établissement d'usines.
§ 3. — Drainage et irrigations.
§ 4. — Sources minérales.

§ 2. — CONCESSIONS POUR ÉTABLISSEMENT D'USINES.

Circ. G. — 16-31 janv. 1863. — BG. 75.—*Concessions de prises d'eau pour établissement d'usines.—Formalités.—Application du décr. du 27 oct. 1858. — Instructions aux généraux commandant les divisions et préfets des départements.*

Une lettre du ministre de la guerre au gouverneur général de l'Algérie, en date du 28 fév. 1855 (I, 307, mais avec la date du 8 août 1855), a tracé les règles à suivre pour l'instruction des demandes en autorisation d'usines sur les cours d'eau navigables ou non navigables en Algérie.— Alors, ainsi que cela est rappelé dans cette lettre, le droit d'autoriser les établissements de cette nature appartenait exclusivement au chef de l'État, en vertu des ordonnances, sur les concessions en Algérie, des 21 juill. 1845 et 1er sept. 1847 (*Concessions*, I, 228, 231).

Depuis, le décr. du 27 oct. 1858 (I, 37), vous ayant délégué ce droit pour les rivières non navigables ni flottables, il m'a paru nécessaire, en présence surtout de quelques doutes émis dans l'application de cette mesure, de vous adresser, sur ce sujet, diverses explications et recommandations empruntées en grande partie à des circulaires émanées du département de l'agriculture, du commerce et des travaux publics.

J'insisterai d'abord sur ce point, que le décr. du 27 oct. 1858 n'a apporté aucun changement aux formalités qui doivent précéder les règlements relatifs au régime des eaux, quelle que soit l'autorité de laquelle ils émanent, ces actes devant toujours conserver le même caractère réglementaire. Ainsi, il importe que pour les affaires dont la solution vous est attribuée, comme pour celles qui doivent être décidées par décret, vous assuriez l'exécution des prescriptions contenues dans la lettre ministérielle du 28 fév. 1855, en ce qui concerne la forme des demandes, l'accomplissement de la première et de la seconde enquête, la visite des lieux par MM. les ingénieurs et la rédaction des plans, nivellements et rapports. Ce n'est qu'après cette instruction régulière, et en vous conformant, d'ailleurs, au modèle n° 5 annexé à la lettre précitée, que vous devez statuer, dans les limites des attributions qui vous sont conférées par le décret de 1858 (art. 11, § 28 du tableau B).

Ces attributions, classées dans le tableau B parmi les matières sur lesquelles vous êtes appelé à statuer en conseil des affaires civiles ou de préfecture, sont définies ainsi qu'il suit : — « Autorisation sur les cours d'eau non navigables ni flottables de tous établissements, tels que moulin, usine, barrage, prise d'eau d'irrigation, patouillet, bocard, lavoir à mines. » — Il y a évidemment ici une lacune. — La rédaction du § 28 implique bien que les pouvoirs qui vous sont délégués s'étendent aux usines anciennes dont l'existence est à régulariser. — Mais la modification des règlements d'eau existants n'est pas mentionnée à la suite de ce paragraphe, comme dans le § 4 du tableau D annexé au décr. du 25 mars 1852, qui a opéré en France la décentralisation administrative. — Or cette omission ne peut être que le résultat d'une erreur : le décr. de 1858 ayant entendu appliquer à l'Algérie, ainsi que le dit son exposé de motifs, les dispositions du décr. de 1852, le règlement métropolitain doit incontestablement suppléer à ce qu'il y a d'insuffisant dans l'énonciation du tableau B ci-dessus mentionné. — Conséquemment, le soin vous est laissé de statuer, en conseil, des affaires civiles ou de préfecture, sur toutes les affaires concernant les cours d'eau non navigables ni flottables.

Ainsi, vous aurez à prendre des décisions dans cette forme, sous toute réserve du contrôle ultérieur de l'administration centrale, non-seulement sur les affaires relatives au règlement d'usines nouvelles ou à la régularisation d'établissements non encore autorisés, mais encore sur les demandes tendant à obtenir la révision de règlements existants, soit que ces règlements émanent de l'autorité préfectorale, en vertu du décr. du 27 oct. 1858, soit qu'ils résultent d'actes du pouvoir exécutif antérieurs à ce décret.

A cet égard, il a été reconnu par M. le ministre des travaux publics, conformément à l'avis du conseil général des ponts et chaussées, que les règlements d'eau, qui touchent, en général, à des intérêts nombreux et complexes, ne doivent intervenir qu'après un examen complet, et qu'une fois rendus, ils ne doivent être modifiés qu'avec une extrême réserve. — En conséquence, et pour prévenir la mobilité qui, en s'introduisant dans les arrêtés réglementaires, pourrait en affaiblir l'autorité, et inquiéter les intérêts auxquels se rattachent ces actes importants, il convient que, de même qu'en France, aucune demande en révision ne soit soumise aux enquêtes avant que l'administration supérieure, sur l'avis préalable de MM. les ingénieurs, ait été d'abord consultée.

Les observations qui précèdent s'appliquent, à plus forte raison, aux cours d'eau navigables ou flottables, sur lesquels les règlements continuent à émaner de Sa Majesté en son conseil d'Etat. — Pour les scieries ou pour les usines situées dans la zone forestière soumise à l'exercice des douanes, vous devrez prendre l'avis du chef de service des forêts ou du directeur des douanes, sans qu'il soit nécessaire de recourir à mon intervention. — Mais il n'en est pas de même pour les établissements compris dans la zone des servitudes militaires autour des places de guerre. Dans ce cas, l'avis de la commission mixte des travaux publics étant indispensable, vous devrez me transmettre toutes les pièces du dossier, en y joignant les procès-verbaux des conférences avec MM. les officiers du génie militaire, afin que je puisse en saisir la commission mixte.

J'appelle particulièrement votre attention sur les aliénations de terrains domaniaux, ainsi que sur les expropriations de terrains pour l'établissement d'usines. — Lorsqu'un demandeur en autorisation d'usine sollicitera en même temps, pour la création de son établissement, soit la concession ou la vente de terrains appartenant au domaine de l'État, soit l'expropriation, en vertu de l'art. 19 de la loi du 16 juin 1851 (*Propriété*, I, 593), de terrains particuliers dont les propriétaires refuseraient de traiter à l'amiable, vous ne perdrez pas de vue les formalités spéciales à remplir, selon les circonstances, d'après la législation sur la matière. — Relativement aux terrains domaniaux, vous suivrez les règles prescrites par le décr. du 25 juill. 1860 (*Domaine*, I, 287). Par conséquent, avant d'autoriser une usine à s'établir sur des terrains domaniaux dont l'aliénation nécessite, soit un décret, soit une décision ministérielle, vous vous assurerez préalablement des intentions de l'administration supérieure.

Quant aux expropriations de terrains particuliers, ces mesures qui, aux termes de l'art. 19 précité de la loi du 16 juin 1851, ne peuvent avoir lieu qu'en faveur des moulins à blé et pour cause d'utilité publique, rentrant exclusivement dans le domaine du pouvoir ministériel, vous en référerez toujours à l'administration supérieure à la décision de laquelle est nécessairement subordonnée, en pareil cas, l'autorisation de l'usine. Après examen de vos propositions, qui devront être appuyées d'éléments d'appréciation suffisants, je vous ferai connaître s'il y a lieu de poursuivre la déclaration d'utilité publique.

Enfin, dans les circonstances exceptionnelles où la difficulté de la question et la gravité des intérêts engagés dans une affaire vous inspireraient des doutes sur la décision à prendre, vous devrez, avant de formuler votre arrêté, consulter l'administration supérieure, en lui adressant toutes les pièces du dossier. Je m'empresserai, dans ce cas, de vous transmettre mon avis, qui ne fera, d'ailleurs, aucun obstacle à ce qu'il puisse y avoir ultérieurement recours de la part des parties intéressées.

Le recours contre les décisions préfectorales peut s'exercer au moyen de requêtes adressées au gouverneur général de l'Algérie, soit directement, soit par votre intermédiaire. Dans le premier cas, vous voudrez bien, que la communication qui vous sera donnée de la réclamation dont j'aurai été saisi, me transmettre toutes les pièces de l'instruction, en y joignant les avis de MM. les ingénieurs et vos observations personnelles sur la réclamation des intéressés.

Lorsque le recours vous aura été adressé pour être transmis par vous à l'administration supérieure, il conviendra, afin d'éviter un double renvoi, de le communiquer immédiatement à MM. les ingénieurs et de m'adresser ensuite, ainsi que je l'ai dit ci-dessus, le dossier complet avec votre avis particulier. — Dans l'un et l'autre cas, dès que vous aurez été saisi d'une requête présentée au gouverneur général contre un arrêté préfectoral, vous voudrez bien surseoir à l'exécution de cet arrêté, à moins que quelque circonstance spéciale ou quelque motif d'urgence n'en exige l'exécution immédiate.

Lorsque, par suite d'un recours formé devant lui, le gouverneur général aura été appelé à prendre une décision sur une affaire, toute demande tendant à obtenir la révision de cette décision devra nécessairement être soumise au gouverneur général lui-même. — Il sera procédé, dans les formes indiquées par l'instruction ministérielle du 28 fév. 1855, au récolement des ouvrages qui auront été définitivement autorisés ou prescrits. Vous prononcerez, après avoir pris l'avis de MM. les ingénieurs, et sauf recours des parties devant le gouverneur général, sur toutes les difficultés que pourrait faire naître l'inexécution de quelques-unes des prescriptions de vos arrêtés ou des règlements intervenus avant le décr. du 27 oct. 1858, sur les matières dont la décision vous est aujourd'hui déléguée.

Le décr. du 27 oct. 1858, en élargissant le cercle de vos attributions, vous a imposé de nouveaux devoirs. — Je compte sur votre zèle éclairé pour assurer l'exécution ponctuelle des instructions émanées de l'administration supérieure, et pour conserver ainsi l'uniformité des règles et l'unité de jurisprudence qu'il est si important de maintenir dans l'intérêt de la force et de l'autorité du gouvernement. — Vous ne perdrez pas de vue que le décr. du 27 oct. 1858 doit avoir surtout pour résultat de satisfaire aux besoins et aux vœux des populations en accélérant la marche des affaires. Je vous recommande donc instamment d'abréger, autant que cela dépendra de vous, le délai qu'entraîne leur instruction préliminaire, et de prendre vos décisions le plus promptement possible. — Pour me mettre à même de suivre la marche des affaires dont il est question dans la première circulaire, je vous prie de m'adresser une copie de vos arrêtés au fur et à mesure qu'ils auront été pris.

Il me reste à vous entretenir au sujet de dispositions purement transitoires. — Le gouvernement général s'occupe en ce moment de faire opérer le classement des divers cours d'eau de l'Algérie. — En attendant ce classement, il est indispensable, pour assurer l'exacte application du décr. du 27 oct. 1858, de procéder ainsi qu'il est dit ci-après.

Toute demande en autorisation d'usine sur un cours d'eau quelconque, régulièrement formée, devra être l'objet d'un rapport spécial des ingénieurs faisant connaître la catégorie dans laquelle le cours d'eau semble devoir être rangé. — Lorsqu'il s'agira d'une rivière navigable, les pièces de l'affaire me seront transmises à la suite d'une instruction complète, afin que l'autorisation demandée soit accordée, s'il y a lieu, par décret impérial, conformément aux règlements. — Si, au contraire, le cours d'eau ne paraît pas navigable, vous statuerez sur la demande, en vertu de l'art. 11 du décr. du 27 oct. 1858. — Dans le cas où le classement du cours d'eau donnerait lieu à des doutes, vous me soumettrez la question, afin que je la décide.

Mal PÉLISSIER, DUC DE MALAKOFF.

§ 4. — SOURCES MINÉRALES.

DI. — 21 déc. 1864.-15 mars 1865. — BG. 156. — *Promulgation des lois, décrets et ordonnances sur la conservation et l'aménagement des sources minérales.*

Vu les art. 2 et 5 de la loi du 16 juin 1851 (*Propriété*, I, 593) ;

Art. 1. — La loi du 14 juill. 1856, sur la conservation et l'aménagement des sources d'eaux minérales; les décr. des 8 sept. 1856 et 28 janv. 1860, contenant les règlements d'administration publique exigés par les art. 18 et 19 de ladite loi, ainsi que celles des dispositions de l'ord. du 18 juin 1823 auxquelles il n'est pas dérogé par le décret précité du 28 janv. 1860, sont rendus exécutoires en Algérie, et y seront, à cet effet, publiés et promulgués à la suite du présent décret.

Art. 2. — Conformément à l'art. 5 de la loi du 16 juin 1851, l'exploitation et la jouissance des sources d'eaux minérales, qui font partie du domaine public, pourront être aliénées temporairement suivant les formes édictées par l'art. 10 du décr. du 10 déc. 1860, et aux conditions qui seront déterminées par les cahiers des charges spéciaux à chaque exploitation.

(Suit la publication : — 1° De la loi du 14 juill. 1856; — 2° Des décr. des 8 sept. 1856 et 28 janv. 1860; — 3° de l'ord. roy. du 18 juin 1823; — 4° Des circulaires minist. des 22 sept. 1856 et 29 fév. 1860. V. *Bulletin des lois.*)

Circ. G. — 23 fév.-15 mars 1865. — BG. 156. — *Instructions aux généraux commandant les divisions et préfets des départements au sujet de l'exécution du décret qui précède.*

En ce qui concerne la conservation et l'aménagement des eaux minérales et la surveillance et la police des établissements thermaux, je me réfère entièrement aux lois et règlements mentionnés au décr. du 21 déc. 1864 (ci-dessus), ainsi qu'aux instructions ministérielles sur la matière, dont il vous sera adressé ultérieurement un certain nombre d'exemplaires.

Quant à l'aliénation temporaire des sources d'eaux minérales faisant partie du domaine public, qui, aux termes du décr. du 10 déc. 1860, a lieu, selon la durée de l'amodiation, par décret impérial ou par arrêté du gouverneur général, elle doit être précédée des formalités suivantes : — La demande en concession est adressée en double expédition au général commandant la province, ou au préfet, selon le territoire. — Elle énonce les nom, prénoms et domicile du demandeur, et fait connaître l'importance du débit journalier de la source, la composition et les propriétés spéciales des eaux, la consistance de l'établissement à construire pour l'exploitation des eaux minérales, et le nombre de malades que l'établissement pourra recevoir — Il est joint à la demande : 1° un plan en triple expédition et à l'échelle de 10 millim. par mètre, représentant l'établissement projeté et les dispositions à prendre pour l'aménagement et la distribution des eaux; 2° un acte de notoriété constatant les moyens pécuniaires du demandeur. — La demande est portée à la connaissance du public par un avis inséré au *Moniteur de l'Algérie* et dans l'un des journaux désignés pour recevoir les annonces judiciaires, lequel avis est affiché, en ou re, pendant deux mois, sur les lieux où la source est située et au chef-lieu de la province. Un registre destiné à recevoir les observations du public reste ouvert, pendant le même délai, dans lesdits endroits.

Vous savez qu'en rangeant les sources minérales parmi les biens dont se compose le domaine public en Algérie, la loi du 16 juin 1851 a maintenu les droits de propriété, d'usufruit et d'usage légalement acquis antérieurement à sa promulgation, et que les tribunaux ordinaires sont seuls juges des contestations qui peuvent s'élever au sujet de ces droits. — Il importe donc que les tiers qui pourraient avoir à revendiquer des droits de cette nature, soient mis à même de produire leurs prétentions et de faire valoir leurs titres, afin qu'en cas de contestations avec l'administration, ils puissent, s'ils le jugent convenable, porter le différend devant les tribunaux ordinaires. On ne saurait apporter trop d'attention à ce point essentiel. — A l'expiration du délai de deux mois, fixé pour les affiches, et après avoir consulté l'ingénieur en chef des mines et le directeur des domaines, le général commandant la province, ou le préfet, émet son avis et le transmet au gouverneur général, avec toutes les pièces de l'affaire, afin qu'il soit statué ce qu'il appartiendra.

Lorsque l'intention de l'administration supérieure est que l'exploitation d'une source d'eau minérale soit adjugée aux enchères publiques, il est procédé dans les mêmes formes que pour les demandes en concessions. — Pour les clauses et conditions générales à imposer aux concessionnaires de sources minérales, on peut se reporter

aux cahiers des charges des concessions déjà faites.
On devra surtout se préoccuper de sauvegarder
avec soin tous les droits et intérêts existants, de
quelque nature qu'ils soient, notamment de stipuler les réserves nécessaires en faveur des hôpitaux
civils et militaires et des indigents. — Du reste,
si la législation dont il s'agit rencontre des difficultés dans l'application, il y sera pourvu, suivant les
cas, par des dispositions particulières appropriées
aux circonstances.

Le général de division, sous-gouverneur,
DESVAUX.

RENVOIS. — V. *Table alphabétique.*

Échelles du Levant. V. TABLE AL-
PHABÉTIQUE

(1) JURISPRUDENCE. — 1° La cour d'Alger avait décidé par un arrêt du 17 juill. 1858 (I, 512, note) qu'aux
termes du nouveau code pénal militaire la pénalité portée
par l'art. 244 dudit code contre l'individu qui achète des
effets militaires hors des cas autorisés par les règlements,
ne pouvait être modifiée par l'admission de circonstances
atténuantes.

Un nouvel arrêt du 22 fév. 1862 qui avait jugé de même
ayant été déféré à la cour de cassation, un arrêt de cette
cour, en date du 10 avr. 1862, a statué ainsi qu'il suit :
— « Attendu que l'arrêt attaqué a refusé d'accorder des
circonstances atténuantes, par le motif que cette faculté
était interdite au juge, par les art. 154 et 267 c. just.
milit. ; mais attendu que l'art. 154 n'avait pour but
que de déterminer le mode de constater l'existence
des circonstances atténuantes lorsque les conseils de
guerre sont autorisés à les admettre, et que l'art. 267 autorise seulement les juridictions militaires à faire application aux militaires de l'art. 463 c. pén. toutes les fois
que les faits dont ils sont déclarés coupables sont prévus
par les lois ordinaires ; — Attendu qu'en ce qui concerne
les individus non militaires ou non assimilés aux militaires, l'art. 196 autorise les conseils de guerre à leur
faire application de l'art. 465 pour tous les crimes ou délits prévus par ledit code de justice ; — Que le principe
posé par cet article reçoit son application à plus
forte raison, lorsque ces individus sont traduits devant
les juridictions ordinaires pour des faits prévus par le
code militaire ; — Que tout doute doit d'ailleurs cesser
sur cette interprétation, en présence de la rédaction donnée à l'article correspondant à celui du code militaire de
terre, dans le code de justice maritime, dont l'art. 256 est
ainsi conçu : « Lorsque des individus n'appartenant ni à
l'armée de mer ni à l'armée de terre, sont traduits, soit
devant un tribunal de la marine, soit devant les tribunaux
ordinaires, pour des faits prévus par le présent code, il
peut leur être fait application de l'art. 465 c. pén. ordinaire. — Cass. »

2° Il a été dit à la note du 1er volume (p. 512), que
l'arrêté du 24 mars 1841 ne se trouvait pas abrogé par le
nouveau code de justice militaire, en ce qui concernait
le fait de simple détention prévu et puni par l'art. 4. Il
est à regretter que cette réserve puisse être considérée
comme subsistant encore et qu'il n'y ait pas encore eu
abrogation pure et simple de cet arrêté, car l'exécution
de cette disposition présente chaque jour des difficultés
sérieuses, et peut entraîner des condamnations tout à fait
imméritées.

L'existence d'effets militaires entre les mains de personnes étrangères à l'armée ne suffit pas, en effet, pour
constituer contre elles une prévention de culpabilité, et
il existe, d'après les règlements administratifs, un grand
nombre de cas dans lesquels le militaire peut légitimement disposer en toute propriété d'effets lui appartenant.
En voici l'indication sommaire :

En ce qui concerne l'armement fourni gratuitement par
l'État et qui demeure toujours sa propriété, il ne peut jamais être vendu par le soldat. Point de difficulté à ce sujet.

En ce qui concerne les effets d'habillement et de grand
équipement, dont la nomenclature est déterminée pour
chaque corps par des décisions ministérielles insérées au
Journal militaire et qui varie suivant les corps, tous ces
effets étant réintégrés dans les magasins du corps au
moment de leur remplacement, le soldat lié au service

ne peut en principe en vendre aucun. Il y a cependant
plusieurs exceptions à cette règle.

1° Le soldat peut, avec l'assentiment du commandant
de sa compagnie ou de son escadron, disposer du panta-
lon dit de 2e durée, qui devient la propriété de l'homme
dès qu'il possède trois de ces vêtements.

2° À l'époque de la libération définitive des militaires, les effets qui leur sont laissés conformément aux
instructions en vigueur, deviennent leur propriété, et
rien ne s'oppose dès lors à ce qu'ils les vendent.

3° Dans les corps spéciaux des zouaves, tirailleurs
algériens et spahis, les effets de grand équipement ne
sont pas fournis gratuitement par l'État à ces militaires.
Ils se les procurent au compte de leur masse individuelle.
Dès lors ils sont soumis aux mêmes règles que les effets
de petit équipement dans les autres corps de l'armée.

En ce qui concerne les effets de petit équipement,
dont la nomenclature est également déterminée par les
décisions ministérielles précitées, bien que ces effets soient
été payés sur les fonds de la masse individuelle des
hommes et qu'ils soient leur propriété, la vente leur en
est absolument interdite quand ils sont en activité. Mais
cette interdiction cesse :

1° Pour les effets jugés hors de service par les commandants de compagnie, et les détenteurs peuvent en disposer à leur gré, d'après les mesures d'ordre qui sont
réglées dans l'intérieur des corps ;

2° Elle cesse encore, d'une manière absolue, pour le
militaire libéré du service, et quel que soit l'état des effets dont il est détenteur ;

3° Il arrive en outre que l'État lui-même fait quelquefois opérer la vente des effets de petit équipement,
lesquels peuvent être très-bons et même neufs. Il en est
ainsi des effets des hommes morts dans les hôpitaux qui
sont livrés au domaine pour être vendus au profit du trésor.

Enfin il est arrivé souvent que des draps et couvertures de campement ou d'hôpital, ainsi que d'autres objets
hors de service, ont été mis en vente publique par l'administration militaire. Quelquefois les objets ainsi vendus sont timbrés d'une marque spéciale, par exemple des
lettres H. S., mais plus souvent ils n'en portent aucune.
Ils sont livrés au commerce des revendeurs et passent de
main en main sans que rien puisse les faire distinguer
des objets pareils qui auraient été illégalement détournés
ou dissipés.

La plus grande prudence est donc nécessaire soit pour
la poursuite, soit pour le jugement des détenteurs d'effets
militaires.

L'art. 4 de l'arr. du 24 mars 1841 impose aux détenteurs une obligation exorbitante du droit commun en
matière criminelle, celle de prouver que les personnes de
qui ils tiennent ces objets avaient le droit d'en disposer.
Cette preuve est évidemment impossible à faire dans la
plupart des cas, au point de vue de l'identité, à raison
des règlements et usages administratifs indiqués ci-dessus, et du principe de disjonction établi par la loi pour
la poursuite de ces délits spéciaux.

La bonne foi et l'innocence d'un prévenu doivent au
contraire toujours être présumées, ou la culpabilité dé-
montrée par le ministère public. L'intérêt qu'il peut y
avoir à réprimer des fraudes et dissipations préjudiciables
à l'État, n'est point un motif pour se mettre en contradiction avec le principe élémentaire de notre droit criminel. Avant de rechercher de quelle manière un effet mili-

Écoles. V. *ibidem.*

Effets de commerce. V. *ibidem.*

Effets militaires (achats d') (1).
RENVOIS. — V. *Table alphabétique.*

Embarquement. V. PASSAGES MARI-
TIMES.

Employés de l'administration
et du gouvernement. V. TABLE
ALPHABÉTIQUE.

Enfants. V. *ibidem.*

Engagements militaires. V.
ibidem.

Enregistrement.

195. — 26 août-30 sept. 1865. — BO. 151. —
*Promulgation des lois et décrets relatifs au
droit de transmission sur les actions et obligations de sociétés, compagnies ou entreprises
françaises et étrangères.*

Vu les art. 6, 7, 8, 9, 10 et 11 de la loi du 23
juin 1857, relatifs au droit de transmission sur les
actions et obligations de sociétés, compagnies et
entreprises françaises et étrangères ; — Le décr.
du 17 juill. de la même année, portant règlement
d'administration publique pour exécution de la loi
précitée ; — Le décr. du 11 déc. 1864, modifiant
celui du 17 juill. 1857 :

Art. 1. — Les art. 6, 7, 8, 9, 10 et 11 de la loi
du 23 juin 1857, le décr. du 17 juill. de la même
année et le décr. du 11 déc. 1864, modifiant celui
du 17 juill. 1857 susvisé, sont rendus exécutoires
en Algérie ; à cet effet, ils seront promulgués à la
suite du présent décr., qui sera inséré au *Bulletin des lois* et au *Bulletin officiel* du gouvernement général de l'Algérie.

Loi du 23 juin 1857.

Art. 6. — Indépendamment des droits établis
par le titre 2 de la loi du 5 juin 1850, toute cession de titres ou promesses d'actions et d'obligations dans une société, compagnie ou entreprise
quelconque, financière, industrielle, commerciale
ou civile, quelle que soit la date de sa création,
est assujettie, à partir du 1er juill. 1857, à un
droit de transmission de 20 cent. par 100 fr. de la
valeur négociée. — Ce droit, pour les titres au
porteur et pour ceux dont la transmission peut
s'opérer sans un transfert sur les registres de la
société, est converti en une taxe annuelle et obligatoire de 12 cent. par 100 fr. du capital desdites
actions et obligations, évalué par leur cours
moyen pendant l'année précédente, et, à défaut
de cours dans cette année, conformément aux
règles établies par les lois sur l'enregistrement.

Art. 7. — Le droit pour les titres nominatifs,
dont la transmission ne peut s'opérer que par un
transfert sur les registres de la société, est perçu
au moment du transfert, pour le compte du trésor,
par les sociétés, compagnies et entreprises qui en
sont constituées débitrices par le fait du transfert.
— Le droit sur les titres mentionnés au § 2 de l'article précédent est payable par trimestre et avancé
par les sociétés, compagnies et entreprises, sauf
recours contre les porteurs desdits titres. — A la fin
de chaque trimestre, lesdites sociétés sont tenues
de remettre au receveur de l'enregistrement du
siége social le relevé des transferts et des conventions, ainsi que l'état des actions et obligations
soumises à la taxe annuelle.

Art. 8. — Dans les sociétés qui admettent le
titre au porteur, tout propriétaire d'actions et
d'obligations a toujours la faculté de convertir ses
titres au porteur en titres nominatifs, et réciproquement. — Dans l'un et l'autre cas, la conversion donne lieu à la perception du droit de transmission. — Néanmoins, pendant un délai de trois
mois à partir de la mise à exécution de la présente

loi, la conversion des actions et obligations au
porteur en actions et obligations nominatives sera
affranchie de tout droit.

Art. 9. — Les actions et obligations émises par
les sociétés, compagnies ou entreprises étrangères,
sont soumises à des droits équivalant à ceux qui
sont établis par la présente loi et par celle du
5 juin 1850 sur les valeurs françaises ; elles ne
pourront être cotées et négociées en France qu'en
se soumettant à l'acquittement de ces droits. — Un
règlement d'administration publique fixera le mode
d'établissement et de perception de ces droits,
dont l'assiette pourra reposer sur une quotité déterminée du capital social. — Le même règlement
déterminera toutes les mesures nécessaires pour
l'exécution de la présente loi.

Art. 10. — Toutes contraventions aux précédentes dispositions et à celles des règlements qui
seront faits pour leur exécution, est punie d'une
amende de 100 fr. à 5,000 fr., sans préjudice des
peines portées par l'art. 50 de la loi du 22 frim.
an VII, pour omission ou insuffisance de déclaration.

Art. 11. — L'art. 15 de la loi du 5 juin 1850 est
abrogé.

Décret du 17 juill. 1857.

Art. 1. — Les compagnies, sociétés et entreprises dont les actions et obligations sont assujetties au droit de transmission établi par l'art. 6 de
la loi du 23 juin 1857, seront tenues de faire au
bureau de l'enregistrement du lieu où elles auront
le siége de leur principal établissement, une déclaration constatant : — 1° L'objet, le siége et la
durée de la société ou de l'entreprise ; — 2° La date
de l'acte constitutif et celle de l'enregistrement de
cet acte ; — 3° Les noms des directeurs ou gérants ;
— 4° Le nombre et le montant des titres émis, en
distinguant les actions des obligations, et les titres
nominatifs des titres au porteur. — Cette déclaration devra être faite avant le 15 août prochain
pour les sociétés, compagnies et entreprises existantes au
jour de la promulgation de la loi du 23 juin 1857,
et dans le mois de leur constitution définitive pour
les sociétés, compagnies et entreprises qui se formeront postérieurement. — En cas de modifications dans la constitution sociale, de changement
de siége, de remplacement de directeur ou gérant,
d'émission de titres nouveaux, lesdites sociétés,
compagnies et entreprises devront en faire la déclaration dans le délai d'un mois, au bureau qui
aura reçu la déclaration primitive.

Art. 2. — Le droit de 20 cent. par 100 fr., établi par les art. 6 et 8 de la loi du 23 juin 1857
sur les transferts des actions et obligations nominatives, ainsi que sur les conversions de titres,
sera acquitté, conformément à l'art. 7 de la même
loi, par les sociétés, compagnies et entreprises,
au bureau de l'enregistrement du siége social,
après l'expiration de chaque trimestre, et dans les
vingt premiers jours du trimestre suivant. — Le
relevé des transferts et des conversions sera remis
au receveur de l'enregistrement lors de chaque
versement. — Ce relevé énoncera : — 1° La date
de chaque opération ; — 2° Les nom, prénoms et
domicile du cédant et du cessionnaire ou du dé-

---

faire est arrivé entre les mains d'un individu étranger à
l'armée et d'en faire grief à celui-ci, il faut d'abord établir qu'il s'agit d'un effet appartenant à l'Etat. Or l'Etat,
en autorisant la mise dans le commerce d'un grand nombre
de ces effets, sans aucune marque spéciale qui justifie de
cet abandon de ses droits et de la légalité de l'acquisition,
se trouverait lui-même presque toujours dans l'impossibilité d'établir, par le fait d'une identité régulièrement
constatée, que l'objet retrouvé en mains étrangères y est
parvenu illicitement. Le fait seul de la détention, lors-

qu'il ne s'y joint aucune circonstance démontrant la
fraude, la connivence ou une imprudence coupable paraît
donc pouvoir difficilement être incriminé.

Du reste, il s'agit avant tout, pour les tribunaux,
d'une appréciation de fait, et c'est par application de
ces principes et d'après les renseignements fournis par
l'administration militaire elle-même, que la cour a, par
de nombreux arrêts et notamment par plusieurs décisions en date du 2 juin 1865, acquitté des individus
poursuivis pour achat et détention d'effets militaires.

tenteur des titres convertis;—5° La désignation et le nombre des actions et obligations transférées ou converties;—4° Le prix de chaque transfert ou la valeur des actions ou obligations converties;—5° Le total en toutes lettres de la somme soumise au droit de 20 cent. par 100 fr.

Art. 3. — La valeur des actions et obligations converties sera établie, pour celles cotées à la bourse, d'après le dernier cours moyen constaté avant le jour de la conversion, et pour les autres, conformément à l'art. 16 de la loi du 22 frim. an VII. — A l'égard des actions et obligations dont la conversion aura été opérée sans payement de droits, en exécution du dernier § de l'art. 8 de la loi du 23 juin 1857, les sociétés, compagnies et entreprises remettront au receveur de l'enregistrement un état indicatif du nombre de ces titres dans les vingt jours qui suivront l'expiration du délai accordé pour la conversion gratuite.

Art. 4. — Les transferts faits à titre de garantie et n'emportant pas transmission de propriété, feront l'objet d'un état spécial joint au relevé trimestriel qui doit être remis au receveur de l'enregistrement, conformément à l'art. 2 du présent règlement. — Il ne sera pas tenu compte de ces transferts dans la liquidation des droits.

Art. 5. — Pour l'acquittement de la taxe établie sur les titres au porteur et ceux dont la transmission peut s'opérer sans un transfert sur les registres, les sociétés formeront un état distinct des actions et des obligations de cette nature existantes au dernier jour de chacun des trimestres de janvier, avril, juillet et octobre, et elles le déposeront entre les mains du receveur de l'enregistrement du lieu de l'établissement. — Cet état mentionnera le cours moyen, pendant l'année précédente, des actions et obligations cotées à la bourse. A l'égard de celles non cotées dans le cours de cette année, il tiendra une déclaration estimative faite conformément à l'art. 16 de la loi du 22 frim. an VII. — La taxe sera payée dans les vingt jours qui suivront l'expiration de chaque trimestre, et perçue, pour le trimestre entier, d'après la situation établie conformément au premier paragraphe du présent article. — En ce qui concerne les compagnies qui seront créées, à l'avenir, après l'ouverture d'un trimestre, le droit ne sera liquidé, pour la première fois, que proportionnellement au nombre de jours écoulés depuis leur constitution.

Art. 6. — Les états, relevés et déclarations qui seront fournis au receveur de l'enregistrement, conformément aux articles précédents, seront certifiés véritables par les directeurs ou gérants des sociétés, compagnies ou entreprises. — Dans ces états, relevés et déclarations, comme pour la perception des droits, il ne sera fait aucune déduction des sommes restant à verser sur les actions et obligations non libérées.

Art. 7. — Le cours moyen qui, suivant l'art. 6 de la loi du 23 juin 1857, doit servir de base à la perception de la taxe sur les titres au porteur, sera établi en divisant la somme des cours moyens de chacun des jours de l'année, par le nombre de ces cours. — A l'égard des valeurs cotées aux bourses des départements et à la bourse de Paris, il sera tenu compte exclusivement des cotes de cette dernière bourse pour la formation du cours moyen.

Art. 8. — Les titres au porteur des sociétés nouvellement formées ne supporteront la taxe, dans le courant de la première année de la constitution, que d'après une déclaration estimative faite par ces sociétés, de la valeur de leurs titres, conformément à l'art. 16 de la loi du 22 frim. an VII.

Art. 9. — Les dépositaires des registres à souche et des registres de transferts et conversions de titres de sociétés, compagnies et entreprises, seront tenus de les communiquer sans déplacement, ainsi que toutes les pièces et documents relatifs auxdits transferts et conversions, aux préposés de l'enregistrement, à toute réquisition, et de leur laisser prendre, sans frais, les renseignements, extraits et copies nécessaires dans l'intérêt du trésor public, à peine de l'amende prononcée par l'art. 10 de la loi du 23 juin 1857, pour chaque refus. — Le refus de la société ou de ses agents sera établi, jusqu'à inscription de faux, par le procès-verbal du préposé, affirmé dans les vingt-quatre heures.

Art. 10. — Pour l'exécution de l'art. 9 de la loi, les sociétés, compagnies ou entreprises étrangères qui ont été autorisées à faire coter leurs actions et obligations, soit à la bourse de Paris, soit aux bourses départementales, seront tenues, dans les deux mois de la promulgation de la loi, de désigner un représentant responsable en France, et de le faire agréer par le ministre des finances, sous peine de se voir retirer l'autorisation dont elles jouissent. — Toute compagnie qui, à l'avenir, sera autorisée à faire coter ses titres en France, devra également faire agréer par le ministre des finances un représentant responsable. — Les sociétés, compagnies et entreprises mentionnées aux deux paragraphes précédents remettront au ministre des finances une déclaration indiquant le nombre de leurs actions et obligations, qui devra servir de base à l'impôt. Ce nombre sera fixé par le ministre des finances. — Ces sociétés, compagnies et entreprises payeront, pour leurs actions et obligations soumises à l'impôt, une taxe annuelle et obligatoire de 12 centimes par 100 fr., conformément au § 2 de l'art. 6 de la loi du 23 juin 1857, sans faire aucune distinction entre les titres nominatifs et les titres au porteur. — Les dispositions des art. 5 et 7 du présent règlement, relatives aux époques de payement et à la fixation du cours moyen, seront applicables aux valeurs étrangères.

Art. 11. — Le droit de timbre auquel sont assujetties les actions et obligations émises par les sociétés françaises sera acquitté par les sociétés, compagnies et entreprises étrangères dont les titres sont ou seront cotés en France. Ce droit sera établi sur la quotité du capital déclaré, conformément à l'art. 10 du présent règlement, et payé suivant le mode prescrit par les art. 22 et 51 de la loi du 5 juin 1850. — Un avis inséré au Moniteur équivaudra à l'apposition du timbre.

Art. 12. — En cas d'infraction aux dispositions du présent règlement, ou de retard, soit dans le payement des droits, soit dans le dépôt des états, relevés et déclarations prescrits par les articles précédents, les sociétés, compagnies et entreprises seront passibles de l'amende prononcée par l'art. 10 de la loi du 23 juin 1857, sans préjudice des peines portées par l'art. 36 de la loi du 22 frim. an VII, pour omission ou insuffisance de déclaration. — En cas d'omission ou d'insuffisance dans les états, relevés et déclarations, la preuve en sera faite comme en matière d'enregistrement. — Les dispositions du présent article seront applicables aux sociétés, compagnies ou entreprises étrangères, et à leurs représentants.

Décr. du 11 janv. 1862.

Art. 1. — Le droit de transmission établi par l'art. 9 de la loi du 23 juin 1857 et par l'art. 10 du décr. du 17 juill. suivant sur les sociétés, compagnies et entreprises étrangères sera perçu de la manière suivante : — Pour les sociétés, compagnies et entreprises dont les titres sont cotés et circulent simultanément dans les places de commerce de l'étranger et à la bourse de Paris, ou dans les bourses départementales, la moitié du capital représenté par leurs actions et obligations est soumise à l'impôt; — Pour les sociétés, compagnies et entreprises dont il est notoire que les titres circulent particulièrement en France, l'impôt est perçu sur le montant total de leurs actions et obligations.

Art. 2. — Les représentants des sociétés devront fournir au ministre des finances une déclaration émanée des conseils d'administration desdites sociétés, faisant connaître l'importance du capital émis, tant en actions qu'en obligations. Cette déclaration doit être certifiée par le consul de France du lieu où est établi le siège de ladite société.

Décr. du 11 déc. 1864.

Vu l'art. 9 de la loi du 23 juin 1857; — L'art. 10 du règlement d'administration publique, en date du 17 juill. 1857; — Notre décr. du 11 janv. 1862;

Art. 1. — A partir du 1er janv. 1865, le droit de transmission établi par l'art. 9 de la loi du 23 juin 1857 et par l'art. 10 de notre décr. du 17 juillet suivant sur les titres des sociétés, compagnies et entreprises étrangères, sera perçu sur la moitié du capital représenté par les actions et sur la totalité des obligations.

Art. 2. — Sont maintenues les dispositions de notre décr. du 11 janv. 1862, qui ne sont pas contraires à l'article qui précède.

DI. — 25 nov.-22 déc. 1865. — BG. 163. — *Mode d'exécution en Algérie du décr. du 26 août 1865 ci-dessus.*

Art. 1. — Le décret susvisé du 26 août dernier sera mis à exécution à partir du 1er janv. 1866.

Art. 2. — Les sociétés, compagnies et entreprises françaises ou étrangères existantes au 1er janvier 1866, devront faire, avant le 1er mars 1866, la déclaration prévue par l'art. 1er du décr. du 17 juill. 1857.

Art. 3. — Il ne sera perçu en Algérie que la moitié des droits, décimes non compris, qui sont perçus en France, en vertu des lois et décrets susvisés. — Les transports des actions et obligations nominatives qui s'opéreront par décès ne seront assujettis à aucun droit.

RENVOIS. — V. *Table alphabétique.*

Entrepôts. V. DOUANES, POUDRES.

Entrepreneurs. V. TABLE ALPHABÉTIQUE.

Esclavage. V. *ibidem.*

Établissements de bienfaisance, insalubres, pénitentiaires, publics. V. *ibidem.*

État civil.

Circ. G. — 8 août-10 oct. 1865. — BG. 94. — *Irrégularités commises par les cadis.—Actes de mariage. — Instructions aux généraux commandant les divisions.*

Mon attention a été appelée par un genre d'abus qui se reproduit fréquemment de la part des magistrats indigènes, en matière d'état civil. — Dans un certain nombre de circonscriptions judiciaires, je pourrais dire dans presque toutes, une des prescriptions de la loi musulmane relatives aux mariages n'est pas observée. — Au lieu de procéder lui-même au mariage, toutes les fois qu'il n'en est pas empêché par un motif légitime, et de faire dresser en sa présence l'acte constatant le fait et les conventions intervenues entre les parties et leurs fondés de pouvoirs, le cadi délègue ses pou-

voirs à l'un de ses adouls. Il se contente de faire enregistrer plus tard, sur le registre de la mahakma, l'acte établi par le bach-adel ou l'adel; souvent même cette formalité essentielle est omise.

Les inconvénients qui peuvent résulter de cette manière de procéder sont évidents, et il n'est pas besoin d'en faire ici l'énumération. — Je me bornerai à rappeler qu'en se déchargeant ainsi d'une partie de ses attributions, soit sur l'un, soit sur l'autre de ses auxiliaires, un cadi expose des actes importants à être frappés plus tard d'invalidité. — Il assume aussi une lourde responsabilité en apposant, de confiance, son cachet sur des pièces établies hors de sa présence, et dont il ne peut, par suite, vérifier l'authenticité. — Le seul magistrat d'une mahakma est le cadi. — Ce n'est qu'en cas d'empêchement qu'il peut être suppléé par le bach-adel, qui, dans cette occasion, agit sous sa propre responsabilité, de la même manière, par exemple, que le suppléant du juge de paix. — Les jugements rendus et les actes établis en pareille circonstance par le bach-adel, doivent contenir la mention expresse de l'empêchement du cadi.

Quant à l'adel, en aucune circonstance il n'a qualité pour rendre un jugement ou dresser un acte; ses attributions se bornent à assister, ainsi que le bach-adel, le cahi à titre de témoin légal et à remplir les fonctions de greffier (art. 11 du décr. du 31 déc. 1859, *Justice musulmane*, I, 411). — En s'immisçant dans celles du cadi, il se place sous le coup des peines édictées par la loi pénale, sans préjudice des demandes en réparation qui peuvent être intentées contre lui. — Il importe de mettre un terme à des errements abusifs, qui ont pris leur origine dans l'état de trouble où se trouvait le pays autrefois, mais qui n'ont plus aucune raison d'être tolérés aujourd'hui.

Déjà j'ai sévi à l'occasion d'infractions de ce genre qui m'ont été signalées, à cause des conséquences graves qui en sont résultées. — Pour prévenir le retour de pareils faits, je vous invite à rappeler formellement aux cadis et adouls de votre division les principes énoncés plus haut. — Vous devez leur faire connaître que toute infraction à ces principes serait, à l'avenir, sévèrement punie. — Veuillez porter cette circulaire à la connaissance des commandants des subdivisions placés sous vos ordres, et tenir la main à ce que les dispositions qu'elle renferme soient strictement observées. — J'invite pareillement M. le procureur général à adresser des instructions analogues à ses substituts des trois provinces.

Le général de division sous-gouverneur.
E. DE MARTIMPREY.

AG. — 20-27 mars 1865. — BG. 159. — *Tenue des registres en territoire militaire.*

Vu l'arr. du 16 déc. 1848, art. 44 et 54; —Les décr. des 27 oct. 1859, 10 déc. 1860 et 7 juill. 1864 (*Admin. gén.*, I, 28, 57 et *suprà*);

Art. 1. — La tenue des registres de l'état civil, pour le territoire militaire, sera confiée aux maires, lorsque les deux autorités civile et militaire résideront au même lieu.

Mal DE MAC-MAHON, DUC DE MAGENTA.

RENVOIS. — V. *Table alphabétique.*

État de guerre. V. TABLE ALPHABÉTIQUE.

État de siége. V. *ibidem.*

États à marteau. V. *ibidem.*

Étrangers. V. *ibidem.*

Évasion. V. *ibidem.*

Exploits. V. *Ibidem.*

Exposition agricole. V. AGRICULTURE, § 3.

Exposition permanente. V. TABLE ALPHABÉTIQUE.

Exportations. V. ARMES, DOUANES, MINES.

Expropriation publique (1). V. TABLE ALPHABÉTIQUE.

Expulsion de la colonie. V. *ibidem.*

Extradition. V. TRAITÉS.

(1) JURISPRUDENCE. — Aux termes de l'ordonn. du 1er oct. 1844, art. 24 et suiv., qui règle la procédure d'expropriation, les tribunaux de l'Algérie remplissent l'office de jury, mais ils peuvent être appelés à statuer par le même jugement sur des questions étrangères à la fixation de l'indemnité. Les décisions suivantes, émanées de la cour de cassation, déterminent l'importante distinction qui doit être faite entre ces diverses dispositions au point de vue de l'appel ou du recours en cassation, et elles fixent en outre la jurisprudence relative à quelques autres questions de droit.

1° En Algérie, où l'expropriation pour cause d'utilité publique est prononcée, non par le jury, mais par le tribunal civil, le même tribunal qui prononce l'expropriation a compétence pour décider si telle ou telle portion du terrain atteint par l'expropriation appartient à une personne qui y prétend droit ou dépend du domaine public. La décision rendue sur ce point par le tribunal est essentiellement susceptible d'appel, et ne peut, sous aucun prétexte, être déférée à la cour de cassation.

En présence d'une contestation non encore vidée sur l'étendue de la propriété expropriée, il suffit que l'indemnité soit fixée à tant par mètre, pour qu'elle doive être considérée comme alternativement réglée. Ce mode de fixation de l'indemnité satisfait, en effet, à toutes les éventualités.

L'indemnité accordée pour perte de clientèle ne doit pas être considérée comme répondant à un dommage futur et incertain, comme accordée en compensation d'espérances purement éventuelles; elle est au contraire la compensation d'un dommage actuel. — Cass. 4 juill. 1864, rej. de pourvoi, domaine de l'État C. Pontet, *Gaz. des trib.* du 5 juill. 1864.

2° Les dispositions de l'art. 42 de la loi du 3 mai 1841 sur l'expropriation pour cause d'utilité publique, qui limitent les ouvertures en cassation et règlent les délais et les formes des pourvois contre les décisions du jury, ne s'appliquent pas aux pourvois formés contre les décisions de tribunaux ordinaires qui, en Algérie, remplacent le jury et fixent les indemnités, pourvois qui, dans le silence de l'ordonn. du 1er oct. 1844, restent soumis aux délais et aux formes du droit commun, et sont dès lors recevables devant la chambre des requêtes de la cour de cassation.

L'obligation imposée au jury d'expropriation de régler d'une manière fixe et définitive l'indemnité due à l'exproprié pour chaque parcelle atteinte, sans se borner à en fixer les bases, n'est pas applicable dans toute sa rigueur aux tribunaux algériens empruntés et disposant de tous les moyens d'instruction ordinaire pour compléter leurs décisions. Ils peuvent notamment fixer le taux de l'indemnité à raison de tant l'are, sans déterminer immédiatement à quelle quantité d'ares cette fixation sera applicable.

Il n'est interdit par aucune loi à ces tribunaux, pas plus qu'à un jury ordinaire, de tenir compte, pour la fixation de l'indemnité, non-seulement de la valeur actuelle des terrains expropriés, mais aussi de la valeur qu'ils étaient susceptibles d'acquérir dans la suite par toute autre circonstance que les travaux même de l'expropriant. — Cass. 22 août 1864, rej. de pourvoi, chemin de fer Méditerranée C. Pouyer, *Gaz. des trib.* du 24 août 1864.

3° L'art. 89 de l'ordonn. du 1er oct. 1844 n'exige pas que la délibération du tribunal soit précédée du rapport de l'un de ses membres. — Cass. 28 déc. 1864, rej. de pourvoi, maire de la ville de Bône, *Gaz. des trib.* du 29 déc. 1864;

4° Attendu que ce qui résulte de la disposition de l'art. 45 ordonn. de 1844, c'est qu'en dehors de l'exception formellement prévue, la décision reste soumise à toutes les voies de recours du droit commun; — Que, par les conclusions dernières qu'elle a prises, l'administration demandait : 1° que ses offres fussent déclarées bonnes et valables; 2° que le retrait de leur montant fût fait par les défendeurs, sous la déduction des rentes grevant l'immeuble et à la charge par eux de justifier de leurs droits de propriété sur l'immeuble et de l'absence de toute inscription; — Attendu qu'il s'agissait là de questions étrangères à la fixation même du montant de l'indemnité, et qui dès lors ne rentraient, sous aucun rapport, dans les prévisions de l'ordonn. de 1844; — Qu'en fixant le montant de l'indemnité, sans statuer par décisions distinctes sur les divers chefs de conclusions qui lui étaient soumis, et en privant les parties du recours qui leur était réservé, le tribunal de Blidah a non-seulement excédé ses pouvoirs, mais formellement violé l'art. 45 déjà cité; casse, etc. — Cass. 6 déc. 1864, pourvoi préfet d'Alger C. Herpin et autres, Dalloz, 1865, 5. 169.

5° Attendu que pour les décisions étrangères au règlement de l'indemnité elle-même, l'art. 45 ordonn. de 1844, réserve expressément l'appel; qu'en conséquence les moyens tirés de l'irrégularité de la procédure et de la mauvaise répartition des dépens constituent des griefs d'appel qui ne sauraient être portés directement devant la cour de cassation. — Cass. 5 juill. 1865, rej. de pourvoi, Préfet de Constantine C. Monk *C. Usar et Murat.* — *Recueil de jurisprudence,* Robe, 1865, p. 186.

6° Attendu que les 1er, 2e, 3e et 5e moyens s'attaquent à celles des dispositions du jugement qui sont relatives soit à la détermination des terrains objet de l'arrêté d'expropriation, soit au point de savoir si les dommages allégués étaient la conséquence nécessaire de l'expropriation, ou ne résultaient que des travaux exécutés postérieurement, soit au rapport fait en chambre du conseil par l'un des juges de l'affaire, soit enfin à la répartition des dépens; — Attendu que toutes ces dispositions, étrangères à la fixation des indemnités, ne rentraient pas dans l'exception établie par l'art. 45, ordonn. de 1844, et n'avaient pu, dès lors, être édictées qu'en premier ressort et sauf appel; qu'il en résulte qu'en les déférant directement à la cour de cassation, le demandeur a formellement violé les règles de compétence, et qu'il doit, par suite, être déclaré non recevable;

Sur le 4e moyen : — Attendu que, dans l'état des faits constatés, en faisant courir du jour de la prise de possession les intérêts des indemnités accordées, le jugement attaqué n'a violé aucune des dispositions de l'ordonnance invoquée par le pourvoi; que s'il est vrai, en effet, que le domaine, en prenant possession d'urgence des terrains dont l'expropriation était ordonnée, n'a point rempli les formalités prescrites par les art. 62 et suiv. de l'ordonnance, spécialement en ce qui concerne la consignation préalable d'une indemnité expropriative, le demandeur ne peut se prévaloir aujourd'hui d'une irrégularité qui est le fait de l'administration, pour critiquer le point de départ des intérêts et soutenir qu'il aurait dû être fixé selon les bases déterminées par l'art. 42; Rejette, etc. — Cass. 17 juill. 1865, pourvoi préfet d'Alger C. Coupu et autres. — *Recueil de jurisprudence,* Robe, 1865, p. 187;

7° Les dispositions du jugement relatives aux réclamations spéciales d'indemnité à raison soit de la destruction de plantations existant sur le terrain exproprié soit de la dépréciation résultant de ce que l'expropriation d'une partie de la propriété diviserait le surplus en deux parties séparées, soit de dégâts commis sur la parcelle non expropriée par suite des travaux exécutés sur la portion frappée d'expropriation sont attaquables par la voie de l'appel, et le pourvoi en cassation n'est point recevable de ce chef. Le jugement n'est souverain qu'en ce qui concerne la fixation du montant de l'indemnité. — Cass. 2 janv. 1866, rej. de pourvoi C. un jugement du tribunal de Bône, Dalloz, 1866, 1. 168.

F

Fabrique (Conseil de).

DI. — 15 août-26 sept. 1864. — BG. 122. — *Promulgation du décr. du 15 fév. 1862.* — *Acceptation de legs faits aux fabriques.*

Art. 1. — Le décr. du 15 fév. 1862, relatif aux règles à suivre pour l'acceptation des dons et legs faits aux fabriques des églises, sera promulgué en Algérie, pour y être exécuté selon sa forme et teneur.

Décret du 15 février 1862.

Art. 1. — L'acceptation des dons et legs faits aux fabriques des églises sera désormais autorisée par les préfets, sur l'avis préalable des évêques, lorsque ces libéralités n'excéderont pas la valeur de 1,000 fr., ne donneront lieu à aucune réclamation et ne seront grevées d'autres charges que l'acquit de fondations pieuses dans les églises paroissiales et de dispositions au profit des communes, des hospices, des pauvres ou des bureaux de bienfaisance.

Art. 2. — L'autorisation ne sera accordée qu'après l'approbation provisoire de l'évêque diocésain, s'il y a charge de services religieux.

Art. 5. — Les préfets rendront compte de leurs arrêtés d'autorisation au ministre compétent dans les formes déterminées par les instructions qui leur seront adressées. Les arrêtés qui seraient contraires aux lois et règlements, ou qui donneraient lieu aux réclamations des parties intéressées, pourront être annulés ou réformés par arrêté ministériel.

RENVOIS. — V. *Table alphabétique.*

Falsification de denrées. V. TABLE ALPHABÉTIQUE.

Ferme-école arabe française. V. *ibidem.*

Fête nationale. V. *ibidem.*

Finances.

Décis. M. — 5 nov. 1845 (V. *Impôts.* — *Infrà*). — *Les Européens sont exempts de l'impôt de l'Achour.* — *Jurisprudence du conseil d'Etat relativement aux israélites.*

DI. — 18 sept.-50 nov. 1860. — BM. 102. — *Fixation à 5 p. 100 des frais de perception des produits et revenus classés aux budgets provinciaux et locaux.*

Vu notre décr. du 27 oct. 1858 (*Admin. gén.*, I, 57); — l'art. 66 de l'ord. du 2 janv. 1846 (I, 554).

Art. 1. — A partir du 1ᵉʳ janv. 1861, les frais de perception des produits et revenus classés aux budgets provinciaux de l'Algérie par les art. 48 et 49 de notre décret susvisé du 27 oct. 1858 sont fixés à 5 p. 100 du montant brut des recouvrements effectués par les agents du trésor. — Cette disposition est applicable aux recettes et payements effectués par les mêmes agents pour le service des budgets locaux institués par l'art. 54 de notre décret précité.

Circ. G. — 12 mars-26 oct. 1861. — BG. 50. — *Notification aux chefs de service des observations de la cour des comptes sur l'inexécution de l'art. 109 de l'ord. du 2 janv. 1846.*

La cour des comptes, statuant par arrêt du 12 mars 1861, sur la gestion 1859 des receveurs des contributions diverses de l'Algérie, a signalé, dans

les termes suivants, une infraction à l'art. 109, de l'ordon. du 2 janv. 1846 (I, 554).

« L'art. 109 de l'ord. du 2 janv. 1846 prescrit, pour les payements faits aux indigènes, de faire certifier par un interprète assermenté, la signature en langue arabe ou l'apposition du cachet, tenant lieu d'émargement; de plus, cette déclaration doit être visée par le fonctionnaire qui a remis l'extrait d'ordonnance ou le mandat au titulaire. Cette dernière disposition est rarement exécutée dans les payements faits aux chefs indigènes pour la part qui leur revient à titre de frais de perception, soit des impôts, soit des amendes, et, la plupart du temps, la déclaration de l'interprète n'est pas revêtue du visa prescrit. Les payements dépourvus de cette garantie sont tellement nombreux, que la cour n'a pas cru devoir procéder par voie d'injonction et prescrire aux comptables de faire opérer ces régularisations; il eût fallu ordonner le renvoi de presque toutes les pièces concernant la répartition du produit des impôts et des amendes arabes, et la cour a pensé qu'il était préférable de signaler ce fait à l'administration supérieure, afin que des prescriptions fussent adressées aux autorités chargées de la répartition aux chefs arabes, des allocations qui leur reviennent. »

Le gouverneur général de l'Algérie s'empresse de porter ce fait à la connaissance des fonctionnaires intéressés, et de leur recommander de prescrire les mesures nécessaires pour prévenir le retour de l'irrégularité relevée par la cour des comptes.

Mᵃˡ PÉLISSIER, DUC DE MALAKOFF.

Circ. G. — 12 juill. 1861 (Suprà. — *Admin. gén.*) — *Rapports semestriels demandés aux agents des services financiers.*

RENVOIS. — V. *Table alphabétique.*

Foires.

Circ. G. — Mai 1862. — *Extension donnée à la foire d'Alger.* — *Instruction aux généraux et préfets.*

Mon intention est de donner à la foire d'Alger une importance qu'elle n'a pas eue jusqu'à ce jour. — Parmi les moyens à employer pour atteindre ce but, il faut avant tout engager les indigènes producteurs à apporter à Alger, à l'époque déterminée, leurs produits les plus marchands. — Afin d'entourer cette foire de tout l'éclat et de tout le prestige qu'elle peut comporter, j'en ai fixé l'ouverture au 1ᵉʳ octobre prochain, de manière à la faire coïncider avec les courses et l'exposition agricole. J'ai également jugé nécessaire d'en fixer la durée à quinze jours, afin de déterminer les négociants français et étrangers à faire le voyage d'Alger.

Les efforts que ferait l'administration pour attirer les indigènes à la foire d'Alger, pour en faire le centre d'importantes transactions commerciales, resteraient sans résultat si, dès le principe, les producteurs ne trouvaient pas un débouché avantageux et à peu près certain pour leurs marchandises. J'ai décidé, en conséquence, qu'une partie du crédit affecté aux dépenses d'investiture et d'achats de cadeaux, devait être employée à l'acquisition d'objets propres à remplir cette dernière destination.

Parmi les objets qui paraissent devoir donner lieu à de nombreux trafics, je citerai, indépendamment des produits agricoles, tels que les céréales, l'huile, les bois de teinture, le henné, les figues sèches, les dattes, les raisins secs, les objets de sellerie, les armes, les poteries, la bijouterie, les haïks et burnous de toute espèce, les couvertures, les tapis de laine, etc., etc. — Je vous prie, du reste, de faire vérifier, dans chaque centre de production, quels sont les produits qui vous paraîtront susceptibles d'être recherchés par le commerce, et d'user de votre influence auprès des populations européennes et indigènes pour les déterminer à les apporter à la foire d'Alger.

J'ai pensé, en outre, que l'espèce chevaline de l'Algérie fournirait de précieux éléments aux transactions commerciales. Je ne doute pas, en effet, que l'annonce d'un marché où se trouveraient réunis des chevaux de prix, représentant les diverses races algériennes, ne suffise pour déterminer les amateurs de France et de l'étranger à se rendre dans la colonie.—Il en est de même pour les bœufs et moutons de provenance algérienne, qui sont fort appréciés en France et en Espagne. — J'ai donc décidé qu'un marché aux chevaux, aux bœufs et moutons se tiendrait en même temps que la foire d'Alger. Veuillez bien en informer la population indigène.

Des avis vont être publiés dans les journaux de France et de l'étranger, pour faire connaître que l'on trouvera à la foire d'Alger les produits du Sud et de l'Algérie ; les indigènes peuvent donc compter sur un écoulement avantageux de leurs marchandises, et cette circonstance permet d'espérer qu'ils se rendront à l'invitation qui leur sera faite.—Vous voudrez bien vous concerter avec M. le maire d'Alger pour la désignation des emplacements qui devront être affectés, à la foire, aux marchés aux chevaux et aux bestiaux.

M[l] PÉLISSIER, DUC DE MALAKOFF.

RENVOIS. — V. *Table alphabétique.*

Fonctionnaires et employés.
V. TABLE ALPHABÉTIQUE.

Fonds de commerce. V. *ibidem.*

Fontaines. V. EAU.

Forêts. V. TABLE ALPHABÉTIQUE.

Fort centime. V. *ibidem.*

Fouilles. V. MUSÉES.

Fourrière publique.

DI. — 26 juill.-27 oct. 1864.—BG. 125. — *Ventes en exécution du décr. de 1811 dans les localités où ne réside pas un agent du domaine.*

Vu l'arr. du 23 niv. an VI ;—La loi du 22 pluv. an VII ;—Le décr. du 18 juin 1811 ;

Art. 1. — Lorsqu'il y a lieu de procéder, en Algérie, en exécution de l'art. 40 du décr. du 18 juin 1811, à la vente des animaux et des objets périssables, mis en fourrière et sous le séquestre, dans une localité où ne réside pas un agent des domaines, le receveur de la circonscription peut, par une simple lettre, déléguer spécialement à cet effet le maire ou la personne faisant fonctions de maire dans la localité. Il lui envoie en même temps l'ordonnance du magistrat autorisant la vente, et, s'il y a lieu, les affiches nécessaires.

Art. 2. — La vente se fait au comptant. Il en est dressé un procès-verbal auquel sont annexées les pièces ci-dessus mentionnées.

Art. 3. — Le prix de la vente est touché par le délégataire.—Sur ce prix, le délégataire rembourse au gardien les frais de fourrière et de séquestre. Il prélève, en outre, les menus frais occasionnés par la vente. — Dans un délai de quinzaine au plus tard, il verse le reliquat à la caisse du receveur, auquel il fait parvenir en même temps le procès-verbal de vente, les pièces y annexées et l'état des frais et menus frais. — Il en est accusé réception par simple lettre. — Cet accusé de réception vaut décharge.

Circ. G. — 9-27 mars 1865.—BG. 159.—*Instruction aux préfets sur l'exécution du décret qui précède.*

L'exécution du décr. du 26 juill. 1864 (ci-dessus) peut donner lieu à des difficultés qu'il importe de résoudre dès à présent. — En accordant aux maires un délai de quinze jours pour faire parvenir le procès-verbal de la vente au receveur, le décret paraît être en opposition avec l'art. 20 de la loi du 22 frim. an VII qui assujettit, sous peine d'amende, les procès-verbaux de vente à la formalité de l'enregistrement dans un délai de quatre jours, à partir de leur date. — Le décr. du 26 juill. 1864 n'a pas entendu charger les maires du soin de faire enregistrer les procès-verbaux de vente rapportés par eux comme délégués du receveur des domaines ; aussi, pour rester dans le délai de quatre jours fixé par l'art. 20 précité, de la loi du 22 frim. an VII, conviendra-t-il de ne faire courir ce délai que du jour de la réception du procès-verbal au bureau du domaine ; la date serait certifiée au pied du procès-verbal par le receveur.—Chaque maire délégué dressera ce procès-verbal sur papier libre, et la formalité du timbre sera donnée en même temps que celle de l'enregistrement.

Aux termes d'un arrêté de S. Exc. le ministre des finances, en date du 28 févr. 1856, rendu exécutoire en Algérie par décis. min. du 22 juill. suiv. (non publiée en Algérie), il doit être perçu en sus du prix de vente, 5 pour 100 destinés à tenir lieu des frais de timbre et d'enregistrement ; les adjudicataires devront donc être informés, à temps, de cette condition spéciale qu'on ne devra pas omettre d'insérer au procès-verbal.

En stipulant que le maire doit verser à la caisse du receveur le reliquat du prix de la vente, le décret suppose que le produit de la vente sera toujours supérieur aux frais de toute nature, sans prévoir le cas où l'animal ou l'objet mis en vente ne trouverait pas d'acquéreur, ou que le prix de vente serait inférieur aux frais. — Si le produit de la vente des animaux ou des objets périssables était inférieur au chiffre des dépenses de toute nature, il conviendrait que l'État fût tenu de payer les frais au delà du prix de la vente.

En effet, puisque, aux termes d'une décis. min. du 15 juin 1835 (I, 544), il a été établi que le produit des animaux et objets mis en fourrière, et non réclamés dans les délais voulus, devait être encaissé par les agents des domaines, au même titre que le produit des épaves, biens vacants, etc., attribués au trésor par l'ord. du 17 janv. 1845 (*Finances*, I, 551), concernant les recettes et dépenses de l'Algérie, il est de toute équité que l'État soit tenu de courir les risques de perte.

En conséquence : 1° Dans le cas où l'animal ou l'objet mis en vente ne trouverait pas d'acquéreur, ou bien lorsque le produit de la vente ne permettrait de solder qu'une partie des menus frais, toutes les dépenses seront payées directement par le receveur des domaines aux parties intéressées, sur la production des pièces régulières, après réception du procès-verbal négatif rapporté par le maire.

2° Si le produit de la vente était supérieur aux menus frais de publication et de criée, mais néanmoins insuffisant pour permettre d'acquitter en même temps les frais de fourrière, le maire payerait seulement les menus frais, et le receveur des domaines solderait directement entre les mains du fermier de la fourrière les frais qui seraient dus à celui-ci. — Il y a lieu de remarquer que la restitution du prix des animaux ou des objets vendus peut être ultérieurement demandée par le propriétaire, et que le receveur des domaines doit pouvoir justifier du payement des frais. — Il est donc indispensable que les maires ne fassent de payements que sur quittances régulières, lesquelles seront adressées au receveur des domaines, en même temps que le procès-verbal de vente à l'appui de l'état des frais. — Ces frais doivent être taxés, autant que possible, d'après les tarifs en usage pour les dépenses communales de même nature et présentés sur un état certifié par le maire, conforme à ces tarifs.

5° Enfin, si le produit de la vente est supérieur aux frais de toute nature, le reliquat devra être porté en recette par le receveur dans les formes habituelles. — Il est essentiel que les maires produisent toutes les quittances en double expédition, et qu'ils ne perdent pas de vue que celles supérieures à 10 fr. sont soumises à la formalité du timbre, si elles ne sont pas données au pied d'un mémoire timbré (art. 12 de la loi du 13 brum. an VII), et que le timbre des quittances délivrées à l'État est à la charge des particuliers qui les donnent.

Ces principes posés, j'appellerai toute votre attention sur une question de détail. — Aux termes de l'art. 59 du décr. du 18 juin 1811, les animaux et tous les objets périssables ne peuvent rester en fourrière ou sous le séquestre plus de huit jours. Après ce délai, ils doivent être vendus. — L'exécution de cette règle est très-importante pour éviter des frais considérables et empêcher les réclamations fondées de la part des propriétaires des objets ou animaux. — Il est donc nécessaire que, dès le troisième jour de la mise en fourrière d'un animal ou d'un objet susceptible d'être vendu, le maire demande au receveur de la circonscription qui doit obtenir l'ordonnance du magistrat permettant la vente, l'autorisation de procéder à cette vente le neuvième jour, si, dans l'intervalle, le propriétaire de l'animal ou de l'objet ne s'est pas présenté pour le réclamer. Dans le cas contraire, le maire ou la personne en remplissant les fonctions donnerait avis au receveur que l'objet ou l'animal ayant été réclamé dans le délai réglementaire et les frais payés par le propriétaire, il n'y a pas lieu de procéder à la vente. — En agissant de cette manière, quelles que soient la distance et les difficultés de communication, le maire aura toujours la certitude de recevoir à temps l'autorisation de vendre, s'il y a lieu, dans le délai prescrit par l'art. 59 du décr. du 18 juin 1811.

Veuillez porter à la connaissance de M. le recteur, chef du service de l'enregistrement et des domaines, la présente circulaire, qui sera, d'ailleurs, insérée au *Bulletin officiel* du gouvernement.

> *Le général de division, sous-gouverneur,*
> DESVAUX.

RENVOIS. — V. *Table alphabétique.*

Franchise de correspondance.

DIVISION.

§ 1. — Correspondance ordinaire.
§ 2. — Correspondance télégraphique.

§ 1. — CORRESPONDANCE ORDINAIRE.

AM.—12 avr.-10 mai 1864. — BG. 109.—*Autorisation accordée par M. le ministre des finances au directeur de l'observatoire d'Alger, de correspondre, en franchise, sous bandes, avec les directeurs des stations météorologiques de l'Algérie.*

§ 2. — CORRESPONDANCE TÉLÉGRAPHIQUE.

Décis. G. — 16 fév.-5 avr. 1861. — BG. 7. — *Fonctionnaires autorisés à correspondre directement par le télégraphe.*

Les fonctionnaires ci-après désignés sont admis, pour les affaires de service et dans le cas d'urgence seulement, à correspondre directement par le télégraphe, savoir:

Gouvernement général. — Le sous-gouverneur. — Le directeur général des services civils ou secrétaire général du gouvernement suivant décision postérieure du 30 nov. 1864 — BG. 128.

Justice. — Le premier président de la cour impériale. — Les présidents des assises. — Le procureur général près la cour impériale. — Les procureurs impériaux. — Les juges d'instruction et juges de paix, remplissant les fonctions d'officiers de police judiciaire.

Administration militaire et provinciale. — Les inspecteurs généraux. — Les généraux commandant les divisions militaires. — Les généraux commandants supérieurs de l'artillerie et du génie. — Le chef de la légion de gendarmerie en tournée. — Les intendants militaires des divisions. — Les commandants des subdivisions et des cercles. — Les sous-intendants militaires des subdivisions et des cercles. — Les préfets des départements. — Les présidents des conseils généraux pendant les sessions. — Les sous-préfets. — Les commissaires civils.

Marine impériale. —Le commandant supérieur de la marine.

Culte. — L'évêque.

Instruction publique. — Le recteur.

Télégraphie. — Le directeur divisionnaire, chef du service.

Douanes. — Le directeur de ce service.

Les fonctionnaires autres que ceux compris dans la nomenclature ci-dessus devront soumettre préalablement leurs dépêches au visa de l'autorité supérieure dans chaque localité.

Décis. G.—20-27 avr. 1861. — BG. 10.—*Même autorisation accordée à l'inspecteur des postes chef du service en Algérie.*

Décis. G.—15-25 mai 1861. — BG. 14. — *Même autorisation accordée aux maires d'Arzew et de Bougie et autres fonctionnaires qui n'ont point de supérieurs dans la localité où ils résident.*

Les fonctionnaires qui, n'ayant aucun supérieur dans la localité où ils résident, ne peuvent soumettre leurs dépêches au visa réglementaire, sont autorisés à correspondre directement par le télégraphe, sous les conditions énoncées dans la décision du 16 fév. dernier (ci-dessus).

Ces fonctionnaires sont: Le maire d'Arzew, — Le maire de Bougie,—Le directeur du port à Mers el Kébir, — Les commissaires de l'inscription maritime dans les deux ports d'Oran et de Bône, — Le directeur de la santé à Mers el Kébir (décision du 11 juill. 1861, BG. 22).

AM. — 8 juill.-9 août 1861. — BG. 26.—*Correspondance avec les chefs de service de la métropole.*

La franchise télégraphique des fonctionnaires de l'Algérie avec les autorités de la métropole est réglée conformément au tableau suivant:

Le gouverneur général. — Le sous-gouverneur. — Le directeur général des affaires civiles. — Les généraux commandant les divisions militaires. — Les généraux commandants supérieurs de l'artillerie et du génie. — Les intendants divisionnaires, avec tout destinataire.

Les préfets, avec les préfets de la métropole.

L'amiral commandant la station navale d'Alger.—Le directeur des ports, avec le ministre de la marine; le préfet maritime à Toulon; le chef de la marine à Marseille et à Bastia; les administrateurs des sous-quartiers à Ajaccio et à Bonifacio.

Le premier président de la cour impériale, avec le ministre de la justice.

Le procureur général, avec le ministre de la justice.

Les procureurs généraux de France et les procureurs impériaux.

L'évêque d'Alger. — Le recteur de l'Académie, avec le ministre de l'instruction publique et des cultes.

Toutes les dispositions des arrêtés et décisions antérieures sont abrogées en ce qu'elles ont de contraire aux dispositions ci-dessus. — Il est bien entendu que les fonctionnaires désignés dans le tableau qui précède ne devront faire usage du droit qui leur est accordé que pour des affaires de service et seulement dans les cas d'urgence.

Le ministre de l'intérieur.

ARR. — 20 août-18 nov. 1861. — BG. 28. — *Franchises attribuées au gouverneur général.*

Art. 1. — Le gouverneur général de l'Algérie reçoit en franchise, sans condition de contre-seing, toutes les lettres et dépêches qui lui sont adressées de tout lieu situé en France ou en Algérie.

Art. 2. — Il est autorisé à écrire en franchise, par lettres fermées, aux fonctionnaires et aux personnes désignés dans l'état ci-annexé : son contre-seing s'exerce au moyen d'une griffe délivrée par l'administration des postes et portant ces mots : *gouverneur général de l'Algérie.*

Art. 3. — La correspondance adressée aux fonctionnaires dénommés à l'état précité et résidant dans les colonies françaises et à l'étranger, ne jouira que de l'exemption de la taxe française : le gouverneur général acquittera les taxes dues pour le parcours extérieur, soit aux offices étrangers, en vertu des conventions internationales, soit aux capitaines des navires, en conformité de la loi du 15 mai 1827.

Art. 4. — Un second exemplaire de la griffe mentionnée à l'art. 2, sera mis à la disposition du gouverneur général de l'Algérie pour la correspondance expédiée en vertu de ses délégations, par le directeur général des services civils.

Art. 5. — Sont et demeurent supprimées les franchises attribuées au ministre de l'Algérie et des colonies par la décis. du 20 août 1859 (I, 545).

Le ministre des finances,
DE FORCADE.

État annexé à la décis. min. du 20 août 1861, indiquant les fonctionnaires et les personnes à l'égard desquels le contre-seing du gouverneur général de l'Algérie opérera la franchise.

Adjoints à l'intendance militaire. — Administrateurs des bibliothèques impériales; du collège de France; — Des établissements de bienfaisance; des hospices civils dans les lieux où il n'existe pas d'hôpitaux militaires; de l'inscription maritime dans les quartiers et sous-quartiers; du mobilier de la couronne; — Agents des affaires étrangères à Marseille; — Agents consulaires de France à l'étranger (1); — Agents diplomatiques à l'étranger (1); — Ambassadeurs français à l'étranger (1); — Archevêques; — Architectes en chef des bâtiments civils, Alger, Constantine et Oran.

Chefs des bureaux militaires arabes en Algérie; — Chefs d'état-major des divisions militaires; — Chefs d'état-major généraux des maréchaux de France, commandant des corps d'armée; chef du service géodésique à Alger; — Chefs du service de la marine; — Chef du service topographique dans les chefs-lieux de département, d'arrondissement et de commissariat civil en Algérie. — Commandants d'artillerie; des brigades de gendarmerie; des corps maritimes; des corps militaires; des dépôts de recrutement; des dépôts de remonte; des détachements militaires; des divisions militaires; des Écoles impériales militaires; de l'École navale en rade de Brest; des escadres ou bâtiments isolés en mission; des places, forts et postes militaires; des stations maritimes; des subdivisions militaires; — Commandants de la garde de Paris; — Commandants supérieurs ou particuliers des colonies (2); — Commandants supérieur de l'artillerie en Algérie; du génie en Algérie; de la marine en Algérie; — Commissaires généraux de la marine dans les ports; impériaux près les conseils de guerre; de l'inscription maritime; de police en France et dans les colonies (3); de surveillance administrative des chemins de fer; — Conseillers d'État; — Conservateur administrateur de la bibliothèque et du musée d'Alger; — Conservateur des forêts en Algérie; — Consuls de France à l'étranger (1); — Consuls généraux de France à l'étranger (1); — Contrôleurs des arrondissements maritimes; — Contrôleurs de la marine dans les ports secondaires : — Curés.

Desservants en Algérie; — Directeurs de l'artillerie; — Directeur de la capsulerie de guerre, à Paris; — Directeur de l'École impériale d'application, de médecine et de pharmacie militaires à Paris. — Directeurs des écoles vétérinaires; — Directeurs de l'enregistrement et des domaines; — Directeur de l'établissement de la marine à Indret; — Directeur des forges impériales de la Chaussade, à Guérigny; — Directeurs des fortifications et arsenaux du génie; — Directeur général des archives de l'empire; des musées impériaux; — Directeurs du génie; — Directeur de l'imprimerie impériale; du jardin d'acclimatation à Alger; — Directeurs des lignes télégraphiques; des manufactures impériales d'armes; — Directeur du muséum d'histoire naturelle à Paris; de l'Observatoire à Alger; du service des poudres et salpêtres à Paris; — Directeur des subsistances militaires.

Évêques.

Gouverneurs des colonies françaises (4). — Gouverneur de l'hôtel des Invalides. — Greffier en chef de la cour des comptes.

Ingénieurs chargés des constructions navales; des travaux hydrauliques de la marine impériale, à Port-Vendres. — Ingénieurs en chef des mines; des ponts et chaussées; ingénieurs des mines et des ponts et chaussées faisant fonctions d'ingénieurs en chef; ordinaires des mines; ordinaires des ponts et chaussées. — Inspecteur de l'Académie d'Alger. — Inspecteurs de la colonisation en Algérie; des écoles primaires en Algérie; des établissements de bienfaisance en Algérie; de la fabrication des projectiles pour la marine. — Inspecteurs des fonderies impériales; des forges impériales; des manufactures impériales d'armes; médicaux; des prisons de l'Algérie; des poudreries et raffineries de salpêtre. — Inspecteurs, chefs du service des forêts en Algérie. — Inspecteurs généraux de l'artillerie de la marine; des asiles d'aliénés; de l'infanterie de marine; des ponts et chaussées; des prisons; du service de santé de la marine; des travaux maritimes. — Inspecteurs généraux et inspecteurs chargés annuellement d'inspecter les équipages de ligne et les quartiers de l'inscription maritime. — Intendants généraux inspecteurs. — Intendants militaires.

Juges d'instruction. — Juges de paix.

Maires de l'Algérie. — Maîtres des requêtes. — Maréchaux de France. — Médecins de colonisation en Algérie; Inspecteurs des établissements thermaux appartenant à l'État.

Officiers d'administration; comptables du service des hôpitaux militaires; du service de l'habillement et du campement; des subsistances militaires. — Officiers employés aux travaux extérieurs de la carte de France, et en mission pour cet objet sur un point quelconque de l'empire; de gendarmerie; du génie; de santé, chefs de service dans les hôpitaux militaires.

Pasteurs de la confession d'Augsbourg; des églises réformées. — Payeur général de la guerre à Paris. — Payeurs du trésor public. — Pharmaciens comptables de la pharmacie centrale à Paris et des dépôts de médicaments à Alger et à Marseille. — Préfets des départements. — Préfets maritimes. — Présidents des chambres de commerce; des conseils d'administration des corps militaires; de la commission des monnaies et médailles à Paris; du conseil d'administration de la division des équipages de ligne. — Présidents du conseil d'administration de l'hôtel des invalides; des conseils d'administration des régiments de toutes armes; du conseil central, des églises réfor-

___
(1) Sous la réserve des taxes dues, pour le parcours extérieur, soit aux offices étrangers, en vertu des conventions internationales, soit aux capitaines de navires en conformité de la loi du 15 mai 1827.

(2) La dénomination de commandant supérieur ou particulier s'applique aux commandants de Saint-Pierre et

___
Miquelon, de Mayotte, de Sainte-Marie de Madagascar, de Tahiti et de la Nouvelle-Calédonie.

(3) Sous la réserve exprimée en l'art. 3 de la décision ci-dessus.

(4) Sous la réserve exprimée en l'art. 3 de la décision.

mées à Paris ; de consistoire central israélite à Paris ; des cours et tribunaux. — Président du directoire du consistoire général de la confession d'Augsbourg, à Strasbourg. — Procureurs généraux ; généraux des missions de la compagnie de Jésus. — Procureur général de la congrégation de Saint-Vincent-de-Paul, à Paris. — Procureurs impériaux.

Receveurs généraux des finances ; particuliers des finances. — Recteurs d'académie.

Secrétaires perpétuels des cinq Académies. — Sous-inspecteurs des forges. — Sous-inspecteur primaires de Constantine, d'Oran, des chefs-lieux d'arrondissement et de commissariat civil en Algérie. — Sous-intendants militaires. — Sous-préfets. — Supérieurs des écoles secondaires ecclésiastiques ; des séminaires. — Supérieur des frères des écoles chrétiennes à Paris. — Supérieures des sœurs de la doctrine chrétienne à Nancy ; des sœurs aveugles de Saint-Paul à Paris ; des sœurs de la Sainte-Trinité à Valence (Drôme).

Trésorier général des invalides de la marine. — Trésoriers des invalides de la marine.

Vicaires généraux en Algérie. — Vice-consuls de France à l'étranger (1).

Circ. G. — 4 nov.-30 déc. 1864. — BG. 128. — *Instruction sur l'usage du droit de correspondance en franchise.*

Il arrive journellement que l'on présente en franchise aux stations télégraphiques de l'Algérie :

1° Des dépêches qui, portant en tête la qualité du fonctionnaire supérieur expéditeur, sont signées quelquefois avec l'une des mentions « par ordre » ou « par délégation, » et l'indication de la qualité du fonctionnaire signataire, mais quelquefois aussi, sans aucune de ces indications, par des agents dont les chefs de station ne connaissent ni la signature ni la qualité ;

2° Des dépêches émanant de fonctionnaires non investis du droit de franchise, signées soit par eux, soit même par des agents sous leurs ordres, lesquelles sont visées pour transmission, dans les bureaux des fonctionnaires supérieurs, par des personnes moins élevées dans la hiérarchie que les chefs de service qui les ont rédigées.

Dans le but de remédier à un état de choses aussi peu normal et qui peut occasionner de nombreux abus, et en vue d'éviter toutes difficultés et toutes lenteurs dans la transmission des dépêches télégraphiques officielles urgentes, j'ai décidé que les télégrammes signés par les fonctionnaires investis du droit de franchise ou par des agents sous leurs ordres, dont la signature aura été accréditée préalablement par ces fonctionnaires, seront seuls reçus par les stations télégraphiques.

Les fonctionnaires investis du droit de visa des dépêches télégraphiques, en vertu de la décision du gouverneur général, en date du 16 fév. 1861, n'en resteront pas moins seuls et personnellement responsables, sauf leur recours contre qui de droit.

Mal DE MAC-MAHON, DUC DE MAGENTA.

Circ. — Même date. — *Même objet.*— (Cette circulaire avait déjà été publiée sous la date du 14 mars 1864, BG. 107 et la signature du Mal Pélissier, duc de Malakoff.)

Aux termes des règlements en vigueur, les fonctionnaires autorisés à correspondre en franchise par le télégraphe ne doivent employer cette voie que pour des affaires de service urgentes, qui ne pourraient sans inconvénient être traitées par la correspondance ordinaire. D'un autre côté, les communications de cette nature doivent être rédigées de la manière la plus concise en évitant, non-seulement toute rédaction diffuse, mais même l'emploi de tout mot inutile.

L'examen du bulletin des dépêches télégraphiques officielles a donné lieu de remarquer que ces prescriptions réglementaires étaient fréquemment mises en oubli. Le nombre des dépêches administratives s'est accru, depuis quelque temps, dans une proportion considérable, et il a été constaté que cette correspondance, qui n'était pas toujours restreinte aux affaires d'une urgence réelle, a pour résultat d'entraver la prompte expédition des transmissions télégraphiques en général. — Cette tendance à faire usage sans nécessité de la voie télégraphique doit d'autant moins être tolérée, que des communications postales régulières et fréquentes existent aujourd'hui sur tous les points de l'Algérie.

J'ai décidé, en conséquence, que les dépêches de service qui n'auraient pas un caractère d'urgence bien constaté, ou dont la rédaction ne serait pas conçue dans la forme concise à laquelle doivent être rigoureusement ramenées les dépêches télégraphiques, seraient soumises à la taxe. — Quant aux correspondances envoyées comme officielles bien que n'ayant en réalité pour objet que des intérêts privés, elles continueront à être soumises également à l'acquittement des taxes réglementaires, et les fonctionnaires qui auront apposé leur visa seront rendus personnellement responsables, sauf leur recours contre qui de droit.

MM. les fonctionnaires investis du droit de visa sur les dépêches télégraphiques, ou autorisés à correspondre directement par le télégraphe, sont expressément invités à assurer, en ce qui les concerne, l'exécution des présentes prescriptions. Des ordres sont donnés, en même temps, pour que les dépêches dont il s'agit soient désormais l'objet d'un contrôle rigoureux, destiné à en limiter l'usage aux besoins réels des services administratifs.

Mal DE MAC-MAHON, DUC DE MAGENTA.

RENVOIS. — V. *Table alphabétique.*

Franchise d'exportation ou importation. V. DOUANES.

Francisation de navires. V. DOUANES, NAVIGATION.

Fripiers. V. BROCANTEURS.

Fusées de sûreté. V. MINES, § 4.

G

Garantie (contrôle de). V. OR ET ARGENT.

Garantie constitutionnelle. V. AUTORISATION DE POURSUITES.

Garde champêtre. V. TABLE ALPHABÉTIQUE.

Garde colonial. V. *ibidem.*

Garde nationale. V. MILICE.

Gendarmerie.

DI. — 5 oct.-5 nov. 1860. — BM. 99. — *Auxiliaires indigènes à pied et à cheval.*

Vu le décr. du 1er mars 1854, portant règlement sur l'organisation et le service de la gendarmerie ; — Le décr. du 10 mars 1855, qui a déterminé la composition et l'effectif de la légion d'Afrique (I, 516) ; — Considérant qu'il importe, dans l'intérêt du service, d'adjoindre au personnel de ladite légion un certain nombre d'auxiliaires

_____
(1) Sous la réserve exprimée en l'art. 5 de la décision.

indigènes, susceptibles de lui servir de guides et d'interprètes, notamment dans les pays nouvellement ouverts à la colonisation ;

Art. 1. — Il sera attaché à la légion d'Afrique, à titre d'auxiliaires, des indigènes à pied et à cheval, choisis soit parmi les spahis, soit parmi les tirailleurs indigènes et aptes à remplir utilement cette mission. Leur nombre variera suivant les exigences du service. Toutefois il ne pourra dépasser deux indigènes par brigade.

Art. 2. — Les indigènes appelés à servir comme auxiliaires de la gendarmerie conserveront l'uniforme arabe en usage ; mais cet uniforme devra rappeler, quant aux couleurs, aux ornements et aux marques distinctives, celui de la gendarmerie. Il sera fixé par une décision spéciale de notre ministre de la guerre.

Art. 3. — Ils auront droit aux prestations fixées par le tarif annexé au présent décret. — Ils seront tenus, au moyen de ces allocations, de se pourvoir d'effets d'uniforme et de se remonter selon le mode en usage dans l'arme de la gendarmerie.

Art. 4. — Ils seront soumis, en ce qui concerne le mode d'administration, aux règlement spéciaux qui régissent cette arme.

Art. 5. — La dépense d'entretien de ces auxiliaires indigènes sera supportée par le budget du département de la guerre.

Circ. 6. — 30 avr.-7 mai 1861. — BG. 11. — *Instructions aux généraux commandant les divisions et préfets des départements relatives aux baux des casernes de gendarmerie.*

Aux termes de l'art. 75 du décr. du 1er mars 1854, portant règlement sur l'organisation et le service de la gendarmerie, des états descriptifs des locaux destinés au casernement de la gendarmerie doivent être adressés au ministre de la guerre par les chefs de légion, et, de leur côté, les préfets doivent soumettre les baux à son approbation, immédiatement après leur passation ou leur renouvellement.

L'approbation définitive de ces baux a été spécialement réservée au ministre de la guerre, afin de le mettre à même de juger de la convenance des locaux, tant sous le rapport des exigences du service que sous celui du bien-être des hommes et des chevaux. — L'omission de cette formalité peut avoir des conséquences qu'il est du devoir de l'administration de prévenir. Je vous recommande de veiller, d'une manière toute particulière, à ce que la nécessité de cette approbation ne soit pas perdue de vue, et à vous abstenir généralement de faire procéder à l'installation des brigades avant la réception de l'approbation ministérielle.

Dans les cas, d'ailleurs très-rares, où il y aurait urgence à passer outre, vous aurez soin de rappeler expressément aux propriétaires des immeubles à affecter au casernement de la gendarmerie, que l'occupation provisoire des locaux ne saurait avoir pour résultat de conférer un caractère définitif aux projets de baux, lesquels peuvent toujours être déclarés nuls et de nul effet, en cas de refus d'approbation de la part du ministre de la guerre.

Les formules imprimées que vous avez à votre disposition renferment d'ailleurs un article spécial concernant la nécessité de cette approbation. Lorsque les circonstances vous empêcheront de faire usage de cette formule, il importera que vous reproduisiez textuellement cette mention, afin que les propriétaires intéressés ne puissent pas arguer de leur ignorance des dispositions réglementaires. Bien que cette ignorance ne puisse pas légalement être opposée à l'administration, il est de votre devoir de prévenir toute surprise à cet égard.

M*l PÉLISSIER, DUC DE MALAKOFF.

RENVOIS. — V. *Table alphabétique.*

Génie militaire. V. TABLE ALPHABÉTIQUE.

Géologie. V. *ibidem.*

Géomètre. V. OPÉRATIONS TOPOGRAPHIQUES.

Gouvernement général. V. ADMINISTRATION GÉNÉRALE.

Grâces et commutations. V. TABLE ALPHABÉTIQUE.

Greffiers.

DI. — 13 mai-27 juin 1863. — BG. 83. — *Promulgation des décrets des 30 juill. et 8 déc. 1862, allocations aux greffiers et huissiers des cours et tribunaux.*

Vu l'ord. du 10 janv. 1843 (*Timbre,* I, 640) ; — Le décr. du 31 mai 1856, qui déclare applicable à l'Algérie celui du 24 mai 1854, relatif aux émoluments des greffiers en matière civile et commerciale (I, 317) ; — Notre décr. du 30 juill. 1862 qui, en exécution de l'art. 20 de la loi des finances du 2 juill. 1862, détermine le nombre de lignes et de syllabes que devront contenir les copies des exploits, celles des significations d'avoués à avoués, et des significations de tous les jugements, actes ou pièces (*Timbre,* infrà) ; — Notre décr. du 8 déc. 1862, modifiant les allocations accordées aux greffiers des cours impériales, des tribunaux de première instance, des tribunaux de commerce et des justices de paix, ainsi qu'aux huissiers, à titre de remboursement de papier timbré ;

Art. 1. — Nos décrets des 30 juill. et 8 déc. 1862 susvisés sont rendus exécutoires en Algérie. A cet effet, ils y seront publiés et promulgués à la suite du présent décret.

Décret du 30 juill. 1862.
(V. *Timbre,* infrà.)

Décret du 8 déc. 1862.

Art. 1. — Il est alloué aux greffiers des tribunaux civils de première instance, comme remboursement du papier timbré : — 1° Pour chaque arrêt ou jugement rendu à la requête des parties, ceux de simple remise exceptés, 1 fr. ; — 2° Pour chaque acte porté sur un registre timbré, 50 c. ; — 3° Pour chaque mention portée sur un registre timbré, 20 c.

Art. 2. — Les dispositions de l'article précédent sont applicables aux greffiers des tribunaux civils qui exercent la juridiction commerciale, mais l'allocation à titre de remboursement du timbre employé aux feuilles d'audience, est fixée pour chaque jugement, ceux de simple remise exceptés, à 65 cent.

Art. 3. — Il est alloué aux greffiers de justice de paix, à titre de remboursement du papier timbré : — 1° Pour chaque jugement porté sur la feuille d'audience, ceux de remise exceptés, 65 c. ; — 2° Pour chaque jugement de remise, 20 c. ; — 3° Pour procès-verbal de conciliation inscrit sur un registre timbré, 50 c. ; — 4° Pour le procès-verbal sommaire constatant que les parties n'ont pu être conciliées, 25 c.

Art. 4. — Les greffiers mentionnés au présent décret ne peuvent écrire, sur les minutes ou feuilles d'audience et sur les registres timbrés, plus de 30 lignes à la page et de 20 syllabes à la ligne sur une feuille au timbre de 1 fr. ; de 40 lignes à la page et de 25 syllabes à la ligne, lorsque la feuille est au timbre de 1 fr. 50 c., et plus de 50 lignes à la page et de 30 syllabes à la ligne lorsque la feuille est au timbre de 2 fr. — Toute contravention est constatée conformément à la loi du 15 brum. an VII, et punie de l'amende prononcée par l'art. 12 de la loi du 16 juin 1824, sans préjudice des droits de timbre à la charge des contrevenants.

Art. 5. — Il est alloué aux huissiers, comme remboursement du papier timbré du registre tenu en exécution de l'art. 176 c. com. : — 1° Pour protêt simple et intervention, 55 c.; — 2° Pour protêt de perquisition, 50 c.

RENVOIS. — V. *Table alphabétique.*

H

Habous. V. PROPRIÉTÉ, § 1.
Herboriste. V. TABLE ALPHABÉTIQUE.
Hoker. V. IMPÔT ARABE.
Honneurs. V. PRÉSÉANCES.
Hôpitaux.—Hospices.

DIVISION.

§ 1. — Législation spéciale et règlements.
§ 2. — Commissions administratives.

§ 1. — LÉGISLATION SPÉCIALE ET RÈGLEMENTS.

DI. — 18 sept.-6 nov. 1860. — BG. 100. — *Constitution en faveur de chacune des trois provinces de l'Algérie d'une dotation immobilière* (1).

Vu notre décr. du 27 oct. 1858, sur l'organisation administrative de l'Algérie (*Admin. gén.*, I, 57);

Art. 1. — Il sera constitué, en faveur de chacune des trois provinces de l'Algérie, une dotation immobilière dont les revenus seront exclusivement affectés aux dépenses des hôpitaux et hospices civils.

Art. 2. — Des décrets spéciaux détermineront les biens composant lesdites dotations.

Art. 3. — Le mode de gestion de ces biens sera délibéré en conseil général et réglé par le ministre de l'Algérie et des colonies. — Toutefois, lorsqu'il s'agira d'amodiations d'une durée de plus de dix-huit années, les actes devront être approuvés par nous, notre conseil d'Etat entendu.

Art. 4. — Les biens des dotations immobilières ne pourront être échangés que contre des immeubles d'une valeur égale, et vendus qu'à la charge de faire le remploi du prix des ventes, soit en immeubles, soit en rentes sur l'Etat. — Les échanges, les ventes et le remploi du prix des

ventes n'auront lieu qu'en vertu de décrets rendus sur le rapport du ministre de l'Algérie et des colonies, notre conseil d'Etat entendu.

Art. 5. — Les dépenses et les recettes relatives aux hôpitaux et hospices civils continueront à être portées aux budgets provinciaux, conformément aux art. 44 et 48 de notre décr. du 27 oct. 1858.

AG. — 18 juin-4 juill. 1861. — BG. 21. — *Modification aux art. 5 et 7 de l'arr. du 3 sept. 1852.—Recouvrement des frais de traitement.*

Vu les art. 5 et 7 de l'arr. du 3 sept. 1852 (I, 519), qui disposent que les frais de traitement des malades civils non indigents seront recouvrés par le service des domaines ; — Vu le vœu émis par le conseil général du département de Constantine, dans sa session de 1859 ; — Considérant que le recouvrement des frais de maladie par le service des domaines présente, entre autres inconvénients, celui de mettre à la charge des débiteurs, en cas de non-payement, le coût très-élevé des poursuites exercées par le ministère d'huissiers ; — Mais que cet inconvénient disparaîtra en grande partie si le service des contributions diverses, qui emploie pour ses recouvrements l'intermédiaire des porteurs de contraintes, est chargé d'opérer la rentrée desdits frais de maladie.

Art. 1. — A partir du 1er juill. 1861, les frais de traitement des malades civils non indigents admis dans les hôpitaux civils ou militaires, seront recouvrés par les soins du service des contributions diverses.

Art. 2. — Les poursuites auxquelles donneront lieu ces recouvrements seront opérées comme en matière de contributions diverses, et dans les formes fixées par l'arrêté ministériel du 20 sept. 1850 (*Contributions diverses*, I, 215).

Art. 3. — Il n'est point dérogé aux autres dispositions de l'arrêté min. du 3 sept. 1852.

Mal PÉLISSIER, DUC DE MALAKOFF.

AG. — 26 mars-11 avr. 1862 (V *Bienfaisance publique.*) — *Organisation du service d'inspection des établissements hospitaliers.*

Circ. G. — 24 oct.-15 nov. 1862. — BG 65. — *Instruction aux préfets sur l'hospitalisation des ouvriers civils dans les hôpitaux militaires.*

Des plaintes m'ont été adressées par l'administration militaire, sur la trop grande facilité avec laquelle les municipalités de l'Algérie hospitalisent les ouvriers civils de passage ; ceux-ci n'entrent généralement à l'hôpital que pour s'y reposer des fatigues de la route, et comme s'il ne s'agissait pour eux que d'une hôtellerie gratuite. — Les administrateurs municipaux, en agissant ainsi, ne font sans doute que céder à un sentiment d'humanité qu'on ne saurait blâmer; mais en pareil cas, c'est au budget de la commune et non à celui de l'Etat ou de la province qu'ils doivent faire appel.

Il est commode pour les maires de se débarrasser d'un voyageur indigent par un billet d'hôpital;

---

(1) *Rapport à l'Empereur.* — Sire, votre première pensée en arrivant en Algérie s'est portée sur les colons, sur les travailleurs qui, après de pénibles labeurs, sont quelquefois atteints par de cruelles maladies, et vous êtes bien fait rendre compte de la situation des établissements où ils peuvent être soignés. — V. M. a remarqué que les ressources dont ces établissements peuvent disposer sont toutes puisées dans les recettes déjà assez restreintes des provinces. — En effet, dans ce pays où, depuis quelques années à peine, nous nous sommes fixés, où nous apportons notre civilisation avec ses splendeurs et sa puissance, mais aussi avec ses besoins et ses misères, la charité n'a pu encore, comme elle l'a fait en France, doter quelques-unes de ces pieuses fondations qui offrent à l'indigent ou à l'homme isolé des asiles dans lesquels il est certain de trouver des secours et les soins les plus intelligents.

Ce que la bienfaisance a mis des siècles à établir en France, Sire, V. M. a voulu le créer au jour même de son arrivée, et vous m'avez prescrit de vous présenter le décret qui fondera la dotation des hôpitaux civils. — Au milieu des actes glorieux de votre règne, Sire, ce décret restera comme un témoignage de cette généreuse pensée sans cesse préoccupée de soulager les infortunes. Toutes les populations diverses qui couvrent ce sol africain, sur lequel tant de pouvoirs n'ont passé que pour laisser des ruines, verront avec recueillement et reconnaissance s'élever ces édifices où la charité chrétienne reçoit comme des frères tous ceux qui souffrent, et dans des siècles encore, Sire, votre nom y sera béni.

Cte P. DE CHASSELOUP-LAUBAT.

7

mais cette tendance, en se généralisant, outre le préjudice qu'elle occasionne au trésor ou aux finances provinciales, a le funeste résultat de favoriser le vagabondage, de prodiguer à une population parasite, nomade et cherchant moins que fuyant le travail, des ressources qui doivent être ménagées pour la population coloniale et laborieuse. — Enfin, elle porte une atteinte grave à la discipline et à la moralité qu'il importe tant de maintenir dans les établissements hospitaliers.

A ces divers points de vue l'administration militaire est tout à fait fondée à s'élever contre un abus qui prend des proportions chaque jour plus grandes et qu'il importe de faire cesser. — Je vous prie, en conséquence, monsieur le préfet, d'appeler sérieusement à ce sujet l'attention de MM. les maires de votre département. Vous recommanderez à ces fonctionnaires de renfermer, à l'avenir, les autorisations d'admission à l'hôpital qui leur seront demandées, dans la limite des cas de maladie réelle et régulièrement constatée. Les officiers préposés à l'administration des hôpitaux militaires seront autorisés à refuser les individus qui ne se présenteront pas dans ces conditions.

Vous ferez, en outre, connaître aux maires que, lorsqu'il s'agira purement et simplement de procurer à un voyageur indigent des moyens de repos et d'hébergement, ils ne peuvent et ne doivent le faire qu'aux frais de la commune, et ils aviseront en conséquence.

M¹ PÉLISSIER, DUC DE MALAKOFF.

Circ. G. — 5-16 avr. 1864. — BG. 107. — *Enfants à la mamelle reçus avec leurs mères ou nourrices, suppression des décomptes de journées de présence, instruction aux généraux commandant les divisions et aux préfets des départements.*

La vérification des documents de comptabilité transmis par MM. les intendants militaires de l'Algérie pour justifier les dépenses effectuées par leurs soins au titre des budgets provinciaux, m'a donné lieu de remarquer que l'administration militaire réclame le payement du prix des journées de présence des enfants à la mamelle entrés à l'hôpital avec leur mère. — Cependant ces enfants n'occasionnent aucune dépense dans les établissements hospitaliers, et, si le prix de leurs journées de présence figure dans les comptes administratifs des budgets provinciaux, cela tient évidemment à ce que MM. les fonctionnaires municipaux se croient obligés de leur délivrer des billets d'entrée nominatifs pour les faire admettre à l'hôpital en même temps que leur mère.

Les règlements exigent, en effet, que tout individu dont l'entrée à l'hôpital est dûment constatée, soit compris au mouvement des malades, conséquemment que ses journées de présence ressortent dans les comptes de l'établissement. — Mais il y a dans cet état de choses un véritable abus qui ne saurait se concilier avec la bonne administration des deniers provinciaux et qui n'a pas échappé à

l'attention de M. le préfet du département d'Alger. Ce haut fonctionnaire, frappé du chiffre des dépenses de l'espèce et reconnaissant la nécessité d'y mettre un terme, puisqu'il s'agissait de frais de traitement payés pour des enfants qui n'en profitaient pas, a décidé, le 11 déc. 1863, que MM. les maires ne devront plus, à l'avenir, délivrer de billets d'hôpital pour les enfants à la mamelle qui pourront être allaités par leur mère ou par leur nourrice, quelle que soit la catégorie à laquelle les parents appartiendront.

Cette mesure me paraît fort sage, et je désire qu'elle soit généralisée. — Je vous prie donc de vouloir bien prendre une décision semblable en ce qui concerne votre ressort administratif, afin que les ressources provinciales, déjà fort obérées par les charges considérables que leur impose le service de l'assistance publique, n'aient plus à supporter désormais les dépenses résultant des journées de présence d'enfants à la mamelle dans les hôpitaux militaires.

M¹ PÉLISSIER, DUC DE MALAKOFF.

Décis. M.—19 avr.-26 juill. 1864.—BG. 117. — *Réduction des frais de traitement des enfants de colons indigents admis avec leurs parents dans les hôpitaux militaires, avant l'âge de 15 ans. — Prix de remboursement de la journée de présence fixé à 1 fr. à partir du 1er mars 1864 au lieu de 1 fr. 50 c., taux déterminé par l'instruction du 20 janv. 1858.*

DI. — 26 août 1865 (V. suprà, *Adm. gén.*, § 1). — *Attribution des conseils généraux pour fixer la part des communes dans les dépenses d'hospitalisation.*

RENVOIS. — V. *Table alphabétique.*

Huissiers. V. TABLE ALPHABÉTIQUE

Hygiène publique. V. *ibidem.*

Hypothèques (1).

AG. — 6-12 mars 1861. — BG. 4.—*Création de bureaux de conservation à Tlemcen et à Sétif.*

Vu la loi du 21 vent. an VII, sur l'organisation de la conservation des hypothèques, rendue exécutoire en Algérie par l'ord. du 19 oct. 1841 (*Enregistrement*, I, 513); — Le décr. du 21 nov. 1860 qui crée un tribunal de première instance dans chacune des villes de Tlemcen (dép. d'Oran) et Sétif (dép. de Constantine) ; — Considérant que l'institution de ces tribunaux entraîne nécessairement la création d'une conservation des hypothèques à Tlemcen et à Sétif ;

Art. 1. — Il est créé, dans chacune des villes de Tlemcen et Sétif, un bureau de conservation des hypothèques comprenant, dans sa circonscription, tout le territoire sur lequel s'exerce la juridiction du tribunal de première instance. Cette création remonte au jour de l'entrée en exercice de ce tribunal.

M¹ PÉLISSIER, DUC DE MALAKOFF.

_____

(1) JURISPRUDENCE. — La transmission d'immeubles entre indigènes n'est pas soumise aux formalités du régime hypothécaire. V. arr. 28 mai 1852 et notes de jurisprudence, I, 356. L'art. 16 de la loi du 16 juin 1851 sur la propriété a maintenu expressément la législation antérieure en cette matière, et la promulgation en Algérie de la loi sur la transcription hypothécaire n'a point eu pour effet de modifier cette situation exceptionnelle. La cour d'Alger a de nouveau consacré ces principes dans les deux décisions suivantes:

1° Les contrats de vente intervenus entre musulmans et passés conformément à la loi musulmane, sont opposables, bien qu'ils n'aient été ni enregistrés ni transcrits, au tiers non musulman qui a acheté postérieure-

ment par acte authentique et même transcrit. — *Cour d'Alger*, 19 mars 1862; *Journal de jurisprudence de Robe*, 1862, p. 97.

2° En droit musulman, l'hypothèque et la transcription ne sont point admises, et l'ordonn. du 26 sept. 1842 déclare que les indigènes sont censés avoir contracté selon la loi du pays. Il en résulte que lorsqu'un indigène a vendu à un autre indigène un immeuble lui appartenant, cette vente, bien que non transcrite, peut être opposée au créancier européen porteur d'un titre hypothécaire antérieur à la vente, et que celui-ci n'a plus le droit de requérir inscription.—Art. 10 de l'arr. du 28 mai 1853. — *Cour d'Alger*, 21 oct. 1862, *ibidem*, p. 201.

D1. — 28 janv.-6 fév. 1865. — BG. 135. — *Promulgation du décret du 6 juill. 1864. — Nouvelle fixation des remises attribuées aux conservateurs.*

Vu notre décr. du 6 juill. 1864 modifiant, à partir du 1ᵉʳ janv. 1865, le taux des remises des conservateurs des hypothèques qui n'ont aucune autre attribution ;

Art. 1. — Notre décr. susvisé du 6 juill. 1864 est rendu exécutoire en Algérie, à partir du 1ᵉʳ janv. 1865 ; à cet effet, il sera publié et promulgué à la suite du présent décret.

Décr. du 6 juill. 1864.

Vu l'art. 15 de la loi du 21 vent. an VII, relatif au traitement des conservateurs des hypothèques ; — L'art. 1 de l'ord. du 21 fév. 1859, qui a fixé à 5 p. 100 du montant des recettes annuelles faites pour le compte du trésor, les remises des conservateurs qui n'ont aucune attribution ; — Considérant que, depuis l'ordonnance susvisée, les salaires perçus par ces comptables ont augmenté dans une proportion qui permet de réduire le taux des remises à la charge directe du trésor ;

Art. 1. — A partir du 1ᵉʳ janv. 1865, les remises des conservateurs des hypothèques, qui n'ont aucune autre attribution, seront liquidées sur le montant des recettes annuelles réalisées pour le compte du trésor, et conformément au tarif ci-après, savoir : — A 1 fr. p. 100 sur les premiers 10,000 fr. ; — A 50 c. p. 100 de 10,000 à 20,000 fr. ; — Et à 25 c. p. 100 sur le surplus.

RENVOIS. — V. *Table alphabétique.*

I

Immeubles. V. TABLE ALPHABÉTIQUE.

Importation. V. DOUANES.

Impositions. V. TABLE ALPHABÉTIQUE.

Impôt arabe.

DIVISION.

§ 1. — Assiette et recouvrement de l'impôt.
1° Dispositions générales ;
2° Conversion en argent de l'achour et du zekkat ;
3° Régularisation des perceptions.

§ 2. — Centimes additionnels.
1° Dispositions générales ;
2° Fixation du maximum.

§ 1. — ASSIETTE ET RECOUVREMENT DE L'IMPÔT.

1° Dispositions générales.

Décis. M. — 5 nov. 1845 (non publiée au *Bul-*

letin officiel).—*Les Européens sont exemptés de l'impôt de l'achour* (1).

D3. — 21 sept.-27 déc. 1861. — BG. 55. — *Augmentation de la part attribuée aux budgets provinciaux sur le produit de l'impôt arabe.*

Art. 1. — La part de *quatre dixièmes* attribuée aux budgets provinciaux sur le produit net de l'impôt arabe par notre décr. du 1ᵉʳ déc. 1858 (I, 358), est provisoirement porté à *cinq dixièmes* à partir du 1ᵉʳ janv. 1862.

Circ. G. — 20 juill.-21 août 1862. — BG. 61.— *Instructions aux généraux commandant les divisions et préfets des départements, relative aux réclamations en matière d'impôt arabe.*

Malgré les recommandations contenues dans la circ. min. du 7 fév. 1860 (non publiée), relative à l'observation des dispositions de l'arr. du 19 fév. 1859 (I, 359.), qui règle les attributions quant à l'assiette et aux réclamations en matière d'impôts arabes, j'ai eu l'occasion de remarquer, à différentes reprises, que les prescriptions dont il s'agit ne recevaient pas partout leur exécution, notamment en ce qui concerne les demandes en décharge ou réduction.

D'un autre côté, aucune clause spéciale n'a été insérée dans l'arrêté précité en vue de déterminer la marche à suivre pour les dégrèvements à titre gracieux réservés à la décision du gouverneur général, et l'inspection générale des finances a récemment appelé mon attention sur la nécessité de prendre des dispositions à cet égard. — Je vous adresse, en conséquence, les instructions ci-après :

Tous les ans, et aussitôt que commenceront les recensements pour l'impôt de la zekkat, vous devrez m'adresser vos propositions arrêtées en conseil de préfecture ou en conseil des affaires civiles, pour demander soit le maintien du tarif existant, soit des modifications à ce tarif. — L'ensemble des propositions sera soumis à mon conseil consultatif, conformément au décr. du 30 avr. 1861 (supra, *Conseil de gouvernement*), et, sur son avis, un arrêté déterminera pour l'année l'assiette de l'impôt. — Une marche semblable sera suivie pour toutes les autres contributions perçues sur les indigènes. Vos propositions, arrêtées comme il est dit ci-dessus, devront me parvenir assez à temps pour que les rôles puissent être rendus exécutoires vers l'époque la plus propice pour les recouvrements.

L'art. 5 de l'arr. du 19 fév. 1859, dans lequel rentrent tous les dégrèvements, se divise en deux parties distinctes : 1° les demandes en décharges ou réductions dans lesquelles le contribuable fait valoir ses droits à l'exemption ; 2° les demandes en remises ou modérations dans lesquelles on sollicite, pour des causes exceptionnelles, la faveur de l'exonération.

Décharges ou réductions. — Tout individu qui, pour les mêmes facultés productives, aura été imposé dans deux centres ou communes différents, pourra adresser une réclamation au sous-préfet ou à l'autorité en tenant lieu en territoire militaire. Après vérification faite par le service des contributions, le conseil de préfecture ou le général com-

---

(1) *Cons. d'Ét.* 23 janv. 1863. — Cette décision ministérielle ne s'étend pas aux Israélites indigènes. — Un sieur Maklouf ben Cilel s'est pourvu contre un arrêt du conseil de préfecture d'Oran, en date du 30 mars 1861, qui avait rejeté sa demande tendant à obtenir décharge des impôts de l'achour et du zekkat auquel il avait été assujetti pour l'année 1860 sur le rôle de la commune d'Oran, attendu que d'après l'ordonn. du 17 janv. 1845, l'achour et le zekkat sont des impôts arabes, et qu'aucune disposition législative ne soumet les Israélites au payement de ces contributions.

Le conseil d'État ; — Considérant que l'ordonn. du

17 janv. 1845 a maintenu les impôts arabes sur les bestiaux et les grains appelés zekkat et achour ; que les Israélites indigènes, au fur et à mesure qu'ils sont devenus propriétaires de terrains et de troupeaux, ont dû être soumis à ces contributions ; — Que si le ministre de la guerre, en vertu du pouvoir qui lui avait été confié par l'art. 1 de l'ordonn. précitée, a, par une décision en date du 5 nov. 1845, exempté les Européens de l'impôt de l'achour, cette décision ne s'applique point aux Israélites indigènes ; que, dès lors, le pourvoi n'est point fondé ; — Rejette.

mandant la division en conseil des affaires civiles, prononcera, s'il y a lieu, la décharge ou la réduction de la cote du réclamant.

Dans les trois mois de la publication des rôles, les receveurs des contributions formeront, s'il y a lieu, pour chacun des centres de leur perception, des états présentant, par nature de contribution, les cotes qui leur paraîtront avoir été indûment imposées et adresseront ces états à l'autorité préfectorale par l'intermédiaire du directeur des contributions. — Les états dont il s'agit seront renvoyés aux contrôleurs des contributions qui vérifieront les faits et les motifs allégués par les receveurs et donneront leur avis après avoir pris celui de l'autorité municipale, si c'est possible. Le directeur des contributions fera son rapport et le conseil de préfecture ou le général commandant la division en conseil des affaires civiles, statuera.

Dans le cas où, après les recensements de l'achour, la récolte serait inférieure à la constatation, les contribuables qui se croiront surtaxés adresseront immédiatement à l'autorité préfectorale leur demande en décharge ou réduction. — La pétition sera renvoyée par l'intermédiaire du directeur au contrôleur des contributions qui vérifiera les faits et donnera son avis après avoir pris celui du chef du bureau arabe en territoire militaire. Le directeur renverra le tout au préfet ou au général commandant la division, avec son avis. — Si la réclamation est fondée, le conseil de préfecture ou le général en conseil des affaires civiles, prononcera la décharge. — Si la réclamation n'est fondée qu'en partie, il sera jugé à quelle somme la réduction devra être réglée.

Remises ou modérations. — Les contribuables indigènes qui, par suite d'intempéries ou de tout autre événement de force majeure, perdraient la totalité ou une partie de leur revenu imposable, pourront se pourvoir, en remise totale ou partielle de leur cote, pour l'année dans laquelle ils auront éprouvé cette perte. — Chaque réclamant adressera sa demande à l'autorité préfectorale, qui la renverra au service des contributions. — Le contrôleur se transportera sur les lieux et vérifiera les faits en présence de l'autorité municipale. Il constatera la quotité de la perte des revenus du réclamant. Il dressera du tout un procès-verbal qui sera transmis au préfet ou au général avec l'avis du directeur des contributions. — Le général ou le préfet enverra le tout au gouverneur général qui statuera. — Lorsque des événements extraordinaires auront privé une commune, un centre, une tribu, de tout ou partie de ses revenus, une pétition pourra être adressée à l'autorité préfectorale. Dans ce cas, deux commissaires sont nommés pour vérifier, en présence de l'autorité municipale et conjointement avec le contrôleur, les faits et la quotité des pertes. — La pétition sera transmise, après les autres formalités indiquées ci-dessus, au gouverneur général qui statuera. — Les dégrèvements qui auraient pour motif une raison politique, ou qui seraient demandés en récompense de services rendus à l'État, ou pour toute autre cause exceptionnelle, seront proposés par les préfets ou les généraux commandant les divisions, sur l'avis des sous-préfets ou des autorités en tenant lieu. — Telles sont les mesures qui m'ont paru devoir être prises pour ramener à une règle uniforme la marche à suivre en matière de dégrèvements. — Je vous recommande de nouveau de veiller à leur exécution; il est indispensable que cette partie si importante des impôts arabes soit réglementée. — Vous remarquerez que, dans quelques-unes des dispositions de la présente instruction, le contrôleur des contributions doit intervenir. Mais l'action des agents chargés de la constatation ne s'étend pas encore partout, et dans les territoires où cette

action sera dévolue à d'autres agents ou fonctionnaires, ceux-ci seront appelés à suppléer les contrôleurs. — Ce que j'ai voulu, surtout, c'est que, toutes les fois qu'une réclamation collective ou individuelle viendra infirmer ou modifier les opérations du recensement, l'agent qui a été chargé de ce recensement soit obligé de donner son avis. Vous apprécierez, je n'en doute pas, les motifs qui m'ont guidé en cette occasion.

M^{al} PÉLISSIER, DUC DE MALAKOFF.

AG. — 13 mars-25 avr. 1863. — BG. 78. — *Remise de l'impôt achour aux indigènes du district civil de Marengo pour 1862.*

Vu l'arr. min. du 19 fév. 1859, relatif à l'assiette des impôts arabes, art. 5, § 2 (I, 559); — Notre circ. du 29 juill. 1862 (*ci-dessus*); — Considérant que les indigènes du district de Marengo ont été doublement éprouvés dans leurs récoltes et dans leurs troupeaux, pendant le cours de l'année 1862, par des intempéries exceptionnelles et une épizootie meurtrière;

Art. 1. — Il est accordé aux indigènes du district civil de Marengo, remise entière de l'impôt achour pour l'année 1862.

AG. — 5-15 juin 1863. — BG. 83. — *Impôt de la lezma sur les indigènes de l'oasis de Bouçada.*

Vu l'ord. du 17 janv. 1845, sur l'assiette des impôts à percevoir sur les indigènes de l'Algérie (*Finances*, I, 551); —

Art. 1. — Les habitants indigènes de l'oasis de Bouçada (prov. de Constantine) acquitteront, à l'avenir, l'impôt de la lezma, portant sur les palmiers qu'ils possèdent. — La redevance est fixée à 50 cent. par pied d'arbre en plein rapport.

Art. 2. — L'assiette et la perception de cette contribution seront faites dans les formes prescrites pour les autres contributions arabes.

M^{al} PÉLISSIER, DUC DE MALAKOFF.

AG. — 4-10 août 1863. — BG. 89. — *Tribus kabyles soumises à l'impôt de capitation.*

Vu l'art. 10 du décr. du 10 déc. 1860 (*suprà, Admin. gén.*); — Le décr. du 30 avr. 1861 (*Ibidem*); — Les arr. des 12 mai et 23 déc. 1862 (*Justice musulmane*, §§ 1 et 2, *infrà*);

Art. 1. — A partir de 1863, les trois tribus des Beni Ilidjer, Beni Lekki et Iliçula ou Malou, seront soumises à l'impôt de capitation établi pour les tribus kabyles de la subdivision de Dellys.

Le général de division sous-gouverneur,
E. DE MARTIMPREY.

2° Conversion en argent des impôts arabes.

AG. — 4 mai 1861 (non publié au *Bulletin officiel*). — *Impôt du zekkat.* — *Division d'Oran.* — *Exercice 1861.*

Vu l'art. 1 de l'arr. du 19 fév. 1861, portant que les tarifs de conversion en argent des différents impôts pourront être revisés après les recensements (1); — Vu d'autre part la misère dans laquelle sont plongées la plupart des populations de la division d'Oran, et le mauvais état du bétail dans un grand nombre de tribus;

Art. 1. — Le tarif de conversion en argent de l'impôt du zekkat, applicable à l'exercice courant, est fixé ainsi qu'il suit pour la division d'Oran. — Il sera perçu par tête de chameau, 5 fr. 50; —

---

(1) Cet arrêté, inséré BG. 4, reproduit textuellement celui du 16 janv. 1860 (I, 560). — V. l'observation même paragraphe, *infrà* 5°.

De bœuf, 2 fr.;— De mouton, 0 fr. 10;— De chèvres, 0 fr. 75.

M^{al} Pélissier, duc de Malakoff.

AG. — 25 sept.-27 déc. 1861. — BG. 55. — *Impôt achour. — Division d'Oran. — Exercice 1861.*

Vu, etc.; — Considérant la gêne dans laquelle sont plongées la plupart des populations de la division d'Oran, et tenant compte du prix moyen du blé et de l'orge sur les divers marchés de cette division;

Art. 1. — Le tarif de conversion en argent de l'impôt achour, applicable à l'exercice courant, est fixé ainsi qu'il suit pour la division d'Oran : — Quint. mét. de blé, 21 fr.; — Quint. mét. d'orge, 14 fr.

M^{al} Pélissier, duc de Malakoff.

AG. — 4 nov.-31 déc. 1861. — BG. 58. — *Impôt achour. — Département d'Oran. — Même disposition qu'à l'arrêté précédent, pour le territoire civil. — Exercice 1861.*

AG. — 31 juill.-18 août 1862. — BG. 60. — *Impôt achour. — Provinces d'Alger et d'Oran. — Territoires civils et militaires. — Exercice 1862.*

Art. 1. — Le tarif de conversion en argent de l'impôt achour, applicable à l'exercice courant, est fixé ainsi qu'il suit dans les territoires civils et militaires des provinces d'Alger et d'Oran, savoir : — Quint. mét. de blé. Prov. d'Alger, 22 fr. D'Oran, 25 fr. — Quint. mét. d'orge. Prov. d'Alger, 15 fr. D'Oran, 12 fr.

M^{al} Pélissier, duc de Malakoff.

AG. — 10-27 avr. 1863. — BG. 79. — *Impôt zekkat. — Territoires civils et militaires des trois provinces. — Exercice 1863.*

Vu l'ord. du 17 janv. 1845 (*Finances*, I, 331);

Art. 1. — Le tarif de conversion en argent de l'impôt zekkat, applicable à l'exercice 1863, est fixé de la manière suivante pour les trois provinces, et sans distinction des territoires civil ou militaire, savoir : — Chameaux, 4 fr. par tête.— Bœufs, 2 fr. par tête. — Moutons, 0 fr. 15 par tête. — Chèvres, 0 fr. 20.

Art. 2. — L'impôt zekkat sera perçu sur tous les bestiaux de la province de Constantine, sans distinction entre les terres arch, melk ou azel.

M^{al} Pélissier, duc de Malakoff.

AG. — 4-22 août 1863. — BG. 90. — *Impôt achour. — Territoires civils et militaires des provinces d'Alger et d'Oran. — Exercice 1863.*

Vu, etc.;

Art. 1. — Le tarif de conversion en argent de l'impôt achour, pour l'exercice 1863, est fixé ainsi qu'il suit dans les provinces d'Alger et d'Oran, savoir :— Quint. mét. de blé. Prov. d'Alger, 22 fr. D'Oran, 25 fr. — Quint. mét. d'orge, Prov. d'Alger, 15 fr. D'Oran, 10 fr.

Le général de division sous-gouverneur,
De Martimprey.

AG. — 30 avr.-24 mai 1864. — BG. 110. — *Impôt zekkat. — Territoires civils et militaires des trois provinces. — Exercice 1864.*

Art. 1.— Même tarif qu'à l'arr. du 10 avr. 1843 (*ci-dessus*).

Art. 2. — Sont exempts de l'impôt les animaux nés depuis le 1er janvier de l'année pour laquelle est fait le recouvrement.

M^{al} Pélissier, duc de Malakoff.

AG. — 23-25 fév. 1865. — BG. 134. — *Impôt zekkat. — Mêmes dispositions pour l'exercice 1865 qu'à l'arrêté précédent.*

AG. — 13 juill.-16 août 1865. — BG. 150. — *Impôt achour. — Provinces d'Alger et d'Oran. — Exercice 1865.*

Art. 1. — Les tarifs de conversion en argent de l'impôt achour sont fixés ainsi qu'il suit pour l'année 1863, dans les provinces d'Alger et d'Oran: — Quint. mét. de blé. Prov. d'Alger, 17 fr. 50. D'Oran, 18 fr.—Quint. mét. d'orge. Prov. d'Alger, 9 fr. 50. D'Oran, 8 fr.

Le général de division sous-gouverneur,
Desvaux.

AG. — 25 mars-12 avr. 1866. — BG. 172. — *Impôt zekkat. — Mêmes dispositions pour l'exercice 1866 que pour les deux années précédentes.*

5° **Régularisation des perceptions.**

Aux termes des art. 1 et 5 de l'ord. du 17 janv. 1845 (*Finances*), un arrêté pareil à celui du 16 janv. 1860 (I, 360) doit être pris chaque année par le gouverneur général pour autoriser et régulariser la perception des impôts. — Arrêtés des 19 fév. 1861; 4 août 1863; 13 juill. 1865.— B.G 4, 90, 150.

§ 2. — *Centimes additionnels.*

1° **Dispositions générales.**

AG. — 3 sept.-5 déc. 1862. — BG. 66. — *Remplacement des taxes municipales imposées aux indigènes en territoire civil, par des centimes additionnels aux contributions de l'achour et du zekkat.*

Vu le décr. du 10 déc. 1860 (supra, *Admin. gén.*); — Vu l'ord. du 17 janv. 1845, art. 1, § 2 (*Finances*, I, 331); — Vu le décr. du 6 août 1854, sur le mode d'administration des indigènes en territoire civil, art. 3 (*Affaires arabes*, I, 33);— Vu l'arr. min. du 30 juill. 1855 (I, 360); — Considérant qu'il est nécessaire de simplifier la perception des contributions et taxes municip. ales exigées des indigènes du territoire civil, qui payent déjà un impôt à l'Etat, et juste, en même temps, de proportionner les charges qu'ils supportent avec celles imposées aux indigènes du territoire militaire :

Art. 1. — A partir du 1er janv. 1863, la taxe sur les loyers, les prestations pour chemins vicinaux et la taxe sur les chiens, seront remplacées pour les indigènes des territoires civils, qui sont inscrits aux rôles de l'achour et du zekkat, par des centimes additionnels au principal de ces contributions.

Art. 2. — Ces centimes additionnels, perçus au profit de chaque commune, en même temps que l'impôt principal, ne pourront dépasser le maximum de ceux établis en territoire militaire.

Art. 3. — Chaque année, les préfets, sur l'avis des conseils municipaux intéressés, détermineront, suivant les besoins des communes, la quotité des centimes additionnels à payer en vertu des dispositions précédentes.

Les arrêtés qu'ils prendront à cet effet ne seront exécutoires qu'après avoir été revêtus de notre approbation.

Art. 4. — Il n'est rien innové en ce qui concerne les indigènes habitant les villes ou villages, et qui ne sont pas soumis aux impôts de l'achour et du zekkat.

M^{al} Pélissier, duc de Malakoff.

Circ. G. — 24 oct.-15 nov. 1862. — BG 65.— *Instructions aux préfets des départements relatives à l'exécution de l'arrêté qui précède.*

Diverses observations m'ont été soumises au sujet de l'arr. du 3 sept. dernier, relatif aux centimes additionnels à substituer aux taxes municipales, pour les indigènes des territoires civils, imposés à l'achour et au zekkat. — Il m'a paru, dès lors, utile de compléter, par des instructions nouvelles, celles qui n'ont été données que d'une manière générale par ma circ. du 3 sept. (non publiée).

§ 1. — *Mode d'exécution de l'art. 1.*

L'art. 1 de l'arrêté ne me paraît devoir donner lieu à aucune difficulté sérieuse. Toutefois, afin de prévenir tous les doutes, il n'est peut-être pas inutile de faire observer que, pour l'exécution de cet article, il y a une distinction essentielle à établir entre les indigènes fixés dans l'intérieur des villes ou des villages européens, et ceux qui vivent dans les champs, sous la tente ou le gourbi.

L'art. 1 s'applique spécialement à ces derniers ; c'est exclusivement pour eux qu'est édictée la substitution des centimes additionnels aux taxes municipales (taxe des loyers, taxe sur les chiens, prestations pour les chemins vicinaux). — Il y a donc à examiner si ces indigènes sont imposés ou imposables à l'achour ou au zekkat. — Dans les cas de l'affirmative, ils payeront les centimes additionnels en remplacement des taxes municipales qu'ils acquittaient jusqu'à présent, en exécution de l'art. 3 du décr. du 8 août 1854 (*Affaires arabes*, I, 83). — Dans le cas de la négative, ils rentrent nécessairement dans la classe des indigents ; ils ne doivent pas plus les taxes municipales que l'impôt arabe : il n'y a donc lieu de les comprendre sur le rôle des centimes additionnels.

§ 2. — *Mode d'exécution de l'art. 4.*

L'art. 4 concerne les indigènes qui habitent les villes ou villages. Sa rédaction a soulevé quelques doutes qui ne peuvent être dissipés que par une interprétation nette et précise. — On a demandé s'il suffirait qu'un indigène de cette catégorie fût imposé en dehors de la localité qu'il habite et où il a son principal établissement, mais dans le périmètre de la commune, pour une somme quelconque, à l'achour ou au zekkat, pour qu'à son égard et dans tous les cas, les centimes additionnels fussent substitués aux taxes municipales qu'il acquittait avant l'arrêté.

On a compris qu'ainsi interprétée, cette disposition ouvrait la porte à des abus subversifs du principe de la proportionnalité de l'impôt, et surtout préjudiciables aux communes. — Il est facile de prévoir, en effet, que beaucoup de riches indigènes fixés dans les villes où ils possèdent des logements somptueux, de nombreux serviteurs, des chevaux, des chiens de luxe, toutes les choses enfin qui donnent lieu à l'établissement des taxes municipales, qu'il s'agit de remplacer par un impôt unique, chercheraient à éluder le payement de ces taxes en se faisant imposer, dans la banlieue rurale de la commune, pour des valeurs insignifiantes, à l'achour et au zekkat.

On ne saurait admettre une interprétation qui conduirait à des conséquences aussi abusives, aussi contraires aux règles de la raison et de l'équité, et qui seraient si diamétralement opposées à l'esprit de l'arr. du 3 sept. ; car cet arrêté a voulu, d'une part, proportionner pour les indigènes leurs charges communales à leurs facultés contributives, et, d'autre part, sauvegarder les communes contre les pertes et non-valeurs résultant du système qui était en vigueur. — Pour rester dans les termes d'une saine application de l'art. 4, il faut partir de ce principe, que l'arrêté a été pris spécialement en vue des indigènes cultivateurs et pasteurs, groupés ou disséminés en dehors des centres de population européenne ; ce qui ressort avec la dernière évidence de la première partie du texte de l'article : « Il n'est rien innové, etc... »

L'article doit donc être interprété en ce sens que indigènes, habitants des villes et des villages, continueront, comme par le passé, d'être soumis aux charges communales, au lieu de leur résidence habituelle et de leur principal établissement ; c'est-à-dire qu'ils continueront d'être inscrits sur les rôles des taxes municipales ; mais que s'ils payent le principal de l'achour ou du zekkat dans le périmètre de la commune, pour leurs cultures ou leurs bestiaux, ils seront exonérés des centimes additionnels établis par l'arr. du 3 sept., parce qu'il ne serait pas juste qu'ils fussent imposés sous deux formes différentes pour le même objet.

Ainsi, lorsque des indigènes habitant les villes figureront à la fois sur les rôles des taxes municipales et sur ceux des centimes additionnels, il leur sera donné décharge des sommes pour lesquelles ils figureront sur ces derniers rôles. Cette opération se fera d'office, comme je vais l'expliquer dans le § 3. — Il reste bien entendu, d'ailleurs, que les mêmes indigènes qui se trouvent imposés à l'achour ou au zekkat dans une autre commune, pour les cultures et bestiaux qu'ils y possèdent, acquitteront les centimes additionnels au profit de cette commune, sans préjudice des taxes qu'ils doivent au lieu de leur résidence.

§ 3. — *Opérations du recensement et établissement des matrices des rôles.*

Jusqu'ici le service des contributions diverses, assisté des fonctionnaires des bureaux arabes départementaux, opérait le recensement du zekkat et de l'achour ; à l'avenir, il sera nécessaire que les maires ou leurs délégués prennent part également à ces opérations qui vont intéresser les communes, en ce qui concerne les centimes additionnels à imposer à leur profit.

Afin d'éviter les doubles emplois, les erreurs et les non-valeurs, il importe que tous les contribuables indigènes, habitant les villes ou les villages, soient indistinctement recensés, pour les taxes municipales, sur des matrices spéciales. — Ces matrices ne doivent être soumises à l'approbation préfectorale qu'après l'établissement de l'impôt arabe, et concert préalable avec le service des contributions diverses et le bureau arabe départemental, s'il y a lieu.

Les maires, par le rapprochement des rôles de l'achour et du zekkat avec ceux des taxes municipales, seront à même de connaître d'une manière précise ceux des contribuables indigènes qui, conformément aux observations contenues dans le § 3, devront être rayés des rôles des centimes additionnels et portés définitivement sur les rôles des taxes municipales.

En terminant, je vous recommande de tenir la main à ce que l'établissement de l'impôt arabe, en ce qui concerne le recensement des bestiaux et des cultures, commence simultanément le 1er mars de chaque année et soit clos, au plus tard, le 1er avr. suivant ; à cette époque toutes les cultures sont terminées, et c'est aussi le moment où les troupeaux présentent une importance numérique plus considérable. — Cette manière de procéder permettra de mettre les rôles des taxes municipales en recouvrement au commencement de mai, au plus tard (1).

M^{al} PÉLISSIER, DUC DE MALAKOFF.

---

(1) 28 oct. 1862. — *Circulaire du directeur général des services civils. — Comme conséquence des instruc-*

AG. — 26 avr.-21 mai 1865. — BG. 147. — *Institution d'une commission des centimes additionnels dans chaque subdivision. — Attributions.*

Vu les art. 3, 4 et 5 de l'arr. du 30 juill. 1855; — L'art. 2 de l'arr. du 26 fév. 1858 (I. 560);

Art. 1. — Une commission des centimes additionnels est instituée dans chaque subdivision des trois provinces de l'Algérie pour donner son avis sur les projets de dépenses de toute nature afférentes aux centimes additionnels à l'impôt arabe.

Art. 2. — Cette commission sera composée comme il suit : — Du commandant de la subdivision, président; — Des commandants de cercle; — Du sous-intendant militaire, chargé de la comptabilité des centimes additionnels; — Des chefs du génie; — Du receveur des contributions diverses; — De notables indigènes en nombre égal à celui des cercles, sans que le nombre puisse être inférieur à quatre; — Du chef du bureau arabe subdivisionnaire, remplissant les fonctions de secrétaire. — La commission peut se faire assister d'un interprète militaire sans voix délibérative ni consultative.

Art. 3. — Les membres indigènes seront nommés par le commandant de la province, sur la proposition du commandant de la subdivision, pour trois années.

Art. 4. — Tous les membres de la commission ont voix délibérative; en cas de partage des voix, celle du président est prépondérante.

Art. 5. — La commission se réunit deux fois par an, au 15 mai, pour l'examen du compte administratif de l'exercice clos, l'établissement des chapitres additionnels au budget de l'exercice courant et la préparation des états sommaires relatifs au budget de l'année suivante; au 20 oct., pour l'établissement de ce dernier budget.

Art. 6. — Les dépenses sur lesquelles la commission est appelée à délibérer sont de deux sortes : les unes *obligatoires* sont relatives à l'entretien des travaux, aux frais d'administration et de perception, à l'assistance publique, au culte, à la justice, à l'achat et à l'entretien des étalons de tribus; les autres *facultatives* comprennent tous les frais inscrits sous le titre de colonisation et de travaux, de quelque nature qu'ils soient.

Art. 7. — Les délibérations de la commission sont inscrites sur un registre spécial; copie en est adressée au commandant de la province, après chaque session, et à l'appui des propositions budgétaires établies d'après le modèle usité.

Art. 8. — Le commandant de la province transmet, avec son avis, une copie de ce document au gouverneur général et lui soumet les modifications qu'il juge convenable d'introduire dans les propositions des commissions.

Art. 9. — Il est statué sur ces modifications par le gouverneur général, auquel reste réservé l'arrêté des budgets et des comptes administratifs.

M^{al} DE MAC-MAHON, DUC DE MAGENTA.

2° Fixation du maximum des centimes additionnels.

La quotité des centimes additionnels a été depuis 1860 fixée, tant en territoire civil qu'en territoire militaire et en Kabylie à 18 cent. par franc, maximum déterminé par l'arr. du 26 févr. 1858 (I, 560). — Arrêtés des 19 fév. 1861; 1er fév., 27 mars, 29 oct. 1862; 7 déc., 23 déc. 1863; 23 déc. 1864; 30 oct. 1865. — BG. 4, 47, 65, 99, 128, 155.

RENVOIS. — V. *Table alphabétique.*

Impôt foncier.

Décrs. 2. — 2-26 juill. 1864. — BG. 117. — *Adoption du principe de la contribution foncière en Algérie (1).*

---

(1) *Rapport à l'Empereur.*—Sire, on a toujours signalé parmi les progrès essentiels à accomplir en Algérie celui de l'établissement de l'impôt foncier. — Outre que son application permettrait au gouvernement de compter d'avance sur un produit à peu près invariable dans le budget des recettes de l'Algérie, elle favoriserait les progrès de l'agriculture en poussant au défrichement des terres incultes; de plus, elle fournirait au provinces et aux communes le moyen de créer, par le vote des centimes additionnels, des ressources précieuses pour l'exécution des travaux publics ; enfin elle serait la consécration du grand principe du droit public, l'égalité de tous devant l'impôt, que V. M. a inscrit en tête de la constitution de l'empire.

Le moment ne paraît pas venu cependant d'asseoir immédiatement en Algérie l'impôt direct sur les propriétés sans distinction, ainsi que cela se pratique en France. Il est équitable de laisser les colons jouir, pendant quelques années encore, de l'exemption des taxes foncières qui leur a été accordée jusqu'à ce jour dans le but d'encourager leurs efforts. — D'autre part, la substitution de la contribution immobilière aux anciens impôts actuellement perçus dans les territoires occupés par les Arabes, ne serait pas possible tant que la délimitation des tribus et la répartition des terres entre les douars et les individus ne seront pas effectuées, la propriété individuelle devant nécessairement servir d'assiette à l'impôt direct. D'ailleurs, V. M. a pensé que les mesures qui devraient précéder cette réforme radicale auraient pour résultat d'atténuer, dans l'esprit des populations, les heureux effets du sénatus-consulte du 22 avr. 1863.

Mais il est éminemment utile de décider dès à présent : — 1° Que la contribution foncière sera établie, à partir d'une époque et suivant les règles qui seront déterminées ultérieurement par un décret, sur toutes les propriétés immobilières privées, urbaines ou rurales, qui ne sont point aujourd'hui ou qui ne seraient point, à cette époque, assujetties aux impôts arabes; — 2° Qu'à cet effet, les matrices foncières et les autres états et rôles nécessaires seront dressées dans un bref délai ; — 3° Qu'on se conformera, pour ces opérations, aux lois et règlements suivis en France, sauf à faire modifier les dispositions qui ne seraient pas susceptibles d'être appliquées en Algérie, à raison de certains détails de son organisation administrative. — Les conséquences de cette décision seraient immédiatement très-importantes. — Ainsi les travaux, très-longs et très-importants, qui doivent être accomplis avant l'établissement de l'impôt nouveau, pourraient être préparés avec tout le soin désirable. — Les

---

tions qui précèdent, je rapporte les dispositions du dernier paragraphe de ma circulaire du 6 sept. dernier (insérée au *Recueil des actes administratifs*, 1862, p. 98), et afin de rentrer dans l'esprit de ces mêmes instructions, j'ai décidé ce qui suit : — On continuera dans chaque commune à procéder comme précédemment au recensement général des indigènes imposables aux taxes municipales.

— Je crois utile de rappeler, pour mémoire, que les Arabes occupant des gourbis ou des tentes ne sont pas imposables à la taxe sur les loyers (arrêtés du conseil de préfecture des 12 juill. 1855, 29 nov. 1860 ; circulaire préfectorale du 5 déc. 1860, n° 5,741).

Il sera formé pour les indigènes une matrice distincte de celle des Européens. — Les deux matrices me seront adressées en même temps, après l'accomplissement des formalités exigées. — Elles seront transmises par mes soins à M. le directeur des contributions diverses qui fera établir immédiatement un premier rôle, lequel ne comprendra que les Européens. — Ce chef de service conservera la matrice des indigènes jusqu'au moment où l'établissement des rôles de l'achour et du zekkal lui permettra de faire disparaître de la matrice des taxes municipales tous les indigènes qui seraient soumis aux impôts de l'achour et du zekkat. — Après avoir été ainsi rectifiée, cette matrice sera soumise à mon approbation et servira à l'établissement d'un second rôle spécial aux indigènes.

MERCIER-LACOMBE.

Circ. G. — 11-15 mars 1865. — BG. 155. — *Instructions aux généraux commandant les divisions et préfets des départements relatives à l'exécution de la décision qui précède.*

1. Une décision impériale du 2 juill. 1864, conforme au vœu manifesté à diverses reprises en Algérie, contient les dispositions suivantes (V. *ci-dessus.*) — Ces dispositions de principe sont arrêtées sous la réserve formellement exprimée de laisser les propriétaires jouir, pendant quelques années encore, de l'exemption des taxes foncières au profit du trésor, mais dans le but de permettre aux communes et aux provinces de s'imposer immédiatement pour leurs dépenses d'utilité publique, provinciales et communales, d'après les bases fournies par l'évaluation de la propriété.

Ainsi les provinces et les communes, représentation collective des intérêts et des besoins des populations, sont étroitement intéressées au prompt établissement des matrices foncières; et c'est surtout pour les mettre en possession de ce moyen normal et efficace de parer à l'insuffisance actuelle et trop évidente de leurs ressources, qu'il importe de hâter l'exécution des mesures préparatoires prescrites par la décision impériale du 2 juill. et dont elles seront les premières à profiter.

D'autre part, l'établissement de l'impôt foncier ne peut avoir que des résultats favorables à la propriété elle-même. Il est incontestable que, par les procédés propres à son assiette, cet impôt implique pour le contribuable des compensations particulièrement appréciables dans un pays nouveau, et que, pour ce motif, il est essentiel de noter. — L'expertise publique, qui en est le point de départ, dégage dans chaque milieu rural le produit net de chaque nature de culture, et assigne ainsi à la propriété une valeur pour ainsi dire officielle, très-propre à faciliter sa mise en circulation. De plus, l'impôt foncier obéit à des évaluations une fois faites pour un grand nombre d'années, de sorte que toute amélioration ultérieure du fonds recensé demeure le bénéfice exclusif du propriétaire. L'impôt agira donc en Algérie dans le sens d'une prime au défrichement et à la culture perfectionnée du sol, car la terre cadastrée y gardera longtemps son estimation première, quelles que soient ses transformations successives, et l'impôt cessera bientôt d'être une charge pour qui saura la faire convenablement produire.

2. Ces préliminaires posés, je passe aux mesures à prendre pour satisfaire aux prescriptions de la décision impériale relatives à l'établissement des matrices foncières.

L'ensemble des opérations à effectuer constitue ce qu'on appelle le cadastre. — En France, le cadastre s'entreprend par canton et s'opère par commune. En Algérie, où le canton n'existe pas, le cadastre s'opérera par communes et localités. Cette opération de longue haleine ne devra pas, pour être prochainement efficace, s'effectuer tout d'une pièce et partout à la fois, mais successivement et dans l'ordre suivant : — Communes urbaines, c'est-à-dire ayant pour chef-lieu une ville de quelque importance ; — Communes rurales ; — Centres européens non érigés en communes ; — Fermes et établissements isolés. — Cette marche est naturellement indiquée par l'opportunité de mettre les communes le plus tôt possible en mesure de tirer parti de leurs matrices foncières, et par les plus grandes facilités que présenteront ainsi les débuts de l'opération. On y trouvera, en outre, l'avantage de ne faire aborder ensuite qu'avec l'aide de l'expérience acquise dans cette première expertise, les difficultés plus grandes que présente l'évaluation du revenu des établissements hors commune, groupés ou isolés dans le reste du pays.

3. Aux termes de la décision impériale, on doit se conformer, pour les opérations dont il s'agit, aux lois et règlements suivis en France, sauf les modifications rendues nécessaires en raison de certains détails de l'organisation administrative de l'Algérie. — L'ordre des opérations est déterminé en France ainsi qu'il suit : — 1° Arpentage parcellaire ; — 2° Classement et évaluation des fonds ; — 3° Confection des états de section et des matrices des rôles ; — 4° Tenue des livres de mutations.

La délimitation de la commune doit précéder l'arpentage. C'est une opération déjà faite en Algérie, non-seulement pour toutes les communes constituées, mais encore pour tous les centres européens formant des localités non érigées en communes. — On pourra donc procéder immédiatement à l'arpentage parcellaire, qui consiste à diviser le territoire de chaque commune ou localité, par sections, lesquelles sont divisées elles-mêmes en autant de parcelles qu'il y a de propriétaires et de natures de culture. — Cette opération peut être considérablement simplifiée et abrégée au moyen des plans que possèdent les communes et des travaux déjà effectués par le service topographique. — Dans la plupart des cas, il n'y aura, à proprement parler, qu'à compléter les plans déjà existants par l'indication des natures de culture, et à les mettre au courant des mutations survenues parmi les propriétaires.

Le classement et l'évaluation des fonds, en ce qui touche la propriété rurale, sont les seules opérations qui présenteront des difficultés sérieuses. — On se conformera, à cet égard, et autant que les circonstances le permettront, aux termes prescrites par les règlements de la métropole, et dans le détail desquels il me paraît inutile d'entrer dans ces premières instructions. — Le concours des inspecteurs et contrôleurs des contributions directes sera particulièrement utile pour mener à bonne fin la difficile expertise des propriétés, par l'habitude qu'ils ont de diriger ces sortes d'opérations et par leur connaissance approfondie des instructions qui les régient en France.

4. Le cadastre parcellaire s'effectuera sous les ordres des préfets, en vertu des pouvoirs qui leur sont conférés par le décr. du 7 juill. 1864, (*supra, Admin. gén.*) et de ceux que les généraux commandant les provinces croiront sans nul doute devoir leur déléguer en vue d'une unité d'action indispensable. Toutes les opérations en territoire militaire, comme en territoire civil, seront d'ailleurs placées sous la surveillance immédiate des directeurs des contributions diverses, qui établiront, en conséquence, avec les chefs provinciaux du service topographique, des rapports analogues à ceux qui existaient en France entre les géomètres en chef et les directeurs des contributions directes. Les directeurs des contributions diverses donneront,

propriétaires européens, avertis d'avance qu'ils seront prochainement soumis à la taxe, prendraient leurs mesures en conséquence. — Enfin, et ceci est le plus important, les provinces et les communes pourraient, dès l'achèvement des matrices, être autorisées à s'imposer, d'après ces bases, pour subvenir à leurs travaux d'utilité publique. C'est ce que les différentes autorités de l'Al-

gérie, et notamment le conseil général et la chambre consultative de la province d'Alger, n'ont cessé de demander.

Le maréchal, ministre de la guerre,
　　　　　　　　　　　　RANDON.

Approuvé :
NAPOLÉON.

soit directement, soit par la voie des inspecteurs ou contrôleurs des contributions diverses, des ordres de service aux géomètres de circonscription.

L'ensemble des affaires qui sont subordonnées en France à la décision ministérielle, celles qui impliqueront dépense pour le budget de l'État, et enfin toute question d'interprétation des lois, règlements et instructions sur le cadastre, me seront soumises. Je recommande spécialement ce dernier point, afin qu'aucune inégalité de province à province ne puisse s'établir dans les règles qui présideront à l'assiette de l'impôt. Tous les trois mois, des rapports des inspecteurs des contributions diverses me seront adressés par les préfets, avec leurs observations et celles des généraux commandant les provinces, s'il y a lieu, sur la marche des opérations, ainsi que sur les divers incidents auxquels l'ensemble du service aurait pu donner lieu.

J'ai dû me borner, dans cette première circulaire, à poser des principes et des aperçus généraux. Avant de préciser davantage mes instructions, il convient d'appeler les directeurs des contributions diverses et les chefs du service topographique à formuler leurs propositions sur les points qu'il serait utile de régler plus spécialement, et notamment sur le mode de rétribution à adopter pour les agents de tout grade qui ont à participer aux travaux du cadastre.

Je désire que ces propositions me soient adressées sous le plus bref délai, avec l'avis des généraux commandant les provinces et des préfets, qui indiqueront en même temps les villes où l'état des plans permettrait aux contrôleurs de commencer immédiatement le travail des évaluations, ainsi que les communes rurales qui, n'étant pas susceptibles d'agrandissement, pourraient également recevoir les géomètres chargés d'établir leur parcellaire.

M¹ DE MAC-MAHON, DUC DE MAGENTA.

Circ. G. — 12 sept. 1865-19 mai 1866. — BG 179. — *Instruction aux préfets des départements sur les travaux d'arpentage et d'expertise, préalables à l'établissement des matrices foncières.*

A la suite de l'étude comparative, faite avec le plus grand soin, des propositions formulées dans chaque province sur l'adhésion du préfet, par le directeur des contributions diverses et le chef du service topographique, j'ai arrêté les dispositions ci-après, qui vous permettront de faire immédiatement commencer les opérations préalables à l'établissement de l'impôt foncier dans les communes urbaines et rurales.

1. — Toutes les communes de l'Algérie sont délimitées en vertu de décrets impériaux; il existe même, dans toutes, des plans parcellaires que votre première préoccupation devra être d'utiliser. Vous n'autoriserez donc un levé nouveau que lorsqu'il vous aura été démontré que le remaniement des plans anciens deviendrait par trop compliqué et finalement aussi dispendieux.

2. — L'arpentage parcellaire doit régulièrement précéder l'évaluation des propriétés; néanmoins, dans l'intérieur des villes où la propriété peut être facilement reconnue sans le secours du travail du géomètre, je décide que, jusqu'à nouvel ordre, il ne sera pas fait ou refait de plans. Il doit être immédiatement procédé à l'expertise dans ces villes, pendant que le parcellaire sera commencé et poursuivi avec la plus grande activité dans la banlieue qui complète chaque commune urbaine. Là encore, le service topographique possède presque partout des plans qui serviront utilement, et auxquels il ne sera substitué d'autres plans qu'en cas de nécessité absolue.

3. — Les règlements de France contiennent de nombreuses indications sur les diverses natures de culture susceptibles de former parcelles distinctes: c'est là une des parties délicates du travail, et on ne saurait l'entourer de trop de précautions. J'appelle sur ce point toute la vigilance des directeurs des contributions diverses et des chefs provinciaux du service topographique. — Le passage de ma circulaire du 11 mars 1865 qui, en plaçant les opérations sous la surveillance des directeurs des contributions diverses, dispose que ces derniers établiront en conséquence, avec les chefs provinciaux du service topographique, des rapports analogues à ceux qui existaient en France entre le géomètre en chef et le directeur des contributions directes, a éveillé quelques susceptibilités que je considère comme peu fondées. En parlant de rapports seulement analogues, j'ai entendu précisément concilier l'unité de direction qu'il est nécessaire de conserver dans une entreprise aussi importante et aussi délicate que celle qui nous occupe, avec le respect des situations acquises; discipliner, en un mot, le concert, sans établir, comme en France, la subordination entre les personnes. D'ailleurs, les opérations topographiques constituent un service essentiellement d'exécution, qui ne saurait prétendre s'immiscer dans les actes administratifs à l'accomplissement desquels il concourt. Or la part d'attributions qu'il s'agit de conférer aux directeurs des contributions diverses, n'affecte ni la surveillance immédiate ni la vérification des travaux d'art proprement dits; c'est un rôle surtout administratif, consistant dans la conduite générale d'une entreprise qui a pour but l'assiette de l'impôt, et à laquelle le service topographique n'est, en définitive, appelé à fournir qu'une part de travail. Je ne doute pas que, dans la pratique, le bon esprit de chacun parvienne aisément à éviter tout conflit. Je ne souffrirais, d'ailleurs, aucune résistance inintelligente et fondée seulement sur des questions d'amour-propre.

4. — Il existe dans le territoire de chaque commune des enclaves plus ou moins considérables, occupées par des propriétés soumises aux impôts arabes et, par suite, exemptes de l'impôt foncier, aux termes de la décision impériale du 2 juill. 1864. Placées au milieu même de nos établissements, ces propriétés sont à tout moment sujettes à devenir imposables par le jeu des transactions entre les indigènes et les Européens, et il y a, par suite, le plus grand intérêt d'argent et de temps à les cadastrer avec le reste du territoire, sauf à suspendre l'imposition aussi longtemps qu'il y aura lieu. Il conviendra, toutefois, d'apporter à cette partie de l'opération la circonspection la plus grande.

5. — Jusqu'à nouvel ordre, les travaux d'arpentage et d'expertise seront soldés au moyen des fonds du budget de l'État, chap. 10 et 12. Je vous prie d'y appliquer le service topographique, conformément d'ailleurs au nouveau programme qui vous sera prochainement notifié sous le timbre du 2e bureau, et les trois contrôleurs des contributions diverses, en service dans votre province. Subsidiairement même, vous pourriez désigner des contrôleurs des contributions diverses, choisis parmi les plus anciens et les plus expérimentés.

M¹ DE MAC-MAHON, DUC DE MAGENTA.

Décis. G. — 30 oct. 1865-19 mai 1866. — BG. 179. — *Tarif provisoire des indemnités allouées aux agents chargés des travaux du cadastre.*

Circ. G. — 9 avr. 19 mai 1866. — BG. 179. — *Nouvelles instructions aux préfets des départements sur les opérations du cadastre.*

Mes diverses circulaires sur les opérations préalables à l'établissement de l'impôt foncier en Algérie, insistent toutes sur la nécessité d'observer avec rigueur les prescriptions de la décision impériale du 2 juill. 1864, en vertu desquelles ces opérations doivent, en toute circonstance, être subordonnées aux lois et règlements suivis en France, sauf l'unique cas où ils ne seraient pas susceptibles d'être appliqués dans la colonie, à raison de certains détails de son organisation administrative. — Je vous ai recommandé de provoquer mes instructions pour toutes les difficultés de l'espèce, afin que, résolues d'une façon uniforme, elles ne créent, de province à province, aucune inégalité dans l'assiette de l'impôt. — Je vais répondre aux diverses questions qui m'ont été posées en vertu de ces recommandations, en même temps que signaler quelques écarts, que les premières opérations m'ont donné lieu de constater dans l'exécution des règles que j'ai déjà été appelé à tracer.

1. — *Rapport entre les directeurs des contributions diverses et les chefs provinciaux du service topographique.*

En France, les géomètres en chef, uniquement institués en vue du cadastre, ont naturellement été placés sous les ordres des directeurs des contributions directes. En Algérie, où les opérations topographiques ont de nombreuses applications, elles forment un service distinct, précisément parce qu'il est à la fois l'auxiliaire de plusieurs administrations différentes. — Cependant, l'unité d'action est la première nécessité d'une entreprise aussi importante et aussi délicate que celle du cadastre; j'ai donc dû, pour ne pas la briser dans ses effets les plus essentiels, non subordonner, comme en France, les personnes, mais régler entre elles le concert.

Cette situation n'a pas été partout bien comprise. Des chefs du service topographique ont continué à correspondre directement avec les préfets, en matière de cadastre comme en toutes autres, laissant en dehors de leurs communications les directeurs des contributions diverses. Ils ont adressé à leurs agents, sans les soumettre préalablement au service des contributions, des instructions intéressant non moins l'assiette même de l'impôt, que l'exécution des travaux d'art proprement dits. Enfin, l'art. 18 du règlement du 15 mars 1827, relatif aux lettres destinées à accréditer auprès des maires les géomètres chargés des opérations cadastrales, a donné lieu à quelques résistances motivées sur le peu d'intérêt que présenteraient en Algérie certains procédés en vigueur en France.

Les chefs du service topographique n'ont isolément à adresser à leurs agents que des instructions absolument techniques; celles qui affectent plus ou moins directement les bases de l'expertise ultérieure des propriétés doivent, ou émaner, sur leur proposition, des directeurs des contributions diverses, ou être au moins revêtues du visa de ces derniers. — Le directeur des contributions diverses est, d'un autre côté, votre seul correspondant en matière de cadastre. Il vous transmet, avec son avis, les rapports du chef du service topographique. En cas de dissentiment entre eux, vous statuez directement, ou vous m'en référez, suivant la nature des questions engagées.

Enfin, l'art. 18 du règlement du 15 mars 1827 doit sans contredit être appliqué en Algérie, comme toutes les autres prescriptions des lois et règlements qui ne se heurtent point à des obstacles véritables, tenant à la constitution particulière du pays. Outre les obligations créées à cet égard par la décision impériale du 2 juill. 1864, il me paraîtrait dangereux de montrer, en pareille matière, la moindre tolérance; car, en autorisant ainsi jusqu'à un certain point les agents à discerner entre les dispositions réglementaires, suivant le degré d'utilité qu'elles affectent à leurs yeux, on s'exposerait ou à entraver fréquemment la marche des travaux par des demandes d'instructions sans profit réel, ou plus probablement encore à amener peu à peu les agents eux-mêmes à un certain relâchement général de la règle, dont les inconvénients n'ont pas besoin d'être démontrés.

Au surplus, j'ai déjà fait remarquer dans ma circulaire du 12 sept. dernier, que la nature des relations que les exigences du cadastre forçaient à établir entre les directeurs des contributions diverses et les chefs provinciaux du service topographique, n'avait, en définitive, rien de bien contraire aux procédés ordinaires de ce service essentiellement d'exécution, qui n'a, dans aucun cas, à s'immiscer dans les actes administratifs à l'accomplissement desquels il concourt. — Cependant, M. le préfet, si les susceptibilités qui se sont produites persistaient, et si elles vous paraissaient de nature à porter, à un degré quelconque, atteinte à la marche régulière des opérations, je ne verrais aucun inconvénient à vous autoriser, ainsi que cela a été du reste proposé, à charger spécialement de la partie d'art du cadastre un vérificateur du service topographique, auquel un groupe de géomètres serait adjoint, et qui aurait, dès lors, sans difficulté possible, avec le directeur des contributions diverses, les rapports qui existaient en France entre le directeur des contributions directes et le géomètre en chef.

2. — *Travaux des géomètres. — Natures de culture susceptibles de former parcelles.*

Ma circulaire du 12 sept. 1865 dispose que l'arpentage parcellaire doit régulièrement précéder l'évaluation des propriétés, mais que, toutefois, il ne sera provisoirement pas fait ou refait de plans pour l'intérieur des villes, où le réseau des habitations n'offre que de très-rares lacunes, et où la propriété peut être facilement reconnue sans le secours du travail du géomètre. — Ces dispositions sont autorisées par l'art. 9 du règlement général du 10 oct. 1821 (Arpentage), ainsi conçu : « Dans les villes où la superficie des maisons est facile à connaître d'après le titre même de la propriété, et ne peut d'ailleurs donner lieu qu'à une imposition très-modique, le préfet décidera s'il ne conviendrait pas de ne point lever cette superficie, pour accélérer l'opération et en diminuer les frais. »

Néanmoins, dans l'une des provinces, le plan de la ville chef-lieu est en cours de reconfection, et dans une autre, le directeur des contributions diverses a pris ses mesures de façon à ce que partout les plans des villes fussent levés avant l'intervention des contrôleurs chargés de l'expertise. Dans cette même province, les géomètres sont occupés à opérer la délimitation des trois grandes communes urbaines dans lesquelles le cadastre doit d'abord être entrepris, bien que ma circulaire du 11 mars 1865 fasse remarquer que cette opération dispendieuse n'est plus à faire dans aucune des communes de l'Algérie, toutes déjà délimitées en vertu d'ordonnances royales ou de décrets impériaux, avec plans à l'appui. — Je vous signale c . . infractions à des instructions précises, à l'encontre desquelles aucune objection ne m'a d'ailleurs été présentée, en faisant appel à toute votre vigilance pour qu'il n'en soit pas donné de nouveaux exemples. — Les plans du cadastre doivent être divisés en autant de parcelles qu'il y a de propriétaires et de natures de propriété. C'est là une partie délicate et difficile du travail du géomètre, d'autant plus que les circonstances particulières à chaque pays influent nécessairement sur la fixation des natures de culture susceptibles de former parcelles distinctes.

Afin d'éviter autant que possible les erreurs d'appréciation, comme les demandes trop répétées d'instructions, j'ai, après avoir consulté les préfets des trois départements, provisoirement établi la nomenclature ci-après, sauf à la compléter ultérieurement, dans le cas où quelque omission viendrait à m'être signalée dans le cours des opérations sur le terrain.

Nomenclature des diverses natures de propriétés avec leurs définitions.

Terres labourables. — Terrain consacré à la culture du blé, méteil, seigle, maïs, orge et autres productions en grains, tabac, lin, etc.

Vignes. — Terrain consacré à la culture de la vigne à basse ou haute tige.

Prés. — Terrain consacré à la production du foin qu'on fauche annuellement.

Bois taillis. — Bois au-dessous de l'âge de 30 ans et que l'on coupe périodiquement. Doivent être compris sous cette dénomination les terrains couverts de lentisques ou chênes verts à l'état d'arbres.

Bois futaie. — Bois au-dessus de l'âge de 30 ans, propres, soit aux grandes constructions, soit à fournir des bois d'œuvre.

Sapinières. — Bois où l'essence de sapin domine les autres espèces.

Palmiers nains. — Terrain inculte entièrement couvert de palmiers nains. Si le palmier nain est clair et que le reste du sol soit herbé et à l'usage des bestiaux, le terrain prend la dénomination de *pâture.*

Broussailles. — Terrain complanté de myrtes, épines, jujubiers nains, genêts, lentisques et chênes verts en buisson, et autres sortes d'arbres qui ne sont pas d'essence forestière.

Pâtures. — Terrain produisant de l'herbe, mais qui ne se fauche pas, et en général tous les pacages consacrés à la dépaissance des troupeaux. On donnera également cette dénomination aux pelouses environnant les habitations rurales et servant de sortie aux bestiaux.

Terres vaines ou vagues. — Terrains incultes qui ne peuvent être rangés dans la classe des pâtures.

Pépinières. — Enclos de quelque importance faisant l'objet d'une spéculation. Les petites pépinières particulières porteront le même numéro que les jardins, lorsqu'elles ne dépasseront pas 2 ares.

Vergers. — Terrain ordinairement clos et planté régulièrement d'arbres fruitiers dont ils sont le principal produit. Lorsqu'il n'y aura que quelques arbres dans un pré, une terre, une pâture, etc., ils ne seront considérés que comme culture accessoire.

Jardins potagers. — Terrain où l'on cultive des légumes de toute espèce.

Jardins d'agrément. — Terrain cultivé pour l'agrément.

Orangeries. — Terrain complanté d'orangers, dans lequel peuvent se trouver quelques autres arbres fruitiers.

Olivettes. — Terrain exclusivement consacré à la culture de l'olivier.

Terrains plantés de mûriers. — Terrain de quelque importance complanté de mûriers.

Cultures diverses. — Les rizières, cultures en tabac, châtaigneries et autres cultures particulières à quelques localités, ne doivent faire l'objet d'une classification particulière que lorsqu'elles sont permanentes. Si ces cultures ne sont que momentanées, on les fait entrer dans la classe des terres labourables.

Marais. — Terrain aquatique qui ne produit que des joncs et des roseaux.

Dunes. — Monticules arides et sablonneux qui se trouvent le long de la mer.

Carrières et mines. — Si la carrière n'a pas d'autre surface que son orifice, elle ne sera pas comprise comme parcelle.

Étangs, lacs, réservoirs d'eau. — Seront indiqués sur les plans par un numéro spécial.

Nota. — La désignation de maison sera donnée aux seuls bâtiments destinés à l'habitation des hommes. Les autres bâtiments servant de grange, écurie, bouverie, étable, vacherie, etc., seront réunis par une flèche à la maison d'habitation de laquelle ils dépendent.

Les usines et établissements industriels, civils et militaires, seront désignés par leur dénomination propre.

3. — Rapports des inspecteurs des contributions diverses.

Aux termes de ma circulaire du 11 mars 1865, un rapport de l'inspecteur provincial des contributions diverses doit m'être transmis tous les trois mois, par le préfet, avec ses observations et celles du général commandant la province, sur la marche des travaux ainsi que sur les divers incidents auxquels l'ensemble du service peut donner lieu. — Il m'avait semblé superflu d'ajouter que l'inspecteur des contributions diverses adresserait ce rapport à son chef de service, qui la transmettrait lui-même au préfet avec son avis. Je ne note aujourd'hui ce point que parce que des explications complémentaires m'ont été demandées. — Tous les inspecteurs n'ont pas également bien compris le rôle que leur assigne, par ses termes mêmes, la décision du 2 juill. 1864. J'ai remarqué avec regret, dans certaines communications, une tendance accusée à l'innovation, des écarts de doctrine allant même jusqu'à remettre en question les bases essentielles sur lesquelles repose l'institution de l'impôt foncier. Rien n'est évidemment plus contraire aux intentions qui m'ont fait réclamer, pour l'assiette de cet impôt, le concours du personnel spécial des contributions diverses.

Ce que je dois attendre de l'expérience de ces agents supérieurs, c'est qu'ils ne laissent passer inaperçue aucune infraction non justifiée à la règle, et qu'ils proposent les solutions les plus conformes aux principes généraux, toutes les fois que les textes mêmes ne sont pas susceptibles d'application en Algérie. — Leur surveillance doit d'ailleurs s'exercer, non-seulement sur l'expertise, mais encore sur les travaux topographiques, au double point de vue de l'exécution du programme préalablement arrêté et de l'observation des règles qui intéressent les conditions essentielles de l'évaluation ultérieure de la propriété. — Je recommande la plus grande exactitude dans la transmission de leurs rapports. Je tiens à ce qu'ils me parviennent toujours dans la première quinzaine du mois qui suit l'expiration de chaque trimestre.

4. — Classification et classement des propriétés. — Classificateurs.

En France, d'après les art. 57 et suiv. du règlement général du 15 mars 1827, aussitôt que le plan d'une commune est terminé, le percepteur dresse, sous la surveillance de l'inspecteur des contributions directes, la liste des plus forts imposés à la contribution foncière, lesquels concourront, en nombre égal à celui des conseillers municipaux, à la nomination des classificateurs. — Des instructions m'ont été demandées sur les procédés à suivre en Algérie, où il s'agit précisément de créer la contribution foncière. — Les plus forts imposables doivent nécessairement prendre la place des plus forts imposés. Le maire en dressera la liste, assisté du receveur municipal, et après dix jours d'affiche à la porte principale de la mairie, la transmettra au préfet, avec les réclamations qui auront pu se produire et son avis sur chacune d'elles. Le préfet statuera dans le délai de huitaine.

On a exprimé la crainte de ne pas trouver, dans toutes les communes, des commissaires classificateurs disposés à prêter au contrôleur le concours permanent dont il a besoin, et on a proposé de recourir à des classificateurs salariés. — Je ne saurais m'associer à cette idée, contraire à tous les principes. Les habitants d'une commune sont tous intéressés à l'assiette équitable et régulière de l'impôt qui doit grever leurs propriétés ; ce sont donc leurs propres intérêts qu'ils surveillent comme classificateurs. D'un autre côté, sur 10, 5 seulement sont nécessaires pour assister le contrôleur, ce qui semble concilier toutes les exigences. — Quoi qu'il en soit, si le cas d'abstention qu'on prévoit dans certaines circonstances en Algérie, se présentait, les mesures à prendre sont tracées par la décision ministérielle du 16 août 1855 et la circulaire du 6 juin 1854; le contrôleur dresse procès-verbal du refus de service des classificateurs, et le préfet, ou provoque la nomination d'autres commissaires, ou autorise même, au besoin, le directeur des contributions à exécuter le travail avec le seul concours d'un expert et d'indicateurs rétribués sur les fonds de la commune. C'est, en résumé, à la commune à savoir si elle veut ou non profiter des garanties qui lui sont offertes par l'art. 4 de l'ord. du 5 oct. 1821; elle ne peut, par force d'inertie ou toute autre cause, arrêter l'exécution des lois et règlements sur le cadastre.

5. — Experts.

Dans l'un des rapports auxquels je réponds, on a rappelé qu'aux termes de l'art. 5 de l'ord. du 5 oct. 1821, les communes avaient le droit de demander, en en supportant la dépense, le concours d'un expert pour aider les propriétaires classificateurs dans l'opération du classement, et on a émis le vœu que, le cas échéant, cet expert fût choisi de préférence parmi les géomètres de circonscription. On a perdu de vue que l'art. 488 du recueil méthodique interdit les fonctions d'expert aux fonctionnaires publics salariés par le gouvernement et aux employés des diverses administrations.

Mais il est un point qu'il importe avant tout de trancher. — Depuis l'ord. du 23 avr. 1823, les conseils municipaux ne sont plus appelés à se prononcer sur la question des experts lorsque le conseil général, également intéressé dans l'impôt, n'a pas lui-même décidé qu'il serait procédé, par experts, à un classement des biens-fonds dans toute l'étendue du département, et voté les crédits nécessaires à cet effet. — Or, si on attendait aujourd'hui les délibérations des conseils généraux de l'Algérie, on ajournerait, pour six mois au moins, des opérations déjà toutes prêtes; on livrerait pendant tout ce temps à l'inaction le personnel spécial chargé d'y procéder. — Si on passait outre, les conseils généraux, dont les droits n'auraient point été observés, pourraient critiquer les opérations commencées sans experts dans certaines communes, en même temps qu'on exposerait à des dépenses inutiles les communes qui auraient elles-mêmes réclamé cette garantie.

Je décide donc, afin d'aller au-devant de toute difficulté, que jusqu'à la fin de la présente année, il sera procédé par experts au classement des propriétés, dans les communes en cours de cadastre, et que la dépense, peu importante d'ailleurs, résultant de cette mesure, sera prélevée sur le fonds commun des budgets provinciaux. — Lors de leur prochaine session, les conseils généraux confirmeront ces experts dans leurs fonctions, en votant, pour l'année 1867, les fonds nécessaires, ou laisseront aux communes le soin de décider, conformément à l'art. 5 de l'ord. du 5 oct. 1821.

M¹ DE MAC-MAHON, DUC DE MAGENTA.

Impôts. V. TABLE ALPHABÉTIQUE.

Imprimerie.

Circ. G.—15 mars 1862.—BG. 44.—*Dépôt légal des imprimés. — Instructions aux préfets des départements.*

Par une circulaire en date du 20 fév. 1861, S. E. le ministre de l'intérieur, en rappelant à vos collègues de France les diverses prescriptions relatives au dépôt légal, leur a fait observer qu'elles s'étendaient même à certaines publications administratives, telles que les comptes rendus des sessions des conseils généraux, et les recueils des actes administratifs des préfectures.

Il a donc recommandé à MM. les préfets de tenir la main à ce que, désormais, les imprimeurs chargés de ces travaux les déposent régulièrement, l'art. 14 de la loi du 21 oct. 1814 ayant soumis à la formalité du dépôt tous les imprimés sans exception. L'exemption dont jouissent, à cet égard, les impressions désignées sous le nom d'*ouvrages de ville* ou *bilboquets*, est une pure tolérance de l'administration, qui ne saurait s'appliquer à des publications d'une importance réelle, comme les documents dont il s'agit. « Toutefois, est-il dit dans la circulaire ci-dessus rappelée, afin de diminuer les chances d'erreur qui résulteraient probablement de l'envoi fractionné du *Recueil des actes administratifs*, vous aurez soin de n'adresser que la collection complète, c'est-à-dire à la fin de chaque année. » Je ne puis que vous inviter à vous conformer à ces dispositions—Je profiterai de cette circonstance pour vous faire observer que c'est toujours par mon intermédiaire que doivent avoir lieu vos envois relatifs au dépôt légal.

M¹ PÉLISSIER, DUC DE MALAKOFF.

RENVOIS. — V. *Table alphabétique.*

Incendie.

Circ. G.—25 juill.-10 août 1865.—BG. 89.—*Mesures à prendre contre les incendies de récoltes.—Instructions aux généraux commandant les divisions et préfets des départements.*

A cette époque de l'année, les incendies de récoltes se multiplient en Algérie d'une manière effrayante et surtout désastreuse pour les intérêts agricoles. Il est déplorable d'avoir à dire que la malveillance n'est pas toujours étrangère à ces sinistres; mais leur cause la plus fréquente est dans l'imprudence des habitants de la campagne et dans un oubli général des précautions les plus simples et que la prudence la plus vulgaire devrait inspirer.

Les fumeurs ont particulièrement une très-grande part dans la responsabilité de ces désastres. Il faudra se faire une règle de leur interdire sévèrement l'accès des aires à dépiquer les grains, des meules de céréales ou de fourrages; car l'habitude qu'ils ont contractée de jouer en quelque sorte avec le feu, les rend incapables de la moindre précaution. Tout chef d'atelier agricole devrait défendre à ses ouvriers, sous peine d'une forte retenue sur leur salaire, de fumer pendant leur travail et au milieu même des matières les plus inflammables, ainsi qu'on le voit généralement.—Il faut se défier aussi de la funeste habitude qu'ont les enfants et les pâtres d'allumer du feu dans les champs, soit par pur amusement, soit pour chauffer leurs aliments. C'est un point qui appelle toute la vigilance des gardes champêtres.

Mais quelle que soit la cause des incendies dans les campagnes, le plus grand soin comme le premier devoir des autorités locales, doit être de chercher à les prévenir autant qu'il peut dépendre de la prudence humaine. Il existe à cet égard d'anciens règlements qu'on a eu le grand tort de laisser tomber en désuétude, et qu'il conviendrait de remettre en vigueur. Les maires ont qualité pour cela, puisque « le soin de prévenir par des précautions convenables les accidents et fléaux calamiteux » est un des objets que la loi confie à leur vigilance (loi des 16-24 août 1790).

Mais vous pouvez y pourvoir vous-même au moyen d'un arrêté général, exécutoire dans toute l'étendue de votre circonscription administrative, et c'est ce que je vous engage à faire immédiatement — La loi assure une sanction sévère à ces sortes de règlements. Ainsi, l'art. 458 c. pén. prescrit d'infliger une amende de 50 à 600 fr. à celui qui, « par des feux allumés dans les champs, à moins de 100 mèt. des meules, tas de grains, pailles, foins et fourrages, ou par des feux et lumières portés ou laissés sans précautions suffisantes, ou par des pièces d'artifice allumées ou tirées par négligence ou imprudence, aura causé un incendie. »

Il serait donc bien de rappeler à tant de gens qui ne semblent pas y songer, que l'imprudence ou la négligence qui produisent des dommages à autrui, ou qui compromettent la sécurité publique, sont des faits punissables, et que ceux qui les commettent, indépendamment de la responsabilité civile qui leur incombe, encourent les rigueurs de la loi pénale.—Je suis convaincu que la publication du règlement dont je parle, aurait un grand effet préventif et suffirait pour rappeler beaucoup de gens au sentiment de la prudence et du respect de la propriété d'autrui.

Il est une autre mesure préventive dont il est permis d'attendre des résultats plus efficaces encore, et dont l'expérience a prouvé les bons effets partout où elle a été appliquée. Elle consiste à établir, dans les communes et sections rurales, des rondes de nuit composées de miliciens ou d'hommes de bonne volonté, qui ne sauraient manquer en pareil cas; ne s'agit-il pas du plus grand intérêt de tous et de chacun? — Ces rondes faites avec soin, avec intelligence et surtout avec persévérance, seraient un grand frein pour la malveillance, qui se verrait toujours en danger d'être surprise en flagrant délit. En cas d'incendie, elles pourraient immédiatement donner l'alerte et faire hâter l'arrivée des secours; elles contribueraient, en outre, par le seul fait de leur existence, à entretenir chez tous les habitants un esprit de vigilance et de précaution qui suffirait pour écarter bien des causes de sinistres.—Ces rondes seraient indépendantes, bien entendu, de celles qui incombent à la gendarmerie et aux gardes champêtres; mais en coordonnant ces divers services, on peut obtenir qu'ils s'appuient mutuellement et concourent au même but, et c'est un point que je recommande à votre attention.

Le général de division, sous-gouverneur,
E. DE MARTIMPREY.

RENVOIS. — V. *Table alphabétique.*

Inculture des terres. V. TABLE ALPHABÉTIQUE.

Incurables. V. HÔPITAUX, § 1.

Indemnité. V. TABLE ALPHABÉTIQUE.

Indigents. V. *ibidem.*

Industrie.

Circ. G. — 1er avr.-31 mai 1862. — BG. 53. — *Instructions aux généraux commandant les divisions et préfets des départements pour l'établissement d'une statistique industrielle de l'Algérie.*

Un avis du comité consultatif des arts et manufactures, sur la nécessité d'introduire dans la colonie la vie manufacturière en même temps que la vie agricole, fut livré, en 1852, aux études des généraux commandant les divisions territoriales et des préfets de l'Algérie. Le comité insistait pour que l'administration favorisât, par tous les moyens en son pouvoir, la fondation d'établissements industriels et, principalement, le développement des petites industries dans les villages de récente créa-

tion et parmi les populations indigènes. — Aucune suite ne paraît, pour beaucoup de localités du moins, avoir été donnée à cette communication.

Cependant, la question soulevée méritait un sérieux examen. En effet, il est depuis longtemps constaté que l'agriculture ne peut prospérer, si elle n'a pas à côté d'elle des consommateurs, et elle ne peut les trouver que dans le commerce et l'industrie. Les industries agricoles et manufacturières sont appelées à se prêter un mutuel appui, et là où les premières sont prospères, les secondes sont également florissantes; tandis que, livrées à leurs propres forces, chacune languit et reste circonscrite dans des limites fort restreintes. Ainsi, on remarque, en France, que la Normandie, l'Alsace, les départements du Nord, où la terre est le mieux cultivée et le plus productive, sont en même temps les plus riches en manufactures de toutes espèces. Dans les Deux-Siciles, au contraire, en Corse, dans certaines parties de l'Espagne, où il n'existe que peu de commerce et d'industrie, les produits de la terre sont à vil prix et les cultivateurs dans un état précaire.

Le département de l'Aube présente, sous ce rapport, un caractère tout particulier: l'agriculture et l'industrie y sont étroitement liées. Chaque famille est propriétaire d'une parcelle de terre qui, la plupart du temps, serait insuffisante pour la nourrir; mais elle possède, en outre, un ou plusieurs métiers à tisser qui occupent les bras lorsque les travaux de la terre sont suspendus, et permettent d'utiliser les vieillards et les enfants. Au moyen de cette association, les cultivateurs sont dans l'aisance. — L'Algérie doit subir la même loi. Si l'on néglige plus longtemps son travail industriel, son travail agricole s'en ressentira, et l'importance des produits se trouvera forcément limitée. — D'un autre côté, il est constant que les populations immigrantes se composent d'éléments agricoles et industriels, que l'administration n'est pas libre d'admettre les uns et de repousser les autres. Il en résulte la nécessité de pourvoir aux aptitudes productrices de tous sous peine d'arrêter l'essor de l'immigration.

A l'appui de ces observations, je ne puis mieux faire que de reproduire quelques considérations du rapport du comité des arts et manufactures. —«Le but vers lequel doivent tendre tous les efforts de l'administration, c'est d'appeler en Algérie le plus grand nombre d'Européens, et ce n'est que lorsqu'ils formeront une population nombreuse, qui aura pris possession du sol en y fondant des établissements de toute nature, que l'avenir de la colonie sera assuré.—Pour y parvenir, il faut attirer les immigrants par l'appât de hauts salaires et des bénéfices qu'offre naturellement l'industrie dans un pays encore vierge. — Que l'agriculture, en s'appropriant le sol, en le fertilisant et en le peuplant d'hommes vigoureux, offre les moyens les plus utiles et les plus sûrs de coloniser, loin de nous de le contester. Mais parmi les esprits aventureux que l'espoir de la fortune entraîne loin de leur pays, combien n'y en a-t-il pas qui ne trouvent point dans le succès toujours un peu éloigné des travaux agricoles, un appât suffisant. Ils ne tentent pas leur imagination, ne répondent pas à leur impatience; s'ils achètent des terres, c'est souvent pour spéculer sur leur vente plutôt que pour cultiver.—L'introduction des fabriques serait le plus puissant auxiliaire de la colonisation : elle aurait l'avantage de familiariser les indigènes avec les prodiges de notre industrie, de leur donner le goût du travail, de leur fournir le moyen de le bien payer, et de leur inspirer, à notre imitation, l'amour du bien-être et des jouissances. Le commerce et l'industrie ont toujours été, en tout temps et en tout pays, les plus puissants moyens de colonisation; ce serait une grande faute, pour l'avenir de l'Algérie, que de l'en priver. »

Ces considérations justifient complétement la nécessité de favoriser l'établissement de manufactures en Algérie, et principalement la création de petites industries qui amèneront la prospérité dans les villages en fournissant aux colons une main-d'œuvre qui leur fait défaut aujourd'hui, et en leur permettant d'utiliser des produits qui restent en ce moment sans emploi et sont perdus faute de moyens de préparation. — On s'est demandé si, pour arriver à ce résultat, il ne serait pas nécessaire d'accorder des primes ou de faire des avances, à charge de remboursement, aux personnes qui viendraient fonder en Algérie des établissements vraiment utiles. Mais ce système rencontrerait dans l'application de trop sérieuses difficultés au point de vue budgétaire pour qu'il soit permis de s'y arrêter. — Quoi qu'il en soit, je vous prie de vouloir bien examiner cette intéressante question et de me soumettre ensuite vos observations; mais il est indispensable de procéder préalablement au recensement des industries existantes. Je vous adresse, à cet effet, les imprimés nécessaires. L'état qu'il s'agit de remplir est divisé en deux parties. La première, composée de sept colonnes, est destinée à constater tous les faits qui peuvent être énumérés au moyen de chiffres. La seconde, qui n'est autre chose qu'une colonne d'observations, contiendra les détails les plus circonstanciés sur chaque genre de fabrication, l'emploi des matières premières, leur origine, leur valeur, leur placement et l'écoulement des produits; en un mot, tous les renseignements nécessaires pour faire connaître l'importance des industries, leur développement, leur prospérité ou les causes de leur dépérissement.

M^{al} Pélissier, duc de Malakoff.

Inhumations.

Le décret de décentralisation du 30 déc. 1856 (*Admin. gén.*, I, 31) ayant placé dans les attributions des préfets le droit de statuer sur les droits des concessions dans les cimetières, cette matière est actuellement réglementée administrativement dans chaque département.

Inspecteurs. — Inspections. V.
Bienfaisance, Colonisation, Instruction publique, Police, Postes, Prisons.

Instances administratives. V.
Table alphabétique.

Instruction publique.

DIVISION.

§ 1. — Dispositions générales.

Décis. G. — 31 mai-9 juin 1866. — BO. 184.— *Augmentation de traitement des instituteurs et institutrices.*

1° A partir du 1er janv. 1866, le traitement alloué par l'arr. du 30 déc. 1855 (I, 564), aux instituteurs et institutrices publics des localités non érigées en communes, est fixé ainsi qu'il suit : Instituteurs, 1,500 fr. ; institutrices, 1,200 fr. — 2° L'enseignement public dans lesdites localités sera gratuit.

M^{al} de Mac-Mahon, duc de Magenta.

§ 2. — École de médecine.

AG. —21 nov.-25 déc. 1862 (V. suprà, *Art médical*).—*Promulgation des décrets des 22 août et 28 oct., 1854.*

Décret du 22 août 1854.

Régime des établissements d'enseignement supérieur.

Tit. 5. — *Dispositions spéciales aux facultés de médecine, aux écoles supérieures de pharmacie et aux écoles préparatoires de médecine et de pharmacie.*

12. — Les étudiants des facultés de médecine ne sont admis à prendre la cinquième, la neuvième et la treizième inscription qu'après avoir subi avec succès un examen de fin d'année. Ils ne sont admis aux examens de fin d'études qu'après l'expiration du dernier trimestre de la quatrième année d'études. — Les douze premières inscriptions dans la Faculté de médecine peuvent être compensées par quatorze inscriptions prises dans une école préparatoire de médecine et de pharmacie, moyennant un supplément de 5 fr. par inscription. Les élèves des écoles préparatoires ne peuvent convertir plus de quatorze inscriptions de ces écoles en inscriptions de faculté.

13. — Les droits à percevoir dans les facultés de médecine sont fixés ainsi qu'il suit :

Rétributions obligatoires. — Doctorat en médecine.— Inscriptions (seize à 50 fr.), 480 fr. — Trois examens de fin d'année (30 fr. par examen), 90 fr. — Cinq examens de fin d'études (50 fr. par examen), 250 fr.—Cinq certificats d'aptitude (40 fr. par certificat), 200 fr. — Thèse, 100 fr. — Certificat d'aptitude, 40 fr. — Diplôme, 100 fr. — Total, 1,260 fr.

Certificat de sage-femme. — Deux examens (40 fr. par examen), 80 fr. — Certificat d'aptitude, 40 fr. — Visa du certificat, 10 fr. — Total, 150 fr.

Rétributions facultatives. — Conférences, exercices pratiques et manipulations pour les aspirants au doctorat en médecine. — Rétribution annuelle, 150 fr.

Art. 14.— Les écoles supérieures de pharmacie confèrent le titre de pharmacien de 1re cl., et le certificat d'aptitude à la profession d'herboriste de 1re cl. — Elles délivrent, en outre, mais seulement pour les départements compris dans leur ressort, les certificats d'aptitude pour les professions de pharmacien et d'herboriste de 2e cl.—Les pharmaciens et les herboristes de 1re cl. peuvent exercer leur profession dans toute l'étendue du territoire français.

Art. 15.— Les aspirants au titre de pharmacien de 1re cl. doivent justifier de trois années d'études dans une école supérieure de pharmacie, et de trois années de stage dans une officine.— Il ne sera exigé qu'une seule année d'études dans une école de pharmacie des candidats qui auraient pris dix inscriptions aux cours d'une école préparatoire de médecine et de pharmacie. La compensation aura lieu moyennant un supplément de 5 fr. par inscription d'école préparatoire. — Les aspirants au titre de pharmacien de 1re cl. ne peuvent prendre la première inscription, soit dans les écoles supérieures, soit dans les écoles préparatoires de médecine et de pharmacie, que s'ils sont pourvus du grade de bachelier ès sciences.

Art. 16.— Les droits à percevoir dans les écoles supérieures de pharmacie sont fixés ainsi qu'il suit :

Rétributions obligatoires. — Titre de pharmacien de 1re classe. — Inscriptions (douze à 50 fr.), 560 fr. —

Travaux pratiques pendant les trois années (100 fr. par année), 300 fr. — Cinq examens semestriels (50 fr. par examen), 150 fr. — Les deux premiers examens de fin d'études (80 fr. par examen), 160. — Le troisième examen de fin d'études, 200 fr. — Trois certificats d'aptitude (40 fr. par certificat), 120 fr. — Diplôme, 100 fr. — Total, 1,390 fr.

Certificat d'herboriste de 1re classe — Examen, 50 fr. — Certificat d'aptitude, 40 fr. — Visa du certificat d'aptitude, 10 fr. — Total, 100 fr.

Rétributions facultatives. — Conférences, exercices pratiques et manipulations pour les aspirants au titre de pharmacien de 1re classe. — Rétribution annuelle, 150 fr.

Art. 17. — Les jurys médicaux cesseront leurs fonctions au 1er janv. prochain, en ce qui concerne la délivrance des certificats d'aptitude pour la profession d'officier de santé, sage-femme, pharmacien et herboriste de 2° cl. À partir de cette époque, les certificats d'aptitude pour les professions de pharmacien et d'herboriste de 2° cl. seront délivrés, soit par les écoles supérieures de pharmacie, soit par les écoles préparatoires de médecine et de pharmacie, sous la présidence d'un professeur de l'une des écoles supérieures de pharmacie.

Art. 18. — Un arrêté du ministre de l'instruction publique, délibéré en conseil impérial de l'instruction publique, déterminera la circonscription des facultés de médecine, écoles supérieures de pharmacie et écoles préparatoires de médecine et de pharmacie chargées de la délivrance des certificats d'aptitude pour les professions mentionnées en l'article précédent, la composition des jurys d'examen, l'époque de leur réunion, la répartition des droits de présence entre les professeurs, et généralement tous les moyens d'exécution dudit article.

Art. 19. — En exécution des art. 29 et 31 de la loi du 19 vent. an XI, et de l'art. 24 de la loi du 21 germ. an XI, les officiers de santé, les pharmaciens de 2° cl., les sages-femmes et les herboristes de 2° cl. pourvus des diplômes ou certificats d'aptitude délivrés, soit par les anciens jurys médicaux, soit d'après les règles déterminées par les art. 17 et 18 ci-dessus, ne peuvent, comme par le passé, exercer leur profession que dans le département pour lequel ils ont été reçus. S'ils veulent exercer dans un autre département, ils doivent subir de nouveaux examens et obtenir un nouveau certificat d'aptitude.

Art. 20. — Les aspirants au titre d'officier de santé doivent justifier de douze inscriptions dans une faculté de médecine ou de quatorze inscriptions dans une école préparatoire de médecine et de pharmacie. La compensation entre les inscriptions dans les facultés et celles prises dans les écoles préparatoires aura lieu moyennant un droit de 5 fr. par inscription. — Cette condition de scolarité ne sera pas imposée aux aspirants qui auront subi avec succès, à l'époque de la promulgation du présent décret le premier des examens exigés des officiers de santé. — Les aspirants au titre de pharmacien de 2° cl. doivent justifier : — 1° De six années de stage en pharmacie; — 2° De quatre inscriptions dans une école supérieure de pharmacie ou de six inscriptions dans une école préparatoire de médecine et de pharmacie. — Deux années de stage pourront être compensées par quatre inscriptions dans une école supérieure de pharmacie ou moyennant un supplément de 5 fr. par inscription, par six inscriptions dans une école préparatoire de médecine et de pharmacie, sans que le stage puisse, dans aucun cas, être réduit à moins de quatre années.

Art. 21. — L'excédant des frais d'examen, pré-

lèvement fait des droits de présence des examinateurs, qui étaient antérieurement perçus au compte des caisses départementales, le sera à l'avenir, soit au compte du service spécial des établissements d'enseignement supérieur pour les examens passés dans les facultés de médecine et les écoles supérieures de pharmacie, soit au profit des caisses municipales, pour les examens passés devant les écoles préparatoires de médecine et de pharmacie. — Indépendamment de ces frais, qui restent fixés au même taux que précédemment, il sera perçu, pour le compte du service spécial des établissements d'enseignement supérieur, les droits ci-après :

Rétributions obligatoires. — Officiers de santé. — Inscriptions de la faculté de médecine (douze à 50 fr.), 560 fr. — Trois certificats d'aptitude (40 fr. par certificat), 120 fr. — Diplôme, 100 fr. — Total, 580 fr.

Pharmaciens de 2° cl. — Inscriptions de l'école supérieure de pharmacie (quatre à 50 fr.), 120 fr. — Épreuves pratiques, 120 fr. — Trois certificats d'aptitude (40 fr. par certificat), 120 fr. — Diplôme, 100 fr. — Total, 460 fr.

Herboristes de 2° cl. — Certificats d'aptitude, 40 fr. — Visa du certificat, 10 fr. — Total, 50 fr.

Sages-femmes. — Certificat d'aptitude, 20 fr. — Visa du certificat, 5 fr. — Total, 25 fr.

Décret du 28 oct. 1854.

Vu l'art. 12 de l'ord. du 15 oct. 1840 relative aux écoles préparatoires de médecine et de pharmacie; — L'ord. du 13 mars 1842; — Le décr. du 22 août 1854 sur le régime des établissements d'enseignement supérieur;

Art. 1. — A dater du 1er janv. 1855, le prix des inscriptions prises dans les écoles préparatoires de médecine et de parmacie, par les élèves en médecine et par les élèves en pharmacie, est fixé à 25 fr.

Art. 2. — Toutes les dispositions des ordonnances susvisées, contraires au présent décret, sont et demeurent rapportées.

DI. — 31 déc. 1864 (non publié au *Bulletin officiel*). — *Modification aux art. 2 et 5 du décr. du 4 mars 1857* (I, 564).

Vu le dernier paragraphe de chacun des art. 2 et 5 du décr. du 4 mars 1857, ainsi conçus : « Les fonctions de secrétaire agent comptable sont remplies par le secrétaire de l'Académie d'Alger. Le secrétaire de l'Académie d'Alger, secrétaire agent comptable de l'école, jouit, à ce titre, d'une indemnité annuelle de 500 fr.; » — Considérant que le cumul de ces fonctions présente des inconvénients pour la prompte expédition des affaires;

Art. 1. — Les dispositions ci-dessus du décr. du 4 août 1857 sont rapportées.

DI. — 27 janv. 1865 (non publié au *Bulletin officiel*). — *Les dispositions du § 1 de l'art. 9 du décr. du 4 août 1857* (I, 564), *relatives aux étrangers chrétiens ou musulmans seulement, sont étendues aux étrangers israélites.*

§ 4. — ÉCOLES.

2° Écoles musulmanes.

Service d'inspection.

DI. — 1er-31 oct. 1863. — BO. 95. — *Création d'un emploi d'inspecteur des établissements d'instruction publique ouverte aux indigènes.*

Art. 1. — Il est créé en Algérie un emploi d'inspecteur des établissements d'instruction publique ouverts aux indigènes.

Art. 2. — Des arrêtés du gouverneur général de l'Algérie fixeront les attributions de l'inspecteur et les époques des inspections.

AG. — 2-21 nov. 1863. — BO. 96. — *Attributions de l'inspecteur institué par le décret précédent.*

TIT. 1. — *Attributions de l'inspecteur.*

Art. 1. — Tous les établissements d'instruction publique ouverts aux indigènes, en Algérie, sont soumis à des inspections périodiques.

Art. 2. — Dans toutes les écoles qu'il visitera, l'inspecteur portera son attention : 1° sur l'état matériel et la tenue générale de l'établissement ; 2° sur le caractère moral de l'école ; 3° sur l'enseignement et les méthodes. — Il assistera aux leçons et interrogera les élèves.

Art. 3. — Il examinera spécialement quels livres sont en usage ou manquent dans les diverses écoles. Il proposera l'adoption des ouvrages qui lui paraîtraient convenir aux écoles des divers degrés.

Art. 4. — A la fin de chaque trimestre, il adressera au gouverneur général un rapport sur la situation et les besoins des écoles soumises à son inspection. Il dressera, en outre, au mois de janv., la statistique annuelle de ces écoles sur des cadres conformes au modèle n° 4.

TIT. 2. — *Des tournées d'inspection.*

Art. 5. — L'inspecteur dressera, dans les derniers jours de chaque trimestre, le tableau des écoles qui devront être de sa part l'objet d'une inspection dans le courant du trimestre suivant. Ce tableau, comprenant un projet d'itinéraire, devra être établi conformément au modèle n° 1, et sera soumis au gouverneur général qui le renverra à l'inspecteur avec les modifications qui lui auront paru convenables.

Art. 6. — L'inspecteur se rendra au moins une fois par an, dans les chefs-lieux de division et de subdivision et visitera les médersas, écoles arabes-françaises, écoles arabes et zaouïas de ces chefs-lieux.

Art. 7. — Les écoles établies dans les autres centres de population et dans les postes et cercles des tribus, seront inspectées au moins une fois tous les trois ans.

Art. 8. — Après la visite de chaque école, un bulletin d'inspection, conforme au modèle n° 2, sera établi et immédiatement adressé au gouverneur général. — L'inspecteur consigne les observations ou recommandations qu'il a faites verbalement à l'instituteur sur un registre qui sera déposé à l'école pour être représenté aux chefs ou autorités qui ont sur l'école un droit de surveillance.

TIT. 3. — *Frais de tournées.*

Art. 9. — Il est alloué à l'inspecteur des frais de tournées en raison du nombre de journées d'inspection hors d'Alger et des distances parcourues.

Art. 10. — A cet effet, un crédit annuel de 5,000 fr. sera inscrit au budget des centimes additionnels et des tribus de l'Algérie.

Art. 11. — Les frais de tournées sont décomptés à raison de 10 fr. par jour d'absence et de 15 c. par kil. parcouru.

Art. 12. — L'inspecteur établira l'état des frais de tournées, conformément au modèle n° 3. Cet état sera adressé par lui au sous-intendant chargé de l'administration des centimes additionnels, avec un double de l'état n° 1. — L'intendant, après avoir vérifié la conformité de ces deux états, ordonnancera le montant des frais acquis à l'inspecteur, en se renfermant dans la limite du crédit inscrit au budget.

Art. 13. — La somme qui restera disponible sur les fonds inscrits au budget pour frais de tournées, servira à allouer des gratifications à ceux des instituteurs qui se seront fait remarquer par leur zèle.

M⁹ᵈ PÉLISSIER, DUC DE MALAKOFF.

Écoles arabes-françaises. — Règlement.

46. — 2-21 mai 1865. — BG. 147. — *Règlement sur les écoles arabes-françaises.*

Vu le décr. du 1ᵉʳ oct. 1863 (*ci-dessus*),

Art. 1. — L'enseignement primaire est gratuit dans les écoles arabes-françaises de l'Algérie. — Il comprend : — Les éléments de la langue française ; la lecture et l'écriture du français ; les éléments du calcul et le système légal des poids et mesures ; la lecture et l'écriture de l'arabe.

Art. 2. — Le personnel de chaque école se compose d'un directeur français et d'un maître adjoint musulman.

Art. 3. — Les directeurs sont nommés par le gouverneur général, et les maîtres adjoints par les généraux commandant les provinces. — Les candidats sont proposés par les préfets pour les écoles ouvertes en territoire civil.

Art. 4. — Nul ne peut être nommé directeur s'il n'est pourvu du brevet de capacité exigé pour les instituteurs primaires en France. — Toutefois, il sera tenu compte aux aspirants aux emplois de directeur de leurs connaissances dans la langue arabe, et l'acquisition de ces connaissances sera un motif de préférence pour le choix des directeurs.

Art. 5. — Les directeurs et les maîtres adjoints sont divisés en trois classes et leur traitement est fixé ainsi qu'il suit pour chacune des classes : — Directeurs, 1ʳᵉ cl., 2,100 fr. ; 2ᵉ cl., 1,800 fr. ; 3ᵉ cl., 1,500 fr. — Maîtres adjoints, 1ʳᵉ cl., 1,400 fr. ; 2ᵉ cl., 1,200 fr. ; 3ᵉ cl., 1,000 fr.

Art. 6. — Une somme de 500 fr. sera allouée, au moment de la création de chaque école, pour l'achat du mobilier classique.

Art. 7. — Chaque école sera également pourvue, à l'usage du directeur, d'un mobilier particulier dont la valeur est fixée à 600 fr. — Toute rétribution et prestation, autres que celles mentionnées ci-dessus, sont supprimées.

Art. 8. — Les arrêtés portant création des écoles arabes-françaises détermineront la manière dont il sera pourvu aux dépenses du personnel et du matériel de ces établissements.

Art. 9. — Des arrêtés des généraux commandant les provinces réglementeront tout ce qui tient au régime intérieur et à la discipline des écoles arabes-françaises.

Disposition transitoire.

Art. 10. — Les directeurs et maîtres adjoints des écoles créées en vertu de l'art. 1 du décr. du 14 juill. 1850 (I, 367), dans les villes d'Alger, de Constantine, de Bône, d'Oran, de Blidah, et de Mostaganem, et nommés antérieurement à la promulgation du présent arrêté, seront élevés à la 1ʳᵉ ou à la 2ᵉ cl. de leur emploi, eu égard à leur mérite, à l'ancienneté de leurs services et aux avantages dont ils jouissaient, en vertu de l'art. 6 dudit décret, qui cessera d'être appliqué.

M⁹ᵈ DE MAC-MAHON, DUC DE MAGENTA.

Création d'écoles arabes-françaises
(prov. d'Alger).

46. — 15-16 juill. 1861. — BG. 24. — *Création d'une école arabe-française à Madala.*

Art. 1. — Une école arabe-française est créée à Madala, tribu des Beni Yacoub (subdiv. de Médéah).

Art. 2. — Le personnel de cette école comprend : — 1° Un instituteur français recevant un traitement annuel de 1,200 fr. ; — 2° Un surveillant arabe recevant un traitement annuel de 560 fr.

Art. 3. — Les traitements de l'instituteur et du surveillant, les frais d'acquisition du premier matériel, ceux qu'entraînera ultérieurement son entretien, seront supportés par le budget des centimes additionnels de la subdivision de Médéah.

M^{al} PÉLISSIER, DUC DE MALAKOFF.

AG. — Même date. — *Même création au village des Heumis.*

Art. 1. — Une école arabe-française est créée au village des Heumis (subdiv. d'Orléansville).

Art. 2 et 3. — (Comme à l'arrêté précédent), mais à la charge du budget de la subdivision d'Orléansville.

M^{al} PÉLISSIER, DUC DE MALAKOFF.

AG. 14-28 août 1861. — BG. 27. — *Même création à Tizi Ouzou.*

Art. 1. — Une école arabe-française est créée au village de Tizi Ouzou (subdiv. de Dellys).

Art. 2 et 3. — (Comme aux arrêtés précédents), mais à la charge du budget de la subdivision de Dellys.

M^{al} PÉLISSIER, DUC DE MALAKOFF.

AG. — Même date. — *Même création aux Beni Mansour.*

Art. 1. — Une école arabe-française est créée aux Beni Mansour (subdiv. d'Aumale).

Art. 2 et 3. — (Comme aux arrêtés précédents), mais à la charge du budget de la subdivision d'Aumale.

M^{al} PÉLISSIER, DUC DE MALAKOFF.

AG. — 10 oct.-31 déc. 1861. — BG. 39 bis. — *Suppression de l'école arabe-française d'Alger pour les jeunes musulmanes, et création de deux ouvroirs d'apprentissage.*

Art. 1. — L'école arabe-française pour les jeunes filles musulmanes, dirigée par Mme Luce, est supprimée pour être immédiatement transformée en un ouvroir d'apprentissage pour les divers travaux à l'aiguille, tels que tricot, couture et broderie, y compris la confection de la lingerie et de la broderie orientale ou de luxe.

Art. 2. — L'ouvroir est placé sous l'autorité et la surveillance du bureau de bienfaisance musulman.

Art. 3. — L'ouvroir libre de la rue des Abdérames, dirigé par Mme Barroil, est reconnu comme institution publique, au même titre et dans les mêmes conditions que celui dirigé par Mme Luce.

Art. 4. — Il est fondé, en faveur des jeunes filles musulmanes appartenant à des familles pauvres, deux cents bourses d'apprentissage, à partager également entre les deux ouvroirs ci-dessus désignés. — Ces bourses sont concédées par le bureau de bienfaisance musulman, qui délivre à chaque titulaire un livret d'apprentissage.

Art. 5. — Le prix de la bourse est de 5 fr. par mois, dont trois sont attribués à l'élève et 2 à la directrice.

Art. 6. — Les jeunes filles pauvres sont admises à recevoir des livrets d'apprentissage, depuis l'âge de 10 ans accomplis jusqu'à 16 ans inclusivement.

Art. 7. — L'apprentissage est de deux années (1). A l'expiration de ce temps, les jeunes filles qui restent dans l'ouvroir sont considérées comme ouvrières et doivent toucher, à ce titre, un salaire proportionnel à la nature et à la valeur de leur travail. A cet effet, elles reçoivent de la directrice un livret de travail qui doit être visé par le président du bureau de bienfaisance musulman. — Ce livret est destiné à l'inscription, jour par jour, du travail effectué et du salaire gagné par la titulaire.

Art. 8. — Chaque directrice est tenue de veiller à ce que les élèves apprenties reçoivent l'enseignement religieux et récitent les prières, conformément au rite auquel leurs familles appartiennent. Il y aura dans chacun des deux éta-

blissements une femme spécialement chargée de ce soin. — Il y aura également dans chaque ouvroir des conductrices, en nombre suffisant, pour accompagner les élèves apprenties lorsqu'elles viennent à l'ouvroir ou retournent dans leurs familles.

Art. 9. — Chaque directrice est autorisée à annexer à son ouvroir une école primaire payante où les jeunes filles de 7 à 10 ans seront admises, à la demande des parents, pour recevoir des leçons de lecture, d'écriture et de calcul, en arabe et en français.

Art. 10. — L'administration fournit les locaux affectés aux ouvroirs et au logement des directrices; elle pourvoit à la réparation et à l'entretien de ces locaux. — Toutes autres dépenses de personnel et de matériel sont à la charge des directrices, qui ne reçoivent aucun traitement. — Toutefois, par exception et en raison du droit acquis, Mme Luce, fondatrice de l'école de la rue de Toulon, conserve le traitement fixe dont elle est actuellement en possession. Toutes autres subventions dont elle pouvait jouir antérieurement au présent arrêté, sont supprimées.

Art. 11. — Il est institué, pour la surveillance des ouvroirs, un comité permanent de dames patronesses, composé, sous la présidence de droit de Mme la Maréchale, épouse du gouverneur général, de six dames, dont quatre françaises et deux indigènes.

Art. 12. — Les dames patronesses feront de fréquentes visites dans les établissements; — Elles se feront rendre compte des travaux exécutés par les élèves apprenties, de leurs progrès et de leur conduite. — Elles se feront représenter les livrets, tant d'apprentissage que de travail ; — Elles aideront les directrices de leur autorité et de leurs conseils; — Elles signaleront à l'autorité les abus à réformer, les besoins à satisfaire et les améliorations à accomplir ; — Elles adresseront, chaque année, tant au préfet qu'au bureau de bienfaisance musulman, un rapport détaillé sur la marche et la situation de chaque établissement.

Art. 13. — Les dames patronesses prépareront en assemblée générale : — 1° Un règlement d'administration intérieure et de fonctionnement du comité patronal; — 2° Un règlement sur le régime intérieur et la discipline des ouvroirs placés sous leur surveillance. — Ces règlements seront soumis à l'approbation du préfet.

Art. 14. — Les dames patronesses sont nommées par le préfet. Elles élisent parmi elles une vice-présidente. — Le comité des dames patronesses est renouvelé intégralement tous les trois ans. Les dames en exercice sont indéfiniment rééligibles.

Art. 15. — Il sera pourvu aux dépenses des deux ouvroirs par les soins du bureau de bienfaisance musulman, au moyen d'un crédit spécial qui sera mis, chaque année, à sa disposition sur les fonds du budget provincial, au titre des services indigènes.

M^{al} PÉLISSIER, DUC DE MALAKOFF.

AG. — 25 fév.-15 avr. 1863. — BG. 77. — *Création d'une école arabe-française à Laghouat.*

Art. 1. — Une école arabe-française est créée à Laghouat (subdiv. de Médéah).

Art. 2. — Le personnel de cette école comprend : — 1° Un instituteur français, recevant un traitement annuel de 1,500 fr. — 2° Un surveillant arabe, recevant un traitement annuel de 360 fr.

Art. 3. — Comme à l'arrêté précédent du 15 juill. 1861.

M^{al} PÉLISSIER, DUC DE MALAKOFF.

AG. — 15 avr.-23 mai 1863. — BG. 81. — *Même création à Djelfa.*

---

(1) Modifié par arrêté ci-après du 26 nov. 1863.

8

Art. 1. — Une école arabe-française est créée à Djelfa (subdiv. de Médéah).

Art. 2. — Le personnel de cette école comprend : — 1° Un instituteur français, recevant un traitement annuel de 1,500 fr.; — 2° Un surveillant arabe, recevant un traitement annuel de 560 fr.

Art. 3. — Les traitements de l'instituteur et du surveillant, les frais de location de l'immeuble dans lequel est installée l'école, la dépense occasionnée par l'acquisition du premier matériel et par son installation, seront supportés par le budget des centimes additionnels de la subdivision de Médéah.

M°¹ PÉLISSIER, DUC DE MALAKOFF.

A.G. — 26 nov.-15 déc. 1863. — BG. 98. — *Modification à l'art. 7 de l'arr. du 10 oct. 1861, sur les ouvroirs musulmans.*

Considérant que l'expérience a fait reconnaître qu'un apprentissage de deux années était insuffisant pour mettre les jeunes filles placées dans les ouvroirs musulmans en état de travailler seules et de gagner leur vie comme ouvrières;

Art. 1. — La durée de l'apprentissage dans les ouvroirs musulmans, fixée à deux ans par l'art. 7 de l'arrêté ci-dessus mentionnée, est portée à trois années. — Sont d'ailleurs maintenues toutes les autres dispositions dudit arrêté.

M°¹ PÉLISSIER, DUC DE MALAKOFF.

A.G. — 15 fév.-12 mars 1864. — BG. 104. — *Création d'une école arabe-française à Fort-Napoléon.*

Art. 1. — Une école arabe-française est créée à Fort-Napoléon (subdiv. de Dellys).

Art. 2. — Le personnel comprend : — 1° Un instituteur français recevant un traitement annuel de 1,500 fr.; — 2° Un surveillant arabe recevant un traitement annuel de 560 fr.

Art. 3. — Les traitements de l'instituteur et du surveillant, les frais de location de l'immeuble dans lequel sera installée l'école, la dépense nécessitée par l'acquisition du premier matériel et par son entretien, seront supportés par le budget des centimes additionnels de la subdivision de Dellys.

M°¹ PÉLISSIER, DUC DE MALAKOFF.

A.G. — 20-25 fév. 1865. — BG 154. — *Même création aux Medjadja.*

Art. 1. — Une école arabe-française est créée aux Medjadja (subdiv. d'Orléansville).

Art. 2. — Le personnel comprend : — 1° Un instituteur français recevant un traitement annuel de 1,500 fr.; — 2° Un surveillant arabe recevant un traitement annuel de 560 fr.

Art. 3. — (Comme à l'arrêté précédent, mais à la charge du budget de la subdivision d'Orléansville).

M°¹ PÉLISSIER, DUC DE MALAKOFF.

A.G. — Même date — *Même création aux Ouled Farès.*

Art. 1. — Une école arabe-française est créée aux Ouled Farès (subdiv. d'Orléansville).

Art. 2. — Le personnel comprend : — 1° Un instituteur français recevant un traitement annuel de 1,500 fr.; — 2° Un surveillant arabe recevant un traitement annuel de 560 fr.

Art. 3. — (Comme à l'arrêté précédent).

M°¹ PÉLISSIER, DUC DE MALAKOFF.

A.G. — 31 oct.-3 nov. 1865. — BG. 155. — *Même création aux Mtalassa.*

Art. 1. — Une école arabe-française est créée dans la tribu des Mtalassa, du cercle de Ténez.

Art. 2. — Le personnel enseignant comprend : un directeur, — un maitre-adjoint, dont les traitements sont fixés conformément aux dispositions de l'arr. du 2 mai 1865 (*ci-dessus*).

Art. 3. — Le traitement du directeur, du maitre-adjoint, les dépenses d'organisation et de matériel de ladite école, seront supportés par le budget des centimes additionnels de la subdivision d'Orléansville.

M°¹ DE MAC-MAHON, DUC DE MAGENTA.

Création d'écoles arabes-françaises (prov. de Constantine).

A.G. — 15 mai-15 juin 1863. — BG. 83. — *Création à Aïn Beïda.*

Art. 1. — Une école arabe-française est créée à Aïn Beïda (subdiv. de Constantine).

Art. 2. — Le personnel de cette école comprend : — 1° Un instituteur français, recevant un traitement annuel de 1,500 fr.; — 2° Un surveillant arabe, recevant un traitement annuel de 560 fr.

Art. 3. — Les traitements de l'instituteur et du surveillant, les frais d'entretien de l'immeuble dans lequel est installé l'école, la dépense nécessitée par l'acquisition et l'entretien du matériel, seront supportés par le budget des centimes additionnels de la subdivision de Constantine.

M°¹ PÉLISSIER, DUC DE MALAKOFF.

A.G. — 15-31 oct. 1863. — BG. 95. — *Même création à Takitount.*

Art. 1. — Une école arabe-française est créée à Takitount (subdiv. de Sétif.)

Art. 2. — Cette école sera dirigée par un instituteur indigène, recevant un traitement annuel de 1,200 fr.

Art. 3. — Le traitement de l'instituteur, les frais de location de l'immeuble dans lequel est installée l'école, et l'entretien, annuel du matériel seront supportés par le budget des centimes additionnels de la subdiv. de Sétif.

M°¹ PÉLISSIER, DUC DE MALAKOFF.

A.G. — 5 fév.-12 mars 1864. — BG. 104. — *Même création à Collo.*

Art. 1. — Une école arabe-française est créée à Collo (subdiv. de Constantine).

Art. 2. — Cette école sera dirigée par un instituteur français, recevant un traitement annuel de 1,200 fr.

Art. 3. — Le traitement de l'instituteur, les frais de location de l'immeuble dans lequel sera installée l'école, et l'entretien annuel du matériel seront supportés par le budget des centimes additionnels de la subdiv. de Constantine.

M°¹ PÉLISSIER, DUC DE MALAKOFF.

A.G. — 20 juill.-15 sept. 1865. — BG. 155. — *Même création à Ighil Ali.*

Art. 1. — Une école arabe-française est créée à Ighil Ali, dans la tribu des Beni Abbès, du cercle de Bordj bou Aréridj.

Art. 2. — Il sera pourvu aux dépenses du personnel et du matériel de cet établissement, au moyen des crédits ouverts aux budgets des centimes additionnels.

Le général de division sous-gouverneur,
DESVAUX.

Création d'écoles arabes-françaises (prov. d'Oran).

A.G. — 28 janv.-25 fév. 1865. — BG. 154. — *Création à Nedromah.*

Art. 1. — Une école arabe-française est créée à Nedromah (subdiv. de Tlemcen).

Art. 2. — Le personnel comprend : — 1° Un instituteur français recevant un traitement annuel de 1,500 fr.; — 2° Un surveillant arabe recevant un traitement annuel de 560 fr.

Art. 3. — Le traitement de l'instituteur et du surveillant arabe, les frais de location de l'immeuble dans lequel est installée l'école, la dépense nécessitée par l'acquisition du premier matériel, seront supportés par le budget des centimes additionnels de la subdivision de Tlemcen.

M⁽ᵈ⁾ DE MAC-MAHON, DUC DE MAGENTA.

AG. — 6-7 mai 1865. — BG. 145. — *Même création à Saïda et Zemmorah.*

Art. 1. — Une école arabe-française est créée dans les localités ci-après désignées de la division d'Oran : — Saïda (subdiv. de Mascara); — Zemmorah (subdiv. de Mostaganem). — Il sera pourvu aux dépenses du personnel et du matériel de ces établissements au moyen des crédits ouverts au budget des centimes additionnels.

M⁽ᵈ⁾ DE MAC-MAHON, DUC DE MAGENTA.

Collége arabe-français.

AG. — 5-10 avril 1861. — BG. 8. — *Condition exigée pour la nomination du répétiteur de 4ᵉ classe.*

Vu l'art. 11 du décr. du 14 mars 1857 (I, 570).

Art. 1. — Les maîtres répétiteurs au collége impérial arabe-français, ne pourront être nommés répétiteurs de 4ᵉ cl. qu'après avoir subi avec succès l'examen exigé pour le grade d'interprète militaire de 5ᵉ cl., conformément au programme du 4 fév. 1854 (*Interprètes*, I, 575).

M⁽ᵈ⁾ PÉLISSIER, DUC DE MALAKOFF.

AG. — 8-25 mai 1861. — BG. 14. — *Suppression de la 4ᵉ classe des professeurs.*

Vu le tarif des traitements des fonctionnaires et employés du collége impérial arabe-français, annexé au décr. du 14 mars 1857 (I, 570).

Art. 1. — La 4ᵉ cl. de la hiérarchie des professeurs du collége impérial arabe-français est supprimée. — Les professeurs pourvus de cet emploi sont, à partir de ce jour, élevés à la 5ᵉ cl.

M⁽ᵈ⁾ PÉLISSIER, DUC DE MALAKOFF.

AG. — 29 déc. 1861-23 janv. 1862. — BG. 40. — *Position hiérarchique du professeur de mathématiques.*

Vu le décr. du 14 mars 1857 (I, 570); — L'arr. du 8 mai 1861 (*ci-dessus*).

Art. 1. — La position de professeur de mathématiques au collége impérial arabe-français, est assimilée à celle des professeurs d'arabe et de français de 5ᵉ cl.

Le général de division sous-gouverneur,
E. DE MARTIMPREY.

AG. — 21 mars-31 déc. 1862. — BG. 75 *bis*. — *Le sous-directeur des études au collége arabe-français, chargé de surveiller toutes les parties de l'enseignement, sera tenu de faire, en outre de ses propres fonctions, le cours supérieur de langue arabe.*

AG. (même date). — *L'emploi de professeur de tenue de livres au collége arabe-français est supprimé.*

AG. — 15 juin-25 juill. 1862. — BG. 57. — *Réorganisation du conseil d'instruction.*

Vu l'art. 8 du titre 5 du décr. du 15 mars 1857 (I, 570); — L'art. 12 du même décret; — L'arr. min. du 24 avr. 1857 (I, 575).

Considérant que le conseil d'instruction, composé exclusivement de professeurs de l'établissement, ainsi qu'il l'a été par l'arrêté ministériel précité, n'est point apte à provoquer les améliorations de toute nature que nécessitent les intérêts des études; — Considérant qu'il importe d'introduire dans ce conseil de nouveaux éléments pouvant, les uns apporter dans les discussions l'expérience qu'ils ont acquise dans l'enseignement universitaire; les autres, suivre les élèves dans les différentes carrières qu'ils embrassent, signaler le côté faible de leur instruction, et enfin, indiquer quelles sont les connaissances qu'il faut spécialement leur faire acquérir en vue des emplois auxquels ils sont destinés.

Art. 1. — Le conseil d'instruction du collége impérial arabe-français est composé comme il suit : — 1° Le directeur du collége, directeur des études, président; — 2° Deux inspecteurs de l'académie d'Alger, désignés par le recteur de l'académie; — 3° Le chef du bureau politique des affaires arabes; — 4° Le sous-intendant militaire chargé de la surveillance administrative du collége; — 5° Un notable européen, choisi par le gouverneur général; — 6° Un notable indigène, choisi par le gouverneur général parmi les indigènes qui sont entrés le plus franchement dans la voie civilisatrice que suit la France en Algérie. — En cas de partage des voix, celle du président est prépondérante.

Le trésorier du collége remplit auprès de ce conseil les fonctions de secrétaire.

Art. 2. — Le conseil d'instruction est institué pour provoquer les améliorations que nécessite l'intérêt des études; il présente au gouverneur général le programme détaillé des cours; il lui soumet des propositions pour régler l'emploi du temps; il se rend compte de la marche des travaux des élèves en assistant aux cours, ou en déléguant un ou plusieurs de ses membres pour y assister; il appelle l'attention du gouverneur général sur la manière dont les professeurs remplissent leurs fonctions; il est représenté aux examens qui ont lieu soit dans le cours de l'année, soit à la fin, par un ou plusieurs membres; il vérifie, par des visites fréquentes faites par ses délégués, si l'ordre et la régularité règnent dans tous les services; si la maison est convenablement tenue; si le bien-être des élèves est assuré. — Les délégués des conseils des études pourront, quand ils le jugeront convenable, se faire accompagner, dans leurs visites, par le sous-directeur ou les autres employés du collége. — Le conseil se réunit aussi souvent qu'il est nécessaire, mais au moins une fois par mois, et entend le rapport qui lui est fait par le directeur des études, sur le mode et les progrès de l'instruction. — Le sous-directeur et les professeurs du collége peuvent être appelés dans les réunions mensuelles, afin d'émettre leur avis et exposer leurs idées et leurs vœux; ils seront réunis en conférence par le directeur du collége, pour y étudier les questions de tout genre sur lesquelles le conseil des études croit devoir prendre leur opinion. — Un procès-verbal de chaque séance est adressé dans la huitaine, par le directeur du collége, au gouverneur général.

Art. 3. — Toutes les dispositions contraires à celles prescrites dans le présent arrêté, sont abrogées.

M⁽ᵈ⁾ PÉLISSIER, DUC DE MALAKOFF.

AG. — 5 juill.-31 déc. 1862. — BG. 72. — *Dépenses du collége arabe-français mises à la charge des budgets provinciaux jusqu'à concurrence de 15,000 fr.*

Vu l'art. 2 du décr. du 14 mars 1857 (I, 570); — Le décr. du 27 oct. 1858 sur l'organisation administrative de l'Algérie et portant, art. 41, création des budgets provinciaux, et art. 55, suppression du budget local et municipal (*Admin. gén.*, I, 57); — L'art. 44 dudit décr., qui comprend, n° 12, dans la nomenclature des dépenses ordinaires et obligatoires des budgets provinciaux, celles relatives aux services civils indigènes, dont fait nécessairement partie le service de l'instruction publique; — Considérant que les sommes allouées au budget de l'État sont insuffisantes pour faire face aux dépenses ordinaires de cet établissement, et que, dès lors, il incombe aux budgets provinciaux de parer à cette insuffisance, en prenant à leur charge un nombre déterminé de bourses et fractions de bourses entretenues audit collége.

Art. 1. — Le contingent des budgets provinciaux dans les dépenses du collège impérial arabe-français, institué à Alger, est fixé, pour l'exercice 1863, à la somme de 15,000 fr., représentant l'entretien de : — 7 bourses entières à 800 fr.; — 7 bourses 3/4 à 600 fr.; — 15 demi-bourses à 400 fr. — Ce contingent est réparti, entre les trois provinces, au prorata de la population indigène de chacune d'elles, ainsi qu'il suit : — Province d'Alger, 4,800 fr.; — Province de Constantine, 7,000 fr.; — Province d'Oran, 3,200 fr.

Art. 2. — Cette dépense étant obligatoire, elle sera inscrite à la sect. 2, chap. (Instruction publique), où elle formera un article spécial sous la rubrique de : *Entretien de bourses et fractions de bourses au collége impérial arabe-français.*

M^d PÉLISSIER, DUC DE MALAKOFF.

AG. — 6 oct.-15 nov. 1862. — BG. 65. — *Réduction des cautionnements à fournir par le trésorier et l'économe.*

Vu le décr. du 14 mars 1857 (I, 570); — L'arr. du 24 avril de la même année (I, 555); — Considérant qu'un règlement d'administration, approuvé par le gouverneur général à la date du 18 juin 1862 (non publié), a rendu obligatoire pour le collège impérial arabe-français la comptabilité suivie pour les corps de troupes; — Que, par suite, la responsabilité du trésorier et de l'économe se trouve considérablement diminuée et qu'il y a lieu de réduire aussi le cautionnement qui avait été imposé à ces comptables.

Art. 1. — A partir du 1er janv. 1863, le cautionnement du trésorier du collège impérial arabe-français sera fixé à 5,000 fr., et celui de l'économe à 3,000 fr.

Art. 2. — Sont et demeurent abrogées toutes dispositions antérieures, contraires au présent arrêté.

M^d PÉLISSIER, DUC DE MALAKOFF.

AG. — 8 juill. 1863. — (Non publié au *Bulletin officiel*). — *Création d'un cours supérieur de langue française au collége arabe-français.*

Considérant qu'il importe, pour le développement des études du collège impérial arabe-français, qu'un cours supérieur de langue française soit créé pour l'année scolaire 1863-1864. — Vu l'art. 11 du tit. IV du décr. du 14 mars 1857 (I, 570); — l'art. 5 du décr. du 10 déc. 1860 (supra, *Adm. gén.*).

Art. 1. — Une commission est nommée pour l'examen des candidats qui se présenteront pour occuper au collège impérial arabe-français l'emploi de professeur du cours supérieur de français.

Art. 2. — Cette commission est composée de cinq membres dont trois appartiennent à l'Université, et dont deux seront pris parmi les membres du conseil d'instruction du collège. — Les uns et les autres seront ultérieurement désignés.

Art. 3. — Cette commission se réunira le 10 septembre prochain et fixera par un tirage au sort l'ordre dans lequel les candidats seront examinés.

Art. 4. — Toutes les personnes qui désireraient concourir devront, avant le 1er septembre, s'être fait inscrire au bureau politique des affaires arabes, à Alger.

Art. 5. — Aucun candidat ne pourra subir les épreuves s'il n'est né Français ou naturalisé Français, et s'il ne peut présenter le billet d'inscription exigé par le paragraphe précédent.

Art. 6. — Le programme des connaissances exigées pour le concours est le même que celui des connaissances exigées pour obtenir le grade de licencié ès lettres, à l'exception, toutefois, des épreuves concernant le latin et le grec. — Il sera tenu compte aux candidats de leurs titres universitaires, de leurs connaissances en langue arabe et de leurs services dans l'enseignement.

Art. 7. — Tout candidat qui ne se sera pas présenté au jour qui lui sera fixé par la commission pour subir l'une des épreuves, sera mis hors de concours.

Art. 8. — Une liste par ordre de mérite sera dressée par les soins du jury d'examen et sera envoyée à S. Exc. M. le gouverneur général, qui choisira, à la suite des notes données par chacun des membres, celui des candidats admis qui lui paraîtra le plus propre à occuper l'emploi.

Art. 9. — Le professeur du cours supérieur de français est tenu de faire les cours aux heures indiquées par le tableau de l'emploi du temps et d'après les programmes arrêtés.

Art. 10. — Le traitement annuel alloué au professeur du cours supérieur de français est fixé à 3,000 fr.; il pourra s'élever à la somme de 3,500 fr., conformément aux dispositions du tarif des traitements des fonctionnaires et employés du collège impérial arabe-français, tarif annexé au décr. du 14 mars 1857.

M^d PÉLISSIER, DUC DE MALAKOFF.

DI. — 26 mai.-10 juin 1865. — BG. 148. — *Des collèges impériaux arabes-français sont institués à Oran et à Constantine. — Les dispositions du décret organique du 14 mars 1857 sont applicables à ces deux établissements.*

DI. — 4 mars-22 avril 1865. — BG. 145. — *Création d'une école normale primaire (1).*

(1) *Rapport à l'Empereur.* — 4 mars 1865. — Sire, L'enseignement primaire a déjà pris en Algérie un développement remarquable. Ecoles publiques, écoles libres, écoles spéciales à chaque sexe et à chaque culte, écoles mixtes, salles d'asile, ces différentes sortes d'établissements existent aujourd'hui dans la colonie, et depuis longtemps les indigènes musulmans eux-mêmes consentent à confier leurs enfants à des maîtres français. Mais l'imperfection des méthodes d'enseignement et surtout la difficulté de recruter des maîtres capables sont un obstacle au progrès de notre influence sur la jeune génération. Ces maîtres, une école normale primaire peut seule les donner.

En effet, si l'on veut que les écoles destinées à recevoir les jeunes Arabes contribuent à la propagation rapide de la langue et des idées françaises, il est nécessaire d'y placer des maîtres initiés à l'usage de l'arabe parlé, à la connaissance générale des mœurs, et capables d'adapter leurs méthodes aux habitudes intellectuelles des indigènes. Or, sans une préparation spéciale, il est évident que les instituteurs demeureront étrangers à ces connaissances et aux procédés qu'il convient d'employer pour rendre leur enseignement profitable à tous les enfants de la colonie. Ces considérations nous ont conduits à proposer à V. M. la création d'une école normale d'instituteurs pour les Européens et les indigènes.

Il existe en Algérie 231 écoles primaires, dirigées par des laïques, au recrutement desquels l'école normale primaire serait destinée à pourvoir. En moyenne, on compte par an dix emplois vacants dans le personnel de l'instruction primaire. Il suffirait donc que l'école normale reçût trente élèves, répartis en trois années, pour répondre aux besoins du moment. Un certain nombre d'indigènes feraient naturellement partie du personnel de la nouvelle école, où l'éducation commune et le contact permanent, pendant trois années, des élèves appartenant aux deux races, produirait les meilleurs résultats.

Nous pensons qu'il y a lieu de fixer, quant à présent, au cinquième du total des élèves, le nombre des indigènes qui y seront admis. — Les dépenses d'installation et une notable partie des charges annuelles de l'établissement seraient réparties entre les budgets de l'instruction publique et du gouvernement général de l'Algérie, qui disposent, dès à présent, de crédits suffisants. Les conseils généraux de l'Algérie s'empresseraient certainement d'y contribuer, de leur côté, en inscrivant aux budgets provinciaux l'entretien d'un certain nombre de bourses. Ainsi se trouverait assuré le fonctionnement de l'institution projetée.

Dans ces conditions, nous n'hésiterons pas, sire, à prier V. M. de vouloir bien autoriser cette création, en

Vu l'art. 81 de la loi du 15 mars 1850 sur l'enseignement; — Les décr. des 14 juill. et 30 sept. 1850, relatifs à la création et à la surveillance des établissements d'instruction publique ouverts aux indigènes (I, 567, 568).

Art. 1. — Une école normale d'instituteurs est créée à Alger pour les Européens et les indigènes.

Art. 2. — Un arrêté de notre ministre de l'instruction publique, concerté avec notre ministre de la guerre et le gouverneur général de l'Algérie, réglera tout ce qui se rapporte au personnel des maîtres et des élèves, à l'enseignement et à l'administration de la nouvelle école.

AM. — 5 août-11 nov. 1863. — BG. 157. — *Règlement pour le fonctionnement de l'école normale primaire, arrêté par les deux ministres de la guerre et de l'instruction publique.*

Art. 1. — L'école normale primaire d'Alger recevra 50 élèves-maîtres boursiers, dont 20 français et 10 indigènes, répartis en trois années. Toutefois, ces chiffres pourront varier selon les besoins auxquels l'école devra pourvoir. Le prix de la bourse est fixé à 600 fr. Six bourses sont entretenues par le ministre de l'instruction publique, six par le gouvernement général de l'Algérie et dix-huit par les provinces d'Alger, d'Oran et de Constantine. — Les bourses entretenues par l'État, les départements, les associations charitables et les particuliers en faveur des élèves-maîtres, sont entières ou divisés par quarts. L'école peut recevoir, en outre, des pensionnaires et des externes.

Art. 2. — L'enseignement est donné par un directeur, trois maîtres adjoints internes et un maître chargé de la direction de l'école annexe. Un aumônier et un iman attachés à l'établissement s'occupent, chacun en ce qui le concerne, de l'instruction religieuse des élèves. — L'enseignement du chant, de la langue arabe, de l'agriculture et de la gymnastique est confié à des maîtres externes.

Art. 3. — Le traitement de ces fonctionnaires est fixé comme il suit :

Directeur, 4,500 fr. — Aumônier, 1,000 fr. — Iman, 1,000 fr. — Maîtres adjoints internes, 2,400 fr. — Maître adjoint chargé de l'école annexe, admis facultativement et moyennant pension à la table commune, 3,000 fr. — Professeur d'arabe, 2,000 fr. — Maître de chant, 1,000 fr. — Maître d'agriculture, 1,000 fr. — Maître de gymnastique, 500 fr.

Le traitement du directeur est payé sur les fonds du budget du ministre de l'instruction publique; celui des maîtres adjoints et les autres dépenses ordinaires restent à la charge du gouvernement général ou des provinces de l'Algérie.

Art. 4. — Sont arrêtés comme il suit la répartition de l'enseignement et le tableau des leçons.

1re année (leçons par semaine) : — Instruction religieuse, 2. — Pédagogie. Principes d'éducation et d'enseignement, 2. — Écriture, 5. — Lecture et récitation, 5. — Langue française. Grammaire et exercices de style, 5. — Arithmétique et système métrique. Applications, 5. — Dessin linéaire à la main, sans instruments, 5. — Géographie et histoire, 2. — Chant et orgue, 2. — Agriculture, 1. — Histoire naturelle. Botanique (2e semestre), 1. — Langue arabe, 5. — Gymnastique, 1.—Total : 36.

2me année (leçons par semaine) : — Instruction religieuse, 2. — Pédagogie. Principes d'éducation et d'enseignement, 1. — Écriture, 5. — Lecture et récitation, 5. — Langue française. Grammaire et exercices de style,

5. — Arithmétique. Système métrique; applications à l'agriculture, au commerce et à l'industrie, 4. — Éléments de géométrie, 2. — Dessin linéaire avec les instruments et à la main, 5. — Géographie et histoire, 2. — Chant et orgue, 2. — Agriculture, 1. — Histoire naturelle. Zoologie et botanique, 1. — Sciences physiques. Physique et chimie, 2. — Langue arabe, 5. — Gymnastique, 1.— Exercices pratiques dans l'école annexe et dans une école arabe-française, ». — Total 55.

3me année (leçons par semaine) : — Instruction religieuse, 2. — Pédagogie d'éducation et d'enseignement, 1. — Écriture, 5. — Lecture et récitation, 5. — Langue et littérature françaises, 5. — Complément d'arithmétique et notions d'algèbre, 5. — Géométrie pratique, arpentage, nivellement, levé de plans, 2. — Dessin linéaire, ornements, lavis, dessin ombré, 5. — Géographie et histoire, 2. — Chant et orgue, 2. — Agriculture, 1. — Histoire naturelle, anatomie, physiologie, hygiène, minéralogie et géologie, 1. — Sciences physiques. Suite de la physique et de la chimie. Cosmographie et météorologie, 2. — Mécanique et industrie, 1. — Langue arabe, 5. — Actes de l'état-civil et administration communale, 1. — Exercices pratiques dans l'école annexe et dans une école arabe-française, ». — Total. 55.

Lever des élèves-maîtres, quatre heures et demie du matin ; coucher, neuf heures et demie du soir. Le travail au jardin a lieu pendant les récréations, et notamment le jeudi, aux heures qui permettront de s'y livrer sans compromettre la santé des élèves. — Les prières et les exercices religieux des élèves indigènes se font dans une pièce séparée, sous la surveillance d'un iman.

Art. 5. — L'enseignement est, autant que possible, spécial à chaque division, à l'exception, toutefois, de l'écriture, du dessin, du chant, des travaux pratiques d'agriculture et de la gymnastique, qui peuvent être l'objet de leçons communes aux élèves des trois cours. — L'enseignement des diverses parties du programme, réparti entre les trois années du cours normal, est donné, sous le rapport pédagogique, conformément aux prescriptions du règlement du 31 juill. 1851, et à celles de la circulaire min. du 2 oct. 1863. — (Suit la liste des ouvrages fixée pour l'année scolaire 1865-1866). — La direction pédagogique donnée à l'enseignement devra être appropriée aux besoins particuliers de la colonie ; elle sera l'objet d'une instruction spéciale du ministre de l'instruction publique.

Art. 6. — Pour être admis à l'école normale primaire d'Alger, il faut avoir 16 ans au 1er janv. de l'année de l'admission et 22 au plus. Le gouverneur général peut accorder des dispenses d'âge aux aspirants qui ne remplissent pas ces conditions.—L'acte de naissance des candidats indigènes est, au besoin, suppléé par un acte de notoriété dressé, sur l'attestation de trois témoins, par le cadi en territoire militaire, et par le juge de paix en territoire civil.—L'inscription et l'enquête relatives aux candidats ont lieu conformément aux dispositions des art. 15, 16 et 17 du décr. du 24 mars 1851 (V. *Bulletin des lois*) ; mais ce n'est qu'à la suite d'un examen qu'ils subissent devant la commission de surveillance, commission dont le directeur fait nécessairement partie, que leur admission est définitivement prononcée par le gouverneur généra de l'Algérie.

Art. 7. — La commission de surveillance, composée de 5 membres et du directeur, est nommée, pour trois ans, par le gouverneur général, sur la présentation du recteur de l'Académie d'Alger. Ses attributions sont déterminées par les art. 11, 12, 13 et 14 du décr. du 24 mars 1851.

Art. 8. — La discipline et le régime intérieur de l'école sont réglés par les art. 21, 23, 24 et 25 du même décret. — Les vacances durent six semaines au plus et sont fixées par le gouverneur général, sur la proposition du recteur.

Art. 9. — Les élèves-maîtres indigènes seront

signant le projet de décret ci-joint. Un arrêté, concerté entre nos deux départements et le gouverneur général de l'Algérie, réglera tout ce qui se rapporte au personnel des maîtres et des élèves, à l'enseignement et à l'administration de la nouvelle école.

Le ministre de l'instruction publique,
V. DURUY.

Le maréchal, ministre de la guerre,
RANDON.

l'objet de soins particuliers, aussi bien sous le rapport de l'exercice de leur culte que sous le rapport de la nourriture et des soins de propreté. — Si la commission de surveillance le juge convenable, une négresse sera attachée à l'établissement pour cet objet spécial.

Art. 10. L'école annexe sera gratuite et pourra recevoir des enfants indigènes et des enfants européens.

Art. 11. Le résumé des notes trimestrielles prescrit par l'art. 12 du décr. du 24 mars 1851, et le rapport annuel de la commission de surveillance et du directeur, ainsi que les notes sur l'état et le personnel de l'école seront transmis, chaque année, au ministre de l'instruction et au gouverneur général, par le recteur de l'Académie d'Alger.

Art. 12. — Le décret du 24 mars 1851 et celui du 21 déc. 1855 sont applicables à l'école normale de l'Algérie.

§ 5. — ÉTABLISSEMENTS SCIENTIFIQUES. — OBSERVATOIRE.

DI. — 6-26 juill. 1861. — BG. 24. — *L'Observatoire est placé dans les attributions du gouvernement général,*

Art. 1. — L'Observatoire d'Alger, dépendant actuellement du ministère de l'instruction publique, est placé dans les attributions du gouvernement général de l'Algérie.

Art. 2. — Toutefois, le directeur de l'Observatoire d'Alger devra adresser au ministre de l'instruction publique des rapports semestriels sur le résultat des travaux de cet établissement scientifique.—Lorsque le concours de l'Observatoire d'Alger sera nécessaire pour des recherches astronomiques ou météorologiques entreprises dans les Observatoires de France, le directeur devra déférer aux ordres qui lui seront donnés par le ministre de l'instruction publique.

Art. 3. — La somme de 7,700 fr., portée au budget du ministère de l'instruction publique (chap. 22, art. 5) pour l'exercice 1861, sera transportée par virement de crédit, du budget de ce ministère au budget du gouvernement général de l'Algérie.

Art. 4. — Les opérations de comptabilité faites jusqu'à ce jour par le ministère de l'instruction publique et des cultes, pour le service de l'Observatoire d'Alger, seront transportées à la comptabilité du gouvernement général de l'Algérie, laquelle dressera le compte de l'emploi des crédits pendant l'année entière.

Circ. G. — 23 fév.-12 mars 1864.—BG. 104. — *Organisation d'un service météorologique. — Instruction aux généraux, aux préfets et au commandant de la marine.*

Des observations météorologiques sont recueillies chaque jour sur différents points du territoire de l'Algérie; mais ce travail a jusqu'ici été fait sans ensemble, et le résultat des observations n'a pas atteint le but d'utilité qu'on en doit attendre. — A l'effet de remédier à cet état de choses, j'ai décidé que l'Observatoire d'Alger centraliserait les observations faites quotidiennement dans les stations existant actuellement et qui sont énumérées dans l'état ci-annexé. De nouvelles stations seront en outre installées aussitôt que possible, partout où les ressources locales et la proximité des lignes télégraphiques le permettront. — Les principaux services dont le concours peut être utilement réclamé dans cette circonstance, sont les suivants : — Les directions des ports, — l'artillerie, — le génie, — les ponts et chaussées, — les hôpitaux militaires, — les jardins d'acclimatation et les pépinières.—Vous ferez appel au zèle des fonctionnaires de ces divers services, et j'ai la certitude

qu'ils y répondront avec empressement.

M¹ PÉLISSIER, DUC DE MALAKOFF.

AM. —12 avr. 1864.—(V. suprà, *Franchise*, § 1). — *Correspondance du directeur de l'Observatoire d'Alger.*

RENVOIS. — V. *Table alphabétique.*

Intendance civile. V. TABLE ALPHABÉTIQUE.

Intérêt de l'argent. V. *ibidem.*

Intérimaires (fonctionnaires). V. *ibidem.*

Internement (indigènes, réfugiés, repris de justice). V. *ibidem.*

Interprètes.

§ 1. — INTERPRÈTES MILITAIRES.

DI. — 12 août-27 déc. 1861. — BG. 35. — *Le corps des interprètes de l'armée est replacé dans les attributions du ministre de la guerre.*

Vu le décr. du 4 fév. 1854, portant réorganisation du cadre des interprètes de l'armée d'Algérie (I, 375).

Art. 1. — Le corps des interprètes de l'armée est replacé dans les attributions du ministre de la guerre, qui en avait l'administration avant la création du ministère de l'Algérie et des colonies.

Art. 2, 3, 4. — (Prescriptions relatives aux mesures de comptabilité nécessitées par la disposition de l'art. 1).

RENVOIS. — V. *Table alphabétique.*

Irrigations. V. TABLE ALPHABÉTIQUE.

Israélites.

La situation civile et politique des Israélites indigènes en Algérie et les droits qu'elle peut comporter, ont déjà été l'objet d'une notice insérée au 1ᵉʳ volume, p. 579. Depuis, est intervenu un grand acte législatif : le sénatus-consulte du 14 juill. 1865 (V. infrà. *Naturalisation*), qui leur confère la nationalité française avec certains droits limités, et leur accorde la faculté de devenir citoyen français, mais à la condition de se soumettre en ce cas à notre loi civile, et d'abdiquer formellement tous les droits et usages résultant de leur statut personnel et incompatibles avec elle. Ainsi la polygamie, la répudiation, le divorce sont interdits à l'indigène devenu citoyen. La question religieuse restera seule en dehors de l'application des lois; en un mot, les Israélites sont appelés à jouir des droits de citoyens et dans les mêmes conditions que leurs coreligionnaires de France. en 1807. Jusques là ils continuent à être régis par leur statut personnel.

Par cette dernière disposition se trouve justifiée la prudente réserve de la cour d'Alger, qui a toujours refusé de consacrer le principe d'une assimilation légale, souvent discuté devant elle suivant les convenances personnelles de tel ou tel plaideur, et vers lequel inclinaient plusieurs tribunaux du ressort dans une pensée de progrès, respectable sans doute, mais dont l'application ne saurait franchir les limites de l'attribution judiciaire. Admettre ce système eût été empiéter sur le rôle de législateur dont le silence ne peut être suppléé par la justice, surtout lorsqu'il tient à des considérations politiques d'un haut intérêt, et amener par suite une véritable confusion de pouvoirs(1).

La Cour de cassation a jugé également par arrêt du 29 mai 1865, qu'aux termes de la capitulation de 1830 et des ordonnances qui l'ont suivie, les Israélites algériens, quoique devenus Français par la conquête, restent régis, quant à leur état, leur capacité et les actes faits entre eux, par leurs anciennes lois et coutumes, tant qu'ils n'ont pas opté pour la loi française. Seulement, dans une espèce où il s'agissait de mariage, et où les circonstances de fait sur lesquelles se basait la demande de nullité étaient peu favorables, la Cour suprême a, par arrêt du 15 avril 1862, fait résulter cette option de cette seule circonstance que le mariage aurait été célébré devant l'officier de l'état civil français. Malgré l'autorité de cette décision, la cour d'Alger a, jusqu'à ce jour, persévéré dans son ancienne jurisprudence et déclaré de nouveau par arrêt du 7 juin 1865, qu'à raison des motifs d'un intérêt purement administratif, en vue duquel les indigènes avaient été exhortés à faire constater leurs unions par l'officier de l'état civil français(2), il pourrait y avoir surprise si l'on don-

nait à cet acte de simple formalité la portée d'une renonciation à l'un des points les plus essentiels de leur statut civil, renonciation qui devrait être expresse, qui ne saurait se présumer, et aurait une influence considérable et imprévue pour eux sur le sort de leurs biens respectifs, et sur celui des enfants à naître de leur union. Le sommaire des principaux arrêts rendus en cette matière, est reproduit dans la note ci-dessous.

La Cour de cassation a, par un autre arrêt du 15 fév. 1864, confirmé une décision de la cour d'Alger qui avait admis un Israélite indigène, licencié en droit, à l'inscription au tableau de l'ordre des avocats, par cela seul qu'il était Français et bien que, n'étant pas naturalisé, il ne pût exercer les droits de citoyen. (V. suprà. *Avocat*.)

Enfin, en matière d'impôts, un avis du conseil d'État du 23 janvier 1853 (V. suprà, *Impôt arabe*, § 1, 1° en note), a déclaré les Israélites indigènes soumis comme les musulmans aux impôts du zekkat et de l'achour, et considéré que la décision ministérielle du 5 nov. 1845, qui exempte les Européens de l'impôt de l'achour, ne leur était pas applicable.

RENVOIS. — (V. *Table alphabétique*).

(1) JURISPRUDENCE. — 1° La succession d'un Israélite indigène doit être réglée conformément aux dispositions de la loi mosaïque. En effet, les lois concernant l'état et la capacité des personnes ne peuvent subir aucune influence étrangère, ni être, comme de simples engagements synallagmatiques, atteintes par la forme des actes réglée par la loi du lieu où ils sont passés, ou modifiée par l'intention légèrement présumée des parties contractantes. On peut répudier son état civil, mais cette répudiation doit résulter d'actes et de faits qui l'emportent nécessairement. En conséquence, un Israélite mineur décède sans postérité, c'est l'oncle paternel qui succède à l'exclusion de la mère veuve et remariée. — *Cour d'Alger*, 23 janv. 1855. Zerapha C. Salomon Zerapha;

2° Le mariage contracté seulement devant les rabbins est valable. La capitulation de 1830 et les ordonnances postérieures n'ayant apporté aucune modification à l'état civil de l'Israélite algérien, il continue à être régi par les principes de la loi mosaïque. En conséquence, la femme mariée devant les rabbins sous la stipulation formelle que le mari ne pourra contracter mariage avec une autre femme à aucune époque s'il a des enfants de la première; et avant dix ans s'il n'en a pas, sous peine de diverses restitutions convenues, peut réclamer l'exécution de ce contrat et s'opposer au nouveau mariage que son mari voudrait, contrairement aux conventions, contracter devant l'officier de l'état civil français. — *Cour d'Alger*, 29 janv. 1857. Miharka Attali C. Benjamin Maklouf;

3° L'intervention de l'officier de l'état civil français dans les mariages entre Israélites n'est qu'une mesure d'ordre et un mode de constatation plus efficace. Aux termes de la capitulation et des ordonnances postérieures, les Israélites ont conservé leurs lois et leurs usages. On ne peut admettre qu'ils les aient abdiquées par le seul fait de leur comparution devant l'officier de l'état civil. En conséquence, le régime dotal étant de droit commun aux termes de la loi mosaïque, c'est d'après ce principe et non d'après les dispositions du Code Napoléon sur la communauté, que, en dehors de toute stipulation contraire, doit être liquidée la succession du mari à l'égard de la veuve. — *Cour d'Alger*, 16 nov. 1858. Amar C. David Valensi;

4° Les Israélites indigènes sont devenus sujets français par la conquête. Par suite ils peuvent renoncer au bénéfice de leur loi spéciale et réclamer celui de la loi générale du pays. Le principe de cette option est dans l'art. 57 de l'ordonn. du 26 sept. 1842, et l'on ne peut se refuser à en voir la réalisation dans la comparution des futurs époux devant l'officier de l'état civil français. Ce n'est pas une simple affaire de forme; c'est un contrat solennel intervenu au nom et avec les conditions de la loi française entre sujets français. En conséquence, la femme israélite ainsi mariée ne peut demander la nullité

de son mariage pour impuissance prétendue du mari, bien que la loi mosaïque consacre cette nullité. — Cass. 15 avr. 1862. Dallos, 1862, 1. 230.—Courcheya C.Courcheya;

5° Les successions des Israélites indigènes, tant pour les meubles que pour les immeubles, sont régies par la loi de Moïse. — Interprétation de la capitulation de 1830 et des ordonnances postérieures.—Par suite, une fille ne peut prendre part à la succession de son père. L'obligation de fournir des aliments aux ascendants se règle, en droit mosaïque comme en droit français, non d'après l'émolument que l'on doit retirer de la succession, mais d'après la position des obligés. Le pacte de famille par lequel tous les enfants s'entendent pour subvenir à frais communs aux besoins de l'auteur commun, ne peut impliquer une volonté de modifier l'ordre légal de succéder.—*Cour d'Alger*, 27 mai 1862. Aaron Djlan C. Djlan;

6° Le mariage des Israélites indigènes est régi par la loi mosaïque. D'après cette loi, l'homme a le droit de prendre plusieurs femmes légitimes. Le mariage, en outre, est un contrat purement consensuel; sa preuve peut résulter soit d'un acte dressé par les rabbins, soit d'un écrit sous seing privé, soit de déclarations de témoins, soit même de la remise et de l'acceptation d'un symbole d'alliance.—*Cour d'Alger*, 23 mai 1865. Zermati C. Zermati;

7° La capitulation de 1830 n'a pas seulement les caractères d'un acte public, mais encore ceux d'une loi. Dès lors, elle peut être interprétée par les tribunaux dans les contestations privées dont ils sont saisis. Elle s'applique aux Israélites indigènes qui, bien que devenus sujets français par la conquête, restent régis par leurs anciennes lois et coutumes, tant qu'ils n'ont pas opté pour la loi française. C'est donc d'après les dispositions de la loi mosaïque que doit être appréciée la validité d'un testament fait par un Israélite algérien, qui a voulu tester conformément à cette loi. Depuis la suppression des tribunaux rabbiniques, c'est aux tribunaux français à apprécier cette validité. — Cass. 29 mai 1865. Scholomo Levy C. Levy. — Dallos, 1866, 1. 482;

8° Le mariage des Israélites algériens est, en l'état de la législation algérienne, régi par la loi mosaïque. Il est facultatif aux parties de renoncer au statut mosaïque pour contracter sous l'empire de la loi française; mais, en fait de mariage, cette intention ne saurait résulter de ce fait unique que le mariage a été célébré devant l'officier de l'état civil français. — Selon la loi mosaïque, la femme a le droit de répéter, en cas de séparation ou de divorce, le montant de ses apports énoncés au contrat, à moins qu'elle n'ait été jugée adultère. — *Cour d'Alger*, 7 juin 1865. Adjaje C. Adjaje.

(2) Cette exhortation résulte d'une circulaire du procureur général près la cour d'Alger, publiée en 1845, dans les synagogues.

J

Jardin d'acclimatation.

AG. — 15-18 avril 1861. — BG. 9. — *Réorganisation de la pépinière centrale du gouvernement sous le nom de Jardin d'acclimatation.*

Art. 1. — L'établissement formé au Hamma, sous la dénomination de *Pépinière centrale du gouvernement*, prendra désormais le titre de *Jardin d'acclimatation.*

Art. 2. — Il est créé près dudit établissement une école d'acclimatation, de perfectionnement et de propagation d'espèces vivantes utiles.

Art. 3. — La maison mauresque sise sur les terrains annexés au jardin pour les cultures forestières, servira au dépôt et à l'exposition permanente des produits de l'établissement.

Art. 4. — Le jardin d'acclimatation relève directement de l'administration centrale; il est placé sous la surveillance immédiate du directeur général des services civils.

Art. 5. — Les traitements du personnel sont fixés ainsi qu'il suit, à partir du 1er avril 1861 :— Directeur, 6,000 fr.; — Jardinier en chef, 1,800 fr.; — Chefs de carré de 1re cl., 1,500 fr.; — Chefs de carré de 2me cl., 1,200 fr.

Art. 6. — Le directeur est nommé par nous, sur la proposition du directeur général des services civils. — Le jardinier en chef et les chefs de carré sont nommés par le directeur général, sur la proposition du directeur de l'établissement.

Mal PÉLISSIER, DUC DE MALAKOFF.

AG. — 30 avr.-2 juin 1862. — BG. 54. — *Règlement sur le personnel, l'administration et la comptabilité du Jardin d'acclimatation.*

AG. — 20 sept.-31 déc. 1862. — BG. 72. — *Personnel et traitements.*

Vu les arr. des 15 avr. 1861 et 30 avr. 1862 (*ci-dessus*), arrête :

Art. 1. — Le personnel titulaire du jardin d'acclimatation est fixé ainsi qu'il suit : 1 directeur, traitement fixe, 6,000 fr., frais de tournées, 1,800 fr.: 9,800 fr.; — 1 jardinier en chef, 2,400 fr.; — 1 régisseur comptable, 3,000 fr.; — 1 contrôleur, 3,400 fr.; — 4 chefs de carré : 1re cl., 1,800 fr.; 2me cl., 1,500 fr.; — 1 commis aux écritures attaché au cabinet du directeur, 1,800 fr.

Art. 2. — Un fonds d'abonnement sera annuellement alloué au directeur du jardin d'acclimatation au titre du personnel de l'établissement pour les salaires ou indemnités du personnel secondaire ou temporaire, savoir :— 1 gardien, 600 fr.; — 2 concierges : 1er, 600 fr.; 2me, 300 fr.; — 1 chaouch, 900 fr.; — 1 employé temporaire (service de régisseur comptable pour six mois), 900 fr. — Il sera justifié de l'emploi dudit fonds d'abonnement au moyen d'états mensuels dûment émargés.

Mal PÉLISSIER, DUC DE MALAKOFF.

DI. — 14-31 déc. 1863. — BG. 101. — *Recettes et dépenses provenant de la vente des produits rattachées pour ordre au budget de la province d'Alger.*

Art. 1. — Les recettes et les dépenses afférentes à l'emballage des végétaux et autres produits du jardin d'acclimatation du Hamma, livrés à l'industrie privée, continueront, en 1864 et les années suivantes, à être rattachées, pour ordre, au budget de la province d'Alger, où elles formeront un compte spécial (V. art. 47 de l'arr. du 30 avr. 1862).

Art. 2. — Toutes les mesures de détail à prendre, tant pour l'inscription de ces deux articles d'ordre au budget provincial de chaque année, que pour assurer le remboursement au Trésor de l'excédant des recouvrements sur le montant des payements effectués, seront arrêtées par le gouverneur général de l'Algérie.

RENVOIS. — (V. *Table alphabétique*).

Jaugeage. V. PESAGE PUBLIC.

Jeunes détenus. V. TABLE ALPHABÉTIQUE.

Journée de travail. V. *ibidem.*

Journaux et écrits périodiques. V. *ibidem,*

Juges, Juges de paix, Juges royaux. V. *ibidem.*

Juridictions. V. *ibidem.*

Justice.

DIVISION.

§ 1. — Organisation judiciaire.
§ 2. — Règlements de service intérieur.
§ 3. — Tribunaux civils de 1re instance.
§ 4. — Juridiction spéciale des commandants de place.

§ 1. — ORGANISATION JUDICIAIRE.

DI. — 21 nov. 1860-15 fév. 1861. — BG. 1. — *Création de tribunaux de première instance à Tlemcen et à Sétif.*

Art. 1. — Des tribunaux de première instance sont créés à Tlemcen (dép. d'Oran), et à Sétif (dép. de Constantine). — Ces tribunaux sont composés d'un président, de quatre juges, dont un chargé de l'instruction; d'un procureur impérial, d'un substitut, d'un greffier et d'un commis-greffier.

Art. 2. — Le ressort judiciaire de ces tribunaux est le même que le ressort de l'arrondissement administratif.

DI. — 25 mars-7 mai 1861. — BG. 11. — *Création de deux emplois de juge suppléant rétribué: l'un près le tribunal de première instance d'Oran; l'autre près le tribunal de première instance de Constantine. — Traitement, 2,400 fr.*

DI. — 1-25 mai 1861. — BG. 14. — *Cours d'assises. — Indemnité aux conseillers délégués.*

Vu notre décr. du 19 août 1854, sur les cours d'assises (I, 597); — Notre décr. du 1er nov. suivant, qui fixe l'indemnité allouée aux magistrats délégués (I, 598); — Notre décr. du 8 sept. 1856, qui a augmenté cette indemnité, en raison de la création du tribunal de première instance de Mostaganem (dép. d'Oran); — Notre décr. du 21 nov. 1860 (*ci-dessus*).

Art. 1. — A partir de la première session d'assises de 1861, l'indemnité accordée à chacun des conseillers délégués pour présider ou composer les cours d'assises ordinaires des départements de Constantine et d'Oran, sera de 800 fr. pour le département de Constantine, et de 700 fr. pour celui d'Oran.

AM. — 15 juin-8 juill. 1861. — BG. 21. — *Compétence des tribunaux de Tlemcen et de Sétif en matière criminelle et en territoire militaire.*

Vu l'art. 7 du décr. du 15 mars 1860 (I, 400). — L'art. du 25 mars 1860 (I, 401); — Le décr.

du 31 nov. 1860 (ci-dessus); — Les art. 1, 5 et 7 du décr. du 10 déc. 1860 (Suprà, admin. gén.), qui a replacé dans les attributions du ministère de la justice tout ce qui concerne l'administration de la justice en Algérie.

Art. 1. — L'arr. du 25 mars 1860, qui détermine les juridictions auxquelles ressortissent, pour l'application du décr. du 15 mars 1860, les territoires militaires de l'Algérie, est modifié de la manière suivante, en ce qui concerne les cercles de Tlemcen, Nemours, Lalla Maghnia, Sebdou, Sétif, l'annexe de Takintount, les cercles de Bordj Bou Aréridj, de Boucada et de Bougie.

Territoire militaire des cercles de Tlemcen, Nemours, Lalla Maghnia et Sebdou. — Tribunal et cour d'assises de Tlemcen.

Id. de Sétif et annexe de Takintount, Bordj Bou Aréridj, et Boucada. — Tribunal et cour d'assises de Sétif.

Id. de Bougie. — Justice de paix de Bougie; tribunal et cour d'assises de Sétif.

Le ministre de la justice,
DELANGLE.

D1.—5 déc.1861 (non publié au *Bulletin officiel*. — *Nouvelle organisation des assesseurs musulmans près les tribunaux français.*

Art. 1. — Les emplois des assesseurs musulmans établis près les tribunaux de commerce et près les justices de paix sont supprimés.

Art. 2. — La cour impériale d'Alger et les tribunaux de première instance de l'Algérie sont assistés d'un seul assesseur musulman ayant voix consultative pour le jugement sur appel des contestations entre musulmans.

Art. 3. — Un traitement annuel est accordé aux assesseurs musulmans. Il est fixé ainsi qu'il suit : — A la cour impériale, 2,400 fr.; — Au tribunal d'Alger, 1,600 fr.; — tribunaux d'Oran et de Constantine, 1,400 fr.; — Dans tous les autres tribunaux de l'Algérie, 1,200 fr.

Art. 4. — Toutes dispositions contraires au présent décret sont abrogées.

Art. 5. — Le présent décret sera exécutoire à partir du 1er janv. 1862.

LOI. — 9 mai-21 sept. 1863. — BG. 93. — *Ressort de la cour impériale. — Renvoi par suite de cassation d'un arrêt de la chambre des mises en accusation.*

Art. 1. — La cour de cassation, lorsqu'elle annule un arrêt de la chambre des mises en accusation de la cour impériale d'Alger, prononce le renvoi du procès devant une autre chambre de ladite cour. Cette chambre procède, au nombre de cinq juges, comme chambre d'accusation. Aucun des magistrats qui ont participé à l'arrêt annulé ne peut en faire partie. — Elle est présidée par son président ordinaire; les quatre autres membres sont pris dans l'ordre du tableau de la chambre, sauf empêchement régulier. — Néanmoins, la cour de cassation peut, suivant les circonstances, renvoyer l'affaire devant la chambre des mises en accusation d'une autre cour impériale.

Art. 2. — Dans le cas prévu par le § 1er de l'article précédent, l'art. 431 du Code d'Inst. cr. n'est pas applicable.

D1. — 1er mars-7 oct. 1864.—BG.124.—*Création d'une 2e chambre civile à la cour impériale.*

Vu le décr. du 15 déc. 1859, sur l'organisation de la cour impériale d'Alger (I, 599).

Art. 1. — Une deuxième chambre civile est créée à la cour impériale d'Alger.

Art. 2. — La cour impériale sera, en conséquence, composée ainsi qu'il suit : — Un premier président; — Trois présidents de chambre; — Vingt-quatre conseillers; — Un procureur général; — Un premier avocat général; — Deux avocats généraux; — Deux substituts du procureur général.

§ 3. — RÈGLEMENTS DE SERVICE INTÉRIEUR.

D2. — 23 mai 1862 (non publié au *Bulletin officiel*). — *Cour impériale. — Roulement des magistrats.*

Art. 1. — L'art. 2 du décr. du 16 août 1859 (I, 406, en note) est modifié ainsi qu'il suit : — Aucun président ou conseiller ne peut être obligé de rester plus de deux années consécutives, soit dans chacune des chambres criminelles, soit dans chacune des chambres civiles.

§ 4. — JURIDICTION SPÉCIALE DES COMMANDANTS DE PLACE (1).

AG. — 2-11 juin 1866.— BG. 185. — *Exercice des fonctions d'huissier en territoire militaire (2).*

Vu les arr. du 5 août 1845 et 29 mai 1846 (I, 407, 408) : le premier, sur les attributions judiciaires des commandants de place en territoire militaire; le second, conférant aux brigadiers de gendarmerie, les fonctions d'huissier dans la juridiction desdits commandants de place; — Considérant que sur un petit nombre de points où l'autorité judiciaire est provisoirement maintenue aux commandants de place, il n'existe pas de brigade de gendarmerie; — Considérant, néanmoins, la nécessité d'assurer sur ces points du territoire l'exécution des actes de l'autorité et décisions judiciaires, aussi bien que la constatation des actes conservatoires des intérêts privés.

Art. 1. — Dans les localités du territoire militaire où les fonctions judiciaires en matière civile, commerciale et de simple police sont encore exercées par les commandants de place, et où il n'existe pas de brigade de gendarmerie, le ministère d'huissier, dans l'étendue de la juridiction desdits commandants, pourra être confié à un sous-officier de l'armée, désigné par le commandant supérieur du cercle. — Sont applicables aux sous-officiers ainsi désignés, toutes les dispositions de l'arr. susvisé du 29 mai 1846.

M^{al} DE MAC-MAHON, DUC DE MAGENTA.

RENVOIS. — V. *Table alphabétique.*

Justice militaire. V. TABLE ALPHABÉTIQUE.

Justice musulmane.

L'organisation des tribunaux musulmans peut se diviser en trois périodes distinctes : 1° De 1830 jusqu'au décret du 1er oct. 1854; 2° De cette époque jusqu'au décret du 31 déc. 1859; 3° De

---

(1) JURISPRUDENCE. — Appel des jugements rendus par les commandants de place en matière de délits forestiers. — Une note insérée au 1er volume, p. 416, indiquait que dans l'état de la législation les appels de ces jugements devaient être portés devant le commandant de la subdivision et non devant le tribunal correctionnel. C'est ce qui a en effet été décidé par la cour de cassation ainsi qu'il suit :

Attendu que l'art. 2 du décr. du 14 mai 1850 établit

la faculté d'un recours devant le commandant de la subdivision : Que cette disposition n'a pas été modifiée depuis; Qu'il résulte des considérants du décr. du 22 mars 1852, que l'attribution aux tribunaux de première instance, ne s'applique qu'aux matières civiles et commerciales, casse. — Cass. 4 nov. 1864, Dalloz, 1865. 5. 16.

(2) V. infrà, *Justice de paix*, § 1 et 2, arrêtés des 7 et 31 mai 1866, sur le même objet.

ce dernier décret jusqu'à ce jour. L'historique de cette juridiction et les principes qui ont déterminé les modifications profondes qu'elle a subies à diverses époques sont résumées dans les rapports ministériels contenant l'exposé des motifs des décrets de 1854 et 1859 et qui sont annexées à ces deux actes législatifs.

Il a paru utile de rétablir dans ce second volume le texte du décret de 1854, indiqué seulement par son sommaire dans l'édition de 1860 et qu'il peut être souvent nécessaire de consulter. L'organisation judiciaire musulmane est encore, il faut le reconnaître, à l'état d'essai. L'ignorance des traditions et des mœurs des indigènes avant la conquête, l'incertitude sur le mode de réglementation qu'il convenait d'adopter, et, depuis 1854, deux courants d'idées entièrement opposées sur la voie à suivre et les mesures à prendre, ont jeté en cette grave matière une confusion regrettable sous tous les rapports, et provoqué des dissentiments et des irrésolutions dont le premier et inévitable effet est de nuire à l'autorité française dans l'esprit des populations indigènes.

En tous temps et en tout pays le principal attribut de la souveraineté a été de rendre directement la justice aux peuples soumis et annexés comme aux nationaux; mais la situation de l'Algérie présente des difficultés spéciales, et soulève, en fait et en droit, des questions importantes et de toute nature, dont l'examen et l'étude ne sauraient trouver place ici. Un arrêté du gouverneur général, en date du 15 janv. 1866, — BG. 168, a d'ailleurs nommé une commission présidée par un conseiller à la Cour de cassation, à l'effet de rechercher et proposer les mesures qui pourraient être adoptées conformément aux instructions exprimées par l'Empereur dans sa lettre sur la politique de la France en l'Algérie.

DIVISION.

§ 1. — Organisation   1830 à 1854.
§ 2. — Décret du 1er oct. 1854. — Mesures générales d'exécution.
§ 3. — Décret du 31 déc. 1859. — Mesures d'exécution.

§ 1. — ORGANISATION DE 1830 A 1854.

AG. — 22 oct. 1830. (V. *Justice*, I, 383.) — *Les cadis ont juridiction souveraine et sans appel, tant au civil qu'au criminel, sur toutes les causes entre musulmans, et à charge d'appel devant la cour de justice sur celles entre musulmans et israélites.*

AG. — 16 août 1832. — (*Ibidem*, 384.) — *Les jugements correctionnels et criminels des cadis sont soumis à l'appel, les premiers devant la cour de justice, les seconds devant le conseil d'administration. — Les affaires criminelles et correctionnelles entre musulmans et Israélites seront à l'avenir jugées directement par les tribunaux français.*

AG. — 8 oct. 1832. — (*Ibidem*, 585). — *Les juge-*

ments de la cour criminelle prononçant la peine capitale contre des Maures ou des Israélites sont en dernier ressort. — L'appel de tous jugements des cadis en matière criminelle est déféré à ladite cour.

OR. — 10 août 1834. — (*Ibidem*, 385.) — *La compétence des cadis est maintenue, mais le visa du parquet est obligatoire pour la mise à exécution des jugements de condamnation en matière criminelle et correctionnelle, et la faculté d'appel est réservée au procureur général. — Le tribunal supérieur est investi du droit d'évocation pour les affaires criminelles entre musulmans.*

OR. — 28 fév. 1841. — (*Ibidem*, 388.) — *La juridiction criminelle des cadis est supprimée. — La juridiction civile maintenue à charge d'appel. Les cadis connaissent seulement des infractions punissables d'après la loi du pays, mais ne constituant, d'après la loi française, ni délit ni contravention. Ils peuvent être saisis d'office par l'autorité française. — L'ancienne juridiction est maintenue en dehors des territoires soumis aux tribunaux ordinaires français.*

OR. — 26 sept. 1842. — (*Ibidem*, 391.) — *Mêmes dispositions.*

OR. — 17 juill. 1845. — (V. *Peine de mort*, I, 506.) — *Interdiction aux tribunaux musulmans de prononcer dans aucun cas la peine de mort.*

OR. — 16 avr. 1845. — (V. *Procédure judiciaire*, I, 568.) — *Cas où les jugements des cadis ne peuvent être exécutés sans une ordonnance d'exequatur.*

AG. — 1er mai 1848. art. 4 (V. *Affaires arabes*, I, 81.) — *Surveillance sur les tribunaux musulmans, attribuée au chef du service de l'administration civile indigène.*

AG. — 29 juill.-5 août 1848. — B. 281. — *Organisation des tribunaux musulmans. — Madkma. — Midjelès* (1).

Vu l'ord. du 26 sept. 1842; — Vu l'arr. du 1er mai dernier, portant création du service de l'administration civile indigène; — Considérant qu'il importe de donner une nouvelle et plus simple organisation aux tribunaux musulmans dans les territoires civils; — Sur la proposition du procureur général; — Vu l'urgence;

TIT. 1. — *Des madkmas des cadis.*

Art. 1. — La maâkma du cadi maleki et la maâkma du cadi hanéfi se composeront à l'avenir chacune: — Pour Alger et Constantine, d'un cadi, d'un bach-âdel, et de six âdels ou assesseurs écrivains; pour les autres localités, d'un cadi, et de trois ou quatre âdels suivant les besoins du service.

Art. 2. — En cas d'absence ou d'empêchement, les cadis seront provisoirement remplacés par des naïbs ou suppléants, et les bach-âdels par des âdels désignés par les cadis.

Art. 3. — Deux âouns, chaouchs ou huissiers d'audience, seront attachés à chacune des maâkmas d'Alger et de Constantine, et un âoun seulement à celles des autres localités.

TIT. 2. — *Du midjelès.*

Art. 4. — Le midjelès demeure composé ainsi

_____

(1) JURISPRUDENCE. — Attendu que l'arr. du 29 juill. 1848, en vertu duquel a été réuni le midjelès extraordinaire, est un arrêté rendu extraordinairement sous l'empire de l'ord. roy. du 15 av. 1845, et qui, à ce titre, n'ayant été ni revêtu dans l'origine d'une approbation ministérielle, ni ratifié par un acte ministériel publié au *Bulletin officiel* doit être considéré depuis le 30 oct. 1849,

comme abrogé de droit, nul et sans effet, aux termes de l'art. 5 de la susdite ordonnance (*Admin. gén.*, I. 15); qu'ainsi le midjelès extraordinaire ayant été réuni sans cause et sans droit, on doit reconnaître qu'il n'a pu rendre une décision qui ait en une force morale et judiciaire quelconque; — Par ces motifs, etc. — Cour d'Alger, 26 fév. 1855.

qu'il suit: le muphti maléki, président; le muphti hanéfi, le cadi maléki, le cadi hanéfi.

Art. 5. — Le midjelès se réunira à Alger et à Constantine deux fois par semaine, le lundi et le jeudi, et partout ailleurs une fois au moins.

Art. 6.—Les parties pourront, conformément au droit musulman, demander la convocation d'un midjelès extraordinaire à Alger pour lui soumettre les décisions des midjelès ordinaires. — Ce tribunal sera composé de la manière suivante: — 1° Les membres du midjelès ordinaire; — 2° Quatre ulémas tirés au sort par le midjelès ordinaire sur une liste de huit, dressée par le procureur général.

Art. 7. — En cas d'empêchement, le muphti maléki sera remplacé par un naïb désigné par le midjelès parmi les ulémas, ne faisant partie d'aucun corps judiciaire.—Dans ce cas, le muphti hanéfi aura la présidence.

Art. 8. — Les bach-âdels des cadis rempliront les fonctions de secrétaires des midjelès.

Art. 9.—Les âouns des cadis feront, conjointement avec les âouns ou chaouchs des muphtis, le service des audiences des midjelès.

Art. 10.—Les naïbs ou suppléants et les bach-âdels seront nommés par le gouverneur général, sur la proposition du procureur général de l'Algérie.

Art. 11.—Les âdels et les âouns des cadis seront nommés par le procureur général, sur la proposition des midjelès.

MAREY-MONGE.

AG.—(Même date.) — Institution d'oukils près ces tribunaux.

Vu notre arrêté en date de ce jour, portant or-

ganisation des tribunaux musulmans dans les territoires civils; — Sur la proposition du procureur général; — Vu l'urgence;

Art. 1. — Il est institué près des tribunaux musulmans des oukils ou agents d'affaires. — Leur nombre est illimité.

Art. 2. — Ils seront nommés par le procureur général de l'Algérie, ou par son délégué, sur la proposition du midjelès ou du cadi, là où il n'y a pas de midjelès.

Art. 3. — La liste des oukils sera affichée à la porte de chaque maâkma et à celle du midjelès.

Art. 4. — Les oukils ont seuls qualité pour plaider devant les tribunaux indigènes, sans préjudice du droit des parties, de se défendre elles-mêmes.

Art. 5. — Deux oukils seront désignés pour chaque trimestre et à tour de rôle par les cadis, pour défendre gratuitement les indigents.

Art. 6. — Les honoraires des oukils seront taxés par le tribunal qui aura connu de l'affaire.

MAREY-MONGE.

DG. — (Même date.) — Tarif des actes et droits à percevoir. — Remplacé par arrêté du 16 mars 1858 (infrà, § 2).

§ 2. DÉCRET DU 1ᵉʳ OCTOBRE 1854. — MESURES GÉNÉRALES D'EXÉCUTION.

DI. — 1ᵉʳ-30 oct. 1854. — B. 468. — Nouvelle organisation de la justice musulmane (1).

Art. 1. — La loi musulmane régit toutes les conventions et toutes les contestations civiles et commerciales entre indigènes musulmans, ainsi que les questions d'état.

---

(1) Rapport à l'Empereur. — Paris, le 1ᵉʳ oct. 1854. — Sire, l'administration de la justice distributive, ce premier besoin des peuples, est liée, dans les pays musulmans, d'une manière plus étroite que chez les nations de l'Occident, à la constitution de la société elle-même. Aujourd'hui encore, malgré les diverses phases traversées par les populations arabes depuis treize siècles, le pouvoir politique, le pouvoir religieux et le pouvoir civil puisent leur consécration dans un même livre, le Coran.

Lorsqu'en 1830 la France prit possession de l'Algérie, elle se trouva en présence de ce livre, code religieux et civil à la fois des trois millions de sujets que la conquête nous donnait. Dès le premier jour, sous l'inspiration d'un sentiment élevé de tolérance, elle comprit la nécessité de ne pas toucher à une législation cimentée si fortement dans les mœurs et les croyances, qu'on ne pouvait tenter de la modifier sans porter atteinte au dogme et aux pratiques les plus essentielles du culte.

Les tribunaux musulmans furent donc maintenus avec la juridiction civile et criminelle qu'ils avaient avant la conquête. — Mais on ne tarda pas à reconnaître les graves dangers qu'il y avait à laisser s'exercer en dehors de notre action la justice criminelle, qui est une des plus importantes prérogatives de la souveraineté. Un premier arrêté du 16 août 1832 soumit les jugements correctionnels des cadis à l'appel devant la cour de justice, et les jugements criminels à l'appel devant le conseil d'administration: Après une expérience de plusieurs années, il fut démontré que nous ne pouvions nous contenter de surveiller et de réviser les actes de la justice musulmane au criminel: un progrès plus décisif fut accompli, et l'ordonn. du 28 fév. 1841 attribue aux tribunaux français la connaissance exclusive des crimes, délits et contraventions prévus par le Code pénal.

La même ordonnance apporta une autre dérogation à l'état de choses antérieur; elle soumit à l'appel devant nos tribunaux les jugements en matière civile rendus par les cadis. Sur ce dernier objet, on dépassa le but. — Il est facile de concevoir, en effet, qu'étrangers à la langue, aux mœurs, à la législation arabe, notre surveillance sur les magistrats indigènes était à peu près illusoire. Plusieurs fois ils avaient profité de cette situation, soit pour

dresser des actes irréguliers, soit pour détourner des dépôts, soit pour rendre des jugements contraires à tout principe d'équité.

On crut trouver un remède à ces abus en ouvrant aux parties, en matière civile, l'appel devant la cour. Mais le résultat ne répondit pas à ce qu'on attendait. — Combien de fois, en effet, n'a-t-on pas vu, surtout dans les localités éloignées du chef-lieu de la cour d'appel, des hommes riches condamnés par le cadi et par le medjlès amener à une composition arbitraire la partie adverse plus pauvre, en la menaçant d'un pourvoi et en lui faisant redouter les dépenses qu'entraînerait le voyage, un séjour prolongé à Alger, et les nombreuses formalités de la juridiction française!

On se trompa donc; car, ce qu'il importait d'obtenir, c'était, non pas la substitution de nos tribunaux aux tribunaux indigènes, mais la moralisation de ces derniers par le choix de magistrats probes et éclairés, et par une surveillance constante et efficace. — Pour exercer utilement cette surveillance, il importait d'être initié à une législation souvent en opposition avec la nôtre, embarrassée de commentaires confus, et complétement dépourvue de formules précises; il fallait, en outre, posséder la connaissance de la langue arabe, des mœurs et des habitudes des différentes classes de la population des villes et des tribus.

Ce qui me confirme dans l'opinion que j'ai l'honneur d'exposer à V. M., c'est que, depuis que la surveillance de la justice musulmane a été remise à l'autorité publique, des améliorations sensibles ont été réalisées dans ce service; les magistrats indigènes ne sont plus que très-rarement l'objet des plaintes des justiciables; des précautions ont été prises pour la conservation des jugements et des actes, et pour empêcher le détournement des dépôts; déjà même, sur plusieurs points, on a mis à exécution quelques-unes des mesures que je viens prier V. M. d'étendre à toute l'Algérie.

Sans entrer dans le détail des dispositions successives qui ont modifié les juridictions musulmanes, il me suffira, avant d'exposer les bases du nouveau décret, de résumer en quelques mots l'état présent de la législation à cet égard. — 1° Les tribunaux indigènes n'ont actuellement

Art. 2. — Les tribunaux musulmans connaissent des matières civiles et commerciales
entre indigènes musulmans; ainsi que des infractions qui, d'après la loi française, ne con-

aucune compétence en matière criminelle, correctionnelle
ou de police. Les crimes, délits et contraventions sont
du ressort des tribunaux français. — 2° En matière civile et commerciale, y compris les questions d'état, les
tribunaux indigènes sont les seuls juges des contestations
entre musulmans. — 3° L'appel des jugements rendus
par les cadis est porté devant le medjlès, tribunal supérieur composé de muphtis, cadis et oulémas. En territoire civil, le jugement qui devrait être rendu en dernier ressort par le medjlès, peut cependant être attaqué
devant la cour, tandis qu'en territoire militaire, il est
définitif.

Ce simple exposé permet de comprendre combien cet
entrelacement des autorités judiciaires, administratives et
militaires a dû engendrer de tiraillements, de difficultés
et de conflits, combien il est difficile d'établir l'ordre au
milieu de cette confusion d'attributions. — Le gouverneur général, frappé d'une semblable situation et désireux
d'y porter remède, a chargé une commission spéciale de
préparer un projet de décret sur l'organisation de la justice musulmane. C'est cette organisation qui a fait l'objet d'un examen approfondi de la part du comité consultatif de l'Algérie, que j'ai l'honneur de soumettre, Sire,
à votre approbation.

Je m'empresse d'abord de faire remarquer à V. M. que
ce projet ne porte aucune atteinte à la loi musulmane ;
il n'en est que l'application ou le commentaire. Il trace
des règles écrites là où il n'y avait que des usages ; il
établit une homogénéité qui n'existait pas, il comble des
lacunes; il organise, enfin, le personnel des tribunaux
musulmans. — Le principe qui domine ce travail est celui de l'indépendance, en matière civile, de la justice
musulmane vis-à-vis de la justice française, laquelle, en
matière criminelle, demeure seule juge des crimes, délits
et contraventions, quelle que soit la nationalité de l'incul-
pé. — Par conséquent, les tribunaux français continuent à connaître de tous les délits contre la sûreté de
l'État, contre les personnes et contre les propriétés ; les
tribunaux indigènes restent, de leur côté, juges des
questions d'états, de toutes les contestations civiles
entre les musulmans.

Les ordonnances du 26 fév. 1841 et du 26 sept. 1842,
il faut le reconnaître, avaient voulu tenter un rapprochement entre deux législations qui se heurtent à chaque pas,
en érigeant la cour en une sorte de medjlès supérieur re-
visant, au point de vue d'un droit différent du nôtre, les
sentences des tribunaux indigènes. J'ai fait connaître à
V. M. combien les conséquences de cette mesure avaient
été en opposition avec le but que l'on s'était proposé. Les
inconvénients sont nés du croisement des juridictions ;
en les séparant, les difficultés seront aplanies et le progrès deviendra plus facile.

Le décret que je soumets à V. M. se divise en trois
livres qui traitent, l'un de la justice, l'autre du conseil
de jurisprudence musulmane, le troisième, enfin, de
l'administration judiciaire. Indépendamment de ces trois
livres, un titre préliminaire résume les dispositions de
principe qui forment les bases du système d'organisation
de la justice musulmane, formulés dans le reste du projet.
Il détermine : — Les limites de la compétence générale de
la justice musulmane ; — Les règles d'après lesquelles la
justice doit être administrée; — La division du territoire
en circonscriptions judiciaires musulmanes; — L'autorité
dont relève la justice indigène.

Le tit. 1 du liv. 1 constitue la justice musulmane
à ses divers degrés. — Il dispose que le territoire de l'Algérie tout entier sera divisé, par arrêté du gouverneur général, en circonscriptions judiciaires formant le ressort
d'autant de tribunaux de cadis; un certain nombre de ces
circonscriptions constituera le ressort du medjlès ou tribunal d'appel.

Le tit. 2 règle la composition des tribunaux de cadis,
ainsi que celle des medjlès. — Les cadis des chefs-lieux
de divisions et de subdivisions, de préfectures et de sous-
préfectures, les membres des medjlès établis dans ces mêmes localités sont à la nomination du ministre de la guerre.
Le gouverneur général pourvoit directement à la nomination des cadis et des membres des medjlès des autres résidences. — Le tit. 2 prévoit comment doivent s'opérer les
remplacements provisoires en cas de décès, d'absence ou
d'empêchement; il laisse, en cas d'urgence, au gouverneur
général le droit de suspendre les cadis et les membres des
medjlès qui ne sont pas à sa nomination.

L'un des titres les plus importants du projet est le tit. 3,
qui fixe la compétence des tribunaux musulmans. — Il
dispose que les cadis jugent en dernier ressort lorsque le
chiffre de la demande n'excède pas 200 fr., ou lorsque le
litige ne porte pas sur une question d'état. — Dans le cas
contraire, les parties peuvent attaquer le jugement des
cadis devant le medjlès de la circonscription, qui prononce
souverainement. — Au premier degré, le cadi ; au
deuxième degré de juridiction, le medjlès; plus d'appel des
décisions du medjlès devant la cour : séparation complète des deux justices.

V. M. voudra bien remarquer qu'en rentrant dans
l'exécution du droit musulman, nous nous rapprochons
également de notre droit français, qui n'admet que deux
degrés de juridiction. — Cependant, Sire, si le projet proclame en principe la séparation des juridictions, et cela
dans une pensée de haute tolérance religieuse et de respect pour les mœurs et la législation arabes, il n'a pas
voulu fermer l'accès de nos tribunaux aux musulmans qui
préféreront y porter leurs différends. L'art. 28 dispose
que les parties peuvent, d'un commun accord, se pourvoir devant les tribunaux français de leur domicile; mais
leur option doit être faite avant que la juridiction musulmane ait été saisie, car une fois saisie, il ne dépend plus
des parties, fussent-elles d'accord, de recourir à la juridiction française. Par conséquent, il ne pourra désormais
pas plus y avoir d'appel d'un jugement de cadi devant la
cour d'appel d'un jugement de première instance devant le medjlès. Des deux côtés, la jurisprudence sera une
à tous les degrés.

La disposition renfermée dans l'art. 29 dérive du principe posé par l'art. 28. — Si le tribunal musulman saisi,
une partie se voyant sur le point d'être condamnée, pouvait céder ses droits litigieux à un justiciable des tribunaux français, il en résulterait, soit que le cadi ne pourrait plus prononcer, soit que l'instance serait introduite à
nouveau devant un tribunal français. De là des cessions
qui ouvriraient trop facilement la porte à des manœuvres
coupables que l'art. 29 a pour but d'empêcher.

Je ne m'arrêterai pas aux dispositions contenues dans
le tit. 4, relatif aux ajournements, à la comparution des
parties, aux débats et à la police de l'audience. — Le projet ne fait, en cette matière, que se conformer aux usages
musulmans.

Le tit. 5 généralise une mesure qui est déjà en vigueur
dans les territoires civils. — Pour apprécier toute son importance, il faut se rappeler qu'autrefois, dans les territoires civils, et actuellement encore dans les territoires
militaires, les cadis écrivaient leurs jugements sur des feuilles
détachées sujettes à se perdre ou à être lacérées.

L'art. 33 exige que les jugements soient inscrits sur un
registre spécial et signés par les cadis et par les adels,
greffiers, témoins et assesseurs consultatifs dont la présence est requise pour la validité des jugements. Il résulte
de cette prescription que la trace des jugements ne pourra
plus se perdre, que les cadis, fussent-ils tentés de ne pas
rendre à l'une des parties bonne justice, y seront forcés
par la crainte de voir facilement constater leur prévari-
cation.

L'art. 35 exige que l'expédition des jugements, autrefois rédigés sans aucun soin, contienne, outre les noms,
qualités et domicile des parties, l'explication du point de
fait, les dires des parties, les motifs et le dispositif du
jugement, ainsi que la date.

Les règles pour l'appel des jugements de cadis devant
le medjlès sont fixées par le tit. 6, et renferment des dispositions d'ordre nécessaires pour la prompte distribution
de la justice. — La demande doit être formée dans le mois
qui suit la date du jugement attaqué ; elle est reçue par le
bach-adel (premier adel) du cadi qui a rendu le jugement,
et transmise au bach-adel du medjlès. Ce tribunal doit,
prononcer dans les deux mois, à partir de l'inscription sur
le rôle.

Le tit. 7 a trait à l'exécution des jugements. Mais si,
d'un côté, il déclare que cette exécution a lieu d'après les

stituent ni crime, ni délit, ni contravention, et sont spécialement punies par la loi musulmane, sans que ces tribunaux puissent, en aucun cas, prononcer la peine de mort. — Les tribunaux musulmans sont, s'il y a lieu, saisis d'office de la connaissance de ces infractions par l'autorité civile ou militaire, selon le territoire, et tenus de statuer sur leurs réquisitions.

Art. 3. — La poursuite et la répression des crimes, délits et contraventions prévus et punis par le code pénal français, ainsi que par les lois, ordonnances, décrets et arrêtés locaux, appartiennent aux tribunaux français.

Art. 4. — Les pouvoirs militaires et politiques des commandants militaires, khalifas, bach-aghas, aghas et caïds sont et demeurent maintenus. — Toutefois, les khalifas, bach-aghas et caïds ne pourront à l'avenir prononcer une amende ni aucune autre peine contre les cadis. Ils en référeront à l'autorité française qui statuera.

Art. 5. — Les berranis continueront de relever de la juridiction des amins pour les faits spécifiés par le décret du 5 sept. 1850, dans les localités où ce décret est exécutoire.

Art. 6. — Sous quelque prétexte que ce soit, même celui du silence ou de l'obscurité de la loi, les tribunaux musulmans ne peuvent, sous peine de déni de justice, refuser de statuer sur la demande des parties.

Art. 7. — Le territoire de l'Algérie, pour l'administration de la justice musulmane, est divisé en circonscriptions judiciaires, déterminées ainsi qu'il sera spécifié ci-après.

Art. 8. — La direction et la surveillance de la justice musulmane appartiennent, sous l'autorité du gouverneur général, en territoire militaire, au général commandant la division, et en territoire civil, au préfet du département.

Art. 9. — Les membres et agents des tribunaux musulmans ne peuvent être traduits en justice pour actes relatifs à leurs fonctions, qu'après autorisation du gouverneur général. — Ils seront directement traduits, en cas d'autorisation, devant la Cour impériale d'Alger, lorsqu'ils exerceront leurs fonctions en territoire civil, et devant les conseils de guerre permanents de la division, lorsque leur siége sera établi en territoire militaire.

Art. 10. — Un règlement spécial de notre ministre secrétaire d'État de la guerre, rendu sur la proposition du gouverneur général, déterminera, pour chaque juridiction, les conditions et le mode selon lesquels seront rémunérés ou rétribués les membres des tribunaux musulmans, ainsi que les agents qui y sont attachés (1).

---

règles en vigueur, il consacre de l'autre une innovation sur laquelle je crois devoir appeler l'attention de V. M. L'art. 40 veut que, sur toute terre française, la justice, quelle que puisse être la diversité de ses formes, celle de la législation qu'elle applique, soit toujours rendue au nom de l'Empereur. Par conséquent, Sire, bien que marchant parallèlement et ayant des justiciables différents, désormais la magistrature musulmane empruntera tous ses pouvoirs à la même origine que la magistrature française; ce ne sont plus que deux courants partant d'une même source.

Telles sont les dispositions comprises dans la première partie du décret que j'ai l'honneur de présenter à l'approbation de V. M.; il me reste à lui exposer celles qui sont contenues dans les deux derniers livres.

La législation musulmane renferme beaucoup d'obscurités, et plus encore d'opinions divergentes sur des points d'une haute importance. Cela se comprend facilement, car c'est sur la tradition, commentée par des auteurs différents, que repose une partie importante des lois. — Afin d'établir l'uniformité dans la jurisprudence, il m'a paru nécessaire de créer, sous l'autorité du gouverneur général, un conseil de jurisprudence musulmane, composé de neuf membres choisis parmi les muphtis, cadis, ouléma les plus distingués par leur science, et chargé de donner un avis motivé sur les questions de législation et de jurisprudence qui lui seront soumises par l'autorité supérieure. — Ce conseil n'est donc pas un troisième degré de juridiction; les parties n'ont pas le droit de se pourvoir devant lui : c'est un simple conseil consultatif ayant pour unique mission d'éclairer les points obscurs de la législation musulmane, et dont les avis n'ont aucune force tant qu'ils n'ont pas été homologués par le ministre de la guerre. — Le registre sur lequel devront être consignés les avis de ce conseil sera la première assise de la jurisprudence des tribunaux musulmans.

J'espère les plus heureux résultats de cette institution. — Les cadis, dont les fonctions participent de celles du juge et du notaire, ont en cette dernière qualité, différentes attributions qui sont réglementées par le livre 5. — Ils sont chargés, d'après la législation musulmane : — De procéder à la liquidation et au partage de toutes les successions musulmanes : — De recevoir les dépôts ; — De rédiger les actes publics. — Ces attributions leur sont conservées ; elles font l'objet des trois premiers titres du livre 5.

Les cadis continueront à procéder directement au partage des successions musulmanes, lorsque les héritiers seront présents ; dans les cas contraire, c'est au cadi du

bit-el-mal, institution de bienfaisance, qui a en même temps pour mission de recueillir les successions dans lesquelles des absents sont intéressés, que ce soin appartiendra.

Dans les premiers temps de la conquête, les cadis, comme dépositaires, n'ont pas toujours été à l'abri de reproche ; mais depuis qu'en territoire civil ils ont été astreints à transcrire sur un registre spécial, et à verser à l'administration du bit-el-mal les dépôts qui leur étaient confiés, les détournements sont devenus impossibles.

Le tit. 2 généralise pour toute l'Algérie l'application des mesures de précaution prises dans les territoires civils, et réserve à un arrêté spécial les dispositions de détail et d'exécution.

Le tit. 3, tout en maintenant aux cadis le droit de recevoir, comme par le passé, les conventions des parties, laisse cependant aux musulmans la faculté de faire retenir leurs actes par des notaires. Mais en même temps l'exécution des conventions ainsi reçues est soumise à la loi française, et par conséquent il n'y a point à craindre cette confusion de juridictions auxquelles le projet a pour but de mettre un terme. — Les art. 54, 55, 56, 57 et 58 concernent la délivrance des expéditions d'actes ; ils fixent, dans l'intérêt des parties, certaines règles de précaution.

Les quatre derniers titres du livre 5 s'expliquent suffisamment par la lecture des articles, et n'ont besoin d'aucun commentaire. Ils obligent les cadis et les medjlès à la tenue de différents registres destinés à conserver la trace tant de leurs jugements que des actes qu'ils reçoivent ; enfin ils maintiennent purement et simplement la législation actuelle en matière de timbre et d'enregistrement.

Tel est, Sire, le projet. — Rédigé dans un sens pratique, éloigné de toute innovation prématurée, il n'est que la confirmation et le développement de principes en vigueur. — S'il établit des obligations nouvelles pour les magistrats indigènes, ce n'est que dans l'intérêt des justiciables et pour rendre les abus impossibles ; s'il développe des règles déjà consacrées par l'usage, c'est pour les compléter et leur donner l'uniformité qui leur manque.

J'ajouterai, Sire, que je crois ce projet tellement bien adapté aux besoins de la justice musulmane, tellement conforme aux principes qui la rattachent au dogme, que je ne serais pas surpris de voir ceux des gouvernements musulmans qui marchent dans la voie de la civilisation faire de nombreux emprunts à ce travail. — Ce serait un éclatant hommage rendu à notre tolérance religieuse et aux intentions bienveillantes de V. M. pour le peuple arabe.

Le ministre de la guerre, VAILLANT.

(1) V. infrà, 51 déc. 1855.

LIV. 1. — De la justice.

Tit. 1. — De l'organisation des tribunaux musulmans.

Art. 11. — L'organisation des tribunaux musulmans comprend : — Des cadis, des medjlès.

Art. 12. — Il y a, par circonscription judiciaire déterminée par des arrêtés du gouverneur général, un cadi-maléki, et, lorsque le chiffre de la population hanéfite le rend nécessaire, un cadi-hanéfi. — Les arrêtés du gouverneur général fixant les circonscriptions judiciaires des cadis sont pris par lui en conseil de gouvernement.

Art. 13. — Des arrêtés du gouverneur général instituent des medjlès partout où besoin en sera : ces arrêtés, pris en conseil de gouvernement, déterminent les m'hakmas (tribunaux) de cadis qui ressortissent à chacun des medjlès.

Tit. 2. — De la composition des m'hakmas de cadis, des medjlès, et de la nomination de leurs membres.

Art. 14. — Le personnel de chaque m'hakma de cadis est fixé selon les besoins du service, par arrêté du gouverneur général, pris sur l'avis du général commandant la division, pour les territoires militaires, et du préfet, pour les territoires civils. — Ce personnel doit se composer du cadi et de deux adels au moins, dont l'un remplira les fonctions de naïb ou suppléant, en cas d'empêchement du cadi; et dont l'autre remplira les fonctions de greffier.

Art. 15. — Les medjlès se composent de quatre membres choisis parmi les muphtis, cadis et oulémas de la circonscription du medjlès, et de deux adels, dont l'un remplira les fonctions de bach-adel.

Art. 16. — Les cadis des chefs-lieux de divisions, de préfectures, de subdivisions et de sous-préfectures, sont nommés par notre ministre secrétaire d'État de la guerre. — Les cadis des autres localités, ainsi que les adels composant chaque m'hakma, sont nommés par le gouverneur général, sur la proposition des généraux commandant les divisions, pour les territoires militaires, et des préfets, pour les territoires civils. — Si, par exception, les cadis et les adels ont à exercer leurs fonctions dans une circonscription composée de territoire militaire et territoire civil, la nomination aura lieu par le gouverneur général, sur une double liste de présentation, dressée, l'une par le général commandant la division, l'autre par le préfet.

Art. 17. — Les membres des medjlès des localités spécifiées au § 1 de l'article précédent sont nommés par notre ministre secrétaire d'État de la guerre; les autres sont nommés par le gouverneur général, qui pourvoit également à la nomination des adels et des bach-adels de tous les medjlès.

Art. 18. — Aucun membre d'un tribunal musulman, aucun adel ou bach-adel ne peut, sous peine de révocation, connaître d'une cause dans laquelle il doit se récuser, d'après les dispositions de la loi musulmane.

Art. 19. — En cas de décès, d'absence ou d'empêchement des membres du medjlès, il est pourvu à leur remplacement provisoire par les généraux commandant les divisions ou les subdivisions en territoire militaire, et par les préfets ou les sous-préfets en territoire civil, selon le lieu où siège le tribunal.

Art. 20. — En cas de décès, d'absence ou d'empêchement des adels ou de l'un d'eux, le cadi se fait assister de témoins que la loi requis. — S'il y a lieu au remplacement provisoire d'un des adels, le cadi y pourvoit par la désignation d'un thaleb.

Art. 21. — Il est attaché à chaque tribunal mu-

sulman un ou deux aouns (1), selon les besoins du service, lesquels sont nommés par les généraux commandant les divisions ou les subdivisions, ou par les préfets, selon que le tribunal siège en territoire civil ou militaire.

Art. 22. — Des oukils ou mandataires musulmans peuvent seuls représenter les parties ou défendre leurs intérêts devant les tribunaux musulmans, lorsque les parties ne se présentent pas ou ne se défendent pas elles-mêmes. — Les oukils sont nommés par l'autorité à qui appartient la nomination des membres du tribunal auquel ils sont attachés. — Un règlement spécial pris par le gouverneur général, fixe le nombre des oukils près chaque tribunal, selon les besoins du service, et règle tout ce qui concerne leur discipline.

Art. 23. — Les membres, adels, bach adels, aouns et oukils des tribunaux musulmans sont suspendus ou révoqués par les autorités dont émane leur nomination. — En cas d'urgence, le gouverneur général peut suspendre les cadis, et les membres des medjlès nommés par notre ministre secrétaire d'État de la guerre. — Les arrêtés de suspension ou de révocation doivent être motivés et transmis à notre ministre secrétaire d'État de la guerre.

Tit. 3. — De la compétence des tribunaux musulmans.

Art. 24. — Les cadis connaissent de toutes les matières comprises en l'art. 2 du présent décret.

Art. 25. — Les contestations judiciaires entre indigènes musulmans du rite maléki et du rite hanéfi peuvent être portées devant l'un ou l'autre des deux tribunaux, s'il en existe un de chaque rite dans la circonscription judiciaire de la résidence des parties. — En cas de désaccord, le choix du cadi appartient au demandeur.

Art. 26. — Les cadis statuent, sans recours au medjlès, lorsque le chiffre de la demande n'excède pas 200 fr., ou lorsque le litige ne porte pas sur une question d'état.

Art. 27. — Lorsque le chiffre de la demande excède 200 fr., ou lorsque le litige concerne une question d'état, les cadis peuvent, avant de statuer, ordonner que l'affaire sera portée devant le medjlès institué par l'art. 13 du présent décret. — Les parties peuvent également demander la révision du jugement dans les deux cas prévus par le paragraphe précédent. — Les jugements rendus par les medjlès sont souverains et ne peuvent être attaqués devant aucune juridiction.

Art. 28. — Les parties peuvent, d'un commun accord, porter leur contestation devant les tribunaux français de leur domicile, qui statuent alors selon les règles de compétence et les formes de la loi française. — L'option doit avoir lieu avant que la juridiction musulmane n'ait été saisie; une fois consentie, elle oblige et lie les parties jusqu'à la fin du litige. — Le consentement des parties résulte de la comparution volontaire devant le tribunal français et de l'acte que le juge saisi doit donner du consentement des parties à procéder devant lui.

Art. 29. — Les tribunaux musulmans légalement saisis du litige en conservent la connaissance, nonobstant toute vente, cession ou subrogation des droits litigieux faits pendant l'instance à un justiciable des tribunaux français.

Tit. 4. — Des ajournements, de la comparution des parties, des débats, de la tenue et de la police des audiences.

Art. 50. — Les dispositions de la loi musul-

(1) Sorte d'huissier audiencier.

mane et les usages locaux concernant le mode d'introduction de la demande, la comparution des parties, leur représentation par des oukils, la procédure et les débats, la tenue et la police des audiences, continueront à recevoir leur exécution, sauf les modifications apportées par les articles qui suivent.

Art. 51. — Les cadis et les medjlès siègent aux lieux, jours et heures fixés par un règlement émané de l'autorité française, approuvé par le gouverneur général. — Le règlement est fait par les préfets pour les cadis et les medjlès siégeant en territoire civil; il émane des généraux commandant les divisions et les subdivisions, pour les cadis et les medjlès siégeant en territoire militaire. — Si la circonscription du cadi ou du medjlès s'étend tout à la fois à des territoires militaires et civils, le règlement devra être concerté entre les autorités militaires et civiles.

Art. 52. — Les débats devant les cadis et devant les medjlès sont publics, à moins d'une décision motivée du tribunal, sur ce que la publicité porterait atteinte à l'ordre ou aux mœurs.

TIT. 5. — Des jugements.

Art. 53. — Les jugements de cadis ou de medjlès sont prononcés publiquement (1). — Ces jugements sont inscrits en entier sur un registre à ce destiné et signés, ceux émanés du cadi par le cadi et les adels; les jugements émanés du medjlès sont signés par les membres du medjlès; ils doivent être, en outre, revêtus du cachet du cadi ou des membres du medjlès.

Art. 54. — Les jugements n'entraînent aucuns frais pour les parties, lorsque celles-ci se présentent et se retirent sans réclamer expédition du jugement rendu. — Expédition doit en être délivrée sur la demande des parties, à la charge par elles de payer les droits qui seront fixés par un règlement spécial, pris par notre ministre secrétaire d'État de la guerre, sur la proposition du gouverneur général et l'avis du conseil de gouvernement.

Art. 55. — L'expédition de tout jugement contient : — 1° Les noms, qualités et domicile des parties; — 2° Le point de fait; — 3° Les dires des parties; — 4° Les motifs et le dispositif du jugement; — 5° La date du jugement. — L'expédition indique, en outre, si le jugement est rendu en présence des parties elles-mêmes, ou si l'une d'elles était représentée par un oukil chargé de sa procuration ou nommé d'office. — L'expédition de tout jugement est signée par le cadi ou par l'un de ses adels; elle doit, en outre, être revêtue du cachet du cadi. L'expédition des jugements des medjlès est signée par le bach-adel.

TIT. 6. — De la révision des jugements des cadis en assemblée de medjlès.

Art. 56. — Le délai pour demander la révision des jugements rendus par les cadis court du jour où ils ont été rendus. — La demande doit être formée dans le mois.

Art. 57. — La demande en révision est reçue par l'un des adels du cadi qui a rendu la décision attaquée, et qui doit la transmettre immédiatement au bach-adel du medjlès dont relève le cadi. — Le bach-adel du medjlès l'inscrit sur le rôle et fait notifier aux parties le jour de la comparution devant le medjlès.

Art. 58. — Il doit être statué sur la demande dans les deux mois qui suivent le jour de son inscription sur le rôle du medjlès.

_____
(1) V. infrà, 29 déc. 1855 ; décret sur les mesures à prendre en cas de partage de voix entre les juges des medjlès.

TIT. 7. — De l'exécution des jugements.

Art. 59. — Les jugements définitifs, émanés des tribunaux musulmans, doivent être exécutés selon les voies actuellement en vigueur, en tant qu'il n'y est pas dérogé par le présent décret.

Art. 40. — Les expéditions de tout jugement émané des tribunaux musulmans doivent être revêtues de la formule suivante : « Louange à Dieu unique! — N. (le nom de l'Empereur), par la grâce de Dieu et la volonté nationale, Empereur des Français, — A tous présents et à venir, salut. » — (Copier le jugement avec les mentions indiquées en l'article ci-dessus.) — Mandons et ordonnons à tous fonctionnaires et agents de l'autorité publique de faire exécuter ou d'exécuter le présent jugement. — En foi de quoi le présent jugement a été signé par (signature du cadi ou des membres du medjlès et du bach-adel. — Apposition du cachet.) »

LIV. 2. — Du conseil de jurisprudence musulmane.

Art. 41. — Il est établi à Alger un conseil de jurisprudence musulmane placé sous l'autorité immédiate du gouverneur général.

Art. 42. — Ce conseil se compose de neuf membres choisis parmi les muphtis, cadis ou oulémas de l'Algérie. — Ils sont nommés par notre ministre secrétaire d'État de la guerre, qui désigne le président.

Art. 43. — Le conseil ne peut se réunir que sur convocation expresse du gouverneur général. — Il ne peut délibérer que sur les questions qui font l'objet spécial de la convocation.

Art. 44. — Le conseil donne son avis motivé sur les questions de jurisprudence musulmane qui lui sont soumises par le gouverneur général. — Cet avis motivé, lorsqu'il est revêtu de l'approbation de notre ministre secrétaire d'État de la guerre, devient à l'avenir obligatoire pour les tribunaux musulmans.

Art. 45. — Les séances du conseil ne sont pas publiques.

Art. 46. — Il doit être tenu un registre sur lequel est inscrit en entier, pour chaque affaire soumise à l'examen du conseil : 1° L'ordre de convocation; — 2° L'objet de la convocation; — 3° L'avis donné par le conseil, suivi de la signature des membres qui y ont pris part, et de l'apposition de leurs cachets.

LIV. 3. — De l'administration judiciaire.

TIT. 1. — Des successions.

Art. 47. — Les cadis continueront à être chargés de procéder à la liquidation et au partage de toutes les successions musulmanes selon le rite dont était le défunt et les usages établis.

Art. 48. — Néanmoins, le cadi du Bit el Mâl procède à la liquidation et au partage des successions musulmanes où sont intéressés le Bit el Mâl ou des absents, dans toutes les localités où il en existe. — Les décisions du cadi du Bit el Mâl peuvent être attaquées devant le medjlès de la circonscription, dans les cas prévus par l'art. 27 du présent décret.

TIT. 2. — Des dépôts.

Art. 49. — Les dépôts de toute nature, faits entre les mains des cadis sont transcrits par eux sur un registre spécial et versés à l'administration du bit-et-mâl, qui en donnera récépissé.

Art. 50. — Un arrêté pris par notre ministre de la guerre, sur la proposition du gouverneur général, détermine la valeur et la nature des dépôts qui peuvent être opérés entre les mains des cadis, le mode de versement au Bit el Mâl, le mode de restitution, ainsi que les obligations et la responsabilité des cadis et des agents du Bit el Mâl, en ce qui concerne tous les dépôts qui leur sont faits en leur qualité (1).

Tit. 5. — *Des actes publics.*

Art. 51. — Les actes publics entre musulmans continuent à être reçus par les cadis dans les formes prescrites par la loi musulmane. Ils sont transcrits en entier sur un registre à ce destiné, et signés par le cadi et les adels.

Art. 52. — Si deux musulmans font choix d'un notaire pour retenir acte de leurs conventions, cet acte contiendra, sous peine de nullité, la mention expresse que les deux contractants entendent se soumettre, pour son exécution, à la loi française.

Art. 53. — Les conventions entre musulmans et individus appartenant à un autre culte seront reçues par des notaires; en ce cas, les parties contractantes auront le droit de réclamer qu'expédition de l'acte soit transcrite sur le registre du cadi de la résidence des parties musulmanes.

Art. 54. — Toute partie peut requérir expédition des actes qui la concernent. Les expéditions d'actes sont signées par le cadi et par l'un des adels, et doivent être, en outre, revêtues du cachet du cadi.

Art. 55. — Les cadis délivrent copie des actes publics qui lui sont présentés. Ces copies sont certifiées par eux dans la forme prescrite pour l'expédition des actes. Mention de la délivrance de la copie en est faite, tant sur l'acte lui-même que sur un registre spécial.

Art. 56. — Les actes reçus par les cadis et les copies ou expéditions délivrées par eux sont payés par les parties, conformément au tarif arrêté par le gouverneur général, sur l'avis du conseil de gouvernement, et approuvé par notre ministre secrétaire d'État au département de la guerre. — Ce tarif est exposé d'une manière permanente à l'entrée du local dans lequel les cadis et les medjlès tiennent leurs audiences.

Art. 57. — Le produit des actes appartient au cadi et aux adels; il sera réparti entre eux dans les proportions déterminées par le tarif mentionné en l'article précédent.

Art. 58. — Le montant des droits payés par les parties doit être inscrit en toutes lettres au bas de chaque acte, de chaque expédition ou copie d'acte, sous peine pour l'adel copiste d'une amende de 5 fr. par contravention. — Cette amende est prononcée par le préfet, le sous-préfet ou par le général commandant la division, ou la subdivision, selon le territoire et le siège de la juridiction.

Art. 59. — Tout agent de la justice musulmane qui reçoit ou exige d'autres rétributions que celles portées dans le tarif, peut être suspendu ou révoqué, sans préjudice des poursuites qui peuvent être dirigées contre lui, conformément à l'art. 174 du c. pén.

Tit. 4. — *Des registres à tenir par les cadis.*

Art. 60. — Il est tenu dans chaque m'hakma de cadi : — 1° Un registre pour les jugements; — 2° Un registre pour les demandes en révision; — 3° Un registre pour les actes et les contrats entre parties, ainsi que pour la mention des copies faites en vertu des art. 54 et 55; — 4° Un registre pour les successions et tutelles; — 5° Un registre pour les dépôts.

Art. 61. — Les jugements, actes et dépôts sont inscrits sur chacun des registres qui leur sont destinés par ordre de date, sans blancs ni interlignes. — Toutefois, lorsque les cadis auront un grand nombre d'actes à inscrire, ils pourront, pour faci-

liter les recherches, diviser leurs registres en autant de parties qu'il y aura de natures différentes d'actes à inscrire. — Les ratures et les renvois sont approuvés et signés par le cadi et par les adels.

Art. 62. — Les registres sont cotés et paraphés en territoire civil par le chef de l'administration civile du lieu où siège le tribunal; en territoire militaire, par le commandant supérieur de la localité, ou par des agents qu'ils auront délégués à cet effet.

Art. 63. — Les registres sont fournis par l'État et établis sur des modèles uniformes pour toutes les circonscriptions. — Ils doivent être représentés sans déplacement à l'autorité qui les a cotés et paraphés, ou à son délégué, toutes les fois qu'elle juge convenable de réclamer cette représentation pour s'assurer de la bonne et exacte tenue.

Tit. 5. — *Des registres à tenir par les medjlès.*

Art. 64. — Il doit être tenu dans chaque medjlès : — 1° Un registre pour les déclarations, réceptions et inscriptions des demandes en révision sur le rôle ; — 2° Un registre pour les jugements.

Art. 65. — Les registres sont cotés et paraphés par les commandants des divisions militaires ou leurs délégués, par les préfets ou leurs délégués, selon le territoire.

Art. 66. — Les dispositions des art. 61, 62 et 63 sont applicables aux registres tenus dans chaque medjlès.

Tit. 6. — *Du timbre et de l'enregistrement.*

Art. 67. — Tous les registres dont la tenue est prescrite par le présent décret sont affranchis du droit et de la formalité du timbre.

Art. 68. — Aucun extrait, copie ou expédition d'actes ou de jugements ne pourra être délivré aux parties que sur papier timbré, conformément à l'art. 12 de la loi du 13 brumaire an VII, sous peine de l'amende prononcée contre le fonctionnaire public par l'art. 26 de la même loi. — Toutefois, ces copies, extraits ou expéditions pourront être délivrés par les cadis sur papier d'une dimension inférieure à celle du papier dit *papier moyen* ou *d'expédition.*

Art. 69. — En territoire civil, les expéditions des jugements et actes qui emporteront transmission de propriété ou d'usufruit, de biens immeubles, les baux à ferme, à loyer ou à rente, les sous-baux, cessions ou subrogations de baux et les engagements de biens de même nature, seront soumis à l'enregistrement, dans les trois mois de leur date. — Pour tous les autres actes, l'enregistrement ne sera de rigueur que lorsqu'il en sera fait usage soit par acte public, soit en justice ou devant tout autre autorité constituée.

Art. 70. — Les jugements et actes autres que ceux mentionnés dans les articles précédents ne seront soumis au timbre et à l'enregistrement que dans les cas prévus par les lois, ordonnances, décrets et arrêtés réglant la matière en Algérie, en ce qui les concerne.

Tit. 7. — *Dispositions générales.*

Art. 71. — Le montant des amendes prononcées en vertu des dispositions du présent décret sera versé dans la caisse du receveur de l'enregistrement, ou dans celle des contributions diverses, suivant le territoire.

Art. 72. — Le présent décret, ainsi que tout arrêté pris pour son exécution, sera traduit en arabe : une expédition en sera remise, au moment de leur nomination, à chaque cadi et à chacun des adels du cadi, ainsi qu'à chaque membre de medjlès et au bach-adel qui y est attaché. — La traduction arabe du présent décret ne sera valable qu'après approbation de notre ministre secrétaire

(1) V. *Dépôts musulmans* (I, 277) — 2 nov. 1855. Arrêté min. pris en exécution de cette disposition de décret.

d'Etat au département de la guerre, et elle devra être publiée dans la même forme que le décret. (Cette traduction a été publiée au *Bulletin officiel*, n° 478.)

Art. 75. — Sont abrogées toutes les dispositions des décrets, ordonnances et arrêtés contraires au présent.

A.M. — 27 avr.-18 juin 1855. — B. 481. — *Nomination des membres du conseil de jurisprudence musulmane.*

A.G. — 12-18 juin 1855. — B. 481. — *Fixation de l'époque d'ouverture de la session de 1855, et nomination des commissaires du gouvernement près le conseil de jurisprudence musulmane.*

A.G. — 30 nov.-2 déc. 1855. — B. 488. — *Circonscriptions judiciaires de m'hakma de cadi.* — *Le territoire de l'Algérie est divisé en 326 circonscriptions, dont : 119 dans la province d'Alger, 82 dans celle d'Oran, et 125 dans celle de Constantine* (1).

A.G. — (Même date.) — *Institution de medjlès.*

Art. 1. — Un medjlès est institué dans chacune des localités ci-après désignées (2) :

Province d'Alger. — Alger, Blidah, Aumale, Médéah, Laghouat, Milianah, Orléansville. — *Prov. d'Oran.* — Oran, Mostaganem, Mascara, Sidi bel Abbès, Tlemcen. — *Prov. de Constantine.* — Constantine, Djidjelly, Guelma, Batna, Biskra, Sétif, Bougie.

Art. 2. — Les m'hakmas de cadis qui ressortissent à chacun de ces medjlès sont déterminées ainsi qu'il suit (3) :

Art. 3. — Les medjlès établis dans les localités qui sont chefs-lieux de préfecture ou de sous-préfecture, seront placés sous l'autorité des préfets et des sous-préfets; dans les autres localités, sous l'autorité des commandants militaires. — Toutefois, pour faciliter la surveillance de l'administration de la justice musulmane, les deux registres prescrits par l'art. 64 du décr. du 1er oct. 1854 seront tenus en double. — Sur l'un des doubles seront portées les affaires jugées en premier ressort par les cadis des territoires civils; sur l'autre, les affaires jugées en premier ressort par les cadis des territoires militaires. Ces registres seront cotés et paraphés, conformément à l'art. 66 du décret précité, par l'autorité de laquelle relève le cadi qui aura rendu le jugement attaqué.

Art. 4. — Le présent arrêté ne recevra son effet qu'à partir du 1er janv. 1856.
Cte RANDON.

A.G. — (Même date). — *Personnel des m'hakmas.*

Art. 1. — Le personnel de chaque m'hakma de cadi comprend : Un cadi; un 1er adel (bach adel, faisant fonctions de naïb; un 2e adel.

Art. 2. — Toutefois, dans les circonscriptions ci-après désignées, le nombre des adels, y compris le bach adel, est fixé ainsi qu'il suit (4) :

A.G. — (Même date.) — *Règlement sur la profession d'oukil.*

Art. 1. — Tout aspirant au titre d'oukil (défen-

seur près des tribunaux musulmans), devra : — 1° Etre âgé de vingt-cinq ans accomplis; 2° justifier de sa moralité et de son aptitude par un certificat délivré par un medjlès; 3° être inscrit, pour une zouïdja au moins, au rôle de l'impôt de l'achour, ou, à défaut, justifier d'un revenu annuel mobilier ou immobilier de 500 fr.

Art. 2. — Le nombre des oukils est fixé à quatre au maximum par m'hakma de cadi. — Les oukils pourront exercer leur ministère près de toutes les m'hakmas de cadi et près des medjlès.

Art. 3. — Le consentement verbal, donné en présence du juge, tient lieu à l'oukil de pouvoir écrit de représenter la partie qui ne jugera pas à propos de se défendre elle-même.

Art. 4. — Les oukils pourront être désignés d'office, à tour de rôle, pour défendre gratuitement les indigents. Le certificat constatant l'indigence sera délivré par l'autorité locale ou par le caïd de la tribu et visé par le chef du bureau arabe.— Les oukils seront également désignés d'office dans les cas prévus par la législation musulmane. — Toutes les fois qu'ils auront été désignés d'office, les oukils ne pourront refuser leur ministère sans avoir fait agréer leurs excuses par le cadi ou le medjlès.

Art. 5. — Il est interdit aux oukils, à peine de révocation :-1° De se rendre directement ou indirectement acquéreurs de biens meubles et immeubles dont ils sont chargés de poursuivre la vente; — 2° De se rendre cessionnaires de droits successifs ou litigieux; — 3° De faire avec leurs parties des conventions aléatoires ou autres, subordonnées à l'issue des procès; — 4° De s'associer, soit entre eux, soit avec des tiers, pour l'exploitation de leur office et le partage de ses produits.

Art. 6. — Les oukils ne pourront exiger des parties d'autres honoraires que ceux fixés ci-après. — Pour les affaires qui n'excéderont pas 100 fr., et n'exigeront pas de déplacement, l'oukil recevra 3 fr. — Pour les affaires de 101 fr. à 1,000 fr., l'oukil recevra 3 fr. plus 1 p. 100 à partir de la seconde centaine. — Pour les affaires excédant 1,000 fr., l'oukil recevra, pour les premiers 1,000 fr., la rémunération indiquée au paragraphe précédent, et pour le surplus un demi p. 100.

Art. 7. — Dans les affaires dont la quotité ne peut être déterminée, l'oukil aura droit à 3 fr. par séance dans laquelle il aura plaidé.

Art. 8. — Dans les affaires qui exigeront des déplacements, l'oukil aura droit à 5 fr. par journée ou partie de journée de trois heures au moins.

Art. 9. — En cas de contestation entre les oukils et les parties, au sujet de la fixation des honoraires, le tribunal qui aura connu de l'affaire réglera la rémunération de l'oukil.

Art. 10. — Les honoraires de l'oukil lui seront payés intégralement, quelle que soit l'issue du procès.

Art. 11. — S'il survient un arrangement à l'amiable entre les parties, après que l'oukil a été chargé de l'affaire, mais avant que celle-ci n'ait été appelée au tribunal, l'oukil aura droit à la moitié des honoraires fixés aux art. 6, 7 et 8.

Art. 12. — Le tarif des honoraires dus aux ou-

---

(1) Cette division, modifiée partiellement par divers arrêtés successifs en date des 25 sept., 27 oct., et 2 nov. 1856; 20 janv., 2 avr., 24 juill., 2 sept. 1857; 23 fév., 24 avr., 12 août 1858 — B. 501, 504, 507, 511, 512, 519, 521, 525 — a été définitivement remplacée par une nouvelle division consacrée par un arrêté du 21 août 1860 (V. infra, § 3), lequel a lui-même été remplacé, après plusieurs modifications, par divers arrêtés rendus en 1866 (V. ibidem);

(2) Par arr. du 9 sept. 1856 — B. 501 — un medjlès a été institué à Dellys (prov. d'Alger). — Par autre arr. du

15 oct. 1857 — B. 514 — le medjlès de Guelma a été supprimé et il en a été institué un à Bône.

(3) Ces désignations sont aujourd'hui sans utilité et sans objet par suite de la nouvelle organisation.

(4) Ces indications sont également sans objet aujourd'hui par suite des changements apportés tant dans le nombre que dans la délimitation et les numéros des circonscriptions. Plusieurs autres arrêtés en date des 26 juin, 26 juill., 27 août, 23 sept. 1856; 2 sept. 1857; 12 et 14 mars, 30 juill., 16 août 1858 — B. 497, 498, 499, 501, 512, 519, 521, 525 — avaient déjà apporté diverses modifications à l'art. 1 de l'arrêté ci-dessus.

D

kils sera affiché dans le local des m'hakmas et des medjlès.

Art. 13. — Un tableau indiquant les noms et domicile des oukils nommés près des m'hakmas dans le ressort de chaque medjlès, sera affiché dans le local de ce tribunal et dans toutes les m'hakmas du cadi du ressort.

Cte Randon.

DI. — 19 déc. 1855. — *Dispositions complémentaires du décr. du 1er oct. 1854:*

Vu l'³rt. 1 du décr. du 1er oct. 1854.

Art. 1 — En cas de partage de voix entre les juges des medjlès, il sera appelé, pour vider le partage, un ou plusieurs oulémas qui n'auront pas connu de l'affaire, et toujours en nombre impair.

Art. — Les oulémas à appeler comme juges supplémentaires seront désignés par les généraux commandant les divisions ou par les préfets des départements, suivant la situation des medjlès.

AM. — 31 déc. 1855. — *Traitements et indemnités des magistrats musulmans.*

Vu l'art. 10 du décr. du 1er oct. 1854;

Art. 1.—Les traitements et indemnités à allouer aux membres et agents des tribunaux musulmans sont fixés de la manière suivante :

Medjlès. — Présidents des Medjlès. — Lorsqu'ils ne touchent pas déjà, à d'autres titres, des rétributions sur les fonds de l'Etat, traitement fixe, 1,800 fr. par an. — Lorsqu'ils occupent déjà un emploi rémunéré sur les fonds de l'Etat, supplément de traitement 600 fr. Id. — Membres des Medjlès. — Lorsqu'ils n'ont pas déjà, à d'autres titres, des rétributions sur les fonds de l'Etat, traitement fixe 900 fr. Id. — Lorsqu'ils occupent déjà un emploi rémunéré sur les fonds de l'Etat, supplément de traitement 500 fr. Id. — Bach Adels des Medjlès, 500 fr. Id. — Adels des Medjlès, 300 fr. Id. — *Cadis de 1re classe,* 1,500 fr. Id. ; de 2e cl., 1,200 fr. Id. ; de 3e cl., 900 fr. Id. ; de 4e cl., 600 fr. Id.

Art. 2. — Indépendamment de ces traitements ou suppléments de traitement, les membres et agents des tribunaux musulmans reçoivent les honoraires qui leur sont attribués sur le produit des expéditions de jugements ou sur le produit des actes, en exécution des art. 54, 56 et 57 du décr. du 1er oct. 1854.

Vaillant.

AM. — 16 mars-22 avr. 1858. — B. 520.—*Tarif général des droits à percevoir par les cadis et autres agents pour les actes de leur juridiction.—Remplacé par un nouveau tarif. Arrêté du 16 oct. 1860 (V. infra, § 3).*

Décis. M. — 9 oct. 1858. — BM. 5. — *Les attributions du gouverneur général pour la nomination, suspension ou révocation des cadis et adels des m'hakmas sont provisoirement déléguées aux généraux de division et aux préfets.*

§ 3. — Décret du 31 déc. 1859 et mesures d'exécution.

DI. — 31 déc. 1859-14 janv. 1860. — BM. 52. — *Nouvelle organisation de la justice musulmans.*

V. au 1er volume, p. 415, texte du décret et rapport ministériel.

AM. — 21-28 août 1860. — BM. 92. — *Le territoire de l'Algérie est divisé en 262 circonscriptions judiciaires, dont :* (prov. d'Alger) 16 en territoire civil, 75 id. militaire ; (prov. d'Oran) 6 en territoire civil, 56 id. militaire, (prov. de Constantine) 15 en territoire civil; 84 id. militaire (1).

AM. — 25 août-11 sept. 1860. — BM. 94. — *Appels des jugements des cadis. — Tribunaux de 1re instance compétents.*

Art. 1. — Les appels des jugements rendus en premier ressort par les cadis de l'Algérie, dans les limites fixées par l'art. 22, § 1, du décr. du 31 déc. 1859, sont portés devant les tribunaux de 1re instance indiqués au tableau annexé au présent arrêté (2).

Tribunal d'Alger. — Jugements des tribunaux de cadis situés dans le ressort du tribunal d'Alger et les cercles de Ténès, Orléansville, Cherchell, Dellys, Tizi Ouzou, Aumale et l'annexe des Beni Mansour, Fort Napoléon, Dra el Mizan (moins les tribus placées dans les cinq derniers cercles, sous l'administration des Amin el Oumena.

Tribunal de Blidah. — Idem ressort du tribunal et cercles de Médéah, Boghar, Milianah, Tenlet el Had.

Tribunal d'Oran. — Idem ressort du tribunal et cercles d'Oran et annexe d'Aïn Temouchen, Sidi bel Abbès et annexe de Daya, Tlemcen, Nemours, Lella Maghnia, Sebdou.

Tribunal de Mostaganem. — Idem ressort du tribunal et cercles de Mostaganem, Ammi Moussa, Mascara, Tiaret, Saïda.

Tribunal de Constantine. — Idem ressort du tribunal et cercles de Constantine et annexe de Milah, Batna, Sétif, Bordj bou Areridj (moins les tribus placées sous l'administration des Amin el Oumena), Aïn Beïda.

Tribunal de Philippeville. — Idem ressort du tribunal et cercles de Philippeville et annexe de Collo, Djidjelli, Bougie (moins les tribus placées sous l'administration des Amin el Oumena.

Tribunal de Bône. — Idem ressort du tribunal et cercles de Bône, Guelma, Souk Arras, La Calle.

Cte de Chasseloup-Laubat.

AM. — 16 oct. 1860-12 janv. 1861. — BM. 105. —*Règlement de procédure pour l'exécution du décr. du 31 déc. 1859 (la traduction en arabe de cet arrêté a été insérée au bulletin suivant, n° 106, conformément aux prescriptions de l'art. 60 du décret précité).*

Vu les art. 50 et suiv. du décr. du 31 déc. 1859;

Art. 1. — Tous les actes des cadis sont traduits en français, par extrait : cette traduction est faite, en territoire civil, par les interprètes judiciaires, et, en territoire militaire, par les interprètes de l'armée, au droit fixe de 1 fr., lequel est compris par le cadi dans la liquidation des dépens.

Art. 2. — L'inscription de l'appel au greffe du tribunal ou de la cour a lieu sans frais.

Art. 3. — A lieu également sans frais et par le ministère de l'adel, l'avis à donner par le ministère public aux parties d'avoir à fournir leurs moyens d'appel ou de défense. — Il est mentionné en marge de l'appel sur le registre du cadi

Art. 4. — Le ministère public, en faisant inscrire au greffe du tribunal ou de la cour la déclaration d'appel, y dépose en même temps la copie de cette déclaration et du jugement.

Art. 5. — Il est perçu, pour la mise au rôle, un droit de 75 cent.

Art. 6.—Dans le cas où l'appel incident est reçu

---

(1) Cette division modifiée partiellement de 1860 à 1866 par divers arrêtés successifs en date des 26 oct. 1860; 22 août, 2 oct., 23 et 26 nov. 1861; 5 mars, 4 et 20 août 1862; 14 janv., 30 juill. 1863; 4 mars 1864; 25 janv., 5 sept. 1865 — BM. 101, BO. 23, 33, 47, 60,

63, 75, 89, 101, 106, 131, 133 — a été entièrement remplacée par arrêtés des 31 janv., 1er mars et 1er av. 1866 insérés ci-après à leur date.

(2) Pour les tribunaux de Tlemcen et de Sétif créés postérieurement, V. infra arr. du 10 avr. 1861.

par le juge ou le conseiller rapporteur, il est constaté au moyen d'une mention inscrite en marge de la sentence du cadi, et reportée immédiatement après sur le registre des mises au rôle dans une colonne destinée à cet effet. — L'appel incident peut être pareillement déclaré au greffe, soit par la partie, soit par son défenseur. — Dans l'un comme dans l'autre cas, il ne donne ouverture à aucun émolument au profit du greffier, et il est exempt du droit d'enregistrement.

Art. 7. — Le jour de l'audience est indiqué sur le registre des mises au rôle. Le greffier en donne immédiatement avis au ministère public, chargé de le faire connaître aux parties intéressées.

Art. 8. — Dans les affaires soumises à l'appel, la traduction du jugement du cadi et des actes à produire devant le tribunal ou la cour peut être faite par le ministère de l'interprète judiciaire ou du traducteur assermenté, au gré de la partie intéressée. Il est alloué 1 fr. par rôle de traduction.

Art. 9. — Les parties peuvent fournir leurs moyens d'appel ou de défense elles-mêmes ou par le ministère d'un défenseur.

Art. 10. — Lorsqu'elles les fournissent elles-mêmes, elles le font, si elles ne comparaissent point en personne, sous la forme d'un mémoire remis au greffe du tribunal ou de la cour, écrit sur papier libre. La date du dépôt est constatée en marge et sans frais par le greffier.

Art. 11. — Le défenseur dépose au greffe des conclusions motivées pour que la partie adverse ou son représentant puisse en prendre communication. Elles seront signées de lui. Ce dépôt est fait par l'appelant trois jours au moins, et par l'intimé deux jours au moins avant celui de l'audience. Il est constaté à sa date et sans frais sur le registre des mises au rôle par le greffier, qui le mentionne également en marge des conclusions. — Le tout sans préjudice de la faculté de prendre à la barre telles conclusions additionnelles qu'il appartiendra.

Art. 12. — Si le tribunal ou la cour ordonne la comparution personnelle des parties, elles sont appelées par le ministère public et sans frais.

Art. 13. — Il est alloué au défenseur, pour tous soins donnés à l'affaire, conclusions, plaidoiries et autres diligences quelconques, un article unique d'honoraires qui sera de 30 fr. pour l'obtention d'un arrêt et de 20 fr. pour l'obtention d'un jugement. — Ce droit est réduit de moitié lorsqu'il n'y a pas de contradicteur, et il reste, dans tous les cas, à la charge de la partie qui a requis l'assistance du défenseur. — Les jugements préparatoires ou interlocutoires ne donnent lieu à aucun honoraire particulier.

Art. 14. — L'exposition sommaire des points de fait et de droit à comprendre dans la rédaction des jugements est rédigée par le magistrat rapporteur.

Art. 15. — Il est alloué au greffier pour droit d'expédition 50 cent. par rôle.

Art. 16. — Dans toute procédure sur appel, il n'y a de sujet au timbre et à l'enregistrement que la minute du jugement définitif et son expédition.

Art. 17. — L'exécution de tous jugements indistinctement a lieu suivant les formes de la justice musulmane, tant en territoire militaire qu'en territoire civil.

Art. 18. — La traduction du jugement définitif ou de l'arrêt n'a lieu que par extrait et ne contient que le dispositif.

Cte P. DE CHASSELOUP-LAUBAT.

AM. — (Même date.) — *Tarif des actes établis par les cadis. (La traduction en arabe de cet arrêté a été insérée au bulletin suivant, n° 100.)*

Vu le décr. du 31 déc. 1859, art. 47 :

Art. 1. — Le tarif des actes établis par les cadis, ainsi que les droits à prélever par les cadis et les autres agents de la justice musulmane, sont fixés comme il suit :

Acte constatant la qualité de chérif.	25 00
Acte d'émancipation.	15 00
Acte de vente d'immeubles : — De location ou de cession, jusqu'à 6,000 fr. : — Pour le premier millier de francs (par centaines de francs ou fractions de centaine).	2 00
Pour le deuxième millier de francs (id.).	1 00
Pour les quatre derniers milliers de francs (id.).	0 50
Idem de 6,000 fr. et au-dessus (droit fixe).	50 00
Acte de témoignage établissant le droit de retrait successoral (chefâ).	5 00
Acte de constitution de habous.	10 00
Acte d'annulation de habous.	10 00
Acte constatant un droit par la déclaration de témoins et s'il s'agit d'un immeuble.	10 00
Dans tous les autres cas.	5 00
Acte qui établit la filiation d'une personne et son droit à un héritage.	10 00
Acte de permission de mariage donné par le cadi à une femme dont le mari a disparu.	10 00
Acte testamentaire pour le tiers de la propriété du testateur.	5 00
Acte de don et d'aumône.	10 00
Acte de pension.	5 00
Acte d'homologation.	5 00
Lettre d'un cadi à un autre cadi.	2 00
Procuration.	5 00
Constitution d'exécuteur testamentaire.	5 00
Acte rendant le cadi gardien d'un interdit ou d'un mineur.	2 00
Acte de société en commandite.	5 00
Acte établissant une dot.	5 00
Renouvellement de mariage avec une femme divorcée d'une manière définitive.	5 00
Acte de reprise en mariage de la même femme après divorce.	2 00
Reconnaissance d'une obligation.	2 00
Résiliation de vente... Moitié du taux perçu pour les actes de vente.	
Interdiction.	10 00
Obligation d'acquitter le prix de vente à plusieurs échéances.	5 00
Acte d'échange d'immeubles.	10 00
Acte de partage de biens.	15 00
Délimitation d'un immeuble.	10 00
Acte indiquant la quote-part de chaque membre d'une association.	10 00
Extrait d'un acte authentique, si, en y faisant connaître la portée de l'acte, on indique l'usage auquel l'extrait est destiné.	10 00
Acte d'association pour un immeuble ou non.	10 00
Transport de créance.	5 00
Acte de garantie.	2 00
Traduction écrite en arabe (Reproduction d'une).	5 00
Acte d'avération du cadi.	2 00
Arrangement à l'amiable.	5 00
Révocation d'un mandataire.	5 00
Acte de divorce avec faculté de reprendre la femme.	5 00
Acte de divorce absolu.	5 00
Copie d'un acte... Moitié du taux du cadi de l'original.	
Recherches d'actes.	5 00
Droits à percevoir sur l'héritage vendu 5 p. 100 ainsi répartis : Au cadi, 1 1/2 p. 100 ; — Aux adels, 2 1/2 ; — Au delât, 2.	
En cas d'estimation, on prélève 5 p. 100 ainsi répartis : Au cadi, 1 1/2 p. 100 ; — Aux adels, 2 1/2 ; — A l'expert, 1.	
Partage pour répartition d'héritage.	2 00
Acte de partage, jusqu'à 5,000 fr., 1 p. 100 ; — Au-dessus de 5,000 fr., 1/2.	
Enregistrement des conclusions et réponses.	1 00
Acte d'un jugement de cadi.	10 00
Acte de prêt sur gage d'un immeuble ou autre.	5 00
Acte de dépôt.	5 00
Acte de mise en possession d'un immeuble.	10 00

Acte de mainlevée et la notification au propriétaire 10 00
Acte établissant la preuve d'un vice rédhibitoire
existant soit dans un immeuble, soit chez une
bête de somme. 2 00
Acte en avance de payement pour marchandises
à livrer. 5 00
Acte constatant le droit d'un tiers sur un im-
meuble 5 00
Acte de convention pour la fixation d'un salaire. 2 00
Indemnité pour déplacement d'adel, dans l'inté-
rieur d'Alger, par adel. 2 00
Autre ville qu'Alger, par adel 1 00
Hors ville, à une heure de marche, par adel. 2 00
Lorsqu'il y a plus d'une heure, pour toutes
les autres heures, l'aller seulement 1 00
(Le louage des montures pour le transport des
adels est à la charge de la partie intéressée.)
Déplacement de l'aoun, à Alger. 1 00
Idem, dans les autres villes 0 50
(Si l'aoun doit sortir de la ville, on lui payera
la moitié de ce qui revient à l'adel.)
Déplacement du cadi, par jour de voyage, pen-
dant tout le temps de son déplacement, soit
qu'il voyage, soit qu'il séjourne pour étudier
l'affaire qui a nécessité sa présence. 8 00

Manière d'opérer le partage d'une somme payée comme
taux du coût des actes ci-dessus dénommés.

Le cadi reçoit 35 p. 100 de la somme ; — Le
bach adel, 28 ; — L'adel, 24 ; — L'aoun ou les
aoun, 10.
Si le cadi a trois adels dont un bach adel, il reçoit 55 p. 100 ; — Le bach adel, 23 ; — Pour
chacun des deux adels, 17 ; — Pour l'aoun ou
les aoun, 8.
Si le cadi a quatre adels dont un bach adel, il
reçoit 55 p. 100 ; — Le bach adel, 18 ; — Pour
chacun des adels, 14 ; — Pour l'aoun ou les
aoun, 7.
Si le cadi a cinq adels dont un bach adel, il reçoit 50 p. 100 ; — Le bach adel, 16 ; — Pour
chacun des adels, 12 ; — Pour l'aoun ou les
aoun, 6.
Si le cadi a six adels dont un bach adel, il reçoit 27 p. 100 ; — Le bach adel, 15 ; — Chacun des adels, 11 ; — L'aoun ou les aoun, 5.
Si le cadi a sept adels dont un bach adel, il reçoit 23 p. 100 ; — Le bach adel, 12 ; — Chacun
des adels, 10 ; — L'aoun ou les aoun, 4.
Si le cadi a huit adels dont un bach adel, il reçoit 22 p. 100 ; — Le bach adel, 12 ; — Chacun
des adels, 9 ; — L'aoun ou les aoun, 5.

Art. 2. — Les membres des medjelès seront
payés par vacations.

1° Pour toute affaire d'une importance de 5,000 fr. et
en-dessous, ces vacations sont fixées :
Pour chacun des membres du medjelès, à. . . 6f 00c
Pour le bach adel, à. 4 50
Pour l'adel, à 3 50
Pour l'aoun, à 2 00
2° Ces vacations seront du double lorsque l'affaire sera
d'une importance supérieure à 5,000 fr.
3° En cas de transport des membres du medjelès hors
de leur résidence, les vacations attribuées à ces membres
seront portées à une somme journalière de :
Par chaque membre du medjelès. 8f 00c
Par chaque adel ou bach adel. 5 00
Pour l'aoun. 5 00
4° Le prix du papier timbré est à la charge de celui
qui fait dresser l'acte et se paye en sus du taux de l'acte.

Cte P. DE CHASSELOUP-LAUBAT.

AM. — 2 nov. 1860.-12 janv. 1861. — BM. 105.
— *Personnel des diverses mahakmas.* (1).

AG. — 10-27 avr. 1861. — BG. 10. — *Appels des*
jugements des cadis. — Indication par leurs
numéros des circonscriptions judiciaires mu-
sulmanes qui ressortiront aux tribunaux de
Tlemcen et de Sétif, nouvellement créés. (La
division du territoire des provinces d'Oran et
de Constantine adoptée par les arrêtés plus
récents des 1er mars et 1er avr. 1866 — Infrà
— a modifié les indications ci-dessus.)

Circ. G. (non publié au *Bulletin officiel*).—
Instructions relatives à la traduction des
actes des cadis par les interprètes.

Général, l'art. 1 de l'arrêté ministériel du 16
oct. 1860 établit que tous les actes des cadis sont
traduits en français par extrait, et qu'il est alloué
à l'interprète un droit fixe de 1 fr. par acte.—
Cette disposition a paru, à quelques-uns, difficile
à concilier avec les termes de l'art. 29 du décr.
du 31 déc. 1859, article qui est ainsi conçu :
« Les jugements n'entraînent aucuns frais pour les
parties lorsque celles-ci se présentent et se retirent sans réclamer expédition du jugement rendu. »
On s'est demandé si les interprètes, chargés de
la traduction des registres des cadis, ont droit,
dans tous les cas, à la rétribution de 1 fr. par
acte, et alors par qui doit être payée cette allocation lorsqu'il s'agit d'un jugement et que les parties ne réclament pas d'expédition. — La question
a été soumise à mon appréciation. — Le principe
de la gratuité absolue inscrit dans l'art. 29 du
décr. du 31 déc. 1859, s'oppose, d'une manière
formelle, à ce que les parties supportent les moindres frais lorsqu'elles ne réclament pas expédition
du jugement rendu.
Les dispositions de ce décret n'ont pu être abrogées ou modifiées par un arrêté ministériel. — Il
en résulte que si, aux termes de l'art. 1 de l'arr.
du 16 oct. 1860, les actes des cadis doivent être
traduits en français au droit fixe de 1 fr., ce droit
ne peut être payé pour la traduction des jugements dont l'expédition n'est pas requise. — Lorsque des expéditions sont délivrées par des cadis,
ces magistrats n'ont pas intérêt à le dissimuler
aux interprètes, puisque le droit de traduction est
ajouté aux frais de l'acte. D'ailleurs, s'ils s'attri-
buaient le prix de traduction, ils seraient passibles
de peines disciplinaires.
Quant à la traduction des jugements dont il
n'est pas levé copie, elle est obligatoire. Les interprètes, recevant un traitement de l'État, doivent
prêter leur ministère à la justice, alors même que
ce concours ne serait pas toujours spécialement
rétribué. — Il convient de remarquer que ces dispositions ne s'appliquent qu'aux jugements. La
traduction des actes reçus par les cadis, en leur
qualité de notaires, doit toujours donner lieu à la
rétribution de 1 fr. — Telle est, général, la marche
qui devra être adoptée dans votre division ; c'est
d'ailleurs celle qui est suivie dans les territoires
civils, ainsi que me l'a fait connaître M. le procureur général près la cour impériale.

Mal PÉLISSIER, DUC DE MALAKOFF.

AG. — 1er sept.-31 déc. 1861. — BG. 39. — *Divi-*
sion des cadis en trois classes. — Traitements.

Vu l'art. 9 du décr. du 31 déc. 1859, ensemble
les dispositions du décr. du 10 déc. 1860 ;

---

(1) Aux termes de l'art. 11 du décr. du 31 déc. 1859,
le personnel de chaque mahakma est fixé selon les besoins
du service par arrêtés du ministre, et doit se composer du
cadi et de deux adels au moins. L'objet de l'arrêté ci-
dessus du 2 nov. 1860, ainsi que de dix autres arrêtés en
date des 18 mars, 2 et 18 avr., 17 juin 1861 ; 27 fév.,

7 mai, 11 oct. 1862 ; 8 janv., 12 sept. 1863 ; 23 sept.
1864 — BG. 6, 20, 26, 27, 71, 79, 81, 92, 124 — était
de modifier cette composition dans diverses circonscriptions, dont la délimitation et le numéro d'ordre ne concordent plus avec la nouvelle division territoriale de
1866.

Art. 1.— Les cadis du territoire civil de l'Algérie sont divisés en trois classes : — Leur traitement annuel est fixé comme il suit : — Cadis de 1re cl. 1,500 fr.;—De 2e cl. 1,260 fr.;—De 3e cl. 900 f.

Art. 2.— Sont de 1re cl. les cadis qui résident au siége d'un tribunal français de 1re inst., de 2e cl. ceux qui résident au siége d'une justice de paix, de 3e cl. ceux qui résident dans les autres localités ou dans les tribus.

Art. 3.— La classe supérieure pourra être accordée, toutefois, par exception à cette règle et sans changement de résidence, aux cadis que recommanderont l'ancienneté ou la qualité de leurs services.

Art. 4.— Les cadis actuellement en exercice et en possession d'un traitement supérieur à celui qui est attribué à leur classe, en conserveront la jouissance.

Art. 5. — Le présent arrêté sortira son effet à partir du 1er janv. 1862.

Mal PÉLISSIER, DUC DE MALAKOFF.

AG.— 22 oct. 1861 (non publié au *Bulletin officiel*). — *Formalités relatives à l'appel des jugements des cadis.*

Vu le décr. du 31 déc. 1859 et l'arr. du 16 oct. 1860 ; — Considérant que l'expérience a fait reconnaître la nécessité de modifier les art. 2, 5, 15 et 16 de l'arr. du 16 oct. 1860 ;

Art. 1.— L'appel reçu par l'adel du cadi et les désistements déclarés en la même forme, ne donneront lieu à aucun émolument.— Dans les affaires où il y aura eu, en première instance, plusieurs parties en cause, s'il n'est pas interjeté appel contre une ou plusieurs d'entre elles, la déclaration reçue par l'adel le mentionnera expressément.

Art. 2.— La déclaration d'appel pourra, en cas, soit d'empêchement, d'absence ou de refus de l'adel, soit d'empêchement pour une cause quelconque de la partie, être suppléée par une déclaration faite, soit au parquet du tribunal le plus proche, soit devant le juge de paix ou le commissaire civil les plus voisins, soit devant les officiers des bureaux arabes revêtus du caractère d'officiers de police judiciaire dans les territoires militaires.— Acte sera dressé de cette déclaration, et le procureur impérial ou les officiers des bureaux arabes en territoire militaire, en transmettront une copie au cadi, ou à son adel, avec invitation de remplir ou de faire remplir les formalités prescrites par l'art. 2 du décr. du 31 déc. 1859. Ils en donneront en même temps avis au greffier de la cour et du tribunal qui devra connaître de l'appel.— Cet acte, qu'il ait été mentionné ou non sur le registre *ad hoc*, indiqué audit article, aura pour effet de constater l'appel et d'en fixer la date.

Art. 3.— L'inscription ou la mise au rôle de l'appel au greffe de la cour ou du tribunal a lieu sans frais.

Art. 4. — Il est alloué au greffier 50 c. par rôle d'expédition ; il lui est alloué, en outre et en sus du droit d'expédition, un droit fixe de 75 c., à titre de rémunération. — Ce droit sera perçu lors de la remise de l'expédition, si elle est réclamée, et compris dans le coût de celle-ci.

Art. 5. — Les minutes des arrêts et jugements rendus sur appel ne sont soumises ni au timbre ni à l'enregistrement. — Les expéditions des arrêts et jugements définitifs ne pourront être délivrées aux parties que sur papier timbré, conformément à l'art. 12 de la loi du 13 brum. an VII. — Les expéditions des arrêts et jugements définitifs, emportant transmission de propriété ou d'usufruit de biens immeubles, statuant sur des questions de baux à terme, à loyer ou à rente, sous-baux, cessions ou subrogations de baux, ou sur des engagements de biens de même nature, seront seules soumises à l'enregistrement. — Cette formalité devra s'accomplir dans les trois mois de la date desdits arrêts et jugements.

Art. 6. — Les dispositions qui précèdent sont applicables aux arrêts et jugements rendus antérieurement au présent arrêté, en exécution du décret du 31 déc. 1859. — Le délai de trois mois imparti par l'art. 5 ne courra, en ce qui concerne les arrêts et jugements, que du jour de la promulgation du présent arrêté.

Mal PÉLISSIER, DUC DE MALAKOFF.

AG. — 23-31 déc. 1862. — BG. 73. — *Tribus kabyles.* — *Justice rendue par les djemâas.*

Vu l'art. 59 du décr. du 31 déc. 1859 ; — L'arrêté du gouverneur général du 12 mai 1862, qui a fait passer de la division de Constantine dans celle d'Alger, les tribus des Beni Hidjer, Beni Zekki et Illoula ou Malou. — L'arrêté du gouverneur général, du 22 août 1862, portant suppression de la 129e circonscription judiciaire musulmane à laquelle appartenaient ces trois tribus ;— Considérant que toutes les tribus du cercle de Fort-Napoléon sont, sous le rapport de l'administration de la justice, placées sous le régime des institutions kabyles, à l'exception des Beni Hidjer, Beni Zekki Illoula ou Malou, et que cette anomalie ne peut que présenter des inconvénients ;— Considérant que si, jusqu'à présent, les trois tribus ci-dessus dénommées ont dû être regardées comme soumises à la juridiction des cadis, en fait, elles ont toujours conservé l'habitude de faire régler leurs affaires de justice par la djemâa d'après les coutumes du pays ;

Art. 1. — La justice est rendue chez les Beni Hidjer, Beni Zekki et Illoula ou Malou par les djemâas, conformément aux usages kabyles, sauf en ce qui concerne les crimes et délits, dont la connaissance est réservée à l'autorité administrative, aux commissions disciplinaires et aux conseils de guerre.

Le général de division, sous-gouverneur,
DE MARTIMPREY.

Circ. G.—8 août 1863. (V. *État civil*.) — *Irrégularités commises par les cadis en matière d'état civil et relativement aux actes de mariage.*

AG. — 5-8 nov. 1864. — BG. 126. — *Prescriptions relatives à la rédaction des jugements et actes des cadis.*

Vu les art. 28 et 44 du décr. du 31 déc. 1859 ; — Considérant que les cadis s'abstiennent souvent d'insérer, dans les actes et jugements qu'ils rédigent, les détails nécessaires sur les parties et sur la désignation des immeubles ; — Que ces omissions sont de nature à préjudicier aux justiciables, en faisant naître de nouvelles contestations ;

Art. 1. — Les actes des cadis énonceront les noms, qualités et domiciles des parties ; ils indiqueront, en outre, de la manière la plus précise, la superficie et les limites des immeubles faisant l'objet des transactions, partages, ventes, etc., et, en outre, leur situation, en rappelant la ville, la commune, la tribu, fraction de tribu ou circonscription dans laquelle ils sont placés.

Art. 2. — Outre les mentions prescrites par l'art. 28 du décr. du 31 déc. 1859, les jugements rendus par les cadis indiqueront la situation des immeubles qui seront l'objet du litige.

Mal DE MAC-MAHON, DUC DE MAGENTA.

AG. — 2 avr.-21 déc. 1865. — BO. 162. *Prescription d'un formulaire uniforme pour la rédaction des actes des cadis.*

Vu les art. 28 et 44 du décr. du 31 déc. 1859 ;
— L'ord. roy. du 26 sept. 1842 ; — L'arrêté du
gouverneur général, du 5 nov. 1864 (ci-dessus);—
Considérant qu'en l'absence de règles suffisamment déterminées, les actes dressés par les cadis
sont trop souvent rédigés d'une manière incomplète et en termes peu précis ; — Que cette manière de procéder donne lieu à de nombreuses
difficultés ; — Qu'il importe de remédier à cet état
de choses, préjudiciable aux intérêts des indigènes.

Art. 1. — Les actes des cadis seront rédigés
suivant les indications et d'après les modèles du
formulaire annexé au présent arrêté.

Art. 2. — Ce formulaire servira de base au
cours de rédaction d'actes professé dans les médersas.

Art. 3. — Le présent arrêté est applicable à
la région en dehors du Tell.

M^{al} DE MAC-MAHON, DUC DE MAGENTA.

AG. — 31 janv.-28 fév. 1866. — BG. 167. —*Division du territoire de la province d'Alger en
101 circonscriptions.*

Vu les art. 5 et 59 du décr. du 31 déc. 1859 ;—
Le décr. du 1er avr. 1865 fixant les limites du territoire civil du dép. d'Alger (supra, *Circonscriptions*, § 1).

Art. 1. — Le territoire de la province d'Alger,
à l'exception de la Kabylie, qui demeure régie par
ses coutumes pour l'administration de la justice
musulmane, est divisé en 101 circonscriptions, dont
les ressorts et les dénominations sont indiqués ci-
après.

Art. 2. — 91 de ces circonscriptions ressortissent aux tribunaux de première instance d'Alger
et de Blidah, 10 sont régies par la juridiction des
cadis, telle qu'elle existait avant le décr. du
1er oct. 1854.

M^{al} DE MAC-MAHON, DUC DE MAGENTA.

Département d'Alger.

1re circonscription. *Alger (rite Maleki).* — Alger,
Douéra, Kouba, Hussein Dey, Birmandreis, Dely Ibrahim, Draria, Oulad Fayet, Sainte-Amélie, Saint-Charles,
Birkadem, Mustma. — 2. *Alger (rite hanefi)* mêmes territoires. — 3. *Mitidja orientale.* Rovigo, Fondouk, Réghaïa, Aïn Taya, Routba, Rassauta, Khachna comprenant
l'Alma et le col des Beni Aïcha. — 4. *Miliana.* Miliana
et le territoire civil qui en dépend. — 5. *Dellys.* Ressort
du commissariat civil de Dellys. — 6. *Aumale.* Ressort
de la justice de paix d'Aumale. — 7. *Blida.* Blida, Bouf-
farik, Oued el Alleg, la Chiffa, Mouzaïaville, El Affroun.
— 8. *Coléa.* Commune de Coléa et annexes. — 9. *Cherchel.* Cherchel, Marengo. — 10. *Médéa.* Ressort de la
justice de paix de Médéa. — 11. *Ténès N.*, partie N. de
la commune de Ténès. — 12. *Ténès S.*, partie S. de la
commune de Ténès.

Les circonscriptions n°s 1, 2, 3, 6, 11, 12, ressortissent au tribunal d'Alger; celles n°s 5, 4, 7, 8, 9, 10,
à celui de Blida.

Subdivision de Dellys.
Ressort du tribunal d'Alger.

(*Cercle de Dellys.*) — 13. *Khachna.* Khachna el Djebel, Khachna el Outa. — 14. *Djemaa des Issers* Issers
Drodch, Oulad Moussa, Bord Menaïel, Abid, Cheurfa.—
15. *Dar Mendil.* Beni Siyem, Sebaou el Kadim, Issers
Djedian, Issers Oulad Smir, Issers Gherbi.

(*Cercle de Dra el Mizan.*) — 16. *Dra el Mizan.* Au-
mal, Zouatna, Oulad el Aziz, Nezlioua, Abid, Archaoua.

Subdivision d'Aumale.
Ressort du tribunal d'Alger.

(*Cercle d'Aumale.*) — 17. *Mekta Lazereg.* Beni
Moussa, Beni Khelil (fraction des), Beni Miscera. — 18.
Larba des Beni Seliman Beni Seliman Cheraga, Oulad
Thaïne, Oulad Messselem, Oulad Soltane. — 19. *Tiara.*
Beni Seliman Gharba, Ahel el Euch, Beni Makoun, Ne-

louane, Oulad Zemla, Oulad Ziaoua, Beni Sliem. — 20.
Dechmia. Djenab, Oulad Meriem, Oulad bou Arif, Oulad
Fara. — 21. *Oued Mamoura.* Oulad Driss, Oulad Barka,
Oulad Si Moussa. — 22. *Chellala.* Adaoura Cheraga,
Adaoura Gheraba. — 23. *Sidi Aïssa.* Oulad Si Aïssa
Ben Daoud, Oulad Sidi Aïssa. — 24. *Mecmissa.* Oulad
Selama, Oulad Abdallah, Oulad Si Ameur. — 25. *Oued
H'amm.* Oulad Sidi Hadjeres, Selamates. — 26. *Oued
Okhis.* Beni Lithacen, Oulad Messiem, Oulad Salem, Beni
Yddou. — 27. *Boutra* Oulad bou Abid, Beni Amar, Ou-
lad Bellil, Beni Meddour, Merkalla, Oulad el Aziz. —
28. *Ben Karoub.* Beni bel Hacen, Oulad Maned, Oulad
Salem, Oulad Selim. — 29. *Sebt er Randja.* Senhadja,
Zouaïna. — 30. *Titla et Attara.* Cheurfa du S., Cheurfa
du N. — 31. *El Bellam.* Oulad Brahim, Beni Amrane.
— 32. *Rocadia.* Mettennan. — 33. *Djemaa des Arib.*
Arib.

Subdivision de Médéa.
Ressort du tribunal de Blidah.

(*Cercle de Médéa*). — 34. *Sidi Ali Gayour.* Beni Sa-
lah, Beni Mecaoud, R'ellaïa, Ferroukha. — 35. *Madala.*
Ouzera, Beni bou Yacoub, Mouzaïa Guebila. — 36.
Amoura. Hannacha, R'zib, Righa, Ouamry. — 37. *Titla
des Douairs.* Douair, Oulad Deïd, Oulad Sidi Hadj, Ou-
lad Ed Dhim. — 38. *Ben Meredef.* Oulad Mareuf, Souary,
Dehelmat. — 39. *El Mollak.* Abid, Beni Hacen, Haouara,
Hassen ben Ali. — 40. *Had des Rebala.* Rebala, Oulad
Sidi Ahmed ben Youcef. — 41. *Djemaa des Oulad Allan.*
Oulad Allan, Tittery. — 42. *Birine.* Oulad Mokhtar
Cheraga, Mouïadat Cheraga.

(*Cercle de Boghar.*) — 43. *Boghar.* Oulad Anteur,
Oulad Hallal, Oulad Hamza, Oulad Ahmed ben Saad. —
44. *Chabonia.* Zenakha Maroucha, Zenakha el Goufi,
Abadlia. — 45. *K'sar el Boghari.* Emfatah, K'sar el Bo-
ghari. — 46. *Aïn Oussera.* Oulad Mokhtar Gheraba,
Mouïadat Gheraba, Abaxis. — 47. *Saneg Rahman Che-
raga*, Rahman Gheraba. — 48. *Sidi Youssef.* Bou Aïch,
Oulad Sidi Aïssa el Ouerg, Souagui. — 49. *Taguin.*
Oulad Cheikh, Oulad Ahmed Rechelga.

Subdivision de Miliana.
Ressort du tribunal de Blidah.

(*Cercle de Miliana.*) — 50. *Zabbouj et Yabesa.* Sou-
mata. — 51. *Djemaa de Miliana.* Hachem, Shate, Oulad-
Mira. — 52. *L'arbâ du Djendel.* Beni Ahmed, Djendel.
— 53. *Djemaa des Matmatas.* Doui Hasseni, Beni Fathem,
Oulad Sahia, Oulad Moussa, Oulad Hamida. — 54. *L'arbâ
des Beni Zoug Zoug.* Ouzarera, Oulad Abbès, Bou Ra-
ched. — 55. *Djemaa des Oulad Cheikh.* Oulad Cheikh,
Haraouat Cheraga, Haraouat Gheraba. — 56. *Temin des
Bethya.* Reichia, Khobbaza, Thelbaïne. — 57. *Oulad
K'hemis.* Beni Remerlane, Braz kabyle. — 58. *Bras.* El
Harrar, Beni Bouhal, Oulad Aïssa, Oulad Yania, Beni
Mehaouein. — 59. *L'arbâ des Attafs.* Attafs. — 60. *Oued
Beda.* Beni Ferhat. — 61. *Tenin des Beni bou Douan.*
Beni bou Douan, Beni bou Aitab. — 62. *Zaroure.* Beni
Menasser de la montagne, Arib. — 63. *Oued Hammoua.*
Righa, Bou Hallouan. — 64. *El Kantara.* Frahilia,
Abid.

(*Cercle de Cherchel.*) — 65. *Beni Menad.* Beni Menad. — 66. *Had des Beni Menasser.* Beni Menasser Cheraga, Beni Menasser Gheraba. — 67. *Had des Arbal.*
Gouraïa, Arbal. — 68. *Oued Damous.* Beni Ziout, Lar-
rhat. — 69. *Djemaa des Zatima.* Beni bou Mileuk, Zatima,
Beni Sliman. — 70. *Tenin des Tacheta.* Beni Merchaba,
Tacheta, Zouaggara.

(*Cercle de Tenlet el Haad.*) — 71. *Sebt des Azis.* Azis
Cheraba, Azis Cheraga, Sioul. — 72. *Bellal.* Beni Sou-
meur, Oulad Sidi Sliman, Souhaïla. — 73. *Tenlet el Hadd.*
Beni Mahares, Oulad Ayad, Doui Hassbui, Beni Atin. —
74. *Guebla.* Oulad Amar, Oulad Orali, Beni Melda, Beni
Lent. — 75. *Oulad Bessam.* Beni Chaïb, Beni Lassem,
Oulad Bessam Cheraga, Oulad Bessam Gheraba, Oulad
Meriem.

Subdivision d'Orléansville.
Ressort du tribunal d'Alger.

(*Cercle d'Orléansville.*) — 76. *Takoul.* Sbeah du Sud.
— 77. *Oued Ouahrane.* Haoumis. — 78. *Medinet Medjadja.* Medjadja. — 79. *Takloul.* Beni Rached, Beni
Djergia. — 80. *Teïr' Aoui.* Bendjes Gheraba, Bendjes
Cheraga. — 81. *Sidi Saknoum* Beni Ouazin, Oulad bou

Sliman. — 82. *Ouarsenis.* Beni bou Khannous, Beni Hindel, Ouled Realla, Essalba. — 83. *Tamésora.* Ou{}ad Sidi Salah, Chouchaoua. — 84. *Aïn Beïda.* Oulad Faris. — 85. *El Esnam.* Oulad Kosseir. Territoire civil d'Orléansville. — 86. *Dahra.* Oulad Younès, Cheurfa, Oulad Abdallah, Hareufa. — 87. *Aïn Merane.* M'châa, Oulad Ziad, Djebahfa, Sobha. — 88. *Bou Dada.* Oulad Bouirid, Talassa, Chebeïbla. — 89. *Oued Allaïa.* Beni Tamou, Beni Mersoug. Bar'Edoura. — 90. *Oued Meutrach,* Zouggara, Beni Haoua. — 91. *Djebel Bissa,* Maïn, Sinfita.

Région en dehors du Tell.

Régie par la juridiction des cadis telle qu'elle existait avant le décret du 1er oct. 1854.

(*Cercle de Laghouat.*) — 92. *Laghouat.* Laghouat, Tadjemout, Aïn Madhi, El Haouïta, El Hassaña, Ksar el Hiran, Maamra, Hadjadj, Harazlia, Ouled Salah, Ouled Sidi Attalah, M'khalif.

(*Annexe de Djelfa.*) — 93. *Taadmit.* Oulad Reggad, Oulad Khouata. — 94. *Djelfa.* Oulad Si Ahmed. — 95. *Charef.* Abazis Charef, Ksar Zennia. — 96. *Zar'ez Gherbi.* Ouled Kouini. — 97. *Zar'ez Chergui.* Oulad Abdelkader, Oulad bou Abdallah, Oulad ben Alia, Sabari Oulad Brahim, Sabary el Attafa, Oulad Sidi Aïssa el Adeb. — 98. *M'alba.* Oulad Aïssa Gheraba, Oulad Laouar, Oulad el Mechach. — 99. *El Aouïssat.* Oulad Aïssa, Oulad Aïssa Cheraga, Oulad Oum Lakhoua. — 100. *Daya Redjaïs.* Oulad Mebaïli. — 101. *Messad.* Oulad Yahia ben Salem, les Ksours, Sahary Khobeïrat, Oulad Sidi Younès.

AG. — 1er-17 mars 1866. — BG. 169. — *Division du territoire de la province de Constantine en 128 circonscriptions.*

Vu, etc.;

Art. 1. — Le territoire de la province de Constantine est divisé, pour l'administration de la justice musulmane, en 128 circonscriptions, dont les ressorts et les dénominations sont indiqués ci-après.

Art. 2. — 104 de ces circonscriptions ressortissent aux tribunaux de première instance de Constantine, Philippeville, Sétif et Bône; 24 sont régies par la juridiction des cadis, telle qu'elle existait avant le décr. du 1er oct. 1854.

Mal DE MAC-MAHON, DUC DE MAGENTA.

Département de Constantine.

1re circonscription. *Constantine,* ville de Constantine. — 2. *Banlieue de Constantine.* Territoire rural de Constantine, comprenant: Ras el Oued, Djebbès, El Gouari, Oued Yacoub, Gammas, Tafrent, le Hamma, Condé Smendou, Bizot, le Kheroub, Ouled Rahmoun, Aïn Guerfa, Medjiba, Lamblèche, Aïn Tadjmont, Aïn Kerma, Oued Temenia, Oued Seguen, Aïn Smara. — 3. *Philippeville.* Philippeville et centres dépendant de l'arrondissement. — 4. *Bône.* Bone et centres dépendant de l'arrondissement de Bône.—5. *Guelma.* Commune de Guelma et centres qui y sont rattachés. — 6. *Sétif.* Commune de Sétif et centres qui y sont rattachés.—7. *Bougie.* Commune de Bougie.

Les circonscriptions nos 1 et 2 ressortissent au tribunal de Constantine; celle n° 3 au tribunal de Philippeville; celles nos 4 et 5 au tribunal de Bône; celles nos 6 et 7 au tribunal de Sétif.

Subdivision de Constantine.

Ressort du tribunal de Constantine.

(*Cercle de Constantine.*) — 8. *Milah.* Oudjel, Oued Smendou, Oued el Koton, Milah, Aïn el Beïda, El Balfa, Oulad Aïd, Bled Bekhouch, Douar ben Smak, Zeraba Ouled el Kaïm, Sidi bel Aïd, Ouled Zerara, Bakouch, Aïn Gourmat, El Rebah, El Khodra, Ouled Rahmoun, Bou Rebah ben Hassin, Mendena. — 9. *Beïra Toufla.* Oulad Abd el Nebi, Ouled Saltan, Oulad el Ouar, Ouled el Djelfa, Oulad Naceur, Azels Guebala, Azels Dahra, Ouled Maoueh, Oulad Aziz, El Eulma, Deïd Chabed bou Gonia (azel).—10. *Beni Kitl.* Cheurfa, Aïoun Khlouti, Beni Medjaïed, Sedrata, Beni Silin,

Beni Ahmed, Beni Kitl, Eulma Kchakcha, Ouled Sacy, Ouled Ahmed, Stibal, Aïoun Dehen, Silat, El Allama. — 11. *Segnia.* Ouled Seguen, Ouled Kacem, Ouled Djahich, Azel de l'Oued Ferrarin, Ouled Ouendadj, Ouled Achour, Ouled Sacy, Ouled Sebâs, Ouled Msad, Ouled el Ounis, Ouled Mahboub, Bou Hadjar, Ouled Sekkar. — 12. *Telaghma.* Smala, Ouled Nezzar, Ouled Messaoud, El Merazga, Ouled Bahia, Arab Gheitala. — 13. *Ouled Abd el Nour.* Kouaoucha, Ouled Abdallah, Redjaïa, El Gheraba, El Merabtin, Zoui, Cheraoua, El Guerarha, Mâmra, Ouled Rehan. — 15. *Chettaba.* Azels de Bou Meggoura, Serraf, Dhebia, Bled el Rarsi, Bled Bel Kibaï, Bled bel Ouadd, Medelson bel Hadj, Azels des Zmouls, Barrania, Chettaba. — 15. *Zmouls.* Ouled Zouat, El Tieïa. — 16. *Oued Bousselah.* Oued Bousselah. — 17. *Ouled Kebbab.* Ouled Kebbab, Azels des Ouled Kebbab. — 18. *Berrania.* El Atafa, Ouled Aziz, Ouled Yala, Ouled Belaguel, Ouled Sellem, Ouled Anan, Beni Meïloul, Ouled Hamla. — 19. *Moula.* Moula. — 20 *Ferdjiouah.* Ferdjiouah, Talha, Zaretza, Beni Messaoud, Ouled Ouled Ameur, Oued Kebir, Djemilah, Azels de Hammouya, Zeramna, Mentoura, Ennoura, Beni Foughal. — 21. *Zouagha.* Zouagha, Aze Cheraga, Azel Gheraba, Arrbès, Ouled Hâïa.

(*Annexe de Jemmapes.*) Ressort du tribunal de Constantine. — 22. *Eulma Mesiah.* Eulma Mesiah, Ouled Braham, Ouled Atia. — 23. *Jemmapes.* Radjetaa, Zardetaa, Beni Mehenna (cantonnés), territoire civil de Jemmapes.

(*Cercle de Djidjelli.*) Ressort du tribunal de Philippeville. — 24. *Djidjelli* Oued Djendjen, El Khedara, Beni Kitl, Ouled bou Afia, El Aouabel, Ouled el Merabet Moussa, Ouled Medini, Ouled Barch, Beni Kaïd, Ouled Tafeur, Dar el Haddada, Ouled Aïssa, Beni Amran Djebala, Beni Kheïlah, Beni Khezeur, Ard Aftis, El Kheracha, Chekaroua, Beni Sekfal, Oule{} Saad, Ouled Tebaan, Ouled Boubeker, Ouled Mahamed, Beni Siar, territoire civil de Djidjelly. — 25. *Tababort.* Larbâa, Beni Djebroun, Lialem, Beni Marmi, Ziamah, Beni Zoundal Dabra, Beni Bezzez. — 26. *Beni Foughal.* Ouled Ouarel, Ouled Khaled, Ouled Kassem, Beni Ouardedin, Beni Medjeled Dabra. — 27. *Beni Afeur.* Beni Afeur, Djimla, Ouled Askeur. — 28. *Beni Ideur.* Oued Nil, Ouled Khelas, Ouled Thaïeb, Ouled Allel, El Tahriah.

(*Annexe d'El Miliah.*) Ressort du tribunal de Constantine. — 29. *El Miliah.* Beni Teïlien, Achaf'h, Ouled Embarek, Beni Sbihi, Beni Kaïd, Beni Haoun, Ouled Aydoun. — 30. *Oued el Kebir.* Beni Chettab, Beni Ftah, Beni Aïcha, Ouled Ali, Ouled Aouat, Mchad, Djebalah, Tallman.

(*Cercle d'Aïn Beïda.*) Ressort du tribunal de Constantine. — 31. *Sellaoua.* Sellaoua. — 32. *Ouled Daoud.* Kherareb. — 33. *Ouled Khanfar.* Ouled Khanfar, Kherareb Gheraba. — 34. *Oued Meskiana.* Kherareb Gheraga.—35. *Aïn Beïda.* Ouled Saïd, Ouled Siouan, Ouled Amara.

(*Cercle de Tebessa*). Ressort du tribunal de Constantine. — 36. *Tebessa.* Tebessa et sa banlieue, Ouled Sidi Abid. — 37. *Ouled si Yahia ben Thaleb.* Ouled si Yahia ben Thaleb. — 38. *Brarehas.* Brarehas. — 39. *Allaouna.* Allaouna. — 40. *Ouled Rechaïch.* Ouled Rechaïch.

(*Cercle de Collo.*) Ressort du tribunal de Philippeville. — 41. *Beni Mehenna.* Medjedja, Tsabna, Beni Bechir, Msalla, Ouled Nouar, Beni Khezar, Beni Bou Naïm. — 42. *Oued Guebli.* Beni Ouelban, Ouled el Hadj, Beni Ishaq de l'Oued Guebli, Beni Salah. — 43. *Collo.* Collo, Ouled Maxoua, Achaïcha, Beni Ishaq du Goufi, Ouchaoua Riña, Ouled Abmideh. — 44. *Beni Toufout.* Beni Toufout.—45. *Oued Zhour.* Ouled Djama, Zaïbras El Djezias, Beni Mislem, Beni bel Aïd, Beni Ferguen.

Subdivision de Sétif.

Ressort du tribunal de Sétif.

(*Cercle de Sétif.*) — 46. *Eulma.* Eulma, Ameur Guebala. — 47. *Ouled Nabel.* Ameur Dahra, Ouled Nabet. — 48. *Beni Yala.* Beni Yala. — 49. *Sahel Guebli.* Sahel Guebli. — 50. *Beni Ourtilan.* Beni Ourtilan. —

51. *L'Arrach.* L'arrach.— 52. *Righa Guebala.* Righa
Guebala. — 53. *Righa Dahra.* Righa Dahra. —
54. *Aïn Tagrout.* Gheralia, Sedrata Ouled bou Nad,
Ouled Abdallah, Ouled Yahia, Ouled Semcha, Ouled
Mosly. — 55. *Guergour.* Gregria, Ouled Shâa, Beni
Ouzzin, Trouet Chebat, Ouled Khabbel, Ouled si el
Djoudi. — 56. *Chellata.* Beni Aydel. — 57. *Beni Che-
bana.* Beni Chebana. — 58. *Dehemcha.* Dehemcha,
Ouled Talba, Ouled Hammou, Ouled M'barek, Maouïa,
Beni Foughal, Oued el Kebir.

(*Annexe de Takitount.*) — 59. *Babor.* Beni Medjaled,
Ouled Sidi Abd el Moumen, Arbaoun, Beni Aziz, Beni
Zoundaï, Richia, Ouled Salem, Ouled bou Harrath, Ouled
Mena, Ouled Sebba, Ouled Saïd, Ouled Saïd ben Ali,
Medjerguy, Beni Melloul. — 60. *Beni Merof.* Ouled Salah,
Beni Menalla, Beni Dracem, Beni Meraf, Beni Felhaf. —
61. *Amoucha.* Amoucha. — 62. *Beni Smail.* Djermouna,
Beni Tizi, Beni Smaël.—63. *Beni Sliman.* Beni Sliman.

(*Cercle de Bordj bou Arréridj.*) — 64. *Bordj bou
Arréridj.* — Mguedden, Ouled Khelouf, Mkarta. — 65.
Medjana. Hachems, Djebaïlia. — 66. *Zamorah.* Ouled
Taïer, Dra Halima, Souïgah, Ouled Athman, Ouled
Djellal, Beni Lalem, Tassamert, Ouled bel Haouchat,
Ouled bou Aziz. — 67. *Tafreg.* Ouled Sidi Idir, Collab,
Bounda, Saïbor, Tafreg, Ouled Zaïd, Ouled Khalifa. —
68. *El Maïn.* Djafra, El Maïn.—69. *Ouennougha Dahra.*
Ouennougha (versant N.). — 70. *Ouennougha Guebala.*
Ouennougha (versant S.). — 71. *Mansourah.* M'sila. —
72. *Drïaï.* Ouled Mansour ou Madbi, Ouled Sidi Brahim,
ben Kalfallah, El Khemaïs, El Dahiah, Dar el Kebir,
Dar el Srira. — 73. *Maadids.* Maadids. — 74. *Ayads.*
Ayads.—75. *Tasmall.* Beni Abbès, Beni Melikeuch.

(*Cercle de Bougie.*) —76. *Ali Ameur.* Ali Sidi Abbou,
Mzala, Beni Kalia, Ali Ameur, Ali Ahmed Gareïs, Aciï
el Hammam. — 77. *Toudja.* Beni Amran, Toudja, Beni
bou Messaoud, Ouled Sidi Mohammed Amokran, Bou
Indjedamen. — 78. *Souhalia.* Beni Mimoun, Beni Am-
rous, Beni Mahmed, Beni Melloul, Beni bou Aïssi, Beni
Hassaïn, Beni Segonal, Aït Ouareïs ou Ali, Beni bou
Youcef. — 79. *Ouled Abd el Djebar.* Ouled Tamzaït,
Barbacha, Guifcer, Beni Khateb, Beni bou Bekkar, Mel-
laha, Adjissa, Senbadja, Beni Djelill, Beni Immel,
Meïana, Ouled Ameur Youb, Ouled Abd el Aziz, Beni
Kharoun, Beni Oughlis, Imzalen. — 80. *Beni Oughlis.*
Beni Oughlis Açameur, Fenaïa, Ourzellaguen, Beni Amar,
Trïfa, Ouled Sidi Moussa ou Idir, Beni Mansour.

(*Cercle de Bousaada.*)—81. *Msila.* Msila.

Subdivision de Bône.

(*Cercle de Bône.*)—Ressort du tribunal de Bône.— 82.
Plaine de Bône. Beni Urgine, Oued Berbès, Talha, Dra-
mena, Ouled bou Aziz, Beni Kaïd, Oueïlassa, Djendel,
Eulma, Moella. — 83. *Edough.* Beni Mohammed, Fedj
Moussa, Ouïchaoua, Tréat, Ouled Attia, Senbadja, Guer-
bès, Beni Merouan, Djendel. — 84. *Beni Salah.* Re-
gueguem, Ouled Ahmed, Merdès.

(*Cercle Guelma.*)—Ressort du tribunal de Bône.—85.
Oued el Halia. El Khezaras, Beni Marmi, Ouled Souan,
Ouled Arid, Beni Mezzeline, Beni Oerzeddine, Ouled si
Hafif, Ouled Dhan, Beni Guecha, Beni Yahï, Nbeylà. —
86. *Oued Zenati.* Ras el Akba, Ras Oued Zenati, El
Fedjoudj, Ouled Ali, Beni Addi, Beni Brahim, Salib, El
Taya, Oued Zenati. — 87. *Guerfa.* El Achèche, Beni
Oudjaca, Blad Gandourah, Sellaouas, Ouled Derradj,
Sellaouaï, Announa.

Commune de Souk Ahras. — Ressort du tribunal de
Bône. — 88. *Hannencha* (1). *Hannencha, Sefia.*— 89.
Ouillen. Ouillen, Ouled Dhia. — 90. *Ouled Khïar.* Ouled
Khïar, Mahaïlas.

(*Cercle de La Calle.*) — Ressort du tribunal de Bône.—
91. *Oued bou Hadjar.* Ouled Messaoud, Chiabna, Ouled
Nacour, Cheffia.— 92. *La Calle.* Lakhdar, Brabtia, Ou-

led Arid, Sbeïa, Ouaoucha, Ouled Amar ben Ali, Soua-
rakh, Ouled Youb, Ouled Ali Achicha, Beni Amar, Seba
Ouled Dieb, Aïn Khïar, territoire civil de La Calle.

(*Cercle de Baïna.*)—Ressort du tribunal de Constantine.—93. *Chemora.* El Achaïche, Ouled Fadhel, Ouled
Fedhala.— 94. *Oum el Asnab.* Ouled Chelih, Haracta el
Maïber, Haracta Djerma, El Teleïs, Ouled Si Ali Ta-
hamemi, Zouï, territoire civil de Baïna.—95. *Bellezma.*
Ouled Bou Aoun. — 96. *Lakhdar Haïfaoula.* Lakhdar
Haïfoula, Ouled Sidi Yahia ben Zekri. — 97. *Ouled Sulthan.* Ouled Sulthan.—98. *Ouled Sellem.* Ouled Sellem.
— 99. *Ouled Ali ben Sabor.* Ouled Ali ben Sabor. —
100. *Barika.* Ouled Derradj Cheraga. — 101. *Ouled
Daoud.* Ouled Daoud. —102. *Beni Oudjana.* Beni Oudjana.—103. *Khenchela.* Amamra.— 104. *Bouzina.* Ouled Abdi, villages de l'Oued Abdi, Ouled Moumen, Ouled Azouz.

Région en dehors du Tell.

Régie par la juridiction des cadis, telle qu'elle existait
avant le décret du 1er oct. 1854.

Subdivision de Sétif.

(*Cercle de Boussaada.*) — 105. *Ouled Adhi.* Ouled
Adhi, Mtarfas.—106. *Ouled Mahdi.* Ouled Sidi Brahim,
El Aouahmed, Ouled Madhi. — 107. *Souama.* Souama.
— 108. *Bousaada.* Boussaada et sa banlieue. — 109.
Cheurfa. Ouled Ameur, Ouled Ferrad).—110. *Aïn Rich.*
Ouled Khaled, Ouled Sliman, Ouled Ahmed, Ouled Sidi
Zian, Ouled Aïssa.

(*Cercle de Biskra.*)—111. *Biskra.* Oasis de Biskra, Fi-
liach, Corra, Oumach, Beni Brahim.—112. *Zeribet el Oued.*
Zab Chergui, Ouled Saoula, Ouled Amor, Lakhdar, Ouled
bou Hadidja.—113. *Milli.* Zab Guebli, Cheurfa.—114.
Tkouta. Beni bou Sliman, Rassira, Dissa, Mchounech,
El Habel, Benian. — 115. *El Kantara.* El Kantara,
M'doukal, El Outaïa, Sahari. — 116. *Sidi Okba.* Sidi
Okba, Garta, Thouda, Seriana, Droub, Sidi Kbelli,
Dambeur Rich, Ramougat. — 117. *Ouled Djellal.* Ouled
Djellal, Sidi Khaled, Selmïa, Ouled Zid, Dreïssa.—118.
Ouled Zian. Ouled Zian. — 119. *Khanga Sidi Nadji.*
Djebel Chechar. — 120. *Tolga.* Zab Dahari, Ahl ben
Ali, Ghamra, Bou Arid, Ouled Sidi Sliman. — 121. *Ou-
lach.* Ahmar Khaddou.—122. *Aïn Sidi Mazous.* Ouled
Zekri. — 123. *Tougourt.* Tougourt, Oued R'ir. — 124.
Temacin. Temacin, Ouled Sehïa, Saïd Ouled Amor, Bli-
dat Amar. — 125. *El Oued.* El Oued.— 126. *Guemar.*
Guemar, Bihima, Dbila, Sidi Aoun. — 127. *Kouïnia.*
Tarzout, Kouïnin, Zegoum. — 128. *Ouargla.* Ouargla,
N'gouça, Rouïssat, Chambâ, Mkadma, Saïd Arba.

AG. — 1er-12 avr. 1866.— BG. 172. — *Division
du territoire de la province d'Oran en 93 circonscriptions.*

Art. 1.—Le territoire de la province d'Oran est
divisé en 93 circonscriptions judiciaires, dont les
ressorts et les dénominations sont indiqués ci-
après.

Art. 2. — 73 de ces circonscriptions ressortissent aux tribunaux de première instance d'Oran,
Mostaganem et Tlemcen; 20 sont régies par la juridiction des cadis, telle qu'elle existait avant le
décr. du 1er oct. 1854.

Département d'Oran.

1. *Oran.* Territoire cantonal d'Oran. — 2. *Saint-
Cloud.* Territoire cantonal de Saint-Cloud. — 3. *Saint-
Denis du Sig.* Territoire du district de Saint-Denis du Sig.
— 4. *Mostaganem.* Territoire de l'arrondissement de
Mostaganem. — 5. *Mascara.* Territoire de l'arrondisse-
ment de Mascara. — 6. *Tlemcen.* Territoire cantonal de
Tlemcen.

Les circonscriptions n°s 1, 2 et 3 ressortissent au tribunal d'Oran ; celles n°s 4 et 5 au tribunal de Mostaganem ; celles n° 6 au tribunal de Tlemcen.

Subdivision d'Oran.

Ressort du tribunal d'Oran.

(*Cercle d'Oran.*) — 7. *Douaïrs.* Douaïrs. — 8. *Ouled
Abdallah.* Ghamra, Ouled Abdallah, Ouled bou Amer,

---

(1) Par arrêté du 6 avr. 1866 — BG. 172 — le territoire civil de Souk Ahras, a été rattaché pour l'administration de la justice musulmane à la 88e circonscription, dont le ressort est en conséquence formé ainsi qu'il
suit : Hannencha, Sefia, territoire civil de Souk Ahras.

Aâmer. — 9. *Zmila.* Zmela. — 10. *Gharaba.* Gharaba du territoire militaire, Tahallalt.

(*Annexe d'Aïn Temouchent.*) — 11. *Aïn Temouchent.* Ouled Khalfa, Ouled Zeïr.

Subdivision de Mostaganem.
Ressort du tribunal de Mostaganem.

(*Cercle de Mostaganem.*) — 12. *Chafaïa.* Abid Cheraga, Bordjia. — 13. *Bouguirat.* Ghouîrat, Ouled Malef, Ouled Sidi Abdallah, Ouled Châfa, Akerma Gharaba. — 14. *Sbaheïa.* Ouled bou Kamel, Chorfa el Hamadia, Djebala, Chelâfa. — 15. *Nekmaria.* Ouled Khelouf Djeballa, Ouled Khelouf Souahlia, Tazgaït, Zerrifa, Ouled Riah. — 16. *Hassi Souf.* Achâacha, Mediouna. — 17. *Kaf Chelif.* Ouled el Abbès, Ouled Kouidem. — 18. *Mazouna.* Mazouna. — 19. *Koubba de Sidi Abdallah.* Msila, Ouled Sidi Brahim, Ouled Maâla. — 20. *Hamri.* Feni Zeuthis, Ouled Slama, Ouled Sidi bou Abdallah. — 21. *Koubba de Sidi Abdelkader.* Ouled Ahmed, Akerma Cheraga, El Mahal. — 22. *Aïba.* Mekahlia, Sabari.

(*Annexe de Zemmorah.*). — 23. *Relizane.* Anaïra, Zaoulet Sidi Mohammed ben Aouda, Ouled Yahia, Hassasna. — 24. *Zemmorah.* Ouled Souïd, Hararira, Beni Dergoun, Ouled Sidi Yahia. — 25. *Hassi el Nahla.* Ouled Sidi Lazereug, El Amamra, Chouâfa. Ouled Rafa, Beni Isaad. — 26. *La Rahouïa.* Ouled Barkat, Beni Louma, Ouled Rached, Ouled Amen. — 27. *Aïn Menned.* Ouled Sidi Yahia ben Ahmed, Ouled bel Hala, Ouled Sidi Ahmed ben Mohamed.

(*Cercle d'Ammi Moussa*). — 28. *Ammi Moussa.* Ouled el Abbas, Ouled Ali, Marioua, Ouled Défelten. — 29. *Karnaouah.* Beni Meslem (Ouled bou Riah, Ouled Yatch), Chekala, Ouled Sabem. — 30 *Cheraga.* Meknessa, Hallouya Gharaba, Hallouya Cheraga. — 31. *Sidi Snouset.* Beni Tigheria, Keraïch Gharaba, Keraïch Cheraga, Manem, Maïmala. — 37. *Hassi Berda.* Ouled Lamour, Ouled Moudjem, Adjama, Oulad âou Ikoi.

Subdivision de Sidi bel Abbès.
Ressort du tribunal d'Oran.

(*Cercle de Sidi bel Abbès.*) — 32. *El Djemâa.* Ouled Ali Tabia, Oulad Ali Fouaga Mehadja, Oulad Ali Fouaga Ghoualem. — 33. *Bou Djebha.* Ouled Sellman (arabes et marabouts), Chorfa et Guetarnia. — 34. *Sidi bel Abbès.* Ouled Brahim, Hazèdj, Hassasna, Hameyan, Oulad Sidi Ali ben Youd, indigènes du district de Sidi bel Abbès.

Subdivision de Mascara.
Ressort du tribunal de Mostaganem.

(*Cercle de Mascara.*) — 35. *Oulad Saïd.* Aïba Djemmala, Ferraga, Oulad Saïd. — 36. *Oulad Sidi Daho.* Beni Nocyab, Hadjadja, Ouled Sidi Daho. — 37. *Temasnia.* Temasnia, Ouled Riah. — 38. *El Bordj.* Hattfa, Sedjerara. — 39. *Haboucha.* Haboucha, Ouled el Abbas. — 40. *Kalâa.* Kalâa, Beni Ghaddou, Douaïra Flitta, Ouled bou Ali. — 41. *Maoussa.* Ahl Gherîs Cheraga, Ahl Gherîs Gharaba. — 42. *Haloucha.* Mehamid, Ouled Aïssa bel Abbas. — 43. *Ouad el Hamman.* Ouad el Hammam (Fougani et Tahtani). — 44. *Zoua.* Zoua. — 45. *Metchatchir.* Metchatchir (Aouadja et Fekan). — 46. *Ouled Abd el Ouahad.* Ouled Abd el Ouahad. — 47. *Oulad Abbad.* Oulad Abbad. — 48. *Chellog.* Chellog. — 49. *Oulad bou Ziri.* Oulad bou Ziri. — 50. *Khalfala.* Khalfala Cheraga, Khalfala Gharaba. — 51. *Bou Noual.* Oulad Sidi ben Halyma, Beni el Ansar, Kselma. — 52. *Frenda.* Haouarsis Anaïra, Haouarsis Oulad Zekri, Beni Ouladjel.

(*Cercle de Tiaret.*) — 53. *Tiaret.* Ouled Cherif Cheraga, Ouled Cherif Gharaba, Ouled Fares. — 54. *Oulad Lekhred.* Oulad Lekhred. — 55. *Oulad Sidi Abbas.* Oulad bou Ghaddou, Oulad Mansour, Aoutsat. — 56. *Takdemt.* Akerma, Oulad Messaoud, Oulad ben Affan, Beni Median.

(*Cercle de Saïda.*) — 57. *Ouïzert.* Beni Meniarim Tahta, Beni Meniarim Fouaga. — 58. *Saïda.* Oulad Khaled Cheraga, Oulad Khaled Gharaba, Doui Tsabet.

39. *Ouled Aouf.* Ouled Aouf. — 60. *Ouled Brahim.* Ouled Brahim, Doui Hassan.

Subdivision de Tlemcen.
Ressort du tribunal de Tlemcen.

(*Commune de Tlemcen.*) — 61. *Chouela.* Ouled Si Ahmed ben Youssef, El Fehoul, Meguennia, Oulad Aïn Zanata, Mediouna Cheraga et Gharaba, Oulad Chiba. — 62. *Ouad Chouly.* Beni Ournid, Ahl el Ouad, Beni Smiel. — 63. *Ouad Zitoun.* Oulad Riah, Melilla, Atelbouz, Beni Mester, Ahl Indouz, Doui Yahia Oulad Hammou, Doui Yahia Oulad Addou, Doui Yahia Ahl bel Ghafer, Doui Yahia Ahl Tamekzalet. — 64. *Trara.* Beni Ouarsous Oulad Deddouch, Beni Ouarsous Ahl el Ouad Trara, Beni Ouarsous Ahl el Hammam, Beni Khaled Abeghala, Beni Khaled Nousi Achour, Beni Khaled Beni Abed. — 65. *Oulhaça.* Beni Riman, Beni Fousech. — 66. *Oued Isser.* Beni Ouazzan, Oulad Mimoun, Ouled Sidi Abdeli.

(*Cercle de Nemours.*) — 67. *Nedroma.* Nedroma, Beni Mishel, Beni Menir. — 68: *Nemours.* Souahlia, Zaoulet El Mira, Mesirda, indigènes du district de Nemours. — 69. *Matyla.* Djebala, Achach.

(*Cercle de Lalla Maghnia.*) — 70. *Maghnia.* Beni Ouassin Oulad Mellouk, Beni Ouassin Oulad Mansour, Maziz, Djouldat, Zammara, Beni bou Saïd, Oulad Sidi Medjahed.

(*Cercle Sebdou.*) — 71. *Sebdou.* Oulad Ouriach. — 72. *Khemis.* Beni Snouss, Beni Hediel.

RÉGION EN DEHORS DU TELL.

Régie par la juridiction des cadis telle qu'elle existait avant le décret du 1er oct. 1854.

Subdivision de Sidi bel Abbès.

(*Cercle de Sidi bel Abbès*). — 73. *Tenira.* Djafra ben Djafer, Djafra Touama et Mehamid.

(*Annexe de Daya*). — 74. *Daya.* Beni Mathar Oulad Amran, Beni Mathar Oulad Atia, Oulad Balagh, Oulad Sidi Khalifa.

Subdivision de Mascara.

(*Cercle de Mascara.*) — 75. *Oul Zian Gharaba.* Oulad Zian Gharaba, Merabtin Gharaba, Hassinat. — 76. *Dehalça.* Dehalça, Ghonadl.

(*Cercle de Saïda.*) — 77. *Djafra Cheraga.* Maalif, Ouhaïba, Oulad Daoud. — 78. *Hassasna.* Hassasna. — 79. *Rezaïna.* Rezaïna.

(*Cercle de Tiaret.*) — 80. *El Beïda.* Oulad Si Ahmed ben Saïd, Oulad Sidi Brahim, Oulad Nacer. — 81. *El Ghicha.* Oulad Yacoub el Ghaba, Guemania, Oulad Ali ben Amer, Taouyala, El Khadra, Sidi Bouzid, El Ghicha. — 82. *Sidi Bouzid.* Oulad Mimoun, Oulad Sidi Hamza. — 83. *Oulad Zian Cheraga.* Oulad Zian Cheraga, Kaâbra, Chaouïa, Oulad bou Aïl, Oulad Haddou. — 84. *Oulad Sidi Khaled.* Oulad Sidi Khaled. — 85. *Oulad Zouaï.* Oulad Zouaï, Oulad Aziz, Oulad bel Hoceïa, Temaïna. — 86. *Oulad Khelif.* Oulad Khelif.

(*Cercle de Serdou.*) — 88 (1). *Oulad en Nehar.* Oulad en Nehar. — 89. *Gor.* Oulad Ali bel Hamel (Ahl Angad). — 90. *Châafa.* Hameyan Châfa. — 91. *Djemba.* Hameyan Djemba. — 92. *Aïn Safra.* Sfaïfa, Mogran Tahtania, Mogran Fougania, Aïn Safra. — 93. *Tiout.* Tiout, Asla.

RENVOIS. — V. *Table alphabétique.*

Justice de paix.

DIVISION.

§ 1. — Dispositions générales.
§ 2. — Création de justices de paix. — Attributions spéciales.

§ 1. — DISPOSITIONS GÉNÉRALES (2).

AM, — 23 nov. 1861 (non publié au *Bulletin officiel*). — *Allocations et indemnités aux ju-*

---

(1) Le n° 87 se trouve entre les nos 51 et 52.

(2) JURISPRUDENCE. — Attributions des juges de paix à compétence étendue : 1° Lorsque la partie défenderesse habite le ressort d'une justice de paix à compétence étendue, les demandes personnelles et commerciales

en payement de sommes inférieures à 1,000 fr. doivent être portées devant cette juridiction, et non devant le tribunal de commerce de la circonscription. — *Cour d'Alger*, 24 déc. 1860.

2° — Toutefois si les parties se trouvent dans l'un

*ges de paix, greffiers et interprètes à Constan-
tine.*

Art. 1. — Les juges de paix et greffiers de Constantine, qui se déplaceront pour exercer leurs fonctions hors du canton, conformément aux dispositions des décr. des 21 nov. (ci-après, § 2) et 29 déc. 1860 (V. *Circonscriptions*, § 7), auront droit, lorsqu'ils se transporteront à plus de 5 kil. de leur résidence, aux indemnités déterminées par les art. 88 et 89 du décr. du 18 juin 1811, suivant les distinctions établies dans ces articles, en ce qui concerne les distances. — Quant aux interprètes, ils recevront les vacations et frais de voyage attribués par les art. 22 et 91 du même décret.

Art. 2. — Les juges de paix, greffiers et interprètes devront, pour obtenir le payement de leurs droits et indemnités, fournir des mémoires conformes aux modèles nos 11 et 21 annexés à l'instruction générale du 30 sept. 1826 et revêtus des réquisitoire et exécutoire exigés par l'art. 5 de l'ord. du 28 nov. 1853. — Ces droits et indemnités seront payables à partir du 1er janv. de la présente année 1861.

Le ministre de la justice,
DELANGLE.

D1. — 17 mars-12 avril 1860. — BG. 172. — *Juridiction des juges de paix en territoire militaire.*

Vu le décr. du 7 juill. 1854, art. 28 (suprà, *Adm. gén.*); — Les décr. des 30 avr. 1851, 22 mars 1852, 29 avr. 1854 et 15 mars 1860, art. 2 et 5 (*Justice*, I, 400, 408, 410);

Art. 1. — En territoire militaire, la juridiction du juge de paix, tant en matière civile qu'en matière de simple police, s'étend aux Européens, aux israélites indigènes et aux musulmans naturalisés établis dans l'étendue du cercle où réside le magistrat civil. — Si plusieurs justices de paix sont situées dans l'étendue d'un même cercle, les Européens, israélites indigènes et musulmans naturalisés établis sur ce territoire, sont justiciables de la justice de paix la plus rapprochée, conformément à la délimitation qui pourra être déterminée par un arrêté du gouverneur général.

Art. 2. — Sont rapportées toutes dispositions antérieures, contraires au présent arrêté.

AG. — 31 mai-11 juin 1866. — BG. 185. — *Exercice des fonctions d'huissiers en territoire militaire* (1).

Vu l'arr. du 29 mai 1846 (*Justice*, I, 408); — Considérant la nécessité d'assurer dans toute l'étendue des territoires où la juridiction des comman-

dants de place a cessé, la transmission, la notification et l'exécution des actes judiciaires;

Art. 1. — Dans les cercles où il aura été fait application du décr. impérial du 17 mars 1866, les fonctions d'huissier seront exercées, en territoire militaire, par les commandants des brigades de gendarmerie établies dans la circonscription du cercle.

Art. 2. — Les dispositions des art. 2, 3, 4, 5, 6 et 7 de l'arr. du 29 mai 1846 continueront à recevoir leur exécution. Le répertoire dont la tenue est prescrite par l'art. 6 susmentionné, sera visé par le juge de paix et lui sera représenté à toute réquisition.

Art. 3. — Il n'est pas d'ailleurs dérogé à l'arr. du 29 mai 1846, susvisé, dans les autres parties du territoire militaire.

§ 2. — CRÉATION DE JUSTICES DE PAIX. — ATTRIBUTIONS. — COMPÉTENCE SPÉCIALE (2).

D1. — 21 nov. 1860.-15 fév. 1861. — BM. 103. — *Création d'une deuxième justice de paix à Constantine, et de justices de paix à Jemmapes, Mondovi et Cherchel.*

Vu le décr. du 19 août 1854 (I, 417);

Art. 1. — Une seconde justice de paix est créée à Constantine. — Sont également créées des justices de paix à compétence étendue à Jemmapes, Mondovi et Cherchel. Un décret ultérieur déterminera le ressort de ces justices de paix.

Art. 2. — Les deux juges de paix de Constantine, indépendamment des audiences réglementaires, devront tenir une audience par semaine sur le point de leur ressort qui sera fixé par un arrêté ministériel.

D1. — 12-26 janv. 1861. — BG. 2. — *Création d'un emploi de suppléant rétribué à Mascara. — Suppression à Tlemcen et à Sétif du même emploi.*

Art. 1. — Un emploi de suppléant rétribué, au traitement de 2,000 fr. est créé à la justice de paix de Mascara.

Art. 2. — Les candidats à ces fonctions devront remplir les conditions exigées par l'art. 23 de l'ord. du 26 sept. 1842 (*Justice*, I, 591).

Art. 3. — Les emplois de suppléant rétribué des justices de paix de Tlemcen et de Sétif sont supprimés.

D1. — 3-21 mai 1863. — BG. 147. — *Création de 8 justices de paix.*

Art. 1. — Des justices de paix sont créées : —

---

des cas prévus par l'art. 420 c. pr., aux termes duquel le demandeur peut assigner à son choix devant l'un ou l'autre des tribunaux, l'instance, bien qu'ayant pour objet une demande inférieure à 1,000 fr., a pu être régulièrement portée devant le tribunal de commerce du ressort. En effet, rien dans les termes du décret du 19 août 1854 n'énonce que ce décret ait abrogé l'art. 420 précité en ce qui pourrait lui être applicable, et il ne pourrait y avoir abrogation implicite qu'autant qu'il y aurait inconciliabilité entre les deux dispositions, ce qui n'existe pas. — Cour d'Alger, 14 janv. 1863.

3° — Les motifs d'intérêt général qui ont déterminé l'extension de la juridiction des juges de paix en Algérie doivent servir à interpréter le décret du 19 août 1854, et ce serait en méconnaître l'esprit que de limiter au lieu d'étendre la compétence accordée aux juges de paix. D'ailleurs les termes de l'art. 1 du décret sont absolus et sans restriction. Ils embrassent tous les cas et il faut en conclure que les diverses restrictions qui se rencontrent dans la loi du 25 mai 1838 ne sauraient modifier cette extension de pouvoir. Spécialement, une demande en payement de loyers inférieure à 1,000 fr. doit être portée devant le juge de paix à compétence étendue,

bien que le prix de la location annuelle dépasse 400 fr. — Cour d'Alger, 21 mai 1861.

4° — Un juge de paix à compétence étendue est compétent pour connaître d'une action en dommages-intérêts inférieurs à ce taux formée par un créancier contre le concierge d'une prison civile, comme responsable de la mise en liberté illégale du débiteur. On objecterait vainement qu'une telle action soulevant une question de mise en liberté, est d'une valeur indéterminée et sort par conséquent des attributions du juge de paix. — Et le jugement rendu sur cette action est en dernier ressort si les dommages-intérêts réclamés ne dépassent pas 500 fr. — Sauf la faculté d'appel ouverte à la partie condamnée sur le chef d'incompétence, et quant à la disposition prononçant la contrainte par corps, si les dommages-intérêts ont été accordés avec cette sanction. — Cass. 17 janv. 1865. Dallos, 1865, 1. 22.

(1) V. suprà, *Justice*, § 1, arr. 2 juin 1866, et infrà, *Justice de paix*, § 2, art. 7 mai 1866.

(2) En ce qui concerne le ressort de la juridiction des justices de paix, V. l'article spécial *Circonscriptions*, § 7.

Dans la province d'Alger : A Dellys et à Tizi Ouzou, ressortissant l'une et l'autre au tribunal d'Alger; — Dans la province d'Oran : A Misserghin, ressortissant au tribunal d'Oran; à Tiaret, ressortissant au tribunal de Mostaganem; — Dans la province de Constantine : A El Arrouch, ressortissant au tribunal de Philippeville; à Souk Abras, ressortissant au tribunal de Bône; à Biskra et à Aïn Beïda, ressortissant au tribunal de Constantine.

Art. 2. — La compétence étendue telle qu'elle est déterminée par le décr. du 19 août 1854 est attribuée aux juges de paix des 8 localités ci-après désignées.

Art. 3. — Un décret ultérieur déterminera la circonscription territoriale de chacune de ces justices de paix.

Art. 4. — Un emploi de suppléant rétribué au traitement de 2,000 fr. est créé à la justice de paix de Sidi bel Abbès.

DI. —24 mars 1866. (V. *Circonscriptions*, § 7, suprà.) — *Circonscription des 8 justices de paix ci-dessus et modification à celle d'Oran. — Règlement de service et attributions.*

DI. — 21 avr. 1866. — (Non publié au *Bulletin officiel.* — *La compétence étendue déterminée par l'art. 2 du décr. du 19 août 1854* (I, 417) *est attribuée au juge de paix de Coléah, prov. d'Alger.*

AG. — 7-12 mai 1866. — BG. 175. — *Fonctions d'huissier en territoire militaire conférées aux commandants des brigades de gendarmerie.*

Vu l'arr. du 29 mai 1846, portant qu'en territoire militaire les fonctions d'huissier seront exercées par les commandants des brigades de gendarmerie (*Justice*, I, 408); — Le décr. du 3 mai 1855, qui a institué les justices de paix de Tizi-Ouzou, Tiaret, Aïn-Beïda et Biskra, en territoire militaire;

Art. 1. — Les fonctions d'huissier près les justices de paix de Tizi-Ouzou (prov. d'Alger); — Tiaret (Oran); — Aïn-Beïda (Constantine); — Biskra (Constantine), seront provisoirement exercées par les commandants des brigades de gendarmerie établies dans le ressort desdites justices de paix, conformément aux dispositions de l'arrêté susvisé du 29 mai 1846.

Mal DE MAC-MAHON, DUC DE MAGENTA.

RENVOIS. — V. *Table alphabétique.*

L

Lacs salés.

DI. — 22-30 avr. 1865. — BG. 148. — *Règlement sur le mode de jouissance et d'exploitation des lacs salés faisant partie du domaine public.*

Vu les art. 2 et 5 de la loi du 16 juin 1851 (*Propriété*, I, 593); —L'art. 10 du décr. du 10 déc. 1860 et le décret du 7 juill. 1854 sur le gouvernement et la haute administration de l'Algérie (*Admin. gén.*, suprà);

Art. 1. — A l'avenir, l'exploitation et la jouissance des lacs salés qui font partie du domaine public en Algérie, seront affermées suivant les formes et aux conditions ci-après déterminées.

Art. 2. — Les baux dont la durée ne dépasse pas 18 années sont autorisés par le gouverneur général, après avis du conseil de gouvernement. — Les baux d'une durée supérieure sont autorisés par nous, notre conseil d'État entendu.

Art. 3. — Les baux se font par adjudication publique, aux enchères, à l'extinction des feux.

Art. 4. — L'adjudication a lieu dans les formes administratives. Elle est annoncée un mois à l'avance, par des affiches apposées dans les principaux marchés, et par des insertions faites dans les journaux de la province où les lacs sont situés.

Art. 5. — La mise à prix et les conditions de l'affermage sont déterminées par un cahier des charges spécial pour chaque exploitation.

Ce cahier des charges est approuvé par l'arrêté ou par le décret d'autorisation auquel il est annexé.

Art. 6. — Défense est faite à tout adjudicataire de la jouissance et de l'exploitation d'un lac salé, de réunir son bail à d'autres baux de même nature, par association ou acquisition, ou de toute autre manière, sans que la réunion soit autorisée par un décret impérial ou par un arrêté du gouverneur général, selon la distinction établie par l'art. 2 du présent décret. — Tous actes de réunion opérés en opposition au paragraphe précédent sont de plein droit nuls et de nul effet.

Art. 7. — L'adjudication n'est définitive qu'après avoir été approuvée par le gouverneur général de l'Algérie.

Circ. G. — 2 juin-6 août 1865. — BG. 149. — *Instructions aux généraux commandant les provinces et préfets des départements sur l'exécution du décret qui précède.*

Un décret du 22 avr. 1865 a déterminé, en exécution de l'art. 5 de la loi du 16 juin 1851 sur la propriété, les formes et les conditions suivant lesquelles seront affermées à l'avenir l'exploitation et la jouissance des lacs salés qui font partie du domaine public en Algérie. — Ainsi que vous avez dû le remarquer, ce décret n'admet pas d'autre principe que celui de la mise en adjudication publique, aux enchères, qu'il pose d'une manière absolue et exclusive.

Les baux sont autorisés par décret impérial délibéré en conseil d'État, ou par arrêté du gouvernement général, selon que leur durée dépasse 18 années, ou qu'elle n'excède pas ce laps de temps. — La mise à prix et les conditions de l'affermage sont réglées par un cahier des charges spécial pour chaque exploitation, et qui est approuvé par l'acte d'autorisation auquel il est annexé. — L'adjudication, qui est faite dans les formes administratives, n'est définitive qu'après avoir été approuvée par le gouverneur général.

En conséquence, lorsque le moment sera venu de mettre en adjudication publique l'exploitation d'un lac salé, vous chargerez le directeur des domaines et l'ingénieur en chef des mines de rédiger de concert un projet de bail et de cahier de charges, que vous me transmettrez avec les rapports et autres pièces à l'appui, en y joignant vos observations, afin qu'il soit statué ce qu'il appartiendra en vertu de l'art. 2 du décret. — Si l'adjudication est autorisée, il y sera procédé conformément à ce qui est prescrit par l'art. 4. Les avis qui seront publiés à ce sujet devront contenir la traduction arabe en regard du texte français. — Dès que l'adjudication aura eu lieu, il en sera rendu compte au gouverneur général, qui examinera s'il doit y donner l'approbation exigée par l'art. 7, pour qu'elle devienne définitive.

Comme vous le savez, la loi du 16 juin 1851 a maintenu (art. 2) les droits de propriété, d'usufruit ou d'usage légalement acquis antérieurement à sa promulgation. Il importe, par conséquent, de rechercher avec soin les droits de cette nature qui pourraient exister, afin de leur assurer autant que possible une légitime satisfaction.

Il y a un autre point essentiel sur lequel je crois devoir appeler également votre attention. — Par l'art. 6 du décr. du 22 avr., défense est faite à tout adjudicataire de la jouissance et de l'exploitation d'un lac salé de réunir son bail à d'autres baux de même nature, par association ou acquisition, ou de toute autre manière, sans que la réunion soit autorisée, suivant le cas, par un décret impérial, ou par un arrêté du gouverneur général. — Cette clause, empruntée à la législation des mines, a pour but, comme il est facile de le voir, de prévenir des tentatives de monopole qui pourraient être préjudiciables aux intérêts des consommateurs : il convient de veiller à ce qu'elle ne soit pas éludée. — Je me réfère, du reste, aux dispositions du décret du 22 avr., dont je vous invite à assurer l'exécution en ce qui vous concerne.

Le général de division, sous-gouverneur,
DESVAUX.

RENVOIS. — V. *Table alphabétique.*

Laines. V. TABLE ALPHABÉTIQUE.

Langue arabe.

DI. — 25 juin-30 nov. 1860. — BM. 102. — *Extension aux fonctionnaires et agents du service télégraphique des dispositions du décr. du 6 déc. 1859 qui accordent une prime aux employés qui connaissent la langue arabe.*

RENVOIS. — V. *Table alphabétique.*

Légalisation (de signatures).

Circ. G. — 30 mars-10 avr. 1861. — BG. 8. — *Instructions aux généraux commandant les divisions et préfets des départements relatives à la légalisation des signatures des magistrats et fonctionnaires algériens.*

Par suite de la suppression du ministère de l'Algérie, le soin de pourvoir à la légalisation des signatures des magistrats et fonctionnaires algériens, dans le cas où l'accomplissement de cette formalité est exigée par la législation, incombe, suivant la qualité des signataires, soit au ministre de la justice, soit au ministre de l'instruction publique et des cultes, soit, enfin, au gouverneur général de l'Algérie. — Des erreurs fréquentes étant commises dans la direction des demandes de légalisation, et ces erreurs ayant pour conséquence d'occasionner des retards souvent préjudiciables aux intérêts particuliers, j'ai jugé utile de vous rappeler la marche qui doit être suivie en pareille matière.

En principe, les actes reçus en Algérie n'ont pas besoin d'être soumis à une légalisation extraordinaire. La législation spéciale ne renfermant aucune disposition particulière à ce sujet, les règles du droit commun doivent seules être appliquées. Il suffit dès lors, pour les actes passés en Algérie, que la vérité des signatures qui y sont apposées

soit attestée, ainsi que cela se fait pour les actes passés en France par les fonctionnaires compétents. Ces fonctionnaires sont, suivant la nature des actes, les préfets et sous-préfets, les présidents des tribunaux civils, des tribunaux de commerce, les juges de paix, les maires, les recteurs et les receveurs généraux. Je n'ai pas besoin d'ajouter qu'à défaut de ces fonctionnaires ou magistrats, et notamment dans les territoires militaires, le soin de pourvoir aux légalisations appartient aux personnes exceptionnellement investies de leurs attributions.

Les recommandations qui précèdent s'appliquent exclusivement aux actes qui doivent recevoir leur exécution en Algérie ou dans la métropole. Quant aux actes dont on se propose de faire usage, soit aux colonies, soit en pays étranger, ils doivent être légalisés par le ministre sous les ordres duquel se trouve placé le signataire. — En d'autres termes, la légalisation de la signature des présidents des tribunaux civils, des présidents des tribunaux de commerce et des juges de paix appartient au ministre de la justice. Celle du recteur de l'Académie au ministre de l'instruction publique et des cultes, et celle des agents financiers, dont le service n'est pas directement rattaché au gouvernement général, à M. le ministre des finances. Quant aux préfets, sous-préfets et maires et aux officiers investis de fonctions analogues dans les territoires militaires, leurs signatures devront être soumises à la légalisation du gouverneur général dans le cas où cette formalité est exceptionnellement exigée.

M^al PÉLISSIER, DUC DE MALAKOFF.

RENVOIS. — V. *Table alphabétique.*

Légalité des arrêtés. V. TABLE ALPHABÉTIQUE.

Législation algérienne. V. *ibidem.*

Lestage. V. PORTS.

Lezma. V. IMPÔT ARABE.

Libraire. — Librairie. V. TABLE ALPHABÉTIQUE.

Licence (droit de). V. *ibidem.*

Licenciés en droit. V. *ibidem.*

Lieux publics. V. BOISSONS.

Livret. V. TABLE ALPHABÉTIQUE.

Locations. V. CONGÉS.

Logements insalubres (militaires). V. TABLE ALPHABÉTIQUE.

Loteries. V. *ibidem.*

Loyers (taxe des). V. *ibidem* (1).

Lycée. V. INSTRUCTION PUBLIQUE, § 3.

---

(1) JURISPRUDENCE. — 1° La formation de trois classes d'assujettis, pour la perception de la taxe sur les loyers, est contraire aux dispositions de la loi en matière d'impôt, l'impôt devant être proportionnel et non progressif, et contraire également au décret du 5 nov. 1849 qui n'admet qu'un quantum uniforme tandis que les rôles en comprenaient trois : 7, 8 et 10 p. 100. Il y a donc lieu sur ce chef de renvoyer les réclamants devant qui de droit pour faire déterminer le quantum de leur taxe d'après une nouvelle base uniforme. — Quant à la perception de 5 cent. pour frais de la feuille d'avertissement, cette perception est illégale, et la restitution doit en être ordonnée. — Cons. de préfecture d'Alger, 15 sept. 1860.

2° Il appartient essentiellement à l'autorité judiciaire de connaître des réclamations relatives à la validité des poursuites exercées par les voies judiciaires pour opérer le recouvrement des contributions directes ou des taxes qui leur sont assimilées (dans l'espèce il s'agissait d'une exception de prescription à défaut de poursuites dans les trois ans). — L'arrêté du gouvernement, du 5 nov. 1848 (I, 311), qui a établi en Algérie une taxe sur les loyers, n'a point dérogé à ce principe. Il n'a réservé à l'autorité administrative que les réclamations concernant l'assiette de ces contributions ou taxes, et l'arrêté du ministre de la guerre du 22 nov. 1850 (il y a erreur de date dans cette énonciation de l'arrêt. C'est 20 sept. 1850 qu'il faut

M

Machines et appareils à vapeur.

DI. — 28 juill.-11 sept. 1860. — BM. 94.—*Promulgation de la loi du 21 juill. 1856 sur la répression des contraventions relatives à la vente et à l'usage des appareils à vapeur (déjà promulguée en vertu d'un arrêté du gouverneur général, I, 429).*

DI. — 22 fév.-18 mars 1865. — BG. 157.—*Promulgation d'un décr. du 25 janv. 1865 relatif aux chaudières à vapeur autres que celles qui sont placées à bord des bateaux.*

Circ. G. — 21 avr.-7 mai 1865. — BG. 145. —*Publication, 1° d'une circulaire adressée aux préfets de France par le ministre de l'agriculture, du commerce et des travaux publics, le 1er mars 1865, sur l'exécution du décr. du 25 janv. 1865; — 2° Du rapport adressé à l'empereur par le même ministre au sujet du décret précité.*

Renvois. — V. *Table alphabétique.*

Magasins généraux. V. Table Alphabétique.

Maghzen. V. Affaires arabes.

Magistrats. V. Justice.

Maires.—Mairies. V. Table alphabétique.

Maisons (d'arrêt, centrales et de justice). V. Prisons.

Marais. V. Table alphabétique.

Marchandises neuves. V. Ventes mobilières, § 2.

Marchés (1).

AG. — 25 mars-3 avr. 1861. — BG. 7. —*Abrogation de l'arr. du 28 juill. 1842.*

Vu l'arr. du 28 juill. 1842, portant règlement général sur la police des marchés (I, 430);—Considérant que l'exécution de cet arrêté a donné lieu à des difficultés; que la cour de cassation l'a déclaré entaché d'illégalité dans une de ses dispositions, et qu'il a donné à la réglementation des marchés un caractère de généralité et d'uniformité inconciliable, dans bien des cas, avec les exi-

lire, V. l'art. 47 de cet arrêté, I, 247), qui a réglé le mode de recouvrement, n'a pas plus eu pour but qu'il n'aurait pu avoir pour effet de changer à cet égard les règles de la compétence. —Cons. d'État, 26 déc. 1862, affaire Dufoure, Dallos 1865, 5. 10.

V. au 1er volume, plusieurs autres décisions judiciaires. I, 212.

(1) Jurisprudence. — Aux documents déjà insérés en note au 1er volume, p. 430, il convient d'ajouter les suivants :

1° —Un arrêt de la cour de cassation du 24 mars 1858 (Dallos, 1858, 1. 159), rendu chambres réunies et contrairement aux conclusions de M. le procureur général Dupin, consacre en faveur des marchands de fruits et légumes établis à Paris, le droit de recevoir, sans les faire passer par le carreau des halles, et d'exposer en vente dans leurs magasins, les denrées qui leur sont expédiées soit à titre d'acquéreurs, soit en qualité de commissionnaires ou consignataires. Cet arrêt est important et utile à consulter ainsi que la discussion à laquelle il a donné lieu parce qu'il détermine les principes de la liberté commerciale et les limites du droit de réglementation en cette matière.

2° — Jugé que la défense d'acheter du blé sur les voies publiques en dehors du marché, emporte celle de faire sur ces voies les actes préliminaires à l'achat, et par exemple de marchander le blé durant le transport. —Cass. 22 sept. 1858. Dallos, 1858, 1. 414.

3° — Même décision. — Attendu que le jugement reconnaît que Rédit se trouvait au devant de sa barraque, traitant d'un achat de blé avec un Arabe, au moment où le garde champêtre l'a interpellé sur la route de Ténès à Orléansville ; —Que le seul fait de marchander des grains sur les routes ou voies publiques, avant leur arrivée sur les marchés, constitue une contravention à l'art. 2 de l'arrêté du préfet d'Alger; —Que dès lors le jugement attaqué, en relaxant Rédit, sous le prétexte que l'achat ayant été consommé dans sa cabane, a formellement méconnu la force obligatoire de l'arrêté précité, etc. Cassé.—Cass. 17 juill. 1858. Dallos, 1858, 5. 33.

4° — L'autorité municipale peut interdire de marchander, vendre ou acheter sur la voie publique les marchandises apportées pour l'approvisionnement des marchés de la ville, même lorsqu'il s'agit de substances non alimentaires, telles que les laines, et cette défense s'applique aux habitants ayant leur maison et leur magasin hors la ville, s'ils sont sur le territoire soumis au règlement. — Cass. 29 août 1861. Dallos, 1861, 5. 255.

5° — L'arrêté municipal exigeant l'apport au marché

des grains, légumes et autres denrées introduites sur le territoire de la commune, ne porte aucune atteinte à la libre circulation des grains protégée par la loi du 21 prair. an V, s'il excepte de cette disposition les denrées adressées directement aux marchands ou habitants avec une lettre de voiture attestant que l'acquisition a été effectuée avant l'introduction dans la commune. Affaire Mohamed ben Mami. — Cass. 29 août 1861. Dallos, 1861, 5. 255.

6° — L'arrêté du 25 mars 1861, par lequel le gouverneur général de l'Algérie a rapporté celui de son prédécesseur, en date du 28 juill. 1842, n'a abrogé ni modifié les règlements municipaux régulièrement institués antérieurement par arrêtés des maires des localités, et notamment, dans l'espèce, l'arrêté du maire de Ténès en date du 28 sept. 1860, approuvé par le préfet le 15 oct. suivant. —Même arrêt.

7° — Quand le règlement municipal n'indique pas comment sera prouvé le fait d'achat en dehors de la commune, ou le fait de l'achat pour l'exportation, le juge peut admettre comme suffisantes de simples présomptions, et sa décision est souveraine. — Cass. 21 juill. 1860. Dallos, 1860, 5. 191.

8° — Est irréprochable et à l'abri de toute répression pénale le fait d'ailleurs reconnu constant par le jugement attaqué et par le ministère public lui-même, d'avoir rendu les marchandises à son propre domicile et sur le lieu de la production, et d'en avoir ensuite effectué la livraison dans une ville en les transportant au domicile de l'acheteur. —Ce fait ne peut être incriminé comme contraire à un arrêté du maire de cette ville, qui interdit toute vente de denrées faite sur la voie publique et en dehors des halles et marchés, et qui n'admettrait d'autre preuve des ventes faites à domicile que celle résultant de la représentation de lettres de voiture. — En admettant que l'arrêté municipal contînt une telle disposition, elle serait illégale et non obligatoire, et la partie inculpée ne saurait être condamnée pour n'avoir point rapporté de lettre de voiture, établissant le moment et le lieu où la vente aurait été faite; s'il appartient en effet à l'autorité municipale de surveiller et de réglementer les ventes faites sur la voie publique ou dans les halles et marchés, elle ne saurait avoir le même droit sur les ventes effectuées à domicile, et elle ne peut, dans tous les cas, modifier en aucune façon les règles établies par la loi en matière de preuve. —Cass. 17 juin 1864. — Rejet du pourvoi formé par le min. publ. contre un jugement du trib. de simple police de Mascara, en date du 1er mars 1864. Dallos, 1865, 1. 317.

gences et les habitudes locales; — Considérant, d'ailleurs, que l'accession de tous les centres de quelque importance à la vie communale a eu pour effet d'investir les maires du droit de réglementer, par voie d'arrêtés locaux, toutes les matières dites de police municipale;

Art. I. — L'arrêté du gouverneur général, en date du 28 juill. 1842, sur la police des marchés, est abrogé. — Il sera dorénavant pourvu sur la matière par des règlements locaux, qui seront pris par les maires en vertu des attributions qui leur sont conférées par les art. 27 et 30 de l'ord. du 28 sept. 1817 (*Commune*, I, 207). Ces arrêtés seront soumis à l'approbation du préfet, conformément à l'art. 31 de ladite ordonnance.

M⁰¹ PÉLISSIER, DUC DE MALAKOFF.

Circ. G. — 25 mars-3 avr. 1861. — BG. 7. — *Instructions aux préfets sur l'exécution de l'arrêté qui précède (1).*

Mon attention a été appelée sur les difficultés que présente l'application de l'arr. du 22 juill. 1842.

Les dispositions de cet arrêté ont donné lieu à diverses critiques portant à la fois sur la légalité même de certains articles et sur les conséquences économiques des restrictions qu'ils apportent au libre effet des transactions commerciales. J'ai reconnu, d'ailleurs, que le maintien de cet arrêté ne conserve plus sa raison d'être, aujourd'hui que l'accession de tous les centres de quelque importance à la vie communale a eu pour effet d'investir les maires du droit de réglementer, en prenant conseil des circonstances, toutes les matières de police municipale.

En conséquence, j'ai pris, à la date du 25 mars courant, un arrêté portant abrogation de l'arr. du 28 juill. 1842. — Il vous appartient désormais d'aviser à ce que celles d'entre les dispositions du règlement de 1842, dont l'application vous paraîtrait opportune, soient reproduites dans des arrêtés locaux qui devront être pris par les maires, en se conformant à la législation actuelle et spécialement à l'ord. du 28 sept. 1817, sur l'organisation municipale en Algérie, et au décr. du 27 oct. 1858 (*Admin. gén.*, I, 57).

La limite des attributions des fonctionnaires municipaux en pareille matière se trouve tracée par les art. 27, 50 et 31 de l'ord. précitée. — Aux termes de ce dernier article, les arrêtés portant règlement permanent ne seront exécutoires qu'après votre approbation. Quant aux autres arrêtés, ils ne sont pas soumis à la formalité de l'approbation préalable, mais il doit vous en être adressé copie et vous avez la faculté de les annuler ou d'en suspendre l'exécution. — Vous serez donc toujours en mesure de contrôler directement tous les actes accomplis par les fonctionnaires municipaux en exécution des art. 50 et 31 de l'ordonnance dont il s'agit.

L'abrogation de l'arr. de 1842 et la nécessité de suppléer à quelques-unes des prescriptions de cet arrêté par des dispositions locales, vont vous donner une première occasion d'exercer ce droit de contrôle. C'est une matière délicate pour laquelle il importe de ne pas perdre de vue les principes consacrés par la jurisprudence. — L'autorité municipale a mission de régler la police des marchés et d'ordonner les mesures nécessaires pour faciliter les ventes et achats. À ce titre, elle a qualité pour défendre aux commerçants et revendeurs de se transporter sur les routes pour y attendre le pas-

sage du producteur et acheter ces denrées avant leur arrivée sur le marché. L'exercice de ce droit est parfaitement légal, et, dans beaucoup de localités, il pourra être opportun d'y recourir, comme au meilleur moyen d'assurer l'approvisionnement des marchés, tout en sauvegardant les intérêts des budgets communaux, et, enfin, de faciliter la sincérité des transactions et de prévenir les accaparements.

Mais cette interdiction ne doit s'entendre que dans un sens essentiellement restreint; elle ne peut s'appliquer qu'aux personnes qui, transportant leurs denrées, les vendent sur la route, près d'une ville dans laquelle elles doivent passer pour arriver à leur destination. Il importe de distinguer entre les ventes et les achats faits publiquement dans les rues ou sur les voies publiques, et les opérations qui doivent demeurer libres, telles que les ventes qui peuvent se traiter de gré à gré entre l'acheteur et le vendeur, dans leurs demeures ou magasins. Étendre au delà le principe de l'interdiction, ce serait porter atteinte à la liberté du commerce et mettre arbitrairement des entraves aux transactions individuelles.

C'est là une distinction essentielle sur laquelle j'appelle tout particulièrement votre attention. Je n'ai pas besoin de vous rappeler qu'en dehors des limites indiquées ci-dessus les arrêtés de police se trouveraient dépourvus de toute sanction pénale.

Il est une autre question que vous ne devez pas perdre de vue dans l'examen des arrêtés de police. Il n'appartient pas aux fonctionnaires municipaux d'édicter des peines, si légères qu'elles soient; c'est un droit qui est du domaine exclusif des dépositaires du pouvoir législatif.

Dans le même ordre d'idées, je dois également vous signaler la tendance qu'ont généralement les maires à spécifier dans leurs arrêtés la nature des pénalités qui seront encourues par les contrevenants. Cette manière de procéder n'offrirait aucun inconvénient si les pénalités dont il s'agit étaient l'objet d'une désignation à la fois complète et conforme à la loi; mais cette désignation suppose des connaissances légales assez étendues qu'on ne peut pas toujours attendre des magistrats municipaux. — Il sera donc préférable, dans la plupart des cas, de s'en tenir à la mention que les contraventions seront punies conformément à la loi. Ce sera le moyen d'éviter des erreurs toujours fâcheuses, en laissant ainsi au juge de police le soin d'appliquer soit les dispositions générales des art. 471, n⁰⁸ 15 et 474 c. pén., soit les pénalités plus fortes qui seraient autorisées par des lois spéciales.

Il est bien entendu que ce sont là des recommandations générales et qu'il n'y aurait pas lieu d'en faire l'application dans le cas où les maires auraient, en exécution de l'art. 30, § 2, de l'ord. du 28 sept. 1817, à publier de nouveau les lois, ordonnances, arrêtés et règlements de police en vigueur et à rappeler les habitants à leur observation.

M⁰¹ PÉLISSIER, DUC DE MALAKOFF.

A. G. — 17-31 déc. 1862. — BG. 69. — *Droits de place sur le marché aux bestiaux de Bône.*

Vu l'arr. du 23 déc. 1857, portant fixation des droits de place à percevoir sur le marché aux bestiaux de la ville de Bône; — Le décr. du 27 oct. 1858, art. 11, tableau B, I⁰⁰, n⁰⁸ 11 et 15 (*Admin. gén.* I, 57); — L'arr. du 23 mars 1861 (*ci-dessus*); — Considérant que les dispositions de l'arr. du 23 déc. 1857 peuvent avoir pour consé-

---

(1) Les nouvelles mesures réclamées par l'arrêté qui précède et par la circulaire du 25 mars 1861, ont été prescrites, en ce qui concerne le département d'Alger, par des instructions spéciales en date des 15 avr. 1861 et 15 janv. 1862, insérées au *Recueil des actes administratifs*, 1861, p. 45; 1862, p. 5.

quence de faire envisager les droits de place établis pour le marché dont il s'agit, comme une sorte de droit d'octroi, et qu'il importe de ramener à sa nature propre cette perception municipale ;

Art. 7. — L'arrêté susvisé du 23 déc. 1857 est abrogé.

Le général de division sous-directeur,
E. DE MARTIMPREY.

RENVOIS. — V. *Table alphabétique.*

Marchés administratifs.

AG. — 5 sept.-23 oct. 1861. — BG. 89. — *Institution d'une commission permanente des marchés à passer pour les services du gouvernement général.*

Vu l'ord. du 4 déc. 1836, qui a déterminé les règles à observer dans tous les marchés à passer pour le compte de l'État ; — L'ord. du 31 mai 1838, sur la comptabilité publique ;

Art. 1. — Les marchés à passer pour les divers services du gouvernement général de l'Algérie sont l'objet d'adjudications publiques sur soumissions cachetées, sauf le cas où, à raison de circonstances exceptionnelles déterminées dans les actes ci-dessus visés, il peut être traité de gré à gré.

Art. 2. — Une commission permanente est chargée d'établir les clauses et conditions des traités, de procéder à la passation des marchés, tant par adjudication que de gré à gré, et de pourvoir à l'examen et à la réception des fournitures effectuées, soit sur marchés, soit sur simples commandes.

Art. 3. — Cette commission est composée d'un chef de division de la direction générale des services civils, président ; — Du chef de la section de la comptabilité générale à la même direction ; — D'un chef de section de la direction générale (service intéressé), ou d'un officier de la maison du gouverneur ou du sous-gouverneur, selon qu'il s'agit d'objets matériels relatifs à l'hôtel ou à la campagne du gouverneur ou du sous-gouverneur ; — D'un adjoint à l'intendance militaire ; — D'un inspecteur des bâtiments civils : — D'un secrétaire.

Art. 4. — Le président peut appeler à concourir aux travaux de la commission, tout officier ou fonctionnaire relevant du gouvernement général de l'Algérie et appartenant au service auquel se rapporte plus spécialement l'objet du traité à passer. — Les officiers ou fonctionnaires ainsi appelés à la commission, à l'exception du secrétaire, y ont voix délibérative. Le secrétaire a voix consultative.

Art. 5. — Le conservateur du matériel assiste aux séances de la commission. Il a voix consultative sur la qualité des matières. Il soumet à la commission et, s'il y a lieu, fait consigner au procès-verbal toutes les observations qu'il juge utiles.

Art. 6. — Le président peut également appeler à la commission des experts avec voix consultative.

Art. 7. — Les résolutions de la commission sont prises à la majorité des voix. En cas de partage, la voix du président est prépondérante.

Art. 8. — Il n'est procédé aux adjudications qu'après approbation du cahier des charges par le gouverneur général ou par le fonctionnaire délégué par lui à cet effet. — Aucun traité n'est exécutoire qu'après avoir été approuvé par le gouverneur général ou par le fonctionnaire délégué par lui.

Art. 9. — Chacune des expéditions des adjudications ou marchés, est signée par les membres de la commission.

Art. 10. — L'examen et la réception des effets fournis peuvent être effectués par une sous-commission dont la composition est déterminée par le président.

Art. 11. — La commission de réception dresse, séance tenante, un procès-verbal de ses opérations, sur une feuille de réception préparée à cet effet. Le conservateur du matériel signe le procès-verbal avec les membres de la commission.

Art. 12. — Lorsque la commission reconnaît qu'elle peut, sans inconvénient pour le service, se décharger de l'obligation de constater elle-même le poids ou la quantité des objets dont elle a prononcé l'admission en recette, elle en fait mention dans son procès-verbal qui ne constate alors que la qualité des matières reçues. Dans ce cas, la reconnaissance des quantités est faite par un employé délégué à cet effet, et qui agit de concert avec le conservateur du matériel en présence du fournisseur.

M^{al} PÉLISSIER, DUC DE MALAKOFF.

RENVOIS. — V. *Table alphabétique.*

Maréchalerie. V. ART VÉTÉRINAIRE.

Mariage. V. TABLE ALPHABÉTIQUE.

Marine marchande. V *ibidem.*

Marques de fabrique.

DI. — 6 fév.-4 avr. 1861. — BG. 106. — *Promulgation des lois et décrets sur les marques de fabrique.*

Vu la loi du 23 juin 1857 sur les marques de fabrique et de commerce ; — Le décr. du 26 juill. 1858, portant règlement d'administration publique pour l'exécution de la même loi ;

Art. 1. — La loi du 23 juin 1857 et le décr. du 26 juill. 1858 susvisés sont rendus exécutoires en Algérie. A cet effet, ils seront publiés et promulgués à la suite du présent décret.

(Suit la publication de la loi et du décret, V. *Bulletin des lois* et *Codes français.*)

Matériel du gouvernement. V. MOBILIER ADMINISTRATIF.

Mecque et Medine. V. TABLE ALPHABÉTIQUE.

Médaille militaire. V. *ibidem.*

Médaille d'honneur.

Décis. 1. — 29 oct.-31 déc. 1862. — BG. 73. — *Médailles d'honneur accordées pour traits de courage et de dévouement pendant l'ouragan du 18 sept. 1862, à Sétif, aux sieurs d'Arc, mécanicien; Barbier (Henri), jardinier; Quès (Isidore); entrepreneur; Hacflich, cantonnier, el Haouas ben Tarras, Cheick de l'Oued Temenia.*

Décis. G. — 30-31 déc. 1863. — BG. 99. — *Médaille d'argent accordée à l'indigène Mohamed el Amraoui, propriétaire dans le district de la Calle, à titre de récompense et d'encouragement pour ses travaux de culture opérés exclusivement d'après les méthodes européennes.*

RENVOIS. — V. *Table alphabétique.*

Médecin (de l'administration civile). V. TABLE ALPHABÉTIQUE.

Médecins. V. *ibidem.*

Médecins de colonisation.

AG. — 2 sept.-31 déc. 1861. — BG. 59. — *Règlement sur le personnel des médecins de colonisation.*

Vu les arr. des 31 janv. 1853 et 19 mai 1858 (I, 453 et 455); — Considérant qu'afin d'entretenir l'émulation dans le personnel des médecins de colonisation, il importe de donner à ce service une organisation hiérarchique et de substituer au mode de rémunération actuellement en usage, un système qui permette de proportionner les traitements à l'importance et à l'ancienneté des services;

Art. 1.— Le personnel des médecins de colonisation est réparti en trois classes, dont les traitements sont fixés comme suit : — 1re cl. 3,500 fr. — 2e cl. 3,000 fr.— 3e cl. 2,500 fr.

Art. 2.— L'avancement est essentiellement personnel et peut avoir lieu sur place.— Il est accordé au choix, mais seulement après un délai de quatre années, à dater de la dernière promotion.

Art. 3.— Les médecins, actuellement en fonctions prendront rang dans la classe à laquelle ils se trouvent assimilés par leur traitement, augmenté de la somme qui leur est allouée, à titre d'indemnité de cheval. — En ce qui concerne ces médecins, le délai pour l'avancement, tel qu'il est déterminé par l'art. 2 ci-dessus, courra du jour de leur entrée dans le service.

Art. 4.— Le nombre des médecins de 1re cl. ne pourra excéder le cinquième du personnel total; celui des médecins de 2e cl. pourra être porté aux deux cinquièmes.

Art. 5.— Les médecins de colonisation continueront à avoir droit au logement gratuit, aux frais de la commune, ou à une indemnité représentative de 300 fr. conformément aux dispositions du décr. du 29 juill. 1858 (I, 456), et à l'art. 4 de l'arr. du 19 mai 1858. — Ils cesseront d'avoir droit à une allocation spéciale, à titre d'indemnité de cheval.

Mal Pélissier, duc de Malakoff.

AG.— 7 avr.-10 mai 1864.— BG. 109.— *Modification à l'arr. du 20 déc. 1853 (I, 454).*

Considérant que les circonstances qui avaient motivé l'établissement d'un tarif d'honoraires pour les soins donnés par les médecins de colonisation aux colons non indigents ont cessé d'exister, et que, dès lors, il y a lieu de rentrer à cet égard dans les errements du droit commun, dispose :

Art. 1.— Est abrogé l'art. 2 de l'arr. du 20 déc. 1853, portant règlement du service des médecins de colonisation.— Les seuls indigents, reconnus pour tels par l'autorité municipale, auront droit aux soins gratuits des médecins de colonisation, dans le cours comme en dehors de leurs tournées périodiques.

Mal Pélissier, duc de Malakoff.

Renvois.— V. *Table alphabétique.*

Milice.

DIVISION.

§ 1. — Organisation. — Dispositions générales. — Service de l'armement.
§ 2. — Création de corps de milice.

§ 1. — DISPOSITIONS GÉNÉRALES. — SERVICE DE L'ARMEMENT.

Décis. G. — 5-5 juin 1861.— BG. 16. — *Les chefs et adjoints des bureaux arabes départementaux sont dispensés du service.*

Mon attention a été appelée sur la situation des chefs et adjoints des bureaux arabes départementaux, relativement au service de la milice. — La question s'est présentée de savoir si ces agents, en raison même de la nature et des nécessités du service spécial qui leur est imposé, ne doivent pas être exonérés des obligations qui incombent aux miliciens. — Le décr. du 9 août 1854 (*Affaires arabes*, I, 82), portant création des bureaux arabes départementaux, dispose, art. 6 : Le préfet peut déléguer, au chef du bureau arabe départemental ou à l'adjoint qui le remplace, partie de ses attributions, même celles donnant le droit de requérir la force armée. — L'art. 7 du même arrêté accorde la même faculté aux sous-préfets.

Or, bien que la délégation dont il s'agit soit toute facultative, elle n'en a pas moins revêtu, dans la pratique, un caractère permanent; elle place, dès lors, les chefs et adjoints des bureaux arabes départementaux dans le cas de bénéficier des dispositions de l'art. 18 du décr. du 9 nov. 1859 (I, 458), sur l'organisation des milices en Algérie, portant que le service de la milice est incompatible avec les fonctions conférant le droit de requérir la force publique. — Il est, en outre, à considérer que les fonctions essentiellement actives des chefs des bureaux arabes départementaux et de leurs adjoints, sont incompatibles avec le service de la milice, puisque, dans la plupart des cas, ces agents se trouveraient dans l'impossibilité de répondre aux réquisitions qui leur seraient faites au titre de miliciens.

Par ces divers motifs, j'ai décidé qu'il y avait lieu de dispenser uniformément du service de la milice les chefs et adjoints des bureaux arabes départementaux.

Mal Pélissier, duc de Malakoff.

AG. — 25 avr.-10 mai 1864. — BG. 109. — *Indemnité aux officiers chargés de vérifier l'armement.*

Vu l'art. 16 du règlement du 14 août 1849, sur le service de l'armement des milices en Algérie, établissant que des vérifications spéciales des armes seront faites par des officiers de l'armée (I, 447); — Vu le § 2, art. 12, de la décis. min. du 4 fév. 1864, portant fixation nouvelle des indemnités allouées aux officiers et employés d'artillerie chargés de la visite des armes et des munitions de troupes; — Considérant qu'il y a lieu d'appliquer les dispositions de ce tarif aux indemnités dues aux officiers d'artillerie chargés de la vérification et du contrôle des armes des milices en Algérie;

Art. 1. — L'indemnité de déplacement attribuée sur les fonds municipaux aux officiers chargés des vérifications spéciales de l'armement des milices, est fixée ainsi qu'il suit : — Aux capitaines, 6 fr. par jour; — Aux contrôleurs, 4 fr. par jour.

Mal Pélissier, duc de Malakoff.

§ 2. — CRÉATION DE CORPS DE MILICE.

En exécution du décr. du 9 nov. 1859, deux arrêtés ministériels, l'un du 31 juill. 1860, l'autre du 5 août suivant, BM. 96, ont créé des corps de milice dans les diverses communes et localités des départements d'Oran et de Constantine, et déterminé la composition de l'état-major et des cadres. Aux termes de ces arrêtés, l'effectif s'élève provisoirement : pour le département d'Oran, à 7,040 miliciens, dont 6,221 en territoire civil et 819 en territoire militaire; pour le département de Constantine, à 6,372 miliciens, dont 5,263 en territoire civil et 509 en territoire militaire.

Ces corps de milice réunis à ceux créés dans la province d'Alger, par arr. du 8 juin 1860 (I, 447), formaient ainsi à la fin de l'année 1860 l'effectif total de 24,369 miliciens, dont 22,834 en territoire civil et 1,535 en territoire militaire.

Divers arrêtés du gouverneur général, en date

des 21, 27 mars, 28 oct. 1861; 27 mai, 22 nov. 1862; 16 janv., 25 fév., 14 avr., 16 oct., 3° déc. 1863; 10 mars, 17 mai, 7, 11, 13, 18 juin, 29 juill., 25 août, 19 sept., 13 déc. 1864, publiés au *Bulletin officiel*, nᵒˢ 6, 7, 55, 53, 66, 75, 77, 82, 95, 99, 106, 110, 114, 115, 116, 118, 120, 122, 120, ont depuis complété l'organisation en créant des corps de milice dans les communes et localités qui se sont successivement formées, et ont augmenté l'effectif d'environ 766 miliciens pour la province d'Alger, 520 pour celle d'Oran et 310 pour celle de Constantine, ce qui donne pour toute l'Algérie un effectif total d'environ 26,000 hommes.

RENVOIS. — V. *Table alphabétique.*

Militaires. V. TABLE ALPHABÉTIQUE.

Mines et carrières.

DIVISION.

§ 1. — Législation spéciale.
§ 2. — Arrêtés de concessions.
§ 3. — Service administratif.

§ 1. — LÉGISLATION SPÉCIALE.

DI. — 4 août-11 sept. 1860. — BM. 94.—*Abonnement à la redevance proportionnelle des mines (1).*

Vu le décr. du 30 juin 1860, concernant l'abonnement à la redevance proportionnelle des mines; — Vu l'art. 5 de la loi du 16 juin 1851 (*Propriété,* § 1;)

Art. 1. — Le décr. du 30 juin 1860, concernant l'abonnement à la redevance proportionnelle des mines, sera promulgué en Algérie et y recevra son application.

Décr. du 30 juin 1860.

Vu la loi du 21 avr. 1810 et le décr. du 6 mai 1811;

Art. 1. — A dater de l'année 1861, l'abonnement à la redevance proportionnelle des mines sera réglé, pour les exploitants qui le demanderont, en prenant pour base le produit net moyen des deux années antérieures. — Le taux de l'abonnement fixé comme il est dit ci-dessus sera maintenu sans modification pendant une durée de cinq ans.

Circ. G. — 21 oct.-31 déc. 1862.— BG. 75. — *Instructions aux généraux commandant les divisions et préfets des départements sur l'exécution du décr. du 30 juin 1860.*

Un décr. du 4 août 1860 a ordonné la promulgation et l'application en Algérie d'un décr. du 30 juin de la même année, émané du département de l'agriculture, du commerce et des travaux publics, et concernant l'abonnement à la redevance proportionnelle des mines. — Il importe de se conformer de même, en Algérie, à l'instruction en date du 6 déc. 1860, que M. le ministre des travaux publics a adressée aux préfets de France,

relativement à l'exécution du décr. du 30 juin, et par laquelle il prescrit de nouvelles règles pour l'imposition de la redevance proportionnelle.

Mᵃˡ PÉLISSIER, DUC DE MALAKOFF.

Circulaire ministérielle du 6 déc. 1860.

M. le préfet. un décr. du 30 juin dernier dispose qu'à partir de l'année 1861, les abonnements seront réglés, pour les exploitants de mines qui le demanderont, d'après le produit net moyen des deux années antérieures, et que le taux ainsi fixé sera maintenu pendant une durée de cinq ans. — La pensée de ce décr., nettement expliquée par le rapport qui le précède, a été, en favorisant l'application du système de l'abonnement, de simplifier autant que possible le calcul de la redevance proportionnelle des mines et de diminuer ainsi les difficultés qui s'élevaient fréquemment entre l'administration et les exploitants au sujet du chiffre de la redevance à laquelle ils étaient imposés.

A ce point de vue seul, le nouveau décr. réalise déjà d'importantes améliorations, et il y a lieu de présumer que, dès l'année prochaine, un assez grand nombre d'exploitants s'empresseront d'en réclamer l'application. Je ne puis que vous prier, M. le préfet, de vous concerter avec M. l'ingénieur en chef des mines et avec M. le directeur des contributions directes de votre département, pour que toutes les demandes qui vous seront adressées soient instruites et examinées le plus promptement possible pour recevoir les solutions prévues, suivant le chiffre de l'abonnement, par le décr. du 6 mai 1811.

Ainsi que je l'ai rappelé ci-dessus, l'abonnement, d'après le décr. du 30 juin 1860, doit se régler en prenant pour base le produit net moyen des deux années antérieures.—Les règles d'après lesquelles se calcule le produit net sont tracées par le décr. du 6 mai 1811 et par des instructions administratives dont les principales remontent aux années 1849 et 1850. Bien que ces instructions aient, à quelques égards, apporté des adoucissements aux règles suivies à peu près sans modifications depuis le décr. de 1811, elles étaient encore, sur un assez grand nombre de points, l'objet de réclamations incessantes de la part des exploitants de mines, qui se plaignaient de voir rejeter des dépenses de l'exploitation, des frais auxquels, en réalité, ils ne pouvaient se soustraire.

L'administration avait annoncé, dans le rapport qui accompagne le décr. du 30 juin, qu'elle était disposée à apporter dans le calcul du revenu net, par de nouvelles instructions concertées avec l'administration des finances, tous les tempéraments que le texte formel de la loi n'interdisait pas. — Je viens aujourd'hui, M. le préfet, d'accord avec M. le ministre des finances, vous indiquer d'après quelles règles devra être évalué désormais le revenu net des exploitations. — Trois points principaux ont soulevé les plaintes des exploitants. — En premier lieu, aux termes des instructions actuelles, le produit brut de l'exploitation s'établit d'après les quantités extraites pendant l'année;

---

(1) *Rapport à l'empereur.* — Sire, un décret impérial du 30 juin dernier, rendu sur le rapport de M. le ministre de l'agriculture, du commerce et des travaux publics, prescrit, à dater de 1861, de régler d'après le produit net moyen des deux dernières années de l'exploitation, l'abonnement à la redevance proportionnelle des mines qui, précédemment, se calculait à l'avance sur le revenu net présumé des années auxquelles ce mode d'imposition devait être appliqué.

Ce nouveau système, dont M. le ministre des travaux publics a fait ressortir tous les avantages dans son rap-

port à V. M., ne peut manquer de contribuer en Algérie, de même que dans la métropole, au développement de l'industrie minérale; et comme, d'ailleurs, il est de principe, aux termes de la loi du 16 juin 1851, que les mines de la colonie doivent être réglées par la législation générale de la France, j'ai l'honneur de prier V. M. de vouloir bien revêtir de sa signature le projet de décret ci-joint, portant que le décret précité du 30 juin sera promulgué en Algérie et y recevra son application.

Cᵗᵉ DE CHASSELOUP-LAUBAT.

les concessionnaires de mines ont demandé qu'à l'avenir ce fussent les quantités vendues qui servissent de base au calcul du produit brut. — En second lieu, la valeur de ce produit brut se calcule d'après le prix que les matières extraites ont sur le carreau de la mine et non d'après les prix sur les lieux où les ventes se sont effectuées. Les exploitants ont exprimé le vœu que ce dernier mode fût adopté. — Ils ont enfin insisté pour que, dans l'évaluation du produit brut, on leur fînt compte de certaines dépenses que jusqu'ici l'on ne considérait pas comme des dépenses de l'exploitation, mais qui sont néanmoins obligatoires pour eux.

Ces diverses réclamations ont été, de la part de l'administration, l'objet du plus sérieux examen, et voici, pour chacune d'elles, la solution qui a paru devoir être adoptée. — Sur le premier point, il a été décidé qu'à l'avenir le revenu brut s'établirait, non plus d'après les quantités extraites dans l'année, mais bien d'après les quantités vendues, sauf à considérer comme vendus les produits envoyés à de grandes distances où dans des entrepôts où il serait généralement impossible de les suivre. — Sur le second point, il a également été admis, conformément au vœu des exploitants, que l'on prendrait dorénavant, pour calculer le produit brut, non pas exclusivement les prix sur le carreau de la mine, mais les prix sur les lieux mêmes où les ventes se seront opérées, sauf, toutefois, le cas où il s'agirait de ventes à l'étranger; comme, dans ce cas, il serait impossible de contrôler le prix de la vente, l'on devra nécessairement s'en référer aux prix sur le carreau.

Enfin, en ce qui regarde certains articles de dépenses que jusqu'à présent l'on refusait de compter parmi les dépenses de l'exploitation, il a été décidé que l'on comprendrait à l'avenir parmi les frais qui doivent être déduits du produit brut, pour déterminer le produit net imposable, les différentes dépenses ci-après, savoir : — L'établissement ou l'entretien par les concessionnaires des voies de communication propres à faciliter des débouchés aux exploitations, même lorsqu'elles ne feront pas partie intégrante de la mine; — Les subventions pour les chemins vicinaux ; — Les frais de transport, d'entrepôt et de vente, encore bien que le lieu où s'opérera la vente ne soit pas relié à la mine par des voies qui en dépendent immédiatement; — Les pertes de place, les frais de voyage; — Les secours donnés aux ouvriers infirmes ou à leurs familles, soit qu'il s'agisse ou non, de secours fournis à raison d'accidents arrivés dans les travaux ; — Les rémunérations accordées en certaines occasions aux mineurs; — Les frais des écoles destinées aux enfants des ouvriers ; — Les indemnités tréfoncières, soit en argent, soit en nature, que les actes de concession obligent les concessionnaires à payer aux propriétaires de la surface, en vertu des art. 6 et 42 de loi du 21 avr. 1810.

Telles sont les dispositions nouvelles adoptées par le gouvernement, quant aux règles à suivre pour l'établissement du produit net de l'exploitation des mines; combinées avec le système de l'abonnement, elles devront singulièrement faciliter le calcul de la redevance proportionnelle et elles seront accueillies avec satisfaction par l'industrie minérale.

Le ministre de l'agriculture, du commerce
et des travaux publics,
E. ROUHER.

Circ. G. — 8-31 janv. 1864. — BG, 102. — *Instructions aux généraux commandant les divisions et préfets des départements sur les publications et affiches prescrites à l'égard des demandes de concessions.*

M. le ministre de l'agriculture, du commerce et des travaux publics a adressé aux préfets une circulaire, en date du 10 déc. dernier, concernant les affiches et publications prescrites par l'art. 22 de la loi du 21 avr. 1810, à l'égard des concessions de mines. — La législation française sur les mines étant exécutoire en Algérie, il importe de s'y conformer aux dispositions de la circulaire précitée. Je vous recommande donc de veiller à ce qu'elles soient exactement suivies dans votre circonscription administrative.

Mal PÉLISSIER, DUC DE MALAKOFF.

Circulaire ministérielle du 10 déc. 1863.

M. le préfet, l'art. 22 de la loi du 21 avr. 1810, sur les mines, porte : — « La demande en concession sera faite par voie de simple pétition au préfet, qui sera tenu de la faire enregistrer, à sa date, sur un registre particulier, et d'ordonner les publications et affiches dans les dix jours. »

Pendant un grand nombre d'années cette disposition de la loi a été régulièrement exécutée; dès qu'une demande en concession était adressée au préfet du département où la mine était située; elle était immédiatement soumise à la publicité voulue par la loi, et d'ailleurs elle était accompagnée des pièces réglementaires; mais ce mode de procéder révéla dans la pratique quelques inconvénients : dans certains cas, des demandes en concession avaient été produites en quelque sorte au hasard, sans qu'aucune recherche sérieuse eût été faite par les demandeurs et sans qu'il y eût, pour ainsi dire, apparence d'un gisement minéral concessible.

Pour obvier aux abus qui en résultaient, l'administration décida, en 1837, qu'il ne serait plus affiché de demandes en concession qu'autant que les auteurs auraient préalablement justifié de l'existence d'un gîte minéral, et c'est là le régime qui est encore en vigueur aujourd'hui.

Mais, il faut bien le dire, l'expérience a prouvé que ce régime avait aussi ses inconvénients ; à une stipulation nette et précise, celle de l'affichage en dix jours, il substitue la décision, en quelque sorte arbitraire, de l'administration locale. En effet, lorsqu'une demande est adressée au préfet, ce magistrat la renvoie à l'ingénieur des mines de la localité, pour qu'il visite les lieux et constate l'existence du gîte dont la concession est demandée. Cet ingénieur se transporte sur les lieux aussitôt que les autres obligations de son service le lui permettent, et, s'il n'est pas pleinement édifié, il indique comme nécessaires avant l'affichage de nouveaux travaux de recherches et de nouvelles dépenses; il doit ensuite faire d'autres visites pour s'assurer que ses indications ont été exécutées, et de là résultent des délais quelquefois très-prolongés, dont les intéressés se plaignent et dont ils ont raison de se plaindre.

Sans doute, l'administration obtient ainsi la certitude que les demandes en concession ne sont publiées et affichées que lorsqu'il y a réellement, dans le lieu auquel elles s'appliquent, un gîte de substance minérale, et que l'attention publique n'est pas appelée sur des entreprises dépourvues de tout fondement réel; mais on tombe dans un inconvénient qui n'est pas moins grave, c'est qu'il suffit qu'une demande soit affichée pour qu'à l'instant le public croie que l'existence d'un gîte utilement exploitable est certaine, que l'octroi de la concession est dès lors assuré, tandis qu'il est formellement subordonné à une instruction qui n'a pas encore eu lieu, à l'examen plus approfondi des ingénieurs et aux avis successifs du préfet, du conseil général des mines et enfin du conseil d'État;

c'est ainsi qu'on a vu trop souvent, sur la foi des affiches, s'organiser des sociétés sur une large échelle, et plus tard, la concession étant refusée, les actionnaires imputer, à tort, à l'administration l'erreur dans laquelle ils s'étaient laissé entraîner.

Frappée de ces conséquences regrettables, l'administration a reconnu qu'il convenait de renoncer aux errements admis en 1837, et de revenir au système pur et simple de la loi du 1810, c'est-à-dire à l'affichage sans examen des demandes en concession de mines. Le conseil général des mines, consulté, a été de cet avis, et je viens en conséquence vous prier, M. le préfet, de prendre les mesures nécessaires pour qu'à l'avenir les demandes en concession de mines qui vous seront adressées soient, après leur inscription sur le registre spécial prescrit par l'art. 23 de la loi, publiées et affichées dans le délai réglé par cet article. Vous aurez à communiquer sans délai ces demandes à M. l'ingénieur en chef des mines, pour qu'il vérifie si elles sont accompagnées des documents indiqués dans la loi elle-même et prépare de suite le projet d'affiche ; dès que ce projet vous sera transmis, et quelques jours devront suffire à cet égard, vous voudrez bien prescrire immédiatement les publications.

Il sera d'ailleurs bien compris de tous qu'en procédant ainsi l'administration ne garantit en rien, je ne dirai pas la concessibilité, mais même l'existence d'un gîte minéral, et qu'elle devra être d'autant plus sévère sur ce point après, qu'elle l'aura été moins avant les affiches. MM. les ingénieurs devront profiter de la durée même de ces affiches pour visiter les lieux, constater les travaux de recherches exécutés, les découvertes faites, recueillir enfin toutes les informations nécessaires, et ils pourront ainsi, le plus souvent, vous mettre à même de formuler, dans le délai de l'art. 27, votre avis sur la demande.

J'appelle, M. le préfet, votre attention la plus sérieuse sur les dispositions de la présente circulaire; sincèrement et fermement exécutées, elles dégageront l'administration des mines de la responsabilité que font peser sur elle des retards qui sont quelquefois imputables aux intéressés eux-mêmes, et elles ne devront d'ailleurs compromettre aucun intérêt sérieux si, dans la seconde phase de l'instruction, MM. les ingénieurs, dont personne ne songe à contester les lumières et le dévouement, apportent à l'examen des lieux et des faits le soin et la célérité dont la loi elle-même leur fait une obligation.

Le ministre de l'agriculture,
du commerce et des travaux publics,
ARMAND BÉHIC.

DI. — 23 juin-25 juill. 1866. — BG. 189. — *Promulgation de la loi du 9 mai 1866 sur l'exploitation des mines,*

Vu, etc.;
Art. 1. — Est applicable à l'Algérie la loi du 9 mai 1866, modificative de la loi du 21 avr. 1810 concernant les mines, minières et carrières.

Art. 2. — Sont abrogés, sous la réserve des droits des tiers, l'arr. du 9 oct. 1848, notre décr. du 6 fév. 1852 et l'art. 2, § 2, de notre décr. du 5 janv. 1855 (I, 449, 450).

Loi du 9 mai 1866,

Art. 1. — Sont abrogés les art. 75 à 78 de la loi du 21 avr. 1810, ayant pour objet de soumettre à l'obtention d'une permission préalable l'établissement des fourneaux, forges et usines.

Art. 2. — Sont également abrogés les art. 59 à 67, 79 et 80 de la même loi, ainsi que l'art. 70, dans celle de ses dispositions qui, dans les cas de concession prévus par cet article, obligent le conces-

sionnaire à fournir à certaines usines la quantité de minerai nécessaire à leur exploitation. — Néanmoins, les dispositions desdits articles continueront à être applicables jusqu'au 1er janv. 1876, aux usines établies, avec permission, antérieurement à la promulgation de la présente loi.

Art. 3. — Les art. 57 et 58 de la même loi sont modifiés ainsi qu'il suit :

Art. 57. — Si l'exploitation des minières doit avoir lieu à ciel ouvert, le propriétaire est tenu, avant de commencer à exploiter, d'en faire la déclaration au préfet. Le préfet donne acte de cette déclaration, et l'exploitation a lieu sans autre formalité. — Cette disposition s'applique aux minerais de fer en couches et filons, dans le cas où, conformément à l'art. 65, ils ne sont pas concessibles. — Si l'exploitation doit être souterraine, elle ne peut avoir lieu qu'avec une permission du préfet. La permission détermine les conditions spéciales auxquelles l'exploitant est tenu, en ce cas, de se conformer.

Art. 58. — Dans les deux cas prévus par l'article précédent, l'exploitant doit observer les règlements généraux ou locaux concernant la sûreté et la salubrité publiques, auxquels est assujettie l'exploitation des minières. — Les art. 95 à 96 de la présente loi sont applicables aux contraventions commises par les exploitants de minières aux dispositions de l'art. 57 et aux règlements généraux et locaux dont il est parlé dans le présent article.

§ 5. — ARRÊTÉS DE CONCESSIONS.

Mines de fer du Bou Hamra, des Karezas et d'Aïn Morkha (Bône).

AG. — 11-26 juin 1861. — BG. 20. — *Approbation du procès-verbal de bornage de la concession d'Aïn Morkha, dont le périmètre est fixé à 19 kil. carrés 96 hect. 56 ares.*

AG. — 13-18 juin 1865. — BG. 84. — *Autorisation de prolonger d'un côté jusqu'aux mines de Mokta el Hadid, de l'autre jusqu'à la mer, le chemin de fer particulier déjà exploité par la Société civile des mines de Karezas, entre la Seybouse et ces mines, en vertu d'un arr. min. du 1er sept. 1859, — Cahier des charges annexé.*

DI. — 11-25 fév. 1865. — BG. 134. — *Réunion des 3 concessions d'Aïn-Morkha, des Karezas et du Bou Hamra.*

Mines de Kaloum Theboul (la Calle).

AG. — 30 déc. 1862. (V. Adjoint civil). — *Institution d'un adjoint civil du commandant de place de la Calle.*

§ 5. — SERVICE ADMINISTRATIF.

Circ. G. — 29 mai-12 juin 1861. — BG. 18. — *Honoraires dus aux ingénieurs et gardes-mines, pour leur participation aux travaux de forages artésiens. — Instructions aux généraux commandants les divisions et préfets des départements.*

.....Aux termes de l'art. 4 du décr. organique du 10 mai 1851 (V. *Bulletin des lois*), les ingénieurs des mines ont droit à l'allocation d'honoraires à la charge des intéressés, lorsqu'ils prendront part, sur la demande des départements, des communes ou des associations territoriales, et avec l'autorisation de l'administration, à des travaux à l'égard desquels leur intervention n'est pas rendue obligatoire par les lois et règlements généraux.

Il a été reconnu que les forages artésiens, que le service des mines fait opérer en Algérie, au moyen de fonds autres que ceux du budget de l'État, devaient être rangés au nombre de ces tra-

vaux, et que, dans ce cas, il convenait d'adopter pour la fixation des honoraires attribués aux ingénieurs des mines, les bases établies par l'art. 2 de l'arr. min. du 18 déc. 1858 (*Ponts et chaussées*, I, 543), relativement à la remise allouée aux ingénieurs et agents du service des ponts et chaussées sur les travaux départementaux qu'ils font exécuter. — En conséquence, j'ai l'honneur de vous informer, que, par décis. du 21 mai dernier, j'ai arrêté à cet égard les dispositions suivantes :
Par analogie avec ce qui a lieu pour le service des ponts et chaussées, en vertu de l'art. 2 de l'arr. min. du 18 déc. 1858, il sera alloué aux ingénieurs des mines et aux gardes-mines, sur les travaux de forages artésiens entrepris dans les conditions spécifiées à l'art. 4 du décr. du 10 mai 1854, des remises qui seront calculées à raison de 4 p. 100 sur les premiers 40,000 fr., et de 1 p. 100 sur toutes les sommes dépassant ce chiffre. — Lorsque les ingénieurs seuls prendront part à l'exécution et à la surveillance des travaux, la remise sera partagée par moitié entre l'ingénieur en chef et l'ingénieur ordinaire; et quand les gardes-mines apporteront leur concours, il sera attribué 2/5 à l'ingénieur en chef, 2/5 à l'ingénieur ordinaire et 1/5 aux gardes-mines.

AG. — 21 oct.-27 déc. 1861. — BG. 55. — *Frais de tournée des gardes-mines.*

Vu les arr. min. des 18 déc. 1858 (I, 455), 4 avr. 1859 et 10 fév. 1860, concernant les traitements et accessoires de traitement du personnel des mines en Algérie; — Considérant qu'il importe, dans l'intérêt du service, de rétablir les frais de tournée des gardes-mines en Algérie, tels qu'ils étaient réglés antérieurement à l'arr. du 18 déc. 1858 ;
Art. 1. — Les frais de tournées, de déplacements et autres, attribués aux gardes-mines, en Algérie, par les arrêtés sus-visés, sont fixés de nouveau à 600 fr. par an, à partir du 1er oct. 1861.

M^{al} PÉLISSIER, DUC DE MALAKOFF.

AG. — 7-23 janv. 1862. — BG. 40. — *Augmentation du traitement des ingénieurs des mines et des ponts et chaussées, à partir du 1er janv. 1862, conformément aux nouvelles bases établies par le décr. du 11 déc. 1861. (V. Bulletin des lois.)*

Décis. G. — 28 avr.-31 mai 1862. — BG. 55. — *Tarif uniforme pour les frais de voyage des ingénieurs et employés des services des mines et des ponts et chaussés, fixé ainsi qu'il suit :* — par myriamètre — *de la résidence en France au port d'embarquement.* — Ingénieur en chef, 5 fr. — Ing. ord., 3 fr. — Conducteurs et gardes-mines, 2 fr. 50 c. — *Du port de débarquement en Algérie à la nouvelle résidence.* — Ing. en chef, 7 fr. 50 c. — Ing. ord., 4 fr. 50 c. — Conducteurs et gardes-mines, 3 fr. 75 c.

Ce même tarif sera appliqué aux déplacements qui auront lieu d'un point à un autre de l'Algérie et qui seront motivés par un changement de service et non pour une convenance personnelle; mais les déplacements ne donneront lieu à aucune indemnité lorsqu'ils se réaliseront d'un point à un autre de la même province. — Les conducteurs ou gardes-mines appelés à faire fonctions d'ingénieurs, auront droit aux mêmes indemnités que ces derniers fonctionnaires. — Les dispositions qui font l'objet de la présente décision auront leur effet à partir du 1er mai 1862.

RENVOIS. — V. *Table alphabétique.*

Mobacher.

Circ. G. — 6-12 juin 1861. — BG. 18. — *In-*

structions aux préfets relatives à la publication du Mobacher.

Le *Mobacher*, journal officiel arabe-français, arrivé à sa 13e année d'existence, a été fondé dans le but de faire connaître aux indigènes les actes du gouvernement qui les concernent, et de les initier à l'esprit de notre administration. — A la partie officielle du journal, succède un ensemble d'articles dont le choix a pour objet d'exciter l'intérêt ou la curiosité et de réveiller le goût de l'instruction. Cette seconde partie, sans exclure les nouvelles étrangères d'une portée générale, publie de préférence celles qui concernent l'Algérie et la France et qui peuvent éclairer les indigènes sur leurs ressources et leurs véritables intérêts.

Afin d'assurer plus complètement l'exécution du programme qui vient d'être tracé, j'ai décidé récemment que le format du *Mobacher* serait augmenté de manière à doubler la matière qu'il contenait primitivement, et qu'il serait publié trois fois par mois.

Dans ces conditions, ce journal offrira un recueil complet des actes officiels relatifs aux affaires arabes et un résumé fidèle des progrès accomplis dans les tribus sous la direction de l'administration. Avec son caractère spécial, il présentera en même temps une certaine utilité aux Européens et facilitera la liaison de leurs intérêts avec ceux des indigènes.

Jusqu'à ce jour, le *Mobacher* n'avait été adressé qu'aux fonctionnaires de l'administration algérienne; afin d'en étendre la publicité, j'ai autorisé l'abonnement aux deux textes arabe et français, ensemble ou séparément. — Les abonnements peuvent être pris chez les receveurs des contributions diverses, qui ont reçu des instructions à cet effet, ou par un mandat sur la poste représentant la prise de l'abonnement, au nom de M. le receveur des contributions diverses d'Alger (ville), accompagné d'une note affranchie indiquant l'adresse de l'abonné, son domicile, etc., et l'indication des textes qu'il demande.

Les conditions de l'abonnement sont les suivantes : — Texte français ou arabe seul, six mois, 5 fr.; un an, 10 fr. — Texte français et arabe réunis, six mois, 6 fr.; un an, 12 fr.

M^{al} PÉLISSIER, DUC DE MALAKOFF.

Mobilier administratif.

DI. — 18 août-12 sept. 1860. — BM. 95. — *Mobilier légal. — Ameublement des hôtels de préfecture, etc.* — (V. I, 45, Admin. gén., § 1, décr. du 27 oct. 1858, art. 44-6° et note.)

Art. 1. — L'ameublement et l'entretien du mobilier des hôtels de préfecture, de sous-préfecture et de commissariat civil, des hôtels des généraux commandant les divisions militaires, des bureaux des services administratifs, y compris ceux des affaires civiles des territoires militaires en Algérie, placés par le n° 6 de l'art. 44 de notre décret susvisé parmi les dépenses ordinaires des provinces, comprendront à l'avenir :

Pour les hôtels de préfecture : — 1° Le mobilier des appartements de réception ; — 2° Le mobilier des salles du conseil de préfecture, du conseil général et des commissions, du cabinet du préfet et des bureaux de la préfecture; — 3° Le mobilier d'au moins six chambres de maître avec leurs accessoires et de six chambres de domestique ; — 4° Les objets mobiliers nécessaires au service des cuisines, à celui des écuries et remises, et les ustensiles de jardinage.

Pour les hôtels de sous-préfecture : — 1° Le mobilier d'un salon de réception et d'une salle à manger au moins; — 2° Le mobilier du cabinet du sous-préfet et des bureaux de la sous-préfecture; — 3° Le mobilier d'au moins trois chambres de maître avec leurs accessoires et

de trois chambres de domestique; — 4° Les objets mobiliers nécessaires au service de la cuisine et des écuries
et remises, et les ustensiles de jardinage.

Pour les hôtels de commissariat civil : — 1° Le mobilier d'un salon de réception et d'une salle à manger; —
2° Le mobilier du cabinet du commissaire civil et des
bureaux du commissariat civil; — 3° Le mobilier d'au
moins deux chambres de maître avec leurs accessoires
et de deux chambres de domestique; — 4° Les objets
mobiliers nécessaires au service de la cuisine et d'une
écurie, et les ustensiles de jardinage.

Pour les hôtels des généraux de division : — 1° Le
même mobilier que celui des préfectures, à l'exception de
ce qui concerne la salle des délibérations du conseil général.

Art. 2. — Dans leur prochaine session, les conseils généraux de province délibéreront sur la
somme à laquelle devra s'élever, pour chaque hôtel administratif, le taux du mobilier constitué
conformément à l'article précédent. — Ce taux
sera définitivement fixé par décret impérial.

Art. 3. — Il sera dressé pour chaque hôtel, par
les soins du fonctionnaire en exercice, un inventaire des meubles actuellement existants, avec indication du prix d'achat pour chacun d'eux. —
Cet inventaire sera récolé par un préposé de l'administration des domaines, et le récolement sera
vérifié par une commission du conseil général,
pour les hôtels de préfecture et du général de division, et, pour les hôtels de sous-préfecture et de
commissariat civil, par un membre du conseil général résidant au chef-lieu administratif, ou, à défaut, soit par le juge de paix, soit par deux membres du conseil municipal requis à cet effet. —
Chaque inventaire sera déposé aux archives.
Deux copies seront remises, l'une au fonctionnaire
en exercice, l'autre au directeur des domaines;
une troisième sera transmise à notre ministre de
l'Algérie et des colonies.

Art. 4. — Les meubles qui seront achetés, s'il y
a lieu, pour compléter l'ameublement, seront portés sur l'inventaire avec leur prix d'achat.

Art. 5. — Il sera fait, en fin d'année, à chaque
mutation du titulaire et pendant chaque session
ordinaire du conseil général, un récolement du
mobilier administratif. — Ces récolements seront
opérés par un agent de l'administration des domaines et vérifiés comme il est prescrit au § 2 de
l'art. 3.

Art. 6. — L'allocation votée chaque année par
le conseil général pour l'entretien du mobilier,
sera du vingtième du taux fixé conformément à
l'art. 2 ci-dessus. Elle devra être employée exclusivement au maintien des meubles en bon état
de conservation. — Il sera rendu compte, chaque
année, au conseil général, de l'emploi de cette
allocation.

Art. 7. — Indépendamment du fonds annuel
d'entretien mentionné à l'article précédent, il
pourra être ouvert des crédits pour réparations
extraordinaires du mobilier.

Art. 8. — Les meubles entretenus ou réparés
conformément aux art. 6 et 7 conserveront, sur
l'inventaire, leur valeur primitive d'achat.

Art. 9. — Les meubles qui seraient réformés
seront remplacés par des meubles nouveaux, sans
que, dans aucun cas, le taux du mobilier, fixé
conformément à l'art. 2 ci-dessus, puisse être dé-
passé. — Les meubles réformés seront vendus au
profit de la province. Le produit de la vente figurera dans le budget provincial, à la section des
recettes extraordinaires, où il formera un article
spécial.

Art. 10. — Les fonctionnaires en exercice sont
tenus de représenter les divers objets inventoriés,
mais ne sont pas responsables des détériorations
et diminutions de valeur qu'ils pourraient avoir
subies.

AG. — 5 sept.-23 oct. 1861. — BG. 29. — *Matériel du gouvernement général. — Institution
d'un conservateur. — Attributions.*

Art. 1. — Le conservateur du matériel du gouvernement général de l'Algérie est chargé de
pourvoir aux achats qui lui seront prescrits par les
divers services du gouvernement général, de recevoir en dépôt, de conserver et d'expédier les
objets achetés. — Cet agent est placé, en ce qui
concerne la comptabilité, la conservation et l'arrangement des matières, sous la direction et le
contrôle du chef de la section chargé de la comptabilité-matières.

Art. 2. — Les matières et objets livrés par les
fournisseurs, en exécution de marchés ou commandes, ne peuvent être remis à destination ou
introduits dans les magasins que sur un ordre
donné par le chef de la section chargée de la
comptabilité-matières au pied de l'expédition sur
papier libre, de la facture remise par le fournisseur.

Art. 3. — Le conservateur du matériel prend
charge des objets reçus par la commission spéciale
instituée à cet effet, au pied des factures sur papier timbré et à la suite des procès-verbaux de
réception.

Art. 4. — Les envois à faire, tant en France
qu'en Algérie, ont lieu en vertu des ordres d'expédition délivrés sur la feuille de réception et à
la suite de la déclaration de la prise en charge.

Art. 5. — Le conservateur du matériel donne à
l'emballeur les ordres relatifs à l'emballage des
objets à expédier, et lui indique les marques à apposer sur les colis ou ballots. Dans chaque colis
doit être placée une note détaillée et appréciée
des objets qu'il contient.

Art. 6. Le conservateur du matériel prescrit
l'enlèvement des colis, prépare les lettres de voitures à délivrer à l'agent chargé du transport et
veille à ce que les formalités de passage en douane
soient, s'il y a lieu, régulièrement accomplies. Il
dresse un état détaillé et apprécié des matières et
objets expédiés, et les remet à la section chargée de
la comptabilité-matières, en même temps que les
lettres de voiture.

Art. 7. — Les entrées sont justifiées par l'ordre
et la déclaration de prise en charge, et les sorties
par l'ordre d'expédition et par le récépissé de
l'agent de transport.

Art. 8. — La comptabilité intérieure du magasin
se compose : 1° d'un journal grand-livre présentant en détail les entrées et les sorties des matières; — 2° D'un carnet de transport. — Ces
deux registres seront cotés par première et dernière et paraphés sur chaque feuille par le chef
de section chargé de la comptabilité-matières. Les
inscriptions y seront portées sans délai et sans aucun blanc. Les ratures et les renvois seront approuvés par ledit chef de section.

Art. 9. — Chaque facture sur papier libre, remise au conservateur du matériel au moment de la
livraison et revêtue de l'ordre d'introduction, reçoit un numéro d'ordre.

Art. 10. — Le conservateur du matériel reçoit
en dépôt, sauf à les faire remettre à qui de droit,
les caisses ou colis adressés au gouvernement général de l'Algérie. A l'arrivée d'une caisse ou
d'un colis, et sur la présentation qui lui est faite
de la lettre de voiture, il consigne sur cette pièce
l'état du colis, et vérifie si les poids sont conformes aux indications portées sur la lettre de voiture. Il informe immédiatement la section chargée de la comptabilité-matières de l'arrivée des
objets; en cas de besoin, il est autorisé à ouvrir
les caisses pour en connaître la destination. Cette
ouverture a lieu en présence d'un délégué.

Art. 11. — Dans le cas où un colis serait brisé

ou paraîtrait avoir souffert pendant le trajet, le conservateur du matériel requiert l'ouverture du colis et le déballage des objets en présence de l'agent chargé du transport, ou du voiturier. — En cas de perte ou d'avarie, il dresse procès-verbal du fait. Ce procès-verbal signé par lui et par l'agent du transport ou le voiturier, est remis sans délai à la section chargée de la comptabilité-matières.

Art. 12. — Indépendamment des recensements partiels qu'il jugerait à propos de prescrire, le chef de la section chargé de la comptabilité-matière fait procéder, à la fin de chaque année, au recensement des objets existant en magasin. — Les résultats du recensement sont constatés par un procès-verbal. En cas d'excédant ou de déficit, il est rendu compte au gouverneur général.

M^{al} Pélissier, duc de Malakoff.

Renvois. — V. *Table alphabétique.*

Moniteur de l'Algérie.

AG. — 22 juill.-9 avr. 1861. — BG. 26. — *Rétablissement d'un Moniteur, journal officiel supprimé lors de l'institution du ministère de l'Algérie et des colonies* (I, 455).

Art. 1. — A partir du 1er septembre prochain, il sera publié à Alger, par les soins et sous la surveillance du conseiller d'Etat, directeur général des services civils, un journal officiel dans lequel seront insérés *in extenso*, ou par mention sommaire, les actes et documents émanant de l'autorité et qu'il y aura lieu de porter à la connaissance du public. — Cette publication prendra le titre de *Moniteur de l'Algérie, journal officiel.*

M^{al} Pélissier, duc de Malakoff.

AG. — 31 oct.-9 nov. 1864. — BG. 126. — *Abrogation de l'arrêté précédent. — Nouveau mode de publication officielle.*

Art. 1. — A partir du 1er nov. 1864, le *Moniteur de l'Algérie* cesse d'être publié par les soins et sous la surveillance immédiate de l'administration : il devient la propriété particulière du sieur Alexandre Bouyer, imprimeur dudit journal, qui en continue la publication sous sa responsabilité exclusive et à ses frais, risques et périls. — Néanmoins, ledit sieur Bouyer est autorisé à conserver au *Moniteur de l'Algérie* le sous-titre de *journal officiel.*

Art. 2. — Dans le mois qui suivra la date du présent arrêté, le sieur Bouyer, agréé dès à présent comme gérant responsable du *Moniteur de l'Algérie*, devra : — 1° Verser au trésor le cautionnement exigé, en raison de son caractère politique et de sa périodicité, par l'art. 1, n° 2, du décr. du 14 mars 1855, sur le régime de la presse en Algérie (*Presse*, I, 560); — 2° Présenter à l'agrément de l'autorité compétente un rédacteur en chef remplissant les conditions légales et professionnelles de capacité.

Art. 5. — Aux termes du traité passé en date de ce jour entre l'administration et le sieur Bouyer, ce dernier sera tenu d'insérer en tête de son journal, sous le titre de *partie officielle*, et en tels caractères qui lui seront désignés, les actes du gouvernement général, les lois, décrets et arrêtés concernant les colonies et généralement toutes les communications qui lui seront adressées par l'autorité supérieure.

Art. 4. — Tout ce qui sera publié en dehors de la partie officielle est laissé entièrement sous le régime du droit commun et sous la responsabilité exclusive du gérant et des rédacteurs.

Art. 5. — L'arrêté du 22 juill. 1861 est rapporté.

M^{al} de Mac-Mahon, duc de Magenta.

Renvois. — V. *Table alphabétique.*

Monnaies.

DI. — 1er déc. 1864. (V. *Timbre.*) — *Valeur des monnaies étrangères en monnaies françaises, pour la perception du droit de timbre sur les effets publics des gouvernements étrangers.*

Renvois. — V. *Table alphabétique.*

Mont de piété.

AM. — 21 sept.-30 nov. 1860. — BM. 102. — *Le cautionnement de chacun des deux commissaires-priseurs, chargés du service des prisées et des ventes près le mont-de-piété d'Alger, a été fixé à 5,000 fr., qui seront versés à la caisse du mont-de-piété. — Chaque titulaire devra justifier de la réalisation de son cautionnement dans la quinzaine qui suivra la notification dudit arrêté.*

Décis. G. — 8 sept.-28 déc. 1865. — BG. 165. — *Le règlement pour l'administration et la comptabilité des monts-de-piété de la métropole, formulé dans une instruction générale de M. le ministre de l'intérieur en date du 30 juin dernier, sera observé en Algérie, à partir du 1er janv. 1866.*

Renvois.—V. *Table alphabétique.*

Monuments publics.

AM. — 9 nov.-2 déc. 1842. — B. 151. — *Erection d'un monument à la mémoire du duc d'Orléans.*

Vu le rapport par lequel le gouverneur général de l'Algérie a rendu compte du vœu spontanément manifesté par l'armée d'Afrique et la population civile, d'élever sur la principale place d'Alger, par voie de souscription, un monument à la mémoire de S. A. R. Mgr. le duc d'Orléans, prince royal; — Voulant régulariser les dispositions déjà prises pour la réalisation de cette grande et noble pensée, et admettre à l'honneur d'y concourir les autres corps de l'armée, et notamment ceux qui ont fait la guerre en Afrique; — Considérant qu'il importe aussi de déterminer la forme du monument et de désigner le statuaire qui sera chargé de son exécution;

Art. 1. — Une souscription facultative est ouverte dans tous les corps de l'armée, et notamment dans ceux qui ont fait la guerre en Afrique, à l'effet de réaliser le vœu déjà manifesté d'élever, sur la principale place d'Alger, un monument à la mémoire de S. A. R. Mgr le duc d'Orléans, prince royal.

Art. 2, 3, 4 et 5. — (Relatifs au mode de versement de la souscription et à la nomination de la commission chargée de l'emploi des fonds.)

Art. 6. — Le monument consistera en une statue équestre en bronze, qui sera érigée d'après le plan préalablement approuvé par le ministre sur le rapport de la commission supérieure.

Art. 7. — M. Marochetti sera chargé de l'exécution de cette statue.

M^{al} duc de Dalmatie.

AM. — 29 nov.-21 déc. 1842. — B. 155. — *Arc de triomphe de Djimilah.*

Vu l'arrêté en date du 8 de ce mois, ayant pour objet d'autoriser tous les corps de l'armée à souscrire pour l'érection à Alger, d'un monument à la mémoire de S. A. R. Mgr le duc d'Orléans, prince royal, et de régulariser les dispositions à prendre pour l'exécution de ce projet; — Considérant que depuis la publication dudit arrêté, l'armée de mer, mue par un noble sentiment de confraternité, a témoigné le désir de s'associer au vœu de l'armée de terre et de voir s'élever à Paris un monument qui eût la même destination que celui qui doit être érigé sur la principale place d'Alger;

Empressé d'accueillir ces manifestations, dont la spontanéité est un touchant hommage à la mémoire du prince, objet d'éternels regrets, et de réaliser en même temps une des dernières pensées de Mgr le duc d'Orléans, qui, investi d'un commandement lors de l'expédition partie de Constantine, sous les ordres de M. le maréchal Valée, et dirigée sur Alger par les Bibans, ou Portes de Fer, adressait au roi une lettre contenant le passage suivant :

« ..... Je ne puis prononcer, sire, le nom de Djimilah, sans vous soumettre un vœu que j'ai formé, en campant, avec l'armée, au milieu des ruines de cette ville, et qui, ici, a été accueilli par un assentiment trop unanime pour que je ne sois pas encouragé à vous l'adresser. Je demanderais que l'arc de triomphe de Djimilah, le plus complet des monuments romains que nous ayons visités en Afrique, fût démonté pierre par pierre et transporté à Paris, comme consécration et trophée de notre conquête de l'Algérie. La conversion de la barbarie en province européenne marquera votre règne d'un des grands événements du siècle. Depuis neuf ans, plus de cent mille Français, dont vous avez voulu que vos fils partageassent les dangers et les travaux, ont conquis à la France et à la civilisation un vaste empire, ont construit des routes, bâti des établissements de tout genre, bravé bien des périls, supporté bien des privations; ce serait une récompense digne de leurs travaux que d'élever sur une des places de la capitale le plus beau souvenir qu'ait laissé dans notre nouvelle possession le grand peuple qui nous y a donné de si mémorables exemples. Je suis sûr que chacun de ceux qui ont porté les armes en Afrique, et qui ont dépensé dans ce difficile pays leur sang ou leur santé, serait fier de voir à Paris, avec cette simple inscription : L'armée d'Afrique à la France! ce monument, qui rappellerait à nos soldats pour arriver à ce résultat... »

Devant assurer l'exécution d'un vœu si noblement exprimé et que S. A. R. Mgr le duc d'Orléans a transmis comme un legs sacré à l'armée et à la France entière, vœu que, jusqu'à ses derniers moments, le prince royal a manifesté l'intention de faire un jour réaliser;

Dépositaire de ses sentiments et regardant comme un devoir d'en rattacher l'accomplissement à l'œuvre toute nationale à laquelle l'Algérie et la métropole sont appelées à concourir, afin de perpétuer plus dignement le souvenir d'une des marches les plus glorieuses de l'armée d'Afrique; — Arrête ce qui suit :

Art. 1. — La souscription facultative ouverte dans tous les corps de l'armée par l'arr. du 8 nov. courant, à l'effet d'ériger un monument à la mémoire de S. A. R. Mgr le duc d'Orléans, prince royal, est étendue à l'armée de mer.

Art. 2. — Les souscriptions déjà perçues, soit en Algérie, soit en France, et celles qui le seront d'après le présent arrêté, seront réunies, et le montant en sera employé à élever deux statues équestres en bronze à l'effigie de S. A. R. Mgr le duc d'Orléans, l'une à Paris, l'autre sur la principale place d'Alger, comme il est dit à l'art. 6 de l'arr. du 8 novembre précité.

Art. 3. — L'arc de triomphe de Djimilah (culcullum) sera démonté pierre par pierre et transporté jusqu'à Philippeville, où des bâtiments de l'État le recevront pour l'amener en France. — Il sera réédifié sur un des points de la capitale, qui sera ultérieurement déterminé.

Art. 4, 5 et 6. — (Relatifs au mode de versement des souscriptions et à la comptabilité.)

Art. 7. — Sont et demeurent maintenues les dispositions de l'arr. du 8 nov. qui ne sont pas contraires à celles qui précèdent.

M^al DUC DE DALMATIE.

DI. — 50-51 déc. 1862. — BG. 70. — Approbation d'une délibération du 14 août 1862, par laquelle le conseil municipal de Constantine a voté l'érection d'une statue au maréchal Valée.

Municipalités. V. COMMUNE.

Munitions de guerre. V. TABLE ALPHABÉTIQUE.

Musées. V. ibidem.

N

Naturalisation.

S.-C. — 14 juill.-16 août 1865. — BG. 150. — État des personnes et naturalisation en Algérie (1).

Art. 1. — L'indigène musulman est Français; néanmoins il continuera d'être régi par la loi mu-

---

(1) Exposé des motifs. — Messieurs les sénateurs. — La constitution de 1852 a promis aux colonies et à l'Algérie des constitutions spéciales; la promesse faite aux colonies est accomplie : les colonies ont reçu et ont fixé leur constitution. — L'œuvre était facile; là, tout était français; territoire, lois, mœurs, religion, civilisation et esprit de nationalité. — Les choses étaient autres en Algérie : pays conquis, et dont la conquête semblait dater d'hier, tant étaient profondes les causes qui séparaient les vaincus et les vainqueurs : différence de races, de mœurs, de lois, de religions, antagonisme de peuples et de civilisations. Donc, avant que l'Algérie fût en état de recevoir une constitution, il fallait qu'elle fût pacifiée sous la domination incontestée de la France !

Il y a deux manières de pacifier un pays : la première dispense de tout soin d'administration, de lois et de constitution, c'est l'asservissement ou la destruction du peuple soumis; la seconde, seule en harmonie avec les traditions et les mœurs de la France, est celle qui a été commencée et que l'empereur veut poursuivre. Elle consiste dans une œuvre patiente et continue d'assimilation, ou

d'initiation progressive, au bienfait de la civilisation.

Depuis un certain nombre d'années, le peuple arabe sent qu'un gouvernement bienveillant a succédé à la domination qui pesait auparavant sur lui. Il voit que la France exécute loyalement la convention du 5 juill. 1830, par laquelle elle s'est engagée à respecter la liberté, la propriété, la religion des habitants; cependant la défiance régnait encore, défiance enracinée par trois cents ans de servitude. Combien d'années fallait-il encore pour la dissiper? comment arracher du cœur des Arabes cette croyance profonde et générale qu'un vainqueur est toujours un maître et le maître un oppresseur?

L'empereur, dans la lettre du 6 fév. 1863, fait aux Arabes cette déclaration solennelle : « Je tiens à l'honneur d'exécuter, comme je l'ai fait pour Abd el Kader, ce qu'il y a de grand et de noble dans les promesses des gouvernements qui m'ont précédé. Je veux convaincre les Arabes que nous ne sommes pas venus en Algérie pour les opprimer et les spolier, mais pour leur apporter les bienfaits de la civilisation. — Les indigènes ont, comme les colons, un droit égal à ma protection, et je suis aussi,

sulmane.—Il peut être admis à servir dans les armées de terre et de mer. Il peut être appelé à des

fonctions et emplois civils en Algérie. — Il peut, sur sa demande, être admis à jouir des droits de

---

bien l'empereur des Arabes que l'empereur des Français. » — On sait quel fut l'effet de la lettre impériale ; et quand l'empereur, dans ce voyage mémorable, sans précédent dans la vie des souverains, parut en Algérie, au milieu des populations africaines, partout, dans les villes et dans les campagnes, le peuple arabe répondit par ses acclamations à cette parole qui l'avait fait tressaillir : — « Je suis aussi bien l'empereur des Arabes que l'empereur des Français ! »

A son arrivée en Algérie, l'empereur dit aux habitants : — « Je viens au milieu de vous pour connaître par moi-même vos intérêts, seconder vos efforts et vous assurer que la protection de la métropole ne vous manquera pas ! » — L'empereur, s'adressant ensuite aux Arabes, rappelle le grand acte de la constitution de la propriété dans les mains des possesseurs : « Vous connaissez mes intentions, j'ai irrévocablement assuré dans vos mains la propriété des terres que vous occupez ; j'ai honoré vos chefs, respecté votre religion, je veux vous faire participer de plus en plus à l'administration de votre pays. »

Nous avons insisté, messieurs les sénateurs, sur ces deux faits : la lettre impériale du 6 février et le voyage de l'empereur en Algérie, parce qu'ils sont l'explication politique et le commentaire anticipé du sénatus-consulte que nous avons l'honneur de soumettre à vos délibérations.

§ 1. *Indigènes musulmans.* — Après la constitution de la propriété, le point le plus important de la législation politique ou d'une constitution, c'est l'état civil des personnes. Le sénatus-consulte du 23 avr. 1863 est le premier chapitre de la constitution de l'Algérie ; le présent sénatus-consulte en est le second. — Il commence par cette déclaration : — « L'indigène musulman est Français. » — Cette déclaration, faite par un sénatus-consulte, met fin à toute incertitude, à toute controverse, à toute interprétation. La nationalité française accordée au peuple arabe est la consécration « *des liens formés sur les champs de bataille.* » (Proclamation du 5 mai 1865.) Désormais, l'indigène arabe, déclaré Français, est, en quelque pays qu'il se trouve, sous la protection de la France ; sa nationalité établie lui assure, chez les gouvernements étrangers, le respect de sa personne et de ses droits ; il peut être admis à servir dans les armées françaises de terre et de mer ; il peut être promu aux grades militaires, acquiert les mêmes droits que les renvicoles, ses compagnons d'armes, aux pensions de retraite ; les écoles du gouvernement sont ouvertes à ses fils ; il est admissible aux fonctions et emplois civils en Algérie ; en un mot, « il participe de plus en plus à l'administration de son pays. »

Le code Napoléon porte, dans son art. 7, que « l'exercice des droits civils est indépendant de la qualité de citoyen ; » cette qualité de citoyen, l'indigène algérien peut l'acquérir ; il lui suffit, en justifiant de sa moralité, de se soumettre à la loi française. On sait que le Coran est tout à la fois une loi religieuse et civile ; c'est un évangile et un code pour le musulman ; aucune abjuration ne lui est demandée, aucun acte qui fasse violence à sa conscience ; il garde sa loi religieuse ; on ne lui demande même pas de renoncer, par une déclaration expresse, à son statut civil ; le sénatus-consulte fait dériver implicitement cette renonciation de sa demande, puisque le statut musulman est inconciliable avec la loi française ; citoyen, son devoir est d'obéir à la loi qui commande, son droit est d'invoquer la loi qui protège !

En admettant comme citoyen français l'indigène arabe, pouvait-on lui laisser la faculté de conserver le statut civil musulman ? Les partisans de ce système ont dit : Si vous voulez que la loi soit efficace, qu'elle unisse l'Algérie à la France par des liens durables, ne créez pas des obstacles qui sembleront insurmontables ; le Coran est un livre sacré pour la conscience et la loi du musulman ; si vous exigez que le musulman fasse des distinctions dans la loi de Mahomet, il renoncera plutôt à demander la qualité de citoyen et le sénatus-consulte ne sera qu'une lettre morte, œuvre peu digne, a-t-on dit, du gouvernement et du sénat. Vous jugerez, messieurs les sénateurs, comme le gouvernement, que le plein exercice des droits du ci-

toyen français est incompatible avec la conservation du statut musulman et de ses dispositions contraires à nos lois et à nos mœurs sur le mariage, sur la répudiation, le divorce, l'état civil des enfants.

Interrogeons le passé : — En 1806, les Israélites sollicitèrent la qualité de citoyens français ; ils étaient alors régis par le Talmud qui consacrait, comme le Coran, la polygamie, la répudiation, etc. Napoléon Ier voulut qu'on séparât ce qui était de la foi et ce qui était de la loi. Il convoqua une assemblée de notables israélites ; il constitua un conseil supérieur de la nation juive, et le 2 mars 1807 le grand sanhédrin, c'est le nom de ce conseil, rendit une décision doctrinale conforme à la haute pensée de l'empereur. — Les Israélites devinrent alors citoyens français.

Le fanatisme musulman a bien perdu de son ardeur et de son intolérance ; sous l'influence de trente-cinq années de relations quotidiennes, le commerce, l'industrie, les travaux de l'agriculture, les besoins d'une existence plus sédentaire, ont rapproché les peuples, adouci les habitudes et les mœurs, et déjà un rayon de la civilisation française a pénétré dans la société africaine. Ce serait, d'ailleurs, une erreur de croire que la loi de Mahomet règne d'une manière également absolue sur la population musulmane ; les Kabyles, qui descendent de familles chrétiennes réfugiées, diffèrent des autres Arabes sous le triple rapport des mœurs, des lois et du culte même. Ce million d'hommes qui ne pratique pas la polygamie, dont les familles sont constituées à l'instar des nôtres, qui s'est montré sensible aux avantages de la civilisation, voudra profiter du nouveau bienfait que lui apportera le sénatus-consulte.

§ 2. *Indigènes israélites.* — Avant 1789, les juifs étaient exclus, en France, de tous droits de cité, et même après la grande révolution ils ne furent admis, ni dans les assemblées primaires convoquées pour la nomination des états généraux, ni même dans les assemblées communales. Leur état civil, inauguré par la loi du 27 déc. 1791, ne fut définitivement établi que par le décret du 17 mars 1808 et la sage ordonnance doctrinale dont nous avons parlé tout à l'heure.

En 1830, les israélites natifs de l'Algérie n'avaient pas un sort meilleur que leurs coreligionnaires de France avant 1789. La conquête a été pour eux une délivrance ; ils sont entrés volontiers dans les rangs de leurs libérateurs ; ils y ont trouvé une honorable régénération. Par de nombreuses pétitions, ils ont demandé que la qualité de Français leur fût accordée. Le sénatus-consulte exauce leurs vœux. L'art. 2 les déclare Français et leur confère même comme aux indigènes musulmans la faculté de devenir citoyen français.

§ 3. *Étrangers.* — Les lois des 22 mars 1849, 3 déc. 1849 et 7 fév. 1851 forment la législation actuelle des étrangers. — La naturalisation a beaucoup varié dans ses formes ; sous la législation de l'ancienne monarchie, la qualité de Français dérivait du seul fait de la naissance sur le sol français, indépendamment de l'origine des père et mère et de leur domicile ; le principe de la souveraineté de la terre l'emportait sur la souveraineté sur les personnes ; la terre française saisissait l'enfant, le faisait sien et lui imprimait la nationalité française. Les lois nouvelles de 1790 à l'an VIII changent le principe de la naturalisation ; au simple fait ou hasard de la naissance sur le territoire de la France, ces lois substituent l'intention, la volonté ; elles cherchent une présomption d'attachement au pays, dans une option intelligente et libre, dans le choix d'un domicile, dans la résidence de fait, dans une intention formellement exprimée et suivie d'effet pendant dix années consécutives.

Le code Napoléon maintient la législation sur la nationalité et la complète par quelques dispositions qui, avec le décret du 17 mars 1809, marquent mieux le droit de l'autorité souveraine et le respect dû à la dignité de la nation, en matière de naturalisation. — La durée décennale de la résidence est réduite à une année par un sénatus-consulte du 19 fév. 1808, en faveur des étrangers qui auront rendu des services au pays.

Sous la Restauration, le fatal traité du 30 mai 1814

citoyen français ; dans ce cas, il est régi par les
lois civiles et politiques de la France.

---

rendît nécessaires quelques lois transitoires ; puis, furent établies des lettres de naturalité et de naturalisation ;
par les premières, on conservait la nationalité française,
on l'acquérait par les secondes ; toutefois la plénitude des
droits politiques n'était conférée que par le concours du
roi et des deux chambres ; cet acte s'appelait grande naturalisation.
C'est à l'Assemblée législative que sont dues les lois
qui régissent aujourd'hui la naturalisation. La loi principale (celle du 3 déc. 1849) emprunte le principe de juridiction ou de compétence au décret du 17 mars 1808,
la naturalisation ordinaire, après dix ans de résidence, à
la constitution de l'an VIII, la naturalisation exceptionnelle
au sénatus-consulte de 1808 et la formalité préalable de
l'admission à domicile, au code Napoléon. — Le sénatus-
consulte établit un autre système de naturalisation ; il
restreint la durée décennale de résidence qui, pour l'Algérie, a paru trop prolongée, il la réduit à trois ans, et
n'autorise qu'un seul mode de naturalisation ; enfin il supprime la formalité préalable de l'autorisation d'établir
son domicile en France, que l'étranger devait avoir reçue
avant de pouvoir obtenir la naturalisation.
Pour apprécier le motif de cette suppression, il convient de se mettre par le passé en présence des faits : —
Un étranger arrive en Algérie, il n'a pas abandonné l'esprit de retour en son pays natal ; au contraire, il se propose d'y revenir quand il aura fait fortune ; il ne déclare donc pas qu'il veut se fixer en France ou en
Algérie ; il ne peut pas faire la déclaration prescrite par
la loi du 3 déc. 1849 ; son courage et ses travaux sont
récompensés : il a fondé un établissement, il s'y attache ;
il est devenu propriétaire, il aime sa propriété, etc. Il a
appris à connaître nos mœurs et nos lois, il demande
alors la naturalisation, invoquant une longue résidence,
sa moralité et ses services. Eh bien ! cette demande de
naturalisation est nécessairement écartée ; pourquoi ?
parce que cet étranger n'a pas l'autorisation préalable
de domicile, qui est le point de départ du délai de résidence, soit pour la naturalisation ordinaire, soit même
pour la naturalisation exceptionnelle. Que cette formalité
soit exigée en France, on le comprend : la France a une
population indigène qui lui suffit, elle n'a pas besoin
d'un renfort de population étrangère ! Elle n'appelle pas
les étrangers. Mais l'Algérie demande, et, quand plus
tard, ces étrangers, ces colons, demandent à être Français, il serait injuste et impolitique de les repousser par
une fin de non-recevoir.
Dans l'intention du gouvernement, la naturalisation
que le sénatus-consulte a pour objet de régler ne doit pas
être seulement locale ou spéciale à l'Algérie, elle doit
s'étendre à la métropole et avoir son effet en France. —
On a objecté que si la naturalisation est générale, le sénatus-consulte fournira aux étrangers, par les facilités
qu'il donne, un moyen aisé de se soustraire aux conditions prescrites en France par la loi actuelle ; qu'ainsi la
durée de la résidence, l'admission à domicile seront désormais des conditions illusoires et vaines ; la loi faite en
vue de l'Algérie créera, a-t-on dit, plus de Français que
la loi française ; ce danger est-il bien redoutable ? Le colon étranger, après trois ans de résidence ou d'Algérie,
trois ans de travail, de privations, de sacrifices, n'a-t-il
pas subi des épreuves égales au moins à celles de dix années de séjour autorisées en France ? Comparez la situation de l'étranger admis à domicile en France et celle de
l'immigrant en Algérie ; le premier trouve des habitudes
d'existence analogues à celles de son pays, les mœurs
d'une nation policée, la jouissance des droits civils ; le second, le plus ordinairement, vit dans des conditions sociales bien différentes ; tout est changé pour lui, climat,
mœurs, loi. Si la naturalisation est un attrait assez puissant pour amener l'étranger en Algérie et pour l'y retenir
pendant trois années, doit-on s'en plaindre ? On craint
que la naturalisation ne soit recherchée comme une
prime pour l'immigration. Eh bien ! heureuse prime, disons-nous, que celle qui récompense et satisfait le travail-
leur, enrichit et féconde le champ du travail.
Il est d'ailleurs, messieurs les sénateurs, un autre ordre de considérations ; vous avez pu apprécier le danger

prétend d'une naturalisation ayant un caractère général ;
laissez-nous vous montrer le danger bien plus sérieux
d'une naturalisation spéciale à l'Algérie. — Le lien moral le plus fort qui rattache une colonie à la métropole,
c'est la nationalité. Si donc, la naturalisation est incomplète, si elle n'accorde qu'une demi-nationalité, vous relâ-
chez le lien de l'union ; créer une nationalité algérienne,
ce serait introduire un principe de sécession ; ce serait
poser en quelque sorte la première assise d'un État séparé
et indépendant. La justice et la politique conseillent donc
de conférer à la naturalisation un caractère général et de
lui laisser produire ses effets légaux, aussi bien en France
qu'en Algérie, sur toute terre française : la nationalité
doit être une comme la patrie.
Telles sont, messieurs les sénateurs, les dispositions
principales du sénatus-consulte que nous avons l'honneur
de soumettre à votre haute approbation. — Cet acte législatif qui détermine l'état civil des personnes et ouvre à
la famille algérienne l'entrée dans la grande famille française est le premier fruit du voyage de l'empereur en
Algérie ; le premier avantage d'une expédition pacifique
qui sera féconde, nous n'en doutons pas, dans le double
intérêt de l'Algérie et de la France, de la colonisation et
de la civilisation.

Le conseiller d'État, rapporteur,
FLANDIN.

Rapport présenté au sénat par M. Delangle.

Messieurs, le sénat a reçu du gouvernement un projet
de sénatus-consulte dont l'objet est de régler l'état des
personnes en Algérie et de déterminer à quelles conditions les étrangers pourront acquérir la naturalisation.
Aux termes du premier article de ce sénatus-consulte,
l'indigène musulman est Français. Il continue néanmoins
à être régi par la loi musulmane. Il peut être admis à servir dans les armées de terre ou de mer ; il peut être nommé
à des fonctions et emplois civils en Algérie. Il peut, sur
sa demande, être admis à jouir des droits de citoyen français ; dans ce cas, il est régi par les lois civiles et politiques de la France. — L'art. 2 applique à l'indigène
israélite des dispositions identiques. — Selon l'art. 3,
l'étranger qui justifie de trois années de résidence en Algérie peut être admis à jouir de tous les droits de citoyen
français. — L'art. 4 détermine l'âge auquel peut être obtenue la qualité de citoyen et sous quelle forme elle est
conférée. — Enfin, un dernier article, l'art. 5, dispose
qu'un règlement d'administration publique réglera : —
1° Les conditions d'admission, de service et d'avancement
des indigènes musulmans et israélites dans les armées de
terre et de mer ; — 2° Les fonctions et emplois civils
auxquels les indigènes musulmans et israélites pourront
être nommés en Algérie ; — 3° Les formes dans lesquelles
seront instruites les demandes prévues par les trois premières dispositions dont nous avons rappelé le texte.
Ces dispositions sont-elles prudentes autant que libérales ? Est-il de l'intérêt de la France et de la colonie elle-
même que la qualité de Français soit conférée aux indigènes israélites et musulmans, et qu'ils soient appelés à
la jouissance immédiate des droits civils ? Est-il conforme aux notions d'une saine politique et à la dignité de
la France d'ouvrir aux Algériens les rangs des citoyens ?
— Les faits et l'utilité pratique justifient-ils les modifications apportées en faveur des étrangers résidant en Algérie aux principes qui régissent en France la naturalisation ?
— Le gouvernement, enfin, a-t-il pris les précautions
pour que le bienfait n'excède point la juste mesure et
qu'il n'en résulte aucune perturbation des lois qui touchent à la morale publique, aucune diminution des droits
acquis aux nationaux, pour que l'accession de nouveaux
citoyens ne soit pour la patrie qu'un nouvel élément de
force et de puissance ?
Telles sont les questions que soulève la loi qui vous
est proposée. La commission les a soigneusement examinées ; elle en a pesé mûrement les résultats et dans le
présent et dans l'avenir ; je viens, en son nom, vous exposer les raisons qui l'ont déterminée à donner à l'œuvre
du gouvernement un plein assentiment.
Tout le monde sait ce qu'il y a eu d'accidentel dans

personnel. — Il peut être admis à servir dans les armées de terre et de mer. Il peut être appelé à

à des fonctions et emplois civils en Algérie. — Il peut, sur sa demande, être admis à jouir des droits

l'évènement qui a fait tomber sous notre empire l'Afrique septentrionale ; c'est un point d'honneur qui a porté nos armes sur la plage d'Afrique ; c'est un point d'honneur qui les y a retenues et disséminées sur 200 lieues de territoire. Mais aucun projet de conquête, aucune espérance de profit n'avait germé dans l'esprit de ceux qui dirigèrent la première expédition et en recueillirent les premiers fruits. — Ce qu'on ferait du territoire conquis, si on le garderait, ou si, après avoir tiré des pirates de la régence une éclatante revanche, on l'abandonnerait, ce problème était indécis.

Par un sentiment de générosité exagéré peut-être, et qui devait, selon le parti qu'on adopterait, créer de grands embarras, le vainqueur avait déclaré spontanément et sans qu'aucune nécessité de guerre l'y contraignît, que non-seulement l'exercice de la religion mahométane resterait libre, mais que la liberté des habitants de toutes classes, leur religion, leurs propriétés, leur commerce, leur industrie ne recevraient aucune atteinte.

C'était donc une conquête purement politique que la France entendait faire, et non une prise de possession du sol. Un nouveau souverain était proclamé. Les propriétés ne changeaient pas de main. Or, la conquête ainsi entendue, en fallait-il espérer de suffisantes compensations pour ce qu'elle avait coûté et pour ce qu'elle devait coûter encore ? — Dès le premier jour, en effet, il était évident que si l'on voulait se fixer en Afrique, la prise d'Alger et du littoral n'étaient pas des faits décisifs : les esprits fermes et à longue vue comprenaient qu'il fallait aller en avant et s'emparer du pays. A leurs yeux la conquête effective de l'Algérie était la condition d'un établissement solide à Alger et sur la côte. Le premier agent de la colonisation et du progrès est la domination et la sécurité qu'elle produit.

Il serait sans utilité de retracer les incertitudes des gouvernements qui se sont succédé en France sur la conduite à suivre et le parti à tirer de la conquête ; on ne pourrait sans quelque tristesse exposer ce mélange de persévérance et d'incertitude qui a signalé cette grande entreprise, « — persévérance dans l'effort, — incertitude dans le but. » — Inutile également de retracer ces luttes journalières dans lesquelles s'est formée cette glorieuse armée, qui a été et qui est encore le meilleur produit que nous ait donné le sol africain. — Inutile enfin de redire les insurrections des indigènes chez qui se réveillait instantanément le sentiment national froissé, et qui, séparés de leurs nouveaux maîtres par les préjugés, par les croyances, par les lois, par leurs vertus mêmes, n'avaient rien de plus à cœur que d'opposer aux droits des conquérants tous les genres de résistance active et passive. — Il suffit, pour l'appréciation du projet de loi dont le sénat est saisi, de constater que si la conquête a été laborieuse, il n'y en a jamais eu de plus prompte, de plus humaine et de plus complète. Il n'a fallu qu'un quart de siècle à la France pour s'établir sur un immense territoire.

Cependant, en France, la foule éblouie par le prestige d'une possession lointaine, par pressentiment peut-être, avait hâte de se transporter sur le territoire de la nouvelle conquête ; l'idée de la colonisation s'emparait des esprits ; on se rappelait que l'histoire avait qualifié l'Afrique : le grenier du monde. — On y rêvait des fortunes brillantes et faciles. — C'est une vérité consacrée par l'expérience de tous les temps que toutes les colonies qui ont réussi ne se sont fondées que lentement, à travers de pénibles efforts, de cruelles souffrances, et des alternatives répétées de luttes et de repos, de progrès et de langueur. — L'épée marche vite, disait le maréchal Bugeaud ; la colonisation est lente de sa nature.

Les colons d'Afrique devaient l'apprendre à leurs dépens. Que d'obstacles, en effet, réunis sous leurs pas ! Le sol d'Afrique auquel, en quittant leur patrie, leur imagination prêtait une fertilité exceptionnelle, ils le trouvaient réduit à une sorte de stérilité par les détestables procédés de culture pratiqués par les indigènes. Il fallait, pour en tirer profit, le renouveler en quelque sorte. — Faudrait-il énumérer les difficultés de la vie, du commerce, de l'industrie, au milieu d'une population animée d'une

implacable rancune, poussée par sa religion même aux plus condamnables violences envers les vainqueurs, les difficultés non moins grandes suscitées à la colonisation par l'absence de plans arrêtés par l'administration ? Ces détails n'auraient d'autre résultat que de ranimer le souvenir d'amères déceptions. Il les faut laisser à l'oubli.

Mais enfin le temps qui use tout (tempus edax) faisait son œuvre. La France, avec la prompte et forte vertu d'assimilation à laquelle elle a dû sa puissance, attirait insensiblement les esprits et les intérêts ; sans combler les abîmes que creusaient entre le musulman et le Français la diversité des principes et l'opposition des croyances, la nécessité des communications opérait des rapprochements. La soumission à l'autorité française devenait plus facile. Il y a dans la civilisation des séductions auxquelles ne résistent pas les natures les plus intraitables.

Ajoutons pour l'éternel honneur de la France que sa domination directe ne se manifestait que par des bienfaits chaque jour renouvelés. Elle ouvrait des routes et creusait des canaux ; les rivières étaient disciplinées, les marais desséchés ; les villes étaient assainies et embellies, les ports améliorés. Des sources abondantes jaillissaient du rocher. Partout où se montrait sa main, elle y laissait la trace d'un service. — Ainsi le laboureur, qui ne tirait de sa terre que de l'huile, du blé, des troupeaux, apprenait que sous l'influence d'un soleil bienfaisant les plantes les plus précieuses pouvaient s'acclimater en Afrique, et qu'il pouvait tirer de son champ, mieux cultivé, le tabac, l'opium, la cochenille, le café, le thé, la soie, l'indigo, le coton, et, pour le guider dans ses essais, il trouvait le concours bienveillant de ses maîtres. L'intérêt assouplissait sa haine.

Le changement était plus marqué chez l'habitant des villes qui devait à la domination nouvelle une sécurité qu'avant elle il n'avait jamais connue. Enfin, et c'est un résultat dont l'importance ne pouvait mériter trop d'attention, la jeunesse indigène en venait à solliciter l'honneur de combattre sous les drapeaux français. Plus de 7,000 Algériens figuraient en 1854 dans les cadres de l'armée d'Afrique. Les murs de Sébastopol ont été témoins de leur obéissance et de leur valeur. A Solférino ils ont contribué à la victoire, et, depuis lors, quand de nouveaux régiments ont été créés, on n'a pas éprouvé la moindre peine à en faire la levée ; ils se sont laissé transporter sans résistance sur les champs de bataille les plus éloignés, et jamais le plus léger doute ne s'est élevé sur leur fidélité au drapeau français. — Qu'à de tels services soient dues des récompenses proportionnées à leur utilité, tout le monde le comprend. Sans doute, au lendemain de la soumission des Arabes, à la veille de rébellions toujours possibles et toujours menaçantes, on ne pouvait songer à leur octroyer le droit précieux de la nationalité française. Avec des populations aussi indépendantes et aussi indociles, des précautions sont nécessaires, et la première des précautions, c'est l'épreuve du temps.

L'empereur a pensé que l'épreuve était faite. — En mettant pour la seconde fois le pied sur le sol algérien, il a dit aux colons : « — Je viens au milieu de vous pour connaître par moi-même vos intérêts, seconder vos efforts, vous assurer que la protection de la métropole ne vous manquera pas. Vous luttez avec énergie depuis longtemps contre deux obstacles redoutables : une nature vierge et un peuple guerrier. Mais de meilleurs jours s'annoncent. D'un côté, des sociétés particulières vont, par leur industrie et leurs capitaux, développer les richesses du sol, et de l'autre, les Arabes, contenus et éclairés sur nos intentions bienveillantes, ne pourront plus troubler la tranquillité du pays. — Ayez donc foi dans l'avenir ; attachez-vous à la terre que vous cultivez comme à une nouvelle patrie, et traitez les Arabes au milieu desquels vous devez vivre comme des compatriotes. »

Aux Arabes, l'empereur a dit dans sa proclamation du 5 mai : — « Vous connaissez mes intentions. J'ai irrévocablement assuré dans vos mains la propriété des terres que vous occupez ; j'ai honoré vos chefs, respecté votre religion ; je veux augmenter votre bien-être, vous faire

de citoyen français; dans ce cas, il est régi par la loi française.

Art. 3. — L'étranger qui justifie de trois années de résidence en Algérie peut être admis à jouir de tous les droits de citoyen français.

Art. 4. — La qualité de citoyen français ne peut

participer de plus en plus à l'administration de votre pays comme aux bienfaits de la civilisation ; mais c'est à la condition que, de votre côté, vous respecterez ceux qui représentent mon autorité.... — Vous avez compris qu'étant votre souverain, je suis votre également droit à ma sollicitude. Déjà de grands souvenirs et de puissants intérêts vous unissent à la mère patrie ; depuis dix ans vous avez partagé la gloire de nos armes, et vos fils ont dignement combattu à côté des nôtres en Crimée, en Italie, en Chine, au Mexique. Les liens formés sur le champ de bataille sont indissolubles, et vous avez appris à connaître ce que nous valons comme amis ou comme ennemis. Ayez donc confiance dans vos destinées, puisqu'elles sont unies à celles de la France, et reconnaissez avec le Coran *que celui que Dieu dirige est bien dirigé.* »

Ces paroles étaient l'annonce et la justification du sénatus-consulte ; il ne restait que la formule à trouver ; elle est aujourd'hui sous vos yeux.

Les indigènes musulmans et israélites sont investis immédiatement des droits civils attribués aux Français. Désormais sans qu'il intervienne un acte de soumission quelconque, sans serment à prêter, sans condition aucune, ils sont Français. La France se montre à la fois libérale et confiante ; elle ne se borne pas à acquitter la dette d'un vainqueur généreux envers le vaincu ; elle escompte les espérances de l'avenir.

Devenu Français, l'indigène musulman est admissible au service dans les armées de terre et de mer. Il suffit qu'il ne manifeste le désir pour que les rangs lui soient ouverts. Le gouvernement a pensé, et il a eu raison, que de tous les moyens propres à hâter la fusion des races, le plus efficace sans contredit était la faculté offerte à une population essentiellement guerrière, de se mêler aux rangs d'une armée dont ses propres défaites lui ont révélé la vaillance. On ne saurait dire quels sacrifices de préjugés et de ressentiments, quant les causes en sont purement morales, peut conseiller à une jeunesse fière et naturellement éprise de la gloire, l'honneur de revêtir ces uniformes qui se sont illustrés partout où ils se sont montrés, et de conquérir ces distinctions, ces grades qui sont le but et la récompense de tant d'efforts. Et puis la vie des camps, en confondant dans un centre commun les habitudes, les goûts, les sacrifices, est par elle-même un des éléments d'assimilation les plus féconds. Quelle dissemblance d'origine, de croyance, de sentiment ne s'efface devant le souvenir des périls qu'on a courus ensemble, des services fraternellement rendus, du sang versé pour la patrie commune, de la gloire dont chacun a sa part notablement conquise ! Et si vous ajoutez à ces considérations que plus d'une expérience a vérifiées, l'humeur expansive du soldat français, son caractère commode et sympathique, l'intelligence et l'activité de son esprit, l'entrain continu de sa parole, peut-être n'hésiterez-vous pas à reconnaître la vraisemblance des résultats que le gouvernement attend de la résolution qu'il a prise.

Le sénat n'a pas oublié qu'à cette première concession il en joint une autre d'une égale importance. En même temps qu'il est admissible au service militaire, le musulman devient apte à remplir des emplois et des fonctions civiles. La condition de l'indigène israélite est la même.

Mais jusqu'où s'étendra la faculté qui leur est ouverte? Tous les grades dans l'armée, toutes les fonctions dans les carrières civiles seront-ils accessibles à leur ambition? L'art. 5 du sénatus-consulte remet au gouvernement la solution de ces questions; un règlement d'administration publique doit, comme vous l'avez entendu, déterminer les conditions d'admission, de service et d'avancement dans les armées.

La commission émet le vœu que l'avancement soit accordé, non à l'ancienneté, mais au choix, et qu'il soit renfermé dans de prudentes limites, en ce qui concerne les fonctions civiles, il va de soi que la marque de confiance donnée à ces nouveaux Français devra trouver sa restriction dans l'intérêt sagement apprécié de la France et de la colonie elle-même ; il y a des situations qui

semblent ne pouvoir appartenir qu'à des hommes dont l'origine garantit le dévouement ; car le dévouement à la patrie n'est pas pour les nationaux une vertu réfléchie, c'est pour ainsi dire la voix du sang.

Du reste, si l'indigène devenu Français veut élargir le cercle des prérogatives qui lui sont acquises dès aujourd'hui ; s'il veut prendre aux affaires du pays une part plus directe et plus considérable, la loi proposée lui en fournit le moyen. Il peut solliciter la qualité de citoyen. Le règlement d'administration publique, réservé par l'art. 5, lui apprendra quelles conditions il doit remplir, quelles formes il doit suivre pour atteindre le but. — « C'est la folie de tous les conquérants, a dit Montesquieu, de vouloir donner à tous les peuples leurs lois et leurs coutumes ; et cela, ajoute-t-il, n'est bon à rien, car dans toute sorte de gouvernement, on est capable d'obéir. »

Il est contre cet usage si fréquent dans le passé, une raison meilleure, peut-être : c'est que la même loi ne peut convenir à des nations d'origine et de mœurs différentes ; c'est que la dissemblance des esprits tels que les font l'éducation, le climat, le genre de vie, ne se peut accommoder à la même règle ; et que, pour ne pas glisser sur la pente de la tyrannie, il faut respecter les divergences que la nature et la Providence elle-même ont établies. — La France n'a pas manqué à son devoir. Partout où elle a porté ses armes victorieuses, elle a laissé aux nations qu'elle a subjuguées le droit de conserver leurs lois, leur religion, leurs coutumes. C'était, comme vous l'avez vu, une des stipulations formelles de la capitulation qui livrait à l'armée française la régence d'Alger.

La stipulation a été fidèlement et sincèrement exécutée. Eh bien ! en devenant Français, les indigènes ne sont pas obligés d'abdiquer les statuts sous l'empire desquels ils ont vécu. Les lois qui régissent la famille, la propriété, les successions sont maintenues comme par le passé. Mais s'ils jugent à propos de s'élever jusqu'à la qualité de citoyens, la situation change. Appelés à participer à toutes les prérogatives qui s'attachent à ce titre, à exercer à l'occasion une certaine part de la souveraineté, ils ne peuvent être dans d'autres conditions que les citoyens français avec lesquels ils se confondent. Ce sont désormais et les mêmes droits et les mêmes devoirs. La loi française devient le guide et la règle de tous ceux qui, par naissance ou par choix, y sont assujettis. Si donc du statut qu'ils ont abandonné, naissaient des droits et des usages incompatibles avec la pudeur publique, avec la morale, avec le bon ordre des familles, ces droits sont anéantis. L'acceptation de la qualité de citoyen français en constitue l'abdication la plus formelle. Il ne peut sur le sol de la patrie exister des citoyens ayant des droits contradictoires.

Ainsi la religion musulmane autorise la polygamie, la répudiation, le divorce. Il en est de même de la religion juive. Il est bien entendu que l'exercice de tels droits sera interdit à l'indigène devenu citoyen français, et que celui qui les pratiquerait après être entré pleinement dans la vie française serait exposé à l'action des lois édictées pour réprimer des faits de cette nature. Le règlement d'administration publique dont le gouvernement s'est réservé la rédaction ne laissera, nous le pensons, aucun doute sur cette signification de la loi.

Une seule chose restera et doit rester en dehors de l'application des lois : c'est la question religieuse. La loi française ne proclame pas de culte officiel ; elle consacre au contraire la liberté de conscience comme un droit naturel. La conscience ne relève pas des lois. Il n'appartient pas aux gouvernements de la terre d'exercer une domination sur les âmes. Il en est de même de la liberté des cultes. La religion — affaire de croyance et non de volonté — a son asile dans le cœur; et la loi ne saurait sans tyrannie se rendre juge des rapports impénétrables de l'homme avec Dieu. — En devenant citoyen français le musulman et le juif resteront donc maîtres de leur culte, mais à la condition de se dégager des conséquences que réprouve la loi française.

On s'est demandé, et non sans quelque anxiété, si la

être obtenue, conformément aux art. 1, 2 et 3 du présent sénatus-consulte, qu'à l'âge de 21 ans accompli; elle est conférée par décr. impérial rendu en conseil d'Etat.

sénatus-consulte produirait le résultat qu'on semble en espèrer, et si la possibilité de devenir citoyen français ne serait pas accueillie par la population musulmane avec indifférence. Il ne faut pas se faire d'illusions; elles ne servent à rien. Il est probable, car telle est l'impression de tous les hommes qui ont vu de près la population arabe, que la génération actuelle ne montrera pas un empressement égal à l'honneur qu'on lui veut faire de l'affilier à notre nation. C'est qu'en effet, il est des liens difficiles à rompre. On ne se dégage pas sans effort des préjugés qu'on a apportés en naissant, que l'âge et l'éducation ont fortifiés, que le point d'honneur ravive sans cesse, et que la défaite même a rendus pour les âmes fières plus chers et plus sacrés. C'est du temps, de l'exemple, des conseils, de l'intérêt personnel qu'il faut attendre le développement du principe que pose la loi.

Le temps est un puissant auxiliaire de la civilisation. —Les passions religieuses s'affaiblissent insensiblement, c'est la tendance de notre âge, le fanatisme s'adoucit; il se fera nécessairement un amalgame des coutumes natales et des inspirations qui naissent du contact des Français, et peut-être n'est-il pas loin le moment où une population chez qui le sentiment de l'honneur est ardent, ressentira un légitime orgueil à partager sans restriction les destinées d'une nation qui tient dans le monde civilisé une si grande place.—Mais en supposant que ce ne soit là qu'une illusion quant aux Arabes, on peut affirmer d'avance que les plus riches et les plus considérés parmi les israélites se montreront impatients de pénétrer dans la voie qui leur est ouverte.

Avant la conquête d'Alger par l'armée française, la situation des juifs dans la régence était une situation précaire, humiliée, misérable, et, comme il n'arrive que trop aux nations longtemps opprimées, la trace de cet abaissement n'est peut-être pas encore complètement effacée. C'est le plus funeste effet de la servitude de dégrader l'esprit et de l'accoutumer à l'abjection. Les israélites ont trouvé dans l'administration et dans l'armée des protecteurs énergiques. La liberté de leurs mouvements et la sécurité leur ont été rendues. Ils s'en sont montrés reconnaissants, et parmi les illustres capitaines qui ont commandé les armées d'Afrique, et que le sénat compte aujourd'hui dans son sein, il n'en est aucun qui ne témoigne que, dans l'occasion, les israélites ont rendu d'utiles services. — Or, comment douter qu'avec l'intelligence qui leur est propre, l'esprit ouvert au progrès, ils ne se hâtent de se confondre avec la nation qui tient le flambeau de la civilisation, et dont le premier soin a été de les affranchir du joug sous lequel ils gémissaient.

L'avenir, au surplus, décidera et, quoi qu'il arrive, le gouvernement aura fait son devoir : c'est le signe de la grande politique de tenir compte du devoir accompli plus encore que des avantages qu'on en peut retirer. En pareille matière, une tentative dût-elle être vaine, ne peut qu'honorer le gouvernement qui l'essaye; l'indifférence pour le bienfait n'en altère pas le caractère.

Nous arrivons à la question qui concerne les étrangers. Le sénat se souvient que le sénatus-consulte les autorise, après une résidence de trois années dans la colonie, à réclamer le titre de citoyen français. —Sur cette disposition, deux objections ont été faites. La première se réfère à la compétence du sénat; la seconde, à la situation privilégiée que crée la loi nouvelle pour l'étranger qui poursuit en Algérie la naturalisation.

La première objection se formule ainsi : c'est une loi de 1849 qui a réglé les conditions de la naturalisation des étrangers; elle a exigé d'eux une résidence de dix années, et de plus l'autorisation préalable d'établir leur domicile en France. Or, il est de principe que l'œuvre de la loi ne peut être défaite ou modifiée que par la loi elle-même. C'est du corps législatif que procède la loi de 1849; c'est au corps législatif, par conséquent, que doit être soumis l'examen de la disposition qui apporte à la règle une si profonde altération.—Quelle que soit au fond la valeur de l'objection, elle réclame un examen sérieux. Les questions de légalité ne peuvent être traitées légèrement. Il ne faut pas qu'il puisse s'élever le moindre doute sur la légitimité des droits qu'exerce le sénat.

Deux espèces de droits appartiennent au Français, les droits civils et les droits politiques ; les droits civils, qui embrassent les actes de la vie civile et dérivent des lois communes à tous ; les droits politiques qui consistent dans la faculté de participer plus ou moins immédiatement soit à l'exercice, soit à l'établissement de la puissance et des fonctions publiques. — C'est le pacte constitutionnel destiné essentiellement à concentrer, à diriger les forces sociales, qui détermine ces droits, qui règle les conditions de leur application, qui décide en quels cas l'exercice en est permis ou suspendu. Ces idées, familières à tous les esprits, n'ont pas besoin de développement; elles sont confirmées par la pratique de tous les temps.

Ainsi, l'art. 2, tit. 2, de la constitution du 3 sept. 1791, définit à quelles conditions est attachée la qualité de citoyen ; l'art. 6, en quels cas elle se perd. — La constitution de 1793 reproduit avec quelques modifications les dispositions qui précèdent. — L'art. 8 tit. 2, subordonne la qualité de citoyen à une résidence effective pendant un an sur le territoire de la république, et au payement d'une contribution directe foncière ou personnelle. L'art. 12 énumère les cas de déchéance absolue ou temporaire. —Les mêmes règles se retrouvent dans la constitution de frim. an VIII, qu'on peut considérer comme la loi de la matière. —Les droits politiques sont donc des droits constitutionnels ; ils dérivent de la qualité de citoyen, et ne peuvent appartenir qu'aux citoyens français. —Dans tous les temps, cependant, on a reconnu qu'il n'était pas de l'intérêt des nations civilisées de s'enfermer dans leur constitution comme dans une enceinte fortifiée, et de ne permettre à personne du dehors d'y pénétrer. Si précieux que soient les droits politiques, et quelque jaloux qu'il s'en faille montrer, il est des cas rares, exceptionnels, où il est de l'intérêt et de l'honneur du pays d'en concéder la jouissance aux étrangers. —De là l'usage de la naturalisation.

Sous le droit antérieur à 1789, quand tous les pouvoirs se concentraient dans la main du souverain, quand le roi était l'Etat et sa volonté la règle suprême, la naturalisation était conférée sans condition aux étrangers ; mais les lettres de naturalité qui leur étaient données étaient enregistrées dans les cours de parlement, comme les lois et les édits. L'intervention des parlements maintenait le principe de droit public qu'en pareille matière le roi n'agissait que comme délégué de la nation.

Les temps constitutionnels arrivent. La législation proclame hautement que la naturalisation, cette grave exception au principe de la nationalité, ne peut résulter que d'une disposition expresse du pacte social. — Ainsi, il est écrit dans la Constitution du 3 sept. 1791 : « Ceux qui, nés hors du royaume de parents étrangers, résident en France, deviennent citoyens français après cinq ans de domicile continu dans le royaume s'ils y ont en outre acquis des immeubles, ou épousé une Française, ou formé un établissement d'agriculture ou de commerce, et s'ils ont prêté le serment civique. » — La même loi conférait au pouvoir législatif « le droit de donner, pour considérations importantes, à un étranger un acte de naturalisation, sans autres conditions que de fixer son domicile en France et d'y prêter le serment civique. »

La Constitution du 5 fruct. an III consacre l'exception en modifiant les conditions de son application : « L'étranger, porte l'art. 10, devient citoyen français lorsque, après avoir atteint l'âge de vingt et un ans accomplis, et avoir déclaré l'intention de se fixer en France, il y a résidé pendant sept années consécutives, pourvu qu'il paye une contribution directe, et qu'en outre il y possède des propriétés foncières ou un établissement d'agriculture ou de commerce, ou qu'il ait épousé une Française. »

La Constitution du 22 frim. an VIII, en consacrant le principe à son tour, en modifie aussi l'application. — L'art. 3 porte : « Un étranger devient citoyen français lorsque, après avoir atteint l'âge de vingt et un ans accomplis et avoir déclaré l'intention de se fixer en France, il y a résidé pendant dix années consécutives. »

En 1803 est promulgué le code civil. Il ne contient pas de dispositions explicites sur la naturalisation. Mais en déclarant, art. 7, que la qualité de citoyen français ne

Art. 5. — Un règlement d'administration publique déterminera : — 1° Les conditions d'admis-

sion, de service et d'avancement des indigènes musulmans et des indigènes israélites dans les ar-

---

s'acquiert et ne se conserve que conformément à la loi constitutionnelle, le législateur se référait nécessairement à la constitution de l'an VIII qui réglait la matière et pour les nationaux et pour les étrangers, et telle a été, en effet, la constante interprétation de l'art. 6 c. civ.

Ainsi, de la législation alors en vigueur, il résultait qu'un seul mode de naturalisation existait, et que la condition nécessaire était une résidence de dix années. — N'était-ce pas un inconvénient ? — A la séance du 4 fruct. an IX, au conseil d'Etat, Rœderer exprima le regret que les choses fussent ainsi réglées, que des hommes d'un rare mérite, tels que Franklin, par exemple, ne pourraient jamais devenir Français, parce qu'ils seraient d'un âge trop avancé pour espérer d'accomplir un stage politique. — L'observation était juste. S'il est une chose désirable en effet, parce qu'elle est bonne en soi et honorable pour le pays, c'est que des hommes utiles, recommandés ou par leurs services ou par leur gloire, puissent, s'ils en expriment le désir, être affiliés à la famille française sans avoir subi de lentes et pénibles épreuves. — Le gouvernement fut de cet avis. Or, à qui confier le soin de combler la lacune ? Il ne pouvait appartenir qu'au sénat chargé de veiller au maintien et au perfectionnement de la constitution.

Le 26 vend. an XI, un sénatus-consulte fut rendu ; en voici les termes : « Art. 1. — Pendant cinq ans, à compter de la publication du présent sénatus-consulte organique, les étrangers qui rendront ou qui auront rendu des services importants à la république, qui apporteront dans son sein des talents, des inventions ou une industrie utile, ou qui formeront de grands établissements, pourront, après un an de domicile, être admis à jouir du droit de citoyen français. — Art. 2. Ce droit leur sera conféré par un arrêté du gouvernement, pris sur le rapport du ministre de l'intérieur, le conseil d'Etat entendu. »

La disposition était temporaire ; — Un nouveau sénatus-consulte du 19 fév. 1808 la rendit définitive. — Art. 1. — Les étrangers qui rendront ou qui auraient rendu des services importants à l'Etat, qui apporteraient dans son sein des talents, des inventions ou une industrie utiles, ou qui formeront de grands établissements pourront, après un an de domicile, être admis à jouir du droit de citoyen français. — Art. 2. — Ce droit leur sera conféré par un décret spécial rendu sur le rapport d'un ministre, le conseil d'Etat entendu. »

Le gouvernement de la restauration n'a rien changé à cet état de choses. Si en effet une ordonnance du 10 juin 1814, ordonnance d'une légalité suspecte, déclare que désormais aucun étranger ne pourra siéger, ni dans la chambre des pairs, ni dans celle des députés, à moins que par d'importants services rendus à l'Etat, il n'ait obtenu des lettres de naturalisation vérifiées par les deux chambres, l'art. 2 de cette ordonnance décide « que les dispositions du code civil, relatives aux étrangers et à leur naturalisation, n'en resteront pas moins en vigueur, et seront exécutées selon leur forme et teneur. » — Le passé pour les cas généraux de naturalisation était ainsi maintenu sans modification aucune.

C'est avec cette législation qu'on est arrivé à 1848, et qu'après une disposition exceptionnelle du 31 mars de cette année, le 11 déc. 1849 a été promulguée la loi qui régit la matière. Or l'assemblée législative réunissait alors tous les pouvoirs législatifs, et sans doute si l'on était encore sous l'empire de la constitution en vertu de laquelle elle fonctionnait, ce serait un corps législatif de prononcer. Mais la constitution de 1848 a été renversée ; une autre constitution a été promulguée. Le sénat a été rétabli dans les attributions que lui avait conférées la constitution de l'an VIII. Ajoutons qu'il a reçu par la constitution de 1852 une délégation spéciale pour régler la constitution de l'Algérie (art. 27). — En faut-il davantage pour démontrer que, soit qu'on s'attache à la règle spécialement édictée pour l'Algérie, soit qu'on interroge les principes de droit constitutionnel, la compétence du sénat est à l'abri de toute contestation.

Nous touchons à la seconde objection, à celle dont l'objet est d'appeler la sollicitude du sénat sur les modifications apportées à la loi de 1849. — Des esprits sérieux

se sont demandé pourquoi la loi de 1849 était aussi profondément modifiée en faveur des étrangers fixés en Algérie ; pourquoi la nécessité d'une résidence de dix années en France se réduisait à trois ans en Afrique ; pourquoi l'étranger, en Afrique, ne serait pas forcé d'obtenir une autorisation préalable pour y établir son domicile. On s'est demandé surtout s'il n'était pas probable que les facilités créées en vue de l'Algérie deviendraient pour l'étranger, que son intérêt et ses goûts appelaient en France, un moyen d'abréger la résidence décennale, et de se glisser dans la famille française sans la garantie d'un stage dûment prolongé.

Il est facile de répondre. — La première remarque qui se présente à l'esprit, c'est que si le concours des conditions imposées par la loi de 1849 a le double avantage, soit de donner à l'acte par lequel l'étranger adopte la France pour sa patrie un caractère de permanence et de maturité légale qui le rende sûr et durable ; — soit de donner à l'administration toutes facilités pour surveiller la conduite de l'étranger, et s'assurer, quand le terme de la résidence légale est arrivé, s'il est digne du bienfait qu'il sollicite, — ce stage de dix années n'est cependant pas considéré comme une condition irritante du contrat qui se forme entre l'étranger et le pays dont il réclame l'adoption. — La loi même en fournit la preuve. Elle décide, art. 2, que le délai de dix ans pourra être réduit à un an en faveur des étrangers qui auront rendu à la France des services importants, ou qui auront apporté en France, soit une industrie, soit des inventions utiles, soit des talents distingués, ou qui auront formé de grands établissements. — Et vous n'oubliez pas que telle était aussi la règle consacrée par le sénatus-consulte de l'an XI et par celui de 1808 ; que les constitutions de 1791, de 1795, de 1799, n'avaient pas sur ce point de disposition uniforme, la première exigeant une résidence de cinq ans, la seconde de sept ans, la troisième de dix, et qu'ainsi, dans cette condition de temps, il n'y a rien de sacramentel et d'inexorable. C'est l'utilité du moment qui a servi de règle pour déterminer la durée de la résidence. La seule chose qu'aient voulue les législateurs qui successivement se sont occupés de la question, ç'a été de se prémunir contre le danger des naturalisations improvisées qui deviennent le prix d'une courte résidence, passagère dans sa cause, incertaine dans son avenir. — Or, à ce point de vue, quel embarras y a-t-il à justifier la pensée du sénatus-consulte ? Il n'y a pas à revenir sur les difficultés de tous genres que les colons français ont rencontrées en Algérie, difficultés nées de la dévastation du sol, de l'hostilité des Arabes, du climat, et de ces mille circonstances, dont, à distance, il est si malaisé de se rendre compte.

Ce qui est certain, proclamé par l'administration, par les colons eux-mêmes, c'est qu'au milieu des tribulations auxquelles était livrée la colonie, un secours puissant lui est venu des étrangers que l'espoir de s'enrichir ou le goût des aventures avaient attirés en Afrique. Aujourd'hui l'émigration étrangère forme à peu près la moitié de la colonie africaine ; elle est devenue l'un des plus fermes soutiens de l'œuvre entreprise sur la terre conquise avec le sang et l'argent de la France. Combien d'étrangers y ont apporté des capitaux, de l'industrie, des méthodes perfectionnées de culture ! combien, en associant leurs efforts à ceux de nos nationaux, ont contribué à changer la face de cette terre, qui réclamait, pour redevenir fertile, un travail aussi intelligent qu'obstiné !

Or, n'est-ce pas là un service rendu à la France, un service réel et qui réclame au premier chef l'attention du gouvernement ? N'y a-t-il rien à faire pour des hommes qui, placés à côté de nous, ont partagé nos labeurs, contribué, non sans danger, à nos succès, et qui, tout en recueillant, — non pas tous, — le juste prix de leurs travaux, assuraient à la France des avantages bien supérieurs à ceux dont ils acquéraient la jouissance ; qui les aidaient à faire de la terre algérienne une terre française ; ils en consolidaient les fondements.

On ne sera pas embarrassé de trouver des colons, quand on sera convaincu, d'une part, que les mauvais jours de la colonisation sont passés, et, d'autre part, qu'on

mées de terre et de mer; — 2° Les fonctions et emplois civils auxquels les indigènes peuvent être

nommés en Algérie; — 5° Les formes dans lesquelles seront instruites les demandes prévues

est assuré de trouver dans l'administration un bienveillant et solide appui.

Ne sent-on pas quel intérêt capital il y a d'empêcher que l'Algérie ne perde, à ce mélange d'étrangers, le caractère de la nationalité française, en transformant, et le plus vite qu'on pourra, en Français les étrangers qui viendront se fixer en Afrique? — Les deux plus grandes puissances colonisatrices du monde, quelque haut qu'elles portent l'orgueil national, ne font pas difficulté de puiser de toutes mains en Europe pour peupler les régions qu'elles veulent appeler à la civilisation; et l'on sait si elles ont jamais marchandé à ceux qui ont répondu à son appel les droits politiques les plus complets. Les États-Unis d'Amérique ont trouvé dans cette conduite habilement et constamment suivie, des éléments de force auxquels peut-être ils doivent aujourd'hui le maintien de l'Union. — L'exemple est bon à imiter. Que la France ouvre à deux battants à l'émigration étrangère les portes de la colonie; qu'elle rende facile et profitable, autant qu'il dépend d'elle, l'exercice des industries favorables au pays; que ceux qui auront répondu à l'appel qui leur est adressé soient retenus par une de ces lois de naturalisation à courte échéance, qui grossissent si rapidement la population des nouveaux États d'Amérique. Voilà ce que conseille la saine politique.

Quel scrupule peut donc raisonnablement inspirer la différence que crée le sénatus-consulte entre l'étranger qui sollicite en France la naturalisation et celui qui réclame en Algérie le même bienfait? — L'étranger qui vient en France et qui s'y établit avec l'autorisation du gouvernement, jouit immédiatement de tous les droits civils. C'est la volonté de la loi. Il y exerce paisiblement son industrie et s'enrichit, tout en participant aux avantages que la civilisation française assure à tous ceux qui habitent le territoire, et quand, après dix ans de résidence continue, il réclame le bénéfice de la naturalisation, il est bien permis de penser qu'il l'a gagné sans beaucoup de peine. — En est-il ainsi du colon qui va chercher fortune en Afrique, livrant à l'inconnu sa santé, sa vie, et ce que souvent il estime à un plus haut prix, ses capitaux? Est-ce qu'en bonne justice de telles situations peuvent être assimilées?

Une autre circonstance vient à l'appui de la mesure proposée, c'est qu'il est permis, sans trop d'illusions, d'espérer que le fils de l'étranger répondra, par reconnaissance, c'est qu'en s'emparant des droits et des intérêts de sa patrie adoptive, il en prendra l'esprit; c'est que, suivant l'exemple de son père, il attachera ses destinées à la destinée de la colonie au sein de laquelle il aura conquis ce grand honneur d'être citoyen français. — C'est une mauvaise combinaison, quand on reconnaît le besoin de l'émigration étrangère, de lui témoigner de la méfiance et de la tenir à l'écart, condamnée à une sorte de minorité qui l'oblige à garder ses intérêts distincts, et conséquemment toutes ses affections éloignées de la colonie qu'elle habite.

Messieurs, dans l'état présent des lois, l'étranger, dans la colonie africaine, est privé de toute espèce de droit civil, comment s'y attacherait-il? Devenu citoyen français au contraire, il s'y trouvera enchaîné par les liens les plus étroits. Ce ne sera plus seulement une question de produits à réaliser, mais aussi une question d'influence à résoudre; une situation administrative ou politique à conquérir, un espoir fondé d'obtenir les distinctions et les honneurs que la patrie garde pour ceux qui la servent bien. Rien ne serait meilleur assurément que d'envoyer en Afrique des Français pour la peupler, la cultiver, lui rendre sa réputation historique de fécondité; mais cela n'est pas facile, on le reconnaît. Quel inconvénient y a-t-il dès lors à ce que de l'Afrique à son tour sortent de nouveaux Français?

J'ose penser que ces réflexions justifient amplement le sénatus-consulte. Sans doute, on peut regretter que le point de départ du temps de résidence, exigé pour la naturalisation, ne soit pas officiellement constaté, et qu'ainsi manque ce premier pacte qui devient en fait le principe d'un engagement sérieux avec l'administration. Mais l'ob-

jection n'est-elle pas plus spécieuse que réelle? Que dans un pays où la population est immense, où les étrangers abondent et se renouvellent sans cesse, la naturalisation ait pour base nécessaire une autorisation de fixer son domicile, on comprend l'utilité de la mesure : c'est le point de départ du contrôle que doit exercer l'administration sur la conduite de l'étranger. Mais dans les villes de l'Afrique, l'administration connaît, non pas le jour, mais l'heure même à laquelle l'étranger met le pied sur le sol africain. Il existe un lien nécessaire entre l'étranger qui arrive avec l'intention de coloniser et l'administration; du premier jour, le colon est soumis à la tutelle dont il a besoin. Or, quand après trois ans écoulés depuis son arrivée, l'étranger sollicitera la naturalisation, les renseignements ne pourront manquer ni sur la date précise de son séjour, ni sur les vicissitudes auxquelles il aura été exposé, ni sur ses succès, ni sur ses revers, ni sur sa moralité.

Ne peut-il arriver aussi qu'un étranger aborde en Afrique sans autre intention d'abord que de voir, indécis du parti qu'il prendra, et qu'après deux mois, trois mois de réflexions, il se détermine à y fonder un établissement? Or si plus tard cet étranger réclame la naturalisation, faudra-t-il retrancher des trois années de résidence réellement accomplies, les quelques jours qu'il aura donnés à la prudence? Que gagnera-t-on à cette rigueur?

Il est, au demeurant, une observation qui sort du texte de la loi même et dissipe tous les scrupules : c'est qu'en Algérie, pas plus qu'en France, il ne suffit pour être naturalisé de justifier qu'on a rempli les conditions édictées par la loi, c'est-à-dire que soit en France, soit en Algérie, la durée légale de la résidence a été accomplie. La naturalisation n'est pas un droit, c'est une faveur; et avant de la concéder, il appartient à l'administration de vérifier si, au-dessus des conditions officielles, il n'existe pas des raisons de moralité, d'ordre, d'intérêt public qui s'opposent à ce que le réclamant soit adopté par la nation française; s'il n'y a pas quelque motif de craindre que ce titre de citoyen qu'il ambitionne, ne soit par lui compromis et souillé : c'est une prérogative dont l'exercice est prédominant et sacré.

Devant cette réflexion également s'évanouit la crainte exprimée par quelques-uns de nos honorables collègues, qu'on ne se serve de la facilité ouverte par le sénatus-consulte pour échapper à la loi qui régit la France, et se procurer, sans avoir subi la condition de dix années, un titre dont l'application est générale à tout l'empire. — Le mal en soi n'est pas bien grave : mais la probabilité même disparaît devant le contrôle attribué à l'administration : et si par hasard la fraude réussissait, faudrait-il s'en affliger beaucoup?

Nous vivons dans un temps où les idées de nationalité, quelque respectables qu'elles soient, ne sont plus étroites et jalouses. Le patriotisme ne consiste pas à faire le vide autour de soi; il se montre à d'autres signes, et s'il est permis d'émettre un vœu, c'est que le présent sénatus-consulte soit le prélude de modifications à faire à la loi de 1849, et qu'en abaissant la limite de la résidence, c'est-à-dire en revenant aux prescriptions des lois constitutionnelles de 1791 et 1795, on rende plus abordable en France, et plus commode l'obtention de la naturalisation. La faculté illimitée de rejeter les demandes indiscrètes donne une suffisante sécurité contre la possibilité des abus. Mais encore une fois, disons-nous, ce ne serait pas un grand malheur si, après trois ans d'épreuves et de travaux utiles en Algérie, un étranger conquérait le titre de citoyen français et venait en jouir en France. N'est-il pas écrit dans la loi même, qu'après un an de résidence en France, l'étranger qui a rendu des services y peut être adopté par la nation?

Ainsi tout s'arrange et se concilie : le sénatus-consulte donne aux intérêts nationaux les garanties qui leur sont dues, en même temps qu'il ouvre à des citoyens utiles une faculté dont l'usage profite à la France non moins qu'à celui qui l'exerce.

Au surplus, et c'est par cette observation que se termine ce rapport, trop long peut-être, c'est le règlement d'administration publique qui déterminera les formes

par les art. 1, 2 et 3 du présent sénatus-consulte.

D². — 21 avr.-5 mai 1866. — BG. 174.— *Règlement d'administration publique pour l'exécution du S-C.*

Tit. 1. — *Admission, service et avancement des indigènes de l'Algérie dans l'armée de terre.*

Art. 1. — Les troupes indigènes de l'Algérie font partie de l'armée française; — Elles comptent dans l'effectif général.

Art. 2.—Elles se recrutent par des engagements volontaires.

Art. 3. — Tout indigène peut être admis à contracter un engagement pour un corps indigène, s'il satisfait aux conditions suivantes. — Il doit: — 1° Être âgé de 17 ans au moins et de 35 ans au plus, et avoir la taille de 1m,56 au moins;—2° Être reconnu apte physiquement au service militaire; — 3° Être jugé digne, par sa conduite et sa moralité, de servir dans l'armée française.

Art. 4. — L'âge est constaté dans les formes usitées en Algérie. — L'aptitude physique est reconnue par un des médecins militaires du corps. — La conduite et la moralité sont appréciées, sur le rapport du chef du bureau arabe de la circonscription, par le chef de corps, lequel donne son avis et envoie la demande et les pièces à l'appui au commandant de la subdivision qui prononce.

Art. 5. — L'engagement est d'une durée de quatre ans. — Il est reçu par le sous-intendant militaire de la circonscription, en présence d'un interprète et de deux témoins pris parmi les officiers, sous-officiers, caporaux ou brigadiers indigènes.— Il donne droit à une prime dont le montant est fixé chaque année par un arrêté du ministre de la guerre, rendu sur la proposition du gouverneur général de l'Algérie, et qui est payable une moitié le jour de l'engagement, et l'autre moitié deux ans après (1).— L'interprète explique les conditions de l'engagement au contractant, qui déclare s'y soumettre et prête serment sur le Coran.

Art. 6. — Dans le dernier trimestre de la quatrième année de service, l'indigène peut être admis par le conseil d'administration du corps à contracter un rengagement, soit pour un corps indigène, soit pour un corps français. — Ce rengagement est contracté dans les conditions prévues par les art. 11, 12, 13, 14, 16, 17 et 18 de la loi du 26 avr. 1855, relative à la dotation de l'armée.—Toutefois, une prime spéciale est attribuée à ce rengagement et fixée chaque année par un arrêté du ministre de la guerre, rendu sur la proposition de la commission supérieure de la dotation.

Art. 7.—L'avancement des indigènes dans l'armée a lieu exclusivement au choix et en se conformant aux dispositions de la loi du 15 avr. 1832, concernant la durée du service exigé dans chaque grade pour pouvoir être promu au grade immédiatement supérieur.

Art. 8. — Sont applicables aux militaires indigènes:—Le code de justice militaire pour l'armée de terre, et généralement tous les règlements relatifs au service et à la discipline militaires; — La loi du 19 mai 1834, sur l'état des officiers; — La loi sur les pensions de l'armée de terre, à la condition toutefois, en ce qui concerne les veuves et les orphelins, que le mariage aura été contracté sous la loi civile française.

Tit. 2. — *Admission, service et avancement dans l'armée de mer.*

Art. 9.—Les conditions d'admission, de service et d'avancement des indigènes dans les troupes de la marine et dans les équipages de la flotte sont les mêmes que celles qui sont formulées au titre 1 ci-dessus pour l'armée de terre. — La décision impériale du 25 juin 1861, qui dispense des levées et considère comme en cours de voyage les marins indigènes qui se livrent à la pêche et au cabotage sur les côtes de l'Algérie, est maintenue. —Ceux de ces marins indigènes qui veulent servir au titre d'inscrits maritimes doivent se faire immatriculer au port de Toulon.

Tit. 3. — *Admission dans les fonctions et emplois civils.*

Art. 10. — L'indigène musulman ou israélite,

---

dans lesquelles seront instruites les demandes à fin de naturalisation. Nous pouvons nous reposer sur la prudence du conseil d'État du soin de prévenir toute supercherie et d'empêcher que la naturalisation, détournée de son but, ne soit la récompense d'autres services que des services rendus à la colonie.

Le plus grand honneur que puisse faire un grand pays à des étrangers, c'est de les recevoir dans son sein, c'est de les appeler au partage de ses droits; c'est de les autoriser à porter un nom qui seul est une protection. Ce n'est pas le gouvernement de l'empereur qui diminuera jamais le prestige qui s'y attache en le prodiguant ou en le conférant à qui n'en serait pas digne.

Telle est, messieurs, la loi soumise à vos délibérations. La commission, après une étude approfondie, a jugé qu'elle apportait à ce correctif naturelle une heureuse modification; qu'en ouvrant aux indigènes et aux colons des horizons nouveaux, le gouvernement accomplissait un acte de prévoyante et sage politique, et que ses patriotiques desseins méritaient du sénat une approbation sans réserve.

Il y a deux années, en 1863, un sénatus-consulte a fixé le sort de la propriété en Algérie. Aujourd'hui c'est un nouveau pas. Une pierre nouvelle est apportée à l'édifice. L'état des personnes est réglé. Sujets hier, les Algériens sont Français aujourd'hui; la France les admet dans son sein, elle les invite à devenir citoyens et à recueillir tous les avantages, tous les droits que notre grande nation réserve à ses propres enfants.

C'est le désir de l'empereur qu'il en soit ainsi, et cet acte dont il a pris l'initiative sera compté parmi les meilleurs de son règne. Avant de prononcer, il a voulu voir et juger par ses yeux quelles étaient les souffrances de

l'Algérie, quels étaient ses besoins, quels remèdes pourraient rendre à ce corps défaillant la vie qui semblait s'épuiser. Il a vu, il a touché de sa main les plaies, il les a sondées, et au lieu de recourir à ces vains palliatifs dont le seul effet est de prolonger le mal, sa haute sagesse a adopté une de ces mesures énergiques et décisives dans laquelle se complait son génie organisateur: l'Algérie est transformée. L'avenir lui appartient. Ainsi, pourrions-nous dire, le soleil perce et dissipe les ténèbres; et là où régnaient la nuit et l'insalubrité, ramène la lumière et la fécondité.

La commission a l'honneur de proposer à l'assemblée l'adoption du sénatus-consulte, en substituant toutefois aux mots qui terminent l'art. 1 : « il est régi par la loi française, » ceux-ci : « il est régi par les lois civiles et politiques de la France. » La commission a pensé que la nouvelle rédaction rendait avec plus de précision et d'autorité la [...]sée de la loi.

(1) AM.—30 mai 1866.—(non publié au *Bulletin officiel*). *Arrêté du ministre de la guerre en exécution de l'art. 5 ci-dessus.*

Art. 1. — Les engagements volontaires de quatre ans, contractés pour l'armée française en Algérie, pendant l'année 1866, par les indigènes musulmans et par les indigènes israélites, donnent droit à une prime de 300 fr. dont 150 fr. payables au moment de l'engagement et 150 fr. après l'accomplissement de deux années de services.

Art. 2. — Il sera fait application du présent arrêté à tous les indigènes qui se sont engagés depuis la promulgation du décret du 21 avril précité.

RANDON.

s'il réunit les conditions d'âge et d'aptitude déterminées par les règlements français spéciaux à chaque service, peut être appelé, en Algérie, aux fonctions et emplois de l'ordre civil désignés au tableau annexé au présent décret.—Il n'est admis à des fonctions ou emplois autres que ceux prévus à ce tableau, qu'à la condition d'avoir obtenu les droits de citoyen français. — Les indigènes titulaires de fonctions et emplois civils ont droit à la pension de retraite aux conditions, dans les formes et suivant les tarifs qui régissent les fonctionnaires civils en France.—Toutefois leurs veuves ne sont admises à la pension que si le mariage a été accompli sous la loi civile française.

TIT. 4. — *Dispositions concernant la naturalisation des indigènes.*

Art. 11.—L'indigène musulman ou israélite qui veut être admis à jouir des droits de citoyen français conformément au § 5 des art. 1 et 2 du sénatus-consulte du 14 juill. 1865, doit se présenter en personne, soit devant le maire de la commune de son domicile, soit devant le chef du bureau arabe de la circonscription dans laquelle il réside, à l'effet de former sa demande et de déclarer qu'il entend être régi par les lois civiles et politiques de la France.— Il est dressé procès-verbal desdites demande et déclaration.

Art. 12.— Le maire ou le chef du bureau arabe procèdent d'office à une enquête sur les antécédents et la moralité du demandeur. Le résultat de cette enquête est transmis, avec le procès-verbal contenant la demande, au général commandant la province, qui envoie toutes les pièces, avec son avis, au gouverneur général de l'Algérie.

Art. 13. — Le gouverneur général transmet la demande à notre garde des sceaux, ministre de la justice et des cultes, sur le rapport duquel il est statué par nous, le conseil d'État entendu.

Art. 14. — Si le demandeur est sous les drapeaux, le procès-verbal prescrit par l'art. 11 est dressé par le chef du corps ou par l'officier supérieur commandant le détachement auquel il appartient et transmis au général commandant la province, avec 1° l'état des services du demandeur ; 2° un certificat relatif à sa moralité et à sa conduite. — Les pièces sont adressées par le général commandant la province, avec son avis, au gouverneur général de l'Algérie, pour être ensuite procédé conformément à l'art. 13 du présent décret.

TIT. 5.—*Dispositions concernant la naturalisation des étrangers résidant en Algérie.*

Art. 15. — L'étranger résidant en Algérie, qui veut obtenir la qualité de citoyen français, doit former sa demande devant le maire de la commune de son domicile, ou la personne qui en remplit les fonctions dans le lieu de sa résidence. Il lui en est donné acte dans un procès-verbal dressé à cet effet.

Art. 16.— L'étranger dépose, pour être joints à sa déclaration, les documents propres à établir qu'il réside actuellement en Algérie et depuis trois années au moins.—Cette preuve est faite par des actes officiels et publics ou ayant date certaine, et, à défaut, par un acte de notoriété dressé, sur l'affirmation de quatre témoins, par le juge de paix du lieu.

Art. 17.—Le temps passé par l'étranger en Algérie sous les drapeaux est compté dans la durée de la résidence légale exigée par l'article précédent.

Art. 18.—Il est procédé, pour l'instruction de la demande, conformément aux dispositions des art. 12, 13 et 14 du présent décret.

TIT. 6.—*Dispositions générales.*

Art. 19. — Les indigènes musulmans et israé-

lites et les étrangers résidant en Algérie ne sont admis à former les demandes énoncées aux art. 11 et 15 du présent décret qu'à l'âge de 21 ans accompli. Ils doivent justifier de cette condition par un acte de naissance, et à défaut par un acte de notoriété dressé, sur l'attestation de quatre témoins, par le juge de paix ou par le cadi du lieu de la résidence, s'il s'agit d'un indigène, et par le juge de paix, s'ils s'agit d'un étranger.

Art. 20. — Est fixé à 1 fr. le droit de sceau et d'enregistrement dû par les indigènes et les étrangers admis à jouir des droits de citoyen français, en exécution du sénatus-consulte du 14 juill. 1865.

Tableau des fonctions et emplois civils auxquels l'indigène musulman ou israélite, qui ne jouit pas des droits de citoyen français, peut être appelé en Algérie.

Service de la justice. — Commis greffier et greffier de la cour et des tribunaux. — Interprète judiciaire et traducteur. — Notaire. — Défenseur. — Huissier. — Commissaire-priseur.

Administration générale et municipale. — Membre d'un conseil général. — Commis, sous-chef et chef de bureau de toute classe de préfecture, de sous-préfecture et de commissariat civil. — Emplois de tout grade dans le personnel administratif des maisons d'arrêt, des prisons départementales et des pénitenciers. — Membre de la commission de surveillance des prisons. — Emplois de tout grade dans le personnel administratif des hôpitaux, asiles, orphelinats, dépôts d'ouvriers et autres établissements de bienfaisance. — Membre de la commission administrative des hôpitaux. — Conseiller municipal. — Receveur municipal. — Inspecteur, secrétaire de commissariat de police. — Administrateur de la caisse d'épargne. — Administrateur du mont-de-piété. — Administrateur du bureau de bienfaisance. — Milicien, sous-officier et officier des milices, jusqu'au grade de capitaine exclusivement. — Préposé des octrois. — Garde champêtre. — Garde des eaux. — Et généralement tous les emplois de l'administration communale auxquels les préfets et les maires sont autorisés à nommer directement.

Télégraphie. — Surveillant et stationnaire. — Directeur de station.

Instruction publique. — Membre du conseil académique. — Maître, directeur et inspecteur des écoles arabes françaises. — Titulaire d'une chaire publique d'arabe. — Maître d'études, maître répétiteur et professeur de lycée.

Service des travaux publics. — Commis de toute classe, dessinateur et garde-magasin dans les services des ponts et chaussées, des mines et des bâtiments civils. — Piqueur et conducteur des ponts et chaussées. — Garde-mine. — Inspecteur ordinaire des bâtiments civils.

Services financiers. — Commis de tout grade dans les bureaux des services : — De l'enregistrement et des domaines. — Des contributions. — Des douanes. — Des postes. — Des forêts. — De l'administration des tabacs.

Postes. — Distributeur. — Facteur et brigadier. — Facteur-boîtier. — Préposé, brigadier et officier de service des douanes, jusqu'au grade de capitaine inclusivement. — Garde et brigadier forestier. — Géomètre de toute classe dans le service des opérations topographiques.

Service des ports et de la santé. — Garde-pêche. — Pilote. — Inspecteur des quais. — Garde et secrétaire de la santé.

Naufrages. V. TABLE ALPHABÉTIQUE.

Navigation.

§ 1. — RÉGIME DE LA NAVIGATION.

L'art. 12 du déc. du 7 sept. 1856 (I, 463) rendant applicables à tous les navires français les prescriptions du décr. du 19 mars 1852 concernant les rôles d'équipage, il peut être utile de publier le texte de ce dernier décret.

Décret du 19 mars 1852.

Art. 1. — Le rôle d'équipage est obligatoire pour tous bâtiments ou embarcations exerçant une navigation maritime. — La navigation est dite *maritime*, sur la mer, dans les ports, sur les étangs et canaux où les eaux sont salées, et, jusqu'aux limites de l'inscription maritime, sur les fleuves et rivières affluant directement ou indirectement à la mer.

Art. 2. — Le rôle d'équipage est renouvelé à chaque voyage pour les bâtiments armés au long cours, et tous les ans pour ceux armés au cabotage ou à la petite pêche.

Art. 3. — Tout capitaine, maître ou patron, ou tout individu qui en fait fonctions, est tenu, sur la réquisition de qui de droit, d'exhiber son rôle d'équipage, sous peine d'une amende de 500 fr., si le bâtiment est armé au long cours, de 200 fr., si le bâtiment ou embarcation est armé au cabotage, de 100 fr., s'il est armé à la petite pêche.

Art. 4. — L'embarquement de tout individu qui ne figure pas sur le rôle d'équipage est punissable, par chaque individu embarqué, d'une amende de 500 fr., si le bâtiment est armé au long cours; — De 50 à 100 fr., si le bâtiment ou embarcation est armé au cabotage; — De 25 à 50 fr., s'il est armé à la petite pêche.

Art. 5. — Est punissable des peines portées à l'art. 4, et sous les mêmes conditions, le débarquement, sans l'intervention de l'autorité maritime ou consulaire, de tout individu porté à un titre quelconque sur un rôle d'équipage.

Art. 6. — Le nom et le port d'attache de tout bâtiment ou embarcation exerçant une navigation maritime, seront marqués à la poupe, en lettres blanches de 8 centimètres au moins de hauteur, sur fond noir, sous peine d'une amende de 100 à 500 fr., s'il est armé au long cours; — De 50 à 100 fr., s'il est armé au cabotage; — De 10 à 50 fr., s'il est armé à la petite pêche. — Défense est faite, sous les mêmes peines, d'effacer, d'altérer, couvrir ou masquer lesdites marques.

Art. 7. — Les commissaires de l'inscription maritime, consuls et vice-consuls de France, officiers et officiers mariniers commandant les bâtiments ou embarcations de l'Etat, les syndics des gens de mer, gardes maritimes et gendarmes de la marine concourront à la recherche et à la constatation des infractions prévues dans le présent décret. — Les agents de l'administration des douanes concourront seulement à la constatation de celle que prévoit l'article précédent.

Art. 8. — Ces infractions, auxquelles ne seront point applicables les dispositions de l'art. 565, § 2, c. inst. crim., seront poursuivies, en France, et dans les colonies françaises, devant le tribunal correctionnel du lieu où elles auront été constatées. — Si la constatation a eu lieu en pays étranger, le procès-verbal dressé par le consul ou l'officier commandant un bâtiment de l'Etat sera transmis au tribunal correctionnel dans le ressort duquel est situé le port d'attache du navire en contravention. — Cette transmission aura lieu par l'intermédiaire du commissaire de l'inscription maritime compétent, qui consignera sur le procès-verbal la date de sa réception.

Art. 9. — Les procès-verbaux feront foi jusqu'à inscription de faux; ils devront être signés; ils devront, en outre, et à peine de nullité, être affirmés dans les trois jours de la clôture desdits procès-verbaux, par-devant le juge de paix du canton ou l'un de ses suppléants, ou par-devant le maire ou l'adjoint, soit de la résidence de l'agent instrumentaire, soit de celle où le délit aura été constaté. — Ne sont point, toutefois, soumis à l'affirmation, les procès-verbaux dressés par les commissaires de l'inscription maritime, consuls et vice-consuls de France, officiers et officiers mariniers commandant les bâtiments ou embarcations de l'Etat.

Art. 10. — Les poursuites ont lieu à la diligence du ministère public et aussi des commissaires de l'inscription maritime. Ces officiers, dans ce cas, ont droit d'exposer l'affaire devant le tribunal et d'être entendus à l'appui de leurs conclusions. — Les poursuites seront intentées dans les trois mois qui suivront le jour où la contravention aura été constatée ou celui de la réception d'un procès-verbal dressé en pays étranger. A défaut de poursuites intentées dans ce délai, l'action publique est prescrite.

Art. 11. — Toutes les amendes appliquées en vertu du présent décret, seront prononcées solidairement tant contre les capitaines, maîtres ou patrons, que contre les armateurs des bâtiments ou embarcations. — Le montant de ces amendes sera attribué à la caisse des invalides de la marine, et le cinquième en sera dévolu aux syndics des gens de mer, gardes maritimes, gendarmes de la marine et agents des douanes qui auront constaté la contravention. — Cette allocation ne pourra, toutefois, excéder 25 fr. pour chaque infraction.

Art. 12. — Les receveurs de l'administration de l'enregistrement et des domaines sont chargés du recouvrement des amendes prononcées en vertu du présent décret. Ils verseront les fonds en provenant dans les mains des trésoriers des invalides de la marine.

Art. 13. — Sont et demeurent abrogées toutes les dispositions contraires au présent décret.

DI. — 2-21 déc. 1865. — BO. 162. — *Prorogation des privilèges accordés par le décr. du 7 sept. 1856* (1).

Art. 1. — Les privilèges accordés par le décr.

---

(1) *Rapport à l'Empereur*. — Sire, d'après les lois métropolitaines, le navire étranger dont la coque a été francisée par le payement des droits de douane, n'est autorisé à naviguer sous pavillon français que s'il appartient pour moitié à des Français, s'il est commandé par un capitaine français, et si son équipage est composé pour les trois quarts de Français.

Un arrêté du gouverneur général des possessions françaises du nord de l'Afrique, en date du 30 juin 1856 (1, 165), considérant que ces possessions sont ouvertes à tous les étrangers qui désirent y transporter leur industrie, a admis au bénéfice d'une francisation spéciale aux eaux de la Régence, sous certaines conditions de résidence imposées aux propriétaires et capitaines, les bâtiments caboteurs de 60 tonneaux de jauge et au-dessous, possédés, commandés et montés par des étrangers, mais sous réserve d'avoir été armés dans un port de la France

ou de ses colonies, et d'avoir acquitté d'ailleurs les droits de douane à l'importation de la coque du navire.

Le décret du 7 sept. 1856 a étendu le bénéfice de cette francisation aux bâtiments de 60 tonneaux et au-dessous, et a substitué au droit d'importation de 25 p. 100 ad valorem, précédemment perçu, un droit de 40 fr. par tonneau, à la fois moins élevé et d'une assiette plus facile. Mais, en même temps qu'il conférait ces nouveaux encouragements à la marine algérienne, déjà d'une certaine importance, créée par le régime de 1836, il a eu pour but, dans toutes ses autres dispositions, de l'assimiler progressivement à notre marine nationale. C'est ainsi qu'à moins d'insuffisance dûment constatée de matelots français ou indigènes, il a exigé des équipages composés au moins pour la moitié de Français, et elle conscrit à une période de dix années, expirant le 1er janvier prochain, ces facilités, qui devaient être suivies

11

du 7 sept. 1856 (I, 463) sont prorogés jusqu'au 1er juill. 1857, pour les navires qui s'en trouveront en jouissance au 31 déc. 1865.

Décis. 1. — 25 juin 1864 (non publiée au *Bulletin officiel*). — *Exemption de l'appel au service en faveur des marins qui font le cabotage ou la pêche du corail en Algérie.*

Rapport à l'empereur. — Sire, la pêche du corail, qui, sur les côtes d'Algérie, représente une valeur annuelle de 5 ou 6 millions de francs, et qui n'occupe pas moins de 240 bateaux, montés par 1,500 à 2,000 marins, se fait presque exclusivement par des étrangers. — Il en est de même du cabotage sur notre littoral du nord de l'Afrique; pour cette navigation encore, les navires et les matelots étrangers sont en grande majorité. — C'est là un état de choses regrettable.

S'il n'appartient pas au département de la marine de déterminer toutes les conditions qu'il peut être nécessaire d'offrir aux hommes qui se livrent à la pêche du corail et au cabotage, pour les fixer sur les côtes de l'Algérie, du moins est-ce pour lui un devoir de proposer à V. M. les mesures qui peuvent favoriser un pareil résultat et encourager nos nationaux à prendre part à une industrie dont ils doivent retirer d'importants bénéfices.

C'est dans ce but, sire, qu'il m'a semblé utile d'accorder aux marins français qui se livreront à la pêche du corail ou au cabotage en Algérie un avantage analogue à celui dont le département de la guerre a cru pouvoir faire jouir les colons français. — Il suffit, pour cela, sire, de décider que tous les marins de nos possessions du nord de l'Afrique seront considérés comme en cours de voyage aussi longtemps qu'ils feront sur ses côtes la pêche ou le cabotage; de la sorte, ils ne seront pas soumis aux obligations des levées; et il est permis d'espérer, d'un côté, que quelques familles de nos marins iront plus volontiers s'établir en Algérie pour y exercer leur industrie, et de l'autre, que des étrangers, qui déjà profitent de la pêche

et du cabotage sur ce littoral, s'y fixeront définitivement.

Je prie donc V. M. de vouloir bien donner son approbation à la décision que j'ai l'honneur de lui soumettre, et qui ne peut être que favorable à la création d'une population maritime en Algérie.

Le ministre de la marine et des colonies,
P. DE CHASSELOUP-LAUBAT.

Approuvé :
NAPOLÉON.

RENVOIS. — V. *Table alphabétique.*

Notaires.

DIVISION.

§ 1. — Législation spéciale (I, 463) (1).
§ 2. — Création d'offices.

§ 2. — CRÉATION D'OFFICES.

DI. — 30 janv.-27 avr. 1861. — BG. 10. — *Création d'un deuxième office à Tlemcen et à Mascara.*

DI. — 14-26 juill. 1861. — BG. 24. — *Création d'un office à Aumale.*

RENVOIS. — V. *Table alphabétique.*

Notifications aux indigènes. V.
TABLE ALPHABÉTIQUE.

O

Objets d'art. V. MUSÉES.

Obligations commerciales. V.
ENREGISTREMENT.

---

d'un nouvel acheminement vers les conditions normales de francisation, telles qu'elles ont été édictées par l'acte de navigation de 1793 et la loi de 1845.

Cependant le cabotage algérien est encore aujourd'hui exclusivement aux mains des étrangers, la raison en est simple. Si, aux débuts de notre occupation, alors qu'il avait à distribuer sur tout le littoral de nos possessions les marchandises généralement importées au seul port d'Alger, il n'a point tenté l'esprit d'entreprise des marins français, il ne saurait guère en être autrement aujourd'hui que les côtes de l'Algérie, mieux connues, et ses importations plus considérables, ont développé la navigation directe entre chacun de ses ports et ceux d'Europe. Malgré une grande extension du mouvement commercial, il reste ainsi voué à des opérations, très-utiles sans doute, mais très-circonscrites et qui n'offrent point aux matelots français des conditions suffisantes de profit. — Il paraît donc nécessaire de prolonger indéfiniment le régime de navigation exceptionnel inauguré par l'arrêté de 1836, si le sénatus-consulte récemment rendu sur la naturalisation des étrangers en Algérie ne venait offrir une solution radicale et féconde à une situation qui, depuis près de trente ans, ne s'est pas sensiblement modifiée.

D'après les propositions du gouverneur général, je me borne à prier V. M. de vouloir bien proroger les effets du décret du 7 sept. 1856, pendant le temps jugé nécessaire pour l'accomplissement des formalités de naturalisation, soit jusqu'au 1er juill. 1857. — Il est vraisemblable, en effet, que, dans ces conditions, les 1,600 marins étrangers, inscrits dans les ports de la colonie, montreront beaucoup d'empressement à se faire naturaliser. La plupart y sont depuis longtemps domiciliés, et conséquemment attachés par de nombreux liens d'intérêts, d'habitudes, d'amitiés, de famille même. Ces liens les retiendront d'autant mieux qu'ils ne les briseraient, pour

reprendre leur pavillon national, qu'en se soumettant à nouveau dans leur pays aux sévères obligations de l'inscription maritime, qui n'existe point en Algérie, et que presque tous ont voulu fuir en venant chez nous. Enfin, ils savent que, par l'effet de la naturalisation, leurs opérations, aujourd'hui circonscrites à l'exploitation peu profitable des côtes algériennes, pourront désormais s'étendre à leur gré, sous les privilèges de notre pavillon, à tous les ports de la Méditerranée.

Ces nouvelles perspectives créeront véritablement en Algérie la riche industrie des transports de mer; et il est permis de penser qu'elles y amèneront en même temps nos marins français que tant d'efforts y ont vainement appelés jusqu'à ce jour. Ainsi se développeront, en se transformant peu à peu au profit de l'homogénéité et de tous les autres intérêts de notre marine nationale, les équipages algériens, d'abord composés de naturalisés et d'étrangers.

Les départements de la marine et des finances, que j'ai consultés sur cette question, se sont complètement associés aux vues que je viens d'exprimer à V. M., et je ne puis dès lors que prier l'empereur de vouloir bien signer le projet de décret ci-joint, qui est conforme aux avis de mes collègues et aux propositions du gouverneur général de l'Algérie.

Le maréchal, ministre de la guerre,
RANDON.

(1) JURISPRUDENCE. — L'art. 16 de l'arr. du 30 déc. 1842 (I, 466) exige pour la validité des contrats passés entre les parties qui ne parlent pas la même langue que l'officier public soit assisté d'un interprète. Le fait que cette prescription n'a pas été remplie par un notaire, ne constitue pas une présomption de droit que les parties ont pu comprendre les stipulations de l'acte, et la preuve contraire offerte par l'une d'elles est admissible en principe. — *Cour d'Alger,* 16 juin 1845.

Observatoire. V. Instruction publique, § 5.

Occupation (militaire, temporaire). V. Table alphabétique.

Octroi.

DIVISION.

§ 1. — Législation spéciale.
§ 2. — Tarif de perception.

§ 1. — Législation spéciale. — Répartition.

Circ. G. — 14 oct. 1863. (V. Recensement.) — La répartition des 4/5 de l'octroi de mer attribués aux communes et autres localités sera opérée d'après les bases du dernier dénombrement quinquennal de la population.

DI. — 18 juill.-18 août 1864, — BG. 119. — Prélèvement attribué au trésor, dépenses de construction et entretien des locaux affectés au service des douanes, augmentation du droit municipal sur les eaux-de-vie et liqueurs.

Vu l'arrêté du chef du pouvoir exécutif en date du 12 oct. 1848, qui prescrit la remise du service des douanes de l'Algérie au ministère des finances (Douanes, I, 304); — L'ord. du 21 déc. 1844 qui autorise la perception en Algérie d'un droit d'octroi municipal à l'entrée par mer (I, 472); — Notre décr. du 3 juill. 1857 qui supprime le prélèvement attribué au trésor public sur le produit net de l'octroi de mer en Algérie et réduit le prélèvement effectué sur le produit brut du même octroi (I, 475);

Art. 1. — Les dépenses de construction et d'entretien des locaux affectés ou à affecter au service des douanes en Algérie, seront, à l'avenir, à la charge du ministère des finances.

Art. 2. — Le prélèvement de 5 p. 100 effectué sur le produit brut de l'octroi municipal aux ports de mer, dans les villes du littoral en Algérie, à titre de frais de perception et de payement par les agents du trésor, est élevé à 5 p. 100. — Exceptionnellement et pendant huit années consécutives, le prélèvement susdit de 5 p. 100 sera augmenté de 5 p. 100, qui seront spécialement affectés aux frais de constructions neuves.

Art. 3. — Le droit d'octroi municipal de 50 fr. par hectolitre sur les eaux-de-vie et les esprits en cercles et en bouteilles à leur entrée par mer, est élevé à 40 fr.

Art. 4. — Les dispositions ci-dessus seront exécutoires à partir du 1er août 1864.

Art. 5. — Sont et demeurent abrogées toutes dispositions contraires au présent décret.

Renvois. — V. Table alphabétique.

Officiers ministériels. V. Table alphabétique.

Opérations topographiques.

AG. — 26 nov. 1861-24 janv. 1862. — BG. 41. — Règlement général sur le service de la topographie en Algérie, organisation du personnel, devoirs et attributions des agents, programme et détail des travaux (1).

AG. — 21 sept.-10 oct. 1863. — BG. 94. — Tarif des plans pour les particuliers.

AG. — 12 nov.-30 déc. 1864. — BG. 128. — Traitement des élèves géomètres.

Renvois. — V. Table alphabétique.

Opposition au départ d'un débiteur. V. Table alphabétique.

Or et argent.

DI. — 9 oct. 1865 (non publié au Bulletin officiel). — Établissement de quatre contrôles secondaires de la garantie pour faire l'essai et la marque des ouvrages ou lingots d'or et argent. (V. Institution du contrôle de garantie, I, 479.)

Oratoires protestants. V. Culte, § 3.

Ordonnateurs. V. Administration générale, § 1.

Orphelinats. V. Table alphabétique.

Ouvrages dramatiques. V. Théâtres.

Ouvriers — Domestiques à gages (2).

AG. — 9 sept.-27 déc. 1861. — BG. 35. — Suppression des dépôts d'ouvriers (3).

Considérant que les dépôts d'ouvriers existant à Alger, Oran, Bône et Philippeville, ne remplis-

(1) Les dispositions de ce règlement, divisé en 148 articles, étant toutes spéciales aux détails d'exécution des travaux confiés aux agents de ce service et recevant ou pouvant recevoir chaque jour, dans l'application qui en est faite, les modifications nécessitées par les circonstances ou par des instructions particulières, il a paru utile seulement d'en indiquer le sommaire et la date qui en faciliteront, en cas de besoin la recherche, au Bulletin officiel.

(2) Un arrêté du directeur général des services civils, préfet d'Alger, en date du 10 août 1861, pris en conformité du décret du 25 mars 1852 sur la matière (V. Bulletin des lois) et inséré au Recueil des actes administratifs, 1861, p. 151, réglemente pour le département d'Alger l'institution des bureaux de placement d'ouvriers et de domestiques.

(3) Rapport au gouverneur général.—9 sept. 1861.— Les dépôts d'ouvriers établis à Alger, Oran, Bône et Philippeville, coûtent annuellement une somme de près de 55,000 fr. Créés pour recueillir les immigrants à leur débarquement en Algérie, et leur donner ainsi le temps de trouver du travail, ils ne remplissent aujourd'hui que dans quelques cas le but de leur institution. Les uns ne reçoivent plus qu'un nombre de personnes très-limité et fait hors de proportion avec les frais qu'ils en-

traînent; les autres ont plus ou moins complètement dévié de leur destination, et sont de véritables dépôts de mendicité, entretenus sur une large échelle par l'administration.

Dans ses derniers rapports, M. l'inspecteur des établissements de bienfaisance fait ressortir avec une grande force les abus nombreux qui se rattachent à cet état de choses, et n'hésite point à proposer la fermeture des dépôts d'ouvriers. — Peut-être ne serait-il pas prudent de supprimer tout d'un coup des asiles qui existent depuis de longues années, sans se réserver en même temps les moyens de suppléer, dans certains cas, aux services qu'ils rendent à côté des abus par lesquels ils se révèlent principalement.

Jusqu'à nouvel ordre, un crédit pourrait être mis à la disposition des préfets des départements, sur les fonds de la colonisation, pour laisser, au besoin, aux autorités locales, la faculté de mettre en subsistance chez des hôteliers, dans les conditions d'un cahier des charges souscrit d'avance, les immigrants ou autres personnes dont la situation exceptionnelle réclamerait cette mesure. La part serait ainsi faite aux cas légitimes, et une économie importante serait réalisée.

Le directeur général des services civils,
G. Mercier-Lacombe.

sent plus que dans de rares circonstances le but spécial de leur institution, et que les dépenses qu'ils entraînent sont devenues hors de proportion avec le service qu'ils rendent.

Art. 1. — A partir du 1er janv. 1862, les dépôts d'ouvriers établis à Alger, Oran, Bône et Philippeville seront supprimés.

Art. 2. — Un crédit sera mis annuellement à la disposition des préfets des départements, sur le budget de l'Etat (service de la colonisation), en vue de l'assistance qu'il pourra être nécessaire d'accorder, dans certains cas, aux indigents admis aujourd'hui dans les dépôts d'ouvriers.

M-l PÉLISSIER, DUC DE MALAKOFF.

RENVOIS. — V. *Table alphabétique.*

Ouvroirs musulmans. V. TABLE ALPHABÉTIQUE.

P

Papier timbré (débit de). V. TIMBRE, § 2.

Partage de biens indivis. V. TABLE ALPHABÉTIQUE.

Passagers. V. *ibidem.*

Passages maritimes.

Circ. M. — 22 août 1860 (non publiée au *Bulletin officiel*). — *Instruction aux préfets des départements sur l'exécution de l'arr. du 1er juin 1860 (I, 483).*

M. le préfet, aux termes de l'art. 1 de l'arr. du 4 juin dernier, les fonctionnaires, employés et agents de l'Algérie, voyageant en vertu d'un congé de faveur, ont droit l'embarquement, aux frais de l'Etat, tous les quatre ans. En outre, le passage n'est accordé aux femmes et aux enfants, en cas de congé de convalescence délivré au chef de la famille, qu'après un séjour consécutif de quatre années dans la colonie.

Afin de mettre mon département, ainsi que M. le sous-intendant chargé des embarquements, à Marseille, en position de statuer avec connaissance de cause sur les demandes de passage gratuit qui leur sont adressées, il est indispensable que tout fonctionnaire employé ou agent de l'Algérie soit porteur en venant en France, du titre de congé en vertu duquel il s'est absenté, et que cette feuille indique exactement, sous la responsabilité de l'autorité compétente, la durée du séjour consécutif du titulaire en Algérie, et la date du dernier passage obtenu.

Le ministre de l'Algérie et des colonies, Cte DE CHASSELOUP-LAUBAT.

AG. — 29 sept.-10 oct. 1863. — BG. 94. — *Embarquement des passagers à bord des bâtiments de l'Etat.*

Vu l'arr. du 20 déc. 1849 (B. 337) sur les services des embarquements pour les passagers civils; — Considérant que les dispositions de cet arrêté n'ont plus de raison d'être, en ce qui concerne les embarquements pour France, depuis le traité passé avec la compagnie des messageries impériales, et qu'en ce qui concerne les passages accordés d'un port algérien à un autre, elles ont cessé d'être en rapport avec l'organisation des services civils;

Art. 1. — Les préfets continueront à centraliser tous les détails du service des embarquements des passagers civils à bord des bâtiments de l'Etat, faisant le service de la correspondance sur le littoral algérien, en vertu des pouvoirs qui leur sont délégués, tant par le gouverneur général, pour les services administratifs ressortissant à l'administration centrale de l'Algérie, que par les divers ministres compétents, pour les services de la justice, des cultes, de l'instruction publique, de l'inspection des finances, de la trésorerie, des douanes et des tabacs.

Art. 2. — A cet effet, il sera ouvert dans les bureaux des préfectures d'Alger et d'Oran, dans les sous-préfectures de Bône, Philippeville et Mostaganem, et dans les commissariats civils ou mairies de Dellys, Bougie, Djidjelli, Cherchell, Tenès, Arzeu et Nemours, un registre sur lequel seront inscrites toutes les demandes d'embarquement au fur et à mesure qu'elles seront formées, soit directement par les parties intéressées munies de pièces régulières, soit par l'intermédiaire des chefs d'administration compétents.

Art. 3. — L'autorité civile disposera, dans chaque port et pour chaque départ, de la moitié des places de 1re et de 2e cl. sur tous les bâtiments; du dixième des places de rationnaires sur les frégates, et du cinquième de ces dernières sur les bâtiments d'une capacité moindre.

Art. 4. — Vingt-quatre heures au moins avant le départ de chaque bâtiment à vapeur, le fonctionnaire civil et le fonctionnaire militaire chargé des passages, se concerteront sur le nombre des places de chaque classe dont ils auront disposé, afin que l'un des services puisse profiter, s'il y a lieu, de tout ou partie de celles que l'autre n'utiliserait pas.

Art. 5. — Les listes d'embarquement devront être dressées séparément pour chaque administration centrale, comptable de la dépense et transmises à l'autorité maritime vingt-quatre heures au plus tard avant le départ du courrier.

Art. 6. — Pour ce qui concerne les colis, les ordres d'embarquement devront être adressés, à Alger, à l'état-major général, et dans les autres ports à l'autorité maritime, quarante-huit heures avant chaque départ.

Art. 7. — Les passagers civils qui ne figurent pas dans les nomenclatures annexées à l'arr. min. du 4 juin 1860 (I, 483) ou à tous autres arrêtés ultérieurs des ministres compétents, en ce qui concerne les services administratifs ne ressortissant pas au gouvernement général, ne pourront obtenir que des passages de 4e, 8e ou 2e cl., et, dans ce dernier cas, sans vivres. Le gouverneur général se réserve personnellement le droit d'autoriser des exceptions à cette règle.

Art. 8. — L'arr. du 20 déc. 1849 est abrogé.

M-l PÉLISSIER, DUC DE MALAKOFF.

AG. — 5-12 août 1864. — BG. 118. — *Passages gratuits. — Fonctionnaires et agents des chemins de fer.*

Vu l'arr. min. du 4 juin 1860 (I, 483) qui réglemente la délivrance des passages gratuits à bord des bâtiments faisant le service de la correspondance entre la France et l'Algérie et sur le littoral algérien; — L'arr. du 29 sept. 1863 (*ci-dessus*); — La décision du 8 août 1862 (non publiée);

Art. 1. — Seront admis à jouir du bénéfice du passage gratuit à bord des bâtiments de l'Etat, faisant le service du littoral, aux mêmes conditions que les passagers civils qui figurent dans la nomenclature annexée à l'arr. min. du 4 juin 1860, les ingénieurs et agents de la compagnie des chemins de fer algériens voyageant pour le service de leurs fonctions.

Art. 2.—Le classement de ces passagers à bord des bâtiments, est fixé ainsi qu'il suit :

1re cl. — Directeur général de la compagnie ;—Directeurs et sous-directeurs de la construction et de l'exploitation ;—Ingénieurs en chef ;—Id.—ordinaires ;—Chefs de l'exploitation ;—Chefs de la comptabilité générale et du contentieux ;—Sous-chefs de l'exploitation ;—Inspecteurs principaux de l'exploitation ;—Chefs du matériel et de la traction.

2e cl.—Sous-ingénieurs ;—Chefs et sous-chefs de section;—Conducteurs de travaux ;—Inspecteurs et sous-inspecteurs de l'exploitation ;—Chefs de bureau et employés principaux des divers services;—Sous-chefs de la traction ;—Chefs de dépôt ;—Dessinateurs ;—Chefs et sous-chefs de gare ;—Chef de l'économat et des approvisionnements.

3e cl.—Tous les agents non désignés ci-dessus.

4e cl.—Les ouvriers que la compagnie sera obligée de faire transporter pour assurer la marche des travaux.

Le gouverneur général, par intérim,
E. DE MARTIMPREY.

RENVOIS. — V. *Table alphabétique.*

Passe-ports.

Circ. G. 6 mars-25 avr. 1862. — BG. 47. —*Nouvelles mesures à l'égard des voyageurs entre la France et l'Algérie. — Suppression des passe-ports.*

M. le préfet, consulté par moi sur la question de savoir si l'obligation du passe-port ne pouvait pas être supprimée à l'égard des voyageurs se rendant de France en Algérie, ou quittant la colonie pour revenir en France, S. Exc. le ministre de l'intérieur a admis le principe de la suppression dans les termes suivants : « Les mesures de tolérance qui ont été admises pour faciliter les relations entre la France d'une part, et l'Angleterre, la Suède, la Belgique et la Hollande, de l'autre, me paraissent pouvoir être adoptées en faveur des sujets de ces diverses nations pour leurs voyages de France en Algérie et *vice versâ.* »

J'avais exprimé le désir que la mesure s'appliquât à tous les voyageurs sans distinction de nationalité, mais S. Exc. le ministre de l'intérieur m'a fait observer que cette extension présentait des inconvénients sérieux. — En premier lieu, elle entraînait comme conséquence logique et forcée la suppression du passe-port et la libre entrée en France de tout voyageur étranger annonçant l'intention de vouloir passer en Algérie. — En ce qui concerne l'étranger qui s'embarque dans un des ports de l'Algérie pour se rendre à Marseille, la suppression du passe-port aurait cette autre conséquence de supprimer exceptionnellement à la frontière méditerranéenne les formalités qui restent maintenues aux autres frontières de l'Empire.

J'ai compris que, dans les deux cas, les inconvénients étaient graves et sérieux, et je n'ai pas dû insister. Mais, de son côté, M. le ministre de l'intérieur a reconnu que la mesure de tolérance que j'avais proposée pouvait être appliquée pour les voyages de France en Algérie, d'une part aux étrangers fixés sur le territoire de l'Empire, et de l'autre, aux colons, dont les contrats sont admis, aux termes des règlements sur l'émigration, à suppléer les passe-ports.—Des instructions en ce sens vont être données à M. le sénateur chargé de l'administration du département des Bouches-du-Rhône. — Quant aux voyageurs venant de l'Algérie, en vue de l'uniformité des règlements, il a été arrêté que seraient seuls admis à débarquer sans passe-port à Marseille, les Français et les sujets étrangers en faveur desquels une semblable mesure de tolérance est accordée à toutes les frontières de l'Empire.

M¹ PÉLISSIER, DUC DE MALAKOFF.

Circ. G. — 2-25 avr. 1862. — BG. 47. — *Nouvelles instructions sur le même objet.*

M. le préfet, par ma circulaire du 6 mars dernier, je vous ai fait connaître les mesures de tolérance qui avaient été concertées entre S. Exc. le ministre de l'intérieur et moi, au sujet des voyageurs se rendant de France en Algérie et *vice versâ.* — L'exécution de ces mesures a soulevé quelques doutes que je vais dissiper en répondant aux diverses questions qui m'ont été adressées.

1re *Question.* — Pour les voyageurs qui se rendent d'Algérie en France, la dispense du passe-port ne s'applique-t-elle qu'à ceux qui débarquent à Marseille ? — Marseille est le seul port de France où existe, quant à présent, un service régulier de transports de voyageurs entre la métropole et l'Algérie, et c'est la raison pour laquelle il a été seul désigné. Mais il va de soi que la mesure s'appliquera successivement aux autres ports français, où des services de l'espèce viendront à s'établir par la suite.

2e *Question.* — Pour les voyageurs venant de France en Algérie, la mesure est-elle applicable à tous nos nationaux sans distinction ?—Indubitablement, et afin de bien fixer les autorités algériennes sur la portée des mesures dont il s'agit, je crois devoir reproduire les termes de la circulaire que M. le ministre de l'intérieur a adressée le 15 mars dernier, pour le même objet, aux préfets de France.—« La formalité du passe-port ne sera plus obligatoire pour les voyageurs de France en Algérie, à l'égard : 1° De nos nationaux ;— 2° Des sujets étrangers qui, à titre de réciprocité, sont autorisés à pénétrer en France sans passe-port ;— 3° Des étrangers de toute nationalité déjà fixés dans l'intérieur de l'Empire ;— 4° Enfin, les émigrants étrangers qui, nantis de contrats réguliers de colonisation, délivrés au nom du gouverneur général de l'Algérie, voudraient se rendre à leurs frais dans nos possessions d'Afrique. »

3e *Question.* — Pour les Français venant d'Algérie, la dispense du passe-port cessera-t-elle lorsqu'ils auront à continuer leur voyage dans l'intérieur ?—L'obligation du passe-port n'ayant pas été supprimée à l'égard des Français qui voyagent dans l'intérieur de l'Empire, la mesure dont il s'agit ne saurait avoir pour effet d'attribuer aux Français algériens une immunité dont ne jouissent pas leurs compatriotes de la métropole. Il sera donc prudent à ceux qui auront à voyager dans l'intérieur de l'Empire de se munir d'un passe-port avant leur départ, afin de s'éviter les embarras que pourrait leur causer la nécessité de s'en faire délivrer un à Marseille.

4e *Question.*— Le passe-port est-il toujours obligatoire pour les Français et les étrangers voyageant sur le littoral algérien ou dans l'intérieur du pays? — Ma circulaire du 6 mars dernier ne s'est point expliquée à cet égard, parce qu'elle n'avait à traiter que des mesures concertées avec le département de l'intérieur; mais, puisque la question m'a été posée, je n'hésite pas à la résoudre selon l'esprit de tolérance qui a dicté les premières mesures. Je ne vois pas, en effet, de raison plausible, pour exiger de ceux qui voyagent sur le littoral ou dans l'intérieur de la colonie, une formalité dont ils sont affranchis lorsqu'ils viennent de France. — J'ai décidé, en conséquence, que le passe-port ne serait plus obligatoire pour se rendre d'un port à l'autre du littoral de l'Algérie, ou pour parcourir l'intérieur; et à l'égard des voyageurs auxquels s'appliquent les mesures de tolérance qui font l'objet de mes instructions du 6 mars dernier et de la circulaire de M. le ministre de l'intérieur, du 15 du même mois.

Il est bien entendu, d'ailleurs, que la suppression du passe-port, dans les cas déterminés, n'est nullement exclusive de la surveillance à exercer sur les voyageurs, au départ et à l'arrivée des paquebots, sur le littoral et dans l'intérieur de la colonie. La tolérance accordée à ceux qui voyagent dans un but d'affaires, de science ou de plaisir, ne saurait s'étendre aux vagabonds, aux gens sans aveu, aux repris de justice, aux hommes dangereux de toute espèce.

Ainsi, dans l'intérêt de la sécurité publique, et en vertu des lois et règlements de police, les voyageurs pourront toujours être requis par les agents de l'autorité, de justifier de leur origine et de leur identité, et de produire, à défaut de passe-ports réguliers, des pièces de famille, des documents certains ou tous autres témoignages dont la valeur et la sincérité devront être vérifiées avec soin.

M^{al} Pélissier, duc de Malakoff.

Circ. G. — 17-25 juill. 1862. — BG. 57. — *Suppression de passe-ports entre l'Algérie et la Suisse. — Instructions aux généraux commandant les divisions et préfets des départements.*

Une communication de M. le consul de la confédération suisse, en Algérie, m'a fait connaître que, par un arrêté du 16 avr. 1862, le Conseil fédéral avait résolu d'admettre en principe les conventions faites récemment entre quelques Etats voisins, au sujet de l'abolition des visas de passe-ports, sans y attacher la condition de réciprocité. — La même communication m'a informé que, d'après les usages en vigueur dans la confédération, il n'est point exigé de passe-port pour entrer en Suisse, ni pour voyager à l'intérieur des cantons, et qu'il suffit, dans tous les cas, de produire un certificat d'origine ou une commission quelconque, munis du signalement du porteur, sans qu'il soit nécessaire que ces pièces soient revêtues du visa des agents consulaires suisses à l'étranger. — J'ai décidé, par réciprocité, que les sujets suisses, venant en Algérie, seraient dispensés de la formalité du passe-port, tant à l'entrée qu'à l'intérieur, par application des dispositions que je vous ai notifiées par ma circulaire du 2 avr. dernier (*ci-dessus*).

M^{al} Pélissier, duc de Malakoff.

Circ. G. — 18 août-15 sept. 1865. — BG. 155. — *Passe-ports aux indigènes se rendant à Tunis. — Instructions aux généraux commandant les divisions.*

M. le consul général de France à Tunis a fait connaître que, depuis quelques années, le nombre des indigènes algériens, ou réputés tels, s'était augmenté dans une proportion très-considérable, et que, dans ce nombre, il se trouvait beaucoup d'individus qui jouissaient d'une patente de protection sans y avoir aucun droit. Ils l'ont obtenue en produisant en chancellerie des passe-ports ou des actes de notoriété délivrés trop facilement et sans examen préalable, et mettant par conséquent le consul général dans le doute et l'alternative de protéger des sujets étrangers ou d'abandonner de véritables Algériens. — Ces gens abusent le plus souvent de la patente qui leur a été accordée pour se soustraire aux obligations qui leur sont imposées par le gouvernement du bey; ils font valoir, d'un autre côté, leur qualité de Tunisiens s'ils se trouvent atteints par la loi française.

Afin d'éviter l'incertitude et le trouble regrettables, à tous les points de vue, qu'ils jettent entre les deux juridictions, j'ai décidé pour l'avenir: — 1° Que les passe-ports délivrés par les autorités françaises de l'Algérie aux indigènes se rendant à Tunis porteront la mention: *valable pour un voyage*, toutes les fois que la nationalité du porteur ne sera pas parfaitement établie; — 2° Que, dans tous les cas, il sera fait mention sur chaque passe-port des dispositions de la circulaire ministérielle du 25 avr. 1856 (non publiée), d'après lesquelles tout indigène qui reste absent de l'Algérie pendant trois années consécutives, doit être considéré comme ayant perdu tout esprit de retour et, par conséquent, tout droit à la protection des agents diplomatiques et consulaires du gouvernement français.

M^{al} de Mac-Mahon, duc de Magenta.

Circ. G. — 8-30 sept. 1865. — BG. 154. — *Instructions aux préfets pour la délivrance de passe-ports aux individus rapatriés.*

Par suite d'observations qui m'ont été récemment adressées par M. le ministre de l'intérieur, j'appelle votre attention sur la nécessité de délivrer à tout individu qui a obtenu son rapatriement, soit en France, soit à l'étranger, un passe-port indiquant le lieu de son origine et de sa destination, afin que son identité puisse être aisément constatée au moment de son débarquement en France. — Ces individus étant généralement dénués de ressources, ont besoin de recourir à l'assistance publique pour arriver à leur destination, et ce n'est que sur la production d'un passe-port régulier que l'allocation des secours de route peut leur être accordée. — Il y a donc un double motif de sécurité et d'humanité pour les munir d'un titre de voyage à leur départ.

M^{al} de Mac-Mahon, duc de Magenta.

Renvois. — V. *Table alphabétique.*

Patentes.

DI. — 4 janv.-25 mai 1862 - BG. 52 — *Promulgation de la loi de finances du 4 juin 1858.*

Vu l'ord. du 31 janv. 1847, qui détermine et régularise l'assiette des contributions des patentes en Algérie (I, 487); — La loi de finances du 4 juin 1858;

Art. 1. — Les dispositions des art. 8, 9, 10, 11, 12 et 13 de la loi de finances du 4 juin 1858, sont rendues exécutoires en Algérie.

Loi du 4 juin 1858.

Art. 8. — Les tarifs et tableaux concernant les patentes, annexés aux lois des 25 avr. 1844 et 18 mai 1850, sont modifiés conformément au tableau annexé à la présente loi.

Art. 9. — Le patentable ayant plusieurs établissements, boutiques ou magasins, de même espèce ou d'espèces différentes, est, quelle que soit sa classe ou sa catégorie comme patentable, imposable au droit fixe entier pour l'établissement, la boutique ou le magasin donnant lieu au droit fixe le plus élevé, soit en raison de la population, soit en raison de la nature du commerce, de l'industrie ou de la profession. — Il est imposable pour chacun des autres établissements, boutiques ou magasins, à la moitié du droit fixe afférent au commerce, à l'industrie ou à la profession qu'il y sont exercés. — Les droits fixes et demi-droits fixes sont imposables dans les communes ou sont situés les établissements, boutiques ou magasins qui y donnent lieu.

Art. 10. — Dans les établissements à raison desquels le droit fixe de patente est réglé d'après le nombre des ouvriers, les individus au-dessous de 16 ans et au-dessus de 65 ne seront comptés dans les éléments de cotisation que pour la moitié de leur nombre.

Art. 11. — L'exemption des droits de patente

prononcée par l'art. 13, § 6, de la loi du 25 avr. 1844, en faveur des ouvriers travaillant chez eux ou chez les particuliers sans compagnon, apprenti, enseigne ni boutique, est applicable aux ouvriers travaillant dans ces conditions pour leur propre compte et avec des matières à eux appartenant, comme à ceux qui travaillent à la journée ou à façon. — Ne sont point considérés comme compagnons ou apprentis la femme travaillant avec son mari, ni les enfants non mariés travaillant avec leurs père et mère, ni le simple manœuvre dont le concours est indispensable à l'exercice de la profession.

Art. 12. — Les formules de patentes sont affranchies du droit de timbre établi par l'art. 26 de la loi du 25 avr. 1844. — En remplacement de ce droit il est ajouté 4 cent. additionnels au principal de la contribution des patentes.

Art. 13. — Sont imposables au moyen de rôles supplémentaires, les individus omis aux rôles primitifs qui exerçaient avant le 1er janv. de l'année de l'émission de ces rôles, une profession, un commerce ou une industrie sujets à patente, ou qui, antérieurement à la même époque, avaient apporté dans leur profession, commerce ou industrie, des changements donnant lieu à des augmentations de droit. — Toutefois, les droits ne sont dus qu'à partir du 1er janv. de l'année pour laquelle le rôle primitif a été émis. — A l'égard des changements survenus dans le cours de ladite année, la contribution n'est perçue qu'à partir du 1er du mois dans lequel la profession a été embrassée ou le changement introduit. — Dans tous les cas, les douzièmes échus ne sont pas immédiatement exigibles, le recouvrement en est fait par portions égales, en même temps que celui des douzièmes non échus.

D1. — 21 mars-3 mai 1863. — BG. 80. — *Promulgation des lois de finances de 1860 et 1862. — Dispositions relatives à l'impôt des patentes.*

Vu l'ordonn. du 31 janv. 1847 ; — La loi des finances du 26 juill. 1860 et celle du 2 juill. 1862 ;

Art. 1. — Sont promulgués en Algérie :

1° L'art. 19 de la loi de finances, du 26 juill. 1860, ainsi conçu : — A partir de 1861, le droit des associés dans leurs sociétés sera réglé ainsi qu'il suit : — L'associé principal continuera à être assujetti à la totalité du droit fixe afférent à la profession, conformément à l'art. 16 de la loi du 21 avr. 1844. — Le même droit sera divisé en autant de parties égales qu'il y aura d'associés en nom collectif, et une de ces parts sera imposée à chaque associé secondaire. — Toutefois, cette part ne devra jamais, dans les cas prévus par l'art. 23 de la loi du 13 mai 1850, dépasser le vingtième du droit fixe imposable au nom de l'associé principal.

2° Et l'art. 3 de la loi de finances du 2 juill. 1862, portant : — Les dispositions du § 6 de l'art. 13 de la loi du 23 avr. 1844 et de l'art. 11 de la loi du 4 juin 1858, relatives aux exemptions de patentes prononcées en faveur des ouvriers, seront désormais appliquées aux ouvriers ayant une enseigne ou une boutique, comme à ceux qui n'en ont point, si d'ailleurs ces ouvriers réunissent les autres conditions d'exemption énoncées au paragraphe et aux articles précités.

Art. 2. — Les art. 5 et 6 de l'ord. du 31 janv. 1847 sont rapportés et remplacés par la rédaction ci-après : — Pour les professions dont le droit fixe varie en raison de la population du lieu où elles sont exercées, les tarifs seront appliqués d'après la population qui aura été déterminée par le dernier dénombrement quinquennal. — Néanmoins,

lorsque ce dénombrement fera passer une commune dans une catégorie supérieure à celle dont elle faisait précédemment partie, l'augmentation de droit fixe ne sera appliquée que pour moitié pendant les cinq premières années.

Art. 5. — Les dispositions contraires aux lois de finances qui sont promulguées en vertu du présent décret, sont et demeurent abrogées.

Circ. G. — 14-31 oct. 1863. — BG. 95. — *Instructions aux généraux commandant les divisions et préfets des départements relativement à l'établissement de la contribution des patentes, à l'application du tarif des droits de licence et à la répartition des 4/5 de l'octroi de mer d'après les chiffres de population déterminés par le dénombrement quinquennal.*

Le décret du 21 mars 1863 ci-dessus, qui a rapporté les art. 5 et 6 de l'ord. du 31 janv. 1847 (*patentes*, I, 487), a prescrit d'appliquer les tarifs de la contribution des patentes d'après les chiffres de population déterminés par le dernier dénombrement quinquennal.

Depuis lors, des doutes se sont élevés sur la question de savoir si le même principe devait être observé en ce qui concerne l'application du tarif des droits de licence et la répartition, entre les communes et les localités non érigées en communes, des quatre cinquièmes du produit net de l'octroi de mer qui leur sont attribués.

Ces doutes ne sont nullement fondés. Déjà l'arrêté ministériel du 11 nov. 1854 (*Octroi*, I, 475) avait disposé (art. 1, § 2) que l'on appliquerait « à la répartition de l'octroi de mer entre les communes *les derniers tableaux de population arrêtés pour servir de base à l'assiette de la contribution des patentes et des droits de licence.* » Il résultait donc de cette disposition, par voie de conséquence, que le dernier dénombrement quinquennal, indiqué par le décret précité du 21 mars 1863, comme devant servir de base à l'assiette de la contribution des patentes, devait également servir à l'application du tarif des droits de licence et à la répartition, entre les communes et les localités non érigées en communes, des quatre cinquièmes du produit net de l'octroi de mer qui leur sont attribués.

Mais, une considération dominante devait suffire à résoudre la question. En exécution d'un décret du 27 mars 1861 (*ci-dessus*), le dénombrement quinquennal de la population civile de l'Algérie a été dressé par les autorités administratives dans le cours de ladite année, et mon arr. du 15 fév. 1862 a prescrit de considérer ce dénombrement comme seul authentique pendant cinq ans, à partir du 1er janvier 1862. Dès lors il devenait évident que les tableaux de population annexés à mon arrêté précité et dûment promulgués, étaient les seuls documents officiels pouvant servir de base dans toutes les opérations administratives reposant sur les chiffres de population, et offraient aux répartiteurs du produit net de l'octroi de mer, comme aux agents chargés d'appliquer les tarifs des droits de patente ou de licence, toutes les garanties désirables d'exactitude.

J'ajouterai que cette solution de la question est non-seulement conforme aux notions de la légalité mais encore essentiellement favorable aux intérêts bien entendus du trésor public, des communes et des contribuables. En effet, il était important d'obtenir, pour l'assiette de la contribution des patentes et des droits de licence, de même que pour la répartition du produit net de l'octroi de mer, une base présentant toute la certitude et toute la fixité possibles. L'État, les communes et les contribuables étaient également intéressés à ce que leurs reve-

nus et leurs charges pussent être invariablement
fixés pendant une période d'années. Cette stabilité
était surtout précieuse pour les communes qui ne
peuvent contracter d'emprunt que dans la proportion de leurs revenus disponibles. Enfin, la
suppression des passe-ports avait rendu presque
impossible de suivre le mouvement de la population dans chaque localité, et cette difficulté pratique venait accroître encore les inconvénients signalés.

A tous ces points de vue, le dénombrement
quinquennal offre des avantages réels, puisqu'il
permet d'éviter, pour l'avenir, les écarts regrettables qui ont été, jusqu'à présent, la conséquence
des états annuels de population, et qu'il procure
aux intérêts généraux, comme aux intérêts particuliers, des éléments certains de prévision, soit
pour les revenus sur lesquels ils doivent compter,
soit pour les charges qu'ils doivent supporter.

M^{al} PÉLISSIER, DUC DE MALAKOFF.

DI. — 5 mai-10 nov. 1865. — BG. 156. — *Promulgation de l'art. 3 de la loi de finances du
15 mai 1865.*

Vu l'ord. du 31 janv. 1847; — La loi de finances
du 13 mai 1865;

Art. 1. — Est promulgué en Algérie l'art. 3 de
la loi de finances du 15 mai 1865, ainsi conçu :
« Les tarifs et tableaux concernant les patentes,
annexés aux lois des 25 avr. 1844, 18 mai 1850
et 4 juin 1858, sont modifiés conformément à
l'état D, annexé à la présente loi. »

Art. 2. — Toutes dispositions contraires à celles
mentionnées par la loi de finances promulguée
en vertu du présent décret, sont et demeurent
abrogées.

ETAT D. — *Tableau des modifications apportées aux tarifs et tableaux concernant les patentes, annexés aux lois des 25 avr. 1844, 18 mai
1850 et 4 juin 1858.*

§ 1. — RETRANCHEMENTS.

*Industries et professions dont le droit fixe est réglé eu
égard à la population et d'après un tarif général
(I, 490).*

1re et 2e classe. — Néant.

3e classe. — Pavage des rues (entr. de). Loi 25 avr.
1844, tabl. A.

4e classe. — Tuyaux en fil de chanvre pour les pompes
à incendie et les arrosements (fab. de). Loi 25 avr. 1844,
tabl. A. — Broderies (vente de) en demi-gros. Loi 4 juin
1858, tabl. A.

5e classe. — Bains publics (entr. de). Loi 25 avr. 1844,
tabl. A.

6e classe. — Battandier. Loi 25 avr. 1844, tabl. A. —
Charrée (m. de). Id. — Chargement et déchargement des
bateaux (entrep. du). Loi 4 juin 1858, tabl. A. — Papiers de fantaisie, papiers déchiquetés, papier végétal
(fab. de) pour son compte. Loi 18 mai 1850, tabl. D. —
Quilles ou mail (mah. de jeu de). Id.

7e classe. — Orge (exploit. un moulin à perler l'). Loi
25 avr. 1844, tabl. A.

8e classe. — Néant.

*Industries et professions dont le droit fixe est réglé eu
égard à la population et d'après un tarif exceptionnel.
Loi du 25 avr. 1844, tabl. B (I, 496).*

Entrepreneur d'éclairage à l'huile : à Paris, 300 fr.
Dans les villes de 50,000 âmes et au-dessus, 150; de
20,000 à 50,000 âmes, 100; de 15,000 à 20,000 âmes,
50. Dans toutes les autres communes, 25.

*Industries et professions dont le droit fixe est réglé
sans égard à la population (I, 497).*

PREMIÈRE PARTIE.

Droit proportionnel au 15e. — Néant.

DEUXIÈME PARTIE.

*Droit proportionnel au 20e : 1° sur la maison d'habi-
tation; 2° sur les magasins de vente complètement
séparés de l'établissement. — Au 25e; sur l'établissement industriel. Loi du 4 juin 1858, tabl. C.*

Café de chicorée (fab. de), 15 fr.; plus 3 fr. par ouvrier jusqu'au maximum de 200 fr. (ne sont point comptés
les ouvriers qui ne sont employés qu'à la culture de la
chicorée).

TROISIÈME PARTIE.

*Droit proportionnel au 20e : 1° sur la maison d'habita-
tion; 2° sur les magasins de vente complètement séparés de l'établissement ; au 40e : sur l'établissement industriel.*

Convois militaires (entrep. particulières pour gîtes
d'étape), 25 fr. Loi du 25 avr. 1844, tabl. C. — Polisseur ou tourneur par procédés mécaniques, 15 fr.; plus
3 fr. par ouvrier jusqu'au maximum de 100 fr. Loi du
4 juin 1858, tabl. C.

QUATRIÈME PARTIE.

*Droit proportionnel au 20e : 1° sur la maison d'habita-
tion; 2° sur les magasins de vente complètement séparés de l'établissement. — Au 50e : sur l'établissement industriel.*

Imprimeur d'étoffes et de fils. — Pour 25 tables et au-
dessous, 50 fr.; plus 3 fr. par table en sus, jusqu'au maximum de 400 fr. — Un rouleau comptera pour 25 tables
et 4 perrotines pour 1 rouleau.

CINQUIÈME PARTIE.

*Droit proportionnel au 15e sur la maison d'habitation
seulement.* — Néant

§ 2. — ADDITIONS.

*Industries et professions dont le droit fixe est réglé eu
égard à la population et d'après le tarif général. Loi
du 25 avr. 1844, tabl. A (I, 490).*

1re classe.

Savon (m. de) en gros. — Soufre (m. de) en gros.

2e classe.

Bronzes, dorures et argentures sur métaux (m. de)
en demi-gros. — Papetier (m. en demi-gros). — Parfumeur (m. en demi-gros. — Porcelaine (m. de) en demi-
gros. — Savon (m. de) en demi-gros. — Soufre (m. de)
en demi-gros.

3e classe. — Néant.

4e classe.

Location d'immeubles (entrep. de). — Celui dont la
profession consiste à louer, par spéculation, des maisons
exclusivement en vue de les sous-louer. — Tuyaux en fil
de chanvre, en ciment, etc., pour les pompes à incendie,
les arrosements (fab. de). — Broderies (fab. et m. de) en
demi-gros.

5e classe.

Bains publics et douches (entrep. de). — Savon (m. de)
en détail. — Soufre (m. de) en détail.

6e classe.

Carton en pâte ou en feuilles (m. de). — Chargement
et déchargement des navires, des bateaux et des voitures
de chemins de fer (entrep. du). — Charrée, cendres noires
et autres amendements analogues (m. de). — Courtier en
essences. Celui qui s'entremet, pour la vente des essences, entre le distillateur et le fabricant parfumeur. —
Drainage (entrep. de). — Enlaceur de cartons. Celui
qui lie, en observant un ordre déterminé, les cartons de
tissage employés dans la fabrication des étoffes façonnées.
— Jeux et amusements publics, tels que : jeux de quilles
ou de mail, manège à chevaux de bois, billard anglais, etc.
(mait. de). — Papiers de fantaisie, papiers déchiquetés,
papier végétal (fab. et m. de). — Sécheur de houblon. —
Celui qui fait sécher par des procédés artificiels et moyennant rétribution, le houblon récolté par les propriétaires.

7e classe.

Courtier en grains. Celui qui s'entremet, pour la vente des grains, entre les cultivateurs et les marchands ou les boulangers. — Écritures (entrep. d'). Celui qui se charge de faire exécuter, chez lui ou au dehors, les copies de toutes sortes d'écrits, de plans, de dessins, etc. — Escargots (m. d'). — Fourreur à façon. — Gantier à façon. — Teinturerie (l. d'établissements de). Celui qui loue à tout venant un établissement de teinturerie muni de ses ustensiles et appareils.

8e classe.

Épingles (fab. par procédés ordinaires d') à façon. — Varech (m. de) en détail.

Industries et professions dont le droit fixe est réglé eu égard à la population et d'après un tarif exceptionnel. Loi du 25 avr. 1844, tabl. B (I, 496).

Facteurs aux marchés à bestiaux destinés à l'approvisionnement de Paris, 150 fr.

Industries et professions dont le droit est réglé sans égard à la population. Loi du 25 avr. 1844, tabl. C (I, 497).

PREMIÈRE PARTIE.

Droit proportionnel au 15e. — Néant.

DEUXIÈME PARTIE.

Droit proportionnel au 20e : 1° sur la maison d'habitation; 2° sur les magasins de vente complètement séparés de l'établissement. — Au 25e : sur l'établissement industriel.

Café de chicorée, de glands et autres matières analogues (fab. de), 15 fr. — Plus 5 fr. par ouvrier, jusqu'au maximum de 200 fr. — (Ne sont point comptés les ouvriers qui ne sont employés qu'à la culture de la chicorée ou à la récolte des glands.) — Cossettes de betteraves, de chicorée (fab. de), 15 fr. — Plus 5 fr. par ouvrier, jusqu'au maximum de 200 fr. — Malt, ou orge germée, servant à la fabrication de la bière (fab. de), 10 fr. — Plus 5 fr. par ouvrier, jusqu'au maximum de 200 fr.

TROISIÈME PARTIE.

Droit proportionnel au 20e : 1° sur la maison d'habitation; 2° sur les magasins de vente complètement séparés de l'établissement. — Au 40e : sur l'établissement industriel.

Batteur de laines par procédés mécaniques, 15 fr. — Plus 5 fr. par ouvrier, jusqu'au maximum de 500 fr. — Briques combustibles (fab. de), 15 fr. — Plus 5 fr. par ouvrier, jusqu'au maximum de 500 fr. — Calorifères pour le chauffage des maisons, serres ou établissements publics (fab. ou entrep. de la construction des), 15 fr. — Plus 5 fr. par ouvrier, jusqu'au maximum de 500 fr. — Convois militaires (entrep. particulières pour gîtes d'étape), 5 fr. — Crin végétal (fab. de) par procédés mécaniques. — 5 fr. par machine à peigner, jusqu'au maximum de 100 fr. — Fonderie ou affinage de plomb ou de zinc, 25 fr. par chaufferie, feu, four ou fourneau de fusion, jusqu'au maximum de 100 fr. — Galvanoplastie (entrep. de), 50 fr. — Plus 5 fr. par ouvrier, jusqu'au maximum de 500 fr. — Huile de goudron (fab. de), 15 fr. — Plus 5 fr. par ouvrier, jusqu'au maximum de 500 fr. — Lin ou chanvre (fab. de) par procédés mécaniques ou chimiques, 15 fr. — Plus 5 fr. par ouvrier, jusqu'au maximum de 500 fr. — Polisseur, tourneur ou émouleur, par procédés mécaniques, 15 fr. — Plus 5 fr. par ouvrier, jusqu'au maximum de 500 fr. — Soufflerie de poils pour la chapellerie et autres industries, par procédés mécaniques, 5 fr. par assortiment de machines à souffler, jusqu'au maximum de 100 fr. — Trieur de laine par procédés mécaniques, 10 fr. par machine, jusqu'au maximum de 150 fr.

QUATRIÈME PARTIE.

Droit proportionnel au 20e : 1° sur la maison d'habitation; 2° sur les magasins de vente complètement séparés de l'établissement. — Au 50e : sur l'établissement industriel.

Imprimeur d'étoffes et de fils. — Pour 25 tables et au-dessous, 50 fr. ; plus 5 fr. par table en sus, jusqu'au maximum de 400 fr. — Un rouleau comptera pour 25 tables ; 4 perrotines pour un rouleau et 4 planches plates également pour un rouleau. — Tubes en papier pour filatures (fab. de) par procédés mécaniques, 5 fr. — Plus 5 fr. pour chaque métier, jusqu'au maximum de 100 fr.

CINQUIÈME PARTIE.

Droit proportionnel au 15e : sur la maison d'habitation seulement.

Entrepreneur de l'éclairage à l'huile, 5 fr. — Plus 2 fr. par 1,000 fr. du montant des entreprises, jusqu'au maximum de 500 fr. — Viandes (m., expéd. de), 50 fr.

Exceptions à la règle générale qui fixe le droit proportionnel au 20e de la valeur locative. Loi du 25 avr. 1844, tabl. D (I, 499).

3° Droit proportionnel au 40e de la valeur locative des locaux servant à l'exercice des professions.

Cabriolets, fiacres et autres voitures semblables, sous remise ou sur place (entrep. de). — Omnibus (entrep. d').

RENVOIS. — V. *Table alphabétique.*

Pêche.

DIVISION.

§ 1. — Pêche côtière.
§ 2. — Pêche du corail.

§ 1. — PÊCHE CÔTIÈRE.

A.G. — 24 juill.-9 août 1861. — B.G. 26. — *Interdiction de la pêche au bœuf dans les quartiers d'Alger et Stora (1).*

---

(1) Cet arrêté a été abrogé par l'arrêté ci-après du 22 oct. 1864. Dans l'intervalle un décret impérial, non rendu exécutoire en Algérie, avait, à la date du 10 mai 1862, établi en principe la liberté de la pêche de tous poissons, crustacés et coquillages autres que les huîtres, pendant toute l'année et à une distance de 5 milles au large des côtes, modifiant en outre diverses dispositions du décret du 9 janv. 1852.

JURISPRUDENCE. — L'application de cet arrêté et les poursuites qui en ont été la suite ont soulevé diverses questions sur lesquelles la cour d'Alger a eu à statuer. On soutenait qu'en droit le gouverneur général l'avait pris en dehors de ses attributions; qu'en outre, il était de plein droit abrogé par le décret du 10 mai suivant; qu'en fait, la saisie des filets était nulle.

Ces exceptions ont été repoussées par les motifs suivants :

1° — « En ce qui touche l'illégalité prétendue de l'arrêté du 24 juill. 1861 : — Considérant que la création en 1858 d'un ministère de l'Algérie et des colonies a eu pour conséquence de transporter à ce ministère toutes les attributions qui, au point de vue du gouvernement et de la haute administration de l'Algérie, appartenaient précédemment soit au ministère de la guerre, soit au gouverneur général; qu'à la suppression de ce ministère, ces mêmes attributions, sauf celles concernant la justice, l'instruction publique et les cultes, sont en vertu de l'art. 7 du décret du 10 déc. 1860, passées sur la tête du gouverneur général ; qu'en fait, les attributions conférées au ministre de la guerre en matière de pêche, par le décret du 22 nov. 1859 (I, 504) n'ayant été placées dans les mains d'aucune autre autorité spéciale, c'est au gouverneur général qu'il appartient de les exercer. »

2° — « En ce qui touche l'abrogation du décret du 9 janv. 1852 par celui du 10 mai 1862, et son influence sur l'arr. du 24 juill. 1861 : — Considérant que le décret du 10 mai 1862 n'a pas été promulgué en Algérie; qu'il est de principe que pour être exécutoire en Algérie, les lois et les décrets rendus en France doivent être promulgués ou déclarés exécutoires dans la colonie; que si une exception justifiée par des circonstances particulières a été admise, soit relativement aux lois d'intérêt

Vu le décr. du 9 janv. 1852; — Le décr. du 22 nov. 1852, qui rend applicable à l'Algérie le décr. du 9 janv. 1852, susvisé (I, 504); — L'art. 1 du décr. du 10 déc. 1860 (*Adm. gén.*, suprà); — Le rapport de la commission mixte instituée par décision du 2 mai 1861, et l'avis conforme de M. le contro-amiral commandant la marine en Algérie;

Art. 1. — La pêche dite *au bœuf* est prohibée en toute saison, dans les quartiers d'Alger et de Stora.

Mᵈ Pélissier, duc de Malakoff.

DI. — 21 juill.-30 août 1862. — BG. 63. — *Promulgation du décr. du 29 avr. 1862. — Attributions respectives des administrations des ponts et chaussées et des forêts.*

Art. 1. — Notre décr. du 29 avr. 1862, réglant les attributions de l'administration des ponts et chaussées et de celle des forêts, en matière de pêche, de surveillance des cours d'eau et de culture des dunes, sera promulgué en Algérie, pour y recevoir son application.

Art. 2. — Les attributions dévolues par les art. 1 et 2 à notre ministre de l'agriculture, du commerce et des travaux publics, et à notre ministre des finances, sont confiées au gouverneur général de l'Algérie.

Décret du 29 avr. 1862.

Vu les lois des 14 flor. an X et 15 avr. 1829 sur la pêche fluviale; — Le décr. du 23 déc. 1810, portant que la surveillance et la mise en ferme de la pêche dans les canaux seront exercées par l'administration des ponts et chaussées; — Notre décr. du 8 mai 1861, qui décide que la police, le curage et l'amélioration des cours d'eau non navigables ni flottables sont placés exclusivement dans les attributions de notre ministre de l'agriculture, du commerce et des travaux publics; — L'arrêté des consuls, du 13 mess. an IX, les décr. du 12 juill. 1808 et du 14 déc. 1810, relatifs à l'ensemencement et à la fixation des dunes du littoral maritime; — Considérant qu'il importe, dans l'intérêt public, d'établir l'unité de direction dans les services qui se rattachent, d'une part, au régime des eaux, de l'autre, au régime forestier;

Art. 1. — La surveillance, la police et l'exploitation de la pêche dans les fleuves, rivières et canaux navigables et flottables, non compris dans les limites de la pêche maritime, ainsi que la surveillance et la police dans les canaux, rivières, ruisseaux et cours d'eaux quelconques non navigables ni flottables, sont placées dans les attributions

de notre ministre de l'agriculture, du commerce et des travaux publics, et confiées à l'administration des ponts et chaussées.

Art. 2. — Les travaux de fixation, d'entretien, de conservation et d'exploitation des dunes sur le littoral maritime sont placés dans les attributions de notre ministre des finances et confiés à l'administration des forêts.

Art. 3. — Les dispositions énoncées aux deux articles précédents recevront leur exécution à partir du 1ᵉʳ juill. 1862.

AG. — 22-27 oct. 1864. — BG. 125. — *Abrogation de l'arr. du 24 juill. 1861.*

Vu l'arr. du 24 juill. 1861, portant prohibition de la pêche dite *au bœuf*, dans les quartiers d'Alger et de Stora (*ci-dessus*); — L'art. 1 du décr. du 10 déc. 1860; — L'art. 1 du décr. du 7 juill. 1864 (suprà, *Adm. gén.*); — Vu l'avis émis par le conseil supérieur de l'Algérie, dans sa séance du 8 oct. courant;

Art. 1. — L'arr. du 24 juill. est rapporté.

Art. 2. — La pêche dite *au bœuf* est autorisée pendant toute l'année sur le littoral algérien à trois milles au large du rivage.

Mᵈ de Mac-Mahon, duc de Magenta.

§ 2. — Pêche du corail.

Décrs. 1. — 10 avr.-7 mai 1861. — BG. 11. — *Nouvelles dispositions relatives à la pêche du corail.*

Rapport à l'Empereur. — Sire, des études ont été faites dans ces derniers temps, au sujet de la possibilité d'apporter certaines améliorations aux opérations de la pêche du corail sur le littoral algérien, en vue de développer notre marine et de fixer dans la colonie les marins étrangers qui y viennent pour cette pêche; ce qui serait très-important en présence des difficultés qu'on rencontre aujourd'hui pour l'enrôlement des équipages des bateaux corailleurs français. — Dans un rapport que j'ai l'honneur de placer sous les yeux de V. M., le gouverneur général rend compte du résultat de ces études auxquelles ont pris part les départements de la marine et des finances, ainsi que le service des douanes en Algérie. Il a été reconnu par tous les services compétents que le moyen d'atteindre le but qu'on se propose serait de réduire, dans certains cas, le droit fixe de 800 fr. imposé par l'ord. du 9 nov. 1844 aux bateaux corailleurs français (I, 516). — Les dispositions qu'il paraîtrait nécessaire de

---

général antérieures à 1834, soit par d'autres dispositions législatives, abrogeant ou modifiant plusieurs articles d'une loi préexistante et déjà exécutoire en Algérie, le principe de la promulgation n'en est pas moins proclamé par la législation locale postérieure à 1834, et son exercice placé dans les attributions du gouverneur général; que le décret du 10 mai 1862 peut d'autant moins se passer de cette formalité, qu'il règle une matière déjà spécialement réglementée en Algérie, soit par les décrets des 9 janv. 1852 et 22 nov. même année, soit par l'arr. du 24 sept. 1856; — Rejette les deux exceptions soulevées. »

5° — « En ce qui touche la régularité de la saisie des filets : — Considérant que cette saisie a été régulièrement constatée par le procès-verbal du garde maritime, affirmé aux formes et dans les délais de droit; que l'on ne saurait exiger que le filet eût été appréhendé effectivement; que cette appréhension serait, dans la plupart des cas, impraticable, et pourrait amener des collisions; qu'enfin, tout ce que le législateur a voulu, c'est que l'autorité pût mettre la main, pour sa garde et la destruction, sur le filet, instrument du délit, et que du moment où elle détient ce filet, soit qu'elle s'en soit emparée, soit, comme dans l'espèce, qu'il lui ait été remis volontairement par les délinquants,

le but de la loi est rempli; — déclare la saisie régulière. » — *Cour d'Alger*, ch. correct., 20 mai 1864.

4° — Dans une autre affaire relative également à un délit de pêche résultant d'infraction à l'arr. du 24 juill. 1861, un procès-verbal régulier avait été dressé en mer contre les pêcheurs, mais la saisie du filet n'avait été constatée que plusieurs jours après, par un procès-verbal distinct dressé au moment de leur entrée au port, et non suivi d'affirmation. La saisie a été annulée par les motifs suivants : « Attendu que la saisie du filet qui servait à commettre le délit n'ayant été opérée que plusieurs jours après que l'infraction avait été constatée par un procès-verbal régulier, et n'ayant pu, dès lors, être mentionnée audit procès-verbal, devait faire l'objet d'un procès-verbal distinct et soumis aux formalités prescrites par l'art. 17 du décret du 9 janv. 1852; qu'il faut encore que l'identité du filet saisi avec celui qui a servi au délit soit régulièrement établie, pour que la saisie soit valable, lorsque, comme dans l'espèce, il ne s'agit pas d'un filet prohibé d'une manière absolue; que, sous ce rapport encore, le procès-verbal destiné à constater cette identité doit donc être affirmé légalement par l'agent, ainsi qu'il est prescrit par l'art. 17 précité, et ce, à peine de nullité; — Annule. — *Cour d'Alger*, 8 sept. 1863.

prendre à cet égard pourraient être formulées ainsi qu'il suit :

« 1° Les bateaux corailleurs construits en France ou en Algérie, appartenant à des personnes domiciliées dans l'un ou l'autre de ces deux pays et dont l'équipage serait composé de matelots étrangers ne seront assujettis qu'au payement de la moitié de la prestation de 800 fr., soit 400 fr., lorsqu'il y aura dans les ports d'armements insuffisance notoire de matelots français ou indigènes, insuffisance qui devra, d'ailleurs, être régulièrement attestée par les commandants de la marine dans la colonie.

« 2° Toute barque coraline française ou algérienne, montée par des étrangers, sera affranchie de la prestation lorsque le propriétaire justifiera qu'il possède dans la colonie un ou plusieurs immeubles d'une valeur de 5,000 fr., et ce, moyennant soumission cautionnée, portant engagement, à peine d'une amende de 1,000 fr., de résider en Algérie, et d'y faire résider son équipage pendant cinq années consécutives. »

Ces mesures ont obtenu l'entier assentiment des départements de la marine et des finances. Elles semblent, en effet, de nature à concilier, autant que possible, les besoins généraux de la pêche du corail avec la protection due aux armateurs nationaux, les bateaux étrangers ne devant être admis à profiter du bénéfice de la réduction du droit, qu'autant qu'il y aurait insuffisance avérée, dans les ports d'armement, de matelots français ou indigènes. — En conséquence, M. le maréchal, duc de Malakoff, demande que V. M. veuille bien donner son approbation aux dispositions que je viens d'énoncer et en autoriser l'exécution.

Le ministre de la guerre,
Mˡ RANDON.

Approuvé :
NAPOLÉON.

D1. — 1ᵉʳ juin-26 juill. 1864. — BG. 117. — *Droits de pêche et exemptions.*

Vu l'ord. du 16 déc. 1843, sur les droits de navigation et de douanes en Algérie (*Douanes*, I, 298); — Le traité du 24 oct. 1832, par lequel le bey de Tunis a cédé à la France l'exploitation de la pêche sur les côtes de cette régence; — L'ord. du 9 nov. 1844, qui détermine les droits de pêche que doivent payer les bateaux corailleurs étrangers (I, 516); — Notre décision du 10 avr. 1861, qui accorde certaines immunités aux propriétaires des bateaux corailleurs résidant en Algérie (*ci-dessus*); — Voulant par de nouvelles immunités accordées aux armements de la colonie, faire profiter l'Algérie des bénéfices de toute sorte que doit lui procurer la pêche du corail faite sur ses côtes;

Art. 1. — Les bateaux corailleurs étrangers qui se livrent à la pêche du corail sur les côtes de l'Algérie, continueront à payer, pour l'année entière, sauf dérogation résultant des traités internationaux, le droit de pêche de 800 fr. établi par l'art. 1 de l'ord. du 9 nov. 1844.

Art. 2. — Les bateaux corailleurs français ou algériens ne payent aucun droit de pêche.

Art. 3. — Les bateaux corailleurs au-dessous de 6 tonneaux de jauge, construits en France ou en Algérie, ainsi que les bateaux francisés appartenant à des personnes domiciliées en France ou en Algérie depuis un an au moins, seront aussi exemptés du droit de pêche, à la condition que les patrons desdits bateaux seront également domiciliés en Algérie depuis un an au moins et qu'ils auront dans leurs équipages : — Soit un mousse, — Soit un novice de 16 à 18 ans, — Soit deux matelots résidant en Algérie depuis plus d'un an.

Art. 4. — Seront également exonérés de toute prestation, les bateaux corailleurs de construction française ou algérienne déjà pourvus d'une patente lors de la promulgation du présent décret.

Art. 5. — Les bateaux armés dans les conditions déterminées par l'art. 3 ci-dessus, seront considérés comme bateaux corailleurs français, alors même qu'ils seraient exclusivement montés par des étrangers. Leurs équipages seront régis par les lois et règlements de discipline, de police et autres, applicables aux équipages des bateaux français.

Art. 6. — Un règlement arrêté par le gouverneur général de l'Algérie et concerté avec nos ministres des finances, de la marine et des colonies, déterminera les conditions imposées aux pêcheurs étrangers, ainsi qu'aux pêcheurs français ou assimilés, relativement au payement du droit de pêche, aux immunités, à la police et à la discipline à terre et à la mer.

Art. 7. — Sont et demeurent abrogées les dispositions des ordonnances, décrets et règlements qui sont contraires à celles du présent décret.

Décis. 1. — 25 juin 1864 (non publiée au *Bulletin officiel*). — *Exemption de l'appel au service en faveur des marins qui font le cabotage ou la pêche du corail en Algérie.* (V. *Navigation.*)

RENVOIS. — V. *Table alphabétique.*

Peine de mort. V. TABLE ALPHABÉTIQUE.

Pèlerins de la Mecque. V. *ibidem.*

Pénitenciers. V. *ibidem.*

Pensions de retraite (1).

RENVOIS. — V. *Table alphabétique.*

---

(1) JURISPRUDENCE. — L'application de la loi du 9 juin 1853 a donné lieu depuis 1860 à plusieurs décisions du conseil d'État, qu'il y a lieu d'ajouter à celles déjà insérées au 1ᵉʳ volume, p. 517, en note.

Retraites acquises avant le 1ᵉʳ janv. 1854.

1° — Les pensions des fonctionnaires et employés qui avant le 1ᵉʳ janv. 1854, avaient accompli la durée des services qui donne droit à pension, doivent être réglées suivant les lois antérieures qui régissaient leurs droits à pension, que ces lois soient avantageuses ou désavantageuses pour lesdits fonctionnaires et employés. — Cons. d'Et. 17 janv. 1861, pourvoi d'Armangaud (*Gazette des tribun.*, 17 fév. 1861).

2° — Jugé de même. — Cons. d'Et. 28 nov. 1861, pourvoi de Lesseps (*Gazette des tribun.*, 4 mars 1862).

Retraites acquises après le 1ᵉʳ janv. 1854. — Services en Algérie.

3° — Les dispositions du § 2 de l'art. 5 du tit. 2 de la loi des 8-22 août 1790, aux termes de laquelle les services civils rendus hors d'Europe doivent être acceptés pour le double de leur durée, lorsque les trente ans de service effectif sont d'ailleurs complets, doit être appliquée même aux fonctionnaires et employés qui n'avaient pas encore trente ans de service au 1ᵉʳ janv. 1854, époque de la mise à exécution de la loi du 9 juin 1853, si ces trente ans de services se trouvent accomplis lors de l'admission à la retraite. — Cons. d'Et. 6 déc. 1860, pourvoi Couronne, ancien employé de la préfecture d'Alger (BG. 5 et Dalloz 1861, 3, 74).

4° — Jugé de même, 2 août 1860, pourvoi Bonnet (Dalloz 1860, 3, 52).

5° — Jugé de même, 14 août 1865, et en outre que l'art. 4 du décr. du 15 sept. 1806, relatif à la liquidation des années de service qui excèdent la période trentenaire, n'est applicable qu'aux fonctionnaires qui ont rempli sous l'empire de ce décret les trente ans de services exigés par l'art. 5, pourvoi d'un ancien employé de l'administration algérienne (BG. 156).

Personnel administratif. V. TA-
BLE ALPHABÉTIQUE.

Pesage public. V. *ibidem.*

**Pétitions. — Demandes. — Mé-
moires. — Réclamations.**

Décis. G. — 31 janv. 1865 (non publiée au *Bulletin officiel*).

6°—Le décret du 2 fév. 1808, qui, jusqu'au 1er janv.
1854, a régi les pensions des fonctionnaires dépendant
du ministère de la guerre, n'a point dérogé à l'art. 5 du
tit. 2 de la loi du 22 août 1790, aux termes duquel les
années de services remplies dans les emplois civils, hors
d'Europe, doivent être comptées pour deux années, lorsque les trente ans de services effectifs sont d'ailleurs
complets, et il ne contient aucune disposition qui porte,
ou de laquelle on puisse induire que cet article n'est pas
applicable à ces employés ;

Considérant que le sieur ..... comptait, lorsqu'il a été
admis à la retraite, plus de trente ans de services, sur
lesquels sept ans dix mois huit jours de services rendus
en Algérie avant le 1er janv. 1854 ; qu'ainsi il est fondé
à demander que, dans la liquidation distincte à laquelle
ses services antérieurs au 1er janv. 1854 doivent donner
lieu, conformément à l'art. 15 de la loi du 9 juin 1853,
lesdits sept ans dix mois huit jours soient comptés pour
le double de leur durée effective. — *Cons. d'Et.* 30 nov.
1862. — BG. 73 *bis*, pourvoi d'un ancien employé des
services civils en Algérie.

7° — Considérant que, d'après l'art. 18 de la loi du
9 juin 1853, lorsque les fonctionnaires admis à faire
valoir leurs droits à la retraite comptent à la fois des
services postérieurs et des services antérieurs au 1er janv.
1854, ces derniers services doivent être liquidés conformément aux règlements spéciaux qui régissaient la situation de ces fonctionnaires à l'époque où ladite loi est
intervenue ;

Considérant que le sieur ..... était employé au ministère de la guerre au moment de la promulgation de la
loi du 9 juin 1853, et qu'il y a lieu, par suite, d'appliquer à la liquidation de ses services antérieurs à 1854
les règles posées par le décr. du 2 fév. 1808, qui régissait alors les pensions des employés du ministère de la
guerre ;

Considérant que, d'après l'art. 2 dudit décret, les employés peuvent faire comprendre dans la liquidation de
leur pension les services antérieurs à leur entrée dans
les bureaux du ministère de la guerre, à la condition
qu'ils auront accompli dix ans de services dans ces bureaux ;

Que cette disposition doit être entendue en ce sens
qu'il suffit pour l'admissibilité des services antérieurs à
l'entrée des employés au ministère de la guerre, que les
dix ans de services dans lesdits bureaux, exigés par le
décret de 1808, soient accomplis au moment de la mise
à la retraite des employés ;

Considérant que, lors de sa mise à la retraite, le
sieur ..... comptait plus de dix ans de services dans les
bureaux de l'administration de la guerre ;

Que, dès lors, il est fondé à soutenir que, dans la liquidation distincte à laquelle les services qu'il a rendus
antérieurement au 1er janv. 1854 doivent donner lieu,
il soit tenu compte des huit ans six mois seize jours de
services civils rendus en Algérie avant le 1er janv.
1854.—*Cons. d'Et.* 23 nov. 1865.—BG. 165.—Pourvoi
de Cès-Caupenne.

8° — En principe et à moins d'exceptions spéciales
dans les lois et règlements postérieurs, le bénéfice de la
disposition du § 2 de l'art. 5, tit. 2, de la loi des
5-22 août 1790, s'étend aussi bien aux pensions qui,
avant 1854, étaient à la charge des caisses de retraite
alimentées par des retenues sur les traitements, qu'aux
pensions servies sur les fonds généraux de l'État. Il peut
et doit en conséquence profiter intégralement par exemple
aux membres du corps des ponts et chaussées. Il importe
peu d'ailleurs que le fonctionnaire n'eût pas encore
trente ans de services au 1er janv. 1854, il suffit qu'il les
ait accomplis depuis. — *Cons. d'Et.* 9 fév. 1860. (Dal-

loz, 1860, 3. 81), pourvoi veuve du sieur Beguin, ancien ingénieur en chef des mines en Algérie.

9° — Jugé de même, cons. d'Et. 20 mars 1862
(*Gaz. des trib.* du 21 avr. 1862), pourvoi Large, conducteur des ponts et chaussées ayant servi en Algérie.

10° — Le principe énoncé dans l'art. 18 de la loi du
9 juin 1853 que dans le règlement de la pension des
fonctionnaires et employés en exercice au 1er janv. 1854,
les services postérieurs à cette date sont seuls liquidés
d'après les bases fixées par la loi nouvelle, et les services
antérieurs d'après la législation spéciale qui les régissait,
s'applique à la liquidation des pensions pour cause d'infir-
mités, comme à la liquidation des pensions pour cause d'ancienneté.—*Cons. d'Et.* 24 fév. 1860 (Dalloz, 1860, 3. 69),
pourvoi Benoist, ancien employé de la préfecture d'Alger.

11° — Corps des comptables de la marine. — La disposition du § 5 de l'art. 1 de la loi du 18 avr. 1831
qui permet d'attribuer aux agents de la marine, autres
que les marins, le maximum de la pension à vingt-cinq
ans de services au lieu de trente, quand ils comptent
neuf ans dans les colonies, n'est applicable qu'aux fonctionnaires servant dans les établissements d'outre-mer
régis à titre de colonies par le département de la marine.
Dès lors le sieur ..... ne peut réclamer le bénéfice de
cette disposition pour le service administratif qu'il a fait
en Algérie.

Ce service ne peut non plus être compté comme service fait en temps de guerre, attendu que la flotte est sur
le pied de paix en Algérie ; que par suite le personnel
des corps administratifs de la marine détaché sur ce territoire pour le service des ports et d'approvisionnement
de ladite flotte, ne peut prétendre au doublement stipulé
par le § 2 de l'art. 7 de la loi précitée en faveur des services rendus à terre hors d'Europe en temps de guerre.
— *Cons. d'Et.* 27 mai 1865 (*Gaz. des trib.* du 26 juill.
1865), pourvoi de Villepoix.

Magistrature. — Services dans les colonies.

12° — Un décret du cons. d'Et., en date du 29 juill.
1858 (aff. Vauvincq), inséré au 1er volume, p. 518, en
note, avait décidé que les magistrats n'avaient droit à
compter que pour leur durée simple les services par eux
rendus dans les colonies, antérieurement à 1854. — Le
cons. d'Et. est revenu sur cette jurisprudence par le décret suivant.

La loi de 1790 est applicable en principe aux services
rendus dans les colonies, mais il y a été dérogé à l'égard
des magistrats par l'art. 7 de l'arr. du 11 fruct. an XI et
par la loi du 18 avr. 1831, en ce sens que leurs services aux colonies avant 1854 doivent être comptés, non
pour le double, mais seulement pour moitié en sus de
leur durée effective. Peu importe d'ailleurs que le fonctionnaire n'eût pas encore trente ans de services au
1er janv. 1854. Il suffit qu'il les ait acquis depuis. —
Cons. d'Et. 2 août 1860 (Dalloz, 1860, 3. 82), pourvoi
Bonnet.

Il pourra être utile dans l'occasion de consulter le texte
même des décisions qui précèdent. En outre, le *Bulletin
officiel des actes du gouvernement* mentionne chaque année la liquidation de pensions civiles accordées à d'anciens fonctionnaires et employés de l'administration algérienne qui n'ont point été l'objet de pourvoi, et pour
lesquelles il a été fait application conformément à la jurisprudence du cons. d'Et., des lois et règlements spéciaux qui régissent leurs services antérieurs.

Une circulaire du gouverneur général du 3 avr.
1850 (non publiée) avait disposé que la loi de
brumaire an VII, sur le timbre des pétitions, ne
devait pas être appliquée aux indigènes. — Des
débits de papier timbré étant maintenant établis à
proximité de tous les points, et les indigènes étant
aujourd'hui familiarisés avec nos procédés administratifs et financiers, ils ne seront pas admis à
l'avenir à présenter de pétitions sur papier non
timbré (1).

---

(1) Il peut être utile de rappeler les principales exceptions admises à l'art. 12 de la loi de brumaire an VII, qui
impose à toute personne qui s'adresse par écrit à une
administration, quelle qu'elle soit, l'obligation de le faire
sur papier timbré.

Pharmaciens. V. ART MÉDICAL.

Pilotes. V. PORTS.

Poids et mesures. V. TABLE ALPHA-
BÉTIQUE.

Poids public. V. PESAGE.

Police.

DIVISION.

§ 1. — Organisation du service.
§ 2. — Création de commissariats.

§ 1. — ORGANISATION DU SERVICE.

A G. — 7-27 avr. 1863.— BG. 79.—*Extension
du ressort du commissariat central d'Alger.
— Création d'un emploi de commissaire à
Kouba.*

Vu les arr. min. des 14 fév. 1850 et 29 sept.
1852, sur les attributions et la juridiction du commissaire central de police d'Alger (I, 537); —
Considérant que, dans un intérêt d'ordre et de
sûreté, il y a lieu d'étendre son action directe au
delà des localités suburbaines comprises dans la
circonscription communale d'Alger, et de créer un
arrondissement de police dans la partie du ressort
du canton sud d'Alger, située entre le ruisseau et
l'Harrach;
Art. 1. — Les communes de Kouba, de Birkadem et de la Rassauta, canton sud d'Alger, sont
comprises dans le ressort du commissariat central
d'Alger.
Art. 2. — Pour faciliter l'action du commissaire
central dans cette partie de son ressort, il est créé
à Kouba un commissariat de police, qui comprendra dans sa circonscription, outre ladite commune
de Kouba, celles de la Rassauta et de Birkadem.
Art. 3. — Le personnel de ce commissariat sera
composé ainsi qu'il suit : — Un commissaire de

police nommé par nous sur la proposition du préfet; — Un inspecteur; — Deux agents français;
— Deux agents indigènes. — Ce personnel sera
réparti ainsi qu'il suit : — A Kouba, le commissaire et un agent français. — A la Rassauta,
l'inspecteur et un agent indigène. — A Hussein
Dey, un agent français. : — A la Maison Carrée,
un agent indigène. — Le commissaire de police
sera tenu d'avoir un cheval, et recevra à cet effet
une indemnité d'entretien.
Art. 4. — Les trois communes comprises dans
la circonscription du nouveau commissariat de
police, contribueront aux dépenses dans les proportions suivantes : — Kouba, pour 1,500 fr.;
La Rassauta, 1,500 fr. — Birkadem, 600 fr. — Le
reste de la dépense sera supporté par le budget
provincial, conformément à l'art. 44, n° 13, du
décr. du 27 oct. 1858 (*Admin. gén.,* I, 37). —
La part contributive des communes sera versée à
la caisse provinciale, qui, par contre, pourvoira
à l'acquittement de toutes les dépenses, sur mandats délivrés par le préfet.
Art. 5. — Pour tout ce qui est du ressort de la
police générale, le commissaire de la circonscription de Kouba relève directement du commissaire
central : il devra se conformer à ses injonctions
et instructions, et lui adresser, chaque jour, un
rapport sur tous les faits intéressant l'ordre public,
qui seront parvenus à sa connaissance.
M^{al} PÉLISSIER, DUC DE MALAKOFF.

§ 2. — CRÉATION DE COMMISSARIATS.

A G. — 16-23 janv. 1862.— BG. 40.— *Création
d'un commissariat à Karguentah, commune
d'Oran.*

Art. 1. — Il est créé à Oran, pour le faubourg
Karguentah, un commissariat de police qui formera le 3e arrondissement du service de la police
de cette ville.
Art. 2. — La composition du personnel de ce

On peut écrire sur papier libre :
Les demandes de congés absolus ou limités (art. 16 de
la loi de brumaire an VII);
Les demandes de secours (id);
Les pétitions des transportés ou réfugiés tendant à obtenir des certificats de résidence, des passe-ports et passages pour rentrer dans leurs pays (instr. du 25 avr. 1849,
n° 1834, et loi de l'an VII);
Les observations contre le classement parcellaire (même
instruction);
Les réclamations pour décharge ou réduction des contributions foncières, personnelles, mobilières, portes et
fenêtres, patentes (ayant une cote au-dessous de 30 fr.),
les réclamations en matière de prestations exceptées,
lesquelles peuvent toujours avoir lieu sur papier libre,
quel que soit le chiffre de la taxe (loi du 21 avr. 1832,
art. 4 et 29);
Les mémoires et correspondances adressées par les
chambres de commerce, soit aux ministres, soit à l'administration des douanes, pour des réclamations générales
(instr. de la direction des domaines, n° 129);
Les demandes de cultivateurs ou artisans, pour passage
gratuit (dépêche du gouverneur général du 6 avr. 1850,
n° 1949);
Les lettres des militaires qui se rattachent d'une manière quelconque au service (id. du ministre de la guerre,
du 21 août 1849);
Celles des familles demandant des renseignements sur
des militaires (id.);
Celles où l'on propose des vues d'un intérêt général (id.);
Celles des fonctionnaires, agents ou entrepreneurs ressortissant aux ministères de la guerre, des cultes, des
travaux publics, mais relatives à des affaires où l'intérêt
du service se trouve spécialement engagé (id.);
Celles — qui, par leur nature, peuvent être assimilées
aux demandes de congé ou de secours et celles qui tan-

dent à établir des droits ou titres à l'appui de ces demandes (id.);
Enfin, celles de recommandations, pourvu qu'elles soient
accompagnées de la demande établie conformément à la
loi, ou que cette demande ait été déjà régulièrement envoyée (id.);
Les employés de tout grade doivent concourir, par tous
les moyens en leur pouvoir, à obtenir l'exécution de la loi
et des instructions, en signalant à leurs chefs non-seulement les lettres ou pétitions qu'ils recevront non timbrées,
mais encore les administrations ou établissements publics
qui en recevraient de semblables et y donneraient suite
(instr. précitée du 25 avr. 1849, n° 1834).
Apostilles. — Une circulaire du ministère de l'intérieur
a fait depuis 1835 une obligation aux préfets de France
de ne recommander par apostille aucune demande quelle
qu'elle soit. Les motifs de cette décision se comprennent
facilement. — L'autorité supérieure tient compte ou ne
tient pas compte de ces apostilles.
Dans le premier cas, si elle accepte aveuglément les
recommandations qui en font l'objet, et si elle se prive
de ses propres moyens d'investigation, elle se lie les
mains, elle s'expose à faire de mauvais choix et elle en
assume seule la responsabilité.
Dans le second cas, si elle prend soin de s'entourer de
renseignements particuliers, et si le résultat de ses observations est défavorable, non-seulement les refus qu'elle
est forcée de faire ont quelque chose de désobligeant pour
les signataires des apostilles, mais encore le nom de ces
signataires se trouve compromis à ses yeux par une recommandation mal placée.
Cette mesure a été appliquée aux fonctionnaires de
l'ordre administratif dans le département d'Alger par une
circulaire du directeur général des services civils, en
date du 30 août 1861.

commissariat est fixée ainsi qu'il suit : — Un commissaire de police; — Cinq agents français; — Un agent indigène.

Art. 5. — Le poste de police de la Sénia est supprimé.

Le général de division sous-gouverneur,
E. DE MARTIMPREY.

Renvois. — V. *Table alphabétique.*

Police municipale. V. TABLE ALPHABÉTIQUE.

Police rurale. V. *ibidem.*

Ponts et chaussées.

AC. — 7-25 janv. 1862. — BG. 40. (V. *Mines,* § 5.) — *Augmentation du traitement des ingénieurs.*

AC. — 28 avr.-31 mai 1862. — BG. 53. (V. *Mines,* § 5.) — *Tarif des frais de voyage des ingénieurs et conducteurs.*

AC. — 27 mars-27 avr. 1863. — BG. 79. — *Augmentation de l'indemnité de déplacement allouée aux conducteurs.*

Vu les arr. min. des 18 déc. 1858, 5 avr. 1859 et 10 fév. 1860, portant règlement du tarif des traitements et accessoires de traitement du personnel des ponts et chaussées employé en Algérie; — Considérant qu'il importe, dans l'intérêt des conducteurs, de leur accorder pour frais de déplacement une indemnité fixe mieux en rapport avec le prix actuel des choses nécessaires à la vie;

Art. 1. — L'indemnité de déplacement allouée aux conducteurs des ponts et chaussées attachés au service de l'Algérie, sera portée de 500 à 600 fr. à partir du 1er avr. 1863.

M^{al} PÉLISSIER, DUC DE MALAKOFF.

Renvois. — V. *Table alphabétique.*

Population. V. RECENSEMENT.

Port d'armes. V. ARMES.

Portefaix. V. TABLE ALPHABÉTIQUE.

Ports (police des).

AC. — 23 mai-6 août 1865. — BG. 149. — *Règlement de service pour les pilotes lamaneurs des ports d'Oran et de Mers el Kebir.*

Vu le décr. du 16 juill. 1852 sur l'organisation du pilotage (I, 517) ; — Les arr. des 19 nov. 1852; et 5 juin 1856 (I, 518);

Art. 1. — Le nombre des pilotes lamaneurs pour le service des ports d'Oran et de Mers el Kebir est fixé à deux, parmi lesquels le commandant supérieur de la marine désigne un chef pilote. Il y aura, en outre, un aspirant pilote.

Art. 2. — Le salaire des pilotes est fixé comme suit : — Chef pilote, 125 fr. par mois. — Pilote, 100 fr. par mois. — Aspirant pilote, 80 fr. par mois. — Chacun d'eux recevra, en outre, une indemnité supplémentaire de 5 centimes par tonneau pour chaque navire à voiles, et de 1 centime 1/2 par tonneau pour chaque bâtiment à vapeur qu'il prendra au bord de la ligne E. et O. du cap Falcon, pour le conduire dans le port d'Oran ou de Mers el Kebir. — La commission administrative instituée par le décr. du 16 juill. 1852 réglera le salaire des matelots de manœuvre. Ces matelots devront être, autant que possible, Français ou indigènes algériens, et pour ces derniers la préférence sera donnée à ceux qui parlent français.

Art. 3. — Le caissier chargé de la perception des produits du pilotage tiendra un journal-livre de caisse, qui sera coté et paraphé par le président du tribunal de commerce, et sur lequel il inscrira, par ordre de date, les recettes et les dépenses du service. Il constatera l'entrée et la sortie de tout navire soumis au pilotage, son tonnage, le nom du pilote qui l'aura fait entrer dans le port, et les droits de ce pilote à l'indemnité supplémentaire prévue dans l'art. 2. — L'excédant des recettes sur les dépenses sera versé chaque mois, au compte de la caisse du pilotage, à la caisse d'épargne, au même titre que les fonds provenant de sociétés de secours mutuels, ou à la caisse du mont-de-piété, si ce dernier placement est plus avantageux. — Les fonds déposés ne pourront être retirés que par une autorisation écrite du président de la commission administrative du pilotage. — Le compte annuel des produits du pilotage et des dépenses de ce service, présenté par la commission administrative, sera approuvé par le commandant supérieur de la marine à l'approbation du gouverneur général.

Art. 4, 5, 6 et 7. — (Comme aux mêmes articles de l'arrêté du 19 nov. 1852.)

Art. 8. — Chaque pilote en exercice sera tenu d'avoir un carnet paraphé par le président de la commission administrative, disposé en colonnes de manière à faire inscrire par le capitaine qu'il aura piloté, sa provenance, sa nation, le nom et le tonnage du navire, le jour et l'heure que le pilote est monté à bord et la position du navire à ce moment, au N. ou au S. de la ligne E. et O. du cap Falcon. — Pour le cas où il ne pourrait monter à bord, la déclaration en serait faite par le capitaine sur le livre particulier qui lui sera présenté par le pilote.

Art. 9, 10, 11, 12, 13, 14 et 15 (comme aux mêmes articles de l'arr. du 19 nov. 1852.

Art. 16. — Les pilotes lamaneurs ne monteront à bord des bâtiments de l'Etat que lorsqu'ils y seront appelés et que la direction du port de Mers el Kebir ne pourra piloter ces bâtiments.

M^{al} DE MAC-MAHON, DUC DE MAGENTA.

DI. — 12 juill.-16 août 1865. — BG. 150. — *Droits de pilotage pour les ports d'Oran et de Mers el Kebir.*

Vu le décr. du 16 juill. 1852, portant organisation du service des pilotes lamaneurs en Algérie;

Art. 1. — Le tarif des droits de pilotage à percevoir dans les ports d'Oran et de Mers el Kebir sur les bâtiments de commerce et les navires de guerre français et étrangers, est fixé ainsi qu'il suit :

Bâtiments de commerce. — A l'entrée. — Pour tout bâtiment pris au N. de la ligne E. et O. du cap Falcon, 15 cent. par tonneau ; — Pour tout bâtiment pris au S. de cette même ligne, 11 cent. — A la sortie, 6 cent. par tonneau.— De Mers el Kebir à Oran ou d'Oran à Mers el Kebir, 5 cent. par tonneau.

Bâtiments de guerre. — A l'entrée et à la sortie : — Vaisseaux à voiles de tout rang, 60 fr. — Frégates à voiles, *id.*, 50 *id.*— Corvettes de guerre ou de charge à trois mâts, de tout rang, 40 *id.* — Bâtiments de rang inférieur, 25 *id.*

Art. 2. — Les bâtiments à vapeur ne payeront que la moitié des droits de pilotage, lorsqu'ils navigueront à la vapeur ; lorsqu'ils navigueront à la voile, ils devront payer les droits dans leur intégralité. — Les bâtiments étrangers payeront provisoirement les mêmes droits que les bâtiments français. — Tout bâtiment qui, après avoir mouillé en rade, entrera dans le port, payera le demi-droit d'entrée. — Les caboteurs immatriculés dans les divers ports de l'Algérie, sont exempts de tous droits.

Renvois. — V. *Table alphabétique.*

Postes.

§ 1. — ORGANISATION DU SERVICE.

AM. — 11 août 1860. — BM. 98. — *Délivrance de congés aux employés.*

Vu le décr. du 10 mars 1860 (I, 549), portant réorganisation du service des postes en Algérie; — Considérant qu'il importe, dans l'intérêt de l'exécution prompte et régulière du service, d'étendre à la délivrance des congés l'initiative attribuée par l'art. 12 du décret précité au directeur général des postes, pour tout ce qui concerne la surveillance du personnel des postes en Algérie;

Art. 1. — Ne seront soumis désormais à l'approbation préalable du département de l'Algérie et des colonies que les congés accordés : — 1° Aux fonctionnaires ou employés supérieurs désignés dans le § 1 de l'art. 4 du décr. du 10 mars 1860; — 2° Aux commis d'inspection faisant fonctions d'ordonnateurs secondaires des dépenses.

Art. 2. — Les ordonnateurs secondaires des dépenses seront chargés, sous leur propre responsabilité, d'effectuer, d'après les ordres du directeur général des postes, le décompte des retenues à opérer pour cause de congé.

Art. 5. — Ce décompte s'établira sur le vu de la copie dûment certifiée des congés délivrés, indiquant la durée exacte de l'absence. — Les mandats des agents en congé avec retenue seront conservés par les ordonnateurs secondaires jusqu'au moment où ladite copie leur aura été transmise par l'administration des postes et où le décompte aura été effectué. — La copie du congé et le décompte de la retenue seront mis à l'appui des mandats dûment quittancés par les parties prenantes.

Le ministre de l'Algérie et des colonies,
Cte P. DE CHASSELOUP-LAUBAT.

DI. — 27 nov. 1864-18 mars 1865. — BG. 157. — *Dénomination nouvelle de divers employés.*

Aux termes de ce décret, portant réorganisation du personnel du service postal, et dont les dispositions sont applicables en Algérie : — Les agents qui portaient le titre d'inspecteur prennent celui de directeur ; — La dénomination de sous-inspecteur est remplacée par celle de contrôleur; — Les directeurs comptables prennent le titre de receveurs principaux, et les directeurs des postes celui de receveurs des postes. — Les dispositions des décrets des 51 oct. 1850 et 19 mars 1861, relatives aux cautionnements des directeurs des postes, sont applicables aux receveurs des postes.

§ 2. — LOIS POSTALES.

LOI. — 28 juin-13 juill. 1861. — BG. 22. — *Nouveau tarif des lettres.*

Art. 18. — A dater du 1er janv. 1862, la taxe des lettres ordinaires, circulant de bureau de poste à bureau de poste dans l'intérieur de la France, et des lettres de même nature de la France pour la Corse et l'Algérie, et réciproquement, sera ainsi fixée : — Jusqu'à 10 gr. inclusivement, lettres affranchies, 20 cent., non aff., 30 cent.; — Au-dessus de 10 gr. et jusqu'à 20 gr. inclusivement, lettres aff., 40 cent., non aff., 60 cent.; — Au-dessus de 20 gr. et jusqu'à 100 gr. inclusivement, lettres aff., 80 cent., non aff., 1 fr. 20 cent.; — Au-dessus de 100 gr. et par chaque 100 gr. ou fraction de 100 gr. excédant, lettres aff., 80 cent., non aff., 1 fr. 20 cent.

RENVOIS. — V. *Table alphabétique.*

Poudres à feu. V. TABLE ALPHABÉTIQUE.

Poursuites contre fonctionnaires. V. AUTORISATION.

Pourvoi en cassation et au conseil d'État. V. TABLE ALPHABÉTIQUE.

Préfets.—Préfectures. V. ADMINISTRATION GÉNÉRALE.

Préséances. V. TABLE ALPHABÉTIQUE.

Presse (1).

Aucune disposition législative n'est intervenue depuis 1860 pour réglementer le régime de la

---

(1) JURISPRUDENCE. — Diffamation envers des chefs indigènes. — Le journal l'*Indépendant* de Constantine était poursuivi à raison d'un article publié par lui et renfermant, au sujet du mode d'administration des indigènes, des critiques sévères à l'encontre des chefs arabes, dont la probité notamment était vivement attaquée. Un des délits relevés par la citation était celui de diffamation envers des autorités ou administrations publiques, prévu et puni par l'art. 5 de la loi du 25 mars 1822. — Arrêt de la *cour d'Alger*, du 22 oct. 1864, qui acquitte sur ce chef par les motifs suivants : Attendu que dans les divers documents législatifs où il est question des chefs indigènes, il n'existe aucune disposition de nature à leur conférer, soit par leur titre ou leur organisation, soit par leurs attributions, la qualité d'autorités ou d'administrations publiques, dans le sens de la loi du 25 mars 1822 ; qu'ils ne peuvent être considérés que comme de simples agents chargés par délégation et sous la surveillance des autorités françaises, de l'exécution des mesures concernant l'administration des indigènes ; que dans tous les cas ce n'est pas l'autorité publique considérée d'une manière générale qui a été attaquée en eux, mais bien la personne même des agents qui, se seraient revêtus et pour des faits individuels; que sous ce rapport encore l'art. 5 de la loi de mars 1822 ne serait pas applicable à l'espèce ; que les chefs indigènes étant seulement agents de l'autorité, le fait dont s'agit au procès tombe sous l'application de l'art. 5 de la loi du 26 mai 1819 ; qu'aux termes de cet article, la plainte de la partie lésée est indispensable pour que des poursuites soient exercées; qu'il n'en existe aucune dans la cause de la part d'aucun des chefs indigènes ; qu'il est produit, il est vrai, devant la cour une lettre du gouverneur général appelant l'attention du ministère public sur les articles incriminés, mais qu'en pareil cas, c'est de la partie qui se reconnaît personnellement offensée que doit émaner la plainte et non d'un chef politique ou administratif, alors surtout, comme dans l'espèce, qu'il ne s'agit pas d'un chef de service spécial, déclare non recevable l'action du ministère public. — Pourvoi.

Arrêt. — Attendu que les indigènes, bien qu'appartenant à la race arabe, sont sujets français et ont pu, dans la mesure et sous les conditions déterminées par les lois particulières à la colonie, être délégués par les autorités militaires ou civiles de l'Algérie, pour exercer sur les populations indigènes une portion des attributions attachées à certaines fonctions publiques; — Attendu notamment que les chefs arabes aghas, caïds et autres sont chargés de percevoir au nom de la France et de remettre dans les caisses de l'État les impôts que les lois françaises font peser sur les différentes tribus arabes; que l'auteur de l'article incriminé le reconnaît implicitement en protestant contre un état de choses qu'il dit contraire aux intérêts de notre domination, et qu'enfin l'arrêt attaqué lui-

presse en Algérie; il peut être seulement utile de compléter ou rectifier l'article *Presse* inséré au 1ᵉʳ volume du *Dictionnaire de la législation algérienne* sur les deux points suivants :

1° La loi du 16 juill. 1850 sur les cautionnements et le timbre dont les art. 3, 4, 5, 9, 10 et 11 ont été seuls reproduits, a été indiquée par une note comme abrogée dans toutes ses autres dispositions. Cette annotation, vraie pour la France, n'est pas exacte pour l'Algérie, puisque l'art. 1 du décr. du 14 mars 1855 qui promulgue en Algérie le décr. organique du 19 fév. 1852 (I, 560), contient cette disposition : — « 2° Le taux du cautionnement demeure fixé conformément à l'art. 1 de la loi du 16 juill. 1850 à 3,600 fr. pour les journaux ou écrits périodiques publiés en Algérie et paraissant plus de cinq fois par semaines, etc. — Le droit de timbre, fixé par la même loi, est également maintenu pour les journaux, gravures ou écrits périodiques publiés en Algérie, etc. » — Il y a donc lieu, en ce qui concerne le taux du cautionnement et le droit de timbre en Algérie, de recourir à cette loi dont le texte est inséré dans les codes français et au *Bulletin des lois*.

2° Le texte du décr. du 2 mars 1859, qui promulgue le décr. du 28 mars 1852, relatif au droit de timbre, n'a pas été inséré au 1ᵉʳ volume, p. 562. En présence des controverses qu'a soulevées l'application de l'art. 2 du décr. de mars 1852, il peut être utile de reproduire le texte omis et remplacé par une simple mention. Ce texte est ainsi conçu :

« Vu la loi du 16 juill. 1850 sur le cautionnement des journaux et le timbre des écrits périodiques et non périodiques ; — Vu l'ord. du 10 janv. 1845 sur l'application en Algérie des lois, décrets et ordonnances qui régissent en France les droits de timbre ;

« Art. 1. — Sont déclarés applicables et exécutoires en Algérie les dispositions du décr. du 28 mars 1852, qui exemptent du droit de timbre les journaux et écrits périodiques et non périodiques exclusivement relatifs aux lettres, aux sciences, aux arts et à l'agriculture. »

Prestations. V. TABLE ALPHABÉTIQUE.

Prêt à intérêt. V. *ibidem*.

Prévoyance. V. CAISSE DE RETRAITE.

Primes. V. TABLE ALPHABÉTIQUE.

Prises sur l'ennemi. V. *ibidem*.

Prisons.

DIVISION.

§ 1. — Règlements généraux.
§ 2. — Commissions de surveillance.

§ 1. — RÈGLEMENTS GÉNÉRAUX.

Circ. G. — 19 avr.-18 mai 1861. — BG. 15. — *Rétablissement du service de l'inspection des prisons.*

Par ma circulaire du 5 avr. 1861 (suprà. — *Bienfaisance publique*), je vous ai fait connaître la décision que j'ai prise à l'effet de remettre en vigueur l'organisation du service de l'inspection des établissements de bienfaisance, telle qu'elle existait avant la suppression du gouvernement général. — Les mêmes considérations qui m'ont déterminé à prendre cette mesure commandaient également de rétablir l'inspection des prisons civiles de l'Algérie dans ses conditions primitives. — J'ai décidé, en conséquence, que ce service serait directement rattaché au gouvernement général et spécialement placé dans les attributions de M. le directeur général des services civils. Par suite, les rapports de l'inspecteur seront désormais adressés à l'administration centrale qui en fera, le cas échéant, l'objet de communications spéciales à MM. les préfets.

Mᵃˡ PÉLISSIER, DUC DE MALAKOFF.

Circ. G. — 15 nov.-31 déc. 1861. — BG. 58. — *Instructions aux préfets sur le régime alimentaire et disciplinaire des détenus à long terme autorisés à rester dans les prisons départementales.*

Je suis informé que les condamnés à long terme, autorisés à subir leurs peines dans les maisons départementales d'arrêt, de justice ou de détention de l'Algérie, sous la condition de pourvoir aux frais de leur nourriture et de leur entretien, font venir du dehors leurs vivres et leurs vêtements, achetés à leur convenance, et qu'ils arrivent de cette façon à se soustraire aux rigueurs du régime disciplinaire qui pèse sur les autres détenus.

C'est là un état de choses absolument contraire à l'esprit de la circulaire du ministre de l'intérieur, en date du 10 fév. 1841, qui a eu en vue d'imprimer à la captivité pénale un caractère essentiellement répressif, et de s'opposer à ce que les condamnés frappés d'un emprisonnement de plus d'un an, soient admis, par ce seul motif, à jouir des avantages et de la liberté intérieure accordés aux prévenus et aux accusés.

Il convient donc de faire cesser une tolérance qui est de nature à affaiblir l'autorité des règlements, en même temps qu'elle porte une atteinte fâcheuse aux principes d'égalité de régime et de discipline qui doivent être observés dans les prisons, à l'égard de tous les détenus. Il est essentiel de considérer, d'ailleurs, que l'abus que vous signale, entraîne pour l'État des dépenses en

---

même déclare que les chefs arabes sont des agents chargés par délégation et sous la surveillance des autorités françaises de l'exécution des mesures concernant l'administration des indigènes ; — Attendu qu'il résulte de cet ensemble de faits que les chefs arabes sont bien des *autorités publiques*, dans le sens de l'art. 5 de la loi du 25 mars 1822, et qu'à ce titre ils sont protégés par les lois qui punissent la diffamation ; — Attendu d'ailleurs que les imputations dirigées contre eux l'ont été en cette qualité d'*autorités publiques*, puisqu'elles consistent dans le reproche d'abuser de leurs fonctions pour voler à la fois les Arabes et le gouvernement français à l'occasion de la perception de l'impôt arabe ; — Attendu que ces imputations s'adressaient à tous les chefs arabes sans distinction spéciale et individuelle ; qu'elles étaient de

nature à inculper même les autorités françaises qui avaient délégué à ces chefs une partie de leurs fonctions et sous l'autorité desquelles ils exerçaient ; qu'à ce double titre il appartenait au gouverneur général, dont l'autorité suprême s'étend à tous les services, de porter plainte à raison de ces imputations diffamatoires ; qu'une plainte préalable était d'effet nécessaire et que la lettre écrite le 20 juill. par le gouverneur général au procureur général en a tous les caractères, puisqu'elle provoque des poursuites, et qu'elle est antérieure à la première citation ; — Attendu, au fond, que les imputations dirigées par l'article incriminé contre les chefs arabes ou leur qualité d'*autorités publiques*, ont tous les caractères de la diffamation ; — Casse. — Ch. crim. 10 mars 1865.

pure perte, puisque, par suite du marché passé pour l'entreprise générale des prisons, tous les détenus, sans exception, figurent sur les états mensuels de l'entrepreneur. — Par ces considérations, j'ai décidé que les condamnés, autorisés à subir dans les maisons d'arrêt départementales, des condamnations excédant une année d'emprisonnement, seront astreints scrupuleusement au régime alimentaire et disciplinaire des autres condamnés.

J'ai décidé également que le recouvrement du prix d'entretien des détenus dont il s'agit, décompté à raison de 55 c. par jour, qui est le prix de la journée payé à l'entreprise, sera opéré au profit de l'État par le service des domaines. L'encaissement de ces sommes se fera sur la présentation, aux receveurs des domaines, d'états dressés par les gardiens-chefs, visés par l'autorité locale compétente et dont un duplicata sera transmis, par vos soins, à M. le directeur de ce service, pour contrôler les opérations des comptables.

AG. — 15 mars-11 avr. 1862. — BG. 47. — *Réorganisation du personnel des maisons centrales et des maisons d'arrêt et de justice.*

Considérant que, par suite de l'accroissement de l'effectif des détenus et de l'organisation des travaux industriels dans les maisons centrales de l'Harrach et de Lambessa, ainsi que dans les maisons d'arrêt et de justice d'Alger, Oran et Constantine, il est devenu indispensable de mettre le personnel de ces établissements en harmonie avec les nécessités du service ; — Considérant que, pour atteindre ce but, il y a lieu de placer chacune des maisons d'arrêt et de justice d'Alger, d'Oran et de Constantine sous l'autorité d'un directeur, et de créer, dans les maisons centrales, un emploi d'inspecteur spécialement chargé de la surveillance des ateliers et des diverses attributions afférentes aux fonctions des inspecteurs, aux termes des arrêtés et règlements qui régissent le service des maisons centrales dans la métropole ; — Considérant que, pour faire face aux dépenses qui résulteront de l'adoption de ces mesures, il importe de remanier les cadres du personnel, de manière à compenser cet accroissement de dépenses ;

Art. 1. — Le cadre du personnel supérieur des maisons centrales de l'Harrach et de Lambessa, et celui des maisons d'arrêt et de justice d'Alger, d'Oran et Constantine, sont fixés comme suit :

Maisons centrales de l'Harrach et de Lambessa.

Un directeur, — Un inspecteur, — Un greffier, — Un gardien-chef.

Maisons d'arrêt et de justice d'Alger, d'Oran et de Constantine.

Un directeur, — Un greffier, — Un aumônier externe, — Un gardien-chef.

Art. 2. — L'emploi de commis aux écritures et celui de premier gardien sont supprimés partout où ils existent. Le nombre des gardiens ordinaires des maisons d'arrêt et de justice ne pourra dépasser la proportion d'un gardien pour trente détenus. — Néanmoins, les commis aux écritures et autres agents, actuellement en fonctions, conserveront provisoirement leur position, et les cadres ne seront ramenés aux proportions fixées par le présent arrêté qu'au fur et à mesure des extinctions.

Art. 3. — Les directeurs et inspecteurs des établissements ci-dessus désignés sont nommés et révoqués par le gouverneur général. — Tous les autres employés ou agents sont nommés et révoqués par les préfets.

Art. 4. — Les traitements des directeurs, inspecteurs, greffiers, aumôniers et gardiens-chefs sont fixés comme suit, savoir :

Maisons centrales de l'Harrach et de Lambessa.

Directeur de 1re cl., 5,000 fr. — Directeur de 2e cl.,

3,000 fr. — Directeur de 3e cl., 2,500 fr. — Inspecteurs, 2,000 fr. — Greffier de 1re cl., 1,800 fr. — Greffier de 2e cl., 1,500 fr. — Gardiens-chefs de 1re cl., 1,500 fr. — Id. de 2e cl., 1,200 fr.

Maisons d'arrêt et de justice d'Alger, Oran et Constantine.

Directeur de 1re cl., 2,400 fr. — Directeur de 2e cl., 2,000 fr. — Greffier de 1re cl., 1,500 fr. — Greffier de 2e cl., 1,200 fr. — Gardiens-chefs de 1re cl., 1,200 fr. — Gardiens-chefs de 2e cl., 1,000 fr. — Aumônier, 600 fr.

Les traitements alloués aux employés et agents actuellement en fonctions seront ramenés aux proportions ci-dessus, au fur et à mesure des extinctions.

Art. 4. — Indépendamment de leurs traitements fixes, les employés et agents dont il s'agit conservent les diverses allocations, prestations et indemnités déterminées par les règlements de la métropole.

Mal Pélissier, duc de Malakoff.

AG. — 26 mars-11 avr. 1862. — (V. *Bienfaisance publique*). — *Organisation du service d'inspection des établissements de bienfaisance et des prisons.*

AG. — 23 mai-15 juin 1863. — BG. 83. — *Nouvelle organisation du personnel des gardiens des prisons civiles.*

Vu l'arrêt du 15 mars 1862 (*ci-dessus*);

Art. 1. — L'emploi de gardien ordinaire et de portier dans les maisons centrales, ainsi que dans les maisons d'arrêt et de justice de l'Algérie, est divisé en trois classes, dont les traitements sont fixés ainsi qu'il suit, savoir : — 1re cl., 900 fr.; 2e cl., 850 fr.; 3e cl., 800 fr.

Art. 2. — Il ne pourra y avoir plus d'un gardien ordinaire ou portier de 1re cl. dans les maisons d'arrêt et de justice. — Le nombre des gardiens ordinaires de 1re et de 2e cl. ne pourra dépasser le cinquième de l'effectif total de ces agents dans chaque établissement, y compris les maisons centrales. — Nul gardien ordinaire ne pourra être promu à une classe supérieure qu'après trois ans au moins d'exercice dans la classe immédiatement inférieure.

Art. 3. — Par suite des dispositions qui précèdent, les augmentations de 25 fr. par période quinquennale, instituées par l'art. 22 de l'art. minist. du 28 fév. 1851 (I, 564) cesseront d'être accordées. Ceux qui les ont obtenues prendront rang dans la classe correspondante aux émoluments dont ils jouissent, et continueront à les recevoir jusqu'à leur promotion à une classe supérieure.

Mal Pélissier, duc de Malakoff.

AG. — 2 fév.-12 mars 1864. — BG. 102. — *L'indemnité de voyage, allouée à l'inspecteur central des prisons civiles, reste fixée à 15 fr. par jour, pour les journées dans les trois provinces de l'Algérie; mais elle est réduite à 10 fr. par jour pour tous les déplacements relatifs à l'inspection de la maison centrale de l'Harrach, à partir du 1er juin 1864. La décis. minist. du 17 fév. 1860 (I, 167) est rapportée, en ce qu'elle a de contraire au présent arrêté.*

AG. — 31 mars-4 août 1865. — BG. 106. — *Création d'un emploi de médecin interne, chargé en outre du service pharmaceutique pour le service de la maison centrale de l'Harrach, commune de la Rassauta. Traitement, 2,000 fr.*

AG. — 12 juill.-16 août 1865. — BG. 150. — *Évasion de condamnés. — Prime de capture.*

12

Vu l'arrêté du gouvernement, en date du 18 ventôse an XII, déterminant les gratifications qui doivent être accordées pour la reprise des condamnés évadés ; — Vu la circulaire du gouverneur général de l'Algérie, en date du 21 sept. 1863 (non publiée), pour l'exécution en Algérie des dispositions de l'arrêté susvisé ; — Considérant que les gratifications déterminées par ledit arrêté ne sont accordées que pour la reprise des criminels condamnés aux travaux forcés ou à la reclusion ; — Considérant qu'en raison de la situation particulière de l'Algérie et de l'emploi qui y est fait des condamnés correctionnels sur des chantiers extérieurs où les évasions peuvent devenir fréquentes, il y a lieu d'allouer une prime fixe pour la capture des détenus de cette catégorie qui se trouveraient en état d'évasion ;

Art. 1. — En cas de reprise d'un détenu condamné à un emprisonnement simple de plus d'un an et qui se sera évadé d'un des établissements pénitentiaires de l'Algérie, il sera alloué, en gratification à tout individu qui aura amené ce condamné, une somme de 50 fr.

Art. 2. — Toute personne prétendant à cette gratification devra faire établir son droit par un procès-verbal émané de l'autorité locale et constatant l'arrestation, l'interrogatoire et la détention du condamné. Sur le vu de ce procès-verbal, le préfet du département fera payer immédiatement la gratification à l'ayant droit.

Art. 3. — Lorsqu'un détenu repris sera conduit directement à la prison d'où il s'est évadé, le greffier comptable de l'établissement pourra être autorisé par le directeur à payer sur sa caisse le montant de la gratification allouée au capteur, sauf régularisation ultérieure par l'autorité préfectorale.

AG. — 12-18 mai 1866. — BG. 178. — *Réorganisation du personnel des gardiens des maisons centrales.*

Art. 1. — Le cadre du personnel de surveillance des maisons centrales de l'Algérie comprend des gardiens-chefs, des premiers gardiens et des gardiens ordinaires.

Les traitements de ces agents sont fixés comme suit :

Gardiens-chefs. — 1re cl., 1,500 fr.; 2e cl., 1,500 fr. — 1ers gardiens. — 1re cl., 1,300 fr.; 2e cl., 1,200 fr.; 3e cl., 1,100 fr. — Gardiens ordinaires et portiers. — 1re cl., 1,000 fr.; 2e cl., 900 fr.; 3e cl., 850 fr.

Art. 2. — Le nombre maximum des premiers gardiens est fixée comme suit : — 1, dans les établissements comptant 10 gardiens ordinaires au plus ; — 2, dans les établissements comptant de 10 à 20 gardiens, et ainsi de suite, en raison d'un premier gardien pour 10 gardiens ordinaires.

Art. 3. — Dans chaque établissement, *un tiers* tant des premiers gardiens que des gardiens ordinaires, pourra être porté à la 1re cl. et *un tiers* à la deuxième.

Art. 4. — Les agents actuellement attachés au service de surveillance prendront, à dater du 1er juill. 1866, le titre et la classe correspondant à leur traitement actuel ; sauf en ce qui concerne les gardiens-chefs de 2e cl. et les gardiens ordinaires de 3e cl., qui jouiront, à partir de la date ci-dessus indiquée, du traitement déterminé par le présent arrêté.

M^{al} DE MAC-MAHON, DUC DE MAGENTA.

§ 2. — COMMISSIONS DE SURVEILLANCE.

AG. — 3 avr.-5 mai 1862. — BG. 50. — *Institution près de la prison civile de Sétif d'une commission gratuite de surveillance, composée de cinq membres nommés par le préfet et de quatre membres de droit, savoir : le sous-préfet de l'arrondissement, président ; le maire de la commune, vice-président ; le président du tribunal civil ; le procureur impérial près le même tribunal.*

RENVOIS. — V. *Table alphabétique.*

Prisonniers de guerre. V. TABLE ALPHABÉTIQUE.

Procédure administrative. V. CONSEILS DE PRÉFECTURE.

Procédure judiciaire (1).

LOI. — 5 mai 1862 (non publiée au *Bulletin officiel*). — *Modification des délais en matière civile et commerciale.*

---

(1) JURISPRUDENCE. — Délais d'appel et d'ajournement.

1° — L'art. 56 de l'ordon. du 26 sept. 1842 fixe un délai d'un mois, à partir de la signification, pour interjeter appel d'un jugement contradictoire. D'un autre côté, l'art. 16 de l'ordon. du 16 avr. 1843, rendue en vue des cas où il y aurait lieu à augmentation du délai, à raison de la distance, indique un délai d'appel comme étant de trente jours seulement. Mais on ne saurait faire sortir de cette énonciation une abrogation de la loi qui règle la matière. Aucune abrogation d'une disposition légale ne pourrait résulter que d'un texte précis, et les termes de cette nouvelle disposition ne peuvent, sans une extension qu'ils ne comportent pas, être invoqués quand il s'agit de cas déjà réglés, alors surtout que le législateur, loin d'innover, s'en est référé pour ces cas aux lois précédentes. — Cour d'Alger, 20 juin 1854. Caffagti C. Piccini.

2° — Jugé de même qu'en droit, le délai d'appel étant d'un mois aux termes de l'art. 56 de l'ordonn. de 1842, la disposition de l'art. 16 de l'ordon. de 1843, qui indique un délai de trente jours seulement, ne saurait être considérée comme l'abrogation d'un cas déjà réglé, en l'absence de tout texte précis, et alors surtout qu'elle n'a été édictée que pour fixer les délais à raison de la distance. — Cour d'Alger, 21 avr. 1856. Regalgnon C. El Merdassy.

3° — Considérant que l'art. 16 de l'ord. de1843 porte expressément que ceux qui demeurent hors de l'Algérie, ou dans un lieu autre que celui où le jugement a été rendu, auront, outre le délai de 30 jours pour interjeter appel, les délais à raison de la distance fixée pour les ajournements ; — Que ces délais indiqués sont absolus ;

que l'exception justifiée à l'encontre de leur inobservation est péremptoire ; qu'il s'agit, non pas d'une nullité de procédure qu'il serait facultatif au juge d'admettre ou de rejeter, mais bien d'une déchéance d'ordre public ; — Que dans l'espèce le jugement du 17 déc. a été signifié le 29 du même mois, et que l'appel n'a été notifié que le 5 fév. suivant ; que Keller appelant est domicilié à Blidah ; que le jugement attaqué a été rendu par le tribunal de Blidah ; que bien que l'intéressé fût domicilié à Alger, Keller n'avait à profiter d'aucun délai à raison de la distance ; que l'appel du 5 fév., interjeté le 36e jour à partir de celui de la signification est donc tardif et doit être déclaré non recevable. — Cour d'Alger, 2e ch., 19 fév. 1864. Keller C. Rouquier. (Cette décision refuse, en matière de délais, le bénéfice de la réciprocité qui est cependant admise par la doctrine, l'usage et la pratique comme étant la règle générale. — V. discussion au corps lég. de l'art. 6 de la loi du 5 mai 1862. — Dans les arrêts qui suivent, la première chambre de la cour a consacré formellement ce principe qui est d'une rigoureuse justice.)

4° Contrà. — Le délai d'appel pour l'Algérie fixé à 30 jours outre le délai à raison de la distance par l'art. 16 de l'ord. du 16 avr. 1843, profite à l'une comme à l'autre des parties. — Arrêt. — Considérant que le jugement du 30 juill. 1863 a été signifié à Balit par Bertrand, les époux Bourlon et les époux de Pierre, tous demeurant en France, à la date des 29 oct. 1863 et 6 nov. suivants ; que Balit ne leur a fait signifier son appel que le 12 déc. même année, et par conséquent plus de 30 jours après la signification du jugement ; — Que les intimés concluent à ce que ledit appel soit déclaré tardif, par le motif que

Code de procédure.

Art. 1. — L'art. 75 pr. civ. sera remplacé par les dispositions suivantes :

75. — Si celui qui est assigné demeure hors la France continentale, le délai sera :

1° Pour ceux qui demeurent en Corse, en Algérie, dans les Iles Britanniques, en Italie, dans le royaume des Pays-Bas et dans les Etats des confédérations limitrophes de la France, d'un mois;

2° Pour ceux qui demeurent dans les autres Etats, soit d'Europe, soit du littoral de la Méditerranée et de celui de la mer Noire, de deux mois;

3° Pour ceux qui demeurent hors d'Europe, en deçà des districts de Malacca et de la Sonde et en deçà du cap Horn, de cinq mois;

4° Pour ceux qui demeurent au delà des détroits de Malacca et de la Sonde et au delà du cap Horn, de huit mois.

Les délais ci-dessus seront doublés pour les pays d'outre-mer, en cas de guerre maritime.

Art. 2. — Les art. 443, 445 et 446 du même code seront remplacés par les articles suivants :

d'après les termes de l'art. 16 ord. de 1843, toutes les fois que l'appelant, comme dans l'espèce, habite le lieu où le jugement a été rendu, il est renfermé dans le délai préfixe et invariable de 30 jours pour signifier son appel, alors même que l'intimé serait domicilié à une très-grande distance dudit lieu ; — Mais considérant que cette interprétation ne saurait être admise ; qu'en rapprochant de l'article invoqué les dispositions des art. 56 de l'ord. de 1842 et 57 de celle de 1843, il demeure évident que le législateur a entendu respecter le principe de réciprocité sans lequel la partie au profit de laquelle le droit d'appel est ouvert, se trouverait placée, en certains cas, dans l'impossibilité d'exercer ce droit, puisque son adversaire pourrait être domicilié à une distance telle que le délai de 30 jours serait insuffisant pour faire parvenir matériellement l'acte de signification ; — Considérant qu'alors même que l'art. 18 présenterait un sens ambigu, on ne peut logiquement lui attribuer une portée qui entraînerait le plus souvent des conséquences iniques, et en opposition directe avec la règle qui ne permet pas d'opposer une prescription ou une déchéance à la partie qui est dans l'impossibilité d'agir ;— Considérant que de ce qui précède, il résulte que Balit, en se renfermant, pour la signification de son appel, dans le délai de trente jours, augmenté d'un délai de distance, s'est conformé aux prescriptions de la matière ; qu'il y a lieu de déclarer l'appel recevable.—*Cour d'Alger,* 1re ch., 22 nov. 1864, Balit C. hér. Clauzel et préfet d'Alger. (On remarquera que cet arrêt semble, contrairement à la jurisprudence des arrêts de 1854 et de 1856 rapportés ci-dessus nos 1 et 2, admettre comme délai fixe d'appel une période de trente jours et non d'un mois. Mais comme, dans l'espèce, ce n'était pas la question du procès, et le calcul de date à date correspondante n'avait aucun intérêt, il est permis de penser que l'attention de la cour ne s'est pas spécialement portée sur ce point, et qu'en citant le texte de l'art. 16 de l'ord. de 1843, elle n'a point entendu infirmer la doctrine consacrée par les décisions antérieures. — Cette observation s'applique également à l'arrêt du 25 oct. 1865 ci-après.)

5° Même question. — Est nul au contraire, l'appel du même jugement signifié au préfet d'Alger le 29 oct. 1865, ledit appel notifié seulement le 31 décembre suivant, après l'expiration du délai de trente jours augmenté du délai supplémentaire d'un mois à raison des distances. — En effet, le délai supplémentaire déterminé par l'ord. de 16 avr. 1843 a été d'abord remplacé par un délai fixe de deux mois aux termes de la loi du 11 juin 1859. Mais cette loi elle-même n'était plus applicable au jour de la signification du jugement et avait été abrogée expressément par l'art. 8 de la loi du 5 mai 1862, qui a réduit à un mois le délai supplémentaire à raison des distances. —*Même arrêt.*—(La question signalée dans l'observation qui précède au sujet du délai fixe de trente jours ou d'un mois, ne paraît pas avoir été soulevée par les conclusions du préfet.)

6° — Lorsque l'appelant habite l'Algérie et l'intimé la France, le délai pour interjeter appel est de deux mois à partir de la signification du jugement à personne ou domicile. — *Arrêt.* —Attendu qu'aux termes de l'art. 56 de l'ordon. du 26 sept. 1842, le délai d'appel est d'un mois à partir de la signification du jugement à personne ou domicile; que le délai supplémentaire à raison de la situation du domicile des intimés demeurant en France était, aux termes de l'art. 6 de la loi du 5 mai 1862, de *trente jours* aussi (V. les observations à l'arrêt précédent) ;—Attendu que le jugement dont est appel a été signifié à partie le 1er mars 1864, et que la notification de l'appel n'est intervenue qu'à la date des 7 et 25 mai même année; qu'il suit delà que cet appel s'est produit en dehors des délais légaux et doit être déclaré non recevable. — *Cour d'Alger,* 25 oct. 1865, Préfet d'Alger C. Loubreaux.

7° — Lorsque l'une des parties est domiciliée en France, chacune d'elles a, par droit de réciprocité, pour interjeter appel, outre le délai fixe d'un mois, un autre délai d'un mois à raison des distances. — Attendu, en fait, que Javal est domicilié en France, que le jugement du tribunal de Blidah dont est appel, a été signifié à partie le 5 sept. 1864, et que l'acte d'appel a été notifié à la requête dudit Javal, le 26 nov. suivant; — En droit, en ce qui concerne le délai d'appel; — Attendu qu'il est de principe en jurisprudence que le droit d'appel, ses délais et les déchéances qui peuvent l'atteindre sont toujours régis par la législation sous l'empire de laquelle le jugement de première instance a été rendu; — Que le délai d'appel a été fixé pour les décisions rendues par les tribunaux de l'Algérie, soit à un mois par l'art. 56 de l'ordon. organique du 26 sept. 1842, soit à trente jours par l'art. 16 de l'ordonn. du 16 avr. 1843, en admettant que celle-ci ait eu pour effet de modifier la disposition antérieure; — Que d'ailleurs l'ordon. de 1843, tout en promulguant le code de procédure, ne l'a fait que sous de nombreuses et essentielles modifications, au nombre desquelles figure notamment celle ci-dessus déjà existante et maintenue par l'art. 16;—Attendu, dès lors, qu'en présence de la loi spéciale et exceptionnelle qui régit ce pays, l'art. 443 nouveau qui accorde un délai de deux mois pour interjeter appel n'est pas plus applicable à l'Algérie que l'art. 443 ancien qui accordait un délai de trois mois ; — Que, sous ce rapport, la loi du 5 mai 1862 n'a eu en vue que les contestations portées devant les tribunaux de la métropole, et qu'elle n'a rien innové à l'égard de celles portées devant ceux de l'Algérie, puisqu'elle n'a abrogé ni l'ordonn. de 1842, ni celle de 1843 qui ont force de loi en Algérie;—Qu'enfin, l'argument que l'on voudrait tirer des dispositions des art. 445 et 446 nouveaux n'est point fondé dans la cause, car ces articles ne sont que le complément de l'art. 443 modifié et ne peuvent avoir une portée ou entraîner une extension que celui-ci ne comporte pas;—En ce qui concerne l'augmentation du délai d'appel à raison de la distance:—Attendu que l'ordonn. de 1843 statuant à cet égard dans les mêmes termes que le code de procédure, a déclaré que les parties auraient pour interjeter appel, outre le délai d'un mois, le délai fixé à raison de leur distance pour les ajournements par les art. 7, 8 et 9 de ladite ordonnance;—Que la loi du 11 juin 1859 est venue abroger ce délai, et le remplacer par un délai fixe de deux mois; qu'enfin la loi de 1862, statuant spécialement dans son art. 8 à l'égard de l'Algérie, a abrogé la loi de 1859 et substitué au délai de deux mois un délai d'un mois seulement; que de ces principes il faut conclure que lorsqu'une contestation a été portée devant les tribunaux de l'Algérie, mais que l'une des parties est domiciliée en France, chacune d'elles a par droit de réciprocité pour interjeter appel du jugement rendu, outre un délai fixe d'un mois, un autre délai également d'un mois à raison des distances;—Que le système soutenu par l'appelant entraînerait d'ailleurs, s'il était admis, cet étrange résultat que la loi de 1862, qui a eu pour unique but d'abréger les délais d'appel et de distance, aurait pour effet contraire, en Algérie, d'augmenter ceux fixés antérieurement;—Déclare non recevable l'appel de Javal interjeté plus de deux mois après la signification du jugement. —*Cour d'Alger,* 8 fév. 1866, Javal C. Page.

443. — Le délai pour interjeter appel sera de deux mois. Il courra, pour les jugements contradictoires, du jour de la signification à personne ou à domicile ; — Pour les jugements par défaut du jour où l'opposition ne sera plus recevable. — L'intimé pourra néanmoins interjeter appel incidemment, en tout état de cause, quand même il aurait signifié le jugement sans protestation.

445. — Ceux qui demeurent hors de la France continentale auront, pour interjeter appel, outre le délai de deux mois depuis la signification du jugement, le délai des ajournements réglé par l'art. 73 ci-dessus.

416. — Ceux qui sont absents du territoire européen de l'empire ou du territoire de l'Algérie pour cause de service public auront, pour interjeter appel, outre le délai de deux mois depuis la signification du jugement, le délai de huit mois. Il en sera de même en faveur des gens de mer absents pour cause de navigation.

Art. 5. — Les art. 483, 485 et 486 du même code seront remplacés par les articles suivants :

483. — La requête civile sera signifiée avec assignation dans le délai de deux mois à l'égard des majeurs, à compter du jour de la signification du jugement attaqué à personne ou domicile.

484. — Le délai de deux mois ne courra contre les mineurs que du jour de la signification du jugement faite depuis leur majorité à personne ou domicile.

485. — Lorsque le demandeur sera absent du territoire européen de l'empire ou du territoire de l'Algérie pour cause de service public, il aura, outre le délai ordinaire de deux mois depuis la signification du jugement, le délai de huit mois. Il en sera de même en faveur des gens de mer absents pour cause de navigation.

486. — Ceux qui demeurent hors de la France continentale auront, outre le délai de deux mois depuis la signification du jugement, le délai des ajournements réglé par l'art. 73 ci-dessus.

Art. 4. — L'art. 1033 du même code sera remplacé par les dispositions suivantes :

1035. — Le jour de la signification et celui de l'échéance ne sont point comptés dans le délai général fixé pour les ajournements, les citations, sommations et autres actes faits à personne ou domicile.—Ce délai sera augmenté d'un jour à raison de 3 myriam. de distance. — Il en sera de même dans tous les cas prévus, en matière civile et commerciale, lorsqu'en vertu de lois, décrets ou ordonnances, il y a lieu d'augmenter un délai à raison des distances. — Les fractions de moins de 4 myriam. ne seront pas comptées ; les fractions de 4 myriam. et au-dessus augmenteront le délai d'un jour entier. — Si le dernier jour du délai est un jour férié, le délai sera prorogé au lendemain.

Code de commerce.

Art. 5. — Les art. 160 et 166 c. com. seront remplacés par les dispositions suivantes :

160. — Le porteur d'une lettre de change tirée du continent et des îles de l'Europe ou de l'Algérie, et payable dans les possessions européennes de la France ou de l'Algérie, soit à vue, soit à un ou plusieurs jours, mois ou usances de vue, doit en exiger le payement ou l'acceptation dans les trois mois de sa date, sous peine de perdre son recours sur les endosseurs et même sur le tireur, si celui-ci a fait provision. — Le délai est de quatre mois pour les lettres de change tirées des États du littoral de la Méditerranée et du littoral de la mer Noire sur les possessions européennes de la France, et réciproquement du continent et des îles de l'Europe sur les établissements français de la Méditerranée et de la mer Noire.—Le délai

est de six mois pour les lettres de change tirées des États d'Afrique en deçà du cap de Bonne-Espérance, et des États d'Amérique en deçà du cap Horn, sur les possessions européennes de la France et réciproquement du continent et des îles de l'Europe sur les possessions françaises ou établissements français dans les États d'Afrique en deçà du cap de Bonne-Espérance et dans les États d'Amérique en deçà du cap Horn. — Le délai est d'un an pour les lettres de change tirées de toute autre partie du monde sur les possessions européennes de la France, et réciproquement du continent et des îles de l'Europe sur les possessions françaises et les établissements français dans toute autre partie du monde. — La même déchéance aura lieu contre le porteur d'une lettre de change à vue, à un ou plusieurs jours, mois ou usances de vue, tirée de la France, des possessions ou établissements français, et payable dans les pays étrangers, qui n'en exigera pas le payement ou l'acceptation dans les délais ci-dessus prescrits pour chacune des distances respectives. Les délais ci-dessus seront doublés en temps de guerre maritime pour les pays d'outre-mer. — Les dispositions ci-dessus ne préjudicieront pas néanmoins aux stipulations contraires qui pourraient intervenir entre le preneur, le tireur et même les endosseurs.

166. — Les lettres de change tirées de France et payables hors du territoire continental de la France en Europe étant protestées, les tireurs et endosseurs résidant en France seront poursuivis dans les délais ci-après : — D'un mois pour celles qui étaient payables en Corse et Algérie, dans les îles Britanniques, en Italie, dans le royaume des Pays-Bas et dans les États ou confédérations limitrophes de la France ; — De deux mois pour celles qui étaient payables dans les autres États, soit d'Europe, soit du littoral de la Méditerranée et de celui de la mer Noire ; — De cinq mois pour celles qui étaient payables hors d'Europe, en deçà des détroits de Malacca et de la Sonde, et en deçà du cap Horn ; — De huit mois pour celles qui étaient payables au delà des détroits de Malacca et de la Sonde, et au delà du cap Horn. Ces délais seront observés dans les mêmes proportions pour le recours à exercer contre les tireurs et endosseurs résidant dans les possessions française hors de la France continentale. — Les délais ci-dessus seront doublés, pour les pays d'outre-mer, en cas de guerre maritime.

Art. 6. — Les art. 373 et 375 c. com. seront remplacés par les dispositions suivantes :

373. — Le délaissement doit être fait aux assureurs, dans le terme de six mois à partir du jour de la réception de la nouvelle de la perte arrivée aux ports ou côtes d'Europe, ou sur celles d'Asie et d'Afrique, dans la Méditerranée, ou bien, en cas de prise, de la réception de celle de la conduite du navire dans l'un des ports ou lieux situés aux côtes ci-dessus mentionnées ; — Dans le délai d'un an de la réception de la nouvelle ou de la perte arrivée ou de la prise conduite en Afrique en deçà du cap de Bonne-Espérance ou en Amérique en deçà du cap Horn ; — Dans le délai de dix-huit mois après la nouvelle des pertes arrivées ou des prises conduites dans toutes les autres parties du monde, et ces délais passés, les assurés ne seront plus recevables à faire le délaissement.

375. — Si, après six mois expirés, à compter du jour du départ du navire ou du jour auquel se rapportent les dernières nouvelles reçues pour les voyages ordinaires ; — Après un an, pour les voyages de long cours, l'assuré déclare n'avoir reçu aucune nouvelle de son navire, il peut faire le délaissement à l'assureur et demander le payement de l'assurance, sans qu'il soit besoin d'attestation de la perte. Après l'expiration des six mois ou de l'an, l'assuré a pour agir les délais établis par l'art. 375.

Art. 7. — L'art. 645 c. com. sera remplacé par l'article suivant:

645. — Le délai pour interjeter appel des jugements des tribunaux de commerce, sera de deux mois, à compter du jour de la signification du jugement, pour ceux qui auront été rendus contradictoirement, et du jour de l'expiration du délai de l'opposition, pour ceux qui auront été rendus par défaut; l'appel pourra être interjeté du jour même du jugement.

Art. 8. — La loi du 11 juin 1859 (I, 575), qui détermine le délai des ajournements d'Algérie en France et de France en Algérie, est abrogée — Le délai des ajournements devant les tribunaux d'Algérie pour les personnes domiciliées en France sera d'un mois.

LOI. — 2 juin 1862 (non publiée au *Bulletin officiel*). — *Délai des pourvois devant la cour de cassation en matière civile.*

Art. 1. — Le délai pour se pourvoir en cassation sera de deux mois, à compter du jour où la signification de la décision, objet du pourvoi, aura été faite à personne ou à domicile. — A l'égard des jugements et arrêts par défaut qui pourront être déférés à la cour de cassation, ce délai ne courra qu'à compter du jour où l'opposition ne sera plus recevable.

Art. 2. — Le demandeur en cassation est tenu de signifier l'arrêt d'admission à personne ou à domicile, dans les deux mois après sa date; sinon il est déchu de son pourvoi envers ceux des défendeurs à qui la signification aurait dû être faite.

Art. 3. — Le délai pour comparaître sera d'un mois à partir de la signification de l'arrêt d'admission faite à la personne ou au domicile des défendeurs.

Art. 4. — Les délais fixés par les art. 1 et 3, relativement au pourvoi en cassation et à la comparution des défendeurs, seront augmentés de huit mois, en faveur des demandeurs ou défendeurs absents du territoire français de l'Europe ou de l'Algérie, pour cause de service public, et en faveur des gens de mer absents de ce même territoire pour cause de navigation.

Art. 5. — Il est ajouté au délai ordinaire du pourvoi, lorsque le demandeur sera domicilié en Corse, en Algérie, dans les îles Britanniques, en Italie, dans le royaume des Pays-Bas et dans les Etats ou confédérations limitrophes de la France continentale, un mois; — S'il est domicilié dans les autres Etats, soit de l'Europe, soit du littoral de la Méditerranée et de celui de la mer Noire, deux mois; — S'il est domicilié hors d'Europe, en deçà des détroits de Malacca et de la Sonde, ou en deçà du cap Horn, cinq mois; — S'il est domicilié au delà des détroits de Malacca ou de la Sonde, ou au delà du cap Horn, huit mois.

Les délais ci-dessus seront doublés pour les pays d'outre-mer en cas de guerre maritime.

Art. 6. — Les mêmes délais sont ajoutés:

1° Au délai ordinaire accordé au demandeur lorsqu'il devra signifier l'arrêt d'admission dans l'un des pays désignés en l'article précédent; — 2° Au délai ordinaire réglé par l'art. 3, lorsque les défendeurs domiciliés dans l'un de ces pays devront comparaître sur la signification de l'arrêt d'admission.

Art. 7. — Lorsque le délai pour la comparution sera expiré sans que le défendeur se soit fait représenter devant la cour, l'audience ne pourra être poursuivie que sur un certificat du greffier constatant la non-comparution du défendeur.

Art. 8. — Les arrêts de la chambre des requêtes, contenant autorisation d'assigner en matière de règlement de juge ou de renvoi pour suspicion légitime, seront signifiés dans le mois de leur date aux défendeurs, sous peine de déchéance. Les défendeurs devront comparaître dans le délai fixé par l'art. 3. Néanmoins, ces délais pourront être réduits ou augmentés suivant les circonstances par l'arrêt portant permission d'assigner.

Art. 9. — Tous les délais ci-dessus énoncés seront francs; si le dernier jour du délai est un jour férié, le délai sera prorogé au lendemain. Les mois seront comptés suivant le calendrier grégorien.

Art. 10. — Il n'est pas dérogé aux lois spéciales qui régissent les pourvois en matière électorale et d'expropriation pour cause d'utilité publique.

Art. 11. — Sont abrogés dans leurs dispositions contraires à la présente loi, l'ord. d'août 1737, le règlement du 28 juin 1738, les lois des 27 nov. 1790, 2 sept. 1795, 1er frim. an II, 11 juin 1859, et autres lois relatives à la procédure en matière civile devant la cour de cassation.

DI. — 30 juill. 1862 (V. *Timbre*). — *Nombre de lignes et de syllabes que devront contenir les copies d'exploits et significations.*

RENVOIS. — V. *Table alphabétique.*

Procuration. V. TABLE ALPHABÉTIQUE.

Produits agricoles. V. AGRICULTURE.

Promulgation des lois et arrêtés.

L'opinion émise au 1er volume (v° *Promulgation*, p. 576, en note) sur l'applicabilité en Algérie, avec ou sans promulgation, des lois et décrets qui concernent la France, même lorsqu'ils sont d'un intérêt général, a été pleinement confirmée tant en matière civile qu'en matière criminelle par les documents législatifs, administratifs et judiciaires, intervenus depuis 1860.

En ce qui concerne les lois antérieures à 1834, la cour de cassation a déclaré dans trois arrêts des 4 fév. 1863, 17 août et 17 nov. 1863 (1) qu'elles étaient, soit par le fait seul de la conquête, soit aux termes de la législation coloniale exé-

(1) JURISPRUDENCE. — 1° — Une donation faite dans un acte notarié en date du 13 août 1858 et constatée au moyen d'un renvoi non parafé par l'un des témoins instrumentaires, avait été déclarée nulle par arrêt de la cour d'Alger du 11 déc. 1861, par application de l'art. 15 de la loi du 25 vent. an XI, bien que l'acte fût antérieur à l'arr. du 30 déc. 1842 (*Notaires*, I, 465) qui a, pour la première fois, déclaré cette loi exécutoire dans la colonie. — Pourvoi.

Arrêt. — Attendu qu'aux termes de l'art. 15 de la loi du 25 vent. an XI, les renvois inscrits en marge des

actes notariés doivent, à peine de nullité, être signés ou parafés tant par le notaire que par les autres signataires; — Attendu qu'à la date de l'acte dont s'agit au procès, la loi du 25 vent. an XI était exécutoire en Algérie; — Que cette loi, à la vérité, n'y avait pas été promulguée; mais que sa mise à exécution avait été la conséquence nécessaire de l'institution du notariat sur le sol algérien, puisqu'on ne peut comprendre l'existence de cette institution sans la mise en vigueur de la loi qui en est la base et qui règle les conditions de son fonctionnement; qu'il est, en outre, de principe général que le droit métropolitain dé-

cutoires de plein droit sans avoir été spécialement promulguées. La cour d'Alger persistant dans sa jurisprudence a statué dans le même sens par un nouvel arrêt du 19 mars 1861, rendu sur des conclusions conformes prises par le ministère public et qui résument parfaitement la question (1).

---

vient applicable au pays conquis dans la mesure où les circonstances locales en permettent l'applicabilité sans qu'il soit besoin de promulgation, notamment lorsqu'une des institutions de la mère patrie y est introduite, soit au point de vue d'un intérêt politique ou administratif, soit à celui de la protection de la personne ou des intérêts de nos nationaux, et qu'une promulgation ne devient nécessaire, en pareil cas, que lorsque le gouvernement entend restreindre le droit général ou y apporter des modifications. — *Cass. ch. req.*, 4 fév. 1863. — Dallos, 1865, 1, 506. — Aff. Aberjoux.

2° — Les lois pénales françaises sont de plein droit exécutoires en Algérie depuis la conquête, ainsi que les modifications qui y sont introduites dans la métropole.

Arrêt. — Vu l'art. 59 de l'ord. du 26 sept. 1842 (*Justice*, I, 591), l'art. 109 de la constitution de 1848, l'art. 27 de celle du 14 janv. 1852 et l'art. 222 c. pén. — En ce qui touche le premier moyen, pris de la fausse application de l'art. 222, en ce que ledit article, modifié par la loi du 13 mai 1863, n'avait pas été promulgué spécialement en Algérie, et, par suite, n'y était pas applicable : — Attendu que l'occupation permanente du territoire algérien par la France, qui, non-seulement y a planté définitivement son drapeau, mais qui y a introduit successivement ses institutions, a suffi pour rendre de plein droit applicables à tous les Français venus dans la colonie, à la suite de la conquête, les lois générales françaises dans la mesure compatible avec les mœurs et les circonstances particulières à l'Algérie ; — Attendu que le principe suivant lequel les armées françaises, en prenant possession d'un territoire au nom de la France, y apportent avec elles la législation générale de la mère patrie, a reçu sa sanction dans les différents actes du pouvoir législatif ou exécutif qui ont organisé, depuis 35 ans, les divers services de l'Algérie, notamment dans l'art. 59 de l'ord. du 26 sept. 1842, organique de la justice, lequel porte que les lois pénales françaises y seront seules applicables même aux indigènes ; — Attendu que l'applicabilité générale de ces lois dans la colonie a été de plus en plus évidente à mesure que l'Algérie est devenue française par son assimilation de plus en plus grande à la métropole, assimilation solennellement proclamée par l'art. 109 de la constitution de 1848, d'après lequel l'Algérie est considérée comme faisant partie du territoire français ; Attendu que les modifications introduites dans le Code pénal par la loi du 13 mai 1863 se sont incorporées au Code, en font partie intégrante et sont exécutoires de plein droit en Algérie, comme l'était le code lui-même, en vertu de la promulgation générale faite dans la métropole, dès que le contraire n'a pas été déclaré par le pouvoir compétent ; — Rejette. — *Cass. ch. crim.* 17 août 1865 (aff. v° Clément), Dallos, 1865, 1, 503.

3° — Les lois générales de la métropole destinées à protéger les Français dans leur personne, et leurs propriétés, et notamment le Code forestier, sont devenus obligatoires en Algérie, par le seul fait de la conquête et de l'occupation.

Arrêt. — Sur le premier moyen, pris d'une fausse application prétendue de l'art. 40 C. for., et fondé sur ce que ce Code n'ayant pas été promulgué en Algérie, n'y serait point exécutoire : — Attendu que la protection de la loi française accompagne nos armées dans leurs opérations militaires sur les territoires étrangers ; — Que la conquête et l'occupation de l'Algérie, devenue depuis française, y ont introduit virtuellement les lois générales de la métropole, alors existantes, destinées à protéger les Français dans leur personne et leurs propriétés, dans la mesure où les circonstances de temps et de lieu en permettaient l'application, sans qu'il ait été besoin d'une promulgation locale ; — Attendu spécialement, en ce qui concerne le Code forestier, que le gouvernement français a pris en main l'administration des forêts qui lui appartenaient dans cette colonie, et a institué des agents et préposés chargés de veiller à l'exploitation de ces propriétés ; — Que ces forêts et les droits de l'État n'ont pu demeurer sans une protection légale ; que jusqu'à ce qu'il en ait été autrement ordonné, le

Code forestier leur est devenu de plein droit applicable, et que de fait il leur a été appliqué dans celles de ses dispositions qui s'accordent avec l'état présent du régime forestier en Algérie, et notamment en ce qui concerne l'art. 40 : — Que c'est donc avec raison que l'arrêt attaqué a admis l'autorité de cet article. — *Cass. ch. crim.* 17 nov. 1865 (aff. Leinea), Dallos, 1866, 1, 96.

(1) L'ord. du 8 déc. 1824, qui établit une redevance au profit des théâtres privilégiés sur les spectacles de curiosités établis dans l'arrondissement du lieu où s'exerce le privilège, est applicable en Algérie, bien qu'elle n'y ait pas été promulguée.

Conclusions de M. le premier avocat général de Cléry. — L'objection motivée sur ce que les règlements de la métropole en cette matière n'auraient pas été l'objet d'une promulgation spéciale en Algérie, se résout sans qu'il soit besoin de jeter dans la discussion des principes généraux du droit public ou international. Il conserve aux pays réunis leur législation civile tant qu'elle n'a pas été expressément abrogée par un acte du nouveau souverain. On n'a pas dérogé à cette règle plusieurs fois sanctionnée. — La loi existante lors de la conquête, et maintenue par la capitulation d'Alger, ne pouvait, à raison même de son caractère essentiellement religieux, régir ni les Français ni les populations européennes qui allaient s'implanter sur la terre conquise. Aussi l'arrêté du 22 oct. 1830 (*Justice*, I, 383) a-t-il par son art. 6 autorisé la cour de justice qu'il instituait à appliquer les lois françaises. Leur autorité fut non moins expressément consacrée par l'art. 31 de l'ord. du 10 août 1834, portant que la loi française régit les conventions et contestations entre Français et étrangers ; et quand le 1er sept. 1834 un arrêté ministériel (*Admin. gén.*, I, 7) introduisit, pour la première fois, l'obligation de procéder par voie de promulgation spéciale, il ne disposa que pour l'avenir, sans retirer force et vigueur au faisceau de lois, décrets, ordonnances et arrêtés métropolitains qui, depuis quatre ans, constituaient le régime civil de la colonie. Cet état de choses subsiste encore aujourd'hui ; il n'est cessé qu'au cas où la législation coloniale eût réglementé la matière. Or l'exploitation des entreprises lyriques ou dramatiques ne l'a été ni avant ni après 1834. L'ord. du 8 déc. 1824 ne saurait disparaître sans qu'il en résultât une lacune inadmissible.

Arrêt. — Attendu que les lois et ordonnances sur le régime des théâtres et spectacles publics sont d'intérêt général, en ce qu'elles touchent au droit de police, aux bonnes mœurs et au progrès de l'art théâtral ; — Que par le fait de l'occupation de l'Algérie, les lois ou ordonnances françaises d'intérêt général y sont devenues applicables, sans promulgation, par les nécessités du moment, dès que leur raison d'être s'y est manifestée par l'introduction d'établissements ou d'industries que régissent dans la métropole ces mêmes lois ou ordonnances ; que ce principe ne peut recevoir exception que pour le cas où la même matière, réglementée en France, aurait subi, en vue de son application spéciale à la colonie, des modifications émanées de l'autorité compétente, qui, dans l'espèce n'existe pas ; — Attendu que l'institution d'un théâtre à Alger remonte au 12 nov. 1830, date de l'arrêté du général en chef qui l'autorise avec jeu d'opéra italien et ballet ; que depuis cette époque l'exploitation théâtrale s'y est continuée sans interruption par des extensions successives ; que c'est donc dès le 12 nov. 1830 que les lois de police et d'administration théâtrale ont dû prendre vigueur à Alger, sans promulgation spéciale, et comme conséquence nécessaire de la création de l'établissement dont il s'agit ; que cette règle d'interprétation se fortifierait encore pour toute la période antérieure à l'ord. du 22 juill. 1834 (*Admin. gén.*, I, 7), par l'arrêté colonial du 22 oct. 1830, qui instituant la cour de justice à Alger l'autorise (art. 6) à appliquer les lois françaises sans exiger le préalable de promulgation ; que si, à dater du 12 nov. 1830, les lois théâtrales de France ont pu et dû être applicables à Alger sans promulgation, il serait inadmissible d'exiger aujourd'hui, pour leur application actuelle, la preuve de cette promulgation. —

Il est vrai que dans un arrêt du 3 oct. 1857 (aff. Doineau, Dalloz, 1857, I, 455) la chambre criminelle de la cour de cassation avait déclaré incidemment que l'art 75 de la constitution de l'an VIII, n'ayant pas été promulgué en Algérie, l'accusé ne pouvait l'invoquer (1). Mais cette chambre est revenue elle-même sur cette doctrine dans deux des arrêts précités, et la chambre des requêtes a consacré les mêmes principes dans le troisième. Un arrêt de la chambre civile, du 5 mai 1862 (aff. Coll c. Ravier. Dalloz, 1862, I, 206), avait également admis implicitement et sans contestation en faveur du fonctionnaire poursuivi sans autorisation du conseil d'État, le droit d'invoquer le bénéfice de cette garantie dans les cas qui peuvent y donner lieu. Deux arrêts de la même chambre en date du 3 avr. 1866, Dalloz, 1866, I, 176 ont donné les motifs de cette jurisprudence et déterminé l'étendue de la compétence des tribunaux sur l'appréciation des questions de fait; enfin, le conseil d'État statuant entre les mêmes parties, a, par décision du 21 mai 1864, accordé l'autorisation demandée en déclarant que l'art. 75 de la constitution de l'an VIII n'a pour but que d'assurer l'application du principe de la séparation des pouvoirs entre l'autorité administrative et l'autorité judiciaire établi comme une des bases de notre droit public par les lois de 1789, 1790 et an III; qu'en conséquence, dans toutes les parties du territoire soumises aux principes de la constitution française la règle contenue dans l'article précité est applicable. Dans le système contraire, l'application du code Napoléon aurait pu également être contestée, puisqu'il n'a jamais été l'objet d'une promulgation spéciale.

En ce qui concerne les lois postérieures à 1834, une promulgation spéciale est reconnue nécessaire. Le commissaire du gouvernement, lors de la discussion au Corps législatif de la loi du 3 mai 1862, sur les délais en matière civile et commerciale, s'exprimait ainsi : « — Quand nous faisons une loi en France, elle ne devient exécutoire dans les colonies, qu'autant qu'elle est promulguée par décret spécial, parce que le régime colonial est du domaine du décret. Elle est promulguée purement et simplement comme elle est promulguée en France, ou avec des modifications. » — C'est ce qu'avait déjà déclaré le ministre dans une décision du 24 mars 1858 (Hôpitaux. I, 519, en note) qui est rappelée dans l'article de discussion inséré au 1er volume. Nous faisons remarquer en même temps que lorsque le gouvernement avait voulu que les lois de France fussent exécutoires en Algérie, il avait eu soin de le dire explicitement, et aux exemples cités à l'appui, on peut ajouter celui tiré du décret en date du 14 juill. sur le timbre (infrà Timbre, § 1) dont l'art. 2 porte que les décrets qui paraîtront chaque année pour fixer la valeur des monnaies étrangères en monnaie française seront exécutoires en Algérie sans promulgation spéciale. Aux décisions de jurisprudence relative à cette question, et rapportées au 1er volume, il faut également ajouter un arrêt de la cour de cassation du 1er déc. 1863 et un arrêt de la cour d'Alger du 20 mai 1864 (2).

Enfin, en ce qui concerne les lois modificatives d'autres lois, promulguées ou non promulguées, mais déjà exécutoires en Algérie, la promulgation spéciale n'est pas nécessaire. C'est ce qu'a décidé la cour de cassation dans la deuxième partie de l'arrêt du 17 août 1865 reproduit ci-dessus. Le gouverneur général, dans une circulaire du 27 déc. 1864 (suprà Art médical, décr. du 1er oct. 1864 en note) consacre le même principe, et la cour d'Alger en a fait de nouveau l'application dans plusieurs de ses arrêts (3).

Cour d'Alger, 19 mars 1861, aff. Planque-Delarombe C. Micredits, *Journal de jurisprudence de Robe*, 1861, p.72. (Le principe qui se dégage de cet arrêt est juridique. Mais d'abord l'arrêt aurait pu ne pas le restreindre à la ville d'Alger; puis, si les déductions contenues dans son premier considérant étaient rigoureusement exactes, on ne voit pas trop quelles seraient les dispositions législatives qui ne seraient point d'un intérêt général. Les arrêts de cassation qui précèdent ont traité la question à un point de vue beaucoup plus large.)

(1) V. au sujet de l'application de cet article, des dispositions spéciales de la législation algérienne et de la jurisprudence relativement aux autorisations de poursuites contre les fonctionnaires.— *Admin. gén.*, I, 16, note.

(2) JURISPRUDENCE. — 1° — Attendu que l'arrêt attaqué invoque en vain la loi du 29 avr. 1845 sur les irrigations comme étant applicable dans l'espèce ; qu'en effet cette loi n'ayant été promulguée en Algérie qu'en 1859 par le décret des 5-22 sept. même année, n'y était pas exécutoire au moment de la demande. — *Cass. ch. civ.* 1er déc. 1863, aff. Laperlier C. dame du Sacré-Cœur. — Dalloz, 1864, 1, 124.

2° — *Cour d'Alger*, 20 mai 1864. (Suprà *Pêche*, § 1, arr. du 24 juill. 1861, note 2.)

(3) JURISPRUDENCE.—1°—Attendu que la loi de 1856, sur l'arbitrage forcé, modificative du Code de comm., est exécutoire en Algérie, comme formant une annexe au Code de comm., sans qu'il soit besoin d'une promulgation spéciale. — *Cour d'Alger*, 7 oct. 1859. Zaccesio C. Mosca.

2°. — Jugé de même. *Cour d'Alger*, 21 janv. 1861, Boyer C. Beguet.

3° — Attendu que la loi de 1856 sur les faillites n'a pas pour objet de réglementer une matière nouvelle et spéciale, mais d'apporter une simple modification à l'un des articles de la loi ancienne pleinement en vigueur en Algérie ; qu'on saurait d'autant moins la contester que c'est à cette même loi que les parties intéressées sont renvoyées pour l'exécution de ladite modification ; que dès lors les nouvelles dispositions ont été exécutoires de plein droit, par cela seul que les délais voulus par la loi commune pour qu'elles puissent être obligatoires ont été écoulés. — *Cour d'Alger*, 30 juill. 1861. Victor Louis C. Mongellas.

4°—Considérant que la loi du 17 avr. 1832 sur la contrainte par corps n'est qu'un mode d'exécution du tit. 15 du Code de pr. civ. relatif à l'emprisonnement;—Que la loi du 2 mai 1861 n'est qu'une modification de la loi du 17 avr. 1832 ; qu'elle est donc exécutoire en Algérie sans promulgation spéciale. — *Jug. du trib. civ. d'Alger*, 3 oct. 1861.

5° — Attendu que la loi du 11 juin 1859 a été formellement abrogée par l'art. 8 de la loi du 3 mai 1862 sur les délais en matière civile et commerciale (suprà, *Procédure judiciaire*) ; qu'il est de principe que la promulgation dans la colonie n'est pas nécessaire pour les lois qui, comme celle dont il s'agit, abrogent ou modifient des dispositions de l'un ou de l'autre de nos Codes ; — Que d'ailleurs cette promulgation n'est pas nécessaire non plus pour les lois ou dispositions de loi qui, comme l'art. 8 précité, ont pour objet expressément et expressément l'Algérie en vue; qu'en ce cas aucun doute ne peut s'élever sur l'applicabilité de ces lois dans la colonie. — *Cour d'Alger*, 25 oct. 1863. Préfet d'Alger C. Loubeaux.

La promulgation des actes du gouvernement résulte en Algérie de leur insertion au *Bulletin officiel* spécial. Un arrêté du 20 nov. 1834 (I, 576) avait créé ce recueil dont la publication avait lieu à Alger. Lorsqu'un ministère de l'Algérie et des colonies fut institué, le *Bulletin officiel des actes du gouvernement*, dut être supprimé et remplacé par un *Bulletin officiel des actes du ministère de l'Algérie et des colonies* publié à Paris. La suppression de ce ministère, et le rétablissement du gouvernement général a rendu également nécessaire le rétablissement d'un bulletin officiel publié à Alger, et a donné lieu à l'arrêté ci-après.

AO. — 14-19 janv. 1861. — BG. 1. — *Rétablissement du Bulletin officiel des actes du gouvernement.*

Vu le décr. du 27 oct. 1858 (*Admin. gén.* I, 51) qui détermine les formes de la promulgation des lois, décrets et règlements en Algérie ; — L'art. 1 du décr. du 10 déc. 1860, portant que « le gouvernement et la haute administration de l'Algérie sont centralisés à Alger, sous l'autorité d'un gouverneur général ;

Art. 1. — Il sera publié à Alger, par les soins et sous la surveillance du directeur général des services civils, un *Bulletin officiel des actes du gouvernement de l'Algérie*. — La promulgation des lois, décrets et règlements exécutoires en Algérie résultera de leur insertion dans ce recueil,

suivant les formes et délais déterminés par le décr. du 27 oct. 1858.

Art. 2. — L'insertion au *Bulletin officiel* des arrêtés, instructions, circulaires, avis et autres du gouvernement tiendra lieu de notification aux autorités chargées de leur exécution. — A cet effet, chaque numéro du *Bulletin officiel* sera adressé, en nombre suffisant, pour les besoins du service à MM. les généraux commandant les divisions et préfets des départements ; aux commandants des subdivisions et cercles, aux sous-préfets, commissaires civils et maires, ainsi qu'à tous autres chefs de service.

M^{al} PÉLISSIER, DUC DE MALAKOFF.

RENVOIS. — V. *Table alphabétique.*

Propriété.

(1) JURISPRUDENCE. — Aux arrêts cités en note au premier volume et rendus sur des contestations soulevées par l'application des ordonnances sur la propriété en Algérie, il convient d'ajouter quelques-unes des principales décisions intervenues depuis 1860.

1° — *Ordonn.* 1er oct. 1844, art. 7. — L'art. 7 de l'ordonn. de 1844, qui n'accorde qu'un délai de deux années pour l'exercice soit des actions en nullité ou en rescision des ventes antérieures, soit des actions en revendication d'immeubles compris dans ces ventes, ne s'applique qu'aux demandes intentées contre les acquéreurs par les vendeurs ou par des tiers. Ainsi il n'est pas opposable à l'acquéreur indigène qui, obligé de s'exiler et trouvant à son retour en Algérie sa propriété occupée par son vendeur lui-même qui s'en est remis en possession, exerce contre ce dernier une action en restitution. — *Cour d'Alger*, 21 juill. 1862, confirmé par arrêt de cass. du 6 juill. 1863.

2° — *Ordonn.* 1er oct. 1844, art. 11 et 12. — Rachat des rentes. — Aux termes des art. 11 et 12 de l'ordonn. de 1844, toute rente est essentiellement rachetable, et le rachat doit s'effectuer au taux légal de l'intérêt de l'argent, tel qu'il se trouvera fixé en Algérie à l'époque du remboursement. Toute convention contraire sera considérée comme nulle. — Mais il ne résulte pas de cette prescription que le vendeur d'un immeuble, moyennant une rente, ait le droit de prendre immédiatement une inscription dans laquelle le capital de cette rente sera évalué par lui à un taux arbitraire, dans la prévision que l'intérêt de l'argent pourra être abaissé à l'époque où le remboursement aura lieu. En l'absence de toute manifestation dans l'acte de l'intention des parties à cet égard, elles doivent être considérées comme ayant entendu s'en référer au taux légal actuel adopté par l'usage constant jusqu'à ce jour comme base dans tous les contrats à rente, et imposé à l'administration de l'enregistrement par un décret du 19 mars 1848 comme base également pour la perception des droits sur les mutations. — *Cour d'Alger*, 5 mai 1866.

3° — *Ordonn.* 1er oct. 1844, art. 19 et 21. — Aliénation d'immeubles en territoire militaire. — La promesse d'aliéner un immeuble situé en territoire militaire, ou de le concéder à bail emphytéotique, devient valable si, avant la date à laquelle la vente devait se réaliser et s'est en effet réalisée, l'immeuble avait été réuni au territoire civil, et avait ainsi cessé d'être soumis aux prohibitions des art. 19 et 21 de l'ordonnance. — *Cour d'Alger*,

2 nov. 1858, confirmé par arrêt de cass. du 14 mars 1860.

4° — *Ordonn.* 21 juill. 1846, art. 5. — La dévolution à l'État prescrite par cet article est rigoureuse et absolue ; elle a lieu par le fait seul de la non-production des titres ou du défaut de réclamation dans le délai fixé. — Même lorsque les anciens propriétaires seraient restés en possession et justifieraient aujourd'hui de titres légitimes. — Ajouter aux arrêts cités (I, 588 en note) *Cour d'Alger*, 8 fév. 1860, confirmé par arrêt de cass. du 4 fév. 1861.

5° — *Ord.* 21 juill. 1846 et arr. des 17 sept. et 2 nov. suivants. — La délimitation prescrite par l'ord. du 21 juill. 1846 est obligatoire pour les indigènes comme pour les Européens. Il résulte des termes de cette ordonnance, combinés avec les arrêtés ministériels des 17 sept. et 2 nov. 1846, que cette législation, par dérogation aux principes du droit commun de l'islamisme, ne reconnaît dans ce cas que des titres écrits, les simples actes de notoriété étant ainsi écartés. — Et, admettant même que la prescription puisse suppléer aux titres écrits, les prétendants droit à la propriété d'un immeuble soumis à la délimitation doivent, à peine de déchéance, réclamer devant l'autorité compétente dans le cours des opérations de la délimitation ou dans les délais impartis par l'ordonnance. — Les revendiquants ne sauraient soutenir avoir été relevés de cette déchéance par la production faite par celui qui était en possession à titre de propriétaire, qui a réclamé la propriété de l'immeuble en son nom personnel et contre lequel ils dirigent leur action en revendication partielle. — *Cour d'Alger*, 6 fév. 1860. Il avait déjà été statué dans le même sens par arrêt du 7 juin 1859 (I, 591, en note).

6° — *Ord.* 21 juill. 1846 et arrêtés d'exécution. — Les familles indigènes, et notamment les femmes, sont régulièrement représentées à l'égard de l'administration, même en matière de transactions et partages, par le membre de la famille qui en paraît le chef et en détient les titres. Le nouveau titre délivré à celui-ci en son nom privé, soit par voie d'homologation, soit par voie de transaction, est donc commun à toute la famille, et chacun de ses membres peut en revendiquer le bénéfice, dans les proportions de ses droits antérieurs. — *Cour d'Alger*, 27 mai 1863.

7° — *Ord.* 21 juill. 1846. — art. 5. — Le dépôt fait dans le délai légal par le propriétaire d'un bien rural de ses titres de propriété, conserve les droits réels qui grèvent ce bien au profit des tiers et par exemple un

§ 5. — CONSTITUTION DE LA PROPRIÉTÉ ARABE.

La loi du 16 juin 1851 sur la constitution de la propriété en Algérie (I, 593), s'étant bornée, en ce qui concernait les indigènes, à reconnaître les droits de propriété et de jouissance tels qu'ils existaient au moment de la conquête, n'avait résolu aucune des difficultés relatives à la constitution de la propriété musulmane, dont les bases et les principes restaient livrés aux commentaires et aux interprétations. Cependant l'administration supérieure se préoccupait sérieusement depuis 1860 de cette grave question. D'une part, la pensée que les terres conquises par les musulmans étaient possédées par eux, non à titre de propriété incommutable, mais en vertu d'un simple droit de jouissance ou d'usufruit concédé par le souverain, seul maître du fonds; d'autre part, cette considération que les terrains immenses occupés par les tribus étaient disproportionnés avec leurs besoins réels, avaient fait naître l'idée d'une sorte de transaction. Elle devait consister à restreindre le territoire des populations arabes, et, en échange du sacrifice qui leur serait imposé, à les déclarer propriétaires de la partie qui leur serait laissée. L'administration y gagnait de son côté la libre disposition de terres qu'elle pouvait ensuite concéder ou vendre et affecter ainsi aux exigences de la colonisation.

Cette opération reçut le nom de cantonnement, par analogie avec ce qui a lieu en matière forestière, où le cantonnement a pour objet de convertir le droit de l'usager en un droit de propriété sur une certaine partie du fonds affecté à son usage. Une commission fut nommée par arrêté du 29 mai 1861 à l'effet de proposer un projet de décret déterminant les principes et les formes à suivre, pour arriver au but que l'on se proposait, et vers la fin de 1862 ce projet de décret fut soumis à l'examen du conseil d'État. Mais le principe de cette mesure y souleva de graves objections, et bientôt le projet fut retiré.

C'est alors qu'à la date du 6 fév. 1863, l'Empereur, dans une lettre adressée au gouverneur général, manifesta la volonté de déclarer les indigènes propriétaires de toutes les terres par eux occupées à quelque titre que ce fût. Le 22 avr. suivant cette importante mesure était définitivement consacrée par un sénatus-consulte. L'exposé des motifs de cet acte législatif et le rapport de la commission du Sénat contiennent, sur la situation de l'Algérie, l'état de la propriété, et les questions de fait et de droit qui s'y rattachent des renseignements aussi in-

---

droit de réméré, lorsque le titre déposé constate l'existence de ce droit. — L'arrêté d'homologation qui intervient ensuite constitue, il est vrai, un titre de propriété définitif, mais il n'a point pour effet de faire novation aux titres reconnus réguliers, ni de purger la propriété des droits réels qui pouvaient la grever. — *Cour d'Alger*, 11 juill. 1860 confirmé par arrêt de cass. du 12 juill. 1861.

8° — *Loi 16 juin 1851*. — *Art. 12*. — La disposition de l'art. 12, qui déclare valides vis-à-vis de l'État les acquisitions d'immeubles en territoire civil faites plus de deux années avant la promulgation de la loi et à l'égard desquelles aucune action en revendication n'aura été intentée par le domaine, ne profite qu'à l'acquéreur. Le vendeur d'un bien domanial n'en est pas moins tenu de restituer à l'État le prix qu'il a réalisé de la vente qu'il a consentie. — *Cour d'Alger*, 25 avr. 1860. Confirmé par arrêt de cass. du 18 juin 1861. Il avait été déjà jugé de même par arr. du 19 janv. 1858 (I, 594, note).

9° — *Loi 16 juin 1851*. — *Art. 12*. — Cette déchéance s'applique à un immeuble séquestré en 1841, acheté par un indigène en 1845, du propriétaire sur lequel a frappé le séquestre, si la revendication de l'État ne s'est produite qu'en 1859. De simples réserves faites par un agent de l'administration dans le cours d'une instance en vérification de titres ne peuvent tenir lieu de l'action en revendication. — Ces principes ne sont pas contrariés par l'art. 22 de ladite loi qui décide que l'ord. de 1846 continuera à être exécutée, jusqu'à l'achèvement des opérations commencées, la vérification et l'application des titres devant toujours avoir lieu à l'égard des tiers. — *Cass.*, 24 déc. 1862.

10° — *Loi 16 juin 1851*. — *Art. 12*. — Cette déchéance ne peut être opposée à l'action en revendication, lorsque, d'une part, l'immeuble ne provient pas d'une acquisition faite par les possesseurs, mais a été trouvé par eux dans la succession de leur auteur; et que, d'autre part, l'expropriation en avait été consommée avant l'ord. du 1er oct. 1844 par la prise de possession de l'État et 'affectation dudit immeuble à un service public. — *Cour d'Alger*, 9 avril 1861. Pourvoi rejeté par arrêt de cass. du 7 mai 1863.

11° — *Loi 16 juin 1851*. — *Art. 14*. — L'art. 14, qui ne permet l'acquisition des biens mis en vente que par les indigènes de la tribu sur le territoire de laquelle lesdits biens sont situés, est abrogé par l'ensemble des dispositions du sénatus-consulte du 22 avr. 1863, et notamment par son art. 6. — *Cour d'Alger*, 19 déc. 1864.

12° — *Loi 16 juin 1851*. — *Art. 14*. — L'art. 14 ne s'applique qu'à la terre *arch* proprement dite, à la pro-

priété collective de la tribu, et non à la terre *melk* qui, en territoire militaire comme en territoire civil, est susceptible de libre transmission. Discussion des décr. des 16 fév. et 7 mai 1859, et du sénatus-consulte de 1863. — *Cour d'Alger*, 22 janv. 1864 et 10 juin 1864.

13° — *Décr. 30 oct. 1858*. — Immeubles constitués en habbous. — Liberté des transactions. — Le décr. du 30 oct. 1858 dispose que les art. 5 de l'ord. du 1er oct. 1844 et 17 de la loi du 16 juin 1851 sont applicables aux transactions passées et à venir de musulman à musulman et de musulman à israélite. Le terme de *transaction* subsistant à celui de l'ordonnance, *acte translatif de propriété*, s'étend à tous actes par lesquels on dispose à titre onéreux de la propriété, sous quelque forme que ce soit, et par conséquent même à un bail consenti par l'un des dévolutaires sur la part de l'immeuble dont il jouit. — *Cour d'Alger*, 8 déc. 1862.

14° — *Décr. 30 oct. 1858*. — Dès que la validité et l'irrévocabilité de l'aliénation d'un bien habbous, même consenti entre indigènes, est proclamé par le décr. de 1858, cette aliénation ne peut avoir lieu qu'en vertu d'un droit de propriété admis dans un intérêt général qui se rattache à la consolidation de la propriété et implique comme conséquence le droit à l'attribution du prix. — Ce prix appartient donc intégralement au vendeur, et les dévolutaires éventuels n'y ont aucun droit. — *Cour d'Alger*, 18 nov. 1861. — 29 déc. 1862. — 23 mars 1865. — Même décision avant le décr. de 1858 en cas de vente par un musulman à un Européen. 26 déc. 1855.

15° — Jugé au contraire dans une espèce particulière, que le prix de vente doit être affecté à un usufruit auquel auront droit les dévolutaires successifs. — *Cour d'Alger*, 5 juin 1861.

16° — *Décr. 30 oct. 1858*. — Droits des créanciers. — Le décr. de 1858 ayant eu pour but et pour effet d'enlever aux biens habbous tout caractère d'inaliénabilité, il en résulte qu'ils sont désormais saisissables et peuvent être vendus par autorité de justice, à la requête de tout créancier. — *Cour d'Alger*, 4 nov. 1863.

17° — Jugé de même, et en outre que, par voie de conséquence, lorsqu'un des cohéritiers est poursuivi pour une dette qui lui est personnelle, le créancier, afin d'exercer ses droits sur la part ou le prix de la part lui revenant, peut provoquer la licitation et partage de tout immeuble dont son débiteur jouit indivisément avec d'autres cohéritiers. Peu importe que cet immeuble soit grevé de habbous et que les autres cohéritiers soient restés entièrement étrangers à la dette. — *Cour d'Alger*, 15 sept. 1865.

téressants qu'utiles à consulter. Enfin, un décret d'administration publique en date du 25 mai, et une instruction ministérielle du 11 juin de la même année ont déterminé les règles qui devaient être suivies pour l'application du sénatus-consulte.

A la suite de ces décrets et instructions 55 circulaires ou arrêtés du gouverneur général ayant pour objet d'en assurer l'exécution, ont été publiées du mois de juillet 1863 au mois d'août 1864, sous l'administration du maréchal Pélissier ou pendant l'intérim qui a suivi son décès. Il a paru d'autant moins nécessaire de les reproduire textuellement dans ce recueil, qu'une nouvelle circulaire générale du 1er mars 1865, comprenant toutes les questions d'ensemble ou de détail et formant un traité complet sur la matière, est venue annuler toutes les instructions antérieures et les remplacer. Les principaux de ces documents ont toutefois été mentionnés et analysés, à raison de l'utilité spéciale qu'il pouvaient présenter soit pour indiquer la marche suivie pendant la première année, soit pour faciliter les recherches au *Bulletin officiel* dans le cas où il y aurait lieu à consulter l'interprétation donnée dans l'origine à diverses questions.

Dans le principe, et d'après l'instruction ministérielle du 11 juin 1863, une seule commission devait être instituée par province pour fonctionner dans les deux territoires indistinctement. Cependant, avant même que cette commission eût été créée, il fut décidé qu'il en serait formé deux dans chaque province, pour opérer simultanément l'une en territoire civil, l'autre en territoire militaire (Décis. imp. 12 août 1863); à chacune de ces commissions furent adjointes deux sous-commissions.

Cette organisation entraînait des lenteurs et des frais considérables. Dans le but d'imprimer plus de rapidité à l'exécution du sénatus-consulte, de diminuer les dépenses et d'éviter les déplacements à grandes distances. Une commission fut alors instituée dans chacune des 15 subdivisions de l'Algérie (arr. 30 avr. 1864). Elle eut pour mission d'opérer progressivement sur l'ensemble du territoire compris dans la circonscription de la subdivision, et il fut ordonné que les membres qui la composeraient seraient choisis à l'avenir dans le personnel civil ou militaire employé sur ce territoire.

Auprès de chacune de ces commissions furent instituées des sous-commissions. Il fut arrêté en principe qu'il y en aurait une pour chaque cercle ou district, et une autre décision du gouverneur à la même date du 30 avril désigna 9 districts et 12 cercles sur le territoire desquels le sénatus-consulte pouvait immédiatement être mis à exécution et dont les sous-commissions furent nommées.

Cette dernière organisation a été maintenue par la circulaire précitée du 1er mars 1865, et c'est celle qui est actuellement en vigueur.

1° *Sénatus-consulte. — Mesures d'exécution. — Instructions et dispositions générales.*

Sén.-Cons. — 22 avr.-8 mai 1863. — BG. 80, — Constitution de la propriété dans les territoires occupés par les arabes (1).

Art. 1. — Les tribus de l'Algérie sont déclarées

_____

(1) *Lettre de l'Empereur au gouverneur général.* — 6 fév. 1863. — Monsieur le Maréchal, le sénat doit être saisi bientôt de l'examen des bases générales de la constitution de l'Algérie; mais, sans attendre sa délibération, je crois de la plus haute importance de mettre un terme aux inquiétudes excitées par tant de discussions sur la propriété arabe. La bonne foi comme notre intérêt bien compris nous en font un devoir. — Lorsque la Restauration fit la conquête d'Alger, elle promit aux Arabes de respecter leur religion et leurs propriétés. Cet engagement solennel existe toujours pour nous, et je tiens à honneur d'exécuter, comme je l'ai fait pour Abd-el-Kader, ce qu'il y avait de grand et de noble dans la promesse des gouvernements qui m'ont précédé.

D'un autre côté, quand même la justice ne le commanderait pas, il me semble indispensable, pour le repos et la prospérité de l'Algérie, de consolider la propriété entre les mains de ceux qui la détiennent. Comment en effet compter sur la pacification d'un pays lorsque la presque totalité de la population est sans cesse inquiétée sur ce qu'elle possède? — Comment développer sa prospérité lorsque la plus grande partie de son territoire est frappée de discrédit par l'impossibilité de vendre et d'emprunter? — Comment enfin augmenter les revenus de l'État lorsqu'on diminue sans cesse la valeur du fonds arabe qui seul paye l'impôt?

Établissons les faits : on compte en Algérie 3 millions d'Arabes et 200,000 Européens, dont 120,000 Français. Sur une superficie d'environ 14 millions d'hectares dont se compose le Tell, 2 millions sont cultivés par les indigènes. Le domaine exploitable de l'État est de 2 millions 690 hectares, dont 890 mille de terres propres à la culture, et 1 million 800 mille de forêts; enfin, 420 mille hectares ont été livrés à la colonisation européenne; le reste consiste en marais, lacs, rivières, terres de parcours et landes.

Sur les 420 mille hectares concédés aux colons, une grande partie a été soit revendue, soit louée aux Arabes par les concessionnaires, et le reste est loin d'être mis en rapport. Quoique ces chiffres ne soient qu'approximatifs, il faut reconnaître que, malgré la louable énergie des colons et les progrès accomplis, le travail des Européens s'exerce encore sur une faible étendue, et que ce n'est certes le terrain qui manquera de longtemps à leur activité. — En présence de ces résultats, on ne peut admettre qu'il y ait utilité à cantonner les indigènes, c'est-à-dire à prendre une certaine portion de leurs terres pour accroître la part de la colonisation. — Aussi, est-ce d'un consentement unanime que le projet de cantonnement soumis au conseil d'État a été retiré. Aujourd'hui il faut faire davantage : convaincre les Arabes que nous ne sommes pas venus en Algérie pour les opprimer et les spolier, mais pour leur apporter les bienfaits de la civilisation. Or, la première condition d'une société civilisée, c'est le respect du droit de chacun.

Le droit, m'objectera-t-on, n'est pas du côté des Arabes; le sultan était autrefois propriétaire de tout le territoire, et la conquête nous l'aurait transmis au même titre! Eh quoi! l'État s'armerait des principes surannés du mahométisme pour dépouiller les anciens possesseurs du sol, et, sur une terre devenue française, il invoquerait les droits despotiques du Grand-Turc! Pareille prétention est exorbitante, et voulût-on s'en prévaloir, il faudrait refouler toute la population arabe dans le désert et lui infliger le sort des Indiens de l'Amérique du Nord, chose impossible et inhumaine. — Cherchons donc par tous les moyens à nous concilier cette race intelligente, fière, guerrière et agricole. La loi de 1851 a consacré les droits de propriété et de jouissance existant au temps de la conquête; mais la jouissance, mal définie, était demeurée incertaine. Le moment est venu de sortir de cette situation précaire. Le territoire des tribus une fois reconnu, on le divisera par douars, ce qui permettra plus tard à l'administration prudente de l'administration d'arriver à la propriété individuelle. Maîtres incommutables de leur sol, les indigènes pourront en disposer à leur gré, et de la multiplicité des transactions naîtront entre eux et les colons des rapports journaliers plus efficaces pour les amener à notre civilisation, que toutes les mesures coercitives.

La terre d'Afrique est assez vaste; les ressources à y développer sont assez nombreuses pour que chacun puisse

propriétaires des territoires dont elles ont la jouissance permanente et traditionnelle, à quelque titre

y trouver place et donner un libre essor à son activité,
suivant sa nature, ses mœurs et ses besoins. — Aux indigènes, l'élevage des chevaux et du bétail, les cultures
naturelles du sol. — A l'activité et à l'intelligence européennes, l'exploitation des forêts et des mines, les dessèchements, les irrigations, l'introduction des cultures perfectionnées, l'importation de ces industries qui précèdent
ou accompagnent toujours les progrès de l'agriculture. —
Au gouvernement local, le soin des intérêts généraux, le
développement du bien-être moral par l'éducation, du
bien-être matériel par les travaux publics. A lui le devoir
de supprimer les réglementations inutiles et de laisser
aux transactions la plus entière liberté. En outre, il fa-
vorisera les grandes associations de capitaux européens,
en évitant désormais de se faire entrepreneur d'émigration et de colonisation, comme de soutenir péniblement
des individus sans ressources, attirés par des concessions
gratuites.
Voilà, Monsieur le maréchal, la voie à suivre résolû-
ment, car, je le répète, l'Algérie n'est pas une colonie
proprement dite, mais un royaume arabe. Les indigènes
ont comme les colons un droit égal à ma protection, et
je suis aussi bien l'empereur des Arabes que l'empereur
des Français. — Ces idées sont les vôtres, elles sont
aussi celles du ministre de la guerre et de ceux qui,
après avoir combattu dans ce pays, aillent à une pleine
confiance dans son avenir une vive sympathie pour les
Arabes. J'ai chargé le maréchal Randon de préparer un
projet de sénatus-consulte dont l'article principal sera de
rendre les tribus ou fractions de tribu propriétaires incommutables des territoires qu'elles occupent à demeure
fixe et dont elles ont la jouissance traditionnelle, à quelque titre que ce soit. — Cette mesure, qui n'aura aucun
effet rétroactif, n'empêchera aucun des travaux d'intérêt
général, ni puisqu'elle n'infirmera en rien l'application de
la loi sur l'expropriation pour cause d'utilité publique;
je vous prie donc de m'envoyer tous les documents statistiques qui peuvent éclairer la discussion du sénat.
Sur ce, Monsieur le maréchal, je prie Dieu qu'il vous
ait en sa sainte garde.

NAPOLÉON.

— Rapport fait au sénat par M. le général Allard. —
Messieurs les sénateurs, lorsque la France, après une
glorieuse expédition, plantait à toujours son drapeau sur
le sol d'Algérie et prenait possession du territoire
qu'elle venait de conquérir, elle s'engageait, vis-à-vis
des Arabes, à respecter leur religion et leurs propriétés.
—Cet engagement solennel se trouve dans toutes les capitulations que les Arabes ont acceptées à diverses époques, dans un grand nombre d'actes des gouvernements
qui se sont succédé depuis 1830, et enfin il vient d'être
noblement renouvelé dans une lettre adressée, le 6 fév.
dernier, par l'empereur, à S. Exc. le maréchal duc de
Malakoff, gouverneur de l'Algérie.
Sa Majesté déclare « qu'elle tient à honneur d'exécuter, comme elle l'a fait pour Abd-el-Kader, ce qu'il y
avait de grand et de noble dans les promesses des gouvernements qui l'avaient précédée. — Il faut convaincre
les Arabes, ajoute l'empereur, que nous ne sommes pas
venus en Algérie pour les opprimer ni les spolier, mais
pour leur apporter les bienfaits de la civilisation. Or,
la première condition d'une société civilisée, c'est le
respect du droit de chacun. »
Le principe qui vient d'être affirmé de nouveau d'une
manière si éclatante, ayant été proclamé lors de l'entrée
de l'armée française à Alger, l'administration française
ne dut élever alors d'autre prétention sur les territoires
conquis que celle de se mettre en possession du domaine
de l'État Algérien, tel qu'il se trouvait constitué entre les
mains des Turcs. C'était là son droit légitime et incontestable.— Mais quels étaient le caractère, la nature, l'é-
tendue et la situation de ce domaine?—C'est en cherchant
à faire cette détermination, qu'on rencontra, dans l'exécution, des difficultés, des incertitudes et des prétentions
qui ont pu troubler plus d'une fois les indigènes et créer
à l'administration française de grands embarras. — A la
chute d'Alger, les Turcs disparurent, ne laissant après

que ce soit. — Tous actes, partages ou distractions
de territoires intervenus entre l'État et les indi-

eux ni agents, ni registres, ni plans, ni archives, ni aucun document authentique qui permît de reconnaître, à
des signes certains, le véritable domaine de l'État. On
procéda à cette recherche avec la ferme intention de respecter la propriété indigène; mais, dans la situation qui
lui était faite, l'administration fut exposée à s'égarer de
très-bonne foi dans la revendication de certains territoires considérés comme faisant partie du domaine de l'État.
— Pour apprécier sainement toutes les difficultés qui se
présentèrent, il importe de bien connaître la nature de la
propriété arabe, telle qu'elle se trouvait constituée à l'é-
poque de la conquête.
Cette propriété peut être divisée en trois catégories :
— 1° Les territoires connus sous la dénomination de
Blad-el-Maghzen.—Ils sont occupés par des tribus qui
ont reçu des Turcs conquérants la pleine jouissance du
sol, sous la condition de fournir un service militaire ou
certaines corvées. — Si l'obligation attachée à la terre
n'était pas remplie, la jouissance tombait en déshérence
et la terre faisait retour au Beylik. Mais cette circonstance ne se présentait presque jamais, car l'indigène se
montrait toujours jaloux de s'acquitter de ses devoirs de
Maghzen, dans l'accomplissement desquels il trouvait un
honneur et une source de revenus. — Cette obligation
ayant disparu, de fait, avec les Turcs, on se crut en devoir de disposer des terres comme si le contrat n'était pas
exécuté de la part des détenteurs, et de considérer le sol
comme faisant partie du domaine du Beylik.
2° Les territoires dénommés Blad-el-Arch dans les
provinces d'Alger et de Constantine, et Sabéga dans la
province d'Oran.—Les tribus qui les occupent semblaient
n'avoir sur le sol que des droits de jouissance, et, en
l'absence de titres contraires, l'administration française
crut pouvoir conclure que la nu-propriété du sol de ces
territoires appartenait à l'État, se fondant subsidiairement
sur l'opinion de certains jurisconsultes dont le nom faisait autorité, et qui soutenaient, conformément aux principes du Coran, que dans les pays conquis par les musulmans, le sol appartient tout entier au souverain, et
que les individus n'ont que des droits de jouissance. —
L'administration crut donc qu'elle pouvait entrer légitimement en transaction avec les tribus pour détacher une
partie de leur territoire au profit de l'État, et la rendre disponible pour les besoins de la colonisation. — Ces
théories sur l'état de la propriété en pays arch s'appliquaient à plus de la moitié du sol algérien. Elles ne s'appliquaient pas à la terre melk.
3° Terres melk. — On désigne sous ce nom celles sur
lesquelles les indigènes exercent de véritables droits de
propriété et qu'ils peuvent vendre, donner ou transmettre
par héritage. De grandes difficultés surgissent à propos de
cette nature de terres pour la vérification des titres de
propriété. — Une ordonnance du 21 juill. 1846 chercha
à apporter quelque régularité dans cette vérification; mais
elle ne fournit qu'un remède insuffisant, et on arriva enfin à reconnaître que la loi seule pouvait, avec autorité, régler une situation pleine d'incertitudes et de dangers.
C'est alors qu'intervint la loi du 16 juin 1851 sur la
constitution de la propriété en Algérie. Deux de ses dispositions étaient ainsi conçues : « Art. 10. — La
propriété est inviolable, sans distinction entre les possesseurs indigènes et les possesseurs français ou autres.—
Art. 11. — Sont reconnus tels qu'ils existaient au moment de la conquête ou tels qu'ils ont été maintenus, réglés ou constitués postérieurement par le gouvernement
français, les droits de propriété et les droits de jouissance
appartenant aux particuliers, aux tribus ou aux fractions
de tribus. » — Les hommes les plus compétents avaient
été appelés à concourir à la préparation de cette loi, et
pour qu'il ne pût exister aucun doute sur les intentions
du gouvernement, l'exposé des motifs présenté par M. le
général Randon, déjà ministre de la guerre, contenait ce
passage significatif : « Il importe, en premier lieu, de
ne pas tarder davantage à déterminer le caractère et la
nature de la propriété indigène, trop négligée jusqu'ici
par la législation, et à en proclamer hautement l'inviola-
bilité. Cette déclaration sera le plus sûr moyen de fonder,

gènes, relativement à la propriété du sol, sont et demeurent confirmés.

Art. 2. — Il sera procédé administrativement et dans le plus bref délai : — 1° A la délimitation

sur la confiance dans notre justice, la foi dans la perpétuité de notre domination.

Malgré des déclarations si loyales et d'aussi équitables intentions, la loi de 1851, se bornant à reconnaître les droits de propriété et de jouissance tels qu'ils existaient au moment de la conquête, les doutes ne cessèrent pas : les termes de l'art. 11 de cette loi furent eux-mêmes l'objet de commentaires et d'interprétations, notamment en ce qui était relatif aux droits de jouissance, devant la définition desquels le législateur avait reculé; et quelques années plus tard, on arrivait à l'opération connue sous le nom de cantonnement. — On sait en quoi consiste cette opération. Elle repose sur cette base, que les terrains immenses qu'occupent les tribus sont disproportionnés avec leurs besoins, qu'il est possible, sans dommage réel pour les populations, de les restreindre, et qu'en échange du sacrifice qu'elles auraient à faire, elles deviendront propriétaires incommutables des territoires qui leur seraient laissés, au lieu de simples usufruitières qu'elles étaient auparavant. — Par cette sorte de transaction, l'administration française obtenait la libre disposition des terres qu'elle concédait ou vendait ensuite, afin de satisfaire aux exigences expansives de la colonisation.

Un projet de décret relatif au cantonnement des indigènes était soumis, il y a quelques mois, à l'examen du conseil d'Etat. Le principe de la mesure rencontra de graves objections, et le gouvernement en ordonna le retrait. — Qu'a produit jusqu'à présent cette opération ? — Dans les six dernières années, les commissions de cantonnement qui ont fonctionné dans les trois provinces ont abouti à cantonner 16 tribus, présentant ensemble une population de 56,489 âmes et occupant des territoires d'une étendue totale de 543,587 hect. — Ces territoires ont été réduits à 282,024 hectares, ce qui laissait, en moyenne, 5 hect. par individu, ou 25 hect. par famille, et l'administration française s'est réservé 61,653 hect., soit un cinquième à un sixième des territoires civils.

Il s'est produit à la suite de ces opérations un fait significatif qui mérite d'être signalé. Lorsque les terres obtenues par le cantonnement furent aliénées par l'Etat, des Arabes les rachetèrent aux Européens ou se présentèrent en concurrence avec eux aux enchères pour rentrer en possession du sol qui venait d'être détaché du territoire de leur tribu ; d'autres, n'ayant pas les moyens de se porter acquéreurs, sollicitèrent des Européens la faveur d'être maintenus sur les terrains à titre de fermiers. — Ces faits devaient appeler de plus en plus l'attention du gouvernement sur le caractère et les conséquences des opérations dites de cantonnement. Ils prouvaient, en outre, combien sont grands chez les Arabes le sentiment de la propriété, et ce besoin de la terre que quelques personnes sont portées à leur contester.

Est-il bien vrai, d'ailleurs, que la terre manque en Algérie à la colonisation ? Sur deux cent mille Européens qui s'y trouvent, un quart à peine se livre à la culture du sol. — Le nombre des immigrants s'augmente d'une manière très-lente; il ne s'est pas élevé, dans ces dernières années, au-dessus de trois ou quatre mille. — Vingt-deux mille concessions de terres, comprenant à 500,000 hect. environ, ont été faites depuis l'origine de la conquête, et il résulte de documents officiels que, dans le septième à peine de ces concessions, des cultures sérieuses ont été entreprises et les cahiers des charges exécutés. — Ces résultats ne sont pas de nature à justifier l'utilité même du cantonnement, au point de vue des besoins réels. — Sous d'autres rapports, l'opération a eu pour conséquence inévitable d'inquiéter les tribus, de frapper de discrédit la propriété arabe, et d'apporter dans le produit des impôts arabes une diminution réelle.

Le temps était donc venu d'abandonner ce système et d'entrer dans une voie nouvelle qui pût nous conduire à l'apaisement des passions, au développement de l'agriculture, et amener ainsi, dans un temps rapproché, la diminution des sacrifices que la possession de l'Algérie impose depuis si longtemps à la France. — « Je crois de la plus haute importance..., dit l'Empereur dans la lettre que nous avons déjà citée, de mettre un terme aux inquiétudes excitées par tant de discussions sur la propriété

arabe ; le bon foi comme notre intérêt bien compris nous en font un devoir... — Il me semble indispensable, pour le repos et la prospérité de l'Algérie, de consolider la propriété entre les mains de ceux qui la détiennent. Comment, en effet, compter sur la pacification d'un pays, lorsque la presque totalité de la population est sans cesse inquiétée sur ce qu'elle possède? Comment développer sa prospérité lorsque la plus grande partie de son territoire est frappée de discrédit par l'impossibilité de vendre ou d'emprunter? Comment enfin augmenter les revenus de l'Etat, lorsqu'on diminue sans cesse la valeur du fonds arabe, qui seul paye l'impôt? » — Telle a été la grande et généreuse pensée de la lettre du 6 février dernier, et tel est aussi, messieurs les sénateurs, l'esprit du sénatus-consulte que nous avons l'honneur de soumettre à vos délibérations.

L'art. 1 de ce projet tranche de la manière la plus nette la question devant laquelle avait reculé le législateur de 1851, en disant que « les tribus ou fractions de tribus sont déclarées propriétaires des terrains dont elles ont la jouissance permanente et traditionnelle, à quelque titre que ce soit. » — Son objet, en reconnaissant la propriété arabe, est de mettre un terme, dans les tribus et les douars, aux incertitudes qui avaient régné jusqu'ici sur leur véritable situation et de leur rendre la sécurité qu'ils avaient perdue.

Pour arriver d'une manière certaine à la reconnaissance de cette propriété, il faudra commencer par la délimiter en réunissant dans un mémoire descriptif tous les renseignements relatifs à son bornage périmétrique. — La répartition du territoire de la tribu entre les douars ou les fractions de la tribu sera la conséquence de cette première opération, et enfin, le partage définitif du sol entre les membres des douars constituera la propriété individuelle qui est le but final et indispensable de la mesure. — Ces dernières opérations ne pourront être entreprises d'abord indistinctement et partout. Il est des tribus situées dans nos territoires civils qui confinent aux villages que nous avons fondés, et qui, par le contact avec les populations européennes, ont déjà participé, dans une certaine mesure, à leurs mœurs et à leurs usages. — Elles ont ressenti plus immédiatement les bienfaits de la protection de nos armes et de la civilisation. C'est évidemment par elles qu'il faudra commencer la constitution de la propriété individuelle.

La mesure, rayonnant de tous nos points d'occupation, s'étendra ensuite de proche en proche jusqu'aux tribus qui seraient d'abord moins en état de la comprendre immédiatement et auxquelles notre éloignement ne nous permettrait pas de prêter un appui aussi efficace. — Le gouvernement devra rester seul juge du choix des tribus dans lesquelles la propriété individuelle pourra être ainsi successivement constituée. — On comprend combien il est nécessaire de maintenir entre ses mains une faculté qui, suivant qu'il en sera fait usage avec prudence ou avec témérité, pourra avoir des conséquences utiles ou dommageables. — Il sera opportun dans quelque cas de constituer la propriété individuelle ou de famille dans certaines tribus qui y auraient été préparées par des relations d'habitudes et d'intérêts avec les Européens. — Il pourra convenir, au contraire, de maintenir l'indivision dans d'autres tribus moins en contact avec nous, suite de leur éloignement de nos centres de colonisation ou de commandement : l'indivision est d'ailleurs en général dans les mœurs des indigènes, et nous ne pouvons avoir la prétention de changer ces mœurs par notre seule volonté. — Il faudra attendre que le temps et l'exemple aient fait comprendre le bienfait de la vie actuelle et déterminé les tribus à le solliciter.

Enfin, vis-à-vis de certaines tribus qui, bien que soumises, voudraient fermer leur territoire à l'élément européen, le gouvernement devra user de son autorité pour rompre le faisceau de la propriété. — La prudence ou l'énergie de l'administration la guideront dans la conduite qu'elle devra suivre. — Le gouvernement ne perdra pas de vue que la tendance de sa politique doit en général être l'amoindrissement de l'influence des chefs et la désagrégation de la tribu. C'est ainsi qu'il dissipera ce

des territoires des tribus; — 2° A leur répartition entre les différents douars de chaque tribu du Tell et des autres pays de culture, avec réserve des terres qui devront conserver le caractère de biens

---

fantôme de féodalité que les adversaires du sénatus-consulte semblent vouloir lui opposer. — Comment comprendre, d'ailleurs, les dangers d'une féodalité dans un pays où les tribus, vivant d'une manière patriarcale comme les antiques tribus d'Israël ou comme les clans de l'Ecosse, n'ont d'autre lien qu'une religion commune que notre intérêt politique commande de respecter, où la solidarité n'existe pas plus que la nationalité, et où les chefs sont nommés et révoqués par le gouvernement français ?

La constitution de la propriété individuelle, l'immixtion des Européens dans la tribu, favorisée par l'abrogation du § 2 de l'art. 14 de la loi de 1851 (art. 7 du sénatus-consulte), qui l'avait interdite jusqu'ici, seront un des plus puissants moyens de désagrégation. — L'Arabe, devenu propriétaire définitif, protégé dans ses droits par les armes françaises, se sentira beaucoup plus indépendant qu'il ne l'est aujourd'hui, plus disposé à cultiver une terre qui lui appartiendra et qui ne pourra plus lui être ravie.

Ce qui s'est passé à la suite du cantonnement, l'ardeur avec laquelle les Arabes ont cherché à rentrer, par le rachat, dans la possession des terres qui leur avaient été enlevées, prouve combien est développé chez eux le sentiment de la propriété. — Si, poussé par l'amour de l'argent, l'Arabe veut vendre même à vil prix la propriété qui lui aura été attribuée, qu'importe : cette propriété aura acquis une mobilité qu'elle n'avait pas auparavant, et la colonisation en profitera tôt ou tard. — La délivrance des titres sera plus puissante encore que toutes les déclarations de principes et achèvera de rétablir partout la confiance.

Reprocherait-on au projet de sénatus-consulte de ne pas précipiter assez la constitution de la propriété individuelle, et de constituer, comme moyen intermédiaire, une propriété collective pleine de périls. Ce serait une erreur ! on ne constitue pas la propriété collective ; on l'accepte comme un fait créé par le temps et la tradition et on reconnaît ce fait transitoirement. — D'ailleurs, ne faudrait-il pas nécessairement un temps assez long pour délimiter les 1,200 tribus qui existent dans le Tell ? Le premier besoin est de les rassurer dès à présent sur leur propriété, et de leur donner une sécurité qu'elles n'ont pas eue jusqu'ici. Ce premier bienfait leur sera assuré par la déclaration contenue dans l'art. 1 du projet.

Après la déclaration des droits de propriété, il devient indispensable de les constater et de les définir : ce sera l'objet de la délimitation et du bornage du périmètre de chaque tribu. Cette opération serait beaucoup plus facile qu'on ne semble le croire généralement. — Le Tell est la région de l'Algérie où il est réellement urgent de fonder la propriété. C'est une zone qui s'étend de l'ouest à l'est, depuis le Maroc jusqu'à la Tunisie ; s'appuie au nord sur le littoral de la mer et se termine, dans le sud, à la ligne où commence le Sahara. Cette zone présente, en moyenne, une profondeur de 120 kilom. environ dans les provinces d'Oran et d'Alger, et de 240 kilom. dans la province de Constantine. Les principaux jalons auxquels on peut rattacher ses limites au sud sont les points fortifiés de Sebdou, Daïa, Saïda, Tiaret, Boghar, Bouçada, Biskra et Tebessa, sur lesquels flotte le drapeau français. — C'est dans cet espace ainsi circonscrit et nettement déterminé, d'une superficie totale de 14,100,000 hect., que se trouvent établies d'une manière permanente les 1,200 tribus environ qui se partagent le sol. — Ces tribus du Tell y exploitent la terre, les unes à l'aide de fermes bâties en pierres, en pisé ou en branches ; les autres en vivant sous la tente, pour conduire de front la culture des céréales et l'élève du bétail, et pour se soustraire à l'insalubrité des plaines pendant la saison des chaleurs. — Dans ces petits mouvements d'émigration, elles ne sortent jamais du territoire de la tribu, et se meuvent habituellement sur des espaces restreints, d'après une loi uniforme, tellement uniforme, qu'elles n'ont, à proprement parler, que des campements d'été et des campements d'hiver.

Les populations kabyles ou arabes se distinguent tout d'abord les unes des autres par des dénominations géné-

---

riques, correspondant à des groupes qui sont de véritables petits États, appelés tribus, ayant chacune à part leur origine, leur histoire, leurs intérêts politiques. — Cette division de la population indigène en tribus a son empreinte sur le sol, où elle est tracée par des limites fixes, telles que cours d'eau, chaînes de montagnes, accidents de terrains, cimetières, puits, sources, arbres séculaires, amas de pierres en guise de bornes, que les notables de la tribu connaissent d'une manière parfaite, et que chaque génération se transmet par la tradition. — Ainsi les membres d'une tribu, qu'ils soient sédentaires ou qu'ils usent de la tente pour leur exploitation, savent qu'ils ne peuvent étendre les sillons de leur culture au delà des limites de la tribu, ni les franchir en conduisant leurs troupeaux au pacage, sans donner lieu à un conflit qui autrefois était réglé le plus souvent par les armes, et que vide aujourd'hui l'administration locale en se basant sur le droit établi par la notoriété publique.

Pour exécuter l'art. 9 du sénatus-consulte, il suffira donc de recueillir ces limites dans un mémoire descriptif et explicatif, dont la forme et la teneur seront réglées de telle manière que ce mémoire soit une sorte de titre pour la délimitation de la tribu. — La reconnaissance des limites de chaque tribu remettra en question des litiges depuis longtemps pendants entre elles ; car on n'ignore pas que, dans plusieurs localités, il existe, sur les confins des tribus ou fractions de tribus limitrophes, des terrains sur lesquels chacune d'elles élève des prétentions de propriété, et que ces terrains contestés restent inexploités depuis des siècles. Ces litiges seront réglés facilement par des arbitres choisis par les intéressés, ainsi que cela se pratique en France, et leur retour sera rendu impossible dans l'avenir par un bornage. — L'opération du bornage s'étendra à tout le périmètre de la tribu, même à ces limites non contestées qui ne sont visibles sur le sol que pour les indigènes.

La délimitation de la tribu ainsi opérée, on devra procéder immédiatement à la répartition de son territoire entre les différents groupes qu'elle contient, et qui se distinguent les uns des autres par des appellations spéciales. Ce sont ces groupes auxquels les indigènes appliquent la dénomination administrative de Ferka, Douar, Haouch, et qui représentent, avec juste raison, à nos yeux, une commune. — On estime que les 1,200 tribus comprennent approximativement dans leur ensemble 10,000 douars. — La répartition du territoire des tribus entre ces groupes rassurera, une fois pour toutes, les populations indigènes sur nos intentions.

Quant à la propriété individuelle, elle se trouve déjà constituée, dans toutes les tribus kabyles, sur des bases aussi claires et aussi précises qu'en France. — Chaque propriété est entourée d'une haie ou d'un mur en pierres sèches qui ne seraient pas franchis par la charrue ou par le troupeau, sans que le fusil ne vienne protester contre cette violation. C'est déjà un cinquième du Tell, dans lequel il n'y a absolument rien à faire. — A côté de ces tribus kabyles, il y en a d'autres de la même origine, qui n'ont pas conservé la langue et les coutumes de leurs pères, mais qui ont retenu les habitudes relatives à la constitution de la propriété individuelle. On peut estimer que ces tribus occupent également au moins un autre cinquième de la zone tellienne.

Les opérations de la délimitation n'auront done, en définitive, à s'exercer que sur les tribus Maghzen et les tribus de terre Arch, c'est-à-dire sur les trois derniers cinquièmes du Tell. Or il est à remarquer que la partie cultivable du sol qu'elles occupent est divisée en parcelles qui ont des désignations particulières et dont la contenance est approximativement connue des indigènes, soit au moyen de l'unité agraire qui porte les noms de Zouïdja, dans la province d'Alger, de Djedba dans la province de Constantine, de Sekka dans la province d'Oran, soit par les quantités de semences évaluées en mesure du pays, qu'elles peuvent recevoir. — On comprend dès lors que, là où la propriété est collective, on aura déjà devant soi des indications très-sérieuses pour opérer un partage entre les intéressés, et que, là où la propriété individuelle sera constituée, il suffira, pour qu'elle

communaux ; — 5° A l'établissement de la propriété individuelle entre les membres de ces douars, par-

puisse devenir l'objet de transactions entre Européens et musulmans, de se prémunir contre le retour de ventes fictives ou frauduleuses, telles qu'il s'en est effectué au début de la conquête.

L'art. 3 délègue à un règlement d'administration publique le soin de déterminer les formes de la délimitation des territoires, de leur répartition entre les douars, et de l'aliénation des biens appartenant aux fractions de tribu ou aux douars, ainsi que les conditions sous lesquelles la propriété individuelle sera constituée, et le mode de la délivrance des titres.

L'art. 4 a voulu comprendre, sous des désignations de rentes, redevances et prestations dues à l'État, les impôts de toute nature qui sont perçus sur les indigènes.

L'art. 5 maintient la perception des impôts, sans préjudice, bien entendu, de ceux qui pourraient être établis plus tard.

« L'art. 5 réserve les droits de l'État à la propriété des biens beylicks, et ceux des propriétaires des biens melks, sur l'origine desquels il ne saurait y avoir aucune contestation.—Il réserve également le domaine public et le domaine de l'État, tels qu'ils ont été constitués et définis par la loi du 16 juin 1851.

L'art. 6 consacre, conformément aux intentions de l'empereur, le principe de non-rétroscivité. Il aura pour effet de régulariser les transactions intervenues jusqu'à ce jour entre l'État et les indigènes, sur la foi desquelles seront établis des droits qu'il importe de sauvegarder.

L'art. 7 abroge les §§ 2 et 3 de l'art. 14 de la loi du 16 juin 1851, qui interdisaient à d'autres qu'à l'État l'aliénation du droit de propriété ou de jouissance sur le sol du territoire d'une tribu, au profit de personnes étrangères à la tribu. Ainsi, la propriété dans les tribus deviendra susceptible d'une libre transmission, et donnera aux Européens et aux compagnies un essor nouveau pour la colonisation.—Ce cas s'est présenté récemment à l'occasion des projets d'une compagnie cotonnière qui trouverait dans cette disposition des facilités qui semblaient lui être refusées auparavant.

Enfin, il convenait de faire comprendre aux populations indigènes que les nouveaux droits qu'elles vont puiser dans le sénatus-consulte ne font aucun obstacle à l'exercice du droit d'expropriation pour cause d'utilité publique, tel qu'il est déterminé par les art. 18, 19 et 20 de la loi de 1851, au règlement des indemnités et aux formes stipulées par l'art. 21 de la même loi, et qui sont applicables dans les territoires militaires comme dans les territoires civils. — Il n'est aussi dérogé en rien aux prescriptions de l'ord. du 51 oct. 1845, relative au séquestre des biens appartenant aux indigènes, jusqu'à ce qu'une loi en ait autrement ordonné.

Telles sont, Messieurs les sénateurs, les dispositions du sénatus-consulte qui est soumis à vos délibérations. Nous avons la ferme espérance qu'elles rassureront les indigènes sur nos intentions, qu'elles ramèneront chez eux la confiance et l'activité agricole, et qu'ainsi la terre reprendra la valeur qu'elle avait dans le commerce entre musulmans; ce commerce n'avait été arrêté que par l'incertitude qui régnait sur la propriété elle-même. Elles pourront avoir pour conséquence, dans un délai plus ou moins éloigné : — L'extension plus rapide des territoires civils, et surtout celle des pouvoirs judiciaires et réguliers ; — L'organisation, sur une plus grande surface, du système municipal ; — L'établissement de l'impôt foncier, auquel conduiront naturellement la délimitation et la constitution de la propriété ; — Celui des droits d'enregistrement sur les transmissions dont cette propriété sera l'objet ; — L'augmentation des revenus de l'Algérie, et, par suite, le développement plus rapide des travaux publics. — Ces considérations sont le commentaire naturel de l'acte de justice et de bonne politique qu'il s'agit d'accomplir, et elles méritent à un haut degré, de fixer l'attention du législateur.

Rapport de la commission du sénat, M. Casabianca, rapporteur. — Messieurs les sénateurs, le projet de sénatus-consulte dont vous nous avez confié l'examen a

tout où cette mesure sera reconnue possible et opportune. — Des décrets impériaux fixeront l'ordre

pour but de constituer d'une manière définitive la propriété indigène dans les territoires de l'Algérie occupés par les Arabes.— Ce projet soulève des questions d'une haute gravité qu'il était de notre devoir de soumettre à une discussion approfondie. Aussi non-seulement nous avons eu plusieurs conférences avec les commissaires du gouvernement, mais encore nous avons entendu les colons français de l'Algérie par l'organe de leurs principaux délégués, ainsi que les officiers supérieurs que le ministre de la guerre nous a désignés comme s'étant livrés, sur les lieux, pendant un grand nombre d'années, à l'étude spéciale des coutumes et de l'organisation des tribus arabes. — Nous venons vous rendre compte des résultats de nos investigations.

Les dispositions du projet de sénatus-consulte ne peuvent être appréciées sans quelques notions générales sur la situation géographique de l'Algérie, sur les éléments divers de sa population, l'état actuel de la propriété indigène et l'administration intérieure des tribus.

L'Algérie se divise en deux parties : — Le Tell au nord. — Le Sahara au sud. — Sa superficie, qui égale à peu près celle de la France, est d'environ 54 millions d'hect. — Sa population se compose de 3 millions d'indigènes et de 203,000 Européens.

Le Tell commence au littoral de la Méditerranée, et s'étend des frontières de Tunis à celles du Maroc jusqu'au Sahara. Il embrasse la Kabylie dans ces vastes limites. —Il est habité par les 200,000 colons européens dont 120,000 Français, par 790,000 Kabyles et 1,500,000 Arabes, divisés en 1,200 tribus qui se fractionnent en 10,000 douars. — Sa contenance est de 14 millions d'hect. — Les Kabyles en occupent un cinquième. — 2 millions d'hect. sont cultivés annuellement par les Arabes ; 4 à 500,000 ont été concédés aux Européens ; le restant consiste en landes et terres de parcours, ou fait partie du domaine public ou du domaine de l'État. — Ce dernier domaine comprend environ 2,600,000 hect., dont 900,000 cultivables.

Le Sahara ne renferme que d'immenses pâturages, sauf quelques cultures dans les accidents de terrain, près des limites du Tell, et sauf les oasis clair-semées dans les plaines sablonneuses qui le terminent au sud. — On évalue approximativement sa superficie à 40 millions d'hect., sa population à 800,000 Arabes, et le nombre des tribus à 200.

La propriété individuelle est constituée en Kabylie, comme en France, suivant des lois qui paraissent avoir été empruntées aux Romains. Il en est de même dans les oasis. Chaque champ y est limité par des murs, des fossés ou des haies.

Le sol que les tribus arabes occupent dans le Tell se divise en terres de parcours et en terres de culture. Les premières sont en commun ; on répartit les autres en lots d'une contenance moyenne de 10 hectares entre les familles qui possèdent des attelages de bœufs. Chaque lot est la quantité de terrain qu'un attelage laboure et ensemence dans une saison. Les familles conservent presque toujours les mêmes champs, sans avoir le droit de les aliéner si elles cessent de les cultiver, sauf les jachères. Si ces champs redeviennent en friche, le conseil du douar ou de la tribu se réunit et prononce la déchéance. Ces champs retournent alors au fonds commun, d'où l'on distrait les parts nécessaires aux familles nouvelles qui se constituent. — Ainsi la propriété ne s'acquiert et ne se constitue que par le travail.

Ces règles sont exactement observées dans les tribus qui avoisinent les centres européens ou la Kabylie ; mais dans l'intérieur de l'Algérie, et surtout près des frontières du Sahara où l'on n'apprécie point encore tous les avantages de la propriété individuelle, la distribution des terrains est faite par les chefs arabes et change souvent d'année en année. — Un arabe qui s'était fait remarquer par son courage ou par sa piété, et qui avait longtemps cultivé le même terrain, obtenait quelquefois un titre du gouvernement turc. Il pouvait alors transmettre ce terrain à ses descendants ou même en disposer au profit des tiers. C'est la propriété connue sous la déno-

et les délais dans lesquels cette propriété individuelle devra être constituée dans chaque douar.

mination de melk, qui a toujours été respecté. — Le projet de sénatus-consulte le confirme.

La famille reste longtemps unie, alors même qu'elle se compose de plusieurs branches. Le père exerce une autorité presque absolue ; mais dès que ses facultés physiques ou intellectuelles s'affaiblissent, il est remplacé, sans distinction de primogéniture, par celui des membres de la famille qui s'est montré supérieur aux autres. — Le douar ou la réunion de plusieurs tentes est administré et commandé par le cheikh ; la tribu par le caïd. — C'est le cadi qui rend la justice ; ses sentences peuvent être déférées en appel à la cour impériale d'Alger. Si une communauté d'intérêts rallie entre elles plusieurs tribus, elles sont placées sous la direction d'un agha. — Tous ces chefs sont soumis à l'autorité française, qui les nomme et les révoque à son gré.

L'impôt ne frappe que les produits. Il est établi sur les troupeaux par tête de bétail, et sur les céréales à raison des parts de culture que chaque famille a ensemencées pendant l'année. Il s'acquitte en une seule fois et en numéraire. — L'impôt sur les céréales varie suivant l'abondance de la récolte. — Le gouvernement ne perçoit aucune taxe si la récolte est mauvaise. — Les rôles individuels sont préparés par les chefs de douars, et contrôlés successivement par le caïd et l'agha qui les déposent au bureau arabe. Après que le général commandant la division, ou le préfet, suivant que le territoire est militaire ou civil, les ont rendus exécutoires, ils sont remis au receveur des contributions directes qui en opère le recouvrement. Chaque famille est avertie dans le Tell de la somme qu'elle doit payer, et peut adresser ses réclamations soit à ses chefs immédiats, soit à l'autorité française. — Dans le Sahara, les distances ne permettent pas que la perception de l'impôt soit individuelle. — C'est la tribu qui le paye collectivement ; mais comme la taxe porte presque exclusivement sur les troupeaux, la famille en connaît d'avance le montant proportionnel au nombre de têtes de bétail qu'elle possède. Il n'y a donc point lieu à arbitraire.

Le sombre tableau que l'on a présenté quelquefois des exactions et des cruautés commises par les cheikhs, les caïds et les aghas sur leurs malheureux administrés, a été emprunté aux époques de guerres et de troubles, où notre puissance n'était pas encore affermie dans l'intérieur de l'Algérie ; mais depuis la reddition d'Abd el Kader, les chefs arabes ne sont plus que des délégués de la France sur qui retombe la responsabilité de leurs actes. Aussi des mesures sévères ont-elles mis fin à ces désordres. Il est fait droit à toutes les réclamations légitimes des indigènes, et la justice civile et administrative leur est aussi impartialement rendue que le permet l'état social d'une population éparse dans un immense territoire et constamment armée. — Telle est l'organisation de la tribu arabe. Quoique évidemment adaptée aux coutumes et aux besoins d'un peuple qui la conserve depuis tant de siècles, elle a le vice inhérent à toutes les institutions musulmanes. Elle s'oppose à tout progrès, à toute amélioration. Elle condamne l'agriculture à une perpétuelle enfance.

Aujourd'hui, comme il y a mille ans, le laboureur effleure à peine la terre, et y jette son sillon unique et sans engrais, quelques grains qu'il abandonne jusqu'à la récolte à la protection du prophète. Que faut-il offrir à l'arracher à ce déplorable usage, à cette chétive existence? L'attacher au sol comme le Kabyle, en substituant à son droit précaire de jouissance le droit de propriété, source de toute richesse publique et privée. — Lorsqu'il sera devenu maître absolu du champ qu'il doit féconder de ses sueurs, il ne tardera pas à échanger sa tente, d'abord contre une cabane, ensuite contre une ferme, son fusil contre une bêche, sa charrue en bois contre nos instruments aratoires.

L'assemblée législative avait posé les bases de cette transformation sociale dans sa loi du 16 juin 1851 (art. 10 et 11). — Cette loi définissait en même temps le domaine public et le domaine de l'État. Elle ne rangeait dans ce dernier domaine que les forêts et les biens du beylick, dont le gouvernement turc s'était réservé le libre disposition, en ne les concédant jamais aux indigènes

Art. 3. — Un règlement d'administration publique déterminera : — 1° Les formes de la déli-

qu'à titre provisoire et à charge de redevance. — Quant aux autres immeubles, l'État s'interdisait la faculté d'en opérer la distraction au détriment des possesseurs, si ce n'est pour cause d'utilité publique moyennant une juste et préalable indemnité.

En ce qui concerne les colons, les titres qui leur avaient été délivrés les mettaient à l'abri de toute recherche et ne les soumettaient à d'autres engagements qu'à ceux qu'ils avaient contractés eux-mêmes. — Ainsi cette grande question de la propriété semblait définitivement résolue sur toute l'étendue du territoire algérien. Malheureusement, la loi de 1851 avait laissé subsister, par l'ambiguïté de son texte, des incertitudes sur les droits des tribus arabes. Elle s'était bornée à maintenir les droits dont ces tribus jouissaient antérieurement à la conquête ; et comment les constater dans un pays où n'existaient ni législation précise, ni titres réguliers, sauf de rares exceptions? — De là une situation précaire qui inquiète à la fois les indigènes et les colons, et retarde indéfiniment la mise en valeur d'un sol que nul n'a la certitude de conserver. — Cet état de choses ne pouvait manquer d'appeler la haute sollicitude de l'empereur. Sa mémorable lettre du 6 février dernier a proclamé la nécessité d'asseoir dans toute l'Algérie la propriété sur des bases immuables.

Quels que soient les droits de la France victorieuse sur les territoires occupés par les Arabes vaincus et soumis, l'empereur a manifesté l'intention de convertir, par un acte solennel, cette possession en propriété incommutable. — Le projet de sénatus-consulte que le conseil d'État a préparé par ses ordres, qu'un décret impérial nous a transmis, sanctionne cette grande détermination.

L'art. 1 du projet du gouvernement est ainsi conçu : — « Les tribus ou fractions de tribus sont déclarées propriétaires des territoires dont elles ont la jouissance permanente et traditionnelle, à quelque titre que ce soit. »

Plusieurs membres de la commission ont combattu cette rédaction comme établissant en faveur des tribus arabes un droit de propriété préexistant. D'après eux, la disposition de l'art. 1 est, de la part de la France, un acte de libéralité, et il importe essentiellement de lui conserver ce caractère. — La majorité de la commission a été d'un point partagé cet avis. Si la loi du 16 juin 1851 n'a pas formellement décidé la question de propriété au profit des tribus arabes, on ne saurait contester qu'elle n'ait au moins laissé cette question douteuse. Le projet de sénatus-consulte n'a point pour but d'interpréter cette loi pour ou contre le domaine. La déclaration formulée dans l'art. 1 n'est ni une reconnaissance des droits antérieurs des tribus, ni une renonciation à ceux de l'État. C'est le sénatus-consulte qui, sans réagir sur le passé, dispose pour l'avenir, et de son autorité suprême met un terme à un litige qui lèse l'intérêt public. Voilà ce qu'exprime l'art. 1.

La rédaction proposée par le gouvernement doit donc être maintenue. Elle substitue un fait matériel et facile à vérifier (la jouissance continue) aux constatations légales qu'exigeait la loi du 16 juin 1851 et qu'il fallait chercher dans une législation confuse où le droit civil se confond avec le dogme religieux ; mais si les tribus arabes n'ont plus à craindre désormais de se voir troubler dans leurs possessions actuelles, c'est sous la condition expresse de ne jamais revendiquer les terrains qu'elles pouvaient posséder antérieurement et qui sont passés dans le domaine ou de l'État ou des colons européens. — Pour faire mieux ressortir l'indivisibilité de ces deux dispositions, nous avons reporté l'art. 1 à l'art. 6 qui confirme tous les actes, partages et distractions de territoires intervenus entre l'État et les indigènes. — Nous avons retranché de l'art. 1 ces mots : fractions de tribus, qui ne correspondent à aucune division territoriale actuellement existante. Il n'y a en Algérie que des tribus et des douars. Les fractions de tribus constituées séparément y sont inconnues.

Le projet de sénatus-consulte ne devait d'abord concerner que les territoires du Tell ; mais depuis on a pensé que les limites du Tell et du Sahara n'étaient pas partout nettement définies ; que cette partie méridionale de l'Algérie renfermait, indépendamment des oasis, quelques terrains cultivés où la propriété individuelle pouvait être

mitation des territoires des tribus ; — 2° Les formes et les conditions de leur répartition entre les douars

établie comme dans le Tell ; que les tribus pastorales du Sahara avaient toutes des territoires distincts, et qu'il était utile de comprendre ces territoires dans une délimitation générale. — Ces motifs ont déterminé le gouvernement à appliquer le projet à toutes les tribus arabes de l'Algérie. — Voici en quels termes nous avons arrêté la rédaction de l'art. 1. (V. au sénatus-consulte.) — Cet article, ainsi modifié dans son texte primitif, a été accepté par les commissaires du gouvernement.

L'objet principal du sénatus-consulte, c'est la constitution de la propriété individuelle ; mais elle ne peut avoir lieu qu'à la suite d'opérations successives dont la première est la délimitation des territoires des tribus. — En effet, si l'on ne commençait point par fixer les limites de ces territoires, on s'exposerait à donner aux membres d'une tribu des terrains qui appartiendraient à ceux des tribus voisines. Ces limites sont généralement marquées par des signes apparents et non contestés ; néanmoins, lorsqu'il s'agira de tracer des lignes invariables, des différends pourront s'élever. Ils seront décidés administrativement, sauf les questions de propriété qui appartiendraient au domaine judiciaire. — On procédera ensuite à la distraction des biens domaniaux et des biens melk. Aussitôt après aura lieu la répartition du territoire ainsi délimité entre les douars. Cette répartition est d'une nécessité absolue. Le douar, c'est la commune ; il a son administration spéciale, son champ de culture, son fonds commun, et même quelquefois des coutumes particulières.

Le projet du gouvernement ne renferme aucune disposition relative aux terres de parcours. Nous avons comblé cette lacune. Il nous a paru essentiel non-seulement de rassurer les indigènes par la consécration de leurs droits sur le sol dont ils jouissent, mais encore de prévenir les appréhensions que leur inspirerait la constitution de la propriété individuelle si elle devait entraîner la suppression de la communauté des pâturages. L'Arabe tient à son troupeau plus encore qu'à son champ, et le troupeau qui vit en plein air ne subsiste que par le parcours. — Ainsi, en opérant la répartition des territoires des tribus entre les douars, on réservera les terres affectées à la dépaissance. — La propriété des terrains de culture sera ensuite divisée entre les membres des douars partout où cette mesure sera reconnue possible et opportune.

Les commissaires du gouvernement nous ont fait observer que si la propriété individuelle pouvait être constituée sans retard dans les tribus limitrophes des centres européens et de la Kabylie, où presque chaque famille avait des possessions distinctes, il n'en était point ainsi dans les autres tribus, surtout dans celles voisines du Sahara. — L'indivision y est non-seulement conforme à leurs habitudes demi-nomades, mais encore à leurs préjugés religieux. Leur imposer la propriété individuelle avant qu'ils aient pu en apprécier les bienfaits par le contact avec les colons, ce serait compromettre, par une précipitation imprudente, le succès d'une mesure dont l'exécution rencontrera de si graves obstacles. En effet, lorsqu'on réfléchit aux formalités qu'exige le partage en nature entre trois ou quatre héritiers d'une succession composée d'immeubles, on ne peut se dissimuler les difficultés de la tâche que le gouvernement aura à remplir pour diviser équitablement de si vastes territoires entre 1,500,000 Arabes formant 3 à 400,000 familles, pour décrire et borner les parts de manière à ne pas susciter plus tard d'inextricables litiges ; mais nous avons une confiance pleine et entière dans le soin religieux que le pouvoir exécutif apportera à l'accomplissement d'un grand acte solennellement proposé par l'empereur et sanctionné par le premier corps de l'État. — Pour mieux exprimer sa pensée, la commission a ajouté au texte du projet que ces diverses opérations auront lieu dans le plus bref délai, sous la réserve que nous venons d'énoncer.

Dans la répartition entre les membres des douars, on tiendra compte des droits acquis et des usages locaux. Des titres seront remis aux copartageants. Quoique la propriété des douars ne doive être que transitoire, il était nécessaire de prévoir le cas où, soit dans un intérêt public, soit dans l'intérêt de la colonisation, il conviendrait de traiter avec eux pour obtenir la concession d'une partie de leur territoire. — Un règlement d'administration publique déterminera les conditions et les formes de cette aliénation, ainsi que celles des diverses opérations que nous venons de mentionner. — Telle est l'économie des art. 2 et 5 du projet de loi dont la rédaction a été arrêtée, de concert avec les commissaires du gouvernement, de la manière suivante. (V. au sénatus-consulte.)

Les articles qui suivent n'apportent que de très-légères modifications à la loi de 1851. — L'art. 4 maintient les rentes, redevances et prestations dues à l'État par les détenteurs des territoires des tribus. Ces désignations générales comprennent les impôts de toute nature perçus actuellement sur les indigènes. Nous avons réservé au gouvernement la faculté d'opérer dans l'assiette de ces impôts les changements qui pourraient être jugés nécessaires. — Cette réserve ne se trouvait que dans l'exposé des motifs ; il nous a paru plus régulier de l'ajouter au texte même de l'article. — L'art. 5, relatif au domaine public, au domaine de l'État et aux biens melk, ne contient aucune dérogation à l'art. 14 de la loi du 16 juin 1851. — Le projet de sénatus-consulte confirme le § 1 et abroge les deux autres.

La situation de l'Algérie en 1851 rendait nécessaire la prohibition des achats imprudents qui pourraient placer quelques colons aventureux au milieu des tribus arabes, frémissant encore de leur récente défaite. — Ce motif n'existe plus aujourd'hui. — Le libre transmission de la propriété privée donnera un nouvel essor à la colonisation, et hâtera la fusion des indigènes et des Européens, que la multiplicité des rapports commerciaux et la communauté du travail ont déjà commencée. — Désormais, rien ne s'opposera à la vente des biens melk, même au profit de personnes étrangères à la tribu ; mais nous avons cru devoir interdire le trafic prématuré des droits éventuels afférents aux Arabes sur les territoires à répartir, jusqu'à ce que la propriété nouvelle soit régulièrement constituée par la délivrance des titres. Ce trafic aurait fait passer entre les mains d'avides spéculateurs ces terrains, même avant leur partage définitif ; et il faut autant que possible que leur possession reste à celui qui doit les mettre en valeur. — Le dernier article du projet se borne à maintenir les dispositions de la loi de 1851 qui n'ont pas été abrogées par les articles précédents, et spécialement celles relatives à l'expropriation forcée pour cause d'utilité publique et au séquestre. — D'après les termes de l'art. 13 de cette loi, l'expropriation est autorisée pour la fondation des villes, villages ou hameaux, ou pour l'agrandissement de leur enceinte ou de leur territoire. — Ainsi quel que soit le développement de la colonisation, le gouvernement aura toujours le droit d'y ajouter tous les terrains dont elle pourra avoir besoin.

Si la France se montre généreuse envers les indigènes, si elle les couvre de la protection de ses lois, si elle améliore progressivement leur position morale et matérielle, elle a le droit d'être rigoureuse envers ceux qui méconnaîtraient ses bienfaits, qui renouvelleraient contre son autorité d'impuissantes attaques. — Le gouvernement se réserve la faculté de séquestrer leurs biens et de les réunir au domaine, pour les causes et suivant les formes spécifiées dans l'ordon. du 31 oct. 1845, que la loi de 1851 a expressément maintenue. Le projet de sénatus-consulte donne à cette mesure une consécration nouvelle. — Cette loi continue également à régler les droits des propriétaires de la Kabylie et des oasis, droits qu'elle a déclarés inviolables par son art. 10.

Et maintenant que vous connaissez en détail toutes les dispositions du projet de sénatus-consulte, vous remarquerez combien étaient peu fondées les appréhensions manifestées par les colons français. Aucune de ces dispositions ne lèse ni leurs droits ni leurs intérêts. S'agit-il, en effet, ou de leur retirer en tout ou en partie les concessions qui leur ont été faites, ou d'affaiblir les garanties administratives et judiciaires que leur assure leur qualité de Français ? L'avenir de la colonisation n'est point menacé par la constitution de la propriété dans les mains des Arabes. Les colons la sollicitent eux-mêmes avec instance et voudraient qu'elle fût immédiate. L'État

la propriété individuelle sera établie et le mode de délivrance des titres.

Art. 4. — Les rentes, redevances et prestations dues à l'État par les détenteurs des territoires des tribus continueront à être perçues comme par le passé, jusqu'à ce qu'il en soit autrement ordonné par des décrets impériaux rendus en la forme des règlements d'administration publique.

Art. 5. — Sont réservés les droits de l'État à la propriété des biens du Beylik et ceux des propriétaires des biens melk. — Sont également réservés le domaine public tel qu'il est défini par l'art. 2

---

ne se dessaisit point par le sénatus-consulte des terrains qui pourraient plus tard être livrés aux colons. Les 4 à 500,000 hect. qui leur ont été concédés dans l'espace de plus de vingt ans ne sont pas encore défrichés. Le domaine en possède 900,000 autres destinés à des concessions nouvelles, et il peut, en outre, par voie d'expropriation, dans les cas prévus par la loi et moyennant une juste et préalable indemnité, opérer sur les territoires des Arabes toutes les distractions qui deviendraient nécessaires.

Ainsi, alors même que l'immigration européenne prendrait des développements inespérés, elle trouverait plus de terrains qu'elle ne pourrait en exploiter. — Que les colons se rassurent; les sympathies de leurs concitoyens, la bienveillance et la protection de l'Empereur, l'appui des grands corps de l'État ne leur feront jamais défaut. Tous nous rendons justice au courage, au dévouement qu'ils ont déployés en cimentant par le travail la conquête d'une terre arrosée du sang de nos soldats. Ils ont déjà reçu un éclatant témoignage des sentiments du sénat dans un rapport où ont été décrits avec tant d'éloquence les obstacles qu'ils ont eu à vaincre, les succès qu'ils ont obtenus. Bien loin de nuire à leur noble et patriotique entreprise, le projet de sénatus-consulte que nous allons voter leur assurera l'indispensable concours de cette population arabe qui, devenue propriétaire, initiée à notre agriculture, contribuera à réaliser avec eux les généreuses pensées exprimées dans la lettre de l'Empereur, et répondra à l'attente de la France.

Au moment où la commission, après avoir entendu la lecture du rapport, se disposait à procéder au vote, un membre, voulant formuler l'opinion que la minorité avait émise dans le cours de la discussion, a présenté une note conçue en ces termes : « L'opinion de la minorité se résume ainsi : — Le projet de sénatus-consulte contient une déclaration de principe bonne et libérale : la reconnaissance de la propriété aux habitants. Mais il faut, dans son application, ne pas donner à ce principe des conséquences qui le rendraient dangereux pour notre occupation et empêcheraient tout progrès et toute civilisation en Algérie. — La minorité croit que la reconnaissance de la propriété aux Arabes satisfait le principe, tandis que la constitution successive, mais prochaine, de la propriété individuelle, délivrée de toute entrave, sans passer par la propriété collective, répond aux objections fondées sur la puissance qui serait donnée à l'agrégation totale de la tribu. — Elle croit que la propriété individuelle sera le plus puissant moyen de civilisation, de fusion des deux races et de progrès.

« Elle s'associe très-franchement au principe généreux qui reconnaît la propriété de la terre aux Arabes, en constatant la grande libéralité que cet acte prouve de la part de la France. La propriété de l'État sur la plus grande partie des terres, autres que les terres melk, c'est-à-dire celles possédées individuellement dès aujourd'hui, a toujours été revendiquée par la France depuis sa conquête; toutes les administrations ont soutenu cette revendication depuis trente-deux ans : c'est donc, à son avis, un abandon fait par le gouvernement français aux Arabes, qui n'ont qu'un droit de jouissance révocable, que l'on transforme en un droit permanent de propriété. — Elle soutient la propriété individuelle comme un grand principe de progrès dans toute société. La propriété collective lui paraît opposée à toute civilisation; l'homme ne peut être complet que quand il est libre et peut devenir propriétaire. Ces vérités, vraies partout, le sont plus spécialement en Algérie.

« Elle considère la tribu comme une organisation très-défectueuse, comme le cadre de toutes les insurrections, comme un danger public. — Elle croit que la propriété collective, loin d'être un acheminement vers la propriété individuelle, but à atteindre, sur lequel nous sommes tous d'accord, sera un obstacle presque insurmontable. — Elle croit que la propriété individuelle libre est le meilleur acheminement à une colonisation féconde, et qu'il suffit de se poser ces deux questions : « Que deviendra l'Algérie, livrée aux tribus arabes, avec la propriété collective? que deviendra-t-elle au contraire, avec la propriété individuelle qui, seule, peut amener une population européenne et une fusion des deux races?

« Par la tribu, le peuple arabe est livré à l'arbitraire des chefs, à leur domination civile, et souvent religieuse qui le rend incapable de tout progrès et de toute émancipation morale; c'est la tribu qui, depuis des siècles, maintient ce peuple dans l'ignorance et l'incurie; c'est par elle que la terre reste inculte, que les forêts disparaissent, que le bétail s'amoindrit, que l'industrie agricole est impossible, le progrès moral nul, la barbarie perpétuée; et c'est cette institution, que la minorité craint de voir renforcée par la propriété que le sénatus-consulte abandonne à l'agglomération arabe. — Par la propriété individuelle, les Arabes se civiliseront, se mêleront avec les Européens, la terre sera cultivée, les forêts conservées, le bétail amélioré, l'industrie prospère; en un mot, la civilisation se répandra et se propagera.

« D'un côté, elle voit le fanatisme et l'immobilité représentés par la tribu; de l'autre, le progrès et l'activité développés par l'individu. Pour arriver au contact et à la fusion de l'Européen et de l'Arabe, elle croit que la propriété individuelle successivement organisée est indispensable. — Quant à l'exécution et à la période nécessairement transitoire pour arriver à la propriété individuelle, elle pense qu'il faudra commencer par délimiter administrativement les tribus et les douars, pour arriver à un lotissement individuel, soit par les principes d'une quotité par chef de famille, soit par tête de bétail, ce qui serait discuté plus tard et spécifié par un règlement d'administration publique; que des titres de propriété devraient ainsi être délivrés à l'individu seulement; que la propriété devrait être affranchie de toute entrave et soumise au droit commun.

« Elle ne voit pas de difficultés d'exécution : les Arabes qui ont attendu pendant plus de trente ans, avec une menace perpétuelle pour les terres dont ils jouissaient, pourront attendre pendant la période courte, mais nécessaire, pour arriver à la propriété individuelle; rassurés par la reconnaissance de leur propriété sur la terre, on trouvera chez les Arabes même un concours empressé. Ils auront ainsi, par l'abandon que l'État fait de ses droits sur les terres qu'ils occupent, une menace de moins, et ils seront assurés d'avoir prochainement une propriété incontestée. — Elle pense que la propriété collective, renforçant la tribu, sera un obstacle presque insurmontable quand il s'agira de la désagréger et de répartir les terres. — Elle croit que, pour répondre aux objections tirées du système agricole des Arabes, la réserve de terrains communaux, pour l'élève du bétail surtout, est suffisante; que tout en respectant le principe de la propriété individuelle, de vastes communaux répondront aux besoins et aux habitudes arabes. — Enfin, elle indique comme conséquence de son opinion, qui se résume par la constitution de la propriété individuelle, sans passer par la propriété collective : — 1° Un acte de générosité de la part de la France; — 2° Une satisfaction et une facilité données à la colonisation; — 3° Un bienfait pour le peuple arabe; — 4° Un affaiblissement de la tribu; — 5° Une garantie de sécurité; — 6° Une augmentation d'impôts. — Par ces motifs, la minorité a combattu les dispositions qui reconnaissent la propriété collective, même à titre transitoire.

Après la lecture de cette note, la commission a persisté dans son opinion; elle a décidé qu'une réfutation spéciale de ce document était inutile, et que l'ensemble du rapport y répondait suffisamment. Elle a ensuite voté la rédaction de ce rapport et le texte du projet de sénatus-consulte, qui ont été adoptés à l'unanimité moins une voix. — En conséquence, votre commission a l'honneur de vous proposer l'adoption du projet de sénatus-consulte dont la teneur suit :

de la loi du 16 juin 1851 (I, 593), ainsi que le domaine de l'État, notamment en ce qui concerne les bois et forêts, conformément à l'art. 4, § 4, de la même loi.

Art. 6. Le second et le troisième paragraphe de l'art. 14 de la loi du 16 juin 1851, sur la constitution de la propriété en Algérie, sont abrogés; néanmoins, la propriété individuelle qui sera établie au profit des membres des douars ne pourra être aliénée que du jour où elle aura été régulièrement constituée par la délivrance des titres.

Art. 7. — Il n'est pas dérogé aux autres dispositions de la loi du 16 juin 1851, notamment à celles qui concernent l'expropriation pour cause d'utilité publique et le séquestre.

DI. — 23 mai-30 juin 1863. — BG. 86. — *Règlement d'administration publique pour l'exécution du sénatus-consulte qui précède.*

Vu la loi du 16 juin 1851 sur la constitution de la propriété en Algérie; — Vu le sénatus-consulte du 22 avr. 1863, art. 3;

TIT. 1. — *Dispositions préliminaires.*

Art. 1. — Des décrets, rendus sur les propositions du gouverneur général de l'Algérie et sur le rapport du ministre de la guerre, désigneront successivement les tribus dans lesquelles il sera procédé aux opérations de délimitation et de répartition prescrites par l'art. 2 du sénatus-consulte du 22 avr. 1863. — Ces décrets seront insérés dans le *Bulletin officiel du gouvernement* et dans le *Mobacher.* — Ils seront, en outre, affichés dans les chefs-lieux de subdivision et de cercle, et publiés dans les marchés et dans les tribus intéressées. — Cette publication sera constatée par des procès-verbaux de l'autorité locale et constituera, pour le service des domaines, en ce qui concerne les biens beylick, pour les propriétaires de biens melk, pour les tribus et pour les douars, une mise en demeure de prendre toutes mesures conservatoires de leurs droits.

Art. 2. — Les opérations de délimitation de tribus et de répartition de leurs territoires entre les douars seront effectuées, dans le plus bref délai, par des commissions administratives désignées par le gouverneur général et composées ainsi qu'il suit: — Un général de brigade ou un colonel ou un lieutenant-colonel, président; — Un sous-préfet ou un conseiller de préfecture, ou un membre du conseil général de la province, vice-président; — Un officier de bureau arabe militaire ou un agent de bureau arabe départemental; — Un agent du service des domaines. — A chaque commission seront adjointes par le gouverneur général une ou plusieurs sous-commissions chargées de procéder aux opérations préliminaires de délimitation et de répartition, et de préparer l'instruction des contestations auxquelles ces opérations pourraient donner lieu. — La commission et les sous-commissions seront assistées d'interprètes et d'agents du service topographique.

Art. 3. — Des indigènes désignés par les tribus et par les douars les représenteront près des commissions et des sous-commissions et seront admis à leur fournir les observations et les renseignements qu'ils jugeraient convenables.

TIT. 2. — *Délimitation des territoires des tribus.*

Art. 4. — Les commissions procéderont immédiatement sur les lieux, d'après les éléments fournis par les sous-commissions, à la reconnaissance des limites du territoire de chaque tribu, en présence des représentants de la tribu et de ceux des tribus limitrophes. — Elles indiqueront ces limites dans un mémoire descriptif, qui mentionnera toutes les observations des intéressés et auquel se-

ront annexés les plans ou croquis visuels qui seraient nécessaires pour l'intelligence des opérations et des contestations.

Art. 5. — Les commissions statueront sur toutes les contestations auxquelles pourraient donner lieu les opérations de la délimitation, sous la réserve des droits du domaine pour les biens beylick et des droits des particuliers pour les biens melk. — Elles délibéreront à la majorité des voix. En cas de partage, la voix du président sera prépondérante. — Leurs décisions seront soumises à l'approbation du général commandant la division en territoire militaire, ou du préfet en territoire civil.

Art. 6. — Les commissions feront établir des bornes sur les points où les limites ne seraient pas suffisamment indiquées sur le sol d'une manière durable. — Le bornage sera constaté par un procès-verbal qui sera présenté à la signature des représentants indigènes.

Art. 7. — Les commissions résumeront l'ensemble de leurs travaux relatifs à chaque tribu dans un rapport auquel seront joints le mémoire descriptif des limites et ses annexes, les décisions rendues et le procès-verbal du bornage. — Ce rapport sera adressé au général commandant la division ou au préfet, selon le territoire, et transmis par lui, avec son avis, au gouverneur général, qui constatera la régularité des opérations. — La délimitation ne sera définitive que lorsqu'elle aura été sanctionnée par des décrets rendus sur les propositions du gouverneur général et sur le rapport du ministre de la guerre.

TIT. 3. — *Répartition des territoires des tribus entre les douars.*

Art. 8. — La délimitation du territoire de la tribu étant accomplie, les commissions procéderont immédiatement dans le Tell et dans les autres pays de culture, à la répartition du territoire de cette tribu entre les douars qui s'y trouvent compris et à la délimitation de chacun de ces douars.

Art. 9. — La commission opérera la délimitation des douars de la tribu dans les formes prescrites par les art. 4, 5 et 6 du titre précédent, en présence des représentants de la tribu et des douars intéressés. — Il sera fait réserve des terres de la tribu qui devront conserver le caractère de biens communaux, lesquels pourront rester provisoirement indivis entre les douars ou être attribués à l'un ou plusieurs d'entre eux, d'après les usages locaux et les déclarations des intéressés. — Si l'un ou plusieurs des douars se trouvait avoir subi une distraction de son territoire au profit de la colonisation ou d'un service public, il pourrait lui être attribué sur les terres de la tribu une part proportionnée à la perte qu'il aurait éprouvée.

Art. 10. — Dans les deux mois de la publication prescrite par l'art. 1 du présent décret, les propriétaires des biens melk et le service des domaines, en ce qui concerne les biens beylick situés sur le territoire de la tribu ou des douars, devront à peine de déchéance, former leur revendication devant le président de la commission. Les revendications pourront être exercées, dans l'intérêt des absents ou des incapables, par le cheik du douar. Il sera dressé un état des propriétés melk et beylick qui auront été revendiquées, indiquant leurs limites, leurs dénominations particulières, les noms des auteurs de la revendication et les faits invoqués à l'appui. A cet état seront annexés les plans ou croquis visuels qui seraient jugés nécessaires.

Art. 11. — Les revendications seront immédiatement communiquées aux représentants des tribus et des douars intéressés, qui devront, dans le délai d'un mois, à partir du jour de cette communication, sous peine de déchéance, faire opposition à celles des revendications qu'ils ne croiraient pas fondées. — Ce délai expiré sans opposition, les biens melk et les biens beylick seront acquis aux auteurs de la revendication. — En cas d'opposition, le revendiquant devra, à peine de nullité, former sa demande en justice dans le mois qui suivra la communication qui lui aura été faite de cette opposition.

Art. 12. — Les contestations auxquelles donneraient lieu les revendications des biens melk et beylick seront, à la diligence des parties intéressées, portées devant la juridiction compétente. — L'appel sera porté devant la cour impériale d'Alger. — Les instances introduites ne suspendront pas la marche des opérations des commissions.

Art. 13. — L'ensemble des travaux concernant la délimitation des douars et les revendications et les reconnaissances des biens melk et beylick sera résumé dans un rapport auquel seront annexés les procès-verbaux, plans, copies de jugements et autres pièces relatives aux opérations. — Ce rapport sera adressé au général commandant la division ou au préfet, selon le territoire, et transmis par lui, avec son avis, au gouverneur général qui constatera la régularité des opérations. — Les opérations ne seront définitives que lorsqu'elles auront été sanctionnées par des décrets rendus sur la proposition du gouverneur général et sur le rapport du ministre de la guerre.

Art. 14. — Une expédition de ces décrets sera, à la diligence de l'administration, enregistrée gratis et transcrite sur un registre spécial au bureau des hypothèques du chef-lieu de la province (1).

Art. 15. — Le service des contributions diverses établira, d'après ces décrets et les décisions judiciaires intervenues, la matrice foncière du territoire de chaque douar, comprenant : — 1° Les biens beylick ; — 2° Les biens melk ; — 3° Les biens communaux ; — 4° Les biens collectifs de culture.

TIT. 4. — *Aliénation des biens appartenant aux douars.*

§ 1. — *Biens communaux.*

Art. 16. — Des djemaâs instituées par le général commandant la division ou par le préfet, dans les douars dont le territoire aura été constitué ainsi qu'il est dit ci-dessus, auront qualité pour consentir l'aliénation par voie d'échange ou par vente, au profit de l'État ou des particuliers, de tout ou partie de leurs biens communaux. Ces ventes auront lieu de gré à gré ou aux enchères publiques.

Art. 17. — Les demandes d'échange seront adressées, par les djemaâs, aux généraux ou aux préfets qui les autoriseront, s'il y a lieu, l'instruction. — Il sera fait estimation contradictoire des biens, par experts désignés par les parties intéressées. Un tiers expert sera désigné par le cadi. — Les résultats de l'expertise seront constatés par un procès-verbal affirmé par les experts.—Le dossier de l'affaire, accompagné de la délibération de la djemaâ, constatant le consentement des intéressés, d'un extrait de la matrice foncière et d'un plan des immeubles, sera envoyé au général ou au préfet, qui statuera sur l'utilité ou les conditions de l'échange, et autorisera, s'il y a lieu, à passer l'acte avec l'échangiste. — Si la valeur de l'échange est inférieure à 5,000 fr., le contrat sera approuvé par le gouverneur général. — Tout

échange d'une valeur supérieure sera soumis à notre approbation.

Art. 18. — Les aliénations par vente de gré à gré seront instruites et autorisées comme les échanges, dans les formes établies par l'article précédent.

Art. 19. — Les aliénations aux enchères seront soumises aux formalités suivantes : — Les demandes seront adressées aux généraux ou aux préfets qui autoriseront l'instruction, s'il y a lieu. — Il sera fait une estimation de l'immeuble, pour la détermination de la mise à prix, par un expert désigné par l'autorité administrative du ressort.— Le procès-verbal d'expertise sera soumis à la délibération de la djemaâ, qui donnera son avis sur les conditions de la vente et sur la mise à prix. — Le cahier des charges de la vente, appuyé du procès-verbal d'expertise, de la délibération de la djemaâ, d'un extrait de la matrice foncière et d'un plan de l'immeuble, sera soumis au général ou au préfet, qui décidera s'il y a lieu, de procéder à la vente. — La mise en vente sera précédée de publications qui indiqueront le jour de la vente et le lieu où seront déposés le cahier des charges et le plan. Les adjudications auront lieu en présence des intéressés ou de leurs mandataires, et sous la présidence d'un délégué de l'administration. — Les adjudications ne seront valables et exécutoires qu'après l'approbation du gouverneur général.

Art. 20. — Le prix de vente sera versé, pour le compte du douar, dans la caisse du receveur des contributions diverses de la circonscription.

Art. 21. — Les actes d'échange, de vente de gré à gré ou aux enchères, seront soumis à l'enregistrement et transcrits au bureau des hypothèques du chef-lieu de la province.

Art. 22. — En cas d'expropriation pour cause d'utilité publique, il sera procédé vis-à-vis des douars à l'exercice du droit et au règlement de l'indemnité, conformément aux dispositions de la loi du 16 juin 1851. — Le montant de l'indemnité sera versé, pour le compte du douar, dans la caisse du receveur des contributions diverses de la circonscription.

§ 2. — *Terrains de culture.*

Art. 23. — Les terrains de culture dont jouissent les membres des douars ne peuvent être aliénés tant que la propriété individuelle n'a pas été constituée, conformément aux dispositions du titre 5 du présent décret.

Art. 24. — Après qu'il aura été statué sur les contestations conformément à l'art. 12, et que les biens revendiqués comme melk ou comme beylick auront été reconnus appartenir au douar, ces biens seront réunis, suivant leur nature, soit aux communaux, soit aux terres de culture destinées à être réparties individuellement. Dans le cas où la répartition individuelle serait consommée au moment de cette réunion, ces biens pourront donner lieu soit à des aliénations, soit à une répartition nouvelle, conformément aux dispositions du titre 5 suivant.

TIT. 5. — *Constitution de la propriété individuelle et délivrance des titres.*

Art. 25. — Lorsqu'un décret impérial aura désigné les douars dans lesquels la propriété individuelle devra être constituée, il y sera procédé immédiatement par les commissions et sous-commissions administratives instituées en l'art. 2 du présent décret.

Art. 26. — Les commissions prépareront, sur les lieux d'après les éléments fournis par les sous-commissions et de concert avec les djemaâs de chacun des douars, un projet d'allotissement du territoire à partager entre les familles ou les in-

---

(1) V. ci-après circulaire du 1er juill. 1866. — Distinction entre l'enregistrement et la transcription.—Tarif des frais de transcription.

dividus, en tenant compte, autant que possible, de la jouissance antérieure, des coutumes locales et de l'état des populations.

Art. 27. — Le projet d'allotissement mentionnera : 1° les noms des familles ou individus au profit desquels on propose d'attribuer la propriété ; 2° la contenance et l'indication des lots. — Ce projet sera remis aux djemaâs de chaque douar, dans lesquelles il restera déposé pendant un mois et qui devront le communiquer aux intéressés et recueillir leurs observations. — Il sera, en outre, déposé au chef-lieu du cercle et publié dans les marchés.

Art. 28. — Les commissions statueront sur les réclamations auxquelles pourrait donner lieu le projet d'allotissement.

Art. 29. — Lorsque les parties sont d'accord, ou après qu'il aura été statué sur les réclamations, il sera fait, aux frais des parties intéressées, un bornage des lots. — Les commissions résumeront l'ensemble des opérations dans un rapport qui devra être présenté à la signature des djemaâs des douars, et auquel seront annexés des plans ou croquis visuels et les décisions rendues. — Ce rapport sera adressé au général commandant la division ou au préfet et transmis par lui, avec son avis, au gouverneur général), qui constatera la régularité des opérations. — La constitution de la propriété individuelle dans chaque douar ne sera définitive que lorsqu'elle aura été sanctionnée par des décrets rendus sur la proposition du gouverneur général et sur le rapport du ministre de la guerre;

Art. 30. — Le service des contributions diverses établira, d'après ces décrets, la matrice foncière indiquant le numéro de chaque propriété, sa situation, sa dénomination et le nom de son propriétaire.

Art. 31. — Des titres, établis d'après les indications de la matière foncière et dans la forme déterminée par l'administration, seront délivrés aux propriétaires. — Ces titres seront soumis au droit fixe d'enregistrement et transcrits au bureau des hypothèques du chef-lieu de la province.

Art. 32. — Sont nuls tous actes d'aliénation consentis par des particuliers portant sur des immeubles dont la propriété individuelle n'aurait pas été préalablement constatée par la délivrance des titres. — La nullité en sera poursuivie, soit par les parties intéressées, soit d'office par l'administration. — Les notaires ou autres officiers ministériels qui auraient prêté leur ministère pour ces aliénations, suivant la gravité des cas, pourront être suspendus ou révoqués, sans préjudice, s'il y a lieu, de dommages et intérêts envers les parties.

Tit. 6. — Dispositions générales.

Art. 33. — Les frais de bornage des territoires des tribus et des douars, les frais de justice auxquels seraient condamnés les tribus ou les douars par suite des contestations prévues par l'art. 12 du présent décret, seront à la charge des tribus ou des douars intéressés, et supportés par les contribuables de ces tribus ou de ces douars, au prorata du montant de leurs impôts. — Le recouvrement en sera fait suivant le mode qui sera déterminé par l'autorité administrative.

Art. 34. — L'administration réglera annuellement les conditions auxquelles les tribus sahariennes seront admises à exercer, sur les territoires des douars, les anciens usages de dépaissance de leurs troupeaux.

Art. 35. — L'administration déterminera également les réserves qu'il y aurait lieu d'établir sur les communaux des douars avoisinant les voies de communication, soit pour le campement des convois indigènes, soit pour celui des troupes.

Art. 36. — Le présent décret sera traduit et publié en arabe. Il sera inséré dans le Bulleti officiel du gouvernement général de l'Algérie et dans le Mobacher. Il en sera de même pour tous les décrets qui seront rendus en exécution des dispositions qui précèdent.

Instr. M. — 11-30 juin 1863. — BG. 86. — Instructions générales pour l'exécution du sénatus-consulte et du règlement d'administration publique qui précèdent.

Le sénatus-consulte du 22 avr. 1863 inaugure un régime nouveau pour la propriété en Algérie dans les territoires occupés par les indigènes. — Sous l'empire de la loi de 1851, aucun droit de propriété ou de jouissance portant sur le territoire d'une tribu ne pouvait être aliéné au profit de personnes étrangères à la tribu. A l'État seul était réservée la faculté d'acquérir ces droits dans l'intérêt des services publics ou de la colonisation, et de les rendre, en tout ou partie, susceptibles de libre transmission. — Les droits de jouissance, dont la nature n'était pas définie, étaient considérés comme des droits incomplets à la possession du sol, et l'on pensait qu'ils pouvaient autoriser le partage de la terre entre ses détenteurs et l'État. — Le sénatus-consulte renferme les effets de la conquête dans les limites que le droit commun impose aux sociétés civilisées. Là où la propriété est régulièrement constituée, il la dote d'une liberté complète ; là, au contraire, où elle ne présente que des formes vagues, incompatibles avec le progrès agricole et opposant des obstacles aux relations qui doivent naître du contact des Européens et des indigènes, il la constitue d'après des règles basées sur une équitable appréciation des droits de chacun. — C'est pour que ce caractère, éminemment libéral du sénatus-consulte, soit uniformément maintenu dans les mesures de détail auxquelles donnera lieu son exécution, qu'il est important de déterminer le sens et la véritable portée de ses diverses dispositions. — La déclaration de principes contenue dans l'art. 1 s'applique à toutes les tribus de l'Algérie indistinctement, à celles du Sahara comme à celles du Tell ; — néanmoins, ces effets pourront être différents, suivant l'état de la propriété dans les tribus. — Ainsi, dans les tribus où la propriété a un caractère essentiellement melk, où les particuliers et les groupes de population ont le droit d'user sans restrictions de leurs biens fonciers, la délimitation et la répartition prescrites par le sénatus-consulte ne constitueront qu'une mesure administrative qui aura pour résultat de déterminer exactement les circonscriptions, de dégager les biens communaux des biens individuels et de faciliter l'établissement d'une matrice foncière au moyen de laquelle on pourra suivre ultérieurement les mutations de la propriété. Les transactions immobilières entre particuliers sont, dès à présent, libres dans ces tribus, tandis que celles relatives aux biens communaux sont assujetties aux formalités administratives indiquées par le titre 4 du règlement d'administration publique du 23 mai 1863.

Dans les tribus de la province de Constantine, qui sont établies sur des territoires azels, le droit de propriété de l'État est réservé en principe. Néanmoins, il est dans l'esprit du sénatus-consulte de reconnaître aux populations de ces tribus, à défaut de compensations possibles sur d'autres territoires, des droits définitifs de propriété sur le sol qu'elles occupent. L'empereur se réserve de statuer par décisions spéciales sur les propositions qui devront lui être soumises pour constituer au profit de ces tribus la propriété communale et la propriété individuelle. Suivant ces décisions, il sera procédé aux opérations prescrites par le sénatus-consulte et par le règlement.

Dans les tribus qui occupent des territoires provenant du séquestre, il conviendra de distinguer : 1° les territoires dont la jouissance a été laissée aux indigènes atteints par le séquestre, comme les Ouled Dhaan, par exemple, dans la province de Constantine; 2° ceux sur lesquels les populations ont été resserrées par suite de l'attribution d'une partie de ces territoires aux besoins de la colonisation, comme cela est arrivé dans la province d'Oran pour les Hachem et les Beni Amer; 3° ceux enfin qui ont été entièrement repris aux populations évincées (1).

Dans le premier cas, le sénatus-consulte a pour effet d'annuler le séquestre. Dans le second, le séquestre n'est annulé que sur la partie occupée par les indigènes; si cette partie du territoire suffit aux besoins de la population, il y sera procédé, sans revenir sur le passé, aux opérations de la délimitation et de la répartition; si, au contraire, elle est jugée insuffisante, elle sera complétée autant que possible au moyen de compensations.— Dans le troisième cas, le sénatus-consulte, tout en confirmant l'attribution du territoire à la colonisation, sera interprété en ce sens que la tribu évincée devra recevoir, autant que possible, des compensations proportionnelles à ses besoins constatés.— Il sera statué, au sujet de ces tribus, par décisions spéciales de l'Empereur.

Dans les tribus qui occupent des territoires autrefois magzen, comme dans celles qui sont établies sur des territoires arch ou sabega, le sénatus-consulte doit recevoir son application pleine et entière; ces tribus réunissent à titre égal les conditions de jouissance permanente et traditionnelle sur lesquelles est basée la déclaration de propriété.

Enfin, en ce qui concerne les tribus cantonnées, le sénatus-consulte a pour double conséquence, d'une part, de confirmer les faits accomplis; d'autre part, d'arrêter les cantonnements en cours d'exécution. Poursuivies, simultanément sur divers points du territoire, les opérations du cantonnement étaient arrivées à différents degrés d'instruction ou d'exécution. Il y a lieu de poser en principe que les cantonnements sur lesquels le conseil consultatif du gouvernement général n'a pas été appelé à se prononcer, conformément à l'art. 1, § 5, du décr. du 30 avr. 1861 (supra, Adm. gén.), seront considérés comme non avenus. Il en sera de même de ceux qui, bien qu'ayant été soumis au conseil consultatif, n'ont pas été suivis d'effet avant la promulgation du sénatus-consulte. Pour les tribus qui, par suite des cantonnements effectués n'ont reçu que des titres collectifs de propriété, le sénatus-consulte aura pour effet d'y faire constituer la propriété individuelle, lorsque la mesure sera reconnue possible et opportune. Dans les autres tribus où les cantonnements entrepris seront considérés comme non avenus, toutes les opérations recevront leur exécution successive.

Dans tous les cas, si des ventes, des partages, concessions ou attributions diverses de territoires, au profit d'Européens ou d'indigènes ont été consommées, soit que des terres domaniales, soit sur des territoires compris dans des projets de cantonnement, soit même sur des territoires de tribus, ces actes quoique non encore régularisés devront être confirmés, pourvu toutefois, qu'avant la promulgation du sénatus-consulte, les intéressés aient fait acte de possession et d'exploitation réelle. Il sera dressé pour chaque province, par les généraux et par les préfets, un état des prises de possession ainsi effectuées, et elles seront définitivement régularisées par un décret.

(1) V. Séquestre. Décis. imp. du 21 avr. 1866 et rapport ministériel.

Le sénatus-consulte ne touche en rien à l'assiette actuelle des impôts de toute nature, mais il pose, art. 4, un principe nouveau et considérable qui entraîne l'abrogation de la disposition de l'ord. du 17 janv. 1845, en vertu de laquelle les impôts arabes sont établis par des arrêtés ministériels. A l'avenir, lorsqu'il y aura lieu d'opérer soit dans l'assiette, soit dans la quotité des impôts, une modification quelconque, cette modification ne pourra être réalisée que par un décret rendu en la forme d'un règlement d'administration publique. Ces garanties nouvelles accordées par le sénatus-consulte aux populations de l'Algérie, sont la conséquence de l'inauguration du droit commun en matière de propriété.

Le sénatus consulte établit, art. 6, que partout où la propriété est constituée, elle est librement transmissible, même au profit des personnes étrangères aux tribus. La liberté des transactions est donc, dès à présent, pleine et entière dans les tribus de cette catégorie; elle est restreinte aux melk et ne recevra son effet complet qu'au fur et à mesure des opérations à la suite desquelles la propriété communale et la propriété individuelle seront définitivement constituées. Il convient de remarquer en outre que, lors de ces opérations, les possesseurs de melk, quels qu'ils soient, seront tenus d'en faire la déclaration.— L'esprit général du sénatus-consulte étant ainsi compris, il reste à examiner et à expliquer les dispositions du règlement d'administration publique qui s'y rattache.

Règlement d'administration publique du 23 mai 1863.

TIT. 1.

Un intérêt particulier exige que le champ d'action ouvert par les décrets qui doivent désigner les tribus à délimiter, n'embrasse au début, dans chacune des provinces, que des espaces restreints. L'administration possède de nombreux et précieux documents sur l'état de la propriété en Algérie; mais il reste encore beaucoup à apprendre sur cette question, et l'expérience qui ressortira incontestablement des premières opérations fournira des données précieuses pour les compléter. D'un autre côté, il importe aussi de faire l'épreuve des difficultés ou des facilités d'exécution qu'on pourra rencontrer, du temps que pourront absorber les opérations et des dépenses qu'elles occasionneront. Par ces motifs, il ne sera formé à l'origine qu'une commission par province, qui fonctionnera dans les deux territoires indistinctement.

Les premières tribus à délimiter devront être choisies parmi les plus rapprochées de nos centres de colonisation et d'occupation, et particulièrement en territoire civil.— Le choix des présidents des commissions devant avoir une grande importance, leur nomination sera soumise à l'approbation de l'empereur. Les autres membres seront nommés par le gouverneur général et choisis parmi les fonctionnaires et agents réunissant à la connaissance des affaires arabes, l'activité, la vigueur, le dévouement et le zèle nécessaires pour concourir à cette œuvre considérable.— Mais quel que soit le mérite des membres de ces commissions, ils ne sauraient suffire à leur tâche et la poursuivre avec la rapidité que réclame l'intérêt de la colonie, s'ils n'étaient secondés par des auxiliaires, tirés des administrations locales, et qui, par leur connaissance approfondie des personnes et des choses de chaque localité, seront à même de réunir simultanément tous les éléments d'une instruction préliminaire. Tel est le motif de la disposition du règlement qui institue les sous-commissions.

Le nombre de ces sous-commissions, leur composition et le mode de nomination des membres, sont laissés à la latitude du gouverneur général. — Il en est de même de la désignation des délégués indigènes qui devront assister les sous-commissions dans leurs travaux préparatoires et représenter plus tard auprès des commissions les intérêts des tribus et des douars. Le nombre de ces délégués ne saurait être fixé à l'avance. Il appartient à l'administration de veiller à ce que la représentation de chaque tribu soit suffisante et efficace. Les chefs investis feront dans tous les cas partie de droit de cette représentation.

Après la promulgation des décrets qui désigneront les tribus dans lesquelles il sera procédé aux opérations de délimination et de répartition, les commissions et les sous-commissions seront immédiatement instituées. Les représentants des tribus seront en même temps désignés, et c'est seulement alors que seront établis les procès-verbaux, qui doivent donner la date certaine à partir de laquelle courra le délai de revendication des biens beylick et des biens melk. — Ces procès-verbaux seront dressés sur le rapport des autorités locales par les généraux commandant les divisions ou par les préfets lorsqu'ils se seront assurés que les décrets ont reçu une publicité suffisante.

Aux termes de l'art. 10 du titre 5, les revendications du service des domaines et des propriétaires de melk doivent être faites devant le président de la commission. On comprend combien il est utile que ces déclarations soient rendues faciles aux intéressées. Si les tribus à délimiter ne formaient pas un tout compact dans chaque province, ou si, pour des motifs imprévus, les présidents des commissions ne pouvaient se tenir à portée des populations pour recevoir leurs déclarations, il serait nécessaire qu'ils se fissent suppléer par des membres des commissions ou des sous-commissions. — Quoi qu'il en soit, les déclarations seront inscrites successivement sur des états dont la formule sera préalablement fournie aux présidents des commissions. Il y aura pour ces inscriptions un état spécial par tribu. Les Présidents des Commissions, ou leurs suppléants, donneront aux intéressés acte de leur déclaration, et il en sera fait mention sur les états.

Les revendications de biens beylick et de biens melk seront accompagnées de tous les renseignements propres à faire connaître la situation et l'étendue des terrains revendiqués, ainsi que les titres sur lesquels elles sont appuyées. Des feuilles imprimées, reproduisant le tracé des états destinés à l'inscription de ces revendications, seront délivrées gratuitement aux intéressés, afin de les astreindre à fournir uniformément les indications exigées.

L'art. 2 du titre 5 prescrit que les revendications seront immédiatement communiquées aux représentants des tribus et des douars intéressés, afin que ceux-ci puissent faire opposition, dans le délai voulu, à celles qu'ils ne croiraient pas fondées. Ces communications seront faites par les soins des présidents des commissions ou par leurs suppléants, au moyen de la remise d'un extrait de l'état indiqué ci-dessus. — Lorsqu'à la suite de ces communications, des oppositions seront formées par les représentants des tribus ou des douars, il en sera immédiatement donné avis aux présidents des commissions ou à leurs suppléants, et ceux-ci en feront mention sur l'état de la tribu, en regard de chaque revendication.

Dans leur organisation actuelle, les tribus n'ont pas de représentation régulièrement autorisée à ester en justice et à défendre aux revendications. Le gouverneur général provoquera les mesures nécessaires pour faire donner à leurs représentants le mandat légal dont ils doivent être pourvus devant les tribunaux. — Ainsi, recevoir les déclarations du service des domaines ou des propriétaires de melk, en donner avis aux représentants des tribus ou des douars, tel est le début des travaux des présidents des commissions ou de leurs délégués pour cette partie de leurs attributions. — Concurremment, les sous-commissions s'occuperont de réunir tous les documents de nature à éclairer les commissions : — 1ᵉ Sur les limites de la tribu ; — 2ᵉ Sur celles de chaque douar ; — 3ᵉ Sur celles, dans chaque douar, des biens communaux et des biens collectifs de culture ; — 4ᵉ Sur celles, dans chaque masse de biens communaux ou de biens collectifs de culture, des biens beylick et des biens melk revendiqués ; — 5ᵉ Sur les contestations qui pourraient s'élever à l'occasion de ces limites.

Dans cette enquête préparatoire, les sous-commissions devront s'enquérir soigneusement des traditions, des coutumes sur lesquelles les populations appuient, à défaut de titres, leurs prétentions réciproques. Tout en mentionnant dans leurs rapports l'opinion qu'elles pourront se faire sur les droits de chacun, elles n'oublieront pas qu'elles doivent avant tout, y consigner fidèlement les observations des intéressés et qu'elles ont pour mission de préparer les opérations de délimitation et répartition et non de *préjuger* les décisions qu'auront à rendre les commissions. — Les informations des sous-commissions seront appuyées, chaque fois que besoin sera, de croquis visuels faisant ressortir la situation des terrains contestés. Des officiers ou des agents du service topographique seront chargés de ce travail graphique, qui devra toujours être fait sommairement et avec rapidité.

Tit. 2.

Les travaux préliminaires des sous-commissions étant achevés, ils seront centralisés par le général commandant la division ou par le préfet, suivant le territoire, et envoyés au président de la commission. — La commission se réunira alors et procédera en s'éclairant des travaux des sous-commissions, à la reconnaissance des limites de la tribu. Elle se rendra à cet effet sur les lieux, avec les représentants de la tribu et ceux des tribus limitrophes, parcourra les limites point par point, vérifiera la description qui en a été faite par les sous-commissions et les éléments réunis pour éclairer les litiges. Elle s'appliquera à régler, séance tenante, ceux de ces litiges concernant les melk que les parties intéressées consentiraient à vider à l'amiable.

La commission est autorisée à statuer elle-même, sous l'approbation du général commandant la division ou du préfet, sur les litiges qui portent sur des terrains arch ou sabega. Cette attribution de juridiction lui a été conférée par l'art. 5, parce que les contestations de cette nature reposent sur des faits historiques, établis le plus souvent par des traditions contradictoires, qu'elle seule pouvait apprécier sainement sur les lieux, en se formant une opinion au contact même des populations. C'est avec la plus grande circonspection qu'elle devra user du pouvoir dont elle est exceptionnellement investie, en ne négligeant rien pour que, dans les formes comme pour le fond, ses décisions soient accueillies par les tribus avec la confiance et le respect qu'elles montrent pour les arrêts de la magistrature française.

Si les terrains contestés ont un caractère melk ou beylick, le litige devra être porté devant les tribunaux. Mais, quelles que soient les contestations auxquelles les opérations de délimitation pourront donner lieu, qu'elles aient été réglées à l'amiable, renvoyées aux tribunaux ou jugées souverainement par la commission, celle-ci aura toujours à se prononcer d'une manière définitive sur le fait même de la délimitation qui, dans son ensemble, est une opération essentiellement administrative.

Les décisions des commissions sur les litiges élevés relativement à des terrains arch pouvant affecter l'intérêt politique ou administratif, il était naturel de les soumettre à l'approbation du général commandant la division ou du préfet; mais ce recours ne saurait, dans aucun cas, arrêter la marche des opérations. L'approbation ou l'infirmation du général ou du préfet sera jointe au rapport de la commission, et c'est au gouverneur général qu'il appartiendra en dernier lieu de maintenir ou d'annuler les décisions.

La reconnaissance contradictoire pourra faire renaître des litiges depuis longtemps pendants sur des terrains inoccupés, et que les indigènes désignent quelquefois par l'expression de *Blad el barud*, parce qu'ils ont été souvent revendiqués par les armes. Les tribus ne sauraient invoquer le bénéfice de l'art. 1 du sénatus-consulte, pour prétendre que la propriété de ces terrains leur est acquise, puisqu'elles ne peuvent faire preuve d'une jouissance permanente et traditionnelle. Dans ce cas, les commissions sont autorisées à prononcer l'attribution de ces terrains au domaine de l'État, sous la réserve de l'approbation mentionnée à l'art. 5.

Enfin, s'il s'agit d'une tribu frontière dont le territoire touche à celui de la régence de Tunis ou de l'empire du Maroc, la commission se conformera aux délimitations consacrées par les traités internationaux. En cas de doute dans l'interprétation de ces traités, et s'il s'élevait des difficultés, le président de la commission devrait en référer au gouverneur général, qui prendrait les ordres de l'Empereur.

La délimitation de la tribu étant arrêtée, la commission la fera repérer sur le terrain conformément aux indications du mémoire descriptif, au moyen d'un bornage qui sera aussitôt effectué aux frais des tribus.

Les travaux de la commission seront ensuite résumés dans un rapport sommaire qui sera transmis avec toutes les pièces de l'instruction par le président au général commandant la division ou au préfet et par ces derniers au gouverneur général, qui constatera la régularité des opérations. Le contrôle exercé par le gouverneur général sur les travaux des commissions implique nécessairement pour lui le droit d'annuler celles des opérations qui ne seraient pas reconnues régulières et de prescrire les mesures nécessaires pour les faire rectifier ou recommencer.

Tit. 5.

La délimitation du territoire de la tribu étant accomplie, le rapport résumant les opérations et les pièces à l'appui étant adressés au gouverneur général, la commission procédera sans désemparer à la répartition du territoire entre les douars.— Cette seconde phase de ses travaux comporte également le soin de s'approprier tout d'abord les informations préliminaires des sous-commissions après les avoir vérifiées et complétées, s'il y a lieu.

A part le cas particulier, dont il sera parlé, où un ou plusieurs douars de la tribu auraient subi une distraction de territoire au profit de la colonisation ou d'un service public, la répartition ne sera pas autre chose que la délimitation des douars entre eux, après le règlement des litiges soulevés par leurs prétentions réciproques à la possession de certaines parcelles de biens communaux ou de biens collectifs de culture. Le règlement de cette nature de litiges sera donc pour la commission le point de départ de ses opérations.

On a déjà fait remarquer combien il était délicat pour la commission d'avoir à se prononcer sur des questions de propriété dans les délimitations de tribu à tribu. Sa responsabilité morale est encore plus sérieusement engagée dans l'usage qu'elle aura à faire de cette partie de ses attributions vis-à-vis des douars, car son action portera alors sur des intérêts généraux auxquels se rattachent plus directement les intérêts privés. De même que les questions de propriété, de particulier à particulier, sont plus ardentes que celles de douar à douar, ces dernières passionnent plus, d'habitude, les indigènes que celle de tribu à tribu. Des influences religieuses ou politiques ont souvent modifié dans le passé le territoire des douars, et le souvenir des luttes et des regrets que ces empiétements ont engendrés est encore vivace au cœur des populations. Il ne saurait entrer dans le rôle de la commission d'entreprendre la réparation des injustices qui auraient pu être commises à une époque éloignée. Sa mission se bornera, en général, à consacrer les faits accomplis dans la distribution du sol, et ce n'est qu'exceptionnellement, en agissant avec la plus grande réserve, qu'elle devra modifier des situations acquises.

Cependant, si un ou plusieurs douars de la tribu avaient subi des distractions de territoire, il ne serait pas juste de laisser peser sur les uns les conséquences de cette disposition, alors que d'autres, dans la même tribu, en seraient affranchis. La commission constatera, dans ce cas, contradictoirement avec les représentants supposés et évaluera la part proportionnelle pour laquelle les douars demeurés intacts contribueront aux compensations territoriales à accorder aux douars dépossédés. Toutefois ces compensations seront réalisées autant que possible sans bouleverser les divisions anciennes de la propriété.

Les terres de tribu présentent deux caractères bien tranchés. Les unes, communes à la tribu tout entière, ou à un ou plusieurs douars, servent au pâturage des troupeaux. Les autres propres à chaque douar comprennent les terres de culture, non pas indivises en fait, non pas communes à tous, non pas sujettes à la répartition annuelle et arbitraire des chefs, mais possédées en général, par parcelles bien définies, par les mêmes familles qui se les transmettent héréditairement. Cette distinction sera soigneusement observée par la commission, ainsi qu'elle a été établie dans le règlement d'administration publique par les dénominations de biens communaux et de biens collectifs de culture.

Les litiges entre les douars une fois réglés, et les biens communaux distingués des biens collectifs de culture, la commission n'aura plus qu'à arrêter la délimitation de la circonscription de chaque douar, de manière à ce qu'elle comprenne les biens propres du douar ainsi que les melk faisant l'objet des revendications déférées aux tribunaux. Quant aux biens beylick, aux biens communaux provisoirement indivis entre plusieurs douars, et aux melk non contestés, ils pourront être compris indifféremment dans tel ou tel douar, suivant les convenances administratives.

Après l'expiration du délai accordé à la tribu et aux douars pour former opposition aux revendications de biens beylick et de biens melk, les biens non contestés seront acquis aux auteurs de la revendication. Il sera dressé par le président de la commission un procès-verbal de cette attribution, et des extraits de ce procès-verbal seront remis aux intéressés.— Enfin, au fur et à mesure que les tribunaux rendront leurs arrêts dans les affaires dont ils auront été saisis, les biens beylick ou melk, pour lesquels les douars obtiendraient gain de cause, feront retour, soit aux biens communaux, soit aux biens collectifs de culture.

Tit. 4.

Le sénatus-consulte prévoit le cas où, soit dans l'intérêt des populations indigènes, pour faciliter le libre essor de leur activité ou de leurs besoins, soit dans l'intérêt de la colonisation européenne pour la réalisation des entreprises que pourraient former de grandes associations de capitaux, soit enfin dans l'intérêt de l'État lui-même, pour l'exécution des travaux d'intérêt général, il conviendrait de traiter avec les douars de l'aliénation de la propriété collective. — Le règlement d'administration publique détermine les formes de cette aliénation.

Une fois investis de la propriété de leur territoire, il faut que les douars aient une représentation revêtue du caractère de personne civile, apte à transiger et à stipuler au nom de la communauté. De là la nécessité de donner l'institution officielle aux réunions de notables, qui, sous la dénomination de djemaâ, représentent, suivant la coutume arabe, l'intérêt collectif des différents groupes. Cette situation, qui sera conférée par les généraux ou les préfets, suivant le territoire, donnera qualité aux djemaâs pour remplir, dans l'instruction des demandes d'échange ou de vente des biens communaux, un rôle analogue à celui des conseils municipaux dans les communes constituées.

Ultérieurement, le gouverneur général soumettra des propositions à l'Empereur pour créer dans les tribus une organisation municipale, adaptée à la situation de la société arabe et susceptible de se compléter à mesure que le comporteront le progrès matériel et moral et les besoins des populations.

Le règlement indique les formalités à remplir pour les aliénations par voie d'échange ou par voie de vente aux enchères ou de gré à gré. Bien que ce dernier mode ne soit pas admis en France pour les biens des communes, il pourrait être autorisé par l'administration pour les biens des douars, afin de faciliter et de simplifier les transactions dans certains cas. Les formalités édictées par les art. 17, 18 et 19 sont empruntées en général à la législation municipale et à celle qui régit en Algérie l'aliénation des biens domaniaux. L'administration est armée du pouvoir le plus large pour apprécier les considérations de toute nature qui pourraient justifier les projets d'aliénation ou commander de les restreindre. Elle devra veiller à ce que les djemaâs ne se laissent pas trop facilement entraîner à déshériter les générations futures pour satisfaire à l'intérêt du moment.

Si les douars étaient organisés en communes, ils auraient leur budget particulier, dont le germe existe dans le budget des centimes additionnels à l'impôt arabe, et qui s'alimenterait de la part contributive des populations indigènes dans la répartition de l'octroi de mer, des taxes locales et nécessairement du produit de l'aliénation des biens communaux. En attendant que cette institution ait pu être réalisée, il importerait d'indiquer un moyen transitoire de garantir aux douars la localisation de leurs ressources. Le règlement y a pourvu en prescrivant que le prix de l'aliénation des biens des douars sera versé, pour leur compte, dans la caisse du service des contributions diverses qui en tiendra comptabilité spéciale, et l'administration devra veiller à ce qu'il en soit fait régulièrement emploi dans l'intérêt exclusif du groupe qui aura consenti l'aliénation de sa propriété. Cette condition est essentielle pour justifier aux yeux des populations indigènes la moralité des transactions de l'espèce : elle sera d'ailleurs une mesure politique et féconde que de créer ainsi la possibilité d'appliquer sur place, au profit de la communauté prise dans son ensemble, une ressource fournie par le patrimoine commun, et qui sera souvent d'une grande utilité pour l'amélioration de la situation des douars.

L'organisation de cette comptabilité particulière et le mode d'ordonnancement des dépenses devront faire l'objet de dispositions spéciales qui seront étudiées et proposées par le gouverneur général. Le principe de ces dispositions existe d'ailleurs dans l'art. 54 du décr. du 27 oct. 1858 (Admin. gén., I, 57.)

La restriction apportée par l'art. 23 du règlement au droit d'aliénation des douars découle de l'interprétation de l'art. 5 du sénatus-consulte combinée avec celle de l'art. 6; elle s'applique spécialement aux terres de culture. La propriété de ces terres a été consacrée collectivement, il est vrai, au profit du douar; mais en réalité les familles en usent à titre privatif, et si celles-ci étaient dépossédées par le douar, elles devraient être indemnisées, soit en argent, soit par des compensations en nature. Or l'attribution d'une indemnité en argent aux détenteurs dépossédés préjugerait des droits qui ne peuvent être déterminés que par le partage; et, d'un autre côté, une compensation en nature troublerait l'assiette de la possession des autres occupants. Jamais, d'ailleurs, on n'obtiendrait le consentement de ces familles, et, en fait comme en droit, les terrains dont il s'agit ne pourraient être aliénés que lorsqu'ils auront fait l'objet d'une répartition individuelle.

Tit. 5.

Des décrets impériaux doivent désigner successivement les douars dans lesquels il sera procédé à la constitution de la propriété individuelle par des commissions ou des sous-commissions instituées conformément à l'art. 2 du tit. 1. Cette mesure pourra suivre immédiatement les opérations de délimitation et de répartition si elle est justifiée tout à la fois par les intérêts particuliers des indigènes et par les intérêts généraux de la colonie. — La constitution de la propriété individuelle ne doit nécessairement embrasser que les terres de culture et consiste à y faire cesser l'indivision en déterminant les droits respectifs des familles qui les détiennent. Après l'opération, il n'existera plus, dans le douar, d'autre propriété collective que celle des biens communaux.

Cette substitution de droits individuels incommutables au droit collectif du douar sur une partie de son territoire, est une véritable révolution à opérer dans l'état de la propriété chez les Arabes; c'est, en fait, l'abrogation des dispositions obscures du droit musulman en ce qui concerne la terre arch ou sabega. De plus, elle touche aux intérêts les plus considérables de la population indigène qui est essentiellement agricole et qui estime la possession foncière au-dessus de toutes les richesses. A ce double titre, elle mérite de fixer toute l'attention des commissions et se recommande, d'une manière toute spéciale, à leur esprit de justice et d'équité. — Les bases d'après lesquelles doit s'opérer le fractionnement du droit collectif du douar, n'ont pas été fixées d'une manière absolue par le règlement. L'art. 26 se borne à énoncer que le partage aura lieu en tenant compte, autant que possible, des jouissances antérieures, des coutumes locales, de l'état des populations. Le sens de ces termes généraux doit être bien compris par les commissions afin que la latitude qui leur est laissée ne les entraîne pas au delà des intentions du législateur.

On a déjà rappelé que les terres de culture ne sont pas l'objet d'une répartition annuelle, abandonnée à l'arbitraire des chefs; qu'elles sont, au contraire, détenues en grande partie par les mêmes familles qui se les transmettent héréditairement tant qu'elles se perpétuent sur les lieux et qu'elles ont les moyens d'exploiter. Il convient d'ajouter que lorsqu'une famille s'éteint ou quitte le douar, ses terres font retour à la communauté. Il en est de même des terres qu'une famille laisse tomber en friche. Le douar dispose alors des terres non occupées en faveur d'autres exploitants.

La conséquence à tirer de cet état de choses, c'est que toutes les familles ne sauraient prétendre au partage et qu'elles ne peuvent y être admises avec des droits égaux. Les individus qui ne sont pas originaires du douar ou qui n'y ont pas leur domicile, ceux qui ne possèdent pas de ressources, pourront être exclus de la répartition; tandis que les titres les plus sérieux sur lesquels une famille puisse appuyer ses prétentions résultent de l'étendue et de la durée de la jouissance dont elle est en possession. Les commissions devront donc se proposer, en général, la consécration des droits de jouissance existants, bien plus que l'établissement d'une assiette nouvelle de la propriété. Elles ne devront créer des droits nouveaux qu'avec la plus grande réserve, en tenant compte cependant des considérations particulières qui pourraient militer en faveur de certaines situations.

Ainsi, par exemple, il existe dans les douars des familles considérées, qui sont momentanément tombées dans le dénûment. Sous le régime précédent, ces familles pouvaient espérer se relever un jour et recouvrer des droits de jouissance sur le collectif. Il ne serait ni équitable ni politique de leur enlever aujourd'hui cette perspective, en les excluant rigoureusement du partage. — Des individus ou des familles prolétaires jusqu'alors, peuvent espérer par leur travail et par leur économie s'élever au rang de fellah. Il serait également rigoureux de les priver du bénéfice auquel leur qualité de membre du douar pouvait leur donner des droits. — Les situations de cette nature constituent ce que le règlement a entendu dire par l'état des populations. Il y a loin néanmoins de cette appréciation équitable des droits de chacun à l'application d'une loi agraire qui troublerait profondément la société arabe, en détruisant les véritables bases sur lesquelles le sénatus-consulte a voulu fonder la propriété.

La commission aura souvent à constater l'existence dans les douars de certaines terres qui constituent, pour ainsi dire, l'apanage des chefs, et sur lesquelles ces derniers n'ont qu'un droit de jouissance transitoire et révocable comme leur commandement. Ces terres seront rattachées aux biens communaux lorsqu'il n'y aura pas lieu de les comprendre dans le territoire à partager. — Dans cet ordre d'idées, les travaux préliminaires dont les sous-commissions auront à s'occuper comportent une enquête approfondie dans chaque douar sur l'état des individus, sur l'état actuel de la possession, sur les droits qui en résultent pour les occupants. Elles rechercheront les usages locaux, les traditions, les faits historiques ou administratifs qui ont pu modifier la situation de chacun. En un mot, leurs investigations embrasseront les questions de la propriété dans tous ses détails afin de sauvegarder tous les intérêts.

À l'aide de ces documents, les commissions prépareront sur les lieux un projet d'allotissement, dont le cadre pourra être calqué utilement sur les opérations analogues faites par la commission des transactions et partages qui a fonctionné dans la province d'Alger jusqu'à ces derniers temps. On devra respecter, autant que possible, les divisions anciennes du sol : elles sont connues des populations, elles portent des dénominations qui aident

à faire reconnaître la situation des biens de chacun sans avoir recours à des plans.

Ce projet d'allotissement, dressé avec le concours des djemaâs des douars, sera communiqué aux intéressés par les soins mêmes des commissions, qui devront prendre toutes les mesures nécessaires pour que les réclamations soient produites dans le délai fixé. Un procès-verbal dressé par le président de la commission donnera date certaine à la communication et une enquête sera aussitôt ouverte dans chaque douar pour recevoir les réclamations des intéressés. — Le délai d'un mois expiré, l'enquête sera close et la commission se réunira pour statuer définitivement sur le projet d'allotissement. Le pouvoir dont elle est investie à cet égard est considérable, puisqu'il lui confère le droit de prononcer souverainement entre particuliers sur des questions de propriétés. Il a paru nécessaire, dans l'intérêt même des familles, d'étendre jusqu'à ce degré la compétence des commissions. Les droits de ces familles reposent sur la tradition, sur des appréciations de faits matériels et moraux qui ne peuvent être bien compris que sur les lieux et au moyen de relations directes avec les populations. Les tribunaux ordinaires n'eussent pas suffi à cette tâche.

Les contestations réglées, le projet d'allotissement modifié, s'il y a lieu, la commission veillera à ce qu'il soit fidèlement repéré sur le terrain à l'aide d'un bornage qui sera exécuté aux frais des intéressés. — L'ensemble des opérations donne lieu aux formalités administratives prescrites par l'art. 29, et la constatation de la propriété individuelle ne sera définitive que lorsqu'elle aura été sanctionnée par des décrets. — L'administration délivrera aux ayants droits des titres portant, en arabe et en français, le nom du propriétaire, le numéro de la matrice foncière de chaque propriété, sa situation et son étendue. — La délivrance de ces titres fera cesser le droit la restriction édictée par l'art. 3 du sénatus-consulte, en ce qui concerne la liberté des transactions immobilières.

TIT. 6.

L'art. 33 porte que les frais de bornage et les frais de justice seront à la charge des tribus et des douars. — Ces dépenses ne sauraient en effet concerner l'État qui aura d'ailleurs à pourvoir à toutes celles que pourront entraîner les opérations des commissions. Néanmoins, il y aura lieu d'examiner, après expérience faite des premières opérations, s'il ne conviendrait pas de faire également supporter aux tribus une partie de ces dépenses. En attendant, il y sera pourvu au moyen des crédits disponibles du chap. 12 du budget de l'État (colonisation et topographie).

L'art. 34 maintient en principe l'obligation pour les tribus du Tell de recevoir à certaines époques de l'année sur leurs communaux les troupeaux des Sahariens. De temps immémorial les tribus du Sahara descendent dans le Tell pour y rechercher les pâturages qui leur font défaut sur les hauts plateaux. Ces migrations périodiques n'ont pu créer aux nomades des titres absolus de jouissance, mais il convenait de ne pas troubler des usages anciens et de réserver l'avenir tout en respectant les droits de propriété des tribus. Les indemnités dues par les nomades seront réglées par l'administration.

Les réserves imposées aux tribus par l'art. 35 sont justifiées bien plus par leur propre intérêt que par celui de l'État. Aussi devra-t-on les établir, non-seulement sur le parcours des grandes voies de communication, mais aussi sur les chemins de moindre importance, fréquentés par les indigènes et aux points qui leur servent habituellement de gîtes.

Ces instructions, qui ont pour but de fixer les principes généraux d'après lesquels on doit procéder à la constitution de la propriété dans les territoires occupés par les Arabes, ne sauraient prévoir toutes les difficultés et les circonstances accidentelles qui pourront se présenter dans l'exécution. Chaque fois qu'il y aura lieu à interprétation soit du sénatus-consulte, soit du règlement, le gouverneur général devra en référer à l'empereur. — Le gouverneur général devra en outre rendre compte à l'empereur par des rapports spéciaux de la marche successive des opérations.

Le maréchal ministre de la guerre,

Cte RANDON.

Mesures d'exécution.

Circ. G. — 7 juill. 1863. — BG. 87. — *Instructions sur les points suivants : — 1° Régularisation des attributions territoriales consenties antérieurement au sénatus-consulte au profit d'Européens ou d'indigènes, pourvu, toutefois, que les intéressés aient fait acte de possession ou d'exploitation réelle. — 2° Liberté des transactions privées à l'égard des biens melk. — 3° Territoire axels. Mode d'abandon au profit des indigènes par décrets spéciaux. — 4° Territoires provenant de séquestre. Abandon aux indigènes atteints par le séquestre de ceux dont la jouissance leur a été laissée. Compensation à attribuer aux indigènes évincés par suite de prélèvements faits dans l'intérêt de la colonisation. — 5° Compensation à attribuer aux douars ayant subi une distraction de territoire ; — 6° Revendication des propriétés melk et beylick et modèle des états à fournir par les commissions et les réclamants.*

Circ. G. — Même date. — *Prescriptions relatives au concours du service topographique, aux plans à dresser et aux croquis visuels ou cas où le territoire ne serait pas levé.*

Circ. G. — 9 juill. 1863. — BG. 87. — *Institution de deux sous-commissions dans chacune des trois provinces. — Nombre des membres titulaires fixé à trois. — Mode de nomination.*

Circ. G. — Même date. — *Indemnités allouées aux membres des commissions et sous-commissions.*

Circ. G. — 10 juill. 1863. — BG. 87. — *Forme et tenue des registres et bulletins à établir par les sous-commissions.*

A G. — 14 juill. 1863. — BG. 87. — *Mode de formation des djemads de tribus et de douars et de désignation de leurs délégués auprès des commissions et sous-commissions.*

Circ. G. — Même date. — *Instructions sur l'exécution de l'arrêté qui précède.*

Circ. G. — 6 août 1863. — BG. 111. — *Modèle des bulletins individuels à établir en exécution de la circulaire du 10 juill. 1863.*

Décis. I. — 12 août 1863. — BG. 91. — *Institution de deux commissions par province, pour opérer simultanément en territoire civil et en territoire militaire. — Nomination des présidents.*

Décis. G. — 15 et 28 juill. 1863. — BG. 92. — *Nomination des autres membres devant composer les six commissions provinciales.*

Décis. G. — 15, 28 juill. et 28 août 1863. — BG. 92. — *Adjonction de deux sous-commissions à chacune des six commissions provinciales. — Nomination de leurs membres.*

Circ. G. — 7 oct. 1863. — BG. 96. — *Tenue du registre à ouvrir pour l'inscription des oppositions aux revendications.*

Circ. G. — 15 oct. 1863. — BG. 96. — *La transmission et l'affectation hypothécaire des biens melk situés en territoire militaire sont, dès à présent, déclarées libres et légales (addition à la circulaire du 7 juill. 1863, ci-dessus).*

Circ. G. — 6 nov. 1863. — BG. 96. — *Recommandation de hâter la constitution de la propriété individuelle dans les cantons forestiers.*

Circ. G. — 10 nov. 1863. — BG. 96. — *Instructions sur la revendication par le domaine du sol forestier. — Un agent du service des forêts sera détaché avec voix consultative auprès de chacune des commissions ou sous-commissions qui auront à opérer sur le sol forestier.*

Circ. G. — 4 déc. 1863. — BG. 96. — *Instructions sur la revendication par le domaine des immeubles domaniaux.*

Circ. G. — 23 janv. 1864. — BG. 111. — *Solution des neuf questions suivantes : — 1° Un simple énoncé de la nature des titres de propriété joints à l'appui d'une revendication est suffisant lorsqu'il n'y a pas opposition. — 2° Un immeuble indivis peut être revendiqué par le chef de famille au nom de ses coayants droit, comme en son nom propre. — 3° L'avis d'une opposition doit être signifié en la forme administrative. Le délai de recours en justice ne court qu'à partir de cette signification. — 4° Les djemads ayant seules qualité pour former opposition, il n'y a pas lieu de s'arrêter à celles qui seraient formées isolément par des indigènes. — 5° S'il s'agit d'un immeuble frappé de séquestre, et que l'opposant porte sa cause devant un tribunal civil, il y a lieu d'élever le conflit. — 6° Le service forestier est tenu, sous sa responsabilité exclusive, de faire connaître en temps opportun à celui des domaines les immeubles à revendiquer pour être rattachés au sol forestier. — 7°, 8° et 9° Délai dans lequel les oppositions ou revendications du domaine seront notifiées et mode d'instruction de ces demandes. (V. ci-après circ. du 23 mars.)*

Circ. G. — 15 fév. 1864. — BG. 111. — *Instructions relatives à l'établissement des procès-verbaux constatant les revendications de biens beylick ou melk non suivies d'opposition.*

Circ. G. — 17 fév. 1864. — BG. 111. — *Participation des indigènes aux dépenses occasionnées par l'exécution du sénatus consulte.*

Circ. G. — 20 fév. 1864. — BG. 111. — *Devoirs des commissions en ce qui concerne la délimitation des tribus, et exposé des cas où elles devront se rendre sur les lieux.*

Circ. G. — 1er mars 1864. — BG. 111. — *Confection pour les territoires non levés de plans périmétriques suffisants pour les deux premières opérations relatives à la délimitation des tribus et à leur répartition entre les douars.*

Circ. G. — 7 mars 1864. — BG. 111. — *Composition des commissions en ce qui concerne le service des bureaux arabes. Les commissions instituées opèrent indifféremment en territoire civil et en territoire militaire.*

Circ. G. — 11 mars 1864. — BG. 111. — *Solution des 12 questions suivantes : — 1° Il ne doit pas être constitué d'apanages pour les chefs indigènes. — 2° Réserve des droits d'usage des nomades. — 3° Réserve des territoires de bivouac des nomades. — 4° Réserve des territoires propres aux bivouacs et haltes des troupes. — 5° Les emplacements nécessaires pour la construction des maisons de cantonniers devront être, à l'avenir, acquis par l'État* *à l'amiable ou expropriés pour utilité publique.* — 6° *Tout terrain affecté présentement au passage doit être constaté par les commissions et considéré comme appartenant à la voirie.* — 7° *Les voies d'accès aux sources, cours d'eau, lacs, fontaines, abreuvoirs, ainsi que leurs francs-bords et les différents modes de jouissance usagère doivent être également constatés.* — 8° *Les broussailles qui se rattachent à des terrains évidemment boisés appartiennent à l'Etat.* — 9° *Attribution des olivettes greffées ou non greffées au propriétaire du sol, sauf en Kabylie où des usages spéciaux sont en vigueur.* — 10° *Constatation et délimitation des emplacements actuels des mechta d'hiver.* — 11° *L'administration ne doit intervenir dans les règlements de pâturage d'été et d'hiver entre les fractions d'une tribu que pour faciliter les transactions.* — 12° *Sentiers à réserver pour la surveillance des lignes télégraphiques. Les commissions ne doivent constater que les faits existants. Il sera pourvu aux besoins ultérieure d'après le droit commun.*

Circ. G. — 18 mars 1864. — BG. 107.— *Règles sur tous les détails d'exécution des formalités de transcription, d'enregistrement et de timbre des décrets, actes et titres qui résulteront de l'application du sénatus-consulte.*

Circ. G. — 23 mars 1864. — BG. 111.— *Délai dans lequel les oppositions des djemads doivent être notifiées au service des domaines.*

Circ. G. — 25 avr. 1864. — BG. 113.— *Tout projet de délimitation doit indiquer : 1° les superficies attribuables à la tribu collectivement. 2° les superficies distraites au profit de l'Etat, des services publics ou de la colonisation, de même que les biens beylick ou melk qui ne sont pas de nature à entrer dans la composition de la masse destinée aux partages.*

AG.—30 avr. 1864.—BG. 110.—*Institution dans chacune des 15 subdivisions de l'Algérie, d'une nouvelle commission dont les opérations s'étendront progressivement à l'ensemble des territoires civils et militaires compris dans la circonscription de la subdivision.*

AG. — Même date. — *Institution dans chaque cercle ou district d'une sous-commission qui sera constituée au fur et à mesure de l'exécution des opérations de délimitation. — Désignation de 9 districts et de 12 cercles dans lesquels les sous-commissions sont dès à présent constituées. — Nomination de leurs membres. — Les anciennes sous-commissions seront dissoutes après l'achèvement des travaux commencés.*

Circ. G.—2 mai 1864.—BG. 113.—*Désignation des territoires de tribus sur lesquels les anciennes sous-commissions doivent continuer et achever leurs opérations.*

Circ. G.— 1er mars-23 avr. 1865. — BG. 144. — *Instructions aux généraux commandant les divisions relatives à l'exécution du sénatus-consulte du 22 avr. 1863, et annulant toutes les circulaires et arrêtés antérieurs.*

Des lenteurs, regrettables à plus d'un titre, ont été jusqu'à ce jour apportées dans l'exécution du sénatus-consulte, et il est nécessaire d'y mettre un terme en donnant aux commissions administratives des règles claires et précises qui préviennent toute espèce d'hésitation. Tel est le but des Instructions que je vous adresse ; elles annulent les circulaires et arrêtés que vous avez reçus antérieurement. —

L'Empereur a dit, dans sa lettre du 6 fév. 1863 au maréchal duc de Malakoff : — « J'ai chargé le maréchal Randon de préparer un projet de sénatus-consulte, dont l'article principal sera de rendre les tribus ou fractions de tribus propriétaires incommutables des territoires qu'elles occupent à demeure fixe et dont elles ont la jouissance à quelque titre que ce soit. » — Il ne s'agit donc que de constituer la propriété là où, la terre n'étant pas melk, sa possession n'est ni définie ni garantie d'une manière suffisante par les art. 10 et 12 de la loi du 16 juin 1851.

En présence du texte de l'art. 10, les droits des particuliers ont été respectés et chaque propriétaire a pu vendre, hypothéquer ou transmettre par héritage sa terre, sauf à faire régler par les tribunaux les contestations. Mais les tribus ou fractions de tribus se sont trouvées dans des conditions bien différentes. On s'est demandé ce qu'on devait entendre par *les droits de propriété et de jouissance* que l'art. 12 reconnaissait *tels qu'ils existaient au moment de la conquête.* Les discussions, les doutes qui s'élevèrent à ce sujet aboutirent à un projet de décret relatif au cantonnement, projet soumis à l'examen du conseil d'Etat, et retiré par le gouvernement en présence des graves objections qu'il souleva. — C'est cette incertitude sur la valeur des droits de propriété et de jouissance des tribus ou fractions de tribus, incertitude incompatible avec toute espèce de progrès en Algérie, que l'Empereur a voulu faire cesser. — Ce n'est donc que dans les tribus ou fractions de tribus chez lesquelles la terre est arch (ou sabega, suivant l'expression employée sur certains points), que le sénatus-consulte doit recevoir toute son application, telle que la définit l'art. 2 de cet acte public. — Dans les tribus melk, les opérations se borneront simplement à la délimitation de la tribu et à la répartition de son territoire entre les douars. — La pensée de l'Empereur bien comprise, le but du sénatus-consulte clairement établi, voici les dispositions auxquelles on se conformera :

Tit. 1. — *Opérations qui précèdent l'application du sénatus-consulte.*

Chap. 1. — *Attributions territoriales à régulariser.*

Il est une opération préliminaire qui doit être entreprise et menée à terme avant le début de toutes les autres, avant même l'apparition des décrets désignant les tribus où seront appliquées les nouvelles instructions pour la délimitation du territoire de la tribu et la répartition de ce territoire entre les douars : c'est celle qui consiste à régulariser les attributions territoriales consenties antérieurement au sénatus-consulte au profit d'Européens ou d'indigènes.

Le § 2 de l'art. 1 du sénatus-consulte qui confirme tous actes, partages ou distractions de territoire intervenus entre l'Etat et les indigènes, relativement à la propriété du sol, a été interprété dans le sens le plus bienveillant pour tous les intérêts par les instructions générales du 11 juin 1863. Il en résulte que dans le cas où des ventes, partages, concessions ou attributions diverses de territoire, au profit d'Européens ou d'indigènes, auraient reçu, avant la promulgation du sénatus-consulte, un commencement d'exécution, bien que n'étant pas encore définitivement régularisés, tous ces actes seront confirmés par décrets impériaux, pourvu toutefois que les intéressés aient fait preuve de possession et d'exploitation réelles antérieurement au sénatus-consulte. Cette confirmation aura lieu quelles que soient l'origine et la nature des terres sur lesquelles porteront les attributions à régulariser. — Pour me mettre à même d'appliquer cette mesure équitable, vous aurez à faire établir dans tout le territoire dont l'administration vous est confiée et m'adresser d'urgence un état collectif des prises de possession, afin que les incidents de l'espèce soient complétement apurés avant le commencement des travaux des commissions.

Afin d'éviter toute cause d'erreur ou de malentendu, je crois devoir préciser le sens de cette partie des instructions générales du 11 juin. — Il y a d'abord lieu de remarquer que ces instructions ne s'appliquent en aucune manière aux prises de possession que le domaine a effectuées antérieurement au sénatus-consulte, soit à son profit, soit au profit des divers services publics ou de la colonisation; ces prises de possession étant rendues définitives par les dispositions du § 2 de l'art. 1 du sénatus-consulte, n'ont plus besoin d'être homologuées. — Le mode exceptionnel de régularisation prescrit n'a en vue que de pourvoir à la situation dans laquelle se trouvent divers Européens ou indigènes installés, avec l'assentiment de l'autorité, sur un territoire quelconque.

Ces attributions à régulariser peuvent avoir eu pour point de départ: — 1° Une promesse d'échange ou de transaction; — 2° Une promesse de concession. — Dans le premier cas, qui implique beaucoup moins l'idée d'une faveur que d'une convenance administrative, l'attribution est susceptible d'être régularisée, quelle que soit l'étendue de l'immeuble, à la seule condition qu'il y ait eu de la part de l'attributaire prise de possession. — Dans le second cas, au contraire, l'attribution ne peut être régularisée, en tout ou en partie, que lorsque la prise de possession a été suivie d'une exploitation réelle dont les travaux et les dépenses seront soigneusement estimés. S'il n'est pas parfaitement établi que la promesse de concession soit antérieure à la promulgation du décret du 23 juill. 1860, la contenance à attribuer définitivement doit être limitée au maximum de 50 hect. fixé par l'art. 23 de ce décret.

Les états, préparés d'après ces données, feront connaître le nom de l'occupant, la situation et l'étendue de l'immeuble, la nature et l'importance des travaux exécutés, la décision qui a autorisé la prise de possession, la date de cette décision et celle de l'occupation. Ces états seront conformes au modèle A; il y sera joint une expédition du plan au 1/10,000 de chaque parcelle qui sera l'objet d'une proposition. — Le retard apporté, jusqu'à présent, à l'établissement de ce travail ne permet plus de me l'adresser en temps opportun pour les tribus déjà désignées à l'application du sénatus-consulte. Je vous autorise donc, exceptionnellement, et à raison de l'urgence, mais pour ces tribus seulement, à remettre une copie de vos propositions de régularisation aux commissions administratives en même temps que vous me les enverrez à moi-même; vous inviterez les commissions à tenir compte de ces propositions dans leurs opérations, sans attendre la décision à intervenir. — Toutefois, comme je désire qu'une pareille dérogation ne se reproduise plus, j'insiste de nouveau pour que vous hâtiez l'établissement des susdits états dans toute votre province et que vous me les fassiez parvenir sans délai.

CHAP. 2. — Azels.

Les populations des azels ne sont point dans les mêmes conditions que celles qui vivent sur les terres arch ou melk, les azels étant la propriété de l'État; néanmoins, il est dans l'esprit du sénatus-consulte de constituer aux occupants, dans certains cas et dans de certaines limites, des droits définitifs sur une partie du sol, dont, en principe, ils ne sont que les locataires. Mais l'Empereur se réserve de statuer, par des décisions spéciales, sur les propositions qui devront lui être soumises pour établir au profit de ces indigènes, la propriété communale et la propriété individuelle. Ce n'est qu'après ces décisions qu'il pourra être procédé aux opérations prescrites par le sénatus-consulte.

Les azels doivent donc être préalablement l'objet d'un travail préparatoire. Il ne s'agit plus ici, en effet, de la reconnaissance d'un droit, mais de l'attribution d'une faveur. Il est nécessaire, par suite, de rechercher, parmi les habitants de l'azel, ceux qui présentent des titres sérieux et incontestables à l'obtention de cette faveur, et, en même temps, de désigner les familles et les individus qui ne doivent pas en bénéficier. Cette constatation est une opération extrêmement délicate; car il est juste, dans la constitution de la propriété qui s'opère aujourd'hui, de ne pas écarter d'une manière absolue une certaine catégorie d'indigènes, parce qu'ils sont établis sur des azels; il est aussi indispensable de se rappeler que ces azels sont des propriétés de l'État, et que rien n'oblige ce dernier à se dessaisir de son bien pour satisfaire des intérêts privés, quelque légitimes qu'ils soient. — Le caractère gracieux de cette mesure étant bien établi, il reste à formuler les règles qui devront présider à l'exécution.

Les populations vivant sur les azels ne présentent généralement pas, surtout depuis que la location de ces terres a eu lieu par la voie des enchères publiques, le caractère de stabilité et de permanence qui est la première condition exigée pour l'attribution du sol occupé. Ce sont souvent des sous-locataires ou des khammès qui changent après chaque bail et n'ont pas d'intérêts sérieux dans le pays. Quelquefois aussi des individus quittent pour un motif ou pour un autre leur tribu et vont s'installer sur un azel d'une manière transitoire, sans, pour cela, renoncer à l'idée de revenir plus tard au milieu de leurs frères. La partie véritablement fixe, celle qui a ses tombeaux de famille dans l'azel, qui s'y est créé des intérêts par la culture de jardins ou la plantation d'arbres, est peu nombreuse, du moins dans la plaine, et c'est la seule dont il y ait à se préoccuper.

Ainsi, toute la portion flottante de cette population appartient à des tribus plus ou moins rapprochées de l'azel; il est donc naturel de la pourvoir de terrains dans ces tribus. Elle comprend aussi des étrangers qui n'ont pas de racine dans le pays, et auxquels il ne peut être question d'accorder une faveur dont nous devons être très-sobres, même pour nos sujets algériens. — C'est à déterminer les individus composant la population fixe de chaque azel que consistera le travail préparatoire que vous aurez à m'adresser, pour que je puisse solliciter une décision impériale autorisant l'application du sénatus-consulte dans ces territoires. Je ne me dissimule pas les difficultés que présentera un pareil classement; mais je dois compter beaucoup sur le zèle et l'intelligence de la commission spéciale chargée de cette mission; car il est impossible de prévoir toutes les situations pouvant se rencontrer. Voici quelques instructions destinées à servir de ligne de conduite:

La commission procédera d'abord sur chaque azel isolément. Elle constatera, par l'examen des registres du domaine, les changements de locataires qui ont eu lieu dans la période des dix dernières années au moins; elle examinera si ces changements ont été le résultat de mesures administratives ou de toute autre cause. De ce premier renseignement elle pourra déduire quelques notions sur la nature de la population qui occupe l'azel. Elle établira ensuite un état statistique, où cette population sera portée famille par famille. L'état indiquera pour chaque famille le nombre des membres, son origine, le temps depuis lequel elle réside sur l'azel, les intérêts qu'elle peut y avoir créés (jardins, plantations, défrichements, etc.), la composition de son cheptel et sa position de fortune ; la commission s'assurera aussi que la famille y a ses tombeaux. Enfin, une dernière colonne sera consacrée à l'exposé des motifs qui déterminent à en demander le maintien ou l'expulsion.

Une fois ce premier travail achevé, la commission divisera la masse des azels par groupes ou zones renfermant des populations et des terrains semblables, présentant aussi des conditions climatériques analogues ; par exemple, les azels de l'oued K'ton, ceux du Zouagha, etc., de la province de Constantine. Elle évaluera d'après ses états statistiques le nombre de familles à conserver dans chaque groupe ou zone ; elle en déduira ses propositions, soit pour leur attribuer un azel entier, et laisser les autres intacts au domaine, soit pour les maintenir sur les azels qu'elles occupent, mais en les resserrant dans la proportion exacte de leurs besoins. On préférera cette dernière combinaison lorsque l'existence de nombreux jardins sur l'azel, l'occupation par une population fixe considérable, la location faite de gré à gré à la djemaâ, au lieu de l'être aux enchères publiques, révèleront pour les usufruitiers actuels un caractère de permanence dans la jouissance du sol. Dans tous les autres cas, on choisira le premier mode, qui offrira l'avantage de réserver au domaine des espaces considérables d'un seul tenant et, par suite, propres à créer des centres européens.

La commission sera donc appelée à faire, sur le papier, une sorte de cantonnement. Elle n'aura pas à procéder comme les commissions administratives qui prennent une tribu composant un tout déterminé qu'elles subdivisent en un certain nombre de parties ; ici, au contraire, elle formera d'abord les parties, d'après les besoins de chaque famille, et de la réunion de ces parties elles constituera le tout.—Ce travail me sera transmis par vous avec votre avis. Vous joindrez à l'appui tous les plans et croquis nécessaires pour permettre d'apprécier la portée et la convenance des propositions de la commission.

Ce n'est que lorsque cette opération préparatoire sera terminée, que j'en aurai soumis les conclusions à l'Empereur et que S. M. aura daigné statuer, qu'il pourra être question de procéder à l'application du sénatus-consulte. Alors les commissions administratives et les sous-commissions seront appelées à fonctionner sur ces territoires dans le sens et dans les limites que j'indiquerai. De là résulte la nécessité de commencer, dès à présent, les reconnaissances qui doivent permettre d'établir les documents dont je viens de vous entretenir. Vous aurez donc à constituer de suite la commission qui sera chargée de procéder à cette importante opération.—Elle sera composée : — 1° D'un conseiller de Préfecture, président ; — 2° D'un vérificateur des domaines, membre remplissant les fonctions de secrétaire ; — 3° D'un adjoint de la direction provinciale des affaires arabes, membre.—On lui adjoindra un interprète militaire et un géomètre qui n'auront pas voix délibérative. — Elle sera assimilée, pour les indemnités et frais de bureau, aux commissions administratives fonctionnant par subdivision, et aura droit aux mêmes indemnités dans les mêmes conditions et circonstances. Il sera attribué au géomètre les allocations que reçoivent ses collègues employés dans les commissions et sous-commissions.

Vous donnerez des ordres pour qu'on mette à la disposition de cette commission, soit dans les bureaux arabes, soit au service topographique, soit au service du domaine, toutes les pièces et renseignements dont elle pourrait avoir besoin. Vous

prendrez en outre les mesures que vous croirez propres à concourir d'une manière efficace à l'accomplissement de sa mission. Si une seule commission était insuffisante, j'en instituerais plusieurs sur votre demande.

Une grande partie de la population des azels devant retourner dans les tribus dont elle est originaire, il convient de faire connaître et de répandre, autant que possible, la teneur des dispositions qui viennent d'être formulées. On informera les indigènes qui se trouvent dans ce cas, que le sénatus-consulte est en voie d'application dans les tribus, que leur absence dans un pareil moment leur enlèverait toute espèce de droits au partage qui va se faire ; que, d'un autre côté, ils n'ont rien à prétendre sur l'azel où ils se trouvent, qu'un plus long retard à rejoindre leurs tribus pourrait les mettre dans la fâcheuse situation d'être privés de terrains alors que leurs frères vont tous en être pourvus.

Ces avertissements détermineront, sans doute, bon nombre d'habitants des azels à se retirer pour ne pas s'exposer à sacrifier leurs droits dans la tribu d'où ils sont originaires, et ce départ facilitera la tâche de la commission, en même temps qu'il régularisera la position de bien des individus. Je sais qu'il est à craindre que les locataires d'azels ne se plaignent de ce que cette mesure leur enlève les bras dont ils ont besoin. Mais cette considération, quoique sérieuse, ne doit pas empêcher l'administration d'agir ainsi qu'il vient d'être dit ; car elle ne peut pas procéder par surprise à l'égard d'une classe d'indigènes qui, s'ils n'étaient pas dûment prévenus, exciperaient certainement de leur ignorance pour réclamer plus tard des terres qu'on ne pourrait leur donner. Je regarde cette espèce de publication comme un acte de bonne foi dont nous ne devons pas nous dispenser, acte que personne ne pourra incriminer, puisque, du reste, nous laisserons les intéressés entièrement libres d'agir, comme bon leur semblera.

Il est bien entendu que les azels dont il vient d'être question sont ceux qui sont compris dans la première catégorie des biens domaniaux, dont l'Etat a déjà pris possession effective ou qui sont simplement inscrits sur les sommiers de consistance du domaine. Ceux de la deuxième catégorie, c'est-à-dire dont le domaine n'a pas encore fait l'inscription sur ses registres, seront l'objet d'opérations ultérieures qui ne pourront avoir lieu que lorsque les droits de cette administration seront incontestablement établis.

CHAP. 3. — *Territoires provenant du séquestre.*

L'instruction générale classe les territoires provenant du séquestre en trois catégories. — 1° Ceux dont la jouissance a été laissée, aux indigènes atteints par le séquestre. Le sénatus-consulte a pour effet d'annuler le séquestre dans ce cas, et les tribus qui se trouvent dans cette situation seront soumises aux opérations du sénatus-consulte, comme si elles n'avaient pas été frappées par le séquestre. — 2° Ceux où les populations ont été resserrées par suite de l'attribution d'une partie de ces territoires aux besoins de la colonisation. Le séquestre alors n'est annulé que sur la portion occupée par les indigènes. C'est sur cette portion seulement qu'auront lieu les opérations du sénatus-consulte, et, en général, on doit penser qu'elle sera suffisante pour satisfaire la population qui l'habite. Si, cependant, la commission était amenée à constater qu'il y a insuffisance réelle pour atteindre ce but, elle ferait des propositions motivées, pour demander des compensations qui alors devraient nécessairement être prélevées sur des terres domaniales. Je recommande la plus grande réserve dans ces sortes de circonstances, les terres domaniales ne devant être aliénées qu'à bon escient et pour parer à des besoins bien reconnus. — 5° Ceux enfin qui ont été entièrement repris aux populations. Dans ce cas, le séquestre est maintenu dans tout son effet, et il est indispensable d'attribuer sur d'autres points, aux indigènes ainsi évincés, des compensations suffisantes. Ces compensations devront généralement être opérées par l'installation définitive de ces populations, sur une partie des territoires qu'elles occupent aujourd'hui en fait. — Tout ce qui a été dit à propos des azels et des travaux préparatoires qu'ils nécessitent, est applicable dans les deux derniers cas que je viens d'examiner. Ce ne sera donc que par des décisions spéciales de l'Empereur qu'il sera statué au sujet de ces tribus.

Tit. 2. — *Organisation du personnel employé à l'exécution du sénatus-consulte.*

L'exécution du sénatus-consulte est confiée à des commissions administratives et sous-commissions aux opérations desquelles prennent part les djemaâs des tribus et des douars.

Chap. 1. — 1° *Commissions administratives*

En vertu des dispositions de l'art. 2 du décret du 23 mai 1863 et de la décision impériale du 16 avr. 1864, il est institué dans chacune des subdivisions de l'Algérie une commission administrative dont les opérations comprendront l'ensemble des territoires civils et militaires de la circonscription subdivisionnaire. — Cette commission sera composée de la manière suivante : — Le commandant de la subdivision, président ; — Un sous-préfet, ou un conseiller de préfecture, ou un membre du conseil général de la province , ou, enfin, un commissaire civil, vice-président ; — Le chef du bureau arabe de la subdivision, membre ; — Un vérificateur des domaines, membre, remplissant les fonctions de secrétaire. — Ces membres auront seuls voix délibérative, et seront nommés par moi sur vos propositions. — Il sera adjoint à chaque commission, en qualité d'auxiliaires, un interprète et des géomètres que vous désignerez ; j'appelle d'une manière particulière votre attention sur le choix de ces derniers. — Lorsqu'une commission devra opérer sur des terrains d'une nature forestière, elle sera assistée, sur votre désignation, d'un sous-inspecteur ou d'un garde général des forêts, qui aura voix consultative seulement. Les intérêts de l'État sont représentés par l'agent des domaines ; le service forestier n'intervient que pour fournir des renseignements spéciaux. — Les membres des commissions seront pris, autant que possible, dans les chefs-lieux des subdivisions. Il ne sera dérogé à cette disposition que dans le cas où l'intérêt du service l'exigerait. — A chaque commission peuvent être attachés cinq militaires, deux comme secrétaires copistes, deux comme chaîneurs, un comme borneur. — Les commissions administratives étant composées de quatre membres titulaires, en cas de partage des voix, celle du président est prépondérante. — Le président peut se faire remplacer, pour les opérations sur le terrain et même pour le travail de cabinet, par le vice-président ; mais il ne devra user de cette faculté que dans des cas exceptionnels, lorsque sa présence sera indispensable ailleurs ; il vous rendra compte des motifs qui l'obligent à déléguer ses fonctions au vice-président ; toutefois, même dans ce cas, la correspondance aura lieu entre vous et le président. — Il y a à distinguer entre l'absence momentanée du président ou d'un membre d'une commission et leur absence en vertu d'un ordre régulier de service. Dans le premier cas, le président de la commission conserve la présidence, bien que dirigeant les opérations à distance. Dans

le second cas, il est remplacé comme commandant de la subdivision, et l'intérimaire prend la présidence. S'il s'agit d'un membre de la commission, son absence momentanée n'ouvre la suppléance que lorsque la commission, y compris son président, est réduite à moins de trois membres. Si cependant l'absence de ce membre doit avoir une certaine durée, il est pourvu à son remplacement provisoire. — Il sera procédé par vos soins au remplacement provisoire des membres ; vous m'informerez de ces mutations, ainsi que de la rentrée des titulaires. — La commission ne pourra délibérer d'une manière valable si elle n'est composée de trois membres titulaires ou suppléants régulièrement nommés. — Les commissions administratives sont substituées aux anciennes commissions forestières. Elles n'auront, par suite, à fonctionner, pour les reconnaissances forestières, que sur les points où ces commissions forestières n'auraient pas déjà opéré ; les faits accomplis antérieurement au sénatus-consulte devant être respectés.

2° *Sous-commissions.*

A chaque commission sera adjointe une sous-commission par cercle, chargée de procéder aux opérations préliminaires de délimitation et de répartition, et de préparer l'instruction des contestations auxquelles ces opérations pourraient donner lieu. — La sous-commission de chaque cercle sera composée du chef ou de l'adjoint du bureau arabe du cercle, à tour de rôle, et d'un géomètre ; elle sera assistée au besoin d'un interprète. Dans le cercle administré directement par le commandant de la subdivision, le chef du bureau arabe étant membre de la commission, le premier et le deuxième adjoint rouleront entre eux pour le service de la sous-commission.

Les membres de ces sous-commissions seront nommés par vous, les officiers que je viens de désigner se relevant de façon que dès que l'un aura terminé une tribu sur le terrain, l'autre en commence immédiatement une nouvelle, et ainsi de suite. Dans le cas où l'un d'eux, membre d'une sous-commission, serait empêché, on le remplacerait par celui qui concourt avec lui à l'application du sénatus-consulte ; mais un officier stagiaire ne devra jamais prendre part à ces opérations. Vous ferez en sorte aussi de pourvoir d'urgence au remplacement d'un géomètre qui viendrait à manquer. — Quatre soldats seront attachés à chaque sous-commission, un comme copiste, deux comme chaîneurs et un comme borneur.

Chap. 2. — *Rapports des commissions administratives avec les sous-commissions.*

La sous-commission est destinée à préparer le travail de la commission ; elle se met en rapport avec le président de la commission par l'intermédiaire du commandant du cercle. Si le cercle est administré directement par le commandant de la subdivision, cet intermédiaire cesse d'exister. — De cette subordination, il résulte que le président de la commission dirige d'une manière permanente tous les travaux et ne fait entreprendre que des opérations dont il sera, par la suite, facile à la commission de s'assimiler les résultats.

Par décision de S. Exc. le ministre des finances, les présidents des commissions sont autorisés à correspondre avec franchise, sous bande ou par lettres fermées en cas de nécessité, et moyennant l'accomplissement des formalités voulues par l'art. 23 de l'ord. du 17 nov. 1844, avec les membres des commissions qu'ils président, avec les sous-commissions adjointes aux commissions qu'ils président, avec le général commandant la province à laquelle appartiennent ces mêmes commissions. — Les officiers des affaires arabes de sous-commissions adjointes aux commissions sont autorisés à correspondre avec franchise, dans les conditions énumérées ci-dessus, avec les présidents des commissions, avec les officiers des affaires arabes des sous-commissions de la même subdivision et avec le commandant du cercle où la sous-commission fonctionne.

CHAP. 3. — *Djemaâs.*

L'art. 3 du décr. du 23 mai dispose que les indigènes désignés par les tribus ou par les douars les représenteront près des commissions et souscommissions et seront admis à fournir les observations et les renseignements jugés nécessaires. — Ces désignations ne peuvent être faites que par les djemaâs. Ces djemaâs doivent donc être constituées préalablement à toute opération du S. C. — A cet effet, dès qu'un décret aura désigné une tribu pour qu'il y soit procédé à la délimitation du territoire et à la répartition de ce territoire entre les douars, vous devrez organiser la djemaâ de tribu qui aura à prendre part aux opérations conformément aux dispositions du décr. du 23 mai 1863.

Les djemaâs des tribus actuellement existantes seront maintenues ; il en sera institué là où il n'y en a pas. — Vous en choisirez les membres, dont je vous laisse le soin de fixer le nombre en raison de l'importance de la tribu, sans qu'il puisse dépasser douze, entre les hommes que leur position, leur expérience mettent en évidence. Ces hommes devront figurer parmi les plus imposés, être chefs de famille, âgés de 25 ans au moins, non judiciairement interdits, et n'avoir subi aucune peine afflictive ou infamante devant quelque juridiction que ce soit. Il y en aura au moins un dans le nombre apte à remplir les fonctions de secrétaire. — Lorsqu'il n'y a pas de djemaâ organisée, s'il existe dans la tribu même ou dans les tribus voisines d'anciens usages, des coutumes ayant quelque rapport avec l'institution des djemaâs, vous y aurez égard. — Le chef investi de la tribu est de droit président de la djemaâ ; mais il n'est pas compris dans le chiffre maximum de douze que j'ai fixé pour le nombre des membres.

Les membres des djemaâs anciennes comme ceux des djemaâs qui seront organisées recevront de vous un titre collectif de nomination qui régularisera la position des premiers et conférera aux autres leurs pouvoirs. — Ces titres resteront aux mains des présidents, auxquels vous ferez remettre aussi une instruction sur le rôle des djemaâs dans l'application du sénatus-consulte. — Je vous adresserai prochainement des imprimés pour les titres, ainsi que des instructions en nombre suffisant.

L'organisation des djemaâs de douars ne peut être effectuée qu'après les études préalables qui doivent déterminer la répartition du territoire de la tribu entre les douars. — Pendant que la souscommission procédera à la délimitation de la tribu, elle se renseignera sur les coutumes du pays et sur les personnes. Elle recueillera des indications qui vous guideront dans le choix qu'il y aura à faire. — Le douar, comme le comprend le sénatus-consulte, n'est autre chose que le germe de la commune arabe ; il pourra se composer de plusieurs douars tels qu'ils existent actuellement, et par douars, dans ce dernier cas, j'entends la réunion, quelque petite qu'elle soit, d'individus qui, par leur origine, leur état social, leurs habitudes, constituent un tout distinct dans la tribu. Il importe que chacune de ces agglomérations qui ont eu jusqu'à présent des intérêts séparés, soit représentée dans la djemaâ de douar par un ou plusieurs membres, suivant son importance, afin que ses droits puissent être, à l'occasion, discutés et défendus.

La djemaâ de douar se composera au plus de 8 membres, non compris son président, le cheikh investi de la fraction. — S'il arrivait que la tribu ne fût pas partagée en fractions, le chef investi déjà président de la djemaâ de tribu ne saurait l'être d'une djemaâ de douar, et vous auriez alors à nommer un président de la djemaâ, qui serait pris en dehors des 8 membres dont elle se compose. — Ces membres seront choisis dans les mêmes conditions que ceux de la djemaâ de tribu, d'après les indications fournies par la sous-commission et sur la proposition du commandant de la subdivision. Ils recevront, comme ces derniers, par vos soins, un titre collectif de nomination et une instruction destinée à leur faire connaître leurs attributions. — Le chef investi de la fraction pourra, si cette fraction se partage en plusieurs douars, se trouver président de plusieurs djemaâs ; cet inconvénient disparaîtra à mesure que la nouvelle organisation se complétera et prendra racine.

Les djemaâs de tribu représenteront l'intérêt de la tribu dans les cas déterminés par les art. 4, 9, 10, 11 et 12 du décr. du 23 mai 1863 ; elles désigneront deux de leurs membres pour les représenter auprès des commissions et sous-commissions, concurremment avec les chefs investis par l'autorité française qui, aux termes de l'instruction générale du 11 juin, font, dans tous les cas, partie de cette représentation. — Les djemaâs de douar désigneront dans le même but un de leurs membres comme délégué près des commissions et sous-commissions. Ces djemaâs représenteront le douar dans les divers cas spécifiés par les art. 9, 10, 11 et 12 (tit. 3), par le tit. 4 et par les art. 26, 27 et 29 (tit. 5) du décr. du 23 mai.

Les djemaâs recevront (art. 11 et 12 du décret du 23 mai) communication des demandes en revendication des biens melk ou domaniaux. Les présidents des commissions veilleront à ce que ces communications soient faites régulièrement et s'en assureront. — Les djemaâs délibéreront tant sur l'opposition à faire aux revendications que sur les instances à soutenir, le cas échéant. — Elles ont seules qualité pour former opposition au nom de la tribu ou du douar ; il importe de le leur faire bien comprendre. — L'opposition, s'il y a lieu, sera formée, dans le délai légal, à la diligence du président de la djemaâ, qui aura également qualité pour ester en justice, au nom de la tribu ou du douar, défendeurs en revendication. — La tribu ou le douar ne pourra plaider qu'en vertu d'une autorisation administrative émanant du général commandant la province. — Lorsque cette autorisation aura été refusée, la djemaâ pourra recourir au gouverneur général pour faire réformer la décision. — Pour qu'une djemaâ puisse délibérer valablement, il suffira de la présence de la majorité des membres dont elle se compose. — En cas d'absence du président, il sera remplacé par le doyen d'âge des membres présents. — En cas de partage des voix, celle du président sera prépondérante.

TIT. 3. — *Application du sénatus-consulte.*

CHAP. 1. — *Opérations des commissions et sous-commissions en territoire militaire*

1° *Opérations des sous-commissions.*

Tous les commandants des subdivisions doivent, dès à présent, réunir les renseignements qui sont de nature à faciliter leur travail. — Les commandants de cercle leur fourniront, pour les tribus de leur ressort qui seront soumises les premières à l'application du sénatus-consulte, des états statistiques aussi complets que possible. Ils y joindront un court historique de la tribu, quelques détails sur ses mœurs, sur ses habitudes, sur son territoire, et feront connaître comment le sol se divise en melks, propriétés domaniales, etc. A tous ces renseignements sera annexé un croquis suffisant pour donner une idée du pays où l'on va avoir à opérer. A l'aide de ces documents, les commandants de subdivision pourront, sans se rendre sur les lieux, diriger les sous-commissions dans leurs travaux préparatoires.

La commission administrative étant formée, son président mettra la sous-commission en mouvement Des instructions précises, minutieuses même, seront adressées à chaque officier des affaires arabes avant qu'il ne commence son travail. Il faudra surtout bien faire comprendre aux sous-commissions qu'elles n'ont aucune espèce d'initiative ; qu'elles ne peuvent prendre aucune décision ; que leur rôle se borne invariablement à constater ce qui est ; que, dans le cas de discussions à propos de limites en territoire arch, elles peuvent tenter d'arranger les choses à l'amiable, mais cela seulement après avoir exposé les motifs de la discussion à la commission et pris son avis et ses ordres. Circonscrire ainsi les attributions des sous-commissions me paraît indispensable pour qu'elles ne soient entre les mains de la commission qu'un instrument ne produisant que ce qu'on lui demande, et pour qu'elles ne se perdent pas dans des détails sans résultats utiles.

C'est aux présidents de commissions à bien se pénétrer de la valeur de ces recommandations, à maintenir les sous-commissions dans la voie qui vient d'être tracée, à surveiller constamment la marche des opérations, pour prévenir toute fausse interprétation et toute lenteur. Ils devront donner leurs ordres de façon que la marche du travail ne soit jamais arrêtée, s'étudier à prévoir les causes du retard qui sont si fréquentes, se tenir exactement au courant du fonctionnement de chaque sous-commission ; ils prescriront l'envoi des rapports et des comptes rendus qu'ils croiraient nécessaires ; je leur laisse plein pouvoir à cet égard. Ils m'adresseront, à la fin de chaque mois, par votre intermédiaire, un état indiquant sommairement les travaux effectués dans le mois par la commission et les sous-commissions. Cet état sera conforme au modèle n° 6.

Le commandant de la subdivision, comme président de la commission administrative, fera connaître dans chaque cercle relevant de son autorité, d'après les instructions qu'il aura reçues, l'ordre dans lequel les tribus du cercle désignées par les décrets seront soumises aux opérations du sénatus-consulte. Il joindra à cette notification les instructions qu'il jugera nécessaires pour la première tribu à entreprendre dans chaque cercle.

Aussitôt les sous-commissions se mettront à l'œuvre : l'officier des affaires arabes (chef ou adjoint), choisi pour la tribu, commencera la délimitation en suivant la limite point par point ; il sera assisté dans cette opération par les délégués de la tribu et des tribus limitrophes, comme cela est prescrit par l'art. 5 du décr. du 23 mai 1863. Il ne sera pas tenu de se borner aux renseignements fournis par ces délégués et interrogera, lorsqu'il le croira utile, tous autres individus qu'il jugera convenable. — Il cheminera ainsi, tant qu'il n'y aura pas de contestations, en faisant placer des bornes à tous les points où la limite ne serait pas suffisamment indiquée, le géomètre relevant avec soin tous les changements de direction et mentionnant exactement toutes les bornes sur son levé. Lorsqu'il se présentera une contestation, l'officier s'attachera à la régler à l'amiable, en employant tous les moyens de persuasion que son expérience du pays et sa connaissance des indigènes lui suggéreront. Si la difficulté est ainsi résolue, uniquement par la persuasion, la limite sera relevée comme si rien ne s'était produit. Un simple compte rendu au rapport descriptif mentionnera cet incident, en indiquant toutes ses phases. Si les parties refusent de s'entendre, la connaissance du litige sera réservée à la commission, et l'opération de la délimitation ne comprendra pas la portion contestée. — En procédant ainsi, relevant les points non contestés et y plaçant des bornes, l'officier arrivera rapidement à terminer la délimitation, toutes les difficultés, de quelque nature qu'elles soient, étant réservées à l'appréciation de la commission.

Ce premier travail étant effectué, la sous-commission, par l'intermédiaire du commandant du cercle, fera connaître au commandant de la subdivision que la délimitation de la tribu est achevée. — Le commandant de la subdivision prescrira alors de commencer la répartition par douars, et donnera en même temps l'ordre à l'officier des affaires arabes de recevoir les revendications qui se produiront pour le territoire qui vient d'être délimité.

L'art. 1 du décr. du 23 mai 1863 dispose que les décrets désignant les tribus où il doit être procédé aux opérations du sénatus-consulte seront insérés dans le *Bulletin officiel du gouvernement* et dans le *Mobacher:* qu'ils seront, en outre, affichés dans les chefs-lieux de subdivision et de cercle et publiés dans les marchés et dans les tribus intéressées. Cette publication sera complétée par l'apposition simultanée d'une affiche qui fera connaître le nom des tribus de la circonscription (subdivision ou cercle) désignée par le décret, et préviendra que la publicité donnée à ce décret doit être considérée comme un simple avertissement pour les intéressés.

Lorsque la délimitation de la tribu est terminée, une nouvelle publication est faite par les mêmes moyens et aux mêmes lieux, pour l'ordre de recevoir les revendications. Un exemplaire de l'affiche sera envoyé aux chefs du service des domaines et des forêts de la subdivision par le président de la commission. — Ces deux publications seront constatées par un procès-verbal du président de la commission. La deuxième constituera pour le service des domaines, pour les propriétaires des biens melk, pour les tribus et pour les douars, une mise en demeure de prendre toutes mesures conservatoires de leurs droits. Le délai de deux mois accordé pour les revendications de l'art. 10 du décret précité, courra à partir de la date du susdit procès-verbal dressé après l'accomplissement de toutes les formalités de la publication. Vous m'informerez de cette date en temps opportun et au besoin par le télégraphe, pour que je puisse prescrire l'insertion à faire au *Mobacher*. — Les affiches relatives à ces deux publications seront conformes aux modèles n° 1 et 2. Je vous en adresserai un nombre suffisant dès qu'elles seront terminées. Vous recevrez en même temps des imprimés de procès-verbaux (modèle n° 2 *bis*).

La répartition par douars commencera aussitôt l'ordre reçu. L'officier procédera comme il a été fait pour la tribu ; il sera accompagné par les délégués de la tribu et des fractions intéressées ; il délimitera définitivement toutes les portions de limites non contestées, cherchera à arranger à l'amiable les difficultés survenant dans les terrains arch et réservera à l'appréciation de la commission tous les litiges qu'il ne parviendra pas à régler. Cette partie de sa tâche étant très-délicate, il se mettra fréquemment en rapport avec le président de la commission, lui demandera des instructions pour tous les incidents qui se présenteront ; il se bornera à constater l'état des choses et à appliquer les solutions qui lui seront indiquées. Toute initiative, je le répète, lui est expressément interdite.

La commission, du reste, aura déterminé à l'avance, d'après les richesses, le territoire, les divisions existantes, les habitudes et la population de chaque tribu, le nombre de douars qu'il y aura lieu d'y former. Elle se sera attachée à constituer ces douars d'une étendue suffisante, en s'inspirant de cette pensée que le douar est la commune arabe future et doit, par conséquent, réunir les conditions de superficie et de peuplement convenables. L'officier chargé d'appliquer cette décision s'y conformera scrupuleusement : il établira les limites des nouveaux douars en consultant les habitudes locales, les exigences topographiques, en ayant la plus grande attention de laisser partout les terres à leurs détenteurs actuels et d'attribuer les communaux aux familles qui notoirement en ont la jouissance. On ne saurait donner ici tous les détails des soins qu'il faudra apporter dans cette importante question : la manière d'opérer variera nécessairement suivant la tribu où on aura à procéder. C'est aux commissions administratives, renforcées par les commandants de cercle, qu'il appartiendra de bien examiner les différents incidents qui pourront surgir, de régler les difficultés et de mener à bonne fin cette partie si considérable du sénatus-consulte.

La répartition par douars étant terminée, l'officier s'occupera de classer les groupes de terre, compris dans le territoire de chaque douar, suivant leur nature arch, communale, melk ou domaniale. Là encore il aura à laisser à la commission administrative l'examen de toutes les contestations, et il devra surtout s'abstenir de s'occuper de celles qui sont de la compétence des tribunaux. — Il est bien entendu qu'il recevra les revendications à mesure qu'elles se produiront, tout autre travail devant céder le pas à celui-là jusqu'au moment où le délai de deux mois sera expiré. Mais il lui sera généralement possible de mener ses opérations sur le terrain de front avec cette réception; il le fera toutes les fois que la chose sera praticable.

Ainsi que le prescrit l'art. 11 du décr. du 23 mai 1863, les revendications seront immédiatement communiquées aux djemaâs des tribus et des douars intéressés, qui devront, dans le délai d'un mois, à partir du jour de l'expiration des deux mois accordés pour les revendications, sous peine de déchéance, faire opposition à celles de ces revendications qu'elles ne croiraient pas fondées. — Pour mettre les tribus et les douars à même de formuler leurs oppositions en temps utile, il conviendra de donner à ces dispositions la plus grande publicité. La sous-commission en entretiendra fréquemment les indigènes et leur fera bien comprendre de quelle importance il est pour eux de ne pas laisser écouler le délai accordé.

A mesure que les revendications se produiront, elles seront inscrites sur un registre ad hoc. Ce registre servira en même temps à l'enregistrement des oppositions. La revendication d'un immeuble et l'opposition qui en aura été la conséquence devront toujours être portées en regard l'une de l'autre; de cette façon il sera facile d'apprécier d'un coup d'œil la situation. Ce registre, que je vous adresserai prochainement, est conforme au modèle n° 5. — Les revendications concernant des territoires prélevés antérieurement au sénatus-consulte pour des services publics ne seront pas reçues.

La mission de la sous-commission étant terminée sur le terrain, elle rentrera au chef-lieu du cercle pour faire son travail de cabinet. Ce dernier travail sera facilité par les instructions qui auront été données par le commandant de la sub-division pendant le cours des opérations. — En même temps, le géomètre préparera les plans nécessaires, et le tout sera adressé, sans retard, au président de la commission.

Le dossier comprendra : — 1° Un mémoire descriptif des limites de la tribu mentionnant le bornage effectué, et relatant toutes les difficultés dont l'appréciation aura été réservée à la commission. Ce mémoire présentera la marche successive de la délimitation, fera ressortir tous les incidents qui se seront produits, quelle que soit leur nature, évaluera les étendues de territoire prélevées sur la tribu en rappelant l'affectation des parties distraites; il sera accompagné des plans ou croquis visuels nécessaires pour l'intelligence des opérations et des contestations; — 2° Le registre, arrêté et signé par l'officier du bureau arabe, des revendications et oppositions; — 3° Le mémoire descriptif des limites des douars, établi comme celui des limites de la tribu, et contenant, de plus, tous les renseignements statistiques et topographiques concernant chaque douar; les raisons qui ont déterminé la formation du douar dans les conditions où elle est présentée; le détail des portions de territoire prélevées pour un usage quelconque, avec les compensations qu'il serait équitable d'attribuer; le point où ces compensations pourraient être prises dans le périmètre de la tribu. Ce document sera également accompagné des plans nécessaires; — 4° L'état, par douar, de tous les groupes arch, communaux, melk et domaniaux qu'y sont contenus, avec la superficie de chacun d'eux. Pour ceux des groupes melk et domaniaux qui auront donné lieu à des oppositions portant sur la totalité ou une portion du groupe, on fera ressortir cette circonstance.

Muni de ces renseignements, le président réunira la commission. Celle-ci, qui aura été tenue au courant de tout ce qui se sera produit pendant le cours du travail, par des convocations aussi fréquentes qu'il aura été nécessaire, étudiera attentivement le dossier. Elle s'attachera à connaître, autant que possible, avant de se rendre sur le terrain, la tribu où elle est appelée à opérer. Si elle le juge à propos, elle se fera précéder par un de ses membres qu'elle chargera d'une première étude du travail de la sous-commission.

2° *Opérations des commissions dans les tribus arch.*

Pour fixer les idées, je suppose qu'une tribu où la terre est arch soit représentée par un polygone A, B, C, D, E, F, G, H, K. La sous-commission a commencé ses opérations au point A; de A en B, il n'y a eu aucune contestation, cette partie a donc été définitivement bornée. La commission n'a pas à s'en occuper. — De B en C, il y a eu contestation : la limite traverse des terres arch (ou sabega), et les deux tribus limitrophes ne sont pas d'accord. Là, comme je l'ai expliqué, l'officier des affaires arabes de la sous-commission a pris les ordres de la commission qui l'a autorisé à arranger la difficulté à l'amiable, en lui indiquant, s'il y a lieu, la solution à préférer. Je suppose que les deux parties se soient entendues dans le sens indiqué, et aient adopté B C pour limite. Cette portion aura également été bornée par la sous-commission, et la commission n'aura pas besoin de s'y transporter.

De C en D, la tribu est contiguë à une terre beylick; mais aucune contestation ne s'étant élevée, la limite a été bornée définitivement par la sous-commission. — En D, la limite est contestée; elle traverse des terrains arch; mais les deux tribus limitrophes n'ont pas voulu se mettre d'accord et ont refusé d'accepter les propositions de conciliation présentées par la sous-commission. La commission administrative se transportera directement au point D, dès son arrivée dans la tribu, la limite de A en D ayant été définitivement arrêtée, sans que son concours soit nécessaire. Elle sera accompagnée des délégués de toutes les tribus ou fractions que cette portion de limite intéressera, et examinera attentivement, sur le terrain, la difficulté dont elle a déjà connaissance par les rapports de la sous-commission. Elle s'efforcera encore d'arranger les choses par la persuasion; si elle réussit, elle fera borner de D en E, en suivant elle-même la limite sur toute son étendue et en dirigeant l'opération du bornage.

Si, malgré tous ses efforts, les parties refusent de s'entendre, la commission statuera elle-même, ainsi qu'elle y est autorisée par l'art. 5 du décr. du 23 mai 1863; mais en observant toutes les précautions recommandées par le § 5 du tit. 2 des instructions générales du 11 juin 1863, pour sauvegarder les intérêts réciproques des revendiquants. Elle soumettra sa décision à l'approbation du général commandant la province, et s'abstiendra de borner cette portion de la limite jusqu'à ce que cette approbation lui ait été notifiée. En cas d'infirmation de votre part, cette infirmation sera jointe au rapport de la commission, et je prononcerai sur le différend.

En E, la tribu est limitrophe d'un azel. Une contestation a eu lieu entre le domaine et la djemaâ, la sous-commission a dû s'abstenir. La commission se rendra compte du litige par une reconnaissance minutieuse et par l'examen des allégations des deux parties. Elle formulera une opinion motivée sur la suite qu'il lui paraît équitable de donner à l'affaire, mais ne prendra aucune décision. Son rapport sur cet incident vous sera immédiatement adressé avec un croquis figuratif des prétentions réciproques. Vous mettrez sans retard le chef du service des domaines au courant de la situation, en lui communiquant toutes les pièces qui pourraient l'éclairer, et vous l'inviterez à formuler ses prétentions dans un rapport qu'il devra vous adresser. Si la commission a émis un avis favorable à la tribu et si vous partagez son opinion, si, d'un autre côté, l'administration des domaines reconnaît que la réclamation primitive est non fondée, la cause se trouvera naturellement jugée et vous en informerez la commission qui appliquera aussitôt le bornage, en donnant satisfaction à la tribu. Mais si le domaine persiste dans ses conclusions, vous m'adresserez toutes les pièces de l'affaire, avec votre opinion, et je me réserve de décider s'il y aura lieu de porter la contestation devant les tribunaux, ou bien d'inviter le domaine à se désister.

Si l'avis de la commission et le vôtre sont contraires aux prétentions émises par la tribu, la question devra être résolue par les tribunaux, et la limite de E en F restera non déterminée jusqu'au jugement à intervenir. — Si, enfin, vous différez d'avis avec la commission sur la solution à donner au litige, vous me transmettrez toutes les pièces du dossier, en y joignant l'exposé de votre opinion et le rapport du chef du service des domaines, et je vous ferai connaître la suite qu'il y aura lieu de donner à l'affaire.

Au point F, la tribu devient contiguë à un melk ou à un groupe de melks. S'il n'y a pas eu de contestation, la sous-commission a pu effectuer le bornage. S'il y a eu des difficultés, la commission examinera les prétentions des deux parties; car elle doit, dans tous les cas, émettre une opinion catégorique sur le fait de la délimitation, quelle que soit la suite donnée aux contestations. Elle formulera, en conséquence, son avis, et si elle ne peut arranger le différend à l'amiable, elle passera outre, en constatant seulement les faits dans son rapport et en faisant ressortir sa conclusion. La suite de l'affaire est entièrement de la compétence des tribunaux, puisqu'il y a des melks engagés dans la question. — Dans tous les cas, qu'il s'agisse d'un melk, d'une concession ou d'une propriété domaniale, la limite doit être tracée de façon à faire entrer cet immeuble tout entier dans une seule tribu ou un seul douar.

De G en H, la tribu est voisine d'une commune au profit de laquelle une partie de son territoire a été distraite. La sous-commission aura effectué le bornage, s'il n'est déjà fait, en suivant les indications, soit du plan de la commune, soit du décret qui l'a constituée. La commission n'aura pas à se préoccuper de l'ancienne limite de la tribu de G en H; mais par les renseignements que lui fourniront les services des domaines et de la topographie sur la création de cette commune, elle constatera le prélèvement fait antérieurement sur le territoire de la tribu, et en indiquera la superficie dans une annexe au mémoire descriptif de délimitation, dont il sera parlé ultérieurement. — La même marche serait à suivre si, au lieu d'être limitrophe d'une commune, la tribu touchait à une concession dont tout ou partie aurait été distrait de son territoire. Ce cas particulier serait également l'objet d'une annexe au mémoire descriptif.

Lorsque la commission aura à rectifier des empiétements de communes ou de concessionnaires, elle en fera une mention spéciale dans une annexe au procès-verbal relatant ses opérations. — Au point H, la tribu est limitée par un lac salé ou tout autre immeuble dont, aux termes de l'art. 2 de la loi du 16 juin 1851, l'État est propriétaire. Le bornage fait par la sous-commission, à moins de contestation, aura suivi la limite naturelle. La commission administrative constatera par une annexe au mémoire descriptif les droits d'usage de la tribu. — Si, au lieu d'un lac, c'était une forêt, la même constatation devrait être faite et la limite serait déterminée d'une manière analogue.

Toutes les opérations auxquelles vient ainsi de procéder la commission sont définitives, sauf à être ratifiées par un décret, excepté sur les points où des contestations élevées entre la tribu d'une part et le domaine ou un particulier de l'autre, ont été soumises à la décision des tribunaux (art. 2 du décr. du 23 mai 1863). — Ces opérations seront résumées dans un rapport auquel seront joints le mémoire descriptif des limites et ses annexes, les décisions rendues et le procès-verbal de bornage.

Ainsi se trouvera constaté : — 1° Que le périmètre de la tribu comprend une superficie d'un nombre déterminé d'hectares, sauf à y ajouter ceux qui pourraient lui être attribués par les tribunaux dont la décision est à intervenir dans les litiges pendants entre cette tribu, d'une part, l'État et les particuliers, d'autre part ; — 2° Qu'une superficie de tant d'hectares lui a été enlevée pour la création de telle ou telle commune ou pour des concessions de terres faites à tel ou tel ; — 3° Qu'elle a tels ou tels droits de propriété ou de jouissance sur les lacs, marais et forêts qui la limitent. — Ces pièces établies, il en sera donné connaissance, en arabe, aux représentants indigènes qui seront appelés à apposer leur signature sur le procès-verbal de bornage (art. 6 du décr. du 23 mai 1863).

La première partie des opérations prescrites pour l'application du sénatus-consulte — la délimitation de la tribu — est terminée. La commission connaît à présent les limites du tout qu'elle doit répartir entre les différents douars; le nombre de ces douars a déjà été fixé par elle, et la sous-commission a attribué à chacun d'eux la portion qui lui revient. J'insiste de nouveau sur cette question de la fixation du nombre des douars et de leur constitution, parce qu'elle est, à mes yeux, la plus importante et la plus délicate. Le douar est, en effet, le germe de la commune arabe ; c'est la forme nouvelle que prendra l'agglomération indigène sortant de l'état de tribu. On ne saurait apporter trop de soins dans la désignation et la formation de ces circonscriptions qui doivent revêtir immédiatement un caractère définitif et persister dans l'avenir, même après la constitution de la propriété individuelle. Aussi, avant de décider qu'une tribu devra comprendre tant ou tant de douars, la commission aura-t-elle l'attention de s'entourer de tous les renseignements qui pourraient lui être nécessaires. Tout en constituant cette unité nouvelle, elle évitera de jeter, sans nécessité, la perturbation dans l'ordre de choses déjà existant; elle n'oubliera cependant pas que le douar doit avoir une étendue convenable et une population suffisante pour remplir le rôle auquel il est destiné. Dans certains cas, la fraction (ferka) telle qu'elle existe pourra remplir ce but, et lorsque ce choix sera possible, on devra préférer cette combinaison qui utilise une organisation consacrée par l'habitude. Mais, en général, on sera forcé de réunir, pour cette création, plusieurs des petites agglomérations définies quand il a été question des djemaâs.

Quoi qu'il en soit, que l'on maintienne la ferka, qu'on la partage ou qu'on réunisse plusieurs agglomérations, chaque membre du nouveau douar devra y entrer avec les terrains dont il a déjà la jouissance; ses terres de culture lui seront conservées, et il apportera à la communauté ses droits sur les terres de parcours. La réunion de toutes ces parcelles formera le territoire à délimiter, qui pourra comprendre, en outre, des biens domaniaux et des melks.

Il arrivera certainement quelquefois que telle ou telle petite agglomération aura des terres fort éloignées de son campement habituel: il faudra alors procéder à des échanges par de prudentes compensations, de façon que chaque douar forme un tout compacte. Les commissions jugeront par elles-mêmes toutes ces questions. — Une des plus ardues sera, sans contredit, celle où il s'agira de dédommager dans la tribu certains douars ayant subi des dépossessions qui n'auraient pas atteint les autres douars de la même tribu. Il conviendra que les compensations soient toujours prises sur les communaux de ces autres douars, et au besoin même sur des terrains domaniaux, à la condition toutefois que ces derniers se trouvent situés dans le périmètre de la tribu et n'aient pas été réservés pour un intérêt public.

Les douars ont été formés et délimités par la sous-commission d'après les instructions de la commission. Cette dernière a reçu tous les documents qui peuvent servir à l'éclairer. Elle a, comme je l'ai dit, pris connaissance de ces documents avant de quitter le chef-lieu de la subdivision et se trouve, par conséquent, fixée sur les modifications qu'il convient d'y introduire. — La délimitation des douars se fera de la même façon que celle de la tribu; elle peut donner lieu à des contestations qui se régleront comme il a été expliqué plus haut. Elle sera complétée par l'opération du bornage. — La tribu se trouvera ainsi subdivisée en un certain nombre de portions parfaitement distinctes et renfermant toujours chacune des groupes arch et communaux, quelquefois domaniaux et melk. C'est à la détermination de ces différents groupes que se bornera la tâche de la commission.

Jusqu'à présent, cette partie du sénatus-consulte a été mal comprise et, par suite, mal appliquée. Presque toujours les commissions se sont attachées à reconnaître les terrains melk parcelle par parcelle, à déterminer l'étendue et les limites de chaque parcelle et à attribuer la parcelle ainsi définie à un propriétaire. — C'était là un travail, sinon inutile, du moins intempestif, et évidemment

un empiétement sur la troisième partie des opérations, la constitution de la propriété individuelle. De là des difficultés, des lenteurs et des hésitations. Les efforts des commissions se perdaient ainsi dans des détails infinis, et l'application du sénatus-consulte se trouvait dès lors singulièrement retardée.

Outre ce que cette manière de procéder avait de prématuré, le but final de l'opération était d'une utilité contestable. En effet, la loi de 1851, confirmée en cela par les termes du sénatus-consulte, déclare la propriété inviolable, sans distinction entre les possesseurs indigènes et les possesseurs français ou autres. — Pourquoi, dès lors, chercher à établir une chose reconnue? Pourquoi s'astreindre à déterminer parcelle par parcelle des melk où l'intérêt privé seul est en jeu? A quel propos prodiguer l'argent et le temps à une opération où les décisions des commissions n'ont aucune valeur légale, où une simple opposition suffit pour neutraliser tous leurs efforts et porter devant les tribunaux, seuls compétents en pareille matière, des questions soulevées sans nécessité? Laisser à l'intérêt privé le soin de régler ses affaires est le plus sûr moyen d'arriver à un bon résultat. Plus tard, le cadastre viendra mettre la dernière main à un état de choses dont nous n'avons pas, pour le moment du moins, à nous occuper. — Ces considérations si simples ont échappé à la plupart des commissions, qui ont abouti, après des travaux considérables, à jeter une sorte de perturbation dans certaines tribus melk et à soulever d'innombrables discussions.

Il est urgent de quitter cette voie et d'inaugurer une manière de faire qui permette d'éviter toutes ces difficultés. — Pour arriver à ce résultat, voici comment devront opérer les commissions: — Le douar étant formé et délimité, le président de la commission administrative invitera la djemaâ à montrer successivement toutes les terres de culture ainsi que les terres de parcours dites communales, appartenant aux différents membres ou à l'ensemble des membres de ce douar. Ces terres seront exactement relevées par groupes d'un seul tenant, et reportées sur le plan. Elles seront distinguées sur ce plan par des teintes plates de diverses nuances, ainsi qu'il sera prescrit plus loin. Cette reconnaissance terminée, il sera facile de voir quelles sont les parties qui, n'appartenant pas au douar, sont domaniales ou melk.

Les terrains revendiqués par le domaine, après la délimitation de la tribu par la sous-commission, seront à leur tour reconnus et reportés sur le plan. Enfin, on agira de même pour les melk. — Si l'opération a été bien faite, si chaque ayant droit n'a élevé des prétentions que sur ce qui lui revient réellement, toute la contenance du douar se trouvera ainsi répartie et aucune portion ne restera sans être attribuée. — Il est évident que le cas que je viens de supposer, pour simplifier les explications, d'un douar où les différents groupes se constituent sans difficulté, ne se présentera généralement pas. Les revendications du domaine et des particuliers donneront souvent lieu à des oppositions de la part de la djemaâ du douar, et alors la détermination des groupes deviendra plus délicate. Pour bien préciser les devoirs de la commission, je vais examiner successivement les diverses situations qui pourront s'offrir.

Le douar peut ne se composer que de terrains collectifs de culture et de terres de parcours: c'est le cas le plus simple, et il se présentera souvent dans les tribus arch, éloignées des centres de population qui existaient sous la domination turque. Il ne saurait y avoir là aucune hésitation, et les deux natures de groupes se partageront la superficie du douar. La commission aura l'attention de rattacher aux communaux les mechtas, les cimetières, les mosquées et terres qui en dépendent, les emplacements de marchés, etc., si toutefois ces biens ne sont pas des biens habbous, lesquels forment une catégorie de biens domaniaux. Toutes les contestations qui pourront se produire seront réglées par la commission.

Si le douar comprend des biens beylick, les contestations entre la djemaâ et le domaine seront examinées par la commission, et il sera procédé comme il est prescrit dans la partie relative à la délimitation de la tribu. — Si enfin le douar renferme des melk, toutes les contestations entre la djemaâ et les propriétaires seront simplement constatées par la commission qui donnera son opinion, mais ne devra pas s'immiscer dans le règlement de l'affaire. Aux tribunaux seuls il appartient de prononcer dans les questions de cette nature. Si la contestation a lieu entre le domaine et des propriétaires, la commission ne devra intervenir que dans les mêmes limites.

Il arrivera aussi qu'un douar renfermera dans son périmètre des concessions accordées soit à des Européens, soit à des indigènes. Le rôle de la commission, dans ce cas, sera de reconnaître ces concessions, une à une, si elles son¹ isolées, par groupes, si elles sont agglomérées, en appliquant le plan qui doit se trouver entre les mains du service topographique. Il ne saurait y avoir lieu à contestations : si des concessionnaires s'étaient agrandis indûment, ils seraient ramenés à leurs limites, qu'on indiquerait nettement, si la chose n'avait pas déjà été faite. Cette dernière opération sera, comme il a été dit, l'objet d'une annexe au procès-verbal relatant les opérations.

Tels sont les différents cas qui peuvent se présenter. En procédant comme il vient d'être dit, on arrivera à partager la contenance du douar en groupes de nature diverse, les groupes de melk pouvant renfermer 10, 20, 50 parcelles, ou même davantage, d'un seul tenant. La commission ne pénétrera pas dans l'intérieur de ces groupes : elle se bornera à en reconnaître les périmètres. Elle sera sûre que ces périmètres ne renferment pas de terres autres que des melk, si, d'une part, la djemaâ n'a élevé aucune prétention, et si, de l'autre, le domaine s'est également abstenu. Les droits des propriétaires de chacun de ces melk restent tels qu'ils étaient avant l'application du sénatus-consulte, et sont garantis par l'art. 10 de la loi du 16 juin 1851.

Des extraits du procès-verbal de délimitation du groupe seront remis à ceux qui auront revendiqué tout ou partie de ce groupe; ils constateront que la djemaâ n'a, dans le délai d'un mois à partir de la notification de la revendication, exercé aucune opposition. Ils seront conformes au modèle n° 4.

Ces principes posés, j'ajouterai quelques mots concernant les terrains collectifs de culture et les communaux : il arrivera souvent que les terres désignées par la djemaâ, comme rentrant dans ces deux catégories, seront tellement enchevêtrées les unes dans les autres qu'il sera fort difficile de réaliser des groupes d'une dimension raisonnable. La commission ne devra pas se laisser arrêter par cet obstacle; elle s'attachera à réduire autant que possible le grand nombre de parcelles présentées comme terrains collectifs de culture ou comme terre de parcours, et cherchera à former de grandes masses distinctes destinées à satisfaire, les unes les intérêts communaux, les autres les intérêts particuliers à venir. Elle devra se proposer pour but de mettre un terme aux contestations incessantes auxquelles donne lieu le pacage des troupeaux, en retirant aux communaux les petites parcelles incultes et disséminées dans la masse des terrains cultivés; elle dégagera, en un mot, la propriété privée future des charges que lui impose toujours le voisinage de la propriété communale, tout en faisant néanmoins à cette dernière la plus large part possible. — La commission aura soin, en rangeant ces parcelles dans la catégorie des terres de culture, d'indiquer la nature de leur sol et les motifs qui ont déterminé à les classer de cette façon.

En faisant le classement par groupes des terrains de chaque douar, la commission s'occupera aussi de tout ce qui rentre dans le domaine public. Elle constatera la situation actuelle, aucun nouveau prélèvement n'étant autorisé par le sénatus-consulte. Conséquemment, tout terrain affecté présentement au passage en pays arabe doit être considéré comme appartenant à la voirie. Les routes, chemins et généralement tout terrain servant à un passage habituel seront donc constatés par la commission. Quant aux routes et chemins à ouvrir ultérieurement, la question est réglée par la législation spéciale de l'Algérie.

De même que les routes et chemins et tous les droits d'usage antérieur au sénatus-consulte, les sentiers réservés pour la surveillance des lignes télégraphiques seront l'objet d'une constatation spéciale. Il ne pourra être pourvu aux besoins ultérieurs que par application du droit commun. — L'emplacement des maisons de cantonniers actuellement existantes sera également relevé. Mais l'État devra, à l'avenir, acquérir à l'amiable ou par voie d'expropriation pour cause d'utilité publique les terrains nécessaires à la construction de ces maisons.

L'art. 2 de la loi du 16 juin 1851 range les sources, cours d'eau et lacs salés dans le domaine public, sous la réserve des droits privés régulièrement acquis. Il en est des voies d'accès à ces sources, cours d'eau et lacs, comme des autres routes et chemins existants. La commission devra, en conséquence, constater avec soin, non-seulement l'existence des fontaines, puits réservés au public, sources, abreuvoirs, lacs salés, mais encore leurs voies d'accès, francs-bords et différents modes de jouissance. — En un mot, la commission reconnaîtra et fera figurer sur le plan tout ce qui est défini par l'art. 2 de la loi du 16 juin 1851, comme faisant partie du domaine public en Algérie.

Les ruines, lacs d'eau douce et marais qui ne sont pas compris dans cet article devront être revendiqués par le domaine, le sénatus-consulte ne dispensant de cette formalité que les biens appartenant au domaine public. — Il y aura lieu, dans certaines tribus du Tell, de réserver les usages de pâture conservés aux nomades par l'art. 54 du décr. du 23 mai 1863. La commission constatera, le cas échéant, dans quelle localité et sur quelle étendue s'exercent ces anciens usages qu'il convient de maintenir, au moins d'une manière transitoire. Vous ne perdrez pas de vue que les instructions générales du 11 juin ont admis que ces servitudes pourraient donner lieu à des indemnités réglées par l'administration. Ces droits de pacage ne grèveront que les communaux des tribus telliennes qui devront être établis dans cette prévision.

Ces usages maintenus, il est indispensable d'assurer aux nomades la possibilité d'en jouir. Les tribus placées sur le passage de ces nomades se dirigeant vers le Tell doivent être obligées à les recevoir, sauf à l'autorité à tenir compte, dans l'itinéraire qui leur sera tracé, des habitudes et des lieux. A cet effet, les commissions indiqueront, mais seulement à titre de renseignement, et cela aussi nettement que possible, les itinéraires suivis. — La réserve des emplacements, soit pour le campement des convois indigènes, soit pour celui des troupes, est spécifiée par l'art. 35 du décr. du 23 mai 1863. Les commissions constateront les terrains qui ont une de ces deux destinations. — Telle est la série des diverses opérations que les commissions auront à parcourir pour arriver à la constitution du douar. On aura ainsi formé une nouvelle unité territoriale dont chaque groupe de terrains sera nettement défini et délimité et où les droits de chacun auront été reconnus et constatés.

Pour les groupes des terres de culture, des communaux et des melk, je ne pense pas qu'il reste quelque incertitude après les explications qui viennent d'être données. Mais la détermination des biens domaniaux, qui comprennent les biens habbous, exige quelques détails. — Cette nature d'immeubles doit être divisée en deux catégories distinctes : — Dans la première, sont ceux dont l'État a pris possession effective ou qui sont inscrits sur les registres du domaine ; — Dans la seconde, sont ceux non encore portés sur les sommiers de consistance.

Les immeubles de la première catégorie seront considérés comme définitivement acquis à l'État par application du § 2 de l'art. 1 du sénatus-consulte, que le domaine aura seul à invoquer, à l'appui de sa possession, lorsque les commissions opéreront sur les territoires dont ils dépendent. L'État est dès à présent libre d'en disposer à son gré, sauf la réserve des engagements préexistants, qui tous doivent d'abord être réalisés. — Quant aux immeubles de la 2° catégorie, l'État ne pourra les revendiquer que par application de l'art. 5 du sénatus-consulte, et jusque-là il s'abstiendra à leur égard de tout acte de propriétaire, afin de ne pas léser les droits possibles de ses contradicteurs éventuels. — Cette distinction et la solution afférente à chaque catégorie s'appliquent à tous les immeubles domaniaux, de quelque nature qu'ils soient. Les bois, lacs d'eau douce, marais, etc., y sont compris. Il y aura lieu, le cas échéant, de constater avec soin les droits d'usage notoirement appliqués, avant la promulgation de la loi du 16 juin 1851 sur la propriété en Algérie, et dont la réserve est faite par l'art. 4 de cette loi.

Le service des forêts étant seul apte, par la spécialité de ses études, à signaler les parties du territoire qu'il convient de rattacher au régime forestier, le service des domaines ne peut qu'exercer les revendications qui lui sont indiquées à cet effet, sans avoir, tout d'abord, à les apprécier ni à en assumer aucune part de responsabilité. Par suite, le service forestier est tenu de faire connaître, en temps opportun, sous sa responsabilité exclusive, à celui des domaines, les immeubles dont la revendication lui paraît devoir être exercée, et d'en indiquer toujours, aussi exactement que possible, la situation et l'étendue. Tous les immeubles ainsi signalés seront l'objet de revendications transmises en temps utile par le domaine aux sous-commissions. L'agent des forêts désigné pour être adjoint à la commission administrative, avec voix consultative, sera chargé de faire valoir les prétentions de son administration sur les massifs revendiqués. La commission, après avoir entendu cet agent, présentera un exposé de la question et indiquera la part qui, suivant elle, doit être attribuée au service des forêts. — Le sol forestier est régi par la loi du 16 juin 1851 ; les broussailles qui s'attachent à des terrains évidemment boisés appartiennent à l'État. — Les olivettes greffées ou non greffées par les indigènes doivent être attribuées au propriétaire du sol, sauf en Kabylie, où des usages spéciaux sont en vigueur.

Avant de terminer, quelques explications me restent à ajouter en ce qui concerne les revendications et les oppositions : — Lorsque la revendi-

cation portera sur des melk, comme la solution de la difficulté, s'il en surgit une, appartient dans tous les cas aux tribunaux, il n'y aura pas lieu de s'occuper des pièces que les réclamants pourront fournir à l'appui de leur revendication. Cette revendication sera simplement inscrite à son numéro sur le registre, et l'opposition, si elle en a motivé, portée en regard. On délivrera à l'intéressé un reçu constatant ses prétentions et portant le numéro d'ordre de leur enregistrement. Mais lorsque le différend s'agitera entre le domaine et la djemaâ, la commission administrative joindra au rapport qu'elle vous adressera à ce sujet toutes les pièces pouvant jeter du jour sur l'affaire. La copie et la traduction certifiées des titres, s'il y en a, feront partie du dossier, et l'autorité administrative appréciera, au vu de ces documents, la suite qu'il y a lieu de donner à la difficulté.

Le délai d'un mois accordé au revendiquant par le § 3 de l'art. 11 du règlement d'administration publique du 23 mai 1863, pour introduire en justice sa demande en annulation de l'opposition formée contre lui, courra à partir du jour où il aura reçu communication effective de l'avis donné de cette opposition.

Cependant, en ce qui concerne le domaine, la commission devra provisoirement s'abstenir de lui notifier, le cas échéant, l'opposition formée par la tribu à l'encontre de ses revendications. En effet, la date de la réception de cette notification devant déterminer le point de départ du délai d'un mois accordé pour l'introduction de l'instance judiciaire, il y aurait des inconvénients graves à la faire avec trop de précipitation ; car, pour ne pas encourir la déchéance, le domaine serait le plus souvent obligé d'engager son instance avant d'être suffisamment éclairé et sans avoir pu, au préalable, prendre l'attache nécessaire de l'autorité administrative. Toutefois, pour que les opposants ne restent pas indéfiniment dans l'incertitude sur le résultat de leur acte, je décide que la notification des oppositions des djemaâs devra être faite au domaine par le président de la commission administrative, dans le délai de six mois, au maximum, à courir du jour où elles auront été reçues par la sous-commission ; de sorte que, en ajoutant à ce premier délai celui d'un mois, fixé à dater de cette notification par l'art. 11 du règlement du 23 mai 1863 pour tous les revendicants sans distinction, l'administration aura sept mois pour statuer sur la convenance de former sa demande en justice, et que les djemaâs ne pourront être de leur côté plus de sept mois incertaines sur le résultat de leurs oppositions touchant le domaine.

Toutes ces formalités remplies et les différentes questions élucidées, la commission aura terminé sa mission sur le terrain. La tribu sera délimitée, sa masse aura été répartie entre les douars et dans chaque douar, toutes les terres seront reconnues, et chaque groupe aura son affectation définitive, sauf les quelques parties restées en litige par suite de prétentions contradictoires. — Munie de tous ces renseignements, la commission rentrera au chef-lieu de la subdivision pour mettre la dernière main à l'œuvre et établir le travail qui doit être l'exposé et le complément de ses opérations. Elle y formulera à la fois ses propositions relatives à la délimitation de la tribu et à la répartition entre les douars. Le tout sera soumis à la sanction impériale par deux décrets simultanés.

Ce travail comprendra les pièces suivantes. — Pour la délimitation de la tribu : — 1° Un rapport présentant un historique succinct de la tribu et résumant l'ensemble des opérations relatives à la délimitation ; — 2° Le mémoire descriptif des limites de la tribu et ses annexes, avec le plan d'ensemble périmétrique du territoire à 1/40,000 (1); — 5° Les décisions rendues par la commission pour les contestations en terre arch; — 4° Le procès-verbal de bornage signé par les délégués indigènes (2). — A ces différentes pièces seront joints les plans ou croquis visuels nécessaires pour l'intelligence des opérations et des contestations. — 5° Une copie de l'arrêté qui aura constitué la djemaâ de tribu; — 6° Le procès-verbal constatant que les publications prescrites ont été faites pour déterminer le point de départ du délai de deux mois accordé à la production des revendications; — 7° L'état statistique de la tribu; — 8° Le projet de décret de délimitation.

Pour la répartition par douars : — 1° Un rapport résumant l'ensemble des travaux concernant la délimitation des douars, établissant la détermination des terrains collectifs de culture et des communaux et constatant les revendications et la reconnaissance des groupes melk et beylick. La convenance de diviser la tribu en tant de douars sera exposée avec toutes les raisons à l'appui. A ce rapport seront joints : 1° Un plan d'ensemble à 1/40,000 de la tribu, présentant le périmètre de tous les douars et, pour chaque douar, un plan à 1/10,000, sur lequel seront reportés les différents groupes, qui se distingueront, suivant leur nature, par des teintes plates de nuances diverses; — 2° Le mémoire descriptif des limites de chaque douar et ses annexes (3); — 3° Un procès-verbal par douar établissant le bornage du douar et des groupes qui y sont contenus. Cette pièce sera présentée à la signature des délégués de la djemaâ du douar (4); — 4° Une copie des arrêtés qui auront constitué les djemaâs de douar; — 5° Des bulletins énumérant : — Les groupes melk contestés en tout ou partie par le douar; — Les groupes melk non contestés; — Les propriétés domaniales contestées; — Les propriétés domaniales non contestées; — Les groupes collectifs affectés à la culture. — Ces bulletins seront établis conformément au modèle, n° 5. — Le bulletin sera néant, lorsqu'il n'y aura pas de terres de sa catégorie. — Chaque groupe aura un numéro qui sera le même sur le plan du douar et sur le bulletin; — 6° Le registre destiné à l'inscription des revendications et des oppositions; — 7° Les décisions de la commission pour tous les litiges qui sont de sa compétence; son avis au sujet de ceux dont la solution rentre dans les attributions des tribunaux; tous les plans ou croquis explicatifs devront être annexés à ces pièces; — 8° Le projet du décret de répartition.

Il importe que toutes les commissions se conforment exactement à ce programme, la plus complète uniformité étant indispensable pour permettre de reconnaître rapidement et sûrement si les opérations prescrites ont été régulièrement appliquées et si aucune des mesures recommandées n'a été négligée. — Pour arriver à cette entière uniformité, il reste à fixer les règles qui doivent présider à l'établissement des plans. Je décide qu'on indiquera invariablement : — 1° Le périmètre des tribus, par deux lisérés contigus, l'un carmin clair, de 5 millim. de largeur, l'autre carmin foncé, de 5 millim. de largeur; — 2° Le périmètre des douars, par un liséré vermillon, de 5 mil. de largeur; — 3° Les biens communaux, par une teinte plate vert pâle; — 4° Les biens collectifs de culture, par

une teinte plate jaune; — 5° Les biens du beylick non contestés, par une teinte plate carmin clair; — 6° Les groupes melk non contestés, par une teinte plate violette. — Quant aux biens contestés, ils seront laissés en blanc sur les plans ou croquis jusqu'à la solution définitive des litiges.

L'établissement des plans à annexer à chaque dossier ne pourra ralentir la marche des travaux des commissions, les territoires déjà levés comprenant une surface de plus 4/500,000 hect., et les principaux efforts du service de la topographie devant être dès à présent concentrés, en appliquant les procédés développés plus bas, sur les points jugés susceptibles d'être soumis dans l'avenir le plus prochain à l'application du sénatus-consulte. — S'il arrivait cependant qu'il y eût intérêt à hâter cette application sur un territoire non encore levé, on se bornerait, afin d'éviter toute perte de temps, à enfaire dresser des croquis visuels par les soins des géomètres attachés aux sous-commissions.

L'impulsion qui va être donnée aux travaux relatifs au sénatus-consulte, par suite de l'augmentation du nombre des commissions et sous-commissions et de la simplification apportée au mode de procéder, doit faire prévoir le moment où les territoires actuellement levés et ceux qu'il serait possible d'y ajouter en employant la méthode habituelle, seront insuffisants pour pourvoir à tous les besoins que créera cette situation nouvelle. — Il est donc indispensable de prendre des mesures pour mettre le service de la topographie à même d'augmenter notablement la somme de sa production, en l'autorisant à employer des procédés plus rapides que ceux en usage.

Par ce motif, tout territoire dont le levé doit être entrepris en vue de l'application du sénatus-consulte, sera d'abord l'objet d'une triangulation effectuée conformément aux règles ordinaires. Elle sera complétée, partout où la chose sera possible, par le choix de deux points fixes et apparents sur chaque étendue de 100 hect., pour suppléer à la disparition fréquente des signaux de la triangulation. — Lorsque la sous-commission sera arrivée sur le terrain, on procédera aux opérations d'arpentage et à la confection des plans. — Ces plans, qui prendront le nom de plans *périmétriques*, seront rapportés à l'échelle de 1/10,000. Ils seront assujettis à la même exactitude que les plans parcellaires et profiteront de la même tolérance; mais ils en différeront en ce sens, qu'au lieu de reproduire tous les détails intérieurs des propriétés, ils se borneront à relever : — Les limites périmétriques de chaque groupe; — Les cours d'eau, chemins, ruines, etc., etc. — Établis d'après les nouvelles règles qui viennent d'être indiquées, les plans se feront beaucoup plus vite que par le passé, et ils seront toujours suffisants pour les deux premières des trois opérations prescrites par le sénatus-consulte. — Le travail de la commission, complété d'après toutes les indications qui précèdent, vous sera transmis par le président. — Après avoir examiné, sans retard, le dossier et constaté que les opérations ont été conduites conformément aux présentes instructions, vous me l'adresserez avec votre avis détaillé. — Telle est la marche qui devra être adoptée à l'avenir pour l'application du sénatus-consulte dans les tribus dont le territoire est arch.

5° *Opérations des commissions dans les tribus melk.*

Les instructions qui précèdent sont applicables

aux tribus melk en les modifiant de la manière suivante : — On commencera, comme pour la tribu arch, par l'opération de la délimitation. Malgré certaines opinions émises, cette opération doit être maintenue pour les tribus melk, car elle est indispensable, un tout ne pouvant être convenablement divisé en un certain nombre de parties déterminées, que lorsque ce tout est bien connu dans son ensemble. — La délimitation de la tribu melk se fera exactement de la même façon que celle de la tribu arch; elle pourra donner lieu à des contestations qui seront toutes réglées judiciairement. Elle sera suivie de l'opération du bornage. La commission aura à établir les pièces prescrites en pareil cas pour une tribu arch, à l'exception de celles dont parle l'art. 3, et qui concernent des contestations ne pouvant pas se présenter dans les tribus melk.

Le tout ainsi délimité sera réparti entre un certain nombre de douars pour préparer la commune; et ce qui, au point de vue de cette opération, a été dit pour les terres arch, relativement à la fixation du nombre et de la superficie de ce douars, doit servir ici de règle. Les nouvelles circonscriptions déterminées, la commission procédera au classement des groupes. La tribu étant melk, la majeure partie du territoire consistera en propriétés particulières. Il pourra cependant s'y rencontrer des terres domaniales, des communaux et même des terres collectives de culture. Je crois m'être suffisamment étendu, à l'article de la tribu arch, sur la manière dont doit procéder la commission afin d'arriver à la constitution des différents groupes, pour n'avoir pas besoin d'y revenir. Tout ce qui, dans chaque douar, ne sera ni terres collectives de culture, ni communal, ni domanial, sera nécessairement melk, et c'est dans cet ordre qu'il faudra procéder à la reconnaissance des groupes.

Si dans un douar tout le territoire est melk, la situation ne sera pas changée, et le sénatus-consulte devra être considéré comme appliqué dans toutes ses parties, les contestations entre les propriétaires et l'État rentrant dans les attributions des tribunaux. — S'il y a des parties communales, elles seront affectées au douar, soumises pour leur aliénation aux règles prescrites par le tit. IV du décret du 23 mai 1863 et les instructions générales du 11 juin suivant; mais, comme elles ne doivent pas être ultérieurement partagées entre les membres du douar, leur existence n'impliquera pas la nécessité d'appliquer dans ce douar la troisième série d'opérations prescrites par le sénatus-consulte : la constitution de la propriété individuelle. — Ce n'est que lorsqu'il y aura des terrains collectifs de culture compris dans le périmètre du nouveau douar, que la commission aura à y revenir plus tard pour partager ces terrains entre les ayants droit, quand un décret viendra prescrire de constituer, en ce qui concerne ces terres collectives de culture, la propriété individuelle dans la tribu dont ce douar fait partie.

Ainsi donc, partout où la terre est melk, la commission n'a rien à faire en dehors de la constitution du douar. Cette conséquence résulte clairement de l'art. 6 du sénatus-consulte, qui reconnaît la liberté des transactions pour les melk, en tout territoire, avant même que les formalités prescrites par les art. 13, 14 et 15 du règlement d'administration publique aient été remplies. — Il est opportun de rappeler, à cette occasion, que les parties contractantes, ainsi que les officiers ministériels, ne doivent pas perdre de vue que cette disposition ne s'applique qu'aux propriétés possédées privativement dès aujourd'hui, et que les biens communaux, de même que les propriétés à constituer ultérieurement, à titre privé, sur le

territoire des douars, ne peuvent être valablement aliénés que sous les conditions et après l'accomplissement des formalités indiquées par les tit. 4 et 5 du décr. du 23 mai 1863. Il convient également de veiller à ce que la qualité de melk ne soit pas attribuée à des immeubles dont la prise de possession est encore à régulariser par décret impérial.

CHAP. 2. — *Opérations des commissions et sous-commissions en territoire civil.*

Le territoire civil, tel qu'il se trouve constitué par le décr. du 7 juill. 1864, (supra. *Admin. gén.*) renferme dans son périmètre des agglomérations indigènes constituées à l'état de tribus ou de fractions de tribus. — Ces tribus et fractions présentent ce caractère particulier, qu'elles sont depuis plus ou moins de temps englobées dans des communes constituées. — De là une difficulté nouvelle : faut-il appliquer dans ce cas les opérations prescrites par le sénatus-consulte pour la délimitation de la tribu et sa répartition en douars?

A première vue, ces opérations paraissent un contre-sens ; car, à quel propos délimiter une tribu qui est, peut-être, déjà partagée en plusieurs portions et dont chaque portion fait partie d'une commune différente? Pourquoi, surtout, vouloir former des douars, c'est-à-dire instituer dans des communes déjà existantes de nouvelles communes ayant leurs communaux particuliers et une djemaâ à côté d'un conseil municipal? Agir ainsi, ne serait-ce pas rétrograder, en quelque sorte, et établir une distinction et une séparation là où la fusion commence à s'opérer entre les Européens et les Indigènes? Par suite de cet état de choses spécial, ne vaudrait-il pas mieux considérer comme faites les deux premières séries d'opérations et procéder, sans préliminaires, dans ces tribus, à la constitution de la propriété individuelle?

Telles sont les questions que soulève cette situation exceptionnelle. Tout bien considéré, il semble difficile de prendre une décision générale et absolue, attendu que les tribus englobées dans les communes ne présentent pas toutes les conditions identiques : si quelques-unes sont complètement désagrégées et fondues dans la population européenne, d'autres ont conservé leur organisation primitive. Il ne serait pas possible, dès lors, de supprimer, pour ces dernières, les formalités prescrites par l'art. 2 du sénatus-consulte ; car, ayant continué à vivre à l'état de tribus, l'art. 1 de ce sénatus-consulte leur est applicable, et le sol, partout où il est occupé avec le caractère de simple jouissance, doit être attribué aux occupants en toute propriété.

Plus que les tribus éloignées de nos centres, elles ont dû subir, au profit de la colonisation, des prélèvements pouvant donner lieu à des compensations de la part du douar; il faut bien aussi rechercher et constater le domaine de l'État; il faut établir la distinction entre les melks, les terres collectives de culture et celles de parcours; il faut enfin régler les contestations de limites de tribu à tribu, et les revendications doivent être reçues, puisque la solution donnée à ces questions est destinée à réagir sur l'attribution individuelle de la propriété du sol.

Il résulte de ce qui précède que le tracé de la limite communale ne peut avoir aucune influence sur le droit de propriété. Ce tracé assujettit les populations englobées dans la commune à un régime administratif particulier, le régime municipal; mais il n'infirme en rien les titres des possesseurs de la terre. Si donc ces possesseurs indigènes peuvent invoquer l'occupation traditionnelle, leur territoire devra être compris dans le travail de délimitation, opération nécessaire pour arriver ensuite à la détermination des parts individuelles. Cette manière de faire ne saurait influer sur le tracé des circonscriptions administratives régulièrement établies.

La délimitation et la répartition par douars, envisagées de cette façon, constituent une mesure tou tetransitoire. La mission des djemaâs prend fin avec l'achèvement des trois séries d'opérations prescrites par l'art. 3 du sénatus-consulte, d'autant mieux que les biens communaux des douars devant naturellement être réunis à ceux de la commune déjà constituée, la djemaâ n'a plus à intervenir dans leur gestion. — Dans ce dernier cas, l'autorité préfectorale prendra les dispositions convenables pour que ces communaux soient attribués à la section de la commune où ils sont situés; la jouissance appartiendra aussi bien aux habitants européens de cette section qu'aux habitants indigènes. — Aussitôt la propriété individuelle constituée, de fait en territoire melk, ou par décret en territoire arch, le douar n'a plus de raisons d'être, et la désagrégation de la tribu est consommée par une fusion complète des intérêts indigènes et européens.

Telle est la manière dont il faut procéder pour les tribus qui ont conservé leur caractère primitif et leur organisation. Mais il me serait impossible d'indiquer d'avance, pour tous les cas, une solution générale, uniforme, car les agglomérations indigènes qui sont en territoire civil présentent des situations évidemment très-diverses, et la question offre assez d'importance pour donner lieu à un examen spécial pour chaque tribu. — Lorsque le sénatus-consulte devra être appliqué à une tribu ou à des douars compris dans les circonscriptions des communes constituées, le préfet sera tenu d'indiquer, pour chaque commune réunissant une population indigène agglomérée, le meilleur moyen de constituer la représentation légale de cette commune. — Dans tous les cas, le bornage n'aura lieu que fictivement et de manière à ne laisser aucune trace sur le sol. — Les Hachem Darough et les Dradeb de la province d'Oran se trouvaient dans la situation qui vient d'être examinée. Les décrets concernant ces tribus indiqueront aux commissions la marche à suivre lorsque ce cas se présentera.

La composition des commissions administratives organisées par subdivision ne variera pas, quel que soit le territoire dans lequel elles fonctionnent. — Quant aux sous-commissions, on substituera à l'officier des affaires arabes un agent du bureau arabe départemental qui aura droit à une indemnité de 10 fr. par jour, pour les seuls jours passés sur le terrain. Il devra, par suite, payer tout ce qu'il prendra dans les tribus, d'après un tarif arrêté à l'avance. Toutefois, cet agent subira, comme cela est prescrit au tit. 4, la retenue journalière du 560° des allocations qui lui sont accordées pour frais de tournée et d'entretien de cheval. — Le choix de cet agent sera à la désignation du préfet : vous confirmerez cette nomination. — Il n'y aura pas d'interprète attaché à la sous-commission.

Chap. 5. — Bornage.

On utilisera pour le bornage les matériaux qu'on aura sous la main. On trouvera presque partout de grosses pierres, et souvent même des pierres taillées. Ces pierres seront employées sur les points où on jugera le bornage nécessaire. — Toutes les bornes seront suffisamment enfoncées sa terre pour assurer leur solidité, et entourées d'une sorte de pavage circulaire d'un mètre de diamètre, ce qui contribuera à les assujétir.—Les bornes des tribus seront marquées d'un numéro au-dessous duquel on tracera une ligne horizon-

tale; celles des douars porteront un simple numéro. — La main-d'œuvre, peu considérable, nécessitée par cette combinaison, sera fournie par les soldats borneurs, aidés des indigènes intéressés.

Chap. 4. — Dispositions générales.

Les instructions qui précèdent résument les opérations des commissions en prévoyant les divers cas qui peuvent se présenter. J'espère qu'elles ne laisseront place à aucune hésitation et que les travaux du sénatus-consulte recevront, par leur mise à exécution, une impulsion nouvelle. — Ces travaux, établis conformément aux règles qui viennent d'être posées, me seront adressés par vos soins. Je vous recommande l'examen attentif de chaque dossier, pour que je ne sois pas dans la nécessité, comme cela ne s'est présenté que trop souvent jusqu'à présent, de vous le renvoyer pour être complété. Les travaux soumis à la sanction impériale et les décrets qui interviendront, consacreront d'une manière définitive tout ce qui aura été fait. La mission des commissions se trouvera terminée pour ces tribus, en ce qui concerne l'exécution des deux premières séries des opérations prescrites par le sénatus-consulte ; mais il restera à appliquer les décrets, à introduire sur le terrain les modifications qu'ils prescriront et à fixer les situations qu'ils auront reconnues. — Vous aurez à donner des ordres, dans ce sens, aux différents services compétents, en tenant compte de la position particulière de la tribu à laquelle les décrets se rapportent.

Cette dernière partie doit faire entrer dans la pratique le résultat d'opérations jusqu'alors difficilement appréciables par des indigènes; elle a une importance qui ne vous échappera pas. Aussi je crois inutile d'insister sur la convenance de hâter, autant que possible, l'accomplissement des formalités nécessaires pour atteindre ce but. Avec les dépêches qui vous transmettront les décrets impériaux, vous recevrez le dossier de chaque tribu et des instructions spéciales ; mais, dès à présent, je puis vous renseigner, d'une manière générale, sur les formalités de transcription, d'enregistrement et de timbre, afférentes à cette dernière période et prévues par les art. 14 et 21 du décr. du 23 mai 1863.

Ces articles disposent, contrairement aux lois qui régissent la transcription hypothécaire, que cette formalité doit être appliquée par le conservateur des hypothèques du chef-lieu de la province, et non par celui du chef-lieu de la subdivision où sont situés les biens. — Cette dérogation provient de ce que la transcription, telle que l'a entendu ce règlement, est une mesure d'ordre et d'administration édictée dans le but de créer un centre de renseignements et des archives spéciales auxquelles on aura souvent à recourir, et dont les éléments seront plus faciles à retrouver dans un registre unique tenu au chef-lieu de chaque province, que s'ils étaient disséminés dans tous les registres d'hypothèques des divers bureaux d'arrondissement.

Du reste, en se rendant bien compte de l'esprit général du règlement et des motifs qui ont inspiré les dispositions des art. 14 et 21 relatifs à la transcription, il est facile de reconnaître qu'il ne s'agit pas d'une formalité analogue à celle qui est prescrite par les lois spéciales en cette matière. Les textes de ces lois ont, tout particulièrement, en vue des actes translatifs de propriété, tandis que les actes désignés pour la transcription par les articles précités ne sont que des actes déclaratifs de propriété. C'est ce qui résulte formellement du § 1 de l'art. 1 du sénatus-consulte du 22 avr., et le conseil d'État l'a compris ainsi en disposant que ces actes seront enregistrés gratis ou soumis seulement aux droits fixes d'enregistrement.

À la vérité, les actes d'échange et de vente des biens communaux rentrent bien dans la catégorie des actes translatifs de propriété, mais il ne résulte pas de ce caractère qu'ils doivent être affranchis de la transcription au chef-lieu de la province, pour être simplement transcrits sur le registre du bureau de la situation des biens; il en résulte seulement qu'il y aura lieu de les soumettre à une double transcription, l'une générale et obligatoire, comme mesure administrative, au chef-lieu de la province, l'autre facultative, mais nécessaire, ayant un caractère légal vis-à-vis des tiers, sur le registre du bureau de l'arrondissement des biens, comme le veut le droit commun.

Ainsi donc, il est bien entendu que les décrets prononçant la délimitation des tribus et la répartition de leurs territoires entre les douars, les actes d'échange et de vente de gré à gré ou aux enchères des biens communaux, seront tous inscrits au bureau de la conservation des hypothèques du chef-lieu de la province. Cette formalité effectuée sur les registres non timbrés qui ont été adressés le 21 juin 1864 à chacun de MM. les trois préfets, avec invitation de les faire mettre à la disposition des conservateurs, et complétée par la tenue d'un répertoire et d'une table particuliers, sera opérée à la diligence de l'administration, et n'aura aucun des effets prévus par les lois sur le régime hypothécaire. — Ceux de ces décrets ou actes qui consacreront une transmission de droits réels susceptibles d'hypothèques, comme les ventes et échanges de biens communaux, ne seront point exemptés, par la transcription faite au chef-lieu par voie administrative, de la formalité de même nature à accomplir au bureau de la situation des biens, à la requête des parties intéressées, conformément aux lois sur les hypothèques.

Il résulte, d'un autre côté, des art. 14, 21 et 23 du règlement, combinés avec les dispositions des lois sur l'enregistrement et le timbre :—1° Que les expéditions des décrets relatifs à la délimitation des territoires des tribus devront être enregistrées gratis au bureau des actes civils du chef-lieu de la province, dans les vingt jours de la réception des décrets à la division, réception qui devra être constatée par leur inscription immédiate sur le répertoire des actes administratifs;— 2° Que les expéditions destinées à cette transcription ne seront pas assujetties au timbre au comptant, mais que celles qui seraient délivrées aux parties intéressées devront être écrites sur papier timbré ou visé pour timbre; — 3° Que les actes d'échange et de vente de gré à gré ou aux enchères de biens communaux seront sujets au timbre et enregistrés au bureau du chef-lieu de la province dans les vingt jours de leur approbation également constatée, sur le répertoire, moyennant le payement par les parties du droit proportionnel de mutation et des droits de timbre.

En recevant ces instructions, vous prendrez vos mesures pour substituer partout l'action de la nouvelle organisation des commissions et sous-commissions à celle prescrite par l'arr. du 30 avr. 1864 et antérieurement. Mais il est évident que cette substitution ne pourra pas se faire immédiatement ni en même temps sur tous les points. Voici les règles d'après lesquelles vous procéderez pour y arriver le plus promptement possible.

Les commissions anciennes (par cette dénomination j'entends aussi bien les commissions instituées par l'arr. du 30 avr. 1864 que celles antérieures à cet arrêté) termineront leurs travaux dans les tribus où elles les ont commencés en

appliquant rigoureusement les présentes instructions. Elles m'adresseront ces travaux par vos soins. Elles n'entreprendront aucune nouvelle tribu et seront licenciées dès qu'elles auront complété ce qui est en cours d'exécution. Je me réserve de prononcer ce licenciement sur votre proposition. — Les sous-commissions anciennes procéderont exactement de la même façon. Leurs travaux terminés, seront remis aux nouvelles commissions. Celles-ci pourront, si elles le jugent convenable, envoyer la nouvelle sous-commission sur le terrain pour y faire les modifications qui leur paraîtront nécessaires. Les anciennes sous-commissions seront licenciées de la même façon que les anciennes commissions. — On arrivera ainsi avant peu, dans les trois provinces, à remplacer l'ancienne organisation par la nouvelle, ce qui permettra de procéder partout avec uniformité, et accélérera sensiblement l'application des deux premiers paragraphes de l'art. 2 du sénatus-consulte :—Délimitation du territoire des tribus, partage de ce territoire en douars.

TIT. 4.—Dépenses.

Les dépenses afférentes à l'exécution du sénatus-consulte sont : — 1° Les indemnités aux officiers, fonctionnaires et agents employés;—2° Les frais de bureau ; — 3° Les frais de levé des plans ; — 4° Les frais de bornage.

1° Indemnités. — Les indemnités ne sont attribuées aux membres des commissions que quand ils sont hors du domicile de la commission. Le domicile de la commission est le chef-lieu de la subdivision. — Ces indemnités sont décomptées par journées sur le terrain et par journée de résidence provisoire. — Par journée sur le terrain on entend, non-seulement celles passées sur le territoire même de la tribu, mais encore celles employées à s'y rendre ou à en revenir. — Par journée de résidence on comprend celles que la commission passera soit au chef-lieu du cercle, soit dans un centre de population, procédant là à un travail de cabinet, ou ayant été forcée, pour une raison ou pour une autre, de suspendre momentanément ses opérations, sans rentrer au chef-lieu de la subdivision.

La journée de travail sur le terrain donne droit à une indemnité de : — 5 fr. pour les officiers, président compris, et interprète ; — 10 fr. pour les fonctionnaires, agents civils et géomètres, ainsi que pour l'agent du service forestier, lorsqu'il y en a un appelé à la commission. — Cette indemnité de 10 fr. sera portée à 13 fr. lorsqu'il ne sera prêté ni mulet ni tente par l'autorité militaire. — La journée de résidence provisoire donne droit à une indemnité de : — 2 fr. 50 c. pour les officiers, président compris, et interprète; — 5 fr. pour les fonctionnaires, agents civils et géomètres, ainsi que pour l'agent du service forestier.

L'indemnité allouée à ceux des membres civils titulaires ou adjoints qui jouissaient déjà, en raison de leurs fonctions, d'une allocation annuelle pour frais de tournée ou d'entretien de cheval, sera réduite, par jour, d'une somme égale au 360° de ladite allocation. La réduction portera sur les indemnités allouées par journée sur le terrain ou par journée de résidence provisoire. — Les membres titulaires et adjoints des commissions et les géomètres ne devront réclamer gratuitement aux populations indigènes, ni la diffa, ni l'alfa, ni les moyens de transport. Tout ce qui leur sera fourni par les tribus sera payé pour eux d'après un tarif que vous arrêterez à l'avance.

Les membres des sous-commissions, à l'exception des géomètres, qui seront traités comme ceux attachés aux commissions, n'ont droit à aucune indemnité. — Ils font un travail qui incombe à leurs fonctions; l'alfa, la diffa et leurs moyens de transport leur seront toutefois fournis gratuitement, et ce conformément aux dispositions en vigueur. — Je me réserve la faculté d'attribuer une allocation à ceux dont l'activité et le zèle me seront signalés, et je leur tiendrai un compte spécial des services rendus dans l'exécution du sénatus-consulte. — Je me réserve également d'allouer une indemnité à un fonctionnaire civil qui, pour aller faire partie d'une commission, serait obligé à un déplacement. — Les copistes attachés aux commissions seront payés à raison de 1 fr. par jour pendant tout le temps de leur travail. — Les soldats chaineurs toucheront la même rétribution par journée passée sur le terrain.

2° *Frais de bureau.* — Les frais de bureau d'une commission sont fixés à 240 fr. par an, payables au président à raison de 20 fr. par mois. Cette somme servira à l'achat de registres, papier, etc., ainsi qu'aux autres dépenses imprévues de la même catégorie. — Les frais de bureau d'une sous-commission sont fixés à 120 fr. par an, payables à l'officier des affaires arabes, à raison de 10 fr. par mois. — Les registres, imprimés et affiches (modèles nos 1, 2, 2 bis, 3, 4 et 7), seront fournis aux commissions et sous-commissions par le gouvernement général.

3° *Frais de levé des plans.* — En dehors des indemnités mentionnées plus haut, les géomètres recevront, pendant toute la durée de leurs travaux près des commissions et sous-commissions, une allocation de 125 fr. par mois sur les crédits du chap. 12, art. 5, du budget de l'Algérie. — Ce supplément est destiné à tenir compte à ces agents des rétributions proportionnelles dont ils sont privés pendant qu'ils sont détachés pour le travail du sénatus-consulte. Il leur sera payé par les soins du chef du service topographique de la province.

4° *Frais de bornage.* — Les soldats borneurs seront payés à raison de 1 fr. par journée passée sur le terrain. — Les outils qui leur sont nécessaires seront mis à leur disposition, au moyen des crédits ouverts sur le budget des centimes additionnels pour frais de bornage.

5° *Payement des différentes dépenses.* — Les indemnités imputables au chap. 12, art. 4, du budget de l'Algérie, seront payées tous les mois, aux ayants droit, d'après les tarifs ci-dessus. — A cet effet, dans chaque sous-commission, l'officier des affaires arabes dressera, en double expédition, un état indiquant le nombre de journées acquises aux géomètres, copistes et chaineurs; il comprendra sur cet état ses frais de bureau. — Les états établis par l'officier des affaires arabes et émargés par les intéressés seront envoyés au président de la commission qui les visera. — Celui-ci aura fait préparer, de son côté, les états semblables pour les allocations de la commission. — Le président vous adressera ces pièces, et vous assurerez les payements au moyen des crédits mis à votre disposition.

Quant aux 125 fr. alloués mensuellement aux géomètres, ils leur seront payés, comme il a été dit, par les soins de leur chef de service. Cette allocation n'est pas comprise dans les dépenses d'exécution du sénatus-consulte. — Les frais de bornage étant entièrement à la charge des tribus, seront l'objet de factures spéciales établies mensuellement dans chaque sous-commission, par les soins de l'officier des affaires arabes et conformes aux règles de la comptabilité des centimes additionnels. Des factures semblables seront établies pour le bornage fait par les commissions. — Le président de la commission fera acquitter ces factures par le budget des centimes additionnels de sa subdivision.

6° *Participation des tribus aux dépenses.* — Le budget de l'Algérie fait ainsi, à titre d'avances, toutes les dépenses autres que celles des frais de bornage. — Mais l'État n'en prenant qu'une moitié à sa charge, l'autre moitié devra être remboursée par les tribus. — Dans ce but, lorsque le travail relatif à une tribu sera terminé, lorsque les décrets impériaux approuvant la délimitation du territoire de cette tribu et sa répartition entre les douars auront été rendus, le président de la commission dressera un état récapitulatif de toutes les dépenses autres que celles qui résultent des frais de bornage et du traitement de 125 fr. par mois attribué aux géomètres. Je vous ferai connaître ce qu'il y aura à ajouter à ces dépenses pour frais d'impression. — Vous prendrez alors des dispositions, afin qu'un rôle de contributions extraordinaires soit établi pour la tribu dans les formes habituelles.

Le total de ce rôle sera égal à la moitié de la somme des indemnités diverses et frais d'impression afférents à la tribu, augmentée de la totalité des frais de bornage. — Chaque contribuable figurera sur ce rôle pour une part proportionnée à son impôt de l'année; les djemaâs de tribu et de douars concourront à cette répartition. — Le montant de ce rôle sera perçu par le receveur des contributions diverses de la subdivision et encaissé au titre des centimes additionnels.

Les frais de bornage demeureront acquis au budget des centimes additionnels qui en aura fait l'avance; le reste sera versé au trésor, dont vous me ferez parvenir le récépissé en règle, qui servira à faire rentrer le budget de l'Algérie dans ses déboursés. — Les receveurs des contributions diverses ne toucheront aucun droit pour la perception des fonds à verser au budget de l'Algérie, cette opération ne leur imposant qu'un travail insignifiant. — La participation des tribus, pour moitié, aux dépenses résultant du sénatus-consulte datera du 1er janv. 1865. Il vous sera facile, avec les renseignements que vous avez par devers vous, de fixer, en vous conformant aux prescriptions qui précèdent, la part qui revient dans les dépenses faites depuis cette date aux tribus chez lesquelles ont fonctionné ou fonctionnent encore les commissions et sous-commissions établies par les dispositions antérieures. — Vous me proposerez en temps opportun les inscriptions à faire sur le budget des centimes additionnels pour les opérations que je viens d'indiquer.

Il n'a été question, dans ce qui précède, que de la délimitation du territoire de la tribu et de la répartition de ce territoire en douars. — Ces deux opérations terminées, la tribu se trouvera partagée en un plus ou moins grand nombre de douars, dont la population et la superficie auront été fixées de telle sorte que chacun d'eux puisse, par l'introduction de nos institutions en pays arabe, devenir une commune.

Dans les tribus où la terre est melk, le sénatus-consulte aura reçu toute son application. Mais, afin de faciliter les transactions déjà aujourd'hui entièrement libres entre les Européens et les indigènes, les commissions m'adresseront, pour chaque tribu, un rapport sur la manière dont la terre passe de l'un à l'autre, par vente, héritage, échange, etc., et sur le plus ou le moins de soins qu'ont les indigènes de faire constater ces actes par les cadis ou les djemaâs. — Là, au contraire, où la terre est arch, il restera à en opérer le partage entre les individus qui la détiennent collectivement. Une fois restreints sur des périmètres déterminés, les droits individuels de ces usufruitiers s'affirmeront rapidement, sans froissement de notre part, et déjà cela a eu lieu sur plus d'un point; aussi, les commissions, lorsqu'elles seront appelées à faire l'application des dispositions du § 5 de l'art. 2 du sénatus-consulte, n'auront plus, pour ainsi dire, qu'à constater un ordre de choses existant.

Elles rendront, d'ailleurs, cette tâche plus facile, en étudiant, pendant qu'elles procéderont à la délimitation des territoires des tribus et à la répartition de ces territoires en douars, comment s'exercent les droits de jouissance dans la terre arch, comment ils se transmettent et servent même de gages dans certains pays. Elles consigneront, pour chaque tribu, les résultats de leurs observations et les renseignements qu'elles recueilleront, dans un rapport qui me servira à provoquer les décrets impériaux fixant l'ordre et les délais dans lesquels la propriété individuelle devra être constituée dans chaque douar.

Mᵃˡ DE MAC-MAHON, DUC DE MAGENTA.

(Suivent au *Bulletin officiel*, les modèles de registres, tableaux et procès-verbaux.)

Circ. G. — 16 mars-23 avr. 1865. — BG. 144. —
Indemnité accordée aux géomètres. — Mode d'imputation et de payement.

Je vous ai fait connaître qu'à partir du 1ᵉʳ avr. prochain, l'indemnité de 125 fr. accordée aux géomètres détachés auprès des commissions et sous-commissions chargées de l'application du sénatus-consulte, serait imputée sur le crédit ouvert à l'art. 4 du chap. 12 du budget de l'Algérie, au lieu de l'être, comme par le passé, à l'art. 3 du chap. 12 du même budget. — Cette décision modifie mes instructions du 1ᵉʳ mars courant, qui établissent que cette allocation sera prise sur les crédits de l'art. 5 du chap. 12. Mais, pour éviter toute confusion, je maintiens néanmoins que ce supplément sera payé, sur états séparés aux agents du service topographique, par les soins du chef de service de la province. Cette disposition a sa raison d'être dans la décision impériale du 20 avr. 1864, qui prescrit que toutes les dépenses relatives au levé des plans devront rester intégralement à la charge de l'État.

Mᵃˡ DE MAC-MAHON, DUC DE MAGENTA.

Circ. G. — 2-23 avr. 1865. — BG. 144. — *Bordereau trimestriel des mandats ordonnancés.*

Je vous ai fait connaître, au tit. 4 de mes instructions du 1ᵉʳ mars dernier, quelles sont les dépenses afférentes à l'exécution du sénatus-consulte, et le mode à employer pour en assurer le payement. — Pour me mettre à même d'apprécier et de contrôler les opérations auxquelles ces mouvements de fonds donneront lieu, je vous prie de m'adresser, pour chaque trimestre, un bordereau détaillé de toutes les sommes ordonnancées au titre du chap. 12, art. 4, du budget de l'Algérie, dans les deux territoires de votre province. — Ce bordereau fera ressortir les dépenses par commissions et sous-commissions, en spécifiant s'il s'agit de l'ancienne ou de la nouvelle organisation; il sera terminé par une sorte de balance qui permettra de se rendre compte des sommes qui restent disponibles. — Vous m'adresserez sans retard cette pièce pour le 1ᵉʳ trimestre.

Le général de division sous-gouverneur,
DESVAUX.

Circ. G. — Même date. — *Part à rembourser par les tribus dans les frais d'imprimés.*

Mes instructions du 1ᵉʳ mars 1865 disposent que je vous ferai connaître ce qu'il y aura lieu d'ajouter pour frais d'impression à la part afférente à chaque tribu dans les dépenses d'exécution du sénatus-consulte. — Je suis à même, aujourd'hui que tous les imprimés vous sont parvenus, de vous fournir ces renseignements, et je vous prie d'en prendre

bonne note pour l'appliquer à chaque rôle de contributions extraordinaires que vous aurez à faire établir.

Il est dû par les tribus de la province d   , pour participation à la moitié des dépenses d'impression :

		le mille.	
50 en tête de registres	à	80 fr.	4 fr. »
1,000 intercalaires	à	80	80 »
125 affiches nᵒ 1	à	102	12 75
500 affiches nᵒ 2	à	102	50 60
50 procès-verbaux nᵒ 2 *bis*	à	50	2 50
1,250 procès-verbaux nᵒ 3	à	25	31 25
500 nominations nᵒ 7	à	25	12 50
500 instructions pour les djemaâs	à	40	20 »
	Total	193 fr.	60

Vous remarquerez que les frais de la brochure ne sont pas compris dans cette énumération; je réserve cette dépense, qui représente exactement la moitié de la somme totale, au budget de l'Algérie, et je laisse aux tribus l'intégralité du montant des imprimés. Cette manière de procéder empêche toute confusion.

Lorsqu'une tribu en sera arrivée au point où mes instructions prescrivent de lui appliquer un rôle de contributions extraordinaires, rien ne sera plus facile que de déterminer sa part dans les dépenses d'impression. Pour cela, le président fera le compte des affiches, registres, procès-verbaux, etc., employés pour cette tribu, et imputera la valeur de ces pièces à la tribu en même temps que la totalité des frais de bornage et la moitié des indemnités diverses, non compris celle de 125 fr. allouées mensuellement aux géomètres, qui reste en entier à la charge du budget de l'Algérie.

Le général de division sous-gouverneur,
DESVAUX.

Circ. G. — 25 avr.-10 juin 1865. — BG. 148. —
Instructions aux généraux commandant les provinces, relatives à l'ordre dans lequel les tribus doivent être choisies pour être soumises à l'application du sénatus-consulte.

Vous êtes aujourd'hui en mesure de faire entreprendre sur tous les points de votre province les opérations du sénatus-consulte. Déjà même, je l'espère, les travaux sont partout commencés. Il ne resterait plus, pour compléter la série des instructions que je vous ai adressées, qu'à déterminer l'ordre dans lequel les différentes tribus doivent être soumises à l'examen des sous-commissions. Mais je préfère laisser cette fixation à votre initiative, qui, s'exerçant sur les lieux, pourra mieux apprécier l'opportunité de commencer par telle tribu plutôt que par telle autre. Je crois cependant utile de vous indiquer les considérations générales qui devront guider votre choix.

En première ligne, par urgence, se présentent, comme je vous l'ai déjà fait connaître, les tribus qui sont traversées par les voies ferrées en cours d'exécution; c'est par celles-là qu'on devra commencer dans tous les cercles où il s'en rencontrera. — Il y a à classer en second lieu les tribus avoisinant les centres de population et celles situées à proximité de massifs forestiers ou en renfermant dans leur périmètre. J'appelle tout particulièrement votre attention, par la présente circulaire, sur cette dernière catégorie où la constitution de la propriété a une importance majeure en raison des graves intérêts qui en dépendent.

Je vous ai exposé mon désir de mettre en adjudication l'exploitation de tous les massifs de chênes-liège disponibles. Cette disposition se trouve, presque partout, entravée par l'état de vague qui résulte de l'enchevêtrement du sol forestier et des terrains appartenant aux tribus. Les commissions administratives qui, aux termes de mes instructions du 1er mars 1865, remplacent les anciennes commissions forestières, peuvent seules, par les opérations de délimitation et de répartition, distinguer ce qui appartient à l'Etat de ce qui doit revenir aux indigènes. Autoriser des adjudications sans que cette formalité indispensable ait été remplie, serait se créer des difficultés de toutes sortes pour l'avenir. Mais, tout en ne voulant pas permettre l'amodiation du sol forestier avant qu'il ne soit dûment reconnu et constitué, je dois cependant chercher à donner satisfaction aux intérêts du Trésor et à ceux non moins respectables de la colonisation et des particuliers qui se trouvent sérieusement lésés par des retards trop prolongés. C'est pour cela que j'insiste pour que les opérations du sénatus-consulte portent, aussitôt que possible, dans les cantons forestiers qui renferment des massifs disponibles pour les adjudications.

D'après les propositions que vous m'avez adressées, ces massifs seraient : — *Pour la province d'Alger*. — 1° La forêt de Migrana, où la délimitation est opérée sur le terrain, et qui, par conséquent, est dès aujourd'hui susceptible d'être affermée, en exécution du décret impérial du 9 août 1864; — 2° La forêt des Beni Khaltoun (2e loi), dans laquelle la délimitation n'est pas encore opérée sur le terrain et où la question des enclaves reste à régler; l'adjudication est subordonnée à la fin des opérations de la commission.

Si, dans les environs de la forêt, existent des terres domaniales, elles pourront aussi être utilisées comme moyens d'échange. Les ressources ne manqueront donc pas pour désintéresser les propriétaires d'enclaves, et je ne doute pas qu'en procédant avec équité et avec bienveillance à leur égard, on n'arrive, dans la plupart des cas, à ce résultat. Mais je recommande expressément de n'exercer aucune pression, attendu, indépendamment de toute considération de prudence, que nous n'avons pas droit d'expropriation en cette matière; les indigènes, préalablement à toute proposition, seront donc prévenus qu'ils sont propriétaires incontestables de telle ou telle enclave, que l'échange qu'on va leur offrir, ils sont libres de l'accepter ou de le refuser; que cependant il est de leur intérêt bien entendu de consentir à l'arrangement proposé et du devoir de l'autorité de les y engager; que la compensation est largement suffisante et qu'ils se trouveront, de la sorte, soustraits à une foule de contraventions, et, par suite, de procès-verbaux, qui seraient pour eux des causes de sérieux embarras. S'ils se rendent à ces raisons, l'échange sera proposé par la commission, dans son rapport, et mentionné au décret de répartition. S'ils refusent, ils resteront sur leurs enclaves et subiront les conséquences de leur détermination, sans qu'il y ait lieu davantage à s'en préoccuper.

La question des enclaves réglée, la commission constatera les droits de jouissance et d'usage de la tribu sur la forêt. Elle proposera le maintien de ceux de ces droits qui lui paraîtront justifiés, sauf à les restreindre, s'il y a lieu, dans de justes limites, et à en régler l'exercice de manière à concilier les intérêts légitimes des indigènes et ceux du sol forestier.

Il pourra arriver quelquefois que la commission sera embarrassée pour classer, soit dans le domaine forestier, ou dans les terrains collectifs de la tribu, telle portion de broussailles ou même d'arbres de haute futaie. Il est impossible de donner à cet égard des instructions précises et comprenant tous les cas : voici seulement quelques principes qui serviront de base aux appréciations de la commission.

Les bouquets d'arbres qui, par leur isolement, ne peuvent être rattachés à aucune forêt, qui, en même temps, par le peu d'étendue, 3 hect. au maximum, ne présentent pas d'intérêt forestier, devront suivre le sort du terrain sur lequel ils sont situés. Il conviendra, en général, de laisser ces parties dans les communaux de la tribu, pour que tout le monde puisse en profiter. — Les broussailles, composées d'essences sans avenir et non rattachées à des cantons évidemment boisés, seront traitées de différentes façons. Si elles couvrent des pentes où, par leur action sur les eaux pluviales, elles exercent une influence climatérique favorable, en même temps qu'elles retiennent les terres, il sera de toute nécessité de les conserver. Elles seront alors, sous la surveillance du service forestier, érigées en communaux où le défrichement sera absolument interdit. Si, au contraire, elles s'étendent dans des plaines, leur conservation ne présente aucun intérêt; elles seront considérées comme des terres ordinaires et pourront être conservées soit pour le parcours, soit comme réserve pour fournir du bois de chauffage, soit enfin comme terrains de culture à défricher.

Les oliviers, je vous l'ai déjà dit, sont des arbres fruitiers qui reçoivent la même affectation que le sol sur lequel ils sont placés, et restent en dehors des attributions du service forestier. Lorsque cette essence se présente dans des broussailles où elle domine sensiblement, elle imprime à tout le terrain le caractère d'olivette, même lorsque quelques arbres de haute futaie s'y trouvent disséminés. Mais si l'olivier n'apparaît que de loin en loin dans des massifs ou dans des broussailles, sa présence n'exerce aucune influence, et le sol reçoit son affectation suivant les principes qui ont été posés plus haut.

3° Et les massifs de Bou Mani, de Tenlet el Begass et Mouley Ibiahia, dont la délimitation est opérée sur le terrain, mais où la question des enclaves n'est pas encore réglée, ce qui met ces massifs dans le même cas que la forêt précédente.

Pour la province de Constantine. — (Arrond. de Bône.) — Lots n°° 7 et 9 des forêts de l'Edougb, dans lesquels la commission administrative doit reconnaître les enclaves. — (Cercle de Djidjelli.) — Lots n° 1, 2, 4, 5, 7, 8, 9. Enclaves à régler, les n° 5, 7 et 9 ne pouvant être actuellement reconnus, à cause du défaut de sécurité. — (Annexe d'El Milia). — Lots n° 3 et 5, dont l'adjudication est subordonnée à l'occupation d'El Arroussa. — (Cercle de Bougie.) — Lots n° 2, 3, 4 et 5. Dossiers non encore parvenus.

Pour la province d'Oran. — 1° La forêt d'Akfir (subdiv. de Tlemcen); — 2° Canton de Gamaout, au camp des Liéges, partie de la forêt de Takdempt (cercle de Tiaret); — 3° Les trois petits cantons de la forêt de Nesmoth; — 4° La forêt de M'silah (arrond. d'Oran).

Faites commencer, aussitôt que possible, et là où des considérations politiques ne s'y opposent pas, le fonctionnement des sous-commissions dans les tribus désignées par décrets, qui ont une portion de ces intérêts territoriaux engagés dans les forêts énumérées ci-dessus, et prescrivez que les opérations soient conduites avec la plus grande activité, afin que l'adjudication de ces massifs puisse avoir lieu, après la constatation régulière des droits d'usage et la reconnaissance des enclaves appartenant aux indigènes.

L'existence de ces enclaves dans l'intérieur des forêts crée une situation que nous devons nous efforcer de modifier. En effet, il n'est pas douteux que l'occupation et l'exploitation de ces terrains par les indigènes sont une cause fréquente d'incendies et, en même temps, une occasion de contraventions nombreuses qu'il est presque impossible d'éviter. Retirer les indigènes des forêts serait donc utile au double point de vue de leur intérêt particulier et de celui de l'État. Mais cette mesure ne doit pas être prise d'autorité, et c'est à l'amiable seulement que la question sera traitée. En conséquence, vous recommanderez aux commissions, lorsqu'elles reconnaîtront des forêts renfermant des enclaves appartenant aux indigènes, de procéder de la manière suivante : Les droits de la tribu, s'il s'agit d'une terre arch, ou des particuliers, si le sol présente le caractère melk, étant bien établis, la commission recherchera si, extérieurement à la forêt et la limitant en quelque sorte, il ne se trouve pas de ces portions couvertes de broussailles sans avenir qui appartiennent au sol forestier comme se rattachant à des terrains évidemment boisés. Presque toutes les forêts de l'Algérie sont entourées de cette ceinture de lentisques, de myrthes, de phylléréas, etc., et c'est là qu'il sera possible de trouver des compensations équitables et de nature telle, que les indigènes consentent aisément à l'échange qu'on leur proposera. Ces zones broussailleuses sont, en général, très-recherchées par l'Arabe qui y trouve des pâturages et de la fraîcheur pour ses troupeaux, ainsi que d'excellentes terres de culture qu'il obtient par le feu et le défrichement. L'État, de son côté, a intérêt à faire disparaître ces broussailles qui ne servent qu'à propager les incendies et donnent asile aux bêtes féroces et aux animaux nuisibles à l'agriculture. Il est bien entendu d'ailleurs qu'en cas de défrichement par le feu, cette opération n'aura lieu que sur approbation préalable, en présence des délégués de l'autorité locale et du service forestier, avec toutes les précautions jugées nécessaires; enfin, en choisissant pour y procéder le commencement du printemps ou la fin de l'automne.

Il est un autre arbre qui rend d'utiles services aux indigènes et qui, par ce motif, doit leur être conservé toutes les fois que les circonstances le permettent : je veux parler du frêne. Dans certains moments où les pâturages manquent, la feuille sert de nourriture aux bestiaux, et l'arbre lui-même constitue un excellent bois d'œuvre. Aussi est-il très-recherché, et, dans certaines régions, on ne pourrait le retirer aux gens qui en jouissent sans leur causer un grave dommage. Les commissions devront donc lui appliquer les mêmes règles qu'à l'olivier, lorsqu'il s'en rencontrera par bouquets isolés ou dans l'intérieur des forêts, avec cette différence toutefois que les terrains sur lesquels croît l'olivier seront, autant que possible, attribués aux propriétés particulières, tandis que ceux où se rencontre le frêne resteront classés dans les communaux. Toutefois, lorsqu'on trouvera un peuplement de cette essence d'une étendue considérable, on pourra la revendiquer au nom de l'État, après avoir fait la part des droits des indigènes et de leurs besoins.

Veuillez, je vous prie, donner communication de cette circulaire à M. le préfet, et vous concerter avec lui pour les mesures à prendre. Les présidents de commission devront également recevoir copie de ces instructions.

Mal DE MAC-MAHON, DUC DE MAGENTA.

Circ. G. — 27 mai-6 août 1865. — BG. 149. — *Frais de bornage dans les tribus. — Ouverture d'un crédit par cercle aux budgets des centimes additionnels.—Instructions aux généraux commandant les provinces.*

Mes instructions du 1er mars dernier disposent que les frais de bornage des tribus soumises aux opérations du sénatus-consulte seront avancés par les budgets des centimes additionnels. — J'autorise, en conséquence, l'inscription aux budgets supplémentaires des centimes additionnels qui

doivent m'être prochainement adressés, d'un crédit que je fixe à 500 fr. par cercle. — Cette somme sera portée en dépense sous la rubrique : Avances pour frais de bornage dans les tribus désignées à l'application du sénatus-consulte, et en recette, sous le titre : Remboursement des avances faites pour frais de bornage.

Le général de division sous-gouverneur,
DESVAUX.

Circ. G. — 16 juin 1865 (non publiée au *Bulletin officiel*). — *Instructions aux généraux commandant les provinces, relatives à la question des revendications.*

Les instructions en vigueur, concernant l'application du sénatus-consulte, ont toutes insisté sur l'importante question des revendications. Celles du 1er mars dernier sont entrées dans les plus grands détails à ce sujet et ont fait les recommandations les plus expresses pour qu'on ne négligeât aucune des prescriptions qui y sont relatives. La manière de procéder de certaines sous-commissions donnerait cependant lieu de penser que quelques doutes subsistent encore dans les esprits; je tiens à les voir disparaître.

Dès que la date fixée pour point de départ, au délai de deux mois, accordé pour les revendications, a été rendue publique par l'apposition des affiches modèle n° 9, la sous-commission doit recevoir et enregistrer toutes demandes qui lui sont régulièrement adressées et qui portent sur le territoire de la tribu dont le périmètre vient d'être reconnu. De plus, l'officier des affaires arabes, chargé de ce soin, doit s'attacher, par tous les moyens en son pouvoir, à bien pénétrer les indigènes de l'importance qu'il y a pour eux à ne pas laisser passer le délai fixé; il leur fera connaître quels sont leurs droits dans cette circonstance : il examinera avec bienveillance leurs titres, s'ils en produisent; écoutera leurs prétentions, s'ils n'ont pas d'acte écrit, en un mot s'efforcera de leur éviter les chances de dépossession, qui seraient nécessairement la conséquence des retards apportés dans les revendications.

La sous-commission ne peut pas, de sa propre autorité, écarter des revendications sous prétexte qu'elles portent sur des biens domaniaux, inscrits ou non au sommier de consistance. Je dis cela particulièrement pour les territoires forestiers. Il est arrivé, dans certaines tribus entièrement melk, que le domaine a cru pouvoir s'emparer de terrains boisés, quoiqu'ils fissent partie de propriétés bien constatées, et qu'il a été appuyé dans cette espèce de spoliation par la sous-commission et la commission. Dans d'autres, les revendications faites par les indigènes à l'encontre de celles du domaine, n'ont pas été reçues. C'était là évidemment un abus de pouvoir et une injustice, car la loi du 16 juin 1851, sur laquelle on s'appuyait, dit nettement au § 4 : Les bois et forêts font partie du domaine de l'État, sous la réserve des droits de propriété ou d'usage régulièrement acquis avant la promulgation de la présente loi.

Ce qui est applicable à des particuliers l'est également à la tribu, considérée comme personne collective. Seulement, dans aucun cas, la tribu n'est appelée à produire des revendications. Lorsqu'un immeuble quelconque a été revendiqué et qu'elle croit y avoir des droits, elle procède par opposition. Ces oppositions doivent être reçues avec le même soin que les revendications, et des avertissements sont adressés par l'officier des affaires arabes de la sous-commission à la djemâa qui seule a qualité pour produire l'opposition, au nom de la tribu qu'elle représente.

Telles sont les règles dont je désire qu'on ne s'écarte pas. Appelez l'attention des présidents de commission sur ce sujet longuement traité, du reste, dans les instructions du 1er mars dernier, et invitez-les à donner à leurs sous-commissions des ordres dans ce sens et à en surveiller l'exécution.

Mal DE MAC-MAHON, DUC DE MAGENTA.

Cire. G. — 4 mars 1866. — *Les commissions devront indiquer pour toutes les tribus, qu'elles soient arch ou melk, la superficie des cimetières et du domaine public. Lorsque la contenance du domaine public ne pourra pas être rigoureusement évaluée, on donnera une approximation aussi exacte que possible.*

Cire. G. — 22 mai 1866. — *Les commissions devront indiquer autant que possible, pour chaque douar, un nom particulier distinct du nom générique de la tribu, lorsque celui-ci aura un caractère trop général pour être appliqué sans confusion aux nouveaux douars que l'on forme. Il conviendra alors de prendre, pour désigner le douar, le nom d'une montagne, d'une source, d'une rivière, d'une forêt, etc.*

Cire. G. — 19 juin 1866. — *Les commissions doivent inviter les djemaâs à s'opposer aux revendications de terrains formées par des particuliers à titre de melk, lorsqu'ils constituent en réalité des terrains dont l'ensemble de la communauté avait la jouissance.* — *Les djemaâs ne doivent pas craindre que l'État s'en empare.* — *Les communaux sont nécessaires à toute commune, ils sont le patrimoine du pauvre.*

Cire. G. — 1er juill. 1866. — *Transcription des décrets de délimitation et de répartition.*

Aux termes de l'art. 14 du règlement d'administration publique du 23 mai 1863, une expédition des décrets de délimitation et de répartition doit être, à la diligence de l'administration, enregistrée gratis et transcrite sur un registre spécial, au bureau des hypothèques du chef-lieu de la province. — L'enregistrement doit donc se faire sans frais; quant à la transcription, formalité essentiellement distincte, mais également indispensable, l'État ne saurait en accorder la gratuité, parce que son produit n'appartient pas exclusivement au trésor. — En conséquence, je décide, additionnellement à mes instructions du 1er mars 1865, que les dispositions suivantes conformes à la circulaire du 16 mars 1864 seront mises en vigueur.

1° Les frais de transcription administrative de ces décrets seront supportés par les tribus ou douars, en exécution de l'art. 35 du règlement, d'après lequel tous les frais relatifs au bornage des territoires sont à la charge des tribus ou douars.

2° Ces frais seront fixés à 50 cent. par rôle de registre contenant 55 lignes à la page et 18 syllabes à la ligne, et payés sur états détaillés aux conservateurs sur les budgets des centimes additionnels, sauf recouvrement sur les débiteurs réels, par le service des contributions diverses, comme cela se pratique pour les dépenses de bornage.

Mal DE MAC-MAHON, DUC DE MAGENTA.

2° Désignation des tribus soumises aux opérations de délimitation et de répartition.

DI. — 12-31 août 1863. — BG. 91. — *Désignation de 52 tribus.*

Vu le sénatus-consulte du 22 avr. 1863, et le règlement d'administration publique du 23 mai 1863 relatifs à la constitution de la propriété en Algérie, dans les territoires occupés par les Arabes;

Art. 1. — Il sera procédé dans le plus bref délai aux opérations prescrites par les §§ 1 et 2 de l'art. 2 du sénatus-consulte du 22 avr. 1863, et par les tit. 1, 2 et 3 du règlement d'administration publique du 23 mai 1863, sur le territoire de chacune des tribus désignées au tableau ci-joint.

Province d'Alger. — Mouzaïa (circonscription admin. de Blidah). — Bou Halouan (Milianah). — Beni Tour (Dellys). — Taourga (id.). — Ameraoua (id.). — Hassen ben Aïl (Médéah). — Bou Hallou (Ténès). — Hasmis (Orléansville). — Arib (Aumale). — Ouled bel Hil (id.).

Province d'Oran. — Hachem Darough (Mostaganem). — Ouled Dradeb (id.). — Bordjia (id.). — Abid Cheragas (id.). — Ouled Zeïr (Oran). — Ouled Khalfat (id.). — Hared (Sidi bel Abbès). — Ouled Sliman (maraboutis) (id.). — Ouled Sliman (arabes) (id.). — Hacasma (id.). — Hamyans (id.).

Province de Constantine. — Abd el Nour (Constantine). — Amer Cheragas (id.). — Ouled Atia (id.). — Souahlias (id.). — Zmouls (id.). — Amer (Sétif). — Eulma (id.). — Ouled Si Ali Tammaït (Batna). — Haracta el Madler (id.). — Haracta Djerma (id.). — El Tiet (id.).

DI. — 29 août-21 sept. 1863. — BG. 93. — *Même décision.* — *Territoire de la tribu des Issers (dép. d'Alger).*

DI. — 7 oct.-21 nov. 1863. — BG. 96. — *Même décision.* — *Territoire de la tribu des Khachnas de la montagne (dép. d'Alger) tel qu'il a été délimité en exécution du décret du 16 août 1859 (Circonscriptions, I, 174).*

DI. — 16 avr.-24 mai 1864. — BG. 110. — *Même décision.* — *Territoire des 48 tribus désignées au tableau ci-joint.*

Province d'Alger. — Issers el Djidian (Dellys). — Issers Ouled Smir (id.). — Issers Droue (id.). — Sebaou (id.). — Beni Monça (Aumale). — Beni Miscerah (id.). — Ghellaïe (Médéah). — Ferroukhas (id.). — Beni Salah (id.). — Soumata (Milianah). — Djendel (id.). — Beni Ahmed (id.). — Douy Hosny (id.). — Medjadjas (Orléansville). — Ouled Farès (id.).

Province d'Oran. — Gharabas (district d'Oran). — Oulad Malef (cercle de Mostaganem). — Bhouïrat (id.). — Ouled Chaïa (id.). — Ouled Sidi Abdallah (id.). — Cheurfa el Amadia (id.). — Ouled bou Kamel (id.). — Chelafa (id.). — Djebala (id.). — Mekahlia (id.). — Oulad Brahim (Sidi bel Abbès). — Oulad Saïd (Mascara). — Ouled Sidi Daho (id.). — Ferragas (id.). — Ouled Mimoun (Tlemcen). — Beni Ouazzan (id.). — Ouled Ala (id.).

Province de Constantine. — Telaghma (cercle de Constantine). — Barrania (id.). — Beni Mebenna (district de Philippeville). — Beni Bechir (id.). — Radjeta (id.). — Arb Skikda (id.). — Senhadja (Jemmapes). — Djendel (id.). — Zardezas (id.). — Beni Urdgine (Bône). — Dremena (id.). — Oulad bou Azis (id.). — Brabka (la Calle). — Aïn Khiar (id.). — Oulad Diab (id.). — Ouled ben Aroun (cercle de Batna).

DI. — 22 mars-8 avr. 1865. — BG. 141. — *Même décision.* — *Territoire de chacune des 124 tribus désignées, au tableau ci-joint (1).*

(1) *Rapport à l'Empereur.* — Sire, le gouvernement général de l'Algérie vient d'adresser aux généraux commandant les provinces, des instructions destinées, selon les intentions exprimées par V. M., à imprimer une impulsion plus rapide aux opérations du sénatus-consulte du 22 avr. 1863 et qui, entre autres dispositions, prescrivent la création d'une sous-commission administrative dans chacun des cercles où il n'en existait pas encore. Il devenait dès lors nécessaire de désigner dans ces circonscriptions les territoires où devra s'opérer la constitution de la propriété. — Sur les 82 tribus désignées jusqu'à ce jour pour être soumises à l'application du sénatus-consulte, les travaux sont en achevés ou à divers degrés d'avancement dans 58 tribus. Les circonstances n'ont pas

Province d'Alger. — Zamouka (circonscription admin. de Dellys). — Khachaua (de la plaine) (id.). — Beni Khelifa (Tizi Ouzou). — Betrouna (id.). — Beni Smenger (id.). — Beni Aïssi (id.). — Ouled Brahim (Aumale). — Ouamry (Médéah), — Ouled Antar (Boghar). — Ouled Hamza (id.). — Ouled Ahmed (id.). — Emfatha (id.). — El Harar (Miliana). — Beni Boukaï (id.). — Beni Menade (Cherchell). — Beni Menasseur Cheraga (id.). — Beni Menasseur Gheraba (id.). — Gouraya (id.). — Beni Mahares (Teniet el Hâd). — Beni Somneur (id.). — Ouled Sidi Sliman (id.). — Souatah (id.). — Sbeah du Sud (Orléansville). — Zoughara (Ténès). — Matas (id.). — Beni Tamou (id.). — Baghdoura (id.).

Province d'Oran. — Taballalt (Oran). — Zméllas (id.). — Douairs (id.). — Akerma Gheraba (Mostaganem). — Harartha (Zemmorah). — Ouled Soulé (id.). — Hiscamas (id.). — Beni Dergoua (id.). — Ouled el Abbès (Ammi Moussa). — Ouled bou Ikni (id.). — Ouled Ali (id.). — Mariou (id.). — Ouled Sidi Khalifa (Daya). — Djafra (Ouled bou Djaïer) (id.). — Djafra (Touama el M'hamed) (id.). — Atba Djebala (Mascara). — Beni Neïr (id.). — Beni Ghed iou (id.). — Kaïda (id.). — Beni Mendian (Tiaret). — Ouled Cherif Gharaba (Tiaret). — Ouled Cherif Cheraga (id.). — Ouled Messaoud (id.). — Beni Meniarin Fouaga (Saïda). — Beni Meniarin Tahta (id.). — Ouled Khaled Gheraba (id.). — Deni Thabet (id.). — Beni Ouznid (Tlemcen). — Souahlia Tahta (Nemours). — Souahlia Fouaga (id.). — Nedromah (id.). — Zaoulet El Miraï (id.). — Beni Ouassim (Ouled Mellourh) (Lalla Maghnia). — Ouled Sidi Medjahed (id.). — Djouldat (id.). — Zemmara (id.). — Ouled Ouriach (Sebdou). — Beni Heddiel (id.). — El Azaïel (id.). — El Kef (id.).

Province de Constantine. — Elma Maslah (Constantine). — Segnialid.) — Behira Touila (id.). — Dambers(id.). — Harractas (Aïn Belda). — Khararab et Sallaoua (id.). — Bled Guerfa (id.). — Bled Gandoura (id.). — Tebessa (Tébessa). — Ouled Sidi Abid (id.). — Ouled Sidi Yahia ben Taleb (id.). — Brarcha (id.). — Beni Kaïd (Djidjelly). — Beni Ahmed (id.). — Beni Amram Djebala (id.). — Beni Khettab Gheraba (id.). — Beni Bou Naïm

Sâsla (Collo). — Medjadja (id.). — Zeramna (id.). — Ouled Mazcus (id.). — Zouï (Batna). — Ouled Chelih (id.). — Lakhdar Alfouta (id.). — Amamra (id.). — Sahari (Biskra). — Amar Khaddou (id.). — Djebel Chechar (id.). — Beni bou Sliman el Rasira (id.). — Ouled Nabet (Sétif). — Rira Dahra (id.). — Rira Guehala (id.). — Mezzaïa (Bougie). — Beni bou Messaoud (id.). — Beni Mimoun (id.). — Ouled Si Mohammed Amokran (id.). — Ouled Tafer (Bord-bou-Arréridj). — Zamorah (id.). — Megguedem (id.). — Ouled Khelouf (id.). — Ouled sidi Brahim (Bouséada). — Ouled Haouamed (id.). — Ouled Madhi (id.). — Ouled Derrad (du Hodna) (id.). — Beni Salah (Bône). — Beni Kaïd (id.). — Merdès (la Calle). — Beni Amar (id.). — Seba (id.). — Souahrakh (id.). — Hanenchas (Soukaras). — Oulilen (id.). — Ouled Dhia (id.). — Bella (id.). — Beni Marmi (Guelma). — Khezara (id.). — Beni Ouazeddine (id.). — Beni Metzellas (id.).

DÉ. — 19-30 avr. 1865. — BG. 146. — *Désignation des tribus déjà limitées dans lesquelles il sera procédé à l'établissement de la propriété individuelle* (1).

Vu le sénatus-consulte du 22 avr. 1863; — Le règlement d'administration du 23 mai 1863; — Nos décr. du 4 déc. 1864 (*infrà*, § 5, 5°, à leur date;)

Art. 1. — Il sera procédé, dans le plus bref délai, en exécution du § 3 de l'art. 2 du sénatus-consulte susvisé, à l'établissement de la propriété individuelle entre les membres des douars constitués sur le territoire des Ouled Atia et des Souahlia (prov. de Constantine).

DÉ. — 20-25 janv. 1866. — BG. 166. — *Désignation de 73 tribus nouvelles sur le territoire desquelles il sera procédé à l'exécution du sénatus-consulte* (2), *savoir:*

Province d'Alger. (Circonscription admin. de Dellys.) —Flisset Oum Ellil. —Beni Flyem. —Beni Ouaguenoum. —Flisset el Bahr.

permis de les commencer encore dans les 44 autres dont s'occuperont bientôt les sous-commissions actuelles en fonctions.

Afin d'éviter les interruptions dans la marche des opérations, le gouverneur général a pensé qu'il serait utile de désigner à l'avance des territoires pour les commissions qui arriveront successivement au terme de leur tâche, et il m'a fait parvenir dans ce but un état comprenant 124 tribus choisies de préférence à proximité des centres européens ou des massifs forestiers, ainsi que sur le tracé des lignes de chemins de fer. Il importe, en effet, que sur ces lignes le douar se constitue rapidement, afin qu'il ait déjà rempli le rôle qui lui revient dans toutes les questions d'expropriation pour cause d'utilité publique. —J'ai l'honneur de vous prier, Sire, de vouloir bien sanctionner les propositions du gouverneur général, en signant le décret ci-joint, qui ajoute ces 124 tribus à celles chez lesquelles a été antérieurement prescrite l'application du sénatus-consulte du 22 avr. 1863.

Le maréchal ministre de la guerre,
RANDON.

(1) *Rapport à l'Empereur.* — Sire, V. M. a daigné sanctionner par décrets du 4 déc. dernier les opérations prescrites par les §§ 1 et 2 de l'art. 2 du sénatus-consulte du 22 avr. 1863, dans les territoires connus sous le nom de Kalâala des Ouled Atia et des Souahlia (prov. de Constantine), composés d'une agglomération de petites tribus, qui ont été réparties en dix douars, savoir : — (Ouled Atia) Kharfan, Gheraïa, Souadek, Khendek Atia, Ouled Messaoud, Hazabra. — (Souahlia.) Enlma el Medjabria, Beni Ahmed, Ouled Ahmed, Ouled Sassy.

Ces douars, par leur proximité des centres européens et de vastes territoires domaniaux où la colonisation doit pénétrer avant peu, par leur voisinage de massifs forestiers importants et par la nature des terrains en grande partie arch, présentant tous les caractères qui rendent possible et opportune l'appropriation individuelle du sol. — En conséquence, j'ai l'honneur de vous prier, Sire, d'après les propositions du gouverneur général de l'Algérie, de vouloir bien signer le décret ci-joint qui prescrit l'ap-

plication aux territoires des Ouled Atia et des Souahlia du § 3 de l'art. 2 du sénatus-consulte, et d'y faire procéder dès à présent, à l'établissement de la propriété individuelle, entre les membres des douars qui y ont été constitués.

Le maréchal ministre de la guerre,
RANDON.

(2) *Rapport à l'Empereur.* —Sire, des décrets en date des 12, 29 août, 22 oct. 1863, 16 avr. 1864 et 22 mars 1865 ont désigné 206 tribus pour être soumises à l'application du sénatus-consulte du 22 avr. 1863.

Par suite de l'impulsion plus grande imprimée aux opérations en 1865, les travaux des sous-commissions administratives sont en cours d'exécution dans la plupart de ces tribus et sont même sur le point d'être achevés dans quelques cercles. Le gouverneur général de l'Algérie a pensé qu'il conviendrait de désigner à l'avance dans les circonscriptions de nouvelles tribus, afin que les travaux ne fussent nulle part suspendus.

D'un autre côté, la ligne du chemin de fer d'Alger à Oran traverse, dans la vallée du Chéliff, le territoire de plusieurs tribus non encore soumises à l'application du sénatus-consulte et où cependant il est d'un intérêt sérieux de hâter la constitution de la propriété, soit pour faciliter la conclusion des questions d'expropriation et toutes autres qu'entraînera la construction de la ligne, soit pour déterminer les terrains domaniaux qui pourraient être donnés en compensation aux indigènes dépossédés pour la création de nouveaux centres.

Pour satisfaire à ces diverses nécessités, le gouverneur général m'a fait parvenir un état de 73 tribus choisies de façon à assurer le travail futur de sous-commissions qui arrivent au terme de leur tâche, ainsi qu'à fixer la propriété sur tout le parcours de la voie ferrée.

Je ne puis que m'associer à ces propositions, et j'ai, en conséquence, l'honneur de prier V. M. de vouloir bien signer le décret ci-joint, qui aura pour effet de porter à 279 le nombre des tribus soumises à l'application du sénatus-consulte du 22 avr. 1865.

Le maréchal ministre de la guerre,
RANDON.

(Circonscription administr. de Médéah.). — Ouled Ahmed ben Youssef. — Hanacha. — Ghibe. — Righa. — Oustra.

(— Id. Miliana.). — Ariba. — Attafs. — Ouled Aïssa. — Ouled Yahia. — Sbela. — Hachem. — Ouled Mira. — Ouled Embarka. — Beni Ghomérian. — Beni Menasser.

(— Id. Orléansville.) — Ouled Kosseïr. — Sbeah du Nord. — Ouled Zian. — Sendjès. — Beni Rached.

(— Id. Aumale.) — Beni Amar. — Ouled Ferah. — Ouled Meriem. — Ouled Bou Arif. — Ouled Driss.

Province d'Oran. — (Circonscript. admin. de Mostaganem). — Mehals. — Ouled Ahmed. — Akerma Cheraga. — Ouled el Abbès. — Ouled Khouidem.

Province de Constantine. — (Circonscript. admin. de Collo) — Beni Meslem. — Beni Ishaq de l'Oued Guebli. — Tribu de Collo. — Achach. — Beni Ishaq du Couă. — Beni bel Aïd. — Beni Bou Naïmi.

(— Id. Djidjelly.) — Beni Amran Sédila. — Ouled Belaïou. — Beni Maameur. — Beni Salah. — El Djensan. — Beni Habibi.

(— Id. Batna.) — Ouled Fedala. — Achbeches. — Ouled Fadhel. — Ouled Sellem. — Ouled Ali ben Sabor.

(— Id. Bône.) — Tabia. — Trèat. — Attaoua. — Hamemda. — Oulchaoua el Djebel. — Oulchaoua oued el Aneb.

(— Id. Guelma.) — Ouled Senan. — Ouled Harriê. — Beni Brahim. — Beni Addi.

(— Id. la Calle.) — Lakhdar. — Aouaoucha. — Ouled Arid. — Ibela. — Ouled Ameur ben Ali. — Ghofia. — Ouled Youb.

(— Id. Bougie.) — Ferraïa.

(— Id. Bordj bou Arreridj.) — Hachem.

(— Id. Bou Sâada.) — Caïdat de Msilah. — Caïdat des Souama.

D3. — 11 avr.-12 mai 1866. — BB. 175. — *Même désignation relativement aux cinq tribus : Abid, Fraïla, Beni-Fathem, Righa (Cercle de Miliana) et Chenoua (territoire civil d'Alger).*

5° Délimitation
et répartition de territoires. — Abandon de terres azels. — Affranchissement de droits de location et de redevances.

Les opérations prescrites par le sénatus-consulte doivent s'étendre à environ 1,200 tribus. Les travaux des commissions sont poursuivis avec toute l'activité possible et les décrets qui en consacrent les résultats sont accompagnés de rapports qui con-

(1) *Rapport à l'Empereur*. — Sire, j'ai l'honneur de soumettre à V. M. le premier fragment des opérations entreprises en Algérie pour l'exécution du sénatus-consulte du 22 avr. 1863. — En vue d'arriver à la constatation et à la constitution de la propriété individuelle parmi les indigènes des tribus, le sénatus-consulte a prescrit une double opération préliminaire qui consiste : d'abord à délimiter le territoire de chaque tribu, et ensuite à répartir ce territoire entre les douars pour en faciliter l'appropriation individuelle, après en avoir dégagé les propriétés beylick (domaniales), les propriétés melk (qui sont possédées en vertu de titres) et les propriétés communales. — Conformément aux prescriptions du décret rendu par V. M. le 12 août 1863, cette double opération a été accomplie et terminée dans la tribu des Hassen ben Ali, comprise dans le territoire civil du département d'Alger, arrond. de Médéah, et située au S.-E. de cette ville, sur la route de Boghar.

Le territoire de cette tribu est d'une superficie d'environ 24,000 hect. Il est occupé par une population de 4,500 âmes. Des portions boisées importantes se trouvent dans son périmètre. Elle se divise en plusieurs groupes qui ont des origines diverses. La propriété y est constituée en grandes fermes (haouchs), et elle est possédée par les habitants à titre de melk, sauf les bois et les broussailles, qui sont restés la jouissance commune de la tribu.

Délimitation de la tribu. — Le caractère privatif de la possession a dû nécessairement avoir pour conséquence d'attribuer à la tribu des Hassen ben Ali des limites précises ; aussi la délimitation ordonnée par le décret du 23 mai 1863, portant règlement d'administration publique pour l'exécution du sénatus-consulte, n'a-t-elle soulevé

tiennent souvent sur l'origine et les mœurs de la population indigène des documents historiques offrant un véritable intérêt. Tous ceux rendus jusqu'au 1er juill. 1866, ont été reproduits dans ce paragraphe dans leur ordre chronologique. Ils se divisent ainsi qu'il suit :

58 décrets sont relatifs à la délimitation et à la répartition du territoire de 29 tribus, dont : — 8 dans la province d'Alger comprenant 87,874 hect. et 20,071 habitants ; — 11 dans la province de Constantine, comprenant 121,202 hect. et 24,940 habitants ; — 10 dans la province d'Oran comprenant 154,214 hect. et 50,268 habitants. C'est donc une superficie totale de 363,290 hect. qui est définitivement délimitée, et une population de 75,279 habitants dont les droits sont déterminés, soit individuellement soit collectivement par douar. Dans une grande partie de ces territoires la propriété est melk et peut être immédiatement l'objet de transactions immobilières.

Une seconde série de 8 décrets à la date des 28 oct., 2 nov. 1865, 10 fév., 14 et 28 avr., 9 et 20 juin 1866 constate le relèvement de 171,504 hect. de terres azels situées presque en totalité dans la province de Constantine. Sur ce nombre, il est fait abandon de 40,870 hect. aux familles indigènes nées sur ces terres et qui, de tout temps, les ont occupées et exploitées, et attribution définitive au domaine de l'État des 130,634 hect. restant.

Enfin un décr. du 9 déc. 1865 affranchit 11 tribus Maghzen de la province d'Oran des redevances annuelles et droits de location auxquels elles étaient soumises.

D3. — 15 juin-4 juill. 1864. — BG. 115. — *Délimitation du territoire de la tribu des Hassen ben Ali (dépt. d'Alger, arrond. de Médéah)* (1).

Vu le sénatus-consulte du 22 avril 1863 et le règlement d'administration publique du 23 mai suivant : — Les instructions générales du 11 juin

aucune difficulté. L'examen attentif des pièces du dossier qui m'a été transmis par le gouverneur général de l'Algérie, m'a permis de constater que les dispositions du règlement ont reçu leur application régulière. Après les publications prescrites et l'instruction préliminaire de la sous-commission locale, la commission administrative s'est transportée au centre de la tribu dont elle a convoqué les représentants, ainsi que ceux des tribus limitrophes. Les limites du territoire des Hassen ben Ali ayant été arrêtées de concert, un mémoire descriptif a été établi, et 107 bornes ont été posées, en présence des délégués indigènes, sur les points où les limites n'étaient point suffisamment indiquées.

Sur les observations du conseil consultatif, le gouverneur général a reconnu qu'il y avait lieu de comprendre dans le périmètre de la tribu un territoire appelé Merachda, du nom de ses anciens propriétaires, qui en a fait constamment partie intégrante et que la commission avait cru devoir laisser en dehors de ses travaux, parce qu'il est actuellement occupé par des indigènes de diverses tribus dépossédées de leurs terres par les besoins de la colonisation. — Antérieurement, le gouverneur général avait décidé qu'il y avait lieu de comprendre dans les opérations de délimitation les Ouled Saçy, sous-fraction de la tribu des Hassen ben Ali laissée en territoire militaire lors de l'annexion de cette tribu à l'arrondissement de Médéah. — Ces deux décisions sont de tous points conformes à l'esprit du sénatus-consulte et des instructions de V. M. ; elles ne peuvent qu'être approuvées.

Répartition entre les douars. — Pour la délimitation des douars, la commission a pris pour base la division existante en cinq fractions qu'elle a considérées comme

1865; — La loi du 16 juin 1851 sur la propriété en Algérie; — Le décr. du 12 août 1865, qui désigne la tribu des Hassen ben Ali (arrond. de Médéah, dép. d'Alger) pour être soumise aux opérations prescrites par les §§ 1 et 2 de l'art. 2 du sénatus-consulte du 22 avr. — Les arr. des 27 et 29 août 1865, qui ont fixé la composition des commissions et sous-commissions chargées de l'exécution dudit sénatus-consulte; — Le rapport de la commission administrative, en date du 9 fév., 1864, sur les opérations relatives à la délimitation du territoire de la tribu des Hassen ben Ali; — Le mémoire descriptif des limites de ce territoire, en date des 28-31 janv. 1864; — Le procès-verbal de bornage de ces limites, en date des 27-31 janv. 1864; — Le plan périmétrique à l'appui; — L'avis du conseil consultatif du gouvernement général, en date du 27 avril 1864.

Art. 1. — Le territoire de la tribu des Hassen ben Ali, comprenant une superficie de 22,552 hect., est définitivement délimité, conformément aux indications contenues dans les divers documents visés ci-dessus.

III. — Même date. — *Répartition du territoire de la même tribu entre les douars.*

Vu (les sénatus-consultes, lois, décrets, instructions générales et arrêtés visés au décret qui précède, plus les plans et procès-verbaux relatifs à la répartition); — Vu le décret en date de ce jour, portant délimitation définitive du territoire de la tribu des Hassen ben Ali; — Le rapport de la commission administrative, en date du 9 fév., 1864, sur la délimitation des douars ou ferkas de la tribu des Hassen ben Ali, et sur la réception des revendications; — Le mémoire descriptif des limites des douars ou ferkas compris dans la tribu, en date du 5 fév. 1864; — Le plan de délimitation de ces douars ou ferkas; — Le procès-verbal, en date du 9 fév. 1864, constatant l'attribution des

biens melk revendiqués et non contestés; — Le mémoire descriptif des limites des terrains de bois et forêts compris dans la tribu, en date des 6 et 8 fév. 1864; — Le plan indiquant spécialement lesdits terrains; — Le projet de transaction préparé le 8 fév. 1864, entre l'État et la tribu, pour la distraction des droits d'usage dont peuvent être grevés les biens domaniaux; — Le plan des massifs forestiers dévolus à l'État par cette transaction et ceux à attribuer à la tribu; — L'avis du conseil consultatif du gouvernement général, en date du 27 avr. 1864.

Art. 1. — Le territoire de la tribu des Hassen ben Ali, délimité par notre décret de ce jour, est définitivement réparti, conformément aux propositions contenues dans l'ensemble des documents ci-dessus visés, entre les six douars ou ferkas dont les noms suivent : — 1° Gharabas; — 2° Ouled Brahim; — 3° Ouled Ferguen; — 4° Ouled Mellal; — 5° Ouled Térif; — 6° Mérachda.

Art. 2. — La transaction préparée à la date du 8 fév. 1864, entre l'État et la tribu des Hassen ben Ali, pour la distraction des droits d'usage dont peuvent être grevés les biens domaniaux dans cette tribu, est approuvée (1).

Art. 3. — Toutes les parcelles à usage de cimetières, soit anciens, soit actuels, et qui revendiquées à ce titre par le domaine de l'État, lui ont été attribuées, lors de la reconnaissance des biens beylick et melk, sont concédées gratuitement aux douars ou ferkas, où elles sont établies. Elles constitueront pour chacun d'eux une propriété communale.

Art. 4. — Une compensation sera accordée sur les parties domaniales du territoire de la tribu, aux propriétaires des 22 parcelles dont la revendication a été reconnue légitime.

III. — 4-30 déc. 1864. — BG. 123. — *Délimitation du territoire de la tribu des Hachem Darough (dép. d'Oran, arrond. de Mostaganem) (2).*

de simples douars; ce sont : les Ouled Brahim, les Ouled Térif, les Ouled Ferghen, les Ouled Mellal et les Gharabas. Le territoire des Mérachda formera un sixième douar. — La répartition, opérée en présence des représentants de la tribu et des douars intéressés, a été résumée dans un mémoire descriptif paraphé par les représentants de chaque fraction et par le caïd. — La commission s'est occupée ensuite de l'examen des revendications qui avaient été formées, soit par des propriétaires indigènes ou européens, soit par le domaine de l'État. Le résultat de cet examen a déterminé : — 1° L'attribution à 167 indigènes et à 5 Européens de 1,742 parcelles comprenant la presque totalité des terrains de culture; — 2° La reconnaissance des droits du domaine de l'État sur 5,000 hect. environ de territoire boisé.

Les revendications ont été reconnues légitimes pour 22 parcelles à raison desquelles des compensations ont été promises sur les parties domaniales du territoire de la tribu. — La commission a dressé procès-verbal de ces opérations, et, en conformité des instructions générales arrêtées par l'Empereur le 11 juin 1864, elle a délivré aux intéressés des extraits portant attribution des parcelles non contestées. — D'un autre côté, comme il était équitable de tenir compte à la tribu de ses droits d'usage sur les terrains boisés attribués sans contestation au domaine de l'État, la commission, usant de la latitude qui lui est donnée par le sénatus-consulte et le règlement, a proposé de lui abandonner, à titre de propriété communale, diverses parcelles s'élevant à 1,401 hect., ce qui a été accepté par les représentants de la tribu, après constatation des besoins de chaque fraction. Le gouverneur général propose de sanctionner cette transaction, qui est conforme à l'esprit des instructions.

Enfin, en ce qui concerne les terrains occupés par les cimetières et qui ont été également attribués au domaine, faute d'avoir été revendiqués par la tribu, le gouverneur général a pensé qu'ils constitueraient également une propriété communale et qu'il y avait lieu d'en faire la ré-

trocession, à ce titre, aux douars sur lesquels ils sont établis. Cette mesure me paraît conforme à la saine interprétation de la législation, et sa consécration doit être considérée comme une décision de principe qui permettra, dans les opérations ultérieures, d'attribuer directement aux douars la propriété de leurs cimetières, sans qu'il soit besoin de les faire passer par les mains du domaine.

Telles sont, Sire, les diverses opérations qu'il s'agit aujourd'hui de sanctionner par des décrets. Ainsi que j'ai eu l'honneur de l'exposer à V. M., le territoire de la tribu des Hassen ben Ali étant melk, il n'y a pas lieu de s'occuper chez elle de la constitution de la propriété individuelle. Les transactions y demeurent incontestablement libres, et les mesures administratives qui viennent de s'accomplir, en apportant à ces transactions des garanties nouvelles de sécurité et de régularité, ne pourront que contribuer à en faciliter le développement.

J'ai, en conséquence, l'honneur de prier V. M. de vouloir bien sanctionner les diverses opérations dont je viens de lui rendre compte, en signant les deux décrets ci-joints, qui ont pour objet : — Le premier, d'arrêter définitivement les limites du territoire de la tribu des Hassen ben Ali; — Et le deuxième, de répartir ce territoire entre les six fractions qui composent la tribu, d'attribuer à celle-ci la propriété d'une partie du sol forestier, et de rétrocéder aux douars les terrains occupés par leurs cimetières.

Le ministre de la guerre,
Mal RANDON.

(1) Cet article a été abrogé par décret en date du 14 avr. 1866. — BG. 178 — qui, sur les 4,969 hect. de terrains boisés attribués à l'État, reconnaît, après nouvelle vérification, que les indigènes ont justifié de leurs droits de propriété sur 3,220 hect., et que l'État n'est propriétaire que de 1,748 hect. affranchis de tout droit d'usage.

(2) *Rapport à l'Empereur.* — Sire, j'ai l'honneur de soumettre à V. M. le résultat des opérations effectuées

Vu etc. (comme aux décrets précédents sauf modification dans les dates des diverses opérations accomplies) ;

Art. 1. — Le territoire de la tribu des Hachem Darough comprenant 4,567 hect. 19 ares 70 c., dont 31 hect. 97 a. 60 c. au domaine public chemins, rivières et ruisseaux, et 150 hect. 8 a. 60 c. biens de l'Etat, sont à déduire, est définitivement délimité pour une superficie de 4,385 hect. 15 a. 50 c. conformément aux indications contenues dans les divers documents ci-dessus visés.

D3. — **Même date.** — *Répartition du territoire de la même tribu entre les douars.*

Vu, etc. (comme aux décrets précédents) ;

Art. 1. — Le territoire de la tribu des Hachem Darough, délimité par notre décret en date de ce jour, est définitivement réparti, conformément aux propositions contenues dans l'ensemble des documents ci-dessus visés entre les deux douars ou ferkas dont les noms suivent : — 1° Fouaga, pour une superficie définitive de 1,022 hect. 64 a. 80 c. (déduction faite de 8 h. 75 a. 60 c., chemins, ri-

vières et ruisseaux, et 1 h. 50 a. 60 c., biens de l'Etat, — total 10 h. 4 a. 20 c.) ; — 2° Tahta, pour une superficie définitive de 3,362 h. 48 a. 70 c. (déduction faite de 23 h. 24 a., chemins, rivières et ruisseaux, et 148 h.78 a., biens de l'Etat, — total, 172 h. 2 a.).

Art. 2. — Les propriétaires des 65 parcelles formant une superficie de 127 h. 23 a. déchus de leurs droits pour n'avoir pas formulé leur revendication dans les délais prescrits par l'art. 10 du règlement du 23 mai 1863, dont les biens ont, en conséquence, fait retour à l'Etat comme biens vacants, sont relevés de la déchéance qu'ils ont encourue.

Art. 3. — Le territoire de 150 h. 8 a. 60 c., reconnu appartenant au domaine de l'Etat dans le périmètre délimité par notre décret de ce jour, sera réparti, sous forme de concessions individuelles, entre les membres de la tribu dont la position sera jugée la plus digne d'intérêt.

D2. — 4-31 déc. 1864. — BG. 129. — *Délimitation du territoire de la tribu des Ouled Atia*

---

sur le territoire de la tribu des Hachem Darough, désigné à cet effet par décr. du 12 août 1863. — Cette tribu est située dans le territoire civil de la province d'Oran, arrond. de Mostaganem, auprès et à l'E. de cette dernière ville. Son territoire, qui comprenait originairement une superficie de 6,370 hect., a été réduit, par des prélèvements opérés pour les besoins de la colonisation, à 4,567 hect., 1,803 hect. ayant été attribués à des centres européens. Ce territoire est occupé par une population de 1,822 indigènes et ne renferme pas de parties boisées dans son périmètre. Il se divise en deux groupes principaux, séparés d'une manière complète par les deux villages de Pélissier et de Tounin. Par des raisons tenant à l'origine de sa population et à la proximité d'une ville importante, la propriété y est régulièrement assise et possédée par les habitants à titre de melk, sauf quelques parties, parmi lesquelles il faut ranger les terres de parcours qui sont restées la jouissance commune de la tribu.

Délimitation de la tribu. — Le territoire de la tribu des Hachem Darough provient d'acquisitions effectuées à différentes époques et détenues d'abord à l'état d'indivision. Peu à peu le morcellement s'est fait entre les diverses familles, de sorte qu'aujourd'hui la plus grande partie présente tous les caractères qui constituent la propriété melk. Cet état de choses a nécessairement eu pour conséquence d'attribuer à la tribu des limites précises ; aussi la délimitation prescrite par le décret du 23 mai 1863, portant règlement d'administration publique pour l'exécution du sénatus consulte n'a-t-elle soulevé aucune difficulté. La commission a dû cependant, s'inspirant du véritable esprit du sénatus-consulte, enlever au village de Pélissier, qui n'a pas encore été régulièrement constitué, diverses parcelles qui avaient été attribuées au service de la colonisation, par une décision de 1854, non suivie d'effet, et qui étaient restées depuis cette époque entre les mains des anciens tenanciers indigènes. — Les limites des Hachem Darough ayant été arrêtées de concert, un mémoire descriptif a été établi et 84 poteaux ont été posés, en présence des délégués indigènes, sur les points où ces limites n'étaient point suffisamment indiquées. Par suite des prélèvements effectués, la tribu se trouve aujourd'hui scindée en deux sections distinctes, qui ont nécessité chacune une délimitation particulière.

Répartition entre les douars. — En raison de la nature melk de la propriété dans les Hachem Darough, la commission avait pensé que la division par douar était, sinon impossible, du moins inutile. Sur les propositions du conseil du gouvernement, le gouverneur général a reconnu que cette interprétation était contraire à l'esprit du sénatus-consulte et du règlement d'administration publique, qui ont voulu substituer partout en Algérie, à l'unité territoriale de la tribu, l'unité plus restreinte du douar, correspondant à celle de nos communes. La tribu des Hachem Darough se divise déjà, du reste, en deux parties distinctes, séparées par le territoire de colonisation et portant chacune un nom différent. Cet état

de choses amène naturellement à la constitution de deux douars : — Les Hachem Darough Fouaga. — Les Hachem Darough Tahta. — Cette interprétation et cette décision sont en tous points conformes à l'esprit du sénatus-consulte et des instructions de V. M., elles ne peuvent qu'être approuvées.

La commission s'est occupée de l'examen des revendications qui avaient été formées, soit par des propriétaires indigènes ou européens, soit par le domaine de l'Etat. Le résultat de cet examen a déterminé : — 1° L'attribution à divers indigènes de 529 parcelles d'une contenance de 3,042 hect. comprenant la presque totalité des terrains de culture ; — 2° La reconnaissance des droits du domaine de l'Etat sur 8 parcelles représentant une superficie de 150 hect. ; — 3° Le classement de 8 autres parcelles d'une contenance de 40 hect. dans la catégorie des terres dites communales ; elles se composent des terres de parcours et d'un cimetière ; — 4° 2 parcelles renfermant 1,176 hect. à l'état de litige entre divers indigènes et le concours des tribunaux ; — 5° Enfin, 65 parcelles d'une contenance de 127 hect. classées comme terrains collectifs de culture, quoique paraissant appartenir, à l'exception de deux, aux indigènes qui les occupent, mais qui ne les ayant pas revendiquées dans les délais voulus, sont, par suite, déchus de tous leurs droits. — La commission a dressé procès-verbal de ces opérations, et, en conformité des instructions générales arrêtées par l'Empereur, le 11 juin 1863, elle a délivré aux intéressés des extraits portant attribution des parcelles non contestées.

D'un autre côté, comme le territoire de la tribu des Hachem Darough a été considérablement réduit par la création des trois villages de Tounin, Pélissier et Carouba que, pour une population de 1,822 individus, elle ne possède qu'une superficie de 4,567 hect. ; il a paru équitable de lui abandonner, pour être réparties au moyen de concessions gratuites entre ceux des habitants qui seront jugés les plus dignes d'intérêt, les terrains domaniaux d'une contenance de 150 hect. existant sur ce territoire.

Enfin, la commission, considérant que les indigènes propriétaires des 65 parcelles non revendiquées avaient négligé de produire leur revendication en temps utile, parce qu'ils croyaient que leur cheik avait qualité pour le faire en leur nom, propose d'en disposer en faveur des anciens propriétaires. Cette proposition paraît juste et elle est parfaitement réalisable, ces parcelles ne devant pas être classées comme biens collectifs de culture appartenant à toute la tribu, mais comme biens vacants et sans maîtres qui, à ce titre, appartiennent à l'Etat, lequel se trouve libre d'en disposer.

Ainsi que j'ai l'honneur de l'exposer à V. M., le territoire de la tribu des Hachem Darough étant melk, il n'y a pas lieu de le constituer, chez elle, en la constitution de la propriété individuelle. Les transactions y demeurent incontestablement libres. *Le ministre de la guerre,* Mn¹ RANDON.

(département de Constantine, arrond. de Constantine et de Philippeville) (1).

Vu, etc. (comme aux décrets précédents);
Art. 1. — Le territoire des Ouled Atia (province de Constantine, arrond. de Constantine et de Philippeville), comprenant une superficie totale de 14,050 h. 22 c., dont 2,895 sont à déduire comme appartenant à l'Etat, est définitivement délimité pour une superficie de 11,155 h. 22 a. 46 c., conformément aux indications contenues dans les divers documents ci-dessus visés.

D2. — *Même date.* — *Répartition du territoire de la même tribu entre les douars.*

Vu, etc. (comme aux décrets précédents);
Art. 1. — Le territoire des Ouled Atia, délimité par notre décret en date de ce jour, est définitivement réparti, conformément aux propositions contenues dans l'ensemble des documents ci-dessus visés, entre les six douars dont les noms suivent :

(1) *Rapport à l'Empereur.* — Sire, j'ai l'honneur de soumettre à l'approbation de V. M. les décrets qui sanctionnent les opérations de délimitation et de répartition prescrites sur le territoire connu sous le nom de kaïdat des Ouled Atia (prov. de Constantine), désigné à cet effet par un décr. du 12 août 1865.

Ce territoire ne constitue pas un groupe homogène et compact, c'est une agglomération de 6 petites tribus, qui n'ont que l'importance de simples douars et qui ont dû être considérées comme tels, en sorte que le double travail de la délimitation et de la répartition a pu être effectué d'un seul coup. Il occupe le versant des montagnes qui coupent la route de Philippeville à Constantine, au lieu dit El Kantours. Le groupe principal est composé de 3 tribus : les Ouled Messaoud, les Hazabra et les Khendck Asia ; un autre groupe comprend les Kharfan et les Gheraxia ; enfin les Souadek, plus rapprochés de Smendou, sont isolés. Ces populations, qui comptent ensemble 4,440 individus, sont d'origines diverses ; les unes viennent de la Tunisie, du Hodna, ou des environs de Sétif ; d'autres ne sont détachées des grandes tribus montagnardes voisines. Cependant, elles sont fixées sur le territoire qu'elles occupent actuellement depuis un temps qu'on peut dire immémorial, car les traditions de quelques familles remontent à plus de trois siècles.

Le territoire dont il s'agit a incontestablement le caractère arch ; mais, dans cette contrée montagneuse, voisine des grands massifs kabyles, la terre arch revêt un caractère particulier. Chaque famille occupe pour ses cultures un espace déterminé, nommé en arabe *djorra*; elle en jouit exclusivement, et sa jouissance traditionnelle n'a jamais été troublée. Ces parcelles sont possédées à titre privé, et susceptibles d'être transmises par héritage et par contrat de vente. Cet état de choses est sanctionné par la législation musulmane.

L'ensemble de ce territoire occupe une superficie de 14,050 hect. 22 a. 46 c. — 7,990 hect, 10 a. 95 cent. appartiennent à la catégorie des terres de culture et pourront faire ultérieurement l'objet d'attributions individuelles. — 3,165 hect. 11 a. 51 c. forment le contingent des terres communales, lesquelles se répartissent ainsi qu'il suit entre les 6 douars des Ouled Atia, savoir : Kharfan, 1,259 hect. 56 a. 87 c. ; Gheraxia, 575 hect. 56 a. 54 c. ; Souadek, 100 hect 80 a. ; Khendck Asia. 544 hect. 69 a. ; Ouled Messaoud, 975 hect. 94 a. 10 c. ; Hazabra, 150 hect. 55 a. — Au moyen de cette détermination de la superficie des terres communales de chaque douar, effectuée conformément aux prescriptions du sénatus-consulte, ces terres deviennent aliénables sous les conditions indiquées par le tit. 4 du règlement du 25 mai 1863. — Le surplus du territoire de la tribu, soit 2,895 hect., forme la catégorie des terrains boisés qui ont été, à ce titre, attribués à l'Etat sans protestation de la part des délégués indigènes, sous la réserve des droits des usagers dont il sera tenu compte d'après les renseignements recueillis.

Les prescriptions réglementaires ont été fidèlement suivies et une seule réclamation s'est produite pendant le cours des opérations. L'une des 6 petites tribus ou douars délimitées, les Khendck Asia, a déclaré qu'un terrain de

---

1° Kbarfan; — 2° Gheraxia; — 3° Souadek; — 4° Khendck Asia;—5° Ouled-Messaoud;—6° Hazabra.

Art. 2. — Le territoire de 107 h. 27 a. 60 c. revendiqué par le domaine de l'Etat dans le périmètre du douar de Khendck Asia, est attribué à ce douar, dont il a été indûment distrait.

D3. — *Même date.* — *Délimitation du territoire de la tribu des Souhalia (département et arrond. de Constantine)* (2).

Vu, etc. (comme aux décrets précédents);
Art. 1. — Le territoire des Souhalia, comprenant 7,504 hect. 57 a. 40 c. dont 1,223 hect. 85 a. sont à déduire comme appartenant à l'Etat, est définitivement délimité pour une superficie de 6,080 hect. 52 a. 40 c. conformément aux indications contenues dans les divers documents ci-dessus visés.

D1. — *Même date.* — *Répartition du territoire de la même tribu entre les douars.*

107 hect. lui avait été enlevé par un ancien caïd qui l'aurait rattaché à un azel dont il était locataire. Cet azel ayant été remis, en 1855, au service de la colonisation, sans reconnaissance préalable, le terrain revendiqué fui considéré comme disponible ; mais la notoriété publique et l'inspection des lieux viennent à l'appui des déclarations des Khendck Asia, et ce terrain n'ayant jusqu'à présent reçu aucune destination particulière, il est équitable de le restituer à la tribu. *Le ministre de la guerre,* Mal RANDON.

(2) *Rapport à l'Empereur.* — Sire, j'ai l'honneur de placer sous les yeux de V. M. le dossier des opérations de délimitation et de répartition accomplies sur le territoire connu sous le nom de kaïdat des Souhalia (prov. de Constantine), désigné à cet effet par un décr. du 12 août 1865. — Comme celui des Ouled Atia (délimité par décret de ce jour), ce territoire se compose d'une agglomération de 4 petites tribus distinctes : les Medjabria, les Beni Ahmed, les Ouled Ahmed et les Ouled Sassy, qui n'ont que l'importance de simples douars. — De même aussi que chez les Ouled Atia, la terre des Souhalia est arch ; mais elle a acquis tous les caractères et les avantages de la propriété individuelle, par suite des travaux exécutés par les détenteurs : plantations de jardins, de vignes, etc.

La population, composée de groupes d'origine kabyle ou arabe, s'est établie sur ce territoire à une époque qui, pour quelques fractions, remonte à plus de cent ans; elle s'élève à 1,968 habitants. — La superficie totale de ce territoire est de 7,504 hect. 57 a. 40 cent. Les terres de culture, qui pourront être ultérieurement l'objet d'appropriations individuelles, comprennent 4,488 hect. 49 a. 40 cent. Les terres communales occupent une superficie de 1,592 hect. 8 a., et se répartissent ainsi qu'il suit entre les quatre douars des Souhalia, savoir : Medjabria, 396 hect. 25 a. ; Beni Ahmed, 254 hect. 24 a. ; Ouled Ahmed, 168 hect. 32 a. ; Ouled Sassy, 772 hect. 34 a. Ces terres pourront devenir aliénables dans les conditions indiquées par le tit. 4 du régl. du 25 mai 1863. Enfin, 1,223 hect. 85 a. de bois ont été dévolus à l'Etat sans contestation.

Les opérations ont donné lieu à quatre réclamations.— Deux d'entre elles sont relatives à des questions de limites de tribus et ont été résolues par la commission administrative, qui a maintenu purement et simplement des décisions prises par l'autorité militaire par suite des réclamations identiques élevées en 1857 et 1858. On ne saurait, en effet, sans donner carrière à des contestations interminables, revenir sur des faits jugés et accomplis, lorsqu'il ne se produit aucune circonstance nouvelle. — Les deux autres sont des revendications de propriété portant sur deux terres, l'une de 2 hect., l'autre de 883 hect. Il appartient aux tribunaux de statuer sur ces litiges. Les terrains qui en sont l'objet ont été néanmoins être compris dans le périmètre des douars où ils sont situés, mais sous réserve exclusive des droits des intéressés.

Le ministre de la guerre, Mal RANDON.

Vu, etc. (comme aux décrets précédents);

Art. 1. — Le territoire des Souhalia, territoire délimité par notre décret de ce jour, est définitivement réparti conformément aux propositions contenues dans l'ensemble des documents ci-dessus visés entre les 4 douars ou ferkas dont les noms suivent : — 1° Eulma el Medjabria; — 2° Beni Ahmed; — 3° Ouled Ahmed; — 4° Ouled Sassy.

Art. 2. — Les deux terres, comprenant : l'une 585 hect., et l'autre 8 hect. 80 a. 40 c., qui ont été revendiquées dans le douar des Eulma Medjabria, sont comprises dans le périmètre de ce douar, sous réserve des droits des intéressés.

D1. — 14 juill.-16 août 1863. — BG. 150. —
Abandon de terres azel à la tribu des Ameur Cheraga (province de Constantine) (1).

Vu, etc. (comme aux décrets précédents);

Art. 1. — Il est fait abandon à la tribu des Ameur Cheraga (prov. de Constantine), dont le territoire arch est notoirement insuffisant, d'une superficie de 5,977 hect. 90 a. de terres azels désignées ainsi qu'il suit au plan d'ensemble au 1/10,000 annuel des Ameur Cheraga. — N° 15, Bechepcbia, 818 hect. 20 c. ; — 16, Aïn el Hadjar, 498 hect. 25 a. ; — 21, Ameur et Tlet, 1236 hect. 80 a. ;—23, Blad Stiifra, 719 hect. 55 a. ; — 26, Ouled el Bey, 148 hect. 95 a. ;— 27, Aïn el Mers, 270 hect. 70 a. ; — Et d'une partie du n° 22, Ouled Gouam, 2,285 h. 45 a.—Total, 5,977 h. 90 c.

Art. 2. — Il sera procédé dans le plus bref délai sur ce territoire aux opérations prescrites par les §§ 1 et 2 de l'art. 2 du sénatus-consulte du 22 avr. 1863.

Art. 3. — Tous les autres Azels du kaïdat des Ameur Cheraga présentant une superficie de 15,145 hect. 50 a. sont déclarés propriétés définitives de l'État à l'exception de l'Azel Biar et Tin, n° 23 du plan, d'une superficie de 455 hect. 75 a. qui est en litige jusqu'à décision des tribunaux.

D1. — 26 août-15 sept. 1863. — BG. 153. —
Délimitation du territoire de la tribu des

Haracta Djerma *(département de Constantine, cercle de Batna) (2).*

Vu, etc. (comme aux décrets précédents);

Art. 1. — Le territoire de la tribu des Haracta Djerma, comprenant une superficie totale de 13,100 hect. environ, dont 5,822 hect. 53 a. 28 c. sont à déduire, attendu leur nature soit beylick, soit melk, est définitivement délimité pour une superficie de 7,277 hect. 46 a. 72 c., conformément aux indications contenues dans les divers documents ci-dessus visés.

Art. 2. — Sont approuvées les transactions proposées en vue d'attribuer à l'État la propriété pleine et entière de 14 parcelles de terrain d'une superficie totale de 12 hect. 84 a. 8 c., appartenant à seize indigènes, lesquelles sont enclavées dans les forêts domaniales situées sur le territoire de la tribu.

Art. 3. — Les membres de la tribu conserveront pour leurs besoins domestiques et sous la surveillance de l'administration forestière, l'exercice des droits d'usage qui leur étaient acquis antérieurement à la loi du 16 juin 1851, sur les forêts comprises dans les limites de leur territoire. — Un arrêté du gouverneur général déterminera les droits d'usage qui auront été reconnus à la tribu.

D1. — Même date. — *Répartition du territoire de la même tribu entre les douars.*

Art. 1. — Le territoire de la tribu des Haracta Djerma, délimité par notre décret de ce jour, est définitivement réparti, conformément aux propositions contenues dans l'ensemble des documents ci-dessus visés, entre les deux douars dont les noms suivent : — 1° Haracta Djerma Guebala, pour une superficie de 2,353 hect. 24 a. 48 c., dont 776 h. de biens communaux répartis en 8 parcelles, et 1,589 hect. 24 a. 48 c. de terrains collectifs de culture ; — 2° Haracta Djerma Dhara, pour une superficie de 4,922 hect. 22 a. 24 c., dont 1,138 hect. de biens communaux répartis en 6 parcelles, et 3,784 hect. 22 a. 24 c. de terrains collectifs de culture.

---

(1) *Rapport à l'Empereur.* — Sire, par un décret du 12 août 1863, V. M. a désigné la tribu des Ameur Cheraga, dont le territoire est compris dans le cercle de Constantine, pour être soumise aux opérations prescrites par les §§ 1 et 2 de l'art. 2 du sénatus-consulte du 22 avr. 1863.

Les Ameur Cheraga présentent une situation particulière, qui a imposé à la commission administrative chargée de ces opérations une marche toute nouvelle. Cette population, par suite de faits qui se sont produits sous le gouvernement turc, occupe, outre son territoire arch, une portion considérable de terres azel. La partie arch est notoirement insuffisante pour les besoins constatés, de sorte que la commission s'est naturellement trouvée amenée à rechercher, à côté de la terre arch, les terrains domaniaux qu'il convenait d'attribuer aux indigènes pour leur constituer un territoire proportionné à leurs besoins.

Le kaïdat dit des Ameur Cheraga comprend une superficie de 31,740 hect. se subdivisant ainsi : — 1° Territoire arch, 10,182 hect. ; — 2° Azels, 21,558 hect. — Ces 31,740 hect. sont répartis en 55 parcelles, dont 11 constituent la partie arch et 27 sont domaniales. La population des Ameur Cheraga est de 8,586 âmes ; elle occupe, à peu près sans mélange, la superficie arch, et rayonne de là sur tous les azels environnants, où elle se trouve mêlée à des étrangers dans une proportion plus ou moins considérable. — Une étendue de 10,182 hect. ne saurait évidemment suffire à 8,586 individus ayant bœufs, moutons, chevaux et mulets, et cela sans aucun terrain communal ; il était donc impossible d'installer les Ameur Cheraga sur leur territoire arch.

Une étude consciencieuse des besoins de cette population a démontré à la commission qu'il était indispensable d'abandonner une superficie de 5,977 hect. 90 a. de terres azel qui, réunis aux 10,182 hect. de terre arch,

constitueraient une superficie de 16,159 hect. 90 a., soit un peu moins de 2 hect. par individu. Le surplus des azels occupés par la tribu demeureraient, bien entendu, propriété définitive de l'État. — Cette proposition me paraît motivée; mais aux termes des instructions générales du 16 juin 1863, elle doit être d'abord sanctionnée par une décision spéciale de V. M., qui autorise en même temps à procéder sur ces terres azel aux opérations prescrites par le sénatus-consulte. — C'est alors seulement que la commission administrative pourra mettre la dernière main à son travail, et que les décrets de délimitation et de répartition seront soumis à la sanction de l'Empereur.

Le ministre de la guerre,
Mal RANDON.

(2) *Rapport à l'Empereur.* — Sire, il résulte des divers documents recueillis et préparés par la commission administrative, que le territoire de cette tribu, défalcation faite de 5,822 hect. 53 a. 28 c., de nature beylick ou melk, est d'une contenance totale de 7,277 hect. 46 a. 72 c. qui se répartit de la manière suivante entre les deux douars constitués dans ladite tribu, et qui comprennent, le 1er 132 habitants, le 2e 165. (V. le second décret.) — Les prescriptions tracées par les décrets et instructions ont été régulièrement suivies : aucune difficulté d'une nature particulière ne s'est présentée à l'examen de la commission. Toutes les questions ont été résolues à l'amiable, le territoire de la tribu étant arch. Une seule transaction, consentie par les intéressés, a nécessité l'introduction d'un article spécial au décret de délimitation : c'est celle qui autorise l'échange de 14 parcelles de biens melk formant enclaves dans des forêts, contre des terrains domaniaux d'une valeur équivalente.

Le ministre de la guerre,
Mal RANDON.

D1. — 21 oct.-18 nov. 1865. — BG. 158. — *Délimitation du territoire de la tribu des Haracta El Madher (province de Constantine, cercle de Batna.)* (1).

Vu, etc. (comme aux décrets précédents).

Art. 1. — Le territoire de la tribu des Haracta el Madher (subd. de Batna, prov. de Constantine), comprenant une superficie de 23,000 hect., dont 9,230 hect. à déduire, attendu leur nature domaniale, est définitivement délimité pour une superficie de 13,770 hect., conformément aux indications contenues dans les divers documents visés ci-dessus.

Art. 2. — Sont approuvées les transactions proposées en vue d'attribuer à l'État la propriété pleine et entière de 21 parcelles de terrain, d'une superficie totale de 3 hect. 50 a., appartenant à 8 indigènes, lesquelles sont enclavées dans les forêts domaniales situées sur le territoire de la tribu.

Art. 3. — Les membres de la tribu conserveront pour leurs besoins domestiques, et sous la surveillance de l'administration forestière, l'exercice des droits d'usage qui leur étaient acquis antérieurement à la loi du 16 juin 1851, sur les forêts comprises dans les limites de leur territoire. — Un arrêté du gouverneur général fixera la nomenclature des droits d'usage qui auront été reconnus à la tribu.

---

(1) *Rapport à l'Empereur.* — *Délimitation de la tribu.* — Les Haracta et Madher occupaient une superficie de 23,000 hect. — Mais il y a lieu d'en défalquer les surfaces suivantes, dont la nature domaniale est incontestée : — Terrains remis au service de la colonisation, 1,430 hect. — Les forêts appartenant au domaine de l'État, 5,450 hect. — Un lac salé appartenant au domaine public, 2,500 hect.

Il ne reste donc à la tribu que 13,770 hect. composés de terres de culture ou de parcours qui suffisent largement à ses besoins, la population n'étant que de 1,150 habitants, ce qui assure, à chaque individu, une moyenne d'environ 12 hect.

Aucune difficulté n'a arrêté la marche de la commission dans cette première partie de son travail. En ce qui concerne les forêts notamment, les indigènes n'ont pas soulevé de prétentions, moyennant la stipulation de la réserve de tous leurs droits d'usage. Une disposition particulière du décret de délimitation consacre expressément ces droits. Une autre disposition approuve à titre de transaction l'échange de 21 parcelles formant enclaves dans les forêts et appartenant à 8 propriétaires, contre des terres situées sur d'autres points et présentant une valeur équivalente.

Répartition entre les douars. — Le territoire, ainsi délimité, a depuis longtemps été partagé par les habitants en quatre fractions principales. Ces fractions, par leur superficie et leur population, présentaient des conditions convenables pour former chacune un douar. La commission n'a donc eu qu'à reconnaître l'état de choses existant, et, s'inspirant de l'esprit des diverses instructions en vigueur, elle a divisé les terres de la tribu entre les 4 douars suivants. (V. le second décret.) — Les limites de chacun de ces douars ont été établies de commun accord, sauf en un seul point où les parties n'ayant pu s'entendre, la commission a dû faire usage des droits qui lui sont conférés par l'art. 8 du règlement, en donnant à la contestation la solution la plus sage et la plus rationnelle. — Une fois les douars reconnus et délimités, on a procédé à la détermination, dans chacun d'eux, des terrains collectifs de culture et des terrains communaux. Cette opération s'est accomplie sans contestation et a donné les résultats portés au tableau ci-dessous.

Le ministre de la guerre,
Mal RANDON.

(2) *Rapport à l'Empereur.* — Sire, la commission administrative de Mostaganem vient de terminer l'application des dispositions du sénatus-consulte du 22 avr. 1863 à la tribu maghzen des Abid Cheraga. — Par suite de la nature particulière du territoire de cette tribu, la délimi-

---

D1. — Même date. — *Répartition du territoire de la même tribu entre les douars.*

Vu, etc. (comme aux décrets précédents);

Art. 1. — Le territoire de la tribu des Haracta el Madher, délimité par notre décret de ce jour, est définitivement réparti, conformément aux prescriptions contenues dans l'ensemble des documents ci-dessus visés, entre les quatre douars dont les noms suivent : — 1° Ouled Aïsman, pour une superficie de 2,760 hec., dont 1,491 hect. de bois communaux répartis en 5 parcelles et 1,269 hect. de terrains collectifs de culture; — 2° Ouled Zaïd, pour une superficie de 3,490 hect., dont 651 hect. de bois communaux répartis en 3 parcelles et 2,839 hect. de biens collectifs de culture; — 3° Ouled Boudjemah, pour une superficie de 4,800 hect., dont 1,827 hect. de bois communaux répartis en 7 parcelles et 2,973 hect. de terrains collectifs; — 4° Herman, pour une superficie de 2,720 hect., dont 935 hect. de biens communaux d'un seul tenant et 1,785 hect. de terrains collectifs de culture. — Total, 13,770 hect. égal à celui porté à notre décret de ce jour comme constituant définitivement le territoire de la tribu.

D1. — 25 oct.-23 nov. 1865. — BG. 159. — *Délimitation du territoire de la tribu Maghzen des Abid Cheraga (province d'Oran)* (2).

tation soulève une question délicate qui se présente pour la première fois, et que je dois tout d'abord exposer à V. M.

À une époque où les idées sur la propriété indigène étaient encore incertaines, le service des domaines de la province d'Oran, confondant sous le nom de beylick les terres affermées par les deys à des oukils et celles laissées en jouissance à titre maghzen à un certain nombre de tribus, inscrivit ces dernières sur ses sommiers de consistance. Ces territoires maghzen, où cependant les droits de jouissance affectaient toutes les formes de la propriété, où chaque famille transmettait, hypothéquait, aliénait ses terrains à son gré, furent divisés par le service des domaines en deux catégories : l'une, sous le nom de réserve domaniale, devint le fonds disponible pour la colonisation et la vente aux enchères; l'autre fut affectée aux populations maghzen, sous le nom de cantonnement provisoire. En outre, afin d'affirmer le droit de l'État sur les territoires de cette dernière catégorie, on imposa aux tribus qui en conservaient la possession une redevance annuelle, dont le chiffre est fixé depuis 1855 à 50 c. par hectare labourable, et 25 c. par hectare de parcours.

Cette série de mesures frappa lourdement sur les Abid Cheraga. En 1841, la tribu occupait une superficie de 17,000 hect., et renfermait une population de 2,500 âmes. Aujourd'hui, 6,000 hect. de terres maigres, rocailleuses et privées d'eau, nourrissent à grand'peine 1,100 habitants. C'est sur cette tribu, ainsi réduite, que la commission a été appelée à opérer. Elle avait à appliquer sur ce territoire la seule mesure réparatrice qui fût encore possible, et que V. M., dans sa bienveillante sollicitude pour des intérêts compromis, a daigné sanctionner, en approuvant les instructions générales du 11 juin 1863. Cette mesure, qui consiste à traiter les tribus maghzen comme les tribus arch, assurait aux Abid Cheraga la possession incontestée des terrains dont ils n'avaient pas encore été évincés. Aussi, malgré les revendications du domaine, qui s'appuyait sur le § 2 de l'art. 1 du sénatus-consulte, la commission a-t-elle été invitée à considérer comme dévolus définitivement aux indigènes :

1° 5,472 hect. 50 a. détenus par eux à titre provisoire;

2° Deux portions boisées, l'une de 248 hect. 50 a., l'autre de 195 hect., soit au total 443 hect. 50 a., à leur attribuer, en compensation de 733 hect. 50 a., retranchés du territoire occupé par la tribu, en vue de ces deux portions la formation d'une loi de 21,100 hect. dont le gouvernement avait ordonné la vente aux enchères publiques, et qui, depuis, a été adjugé à la société de l'Habra.

La première de ces deux portions est disponible, car le projet qu'on avait eu de l'annexer à la forêt de la Macta n'a pas encore été mis à exécution. La seconde est à pré-

Vu, etc. (comme aux décret précédents);

Art. 1. — Le territoire des Abid Cheraga (prov. d'Oran, subd. de Mostaganem), présentant une superficie totale de 6,116 hect., y compris un terrain de 195 hect. faisant partie de la forêt de la Macta, dont il est fait abandon à la tribu, est définitivement délimité, conformément aux indications contenues dans les divers documents ci-dessus visés. — Ce territoire, actuellement inscrit sur les sommiers de consistance du domaine, en sera immédiatement rayé; cette radiation entraînera, à la date de ce jour, la suppression de tous droits de location au profit de l'État.

DI. — Même date. — *Répartition du territoire de la même tribu entre les douars.*

Vu, etc. (comme aux décrets précédents);

Art. 1. — Le territoire des Abid Cheraga, délimité par notre décret en date de ce jour, est définitivement réparti, conformément aux prescrip-

lever sur la partie la moins boisée de ladite forêt; elle est figurée au plan d'ensemble au 1/40,000° par le polygone I F E H K, et le décret de délimitation fait mention de son abandon.

Les travaux de la commission pour la délimitation et la répartition par douars ont été accomplis et présentés sur ces données; ils sont, en tous points, conformes aux prescriptions des diverses instructions.

Délimitation de la tribu. — D'après ce qui précède, le territoire de la tribu comprend une superficie de 6,116 h. qui se décompose de la manière suivante : — Terres de culture, 4,864 hect. 60 a.; — Terres de parcours, 1,214 hect. 50 a.; — Chemins et réserves diverses, 37 hect. 10 a.; — Total, 6,116 hect. — La population de cette tribu étant de 1,087 hab., la dotation moyenne de chacun d'eux est d'environ 5 hect. 60 a.

Répartition entre les douars. — La tribu des Abid Cheraga ne paraît devoir comporter que deux douars, auxquels on a conservé le nom des principales fractions qui les composent. Ces deux douars sont désignés sous les noms de : — Ouled Snoussi, — El Kedadra. — Le territoire a été partagé entre eux de façon à satisfaire tous les intérêts et à établir une balance aussi équitable que possible dans la situation de leurs habitants, ainsi que cela ressort du tableau suivant. (V. le deuxième décret.)

Le ministre de la guerre, Mal RANDON.

(1) *Rapport à l'Empereur.* — Sire, Les droits de l'État à la propriété des territoires situés dans la province de Constantine ont été réservés en principe par le sénatus-consulte du 22 avr. 1863; mais les instructions générales, approuvées par V. M. le 11 juin 1863, ont admis qu'à défaut de compensations possibles sur d'autres points, les populations indigènes établies à demeure fixe sur ces territoires pourraient, en vertu de décisions de l'empereur, être mises en possession d'une partie du sol qu'elles occupent. C'est ainsi qu'un décret du 14 juillet dernier a attribué 3,977 hect. 90 a. de terres azels à la tribu des Ameur Cheraga qui, possédant un territoire arch insuffisant pour ses besoins, n'était étendue sur les azels environnants.

Une commission spéciale a été instituée pour procéder à la constitution des territoires à attribuer, conformément à ces principes, aux indigènes qui habitent les azels de la province de Constantine, et le gouverneur général de l'Algérie vient de me faire parvenir le travail de cette commission en ce qui concerne le cercle de Bône. Ce travail porte sur les 9 azels dont les noms suivent : — Oued Besbès; — Bou Hammam; — Mouelfa; — Gouerssa; — Aïn Morkha; — Hassabnas; — Abd es Selam; — Fedj Moussa; — Beni Guécha; — Ainsi que sur les terres domaniales de : — Faïd el Allega; — Doukarai; — Matsera, et Bir Chegara.

La commission n'avait aucune proposition à formuler pour ces 4 terres, qui sont d'anciens melk constitués habous, et sur lesquelles les hammès qui les cultivaient ne peuvent élever aucune prétention. — En ce qui concerne les azels, la commission a constaté que les deux premiers, Oued Besbès et Bou Hammam, étaient occupés, soit par

tions contenues dans l'ensemble des documents ci-dessus visés, entre les deux douars ci-après : — 1° Ouled Snousai, pour une superficie de 2,716 hect., dont 359 hect. 50 a. de terres de parcours, 22 a. de chemins et réserves diverses, et 2,554 hect. 50 a. de terrains collectifs de culture; — 2° El Kedadra, pour une superficie de 3,400 hect., dont 874 hect. 80 a. de terres de parcours, 15 hect. 10 a. de chemins et réserves diverses, et 2,510 hect. 10 a. de terrains collectifs de culture. — Total égal à celui du territoire de la tribu, 6,116 hect.

DI. — 28 oct.-5 déc. 1865. — BG. 160. — *Abandon de terres azel à des tribus du cercle de Bône (prov. de Constantine)* (1).

Art. 1. — Le territoire des azels de Mouelfa et Beni Guécha, constituant tout le sol de ces deux tribus, et présentant respectivement une superficie de 850 et 600 hect., déduction faite des concessions

des indigènes appartenant à des tribus où ils ont conservé des intérêts et où ils peuvent trouver place, soit par des gens étrangers au pays et ne cultivant pas. Elle propose, en conséquence, de déclarer ces azels propriété définitive de l'État.

L'azel des Mouelfa, constituant tout le territoire de la tribu de ce nom, qui y est établi depuis un temps immémorial, il y a lieu d'en attribuer le sol à cette tribu. On y maintiendrait, en outre, une fraction de la tribu des Beni Ktd, qui y a été établie en 1852, sur 206 hect. qu'il lui ont été attribués à titre de compensation des prélèvements qu'elle a subis pour la création du village de Nechmeya.

L'azel Gouerssa est occupé par une population étrangère établie depuis peu de temps sur cet azel et n'y possédant pas de cultures sérieuses. Tous les individus groupés sur ce point peuvent sans inconvénient être renvoyés dans leurs tribus respectives.

La commission s'est occupée ensuite des azels d'Aïn Morkha, de Hassabnas et de la terre d'Abd es Selam, où elle proposa d'opérer des remaniements considérables dans l'assiette de la population. Ces remaniements ont pour but de grouper les indigènes sur un même point, afin de laisser à la disposition de l'État un territoire d'un seul tenant. Par suite, la population d'Aïn Morkha, composée des Khoaled et d'une fraction des Ouled Alia, serait transportée sur l'azel Hassabnas et sur la terre d'Abd es Selam, où l'on maintiendrait quelques familles de la tribu des Tréat qui s'y trouvent actuellement. Les étrangers seraient renvoyés dans leurs tribus respectives.

Les Khoaled ne se rattachent à aucune tribu et n'ont pas de territoire propre; il est donc équitable de leur faire une part sur les biens de l'État. Les Ouled Alia ne peuvent être renvoyés dans leur tribu mère, dont le territoire, considérablement réduit par la colonisation, vient d'être soumis aux opérations du sénatus-consulte. Il y a lieu, par conséquent, de leur abandonner également des terrains domaniaux. Enfin, les Tréat établis sur Hassabnas et sur Abd es Selam se trouvent dans les conditions voulues pour conserver la propriété du sol qu'ils détiennent; leur tribu, quoique occupant un territoire considérable relativement à sa population, ne peut les recevoir, parce que ses terres de culture sont rares et de mauvaise qualité.

L'azel Fedj Moussa est occupé par quelques familles qui trouveront facilement place sur le territoire arch de la tribu du même nom. — Quant à l'azel Beni Guécha, il comprend toute la tribu de ce nom qu'on ne saurait installer ailleurs, et qu'il contient, en conséquence, de maintenir en possession de ce territoire. — Enfin, les jardins situés sur ces différents azels seraient attribués aux détenteurs actuels, quelle que soit leur origine. — Tel est le résumé des propositions du gouverneur général de l'Algérie; elles auraient pour résultat : — 1° D'abandonner aux indigènes et de soumettre aux opérations du sénatus-consulte, pour la constitution de la propriété, les 4 azels de Mouelfa, Hassabnas, Abd es Selam et Beni Guécha, comprenant une superficie de 2,785 hect.; — 2° De réserver à l'État la propriété définitive des azels de l'Oued Besbès, Bou Hammam, Gouerssa, Aïn Morkha

forestières, est abandonné en toute propriété aux
indigènes qui l'occupent et en sont originaires. Les
Beni Kaïd, installés en 1852 chez les Mouelfa,
sont maintenus en possession des 205 hect. qu'ils
détiennent.

Art. 2. — L'azel des Hassabnas et le habous de
Sidi Abd es Selam, détachés tous deux de l'arch
des Tréat et d'une superficie totale de 1,555 hect.,
seront répartis entre 45 familles des Tréat et une
famille des Khoaled, qui s'y trouvent actuellement
installées et en sont originaires, et les 114 familles
des Ouled Atia et des Khoaled qui détiennent l'azel
d'Aïn Morkha.

Art. 5. — Tous les étrangers établis à quelque
titre que ce soit sur les 4 azels précités seront
renvoyés dans leurs tribus.

Art. 4. — Il sera procédé dans le plus bref délai, sur ces territoires, aux opérations prescrites
par les §§ 1 et 2 de l'art. 2 du sénatus-consulte
du 22 avr. 1863.

Art. 5. — Les 5 azels de l'Oued Besbès, de
Bou Hammam, de Gouerssa, d'Aïn Morkha et de
Fedj Moussa, d'une étendue respective de 5,645
hect., 1,660 hect., 2,180 hect., 5,610 hect., et
550 hect., déduction faite des concessions forestières et autres, ainsi que les 4 terres domaniales
connues sous le nom de Faïd el Allega, Doukarat,
Maïssera et Bir Chegara, sont déclarés propriétés
de l'État.

Art. 6. — Les jardins existant sur les 9 azels
désignés aux art. 1, 2 et 5 du présent décret, sont
attribués à titre de propriété définitive aux indigènes qui les détiennent, et des titres leur seront

délivrés conformément aux propositions de la commission.

23. — 2 nov.-5 déc. 1865. — BG. 160.—*Abandon de terres azel aux indigènes de l'Oued
Zenati (cercle de Constantine)* (1).

Art. 1. — Il est fait abandon aux 411 familles
originaires de l'Oued Zenati (cercle de Constantine), et portées sur le relevé nominatif établi par
la commission des azels de la province de Constantine, d'une superficie de 7,447 hect. de terres
azel désignées ainsi qu'il suit au plan d'ensemble,
au 1/40,000 de l'Oued Zenati : Aïn Bou K'naz,
2,831 hect.; — Bled el Djelily, 1,725 hect.;—
Chabet el Hanencha, 1,120 hect.;—Ben Mezoura,
1,775 hect.

Art. 2. — Il sera procédé dans le plus bref délai sur ce territoire, aux opérations prescrites par
les §§ 1 et 2 de l'art. 1 du sénatus-consulte du 22
avr. 1863.

Art. 5. — Tous les autres azels de l'Oued Zenati, présentant une superficie de 52,691 hect.,
sont déclarés propriétés définitives de l'État.

Art. 4. — Les étrangers établis, à quelque titre
que ce soit, sur les 62 azels de l'Oued Zenati, seront renvoyés dans leurs tribus.

Art. 5. — Les nommés Lakhdar ben Si Moha-
med et Chérif ben ez Zin, avec son associé El
Hemlaoui ben el Aïd, conserveront la propriété du
jardin qu'ils détiennent, le premier sur l'azel de
K'sar Bezez m'ta Dorbani, et les deux autres à
Bled ben Haouchat.

---

et Fedj Moussa, d'une superficie de 11,645 hect., ainsi
que des 4 terres domaniales de Faïd el Allega, Doukarat,
Maïssera et Bir Chegara.

Le ministre de la guerre,
Mal RANDON.

(1) *Rapport à l'Empereur.* — Sire, le territoire de
l'Oued Zenati, situé dans le cercle de Constantine, et sur
lequel ont porté les études de la commission, constitue
une vaste dépendance domaniale qui comprend 62 azels
limitrophes les uns des autres et formant une masse compacte ; sa superficie totale est de 43,188 hect. — Il convient, toutefois, d'en retrancher 5,050 hect. dont on a
déjà disposé, soit pour la création du village européen de
Sidi Tamtam, soit pour les concessions accordées au
sieur Ben Badis. La commission n'a donc eu à procéder
que sur une étendue de 40,155 hect.

1,972 familles indigènes, cultivateurs et khammès,
sont répandues sur ce territoire; elles habitent presque
toutes sous la tente, se livrent à la culture des terres et
surtout à l'élève du bétail. — Des statistiques rigoureusement établies par azel ont permis de constater que,
ces 1,972 familles, 411 seulement réunissent les conditions voulues pour être maintenues sur les terres de
l'État. Toutes les autres sont étrangères, établies depuis
un temps plus ou moins long à l'Oued Zenati, par suite de
conventions faites avec les locataires des azels; elles
peuvent sans inconvénient être mises en demeure de retourner dans les tribus dont elles sont originaires. Quelques familles de khammès, en outre des 411 dont il est
question plus haut, nées sur les azels, mais ne possédant
ni troupeaux suffisants ni instruments de travail, trouveront facilement à s'installer à côté des cultivateurs, la
commission proposant, dans cette intention, une attribution suffisante de terres de parcours.

Les 411 familles à pourvoir de terrains domaniaux labourent 555 charrues et demie. Au lieu de les resserrer
sur chacun des azels qu'elles occupent actuellement, il a
paru préférable, conformément aux principes déjà adoptés
pour les azels du cercle de Bône, de les réunir toutes sur
un même point, de façon à conserver à l'État une importante propriété d'un seul tenant. Cette combinaison était,
du reste, facilement applicable et ne lésait aucun intérêt,
tous les azels de l'Oued Zenati présentant exactement la
même nature de terrains, et les indigènes qui les occupent étant habitués, surtout depuis que les terres doma-

niales sont louées par la voie des enchères publiques, à
émigrer d'un azel sur un autre, suivant les conditions
faites par le locataire principal.

Considérant que, dans cette région, la charrue comporte plus de 10 hect.; que, d'un autre côté, ces indigènes
ont une tendance bien marquée à se livrer à l'élève du
bétail, la commission a proposé d'affecter aux 411 familles
dont il s'agit les 4 azels connus sous les noms de Aïn
bou K'naz, Bled el Djelily, Chabet el Hanencha et Ben
Mezoura, qui présentent une superficie totale de 7,447 h.
dont 2,771 sont des terres de pâture et le reste des surfaces propres à la culture. Cette proposition paraît de
nature à être acceptée; car tout en sauvegardant, dans
une juste limite, les intérêts de l'État, elle donne largement satisfaction aux besoins des populations, en leur
assurant une moyenne de 18 hect. par famille et de
5 hect. 50 a. environ par individu.

Six jardins seulement existent sur les 62 azels. Les
nos 1 et 2 ont seuls assez d'importance pour mériter d'être
conservés à leurs propriétaires. Les autres renferment à
peine quelques figuiers ou cactus, quelquefois disséminés
sur une grande surface et ne présentant aucun des caractères de clôture et de resserrement qui sont propres à
ces sortes de cultures. Ces derniers jardins suivraient le
sort des terrains sur lesquels ils sont situés, sauf attribution d'une légère indemnité aux détenteurs actuels.

Telles sont, Sire, les propositions faites par le gouverneur général de l'Algérie. Elles se résument ainsi : —
1° Maintien sur le territoire de l'Oued Zenati des 411 familles désignées par la commission, avec attribution à
leur profit de la pleine propriété des 4 azels susdésignés,
d'une superficie totale de 7,447 hect.; — 2° Renvoi
dans leurs tribus respectives des autres indigènes qui ne
sont pas originaires de ce territoire; — 5° Attribution
définitive à l'État des 52,691 hect. rendus disponibles par
ces opérations; — 4° Abandon aux possesseurs actuels
des jardins nos 1 et 2, et renvoi des détenteurs des 4 autres jardins, avec allocation d'une indemnité lors de leur
dépossession. — Ces opérations étant conformes à l'esprit des instructions de V. M. et aux principes qu'elle a
bien voulu consacrer déjà, notamment par le décret du
23 oct. dernier, relatif aux azels du cercle de Bône, je
ne puis que demander à l'Empereur de les sanctionner en
signant le projet de décret ci-joint.

Le ministre de la guerre,
Mal RANDON.

DB. — 9 nov.-5 déc. 1865. — BG. 160. — *Délimitation du territoire de la tribu des Bordjia (province d'Oran)* (1).

Vu, etc. (comme aux décrets précédents).

Art. 1. — Le territoire des Bordjia (prov. d'Oran, subdiv. de Mostaganem), d'une superficie totale de 19,879 hect. 65 a., est définitivement délimité, conformément aux indications contenues dans les divers documents ci-dessus visés.

Art. 2. — Dans cette superficie de 19,879 hect. 65 a. se trouvent compris : 1° un terrain domanial de 300 hect. portant la désignation de groupe n° 3; 2° 57 hect. dépendant de la subdiv. de Mascara, et qui, remis à la colonisation pour le village de Perrégaux, n'ont pas été compris dans le périmètre de ce centre. — Il est fait abandon de ces deux parcelles à la tribu des Bordjia.

Art. 3. — La partie dudit territoire, actuellement inscrite sur le sommier de consistance du domaine, en sera immédiatement rayée. Cette radiation entraîne, à partir de ce jour, la suppression de tous les droits de location au profit de l'État.

DB. — Même date. — *Répartition du territoire de la même tribu entre les douars.*

Art. 1. — Le territoire des Bordjia, délimité par notre décret en date de ce jour, est définitivement réparti, conformément aux propositions contenues dans l'ensemble des documents ci-dessus visés, entre les quatre douars ci-après : — 1° Beni Yaïl, pour une superficie de 8,421 hect. 50 a., dont 7,881 hect. 84 a. de terres de culture, 531 hect. 16 a. de terres communales et 8 hect. 50 a. de réserves diverses; — 2° Ahl el Hassian, pour une superficie de 4,590 hect. 50 a. dont 4,181 hect. 55 a. de terres de culture, 406 hect. 65 a. de terres communales et 2 hect. 50 a. de réserves; — 3° Sfafah, pour une superficie de 3,934 hect. 25 a. dont 3,805 hect. 25 a. de terres de culture, 124 hect. de terres communales et 5 hect. de réserves; — 4° Sahouria, pour une superficie de 2,933 hect. 40 a., dont 2,820 hect. 40 a. de terres de culture, 98 hect. de terres communales et 15 hect. de réserves. — Total égal à celui du territoire de la tribu, 19,879 hect. 65 a.

Art. 2. — La terre collective de culture dite l'Helb, commune à tous les membres de la tribu des Bordjia, relèvera administrativement du douar de Sfafah, tout en restant la propriété des détenteurs actuels.

Décis. I. — 9-30 déc. 1865. — BG. 164. — *Affranchissement de tout droit de location et*

(1) *Rapport à l'Empereur.* — Sire, par décret du 25 oct. dernier, V. M. a bien voulu sanctionner la délimitation et la répartition par douars du territoire de la tribu des Abid Cheragas (subd. de Mostaganem, prov. d'Oran). — Je viens aujourd'hui soumettre à l'Empereur des propositions analogues en ce qui concerne le territoire des Bordjia, autre tribu maghzen voisine des Abid Cheragas, et qui se trouve placée dans les mêmes conditions. — Au moment de leur soumission définitive à la France, les Bordjia possédaient une étendue de territoire de 27,000 hect. occupée par 5,000 habitants. Aujourd'hui, la superficie n'est plus que de 19,582 hect. pour une population de 5,400 âmes. — La majeure partie de ce territoire est inscrite sur les sommiers de consistance du domaine comme terrains maghzen; la tribu en est locataire dans les conditions indiquées dans mon rapport du 25 oct. relatif aux Abid Cheragas.

Les mêmes motifs qui ont déterminé la résolution adoptée à l'égard de cette dernière tribu ont décidé le gouverneur général à prescrire : — 1° De conserver définitivement aux Bordjia, nonobstant les revendications du domaine, tous les terrains qu'ils détiennent actuellement à un titre quelconque, et dont la superficie est de 19,532 hect. 65 a.; — 2° De leur attribuer, en outre, pour compenser les 1,600 hect. qui leur ont été enlevés récemment, afin de compléter le lot de 24,100 hect. vendu à la société de l'Habra, des terrains domaniaux d'une contenance totale de 337 hect., les seuls qui soient encore disponibles sur le territoire de la tribu. — Ces instructions ont été ponctuellement suivies par la commission.

Délimitation de la tribu. — Les opérations de délimitation n'ont donné lieu à aucune difficulté. Le territoire total à affecter à la tribu, 19,879 hect. 65 a., a été reconnu et déterminé sans contestation. — La commission, considérant la position précaire dans laquelle ont été placés les Bordjia par suite de l'attribution à la colonisation de leurs meilleures terres de culture, avait proposé certains prélèvements sur les terrains communaux de la tribu pour compléter les terres de culture qui étaient devenues insuffisantes. — Cette mesure a soulevé des observations pleines de justesse de la part du conseil de gouvernement, et le gouverneur général, se rangeant à l'avis du conseil, a invité la commission à revenir sur ses propositions. Par suite des modifications apportées, et qui me paraissent répondre à tous les besoins, le territoire des Bordjia a été classé de la manière suivante : — Terres de culture, 18,638 hect. 85 a.; — Terres de parcours, 1,109 hect. 30 a.; — Chemins et réserves diverses, 51 hect. — Total égal, 19,879 hect. 65 a. — La superficie totale attribuée à la tribu représente une moyenne de 3 hect. 65 a. par tête d'habitant.

Répartition du territoire entre les douars. — La tribu des Bordjia se subdivise en 4 fractions qui réunissent les éléments constitutifs des douars qu'il s'agit de former. Par suite des distractions inégales de territoire opérées sur ces différentes fractions, la commission a été amenée à appliquer le système des compensations de douar à douar indiqué par les instructions générales du 11 juin 1863, en donnant à ceux qui ont le plus souffert des parcelles prises sur le territoire des moins éprouvés. Cette délicate opération semble avoir été faite avec une parfaite équité.

La tribu renferme dans son périmètre, outre les quatre fractions qui la partagent naturellement, un terrain de 942 hect., connu sous la dénomination de Helb, comprenant 2,000 parcelles exclusivement composées de terres de culture et labourées traditionnellement par des familles appartenant aux 4 douars de la tribu. En raison de son attribution indistincte à des membres de tous les douars, la commission n'avait pas cru pouvoir réunir l'Helb à un douar particulier, parce que cette mesure lui semblait impliquer l'attribution à ce douar de la propriété du territoire annexé.

Mais le gouverneur général est d'avis que rien n'empêche, tout en laissant le sol aux détenteurs actuels, de le rattacher administrativement à un douar voisin. La mesure lui paraît d'autant plus naturelle qu'aucun texte n'empêche l'habitant d'un douar de posséder des terres en dehors de son douar, et que, d'un autre côté, on ne saurait laisser une surface de cette importance sans le rattacher à une unité constituée. Je partage entièrement cette manière de voir et j'appuie auprès de V. M. la proposition qui en est la conséquence, et qui consiste à faire dépendre le terrain Helb du douar de Sfafah auquel il se rattache le plus naturellement par sa situation topographique. — Le territoire de la tribu serait, par suite, réparti de la manière suivante entre les 4 douars. (V. le 2° décret.)

Une autre proposition de la commission a paru également devoir être modifiée; elle a trait au douar des Beni Yaïl. Ce douar renferme un melk de près de 8,000 hect. appartenant à toute la fraction. Sur ce melk se trouve une mare salée d'un peu plus de 1 hect. de superficie. La commission demandait que cette partie fût attribuée, comme dédommagement, aux propriétaires du sol, pour les indemniser des prélèvements qu'ils ont eu à supporter. Il est inutile, dans cette circonstance, de solliciter le don gracieux de ce lac, puisque, conformément à l'art. 2 de la loi du 16 juin 1851, il doit suivre le sort du terrain sur lequel il est placé et que, situé sur un melk, il ne peut être considéré que comme la propriété des gens des Beni Yaïl, détenteurs de ce melk.

Le ministre de la guerre,
Mal RANDON

redevance annuelle en faveur de 11 tribus maghzen de la province d'Oran, dont la désignation suit (1):

(*Subd. de Mostaganem.*) — Abid Cheragas, — Bordjia, — Akerma Gharaba, — Chelaïa. — Ouled Boukamel, — Mekalia, — Sahary, — Mebah, — Ouled Ahmed, — Ouled S. Abdallah, — Akerma Cheraga.

(*Subd. de Mascara.*) — Habra, — Chareub er Rizg.

D2. — 10 fév.-30 mars 1866. — BG. 170. — *Abandon de l'azel Aïn-Guéblia (prov. d'Alger), aux familles occupantes* (2).

Vu, etc.;

Art. 1. — Il est fait abandon aux 47 familles originaires de l'azel d'Aïn Guéblia, cercle et subd. de Miliana, et portées sur le relevé nominatif établi par la commission administrative de Miliana, d'une superficie de 808 hect. 54 a. 55 c. encore disponible sur le territoire dudit azel, telle qu'elle est délimitée au plan susvisé.

Art. 2. — Il sera procédé, dans le plus bref délai, sur le territoire attribué aux indigènes par l'article précité, aux opérations prescrites par les §§ 1 et 2 de l'art. 2 du sénatus-consulte du 22 avr. 1863.

Art. 3. — Les jardins existants sur ce territoire resteront la propriété des détenteurs actuels qu'ils soient originaires ou non de l'azel. Des titres leur seront délivrés à cet effet.

Art. 4. — Les familles étrangères à l'azel seront renvoyées dans leurs tribus respectives.

D2. — 21 mars-23 avr. 1866. — BG. 175. — *Délimitation du territoire de la tribu des Ouled Bellil (subd. d'Aumale, province d'Alger)* (3).

Vu, etc.;

Art. 1. — Le territoire de la tribu des Ouled-Bellil, faisant partie du caïdat de ce nom, comprenant 4,861 h. 95 a. 55 c., dont 761 h. 16 a. 50 c. sont à déduire comme appartenant au domaine de l'État et au domaine public, est définitivement délimité pour une superficie de 4,100 h. 78 a. 85 c., conformément aux indications contenues dans les divers documents ci-dessus visés.

D2. — Même date. — *Répartition du territoire de la même tribu.*

Vu, etc.;

Art. 1. — Le territoire de la tribu des Ouled-Bellil, délimité par notre décret de ce jour, est définitivement constitué, conformément aux propositions contenues dans l'ensemble des documents ci-dessus visés, en un seul douar qui prendra le nom des Ouled Bellil et qui comprendra 660 hect. 62 a. 59 c. de biens communaux (cimetières, terres de parcours, rues places), et 16 a. 26 c. de terrains de culture.

Art. 2. — Sont confirmées les opérations de cantonnement qui, en 1861, ont partagé les terres de culture de cette tribu entre 164 ayants droit et y ont ainsi constitué la propriété individuelle. Des titres seront délivrés aux intéressés qui demeurent libres, dès à présent, de disposer de leurs terres.

Art. 3. — Est également approuvé l'échange amiable effectué en 1861, entre le domaine et la tribu, de différentes parcelles de terrains domaniaux d'une contenance de 355 hect. disséminés sur le territoire de la tribu, contre un lot de terre arch de pareille étendue situé autour de l'ancien bordj turc de Bouïra.

---

(1) *Rapport à l'Empereur.* — Sire, les instructions générales approuvées par V. M., le 11 juin 1863, ont prescrit d'appliquer le sénatus-consulte du 23 avr. 1863 aux tribus établies sur des territoires autrefois maghzen, qui réunissaient, comme les tribus arch, les conditions de jouissance permanente et traditionnelle sur lesquelles est basée la déclaration de propriété contenue dans l'art. 1 dudit sénatus-consulte. — Les tribus occupant des territoires maghzen sont au nombre de 15 dans la province d'Oran, et par suite de l'incertitude qui a régné pendant longtemps sur la question de domanialité de ces territoires inscrits sur les sommiers de consistance du domaine, les occupants ont été soumis, au profit de l'État, à un droit de location qui est resté fixé depuis 1855 à 50 c. par hect. de terre labourable et à 25 c. par hect. de parcours. — Le tableau ci-après fait connaître l'étendue du territoire et le chiffre de la redevance annuelle pour chacune de ces tribus (ensemble : territoire, 75,000 hect.; — prix de la location, 20,542 fr. 60 c.). — La reconnaissance du droit de propriété des tribus doit évidemment faire disparaître cette anomalie.

Déjà les décrets de V. M., en date des 25 oct. dernier et 9 nov. suivant, qui ont sanctionné la délimitation et la répartition par douars accomplies chez les Abid Cheraga et les Bordjia, ont prescrit de rayer des sommiers de consistance du domaine le territoire de ces tribus, et les ont affranchies du payement de tout droit de location. — Il serait équitable et conforme à la politique généreuse de V. M. de faire bénéficier les 11 autres tribus susdésignées de cette exonération, sans attendre l'application du sénatus-consulte sur leur territoire, et, d'accord avec le gouverneur général de l'Algérie, je viens prier l'Empereur de vouloir bien sanctionner cette mesure en approuvant le présent rapport.

Le ministre de la guerre,
Mal RANDON.

(2) *Rapport à l'Empereur.* — Sire, les indigènes établis sur la terre d'Aïn Guéblia, située dans la tribu des Beni Fathem, du cercle de Miliana, ont adressé à V. M., pendant son séjour en Algérie, une pétition à l'effet d'être déclarés propriétaires du sol qu'ils occupent. — Un premier examen ayant fait reconnaître que cette terre est un azel inscrit depuis 1855 sur les sommiers de consistance du domaine, la commission administrative instituée à Miliana pour l'exécution du sénatus-consulte du 22 avr. 1863, a été chargée de vérifier les titres des réclamants et de rechercher dans quelle mesure il pourrait y avoir lieu de leur appliquer le bénéfice des dispositions prescrites, relativement aux azels, par les instructions générales du 11 juin 1863.

Il résulte des investigations de la commission, que la terre d'Aïn Guéblia, dont la contenance primitive s'élevait à 1,622 hect., se trouve aujourd'hui réduite, par suite de prélèvements faits pour la colonisation, à 808 hect. détenus par 60 familles indigènes représentant une population de 389 habitants. — 47 familles seulement, comprenant 275 individus, ont paru devoir être maintenues sur ce territoire. — Ces 275 indigènes sont, en effet, nés sur l'azel; ils y ont leurs tombeaux de famille et ne se rattachent à aucune autre tribu pouvant les recevoir.

Par ces motifs, le gouverneur général de l'Algérie a pensé qu'il y avait lieu de leur attribuer, à titre de propriété définitive et de soumettre à l'application du sénatus-consulte, les 808 hect. disponibles. Quant aux 22 familles qui ne présentent pas les conditions exigées pour être appelées à la même faveur, elles seraient renvoyées dans leurs tribus respectives. Toutefois, les jardins existant sur le territoire abandonné aux indigènes resteraient la propriété de ceux qui les détiennent, qu'ils soient en non maintenus sur l'azel.

Le ministre de la guerre,
Mal RANDON.

(3) *Rapport à l'Empereur.* — Sire, la tribu des Ouled Bellil, de la subdivision d'Aumale, province d'Alger, se trouve dans une situation particulière dont je vais avoir l'honneur de rendre compte à V. M. — En 1860, l'administration ayant résolu de constituer chez les Ouled Bellil la propriété individuelle pour leur assurer l'existence pacifique des tribus agricoles, une commission nommée par le général commandant la province d'Alger dut

D3. — 24 mars-24 avr. 1866. —BG. 175.—*Délimitation du territoire de la tribu des Heumis (subd. d'Orléansville, prov. d'Alger)* (1).

Vu, etc.;

Art. 1.—Le territoire de la tribu des Heumis, comprenant une superficie de 15,832 hect., est définitivement délimité, conformément aux indications contenues dans les divers documents visés ci-dessus.

D3.—Même date. — *Répartition du territoire de la même tribu.*

Vu, etc.;

Art. 1.—Le territoire des Heumis, délimité par notre décret en date de ce jour, est définitivement constitué, conformément aux propositions contenues dans l'ensemble des documents ci-dessus visés, en un seul douar, sous le nom de douar des Heumis, pour une superficie de 15,832 hect., ainsi composée :

---

procéder à cette opération. Elle constata que le territoire de la tribu, d'une superficie de 4,841 hect. 95 a. 55 c., était arch ; mais que le droit de jouissance se trouvait individualisé par famille. Le domaine possédait différentes parcelles, dont une de 147 hect. située autour du Bordj Boutra, ancien fort turc. La commission reconnaissant l'intérêt qu'il y avait, pour le développement de la colonisation, à grouper sur un seul point toutes les terres domaniales, proposa des échanges à la tribu et parvint à obtenir son consentement. Cet arrangement fut sanctionné par le général commandant la division, le 22 mars 1861. De cette façon, le domaine se trouva propriétaire de 495 hect. 58 a. 15 c. d'un seul tenant, et de 10 hect. réservés pour le campement des troupes sur la route de Dra el Mizan à Aumale.

Le sol fut ainsi partagé en terres domaniales et en terres arch ; il ne renfermait pas de melk. Les Ouled Bellil sollicitèrent alors par écrit la transformation du droit de jouissance de chaque famille en droit de propriété privée. Cette demande fut agréée et la portion arch fut divisée entre les 164 chefs de tente qui la cultivaient abstraction faite des terres couvertes de broussailles et impropres à la culture, qui furent conservées dans l'indivision comme terrains collectifs de parcours, et de trois emplacements réservés pour la construction de trois villages indigènes. On eut égard, dans la répartition qui fut faite, aux droits et aux besoins de chacun, et la connaissance avec laquelle les intéressés acceptèrent le partage est la preuve la plus évidente de son équité. — Les ayants droit furent immédiatement mis en possession des lots qui leur étaient assignés et ils commencèrent aussitôt, avec la plus grande confiance, des travaux d'amélioration et même des constructions. Cette situation, qui existe depuis le 8 nov. 1861, n'a pas été modifiée depuis cette époque.

En présence de cet état de choses, il n'y avait, en vertu des instructions générales du 21 juin 1865, qu'à constater le résultat des opérations du cantonnement relatives à la délimitation de la tribu, ainsi qu'à la distinction des différentes natures de propriété et à constituer régulièrement les douars. C'est ce qui a été fait : la révolution légale accomplie en 1861 dans la propriété chez les Ouled Bellil, est acceptée purement et simplement ; chaque famille est considérée comme détenant un bien melk, et la mesure est consacrée par un des articles du décret de répartition que j'ai l'honneur de soumettre à V. M. Un autre article du même décret approuve la transaction intervenue entre le domaine et la tribu pour l'échange des parcelles appartenant à l'État contre des surfaces de même étendue, situées autour du Bordj Boutra. — Après la consécration définitive des opérations de la commission de cantonnement, le gouverneur général de l'Algérie propose, en raison du peu d'importance de la tribu, de ne former qu'un seul douar qui prendrait le nom de douar des Ouled Bellil et comporterait une superficie totale de 5,341 hect. 95 a. 55 c., pour une population de 866 habitants.

Ces propositions me paraissent de nature à être acceptées, et si V. M. daigne les accueillir favorablement, j'ai

---

Terrains domaniaux, 415 hect. — Routes, chemins, ravins et réserves diverses 105, h.—Terrains appartenant à la colonisation 158 h.—Appartenant aux indigènes à titre melk 15,164 h.—Terres communales (cimetières) 12. — Total égal à celui du territoire de la tribu 15,832 hect.

Art. 2. — Les douze parcelles à usage de cimetières, d'une contenance totale de 12 hect., et qui, revendiquées à ce titre par le domaine de l'État, lui ont été attribuées, lors de la reconnaissance des biens beylick et melk, sont concédées gratuitement au douar. Elles constitueront une propriété communale.

D3.—Même date.—*Délimitation du territoire de la tribu du Sebaou el Kedim (cercle de Dellys, prov. d'Alger* (2).

Vu, etc.;

Art. 1.—Le territoire de la tribu du Sebaou el Kedim, comprenant une superficie de 1,005 hect.

---

l'honneur de la prier de vouloir bien revêtir de sa signature les deux projets de décrets ci-joints. La promulgation de ces décrets permettra de délivrer aux Ouled Bellil les titres de propriété individuelle. Ainsi se trouveront accomplies pour eux les diverses opérations relatives à la constitution de la propriété. La liberté des transactions sera dès lors applicable aux 5,340 hect. 16 a. 86 c. composant la superficie des terrains attribués aux 164 familles de cette tribu.

Le ministre de la guerre,
Mal RANDON.

(1) *Rapport à l'Empereur.* — Sire, le territoire de la tribu des Heumis (subdiv. d'Orléansville), est occupé à titre melk par une population de 5,158 habitants ; sa superficie est de 15,832 hect., dont 668 hect. appartiennent au domaine ou ont été remis, par ce service, à la colonisation. Il n'y existe ni terrains collectifs de culture, ni forêts, ni communaux. Toutefois, 12 parcelles à usage de cimetières, qui avaient été attribuées à tort au domaine, doivent être rendues à la tribu.

Les travaux de délimitation ont soulevé deux contestations de la part des tribus limitrophes ; mais ces difficultés, du reste sans importance, ont été résolues par la commission, d'accord avec les djemâas, dans le sens le plus rationnel et sans léser aucun intérêt. La commission a, en outre, dédommagé, au moyen d'attributions sur les biens domaniaux, des indigènes dont les propriétés avaient subi des prélèvements au profit de la colonisation.

Par l'effectif de sa population, la tribu des Heumis se trouva dans d'excellentes conditions pour former une commune fortement constituée et pouvant disposer, dès l'origine, de ressources suffisantes. Aussi le gouverneur général est-il d'avis de n'y créer qu'un seul douar, quoique sa superficie doive être notablement supérieure à celle des douars formés jusqu'à présent. Mais il convient de tenir compte, dans les créations de ce genre, des charges que les communes nouvelles auront à supporter et des moyens d'y faire face ; il y a lieu de considérer aussi pour le cas particulier des Heumis, que cette tribu est déjà dotée d'une école arabe-française qui ne pourrait fonctionner utilement si la tribu était fractionnée en plusieurs parties indépendantes les unes des autres et ayant chacune un budget et des dépenses spéciales. — Ces considérations paraissent donc justifier suffisamment la constitution de la tribu des Heumis en un seul douar.

Si V. M. daigne approuver ces propositions, je la prie de vouloir bien signer les deux projets de décrets ci-joints, portant délimitation de la tribu des Heumis et constitution de son territoire en un douar unique. Le territoire étant melk, l'exécution du sénatus-consulte doit se borner pour cette tribu à ces deux premières opérations, et les transactions immobilières y demeurent incontestablement libres.

Le ministre de la guerre,
Mal RANDON.

(2) *Rapport à l'Empereur.* — Sire, la superficie de la tribu du Sebaou el Kedim n'est que de 1,005 hect. 4 a.

4 à. 20 c. est définitivement délimité, conformément aux indications contenues dans les divers documents visés ci-dessus.

DI.—Même date. — *Répartition du territoire de la même tribu.*

Vu, etc.,
Art. 1.— Le territoire de la tribu du Sebaou el Kedim, est définitivement constitué en un seul douar, conformément aux propositions contenues dans l'ensemble des documents ci-dessus visés. — Le territoire de ce douar est décomposé de la manière suivante (comme au rapport ministériel), sous la réserve du règlement par voie judiciaire des litiges subsistant entre des particuliers et la djemaâ.

DI.—7 avr.-19 mai 1866.— BO. 175. — *Délimitation du territoire de la tribu des Beni Mehenna (cercle de Jemmapes, prov. de Contantine) (1).*

Vu, etc.;

Art. 1. — Les territoires des Beni Mehenna et des Beni Bechir, annexe de Jemmapes, province de Constantine, sont réunis et définitivement délimités pour une superficie de 15,041 hect., conformément aux indications contenues dans les divers documents ci-dessus visés.

DI. — Même date. — *Répartition du territoire de la même tribu.*

Vu, etc.;
Art. 1. — Le territoire des Beni Mehenna et des Beni Bechir, délimité par notre décret en date de ce jour, est définitivement réparti, conformément aux propositions contenues dans l'ensemble des documents ci-dessus visés, entre les deux douars dont les noms suivent. (Répartition conforme au rapport ministériel.)
Art. 2. — Les deux parcelles boisées nos 7 et 8 du plan, d'une contenance de 316 hect. 85 a., sont abandonnés en pleine propriété aux douars susdésignés, pour constituer un bois communal qui demeurera soumis au régime forestier. — Par suite

---

20 c., occupée par une population de 557 habitants fixés dans un seul village qui porte le nom de la tribu. En raison du peu d'étendue du territoire et du chiffre restreint de la population, il est rationnel de ne former qu'un seul douar conservant le nom primitif.

La reconnaissance des groupes a donné lieu à quelques revendications contradictoires et à des oppositions de la djemaâ. Ces difficultés ont été en partie réglées à l'amiable, le domaine s'étant désisté de toutes ses prétentions sur les différentes parcelles qu'il avait revendiquées, et plusieurs des indigènes qui étaient en contestation avec la djemaâ, s'étant également retirés. Il ne reste plus en litige, entre des particuliers et la djemaâ, que le groupe communal n° 1 et une petite parcelle du n° 2. La commission, ne pouvant trancher la question, a cependant émis un avis favorable à la djemaâ; mais l'affaire doit être résolue au dernier ressort par les tribunaux, et les auteurs de la revendication jugent à propos d'intenter une action judiciaire. En attendant, ces terrains restent entre les mains de la tribu.

Sous la réserve des décisions à intervenir ultérieurement au sujet de ces litiges, le territoire de la tribu est décomposé de la manière suivante : — Terrains collectifs de culture, 75 hect. 82 a. ; — Communaux, 130 hect. 26 a. 70 c. ; — Melks, 717 hect. 78 a. 55 c. ; — Domaine public, 83 hect. 16 a. 95 c. — Total, 1,005 hect. 4 a. 20 c.

J'ai l'honneur de prier V. M. de vouloir bien signer les deux projets de décret ci-joints qui consacrent cette délimitation de la tribu du Sebaou el Kedim, ainsi que la constitution de son territoire en un douar unique.

Le ministre de la guerre,
Mal RANDON.

(1) *Rapport à l'Empereur.* — Sire, les Beni Bechir, dont il est ici question, ne forment qu'une petite fraction de la tribu de ce nom qui a été cantonnée sur le territoire de la commune de Philippeville. Ils ne comprennent que 217 habitants. Comme ils ont la même origine que les Beni Mehenna et que leur territoire est contigu, la commission chargée de l'application du sénatus-consulte a pensé qu'il serait convenable de réunir en une seule tribu ces deux groupes de population. — Les djemaâs des Beni Mehenna et des Beni Bechir ont adhéré à cette combinaison qui a reçu l'approbation du gouverneur général de l'Algérie, et la délimitation des groupes n'a donné lieu à aucune contestation. — La superficie du territoire de la tribu fusionnée est de 15,041 hect. pour une population de 3,351 habitants. — Cette superficie se décompose de la manière suivante : — Terrains concédés, 485 hect. 65 a. 15 c. ; — Domaine public, 175 hect. 95 a. ; — Forêt domaniale et maison de cantonnier, 1,336 hect. 95 a. ; — Forêt communale, 346 hect. 85 a.; — Terres communales, 5,029 hect. 10 a.; — Terrains collectifs de culture, 7,668 hect. 25 a. 87 c. — Total, 15,041 hect.

C'est sur le territoire des Beni Mehenna qu'ont été successivement créés les centres de Philippeville, de Valée, de Damrémont, de Saint-Charles, de Gastonville, avec les vastes et nombreuses concessions qui en dépendent. A la suite de ces prélèvements, les indigènes furent resserrés sur la rive droite du Saf Saf, et on résolut alors, pour leur assurer la tranquille possession de ce qui leur restait, de constituer chez eux la propriété individuelle.

Dès 1849, on s'occupa du cantonnement des Beni Mehenna et des Beni Bechir, annexés à la commune de Philippeville. Chez les Beni Mehenna, le travail n'était pas terminé lors de la promulgation du sénatus-consulte du 22 avr. 1863. Il était cependant assez avancé pour avoir créé des droits nouveaux dans la tribu où, depuis plusieurs années, les mêmes familles détiennent un grand nombre de lots qui leur seront nécessairement assignés lorsqu'on constituera la propriété individuelle. Aucune opération de cantonnement n'a été entreprise dans la fraction des Beni Bechir réunie aux Beni Mehenna.

La répartition en douars se trouvait, en quelque sorte, indiquée d'avance par la configuration du sol. En effet, l'Oued Hadorat partage ce territoire en deux portions à peu près égales, occupées par une population suffisante pour former dans de bonnes conditions deux douars-communes qui ont reçu les dénominations suivantes : — 1° Aïa Ghorab, renfermant 6,923 hect. pour 1,549 habitants. Les Beni Bechir sont compris dans cette circonscription; — 2° Oued Kseb, d'une superficie de 6,116 hect., habité par 1,532 individus.

La répartition du sol entre les habitants par suite du cantonnement avait eu pour résultat de priver la tribu de terres communales; d'autre part, le domaine revendiquait des lots d'une superficie de 3,029 hect. 10 a., couverts de broussailles, depuis longtemps abandonnés aux indigènes pour le pacage des troupeaux. En considération de cette situation et des nombreux prélèvements que le territoire des Beni Mehenna a subis pour la colonisation européenne, le gouverneur général propose d'abandonner aux douars, comme terrains de parcours, les 3,029 hect. de broussailles qui ne peuvent convenir à aucun autre usage et ne se rattachent à aucun massif forestier. Le douar d'Aïa Ghorab recevrait ainsi 1,202 hect., et celui de l'Oued Kseb 1,825 hect. 15 a.

Deux autres parcelles d'une contenance de 346 hect. 85 a., réellement boisées, mais ne se rattachant à aucun massif de même nature sont en outre, proposées pour être abandonnées à la tribu comme bois communal. Les indigènes y trouveraient toutes les ressources qui leur sont nécessaires en bois d'œuvre, et moyennant cette cession, les djemaâs renonceraient à tous leurs droits d'usage sur la forêt de 1,337 hect., connue sous le nom d'Oued Goudid, qui serait attribuée au domaine et dégagée de toute servitude.

Le ministre de la guerre,
Mal RANDON.

de cet abandon, la forêt domaniale désignée sous le nom d'Oueld Goudid, d'une contenance de 1,357 hect. et qui est comprise dans le périmètre délimité, est affranchie de tous droits d'usage et de pacage au profit des douars.

D2. — 11 avr.-12 mai 1866. — BG. 175. — *Délimitation du territoire de la tribu du Djendel (cercle de Miliana, province d'Alger)* (1).

Vu, etc.;

Art. 1. — Le territoire de la tribu du Djendel est définitivement délimité pour une superficie totale de 22,272 hect. 49 a. 50 c. conformément aux indications contenues dans les divers documents ci-dessus visés.

D2. — Même date. — *Répartition du territoire de la même tribu.*

Vu, etc.:

Art. 1. — Le territoire de la tribu du Djendel, délimité par notre décr. en date de ce jour, formera un seul douar dit douar du Djendel, et décomposé ainsi qu'il suit. (Comme au rapport ministériel.)

Art. 2. — Les propriétaires des 1,272 parcelles formant une superficie de 22,882 hect. 97 a. 80 c. y compris le domaine public et les cimetières, sont relevés de la déchéance qu'ils ont encourue pour n'avoir pas formulé leurs revendications dans les délais prescrits par l'art. 10 du règlement du 23 mai 1863.

D2. — 14 avr.-15 mai 1866. — BG. 175. — *Abandon partiel et répartition de terres azel situées dans la province de Constantine* (2).

Vu, etc.;

---

(1) *Rapport à l'Empereur.* — Sire, le territoire de la tribu du Djendel, située dans le cercle de Miliana, province d'Alger, présente une superficie de 22,272 hect. 49 a. 50 c.; il est détenu à titre melk et habité par une population de 5,403 individus. La population est actuellement répartie en 7 douars, mais il n'a pas paru convenable de conserver cette division de la tribu. En effet, l'un de ces douars ne compte que 131 habitants, un autre en comprend seulement 366. D'un autre côté, la présence de 1,797 étrangers, établis à titre de locataires sur une partie du territoire, et pouvant être amenés à rentrer prochainement dans leurs tribus d'origine, est une menace de trouble pour la division en petits groupes administratifs. On ne pourrait réunir ensemble plusieurs des anciens douars, ni adopter, par exemple, le Chélif qui traverse le pays de l'E. à l'O., comme ligne séparative pour 2 douars-communes. La rive droite est beaucoup mieux dotée que la rive gauche, où les sources sont très-rares et où les moyens d'irrigation font défaut. En outre, la tribu forme un tout ayant les mêmes intérêts, possédant un marché, un caravansérail, une école, divers immeubles en un mot dont le partage entre plusieurs communes serait pour le moment impossible; elle présente des ressources financières suffisantes pour assurer, dans de bonnes conditions, son organisation municipale, ce qui n'aurait pas lieu pour les groupes résultant de son fractionnement. Enfin, la djemâa compte des hommes influents et d'un esprit assez avancé, qui fourniront les éléments d'une bonne administration.

Ces considérations ont déterminé le gouverneur général à proposer de ne former qu'un seul douar de la tribu du Djendel. Cette commune sera certainement très-étendue; mais la disposition du terrain est telle que les relations entre les divers groupes de population sont faciles. Il faut d'ailleurs défalquer du chiffre de la population actuelle, qui est de 5,403 habitants, les 1,797 individus appartenant à des tribus étrangères et ne possédant rien dans le pays, en sorte que la population réelle de ce douar-commune ne sera que de 3,600 habitants.

La présence de ces étrangers sur le territoire du Djendel constitue un fait important qui a présenté une sérieuse difficulté pour les opérations de la commission. Voici l'origine de cette situation : Il y a environ 150 ans, les gens du Djendel, décimés par les maladies, appelèrent du Sud des familles des Douï Assedi et des Ouled Amran, pour cultiver les terres qu'ils ne pouvaient eux-mêmes mettre en valeur. Le prix de location de ces terres a varié depuis cette époque, mais a toujours été régulièrement payé par les détenteurs. Ce fait constant ne peut laisser aucun doute sur le droit de propriété des indigènes du Djendel; cependant les locataires, invoquant leur longue occupation et les améliorations qu'ils ont apportées au fonds, auraient voulu faire consacrer ces titres en revendiquant la propriété du sol. Tout en écartant leurs prétentions exagérées, la commission a été autorisée à favoriser ces tendances et à conseiller une transaction entre les parties intéressées. Mais tous ses efforts ont échoué devant le refus des familles du Djendel de se dessaisir de leurs terres à aucun prix. Pour remédier autant que possible à ce fâcheux état de choses, les Douï Assedi et les Ouled Amran ont été prévenus que s'ils voulaient rentrer dans leur tribu mère, située dans le cercle

de Teniet el Haâd, ils y recevraient des terres. Il a été entendu, en outre, qu'on leur ferait payer, lors de leur départ, par les propriétaires du sol, une indemnité pour les travaux d'amélioration qu'ils ont pu exécuter. Cette indemnité serait réglée à l'amiable, ou, au besoin, par les tribunaux.

Par une fausse interprétation des instructions, la sous-commission administrative avait pensé qu'il était inutile de recevoir les revendications concernant les propriétés melk non contestées. Il en est résulté que les ayants droit se sont trouvés sous le coup de l'éviction prononcée par l'art. 10 du décr. du 22 mai 1863. Pour les relever de la déchéance provenant d'une erreur qui ne saurait leur être imputée, une disposition spéciale a été insérée dans le projet de décret relatif à la répartition.

Le domaine a revendiqué 1,599 hect. 51 a. 50 c., sans opposition de la djemâa. Mais des réclamations individuelles se sont produites pour une partie de cette superficie. Quelques-unes seront réglées à l'amiable au moyen d'échanges, les autres sont de la compétence des tribunaux. Plusieurs contestations se sont également élevées contre la djemâa de la tribu et divers intéressés. Les revendicants auront à se pourvoir devant la justice, s'ils persistent dans leurs prétentions.

La tribu du Djendel ne possède pas de communal; c'est la conséquence du caractère melk de son territoire. Les cimetières, au nombre de 45, qui existent dans la tribu, sont également des propriétés privées; mais la djemâa s'est entendue avec les propriétaires, afin de constituer ces biens consacrés en propriétés communales. Des actes spéciaux de donation ont stipulé cet abandon, à condition que les terrains conserveront leur destination actuelle. — En définitive, le territoire de la tribu, d'une superficie de 22,272 hect. 49 a. 50 c., se décompose ainsi qu'il suit : — Terrains melk, cimetières et domaine public, 20,882 hect. 97 a. 80 c.; — Terrains domaniaux non contestés, 825 hect. 15 a. 50 c.; — Terrains domaniaux contestés, 564 hect. 36 a.; —Total, 22,272 h. 49 a. 50 c.

Tel est, Sire, l'ensemble des propositions du gouverneur général de l'Algérie, relativement à la tribu du Djendel. Elles me paraissent tenir compte de tous les intérêts, et je ne puis que prier V. M. de vouloir bien les approuver en signant les deux projets de décrets ci-joints qui sanctionnent la délimitation de la tribu et la constitution de son territoire en un douar unique.

La propriété individuelle se trouvant constituée, les transactions demeurent libres sur ce territoire, et l'application du sénatus-consulte doit être considérée comme étant terminée.

Le ministre de la guerre,
M¹ RANDON.

(2) *Rapport à l'Empereur.* — Sire, la commission instituée pour procéder à la répartition des territoires azel de la province de Constantine, entre l'État et les indigènes qui les occupent, a terminé son travail sur 50 azels d'une superficie totale de 55,270 hect. et situés dans les cinq zones de Smendou, Oued Kton, Milah, Serraouia et Chettaba. — Chacune de ces zones a donné lieu à une étude particulière dont je vais avoir l'honneur d'exposer les résultats à V. M., en même temps que je

Art. 1. — Le territoire des 60 azels compris dans les cinq zones de Smendou, Oued Kton, Milah, Serraouïa et Chettaba, territoire présentant une superficie disponible d'environ 45,245 hect., est définitivement réparti de la manière suivante :

1° Dans la zone de *Smendou*, les azels de Ben-Haineïden, El Haouïmer et 200 hect. de Takouk formant un total de 992 hect. sont abandonnés en

toute propriété aux 447 indigènes des 67 familles réunissant les conditions voulues pour être maintenues sur des terres de l'État. — Le restant de l'azel de Takouk et les azels de Mechta ben Cherif, Coudiat el Hannech, Oum Hadidan et Mechta Nhar, d'une contenance d'environ 2,628 hect. appartenant tous à la même zone, sont déclarés propriété définitive de l'État.

lui soumettrai les propositions du gouverneur général de l'Algérie, qui en ont été les conséquences.

1° *Azels de Smendou*. — Cette zone comprend 7 azels d'une superficie totale de 3,720 hect. — La partie disponible est occupée par 204 familles indigènes, dont 67 sont originaires de la circonscription et remplissent les conditions voulues pour y être maintenues ; 137 sont étrangères et doivent être renvoyées dans leurs tribus d'origine. — Les 67 familles à maintenir présentent une population de 447 habitants qu'on grouperait sur un territoire d'un seul tenant de 992 hect., composé des azels : —Beni Hameïden, en entier, 498 hect.; — El Haouïmer, en entier, 294 hect.;— Partie de Takouk, 200. hect. — Total, 982 hect. — Cette dotation, qui représente une moyenne de 2 hect. 22 a. par tête, est suffisante en raison surtout de l'excellente qualité de ces terres.

La domanialité de ces azels n'a soulevé qu'une seule réclamation portant sur l'azel nommé Mechta Nhar. Le revendiquant, n'ayant pas pu produire de titre authentique, a été invité à se pourvoir, s'il le jugeait convenable, devant les tribunaux.

Les 3,720 hect. formant la superficie totale de la zone seront définitivement répartis de la manière suivante :— Déjà aliénés par l'État, 99 hect. 52 a.; — Abandonnés aux indigènes, 992 hect.—Restant à l'État, 2,628 hect. 68 a.—Total, 3,720 hect.

2° *Azels de l'Oued Kton*. — Les 18 azels de cette zone ont une contenance totale de 12,419 hect. — Sur les 404 familles indigènes qui occupent aujourd'hui les terrains disponibles, 153 réunissent les conditions pour être maintenues sur des terres de l'État, et 251 doivent être renvoyées dans leurs tribus d'origine. Afin de dégager les centres de colonisation aux environs de Constantine, et pour éviter aux indigènes des déplacements préjudiciables à leurs intérêts, la commission a pensé qu'au lieu de les réunir sur un espace d'un seul tenant, il était préférable de leur attribuer une superficie totale de 2,647 h. formant, aux extrémités N. et S. du périmètre de la zone, deux lots distincts ainsi composés : — Le lot N. des azels Dar el Oued, en entier, 852 hect.; Meccida, en entier, 1,015 hect.; Bou Kséiba Mta el Djelili, en partie, 350 hect. — Le lot S. de l'azel Bab Trouch, en entier, 430. hect. — Total, 2,647 hect.

Le premier groupe, d'une superficie de 2,217 hect., serait affecté à 129 des familles à maintenir, présentant 1,044 individus. — Le deuxième formerait la dotation des 24 autres familles, composées de 149 membres, actuellement placées sur les azels de Bab Trouch, El Mahla et Bled Afad. — Ce serait, comme dans la zone précédente, une moyenne de 2,22 par habitant. — Les 12,419 hect. de la zone de l'Oued Kton seraient ainsi répartis : — Déjà aliénés par l'État, 1,117 hect.; — Abandonnés aux indigènes, 2,647 hect.; — Restant à l'État, 8,655 hect.; par individu.

3° *Azels de Milah*. — Ces azels, au nombre de 11, présentent une contenance totale de 9,929 hect. — 217 familles exploitent la partie disponible de ce territoire ; 141 sont désignées pour être maintenues. Pour des raisons analogues à celles déjà exposées, ces familles seraient réparties en deux groupes.

Le premier comprendrait l'azel Azzeba ben Khetrouch, en entier, d'une superficie de 901 hect. Sur cet azel seraient réunis les indigènes de Zitounet el Bidi, de Zaouret et d'Aïn el Tnin, ainsi que ceux d'Azzeba ben Khetrouch, représentant 359 habitants, ou 65 familles. — Le 2° groupe, formé des 76 autres familles, composées de 838 âmes, comprendrait : — Ouled ben Aroun, en entier, 1,340 hect.; — Zerara, en partie, 500 hect. — Total, 1,840 hect. — La superficie totale, soit 2,841 hect., abandonnée à 890 individus, constitue une moyenne de 2 hect. 56 a. par tête, ce qui place cette population dans de bonnes conditions.

La répartition définitive des terres domaniales de la zone de Milah serait faite de la manière suivante : — Superficie déjà aliénée par l'État, 200 hect. ; — Superficie abandonnée aux indigènes, 2,341 hect.; — Superficie restant à l'État, 7,388 hect. — Total, 9,929 hect.

4° *Azels de Serraouïa*.—Cette zone comprend 14 azels présentant une étendue totale de 16,110 hect. — Les terrains disponibles sont occupés en ce moment par 429 familles indigènes, dont 159 sont à maintenir. Ces familles recevraient en un seul tenant 2,762 hect., savoir : — Aïn Beïda, en entier, 826 hect.; — Bled Ouled Salah (2 parcelles), en entier, 1,577 hect.; — Bled Bâala, en entier, 359 hect. — Total, 2,762 hect. — Les 1,115 individus formant les 159 familles à pourvoir seraient ainsi dotés d'une moyenne de 2 hect. 48 a. par tête, chiffre un peu supérieur aux précédents ; ce qui s'explique par la qualité inférieure du sol.

On arriverait à cette répartition de la zone : — Terrains déjà aliénés par l'État, 4,784 hect.; — Terrains abandonnés aux indigènes, 2,762 hect.; — Terrains restant à l'État, 8,564 hect. — Total, 16,110 hect.

5° *Azels du Chettaba*. — Les 10 azels de cette zone ont une superficie de 15,092 hect., occupée par 526 familles, dont 159 seulement réunissent les conditions d'occupation traditionnelle qui peuvent justifier leur maintien sur les terres de l'État. — Cette région étant scindée par le massif de la montagne du même nom en deux parties complètement distinctes, la commission a pensé qu'afin de troubler le moins possible les habitudes et les intérêts des indigènes reconnus admissibles au bénéfice d'une attribution territoriale, il convenait de leur assigner deux lots différents à former sur chaque versant de la montagne. En conséquence elle propose d'abandonner : — 1° Aux indigènes établis dans la partie N. de la zone, la totalité de l'azel de Karkara, d'une contenance de 655 hect.; — 2° Aux indigènes de la partie S., une portion de l'azel des Ouled Rahmoun, 1,880 hect.

Pour les familles de la partie N. qui sont au nombre de 24, comprenant 147 individus, la dotation paraîtrait considérable si on ne remarquait que 300 hect. de Karkara sont entièrement improductifs. — Pour les familles de la partie S. qui sont au nombre de 135, comprenant 1,015 individus, l'attribution est d'autant plus insignifiante, que, sur les 1,880 hect. qu'on propose de leur abandonner, 1,110 seulement sont susceptibles de culture ; le reste se compose de rochers. Pour placer ce groupe dans des conditions convenables, le gouverneur général pense qu'il est indispensable de lui accorder toute la superficie disponible de l'azel des Ouled Rahmoun, soit 2,650 hect. Ce chiffre n'a rien d'exagéré, en raison de la qualité plus que médiocre des terrains. — Cette répartition assurerait une moyenne de 2 hect. 85 a. par individu.

La superficie totale de la zone serait ainsi classée : — Terrains déjà aliénés par l'État, 5,524 hect.; — Terrains abandonnés aux indigènes, 3,288 hect.; — Terrains restant à l'État, 6,280 hect. — Total, 15,092 hect.

En résumé, Sire, si V. M. veut bien approuver les propositions que j'ai viens d'avoir l'honneur de lui soumettre, la superficie totale des cinq zones se subdivisera définitivement ainsi qu'il suit : — Partie déjà aliénée par l'État (création des centres et concessions), 10,024 hect. 52 a.; — Partie abandonnée aux indigènes, 12,030 hect.; — Partie restant disponible entre les mains de l'État, 33,215 hect. 68 a.; — Total, 55,270 hect. — La commission a constaté que tous les jardins, à l'exception de trois situés sur l'azel d'Aïn Beïda, dans la zone de Serraouïa, étaient détenus à titre précaire par les indigènes et qu'ils devaient, par conséquent, faire retour à l'État. Un article du projet de décret sauvegarde les droits des trois propriétaires d'Aïn Beïda.

Le ministre de la guerre,
M^{al} RANDON.

2° Les indigènes à maintenir dans la zone de l'*Oued Kton* seront groupés sur deux points. — Au N. 129 familles composées de 1,041 individus, recevront 2,917 hect. par l'abandon qui leur est fait en toute propriété des azels Dar el Oued, Meccida et de 550 hect. de Bouksaïba Mta el Djelili. — Au S. les 24 autres familles, formant une population de 149 âmes, seront placées sur l'azel de Bab Trouch, d'une contenance de 450 hect. qui leur est définitivement attribuée. — Le restant de l'azel de Bou Ksaïba Mta el Bidi, Darsoun, Decheret Abbès, Kef Beni Hamza, Kbeneg el Bedjaoui, Aïn el Kebira, El Hadj Moussa, Ouled Delim, Bled ben el Bey, Bled Aïad, Mzaoura, El Malba, El Guitoun et Feroudj, d'une superficie approximative de 8,355 hect., sont déclarés propriété définitive de l'État.

3° Dans la zone de *Milah*, l'azel Auzeba ben Khetrouch, d'une contenance de 901 hect., est abandonné en toute propriété aux 552 indigènes formant 65 des familles désignées pour être maintenues sur des terres domaniales. — L'azel des Ouled bou Azzoun et 500 hect. de Zerara, soit une superficie de 1,410 hect., sont également attribués aux 76 autres familles comprenant 538 individus et présentant des titres à l'obtention de la même faveur. — Le restant de l'azel Zerara et les azels de Zitoumet el Bidi, Zaouïet, Aïn el Tnin, El Allaïga, Sidi Khalifa, Tiddaïrt, Sidi bel Aïd et Bled Fekaline, d'une contenance d'environ 7,388 hect., sont déclarés propriété définitive de l'État.

4° Dans la zone des *Serraouia*, la surface disponible des azels des Ouled Salah (formant deux parcelles), d'Aïn Beda et de Bled Bâala, d'une contenance de 2,762 hect., est abandonnée en toute propriété aux 1,113 indigènes des 159 familles réunissant les conditions voulues pour être maintenues sur des terres domaniales. — Les azels de Bled Kebounia, Bled Youcef, Bled Moudna, Kadra ou El Amra, Aïn Gourmat, Bled Mokhtar, Bled el Arbâ, Bled Mohamed ben Ali, Bled Ouled Abid, Bled Ouled Aïd et Aïn el Melouk, d'une contenance approximative de 8,564 hect., sont déclarés propriété définitive de l'État.

5° Enfin dans la zone du *Chettaba*, l'azel Kar kara, de 638 hect., est abandonné en toute propriété aux 149 indigènes formant 24 des familles désignées pour être maintenues sur des terres do-

maniales. — Les 2,650 hect. restant disponibles de l'azel des Ouled Rahmoun sont également attribués en toute propriété aux 155 familles composées de 1,015 individus qui réunissent les mêmes conditions. — Les azels Guebar el Arzi, Ferguat Tadjin, Beni Atiz, Chabet el Saïd, Sagniet el Roum, Hadjar el Hamzaoui, Beni Ziad et Oudjel el Kadi Kebira, d'une superficie d'environ 6,280 hect., sont déclarés propriété définitive de l'État.

Art. 2. — Tous les étrangers établis à quelque titre que ce soit sur les 60 azels des cinq zones précitées, seront renvoyées dans leurs tribus d'origine, conformément aux propositions contenues dans les états statistiques ci-dessus visées.

Art. 3. — Il sera procédé, dans le plus bref délai, aux opérations prescrites par les §§ 1 et 2 de l'art. 2 du sénatus-consulte du 22 avr. 1863, sur les territoires désignés à l'art. 1 du présent décret, comme abandonnés en toute propriété aux indigènes.

Art. 4. — Les nommés Saïd ben Makhlouf, Alloua ben Saïd et El Haoussin ben Ali, conserveront la propriété des trois jardins qu'ils détiennent sur l'azel d'Aïn Beïda. Des titres leur seront délivrés en conséquence.

D1. — Même date. — *Délimitation du territoire de la tribu des Beni bou Naïm Sfisfa (cercle de Collo, subdiv. et province de Constantine)* (1).

Art. 1er. — Le territoire de la tribu des Beni bou Naïm Sfisfa, comprenant 708 hect. 91 a., est définitivement délimité conformément aux indications contenues dans les divers documents ci-dessus visés.

Art. 2. — Les membres de la tribu conserveront, pour les besoins domestiques et sous la surveillance de l'administration forestière, les droits d'usage qui leur étaient acquis antérieurement à l'acte de concession de MM. de Robiac et Comp., sur la forêt de l'Estaya. — Un arrêté du gouverneur général réglementera l'exercice de ces droits d'usage.

D2. — Même date. — *Répartition du territoire de la même tribu.*

Art. 1. — Le territoire de la tribu des Beni Bou Naïm Sfisfa, délimité par notre décret de ce jour, est définitivement constitué, conformément aux propositions contenues dans l'ensemble des documents ci-dessus visés, en un seul douar, sous le

---

(1) *Rapport à l'Empereur.* — Sire, Le territoire de la tribu des Beni bou Naïm Sfisfa, du cercle de Collo, province de Constantine, présente une superficie de 708 hect. 91 a., occupés par 369 habitants. — La délimitation n'a donné lieu à aucune difficulté; elle a soulevé cependant une question intéressante pour la tribu. Les Beni bou Sfisfa avaient anciennement des droits d'usage, concurremment avec d'autres tribus, sur toute la forêt de l'Estaya, d'une contenance de 3,821 hect., dont l'exploitation est concédée à M. de Robiac et comp. Depuis la prise de possession du concessionnaire, le 25 mai 1864, les droits d'usage ont été réglementés par l'administration forestière, et le droit de parcours a été complètement supprimé. Il y a quelques années, avant le prélèvement de 200 hect. d'excellentes terres qui a été fait sur le territoire de la tribu au profit du village de Robertville, les terrains de culture étaient assez vastes pour permettre d'en laisser chaque année en friche une partie suffisante pour le parcours. Mais, depuis ce prélèvement, toute la surface cultivable est annuellement utilisée, de sorte que le territoire de la tribu est aujourd'hui réduit pour ses pâturages à deux parcelles couvertes de broussailles, d'une superficie totale de 76 hect.

En reconnaissant cet état de gêne des Beni bou Naïm Sfisfa, la commission chargée de l'application du sénatus-consulte a recherché les moyens de lui venir en aide. La forêt de l'Estaya se trouvant située, pour 27 hect. 50 a., sur le territoire de la tribu, il eût été possible, au moyen d'un échange, d'attribuer cette partie aux indigènes

comme forêt communale, à la condition par eux de renoncer à tous leurs droits sur le restant du massif. Cependant dans la crainte des difficultés que pourrait amener une transaction dans laquelle il faudrait faire intervenir le consentement des concessionnaires de l'exploitation, le gouverneur général a été d'avis qu'il suffirait, pour les besoins essentiels de la tribu, de substituer au règlement forestier de 1864 un arrêté qui déterminerait les droits d'usage et de parcours des Beni bou Naïm Sfisfa sur toute la forêt, tels qu'ils s'exerçaient antérieurement à l'acte de concession. Cette solution est de tous points préférable, et une disposition spéciale a été insérée dans ce sens au projet de décret de délimitation.

En raison du peu d'importance de cette tribu, elle ne formera qu'un seul douar, qui conservera le nom primitif et dont le territoire se décompose ainsi qu'il suit : — Terres collectives de cultures, 600 hect. 45 a. 10 c.; — Terres de parcours dites communales, 76 hect. 55 a.; — À cimetières à classer dans les communaux, 2 hect. 09 a.; — Domaine public, 2 hect. 45 a. 90 c.; — Biens domaniaux (forêt), 27 hect. 50 c. — Total égal à la contenance 708 hect. 91 a. — Bien que, dans cette tribu, la terre ait le caractère arch, la jouissance est tellement bien définie et divisée entre les familles, que la constitution de la propriété individuelle ne donnera lieu à aucune difficulté.

Le ministre de la guerre,
Mal RANDON.

nom de douar des Beni bou Naïm Sûsta, pour une superficie de 708 hect. 91 a., ainsi composée. (Comme au rapport ministériel.)

DI. — 14 avr.-18 mai 1866. — BG. 178. — *Délimitation du territoire de la tribu des Ouled Mazous (cercle de Collo, province de Constantine (1).*

Vu, etc.;

Art. 1. — Le territoire de la tribu des Ouled Mazous est définitivement délimité pour une superficie de 425 hect. 50 a. 44c., conformément aux indications contenues dans les divers documents ci-dessus visés.

Art. 2. — Les droits d'usage de la tribu sur la parcelle n° 8, d'une superficie de 22 hect. 47 a. 50 c., né s'appliquent qu'aux bois d'œuvre.

DI. — Même date. — *Répartition du territoire de la même tribu.*

Vu, etc. ;

---

(1) *Rapport à l'Empereur.* — Sire, le territoire de la tribu des Ouled Mazous, du cercle de Collo, présente une superficie de 425 hect. 50 a. 44 cent., occupée à titre melk par 240 habitants. — La délimitation générale n'a soulevé aucune difficulté, et le bornage a été fait sur tous les points où il a été reconnu nécessaire. — Les revendications du domaine ont porté sur les parcelles suivantes : 1° n° 7 du plan : un habous de 1 hect. 89 a. ; — 2° n° 6 du plan : un habous de 1 hect. 1 a. indivis par moitié avec la nommée Zerda bent el Haoussin ; — 3° n° 2, 3 et 5 du plan : 75 a. 98 c. de broussailles ; — 4° n° 8 du plan : forêt de 22 hect. 47 a. 50 c. dite Bois d'el Horoch ; — 5° n° 4 du plan : une prairie d'une contenance de 25 hect. 36 a. 50 c. — Le djemaâ de la tribu a fait opposition à la revendication des immeubles compris sous les n°s 2, 3, 4 et 5 du plan, et elle a reconnu comme fondées celles portant les n°s 6, 7 et 8.

La commission a constaté que les parcelles 2, 3 et 5 ne renferment que des broussailles sans importance actuelle et sans avenir, indispensables à la tribu qui ne possède que des terrains de parcours insuffisants ; par ce double motif, elle a conclu qu'il y avait intérêt à les abandonner aux indigènes comme terres communales. Sur ces observations et à la suite d'un examen plus approfondi, le service des domaines a renoncé à ses prétentions. — Quant à la prairie figurée sous le n° 4, le même désistement est intervenu, parce qu'on a reconnu que cette parcelle n'avait nullement le caractère d'un marais, titre sous lequel elle était revendiquée, et produisait du fourrage d'excellente qualité. Grâce à ces renonciations, la tribu dispose d'un terrain communal d'une superficie de 155 hect. 85 a. 48 c. — Les deux parcelles habous n°s 6 et 7 ont été attribuées sans contestation à l'État ; la première en totalité, la seconde pour moitié, ainsi que la partie de forêt portant le n° 8 du plan.

Les indigènes devant trouver en abondance dans les 155 hect. de biens communaux, les bois de chauffage qui leur sont nécessaires, le gouverneur est d'avis que leurs droits d'usage sur cette dernière partie de forêt peuvent être réduits à l'enlèvement des bois d'œuvre pour la construction des gourbis et la confection des charrues. Le service forestier resterait chargé de désigner, chaque année, les cantons où les coupes devraient être pratiquées pour fournir à ce besoin. — La tribu des Ouled Mazous ne formera qu'un seul douar dont le territoire, par suite des dispositions qui précèdent, se décomposera de la manière suivante : — Terrains melk, 219 hect. 75 a. 6 c.; — Domaine de l'État, 24 hect. 87 a.; — Domaine public, 26 hect. 69 a. 70 c. — Communaux : Terres et broussailles, 155 hect. 85 a. 48 c.; Mosquée et cimetières, 15 a. 30 c. — Total, 425 hect. 50 a. 44 c. — Les deux projets de décret ci-joints consacrent d'une manière définitive la situation des Ouled Mazous, puisque cette tribu est melk, et que, par suite, les opérations du sénatus-consulte se trouvent terminées sur son territoire où les transactions immobilières demeurent incontestablement libres.

Le ministre de la guerre,
M¹ RANDON.

Art. 1. — Le territoire de la tribu des Ouled Mazour, délimité par notre décret en date de ce jour, est définitivement constitué en un seul douar, sous le nom de douar des Ouled Mazour, se décomposant de la manière suivante, conformément aux propositions contenues dans l'ensemble des documents ci-dessus visés. (Comme au rapport ministériel.)

DI. — 25 avr.-24 mai 1866. — BG. 180. — *Délimitation du territoire de la tribu des Ouled Saïd (cercle de Mascara, province d'Oran) (2).*

Vu, etc.;

Art. 1. — Le territoire des Ouled Saïd est définitivement délimité pour une superficie de 20,762 hect. 70 a., conformément aux indications contenues dans les divers documents ci-dessus visés.

DI. — Même date. — *Répartition du territoire de la même tribu.*

---

(2) *Rapport à l'Empereur.* — Sire, les Ouled Saïd occupent un territoire de 20,762 hect 70 a. de superficie se décomposant ainsi : — Terrains melk, 20,595 hect. 4 a. 20 c.; — Terrains domaniaux : séquestrés sur des émigrés absents du pays, 88 hect. 41 a. 70 c.; Habous, 218 hect. 71 a. 10 c.; biens en déshérence, 76 hect. 50 a.; — Communaux : (cimetières) 15 hect. 66 c. — Total, 20,762 h. 65 a. — Le territoire de cette tribu a donc le caractère essentiellement melk et, par suite, le sénatus-consulte y aura reçu sa complète application dès que les décrets de délimitation et de répartition seront promulgués. — Les Ouled Saïd ont fait défection au mois d'octobre 1845; mais dès le mois suivant, ils étaient rentrés dans l'ordre. Le séquestre fut néanmoins apposé sur quelques parcelles appartenant à des indigènes qui ne suivirent pas le mouvement général de soumission. La superficie inscrite à ce titre, sur les sommiers de consistance, s'élève à 115 hect. 26 a. ; elle forme deux catégories distinctes : — 1° 56 hect. 54 a. 50 c. appartenaient à des indigènes rentrés depuis longtemps dans le pays, et sont compris dans la généreuse mesure que l'empereur a daigné consacrer par la décision du 21 avr., qui prononce la main-levée du séquestre dans les territoires de la province d'Oran occupés par des indigènes ; — 2° 58 hect. 41 a. 70 c. ont été séquestrés sur des émigrés encore absents, soit qu'ils aient péri à l'étranger, soit qu'ils aient perdu tout esprit de retour. Ces terres sont définitivement attribuées au domaine et elles figurent comme bien de l'État dans la décomposition du territoire. La délimitation de la tribu n'a présenté aucune difficulté. Il n'en a pas été de même de la répartition en douars. La tribu comprenait 9 groupes de population, parfaitement distincts et formés d'éléments étrangers l'un à l'autre. On ne pouvait songer à adopter cette division pour en former des unités communales, parce que les douars ainsi formés n'auraient pas offert les conditions de superficie et de peuplement désirables. La commission avait proposé de constituer cinq douars; mais certaines des communes ainsi formées paraissent encore trop faibles; le gouverneur général s'est arrêté au chiffre de trois, qui permet d'attribuer à chaque douar tous les éléments nécessaires pour assurer sa vitalité.

Ces douars ont reçu les noms suivants : — Ouled Saïd proprement dits, comprenant le groupe de ce nom et celui des Chareb er Rih : 8,527 hec. 55 a. et 2,027 habitants. — 2° Beni Khemis, formés des groupes des Beni Khemis, Kellatila et Ouled Kadat : 8,531 hect. 10 a. 1,140 habitants. — 3° Bahourat, composés de 4 groupes Bahourat, Hazrart, Ouled Sidi Amar ben Mimoun et Ouled Aïssa : 3,704 hect. 25 a. et 967 habitants. — Cette répartition, en tout point conforme à l'esprit du sénatus-consulte, me paraît de nature à être adoptée.

Le service forestier avait revendiqué, en s'appuyant sur la loi du 16 juin 1851, une surface boisée de 5,695 h. — Les Beni Khemis ont opposé une contre-revendication. Ils ont produit un acte authentique, portant la date de 1801, qui prouve qu'ils ont acheté collectivement ces terrains au bey de Mascara, pour 2,500 réaux. En présence d'un droit de propriété aussi régulièrement établi,

Vu, etc.;

Art. 1. — Le territoire des Ouled Saïd, délimité par notre décret en date de ce jour, est définitivement réparti entre les trois douars dont les noms suivent : — Ouled Saïd proprement dits, 9,527 hect. 55 a., 2,027 habitants; — Beni Khemis, 8,551 hect. 10 ar., 1,140 habitants; —Bahoural, 3,704 hect. 25 a., 967 habitants.

Art. 2.— Les parcelles séquestrées sur des émigrés encore absents du pays, présentant une contenance de 58 hect. 41 a. 70 c., sont définitivement acquises à l'État.

Art. 5. — Le territoire de la tribu est réparti de la manière suivante. (Comme au rapport ministériel).

DI. — Même date. — *Délimitation du territoire*

le domaine a renoncé à ses prétentions. Cette forêt qui, originairement, présentait une superficie de 5,698 h., ne contient plus aujourd'hui, par suite de défrichements opérés, que 2,625 h.

Les Beni Khemis ont vendu à différents indigènes 585 h., qui forment des melks individuels, de sorte que la contenance du melk collectif se trouve actuellement réduite à 2,040 h. En raison de la nature de ces terrains, qui sont rocailleux et impropres à la culture, en raison surtout des motifs hygiéniques qui conseillent de conserver ce massif boisé dans les environs de Mascara, le gouverneur général propose de soumettre ces 2,040 h. au régime forestier, en leur donnant le caractère de bien communal du douar des Beni Khemis. Cette mesure, en assurant la conservation de la forêt, aurait pour résultat d'en augmenter la valeur et de créer ainsi une plus-value importante aux propriétaires du fonds. Un règlement ultérieur déterminera dans quelles conditions le régime forestier sera appliqué à cette forêt, comme aux autres forêts communales de l'Algérie. — La répartition du territoire serait modifiée de la manière suivante : — Terrains : — Melk, 18,555 h. 4 a. 20 c.; — Domaniaux, 355 h. 69 a. 80 c. ; — Cimetières, 15 h. 96 a.;—Forêt communale des Beni Khemis, 2,040 h.— Total, 20,762 h. 70 a.

Le ministre de la guerre,
M^{al} RANDON.

(1) *Rapport à l'Empereur.* — Sire, originairement, la tribu des Hazedj possédait un territoire d'environ 45,000 hect. En 1845, la majeure partie de la population émigra au Maroc et le terrain qu'elle occupait fut séquestré. — Ces terres d'excellente qualité fournirent un large apport à la colonisation de Sidi Bel Abbès et des centres environnants; quelques milliers d'hectares furent en outre attribués, comme compensation, à des tribus voisines. Ces prélèvements ont réduit sensiblement le territoire des Hazedj, qui ne comporte plus aujourd'hui que 18,506 h. 25 a. — Malgré ces pertes, les Hazedj se trouvent encore convenablement partagés, puisque la contenance actuelle représente, par individu, une moyenne de 4 h. 51 a. de terres appartenant à la tribu. Ce résultat provient de ce que les Hazedj ont, pendant leur émigration au Maroc, vu mourir un grand nombre des leurs, soit dans les luttes qu'ils ont eu à soutenir, soit par le fait de la misère.

Ainsi que je viens de l'exposer à Votre Majesté, le territoire des Hazedj a été séquestré pour la plus grande partie; mais aux termes des instructions générales du 11 juin 1865, le sénatus-consulte ayant pour effet d'annuler le séquestre sur les surfaces occupées par les indigènes, la commission a cru devoir considérer la tribu comme se trouvant dans des conditions normales et lui appliquer la délimitation et la répartition en douars, en suivant les errements adoptés pour les tribus arch. La situation est d'ailleurs régularisée par la décision impériale du 21 avr. 1866, qui prononce sur les territoires de la province d'Oran occupés par les indigènes.

La délimitation de la tribu n'a présenté qu'un petit nombre de contestations avec les tribus limitrophes. Elles ont été réglées à l'amiable ou tranchées par la commission dans le sens le plus rationnel. L'une d'elles est relative à la terre d'Aïn Morra, d'une contenance de 75 h. environ,

de la tribu des Hazedj (subdiv. de Sidi bel Abbès, province d'Oran) (1).

Vu, etc.;

Art. 1er. — Le territoire de la tribu des Hazedj, comprenant une superficie totale de 18,506 hect. 25 a. dont 716 hect. 25 a. sont à déduire, savoir : 1° au domaine public, chemins, rivières et ruisseaux, 279 hect. 10 a.; 2° au domaine de l'État, 444 hect. 15 a.; est définitivement délimité pour une superficie de 17,590 hect. 02 a., dont 4,616 hect. 51 a. détenus à titre melk, et le reste occupé collectivement, conformément aux indications contenues dans les divers documents ci-dessus visés.

DI. — Même date. — *Répartition du territoire de la même tribu,*

qu'une délimitation du 5 avr. 1860 a rattachée au cantonnement des Douairs, mais qui a toujours appartenu aux Hazedj et qu'ils exploitent encore. L'effet des actes antérieurs a été maintenu, mais cette mesure n'est pas de nature à compromettre les droits de propriété, et si la terre d'Aïn Morra est un terrain propre à la culture, rien n'empêchera, lors de la constitution de la propriété individuelle, d'y installer des gens des Hazedj, qui présenteraient des titres à l'obtention de compensations territoriales.

La tribu des Hazedj a été partagée en cinq douars. Les unités ainsi formées peuvent sembler ne pas réunir toutes les conditions d'étendue et de population nécessaires pour assurer la vitalité des futures communes; mais cette division offre peu d'importance par suite de la situation particulière de cette tribu, voisine du territoire de colonisation et destinée, en conséquence, à entrer en grande partie, plus tard, dans des communes européennes. — La commission avait proposé de disposer d'une partie de la terre domaniale dite *Mechta Taf Kheil*, pour indemniser deux douars et plusieurs indigènes. Le gouverneur général n'a pas partagé cet avis; il a pensé que les Hazedj étaient assez bien partagés sous le rapport de l'étendue et de la qualité du territoire pour qu'il ne fût pas nécessaire de leur donner des compensations. La comparaison du nombre des charrues de labour avec le chiffre de la superficie des terrains cultivés, donne, en effet, environ 45 hectares par charrue, contenance largement suffisante, et qui place la tribu dans une situation plus favorable que la plupart de celles chez lesquelles le sénatus-consulte a été appliqué jusqu'à présent. D'un autre côté, la terre de Taf Kheil est la seule que le domaine possède encore de ce côté pour les besoins de la colonisation qui se développe près de Sidi bel Abbès. Il était donc important de la réserver. — Ces raisons me paraissent concluantes; le projet de décret de répartition en résume la portée dans un article spécial.

L'art. 2 du même décret a été établi en vue de sauvegarder les droits des djemaâs de trois douars qui n'avaient pas fait d'opposition régulière à certaines revendications portant sur des parties séquestrées. Ce défaut de forme provient de ce que les djemaâs, voyant que le domaine avait revendiqué ces mêmes parcelles, ne s'étaient pas crues autorisées à intervenir autrement que par une protestation à l'encontre des revendicants indigènes. Mais le séquestre étant levé, l'intervention du domaine peut être considérée comme non avenue, et la question reste entre les trois djemaâs et les particuliers intéressés, et la solution rentre dans la compétence des tribunaux. — Toutefois, pour que ces djemaâs soient en mesure de poursuivre l'affaire en justice, il est indispensable de les relever de la déchéance que leur fait encourir le défaut d'opposition en temps opportun. — Divers indigènes ont créé des jardins dans les terrains collectifs de culture, Il paraît équitable de leur abandonner la propriété des parcelles qu'ils ont ainsi mises en valeur. — L'art. 5 du décret de répartition dispose que la jouissance leur en sera conservée jusqu'à ce que des titres puissent leur être délivrés, lors de la constitution de la propriété individuelle.

Le ministre de la guerre,
M^{al} RANDON.

Vu, etc.

Art. 1. — Le territoire des Haze dj, délimité par notre décret de ce jour, est définitivement réparti, conformément aux propositions contenues dans l'ensemble des documents ci-dessus visés, entre les cinq douars dont les noms suivent : — Ouled Riab; population, 946; domaine public, 59 hect. 65 a.; terres domaniales, 493 hect. 18 a.; terres communales 754 hect. 90 a.; terrains collectifs de culture, 2,470 hect. 50 a.; melk, 470 hect. 50 a. Total, 4,158 hect. 75 a. — Hematcba; population, 759; domaine public, 55 hect. 50 a.; terres domaniales, 5 hect.; terres communales, 618 hect 88 a.; terrains collectifs de culture, 1,910 hect. 54 a. melk, 80 hect. 91 a. Total, 2,668 hect. 85 a. — Atamnia; population, 534; domaine public, 42 h. 40 a.; terres communales, 57 hect.; terrains collectifs de culture, 697 hect.; melk 956 hect. 76 a. Total 1,755 hect. 16 a. — Ouled ghazzi; population, 567; domaine public, 45 hect. 10 a.; terres domaniales, 19 hect. 95 a.; terres communales, 508 hect. 20 a.; terrains collectifs de culture, 578 hect. 50 a.; melk, 2,675 hect. 60 a. Total 3,820 hect. 15 a. — Mahdid; population, 861; domaine public, 69 hect. 45 a.; terres domaniales 5 hect.; terres communales, 1,975 hect. 57 a.; terrains collectifs de culture, 5,195 hect. 2 a.; melk, 662 hect. 54 a. Total, 5,905 hect. 58 a.

Art. 2. — Sont relevés de la déchéance prononcée par l'art 11 du règlement d'administration publique du 25 mai 1863, les représentants de la tribu et des douars Ouled Riab, Atamnia et Mahdid, qui se sont bornés à protester contre certaines revendications énoncées au rapport de la commission, sans formuler une opposition d'après le mode prescrit.

Art. 3. — Les indigènes qui ont créé des jardins dans les terrains collectifs de culture, en conserveront la jouissance jusqu'à ce qu'ils puissent leur

être régulièrement attribués, lors de la constitution de la propriété individuelle dans la tribu.

Art. 4. — Demeurent expressément réservées au domaine de l'État les deux carrières de pierre dites Riram Drabine et de l'Oued Sarno, avec leurs voies d'accès, ainsi que les ruines romaines du djebel Thessala, l'emplacement pour le campement des troupes et la Mechta Taf khsit, soit 444 hect. 13 a. en totalité.

DI. — 28 avr.-31 mai 1866. — BG. 182. — *Abandon partiel d'azels situés dans la province de Constantine* (1).

Vu, etc.

Art. 1. — Il est fait abandon aux 207 familles originaires des 56 azels de la zone dite Caïdat des Azels, cercle et subdivision de Constantine, et portées sur les états statistiques établis par la commission des azels de la province de Constantine, d'une superficie de 1,800 hect. composée de la totalité des azels des Ouled Chateur et d'une partie de l'azel des Ouled Arama. — Cette contenance sera formée de 1,300 hect. de terres de culture, et 500 hect. de terres de parcours.

Art. 2. — Il sera procédé, dans le plus bref délai, sur le territoire attribué aux indigènes par l'article précédent, aux opérations prescrites par les §§ 1 et 2 de l'art. 2 du sénatus-consulte du 22 avr. 1863.

Art. 3. — Les familles étrangères, actuellement installées sur ces azels, seront renvoyées dans leurs tribus d'origine.

Art. 4. — Le restant disponible de la zone dite du Caïdat des Azels, d'une superficie de 21,037 hect. demeure définitivement attribué au domaine de l'État.

DI. — Même date. — *Délimitation du territoire de la tribu des Beni Urdjine (cercle de Bône, province de Constantine)* (2).

---

(1) *Rapport à l'Empereur.* — Sire, la commission des azels de la province de Constantine a terminé ses opérations dans la zone dite Caïdat des Azels. — Le territoire que ces travaux ont embrassé, est situé au S.-O. de Constantine, sur la rive droite du Rummel, et forme un triangle à peu près équilatéral dont les sommets sont Constantine, Aïn Mélila et l'Oued Tménia. Il comprend 56 terres azels qui présentaient originairement une superficie de 29,729 hect. — Mais le service de la colonisation ayant fait, pour la création de plusieurs villages, et pour de nombreuses concessions isolées, un prélèvement de 6,892 hect, les terres aujourd'hui disponibles et sur lesquelles ont porté les reconnaissances de la commission, n'ont plus qu'une étendue de 22,857 hect.

Les azels de cette région se trouvent tous dans les mêmes conditions climatériques ; la nature des terrains et l'aménagement du sol y sont sensiblement les mêmes; ces considérations ont déterminé à ne former qu'une seule zone de ces 56 terres domaniales, qui, d'après le certificat du chef du service des domaines, sont toutes inscrites aux sommiers de consistance et louées, depuis de longues années, de gré à gré ou aux enchères publiques.

Le territoire est en général fertile; il renferme des sources assez nombreuses quoique peu abondantes. La ligne de faîte qui le partage en deux versants, celui du Rummel et celui du Bou Merzoug, présente des crêtes parfois élevées où la culture est impossible et où les pâturages eux-mêmes sont médiocres. De là résulte la division du sol en terres de labour et terres de parcours, les premières d'une superficie approximative de 15,954 hect.; les secondes, de 6,903 hect.

783 familles de cultivateurs et de khammès occupent ce territoire; elles habitent sous la tente ou sous des gourbis; elles n'ont créé ni jardins ni plantations; elles ont une tendance assez marquée vers l'élève du bétail; ce qui explique le peu d'extension des cultures, le reste du sol demeurant affecté au pacage. — La commission n'a reconnu qu'à 168 familles, comprenant 1,077 individus

et labourant 109 charrues et demie, les conditions requises pour être maintenues sur les terres de l'État. Évaluant la charrue à 12 hect. et l'étendue des terres de parcours nécessaires, à un quart environ des terres de culture, elle a proposé de fixer à 1,700 hect. (dont 1,300 hect. en terres de culture et 400 hect. en terres de parcours) l'attribution à faire aux indigènes maintenus sur l'azel. Ces 1,700 hect. seraient fournis : — Terres de culture, 206 hect.; terres de parcours, 72 hect., par la totalité de l'azel dit des Ouled Chateur; — Terres de culture, 1,094 hect.; terres de parcours, 328 hect., par une partie de l'azel dit des Ouled Arama.

Mais, dans ce nombre de 168 familles, la commission n'a compris que des familles de cultivateurs; elle a négligé de pourvoir aux besoins de 39 familles de Khammès, originaires de la même zone d'azels, qui, si elles n'ont point de labours, possèdent cependant du bétail. — Le conseil de gouvernement a réparé cette omission en augmentant de 100 hect. de terres de parcours l'attribution territoriale proposée par la commission. L'azel dit Ouled Arama pourra facilement fournir ce supplément.

La commission a fait un choix judicieux de l'emplacement proposé pour les indigènes à maintenir sur les terres azel. Ceux-ci, pour le plus grand nombre, y sont installés déjà; la réunion en un seul groupe rendra facile, plus tard, la formation d'une commune ou l'annexion à la tribu limitrophe des Barrania; enfin, les villages européens se trouvent dégagés, et les terrains les plus susceptibles d'être exploités par la colonisation restent entièrement libres à proximité des grandes voies de communication.

De l'ensemble de ces propositions, il résulte qu'une superficie de 21,037 h. devient propriété définitive de l'État.

Le ministre de la guerre,
M^{al} RANDON.

(2) *Rapport à l'Empereur.* — Sire, les Beni-Urdjine sont bornés : au N., par la mer; à l'E., par la Mafrag et la Bounamouna; à l'O., par la Seybouse, et au S., presque uniquement par des melks. — La superficie

Vu, etc. ;

Art. 1. — Le territoire de la tribu des Beni Urdjine est définitivement délimité pour une superficie de 18,525 hect. 15 a. 50 c., conformément aux indications contenues dans les divers documents visés ci-dessus.

DI. — *Même date.* — *Répartition du territoire de la même tribu.*

Art. 1. — Le territoire de la tribu des Beni Urdjine, délimité par notre décret de ce jour pour une superficie de 18,525 hect. 15 a. 50 c., est définitivement réparti, conformément aux propositions contenues dans l'ensemble des documents ci-dessus visés, entre deux douars sous les noms de Beni Urdjine et Boukmira, comprenant, savoir : (comme au rapport ministériel).

Art. 2. — Les membres de la tribu conserveront le droit de prendre, sous la surveillance de l'administration forestière, le bois de chauffage nécessaire à leurs besoins dans la forêt de Sidi Embarek.

DI. — 28 avr.-9 juin 1866. — BG. 184. — *Délimitation du territoire de la tribu des khachnas militaires de la Montagne (subd. de Dellys, province d'Alger)* (1).

Vu etc. ;

Art. 1. — Le territoire de la tribu des Khachnas militaires de la Montagne, présentant une superficie totale de 5,904 hect. 57 a. 80 c., est définitivement délimité conformément aux indications contenues dans les divers documents visés ci-dessus.

DI. — *Même date.* — *Répartition du territoire de la même tribu.*

Vu etc. ;

Art. 1. — Le territoire des Khachnas militaires de la Montagne, délimité par notre décret en date de ce jour, est définitivement constitué en un seul douar et réparti ainsi qu'il suit : (comme au rapport ministériel).

DI. — *Même date.* — *Délimitation du territoire de la tribu de Baghdoura (cercle de Ténès, province d'Alger)* (2).

Vu, etc.

Art. 1. — Le territoire de la tribu des Baghdoura, comprenant une superficie de 4,525 h. 66 a. 66 c., est définitivement délimité conformément aux indications contenues dans les documents visés ci-dessus.

DI. — *Même date.* — *Répartition du territoire de la même tribu.*

---

totale de leur territoire est de 18,525 hect. 15 a. 50 c., et occupée par une population de 5,470 âmes. Il est divisé en deux zones bien distinctes par l'oued Bou Alala : l'une, entre cette rivière et la Seybouse, est composée presque entièrement de melks ; l'autre, entre l'oued Bou Alala, d'une part, et la Mafrag et la Bounamoussa, d'une autre, est formée de terrains arch et domaniaux. Sur la première, la plus grande partie des melks a passé par voie d'acquisitions régularisées entre des mains européennes ; la population est composée de Khammès, ou de locataires étrangers pour la plupart aux Beni Urdjine, occupant le sol à titre collectif.

Le premier, à l'O., qui prendrait le nom de Boukmira, aurait une superficie de 15,562 hect. 54 a. 55 c., avec une population de 2,044 indigènes et 126 Français ou étrangers. On y compte 57 melks et 51 fermes, dont 24 melks et 28 fermes appartiennent à des Européens, et le reste à des indigènes. Les trois parcelles domaniales les plus importantes ayant été concédées à différents colons, il ne reste au domaine, dans ce périmètre, que 55 hect., dont 10 hect. formés par une petite parcelle de terre, et 25 par le lac salé de Boukmira, qui donne son nom à ce douar.

Le second douar, à l'E., qui conserverait la dénomination de Beni Urdjine, aurait, avec une population de 4,500 âmes, une superficie de 4,962 hect. 61 a. 17 c., ainsi divisés : — Terrains collectifs de culture, 636 hect. 26 a. 23 c. ; — Terrains communaux, 3,045 hect. 65 a. 15 c. ; — Domaine de l'État, 1,250 hect. 39 a. 79 c. — Total, 4,962 hect. 61 a. 17 c. — Les terres de culture ne présentent, pour ce douar, qu'une étendue très-limitée et disproportionnée par rapport aux communaux ; mais elles sont susceptibles d'extension, à l'aide de quelques travaux d'aménagement dans les terrains bas, marécageux et parfois couverts d'eau, qui composent la majeure partie des communaux. Ceux-ci, du reste, sont plus que suffisants pour la nourriture du bétail des Beni-Urdjine, et il a été reconnu que les habitants de Boukmira n'ont aucun droit de jouissance à y réclamer. — Dans ces conditions, les droits d'usage des Beni Urdjine sur la forêt de Sidi Embarek, ont paru pouvoir, sans inconvénients, être réduits à l'enlèvement du bois de chauffage.

Si V. M. daigne approuver les propositions de la commission, je la prie de revêtir de sa signature les deux projets de décrets ci-joints, dont l'un fixe la délimitation des Beni-Urdjine, et l'autre répartit cette tribu en deux douars dits de Boukmira et des Beni Urdjine. — Par la promulgation de ces décrets, le sénatus-consulte du 22 avr. 1863 aura reçu son exécution complète à l'égard du douar de Boukmira, dont le territoire est melk, où les transactions sont, par conséquent, libres, et qui, par

sa position topographique, comme par les intérêts qui y sont déjà développés, est destiné, dans un avenir peu éloigné, à être rattaché au territoire civil.

Le ministre de la guerre,
Mal RANDON.

(1) *Rapport à l'Empereur.* — Sire, la tribu des khachnas de la Montagne est partagée en deux groupes distincts relevant d'administrations différentes : — Les khachnas civils de la montagne relevant de l'arrondissement d'Alger ; — Les khachnas militaires de la montagne relevant de la subdivision de Dellys. — Deux commissions, celle d'Alger pour les khachnas civils et celle de Dellys pour les khachnas militaires, ont été chargées des travaux de délimitation. — J'ai l'honneur de mettre sous les yeux de V. M. les propositions résultant des opérations effectuées sur le territoire des khachnas militaires de la montagne.

Cette tribu comprend une population de 5,519 habitants et une superficie de 5,904 hect. 57 a. 80 c. Les terres y sont détenues à titre melk et aucune contestation ne s'est élevée entre le domaine, la djemaâ et les particuliers. Le domaine s'est désisté de ses prétentions sur quelques parcelles qui étaient en même temps revendiquées par des particuliers. — Une seule difficulté s'est produite lors de la délimitation générale ; la commission, après avoir examiné le différend, a conclu en faveur des khachnas contre les Isser-Droûa, tribu limitrophe.

La commission avait proposé d'adopter, pour les douars à former, le fractionnement déjà existant. Il en serait résulté la division de la tribu en 4 douars fort inégaux en population et en superficie. Le gouverneur général a pensé qu'il y aurait avantage à ne former qu'un seul douar des khachnas militaires de la montagne, en raison du peu d'étendue de cette tribu et en considération aussi de ce qu'elle n'est elle-même qu'une fraction de l'ancienne grande tribu des Khachnas, que les convenances de notre administration ont déjà scindée en 4 parties : — Khachnas civils et khachnas militaires de la montagne ; — Khachnas civils et khachnas militaires de la plaine. — Cette combinaison a pour effet de constituer un douar présentant d'excellentes conditions d'administration et de vitalité.

Le territoire de ce douar se répartit de la manière suivante : — Biens melk, 5,568 hect. 67 a. 55 c. ; — Communaux (cimetière et lieux affectés au culte), 15 hect. 72 a. ; — Propriétés domaniales, 29 hect. 58 a. 20 c. ; — Domaine public, 270 h. 60 a. 5 c. — Total, 5,904 h. 57 a. 80 c.

Le ministre de la guerre,
Mal RANDON.

(2) *Rapport à l'Empereur.* — Sire, le travail de déli-

Vu, etc.;

Art. 1. — Le territoire des Baghdoura, délimité par notre décret en date de ce jour, est définitivement constitué conformément aux propositions contenues dans l'ensemble des documents ci-dessus visés en un seul douar sous le nom de douar des Baghdoura, comprenant, savoir : — Biens melk, 4,284 h. 25 a. 55 c.; — Communaux (cimetières et koubba), 5 h. 24 a. 81 c.; — Domaine public, 29 h. 99 a. 96 c.; — En litige entre le domaine et un particulier, 6 h. 18 a. 75 c. — Total, 4,525 h. 66 a. 86 c.

Art. 2. — Les propriétaires des huit parcelles revendiquées après l'expiration des délais fixés par l'art. 10 du décr. du 23 mai 1863, et dont les terres ont, en conséquence, fait retour à l'État, comme biens vacants, sont relevés de la déchéance qu'ils ont encourue.

DI. — 2-51 mai 1866. — BG. 182. — *Délimitation du territoire de la tribu des Medjadja (cercle de Collo subdiv. et province de Constantine) (1).*

---

mitation n'a soulevé qu'une seule contestation de peu d'importance, entre les Baghdoura et les Beni-Mersouck, leurs voisins à l'O. La commission a pu mettre les intéressés d'accord avec d'autant plus de facilité que le territoire est melk chez les uns et les autres. — La superficie de la tribu n'étant que de 4,525 hect. 66 a. 86 c., et sa population de 1,092 âmes, la commission a proposé de ne former de la totalité des Baghdoura qu'un seul douar, qui trouvera dans ses propres ressources les moyens de vivre et de se développer.

Conformément à l'art. 12 du règlement du 23 mai 1863, les tribunaux compétents auront à statuer sur 277 revendications suivies d'oppositions entre indigènes. Un jugement devra pareillement statuer à l'égard d'un terrain de 6 hect. 56 a. 25 c; en litige entre le domaine et un indigène, et au sujet duquel la commission n'a pu mettre les parties d'accord. — 8 parcelles ont été revendiquées par divers individus qui, par ignorance, ont laissé expirer les délais légaux. Elles devraient rigoureusement faire retour au domaine de l'État. Mais V. M. daignera sans doute relever ces retardataires de la déchéance qu'ils ont encourue. Un article est ajouté, à cet effet, au projet de décret de répartition. — La tribu est melk, le sénatus-consulte y aura donc reçu son exécution complète, et la liberté des transactions sera désormais applicable aux 4,525 hect. 66 a. 86 c. qu'elle occupe.

Le ministre de la guerre,
M^{al} RANDON.

(1) *Rapport à l'Empereur.* — Sire, le territoire des Medjadja est formé de deux zones séparées par une distance de 6 kil. environ. — La première, ou des Medjadja proprement dits, est d'une contenance de 8,815 h. 40 a. 97 c., composée de melks, de forêts domaniales et de communaux, dans la proportion suivante : — Biens melk, 2,878 hect. 66 a. 51tc.; — Terrains communaux (terres de parcours, cimetières, mosquées) 768 hect. 28 a. 25 c.; — Domaine de l'État, forêts, 5,125 hect. 44 a. 56 c.; — Domaine public, 47 hect. 2 a. 55 c. — Total 8,815 hect. 40 a. 97 c. — Elle est occupée par une population de 1,069 habitants.

La seconde, dite Oum ech Chouk, ne comprend que 1,379 hect. 1 a. 69 c., ainsi décomposés : — Terrains collectifs de culture (arch), 1,090 hect. 48 a. 50 c.; — Terres communales, 182 hect. 88 a.; — Terrains concédés, 97 hect. 71 a. 59 c.; — Domaine public, 7 hect. 95 a. 80 c. — Total, 1,397 hect. 2 a. 69 c. — La population est de 301 individus.

La tribu de Medjadja a donc une superficie totale de 10,194 hect. 42 a. 66 c. et une population de 1,390 habitants. Elle appartient à la race berbère et se rattache, par ses mœurs et ses habitudes, aux groupes kabiles qui peuplent les montagnes du littoral, depuis Bougie jusqu'à Bône.

La commission a proposé de la répartir en trois douars : deux formés par les Medjadja proprement dits, chez les-

---

Vu, etc.

Art. 1. — Le territoire de la tribu des Medjadja, comprenant 10,194 h. 42 a. 66 c., est définitivement délimité conformément aux indications contenues dans les divers documents ci-dessus visés.

DI. — Même date. — *Répartition du territoire de la même tribu.*

Art. 1. — Le territoire de la tribu des Medjadja, délimité par notre décret de ce jour, est définitivement réparti entre les deux douars dont les noms suivent : (comme au rapport ministériel).

Art. 2. — Les membres de la tribu conserveront, pour leurs besoins domestiques et sous la surveillance de l'administration forestière, l'exercice des droits d'usage qui leur étaient acquis antérieurement à la loi du 16 juin 1851 sur les forêts comprises dans les limites de leur territoire. — Un arrêté du gouverneur général déterminera les droits d'usage qui auront été reconnus à la tribu.

DI. — 5 mai-11 juin 1866. — BG. 185. — *Délimitation du territoire de la tribu des Tahallalt (subdiv. d'Oran) (2).*

---

quels la propriété est melk; un troisième par l'annexe d'Oum ech Chouk, où les terrains sont détenus à titre arch. Le conseil de gouvernement a pensé que si l'éloignement de cette annexe ne permet pas de la fondre avec le groupe principal pour ne former qu'une seule commune; si cette zone d'Oum ech Chouk doit forcément constituer un douar isolé, susceptible plus tard, vu son peu d'importance, d'être rattaché à quelques douars limitrophes, rien ne motivait le fractionnement en deux douars des Medjadja proprement dits, qui, par leur superficie territoriale, le chiffre de la communauté d'origine de leur population, ainsi que par leurs diverses ressources, se trouvent, au contraire, dans de très-bonnes conditions pour ne former qu'une seule unité administrative. Il a reconnu, en outre, que les deux fractions des Medjadja proprement dits, désignées par la commission pour former chacune un douar, ont des droits égaux par l'ensemble des terrains communaux et que, cependant, la division proposée aurait pour effet de n'attribuer que la plus petite partie de ces communaux à la fraction la plus nombreuse, la plus riche en bétail et qui déjà possède le moins de melks. Par ces considérations fort justes, le conseil est d'avis de répartir la tribu en deux douars seulement : Medjadja et Oum ech Chouk.

Les revendications du domaine, portant sur une superficie de forêts évaluée à 6,488 hect. situés dans le douar des Medjadja, ont été admises après vérification, par la commission, pour 5,125 hect. 44 a. 56 c., délimité comme bois, le surplus se composant d'enclaves cultivées par les indigènes. — De tout temps les Medjadja ont joui, sur les forêts qui les entourent, de droits d'usage très-étendus. Ces droits ont été réglementés et reconnus lorsque l'administration forestière a pris possession des massifs. Ils leur sont maintenus par un article du décret de répartition.

La conséquence immédiate des deux décrets de délimitation et de répartition proposés, sera de compléter l'application du sénatus-consulte du 22 avr. 1863 dans le douar des Medjadja, où la terre est melk, et où toutes les transactions immobilières seront ainsi rendues libres. Dans le douar d'Oum ech Chouk, où la terre est arch, il ne restera plus qu'à constituer la propriété individuelle, et cette opération sera facile, car les mêmes lots sont occupés par les mêmes familles de père en fils, et ont déjà donné lieu à des transactions verbales.

Le ministre de la guerre,
M^{al} RANDON.

(2) *Rapport à l'Empereur.* — Sire, la tribu des Tahallalt, située dans la subdivision d'Oran, avait subi, lors de la création d'un centre de population à Saint-Denis du Sig, un prélèvement d'environ 2,000 hect. Elle a été désintéressée depuis par la cession d'une terre domaniale, dite le Khroul, d'une contenance de 1,162 hect., et la constitution de son territoire actuel a été sanctionnée par un arrêté du gouverneur général, en date du 22 août 1861, à la suite

Vu, etc.;

Art. 1. — Le territoire de la tribu des Tahallañ, présentant une superficie totale de 8,881 h. 6 a. 60 c., est définitivement délimité, conformément aux indications contenues dans les divers documents ci-dessus visés.

Art. 2. — Est approuvé l'échange, consenti par le conseil municipal de Saint-Denis du Sig et la djemâa des Tahallañ, d'une parcelle de 5 hect. 42 a. 40 c. appartenant à la commune européenne, servant de cimetière arabe, et connue sous le nom de Sid Bachir, contre une autre parcelle de 5 h. 54 a. comprise sur le territoire du douar du khrouf, affectée à la construction et au service d'une chapelle.

Art. 5. — La partie de la concession Ben Djelloul, d'une contenance de 15 hect. 40 a. qui était comprise dans le territoire de la commune de Saint-Denis du Sig, est distraite de ce territoire pour être rattachée au territoire des Tahallañ.

D2. — *Même date.* — *Répartition du territoire de la même tribu comme au rapport ministériel et constitution en deux douars.*

D2. — 16 mai-11 juin 1866. — BG. 185. — *Délimitation du territoire de la tribu des Zeramna (cercle de Collo, province de Constantine)* (1).

Vu, etc.;

Art. 1. — Le territoire de la tribu de Zéramna est définitivement délimité, pour une superficie de 4,695 h. 86 a. 91 c., conformément aux indications contenues dans les divers documents ci-dessus visés.

D3. — *Même date.* — *Répartition du territoire de la même tribu.*

Vu, etc.;

Art. 1. — Le territoire de la tribu des Zeramna, délimité par notre décret en date de ce jour, formera un seul douar, sous le nom de douar des Zeramna, se décompose de la manière suivante, conformément aux propositions contenues dans l'ensemble des documents ci-dessus visés. (Comme au rapport.)

Art. 2. — Les droits d'usage de la tribu sur les forêts comprises dans les limites de son territoire,

---

des travaux d'une commission de cantonnement. — La délimitation générale a donné lieu à quelques difficultés qui toutes ont été réglées à l'amiable, à l'exception d'une seule, soulevée par un Européen, comme cessionnaire du droits d'une famille indigène, sur un terrain de 68 hect. 65 a. La commission administrative chargée des opérations n'a pu trancher ce différend, qui est du ressort des tribunaux; mais la parcelle en litige, possédée en fait par les Tahallañ, a été comprise dans les limites de la tribu en attendant le jugement à intervenir.

Le territoire des Tahallañ est limitrophe, au N. de la commune de Saint-Denis du Sig. Une transaction intervenue entre cette commune et la djemâa a déterminé une modification de limites. La commune a abandonné à la tribu un espace de 5 hect. 42 a. 40 cent. sur lequel existe un cimetière musulman; elle a reçu en échange un terrain de 5 hect. 54 a. où elle a érigé une chapelle. Cet arrangement portant sur deux immeubles reconnus, après expertise, être d'une valeur équivalente, a été approuvé par le conseil municipal et a reçu la sanction du préfet. Un article du projet de décret de délimitation consacre cette disposition. — La commission propose une autre modification de limites : une concession appartenant à un indigène de la tribu se trouve comprise, pour une superficie de 15 hect. 40 a., dans le périmètre du centre européen; il a paru convenable de rattacher cette propriété au territoire des Tahallañ. — Cette opération d'ordre n'est de nature à préjudicier aux intérêts de la commune européenne; comme la précédente, elle a reçu l'approbation du conseil municipal et elle fait l'objet d'un article du projet de décret de délimitation.

Ces transactions étant sanctionnées, le territoire de la tribu présenterait une superficie totale de 8,881 hect. 6 a. 60 c., occupée par 9,101 habitants et ainsi répartie : — Terres collectives de culture, 5,900 hect. 56 a. ; — Communaux : terres de parcours, 2,876 hect. 97 a. ; cimetières, 8 hect. 22 a. 40 c. ; — Melks et concessions, 999 hect. 65 a. 55 c. ; — Domaine public, 95 hect. 65 a. 84 c. — Total, 8,881 hect. 6 a. 60 c. — Le domaine n'est aucune revendication à exercer sur ce territoire.

La commission a proposé la répartition de la surface délimitée en deux douars, par cette considération que la famille des marabouts Si Ali Cherif, qui détient à titre melk toute la partie sud du territoire, est profondément distincte, comme origine, comme mœurs et comme habitudes, du reste de la population de la tribu, et que, par suite, il y aurait eu des inconvénients sérieux à ne former qu'une seule conscription. — Le gouverneur général a donné son approbation à cette répartition par suite de laquelle les deux douars seraient ainsi dénommés et constitués.

Khrouf : habitants, 1,607 ; terres collectives de culture, 5,039 hect. 59 a. ; terres communales de parcours et cimetières, 2,323 hect. 97 a. 50 c. ; melk, 517 hect. 55 a. 76 c. ; domaine public, 63 hect. 46 a. 40 c. — Total, 5944 hect. 17 a. 40 c.

Si Ali Cherif : habitants, 494 ; terres collectives de culture, 861 hect. 17 a. ; terres communales de parcours et cimetières, 561 hect. 91 a. 60 c. ; melk, 1,482 hect. 51 a. 10 c. ; domaine public, 52 hect. 19 a. — Total, 2,956 hect. 89 a. 30 c.

Le ministre de la guerre,
M^{al} RANDON.

(1) *Rapport à l'Empereur.* — Sire, la tribu des Zeramna (cercle de Collo), située au S.-O. et à environ 16 kilom. de Philippeville, est limitée à l'E. par les territoires d'Eddis et de Saint-Charles ; sa population est de 155 individus seulement ; sa superficie de 4,695 hect. 86 a. 91 c., sur lesquels 2,967 hect. 62 a. 75 c. forment des massifs forestiers dont l'exploitation a été concédée à l'industrie privée. — Son peu d'importance en étendue et en population ne permettait pas d'en former plus d'un douar. Il y aura même lieu, très-probablement, plus tard, de rattacher à quelque groupe limitrophe cette petite circonscription qui n'a pas en elle-même les éléments nécessaires à l'organisation et au fonctionnement d'une commune.

Les Zéramna détiennent à titre melk tous leurs terrains de cultures qui forment 19 enclaves dans les forêts de l'Etat.

Les délimitations déjà faites en 1864, par l'administration forestière, ont rendu facile la détermination des limites de la tribu et des différents groupes. — Le domaine avait revendiqué non-seulement les massifs forestiers concédés, mais encore une zone couverte de broussailles de 720 hect. 11 a. La djemâa a fait opposition pour ce dernier lot, sur lequel, depuis un temps immémorial, elle exerçait des droits d'usage et de parcours. — Le groupe en litige ne présentant ni intérêt ni avenir au point de vue forestier, la revendication a été retirée, et les terrains restent la propriété de la tribu dont ils formeront le communal. — Le territoire des Zeramna se trouve, par suite, ainsi divisé : — Melks, 921 hect. 76 a. 2 c. ; — Communaux (broussailles, mosquées, cimetières), 720 hect. 95 a. 25 c. ; — Domaine de l'Etat (forêts concédées, empl. de bivouac), 2,969 hect. 2 a. 75 c. ; — Domaine public, 24 hect. 12 a. 89 c. — Total, 4,695 hect. 86 a. 91 c.

Les Zeramna possédaient sur les forêts comprises dans leur périmètre des droits d'usage et de parcours que la commission proposait de leur conserver. — Le gouverneur général est d'avis de ne les maintenir que provisoirement, à titre de tolérance, jusqu'au jour où interviendra une réglementation générale de ces droits dans toutes les tribus. — La promulgation des décrets proposés aura pour effet de compléter l'application du sénatus-consulte du 22 avr. 1863 chez les Zeramna, où la propriété est melk et où les transactions immobilières demeureront, par conséquent, libres.

Le ministre de la guerre,
M^{al} RANDON.

sont maintenus provisoirement, à titre de tolérance, jusqu'au jour où interviendra une réglementation générale de ces droits dans toutes les tribus.

D3. — 2-30 juin 1866. — BG. 186. — *Délimitation du territoire de la tribu des Beni Median (cercle de Tiaret, subdiv. de Mascara, province d'Oran)* (1).

Vu, etc.;

Art. 1. — Le territoire des Beni Median est définitivement délimité pour une superficie de 25,485 h. conformément aux indications contenues dans les documents ci-dessus visés.

D3. — Même date. — *Répartition du territoire de la même tribu.*

Vu, etc.;

Art. 1. — Le territoire des Beni Median, délimité par notre décret en date de ce jour, est constitué en douar sous le nom de douar de Takdempt, et décomposé ainsi qu'il suit : (Comme au rapport.)

Art. 2. — Les forêts comprises dans le domaine de l'État sont affranchies de tous droits d'usage et de parcours.

D3. — Même date. — *Abandon et répartition de terres azels situées dans le cercle d'Aumale, province d'Alger* (2).

Vu, etc.;

Art. 1. — L'azel de Bled Mamora est définiti-

---

(1) *Rapport à l'Empereur.* — Sire. — La tribu des Beni Median (cercle de Tiaret), située à 12 kilom. au S.-O. de Tiaret, s'étend partie dans le Tell, partie sur le Sersou, vaste plateau qui, de ce côté, sépare le Tell de la région saharienne; chacune des six fractions qui la composent a, dans l'une et l'autre de ces zones, des mechtas, des terres de culture et de parcours, de telle sorte que les campements d'été et d'hiver de chaque ferka sont séparés par des distances variables de 10 à 25 ou 30 kilom. — Cette situation topographique, et plus peut-être encore les nombreuses agitations dont ce pays a été le théâtre jusqu'en 1843, époque de la soumission définitive des Beni Median, y ont placé la propriété dans des conditions particulières. Toute la zone du Sersou est arch; dans le Tell, le sol est détenu par des familles qui se le transmettent par héritage, ou en font l'objet de transactions. Il offrirait donc dans cette dernière partie du territoire le caractère melk. Mais aucun acte authentique et régulier de mutation n'a été présenté, aucune revendication particulière n'a été produite, et les déclarations des indigènes eux-mêmes ont déterminé la commission à considérer la propriété comme arch dans toute la tribu.

La délimitation a fait ressortir que les Beni Median, qui comptent une population de 1,795 âmes, occupent une superficie de 25,485 hect. Les revendications formulées par le domaine n'ont donné lieu à aucune contestation. Elles comprennent notamment : 1° la terre de Takdempt, provenant du beylick de l'émir Abd el Kader et dont la contenance, par suite des prélèvements faits, soit pour régulariser diverses attributions territoriales, soit pour augmenter la réserve forestière, soit enfin pour constituer, au moyen d'échanges, des emplacements de bivouacs et de campements pour les nomades, se trouve réduite à 261 hect. 86 a. 50 c. ; 2° des massifs boisés d'une superficie de 1,494 hect. Les besoins des indigènes étant largement assurés dans les hautes broussailles qui couvraient en partie les terres communales, la commission a pu maintenir, pour ses forêts, l'affranchissement de tous les droits d'usage, déjà prononcé par divers arrêtés administratifs antérieurs.

La reconnaissance des divers groupes, en affirmant les droits de quelques concessionnaires européens et indigènes, a donné pour le territoire des Beni Median la division suivante : — Domaine de l'État : Forêts, 1,494 h.; Terres de Takdempt, 261 hect. 86 a. 50 c.; lieux de campement, 15 hect. Ensemble, 1,763 hect. 86 a. 50 c. — Melk, 105 hect. 50 a. 52 c.; — Terres collectives de culture, 15,451 hect. 66 a.; — Communaux : cimetières, 10 hect. 50 a.; terres de parcours : 6,165 hect. 46 a. 98 c. Ensemble, 6,175 hect. 96 a. 98 c. — Total, 25,485 hect.; — Desquelles il y aura lieu de déduire 93 hect. 85 cent., pour le domaine public, lors de la constitution de la propriété individuelle. L'enchevêtrement et la dissémination des diverses fractions de territoire des Beni Median, dans le Tell et dans le Sersou, ne permettaient pas de répartir cette tribu en plusieurs douars. Cette division eût créé aux communes, ainsi emmêlées, des difficultés de toutes sortes que le gouverneur général de l'Algérie a voulu prévenir, en proposant de former du territoire entier des Beni Median un seul douar, auquel serait donné le nom historique de Takdempt. Déjà plusieurs concessionnaires sont installés sur la terre domaniale de Takdempt ; 261 hect. y sont encore disponibles ; il y a donc là un point voisin du centre de Tiaret, où le

---

douar-commune, ainsi constitué, pourra se grouper et se développer dans des conditions très-favorables.

Le ministre de la guerre,
M¹ RANDON.

(2) *Rapport à l'Empereur.* — Sire, l'azel dit Bled Mamora, cercle d'Aumale, province d'Alger est situé à 55 kilom. au S.-O. d'Aumale, sur les rives de l'Oued Mamora et de l'Oued Ridan. Son sol fertile, propre à la culture des céréales, excepté sur quelques parties couvertes de broussailles; sa position intermédiaire entre les sommets boisés du Dirah et les plaines dénudées du Sud, en ont fait de tout temps convoiter la possession. Aussi, peu de territoires ont-ils eu successivement plus de détenteurs. — La tradition, d'accord avec des titres anciens, atteste que les Ouled si Moussa étaient propriétaires du Bled Mamora, il y a plusieurs centaines d'années. Au milieu du siècle dernier, cette tribu n'est plus établie sur ce territoire qu'à titre de locataire de la puissante confédération des Adaoura, des Ouled Barka et des Djouab, qui en ont usurpé la possession. Peu après, les Aribs chassés du Hodna par les Ouled Madhi, s'emparent du Bled Mamora, mais ne peuvent s'y maintenir d'abord qu'en consentant à payer une redevance aux anciens usurpateurs; plus tard, organisés en maghzen par les Turcs, ils essayent de se soustraire à cette espèce d'impôt; ils n'en sont réellement affranchis qu'en 1823, par un acte émané de l'agha Yahia Moustapha, qui confisque le Bled Mamora et le leur attribue comme apanage en retour du service militaire qui leur est imposé pour le beylick. — En 1830, l'installation des Aribs est encore si peu assise, que, lorsqu'ils sont appelés à la défense d'Alger, ils évacuent le pays et envoient leurs familles dans le Hamza. Tout aussitôt, les Adaoura, les Djouab, les Ouled Si Moussa et autres reviennent s'établir sur les terres que les Turcs avaient confisquées.

C'est en 1856 que l'autorité française fit faire la première reconnaissance sérieuse du Bled Mamora, dont la superficie fut évaluée à 13,501 hect. 7 a. 50 c. Cette zone était alors occupée par les Ouled Si Moussa et des fractions de tribus voisines qui, depuis 1853, payaient au domaine un prix de location. En 1857, l'agrandissement du territoire de colonisation d'Aumale fit reporter sur cet azel 22 familles des Ouled Dris et 60 familles des Ouled Ferah, dépossédées de leur territoire. En 1858, la création du village de Bir Rabalou y rejeta encore 43 familles des Ouled bou Arif et quelques-unes des Aribs; enfin, en 1859, la constitution des centres des Trembles et de Guelt Ez Zerga y fit introduire 87 familles des Mialsa et des Ouled Gomra (Aribs).

Chacune de ces immigrations avait produit nécessairement un refoulement, non-seulement des anciens habitants du Bled Mamora, mais encore des occupants tout récemment installés. De plus, une superficie de 1,606 h. 56 a. 25 c. avait été prélevée pour l'organisation d'une smala de spahis; un terrain de 201 hect. 23 a. avait été promis en concession à un indigène qui le détenait depuis plusieurs années ; d'autres parcelles étaient, en outre, occupées par divers individus qui, sous aucun gouvernement, n'avaient payé de prix de location et pouvaient être considérés comme propriétaires à titre melk.

D'après cet exposé, qui montre la multiplicité des intérêts engagés sur le territoire de Mamora, on devait s'attendre à des revendications nombreuses; c'est, en effet, ce qui a eu lieu. — La délimitation de l'azel a

ement délimité pour une superficie de 13,050 h., conformément aux indications contenues dans les documents ci-dessus visés.

Art. 2. — Il est attribué sur ce territoire : — 1° Aux Ouled Si Moussa, pour 2,884 habitants, une superficie de 3,725 h. 55 a.; — 2° A 35 familles des Ouled Ferah, re.oulées chez les Ouled Si Moussa, une superficie de 800 h.; — 3° A 50 familles de Ouled Ferah formant une population de 437 individus, 741 h. 50 a.; — 4° A 20 familles les Ouled Dris, représentant 180 individus, 425 h.; — 5° A 41 familles des Ouled bou Arif, comprenant 301 individus, 339 h.; — 6° à 102 familles les Miaissa et des Ouled Gomra, comprenant 661 habitants, 2,400 h.

Art. 3. — Il sera procédé dans le plus bref délai, dans les parties attribués aux indigènes, à

permis de relever certaines erreurs faites lors de la reconnaissance de 1856. Plusieurs parcelles, portées à cette époque comme faisant partie du Bled Mamora, ont été reconnues devoir ne pas y être comprises, tandis que d'autres, qui n'étaient pas entrées dans les évaluations premières, ont dû être rattachées à ce territoire. Toutes rectifications opérées, la superficie de l'azel a été fixée à 13,050 hect.

Les revendications, au nombre de 54, ont embrassé le territoire entier; 12 familles ou particuliers réclamaient une surface de 1,822 hect. 55 a. 5 c.; 12 tribus ou fractions de tribus prétendaient à la possession du reste de l'arel. La commission administrative de la subdivision d'Aumale a constaté d'une manière irréfutable le caractère domanial de ce territoire; mais, tout en rejetant le plus grand nombre des revendications, elle a dû reconnaître la validité des droits de quelques particuliers et de plusieurs fractions de tribus en faveur desquels elle a formulé les propositions suivantes :

1° Si Ahmed ben Snoussi occupe depuis 1849, une zone de 201 hect. 25 a., sur laquelle il a fait de grands travaux de constructions et de plantations, sous la promesse d'obtenir une concession définitive. Il a été compris dans le travail des attributions territoriales à régulariser pour l'obtention de cette concession, il y a donc lieu de lui réserver 201 hect. 25 a.

2° La famille des Ouled Ayreuch revendique les parcelles n° 25 et 26 qu'elle occupe depuis longtemps et qu'elle détenait même lorsque les Aribs, organisés en makhzen, étaient installés au Bled Mamora. Jamais la propriété ne lui en a été contestée, jamais elle n'a payé de redevance au domaine. La commission propose de lui laisser définitivement ces deux lots, soit 192 hect. 65 a. 50 c.

3° Lakdar ben Mohamed ben Koulder revendique la parcelle n° 26, au même titre et dans les mêmes conditions que les Ouled Ayreuch. Cette parcelle est de 43 hect. 50 a.

4° Plusieurs familles des Ouled Zenin Noubi (Mexata) revendiquent la parcelle C, qu'elles détiennent dans des conditions analogues; sa contenance est de 755 hect. 76 a.;

5° Le nommé Boutrik ben Moussa réclame le lot n° 11 dont la propriété à titre melk ne peut lui être contestée, 13 hect. 48 a.;

6° Les Ouled si Moussa, propriétaires primitifs du Bled Mamora, détiennent encore, malgré les dépossessions successives qu'ils ont supportées, un territoire de 4,967 hect. 55 a. 50 c.; mais il convient d'en déduire les enclaves formées dans la concession de Si Ahmed ben Snoussi, par les parcelles n° 25, 26, 28, plus 100 hect. occupés par 35 familles des Ouled Ferah, dont il sera parlé ci-dessous, c'est-à-dire un total de 1,242 hect. 19 a. 50 c. Les Ouled si Moussa n'occupent donc en réalité que 3,725 hect. 55 a. pour lesquels ils payent un prix de location au domaine. — On propose de leur abandonner définitivement la propriété de ces 3,725 hect. 55 a., où ils ont exécuté de sérieux travaux de constructions et de plantations et où sont leurs cimetières. La population étant de 2,584 individus, cette attribution territoriale donne par tête une moyenne de 1 hect. 56 a.

7° 35 familles des Ouled Ferah, dépossédées de leurs

l'application des §§ 1 et 2 de l'art. 2 du sénatus-consulte du 22 avr. 1863.

Art. 4. — Les indigènes reconnus propriétaires des cinq parcelles C, 11, 25, 26 et 28 de l'azel, d'une contenance totale de 905 h. 17 a. 50 c., sont maintenus sur ce territoire. — L'attribution au sieur Ahmed ben Snoussi, de 201 h. 25 a. sur lesquels il est établi sera ultérieurement régularisée.

Art. 5. — Le surplus de l'azel Bled Mamora comprenant, après les prélèvements ci-dessus autorisés, une superficie de 3,422 h. 72 a. 50 c., demeure définitivement attribué au domaine de l'État.

XII. — 6-30 juin 1866. — BG., 187. — *Délimitation du territoire de la tribu des Akerma Gharaba (subdiv. de Mostaganem, province d'Oran)* (1).

terres en 1855 et envoyées alors dans le Bled Mamora, y furent refoulées encore par l'immigration de 1859 et resserrées sur le territoire des Ouled si Moussa, où elles occupent 800 hect. louds du domaine. L'attribution de ces 800 hect. en leur faveur est proposée à titre de compensation. Elle donnera 22 hect. 85 a. par famille, ou 5 hect. 60 a. environ par individu.

8° 50 familles des Ouled Sarah, dépossédées de leurs terres en 1857, sont restées depuis cette époque sur la zone qui leur avait été assignée. Elles occupent 741 hect. 50 c. pour une population de 437 individus, soit 1 hect. 40 par tête. Cette attribution leur est due à titre de compensation.

9° 20 familles des Ouled Dris, composant 180 individus, dépossédées en 1857, avaient reçu 305 hect. sur l'azel; mais, resserrées de nouveau en 1859, elles n'avaient plus conservé que 245 hect. L'affectation proposée comme compensation en leur faveur est de 425 hect., ce qui donne par tête 2 hect. 50;

10° 41 familles des Bou Arif (301 individus), ont reçu, en 1859, après avoir été dépossédées de leurs terres, une compensation de 339 hect., dont le maintien est demandé; c'est 1 hect. 15 a. par tête.

11° Enfin 112 familles (660 individus) des Miaissa et des Ouled Gomra, également dépossédées en 1869, ont obtenu alors une partie très-accidentée, couverte de broussailles et peu susceptible de culture, du Bled Mamora. Cette situation doit leur être maintenue, car, tout en donnant 5 hect. 63 a. par individu, elle ne place pas encore ces familles dans les conditions où elles se trouvaient avant leur dépossession.

L'ensemble de ces attributions proposées sur le Bled Mamora comprend donc 9,627 hect. 72 a. 5 c. — La surface totale de l'azel étant de 13,050 hect., les droits de propriété de l'État seraient réservés sur 3,422 hect. 72 a. 50 c., dont 1,706 hect. 56 a. 25 c. sont affectés à une smala du 1er régiment de spahis.

Les diverses propositions ci-dessus énoncées sont de tous points conformes à l'esprit du sénatus-consulte du 22 avr. 1863 et des instructions du 11 juin 1865, approuvées par l'empereur; je ne puis donc que les appuyer près de V. M.

Le ministre de la guerre,
Mal RANDON.

(1) *Rapport à l'Empereur.* — Sire, la tribu des Akerma Gharaba est située sur les rives de l'Hillil, à environ 55 kilom. S.-E. de Mostaganem et à 10 kilom. N.-O. de Relizane. Elle a subi un prélèvement de 1,200 hect. de ses meilleures terres pour la constitution du territoire de colonisation du centre de l'Hillil, qui la sépare en deux groupes principaux. Un troisième groupe peu important formé, au N.-O., une petite enclave au milieu de plusieurs autres tribus. — La délimitation faite pour chacun des trois groupes n'a soulevé aucune difficulté sérieuse. Elle a fixé la superficie totale des Akerma Gharaba à 3,025 hect. 19 a.

Huit revendications seulement ont été produites, toutes par des particuliers; elles n'ont motivé aucune opposition. Plusieurs d'entre elles concernent des melks considérables, puisque le groupe de terrains de cette nature ne comprend pas moins de 5,000 hect. 2 a. Le reste du

Vu, etc.;

Art. 1. — Le territoire des Akerma Gharaba, d'une superficie totale de 8,025 hect. 19 a., est définitivement délimité conformément aux indications contenues dans les divers documents ci-dessus visés.

II. — Même date. — Répartition du territoire de la même tribu, comme au rapport. Constitution en trois douars.

III. — 16 juin-25 juill. 1865. — BO. 180. — Délimitation du territoire de la tribu des Beni Meniarin Tahta (cercle de Saïda, subdiv. de Mascara, province d'Oran) (1).

Vu, etc.;

Art. 1. — Le territoire des Beni Meniarin Tahta

est définitivement délimité pour une superficie de 1,996 hect. 61 a. 50 c., conformément aux divers documents ci-dessus visés.

II. — Même date. — Répartition du territoire de la même tribu, conformément au rapport et constitution en deux douars.

III. — Même date. — Délimitation du territoire de la tribu des Ameur Cheraga (subdiv. et province de Constantine) (2).

Vu, etc.;

Art. 1. — Le territoire de la tribu des Ameur Cheraga, comprenant 16,745 hect. 10 a., est définitivement délimité conformément aux indications contenues dans les documents ci-dessus visés.

territoire, à part 592 hect. 40 a., occupés par divers concessionnaires dont les droits seront régularisés ultérieurement, ne se compose que de terres collectives de culture. L'absence des terrains communaux s'explique par la dépossession que la tribu a subie au bénéfice de la colonisation et par l'obligation dans laquelle les cultivateurs se sont trouvés, par suite du refoulement, de tirer parti des plus minimes parcelles du sol. — La commission eût désiré pouvoir, à titre de compensation, constituer un communal aux Akerma Gharaba; mais cela n'a pas été possible, cette tribu ne renfermant aucune terre domaniale.

Le territoire de la tribu des Akerma Gharaba se décompose donc ainsi qu'il suit : — Melks, 5,000 hect. 2 a. ; — Concessions (attributions à régulariser), 592 h. 40 a. ; — Terrains collectifs de culture, 2,432 hect. 77 a. — Total, 8,025 hect. 19 a. pour une population de 2,529 individus. Il y a lieu de déduire de cette masse : — 1° Pour la superficie des cimetières, 6 hect. 70 a.; — 2° Pour celle du domaine public (routes, cours d'eau, etc.), 55 h. 19 a.

Les Akerma Gharaba sont formés de 16 fractions installées : une dans la petite zone constituant au N.-O. une enclave détachée de la tribu, 10 dans la zone principale et 5 dans la zone S.-E., séparée de la précédente par le territoire de l'Huilli. Ces 16 ferkas formaient autrefois 3 grandes subdivisions : les Ghoualize, les Guerafria occupant les 2 premières zones, les Garboussa placés sur la troisième. Chacun de ces groupes présente une superficie et un chiffre de population convenable pour l'organisation de circonscriptions communales ; les ferkas qui les composaient autrefois sont d'ailleurs rattachées entre elles par des liens de famille et d'intérêts. Cette situation commandait en quelque sorte la délimitation de la tribu en trois douars sous les dénominations indiquées ci-dessus, et c'est en ce sens que les propositions de la commission sont formulées.

Le petit groupe, occupé par les Beni Kleir, d'une contenance de 550 hect. seulement, ne se trouve que momentanément rattaché au douar des Ghoualize. Isolé au N.-O. de la tribu et formant enclave dans les circonscriptions voisines, il est, par sa position même, destiné à être réuni plus tard à l'un des douars-communes qui seront ultérieurement constitués dans cette région.

Le ministre de la guerre,
Mal RANDON.

(1) *Rapport à l'Empereur.* — Sire, les Beni Meniarin Tahta sont situés à l'O. et à peu de distance de la route de Mascara à Saïda, à 10 lieues environ de cette première ville, à 7 de la seconde. Ils sont d'origine berbère et détiennent leur territoire depuis une époque antérieure à la grande invasion arabe. Aussi la propriété y est-elle entièrement melk. — La délimitation de la tribu a motivé plusieurs contestations qui, toutes, ont été réglées à l'amiable, et le territoire des Beni Meniarin Tahta a été reconnu être de 31,996 hect. 61 a. 50 c. — La tribu est formée de 4 fractions qui renferment ensemble une population de 2,596 individus ainsi répartis : — Les Oulad Saharoui 584 individus ; — Les Oulad Melouk, 406 ind. ; — Les Nousacar, 714 ind. ; — Les Beni Saoun, 610 ind. — La fraction des Oulad Saharoui se trouve partagée en 2 zones par les Oulad Melouk.

La commission avait proposé de maintenir, pour la formation des douars, la division actuelle, et de répartir les

Beni Meniarin Tahta en 4 douars; mais le gouverneur général, sur l'avis du conseil de gouvernement, a jugé préférable de n'en constituer que deux, afin de placer les communes futures dans de meilleures conditions de prospérité. — Ces 2 douars seraient formés : — Le premier, des Saharoui et des Oulad Melouk; ce qui ferait disparaître les inconvénients résultant du partage des Saharoui en deux groupes par les Oulad Melouk. Ce douar serait appelé douar de l'Oued Houmet, nom d'une rivière qui traverse les deux fractions; — Le deuxième, des Nousacar et des Beni Saoun. Ce douar prendrait le nom de douar d'Ouizert, de la smala de spahis qu'il renferme. — Ces dénominations ont été choisies pour éviter les jalousies ou les rivalités qu'eût fait naître le choix du nom de l'une des fractions composant chaque douar.

Les revendications sont au nombre de 1,047; elles n'ont motivé aucune opposition. Le domaine a fait admettre ses droits sur deux parcelles provenant de deux indigènes morts en émigration sans laisser d'héritiers (contenance, 125 hect.) et sur les terres de la smala d'Ouizert, d'une étendue de 1,555 hect., dont, par suite de compensations données aux anciens détenteurs, la propriété ne saurait être contestée à l'État. — Le sol de la tribu étant essentiellement melk, ne renferme aucune terre collective de culture, et le groupe des communaux ne comprend que les cimetières au nombre de 26. — Il n'y aura pas lieu de s'occuper d'y constituer la propriété individuelle; l'application du sénatus-consulte doit être considérée comme terminée et les transactions immobilières demeurent incontestablement libres sur ce territoire.

Le ministre de la guerre,
Mal RANDON.

(2) *Rapport à l'Empereur.* — Sire, par décr. du 14 juill. 1863, V. M. a bien voulu autoriser l'abandon à la tribu des Ameur Cheraga, subdivision et province de Constantine, d'un territoire de 5,977 hect. 50 a., à prendre sur les zreks limitrophes. Cette mesure gracieuse était motivée par l'insuffisance reconnue du territoire arch de la tribu pour les besoins de la population, qui s'élève à 11,600 âmes, resserrée sur 10,133 hect. 45 a. — Les Ameur Cheraga ont recueilli avec la plus vive reconnaissance ce témoignage de la haute bienveillance de l'Empereur, et pendant tout le cours de ses opérations, la commission administrative, chargée de l'application du sénatus-consulte sur le territoire ainsi constitué à la tribu, a constaté l'excellent esprit qui anime cette population. — Par suite de cet abandon, la superficie territoriale des Ameur Cheraga s'est trouvée portée à 15,160 hect. 55 a. Mais la commission a été comprendre dans le territoire de la tribu Fazel Biar el Tin de 454 hect. 75 a., en litige entre le domaine et un particulier, et la concession Ben Reahi de 150 hect., ces deux immeubles étant englobés dans les limites à reconnaître. Il en résulte que les opérations ont porté sur un territoire de 16,745 hect. 10 a.

La délimitation n'a soulevé aucune difficulté et le bornage s'est effectué avec l'adhésion unanime des djemaâ intéressées. — La tribu a été partagée en 4 douars, entre lesquels la population et les terres se répartissent de la manière suivante : — 1° Ahammah, 2,347 habitants, 4,465 hect. 5 a.; — 2° El Merachia, 3,115 hab., 3,325 hect. 50 a.; — 3° Ameur Szahraoui, 1,225 hab., 3,130 hect. 15 a.; — 4° Oulad Nasseur, 1,969 hab., 3,510 hect.

93. — Même date. — *Répartition du territoire de la même tribu.*

Vu, etc.;

Art. 1. — Le territoire de la tribu des Ameur Cheraga, délimité par notre décret de ce jour, est définitivement réparti ainsi qu'il suit, conformément aux propositions contenues dans l'ensemble des documents ci-dessus visés, entre les quatre douars ci-après dénommés : (comme au rapport ministériel).

92. — 15 juin-30 juill. 1860. — BG. 191. — *Délimitation du territoire de la tribu des Ferraga* (cercle et subdiv. de Mascara, province d'Oran) (1).

Vu, etc.;

40 a. — Total égal à la superficie délimitée, 19,745 hect. 10 a. — Ces 4 douars-communes présentent des conditions de population et de superficie qui doivent assurer leur prospérité. — La contenance totale de la tribu se subdivise ainsi : — Terres collectives de culture, 13,071 hect. 45 a.; — Communaux : terres de parcours, 2,650 hect. 97 a.; cimetières, 4 hect. 25 a.; — Bordj et jardin du café, 4 hect. 35 a.; — Concession Bou Roubi, 150 hect.; — Terre domaniale, azel de Biar el Tin (en litige), 454 hect. 75 a.; — Domaine public, 409 hect. 50 a. — Ce qui donnerait par tête une moyenne de 4 hect. 85 a. Le sol est, en général, de bonne qualité et suffisamment arrosé. La tribu possède un bétail important, hors de proportion avec la superficie de ses terres de parcours. Cela tient à ce que la détermination de ces terres sur un sol presque entièrement cultivé a présenté de sérieuses difficultés; les djemaâ ont cependant secondé, par leurs bonnes dispositions, les efforts de la commission et ont obtenu de différentes familles l'abandon d'une portion de leurs droits particuliers de jouissance au profit général du groupe dont elles faisaient partie. Si le douar El Merahda possède à lui seul un communal de 159 hect., et semble, par suite, plus largement doté que les autres, il faut attribuer ce fait à l'existence sur son territoire d'un massif rocailleux impropre à la culture.

Sous les Turcs, la position des Ameur Cheraga était plus précaire que celle des autres tribus arch, par suite des prélèvements incessants que faisaient les beys de Constantine pour constituer des azels donnés en apanage, soit à leurs agents, soit à leurs parents. Ces prélèvements avaient imprimé un caractère particulier au droit de jouissance dans cette tribu : la terre arch, au lieu d'être individualisée par famille d'une manière à peu près permanente, ainsi que cela se pratique presque partout dans la province de Constantine, était répartie, tous les trois ans, entre les divers intéressés, par les soins du djemaâ de la fraction. Cet usage s'est maintenu depuis la soumission de la tribu, où a lieu la dernière opération a eu lieu en 1859. La promulgation du sénatus-consulte du 22 avr. 1863 a eu pour effet de maintenir l'état des choses établi, qui subsistera jusqu'au moment où il sera procédé à la constitution de la propriété individuelle.

Il n'existe pas de massifs boisés chez les Ameur Cheraga; mais la tribu possède des droits d'usage sur diverses forêts situées aux Souhalia, aux Segala et dans l'oued Zenati. Ces droits ne pourront être réglementés qu'ultérieurement; en attendant ils continueront à s'exercer comme par le passé, d'après les errements actuellement en vigueur. — Les nomades n'ont pas de campements consacrés par l'usage dans cette tribu; cependant la commission a reconnu qu'ils pénétraient quelquefois sur ce territoire, et toujours à la grande satisfaction des habitants, à cause du concours qu'ils leur apportaient pour les moissons. Les communaux attribués aux Ameur Cheraga permettront, mieux que par le passé, de continuer ces traditions; les Sahariens pourront s'installer sur ces communaux, avec l'assentiment des douars intéressés et moyennant les redevances qui seront réglées à l'amiable.

Le ministre de la guerre,
M^{al} RANDON.

(1) Rapport à l'Empereur. — Sire, la tribu des Ferraga, située à environ 12 lieues de Mostaganem et

Art. 1. — Le territoire des Ferraga est définitivement délimité pour une superficie de 12,556 hect. 19 a. 90 c., conformément aux indications contenues dans les divers documents ci-dessus visés.

93. — Même date. — *Répartition du territoire de la même tribu et constitution en deux douars.*

Vu, etc.;

Art. 1. — Le territoire des Ferraga, délimité par notre décret en date de ce jour, est définitivement réparti ainsi qu'il suit, conformément aux propositions contenues dans les documents ci-dessus visés, entre les deux douars ci-après dénommés : — 1° Ferradja comprenant les fractions de

5 lieues de Mascara, est limitrophe des centres de Mocta el Douz au N. et de l'Oued el Hammam au S.; elle touche à l'O. aux Tahallati; à l'E. aux Ouled Saïd, chez lesquels le sénatus-consulte a déjà reçu son application. — Cette position, au milieu de territoires dont les périmètres ont été déjà fixés, a rendu facile la délimitation des Ferraga. La superficie de cette tribu est de 12,556 hect. 19 a. 90 c. occupés à titre melk pour la plus grande partie par 2,585 habitants. — Sur 948 revendications formulées, il ne s'est produit qu'une opposition concernant deux petites parcelles melk, en litige entre deux particuliers; les tribunaux compétents prononceront.

Le domaine a fait admettre ses droits sur la parcelle occupée par le télégraphe de Kaltem (7 a. 5 c.) et sur les terres dites Bou Azra et El Aoudja, d'une contenance de 7 hect. 25 a. 0 c. — Cinq Européens sont installés chez les Ferraga, leur position y est régularisée. Cependant un des indigènes dépossédés en faveur de ces concessionnaires n'a pas encore été indemnisé; c'est le nommé El Habib bel Hadj, qui possédait 4 hect. concédés au sieur Bourgeois pour l'établissement d'une briqueterie. Il a paru juste de lui attribuer comme compensation un hectare de terre cultivable, prélevé sur les 79 hect. 25 c. du domaine, ce qu'il a accepté. Mention est faite de cette acceptation au projet de décret de répartition. — Le groupe domanial se trouve donc réduit à 78 hect. 25 a.

Par suite du cantonnement exécuté en 1861 chez les Tahallati, voisins des Ferraga, à l'O., la terre domaniale de Krouf, limitrophe des deux tribus et détenue par elles depuis de longues années à titre de location, fut abandonnée aux Tahallati et aux Aïba Djemmala. Des erreurs commises, alors considérables, eurent en outre pour résultat de faire attribuer aux Tahallati, d'une part 351 hect., dont 17 de jardins, occupés depuis 50 ans par les Ouled Bou Aïch, petite fraction des Ferraga Tahta; d'autre part 110 hect. détenus à titre melk par des indigènes des Ferraga Tahta, et plus particulièrement par cinq chefs de famille. — Ces opérations, malgré leur irrégularité, se trouvent couvertes par le sénatus-consulte du 22 avr. 1863, qui a pour effet de sanctionner les prélèvements et remaniements antérieurs à sa promulgation; mais, comme il est équitable de tenir compte aux intéressés, dans les limites possibles, des pertes qu'ils ont ainsi supportées, le gouverneur général, sur l'avis du conseil de gouvernement, propose de leur attribuer les 78 hect. 25 a. disponibles chez les Ferraga.

De ces propositions et de la reconnaissance des différents groupes, il résulte que le territoire de la tribu se décompose ainsi qu'il suit : — Melk, 11,342 hect. 42 a.; — Terres collectives de culture, 1,067 hect. 60 a.; — Terres communales (cimetières, emplacement des silos), 9 hect. 85 a.; — Domaine public, 136 hect. 54 a. 90 c. — Total, 12,556 hect. 19 a. 90 c.

Les Ferraga comprenant six fractions que la commission proposait de maintenir pour en former un pareil nombre de douars. Mais aucune de ces unités n'aurait présenté les éléments d'existence et de développements nécessaires pour les communes futures, et c'est avec raison que le gouverneur général émet l'avis de répartir cette tribu en deux douars seulement.

Le ministre de la guerre,
M^{al} RANDON.

Zehadléa, Ferraga Fouaga et Ferraga Tahta, 1,509 habitants. Terres collectives de culture, 78 hect. 25 a. Melk, 8,533 hect. 65 a. Cimetières, 5 hect. 93 a. Domaine public, 101 hect. 1 a. 90 c. Total, 8,719 hect. 86 a. 90 c.; — 2° Atba Djellaba comprenant les fractions de Atba Djellaba, Habra et Chareb er Rih, habitants, 876. Terres collectives de culture, 989 hect. 25 a. Melk, 2,608 hect. 77 a. Cimetières, 5 hect. 55 a. Domaine public, 32 hect. 53 a. Total, 3,236 hect. 53 a.

Art. 9. — Il est fait abandon : — 1° Aux Ouled ben Aïcha et à 5 chefs de famille de la fraction des Ferraga Tahta, dénommés dans les documents ci-dessus visés, de 78 hect. 25 a., à prendre sur les terres domaniales de Bou Azza et d'El Haoudja, pour les indemniser des jardins et terrains dont ils ont été privés lors du cantonnement des Taballaït ; — 2° Au nommé El Habib bel Hadj, de 1 hect. de terre cultivable à prendre sur les mêmes immeubles, en compensation de 4 hect. prélevés pour la colonisation.

DI. — Même date. — *Délimitation du territoire de la tribu des Beni Meharez (cercle de Teniet el Hadd, subdiv. de Miliana, province d'Alger)* (1).

Art. 1. — Le territoire de la tribu des Beni Meharez, comprenant une superficie totale de 11,215 hect. 76 a. 55 c., déduction faite des 957 hect. 76 a. 55 c. prélevés pour la création du centre de Teniet el Haad, est définitivement déli-

---

mité conformément aux indications contenues dans les documents susvisés.

DI. — Même date. — *Répartition du territoire de la même tribu.*

Vu, etc.;

Art. 1. — Le territoire de la tribu des Beni Meharez, délimité par notre décret de ce jour, est définitivement constitué en un seul douar, sous le nom de douar des Beni Meharez, se décomposant de la manière suivante, conformément aux propositions contenues dans les documents ci-dessus visés. (Comme au rapport ministériel).

Art. 2. — La terre indiquée ci-dessus sous le nom de Blad el Baroud, d'une contenance de 1,100 hect., occupée par les familles des Beni Meharez, dépossédées pour la création du centre de Teniet el Haad, est définitivement attribuée à ces familles.

Art. 3. — Il est fait abandon, en toute propriété, au douar des Beni Meharez, à titre de bien communal, de 1,175 hect. 21 a. de forêts et broussailles compris dans la répartition mentionnée en l'art. 1. — Moyennant cet abandon, les 4,680 hect. de forêts domaniales compris dans ladite répartition sont affranchis de tous droits d'usage au profit des habitants du douar.

DI. — 20 juin-30 juill. 1866. — BG. 191. — *Abandon et répartition de terres azels de la zone des Abd el Nour (subdivis. et province de Constantine)* (2).

---

(1) *Rapport à l'Empereur.* — Sire, la tribu des Beni Meharez entoure presque entièrement le territoire assigné au centre européen de Teniet el Haad ; elle occupe une zone allongée du N. au S. entre les Beni Havane et les Ouled Ayad à l'O., et les Beni Soumeur à l'E. Son sol escarpé, rocailleux, couvert en partie de bois et de broussailles, est en général peu propre à la culture; sa population est de 1,866 habitants, de race berbère en presque totalité ; chaque famille y possède à titre melk les terres qu'elle détient.

La délimitation générale a donné lieu à trois contestations, dont deux ont été réglées à l'amiable entre les djemaâ des tribus intéressées ; mais il n'en a pas été de même pour la troisième, relative à un terrain, dit Blad el Baroud (pays de la Poudre), d'une contenance de 1,109 hect., dont les Beni Soumeur revendiquent la possession en même temps que les Beni Meharez. — Avant l'occupation française, ce terrain avait été, ainsi que son nom l'indique, la cause de discussions constantes et de luttes à main armée entre les Beni Meharez, les Beni Soumeur et les Ouled Ayad. En 1855, il était inculte et sans possesseurs connus, le service des domaines en fit la reconnaissance, l'inscrivit sur ses sommiers et l'attribution en fut faite, à titre de compensation, à 74 familles des Beni Meharez, qui avaient dû céder 957 hect. 76 a. 55 c. au territoire européen de Teniet el Haad. Les droits de l'État et par suite ceux des Beni Meharez installés sur cette terre étant inattaquables et se trouvant du reste sanctionnés par le § 2 de l'art. 1 du sénatus-consulte du 22 avr. 1863, la commission administrative a cru devoir écarter la revendication des Beni Soumeur, et décider que le Blad el Baroud serait conservé aux Beni Meharez, pour être régulièrement réparti entre les familles qui y ont été placées par l'administration. La commission s'est assurée, du reste, avant de statuer ainsi, que les Beni Soumeur étaient, de leur côté, largement pourvus des terres qui leur sont nécessaires. Par suite de cette décision, le territoire des Beni Meharez s'est trouvé comprendre 11,245 hect. 23 a. 65 c.

La répartition des massifs boisés compris dans ce territoire a soulevé quelques difficultés. Les massifs se divisent en deux catégories : — 1° *Parties déjà soumises au régime forestier* : — Forêt de Chiles et bois de Bou Alem, 1,033 hect. ; — Forêts de cèdres, 392 hect. ; — 2° *Parties non soumises au régime forestier* : — Massif du Bou Zouar, 156 hect. ; — Id. Ben Khoudja, 67 hect. ; — Id. Mechta Anon, 50 hect. ; — Id. El Ghezzal, 44 hect. 69 a. ; — Id El Ghoriel, 18 hect.

---

76 a. ; — Id. Dra el Kerrouch et Zoudj Aïn, 66 hect. 87 a. ; — Id. Zmirka, 2 hect. 84 a. ; — Id. Ben Nzeur et Amrouna, 358 hect. 10 a. ; — Id. Yallelia, 79 hect. 25 a. ; — Id. Assi bel Aïd, 102 hect. 70 a. — Total, 2,853 hect. 21 a.

Le domaine ayant réduit ses revendications aux deux forêts déjà soumises au régime forestier, ainsi qu'à celles de Boutouar, Ben Khoudja et Mechta Anon, qui seules présentent un peuplement de quelque importance, le gouverneur général propose d'attribuer définitivement à l'État ces divers massifs qui comprennent une superficie de 4,680 hect. et qui seraient affranchis des droits d'usage précédemment exercés par les Beni Meharez. Ceux-ci recevraient comme compensation et à titre de biens communaux les 1,175 hect. 21 a. formant le complément des massifs boisés indiqués ci-dessus, lesquels sont abandonnés par le service forestier, en raison de leur peu de valeur. Cette solution satisfait à tous les besoins des indigènes et sauvegarde tous les intérêts.

Le domaine avait aussi revendiqué une parcelle de 59 hect. 54 a. 60 c., connu sous le nom de M'Sid, dont une partie (6 hect. 27 a. 59 c.) a déjà été donnée à plusieurs indigènes dépossédés pour l'établissement du moulin du sieur Aribes. Cette parcelle se trouve exactement dans la même situation que le Blad el Baroud dont il a été question plus haut. Néanmoins, vu le peu d'importance de ce terrain, l'administration n'a pas maintenu sa revendication et a consenti à ce que les 53 hect. 27 a. disponibles fussent attribués, à titre gracieux, aux indigènes qui y sont actuellement installés et qui les réclamaient concurremment avec elle. — Le territoire des Beni Meharez serait par suite réparti de la manière suivante : — Melk, 7,300 hect. 53 a. 75 c. ; — Communaux (forêts et broussailles 1,175 hect. 21 a. ; cimetières 3 hect. 36 a. 40 c. ; — Terres collectives de culture (Blad el Baroud) ; 1,100 hect. ; — Domaine de l'État (forêts), 4,680 hect. ; — Domaine public. 88 hect. 10 a. 50 c. — Total, 11,245 hect. 23 a. 65 c.

La constitution de Beni Meharez en un seul douar est justifiée par le chiffre de la population, les conditions topographiques et la communauté des intérêts depuis longtemps existants.

Le ministre de la guerre,
Mal RANDON.

(2) *Rapport à l'Empereur.* — Sire, j'ai l'honneur de placer sous les yeux de V. M. le résultat des opérations effectuées par la commission des azels de la zone des

Art. 1. — Il est fait abandon aux 52 familles originaires des dix azels formant la zone dite des Abd el Nour, cercle de Constantine, et portées sur les états statistiques établis par la commission des azels de la province de Constantine, d'une superficie de 390 hect. de terres azels désignées ainsi qu'il suit au plan d'ensemble à un cent-millième des Ouled Abd el Nour : — Bakh Bakha, 566 hect.; — Azelet el Mossedja, 50 hect.

Art. 2. — Il sera procédé dans le plus bref délai, sur ce territoire, aux opérations prescrites par les §§ 1 et 2 de l'art. 2 du sénatus-consulte du 22 avril 1863.

Art. 3. — Les familles ou individus, autres que ceux désignés à l'art. 1, établis à quelque titre que ce soit sur les 10 azels des Abd el Nour, seront renvoyés dans leurs tribus. — Le restant disponible de la zone dite des Abd el Nour, d'une superficie de 14,479 hect., est définitivement attribué au domaine de l'État.

RENVOIS. — V. *Table alphabétique.*

Publications légales. V. TABLE ALPHABÉTIQUE.

Publicité. V. *ibidem.*

Puits artésiens. V. *ibidem.*

Q

Quais. V. PORTS (POLICE DES).

Quêtes dans les églises. V. TABLE ALPHABÉTIQUE.

R

Rabbins. V. TABLE ALPHABÉTIQUE.

Rapatriement. V. *ibidem.*

Recensement.

Tous les cinq ans, depuis 1860, il est procédé, en Algérie comme en France, au dénombrement de la population européenne en vertu d'un décret impérial et en outre au dénombrement spécial de la population indigène, résidant dans les villes, villages et hameaux ou groupée dans le ressort administratif de chaque centre. Des instructions du gouverneur général sont adressées à cet effet aux généraux commandant les divisions et aux préfets des départements. La récapitulation générale de la population dans chaque province en 1862 a seule été reproduite, les états détaillés devant être remplacés par ceux du recensement de 1866 qui n'ont point encore été publiés.

DI. — 27 mars-18 avr. 1861. — BG. 9. — *Il sera procédé, dans le courant de l'année, au dénombrement de la population européenne et indigène résidant dans les villes, villages et hameaux, ou groupée dans le ressort administratif de chaque centre, tant en territoire civil qu'en territoire militaire.*

Circ. G. — 1er mai 1861. — BG. 12. — *Instructions aux généraux commandant les divisions et préfets des départements relatives à l'exécution du décret précédent.*

AG. — 15 fév.-25 mars 1862. — BG. 45. — *Fixation des états de population dressés en exécution du décret qui précède.*

Art. 1. — Les tableaux ci-annexés de la population européenne de l'Algérie et de la population indigène résidant dans les villes, villages et hameaux ou groupée dans le ressort administratif de chaque centre, tant en territoire civil qu'en territoire militaire, seront considérés comme seuls authentiques pendant cinq ans, à partir du 1er janv. 1862.

M⁰¹ PÉLISSIER, DUC DE MALAKOFF.

Suivent les tableaux détaillés de la population dans chaque commune et localité dont la récapitu-

Abd el Nour (subdivision de Constantine). — Ces azels, au nombre de dix, tirent leur nom de la tribu des Ouled Abd el Nour, dans laquelle ils sont disséminés et qui est située à peu près au milieu d'un quadrilatère irrégulier, dont les sommets sont Constantine, Milah, Sétif et Batna. Neuf d'entre eux étaient depuis longtemps inscrits aux sommiers de consistance et loués par l'administration du domaine; le dixième, nommé Guedal el Beylik, n'a été reconnu qu'en 1864, dans le cours des travaux pour l'application du sénatus-consulte aux Ouled Abd el Nour, et n'a pas encore été mis en location. — Plusieurs de ces azels sont traversés par la route de Constantine à Sétif, ou situés à peu de distance de cette route, et diverses parcelles en sont détachées pour être données en concession à des particuliers ou affectées à des centres européens.

Le tableau ci-dessous indique les contenances de ces propriétés domaniales, les distractions qui en ont été faites et les étendues restant disponibles. — Azel Bled ben el Khadem, contenance, 1,677 hect.; prélèvements, 437, disponibles, 1,240.—Azel Merabet sidi Silman, contenance, 1,175 hect.; prélèvements, 525; disponibles, 650. — Azel oued Dekri, contenance, 2,560; prélèvements, 2,100; disponibles, 460. — Azel Bekh Bakha, contenance, 465; prélèvements, 99; disponibles, 566.—Azel Azelet el Mossedja, contenance disponible, 50. — Azel Azelet el Mouraïna ou Azelet el Beyel Fourganta, contenance disponible, 25.— Azel Merdj el Harris et Fougani, contenance, 3,068; prélèvements, 275; disponibles, 2,793.—Azel el Mamra, contenance, 2,442; prélève-

ments 512; disponibles, 2,150.—Azel Aïn el M'chira, contenance, 3,190; prélèvements, 3; disponibles, 5,187. —Azel Guedal el Beylik, contenance disponible, 4,994.

216 familles de cultivateurs, ou khammès sont installées sur les 14,875 hect. disponibles de ces azels; mais 52 familles seulement, comprenant 196 individus, ont paru réunir les conditions voulues pour être maintenues sur les terres de l'État. Ces 52 familles labourent 26 charrues 1/4, ce qui, à raison de 12 hect. par charrue, chiffre qui représente dans cette contrée l'étendue qu'une paire de bœufs peut travailler pendant la saison des labours, forme une superficie de 515 hect. Ce nombre, augmenté d'un quart pour les terres de parcours et les jachères, porte la contenance totale à attribuer aux indigènes à 593 hect. 75 a. — L'installation des 52 familles serait donc assurée par l'attribution : — 1° De la partie restant disponible de l'azel de Bakh Bakha, 566 hect ;— 2° Du petit azel dit azelet el Mossedja, 50 hect., ce qui donne 2 hect. 2 a. par individu.

La surface ainsi abandonnée aux indigènes est partagée en deux parcelles distinctes par une concession de 99 h. faite dans l'azel de Bakh Bakha; mais cet état de choses est sans inconvénient réel, parce que 52 familles ne suffisent pas pour constituer un douar, et qu'il y aura toute facilité de rattacher les deux petites zones séparées aux douars limitrophes des Ouled Abd el Nour. — Il n'existe dans ces différents azels ni jardins ni créations pouvant constituer des droits de propriété.

Le ministre de la guerre,
M⁰¹ RANDON.

lation générale présente le résultat suivant (1) :

Province d'Alger. — Français, 49,751 ; — Étrangers, 53,976 ; — Indigènes Israélites, 9,199 ; — Indigènes musulmans, 97,466 ; — Population en bloc non compris les troupes, 6,676. — Total, 197,048.

Province d'Oran. — Français, 52,055 ; — Étrangers, 29,209 ; — Israélites, 11,551 ; — Musulmans, 51,690 ; — Population en bloc, 4,959. — Total, 109,464.

Province de Constantine. — Français, 50,415 ; — Étrangers, 17,552 ; — Israélites, 7,547 ; — Musulmans, 219,604 ; — Population en bloc, 4,507. — Total, 266,233.

Population totale de l'Algérie, 592,745, dont 119,229 Français, 60,517 étrangers. Total, 199,746 Européens. —28,097 Israélites, 558,760 musulmans. Total, 586,857 Indigènes. — Plus 15,142 population en bloc, non compris les troupes.

35. — 25 avr.-12 mai 1866. — BG. 175. — *Nouveau dénombrement ordonné en 1866.*

Art. 1. — Il sera procédé au dénombrement de la population européenne dans le cours de la présente année.—Il sera fait, en outre, un dénombrement spécial de la population indigène résidant dans les villes et hameaux, ou groupée dans le ressort administratif de chaque centre, tant en territoire civil qu'en territoire militaire. — Il sera également procédé au dénombrement de la population indigène comprise en dehors de ces différents centres. Toutefois, ce dernier dénombrement pourra être opéré d'une manière sommaire et dans les formes qui seront déterminées par les instructions du gouverneur général.

Art. 2. — Ne seront pas comptées dans le chiffre de la population servant de base à l'assiette de l'impôt ou à l'application de la loi sur l'organisation municipale, les catégories suivantes : —Corps de troupe de terre et de mer; — Maisons centrales de force et de correction; — Maisons d'arrêt, de justice et de correction; — Hospices et orphelinats; — Lycées impériaux et collèges communaux; — Écoles spéciales; — Séminaires; — Maisons d'éducation et écoles avec pensionnat; — Communautés religieuses; — Réfugiés à la solde de l'État; — Marins du commerce absents pour les voyages de long cours; — Indigènes faisant partie des corporations dites de berranis.

Art. 3. — Les frais de recensement seront supportés par les budgets communaux, et par des budgets locaux pour les localités non érigées en communes. — Pour la population indigène non comprise dans le ressort administratif des différents centres, ils seront imputés sur le budget des centimes additionnels à l'impôt arabe.

Circ. G. — 7 juin 1866. — BG. 185. — *Instructions aux généraux commandant les provinces et aux préfets des départements sur l'exécution du décret qui précède.*

... Le décret impérial du 25 avril 1866, porte qu'il sera procédé au dénombrement de la population, par les soins des autorités locales, dans le cours de la présente année. Je crois devoir recommander à toute votre sollicitude la prompte exécution de cette importante opération, destinée à fournir les éléments des tableaux officiels de la population qui devront être rendus exécutoires à partir du 1er janv. 1867, pour une période de cinq années.

Le dénombrement de la population a été primitivement prescrit dans un intérêt de police et de bon ordre par les lois des 22 juill. 1791, 11 août 1793 et 10 vend. an IV. D'autres lois ont postérieurement décidé que les chiffres de population serviraient à établir, pour chaque localité, diverses charges et divers avantages. Il importe donc que le dénombrement soit fait de manière à rendre l'application de ces lois parfaitement exacte, équitable et uniforme. L'art. 2 du décret a pour but de faire la distinction entre la population propre des localités, c'est-à-dire celle qui leur appartient, et certaines catégories d'individus qui ne sauraient être regardés comme faisant partie de la population normale.

§ 1. — *Notion générale du dénombrement de la population.*

Le dénombrement doit, en même temps, donner la population générale de toute la colonie et assigner à chaque localité la population qui lui appartient en propre. — La population de chaque localité se compose des habitants résidants. — La résidence n'exige pas le domicile dans le sens légal de ce mot, et elle ne résulte pas non plus du simple fait accidentel de la présence d'un individu dans un certain lieu. — Il a paru qu'il fallait entendre par résidence le lieu auquel chaque individu est présumé devoir rester attaché par un séjour d'habitude, par un établissement, par des occupations, par une industrie, par des moyens d'existence notoires.

§ 2. — *Individus qui devront être compris au tableau nominatif du dénombrement.*

Le tableau nominatif de la population de chaque commune ou localité comprendra donc nécessairement tous les individus, quels que soient leur âge, leur sexe ou leur condition, qui ont un établissement permanent, une habitation personnelle ou de famille; et il n'y a pas lieu de distinguer s'ils en sont originaires ou non, s'ils y sont anciennement ou nouvellement établis, s'ils ont fait, dans ce dernier cas, la déclaration de changement de domicile mentionnée par l'art. 104 c. Nap., et, dans le cas où ils sont étrangers, s'ils ont ou non obtenu l'autorisation régulière d'exercer leurs droits civils en France.

D'après le même principe, les commis, employés, clercs, apprentis, serviteurs ou domestiques appartiennent à la population de la localité, lors même qu'ils n'en sont pas originaires, n'y ont pas de domicile à eux propre, et même ne sont pas parvenus à l'âge de majorité. — On y comprendra également les enfants placés en nourrice ou chez des particuliers par leurs parents ou par un hospice. — Les militaires qui n'ont pas été encore appelés, et ceux qui, après avoir été appelés, ont été envoyés en congé et inscrits sur les contrôles de la réserve, devront figurer dans le dénombrement nominatif des localités où ils se trouvent en résidence.

On inscrira au tableau nominatif, quoique absents de la localité : — Les ouvriers travaillant au dehors à la journée ou à la tâche, et qui reviennent, après des absences périodiques, à leur résidence habituelle; — Les individus en voyage pour raison d'affaires, de plaisir ou de santé, et qui n'ont pas pris un autre domicile ; — Les commis voyageurs attachés à une maison de commerce dont le siège est dans la localité. — On comprendra encore au dénombrement des localités où ils résident et travaillent, les ouvriers qui vont seulement faire de courts voyages dans leur pays natal, bien qu'ils n'y aient pas renoncé.

Les propriétaires qui passent une partie de l'an-

---

(1) Les tableaux de détails ont été, par suite de la création de communes nouvelles et modification des circonscriptions communales anciennes, modifiés pour diverses localités des trois provinces, par arrêtés du gouverneur général, en date des 30 déc. 1865, 6 août, 21 nov. 1864 et 13 janv. 1866.—BG. 99, 118 et 166. — L'arrêté du 21 nov. 1864 n'a pas été inséré au Bulletin officiel.

née dans une ville, et l'autre partie dans une résidence de campagne, devront être inscrits dans cette dernière, s'ils sont propriétaires de leur habitation et s'ils y passent plus de la moitié de l'année. S'ils ne sont que simples locataires, ou s'ils ne font à la campagne qu'un séjour moins prolongé, ils devront être inscrits dans leur résidence de ville. On aura, dans tous les cas, égard aux circonstances qui peuvent donner à l'une des résidences un caractère particulier de fixité, et, pour cette appréciation, il sera utile de savoir dans quel lieu se payent les taxes communales et autres.

Les marins du grand et du petit cabotage et de la pêche seront comptés dans le port de partance du bâtiment sur lequel ils se trouvent employés.

Enfin, pour éviter les omissions qui pourraient avoir lieu dans chaque localité où ils se trouveront de passage, encore bien qu'ils aient un domicile d'origine où ils retournent quelquefois : — 1° Les ouvriers compagnons faisant leur voyage, dit *tour de France* ; — 2° Les artistes dramatiques appartenant à des troupes ambulantes ; — 3° Les individus exerçant des professions ambulantes ; — 4° Les mariniers des canaux et des rivières qui n'ont pas d'autre habitation que leur bateau ; — 5° Les individus mis en état d'arrestation comme vagabonds. — Cette dernière partie du dénombrement nominatif, comprenant les cinq catégories d'individus ci-dessus désignées, sera faite à jour déterminé, comme il est dit ci-après.

§ 3. — *Des catégories désignées par l'art. 2 du décret du 25 avr. 1866.*

Conformément au texte de la loi du 22 juill. 1791, le dénombrement doit être nominatif, et il importe que cette prescription soit observée dans les villes même les plus populeuses. A l'égard des catégories désignées par l'art. 2 du décr. du 25 avr. 1866, on se bornera à constater les résultats numériques, et les inscriptions seront faites collectivement et en bloc. — Mais il faut éviter d'y confondre un certain nombre d'individus qui, bien que se rattachant aux désignations de ces catégories, appartiennent néanmoins aux éléments ordinaires de la population municipale.

C'est ainsi qu'on devra comprendre, non aux inscriptions collectives, mais au dénombrement individuel ou nominatif, des habitants : — 1° Les officiers désignés sous le nom générique d'officiers sans troupes, tels qu'officiers, sous-officiers et gardes attachés aux états-majors, aux places, aux directions et écoles militaires, les officiers et employés d'administration de divers services, officiers et sous-officiers de recrutement, membres de l'intendance militaire, chirurgiens et autres employés des hôpitaux militaires ; — (On fera, selon le cas, une distinction semblable à l'égard des officiers et employés de la marine Impériale.) — 2° Les gendarmes et les préposés des douanes ; — 3° Le personnel fixe des établissements désignés par l'art. 2 précité, tels que directeurs, économes, surveillants, professeurs, ainsi que les employés, gardiens, concierges et gens de service ; — 4° Les membres des congrégations religieuses détachés de la communauté ; — 5° Les malades des hôpitaux qui ont conservé leur domicile dans la commune ; — 6° Les élèves externes des lycées, collèges, séminaires, écoles primaires, normales, écoles primaires supérieures, maisons d'éducation et pensions ; — 7° Les élèves internes de ces établissements dont les parents habitent la commune ; — 8° Les élèves des facultés et des écoles spéciales se trouvant dans la même situation ; — 9° Les individus déposés dans les maisons d'arrêt et de justice, en état d'arrestation préventive et jusqu'à ce qu'ils aient été mis en jugement.—Les

marins au long cours seront comptés en bloc dans le port de partance de leur bâtiment.

§ 4. — *Dénombrement des populations flottantes.*

Il est un grave inconvénient à éviter pour le dénombrement de ces sortes de populations, c'est celui des doubles emplois qui peuvent résulter de la présence successive des mêmes individus dans plusieurs localités pendant un court laps de temps. — Le mode le plus sûr est de faire opérer ce dénombrement à un jour déterminé pour toute l'étendue de la colonie. — Dans votre circonscription administrative, l'intendant ou le sous-intendant militaire vous remettra, pour le jour dont il s'agit, le contrôle des officiers, sous-officiers et soldats, enfants de troupe, femmes et enfants présents ou absents pour quelque motif que ce soit, qui comptent à l'effectif des corps de troupe dont la police administrative lui est confiée, ou qui y sont attachés régulièrement. — De même, les commissaires de marine vous fourniront, pour les ports du littoral, l'état numérique des individus qui devront être compris dans les chiffres des populations en bloc. — Vous ferez parvenir immédiatement un extrait de ces états au représentant de l'autorité administrative dans chacun des centres qu'ils concernent. — Les mêmes renseignements seront donnés aux autorités locales par les chefs et directeurs de tous les autres corps et établissements mentionnés dans l'art. 2 du décret. — C'est à jour déterminé que seront également comptés les compagnons faisant leur voyage, artistes dramatiques, mariniers dont il a été parlé plus haut. — Les officiers de gendarmerie remettront, en outre, l'état des gens reconnus vagabonds et sans domicile fixe, et qui auront passé la nuit dans le dépôt annexé à leurs casernes. — Ce dénombrement exceptionnel aura lieu le 15 juill. Les mesures nécessaires devront être prises pour que cette opération se fasse à la date précitée.

§ 5. — *Formation des tableaux.*

Parmi les modèles annexés à la présente circulaire, se trouve un tableau nominatif des habitants, dans lequel l'opération du dénombrement est simulée de manière à faire comprendre comment devra être formé ce tableau, ainsi que les récapitulations qui l'accompagnent. — Vous aurez à fournir aux autorités locales des cadres en blanc conformes à ce modèle. — Ces cadres devront être accompagnés d'un nombre suffisant de feuilles intercalaires reproduisant les détails des deux pages intérieures du modèle.

Chaque page en est divisée en un nombre fixe de 50 cases, de telle sorte que 50 noms étant compris dans chaque page, il suffira de compter le nombre de pages pour reconnaître l'exactitude du dénombrement fait dans chaque commune. En même temps, cet espacement régulier vous permettra de calculer à l'avance la quantité de cadres que vous aurez à adresser à chaque commune ou centre administratif. — Chacun des tableaux de la population des diverses localités doit être dressé en double expédition, indépendamment des feuilles qui pourront servir de minutes : l'une sera transmise à la préfecture ou à la division militaire, l'autre restera déposée au chef-lieu de la commune ou du centre administratif.

Pour que les résultats du dénombrement présentent toute l'utilité qu'on doit en attendre, il importe que tous les renseignements indiqués par le cadre soient donnés. — Le tableau de dénombrement, dressé conformément aux instructions, fera connaître la répartition de la population de chaque commune ou localité, par quartiers ou sections, villages, hameaux, maisons et ménages. Il importera que la division par ménage soit établie avec soin ; on sait que ce renseignement est souvent d'une grande utilité dans l'appréciation de diverses questions administratives.

Il est bien entendu qu'un ménage n'est pas la réunion d'un certain nombre d'individus dans la même maison, mais la réunion de plusieurs individus habitant et vivant ensemble sous la direction d'un même chef. Une famille peut former plusieurs ménages. On doit regarder comme faisant partie d'un ménage tous les domestiques et autres personnes qui peuvent y être attachés, telles que secrétaires ou commis vivant avec les personnes qui composent le ménage. L'individu marié, garçon ou fille, veuf ou veuve, ayant ou non des enfants ou des domestiques, lorsqu'il occupe dans une maison un logement particulier et ne vit pas avec les autres habitants de la maison, doit être regardé comme chef de ménage, et il recevra un numéro d'ordre spécial. — Je vous invite à recommander aux autorités locales d'apporter le plus grand soin à consigner sur l'état nominatif les renseignements qui concernent les individus mendiants ou indigents, aliénés, sourds-muets ou aveugles. Il ne vous échappera pas que si cette partie du travail est bien faite, l'administration sera dispensée de la nécessité d'imposer aux autorités locales des travaux extraordinaires pour la formation de ces statistiques spéciales. — J'appelle particulièrement votre attention sur le recensement des habitants français ou étrangers nés en Algérie. Je compte sur votre vigilance pour assurer la bonne et complète exécution de cette partie du travail qui présente un véritable intérêt. — Les inscriptions en bloc des catégories désignées par l'art. 2 du décret ne seront pas comprises dans l'état nominatif. Elles donneront lieu à la formation d'un état particulier dont le modèle est placé à la fin de la présente circulaire et pour lequel des cadres spéciaux seront adressés aux localités qui renferment des populations appartenant à ces catégories (1). Cet état, annexé au tableau nominatif qui devra comprendre exclusivement la population municipale, en complétera les résultats et résumera tous les éléments du dénombrement de la localité.

§ 6. — *Opérations des maires.*

L'opération du dénombrement est essentiellement municipale ; elle devra être faite par les agents de la municipalité. — MM. les maires et ceux qui en remplissent les fonctions en territoire militaire ne manqueront pas d'y apporter le plus grand soin et la plus grande exactitude. Ils se pénétreront de cette idée, que le tableau du dénombrement est un procès-verbal authentique destiné à faire foi pour cinq années dans un grand nombre de cas importants. — Les officiers municipaux ne perdront pas de vue que la loi confère à l'administration le droit de provoquer un nouveau dénombrement, s'il y a lieu de penser que le premier travail a été inexact ; c'est un droit dont je désire n'être pas obligé d'user. — Il est bon que l'opération, une fois commencée, se poursuive sans interruption, afin d'éviter, soit les doubles emplois, soit les omissions que pourraient occasionner les changements de domicile. — Dans les centres populeux, les autorités locales pourront diviser le dénombrement par sections et par quartiers, et charger de cette opération des commissaires qu'ils délégueront par arrêté, afin de leur donner un caractère officiel. Une grande division de ce travail peut en faciliter la prompte exé-

cution, surtout si les commissaires s'en occupent sur tous les points simultanément.

§ 7. — *Populations agglomérées.*

Ainsi que l'indique le modèle annexé à la présente circulaire, les maires auront soin d'inscrire au-dessous de la récapitulation du tableau nominatif le chiffre de la population agglomérée, ainsi que le chiffre de la population éparse, formant par leur réunion la population municipale de la commune.

Suivant la définition donnée par M. le ministre des finances, on doit considérer comme agglomérée la population rassemblée dans les maisons contiguës ou réunies entre elles par des parcs, jardins, vergers, chantiers, ou autres enclos de ce genre, lors même que ces habitations ou enclos seraient séparés l'un de l'autre par une rue, un fossé, un ruisseau, une rivière, ou une promenade. On doit aussi, et quelle que soit la distance qui, dans les villes de guerre surtout, sépare les faubourgs de la cité proprement dite, considérer comme faisant partie de l'agglomération la population de ces faubourgs. Mais la population éparse dans les dépendances rurales, dans les hameaux ou villages séparés, dans les métairies, les maisons de campagne isolées, bien que dépendant de la commune, ne doit pas être comprise dans l'agglomération. — L'agglomération doit, en général, être appréciée d'après l'état de lieux ; elle existe toutes les fois qu'il peut y avoir continuité et communication et qu'on peut aller d'une habitation à une autre, même en franchissant les clôtures qui séparent ou limitent les propriétés.— Ainsi, ces communications, sinon réelles, du moins possibles, à travers les enclos fermés de murs et de haies, sont suffisantes pour constituer l'agglomération ; mais elle est, de fait, interrompue par des terrains non clos, vagues ou en culture.

§ 8. — *Tableau récapitulatif de la population du territoire militaire ou du territoire civil.*

Au fur et à mesure que les tableaux des localités vous rentreront, vous les contrôlerez. Dans les états nominatifs, chaque page, régulièrement distribuée, devant contenir 50 noms, il ne s'agira pour le contrôle du relevé des totaux de chaque page, que de multiplier par 50 le nombre de pages remplies, moins la dernière, si elle n'est pas complète, et d'ajouter au produit le chiffre variable de la dernière page. — Les tableaux de dénombrement étant reconnus exacts, ou rectifiés s'il y a lieu, vous en ferez consigner les résultats sur un tableau récapitulatif, par subdivision ou arrondissement, et dont je vous adresse les cadres en nombre suffisant pour qu'il puisse en être établi, dans chaque subdivision ou sous-préfecture, une minute et deux expéditions ; l'une de ces expéditions me sera envoyée et l'autre restera déposée aux archives de la division ou de la préfecture. — En faisant préparer cette minute et inscrire à l'avance, dans les colonnes 1, 2 et 5, les noms des centres administratifs et dans les colonnes 7 et 106, les chiffres de population donnés par le dénombrement de 1861, vous gagnerez beaucoup de temps, puisque vous pourrez faire reporter les totaux de chaque localité, au fur et à mesure que chaque tableau sera parvenu à l'autorité chargée de le contrôler. L'opération serait, au contraire, fort retardée, si l'on ne commençait que lorsque tous les tableaux seront rentrés au chef-lieu de subdivision ou d'arrondissement.

Vous compléterez ensuite ces récapitulations préliminaires, en effectuant une récapitulation générale des diverses localités classées par cercles ou districts, subdivisions ou arrondissements. — Dans ces diverses récapitulations, un ordre alpha-

---

(1) Des exemplaires de ces cadres devront être mis, avant le 10 juill., à la disposition des autorités militaires et maritimes qui les renverront après les avoir fait remplir, ainsi qu'il est dit ci-dessus.

bétique rigoureux sera suivi, d'abord pour les subdivisions et arrondissements entre eux, puis pour les cercles ou districts dans chaque subdivision ou arrondissement, pour les communes ou localités dans chaque cercle ou district, et enfin pour les villages, hameaux ou quartiers, dans chaque commune ou localité (1). — Je vous recommande expressément de ne m'envoyer votre travail qu'après l'avoir sévèrement vérifié. Dès que je l'aurai moi-même contrôlé, je m'empresserai de vous faire connaître le résultat de mon examen.

§ 9. — Délais pendant lesquels le dénombrement devra se faire.

Les instructions ci-jointes et les cadres que vous aurez à fournir parviendront aux autorités locales dans le courant du mois de juin. Vous pourrez donc leur prescrire de commencer l'opération du dénombrement dès les premiers jours de juillet. — Ce travail pourra être terminé dans le plus grand nombre des localités le 51 du même mois. Pressez-en la rentrée par une fréquente correspondance, c'est le seul moyen de l'obtenir à l'époque fixée. — Le travail à faire dans les bureaux des sous-préfectures et des subdivisions ne peut exiger plus de quinze jours. Vos tableaux pourront donc me parvenir à la fin du mois d'août au plus tard, et je vous invite à ne pas dépasser ce délai. Le dénombrement de la population dans les tribus du territoire militaire fera l'objet d'instructions spéciales.

Mal DE MAC-MAHON, DUC DE MAGENTA.

RENVOIS. — V. *Table alphabétique.*

Receveurs des contributions diverses. V. TABLE ALPHABÉTIQUE.

Receveurs municipaux.

Décis. M. — 10 mars 1858 (non publiée). — *Tarif des remises allouées aux receveurs municipaux faisant fonctions de trésoriers des établissements de bienfaisance.* — 1 p. 100 sur les premiers 10,000 fr. tant de recettes que de dépenses. — 50 cent. p. 100 sur les sommes au delà de 10,000 fr.

AC. — 20 mai 1865. (V. *Contributions diverses.*) — *Application du même tarif aux receveurs des contrib. div. chargés des mêmes fonctions.*

D1. — 24 fév.-50 mars 1866. — BG. 170. — *Établissement des comptes de gestion des receveurs des communes et des établissements de bienfaisance ainsi que des trésoriers des associations syndicales.*

Vu le décr. du 10 déc. 1860 (suprà, *Admin. gén.*); — Le décr. du 20 janv. 1858 (I, 597); — Le décr. du 15 juill. 1849, qui déclare applicables en Algérie les lois et règlements de la métropole relatifs aux établissements de bienfaisance (*Hôpitaux*, I, 549); — Le décr. du 27 janv. 1866, relatif au mode d'établissement et de jugement, tant des comptes de gestion des receveurs des communes et des établissements de bienfaisance que des trésoriers des associations syndicales;

Art. 1er. — Le décr. du 27 janv. 1866, susvisé, sera promulgué en Algérie, pour y être appliqué selon sa forme et teneur.

Décret du 27 janv. 1866.

Vu la loi du 18 juill. 1837 sur l'administration municipale; — Les ord. des 23 avr. 1825, 28 déc. 1830, 22 janv. 1831, 1er mars 1835, 17 sept. 1837 et 24 janv. 1843, relatives à la comptabilité des communes et des établissements de bienfaisance; — La loi du 16 sept. 1807 et le décr. du 28 du même mois, contenant organisation de la cour des comptes; — Le décr. du 12 août 1854 relatif à la division en deux parties des comptes de gestion des comptables directs du trésor; — L'instruction générale du ministère des finances, en date du 20 juin 1859, et le décr. du 31 mai 1862 portant règlement général de la comptabilité publique; — Vu l'art. 16 de la loi du 21 juin 1865 sur les associations syndicales.

Considérant qu'il convient de mettre d'accord les comptes de gestion des receveurs municipaux, comprenant aujourd'hui les opérations d'une fraction de deux exercices différents, avec les comptes administratifs des maires, lesquels présentent les faits des quinze mois d'un même exercice; — Considérant qu'à cet effet, il suffira, d'une part, d'appliquer à la comptabilité municipale la disposition du décr. du 12 août 1854 concernant la comptabilité de l'État, qui veut que les opérations complémentaires de l'exercice expiré soient soumises aux juges aussitôt que possible, et, d'autre part, de faire comprendre ces opérations par les receveurs dans le même document que les opérations des douze premiers mois, tout en conservant la distinction des gestions; — Considérant que cette mesure aura d'ailleurs pour effet d'apporter une grande simplification, et, par suite, une grande économie de temps dans la préparation et l'examen des comptes, au grand avantage d'autres parties du service; — Considérant qu'il importe de notifier promptement aux receveurs municipaux et hospitaliers les arrêts et arrêtés statuant sur leurs comptes; — Considérant qu'il doit être procédé à l'apurement des comptes des associations syndicales d'après les règles établies pour les comptes des receveurs municipaux;

Art. 1er. — Les receveurs des communes et des établissements de bienfaisance établiront le compte des opérations complémentaires de chaque exercice aussitôt après sa clôture, et comprendront ces opérations dans le même document que le compte des opérations des douze premiers mois, auxquelles elles seront réunies pour présenter des résultats qui concordent avec ceux du compte du maire.

Art. 2. — Les opérations des deux périodes de l'exercice clos, appuyées de toutes les justifications, seront disposées d'une manière distincte par gestion et suivies : 1° de la situation du comptable envers la commune ou l'établissement, au 31 déc., de telle sorte que l'excédant de recette à cette époque étant reporté en tête du compte suivant, les comptes soient liés les uns aux autres sans interruption, selon le vœu des règlements; 2° du résultat final de l'exercice au moment de sa clôture, lequel résultat sera également reporté en tête du compte suivant et compris dans la situation du receveur au 51 déc.

Art. 3. — Les comptes seront, avant d'être soumis aux conseils municipaux et aux commissions hospitalières, vérifiés et certifiés exacts dans leurs résultats par les receveurs des finances. Ils seront ensuite vérifiés sur pièces, d'une manière approfondie, par les mêmes comptables, avant leur présentation aux juges, laquelle aura lieu avant le 1er sept.

Art. 4. — Les opérations des deux périodes de l'exercice seront, pour les comptes soumis à la juridiction de la cour des comptes, vérifiées par le même conseiller référendaire. — Le même conseiller-maître sera également chargé du rapport des deux parties de l'exercice.

Art. 5. — Les arrêts de la cour et les arrêtés des conseils de préfecture sur les comptes des receveurs des communes et des établissements de bienfaisance, seront notifiés par l'entremise des receveurs des finances. — Ces comptables devront, dans un délai de quinze jours, transmettre au greffier en chef de la cour des comptes le récépissé constatant la notification faite aux justiciables de cette cour. — La notification sera faite simultanément, et sous forme de tableau, pour toutes les communes et tous les établissements de bienfaisance d'une même perception dont les comptes sont jugés par le conseil de préfecture.

Art. 6. — Il sera rendu un compte spécial pour les opérations complémentaires de l'exercice 1864.

Art. 7. — Les comptes des trésoriers des associations syndicales sont soumis aux mêmes règles que les comptes des receveurs municipaux.

Art. 8. — Sont et demeurent abrogées toutes les dispositions contraires au présent décret.

Renvois. — V. *Table alphabétique.*

Récompenses. V. MÉDAILLES.

Recrutement militaire.

La loi du 21 mars 1832 sur le recrutement militaire, de même que celles sur l'inscription maritime (1), n'ont pas été jusqu'à ce jour appliquées aux jeunes Français nés en Algérie. Les motifs de cette mesure, toute favorable à la colonisation, sont consignés dans la circulaire ci-après :

Circ. G. — 24 déc. 1851 (non publiée au *Bulletin officiel*). — *La loi du 21 mars 1832 n'est pas applicable en Algérie.*

M. le préfet, des observations ont été présentées à M. le ministre de la guerre relativement à l'application à l'Algérie de la loi du 21 mars 1832 sur le recrutement militaire. — Par dépêche du 12 déc. courant, M. le ministre vient de faire connaître que, dans l'intérêt du peuplement et de la colonisation, et pour ne pas enlever la partie la plus vivace de la population française née en Algérie, la loi précitée n'y serait pas rendue exécutoire jusqu'à nouvel ordre. — Quant aux jeunes gens qui, n'étant pas nés en Algérie, sont venus s'y établir isolément ou avec leurs familles, ils ne sauraient recueillir l'immunité accordée aux Français nés en Algérie. On continuera de suivre à leur égard la marche adoptée jusqu'à ce jour, c'est-à-dire que, sans qu'ils aient besoin de se déplacer, ils concourront au tirage dans le lieu du dernier domicile de leurs parents en France. Si leur numéro les appelle à faire partie du contingent, ils seront visités par l'autorité militaire du lieu de leur habitation en Algérie, et, en cas d'appel à l'activité, ils seront exclusivement incorporés dans des corps employés en Algérie. Leurs intérêts ainsi que ceux de la colonisation seront donc toujours également ménagés.

Gal PÉLISSIER.

Redevances. V. MINES, § 1.

Réfractaires. V. TABLE ALPHABÉTIQUE.

Réfugiés. V. SURVEILLANCE.

Remèdes secrets. V. ART MÉDICAL.

Rentes. V. TABLE ALPHABÉTIQUE.

Réquisitions. V. *ibidem.*

Responsabilité. V. *ibidem.*

Ressorts civils. V. *ibidem.*

Retraites. V. PENSIONS.

Revendeurs. V. TABLE ALPHABÉTIQUE.

Revenus (communaux, publics). V. *ibidem.*

Roulage (2).

AG. — 10 avr.-25 mai 1862. — BG. 52. — *Modification à l'art. 22 de l'arr. min. du 5 nov. 1855.*

Article unique. — L'art. 22 de l'arr. min. du 5 nov. 1855 (I, 600) est modifié et complété ainsi qu'il suit :

Il peut être placé sur l'impériale une banquette destinée au conducteur et à deux voyageurs, ou à trois voyageurs lorsque le conducteur se placera sur le même siège que le cocher. — L'établissement d'une deuxième banquette peut être autorisé, en outre, suivant l'état d'entretien des routes parcourues par chaque diligence. Elle ne recevra jamais plus de trois voyageurs. Cette autorisation est essentiellement facultative et révocable. — Dans tous les cas, ces banquettes, dont la hauteur, y compris le coussin, ne dépassera pas 50 centim., ne peuvent être recouvertes que d'une capote flexible. Aucun paquet ne peut être chargé sur ces banquettes.

Mal PÉLISSIER, DUC DE MALAKOFF.

AG. — 18 août-15 sept. 1865. — BG. 153. — *Modification à l'art. 6 de l'arr. min. du 5 nov. 1855.*

Considérant qu'il importe de mettre à la disposition des autorités provinciales les moyens de garantir les routes de l'Algérie contre les dégradations qui peuvent résulter de la circulation dans certains moments exceptionnels ;

Article unique. — L'art. 6 de l'arr. min. du 5 nov. 1855 (I, 600) est modifié ainsi qu'il suit :

« Lorsqu'une route ou partie de route, un chemin vicinal ou une partie de chemin vicinal, ne sera pas parvenu à l'état d'entretien ou, par suite de circonstances exceptionnelles, ne serait plus dans un état d'entretien normal et ne pourrait, sans de trop grands dommages, être abandonné à la liberté du roulage, M. le préfet pourra, sur l'avis de l'ingénieur en chef, y restreindre immédiatement la circulation. L'arrêté qu'il prendra à cet effet indiquera l'espèce et le nombre de bêtes de trait qui pourront être attelées à chaque voiture. — Toute voiture, etc. » (La suite comme dans l'arrêté du 5 nov. 1855.)

Mal DE MAC-MAHON, DUC DE MAGENTA.

Renvois. — V. *Table alphabétique.*

Roulement des magistrats. V. TABLE ALPHABÉTIQUE.

Routes, rues. V. *ibidem.*

---

(1) V. *Navigation*, *suprà*, rapport à l'Empereur en note du décr. du 2 déc. 1865 et décision impériale du 15 juin 1865.

(2) JURISPRUDENCE. — En Algérie, c'est aux conseils de préfecture qu'il appartient, conformément au décr. du 5 nov. 1855, de connaître des contraventions constatées sur toute voie publique, de grande ou de petite voirie, relativement au nombre de chevaux qui peuvent être attelés à une voiture. — *Cons. d'Ét.* 6 juill. 1865. Dalloz, 1866, 3. 41.

§

Sage-femme. V. ART MÉDICAL.
Salines. V. LACS SALÉS.
Salpêtre. V. ARMES, POUDRES.
Salubrité publique.

DIVISION.

§ 1. — Surveillance administrative.
§ 2. — Établissements insalubres.
§ 3. — Interdictions spéciales.
§ 4. — Logements insalubres.

§ 2. — ÉTABLISSEMENTS INSALUBRES.

Une dépêche du ministre de l'agriculture et du commerce, en date du 21 janv. 1862, a fait connaître au gouvernement général : — 1° Qu'après avis du comité consultatif des arts et manufactures, le classement opéré par l'arrêté du gouverneur général du 20 mars 1858 (I, 606) avait été approuvé et maintenu; — 2° Que les entrepôts d'huile de schiste, qui n'avaient pas été compris dans la nomenclature des établissements dangereux, insalubres et incommodes, avaient été rangés dans la 2° classe par assimilation aux dépôts d'huile de térébenthine et autres huiles essentielles, n° 105 de la nomenclature générale, et que ces dépôts devaient cependant, par exception, être isolés de toute habitation.

§ 4. — LOGEMENTS INSALUBRES.

192. — 28 août-15 oct. 1862. — BG. 64. — *Promulgation de la loi des 13-22 avr. 1850, sur l'assainissement des logements insalubres.*

Vu la loi des 13-22 avril 1850, relative à l'assainissement des logements insalubres;
Art. 1. — La loi des 13-22 avr. 1850 susvisée est déclarée exécutoire en Algérie. — Ladite loi sera publiée à la suite du présent décret.
Art. 2. — Dans les localités où il y aura lieu de visiter les logements occupés par des musulmans, le conseil municipal nommera une commission spéciale de trois membres musulmans, qui sera chargée d'opérer à l'égard de ces habitations, soit isolément, soit avec le concours d'un ou de plusieurs membres de la commission instituée par l'art. 1 de la loi.
Art. 3. — Dans le cas prévu par l'art. 13 de ladite loi, il sera procédé, pour l'accomplissement des formalités d'expropriation, conformément aux prescriptions de l'ord. du 1er oct. 1844 et du décr. du 11 juin 1858 (*Propriété*, I, 572; — *Expropriation*, I, 523).

Loi des 13-22 avr. 1850.

Art. 1. — Dans toute commune où le conseil municipal l'aura déclaré nécessaire par une délibération spéciale, il nommera une commisson chargée de rechercher et indiquer les mesures indispensables d'assainissement des logements et dépendances insalubres, mis en location ou occupés par d'autres que le propriétaire, l'usufruitier ou l'usager. — Sont réputés insalubres les logements qui se trouvent dans des conditions de nature à porter atteinte à la vie ou à la santé de leurs habitants.
Art. 2. — La commission se composera de 9 membres au plus et de 5 au moins. — En feront nécessairement partie un médecin et un architecte, ou tout autre homme de l'art, ainsi qu'un membre du bureau de bienfaisance et du conseil des prud'hommes, si ces institutions existent dans la commune. — La présidence appartient au maire ou à l'adjoint. — Le médecin et l'architecte pourront être choisis hors de la commune. — La commission se renouvelle tous les deux ans par tiers; les membres sortants sont indéfiniment rééligibles. — A Paris, la commission se compose de 12 membres.
Art. 3. — La commission visitera les lieux signalés comme insalubres. Elle déterminera l'état d'insalubrité et en indiquera les causes, ainsi que les moyens d'y remédier. Elle désignera les logements qui ne seraient pas susceptibles d'assainissement.
Art. 4. — Les rapports de la commission seront déposés au secrétariat de la mairie, et les parties intéressées mises en demeure d'en prendre communication et de produire leurs observations dans le délai d'un mois.
Art. 5. — A l'expiration de ce délai, les rapports et observations seront soumis au conseil municipal, qui déterminera : — 1° Les travaux d'assainissement et les lieux où ils devront être entièrement ou partiellement exécutés, ainsi que les délais de leur achèvement; — 2° Les habitations qui ne sont pas susceptibles d'assainissement.
Art. 6. — Un recours est ouvert aux intéressés contre ces décisions, devant le conseil de préfecture, dans le délai d'un mois, à dater de la notification de l'arrêté municipal. Ce recours sera suspensif.
Art. 7. — En vertu de la décision du conseil municipal ou de celle du conseil de préfecture, en cas de recours, s'il a été reconnu que les causes d'insalubrité sont dépendantes du fait du propriétaire ou de l'usufruitier, l'autorité municipale lui enjoindra, par mesure d'ordre et de police, d'exécuter les travaux jugés nécessaires.
Art. 8. — Les ouvertures pratiquées pour l'exécution des travaux d'assainissement seront exemptées, pendant trois ans, de la contribution des portes et fenêtres.
Art. 9. — En cas d'inexécution, dans les délais déterminés, des travaux jugés nécessaires, et si le logement continue d'être occupé par un tiers, le propriétaire ou l'usufruitier sera passible d'une amende de 16 fr. à 100 fr. Si les travaux n'ont pas été exécutés dans l'année qui aura suivi la condamnation, et si le logement insalubre a continué d'être occupé par un tiers, le propriétaire ou l'usufruitier sera passible d'une amende égale à la valeur des travaux, et pouvant être élevée au double.
Art. 10. — S'il est reconnu que le logement n'est pas susceptible d'assainissement, et que les causes d'insalubrité sont dépendantes de l'habitation elle-même, l'autorité municipale pourra, dans le délai qu'elle fixera, en interdire provisoirement la location à titre d'habitation. — L'interdiction absolue ne pourra être prononcée que par le conseil de préfecture, et, dans ce cas, il y aura recours de sa décision devant le conseil d'État. — Le propriétaire ou l'usufruitier qui aura contrevenu à l'interdiction prononcée sera condamné à une amende de 16 fr. à 100 fr., et, en cas de récidive dans l'année, à une amende égale au double de la valeur locative du logement interdit.
Art. 11. — Lorsque, par suite de l'exécution de la présente loi, il y aura lieu à résiliation des baux, cette résiliation n'emportera en faveur du locataire aucuns dommages-intérêts.
Art. 12. — L'art. 465 c. pén. sera applicable à toutes les contraventions ci-dessus indiquées.
Art. 13. — Lorsque l'insalubrité est le résultat

de causes extérieures et permanentes, ou lorsque ces causes ne peuvent être détruites que par des travaux d'ensemble, la commune pourra acquérir, suivant les formes et après l'accomplissement des formalités prescrites par la loi du 3 mai 1841, la totalité des propriétés comprises dans le périmètre des travaux. — Les portions de ces propriétés qui, après l'assainissement opéré, resteraient en dehors des alignements arrêtés pour les nouvelles constructions, pourront être revendues aux enchères publiques, sauf que, dans ce cas, les anciens propriétaires ou leurs ayants droit puissent demander l'application des art. 60 et 61 de la loi du 3 mai 1841. (Loi sur l'expropriation pour utilité publique. V. *Bulletin des lois*.)

Art. 14. — Les amendes prononcées en vertu de la présente loi seront attribuées en entier au bureau ou établissement de bienfaisance de la localité où sont situées les habitations à raison desquelles ces amendes auront été encourues.

RENVOIS. — V. *Table alphabétique*.

Santé publique.

AG. — 24-25 juill. 1866. — BG. 190. — *Promulgation du décr. du 23 juin 1866 sur les mesures sanitaires à prendre en temps de choléra.*

Vu le décr. du 12 août 1854 (I, 608), rendant applicables en Algérie les prescriptions des décr. des 24 déc. 1850 et 4 juin 1853, sur le régime sanitaire de la métropole; — Le décr. du 27 oct. 1853, art. 1 et 3 (I, 57); — Le décr. du 10 déc. 1860, art. 1 (*Admin. gén.*, suprà); — Le décr. du 23 juin 1866, sur les mesures sanitaires à prendre en temps de choléra. — Vu l'urgence.

Art. 1. — Le décr. susvisé du 23 juin 1866 est promulgué et immédiatement exécutoire en Algérie.

Mª DE MAC-MAHON, DUC DE MAGENTA.

Décret du 23 juin 1866 (1).

Vu la loi du 3 mars 1822; — le décr. du 24 déc. 1850; — la convention sanitaire du 3 fév. 1852 et le règlement général du 27 mai 1853; — les arr. min. du 30 août 1861 et du 10 juin 1862; — les décr. du 7 sept. 1863 et du 23 juin 1864; — Vu l'avis du comité consultatif d'hygiène publique.

Art. 1. — Les mesures sanitaires applicables en cas de patente brute de choléra peuvent, comme en cas de patente brute de fièvre jaune, avoir une

durée différente pour les passagers, les hommes d'équipage, le navire et les marchandises.

Art. 2. — Les navires sont isolés à leur arrivée, et tenus à l'écart jusqu'à l'entier accomplissement des mesures sanitaires dont ils doivent être l'objet.

Art. 3. — Constatation faite par le service sanitaire des conditions dans lesquelles se trouvent les navires, il est procédé, avant l'ouverture des écoutilles, et préalablement à toute autre opération, au débarquement des passagers et de ceux des hommes d'équipage dont la présence à bord n'est pas indispensable.

Art. 4. — Les cholériques et les personnes reconnues par la visite médicale atteintes de cholérine ou de toute autre affection de nature à devenir compromettante pour la santé publique, sont immédiatement déposées, pour y être traitées à part au lazaret ou dans un local pouvant en tenir lieu.

Art. 5. — Les autres personnes sont retenues en observation, soit dans le lazaret même, soit dans un autre lieu isolé que désigne l'autorité sanitaire; et elles y sont soumises, selon les cas, aux mesures d'hygiène et de salubrité prescrites par les règlements.

Art. 6. — L'observation est de trois à sept jours pleins, à partir du débarquement.

Art. 7. — Une décision motivée de l'autorité sanitaire détermine, dans les limites ci-dessus fixées, la durée de l'observation pour chaque cas particulier.

Art. 8 — Le maximum est applicable aux provenances jugées dangereuses, soit à cause des faits ou accidents sanitaires survenus pendant la traversée, soit à raison de la mauvaise tenue du navire, de la nature du chargement, du nombre ou des conditions hygiéniques des hommes d'équipage et des passagers. Le minimum peut être appliqué lorsque le navire est propre, bien tenu, non encombré, et qu'il n'est survenu aucun fait ou accident sanitaire pendant la traversée.

Art. 9. — Lorsque les arrivages ont lieu par des navires de guerre reconnus sains, ou par des navires principalement installés pour le transport rapide des voyageurs, dont les cales ont été suffisamment aérées pendant la traversée, qu'il y a à bord un médecin sanitaire commissionné ou en faisant fonction, et qu'il n'est survenu aucun fait ou accident de nature à compromettre la sûreté publique, les passagers et l'agent des postes peuvent être admis à libre pratique après l'accomplissement des visites et constatations nécessaires.

Art. 10. — Les effets à usage des personnes ma-

(1) *Rapport à l'Empereur.* — Sire, le gouvernement de V. M. a entouré, à toutes les époques, de sa plus vive sollicitude, le régime sanitaire, qui met en présence les intérêts impérieux de la santé publique et la liberté des relations, si intimement liée à l'activité des échanges et au développement de la richesse générale.

Depuis 1850, plusieurs actes réglementaires ont introduit dans ce régime les améliorations successivement réclamées par le progrès des faits économiques et par les conseils de la science. — Les plus importants de ces actes sont la convention sanitaire de 1852 et le règlement international de 1853, par lesquels on avait cherché à établir, pour tous les ports de la Méditerranée, au moins quant aux bases générales, l'uniformité de réglementation. — La France et l'Italie avaient admis ce système commun, lorsque la dernière épidémie cholérique a fait ressortir des différences d'appréciations telles qu'il a paru convenable aux deux gouvernements de se rendre mutuellement leur liberté d'action.

V. M. sait également que, sur l'initiative de la France, une conférence de délégués des puissances intéressées, réunie en ce moment à Constantinople, recherche les moyens de prévenir de nouvelles invasions du fléau d'Orient en Europe. — Il est permis d'espérer que les études auxquelles cette commission se livre avec le plus louable

activité aboutiront, de ce côté, à des moyens extérieurs de préservation et fourniront même des données très-utiles à consulter sous le rapport du régime sanitaire; mais j'ai pensé, Sire, qu'il n'était pas moins du devoir de l'administration de se demander dès à présent si ce régime, quant aux arrivages maritimes des pays atteints de choléra épidémique, ne pouvait pas encore être avantageusement retouché sans imposer aux relations internationales des sacrifices trop considérables, et j'ai chargé de ce soin le comité consultatif d'hygiène publique, dont la haute compétence est connue de tous.

Le comité, après le plus consciencieux examen, a adopté un ensemble de dispositions nouvelles, conçues dans un esprit qui m'a paru devoir être approuvé. — Ces dispositions, qui consistent principalement à rendre obligatoires des mesures qui n'étaient que facultatives, à faire compter la durée de l'observation du moment du débarquement, et à ne élever le maximum de 3 à 7 jours, m'ont semblé devoir faire l'objet d'un décret spécial dont les motifs sont exposés dans le rapport du comité consultatif d'hygiène publique que j'ai l'honneur de mettre sous les yeux de V. M.

Le ministre de l'agriculture, du commerce et des travaux publics,
ARMAND BÉHIC.

17

ses en observation sont soumis aux mesures d'assainissement prescrites par les règlements. Le linge sale est toujours lessivé.

Art. 11. — Il est procédé, à l'égard des navires et de leur chargement, conformément aux prescriptions de l'arrêté ministériel du 30 août 1861 et du décr. du 7 sept. 1863. (Inséré à la suite.)

Art. 12. — La durée des opérations est réglée par le service sanitaire d'après les conditions dans lesquelles le bâtiment se trouve et le degré d'insalubrité qu'il présente.

Art. 13. — Les hommes de l'équipage qui ont été employés au nettoyage du navire et ceux qui les ont assistés dans ce travail sont, après l'opération terminée, soumis à l'observation de trois à sept jours.

Art. 14. — Les lettres et paquets continuent à être soumis aux purifications règlementaires.

Art. 15. — Les personnes destinées à reprendre la mer et celles qui voyagent en corps peuvent être tenues de se rembarquer au lazaret même et sans entrer en ville.

Art. 16. — Lorsque les circonstances locales ne permettent pas d'exécuter soit l'ensemble, soit quelques-unes des dispositions ci-dessus, il en est référé par l'autorité sanitaire à notre ministre de l'agriculture, du commerce et des travaux publics qui prescrit les mesures nécessaires pour sauvegarder la santé publique.

Art. 17. — Les règlements sanitaires antérieurs sont maintenus en tout ce qui n'est pas contraire aux dispositions qui précèdent.

Rapport du comité d'hygiène publique.

Le comité consultatif d'hygiène publique est appelé à délibérer sur un projet de modification du régime sanitaire actuellement en vigueur, en ce qui concerne le choléra. Ce projet a été renvoyé à une commission dont M. le président Rayer a bien voulu diriger les travaux, et qui se compose de : MM. Herbet, conseiller d'État, directeur des consulats et des affaires commerciales au ministère des affaires étrangères; Julien, directeur du commerce intérieur; Mélier, inspecteur général des services sanitaires; Michel Lévy, directeur de l'école impériale de médecine et de pharmacie militaires; Raynaud, inspecteur général du service de santé de la marine; Maurin, administrateur des postes, chargé de la surveillance des exploitations maritimes; Tardieu, professeur à la faculté de médecine de Paris, rapporteur.

L'importance de la question, les difficultés particulières qu'elle soulève, faisaient un devoir à la commission de la soumettre à un examen approfondi; et ce n'est qu'après plusieurs séances dans lesquelles ont été discutées, non-seulement au point de vue des principes et des doctrines qui régissent le système sanitaire général de la France, mais encore dans tous les détails de leurs applications pratiques, les dispositions du projet, que la commission a pris à l'unanimité les résolutions qu'elle m'a fait l'honneur de me charger de soumettre à l'approbation du comité.

Le projet dont il s'agit n'était accompagné d'aucun exposé de motifs; mais M. l'inspecteur général des services sanitaires et M. le directeur du commerce intérieur, qui l'avaient préparé, ont bien voulu donner à la commission tous les éclaircissements nécessaires pour lui permettre de se rendre un compte exact des intentions de l'administration supérieure et du sens qu'elle attache aux modifications projetées. Ajoutons, pour écarter une difficulté secondaire dont le comité n'a pas à se préoccuper, que, si le projet lui est présenté formulé en articles, il n'y a pas lieu de discuter ici quelle forme définitive de décret ou de règlement lui sera ultérieurement donnée; la question, réservée

déjà au sein de la commission, le sera de même dans ce rapport et est laissée à l'initiative de l'administration.

Les modifications qu'il s'agit d'introduire dans notre régime sanitaire portent exclusivement sur les mesures applicables au choléra épidémique, et si elles s'écartent des règles particulières actuellement suivies en cette matière, il est bon et juste de faire remarquer qu'elles ne dérogent pas à l'esprit et aux lois générales de notre code sanitaire, tel qu'il a été fixé par la convention internationale et le règlement de 1853. Il serait superflu de remettre sous les yeux du comité, qui a pris une si grande part à l'organisation du système actuel, l'ensemble des mesures qu'il embrasse. Nous nous contenterons de rappeler celles qui, jusqu'à ce jour et depuis plus de quinze ans, ont été appliquées aux provenances de pays infectés par le choléra épidémique.

La convention de 1852, s'appropriant les principes du décret du 24 juill. 1850, admet pour celles-ci une quarantaine d'observation facultative de cinq jours, y compris la durée de la traversée.— Le projet sur lequel S. Exc. M. le ministre de l'agriculture, du commerce et des travaux publics réclame aujourd'hui l'avis du comité consultatif d'hygiène publique, substitue à ce régime, pour les provenances des lieux où règne le choléra, une quarantaine obligatoire de trois à sept jours, non compris la durée de la traversée. — L'obligatoire remplaçant le facultatif, le maximum de durée de l'observation prolongé de deux jours et celle-ci ne datant que du débarquement: tels sont en résumé les changements que l'on propose d'apporter au régime sanitaire en matière de choléra. Le comité en apprécie l'importance et la gravité; il convient toutefois d'en préciser la signification et d'en mesurer la portée.

Un premier point se présente, sur lequel il importe de s'expliquer nettement. La nécessité d'une réforme en ce qui touche les dispositions de la loi sanitaire, applicables au choléra, résulte-t-elle d'un changement survenu dans la nature de la maladie, ou de données nouvelles que l'observation et la science auraient récemment mises en lumière? Cette réforme est-elle commandée par l'insuffisance des mesures jusqu'ici employées et par le besoin de protéger plus sûrement qu'on ne l'a fait dans le passé la santé publique menacée? A ces deux questions la commission n'hésite pas à répondre par la négative, et elle est certaine de traduire fidèlement l'opinion unanime du comité en disant : Non, le choléra épidémique n'est pas plus à redouter aujourd'hui qu'il ne l'a été dès l'origine. Non, l'administration française n'a pas à se reprocher d'avoir manqué de vigilance, et nulle part ni à aucune époque, dans notre pays, un seul fait n'autorise à penser que des mesures plus sévères eussent pu nous préserver des invasions du choléra épidémique.

Tout le monde est d'accord pour confesser que les mesures sanitaires de protection ne peuvent être pratiquées efficacement que contre les arrivages de mer, et que tout ce qui a été tenté en d'autres temps, tout ce qui, à plus forte raison, serait tenté du nôtre, pour garder les voies de terre contre les communications venant de pays limitrophes infectés, est fatalement et absolument frappé d'une radicale impuissance. C'est donc du côté de la mer seulement que l'on a dirigé le système sanitaire actuel, et que l'on peut continuer à prendre des précautions compatibles avec les enseignements de la science et avec les exigences politiques et commerciales qui, en un pareil sujet, sont nécessairement dominantes.

Les grands ports sont donc, par la force des choses et en tous pays, le but et le théâtre de toutes les grandes mesures sanitaires. C'est là que l'on peut le mieux éprouver et juger la valeur des systèmes mis en pratique. Or, il est satisfaisant et tout à fait opportun de constater que, dans la dernière épidémie cholérique qui a sévi en 1865 à Marseille, l'administration supérieure avait usé, avec autant d'énergie et de promptitude que de discernement, des pouvoirs dont elle dispose ; et que l'enquête la plus minutieuse, les investigations même les plus ardentes et les plus intéressées n'ont pu arriver à montrer un seul cas avéré de choléra que l'on pût rattacher d'une manière positive à un arrivage déterminé ; qu'enfin aucun cas de choléra ne s'est déclaré parmi les passagers tenus en observation au lazaret.

Il n'est peut-être pas non plus inutile, avant d'arriver à l'examen du projet, de justifier le régime sanitaire, qu'il s'agit de modifier, d'un reproche qui tendrait à en fausser complétement le principe et qui aurait le grave inconvénient de donner aux changements qu'on lui ferait subir l'apparence d'une réparation nécessaire. La possibilité de l'importation du choléra épidémique et de l'introduction possible du fléau dans nos ports n'est pas un fait nouvellement reconnu et dont l'administration supérieure n'ait pas jusqu'ici compris la portée. Toutes les mesures qu'elle a prescrites depuis quinze ans, toute sa conduite ont été inspirées par cette doctrine. Il nous sera permis de citer à ce sujet les paroles convaincues de celui dont le nom restera attaché avec honneur aux améliorations considérables réalisées dans l'administration sanitaire de notre temps. M. l'inspecteur général Mélier, dans les travaux préliminaires de la conférence internationale, écrivait en 1851 : — « On ne nie pas l'origine exotique du choléra, elle est évidente ; on ne nie pas non plus qu'il ne soit susceptible d'importation, beaucoup de faits tendent à l'établir. » Tels sont bien les principes qui dictaient le règlement général de 1853, tels sont ceux auxquels le comité et l'administration entendent ester fidèles, tout en modifiant sur quelques points dans la pratique les règles, applicables aux provenances des pays où règne le choléra.

Les considérations qui précèdent, et qui nous ont paru nécessaires pour écarter toute fausse interprétation, nous permettent maintenant de rechercher librement les motifs sur lesquels se fonde l'opportunité des modifications que le comité est appelé à examiner. — D'une manière générale, il est permis de dire que tout système sanitaire, destiné à prévenir l'introduction dans une contrée d'une maladie née sur un point plus ou moins éloigné, devra nécessairement suivre dans ses appréciations les variations qui pourront se produire soit dans le mode et le lieu d'origine du fléau, soit dans les voies par lesquelles il sera transmis et importé. De là cette conséquence d'un remaniement inévitable et plus ou moins fréquent des prescriptions sanitaires, en rapport avec les changements que peuvent amener le temps, les progrès de la civilisation et le mouvement des relations internationales. Quelle place occupe aujourd'hui la peste dans la pratique de notre régime sanitaire? et, par contre, n'a-t-il pas fallu, il y a cinq ans, opérer pour la fièvre jaune la révision que l'administration propose aujourd'hui d'étendre au choléra?

En effet, pour ce qui touche cette dernière épidémie, il est impossible de méconnaître qu'au milieu des apparentes irrégularités qu'il a présentées dans sa marche, le choléra a toujours en partout suivi les courants qui lui traçaient les déplacements des grandes masses d'hommes ; les pèlerins hindous dans l'Inde, les caravanes dans la haute Asie et la Russie orientale, les armées à travers le Caucase ou dans notre expédition de Crimée, les émigrants en Amérique, les pèlerins musulmans

enfin à la Mecque, en Égypte et sur le littoral de la Méditerranée.

Mais à ce fait, incontestable dans sa généralité, il en faut ajouter un autre plus nouveau et plus complexe : c'est que, d'une part, les transports maritimes sont, parmi toutes les voies d'importation, les plus faciles et les plus à redouter, en raison de la concentration du foyer épidémique dans le navire, et que, d'une autre part en raison de circonstances particulières, sur lesquelles il serait superflu d'insister et dont on a pu apprécier l'influence, l'année dernière, par le rapide passage du fléau de la mer Rouge dans les ports de la Turquie, de l'Italie, de la France et de l'Espagne, la navigation a pris un accroissement considérable en nombre et en rapidité.

La menace, d'un côté au moins, est donc incontestablement plus pressante ; et sans se laisser entraîner au courant de certaines passions locales, il est prudent, il est juste de donner aux populations une preuve nouvelle de la sollicitude du gouvernement, en redoublant de vigilance sur les points précisément qui paraissent le plus directement exposés aux invasions cholériques. Le projet répond à cette pensée en rendant obligatoires les mesures qui n'étaient que facultatives.

Par cette raison, déjà indiquée, que le navire constitue par lui-même une sorte de foyer mobile et comme une portion détachée du lieu infecté d'où il est parti, il est permis de se demander si le passager que transporte ce navire peut être raisonnablement être considéré comme ayant quitté le milieu contaminé, et s'il est rationnel de faire compter le temps de la traversée comme acquis à l'observation qui est la garantie de la prophylaxie sanitaire. Ne voit-on pas se développer la maladie à bord, même un certain temps après le départ, et dans ces cas, au lieu d'admettre une incubation prolongée et une explosion tardive du mal contracté à terre, ne peut-on pas plus légitimement incriminer l'atmosphère viciée du bâtiment ? C'est là, dans tous les cas, une préoccupation qui peut n'être pas sans fondement et à laquelle répond d'une manière complétement satisfaisante le changement de régime qui fait dater l'observation du débarquement effectué et ne tient plus compte de la durée de la traversée. Cette modification, il est bon de le faire remarquer, est capitale et fait disparaître un des plus graves motifs de défiance et de doute qu'avait pu inspirer l'ancien système. — Elle entraîne de plus, comme conséquence logique la prolongation de la durée de l'observation elle-même, qui, commençant seulement après la mise à terre, doit être assez longue pour suppléer au temps de traversée qui ne doit plus compter. Ainsi s'explique et se justifie le changement qui consiste à reporter de cinq à sept jours la limite extrême de l'observation, c'est à dire de l'augmenter de deux jours pleins.

Mais, tout en reconnaissant combien sont fondées et sages les concessions que fait l'administration supérieure au désir d'augmenter les garanties que réclame la sécurité publique et de tenir compte des voies d'introduction plus faciles et plus rapides qui, dans l'état actuel des choses, semblent ouvertes au choléra épidémique sur certains points du littoral et notamment dans la Méditerranée, il convient de ne pas perdre de vue d'autres éléments, très-dignes aussi d'être pris en considération, dans l'organisation des mesures à appliquer aux provenances des contrées où règne le choléra. Ces mesures seraient absurdes et iniques ; elles nous ramèneraient au régime suranné que la grande réforme de 1850 a si heureusement renversé, si elles s'appliquaient aveuglément et comme un niveau inflexible à tous les cas indistinctement et à tous les lieux. La distance qui nous sépare du point d'origine de l'épidémie, l'extension que celle-ci a prise, le chemin qu'elle a suivi, d'une autre part, la nature des arrivages, la qualité et le nombre des passagers, la présence de médecins commissionnés à bord, et plus encore l'état et la tenue du navire, constituent autant de circonstances qui doivent entrer en ligne de compte et peser d'un grand poids dans l'appréciation des mesures sanitaires à prescrire.

Le projet a donc sagement fait de conserver à l'autorité sanitaire, non-seulement la faculté de régler, entre les limites indiquées, la durée de l'observation pour chaque cas particulier, mais encore d'appliquer sous certaines conditions nettement définies un régime exceptionnel. — La commission a pensé qu'il était utile d'aller plus loin et qu'il fallait de toute nécessité que l'autorité sanitaire pût, lorsque les circonstances locales l'exigeraient, différer ou modifier provisoirement l'exécution des règlements, sauf à en référer sans délai à l'administration supérieure, souveraine appréciatrice des intérêts divers engagés dans les questions sanitaires. Ce sont ces intérêts, en effet, qui, il ne faut pas l'oublier, ont trouvé satisfaction dans le régime sanitaire inauguré en 1850, régime de progrès qui honore le gouvernement de la France, et qui ne saurait être sérieusement remis en question.

Nous en avons dit assez pour faire comprendre l'objet et les motifs généraux des modifications qu'il s'agit d'introduire dans les mesures sanitaires applicables au choléra épidémique. Le comité nous permettra de passer rapidement en revue les différents articles dans lesquels sont formulées les dispositions qui vont être soumises à sa délibération, et que la commission lui propose avec confiance de présenter à la haute sanction de S. Exc. M. le ministre.

Les art. 1 à 6 règlent le traitement à imposer obligatoirement à tout navire provenant des lieux où règne le choléra, et pose, comme mesure préliminaire à prendre avant toute autre, la mise à terre des passagers, c'est-à-dire l'évacuation du navire préalablement isolé. — L'observation commence alors et s'opère dans des conditions appropriées à l'état de chacun, mais toujours à distance du port de destination. L'art. 6 fixe la durée de l'observation de 5 à 7 jours pleins.

Ces chiffres ne sont pas fixés arbitrairement, ils impliquent une corrélation établie entre la durée de l'observation et le temps calculé le plus largement de l'incubation du choléra épidémique; ajoutons qu'ils sont fondés sur l'expérience et le consentement à peu près unanime des médecins, en tant qu'ils s'appliquent à l'immense majorité des faits. Il est fort à craindre qu'ils ne satisfassent pas ceux qui, frappés surtout, et plus que de raison, de quelques cas exceptionnels, seraient disposés à étendre indéfiniment l'incubation du choléra, et par suite à reculer sans mesure les limites des rigueurs sanitaires. La conférence internationale qui siège en ce moment à Constantinople, et que l'on n'accusera certainement pas de tendances trop téméraires, nous apporte sur ce point un témoignage considérable par l'organe de son savant rapporteur, M. le docteur Fauvel : « La durée de l'incubation du choléra, dit-il, c'est-à-dire le temps qui s'écoule entre l'instant supposé où l'agent morbifique pénètre dans l'organisme et le moment où se manifestent les premiers symptômes de la maladie, cette durée est généralement très-courte; l'observation montre, en effet, que, dans l'immense majorité des cas, quelques jours suffisent à l'incubation, et que parfois cette période ne dépasse pas quelques heures. Cette règle générale est mise hors de doute par les premiers cas qui suivent l'importation de la maladie dans une

localité saine; on voit alors que, quand la maladie est transmise, quelques jours, une semaine au plus s'écoulent à peine entre les cas importés et les cas qui en dérivent. » — Une semaine, c'est précisément le terme assigné à la durée de l'observation dans le projet actuel. — Il est d'ailleurs à remarquer que les cas, en très-petit nombre, d'incubation prolongée que l'on a cités, se sont tous montrés à bord des navires et dans le cours d'une traversée, c'est-à-dire dans des circonstances que nous avons précédemment signalées, et où, pour emprunter encore les expressions de M. Fauvel, la « contamination a pu avoir lieu après le départ du lieu infecté. »

Les art. 7 et 8 remettent aux mains de l'autorité sanitaire locale le droit de régler la durée de l'observation dans les limites prescrites, en fixant des conditions auxquelles s'appliquent plus spécialement le maximum et le minimum. Le règlement général du 27 mai 1853 fournit d'ailleurs, à ce sujet, des indications qui subsistent à la durée de l'observation et qui complètent les prescriptions nouvelles par les dispositions en vigueur dans notre code sanitaire.

L'art. 9 consacre le régime exceptionnel dont nous avons déjà cherché à démontrer la nécessité et à légitimer l'application. L'usage prudent et libéral à la fois qui en sera fait assurera, d'une part, à la santé publique, les garanties d'un contrôle sévère, et, d'une autre part, tempérera, dans ce qu'elles auraient d'excessif et de vexatoire des mesures dont l'unique effet serait de ruiner notre commerce et d'arrêter dans leur magnifique développement les plus utiles entreprises de notre industrie. Il faut bien admettre, en effet, que tous les navires ne sont pas, au point de vue de l'importation du choléra, dans des conditions identiques, et que le bénéfice de l'immunité peut être justement acquis à quelques-uns. La conférence de Constantinople reconnaît ce fait en des termes qui méritent d'être cités : « Il est certain que les paquebots réguliers qui font le service de l'Inde depuis un grand nombre d'années, n'ont jamais importé le choléra à Suez; de sorte que l'on peut dire, sans spécifier pour le moment davantage, que toute provenance de pays atteints de choléra n'est pas apte à propager la maladie. » — Il est inutile de rien ajouter; l'exception stipulée dans l'art. 9, dans les limites étroites où elle est renfermée, paraîtra, nous n'en doutons pas, suffisamment justifiée.

Les art. 10 à 14 reproduisent, en ce qui touche les provenances du pays où règne le choléra, des mesures d'assainissement applicables aux bagages et marchandises, ainsi qu'à une partie des hommes d'équipage et de tous points analogues aux prescriptions si efficacement mises en pratique contre les arrivages des lieux infectés de la fièvre jaune.

L'art. 15 introduit une disposition nouvelle de police sanitaire dont la gravité n'échappera pas au comité, mais qui, plus qu'aucune autre, est de nature à rassurer les populations contre les invasions cholériques semblables à celles qui ont eu lieu en 1865 sur le littoral de la Méditerranée. Elle est essentiellement défensive et découle de ce fait incontesté, que les réunions d'hommes voyageant en corps et ayant séjourné dans un lieu où règne le choléra, constituent le foyer le plus actif et le plus dangereux où puisse germer et d'où puisse se répandre le fléau indien.

Enfin, l'art. 16 contient les réserves que la commission a jugé utile d'ajouter et sur lesquelles le rapport s'est déjà suffisamment expliqué.

Telles sont en conséquence, dans leur ensemble et dans les termes du projet précité, les modifications que la commission a l'honneur de proposer au comité d'approuver, et qui seraient apportées au régime sanitaire actuellement en vigueur contre le choléra épidémique.

Le rapporteur, A. TARDIEU.

Adopté par le comité, dans sa séance du 18 juin 1865.

Le président, RAYER.

Le secrétaire, AMÉDÉE LATOUR.

Décret du 7 sept. 1865.

Sur le rapport de notre ministre secrétaire d'Etat au département de l'agriculture, du commerce et des travaux publics; — Vu la loi du 3 mars 1822; — Le décr. du 24 déc. 1850; — La convention sanitaire internationale et le règlement qui l'a suivie; — Les arrêtés ministériels des 12, 16 et 19 août 1861, 10 juin et 12 juill. 1862; — L'avis du comité consultatif d'hygiène publique;

Art. 1. — A l'avenir, la durée des mesures sanitaires applicables aux arrivages en patente brute de fièvre jaune, dans l'Océan et la Manche, pourra être différente pour les passagers, les hommes d'équipage, le navire et les marchandises.

Art. 2. — Quand les arrivages auront lieu par des navires principalement installés pour le transport rapide des passagers ou par des navires de guerre reconnus sains, dont les cales auront été suffisamment aérées pendant la traversée, qu'il y aura à bord un médecin sanitaire commissionné ou en faisant fonctions, et qu'il ne sera survenu en mer aucun accident de fièvre jaune, les passagers et l'agent des postes seront admis à la libre pratique immédiate.

Art. 3. — Lorsque, dans les mêmes conditions de navigation, il y aura eu des cas de fièvre jaune pendant la traversée, la quarantaine sera de 5 à 7 jours pour les passagers et l'agent des postes. — Toutefois, une décision spéciale du ministre, rendue sur le rapport des autorités sanitaires locales, pourra, selon les circonstances, réduire la durée de cette quarantaine et même prononcer l'admission en libre pratique des passagers et de l'agent des postes. — Le navire, l'équipage et les marchandises resteront soumis à la quarantaine de 7 à 15 jours.

Art. 4. — Sont maintenues les dispositions sanitaires relatives aux bâtiments autres que les navires principalement installés pour le transport rapide des passagers et les navires de guerre, et en particulier celles qui concernent l'isolement et le déchargement des bâtiments ordinaires du commerce. — Le déchargement en rivière ou au lazaret des navires de commerce, prescrit par l'arrêté ministériel du 30 août 1861, pourra, sur la proposition du directeur ou agent de la santé, n'être imposé que pour partie, lorsqu'il sera reconnu que l'état de la cale peut le permettre sans danger. — Seront également observées les dispositions sanitaires en vigueur à l'égard des passagers des navires de commerce. — Toutefois, la durée réglementaire des quarantaines prononcées à l'égard des passagers pourra être abrégée dans les conditions prévues par l'art. 3 ci-dessus.

RENVOIS. — V. Table alphabétique.

Sauvetage. V. NAUFRAGES.

Secours mutuels.

DIVISION.

§ 1. — Règlements généraux.
§ 2. — Création de sociétés.

§ 1. — Règlements généraux.

Circ. G. — 12-18 avr. 1861. — BG. 9. — Instructions aux préfets relatives à la propagation des sociétés de secours mutuels.

M. le préfet, à aucune époque, les sociétés d'assistance mutuelle n'ont attiré, comme aujourd'hui, la bienveillante attention et les encouragements du pouvoir. Grâce à cette impulsion protectrice, ces institutions utiles ont pris en France, pendant ces dix dernières années, un développement inattendu. L'Algérie, aussi, n'a pas tardé à se trouver dotée du bienfait de la législation spéciale dont l'influence a si heureusement contribué à la réalisation de ce progrès. Le décret du 15 déc. 1852, l'arr. min. du 23 juin 1858 et le décr. du 28 janv. 1860 (I, 610 et s.), ont successivement étendu à la colonie les avantages de cette législation.

A ce point de vue spéciale, rien ne s'oppose donc à ce que la mutualité prenne en Algérie le même essor que dans la métropole. Je me hâte d'ajouter que d'excellents résultats ont déjà été obtenus; mais il importe que les exemples encourageants que nous avons sous les yeux portent leurs fruits; que les associations déjà fondées se consolident et étendent la sphère de leur action; que les sociétés en voie de formation se constituent d'une manière régulière et définitive; que là, enfin, où le bienfait de la mutualité n'a pas encore pénétré, aucun effort ne soit négligé pour en doter la population.

L'utilité des sociétés de secours mutuels est plus évidente peut-être en Algérie que partout ailleurs. L'individu y a d'autant plus besoin de s'appuyer sur la mutualité que les intérêts y sont moins assis, les alternatives de bien-être et de souffrance plus fréquentes, les secours de la famille plus rares ou moins efficaces.

Je compte donc, M. le préfet, que vous suivrez le développement de ces institutions bienfaisantes, avec tout l'intérêt que comportent les services importants qu'elles sont appelées à rendre, au point de vue moral en même temps qu'au point de vue matériel. Je verrais avec plaisir que des créations nouvelles vinssent affirmer le succès de vos soins à cet égard. Je serai d'ailleurs toujours prêt à seconder vos efforts dans ce sens en provoquant, auprès de M. le ministre de l'intérieur, les récompenses spéciales, telles que mentions, médailles d'honneur et autres distinctions honorifiques, que l'administration réserve aux personnes signalées pour leur dévouement aux intérêts qui se rattachent au développement de la mutualité.

Mal PÉLISSIER, DUC DE MALAKOFF.

A G. — 26 mars 1862. (V. Bienfaisance publique.) Organisation du service d'inspection des établissements de bienfaisance.

Circ. G. — 25 fév.-12 mars 1864. — BG. 104. — Instructions aux préfets relatives à la propagation des sociétés.

A diverses reprises, je vous ai fait connaître l'intérêt particulier que le gouvernement de l'empereur attache à la propagation des sociétés de secours mutuels. — Les bienfaits que l'institution de la mutualité procure chaque jour aux populations des communes qui en sont dotées, doivent engager l'administration à se préoccuper des moyens à employer pour hâter la création de sociétés de secours mutuels dans toutes les localités de l'Algérie où il est possible d'en réunir les éléments. — Aussi, m'inspirant des intentions de l'empereur lui-même, je viens de nouveau vous inviter à seconder les vues du gouvernement, en donnant à l'institution des sociétés de secours mutuels, dans votre département, tout le développement qu'elle comporte.

Quant aux mesures que vous aurez à prendre pour atteindre ce but, elles sont en partie indiquées par le décret-loi du 26 mars 1852 (art.1).

C'est au maire, à l'autorité ecclésiastique, ou même à toutes les personnes de bonne volonté de chaque commune, qu'il appartient d'organiser une société dans chaque localité. — Vous aurez donc à leur adresser les instructions les plus pressantes à cet égard, en répartissant de la façon qui vous paraîtra le plus utile les exemplaires de statuts modèles que vous trouverez joints à la présente circulaire. La diversité de races et de religions qui se remarque en Algérie devra, dans la plupart des cas, vous engager à donner aux sociétés à créer un caractère largement philanthropique qui n'admette aucune préoccupation exclusive et tende à rapprocher les hommes de diverses origines par la pratique de la mutualité.

Vous voudrez bien rappeler aux fonctionnaires administratifs placés sous vos ordres, et particulièrement à tous les maires de votre département, les caractères principaux des sociétés de secours mutuels, le but qu'elles se proposent et les avantages qu'en retirent les associés. Il importe de faire comprendre aux populations que, moyennant une minime rétribution mensuelle, l'ouvrier des villes, comme celui des campagnes, se met à l'abri de la gêne inévitable occasionnée par les maladies. Non-seulement l'association dont il fait partie lui procure gratuitement, pour lui et les siens, les soins d'un médecin et les médicaments nécessaires, mais encore elle lui accorde une indemnité en argent pour subvenir aux premiers besoins de sa famille.

Je ne dois pas omettre de vous faire remarquer que le décr. organique du 26 mars 1852 (art. 1), en prescrivant l'organisation d'une société de secours mutuels dans chaque commune, laisse la faculté de grouper plusieurs petites communes, lorsque chacune d'elles ne renferme pas les éléments nécessaires à la création de cette utile institution. — L'exemple fourni par plusieurs départements agricoles et notamment par celui du Jura, où il existe près de 500 sociétés de secours mutuels approuvées, démontre suffisamment la possibilité d'établir et de faire prospérer de semblables sociétés dans des communes qui, par leur peu d'importance, paraîtraient devoir être à jamais privées des bienfaits de la mutualité.

Mais ce qui peut être réalisé dans les communes essentiellement agricoles, ne doit-il pas être tenté avec plus de succès encore dans les centres urbains? Là, surtout, l'ouvrier, qui n'a pour vivre que son travail journalier, tombe bien vite dans la misère, lorsque la maladie s'est appesantie sur lui. Or c'est à ce moment de la vie de l'ouvrier que se fait sentir l'utilité d'une société de prévoyance. — Si quelques municipalités objectaient l'impossibilité où se trouvent leurs communes de satisfaire aux obligations que leur impose l'art. 9, il vous serait sans doute facile de leur venir en aide pour cet objet au moyen du crédit spécial qui peut être mis chaque année à votre disposition par le conseil général, pour la propagation des sociétés de secours mutuels.

Les difficultés matérielles se trouvant écartées, c'est à la bonne volonté de chacun qu'il convient de faire un appel sérieux. Je ne doute pas que vous ne trouviez chez les fonctionnaires placés sous vos ordres, le zèle et le dévouement que l'Empereur est en droit d'attendre de leur part dans la propagation de ces institutions de prévoyance.

M^{al} PÉLISSIER, DUC DE MALAKOFF.

DE — 18 juill.-18 août 1864. — BO. 119. — Promulgation du décret du 18 juin 1864 sur la durée des fonctions des présidents.

Vu les décr. des 15 déc. 1852 et 28 janv. 1860, relatifs à l'organisation des sociétés de secours mutuels en Algérie (I, 610); — Vu le décr. du 18 juin 1864, qui fixe à 5 ans la durée des pouvoirs attribués aux présidents des sociétés de secours mutuels approuvées;

Art. 1. — Le décret du 18 juin 1864, qui fixe la durée des pouvoirs conférés aux présidents de sociétés de secours mutuels, sera promulgué en Algérie pour y être exécuté selon sa forme et teneur.

Décret du 18 juin 1864 (1).

Vu l'art. 5 du décr. du 26 mars 1852;
Art. 1. — La durée des fonctions des présidents des sociétés de secours mutuels approuvés est fixée à 5 ans, à partir du jour de leur nomination.

(1) Rapport à l'Empereur. — Sire, les présidents de sociétés de secours mutuels approuvées sont, en vertu de l'art. 5 du décr. du 26 mars 1852, nommés par l'empereur, sans qu'aucune limite soit assignée à leurs fonctions. Un grand nombre de prélats ont appelé plus d'une fois mon attention sur les inconvénients que leur paraissait présenter cette inamovibilité. Dans son dernier rapport adressé à V. M., la commission supérieure d'encouragement et de surveillance à également émis le vœu que la durée des fonctions du président fût limitée.

Avant d'aborder, avec la commission supérieure, l'examen approfondi de cette importante mesure, j'ai cru utile de considérer tous les prélats sur les avantages et les inconvénients qui leur paraîtraient devoir en résulter, et sur les questions de détail que soulèverait son application. — Les résultats de cette enquête viennent d'être soumis à la commission supérieure, qui a partagé entièrement l'avis presque unanime exprimé par les prélats en faveur de la mesure projetée.

En effet, l'expérience a démontré combien il serait utile, dans l'intérêt des sociétés de secours mutuels, de pouvoir remplacer certains présidents. Sans doute l'administration s'attache à choisir avec le plus grand soin les personnes qui doivent être placées à la tête de ces sociétés; mais, avec le temps, le zèle et les aptitudes peuvent s'affaiblir, la position peut changer de manière à ne pas permettre de maintenir indéfiniment la même personne à la tête d'une société. Il est vrai que le décret du 26 mars 1852 confère implicitement à l'Empereur le droit de révocation; mais cette mesure rigoureuse ne peut être appliquée que pour des motifs d'une gravité exceptionnelle, et l'administration était jusqu'ici désarmée, en fait, dans toutes les circonstances où, en dehors de faits graves, il peut devenir nécessaire de remplacer un président. On ferait disparaître ces inconvénients en appliquant aux présidents de sociétés de secours mutuels le principe du renouvellement, déjà en vigueur dans un grand nombre de fonctions gratuites. Cette mesure aurait encore l'avantage de ranimer constamment le zèle des présidents et de les maintenir dans une voie d'amélioration progressive, par la crainte de ne pas conserver une position honorable et enviée; tandis que ceux dont la gestion ne laisserait rien à désirer puiseraient certainement une nouvelle force dans le témoignage de satisfaction qu'impliquerait une nouvelle nomination.

J'ai donc l'honneur de soumettre à V. M. les propositions suivantes: — Les présidents de sociétés de secours mutuels approuvées seraient nommés pour cinq ans. Ce terme a paru le plus convenable. Plus long, il laisserait évidemment subsister en grande partie les inconvénients de l'état de choses actuel, et il serait à craindre, d'autre part, qu'un délai plus restreint ne fût de nature à décourager les hommes dévoués au bien public. Le renouvellement des mandats serait très périodiquement, en partant pour chaque président de la date de sa nomination. Renouveler périodiquement tout le personnel à la fois, ce serait risquer, un avantage appréciable, de provoquer une certaine agitation sur tous les points en excitant des compétitions simultanées. Ce système aurait en outre l'inconvénient inévitable de décourager les présidents nommés dans l'intervalle des renouvellements par la perspective d'un remplacement éventuel dans un délai qui pourrait être quelquefois très-rapproché.

Le ministre de l'intérieur,
BOUDET.

§ 2.—CRÉATION DE SOCIÉTÉS.

Depuis le décr. du 28 janv. 1860 (I, 611), c'est aux préfets en territoire civil et aux généraux en territoire militaire qu'est remis le soin d'autoriser la création des sociétés de secours mutuels et d'en approuver les statuts. A la fin de l'année 1864, il avait été créé 55 sociétés en Algérie, savoir : 20 dans la province d'Alger, 4 dans celle d'Oran, et 11 dans celle de Constantine. Ce nombre doit être augmenté de 3 ou 4 sociétés nouvelles qui ont été créées depuis cette époque.

RENVOIS. — V. Table alphabétique.

Séquestre.

DIVISION.

§ 1. — Législation spéciale.
§ 2. — Arrêtés spéciaux de séquestre.

§ 2.—ARRÊTÉS SPÉCIAUX DE SÉQUESTRE.

1° Province d'Alger.

AM. — 5 déc. 1860-28 mai 1861. — BG. 17. — Séquestre apposé sur les biens du nommé Cheik el Arab, comme instigateur de l'insurrection qui a éclaté chez les Beni Raten en 1857.

2° Province de Constantine.

AG. — 21-28 mai 1861. — BG. 17. — Confirmation du séquestre apposé provisoirement et d'urgence sur les biens appartenant aux indigènes des Ouled Mansour et des Ouled Amar (subd. de Batna), en punition des actes d'hostilité commis par eux. — Listes nominatives.

AG.—2 août-23 déc. 1861.—BG. 31.—Séquestre sur les biens de la tribu des Arb Resquif qui a pris une part active aux troubles qui ont eu lieu dans l'Oued Kébir en 1859 et 1860.— Publication des listes nominatives et état des biens. BG. 39 bis.

AG. — 20 oct.-31 déc. 1861. — BG. 39. — Séquestre sur les biens de la tribu des Ouled Bou Ben, fraction des Beni Toufout, qui ont attaqué en 1860 un convoi portant des approvisionnements à une colonne expéditionnaire.

AG. — 13 nov.-31 déc. 1861. — BG. 39. — Séquestre sur les biens de 7 indigènes de Boucada qui ont pris part aux événements de Boucada lors de l'insurrection de Zaatcha en 1849.— Liste nominative et état des biens.

AG.—29 nov.-25 déc. 1862.—BG. 68. — Maintien du séquestre apposé sur les biens de 68 indigènes de l'oasis de Biskra qui ont pris part à la révolte de 1844. — Listes nominatives.

AG.—3-21 mars 1865. — BG. 159. — Séquestre sur les immeubles appartenant aux indigènes des Bracklas (subd. de Batna), de la tribu des Ouled bou Aoun.

Vu l'art. 10 de l'ord. du 31 oct. 1845 (I, 614) — Le § 2 de l'art. 22 de la loi du 16 juin 1851 (Propriété, I, 593); — Vu l'art. 7 du sénatus-consulte du 22 avr. 1863 ; — Considérant que les gens des Bracklas, fraction de la tribu des Ouled bou Aoun, de la subd. de Batna, se sont rendus coupables, depuis l'année 1857, d'un grand nombre d'assassinats, uniquement dirigés contre des Européens; que ces assassinats, commis sur des individus sans ressources, et par conséquent sans le mobile du vol, démontrent que ces crimes n'avaient d'autre cause qu'un sentiment d'hostilité systématique contre notre domination; — Considérant que les assassins ont constamment été protégés par le silence des Bracklas et par leurs efforts unanimes pour dérouter les investigations de la justice; que, conséquemment, on doit voir, dans l'ensemble des crimes commis sur le territoire de cette fraction de la tribu des Ouled bou Aoun, autre chose que les actes d'une réunion de malfaiteurs ordinaires, mais un concert entre les ennemis de la population européenne; — Considérant que ces attentats constituent les actes d'hostilité prévus par l'art. 10 de l'ord. du 31 oct. 1845, susvisé;

Art. 1. — Le séquestre est apposé, collectivement, sur les immeubles désignés dans l'état ci-joint, appartenant aux Bracklas. — Ces immeubles sont définitivement réunis au domaine de l'Etat.

Art. 2.—Toutes les sommes principales échues, les intérêts desdites sommes, les loyers de fermage et généralement tout ce qui serait dû à ces indigènes sera versé dans la caisse du domaine.

Mal DE MAC-MAHON, DUC DE MAGENTA.

3° Province d'Oran.

Décis. I. — 3 oct.-23 déc. 1861. — BG. 34. — Mainlevée du séquestre apposé par arrêté du 18 avr. 1856 (I, 618) sur les biens de l'indigène Amed ben Kadda de Mascara, reconnu n'avoir pas émigré au Maroc, ainsi qu'on l'avait supposé.

AG. — 3 juill.-6 août 1862. — BG. 53. — Séquestre sur 6 indigènes fauteurs de la révolte dans l'Ouargla (province d'Oran). — Listes nominatives et état des biens.

AG. — 1er-31 déc. 1862.—BG. 75 bis. — Maintien définitif du séquestre apposé sur les biens d'indigènes appartenant aux deux tribus des M'Sirdas et des Souahlias (cercle de Nemours), qui ont émigré depuis plus de trois mois au Maroc, sans autorisation. — Listes nominatives et état des biens (1).

AG. — 13-30 mars 1866. — BG. 170. — Séquestre sur les biens des Oulad Sidi Cheikh.

Vu, etc. (comme à l'arrêté du 4 mars 1865 ci-dessus);

Considérant que Sliman ben Hamza, ex-bach agha de Géryville et chef de la famille des Oulad bou Bekeur Oulad Sidi Cheikh, a fomenté, en 1864, une insurrection dans la province d'Oran et qu'il a été tué, le 8 avr. suivant, portant les armes contre la France; — Considérant que Mohamed ben Hamza est devenu, après la mort de son frère, le chef de l'insurrection, et qu'il a pareillement commis des actes d'hostilité contre la France jusqu'au 4 fév. 1865, jour où il a péri les armes à la main; — Considérant que Ahmed ben Hamza, frère des précédents, a, comme eux, porté les armes contre la France jusqu'au moment où, pressé par nos colonnes, il a dû s'enfuir au Maroc; — Considérant que Lala et Zoubir ben Abou Bekeur, ex-agha d'Ouargla, et leurs frères, oncles des précédents, ont prêté assistance à leurs neveux, chefs de l'insurrection et de leur famille; — Considérant qu'Ahmed ben Hamza, Lala et Zoubir ben Abou Bekeur, ainsi que les frères de ces derniers, sont encore en état d'hostilité contre la France;

Art. 1. — Sont frappés de séquestre les propriétés et tous les biens appartenant à la famille des Oulad bou Bekeur Oulad Sidi Cheikh, et notamment aux héritiers de Sliman et de Mohamed ben Hamza, ainsi qu'aux nommés Ahmed ben

---

(1) V. ci-après, décision impériale de 21 avr. 1866 qui abroge cet arrêté.

Hamza, Lala ben Abou Bekeur, et Zoubir ben Abou
Bekeur et aux frères des deux derniers.

Art. 2.—Toutes les sommes principales échues,
les intérêts desdites sommes, les loyers et ferma-
ges, et généralement tout ce qui serait dû à ces
indigènes, seront versés dans la caisse du domaine.

M^ll DE MAC-MAHON, DUC DE MAGENTA.

Décis. I. — 21 avr.-19 mai 1866. — BG. 179.—
*Mainlevée du séquestre apposé sur les biens
de diverses tribus de la province d'Oran.*

Rapport à l'Empereur. — Sire, le sénatus-consulte du 22 avr. 1863, qui a déclaré les tribus de
l'Algérie propriétaires des territoires dont elles ont
la jouissance permanente et traditionnelle à quelque titre que ce soit, doit avoir pour conséquence
d'annuler les effets du séquestre à l'égard des
territoires dont la jouissance a été laissée aux indigènes atteints par cette mesure rigoureuse, et
les instructions générales du 11 juin 1863 portent
qu'il sera statué, au sujet des tribus placées dans
ces conditions, par décisions spéciales de l'Empereur. — Déjà, par décisions des 4 nov. 1863 et
9 janv. 1864, V. M. a bien voulu rendre aux indigènes des Beni-Salah et des Ouled-Dhan, dans
la province de Constantine, la libre disposition de
leur territoire, sur lequel ils avaient été maintenus
à titre de locataires du domaine après l'apposition
du séquestre. — Le gouverneur général de l'Algérie demande aujourd'hui que le même principe
soit appliqué aux territoires de la province d'Oran
frappés de séquestre, à l'origine des hostilités, et
qui sont actuellement détenus par les indigènes à
divers titres.

Le séquestre apposé sur les biens des tribus de
cette province a pour base trois arrêtés principaux :

1° L'arrêté du gouverneur général, du 30 mai
1841 (I, 618), portant sur toutes les propriétés
abandonnées dans la ville de Mascara et dans un
rayon de 24 kil. autour de cette place;

2° L'arrêté du 15 fév. 1842 (I, 618), appliquant
la même mesure à Tlemcen et au territoire environnant;

3° L'arrêté du 18 avr. 1846 (I, 618), rendu en
conformité de l'ordonnance de 1845 et déclarant
propriété de l'État le territoire des tribus émigrées
ainsi que celui des tribus qui, venant à émigrer,
n'auraient pas obtenu l'aman dans le délai d'un
mois.

Ce dernier arrêté a servi de point de départ à
sept arrêtés spéciaux qui, de 1853 à 1862, ont
atteint un certain nombre de tribus qui avaient
pris part à des mouvements insurrectionnels ou
avaient émigré.

Il résulte du travail établi par le commandant
de la province d'Oran, pour chaque subdivision
et pour chaque cercle, que la mise à exécution
de ces divers arrêtés n'a pas toujours eu lieu
d'une manière uniforme, et qu'il en résulte
dans la situation des tribus des inégalités fâcheuses. En outre, la plupart de ces tribus, celles
surtout qui avoisinent les zones colonisées, ont
subi des prélèvements importants, et il paraît
juste de les rassurer en leur reconnaissant la propriété des surfaces sur lesquelles elles sont encore
établies. Les autorités supérieures attestent d'ailleurs que les unes et les autres sont dignes, par

leur conduite présente, de la bienveillance de
l'Empereur. En conséquence, sur l'avis du conseil
de gouvernement, M. le maréchal, duc de Magenta, demande que V. M. veuille bien lever, par
mesure gracieuse, et sur les immeubles de toute
nature et de toute origine dont l'État n'a pas fait
emploi, le séquestre apposé en vertu de quelque
mesure que ce soit; et notamment: — Sur les
territoires des tribus situées dans un rayon de
24 kil. autour de Mascara (arr. 30 mars 1841);
— Sur les propriétés communes ou particulières
appartenant à des tribus ou fractions de tribus
émigrées, soit dans le Maroc, soit dans le désert (arr. 18 avr. 1846); — Sur les propriétés
des indigènes émigrés des cercles d'Oran, de
Tlemcen, de Sebdou, de Lalla Maghnia et de Nemours (arr. 19 août 1853, I, 618); — Sur les propriétés des indigènes des cercles d'Aïn Temouchent et de Mascara (arr. 12 juill. 1854, I, 618);
— Sur les propriétés communes et particulières de
la tribu des Ouled Mimoun (arr. 15 janv. 1855, I,
618); — Sur les propriétés des indigènes émigrés
du cercle du Saïda (arr. 27 janv. 1855, I, 618);—
Sur les terres des Hassinat, fraction des Harars
(arr. 12 mars 1855, I, 618);— Sur les propriétés des
indigènes émigrés du cercle de Mascara (arr.
15 déc. 1856, I, 618); — Sur les propriétés d'un
certain nombre d'indigènes appartenant aux deux
tribus des M'Sirda et des Souahlia (cercle de Nemours) (arr. 1er déc. 1862, *supra*).

Toutefois, pour empêcher les complications et
les erreurs que des revendications prématurées et
une connaissance imparfaite de l'état des choses
pourraient entraîner, le gouverneur général propose de réserver pour l'époque où les commissions
administratives chargées de l'exécution du sénatus-consulte opéreront sur les territoires favorisés
de la mainlevée, la présentation par les intéressés des titres qu'ils pourraient avoir à faire
valoir sur les biens melk compris dans ces territoires.

Enfin, pour ce qui touche les biens en déshérence et ceux ayant eu ou ayant acquis depuis le
séquestre le caractère beylick, il ne serait rien
changé à la situation actuelle, et ils seraient maintenus dans le domaine de l'État.

Ces différentes propositions étant entièrement
conformes aux prescriptions légales et aux instructions de Votre Majesté, je ne puis que vous prier,
Sire, de vouloir bien les sanctionner en approuvant le présent rapport.

Le maréchal, ministre de la guerre,
RANDON.

Approuvé,
NAPOLÉON.

RENVOIS. — V. *Table alphabétique.*

Serment. V. TABLE ALPHABÉTIQUE.

Servitudes militaires (1).

DX. — 15 fév. 1860-10 avr. 1861. — BG. 8. —
*Homologation des plans de délimitation et
procès-verbaux de bornage des zones de servitude et des polygones exceptionnels dans les
places de Philippeville, Batna, Sidi bel Abbès
et dans les postes de Tiaret et Daya.*

Vu les lois des 10 juill. 1791, 17 juill. 1819 et

---

(1) JURISPRUDENCE. — La compétence du conseil de
préfecture est réglée par l'art 20 du décr. du 10 août 1853
et l'art. 12 du décr. du 29 avr. 1857 (I, 618 et 621). Par
suite il est incompétent pour statuer sur des réclamations
tendant à faire annuler les diverses décisions administratives rendues pour le classement d'un fort dans le tableau
des servitudes défensives, et en ce qui touche la régula-

rité de l'opération de bornage qui en a été la suite il doit
surseoir à statuer jusqu'à la décision qui interviendra sur
la question principale du classement. — Dans l'espèce, il
s'agissait du fort des Anglais, sis à Saint-Eugène, près
Alger. — *Arrêté du cons. de préf. d'Alger, du 10 déc.
1860.*

10 juill. 1851, concernant les servitudes imposées
à la propriété pour la défense de l'État; — Notre
décret d'administration publique, du 10 août 1853,
relatif au classement des places de guerre et des
postes militaires, et aux servitudes autour des fortifications, en France; — Notre décret d'administration publique, du 29 avr. 1857, relatif aux
mêmes objets en Algérie (I, 618).

Art. 1. — Les plans de délimitation et les procès-verbaux de bornage des zones de servitude et
des polygones exceptionnels, annexés au présent
décret et visés et approuvés par notre ministre de
la guerre, ainsi que les conditions particulières
relatives à ces polygones, telles qu'elles sont rela-
tées sur ces plans, sont définitivement arrêtés et
homologués. — Ces plans et procès-verbaux concernent les places et postes ci-dessous désignés:—
La place de Philippeville et celle de Batna (dép.
de Constantine);— Le poste de Tiaret, le poste de
Sidi bel Abbès et le poste de Daya (dép. d'Oran).

D1. — 5 juin-26 août 1861. — BG. 27. — *Idem.
De la zone des fortifications dans la place
de Guelma et le poste de Tiaret.*

Vu, etc. (comme ci-dessus);

Art. 1. — Sont définitivement arrêtés et homologués les plans de délimitation et les procès-verbaux de bornage de la zone des fortifications annexés au présent décret, et visés et approuvés par
notre ministre de la guerre. — Ces plans et procès-
verbaux concernent les places et postes ci-dessous
désignées: — La place de Guelma dép. de Constantine) et le poste de Tiaret (dép. d'Oran).

D1. — 24 sept.-30 déc. 1861. — BG. 36. — *La
batterie du Hamis est classée dans la 2ᵉ série
des postes militaires, comme ouvrage détaché
de la place d'Alger.*

Vu, etc. (comme ci-dessus);

Considérant qu'il est nécessaire d'appliquer les
dispositions concernant les servitudes aux terrains
situés aux abords de la batterie du Hamis, destinée
à défendre la rade d'Alger;

Art. 1. — La batterie du Hamis est classée dans
la 2ᵉ série des postes militaires, comme ouvrage
détaché de la place d'Alger.

Art. 2. — Les zones de prohibition de cette batterie seront déterminées conformément au plan
joint au présent décret.

D1. — 6 mars-25 mai 1862. — BG. 52. — *Homologation des plans et procès-verbaux de bornage de la zone des fortifications de la batterie du cimetière de Charles-Quint (dép.
d'Alger) et de la place de Batna (dép. de
Constantine.*

D2. — Même date. — *Id. des zones de servitudes et polygones exceptionnels, de la batterie du cimetière de Charles-Quint et le fort
des Anglais (dépendant de la place d'Alger);
du poste de Dellys (dép. d'Alger); du poste
d'Arzew (ville et ouvrages détachés); du poste
de la Mékéra (dépendant de la place de Sidi
bel Abbès (dép. d'Oran).*

D1. — 19 avr.-31 mai 1862. — BG. 53. — *Dé-
classement des forts détachés, Horain, Saint-
Eugène, Valée, et de la maison crénelée dépendant de la place de Djidjelli (dép. de
Constantine) et devenus inutiles à sa défense.*

D1. — 24 janv.-15 avr. 1863. — BG. 77. — *Réduction de la 1ʳᵉ zone de servitudes de la
place de Blidah.*

Vu, etc.;

Art. 1. — La première zone des servitudes de
la place de Blidah est réduite de 250 mètres à 150
mèt. seulement.

Art. 2. — Il est créé dans les parties les plus
rapprochées de la place, c'est-à-dire entre la li-

mite de la première zone réduite et le terrain militaire de l'enceinte, un polygone exceptionnel
dans lequel les constructions même en maçonnerie
pourront être autorisées, pourvu que leur hauteur
soit limitée à 4 mèt. sous faîtage. — Les limites
de la première zone et du polygone exceptionnel
sont indiquées sur le plan annexé au présent décret.

Art. 3. — La redoute de Mimich, près Blidah,
est déclassée.

D1. — 21 mars-8 mai 1863. — BG. 80. — *Dé-
classement du mur d'enceinte du quartier de
cavalerie du Bardo, ouvrage détaché de la
place de Constantine, dont les servitudes
peuvent être supprimées sans qu'il en résulte
d'inconvénients graves pour le service militaire.*

D1. — 30 mai-27 juin 1863. — BG. 85. — *Homologation des plans de délimitation et procès-
verbaux de bornage de la batterie du Hamis (dépendant de
la place d'Alger); de la place de Sétif (dép.
de Constantine); et du poste de Sebdou (dép.
d'Oran).*

D1.—Même date. — *Id. des zones de servitudes
et des polygones de la batterie du Hamis (dépendant de la place d'Alger); du poste de
Djelfa (dép. d'Alger); du poste de Guelma
et de la place de Sétif (dép. de Constantine);
de la place de Lalla Maghnia et du poste de
Sebdou (dép. d'Oran).*

D1. — 20 janv.-4 avr. 1864. — BG. 106. — *Dé-
classement du pénitencier de Lambèse, poste
détaché de la place de Batna (Constantine).*

D1. — 20 janv.-16 avr. 1864. — BG. 107. — *Dé-
classement de la maison de commandement de
Doussen, poste détaché de la place de Batna
(Constantine).*

D1. —Même date. — *Batterie de la pointe du
fort Génois classée dans la 2ᵉ série des postes
militaires.*

Art. 1. — La batterie de la pointe du fort Génois est classée dans la 2ᵉ série des postes militaires comme ouvrage détaché de la place de Bône.

Art. 2. — Les servitudes portées par cette batterie, ainsi que par celle du mouillage du fort
Génois et par le fort de ce nom, ouvrages déjà
classés par le décr. du 29 avr. 1857, ne s'étendront
pas au delà de la zone fortifiée des ouvrages.

D1. — 30 janv.-16 avr. 1864. — BG. 107. —
*Fort Napoléon classé dans la 2ᵉ série des
postes militaires.*

Art. 1. — Le fort Napoléon est classé dans la
2ᵉ série des postes militaires de l'Algérie.

Art. 2. — Les servitudes portées par cet ouvrage seront réduites à une zone de 250 mèt.

D1. — 15 fév.-16 avr. 1864. — BG. 107. — *Dé-
classement de l'enceinte du village de Teniet
el Hadd.*

D1. — 14 mai.-26 juill. 1864. — BG. 117.— *Homologation des plans de délimitation et procès-verbaux de bornage des zones de servitudes
et des polygones exceptionnels du fort de
l'Eau (ouvrage détaché de la place d'Alger);
du poste de Tenes (dép. d'Alger); du poste de
Tebessa et de la place de Bône (dép. de Constantine); de la place de Mascara (dép. d'Oran)*

D1. — Même date. — *Id. de la zone des fortifications, du fort de l'Eau (place d'Alger); de
la place de Medeah (dép. d'Alger); du poste
de Lalla Maghnia (dép. d'Oran).*

D1. — 21 juin-31 août 1865. — BG. 151. — *Id.
des zones de servitudes et des polygones exceptionnels de la place d'Alger, y compris le*

fort l'Empereur) du poste de Sidi Ferruch (fort et batteries) de la place de Blidah; du poste du camp de Coleah; de la place d'Aumale et de la place de Medeah (prov. d'Alger); de la place de Mostaganem (prov. d'Oran).

93. — Même date. — Id. de la zone des fortifications, pour les deux limites intérieures et extérieures, du fort et des batteries de Sidi Ferruch, de la place de Blidah, et de la place d'Aumale (prov. d'Alger); — pour la limite intérieure seulement, de la place de Mascara (prov. d'Oran).

RENVOIS. — V. *Table alphabétique.*

Sociétés. V. TABLE ALPHABÉTIQUE.

Sources. V. *ibidem.*

Substances alimentaires. V. *ibidem.*

Successions vacantes (1).

Circ. G. — 14 juill.-31 août 1865. — BG. 91. — *Instructions aux généraux et préfets relatives à la nécessité d'informer immédiatement le domaine de l'ouverture de toute succession vacante.*

Les agents du service du domaine sont appelés par l'ordonnance organique du 26 déc. 1842 (I, 629), à contrôler la gestion des curateurs aux successions vacantes; mais aucune disposition de l'ordonnance n'ayant réglé le mode d'exercice de ce contrôle, l'expérience a fait reconnaître la nécessité de suppléer à cette lacune par des instructions spéciales. — La première mesure à prendre est d'aviser à ce que les préposés du domaine soient immédiatement informés de l'ouverture de toute succession vacante.

L'art. 7 de l'ordonnance enjoint à l'officier de l'état civil qui reçoit la déclaration d'un décès, « de s'informer immédiatement si les héritiers du défunt sont présents ou connus. » D'après l'art. 8, « s'il résulte des informations recueillies que les héritiers du décédé ne sont ni présents ni connus, l'officier de l'état-civil en doit donner sur-le-champ avis au procureur impérial et au juge de paix du ressort, ainsi qu'il exerce dans le territoire du lieu du décès. » — J'ai décidé, d'accord avec M. le procureur général, que le même avis serait adressé au receveur du domaine du ressort, afin que cet agent fût mis immédiatement en mesure d'exercer le contrôle qui lui incombe sur la gestion financière du curateur, aux termes de diverses dispositions de l'ordonnance réglementaire et de l'art. 8 du décr. du 23 oct. 1850 (*Dépôts et consignations*, I, 276).

Des instructions spéciales, également concertées avec M. le procureur général, vont être adressées au service du domaine dans le but d'établir, par son intervention plus fréquente, sur la gestion confiée aux curateurs, un contrôle plus effectif et plus efficace. Mais le point de départ est dans l'avis immédiat de l'ouverture de chaque succession, émanant de l'officier de l'état civil, par extension

de ce qui est prescrit par l'art. 8 de l'ord. de 1842. — Vous voudrez bien veiller à ce que les maires et officiers de l'état civil de votre circonscription administrative se conforment strictement à cette prescription.

M^{al} PÉLISSIER, DUC DE MALAKOFF.

Circ. G. — 20-31 août 1865. — BG. 91. — *Instructions aux généraux et préfets relatives au contrôle à exercer sur la gestion des curateurs.*

L'administration a lieu de craindre que les prescriptions du règlement général du 26 déc. 1842 (I, 629), sur les successions vacantes, ne soient pas toujours assez fidèlement observées. — Les préposés de l'enregistrement et des domaines sont appelés, il est vrai, par les art. 20, 21, 25, 26 et 27 dudit règlement et par le décr. du 23 oct. 1850, à exercer sur la gestion des curateurs un contrôle aussi précieux dans l'intérêt du trésor que dans celui des tiers; mais l'action de ces fonctionnaires est fréquemment paralysée par le délai qui s'écoule entre l'ouverture des successions et l'époque à laquelle il en est donné avis au domaine; d'autre part, l'examen des opérations de curatelle n'a lieu, le plus souvent, qu'après leur achèvement, c'est-à-dire à un moment où il devient impossible d'assurer efficacement l'exécution du règlement. — Dans cet état de choses, il m'a paru indispensable d'adopter, de concert avec M. le procureur général, les mesures suivantes :

1° (V. la circulaire qui précède.)

2° Les magistrats du ministère public veilleront à ce qu'au cas prévu par l'art. 12 de l'ordonnance, le receveur des domaines soit, par les soins du curateur, mis en mesure de surveiller les opérations spécifiées en l'art. 15. A cet effet, une ampliation du relevé sommaire exigé par l'art. 14 sera envoyée au receveur par le curateur.

3° Le même receveur devra être avisé par le curateur, et en temps opportun, des lieu, jour et heure de chaque vente aux enchères d'effets mobiliers, à laquelle il sera procédé conformément à l'art. 15.

4° La vérification à opérer au commencement de chaque trimestre, conformément à l'art. 23 du règlement, par le juge de paix ou le commissaire civil, du registre et du livre-journal des curateurs établis hors des villes où siègent les tribunaux de 1re instance, sera faite avec le concours du préposé des domaines; les procès-verbaux constatant ce double examen seront transmis simultanément au procureur impérial; le receveur conservera un double de son procès-verbal, tant pour justifier de son opération que pour réunir les éléments de l'avis qu'il est appelé à émettre lors de l'apurement annuel des comptes de curatelles (art. 4 décr. du 23 oct. 1850, *Dépôts et consignations*, I, 276). — Il ne faut pas oublier qu'outre la vérification trimestrielle, qui devra, du reste, être faite par l'agent des domaines seul, si le juge de paix ou commissaire civil néglige ou refuse d'y procéder, cet agent a le droit, aux termes du § 1 de l'art. 23, de se faire représenter les registre et livre-journal, toutes les fois qu'il le jugera convenable. — Il aura

<hr>

(1) JURISPRUDENCE. — V. les notes au premier volume et ci-contre : 1° Une succession est réputée vacante en Algérie aussi longtemps que les héritiers ne s'en sont pas fait faire la remise; par suite c'est contre le curateur que les héritiers doivent faire remise doivent être suivies. — Cour d'Alger, 17 fév. 1864, Wattez C. d'Authumoni.

2° Aux termes de l'art. 2 de l'ord. de 1842, il faut pour qu'une succession soit réputée vacante qu'au moment de son ouverture aucun héritier ne se présente soit en personne, soit par un mandataire spécial, ou que les hé-

ritiers présents ou connus y aient renoncé. — Le cas où il y a des héritiers présents et des héritiers absents est prévu par l'art. 54. Alors l'intervention du curateur n'est plus que facultative. L'administration des immeubles ne lui appartient pas de plein droit, et s'il y a compétition à cet égard entre les héritiers présents et lui, c'est à la justice à statuer en prenant pour base d'appréciation les garanties morales et matérielles que peuvent offrir les héritiers présents et la sauvegarde que peuvent réclamer les intérêts des héritiers absents. — Cour d'Alger, 5 oct. 1861, Ramy C. Fénéray.

soin, lors de chaque examen, d'inscrire sur ces documents un visa daté et signé.

5° Il sera procédé, dans les dix premiers jours de chaque trimestre, par un employé supérieur de l'enregistrement et des domaines, à l'examen des registres et livres des curateurs établis dans les villes où siége un tribunal de première instance.— Les procès-verbaux de cette opération seront établis en deux expéditions : l'une sera transmise au parquet et l'autre déposée au bureau des domaines.

6° Tout curateur sera tenu de comprendre, dans l'avis qu'il doit adresser au procureur impérial et au receveur, dès qu'une succession est réclamée par les héritiers (art. 27 du règlement), les mentions propres à en assurer l'efficacité. Il y relatera notamment la situation de l'actif et du passif, les noms des prétendants droit, leur domicile et leur degré de parenté. Les pièces justificatives seront, en même temps, communiquées au service des domaines, contradicteur légitime des réclamants.

Il y aura lieu également de faire tenir la main à ce que les curateurs se conforment toujours à l'obligation impérative qui leur est imposée par l'art. 815 c. nap., les art. 20 et 21 de l'ord. de 1842, l'art. 2 du décr. du 23 oct. 1856, et la décis. min. du 7 juill. 1855 (I, 630) :— 1° De verser immédiatement dans la caisse du receveur des domaines tout le numéraire trouvé dans les successions, et les deniers provenant du recouvrement des créances actives et de la vente des meubles ou immeubles ; — 2° De n'acquitter aucune dette ou dépense des successions, autres que les petites dettes privilégiées désignées par l'art. 2101 c. Nap.

Il y aurait des inconvénients sérieux à permettre aux curateurs de conserver à leur disposition tout ou partie de l'actif d'une succession, sous le prétexte que des créances leur ont été signalées. Les employés des domaines ne devront donc, pour aucun motif, se dispenser de poursuivre le recouvrement des sommes provenant des successions, et de constater par des procès-verbaux les retards apportés dans les versements (art. 20 règlement de 1842, art. 5 décr. du 23 oct. 1856).—C'est en vain que les curateurs objecteraient, comme ils l'ont fait parfois, que les deniers provenant de la vente aux enchères des meubles sont restés entre les mains des commissaires-priseurs, puisque, d'après l'art. 21 de l'arr. min. du 1er juin 1841, ces derniers doivent rendre leurs comptes dans la huitaine des ventes.

Enfin, pour rendre entièrement complète la surveillance des directeurs des domaines et de l'administration supérieure sur cette importante partie du service, je désire qu'il soit procédé, le plus tôt possible, à une révision attentive de la situation, au 1er juill. dernier, des sommiers des successions vacantes et en déshérence existant dans les bureaux des domaines et dans la direction. Des relevés généraux, conformes aux modèles ci-joints, me seront adressés, le 1er nov. prochain, pour constater les résultats de cette révision. On observera dans ces relevés, non pas l'ordre alphabétique des bureaux, mais celui des auteurs des successions ; ils seront terminés par une récapitulation indiquant le nombre des successions pour chaque bureau.—A partir du 1er janv. 1861, des états, rédigés dans la même forme, me seront transmis dans les dix premiers jours de chaque semestre, et comprendront les successions vacantes et en déshérence ouvertes pendant le semestre précédent.

Le général de division, sous-gouverneur,
E. DE MARTIMPREY.

RENVOIS. — V. *Table alphabétique.*

Sûreté publique. V. TABLE ALPHABÉTIQUE.

Sursis judiciaire. V. *ibidem.*

Surveillance de la haute police.

Circ. M.—30 mars-1er juin 1860. — BM. 76.— *Surveillance à exercer sur les réfugiés étrangers internés, et sur les repris de justice.— Instructions aux généraux commandant les divisions, et aux préfets des départements.*

Le nombre des repris de justice et des réfugiés étrangers internés dans les diverses localités de l'Algérie se trouve aujourd'hui considérablement réduit, et l'effectif de ces hommes ne peut que s'amoindrir encore, le gouvernement ayant décidé que les réfugiés étrangers ne seraient plus, à l'avenir, dirigés sur l'Algérie.— Le moment est donc venu d'exonérer l'autorité militaire de la part d'action et de responsabilité qui lui a incombé jusqu'à présent à l'égard de ceux de ces individus qui habitent le territoire civil. En conséquence, j'ai décidé que les repris de justice et réfugiés étrangers, internés en Algérie, seront placés désormais sous la surveillance des préfets, en territoire civil, et des généraux commandant les divisions, en territoire militaire.— Je donne avis de cette décision à M. le commandant supérieur des forces de terre et de mer de l'Algérie, afin qu'il en assure l'exécution en ce qui le concerne.

Le ministre de l'Algérie et des colonies,
Cte P. DE CHASSELOUP-LAUBAT.

Circ. M.—18 août, 11 sept. 1860.—BM. 94.— *Même objet.*

Ma décision du 30 mars dernier, qui place les réfugiés étrangers et les repris de justice internés en Algérie sous la surveillance des préfets en territoire civil, et des généraux commandant les divisions en territoire militaire, a donné lieu à quelques difficultés en ce qui concerne les changements de résidence.— Pour prévenir le retour de ces difficultés, j'ai décidé que le préfet d'un département, ou le général commandant une division en Algérie, ne devra, à l'avenir, autoriser les réfugiés ou les repris de justice internés à transférer leur résidence hors du territoire soumis à son administration, soit dans la province, soit dans une autre province, qu'après s'être concerté préalablement avec le général ou le préfet dans la juridiction administrative duquel les internés demanderont à se rendre, et après avoir communiqué leurs feuilles signalétiques à ce fonctionnaire.

Le ministre de l'Algérie et des colonies,
Cte P. DE CHASSELOUP-LAUBAT.

Syndicats. V. TABLE ALPHABÉTIQUE.

T

Tabacs. V. TABLE ALPHABÉTIQUE.

Taxes (municipales et autres). V. *ibidem.*

Télégraphie.

DIVISION.

§ 1. — Législation spéciale.
§ 2. — Service administratif.
§ 3. — Autorisation de lignes télégraphiques privées.

§ 1. — LÉGISLATION SPÉCIALE.

DI. — 5 oct. 1861, (non publié). — *Taxe des dépêches qui devaient être transmises par le câble direct sous-marin d'Alger à Port-Vendres.*

DI. — 14 déc. 1861.-25 janv. 1862. — BG. 40. — *Nouveau tarif pour l'Algérie.*

Vu la loi du 5 juill. 1861, sur la correspondance télégraphique privée de l'intérieur de l'Empire; — Notre décr. du 29 juill. 1858 (I, 658) qui règle actuellement la taxe des dépêches télégraphiques circulant en Algérie;

Art. 1. — Les dépêches télégraphiques privées de 1 à 20 mots, adresse et signature comprises, échangées entre deux bureaux de l'Algérie, sont soumises aux taxes suivantes, perçues au départ, savoir: — Les dépêches échangées entre deux bureaux de la même province, à une taxe fixe de 1 fr.; — Les dépêches échangées entre deux bureaux quelconques de la colonie, hors le cas précédent, à une taxe fixe de 1 fr. 50 c. — Au-dessus de 20 mots, ces taxes sont augmentées de moitié pour chaque dizaine de mots ou fraction de dizaine excédante. — L'indication de la date, de l'heure du départ et du lieu du départ, est transmise d'office. Sauf ces indications, tous les mots inscrits par l'expéditeur sur la minute de sa dépêche sont comptés et taxés.

Art. 2. — Il ne sera admis de dépêches de nuit qu'entre les bureaux ouverts d'une manière permanente pendant la nuit. — Ces dépêches ne seront soumises à aucune surtaxe.

Art. 3. — Le port des dépêches à domicile ou au bureau de la poste dans le lieu d'arrivée, est gratuit.

Art. 4. — L'expéditeur peut comprendre dans sa dépêche la demande de collationnement ou d'accusé de réception par le bureau de destination. — La taxe du collationnement est égale à celle de la dépêche; copie de la dépêche collationnée est remise sans frais au domicile de l'expéditeur dans le lieu d'arrivée, selon ce qui est réglé à l'art. 5. — La taxe de l'accusé de réception, avec mention de l'heure de la remise à domicile, est égale à celle d'une dépêche simple, pour le même parcours télégraphique.

Art. 5. — Les autres dispositions de la loi du 5 juill. 1861, concernant le mode de constatation de l'identité de l'expéditeur, les règles à suivre pour le calcul des mots, des chiffres et autres signes dont la dépêche se compose, celles qui concernent le mode de réception et de conservation des dépêches et le mode de perception des taxes, enfin tout ce qui est relatif à l'envoi des dépêches au delà du lieu d'arrivée, toutes ces dispositions seront les mêmes en Algérie que celles qui seront réglées pour la France.

Art. 6. — Les dispositions qui précèdent recevront leur exécution à partir du 1er janv. 1862.

AG. — 30 déc. 1861.-23 janv. 1862. — BG. 40. — *Tarif de la correspondance entre l'Algérie et la Tunisie.*

Vu la convention conclue le 19 avr. 1861, entre la France et la Tunisie; — Le décr. du 14 déc. 1861 (ci-dessus); — Considérant qu'il importe de fixer, conformément aux nouvelles dispositions adoptées pour la France et l'Algérie, la taxe des dépêches circulant à l'intérieur de la Tunisie ou échangées entre les bureaux algériens et tunisiens;

Art. 1. — Les dépêches télégraphiques privées de 1 à 20 mots, adresse et signature comprises, que les bureaux tunisiens échangent entre eux et avec ceux de l'Algérie seront, à dater du 1er janv. 1862, soumises aux taxes suivantes, perçues au départ: — Pour les dépêches échangées entre les bureaux de Tunis, de la Goulette et du Bardo, 50 c.; — Pour les dépêches échangées entre deux bureaux quelconques de la Tunisie (les cas précédents exceptés), 1 fr. 50 c.; — Pour les dépêches échangées entre un bureau quelconque de Tunisie et un bureau quelconque d'Algérie, 2 fr. — Au-dessus de 20 mots, ces taxes seront augmentées de moitié pour chaque dizaine de mots ou fraction de dizaine excédante.

Art. 2. — Toutes les règles relatives à la correspondance télégraphique, dans l'intérieur de l'Algérie, sont applicables à la correspondance télégraphique privée, soit dans l'intérieur de la régence, soit entre la Tunisie et l'Algérie.

Le général de division sous-gouverneur,
E. DE MARTIMPREY.

Décis. G. — 20 juill. 1866. — BG. 188. — *Promulgation de la loi du 13 juin 1866 sur la correspondance télégraphique privée à l'intérieur de l'Empire.*

§ 2. — SERVICE ADMINISTRATIF.

DI. — 7 mai-25 juill. 1862. — BG. 57. — *Nouvelle organisation du personnel.*

Vu le décr. du 16 août 1859, sur l'organisation des lignes télégraphiques de l'Algérie, (I, 658); — Le décr. du 20 janv. 1862, portant réorganisation du service télégraphique de la métropole.

Art. 1. — Le personnel de la télégraphie d'Algérie se compose de: — 1° Un inspecteur chef de service en résidence à Alger; — 2° Un inspecteur départemental, ou sous-inspecteur, chef du bureau central, résidant à Alger; — 3° De sous-inspecteurs, directeurs des transmissions, chefs de station, commis principaux, garde-magasins, employés, surnuméraires, chefs-surveillants, Surveillants, facteurs, en nombre suffisant pour les besoins du service.

Art. 2. — Ces fonctionnaires et agents sont assimilés à ceux de la métropole, en ce qui concerne les dispositions du décr. du 20 janv. 1862, relatives aux nominations, à l'avancement, aux traitements afférents à chaque emploi et à l'application des peines disciplinaires. — Toutefois, cette assimilation sera effectuée sous les réserves prévues à l'art. 17 de notre décr. du 16 août 1859.

Art. 3. — Les frais de route et de séjour pour déplacements, intérims, tournées et missions, seront déterminés par arrêté du gouverneur général de l'Algérie.

Art. 4. — Les dispositions du décr. du 16 août 1859 sont maintenues dans tout ce qu'elles n'ont pas de contraire à celles du présent décret.

AG. — 20 juin-25 juill. 1862. — BG. 57. — *Tarif des frais de route et de séjour des fonctionnaires et agents.*

Les frais de route et de séjour des fonctionnaires et agents de la télégraphie d'Algérie, sont fixés ainsi qu'il suit :

	Frais de route par myriamètre	Frais de séjour
Inspecteurs généraux...........	3	15f
Inspecteurs...................	3	10
Sous-inspecteurs..............	3	8
Directeurs des transmissions...	3	8
Chefs de station.............	2 50	6
Commis principaux...........	2 50	6
Garde-magasins..............	2 50	6
Receveurs..................	2 50	6
Employés..................	2	4
Employés surnuméraires......	2	4
Chefs surveillants...........	2	4
Surveillants................	2	3
Surnuméraires surveillants....	2	3
Facteurs..................	2	3
Surveillants et piétons indigènes.	2	3

AG. — 28 avr.-10 juin 1864. — BG. 115. — *Comptabilité.* — *Directeurs du service télégraphique dans chaque province, institués ordonnateurs secondaires.*

Vu l'art. 16 du décr. du 10 déc. 1860 (suprà *Admin. gén.*) ; — L'arr. du 31 déc. 1860, portant désignation des ordonnateurs secondaires du gouverneur général de l'Algérie (*ibidem*) ; — Le décr. du 4 nov. 1863, attribuant aux inspecteurs départementaux des lignes télégraphiques, dans la métropole, la faculté de mandater les dépenses de leur service.

Art. 1. — Par application du décret susvisé du 4 nov. 1863, le fonctionnaire chargé de la direction du service télégraphique dans chacune des trois provinces d'Alger, d'Oran et de Constantine, est institué ordonnateur secondaire pour l'acquittement des dépenses de son service. — Il correspondra directement avec le gouverneur général pour tout ce qui concerne les propositions budgétaires, les sous-répartitions de crédits, les demandes de fonds, justifications de dépenses, etc.

Art. 2. — Le mandatement des dépenses de la mission tunisienne sera confié à l'inspecteur provincial d'Alger.

Art. 3. — Pour les travaux exécutés en régie, l'inspecteur provincial désignera un agent spécial des lignes télégraphiques, qui remplira les fonctions de régisseur comptable, et auquel il délivrera des mandats à titre d'avances, dans les limites fixées par l'art. 94 du décr. du 31 mai 1862.

Art. 4. — La comptabilité des inspecteurs provinciaux du service télégraphique de l'Algérie, notamment en ce qui concerne les pièces à fournir au trésor et au gouvernement général de l'Algérie, fera l'objet d'instructions spéciales.

Art. 5. — Le présent arrêté sera mis en vigueur à partir du 1ᵉʳ janv. 1865, sans être applicable aux dépenses de l'exercice 1864.

Mᵈˡ PÉLISSIER, DUC DE MALAKOFF.

AG. — 29 mars-24 avr. 1866. — BG. 173. — *Tarif d'indemnité.* — *Service de nuit.*

Art. 1. — Le service de nuit, dans les stations où il est établi d'une manière permanente, sera, à partir du 1ᵉʳ mars 1866, rétribué ainsi qu'il suit :

6 fr. par nuit pour les employés ; — 4 fr. par nuit our les surveillants ou facteurs (français ou indigènes).

Art. 2. — Le montant de cette indemnité, pour un mois, ne devra jamais être supérieur aux sommes indiquées ci-après :

Employés, 25 fr. ; — Surveillants ou facteurs, 20 fr.

Mᵈˡ DE MAC-MAHON, DUC DE MAGENTA.

§ 5. — AUTORISATION DE LIGNES TÉLÉGRAPHIQUES.

AG. — 4-12 mars 1864. — BG. 4. — *Autorisation particulière pour l'établissement d'une communication télégraphique aérienne.*

Vu la loi du 29 nov. 1850 et le décr. du 27 déc. 1851 ; — La demande des sieurs Puibusque et Viguier, propriétaires dans l'arrond. de Guelma ; — L'avis favorable de M. le directeur divisionnaire des lignes télégraphiques en Algérie et la proposition de M. le préfet du dép. de Constantine ;

Art. 1. — Les sieurs de Puibusque et Viguier sont autorisés à établir une communication télégraphique aérienne entre leurs deux domaines, situés dans l'arrondissement de Guelma et séparés par la Seybouse.

Art. 2. — Cette communication sera établie aux frais des deux propriétaires, au moyen de machines dont le modèle sera soumis au contrôle de l'administration des lignes télégraphiques.

Art. 3. — Le vocabulaire à employer sur la ligne projetée sera également soumis à l'acceptation de l'administration télégraphique.

Art. 4. — Il ne pourra être échangé par cette voie que des transmissions ayant trait aux relations de voisinage des deux domaines, telles qu'elles sont indiquées dans la demande des sieurs Puibusque et Viguier.

Art. 5. — L'inspecteur des lignes télégraphiques aura le droit, dans ses tournées, de visiter les deux postes établis et de contrôler l'échange des communications entre les personnes qui manœuvrent les appareils.

Art. 6. — L'administration se réserve le droit de suspendre momentanément ou de retirer l'exercice de la faculté accordée par le présent arrêté, dans le cas où il serait reconnu qu'elle donne lieu à des abus.

Mᵈˡ PÉLISSIER, DUC DE MALAKOFF.

AG.—18-31 déc. 1865.—BG. 99. — *Autorisation de l'établissement d'une ligne télégraphique spéciale entre la gare et les bureaux du chemin de fer à Alger.*

Vu, etc. (comme à l'arrêté précédent);

Art. 1. — La compagnie des chemins de fer de Paris à Lyon et à la Méditerranée est autorisée à établir une ligne télégraphique entre la gare d'Alger, à l'Agha, et le siège des bureaux administratifs de la section de l'Algérie, place Napoléon, à Alger, maison Limozin.

Art. 2 et 3. — (Comme à l'arrêté précédent.)

Art. 4. — Il ne pourra être échangé par cette ligne que des transmissions ayant trait au service de l'exploitation des chemins de fer algériens.

Art. 5. — Les dépêches transmises seront transcrites, tant au départ qu'à l'arrivée, sur un registre spécial où elles recevront un numéro d'ordre.

Art. 6 et 7. — (Comme aux art. 5 et 6 de l'arrêté précédent.)

RENVOIS. — V. *Table alphabétique.*

Théâtres.

DI. — 3 fév.-4 avr. 1864. — BG. 106. — *Liberté des théâtres.*

Art. 1. — Notre décret du 6 janv. 1864, concernant l'industrie des entrepreneurs de théâtres, sera promulgué en Algérie, pour y recevoir pleine et entière exécution.

Décret du 6 janvier 1864.

Vu les décr. des 8 juin 1806 et 29 juill. 1807 ; — L'ord. du 8 déc. 1824 ; — L'art. 3, tit. 11, de la loi des 16 et 24 août 1790 ; — Les arr. du gouvernement des 25 pluv. et 11 germ. an IV 1ᵉʳ germ. an VII et 12 mess. an VIII ; — Les ord. de police des 12 fév. 1828 et 9 juin 1829 ; La loi du 7 frim. an V et le décr. du 9 déc. 1809, sur la redevance établie au profit des pauvres ou des hospices ; — Le décr. du 30 déc. 1852 ;

Art. 1. — Tout individu peut faire construire et exploiter un théâtre, à la charge par lui de faire une déclaration au ministère de notre maison et des beaux-arts et à la préfecture de police pour Paris ; à la préfecture, dans les départements. — Les théâtres qui paraîtront plus particulièrement dignes d'encouragement pourront être subventionnés soit par l'État, soit par les communes.

Art. 2. — Les entrepreneurs de théâtre devront se conformer aux ordonnances, décrets et règlements pour tout ce qui concerne l'ordre, la sécurité et la salubrité publics. — Continueront d'être exécutées les lois existantes sur la police et la fermeture des théâtres, ainsi que sur la redevance établie au profit des pauvres et des hospices.

Art. 3. — Toute œuvre dramatique, avant d'être représentée, devra, aux termes du décr. du

30 déc. 1852, être examinée et autorisée par le ministre de notre maison et des beaux-arts, pour les théâtres de Paris; par les préfets, pour les théâtres des départements. — Cette autorisation pourra toujours être retirée pour des motifs d'ordre public.

Art. 4. — Les ouvrages dramatiques de tous les genres, y compris les pièces entrées dans le domaine public, pourront être représentés sur tous les théâtres.

Art. 5. — Les théâtres d'acteurs enfants continuent d'être interdits.

Art. 6. — Les spectacles de curiosités, de marionnettes, les cafés dits cafés chantants, cafés-concerts et autres établissements du même genre, restent soumis aux règlements présentement en vigueur. — Toutefois, ces divers établissements seront désormais affranchis de la redevance établie par l'art. 11 de l'ord. du 8 déc. 1824 en faveur des directeurs des départements, et ils n'auront à supporter aucun prélèvement autre que la redevance au profit des pauvres ou des hospices.

Art. 7. — Les directeurs actuels des théâtres autres que les théâtres subventionnés sont et demeurent affranchis envers l'administration de toutes les clauses et conditions de leurs cahiers des charges, en tant qu'elles sont contraires au présent décret.

Art. 8. — Sont abrogées toutes les dispositions des décrets, ordonnances et règlements, dans ce qu'elles ont de contraire au présent décret.

RENVOIS. — V. *Table alphabétique.*

Timbre.

DIVISION.

§ 1. — Législation spéciale.
§ 2. — Débits de papier timbré.

§ 1. — LÉGISLATION SPÉCIALE.

D2. — 14 juill.-18 août 1862. — BG. 60 — *Promulgation des dispositions de la loi de finances du 2 juill. 1862 relatives au timbre.*

Vu l'ord. du 10 janv. 1845 (I, 640), qui a rendu applicables et exécutoires en Algérie les lois, décrets et ordonnances qui régissent en France l'impôt et les droits du timbre; — La loi du 2 juill. 1862 portant fixation du budget général ordinaire des dépenses et des recettes de l'exercice 1863;

Art. 1. — Les art. 17 à 27 de la loi sus-visée du 2 juill. 1862 sont rendus exécutoires en Algérie; à cet effet ils y seront promulgués et publiés à la suite du présent décret qui sera inséré au *Bulletin des lois.*

Loi du 2 juillet 1862.

Art. 17. — A partir du 15 juill. 1862, le droit de timbre perçu à raison de la dimension du papier est fixé comme il suit: — Demi-feuille de petit papier, 50 c.; — Feuille de petit papier 1 fr.; — Feuille de moyen papier 1 fr. 50; — Feuille de grand papier 2 fr.; — Feuille de grand registre 3 fr.

Art. 18. — A partir de la même époque, la faculté d'abonnement établie par l'art. 37 de la loi du 5 juin 1850, au profit des sociétés, compagnies d'assurances et assureurs, s'exercera à raison de 5 c. par 1,000 fr. du total des sommes assurées.

Art. 19. — Les bordereaux et arrêtés des agents de change et courtiers seront assujettis au droit de timbre du total des sommes employées aux opérations qui y sont mentionnées. — Ce droit sera, savoir: — Pour les sommes de 1,000 fr. et au-dessous 0 fr. 50 c.; — Pour les sommes au-dessus 1 fr. 50 c. — Le papier destiné à ces bordereaux et arrêtés sera fourni par les agents de change et courtiers et timbré à l'extraordinaire, conformément à l'art. 6 de la loi du 11 juin 1842.

Art. 20. — Les copies des exploits, celles des significations d'avoué à avoué et des significations de tous jugements, actes ou pièces, doivent être correctes, lisibles et sans abréviations. — Un règlement d'administration publique déterminera le nombre de lignes et de syllabes que devront contenir les copies. — Toute contravention aux dispositions du présent article et à celle du règlement d'administration publique est punie d'une amende de 25 fr.

Art. 21. — Ceux qui, dans une intention frauduleuse, ont altéré, employé, vendu ou tenté de vendre des papiers timbrés ayant déjà servi, seront poursuivis devant le tribunal correctionnel et punis d'une amende de 50 à 1,000 fr. En cas de récidive, la peine est d'un emprisonnement de 1 à 5 mois et l'amende doublée. — Il peut être fait application de l'art. 463 c. pén.

Art. 22. — L'amende est de 50 fr. pour chaque acte ou écrit sous signature privée sujet au timbre de dimension et fait sur papier non timbré.

Art. 23. — Les préposés des douanes, des contributions indirectes et ceux des octrois ont, pour constater les contraventions au timbre des actes ou écrits sous signature privée, et pour saisir les pièces en contravention, les mêmes attributions que les préposés de l'enregistrement.

Art. 24. — Les receveurs de l'enregistrement pourront suppléer à la formalité du visa, pour toute espèce de timbre de dimension, au moyen de l'apposition de timbres mobiles.

Art. 25. — A partir du 1er janv. 1863, le droit de timbre auquel les warrants endossés séparément des récépissés sont soumis par l'art. 13 de la loi du 28 mai 1858 (*infrà, ventes mobilières* § 2), sur les négociations relatives aux marchandises déposées dans les magasins généraux, pourra être acquitté par l'apposition sur les effets de timbres mobiles que l'administration de l'enregistrement est autorisée à vendre et à faire vendre.

Art. 26. — Un règlement d'administration publique déterminera la forme et les conditions d'emploi des timbres mobiles créés en exécution de la présente loi. — Sont applicables à ces timbres les dispositions de l'art. 21 de la loi du 11 juin 1859.

Art. 27. — Sont considérés comme non timbrés les actes ou écrits sur lesquels le timbre mobile aurait été apposé sans l'accomplissement des conditions prescrites par le règlement d'administration publique, ou sur lesquels aurait été apposé un timbre ayant déjà servi.

Art. 28. — Sont maintenues toutes les exemptions et exceptions prononcées par les lois existantes. — Sont également maintenues toutes les dispositions des lois sur le timbre non contraires à la présente loi.

D3. — 27 juill.-18 août 1862. — BG. 60. — *Promulgation du décret du 5 juill. 1862 relatif à l'exécution de l'art. 17 de la loi qui précède.*

Vu l'ord. du 10 janv. 1845; — La loi du 2 juill. 1862; — Notre décr. du 5 juill. 1862 rendu pour l'exécution de l'art. 17 de ladite loi;

Art. 1. — Notre décr. du 5 juill. 1862 sus-visé est rendu exécutoire en Algérie. A cet effet, il y sera promulgué et publié à la suite du présent décret, qui sera inséré au *Bulletin des lois.*

Décret du 5 juillet 1862.

Art. 1. — A partir du 15 juill. 1862, les timbres aux prix de 1 fr. 50 et 2 fr., actuellement employés pour le timbrage du grand papier et du papier de grand registre, serviront à timbrer, savoir: celui de 1 fr. 50 le moyen papier, et celui de 2 fr. le grand papier.— Pour les autres papiers, il sera établi des timbres conformes au type actuel qui indiqueront pour la demi-feuille du petit papier, le droit de 50 c. au lieu de celui de 55 c.;

— Pour la feuille de petit papier, le droit de 1 fr. au lieu de celui de 70 c.; et pour la feuille de grand registre, le droit de 5 fr. au lieu de celui de 2 fr.

Art. 2. — A partir de la même époque, jusqu'à l'épuisement des papiers frappés des timbres actuellement en usage, l'administration de l'enregistrement et des domaines continuera à faire débiter ces papiers après y avoir fait apposer un contre-timbre indiquant l'augmentation des droits, savoir : —Pour les demi-feuilles de petit papier, 15 c. en sus ; —Pour les feuilles de petit papier, 50 c. en sus ; — Id. de moyen papier 25 c. en sus ; — Id. de grand papier 50 c. en sus ; — Id de grand registre, 1 fr. — Ces contre-timbres, conformes au modèle ci-joint, seront appliqués au milieu de la partie supérieure de chaque feuille non déployée ou de chaque demi-feuille. — Ils seront apposés, outre les timbres actuellement en usage, sur les papiers présentés au timbre extraordinaire.

Art. 3. — Dans le cas où les contre-timbres ne pourraient pas être mis en activité au jour indiqué par la loi dans quelques départements de l'Empire, il y sera suppléé par un visa daté et signé du receveur de l'enregistrement, énonçant la quotité du supplément de droit dû conformément à l'article précédent.

Art. 4. — Dans les deux mois à partir du 15 juill., les officiers publics et les particuliers seront admis à échanger les papiers de la débite restés sans emploi entre leurs mains contre des papiers portant les timbres ou contre-timbres établis par le présent décret. — Cet échange s'opérera de manière que le trésor n'ait à faire aucun remboursement, et, dans le cas où le montant des droits des papiers rapportés se trouverait inférieur à celui des papiers donnés en échange, les détenteurs devront payer l'excédant ou l'appoint.

Art. 5. — Les détenteurs de papiers soumis au timbre extraordinaire antérieurement au 15 juill. et non employés, seront admis, dans le même délai, à les présenter à la formalité du contre-timbre, en acquittant les suppléments de droits.

Art. 6. — Les registres des formalités hypothécaires seront contre-timbrés. — Néanmoins, les conservateurs, autres que ceux établis au chef-lieu du département, pourront remplacer ce contre-timbre par un visa pour supplément de droit.

Art. 7. — L'administration de l'enregistrement et des domaines fera déposer aux greffes des cours et tribunaux des empreintes des timbres et des contre-timbres établis par le présent décret. — Ces empreintes seront apposées sur du papier filigrané, et le greffier constatera le dépôt par un procès-verbal dressé sans frais.

Les dispositions résultant des décrets ci-dessus, promulguées, tant par la voie du présent bulletin qu'au moyen d'affiches, seront exécutées en Algérie à partir du 1er sept. 1862.

Alger, le 16 août 1862.

Mal PÉLISSIER, DUC DE MALAKOFF.

2. — 29 sept.-15 nov. 1862. — BO. 65. — *Promulgation des décr. des 8 et 30 juill. 1862 relatifs à l'exécution des art. 19 et 20 de la loi du 2 juill.*

Vu, etc.;

Art. 1. — Nos décrets des 8 et 30 juill. sus-visés réglant l'exécution des art. 19 et 20 de la loi du 2 du même mois, sont rendus exécutoires en Algérie.

Décret du 8 juill. 1862.

Art. 1. — Il sera établi, pour les bordereaux et arrêtés des agents de change et courtiers, des timbres indiquant le montant des droits fixés par l'art. 19 sus-visé de la loi du 2 juillet 1862. — Ces timbres seront conformes aux modèles annexés au présent décret.

Art. 2. — Dans les deux mois, à partir de la promulgation de la loi susvisée, les agents de change et les courtiers seront admis à faire timbrer, pour leurs bordereaux et arrêtés, des papiers en échange de ceux portant les timbres actuels qui seront restés sans emploi dans leurs mains.—Cet échange s'opérera de manière que le trésor n'ait à faire aucun remboursement et, dans le cas où le montant des droits des papiers rapportés se trouvera inférieur à celui des papiers timbrés en échange, les détenteurs devront payer l'excédant ou l'appoint.

Art. 3. — En attendant la confection des timbres établis par l'art. 1 du présent décret, la formalité sera donnée au moyen des timbres servant au timbrage des papiers sujets au droit d'après la dimension, savoir : — Pour les sommes de 10,000 fr. et au-dessous, par l'application du timbre de 35 c. et du contre-timbre de 15 c., institué par notre décret de ce jour relatif au timbre de dimension ; — Pour les sommes au-dessus de 10,000 fr., par l'application du timbre de 2 fr. 50 c., employé, aux termes du même décret, pour le timbrage du moyen papier.

Art. 4. — L'administration de l'enregistrement et des domaines fera déposer aux greffes des cours et tribunaux des empreintes des timbres établis par le présent décret. — Le greffier constatera le dépôt par un procès-verbal dressé sans frais.

Décret du 30 juill. 1862.

Art. 1. — Les copies des exploits, celles des significations d'avoués à avoués et des significations de tous jugements, actes ou pièces, ne peuvent contenir, savoir :—Sur le petit papier (feuilles et demi-feuilles), plus de 50 lignes à la page et de 50 syllabes à la ligne ; — Sur le moyen papier, plus de 35 lignes à la page et de 35 syllabes à la ligne ;—Sur le grand papier plus de 40 lignes à la page et de 40 syllabes à la ligne ; — Sur le grand registre, plus de 45 lignes à la page et de 45 syllabes à la ligne.

3. — 8-31 janv. 1863. — BO. 75. — *Promulgation du décret du 29 oct. 1862 relatif à l'exécution des art. 24, 25 et 26 de la loi du 2 juill. 1862. — Timbres mobiles.*

Vu l'ord. du 10 janv. 1863;—la loi du 2 juill. 1862, —notre décret du 16 du même mois rendant applicable à l'Algérie les art. 17 à 27 de cette loi; —Notre décret du 29 oct. 1862 réglant l'exécution des art. 24 et 25 de ladite loi;

Art. — Notre décret du 29 oct. 1862 susvisé est rendu exécutoire en Algérie,

Décret du 29 oct. 1862.

Vu l'art. 17 de la loi du 17 juill. 1862 qui a fixé la quotité des droits de timbre exigibles en raison de la dimension du papier ; — Les art. 24, 25 et 26 de la même loi ; — Les art. 19, 20 et 21 de la loi du 11 juin 1859 et notre décret du 18 janv. 1860.

Art. 1. — Il est établi, pour l'exécution de l'art. 26 de la loi du 2 juill. 1862, des timbres mobiles correspondant aux droits de timbre à percevoir à raison de la dimension du papier, tels qu'ils ont été fixés par l'art. 17 de cette loi. — Ces timbres seront conformes aux modèles annexés au présent décret. — Ils seront apposés et annulés immédiatement au moyen d'une griffe, soit par les receveurs de l'enregistrement, soit par les fonctionnaires désignés à cet effet par notre ministre des finances pour suppléer ces préposés.

Art. 2. — L'administration de l'enregistrement et des domaines fera déposer aux greffes des cours et tribunaux un spécimen des timbres mobiles établis par l'art. 1 ci-dessus. — Il sera dressé, sans frais, procès-verbal de ce dépôt.

Art. 5. — Provisoirement les timbres mobiles employés en vertu de notre décret du 18 janv. 1860 pour timbrer les effets venant soit de l'étranger, soit des colonies où le timbre n'est pas établi, pourront, en exécution de l'art. 25 de la loi du 2 juill. 1862, être apposés sur les warrants endossés séparément et récépissés. — Le timbre mobile sera collé au dos du warrant par le premier endosseur, qui devra le placer au-dessus de l'endossement et l'annuler immédiatement en y inscrivant la date de l'apposition et sa signature.

DS. — 15 mai 1863. — *Promulgation des décrets des 30 juill. et 8 déc. 1862.* — *Le premier déterminant le nombre de lignes et de syllabes que devront contenir les copies des exploits et autres actes déjà promulgué par décret du 29 sept. 1862 (V. ci-dessus).* — *Le second modifiant les allocations accordées aux greffiers et huissiers à titre de remboursement de papier timbré (V. Greffiers).*

AG. — 5 oct.-21 nov. 1863. — BG. 96. — *L'arrêté ministériel du 20 juill. 1863 pour l'exécution de l'art. 1 du décret du 29 oct. 1862 relatif aux timbres mobiles, est rendu applicable en Algérie.*

Vu l'art. 24 de la loi du 2 juill. 1862; — Le décr. du 14 du même mois; — L'art. 1 du décr. du 29 oct. 1862; — Le décr. du 8 janv. 1863 (ci-dessus);

Art. 1er. — Sont applicables à l'Algérie les dispositions arrêtées par M. le ministre des finances, le 20 juill. 1863, pour l'exécution de l'art. 1er susvisé du décret du 29 oct. 1862.

M^{al} PÉLISSIER, DUC DE MALAKOFF.

Arrêté ministériel du 20 juill. 1863.

Art. 1. — Sont autorisés, conformément à l'art. 1 du décr. du 29 oct. 1862, à apposer des timbres mobiles sur les quittances et récépissés qu'ils délivrent, et sur les acquits et quittances qui leur sont donnés en leur qualité : — 1° Les payeurs du trésor; — 2° Les receveurs des contributions diverses; — 3° Les receveurs municipaux; — 4° Les receveurs des établissements de bienfaisance; — 5° Ceux des asiles d'aliénés et des dépôts de mendicité; — 6° Les secrétaires agents comptables d'établissements d'enseignement supérieur. — L'application des timbres mobiles sur tous actes ou écrits autres que ceux désignés ci-dessus, est expressément interdite à ces fonctionnaires. — Pourront aussi apposer le timbre mobile de dimension sur les lettres de voiture et connaissements, en exécution de l'arr. du 24 déc. 1862, les receveurs des douanes établis dans les lieux où il n'y a pas de bureau d'enregistrement.

Art. 2. — Les griffes dont les receveurs de l'enregistrement, des domaines et du timbre, et les fonctionnaires indiqués au précédent article feront usage pour annuler les timbres mobiles de dimension qu'ils auront apposés, conformément à l'art. 1 du décr. du 29 oct. 1862, seront conformes aux modèles ci-joints. — Elles seront appliquées à l'encre grasse et de manière qu'une partie de leur empreinte soit imprimée sur la feuille de papier de chaque côté du timbre mobile.

Art. 3. — Les directeurs des postes pourront apposer les timbres mobiles établis par l'art. 24 de la loi du 2 juill. 1862 sur les acquits et quittances relatifs aux dépenses de leur administration et sur les mandats dits d'articles d'argent. Ils annuleront ces timbres au moyen des griffes en usage pour l'oblitération des timbres-poste, et en faisant porter l'empreinte partie sur la feuille de papier timbré et partie sur le timbre mobile.

Art. 4. — Les fonctionnaires ci-dessus désignés prendront dans les bureaux de l'enregistrement les timbres mobiles qui leur seront nécessaires; ils en payeront le prix comptant et les comprendront comme numéraire dans leur situation de caisse.

Art. 5. — Les infractions aux dispositions de l'art. 1 du décr. du 29 oct. 1862, et à celles du présent arrêté, pourront donner lieu, indépendamment des amendes et de la responsabilité édictée en cas de contravention, à l'application des peines disciplinaires autorisées par les lois et règlements.

Art. 6. — Les frais d'achat et d'entretien des griffes et des tampons, ceux de fourniture de l'encre grasse, et toutes autres dépenses relatives à l'oblitération des timbres mobiles sont à la charge des receveurs de l'enregistrement, des domaines et du timbre, et des fonctionnaires autorisés à les suppléer.

Le ministre des finances,
ACHILLE FOULD.

LISTE, *par ordre alphabétique, des bureaux de l'enregistrement et des domaines approvisionnés de timbres mobiles de dimension, et indication du numéro de la griffe en usage dans chacun de ces bureaux.* (Les lettres A, C, O, désignent les provinces d'Alger, Constantine et Oran.)

1. Aïn Beïda (C). — 2. Aïn Témouchent (O). — 3. Alger (A), actes civils. — 4. Id., actes extra-judiciaires. — 5. Id., actes judiciaires. — 6. Id., amendes. — 7. Id., domaines. — 8. Aumale (A) — 9. Batna (C). — 10. Biskra (C). — 11. Blida (A), actes civils. — 12. Id., actes judiciaires. — 13. Id., domaines. — 14. Bône (C), actes civils. — 15. Id., actes judiciaires. — 16. Id., domaines. — 17. Bordj bou Arréridj (C). — 18. Bougie (C). — 19. Cherchell (A). — 20 Coléa (A). — 21. Constantine (C), actes civils. — 22. Id., actes extra-judiciaires. — 23. Id., actes judiciaires. — 24. Id., amendes. — 25. Id., domaines, recette. — 26. Dellys (A). — 27. Djidjelli (C). — 28. Douéra (A). — 29. El Arrouch (C). — 30. Guelma (C). — 31. Jemmapes (C). — 32. La Calle (C). — 33. Laghouat (A). — 34. Mascara (O), actes civils. — 35. Id., domaines. — 36. Médéa (A). — 37. Miliana (A), actes civils. — 38. Id., domaines. — 39. Mostaganem (O), actes civils. — 40. Id., domaines. — 41. Nemours (O). — 42. Oran (O), actes civils. — 43. Id., actes judiciaires. — 44. Id., domaines. — 45. Orléansville (A). — 46. Philippeville (C), actes civils. — 47. Id., actes judiciaires. — 48. Id., domaines. — 49. Relizane (O), — 50. Saïda (O), — 51. Saint-Cloud (O), — 52. Saint Denis du Sig (O). — 53. Sétif (C), actes civils. — 54. Id., domaines. — 55. Sidi bel Abbès (O). — 56. Souk Ahras (C). — 57. Tébessa (C). — 58. Tenès (C). — 59. Tiaret (O). — 60. Tlemcen (O), actes civils. — 61. Id., domaines.

DS. — 9 avr.-12 août 1864. — BG. 118. — *Promulgation du décr. du 23 janv. 1864, sur les timbres mobiles créés par l'art 1 du décr. du 18 janv. 1860.*

Vu l'ord. du 10 janv. 1845 (J, 640); — Nos décr. du 18 fév. 1860 (I, 642); — Du 14 juill. 1862 et du 8 janv. 1863 (ci-dessus); — Vu notre décr. du 23 janv. 1864, qui a réglé définitivement la forme et les conditions d'emploi des timbres mobiles créés par l'art. 1 du décr. du 18 janv. 1860, précité;

Art. 1. — Notre décr. du 23 janv. 1864, susvisé, est rendu exécutoire en Algérie; à cet effet, il y sera publié et promulgué à la suite du présent décret.

Décr. du 25 janv. 1864.

Vu l'art. 19 de la loi du 11 juin 1859 (I, 641); — Les art. 25 et 26 de la loi du 2 juill. 1862 (*ci-dessus*); — Nos décr. du 18 janv. 1860 (I, 642) et du 29 oct. 1852 (*ci-dessus*);

Art. 1. — Les timbres mobiles créés par l'art. 1 de notre décr. du 18 janv. 1860 seront, à l'avenir, conformes au modèle annexé au présent décret; ils serviront à timbrer les warrants détachés des récépissés et les effets de commerce venant, soit de l'étranger, soit des îles et colonies dans lesquelles le timbre n'aurait pas encore été établi. — Toutefois, les timbres mobiles actuellement en usage, en vertu des décrets susvisés, pourront être employés jusqu'à l'épuisement de ceux qui ont été mis en vente.

Art. 2. — Le payement du droit de timbre des effets désignés dans l'art. 1 pourra être constaté, comme pour les warrants, par l'apposition de plusieurs timbres mobiles. — Est rapporté l'art. 2 de notre décr. du 18 janv. 1860, qui limitait l'emploi des timbres mobiles aux effets d'une valeur de 20,000 fr.

Art. 3. — L'administration de l'enregistrement, du timbre et des domaines fera déposer aux greffes des cours et tribunaux des spécimens de ces timbres mobiles. Il sera dressé, sans frais, procès-verbal de ce dépôt.

Art. 4. — Sont maintenus nos décr. du 18 janv. 1860 et du 29 oct. 1852, en tout ce qui n'est pas contraire aux dispositions ci-dessus.

D2. — 25 déc. 1864.-6 fév. 1865. — BO. 152. — *Promulgation de l'art. 6 de la loi de finances du 8 janv. 1864 et du décr. du 27 nov. 1864 relatifs à l'établissement d'un timbre mobile de 20 c.*

Vu l'ord. du 10 janv. 1815, (I, 610) — nos décr. du 18 fév. 1860 (I, 642) du 8 janv. 1865, (*ci-dessus*) du 25 janv. 1864. — L'art. 6 de la loi du 8 juin 1864 et notre décr. du 27 nov. 1864 qui a établi pour l'exécution dudit art. 6, un timbre mobile de 20 c.

Art. 1. — L'art. 6 de la loi du 8 juin 1864, portant fixation du budget général des dépenses et des recettes de l'exercice 1865, et notre décr. du 27 nov. 1864, susvisés, sont rendus exécutoires en Algérie; à cet effet, ils seront publiés et promulgués à la suite du présent décr. qui sera inséré au *Bulletin des lois.*

Loi du 8 juin 1864.

Art. 6. — A partir du 1ᵉʳ janv. 1865, est réduit à 0,10 c. le droit de timbre pour les reconnaissances de valeurs cotées ou les quittances de sommes au-dessus de 10 fr. envoyées par l'administration des postes.

Décr. du 27 nov. 1864.

Vu les art. 25 et 26 de la loi du 2 juill. 1862 (*ci-dessus*). Notre décr. du 29 oct. 1852. — L'art. 6 de la loi du 8 juin 1864.

Art. 1. — Il est établi, pour l'exécution de l'art. 6 de la loi du 8 juin 1864, un timbre mobile du prix de 20 c. Ce timbre sera conforme au modèle annexé au présent décret. Il sera apposé et annulé suivant le mode prescrit par l'art. 5 de notre décr. du 29 oct. 1852 sus-visé.

Art. 2. — L'administration de l'enregistrement, des domaines et du timbre fera déposer aux greffes des cours et tribunaux, un spécimen du timbre établi par l'article précédent. Il sera dressé sans frais procès-verbal de ce dépôt.

D2. — 6-21 mai 1865. — BO. 117. — *Promulgation du décr. du 8 oct. 1864, portant suppression de la griffe du timbre extraordinaire.*

Vu l'ord. du 10 janv. 1815.

Art. 1. — Notre décr. du 8 oct. 1864 est rendu exécutoire en Algérie.

Décret du 8 oct. 1864.

Vu l'art. 5 de la loi du 13 brumaire an VII, duquel il résulte que les timbres extraordinaires pour les droits établis en raison de la dimension du papier doivent indiquer le département où il en est fait usage; — L'art. 10 de l'arrêté des consuls du 7 fruct. an X, qui a prescrit d'appliquer sur chaque feuille de papier présentée au timbre dans les départements une griffe portant ces mots : *A timbrer à l'extraordinaire*;

Art. 1. — La griffe établie par l'art. 10 de l'arrêté des consuls susvisé est supprimée dans tous les départements où il existe un receveur spécial du timbre extraordinaire.

Art. 2. — Les timbres en usage dans ces départements porteront un numéro ou un signe spécial pour chaque département.

D2. — 14 juill.-3 sept. 1865. — BO. 152. — *Promulgation des lois et décr. relatifs au timbre des titres de rente, emprunts et autres effets publics des gouvernements étrangers.*

Vu les art. 6, 7, 8 et 9 de la loi du 13 mai 1863, relatifs au timbre des titres de ventes et autres effets publics des gouvernements étrangers; — L'art. 7 de la loi du 8 juin 1864, spécial au même objet; — Le décr. du 11 déc. 1864, fixant la valeur des monnaies étrangères en monnaie française pour l'année 1865;

Art. 1. — Les art. 6, 7, 8 et 9 de la loi du 13 mai 1863, l'art. 7 de la loi du 8 juin 1864 et le décr. du 11 déc. 1864 susvisés, sont rendus exécutoires en Algérie. — A cet effet, ils seront publiés et promulgués à la suite du présent décret, qui sera inséré au *Bulletin des lois.*

Art. 2. — Les décrets qui paraîtront chaque année pour fixer la valeur des monnaies étrangères en monnaie française seront exécutoires en Algérie sans promulgation spéciale.

Loi du 13 mai 1863.

Art. 6. — A dater du 1ᵉʳ juill. 1863, sont soumis à un droit de timbre de 50 c. par 100 fr. ou fraction de 100 fr. du montant de leur valeur nominale, les titres de rentes, emprunts et autres effets publics des gouvernements étrangers, quelle qu'ait été l'époque de leur création. — La valeur des monnaies étrangères en monnaies françaises sera fixée annuellement par un décret.

Art. 7. — Aucune transmission des titres énoncés en l'article précédent ne peut avoir lieu avant que ces titres aient acquitté le droit de timbre. — En cas de contravention, le propriétaire du titre et l'agent de change, ou tout autre officier public qui aura concouru à la transmission, seront passibles chacun d'une amende de 10 pour 100 de la valeur nominale de ce titre.

Art. 8. — L'acquittement du droit de timbre établi par la présente loi sera constaté, soit au moyen du visa pour timbre, soit par l'apposition sur les titres de timbres mobiles que l'administration de l'enregistrement est autorisée à vendre et à faire vendre. — Un règlement d'administration publique déterminera la forme et les conditions d'emploi de timbres mobiles créés en exécution du paragraphe précédent. — Sont applicables à ces timbres les dispositions de l'art. 21 de la loi du 11 juin 1859.

Art. 9. — Sont considérés comme non timbrés les titres sur lesquels le timbre mobile aurait été apposé sans l'accomplissement des conditions prescrites par le règlement d'administration publique, ou sur lesquels aurait été apposé un timbre ayant déjà servi.

Loi du 8 juin 1864.

Art. 7. — A partir du 1er juill. 1864, le droit de timbre établi par la loi du 13 mai 1863 sur les rentes, emprunts et effets publics des gouvernements étrangers, est porté de 50 c. à 1 fr.

Décret du 11 déc. 1864.

Art. 1. — La valeur des monnaies étrangères en monnaies françaises, pour la perception, pendant l'année 1865, du droit de timbre établi par l'art. 7 de la loi du 8 juin 1864, est fixée comme suit :

Autriche, le florin, 2 f. 47 c., dette extérieure payable en livres sterling, 25 fr. 50 c. — *Belgique*, le franc, 1 fr. — *Empire otto man*, dette intérieure, les 100 piastres turques, 22 fr. 20 c.; dette extérieure, la livre sterling, 25 fr. 20 c. — *Espagne*, dette intérieure, la piastre, 5 fr. 27 c.; dette extérieure, la piastre, 5 fr. 40 c. — *Etats-Unis*, le dollar, 5 fr. 15 c. — *Hollande*, le florin, 2 fr. 10 c. — *Italie*, la livre, 1 fr. ; le ducat de Naples, 4 fr. 25 c.; la livre toscane, 84 c. — *Portugal*, la livre sterling, 25 fr. 20 c. — *Rome*, l'écu (scudo), 5 fr. 33 c. — *Russie*, dette extérieure payable en livres sterling, 25 fr. 20 c.

D1. — 26 août 1865. (V. *Enregistrement*, suprà.) —*Promulgation des lois et décrets relatifs au droit de transmission sur les actions et obligations de sociétés, compagnies et entreprises françaises et étrangères.*

D1. — 11 nov. 1865. — BG. 163. — *Promulgation de l'art. 4 de la loi de finances du 8 juill. 1865 et du décr. du 21 juill. 1865 relatifs au timbre des quittances délivrées par les comptables des deniers publics.*

Vu l'ord. du 10 janv. 1843 (I, 640) ;

Art. 1. — L'art. 4 de la loi de finances du 8 juill. 1865 et le décr. du 21 juill. 1865 susvisés, sont rendus exécutoires en Algérie, à partir du 1er janv. 1866. A cet effet, ils seront publiés et promulgués à la suite du présent décret qui sera inséré au *Bulletin des lois.*

Loi du 8 juill. 1865.

Art. 4. — Le timbre des quittances de produits et revenus de toute nature, délivrées par les comptables de deniers publics, est réduit à 20 c. La délivrance de ces quittances est obligatoire. Le prix du timbre, lorsqu'il est exigible, s'ajoute de plein droit au montant de la somme due et est soumis au même droit de recouvrement.

Sont maintenues les dispositions de l'art. 16 de la loi du 13 brum an VII, concernant les contributions directes, et celles des art. 19 et 213 de la loi du 28 avr. 1816, relative aux quittances des douanes et à celles des contributions indirectes.

Décret du 21 juill. 1865.

Art. 1. — Pour l'exécution de l'art. 4 de la loi de finances du 8 juill. 1865, il est établi un nouveau timbre mobile du prix de 20 c. conforme au modèle annexé au présent décret. L'apposition et l'annulation de ce timbre auront lieu suivant le mode prescrit par l'art. 1 de notre décr. du 29 oct. 1862.

Art. 2. — Les différents timbres de dimension établis pour l'exécution des art. 24 de la loi du 2 juill. 1862, 10 de la loi de finances du 13 mai 1863 et 6 de la loi de finances du 8 juin 1864, seront également conformes au modèle ci-annexé à partir du 1er janv. 1866. L'administration de l'enregistrement, des domaines et du timbre prendra les mesures nécessaires pour le retrait des timbres de l'ancien modèle qui n'auraient pas été employés avant cette époque.

§ 2. — DÉBITS DE PAPIER TIMBRÉ.

AG. — 20 31 déc. 1862. — BG. 69. — *Réglementation des bureaux auxiliaires pour le débit des papiers timbrés.*

Vu l'arr. du 6 sept. 1844, relatif à la création, en Algérie, des bureaux auxiliaires pour le débit des papiers timbrés (I, 642) ;

Art. 1. — Les bureaux auxiliaires, pour le débit des papiers timbrés, en Algérie, sont établis suivant le territoire, sur la proposition des généraux commandant les divisions ou les préfets, par le gouverneur général, qui désigne en même temps les quartiers dans lesquels ils devront être installés (1). — Les titulaires de ces bureaux, qui prennent le titre de distributeurs auxiliaires de papiers-timbrés, sont nommés par les généraux ou les préfets, avec l'agrément du directeur général, les directeurs de l'enregistrement consultés.

Art. 2. — Les bureaux doivent être ouverts au public de 7 h. du matin à 8 h. du soir.

Art. 3. — Les distributeurs auxiliaires ne peuvent débiter d'autres espèces de papiers que celles désignées dans les autorisations qui leur sont délivrées. — Ils doivent prendre ces papiers chez le receveur de l'enregistrement qui leur est désigné par le directeur de ce service. Ils payent comptant le prix de ces papiers, sous la déduction de la remise qui leur est allouée en vertu de l'art. 4 ci-après. — Ils sont tenus d'être toujours suffisamment approvisionnés.

Art. 4. — A partir du 1er janv. 1863, la remise accordée à chaque distributeur sera liquidée d'après les produits de l'approvisionnement de chaque mois. — Elle sera de 5 p. 100 sur les premiers 4,000 fr., et de 1 p. 100 sur le surplus sans qu'elle puisse, en aucun cas, dépasser au total, 120 fr. par mois.

Art. 5. — Tout concert entre un receveur de l'enregistrement et un distributeur auxiliaire, tendant à augmenter le produit de la remise par l'accroissement factice et simulé des quantités de papier timbré vendues par le distributeur, sera puni par la destitution des deux préposés, sans préjudice des peines prévues par la loi.

Art. 6. — Le distributeur auxiliaire qui vendra du papier timbré au-dessus du prix fixé par le tarif sera destitué et poursuivi comme concussionnaire.

Art. 7. — Chaque distributeur doit placer dans son bureau et à la portée du public, une affiche indiquant les espèces et le prix des papiers timbrés qu'il est chargé de débiter. — Il doit placer à l'extérieur de la maison une enseigne ou un écriteau portant en français et en arabe ces mots : *Débit auxiliaire de papiers timbrés.*—L'absence de l'une ou de l'autre de ces indications donnera lieu à une retenue de 5 fr. au profit du trésor. La retenue sera de 10 fr, si la contravention est constatée une seconde fois dans le courant de la même année.

Art. 8. — Les distributeurs qui ne pourront gérer eux-mêmes leurs bureaux, devront soumettre à l'approbation du gouverneur général les traités passés avec les personnes qu'ils désirent charger de cette gestion.

Art. 9. — Les employés de l'enregistrement et des domaines sont chargés de la surveillance des distributions auxiliaires de papiers timbrés. —Les distributeurs seront tenus de leur représenter, à toute réquisition, les papiers qu'ils ont entre les mains.

Art. 10. — L'arr. du 6 sept. 1844 est abrogé.

Le général de division sous-gouverneur,
E. DE MARTIMPREY.

AG. — 8-22 août 1863. — BG. 90. — *Création d'un 5e bureau à Alger pour le quartier d'Isly. — Ce bureau ne pourra pas être installé plus loin que l'extrémité de la rue Rovigo, du côté de la place Napoléon.*

---

(1) V. suprà Admin. gén., arr. 20 mars 1863. Délégation d'attributions aux généraux.

Traités.

D. — 18 mars-16 juin 1862. — BG. 55. — *Promulgation de la convention conclue entre la France et l'Espagne, le 7 janv. 1862 (1).*

Art. 1. — Une convention consulaire ayant été signée, le 7 janv. 1862, entre la France et l'Espagne, et les ratifications de cet acte ayant été échangées à Madrid le 7 du présent mois de mars, ladite convention, dont la teneur suit, recevra sa pleine et entière exécution.

Convention du 7 janv. 1862.

Art. 1. — Les sujets des deux pays pourront voyager et résider sur les territoires respectifs comme les nationaux; s'établir où ils le jugeront convenable pour leurs intérêts; acquérir et posséder toute espèce de biens meubles ou immeubles; exercer toute espèce d'industrie; faire le commerce, tant en gros qu'en détail; louer les maisons, magasins et boutiques qui leur seront nécessaires; effectuer le transport des marchandises et de l'argent, et recevoir des consignations aussi bien de l'intérieur que de l'étranger, en payant les droits et patentes, et en observant, dans tous ces cas, les conditions établies par les lois et les règlements en vigueur pour les nationaux. — Ils auront le droit, dans leurs ventes et achats, d'établir le prix des effets, des marchandises et des objets quels qu'ils soient, tant importés que nationaux, soit qu'ils les vendent à l'intérieur du pays, soit qu'ils les destinent à l'exportation, sauf à se conformer aux lois et règlements du pays. Ils auront la faculté de faire et administrer eux-mêmes leurs affaires ou de se faire suppléer par des personnes dûment autorisées, soit dans l'achat ou vente de leurs biens, effets ou marchandises, soit pour le chargement, le déchargement et l'expédition de leurs navires.

Art. 2. — Les Français en Espagne et les Espagnols en France jouiront réciproquement d'une constante et complète protection pour leurs personnes et leurs propriétés. Ils auront, en conséquence, un libre et facile accès des tribunaux de justice, tant pour réclamer que pour

---

(1) *Circulaire du gouverneur général aux généraux commandant les divisions, et préfets des départements relativement à l'exécution de cette convention.* —15 mai 1862. —Un décret du 18 mars dernier a rendu exécutoire la convention consulaire conclue à Madrid, le 7 janv. 1862, entre les gouvernements de France et d'Espagne. Les dispositions de cet acte étant applicables en Algérie, j'ai l'honneur de vous en adresser ci-joint, pour notification, un exemplaire, afin que vous en assuriez l'exécution pour tout ce qui est de votre ressort. — Ainsi que me le fait observer S. Exc. M. le ministre des affaires étrangères, en me notifiant la convention du 7 janv., « cet acte reproduit, en termes plus précis et, au besoin, avec les développements propres à en bien fixer l'interprétation, les stipulations de nos anciens traités avec l'Espagne, qui n'avaient pas cessé d'être appliqués, tant en France qu'en Algérie, notamment en ce qui concerne l'exercice des attributions consulaires, les consuls de S. M. C. ont toujours joui de toutes les prérogatives que le droit conventionnel et l'usage ont reconnues aux agents de même ordre sur le territoire continental de l'empire. » Je me bornerai donc à signaler à votre attention un petit nombre de dispositions susceptibles d'appeler plus spécialement la vigilance et l'intervention des autorités locales.

L'art. 8 exige que les sujets de l'un ou de l'autre État qui voudront se livrer au commerce ou s'établir, pour quelque but que ce soit, dans les pays respectifs, soient pourvus d'un certificat d'immatriculation constatant leur nationalité et leur identité. Ce certificat, délivré par les agents diplomatiques ou consulaires de leur pays, doit, pour servir de titre à celui auquel il aura été délivré, être visé par les autorités territoriales compétentes. Ces autorités sont, en Algérie, le préfet, le sous-préfet, le commissaire civil ou le maire, suivant que l'agent consulaire réside dans un chef-lieu de département, d'arrondissement, de commissariat civil ou de commune.

Ainsi, dans tous leurs rapports avec les autorités locales, les sujets espagnols qui voudront se prévaloir de ce titre, seront tenus de justifier en bonne forme de leur immatriculation, sous peine d'être privés des immunités stipulées dans la convention du 7 janv. — Ces immunités, en matière d'impôts et autres charges publiques, sont les mêmes par l'art. 3 aux points suivants : — 1° Exemption de toute contribution de guerre, avance de contribution, prêts et emprunts, et de toute contribution extraordinaire, de quelque nature qu'elle soit, qui seraient établies à suite de circonstances exceptionnelles en tant que ces contributions ne seraient pas imposées sur la propriété foncière ; — 2° Exemption de toute charge ou emploi municipal et de tout service personnel, soit dans les

armées de terre ou de mer, soit dans la garde ou milice nationale, ainsi que de toute réquisition aux services spéciaux de la milice, pourvu qu'ils présentent leurs certificats d'immatriculation. — Toutefois, les Espagnols possédant des biens-fonds ou tenant un établissement commercial et industriel, seront soumis comme les nationaux à la charge des logements militaires.

L'exemption relative à la milice modifie nécessairement en ce qui touche les Espagnols, les dispositions de l'art. 3 du décr. du 9 nov. 1859 (I,458), concernant les étrangers admis dans la milice algérienne. Ce service cesse d'être obligatoire pour ceux des sujets de S. M. C. qui justifieront d'un certificat d'immatriculation; tous ceux qui, munis de cette pièce, demanderont à être rayés des contrôles du service ordinaire, devront l'être immédiatement. Rien ne s'oppose, d'ailleurs, au maintien de ceux qui ne réclameront pas leur radiation, ni à l'admission de ceux qui demanderaient leur incorporation. — Dans tous les cas, il n'y aura plus lieu de procéder d'office à l'inscription des sujets espagnols sur les contrôles du service ordinaire de la milice, et vous voudrez bien donner des instructions en ce sens à qui de droit.

Néanmoins, l'immunité dont il s'agit n'est pas tellement absolue que, dans les cas urgents, et pour un service local et sédentaire, les Espagnols ne puissent être appelés à prendre les armes. Le cas est prévu par le § 2 de l'art. 29 de la convention. — Les Espagnols pourront donc, en prévision de cette éventualité et conformément à l'art. 15 du décr. de 1859, être inscrits sur le contrôle de la réserve, formé de ceux qui ne peuvent être appelés que dans les cas extraordinaires.

S. Exc. M. le ministre des affaires étrangères a appelé particulièrement mon attention sur l'art. 5 qui détermine les justifications que devront fournir les Français nés en Espagne et les Espagnols nés en France, pour obtenir, en conservant leur nationalité d'origine, l'exemption du service militaire dans le pays où ils sont établis. — Cette disposition a pour but de déjouer certaines fraudes pratiquées en vue d'échapper, à la loi du recrutement dans l'un ou dans l'autre pays. La loi française n'a pas été jusqu'à présent appliquée aux nationaux nés en Algérie, mais elle peut atteindre les Espagnols nés en France et passés depuis dans la colonie. Vous aurez donc à prêter votre concours, pour l'exécution de la disposition dont il s'agit, toutes les fois que vous en serez requis, soit par l'autorité française, soit par un agent consulaire de S. M. C.

Mal PÉLISSIER, DUC DE MALAKOFF.

défendre leurs droits, à tous les degrés de juridiction établie par les lois; ils pourront employer dans toutes les instances les avocats, avoués et agents de toutes classes qu'ils jugeront à propos, et jouiront enfin, sous ce rapport, des mêmes droits ou avantages déjà accordés ou qui seraient accordés aux nationaux.

Art. 3. — Les sujets de l'un ou de l'autre État qui voudront se livrer au commerce ou s'établir, pour quelque but que ce soit, dans les pays respectifs, devront être pourvus d'un certificat d'immatriculation constatant leur qualité de Français ou d'Espagnols, qui leur sera délivré par les agents diplomatiques ou consulaires de leur pays, sur la présentation des pièces propres à établir leur nationalité. Ce certificat sera visé par les autorités territoriales compétentes, et servira de titre à celui auquel il aura été délivré, pour justifier de sa nationalité et de son identité, dans les démarches qu'il aurait à faire, soit auprès des agents de sa nation, soit auprès des autorités du pays. Sans la présentation dudit certificat d'immatriculation, les autorités françaises ne permettront, dans aucun cas, la résidence des Espagnols en France, ni les autorités espagnoles, celles des Français en Espagne.

Art. 4. — Les Français en Espagne et les Espagnols en France seront soumis au payement des contributions, tant ordinaires qu'extraordinaires, afférentes aux biens immeubles qu'ils possèdent dans le pays de leur résidence et à la profession ou industrie qu'ils y exercent conformément aux lois et aux règlements généraux des États respectifs. Ils seront également soumis, comme les nationaux, aux charges et prestations en nature, ainsi qu'aux impôts municipaux, urbains, provinciaux ou départementaux auxquels ils pourraient être assujettis pour leurs biens meubles, leur profession ou industrie. — D'ailleurs, les Français en Espagne comme les Espagnols en France seront exempts de toute contribution de guerre, avances de contributions, prêts et emprunts, et de toute autre contribution extraordinaire, de quelque nature qu'elle soit, qui serait établie dans l'un des deux pays, par suite de circonstances exceptionnelles, en tant que ces contributions ne seront pas imposées sur la propriété foncière. — Ils seront également exempts de toute charge ou emploi municipal et de tout service personnel, soit dans les armées de terre ou de mer, soit dans la garde ou milice nationale, ainsi que de toute réquisition aux services spéciaux de la milice, pourvu qu'ils présentent leurs certificats d'immatriculation, délivrés par leurs ambassades, légations ou consulats respectifs. Toutefois, les Français en Espagne et les Espagnols en France possédant des biens-fonds ou tenant un établissement commercial ou industriel seront soumis, comme les nationaux, à la charge des logements militaires.

Art. 5. — Les Espagnols nés en France, lesquels, ayant atteint l'âge de vingt ans, y seraient compris dans le contingent militaire, devront produire devant les autorités civiles ou militaires compétentes un certificat établissant qu'ils ont tiré au sort en Espagne. Et, réciproquement, les Français nés en Espagne, qui y seraient appelés au service militaire, devront, dans le cas où les documents présentés par eux ne paraîtraient pas suffisants pour établir leur origine, fournir, l'année suivante, aux autorités compétentes, à l'époque du tirage, un certificat constatant qu'ils ont satisfait à la loi de recrutement en France. A défaut de ce document en bonne forme, l'individu désigné par le sort pour le service militaire, dans la commune où il est né, devra faire partie du contingent de cette commune.

Art. 6. — Les sujets des deux États pourront disposer à leur volonté, par donation, vente, échange, testament ou de toute autre manière, de tous les biens qu'ils possèderaient dans les territoires respectifs, et retirer intégralement leurs capitaux du pays. De même, les sujets de l'un des deux États, habiles à hériter des biens situés dans l'autre, pourront prendre possession sans empêchement des biens qui leur seraient dévolus, même *ab intestat;* et lesdits héritiers ou légataires ne seront pas tenus à acquitter des droits de succession autres ni plus élevés que ceux qui seraient imposés, dans des cas semblables, aux nationaux eux-mêmes.

Art. 7. — Les sujets des deux pays ne pourront être assujettis respectivement à aucune saisie, ni être retenus avec leurs navires, équipages, voitures et effets de commerce quels qu'ils soient, pour aucune expédition militaire ni pour aucun service public, sans qu'il soit accordé aux intéressés une indemnité préalablement convenue. — Ils seront néanmoins soumis aux réquisitions pour transports (*bagages*); mais dans ce cas, ils auront droit à la rémunération officiellement établie par l'autorité compétente dans chaque département ou localité, pour les sujets du pays.

Art. 8. — Chacune des hautes parties contractantes aura la faculté d'établir des consuls généraux, consuls et vice-consuls ou agents consulaires dans les ports, villes et lieux du territoire de l'autre, se réservant respectivement le droit d'en excepter les points qu'elles jugeraient convenables. — Toutefois, cette réserve ne pourra être appliquée à l'une des hautes parties contractantes, sans qu'elle le soit également à toutes les autres puissances.

Art. 9. — Pour que les consuls généraux, consuls et vice-consuls soient admis et reconnus comme tels, ils devront présenter leurs provisions sur les productions desquelles l'*exequatur* leur sera délivré sans frais et suivant les formalités établies dans les pays respectifs. — Sur la présentation de l'*exequatur*, l'autorité supérieure du département, province ou district, dans lequel résideront lesdits agents donnera les ordres nécessaires aux autres autorités locales, pour que, sur tous les points de leurs circonscriptions, ils soient protégés dans l'exercice de leurs fonctions officielles, et pour que leurs exemptions, prérogatives, immunités et privilèges conférés par la présente convention leur soient garantis.

Art. 10. — Les consuls généraux, consuls et vice-consuls sujets de l'État qui les nomme jouiront de l'exemption du logement militaire et de toute charge ou service public qui aurait un caractère municipal ou autre. — Ils seront de même exemptés des contributions directes, personnelles, mobilières ou somptuaires, imposées par l'État ou par les communes. Toutefois, si ces agents étaient commerçants, s'ils exerçaient quelque industrie ou possédaient des biens immeubles, ils seront considérés, en ce qui concerne les charges et contributions générales, comme les autres sujets de l'État auxquels ils appartiendront.

Art. 11. — Les consuls généraux, consuls et vice-consuls ne seront pas tenus de paraître comme témoins devant les tribunaux du pays où ils résideront. Mais ils ne pourront refuser leurs déclarations à l'autorité judiciaire qui se transporterait à leur domicile pour les recevoir de vive voix, ou qui les leur demanderait par écrit, ou qui déléguerait à cet effet un fonctionnaire compétent en France, ou un notaire public en Espagne. Dans chacun de ces cas, ils devront satisfaire au désir de l'autorité dans le délai, au jour et à l'heure que celle-ci indiquera, sans opposer de retards inutiles.

Art. 12. — Les consuls généraux, consuls et vice-consuls sujets de l'État qui les nomme jouiront de l'immunité personnelle, sans qu'ils puissent être arrêtés ni conduits en prison, si ce n'est pour crimes, à moins que lesdits agents ne soient sujets du pays de leur résidence ou commerçants, auquel cas cette immunité personnelle ne devra s'entendre que des dettes ou autres causes civiles, n'impliquant pas de délit ou l'idée d'un délit, ou qui ne se rapporteraient pas au commerce qu'ils exerceraient eux-mêmes ou par leurs employés.

Art. 13. — Les consuls généraux, consuls et vice-consuls pourront placer, au-dessus de la porte extérieure du consulat ou vice-consulat, l'écusson des armes de leur nation, avec cette inscription : consulat ou Vice-consulat de... — Ils pourront également arborer le pavillon de leur pays sur la maison consulaire, aux jours de solennités publiques, religieuses ou nationales, ainsi que dans les autres circonstances d'usage ; mais l'exercice de ce double privilège cessera, si lesdits agents résident dans la capitale où se trouve l'ambassade ou la légation de leur pays. — Ils pourront de même arborer le pavillon national sur le bateau qu'ils monteraient dans le port, pour l'exercice de leurs fonctions.

Art. 14. — Les archives consulaires seront inviolables en tout temps, et les autorités locales ne pourront, sous aucun prétexte, visiter ni saisir les papiers qui en font partie. — Ces papiers devront toujours être complètement séparés des livres ou papiers relatifs au commerce ou à l'industrie que pourraient exercer les consuls ou vice-consuls respectifs.

Art. 15. — En cas d'empêchement, d'absence ou de décès des consuls généraux, consuls et vice-consuls, les élèves consuls, les chanceliers et secrétaires qui auraient été présentés antérieurement en leurs qualités aux autorités respectives seront admis de plein droit, dans leur ordre hiérarchique, à exercer, par intérim, les fonctions consulaires, sans que les autorités locales puissent y mettre aucun obstacle. Au contraire, celles-ci devront leur prêter assistance et protection, et leur assurer, pendant leur gestion intérimaire, la jouissance des exemptions, prérogatives, immunités et privilèges reconnus par la présente convention aux agents consulaires respectifs.

Art. 16. — Les consuls généraux et consuls pourront nommer des vice-consuls ou agents consulaires, dans les villes, ports et localités de leurs arrondissements consulaires respectifs, sauf l'approbation du gouvernement territorial.

Art. 17. — Les mendiants ou les vagabonds, déclarés tels par les lois de chacun des deux pays, et qui auraient été détenus à la demande des agents consulaires respectifs ou par ordre des autorités territoriales pour être expulsés du pays, seront mis à la disposition desdits agents.—Ceux-ci seront tenus de pourvoir à leur entretien, jusqu'au moment où ils auront pris les mesures nécessaires pour les rapatrier, et les autorités territoriales devront leur prêter, à cet effet, un appui efficace.

Art. 18. — Les consuls généraux, consuls et vice-consuls ou agents consulaires pourront s'adresser aux autorités de leur arrondissement consulaire, pour réclamer contre toute infraction aux traités ou conventions existant entre les deux pays, et contre tout abus dont leurs nationaux auraient à se plaindre. Si leurs réclamations n'étaient pas accueillies par les autorités de leur arrondissement consulaire, ou si les résolutions prises par celles-ci ne leur paraissaient pas satisfaisantes, ils pourront avoir recours, à défaut d'un agent diplomatique de leur pays, au gouvernement de l'État dans lequel ils résideraient.

Art. 19. — Les consuls généraux, consuls et vice-consuls ou agents consulaires des deux pays, ou leurs chanceliers, auront le droit de recevoir dans leurs chancelleries, au domicile des parties et à bord des navires de leur nation, les déclarations que pourront avoir à faire les capitaines, les gens de l'équipage et les passagers, les négociants et tous autres sujets de leur pays. — Ils seront également autorisés à recevoir, comme notaires, les dispositions testamentaires de leurs nationaux et tous autres actes notariés, lors même que lesdits actes auraient pour objet de conférer hypothèque. — Lesdits agents auront, en outre, le droit de recevoir dans leurs chancelleries tous actes conventionnels passés entre un ou plusieurs de leurs nationaux et d'autres personnes du pays dans lequel ils résident, comme aussi tous les actes qui, quoique d'un intérêt exclusif pour les sujets du pays dans lequel ils sont dressés, concerneraient des biens situés ou des affaires à traiter sur un point quelconque du territoire de la nation à laquelle appartient le consul ou vice-consul par qui lesdits actes seront rédigés. Les copies ou extraits de ces actes, dûment légalisés par lesdits agents et scellés du sceau officiel des consulats ou des vice-consulats, feront foi, tant en justice que hors de justice, aussi bien dans les possessions de la France que dans celles de l'Espagne, et auront la même force et valeur que s'ils avaient été passés devant un notaire ou autres officiers publics de l'un ou de l'autre pays, pourvu que ces actes aient été rédigés dans les formes requises par les lois de l'État auquel appartiennent les consuls et vice-consuls, et qu'ils aient ensuite été soumis au timbre, à l'enregistrement ou à toute autre formalité en usage dans le pays ou l'acte devra recevoir son exécution. — Dans le cas où un doute s'élèverait sur l'authenticité de l'expédition d'un acte public, enregistré à la chancellerie d'une des consulats respectifs, on ne pourra en refuser la confrontation avec l'original à l'intéressé qui en fera la demande et qui pourra assister à cette collation, s'il le juge convenable. — Les consuls généraux, consuls et vice-consuls ou agents consulaires respectifs pourront traduire toute espèce de documents émanés des autorités ou fonctionnaires de leur pays, et ces traductions auront, dans le pays de leur résidence, la même force et valeur que si elles eussent été faites par les interprètes jurés du pays.

Art. 20. — En cas de décès d'un sujet de l'une des parties contractantes sur le territoire de l'autre, les autorités locales devront en donner avis immédiatement au consul général, consul, vice-consul ou agent consulaire dans la circonscription duquel ledit décès aura eu lieu (1). Ceux-ci, de leur côté, devront donner le même avis aux autorités locales, lorsqu'ils en seront informés les premiers. — Quand un Français en Espagne ou un Espagnol en France sera mort sans avoir fait de testament ni nommé d'exécuteur testamentaire, ou si les héritiers, soit naturels, soit désignés par le testament, étaient mineurs, incapables ou absents, ou si les exécuteurs testamentaires nommés ne se trouvaient pas dans le lieu où s'ouvrira la succession, les consuls généraux, consuls et vice-consuls ou agents consulaires de la nation du défunt auront le droit de procéder successivement aux opérations suivantes :
1° Apposer les scellés, soit d'office, soit à la demande des parties intéressées, sur tous les effets, meubles et papiers du défunt, en prévenant de cette opération l'autorité locale compétente, qui pourra y assister et apposer également ses scellés. — Les scellés, non plus que ceux de l'agent consulaire, ne devront pas être levés sans que l'autorité locale assiste à cette opération. — Toutefois, si, après un avertissement adressé par le consul ou

(1) La même disposition est textuellement reproduite dans l'art. 9 de la convention consulaire conclue le 26 juill. 1862 entre la France et l'Italie.

vice-consul à l'autorité locale pour l'inviter à assister à la levée des doubles scellés, celle-ci ne s'était pas présentée dans un délai de quarante-huit heures, à compter de la réception de l'avis, cet agent pourra procéder seul à ladite opération ;

2° Former l'inventaire de tous les biens et effets du défunt, en présence de l'autorité locale, si, par suite de la notification susindiquée, elle avait cru devoir assister à cet acte. — L'autorité locale apposera sa signature sur les procès-verbaux dressés en sa présence, sans que, pour son intervention d'office dans ces actes, elle puisse exiger des droits d'aucune espèce ;

3° Ordonner la vente aux enchères publiques de tous les effets mobiliers de la succession qui pourraient se détériorer, et de ceux d'une conservation difficile, comme aussi des récoltes et effets, pour l'aliénation desquels il se présentera des circonstances favorables ;

4° Déposer en lieu sûr les effets et valeurs inventoriées, le montant des créances que l'on réalisera, ainsi que le produit des rentes que l'on percevra, dans la maison consulaire ou dans celle de quelque commerçant de la confiance du consul ou du vice-consul. Ces dépôts devront avoir lieu, dans l'un ou dans l'autre cas, d'accord avec l'autorité locale qui aura assisté aux opérations antérieures, si, par suite de la convocation dont il va traiter le paragraphe suivant, des sujets du pays ou d'une puissance tierce se présentaient comme intéressés dans la succession ab intestat ou testamentaire ;

5° Convoquer, au moyen des journaux de la localité et de ceux du pays du défunt, si cela était nécessaire, les créanciers qui pourraient exister contre la succession ab intestat ou testamentaire, afin qu'ils puissent présenter leurs titres respectifs de créance, dûment justifiés, dans le délai fixé par les lois de chacun des deux pays. — S'il se présentait des créanciers contre la succession testamentaire ou ab intestat, le payement de leurs créances devra s'effectuer dans le délai de quinze jours après l'inventaire fini, s'il y a l'argent nécessaire pour acquitter ces créances, et, dans le cas contraire, aussitôt que les fonds nécessaires auront pu être réalisés par les moyens les plus convenables ; ou enfin dans le délai consenti, d'un commun accord, entre les consuls et la majorité des intéressés. — Si les consuls respectifs se refusaient au payement de tout ou partie des créances, en alléguant l'insuffisance des valeurs de la succession pour les satisfaire, les créanciers auront le droit de demander à l'autorité compétente, s'ils le jugeaient utile à leurs intérêts, la faculté de se constituer en état d'union (en concurso necesario de acreedores). — Cette déclaration obtenue par les voies légales, établies dans chacun des deux pays, les consuls ou vice-consuls devront faire immédiatement la remise à l'autorité judiciaire ou aux syndics de la faillite, selon qu'il appartiendra, de tous les documents, effets ou valeurs appartenant à la succession testamentaire ou ab intestat, lesdits agents demeurant chargés de représenter les héritiers absents, les mineurs et les incapables ;

6° Administrer et liquider eux-mêmes ou par une personne qu'ils nommeront sous leur responsabilité, la succession testamentaire ou ab intestat, sans que l'autorité locale ait à intervenir dans lesdites opérations, à moins que des sujets du pays ou d'une tierce puissance n'aient à faire valoir des droits dans la succession ; car, en ce cas, s'il survenait des difficultés, provenant notamment de quelque réclamation, ayant lieu à contestation, les consuls généraux, consuls, vice-consuls et agents consulaires n'ayant aucun droit pour terminer ou résoudre ces difficultés, les tribunaux du pays devront en connaître selon qu'il leur appar-

tient d'y pourvoir ou de les juger. — Lesdits agents consulaires agiront alors comme représentants de la succession testamentaire ou ab intestat, c'est-à-dire que, conservant l'administration et le droit de liquider définitivement ladite succession, comme aussi celui d'effectuer les ventes d'effets dans les formes précédemment indiquées, ils veilleront aux intérêts des héritiers et auront la faculté de désigner des avocats chargés de soutenir leurs droits devant les tribunaux. Il est bien entendu qu'ils remettront à ces tribunaux tous les papiers et documents propres à éclairer la question soumise à leur jugement. — Le jugement prononcé, les consuls généraux, consuls et vice-consuls ou agents consulaires devront l'exécuter s'ils ne forment pas appel, et ils continueront alors de plein droit la liquidation, qui aurait été suspendue jusqu'à la conclusion du litige ;

7° Organiser, s'il y a lieu, la tutelle ou curatelle, conformément aux lois des pays respectifs.

Art. 21. — Lorsqu'un Français en Espagne et un Espagnol en France sera décédé sur un point où il ne se trouverait pas d'agent consulaire de sa nation, l'autorité territoriale compétente procédera, conformément à la législation du pays, à l'inventaire des effets et à la liquidation des biens qu'il aura laissés, et sera tenue de rendre compte dans le plus bref délai possible, du résultat de ces opérations à l'ambassade ou à la légation qui doit en connaître, ou au consulat ou vice-consulat le plus voisin du lieu où se sera ouverte la succession ab intestat ou testamentaire. — Mais, dès l'instant que l'agent consulaire le plus rapproché du point où serait ouverte ladite succession ab intestat ou testamentaire se présenterait personnellement ou enverrait un délégué sur les lieux, l'autorité locale qui sera intervenue devra se conformer à ce que prescrit l'art. 20 de cette convention.

Art. 22. — Les consuls généraux, consuls et vice-consuls ou agents consulaires des deux nations connaîtront exclusivement des actes d'inventaires et des autres opérations pratiquées pour la conservation des biens héréditaires, laissés par les gens de mer et les passagers de leur nation qui décéderaient à terre ou à bord des navires de leur pays, soit pendant la traversée, soit dans le port de leur arrivée.

23. Les consuls généraux, consuls et vice-consuls ou agents consulaires pourront aller personnellement ou envoyer des délégués à bord des navires de leur nation après qu'ils auront été admis en libre pratique ; interroger les capitaines et l'équipage ; examiner les papiers du bord ; recevoir les déclarations sur leur voyage, leur destination et les incidents de la traversée ; dresser les manifestes et faciliter l'expédition de leurs navires, enfin les accompagner devant les tribunaux de justice et dans les bureaux de l'administration du pays, pour leur servir d'interprètes et d'agents dans les affaires qu'ils auront à suivre ou les demandes qu'ils auraient à former. — Il est convenu que les fonctionnaires de l'ordre judiciaire et les gardes et officiers de la douane ne pourront, en aucun cas, opérer ni visites ni recherches à bord des navires, sans être accompagnés par le consul ou vice-consul de la nation à laquelle ces navires appartiennent. Ils devront également donner avis, en temps opportun, auxdits agents consulaires, pour qu'ils assistent aux déclarations que les capitaines et les équipages auront à faire devant les tribunaux et dans les administrations locales, afin d'éviter ainsi toute erreur ou fausse interprétation qui pourrait nuire à l'exacte administration de la justice. — La citation qui sera adressée aux consuls et vice-consuls pour ces sortes de diligences indiquera une heure précise, et si les consuls et vice-consuls négligeaient de s'y

rendre en personne ou dans la personne d'un délégué, il sera procédé en leur absence.

24. En tout ce qui concerne la police des ports, le chargement et le déchargement des navires et la sûreté des marchandises, biens et effets, on observera les lois, ordonnances et règlements du pays. — Les consuls généraux, consuls et vice-consuls ou agents consulaires seront chargés exclusivement du maintien de l'ordre intérieur à bord des navires marchands de leur nation ; ils régleront eux-mêmes les contestations de toute nature qui seront survenues entre le capitaine, les officiers du navire et les matelots et spécialement celles relatives à la solde et à l'accomplissement des engagements réciproquement contractés. — Les autorités locales ne pourront intervenir que lorsque les désordres survenus à bord des navires seraient de nature à troubler la tranquillité et l'ordre publics, à terre ou dans le port, ou quand une personne du pays ou ne faisant pas partie du rôle de l'équipage s'y trouvera mêlée. — Dans tous les autres cas, les autorités précitées se borneront à prêter tout appui aux consuls et vice-consuls, si elles en sont requises par eux, pour faire arrêter et conduire en prison quelqu'un des hommes inscrits sur le rôle de l'équipage, chaque fois que, pour un motif quelconque, lesdits agents le jugeront convenable.

25. Les consuls généraux, consuls et vice-consuls ou agents consulaires pourront faire arrêter et renvoyer, soit à bord, soit dans leur pays, les marins et quelque autre personne que ce soit, faisant partie de l'équipage des navires marchands de leur nation qui auraient déserté. — A cet effet, ils devront s'adresser par écrit aux autorités locales compétentes, et justifier, au moyen de la présentation des registres du navire ou du rôle de l'équipage, ou, si le navire était parti, par une copie authentique des documents susénoncés, que les personnes réclamées faisaient réellement partie de l'équipage. En vue de cette demande ainsi justifiée, on ne pourra refuser la remise de ces individus. On donnera, en outre, auxdits agents consulaires tout secours et toute assistance pour la recherche et l'arrestation de ces déserteurs, lesquels seront conduits dans les prisons du pays et y seront détenus à la demande et aux frais du consul ou du vice-consul, jusqu'à ce que celui-ci trouve une occasion pour les rapatrier. — Cet emprisonnement ne pourra durer plus de trois mois, après lesquels et moyennant un avis donné au consul trois jours à l'avance, la liberté sera rendue au prisonnier, qui ne pourra être incarcéré de nouveau pour la même cause. — Toutefois, si le déserteur avait commis quelque délit à terre, l'autorité locale pourra surseoir à l'extradition jusqu'à ce que le tribunal ait rendu sa sentence et que celle-ci ait reçu pleine et entière exécution. — Les hautes parties contractantes conviennent que les marins ou autres individus de l'équipage, sujets du pays dans lequel s'effectuera la désertion, sont exceptés des stipulations du présent article.

26. A moins de stipulations contraires entre les armateurs, chargeurs et assureurs, les avaries que les navires des deux pays auront souffertes en mer, soit qu'ils entrent dans les ports respectifs volontairement ou par relâche forcée, seront toujours réglées par les consuls généraux, consuls ou vice-consuls de leur nation ; à moins que des sujets du pays dans lequel résident lesdits agents, ou ceux d'une tierce puissance ne se trouvent intéressés dans ces avaries, car, dans ce cas, il appartiendra à l'autorité locale compétente d'en prendre connaissance et de les régler, s'il n'y a pas entente et conciliation entre tous les intéressés.

27. Lorsqu'un navire appartenant au gouvernement ou à des sujets de l'une des hautes parties contractantes fera naufrage ou échouera sur le littoral de l'autre, les autorités locales devront porter le fait à la connaissance du consul général, consul, vice-consul ou agent consulaire le plus voisin du lieu où l'accident sera arrivé. — Toutes les opérations relatives au sauvetage des navires français, qui naufrageraient ou échoueraient dans les eaux territoriales de l'Espagne, seront dirigées par les consuls généraux, consuls, vice-consuls ou agents consulaires de France, et, réciproquement, toutes les opérations relatives au sauvetage des navires espagnols, qui naufrageraient ou échoueraient dans les eaux territoriales de la France, seront dirigées par les consuls généraux, consuls, vice-consuls ou agents consulaires d'Espagne. — L'intervention des autorités locales n'aura lieu, dans les deux pays, que pour donner aux agents consulaires les secours qui seront nécessaires pour maintenir l'ordre, garantir les intérêts des sauveteurs, s'ils sont étrangers à l'équipage, et assurer l'exécution des dispositions à observer pour l'entrée et la sortie des marchandises sauvées. — En l'absence et jusqu'à l'arrivée des consuls généraux, consuls, vice-consuls ou agents consulaires ou de la personne qu'ils délégueront à cet effet, les autorités locales devront prendre toutes les mesures nécessaires pour la protection des individus et la conservation des objets qui auront été sauvés du naufrage. — L'intervention des autorités locales dans ces différents cas n'occasionnera de frais d'aucune espèce, hors ceux auxquels donneront lieu les opérations du sauvetage et la conservation des objets sauvés, ainsi que ceux auxquels seraient soumis, en pareil cas, les navires nationaux. — En cas de doute sur la nationalité des navires naufragés, les dispositions mentionnées dans le présent article seront de la compétence exclusive de l'autorité locale. — Les hautes parties contractantes conviennent, en outre, que les marchandises et effets sauvés ne seront sujets au payement d'aucun droit de douane, à moins qu'on ne les destine à la consommation intérieure.

28. En tout ce qui concerne le placement des navires, leur chargement et déchargement dans les ports, bassins et rades des deux Etats, l'usage des magasins publics, grues, balances et autres machines de ce genre, et généralement, pour toutes les facilités et dispositions relatives aux arrivages, séjours et entrées et départs des navires, le traitement national sera accordé dans les deux pays, sans aucune différence ; l'intention formelle des hautes parties contractantes étant d'établir, à ce sujet, l'égalité la plus parfaite entre les sujets des deux nations.

29. Toutes les dispositions de la présente convention seront applicables et recevront leur exécution en France et dans les provinces de l'Algérie comme dans la péninsule espagnole, les îles adjacentes, Baléares et Canaries et dans les possessions espagnoles du nord de l'Afrique qui sont ouvertes actuellement ou qui pourraient l'être plus tard au commerce étranger. — Toutefois, attendu la situation spéciale où se trouve l'Algérie, le gouvernement de S. M. C. ne s'opposera pas à ce que les sujets espagnols qui y sont établis prennent les armes dans les cas urgents, avec la permission de l'autorité française, pour la défense de leurs foyers ; mais ils ne pourront, en aucune manière, être mobilisés.

30. Les clauses de cette convention, relatives aux successions testamentaires et ab intestat, aux naufrages et sauvetages, seront applicables aux possessions d'outre-mer de l'un et de l'autre Etat, sous les réserves que comporte le régime spécial auquel ces possessions sont soumises. — Il demeure convenu, en outre, que les consuls géné-

raux, consuls, vice-consuls et agents consulaires respectifs, ainsi que les chanceliers, secrétaires, élèves ou attachés consulaires, jouiront dans les deux pays de toutes les exemptions, prérogatives, immunités et priviléges qui sont accordés ou seraient accordés aux agents de la même classe de la nation la plus favorisée.

31. La présente convention sera en vigueur pour 10 années, à dater du jour de l'échange des ratifications; mais si aucune des hautes parties contractantes n'avait annoncé officiellement à l'autre, une année avant l'expiration de ce terme, son intention d'en faire cesser les effets, elle continuera à être en vigueur pour les deux parties jusqu'à ce que cette déclaration ait été faite, et pendant une année encore, qu'elle que soit l'époque à laquelle elle aura lieu.

32. La présente convention sera approuvée et ratifiée par les deux hautes parties contractantes, et les ratifications seront échangées à Madrid, dans le délai de deux mois ou plus tôt si cela est possible.

DÉ. — 20 janv.-7 fév. 1864. — BG. 105. — *Promulgation du traité de commerce conclu le 17 janv. 1863 entre la France et l'Italie.*

DÉ. — Même date. — *Promulgation du traité de navigation conclu le 15 juin 1862 entre la France et l'Italie.*

DÉ. — 26 juill.-3 sept. 1865. — BG. 152. — *Publication de la déclaration relative à l'établissement des Suisses en Algérie et dans les colonies françaises.*

Art. 1. — Une déclaration relative à l'établissement des Suisses en Algérie et dans les colonies françaises ayant été signée, le 24 juill. 1865, par notre ministre secrétaire d'Etat au département des affaires étrangères et l'envoyé extraordinaire et ministre plénipotentiaire de la confédération suisse à Paris, ladite déclaration, dont la teneur suit, est approuvée et sera insérée au *Bulletin des lois.*

Déclaration.

Le gouvernement de S. M. l'Empereur des Français et le gouvernement de la confédération suisse, désirant assurer aux Suisses, tant en Algérie que dans les colonies françaises, le bénéfice du traité d'établissement conclu, le 30 juin 1864, entre les deux pays, les dispositions suivantes ont été arrêtées d'un commun accord :

1° Les stipulations du traité d'établissement du 30 juin 1864 sont étendues aux Suisses établis ou qui s'établiront, soit en Algérie, soit dans les colonies françaises;

2° Toutefois, attendu la situation spéciale où se trouve l'Algérie, le gouvernement de la confédération suisse ne s'opposera pas à ce que les citoyens suisses qui y sont établis prennent les armes dans les cas urgents, avec la permission de l'autorité française, pour la défense de leurs foyers; mais ils ne pourront en aucune manière être mobilisés.

3° La présente déclaration recevra son exécution à partir du 1er sept. prochain, et elle aura la même durée que le traité d'établissement du 30 juin 1864.

Traité d'établissement du 30 juin 1864.

Art. 1. — Les Français, sans distinction de culte, seront reçus et traités dans chaque canton de la confédération, relativement à leurs personnes et à leurs propriétés, sur le même pied et de la même manière que le sont ou pourront l'être à l'avenir les ressortissants chrétiens des autres cantons. Ils pourront, en conséquence, aller, venir et séjourner temporairement en Suisse, munis de passe-ports réguliers, en se conformant aux lois et règlements de police. Tout genre d'industrie ou de commerce permis aux ressortissants des divers cantons le sera également aux Français et sans qu'on puisse en exiger aucune condition pécuniaire ou autre plus onéreuse.

Art. 2. — Pour prendre domicile ou former un établissement en Suisse, les Français devront être munis d'un acte d'immatriculation constatant leur nationalité, qui leur sera délivré par l'ambassade de France, après qu'ils auront produit des certificats de bonne conduite et de bonnes mœurs, ainsi que les autres attestations requises.

Art. 3. — Les Suisses jouiront, en France, des mêmes droits et avantages que l'art. 1 ci-dessus assure aux Français en Suisse.

Art. 4. — Les sujets ou ressortissants de l'un des deux Etats établis dans l'autre ne seront pas atteints par les lois militaires du pays qu'ils habiteront, mais resteront soumis à celles de leur patrie. — Ils seront également exempts de tout service soit dans la garde nationale, soit dans les milices municipales.

Art. 5. — Les sujets ou ressortissants de l'un des deux Etats établis dans l'autre et qui seraient dans le cas d'être renvoyés par sentence légale ou d'après les lois et règlements sur la police des mœurs et la mendicité, seront reçus en tout temps, eux et leurs familles, dans les pays dont ils sont originaires et où ils auront conservé leurs droits conformément aux lois.

Art. 6. — Tout avantage que l'une des parties contractantes aurait concédé ou pourrait encore concéder à l'avenir d'une manière quelconque à une autre puissance, en ce qui concerne l'établissement et l'exercice des professions industrielles, sera applicable de la même manière et à la même époque à l'autre partie, sans qu'il soit nécessaire de faire une convention spéciale à cet effet.

Art. 7. — Le présent traité recevra son application dans les deux pays en même temps que le traité de commerce conclu sous la date de ce jour, et il aura la même durée.

RENVOIS. — V. *Table alphabétique.*

Transactions (administratives, immobilières). V. TABLE ALPHABÉTIQUE.

Transcription hypothécaire. V. *ibidem.*

Transportation. V. TABLE ALPHABÉTIQUE.

Transports (entrepreneurs de). V. ROULAGE.

Travaux publics et communaux.

DÉ. — 1er-25 mai 1861 (V. *Dunes,* suprà) *Promulgation du décr. du 14 déc. 1810 sur l'ensemencement, la plantation et la culture des dunes.*

Instr. C. — 31 déc. 1861. — BO. — *Règle à suivre pour le décompte des remises allouées aux agents du service pour travaux communaux.*

La cour des comptes, en examinant les comptes de la commune de Tlemcen, a remarqué, dans les dépenses pour travaux communaux, exécutés de 1855 à 1859 inclusivement, que l'indemnité de 5 pour 100 à laquelle a droit le service des ponts et chaussées, pour être répartie entre les agents de ce service qui concourent à la rédaction des projets et à la conduite des travaux, a été calculée non-seulement sur les travaux matériels, mais aussi sur le traitement des cantonniers, piqueurs, gardes forestiers et surveillants. Ce mode de procéder est contraire à l'esprit de l'arrêté ministériel du 50 juill. 1851 (I, 651) et à l'interprétation libérale qu'il est permis de lui donner par assimilation, avec ce qui se pratique dans la métropole pour les dépenses de cette nature, régies par le règlement du ministre de l'intérieur en date du 50 nov. 1840, page 274.

Les observations de la cour des comptes sont donc fondées; évidemment, l'arrêté du 50 juill., qu'il s'agit d'appliquer, n'a pas voulu grever les budgets des communes de l'Algérie d'une charge plus lourde que celle qui pèse sur les budgets départementaux de la métropole, en raison surtout de l'intérêt qui s'attache naturellement à la création des communes en Algérie. En conséquence, des instructions ont été adressées à MM. les préfets et aux intendants militaires de l'Algérie, pour qu'à l'avenir l'indemnité de 5 pour 100 à laquelle le service des ponts et chaussées a droit, à raison de la rédaction des projets et de la conduite des travaux, soit calculée sur les dépenses pour travaux matériels seulement, les traitements devant en être entièrement affranchis.

Circ. G. — 8 oct.-21 nov. 1865. — BG. 96. — *Travaux communaux. — Interdiction de stipulation d'intérêts dans les marchés passés pour le compte de l'État ou des communes.*

M. le préfet, mon attention a récemment été appelée, par M. le premier président de la cour des comptes, sur des dérogations aux règles de la comptabilité publique commises, il y a quelques années, par l'une des municipalités du département de Constantine. — Au nombre de ces dérogations figure une stipulation d'intérêts consentie par la commune au profit d'un entrepreneur de travaux municipaux, pour le rémunérer d'avances de fonds faites à l'occasion de son entreprise. Cette stipulation d'intérêts est formellement contraire aux règles posées par l'ord. du 51 mai 1858, art. 41, et rappelées depuis par le décret du 51 mai 1862, art. 12. — Cette dernière disposition est ainsi conçue : « Art. 12. — Aucune stipulation d'intérêts ou de commissions de banque ne peut être consentie au profit d'un entrepreneur, fournisseur ou régisseur, en raison d'emprunts temporaires ou d'avances de fonds pour l'exécution et le payement des services publics. »

En effet, une pareille stipulation n'est autre chose qu'un emprunt, et, à ce titre, elle est en contradiction avec les principes édictés par la loi du 18 juill. 1837, art. 41, et rappelés par le décret du 51 mai 1862, art. 500, principes rendus applicables à l'administration et à la comptabilité communales, en Algérie, tant par l'ord. du 28 sept. 1857, art. 51 (commune, I, 207) que par le décret du 20 janv. 1859, art. 11 (receveurs mun., I, 597). — Je vous invite, en conséquence, à exercer la plus active surveillance sur les marchés conclus par les municipalités de votre département, et à prendre particulièrement soin d'éliminer de ces marchés toutes stipulations d'intérêts ou de commissions de banque interdites par les dispositions que je viens de rappeler.

Mⁱˡ PÉLISSIER, DUC DE MALAKOFF.

Circ. G. — 29 oct.-21 nov. 1865. — BG. 96. — *Travaux publics et communaux. — Marchés pour fournitures. — Mise en adjudication publique.*

M. le préfet, mon attention a récemment été appelée par M. le premier président de la cour des comptes sur une dérogation aux règles de la comptabilité publique, commise, il y a quelques années, par l'une des municipalités de l'Algérie,

et consistant dans un traité de gré à gré conclu avec un entrepreneur, pour l'exécution de travaux communaux, sans qu'aucun motif exceptionnel autorisât l'administration municipale à s'abstenir de donner ces travaux à l'entreprise, avec concurrence et publicité, c'est-à-dire de les mettre en adjudication publique.

Il importe de prévenir le renouvellement d'irrégularités aussi regrettables. Le système des adjudications est à la fois une garantie pour la bonne gestion des services publics et pour les administrateurs eux-mêmes aux yeux de leurs administrés. A ce double titre, il doit donc être exclusivement pratiqué pour tous les genres de travaux ou de fournitures, conformément aux prescriptions de l'ord. du 14 nov. 1837, sauf les cas exceptionnels bien constatés, prévus par la même ordonnance et spécifiés dans l'art. 1022 de l'instruction générale du 20 juin 1859, ainsi conçu:

« Art. 1022. — Les administrations locales peuvent faire exécuter, sur les crédits ouverts à leur budget, et sans autorisation préalable, les travaux de réparations ordinaires et de simple entretien dont la dépense n'excède pas 500 fr. — Il peut être traité de gré à gré, sauf approbation par le préfet, pour les autres travaux et fournitures dont la valeur n'excède pas 3,000 fr. — Il peut également, et sous la même condition, être traité de gré à gré, à quelque somme que s'élèvent les travaux et fournitures : — 1° Pour les objets dont la fabrication est exclusivement attribuée à des porteurs de brevets d'invention ou d'importation; — 2° Pour les objets qui n'ont qu'un possesseur unique; — 3° Pour les ouvrages et les objets d'art et de précision dont l'exécution ne peut être confiée qu'à des artistes éprouvés; — 4° Pour les exploitations, fabrications et fournitures qui ne seraient faites qu'à titre d'essai; — 5° Pour les matières et denrées qui, à raison de leur nature particulière et de la spécialité de l'emploi auquel elles sont destinées, doivent être achetées et choisies sur les lieux de production, ou livrées, sans intermédiaire, par les producteurs eux-mêmes; — 6° Pour les fournitures ou travaux qui n'auraient été l'objet d'aucune offre aux adjudications ou à l'égard desquels il n'aurait été proposé que des prix inacceptables, sans toutefois que l'administration puisse jamais dépasser le maximum arrêté conformément à l'art. 1025 ci-après; — 7° Pour les fournitures et travaux qui, dans les cas imprévus et d'une urgence absolue et dûment constatée, ne pourraient pas subir les délais de l'adjudication sans qu'il en résulte un préjudice réel pour la commune. »

Je vous invite, en conséquence, à exercer la plus active surveillance sur les marchés conclus par les municipalités de votre département et à tenir la main à ce que ces marchés soient soumis à l'adjudication, avec concurrence et publicité, toutes les fois qu'ils ne rentreront pas dans l'une des exceptions que je viens de rappeler.

Mⁱˡ PÉLISSIER, DUC DE MALAKOFF.

A G. — 27 fév. 1865. — BG. 151. — *Institution d'une commission permanente des travaux publics.*

Vu le décr. du 7 juill. 1864 sur le gouvernement de l'Algérie;

Art. 1. — Il est institué auprès du gouverneur général une commission permanente des travaux publics de l'Algérie.

Art. 2. — Seront renvoyés à l'examen de cette commission : 1° Les plans, projets et devis de tous travaux imputables aux budgets départementaux et locaux de l'Algérie et devant s'élever à une dépense de plus de 50,000 fr.; — 2° Les projets, plans et devis de tous travaux imputables au budget de l'État, ainsi qu'à celui des centimes additionnels à l'impôt arabe, et devant s'élever à une somme de plus de 20,000 fr.

Art. 3. — La commission étudiera les affaires qui lui seront déférées, au triple point de vue de l'utilité générale, de la dépense et de l'art.

Art. 4. — Sont nommés membres de cette commission : — Le secrétaire général du gouvernement, président; — Le général de brigade, commandant supérieur du génie; — Le contre-amiral commandant la marine; — L'inspecteur général des ponts et chaussées, chargé de l'inspection générale des travaux civils de l'Algérie; — L'ingénieur en chef des ponts et chaussées; — Le lieutenant-colonel, chef du bureau politique; — L'architecte en chef des bâtiments civils.

Art. 5. — Les fonctions de secrétaire seront remplies par un ingénieur ordinaire des ponts et chaussées.

Art. 6. — Le président de la commission désignera les rapporteurs chargés de présenter les affaires.

Art. 7. — La commission spéciale des bâtiments civils, créée par arr. du 22 août 1861 (non publié), est supprimée.

M^{al} DE MAC-MAHON, DUC DE MAGENTA.

LOI. — 12 juil.-31 août 1865. — BG. 151. — *Approbation de la convention passée le 18 mai 1865 entre le ministre de la guerre et une société financière, pour l'exécution des travaux publics en Algérie.*

Art. 1. — Sont approuvés les art. 1 et 2 de la convention ci-annexée, passée, le 18 mai 1865, entre le ministre de la guerre et MM. Frémy, gouverneur du Crédit foncier de France et d'Algérie, Paulin Talabot, directeur général de la compagnie des chemins de fer de Paris à la Méditerranée et de l'Algérie, et consorts, agissant tant en leur nom personnel qu'au nom et comme représentants d'une société financière qui doit se constituer pour porter en Algérie son industrie et ses capitaux, et pour mettre à la disposition du gouvernement les moyens d'y hâter l'exécution des travaux publics.

Art. 2. — Chaque année, les sommes versées au trésor par la Société, en exécution de l'art. 1 de la convention, seront portées en recette au budget extraordinaire, et les crédits nécessaires pour les travaux à exécuter par l'État seront ouverts au ministre de la guerre par le même budget.

Convention du 18 mai 1865.

Entre : — S. Exc. le maréchal ministre de la guerre, — Et MM. L. Frémy, gouverneur du Crédit foncier de France et d'Algérie; Paulin Talabot, directeur général de la compagnie des chemins de fer de Paris à la Méditerranée et de l'Algérie, — agissant tant en leur nom personnel qu'au nom et comme représentants d'une société ayant pour objet de procurer des capitaux et d'ouvrir des crédits pour toutes opérations agricoles, industrielles et commerciales en Algérie; d'entreprendre ou de réaliser ces opérations directement et par elle-même, — Ladite Société devant se constituer dans un délai de trois mois, sous la forme anonyme et sur les bases principales suivantes : — 1° Capital social : 100 millions, formé par l'émission de 200,000 actions, négociables après versement du quart; — 2° Faculté d'émettre des obligations à long terme ou à court terme, dont le produit serait exclusivement appliqué à des entreprises industrielles et agricoles, consistant en travaux publics, exploitation de mines, de terres et de forêts, exécution de barrages et de canaux d'irrigation, établissements d'usines, etc.; — Les opérations purement financières, telles que prêts au commerce, escompte, devront être faites au moyen du capital social, dans les conditions qui seront déterminées par les statuts; — Direction confiée à un président présenté par le conseil d'administration et nommé par l'Empereur, — Il a été convenu ce qui suit :

Art. 1. — La Société s'engage à réaliser, à la réquisition du gouvernement, dans les proportions qu'il jugera nécessaires, soit par voie d'appel de fonds sur les actions, soit par émission d'obligations et jusqu'à concurrence de 100 millions, dans le délai de six années, les sommes qu'elle devra employer en Algérie aux travaux ou opérations énumérées dans le préambule de la présente convention. — La Société s'engage en outre à mettre à la disposition de l'État une autre somme de 100 millions, qu'il devra employer, dans le délai de six années, à l'exécution de grands travaux d'utilité publique, consistant en routes, ports, chemins de fer, canaux, barrages, irrigations, etc. — Chaque année, le programme des travaux à exécuter à l'aide de cette somme sera arrêté par le gouvernement, sur l'avis d'une commission spéciale, la Société entendue; — Ladite somme de 100 millions sera versée au trésor public par sixième, d'année en année et par trimestre, le premier versement devant avoir lieu le 1er avr. 1866. — Le montant de chaque versement sera remboursé par l'État à la compagnie au moyen d'annuités calculées au taux d'intérêt de 5 fr. 35 c. p. 100 et comprenant la somme nécessaire pour assurer l'amortissement en 50 années. Chaque annuité sera exigible par semestre et le premier terme semestriel sera payable le 1er avr. 1867. — Les annuités de l'État seront affectées comme gage spécial aux obligations que la Société émettra pour l'exécution des travaux dont il s'agit.

Art. 2. — Néanmoins, pendant le cours des trois premières années, qui commenceront à courir à partir du premier versement, le gouvernement aura la faculté de réduire à 72 millions la somme que la Compagnie doit mettre à sa disposition.

Art. 3. — L'État promet de vendre à la compagnie 100,000 hect. de terres qui lui seront délivrées par le gouvernement parmi celles disponibles dans le domaine de l'État en Algérie. — Le prix de chaque hectare est fixé à 1 fr. de rente par hectare et par an, payable annuellement, à partir de chaque mise en possession, et pendant 50 années. — Le gouvernement s'engage, en outre, à concéder à la compagnie les mines dont elle découvrira les gisements pendant un délai de 10 années.

Art. 4. — La présente convention ne deviendra définitive qu'après la constitution de la Société sur les bases ci-dessus indiquées et qu'après ratification par les pouvoirs compétents.

§ 2. — NOMBRE DES ÉLECTEURS.

1° Alger.

Le nombre des commerçants notables appelés à concourir à l'élection des membres du tribunal de commerce d'Alger a été fixé à 70 par arrêtés des 19 août 1862, 7 août 1863, 25 juill. et 30 déc. 1864.

3° Constantine.

Ce nombre a été fixé à 50 pour le tribunal de Constantine par arrêtés des 14 août 1861, 10 juill. 1863, 8 juin 1864.

5° Oran.

Ce nombre a été fixé à 60 pour le tribunal d'Oran par arrêtés des 17 mai 1861, 13 avr. 1863, 13 févr. 1864 et 18 mars 1865.

Renvois. — V. *Table alphabétique.*

Tribus arabes. V. Table alphabétique.

U

Usines. V. Table alphabétique.

Utilité publique. V. *ibidem.*

V

Vacances. V. Table alphabétique.

Vaccination. V. *ibidem.*

Vagabondage. V. *ibidem.*

Vapeur. V. *ibidem.*

Ventes immobilières. V. *ibidem*

Ventes mobilières.

§ 3. — Vente publique de marchandises, magasins généraux.

DI. — 31 mars-9 mai 1860. — BM. 72. — *Sont rendues exécutoires en Algérie les lois du 28 mai 1858 sur les négociations concernant les marchandises déposées dans les magasins généraux et sur les ventes publiques de marchandises en gros, ainsi que le règlement d'administration publique du 12 mars 1859 (1).*

Vu la loi du 28 mai 1858, sur les négociations concernant les marchandises déposées dans les magasins généraux ; — La loi du même jour, sur les ventes publiques de marchandises en gros ; — Le décret portant règlement d'administration publique du 12 mars 1859, ayant pour objet l'exécution des deux lois précitées ;

Art. 1. — La loi du 28 mai 1858, sur les négociations concernant les marchandises déposées

dans les magasins généraux et la loi à la même date sur les ventes publiques de marchandises en gros, ainsi que le règlement d'administration publique du 12 mars 1859, sont rendus exécutoires en Algérie.

Première loi du 28 mai 1858.

Art. 1. — Les magasins généraux établis en vertu du décret du 21 mars 1848 (2) et ceux qui seront créés à l'avenir, recevront les matières premières, les marchandises et les objets fabriqués que les négociants et industriels voudront y déposer. — Ces magasins sont ouverts, les chambres de commerce ou les chambres consultatives des arts et manufactures entendues, avec l'autorisation du gouvernement et placés sous sa surveillance. — Des récépissés délivrés aux déposants énoncent leurs nom, profession et domicile, ainsi que la nature de la marchandise déposée et les indications propres à en établir l'identité et à en déterminer la valeur.

Art. 2. — A chaque récépissé de marchandises est annexé, sous la dénomination de warrant, un bulletin de gage contenant les mêmes mentions que le récépissé.

Art. 3. — Les récépissés et les warrants peuvent être transférés par voie d'endossement, ensemble ou séparément.

Art. 4. — L'endossement du warrant séparé du récépissé vaut nantissement de la marchandise au profit du cessionnaire du warrant. — L'endossement du récépissé transmet au cessionnaire le droit de disposer de la marchandise, à la charge par lui, lorsque le warrant n'est pas transféré avec le récépissé, de payer la créance garantie par le warrant, ou d'en laisser payer le montant sur le prix de la vente de la marchandise.

Art. 5. — L'endossement du récépissé et du warrant, transférés ensemble ou séparément, doit être daté. — L'endossement du warrant séparé du récépissé doit, en outre, énoncer le montant intégral, en capital et intérêts, de la créance garantie, la date de son échéance, et les nom, profession et domicile du créancier. — Le premier cessionnaire du warrant doit immédiatement faire transcrire l'endossement sur les registres du magasin, avec les énonciations dont il est accompagné. Il est fait mention de cette transcription sur le warrant.

Art. 6. — Le porteur du récépissé séparé du warrant peut, même avant l'échéance, payer la créance garantie par le warrant. — Si le porteur du warrant n'est pas connu, ou si, étant connu, il n'est pas d'accord avec le débiteur sur les conditions auxquelles aurait lieu l'anticipation de payement, la somme due, y compris les intérêts jusqu'à l'échéance, est consignée à l'administration du magasin général, qui en demeure responsable, et cette consignation libère la marchandise.

Art. 7. — A défaut de payement à l'échéance, le porteur du warrant séparé du récépissé peut,

---

(1) *Rapport à l'Empereur.* — Sire, les deux lois du 28 mai 1858, sur la négociation des marchandises déposées dans les magasins généraux et sur les ventes volontaires aux enchères de marchandises en gros ont eu pour but de développer, en France, des institutions qui contribuent depuis longtemps à la prospérité des principaux centres de commerce des autres Etats de l'Europe. — Ces lois, en créant pour la marchandise un signe représentatif dont la transmission est rapide et sans frais, donnent au crédit de nouvelles garanties, aux échanges de plus grandes facilités ; et, en autorisant la vente volontaire aux enchères, elles offrent des moyens certains de réaliser les valeurs dont l'écoulement s'opère alors dans des conditions de concurrence profitables à tous les intérêts. — Dans la métropole, cette législation a répondu aux espérances qui l'ont fait adopter. Je suis convaincu qu'elle est appelée à

produire en Algérie des résultats d'autant plus avantageux que, dans cette colonie, la rareté relative des capitaux rend plus utile tout ce qui tend à favoriser la circulation des valeurs et le mouvement des transactions.

Le ministre de l'Algérie et des colonies,
Cte de Chasseloup-Laubat.

(2) Le décret du gouvernement provisoire du 21 mars 1848 prescrivait en principe qu'il serait établi dans toutes les villes où le besoin s'en ferait sentir, des magasins généraux où les négociants et les industriels pourraient déposer les matières premières, les marchandises et les objets fabriqués dont ils seraient propriétaires et qu'il leur en serait délivré des récépissés revêtus d'un double timbre, extraits d'un livre à souche, transférant la propriété des objets déposés et transmissibles par la voie de l'endossement.

huit jours après le protêt, et sans aucune formalité de justice, faire procéder à la vente publique
aux enchères et en gros de la marchandise engagée, dans les formes et par les officiers publics
indiqués dans la loi du 28 mai 1838. — Dans le
cas où le souscripteur primitif du warrant l'a remboursé, il peut faire procéder à la vente de la
marchandise, comme il est dit au paragraphe précédent, contre le porteur du récépissé, huit jours
après l'échéance et sans qu'il soit besoin d'aucune
mise en demeure.

Art. 8. — Le créancier est payé de sa créance
sur le prix, directement et sans formalité de justice, par privilége et préférence à tous créanciers,
sans autre déduction que celle, 1° des contributions
indirectes, des taxes d'octroi et des droits de
douane dus par la marchandise ; 2° des frais de
vente, de magasinage et autres, faits pour la conservation de la chose. — Si le porteur du récépissé ne se présente pas lors de la vente de la
marchandise, la somme excédant celle qui est due
au porteur du warrant est consignée à l'administration du magasin général, comme il est dit à
l'art. 6.

Art. 9. — Le porteur du warrant n'a de recours contre l'emprunteur et les endosseurs, qu'a-
près avoir exercé ses droits sur la marchandise, et
en cas d'insuffisance. — Les délais fixés par les
art. 165 et suivants c. com., pour l'exercice du
recours contre les endosseurs, ne courent que du
jour où la vente de la marchandise est réalisée. —
Le porteur du warrant perd en tout cas son recours
contre les endosseurs, s'il n'a pas fait procéder à
la vente dans le mois qui suit la date du protêt.

Art. 10. — Les porteurs de récépissés et de
warrants ont sur les indemnités d'assurance dues,
en cas de sinistres, les mêmes droits et priviléges
que sur la marchandise assurée.

Art. 11. — Les établissements publics de crédit
peuvent recevoir les warrants comme effets de
commerce, avec dispense d'une des signatures
exigées par leurs statuts.

Art. 12. — Celui qui a perdu un récépissé ou
un warrant peut demander et obtenir par ordonnance du juge, en justifiant de sa propriété et en
donnant caution, un duplicata s'il s'agit du récépissé, le payement de la créance garantie s'il s'agit
du warrant.

Art. 13. — Les récépissés sont timbrés; ils ne
donnent lieu, pour l'enregistrement, qu'à un droit
fixe de 1 fr. — Sont applicables aux warrants
endossés séparément des récépissés les dispositions
du tit. 1 de la loi du 5 juin 1850, et de l'art 69,
§ 2, n° 6, de la loi du 22 trim. an VII. — L'endossement d'un warrant séparé du récépissé non
timbré ou non visé pour timbre conformément à la
loi ne peut être transcrit ou mentionné sur les registres du magasin, sous peine, contre l'administration du magasin, d'une amende égale au montant du droit auquel le warrant est soumis. — Les
dépositaires des registres des magasins généraux
sont tenus de les communiquer aux préposés de
l'enregistrement, selon le mode prescrit par l'art.
54 de la loi du 22 trim. an VII, et sous les peines
y énoncées.

Art. 14. — Un règlement d'administration publique prescrira les mesures qui seraient nécessaires à l'exécution de la présente loi.

Art. 15. — Sont abrogés le décr. du 21 mars
1818 et l'arr. du 26 mars de la même année. —
Est également abrogé, en ce qu'il a de contraire à
la présente loi, le décr. des 23-26 août 1848.

Deuxième loi du 28 mai 1858.

Art. 1. — La vente volontaire aux enchères, en
gros, des marchandises comprises au tableau annexé à la présente loi, peut avoir lieu par le ministère des courtiers, sans autorisation du tribunal
de commerce. — Ce tableau peut être modifié,
soit d'une manière générale, soit pour une ou plusieurs villes, par un décret rendu dans la forme
des règlements d'administration publique et après
avis des chambres de commerce.

Art. 2. — Les courtiers établis dans une ville
où siège un tribunal de commerce ont qualité pour
procéder aux ventes régies par la présente loi,
dans toute localité dépendant du ressort de ce tribunal, où il n'existe pas de courtiers. — Ils se
conforment aux dispositions prescrites par la loi
du 22 pluv. an VII, concernant les ventes publiques
de meubles.

Art. 3. — Le droit de courtage pour les ventes
qui font l'objet de la présente loi est fixé, pour
chaque localité, par le ministre de l'agriculture,
du commerce et des travaux publics, après avis
de la chambre et du tribunal de commerce ; mais,
dans aucun cas, il ne peut excéder le droit établi
dans les ventes de gré à gré, pour les mêmes
sortes de marchandises.

Art. 4. — Le droit d'enregistrement des ventes
publiques en gros est fixé à 10 c. pour 100 fr.

Art. 5. — Les contestations relatives aux ventes
sont portées devant le tribunal de commerce.

Art. 6. — Il est procédé aux ventes dans des
locaux spécialement autorisés à cet effet, après
avis de la chambre et du tribunal de commerce.

Art. 7. — Un règlement d'administration publique prescrira les mesures nécessaires à l'exécution de la présente loi. — Il déterminera notamment les formes et les conditions des autorisations
prévues par l'art. 6.

Art. 8. — Les décrets du 22 nov. 1811 et du
17 avr. 1812, et les ord. des 1er juill. 1818 et 9 av.
1819, sont abrogés en ce qui concerne les ventes
régies par la présente loi ; ils sont maintenus en
ce qui touche les ventes publiques de marchandises faites par autorité de justice.

(Tableau des marchandises qui peuvent être
vendues en gros, aux enchères publiques, pour
être annexé à la loi du 28 mai 1859, remplacé
par le tableau annexé au décr. du 50 mai 1863
infrà.)

*Décret du 12 mars 1859 portant règlement
d'administration publique.*

TIT. 1. — *Dispositions communes aux magasins généraux et aux salles de ventes publiques.*

Art. 1. — Toute demande ayant pour objet l'autorisation d'ouvrir un magasin général ou une salle
de ventes publiques est adressée au ministre de
l'agriculture, du commerce et des travaux publics,
par l'intermédiaire du préfet, avec l'avis de ce
fonctionnaire et celui des corps désignés dans les
lois du 28 mai 1858. — Le ministre des finances
est consulté lorsque l'établissement projeté doit
être placé dans les locaux soumis au régime de
l'entrepôt réel, ou recevoir des marchandises en
entrepôt fictif. — Les autorisations sont données par
décrets rendus sur l'avis de la section des travaux
publics, de l'agriculture et du commerce, du conseil d'État. — L'établissement peut être formé
spécialement pour une ou plusieurs espèces de marchandises.

Art. 2. — Toute personne qui demande l'autorisation d'ouvrir un magasin général ou une salle
de ventes publiques doit justifier de ressources en
rapport avec l'importance de l'établissement projeté. — Les exploitants de magasins généraux ou
de salles de ventes publiques peuvent être soumis,
pour la garantie de leur gestion, à un cautionnement dont le montant est fixé par l'acte d'autorisation et proportionné, autant que possible, à la

responsabilité qu'ils encourent. — Ce cautionnement est versé à la caisse des dépôts et consignation. Il peut être fourni en valeurs publiques françaises, dont les titres sont également déposés à la caisse des dépôts et consignations.

Art. 3. — Les propriétaires ou exploitants sont responsables de la garde et de la conservation des marchandises qui leur sont confiées, sauf les avaries et déchets naturels provenant de la nature et du conditionnement des marchandises ou de cas de force majeure (1).

Art. 4. — Il est interdit aux exploitants de magasins généraux et de salles de ventes de se livrer directement ou indirectement, pour leur propre compte ou pour le compte d'autrui, à aucun commerce ou spéculation ayant pour objet les marchandises. — Ils peuvent se charger des opérations et formalités de douane et d'octroi, déclarations de débarquement et d'embarquement, soumissions et déclarations d'entrée et sortie d'entrepôt, transferts et mutations ; — Des règlements de fret et autres entre les capitaines et les consignataires, sous réserve des droits des courtiers et de leur intervention dans la mesure prescrite par les lois ; — Des opérations de lactage, camionnage et gabarrage extérieur. — Ils peuvent également se charger de faire assurer les marchandises dont ils sont détenteurs, au moyen, soit de polices collectives, soit de polices spéciales, suivant les ordres des intéressés. — Ils peuvent, en outre, être autorisés à se charger de toutes opérations ayant pour objet de faciliter les rapports du commerce et de la navigation avec l'établissement.

Art. 5. — Il leur est interdit, à moins d'une autorisation spéciale de l'administration, de faire directement ou indirectement avec des entrepreneurs de transports, sous quelques dénomination ou forme que ce puisse être, des arrangements qui ne seraient pas consentis en faveur de toutes les entreprises ayant le même objet. — Les règlements particuliers prévus par l'art. 9 doivent contenir les dispositions nécessaires pour assurer la plus complète égalité entre les diverses entreprises de transports, dans leurs rapports avec chaque établissement.

Art. 6. — Les exploitants des magasins généraux et des salles de ventes sont tenus de les mettre, sans préférence ni faveur, à la disposition de toute personne qui veut opérer le magasinage ou la vente de ses marchandises, dans les termes des lois du 28 mai 1858 (2).

Art. 7. — Les magasins généraux et les salles de ventes publiques sont soumis aux mesures générales de police concernant les lieux publics affectés au commerce, sans préjudice des droits du service des douanes, lorsqu'ils sont établis dans des locaux placés sous le régime de l'entrepôt réel, ou lorsqu'ils contiennent des marchandises en entrepôt fictif.

Art. 8. — Les tarifs établis par les exploitants, afin de fixer la rétribution due pour le magasinage, la manutention, la location de la salle, la vente, et généralement pour les divers services qui peuvent être rendus au public, doivent être imprimés et transmis, avant l'ouverture des établissements, au préfet et aux corps entendus sur la demande d'autorisation. — Tous les changements apportés aux tarifs doivent être d'avance annoncés par des affiches et communiqués au préfet et aux corps ci-dessus désignés. Si ces changements ont pour objet de relever les tarifs, ils ne

deviennent exécutoires que trois mois après qu'ils ont été annoncés et communiqués comme il vient d'être dit. — La perception des taxes doit avoir lieu indistinctement et sans aucune faveur.

Art. 9. — Chaque établissement doit avoir un règlement particulier qui est communiqué à l'avance, ainsi que tous les changements qui y seraient apportés, comme il est dit à l'article précédent.

Art. 10. — La loi, le présent décret, le tarif et le règlement particulier sont et demeurent affichés à la principale porte et dans l'endroit le plus apparent de chaque établissement.

Art. 11. — En cas de contravention ou d'abus commis par les exploitants, de nature à porter un grave préjudice à l'intérêt du commerce, l'autorisation accordée peut être révoquée par un acte rendu dans la même forme que cette autorisation, et les parties entendues.

Art. 12. — Les propriétaires ou exploitants de magasins généraux et de salles de ventes publiques qui veulent céder leur établissement sont tenus d'en faire d'avance la déclaration au ministre de l'agriculture, du commerce et des travaux publics, et de faire connaître le nom du cessionnaire.

TIT. 2. — *Dispositions particulières aux magasins généraux et aux récépissés et warrants.*

Art. 13. — Les récépissés de marchandises et les warrants y annexés sont extraits d'un registre à souche.

Art. 14. — Dans le cas où un courtier est requis pour l'estimation des marchandises, il n'a droit qu'à une vacation, dont la quotité est fixée, pour chaque place, par le ministre de l'agriculture, du commerce et des travaux publics, après avis du tribunal de commerce.

Art. 15. — A toute réquisition du porteur du récépissé et du warrant réunis, la marchandise déposée doit être fractionnée en autant de lots qu'il lui conviendra, et le titre primitif remplacé par autant de récépissés et de warrants qu'il y aura de lots.

Art. 16. — Tout cessionnaire du récépissé ou du warrant peut exiger la transcription, sur les registres à souche dont ils sont extraits, de l'endossement fait à son profit, avec indication de son domicile.

Art. 17. — A toute époque, l'administration du magasin général est tenue, sur la demande du porteur du récépissé ou du warrant, de liquider les dettes et les frais énumérés à l'art. 8 de la loi du 28 mai 1858, sur les négociations de marchandises, et dont le privilège prime celui de la créance garantie sur le warrant. Le bordereau de liquidation délivré par l'administration du magasin général relate les numéros du récépissé et du warrant auxquels il se réfère.

Art. 18. — Sur la présentation du warrant protesté, l'administration du magasin général est tenue de donner au courtier désigné pour la vente par le porteur du warrant toutes facilités pour y procéder. — Elle ne délivre la marchandise à l'acheteur que sur le vu du procès-verbal de la vente, et moyennant : 1° la justification du payement des droits et frais privilégiés, ainsi que du montant de la somme prêtée sur le warrant; 2° la consignation de l'excédent, s'il en existe, revenant au porteur du récépissé, dans le cas prévu par le dernier paragraphe de l'art. 8 de la loi.

Art. 19. — Outre les livres ordinaires de commerce et le livre des récépissés et warrants, l'administration du magasin général doit tenir un livre à souche destiné à constater les consignations qui peuvent lui être faites en vertu des art. 6 et 8 de la loi. — Tous ces livres sont cotés et parafés par

(1-2) Les art. 5 et 6 sont déclarés par décret du 29 août 1863 ci-après, applicables aux ventes prévues par la loi du 23 mai 1863 qui modifie les art. 91 à 95 c. comm. relatifs au gage commercial.

première et dernière, conformément à l'art. 11 c. com.

Tit. 3. — *Dispositions particulières aux ventes publiques de marchandises en gros* (1).

Art. 20. — (V. *infrà*, décr. 50 mai 1863.)
Art. 21. — (*Idem.*)
Art. 22. — Avant la vente, il est dressé et imprimé un catalogue des denrées et marchandises à vendre, lequel porte la signature du courtier chargé de l'opération. Ce catalogue est délivré à tout requérant.
Art. 23. — (V. *infrà*, décr. 50 mai 1863.)
Art. 24. — Lors de la vente, le courtier inscrit immédiatement sur le catalogue, en regard de chaque lot, les nom et domicile de l'acheteur, ainsi que le prix d'adjudication.
Art. 25. — (V. *infrà*, décr. 50 mai 1863.)
Art. 26. — Les enchères sont reçues et les adjudications faites par le courtier chargé de la vente. — Le courtier dresse procès-verbal de chaque séance sur un registre coté et parafé, conformément à l'art. 11 c. com.
Art. 27. — Faute par l'adjudicataire de payer le prix dans les délais fixés, la marchandise est revendue, à la folle enchère et à ses risques et périls, trois jours après la sommation qui lui a été faite de payer, sans qu'il soit besoin de jugement.

DI. — 12 mai-16 juin 1860. — BM. 79. — *Autorisation à la société Duvallet et compagnie d'établir à Alger un magasin général et une salle de ventes publiques en gros.*
DI. — 14 mars-17 avr. 1863. — BG. 79. — *Même autorisation aux sieurs Vuillard et Gabalda, pour la ville de Blidah.*
DI. — 7 oct.-15 déc. 1863. — BG. 98. — *Sont déclarés exécutoires en Algérie les décrets des 50 mai et 29 août 1863, sur les ventes publiques de marchandises en gros.*

Vu notre décr. du 50 mai 1863, qui modifie : 1° le tableau annexé à la loi du 28 mai 1858, sur les ventes publiques de marchandises en gros; 2° le décr. du 12 mars 1859, portant règlement d'administration publique pour l'exécution de ladite loi, — Notre décr. du 29 août 1863, qui applique les dispositions du règlement du 12 mars 1859, complété par le décr. du 50 mai 1863, aux ventes prévues par la loi du 23 mai 1863, modificative du tit. 6 du liv. 1 c. com.
Art. 1. — Les décr. des 50 mai et 29 août 1863 susvisés sont rendus exécutoires en Algérie. A cet effet, ils seront publiés et promulgués à la suite du présent décret.

Décret du 50 mai 1863.

Vu la loi du 28 mai 1858, sur les ventes publiques de marchandises en gros, et notamment l'art. 1 de cette loi; — Le tableau de marchandises annexé à la loi précitée; — Les avis des chambres de commerce de l'Empire, sur les modifications et additions à apporter audit tableau; — Notre décr. du 12 mars 1859, portant règlement d'administration publique pour l'exécution de la loi précitée du 28 mai 1858; — Notre décr. du 8 mai 1861, portant que les navires, agrès et apparaux et les sucres raffinés sont compris au tableau des marchandises qui peuvent être vendues en gros aux enchères publiques, conformément à la loi du 28 mai 1868, dans tout l'Empire; — Notre décr. de la même date, portant que les marchandises y désignées sont comprises au ta-

bleau de celles qui peuvent être vendues en gros aux enchères publiques, conformément à la loi du 28 mai 1858, dans la ville du Havre; — Notre décr. du 29 juin 1861, qui ajoute un paragraphe à l'art. 25 du règlement d'administration publique précité du 12 mars 1859;
Art. 1. — Peuvent être vendues en gros, aux enchères publiques, conformément à la loi du 28 mai 1858, dans tout l'Empire : 1° les marchandises de toute provenance portées au tableau annexé au présent décret, lequel remplacera le tableau annexé à ladite loi; 2° toutes les marchandises exotiques quelconques destinées à la réexportation.
Art. 2. — Les art. 20, 21, 23 et 25 du règlement d'administration publique du 12 mars 1859 sont modifiés ainsi qu'il suit :
Art. 20. — Il sera procédé aux ventes publiques, à la bourse ou dans les salles autorisées, conformément au présent décret; toutefois, le courtier est autorisé à vendre sur place, dans le cas où la marchandise ne peut être déplacée sans préjudice pour le vendeur, et où, en même temps, la vente ne peut être convenablement faite que sur le vu de la marchandise. — Le courtier peut également vendre sur place, s'il n'existe pas de bourse ni de salle de vente autorisée dans la commune où la marchandise est déposée.
Art. 21. — Le lieu, le jour, les heures et les conditions de la vente, la nature et la quantité de la marchandise, doivent être, trois jours au moins à l'avance, publiés au moyen d'une annonce dans l'un des journaux désignés pour les annonces judiciaires de la localité, et, en outre, au moyen d'affiches apposées à la bourse, ainsi qu'à la porte du local où il doit être procédé à la vente et du magasin où les marchandises sont déposées. — Deux jours au moins avant la vente, le public doit être admis à examiner et visiter les marchandises, et toutes facilités doivent lui être données à cet égard. — Toutefois, le président du tribunal de commerce du lieu de la vente peut, sur requête motivée, accorder dispense de l'exposition préalable prescrite par le paragraphe précédent, lorsqu'il s'agit de marchandises qui, à cause de leur nature ou de leur état d'avarie, ne pourraient pas y être soumises sans inconvénients. Mais, en tout cas, des mesures doivent être prises pour que le public puisse examiner les marchandises avant qu'il soit procédé à la vente.
Art. 23. — Le catalogue énonce les marques, numéros, nature et quantités de chaque lot de marchandises, les magasins où elles sont déposées, les jours et les heures où elles doivent être examinées, et le lieu, les jours et les heures où elles seront vendues. — Sont mentionnées également les époques de livraison, les conditions de payement, les tares, avaries, et toutes les autres indications et conditions qui seront la base et la règle du contrat entre les vendeurs et les acheteurs. — La formation préalable de lots distincts n'est pas obligatoire pour les marchandises en grenier ou en chantier. Si elle n'a pas lieu, le catalogue doit mentionner la cause qui empêche d'y procéder et la manière dont s'opérera la livraison. La même mention doit être reproduite dans le procès-verbal de la vente.
Art. 25. — Les lots ne peuvent être, d'après l'évaluation approximative et selon le cours moyen des marchandises, au-dessous de 500 fr. — Ce minimum peut être élevé ou abaissé dans chaque

---

(1) Les art. 20, 21, 23 et 25 de ce titre ont été modifiés par décret du 50 mai 1865 ci-après. — Les art. 20 à 27 ainsi modifiés sont en outre déclarés, par décret ci-après du 29 août 1863, applicables, sauf certaines addi-

tions et modifications, aux ventes prévues par la loi du 25 mai 1865, qui modifie les art. 91 à 95 c. com. relatifs au gage commercial.

localité, pour certaines classes de marchandises, par arrêté du ministre de l'agriculture, du commerce et des travaux publics, rendu après avis de la chambre de commerce ou de la chambre consultative des arts et manufactures. — En cas d'avaries, les marchandises peuvent être vendues par lots d'une valeur inférieure au minimum fixé pour chacune d'elles, mais après autorisation donnée sur requête par le président du tribunal de commerce du lieu de la vente. Le magistrat peut toujours, s'il le juge nécessaire, faire constater l'avarie par un expert qu'il désigne. — Le minimum de la valeur des lots est fixé à 100 fr. pour les ventes après protêt de warrant de marchandises de toutes espèces.

Art. 3. — Sont abrogés les décrets susvisés des 8 mai et 29 juin 1861, dont les dispositions sont remplacées par celles du présent décret.

Art. 4. — Le présent décret sera publié partout où besoin sera, de la manière indiquée par l'ord. du 18 janv. 1817, et exécutoire dans les localités où il aura été ainsi publié, à partir du jour de cette publication.

Tableau des marchandises qui peuvent être vendues en gros aux enchères publiques.

(Annexe du décret du 30 mai 1863.)

Abaca. — Absinthe en balles. — Acide arsénieux. — Acide benzoïque. — Acide borique. — Acide citrique. — Acide hydrochlorique. — Acide hydrochloro-nitrique. — Acide nitrique. — Acide oléique, oxalique. — Acide phosphorique. — Acide stéarique en masse. — Acide stéarique ouvré. — Acide sulfurique. — Acide tartrique. — Agates brutes. — Agates ouvrées. — Agaric. — Agrès et apparaux de navires. — Ail. — Albâtre. — Alcalis, cendres végétales. — Alcool et spiritueux de toute espèce. — Alizari. — Aloès. — Alpiste. — Alquifoux. — Alun. — Amadou. — Amandes. — Ambre. — Ambrette. — Amidon. — Amomes. — Ammoniaque. — Amurca. — Anchois. — Ancres. — Anis. — Anisette. — Antimoine. — Arachides. — Ardoises. — Argent non ouvré. — Argile. — Aristoloche. — Arrow-root. — Arséniate de potasse. — Arsenic. — Asphalte. — Aspic. — Assafœtida. — Avelanède. — Avoine. — Azur.

Bablah. — Badiane. — Baies de genièvre. — Baies de laurier. — Bambous. — Barille ou soude. — Basane. — Bastin brut. — Baume. — Benjoin. — Bestiaux et autres animaux vivants. — Betteraves. — Beurre. — Bière. — Biscuits. — Bismuth. — Bitume. — Blanc de baleine et de cachalot. — Blanc d'Espagne. — Blanc de zinc. — Blé. — Bleu de Prusse. — Bœuf salé. — Bois à brûler. — Bois de construction de toute sorte. — Bois d'ébénisterie. — Bois de teinture. — Bois en éclisses. — Bois feuillard. — Bois odorant. — Borax. — Bouchons de liège. — Bourre ou poils d'animaux. — Bourre de soie en balles. — Boyaux frais et salés. — Brai gras ou sec. — Briques de toute espèce. — Bronze non ouvré. — Brou de noix.

Cabillaud. — Câbles et grelins. — Cacao. — Cachemires de l'Inde. — Cachou en masse. — Cadmium brut. — Café. — Camphre. — Canéfice ou casse. — Cannelle. — Cantharides. — Caoutchouc non ouvré. — Câpres en baril. — Carbonates. — Cardamome. — Caret. — Carreaux. — Cascarille. — Carmin. — Carthame (fleur de). — Cassave. — Cassia. — Cauris. — Cendres et regrets d'orfévre. — Cendres bleues ou vertes. — Céruse. — Champignons. — Chanvre. — Chapeaux de fibres de palmier. — Chapeaux de paille, d'écorce et de sparte. — Charbon de bois et de chènevottes. — Charbon cardières. — Châtaignes. — Chaux. — Chènevis. — Cheveux non ouvrés.

— Chiendent en balles. — Chiffons en balles. — Chromate de plomb et de potasse. — Cidre. — Ciment. — Cinabre. — Cire non ouvrée. — Civette. — Citrons. — Coaltar. — Cobalt. — Cochenille. — Cocos. — Coke. — Colle de poisson. — Colle forte. — Coloquinte. — Colza. — Confitures. — Conserves alimentaires. — Coquillages. — Corail. — Coriandre. — Cornes de bœuf et de buffles. — Cornes de cerf. — Coton. — Couleurs non dénommées. — Couperose. — Craie. — Crème de tartre. — Crins non ouvrés. — Cristal de roche. — Cubèbe. — Cuirs bruts ou apprêtés. — Cuivre non ouvré. — Cumin. — Curcuma.

Dattes. — Dégras de peaux. — Dents d'éléphant, d'hippopotame. — Derle. — Dibidivi. — Drilles.

Eaux minérales. — Eaux-de-vie. (Voir Alcool et spiritueux de toute espèce.) — Écailles d'ablette. — Écailles de tortue. — Échalas. — Écorces à tan. — Écorces autres de toute sorte. — Edredon. — Ellébore (racine d'). — Emeri. — Embarcations et canots. — Encens. — Engrais de toute sorte. — Éponges. — Esprit de vin. (Voir Alcool, etc.) — Essence de parfumerie. — Essence de térébenthine. — Essence de houille. — Étain non ouvré. — Étoupe de cordages. — Euphorbe. — Extrait de sumac liquide.

Fanons de baleine. — Farine. — Fèces d'huile. — Fécule de pomme de terre. — Fenouil. — Fer non ouvré, fer en massiaux ou en barres. — Feuilles de laurier. — Feuilles médicinales. — Feuilles tinctoriales non dénommées. — Feutre à doublage. — Fèves. — Féverolles. — Figues. — Filasse. — Filets de pêche. — Fleurs de cannelle. — Fleurs de lavande. — Fleurs médicinales. — Fleurs de tilleul et de tamarin. — Fleur de soufre. — Foin. — Follicules. — Fonte brute. — Fromages. — Froment. — Fruits frais ou secs, confits ou tapés de toute espèce.

Galanga. — Galbanum. — Galipot. — Galle (noix de). — Gambier de l'Inde. — Garance. — Garancine. — Garou (racine de). — Gaude. — Gélatine. — Génestrole ou genêt des teinturiers. — Genièvre (graine de). — Gentiane. — Gingembre. — Ginseng. — Girofle (clous de). — Girofle (griffes de). — Gomme ammoniaque. — Gomme d'Arabie. — Gomme copal. Gomme élastique. — Gomme-gutte. — Gomme-laque. — Gomme de sandaraque. — Goudron. — Gousses tinctoriales. — Grabeau de séné et de cochenille. — Graines de toute espèce. — Grainettes. — Grains. — Grains de verre ou rassade. — Grains durs à tailler. — Graisse de toute espèce. — Graphite. — Grapins. — Groisil. — Gruau. — Guano. — Guède. — Gutta-percha.

Harengs salés et saurs. — Haricots secs. — Herbes médicinales vertes ou sèches. — Houblon. — Houille — Huile de toute espèce.

Indigo. — Iode, iodure de potassium. — Ipécacuanha. — Iris. — Iztle. — Ivoire.

Jais. — Jalap. — Jambon. — Jarosse. — Jaune de chrome. — Jaune de Naples. — Joncs. — Jujubes. — Jus de citron. — Jus de réglisse. — Jute.

Kaolin. — Kermès.

Lac-dye. — Laines en suint ou lavées. — Langues de bœuf. — Langues et noves de morues. — Laque plate. — Lard. — Latanier. — Lattes. — Laudanum. — Lauriers pour cannes. — Légumes secs ou confits. — Lentilles. — Levûre de bière ou levain. — Lichens de toute espèce. — Lie d'huile ou de vin. — Liège. — Lin. — Liqueurs. — Litharge. — Lycopodium.

Macaroni. — Macis. — Magnésie. — Maïs. — Manganèse. — Maniguettes. — Manioc (farine de). — Manne. — Maquereaux salés. — Marbre brut. — Marc d'huile. — Marc de raisin. — Marne. — Marrons. — Mastic en larmes. — Matériaux propres à la construction non dénommés. — Mâture. — Maurelle. — Mélasse. — Mercure. — Merrains. — Métaux bruts non dénommée. — Métaux précieux. — Meules.— Miel. — Mil (graine de). — Mine de plomb. — Minéral. — Minium. — Mitraille. — Momie. — Morfil. — Morue et autres poissons salés. — Mousse. — Moutarde.—Musc.— Muscade.— Myrobolans.— Myrrhe.

Nacre. — Natron. — Nattes. — Navires et autres bâtiments. — Nerfs de bœuf et d'autres animaux. — Nerprun. — Nickel métallique non ouvré. — Nitrate de potasse et de soude. — Noir de fumée. — Noir animal et résidu de raffinerie.—Noix et noisettes. — Noix vomiques. — Noyaux cassés.

Objets de collection hors de commerce.— Ocre.— Œufs.— Oignons de toute sorte.— Olives. — Onglons. — Opium. — Or. — Oranges. — Orangettes. — Orcanette. — Oreillons et rognures de peaux. — Orge. — Orpiment.—Orseille.—Orties de Chine. — Os et sabots de bétail.—Osier en botte.— Outremer. — Oxalate, acide de potasse.

Paille. — Parchemin. — Pastel (feuilles et tiges de).—Pastel (pâte de). Pâtes d'Italie.—Pavés.— Peaux brutes fraîches ou sèches. — Pelleteries fines.—Pelures de cacao. — Perches. — Perlasse. — Perles fines de toute pêche. — Phormium tenax. — Pierres servant aux arts et métiers. — Pierres précieuses brutes. — Piment.— Pistaches.— Pite.— Planches de sapin. — Plantes alcalines. — Plants d'arbres.— Plâtre. — Plomb non ouvré.— Plombagine.— Plumes d'oie.— Plumes à lit, de parure et autres. — Poils d'animaux. — Poires sèches ou vertes. — Pois.—Poissons salés. (Voir Morues.)— Poivre. — Poix.— Pommes de terre.— Pommes vertes et sèches.— Porc salé.— Potasse.— Potin. —Poudre de marbre.—Poudrette sèche.—Poutres et poutrelles.— Pouzzolane. — Produits chimiques non dénommés. — Produits tinctoriaux non dénommés.— Prunes vertes et sèches.— Prussiate de potasse cristallisé.

Quercitron. — Queues de girofle. — Quinquina (écorce de).

Racines médicinales et autres. — Raisins verts et secs de toute espèce. — Rassades. — Ratafia. — Redoul en feuilles. — Résidu de raffinerie. (Voir Noir animal.)— Résine. — Rhubarbe. — Rhum.— Riz.— Rocou.— Rognures de papier.— Rogues de morue. — Roseaux. — Rotins.

Sable. — Safran. — Safranum. — Sagou. — Saindoux. — Salep. — Salpêtre. — Salsepareille. - Sandaraque—Sang-dragon.— Sanguine.— Sarcocolle. — Sardines. — Sarrasin. — Saumons confits.— Savons.— Scammonée.— Scille.— Seigle. Sol.— Sel ammoniacal. — Sel de cobalt.—Sel médicinal de Kreutznach. — Soie écrue ou grège. — Soles d'animaux.— Solives.—Son.— Soude.— Soufre.— Spiritueux. (Voir Alcool.)— Squine. Stéarine.— Stile de grun.— Stockfish.— Storax.—Suc de réglisse.— Succin.— Sucre brut et raffiné.— Suif.— Sulfate de baryte.— Sulfate de cuivre.— Sulfate de fer.— Sulfate de magnésie. — Sulfate de potasse.—Sulfate de soude.—Sulfate de zinc.—Sulfures d'arsenic et de mercure. — Sumac.

Tabacs en feuilles et en côtes.— Tafia.— Talc. —Tamarins confits.— Tan.— Tapioca.—Tartrates divers.— Tartre.— Térébenthine. — Terre d'ombre ou de Sienne.— Terre de pipe et à poterie.— Terres pyriteuses dites cendres noires.— Thé. — Thons. — Tiges de millet pour balais. — Tourbes ou mottes à brûler. — Tournesol. — Tourteaux de graine. — Tripoli. — Truffes.—Tuiles. — Turbith.

Vanille. — Verdet ou vert-de-gris. — Vermillon. — Vernis. — Vesces. — Vessies de poissons et autres.— Vétiver.— Viandes fumées et salées.—Vif-argent.—Vins de toute sorte.

Zinc non ouvré.

Décret du 29 août 1865.

Vu la loi du 23 mai 1865, qui modifie le tit. 6 du liv. 1 c. com. relatif au gage commercial. — Le

§ 1 de l'art. 7 de la loi du 28 mai 1858 (ci-dessus);—Nos décr. des 12 mars 1859 et 30 mai 1865 ci-dessus);

Art. 1. — Les dispositions des art. 5, 6 et 20 à 27 inclusivement du règlement d'administration publique du 12 mars 1859, modifié par le décr. du 30 mai 1865, sont applicables aux ventes prévues par la loi du 23 mai 1865, sauf les additions et modifications ci-après.

Art. 2. — Lorsque, en exécution du § 2 du nouvel art. 93 C. com., le président du tribunal de commerce aura désigné pour la vente une autre classe d'officiers publics que les courtiers, il en sera fait mention dans les annonces, affiches et catalogues prescrits par les art. 21 et 22 du décr. du 12 mars 1859.

Art. 3. — Le minimum de la valeur des lots est fixé à 100 fr. pour les ventes des marchandises de toute espèce faites dans les cas prévus par la loi du 23 mai 1865.

Art. 4. — Le présent décret, sera publié partout où besoin sera, de la manière indiquée par l'ord. du 18 janv. 1817, et exécutoire dans les localités où il aura été publié, à partir du jour de cette publication.

Renvois. — V. *Table alphabétique.*

Vétérinaires. V. Art vétérinaire.

Villes et villages.

Il existait en Algérie, à la fin de 1865, environ 210 villes, villages ou centres de population. Ces dernières, désignées sous le nom de périmètre de colonisation se distinguent des villages, en ce que les habitations des colons, au lieu d'être groupées sur un seul point, sont éparses dans les diverses exploitations agricoles. Ces villes et centres agricoles sont desservis par 7 routes impériales, 58 routes provinciales et 45 chemins de grande communication qui embrasseront après complet achèvement un parcours d'environ 6,700 kil.

DIVISION.

§ 1. — Fondation de villes et villages.
§ 2. — Colonies agricoles de 1848 (1.670).

§ 1. – Fondation de villes et villages.

1° Province d'Alger.

D1. — 20 fév.-12 mars 1861. — BG. 4. — *Village de Djelfa.*

Art. 1. — Il est créé sur la route de Médéah à Laghouat, à 240 kil. S. de la première de ces villes, au lieu dit Djelfa, un centre de population de 55 feux, qui gardera le nom de cette localité.

Art. 2.—Territoire agricole, 1,775 hect. 92 a. 65 cent.

D1. — 28 août-5 déc. 1862. — BG. 66. — *Village d'Attaba.*

Art. 1. — Il est créé dans la plaine de la Mitidja, à 11 kil. O. de Coléah, arrond. de Blidah, sur la route de Coléah à Marengo, un centre de population de 60 feux qui prendra le nom d'Attaba.

Art. 2.—Territoire, 1,650 hect. 66 a. 25 cent.

2° Province de Constantine.

D1. — 26 avr.-31 mai 1862. — BG. 55. — *Village de Saint-Arnaud.*

Art. 1. — Il est créé dans le département de Constantine, au lieu dit Taftika, sur la route de

Constantine à Sétif, à 28 kil. de la dernière de ces deux villes, un centre de population de 40 feux, qui prendra le nom de *Saint-Arnaud.*

Art. 2. — Territoire agricole, 2,936 hect. 99 a. 57 cent.

DI. — 14 juin-25 juill. 1862. — BG. 57. — *Village de Lambèse.*

Art. 1. — Il est créé dans le district de Batna, et auprès de l'établissement pénitentiaire de Lambèse, un centre de population de 60 feux, qui prendra le nom de *Lambèse.*

Art. 2. — Territoire agricole, 4,619 h. 9 a. 11 c.

DI. — 29 sept.-5 déc. 1862. — BG. 66. — *Hameaux de Fesdis et Quessaïa.*

Art. 1. — Il est créé aux lieux dits Fesdis et Quessaïa à 11 kil. N.E. de Batna deux hameaux, l'un de 21 feux qui prendra le nom de *Fesdis ;* l'autre de 16 feux qui prendra le nom de *Quessaïa.*

Art. 2. — Territoire du hameau de Fesdis, 723 hect. 57 a. 76 cent. — Territoire du hameau de Quessaïa, 558 hect. 29 a. 2 cent.

5° Province d'Oran.

DI. — 16 avr.-31 mai 1862. — BG. 53. — *Village de Bouguirat.*

Art. 1. — Il est créé dans la plaine de Bouguirat, sur la route de Mostaganem à Relizane, un centre de population de 48 feux, qui prendra le nom de *Bouguirat.*

Art. 2. — Territoire agricole, 2,413 hect. 78 a.

DI. — 4 juin-6 août 1862. — BG. 18. — *Village de Saïda.*

Art. 1. — Il est créé près de l'Oued ouk Rif, au lieu dit Saïda, un centre de population européenne de 200 feux, qui gardera le nom de cette localité.

Art. 2. — Territoire, 1,800 hect. 22 a. 10 cent., y compris une réserve communale de 174 hect. 55 a. 80 cent.

DI. — 28 août-5 déc. 1862. — BG. 66. — *Village de Mokta-Douz.*

Art. 1. — Il est créé dans la division d'Oran, au lieu dit Mokta-Douz, entre Saint-Denis du Sig et Perrégaux, et à 8 kil. de ce dernier village, un centre de population de 25 feux, qui prendra le nom de *Mokta-Douz.*

Art. 2. — Territoire agricole, 108 hect.

DI. — 8-31 janv. 1865. — BG. 75. — *Village des Trembles.*

Art. 1. — Il est créé, sur la rive droite de l'Oued Mekerra, au nord de Sidi bel Abbès, au lieu dit les Trembles, un centre de population européenne de 60 feux, qui gardera le nom de cette localité.

Art. 2. — Territoire, 2,378 hect. 97 a. 40 cent., y compris deux lots, pour réserve communale, de 288 hect. 50 a.

DI. — Même date. — *Village de Sidi Khalea.*

Art. 1. — Il est créé sur la rive droite de l'Oued Mekerra, au sud de Sidi-bel Abbes, au lieu dit Sidi Khaled, un centre de population européenne de 60 feux, qui gardera le nom de cette localité.

Art. 2. — Territoire, 1,993 hect. 16 a., y compris deux lots, pour réserve communale, de 328 hect. 56 a. 40 cent.

DI. — 2 mars.-24 mai 1864. — BG. 110. — *Village de Zamorah.*

Art. 1. — Il est créé, sur la route de Relizane à Tiaret, au lieu dit Zamorah, un centre de population européenne de 40 feux qui gardera le nom de cette localité.

Art. 2. — Territoire, 972 hect. 51 a. 70 cent.,

y compris une réserve communale de 160 hect 22 a. 40 cent.

RENVOIS. — V. *Table alphabétique.*

Voitures. V. ROULAGE.

Voirie.

DIVISION.

§ 1. — Routes. — Plantations.
§ 2. — Rues, passages, galeries.
§ 3. — Construction de maisons. — Droits de voirie.
§ 4. — Sûreté publique. — Edifices menaçant ruine.
§ 5. — Amendes. — Répartitions.

§ 1. — ROUTES.

DI. — 18 juill.-7 oct. 1864. — BG. 124. — *Classement de cinq routes impériales.*

Art. 1. — Sont classées comme routes impériales, en Algérie, les cinq routes ci-après dénommées : — N° 1. Route d'Alger à Laghouat, par Birkadem, Boufarik, Blida, la Chiffa, Médéa, Boghar et Djelfa. — N° 2. Route de Mers el Kebir à Tlemcen, par Oran, Misserghin et Aïn Temouchent. — N° 3. Route de Stora à Biskra, par Philippeville, El Arrouch, Constantine et Batna. — N° 4. Route d'Alger à Oran, par la route n° 1 jusqu'à la Chiffa, puis par Bourkika, Relizane, Mostaganem et Arzew. — N° 5. Route d'Alger à Constantine, par la Maison Carrée, le pont des Beni Hini, Bordj Bouéira, Beni Mansour, Bordj bou Arréridj et Sétif.

DI. — 26 août-15 sep. 1865. — BG. 153. — *Classement des routes provinciales.*

Art. 1. — Sont classées comme routes provinciales en Algérie, les routes ci-après dénommées, savoir :

Province d'Alger. — N° 1. Route d'Alger à Dellys, avec embranchements : 1° sur Dra el Mizan, partant des Issers ; 2° sur le Fort Napoléon, partant des environs de l'Oued Medd jur. — N° 2. Route d'Alger à Aumale, par Kouba, l'Arba, Tablat et Bir Rabalou. — N° 3. Route d'Alger à Blida, par Douéra, empruntant la route impériale à partir des Quatre-Chemins. — N° 4. Route d'Alger à Cherchel, passant par Blida. — N° 5 Route d'Alger à Coléa, passant par Staouëly. — N° 6. Route de Blida à Coléa. — N° 7. Route de Blida à l'Alma, passant par le pied de l'Atlas et par Dalmatie, Souma, Bouïnan, Rovigo, l'Arba, Rivet et le Fondouk. — N° 8. Route de Médéa à Miliana, par Amourah. — N° 9. Route de Miliana à Teniet el Haad. — N° 10. Route de Ténès à Orléansville.

Province d'Oran. — N° 1. Route d'Oran à Mascara, par Valmy, Sainte Barbe, le Tlélat, Saint-Denis du Sig et l'Oued el Hammam. — N° 2. Route d'Oran à Sidi bel Abbès. — N° 3. Route de Mostaganem à Mascara.

Province de Constantine. — N° 1. Route de Bône à Constantine, par Jemmapes et Saint-Charles. — N° 2. Route de Bône à Constantine par Guelma. — N° 3. Route de Bône à la Calle et Kef oum Theboul. — N° 4. Route de Bône à Souk Ahras. — N° 5. Route de Bougie à Sétif. — N° 6. Route de Philippeville à Guelma, par Valée, Jemmapes, Gastu, EnchirSaïd et Touta.

§ 3. — CONSTRUCTIONS. — DROITS DE VOIRIE.

L'arrêté du 8 oct. 1832 (I, 675) portant règlement général en matière de constructions dans les

19

villes et faubourgs, et tarif des droits de voirie, a été pendant longtemps seul exécutoire en Algérie (1). Il était complété par les arr. des 23 fév. 1858, 16 août 1856 et 17 mai 1847 ; le premier imposant l'obligation de détruire les travaux faits en contravention aux prescriptions de l'arr. de 1852 ; le second donnant que toutes les maisons seraient pourvues d'un puits ou d'une citerne (2) ; le troisième relatif à la construction des égouts particuliers. D'autres arrêtés également insérés au 1ᵉʳ vol. statuaient sur les plantations d'arbres le long des routes, la construction et l'entretien des passages, bazars, galeries et trottoirs.

Le décret organique du 27 oct. 1858 (*Adm. gén.*, I. 57) en augmentant les attributions des préfets qui avaient déjà été étendues par le décret de décentralisation du 30 déc. 1857, les a autorisés notamment à statuer sur les tarifs des droits de voirie. Seulement d'après la jurisprudence de la cour de cassation citée en note, les anciens arrêtés des gouverneurs généraux ou intendants civils, conservent leur force exécutoire tant qu'ils n'ont pas été modifiés ou suspendus par des décisions postérieures émanées de l'autorité compétente (3).

§ 4. — Sûreté publique. — Édifices menaçant ruine.

Aucune disposition nouvelle n'est intervenue depuis 1860 sur les mesures concernant la sûreté publique et les édifices menaçant ruine ; mais il en est une consacrée par un arrêté du 8 mai 1833, qu'il peut être utile de reproduire à raison des conséquences qu'elle a pu avoir au point de vue des droits de propriété dont elle a suspendu l'exercice. En effet, en vertu de l'art. 2 de cet arrêté, la location de divers immeubles a été mise à cette époque en adjudication pour une durée plus ou moins longue ; cette durée a été portée quelquefois à plus de cinquante années, et, dans ce cas, la mesure adoptée dans un but d'intérêt

général, équivalait à une véritable dépossession.

Acte. — 8 mai 1833. — *Édifices menaçant ruine.* — *Mesures conservatoires.*

Le lieutenant général, commandant par intérim le corps d'armée d'occupation d'Afrique, et l'intendant civil de la régence d'Alger, après en avoir référé au conseil d'administration ; — Considérant que faute d'entretien nécessaire, le nombre des maisons qui menacent ruine va s'augmentant de jour en jour, tant à Alger qu'à Oran et à Bône ; — Que le genre de construction en usage dans ces trois villes, la qualité et la nature des matériaux qu'on y emploie ont là, plus que partout ailleurs, ce résultat, que les maisons se servent mutuellement d'appui, et que la chute d'une seule entraîne infailliblement celle de plusieurs autres ; — Que les ruines déjà signalées donnent la crainte fondée qu'elles ne se propagent bientôt dans tous les quartiers des trois villes ; — Que cet état de choses constitue un véritable cas de force majeure, et que dès lors il y a nécessité d'employer sans délai les moyens les plus prompts et les plus efficaces pour mettre un terme à ses progrès ;

Art. 1. — Dans les trois villes d'Alger, d'Oran et de Bône, les propriétaires de toutes les maisons signalées par les agents du service de la voirie, comme compromettant la sûreté publique, ne pouvant être conservées qu'au moyen de réparations immédiates, seront sommés par ces agents, et suivant les devis qu'ils en auront dressés, de commencer dans un délai de huit jours des sommations, les réparations qu'elles pourront nécessiter, et de les avoir terminées à l'époque qui aura été fixée.

Art. 2. — Faute par eux d'obtempérer à ces sommations, et sur les procès-verbaux qui constateront les faits, la location de ces maisons sera mise, pour le compte des propriétaires, en adjudication publique, à la diligence de l'administration municipale.

Art. 3. — L'adjudicataire sera tenu d'exécuter, dans un délai fixé par le cahier des charges, le devis des réparations dressé par l'architecte de la ville ; faute par lui de le faire, son bail sera résilié, sans qu'il puisse prétendre à aucune in-

---

(1) Jurisprudence. — L'Algérie n'est pas soumise, pour ce qui concerne la voirie, à la législation de la métropole, mais aux règles spéciales qui ont été édictées dans l'arrêté général de l'intendant civil en date du 8 oct. 1852, qui, antérieur à l'ordonn. du 22 juin 1854, y a seul force obligatoire, même dans ce qu'il a de contraire à cette législation. Par suite la défense portée dans cet arrêté (art. 2) de faire sans autorisation du côté de la voie publique certains travaux désignés, et notamment des devantures de boutiques, devant être interprétée en elle-même et sans nulle relation avec les dispositions de l'édit de décembre 1607, est réputée s'appliquer, non-seulement aux bâtiments élevés sur l'alignement ou en avant, mais aussi aux ouvrages concernant des bâtiments non en saillie — Cass. 6 janv. 1854, Dallos, 1862, 1. 598.

De même, l'obligation de l'autorisation préalable, imposée par l'art. 1 du même arrêté pour toutes les constructions quelconques à élever dans les villes de l'Algérie ou leurs faubourgs, s'applique, en raison de son caractère général, même aux constructions sur des terrains ne joignant pas actuellement la voie publique ; et le défaut d'obtention de cette autorisation entraîne la suppression des constructions, si elles se trouvent contraires à l'alignement d'une voie publique en l'état de projet. — *Cass.* 24 fév. 1859. — Dallos, 1862, 1. 598.

(2) Attendu que l'arrêté du 16 août 1856 a été légalement pris par le gouverneur général en vertu des pouvoirs qui lui avaient été provisoirement conférés par l'art. 5 de l'ord. du 22 juill. 1834 ; que si ces pouvoirs ont été ultérieurement limités, il ne s'ensuit pas que les actes accom-

plis durant leur exercice et dans le cercle de la compétence extraordinaire qu'ils avaient tracée, ne doivent avoir qu'une durée provisoire et une autorité temporaire. — Qu'aucune disposition postérieure n'a modifié ni suspendu l'arrêté du 16 août 1856 ; que cet arrêté doit donc continuer à recevoir son exécution jusqu'à ce qu'il ait été régulièrement réformé ; — Que, d'ailleurs, dans l'espèce, le maire de Constantine n'avait accordé aux prévenus l'autorisation de construire, qu'en les soumettant à la condition prescrite par l'arrêté de 1856. — Cass. 31 juill. 1865. — Dallos, 1865, 5. 21. (La cour de cassation avait déjà statué en les mêmes termes par arrêt du 9 janv. 1857. — 1. 506 en note, au sujet d'un arrêté du 1ᵉʳ juill. 1835 édictant une pénalité rigoureuse en cas de contraventions aux règlements sur les prises d'eau. V. aussi *Législation algérienne*, 1. 422.)

(3) En ce qui concerne le département d'Alger, un arrêté préfectoral en date du 1ᵉʳ juin 1860 inséré au *Recueil des actes administratifs*, année 1860, p. 109, a réglementé tout ce qui est relatif aux permissions de grande voirie. Un autre arrêté du 10 janv. 1861, inséré au même recueil, année 1861, p. 7, a déterminé le tarif des droits de voirie en les maintenant, pour la commune d'Alger, tels qu'ils étaient déjà fixés par l'arrêté de 1852, les réduisant à moitié dans les villes chefs-lieux d'arrondissement, au quart dans les villes chefs-lieux de commune et les supprimant totalement dans les autres localités. — Tout ce qui concerne la petite voirie a été réglé par des arrêtés municipaux.

demaité pour l'abandon des travaux commencés.

Art. 4. — La durée du bail se compose : — 1° Du temps nécessaire pour que le prix de location couvre l'adjudicataire des frais qu'il aura faits ; — 2° D'une jouissance de trois années en sus, dont le loyer sera payé intégralement au propriétaire. — Toutefois, après avoir été remboursé des frais de réparations par lui avancés, l'adjudicataire aura la faculté de renoncer au bail de trois années, fixé par le § 2 du présent article, et la maison pourra être purement et simplement rendue à son propriétaire.

Art. 5. — Les conseils spéciaux et permanents de voirie établis par l'arrêté de ce jour, connaîtront de toutes les contraventions au présent arrêté, et de toutes les contestations relatives à son exécution, et prononceront en dernier ressort.

G.ᵘ VOIROL.   GENTY DE BUSSY.

RENVOIS. — V. *Table alphabétique.*

Z

Mekkat. V. IMPÔT ARABE.
Zones. V. TABLE ALPHABÉTIQUE.

FIN.

APPENDICE.

LETTRE

SUR LA POLITIQUE DE LA FRANCE EN ALGÉRIE

ADRESSÉE PAR L'EMPEREUR

AU MARÉCHAL DE MAC-MAHON, DUC DE MAGENTA, GOUVERNEUR GÉNÉRAL.

MONSIEUR LE MARÉCHAL,

La France possède l'Algérie depuis trente-cinq ans : il faut que cette conquête devienne désormais pour elle un accroissement de force, et non une cause d'affaiblissement.

Sous tous les gouvernements qui se sont succédé, et même depuis l'établissement de l'empire, près de quinze systèmes d'organisation générale ont été essayés, l'un renversant l'autre, penchant tantôt vers le civil, tantôt vers le militaire, tantôt vers l'Arabe, tantôt vers le colon; produisant au fond beaucoup de trouble dans les esprits et fort peu de bien pratique. Il s'agit aujourd'hui de substituer l'action à la discussion. On a bien assez légiféré pour l'Algérie.

Pénétré de cette pensée, j'ai mis par écrit le résultat des observations recueillies pendant mon voyage. Je n'ai point la prétention d'inaugurer un système nouveau. Je me propose seulement de trancher quelques questions fondamentales, de les écarter à jamais de la controverse et de tracer en même temps un programme qui se compose presque exclusivement de règles de conduite à l'adresse des administrateurs de tous les degrés.

Mon programme se résume en peu de mots : gagner la sympathie des Arabes par des bienfaits positifs, — attirer de nouveaux colons par des exemples de prospérité réelle parmi les anciens, — utiliser les ressources de l'Afrique en produits et en hommes; — arriver par là à diminuer notre armée et nos dépenses.

Deux opinions contraires, également absolues, et par cela même erronées, se font la guerre en Algérie. L'une prétend que l'expansion de la colonisation ne peut avoir lieu qu'au détriment des indigènes; l'autre, que l'on ne peut sauvegarder les intérêts des indigènes qu'en entravant la colonisation. Réconcilier les colons et les Arabes, en ramenant les uns et les autres dans la voie tracée par ma lettre du 6 fév. 1863; prouver par les faits que les derniers ne doivent pas être dépouillés au profit des premiers, et que les deux éléments ont besoin de se prêter un concours réciproque, telle est la marche à suivre : les européens doivent servir de guides et d'initiateurs aux indigènes pour répandre chez eux les idées de morale et de justice, leur apprendre à écouler ou transformer les produits, réunir les capitaux, étendre le commerce, exploiter les forêts et les mines, opérer les desséchements, faire les grands travaux d'irrigation, introduire les cultures perfectionnées, etc. Les indigènes doivent seconder l'établissement des Européens, afin de trouver chez eux l'emploi de leur main-d'œuvre, le placement de leurs récoltes, de leurs bestiaux, etc.

Quand cette pensée aura été bien comprise et énergiquement appliquée, l'intérêt mutuel fera peu à peu, je l'espère, disparaître les antipathies.

Je vais examiner brièvement ce qu'on a fait et ce qui est à faire.

La population de l'Algérie se décompose à peu près de la manière suivante : — Indigènes (V. note 1 à la suite), 2,580,367.—Européens: Français, 112,229, étrangers, 80,517, ensemble, 192,546.

— Armée (situation au 8 juin 1865), 76,000. — Ce pays est donc à la fois un royaume arabe, une colonie européenne et un camp français. Il est essentiel de considérer l'Algérie sous ces trois aspects : au point de vue indigène, colonial et militaire.

I. LES ARABES.

1. Position des Arabes. — Cette nation guerrière, intelligente, mobile sans doute, mais docile à l'autorité, mérite toute notre sollicitude. L'humanité et l'intérêt de notre domination commandent de nous la rendre favorable. Il ne peut entrer dans l'idée de personne d'exterminer les trois millions d'indigènes qui sont en Algérie, ni de les refouler dans le désert, suivant l'exemple des Américains du Nord à l'égard des Indiens; il faut donc vivre avec les Arabes, les façonner à nos lois, les habituer à notre domination, et les convaincre de notre supériorité, non-seulement par nos armes, mais aussi par nos institutions. En exerçant sur eux une justice équitable et rapide, en augmentant leur bien-être, en développant l'éducation et les sentiments de moralité qui élèvent la dignité humaine, nous leur montrerons que le drapeau de la France n'est pas allé en Afrique pour les asservir, mais pour leur apporter les bienfaits de la civilisation. Si les Arabes voient leurs besoins matériels et moraux satisfaits, il sera beaucoup plus facile de les maintenir dans le devoir. Les insurrections, comme les attentats partiels, deviendront moins fréquentes, et la sécurité affermie permettra aux Européens de se livrer sans crainte à leurs travaux. La pacification des Arabes est donc la base indispensable de la colonisation, et chercher les moyens de l'obtenir, c'est favoriser les intérêts européens. La politique ne conseille pas une autre conduite. La France, qui sympathise partout avec les idées de nationalité, ne peut, aux yeux du monde, justifier la dépendance dans laquelle elle est obligée de tenir le peuple arabe, si elle ne l'appelle à une meilleure existence. Lorsque notre manière de régir un peuple vaincu sera, pour les quinze millions d'Arabes répandus dans les autres parties de l'Afrique et en Asie, un objet d'envie; le jour où notre puissance établie au pied de l'Atlas leur apparaîtra comme une intervention de la Providence pour relever une race déchue; ce jour-là, la gloire de la France retentira depuis Tunis jusqu'à l'Euphrate, et assurera à notre pays cette prépondérance qui ne peut exciter la jalousie de personne, parce qu'elle s'appuie, non sur la conquête, mais sur l'amour de la liberté et du progrès. Une habile politique est le plus puissant véhicule des intérêts commerciaux. Et quelle politique plus habile pour la France que de donner dans ses propres États, aux races mahométanes, si nombreuses en Orient et si solidaires entre elles, malgré les distances, des gages irrécusables de tolérance, de justice et d'égards pour la différence de mœurs, de cultes et de races?

On prétend que la religion est un obstacle permanent à la soumission morale des Arabes, et que si les Turcs ont pu maintenir le Tell avec 12,000 hommes, c'est que les dominateurs avaient la même croyance que les vaincus. Cette dernière assertion n'est point tout à fait exacte. Les Turcs sont *anefs*, les Arabes *maleki*. Le centre religieux des premiers est à Constantinople, celui des seconds au Maroc. Les *Beni Mezab* du sud de l'Algérie forment un rite séparé, non orthodoxe, et les indigènes professent pour eux un profond mépris. Il n'y avait donc pas entre les Arabes et les Turcs de liens religieux très-puissants; une réelle antipathie les divisait, et les beys eurent, comme nous, bien des soulèvements à réprimer.

Je conviens néanmoins que les questions religieuses n'ont pas été sans influence dans les insurrections; mais cette influence aurait pu être combattue avec succès, si l'on avait pris soin de donner aux Arabes toutes les satisfactions matérielles et morales qu'il était possible de leur accorder. Jusqu'en 1861, un premier obstacle s'opposa constamment à la réalisation de cette politique conciliante. L'idée avait prévalu de diriger, du sein de la capitale, des intérêts divers et compliqués qui ne pouvaient être connus et satisfaits que sur place. Ainsi, pendant longtemps, privées d'une direction unique et ferme, les diverses administrations ont agi chacune dans son sens exclusif, sans se préoccuper des vues d'ensemble. Les différentes autorités sont restées à l'état d'antagonisme, et le gouverneur général n'avait pas les pouvoirs nécessaires pour mettre de l'unité dans l'administration et faire concourir tout le monde au même but.

Lorsqu'un peuple primitif se trouve tout à coup en rapport avec des populations civilisées, il prend facilement les défauts et les vices de ces dernières si, par des mesures sages et énergiques, le gouvernement ne le prémunit pas contre ce danger. Aussi rien de plus naturel que, sur plusieurs points, les Arabes, mis en contact avec la population européenne, aient vu leurs besoins s'augmenter avec moins de moyens d'y pourvoir, et leur bien-être diminuer au lieu de s'accroître (V. note 2).

2. Conduite envers les indigènes. — Les entraînements de la conquête ont amené une grande perturbation dans l'ancienne société arabe; l'organisation conforme à ses traditions et à ses mœurs a été détruite, sans être remplacée. La société arabe ne constituait pas, ainsi qu'on l'a prétendu, une féodalité; c'était un peuple divisé en tribus ayant à leur tête des familles dont le temps avait consacré l'influence. On a déconsidéré ces grandes familles et annulé leur importance. On a tenté de dissoudre brusquement la tribu; on a bouleversé l'organisation de la justice musulmane; enfin on a détruit les vieilles coutumes d'une nation qui ne renfermait pas encore les éléments propres à constituer une démocratie viable; de sorte que, sans guides, ce malheureux peuple erre, pour ainsi dire, à l'aventure, ne conservant d'intact que son fanatisme et son ignorance. On a soumis les tribus aux formes tracassières de l'administration; on leur a pris souvent les meilleures terres, et cette dépossession partielle les a placées sous la menace d'un envahissement général. De plus, une grande partie des biens séquestrés a été louée à ces mêmes Arabes, obligés d'affermer le sol qui leur avait appartenu. Le progrès agricole ne pouvait dès lors excuser cette sorte d'expropriation. Des concessions, obtenues par des sociétés françaises et étrangères, offrent le spectacle d'immenses territoires restés incultes depuis bien des années.

L'Arabe, ainsi rebuté, éloigné des parties les plus fertiles de la plaine, s'est réfugié dans les montagnes. Là, il a rencontré l'administration forestière, qui, s'emparant de vastes étendues de broussailles, où les arbres ne pousseront qu'en y dépensant des sommes considérables, a refusé d'abandonner les pacages à ses troupeaux (V. note 3). Sur le territoire même qui était laissé à la population indigène, le service des forêts se montrait aussi rigoureux que dans la métropole; à une certaine époque (à Mascara, 1857), des permissions spéciales étaient exigées pour laisser les tribus couper le bois nécessaire à la fabrication de leurs charrues.

Grâce au sénatus-consulte du 22 avr. 1865, l'Arabe est aujourd'hui plus rassuré sur le droit de propriété; cependant il doit craindre que les dispositions de ce sénatus-consulte ne soient pas toujours exécutées dans l'esprit qui les a dictées; il doit se souvenir de la guerre obstinée que lui a faite le domaine, qui, dans un intérêt mal entendu, revendiquait, sous des prétextes plus ou moins plausibles, un sol habité de père en fils, depuis des siècles, par des indigènes. Pendant longtemps, cette administration a été juge et partie, ne répondant aux réclamations que par l'offre illusoire du recours au conseil d'Etat. Un rapport officiel (V. note 4), choisi entre beaucoup d'autres, prouvera l'acharnement que mettaient les agents du domaine à enlever aux Arabes leurs propriétés et à éluder les intentions du gouvernement et les ordres du gouverneur général. Aujourd'hui que toutes les administrations, excepté la justice, sont soumises d'une manière absolue à l'autorité du gouverneur général, ces excès de zèle, s'ils viennent à se reproduire, pourront être réprimés.

Une grande erreur a été d'appliquer à l'Algérie des lois faites uniquement pour les pays comme la France, où la culture est avancée, la propriété définie, la population nombreuse. La loi sur la chasse, par exemple, a donné lieu à bien des vexations sans véritable utilité (V. note 5).

3. *Terres azels.* — Non-seulement la libre possession des biens dont les Arabes ont eu la jouissance leur a été disputée pied à pied, mais l'amodiation même de ces propriétés, incorporées au domaine, est devenue pour eux une cause de ruine.

Les terres *azels*, c'est-à-dire les territoires appartenant à l'Etat, mais occupés, depuis un temps immémorial, par les indigènes groupés en tribus ou en douars, leur sont louées par forme d'adjudication publique. Comme leur seul moyen d'existence est de vivre sur ces terres, ils renchérissent inconsidérément et avec un tel excès, que des terrains affermés, il y a quelques années, 3,000 fr., sont montés, près de Constantine, jusqu'à 15,000. Une *djebda* (environ 10 hect.) louée, il y a dix ans, 60 et 75 fr. à peine, s'afferme aujourd'hui jusqu'à 250 et 300 fr.

Accablés par des adjudications aussi onéreuses, auxquelles vient s'ajouter la charge de l'impôt arabe, les fermiers, pour faire honneur à leurs obligations et pour tirer du sol leur subsistance, l'entretiennent dans une activité de production incessante et l'épuisent. Cette situation réclame un prompt remède.

4. *L'impôt.* — L'impôt arabe, en général, présente ce double inconvénient d'excéder les forces contributives de la population et d'atteindre le principe même du développement agricole. L'assiette de cet impôt est défectueuse. Il porte, en effet, sur les terres cultivées (il se compte par *charrue*, soit l'étendue de terre labourée en un jour, c'est-à-dire environ 10 hect.), sur les bestiaux, sur les arbres fruitiers (V. note 6).

En territoire militaire, si l'impôt est lourd, il n'est pas vexatoire: il est nettement déterminé, et l'Arabe sait qu'il doit tant pour le gouvernement, tant pour les centimes additionnels consacrés à l'amélioration de la tribu: il se libère en une fois. En territoire civil, les choses se passent autrement: on vient à plusieurs reprises demander aux indigènes de verser le montant de diverses taxes municipales, et on les fatigue ainsi par des réclamations trop souvent répétées.

Ici, une véritable manœuvre fiscale mérite d'être relevée. Lorsque des centres européens se sont formés, on a trouvé utile d'annexer au territoire civil des tribus arabes, et cela dans un but facile à concevoir. L'Arabe adjoint à une commune européenne est astreint à payer, en dehors de l'impôt général, les impôts communaux, ressource précieuse pour les agglomérations urbaines, mais qui sont pour lui une lourde charge, puisqu'il n'en tire que peu de profit (V. note 7). On avait ainsi mé-

connu l'art. 16 du décr. du 16 déc. 1848, qui porte: «Les tribus ou fractions de tribus arabes, vivant sous la tente dans les territoires civils, restent soumises à la juridiction et à l'administration militaire.»

5. *L'usure et la tribu.* — Les Arabes, voyant leur fortune diminuer par la perte de leurs terres et par l'accumulation des impôts, ont recours aux emprunts, ce qui amène bientôt leur ruine complète; car, faute de sociétés de crédit, les emprunts, chez eux, se font à des taux exorbitants (V. note 8).

Les emprunts usuraires sont un des plus grands fléaux qui pèsent sur les indigènes; ils menacent de détruire le bienfait du sénatus-consulte qui leur a ouvert un si large accès à la propriété. Il est à craindre, en effet, que, lorsqu'ils seront tous propriétaires fonciers, une grande partie d'entre eux ne soient expropriés et que la totalité de leurs biens ne passe à leurs avides créanciers.

Les Arabes, ainsi qu'on est porté à le croire, n'ont pas vécu jusqu'ici dans cette espèce de communauté territoriale qui est la loi des peuples de l'Orient; ils ont une notion assez exacte du droit individuel et de la propriété. (Dans les plaines fertiles, ce droit, souvent indivis dans une même famille, est largement appliqué.) Aussi le sénatus-consulte du 22 avril 1863 a eu pour objet, moins de faire, dans leurs habitudes et dans leur état social, une révolution profonde, en constituant tout à coup chez eux la propriété individuelle, que de leur assurer un vaste domaine, séparé de celui de l'Etat, nettement défini et à l'abri de toute contestation. Toutefois, quoique le partage de ce domaine entre les individus ait été sans doute dans la prévision du sénatus-consulte, il faut reconnaître qu'il serait imprudent de réaliser ce partage brusquement et sans précautions. Nous avons le plus grand intérêt à ne pas désorganiser les tribus, à ne pas pulvériser en quelque sorte la société musulmane, à ne point nous trouver tout à coup en présence de 3 millions d'hommes sans liens civils et sans responsabilité. Il y a donc opportunité à concéder les titres de propriété individuelle, avec prudence et progressivement, sans léser la constitution de la tribu. Ce n'est pas tout : là où cette propriété aura été créée, des précautions devront être prises pour qu'elle n'échappe pas aussitôt aux propriétaires et n'aille pas aux usuriers. Les Arabes ne seront que trop disposés à s'en dessaisir.

6. *Justice.* — Le tableau des mesures qu. blessent les indigènes serait incomplet si on n'y ajoutait les abus d'une administration paperassière, les actes judiciaires, les procès-verbaux, les protêts, tout cet attirail dont l'huissier est l'agent principal et qui fonctionne avec une grande activité en Afrique.

Quant à la justice, on a chargé les tribunaux français de connaître, en appel et en dernier ressort, des questions qui sont, chez les Arabes, du pur domaine de la religion, telles que les mariages, le divorce, les successions et autres matières réglées directement par le Coran. Les formes leur répugnent autant que le fond. Ils sont la proie d'agents d'affaires qui profitent de leur ignorance de la procédure pour les engager dans des frais considérables; et, d'ailleurs, comme il n'y a qu'une cour d'appel, à Alger, les habitants des provinces de Constantine ou d'Oran qui plaident devant cette cour sont tenus souvent de parcourir plus de 150 lieues pour aller soutenir leurs procès. L'expérience a prouvé aussi que le système de l'art. 30 du décr. de 1859, qui règle le délai d'appel des jugements prononcés par les cadis en le faisant courir du jour où le jugement a été rendu, donne lieu aux plus graves inconvénients. Il arrive, en effet, très-souvent, que les parties intéressées, ignorant les décisions judiciaires intervenues contre elles, laissent expirer le délai d'appel et sont frappées de déchéance. Il importe de disposer qu'à l'avenir les délais partiront du jour où les décisions auront été notifiées.

Plusieurs jurisconsultes, je le sais, sont opposés aux modifications qui auraient pour but de rendre aux tribunaux musulmans la connaissance de certaines questions litigieuses, mais il m'est démontré que l'on vit en France dans une véritable ignorance des choses arabes. Lorsqu'on émit l'idée de faire un départ d'attributions entre la justice française et la justice musulmane, les partisans du *statu quo* se récrièrent, affirmant que l'état actuel de la législation laissait aux indigènes le choix entre les deux juridictions, qu'ils pouvaient en appel se pourvoir, à leur gré, soit devant la cour impériale, soit devant les medjlès maintenus par un décret de 1859. D'après les documents officiels, les indigènes aimaient mieux s'adresser à nos tribunaux. Il était, disait-on, souverainement impolitique d'enlever aux Arabes cette faculté d'option. J'ai voulu approfondir le fait, et quel a été mon étonnement d'apprendre que les medjlès n'existaient que sur le papier, que nulle part ils n'avaient été établis, et qu'ainsi la préférence des Arabes pour la justice française n'était qu'une fausse allégation!

Les frais de justice pèsent lourdement sur les Arabes, et l'application qui leur est faite des règles si rigoureuses de notre procédure civile achève quelquefois de les ruiner. Plusieurs de ceux qui, restés fidèles, marchaient avec nous contre l'insurrection, ont été, pendant la dernière campagne, l'objet des plus actives poursuites de la part des usuriers, devant les tribunaux de commerce. Il a été rendu contre eux plus de deux cents jugements par défaut, devenus définitifs par suite de l'expiration des délais d'opposition et d'appel. Des cavaliers blessés n'ont pas retrouvé, en rentrant sous leur tente, un seul grain d'orge. La saisie avait tout enlevé. Les femmes et les enfants se nourrissaient de racines, tandis que le mari, le père, avait quitté sa famille pour verser son sang sous notre drapeau. Il me paraîtrait indispensable de rendre la loi moins rigoureuse.

Mesures proposées.

1. Déclarer que les Arabes sont Français, puisque l'Algérie est territoire français, mais qu'ils continueront d'être régis par leur statut civil, conformément à la loi musulmane ; que, cependant, les Arabes qui voudront être admis au bénéfice de la loi civile française seront, sur leur demande, sans conditions de stage, investis des droits de citoyens français.

2. Proclamer l'admissibilité des Arabes à tous les emplois militaires de l'empire et à tous les emplois civils en Algérie.

3. Exécuter loyalement le sénatus-consulte en respectant les droits acquis des Arabes.

4. Dans les tribus qui n'ont cédé aucune partie de leur territoire aux Européens, la commission chargée d'appliquer le sénatus-consulte ne devra admettre les droits du domaine que sur les portions du territoire reconnues par la tribu elle-même comme appartenant à l'État à un titre quelconque, c'est-à-dire comme terres de beylick, biens habbous, ou immeubles provenant des successions vacantes. — Dans les tribus dont une portion de territoire a été livrée à la colonisation à un titre autre que ceux ci-dessus indiqués, on devra chercher à rendre aux tribus, s'il est possible, une quantité de terre équivalente à celle qui leur a été enlevée, et, dans tous les cas, suffisante pour leurs besoins. — Dans les tribus établies sur le

territoire azel, on devra distinguer entre les tentes qui l'occupent à titre définitif depuis un temps immémorial, et celles qui ne l'occupent qu'à titre provisoire, depuis le temps, par exemple, que ces terres ont été louées à leur chef, étranger à l'azel. — Les premières devront être considérées comme propriétaires des terres cultivées par elles, et, s'il est reconnu que ces terres ne sont pas suffisantes, il devra leur être concédé, sur l'azel, des lots assez considérables pour leur permettre de vivre dans de bonnes conditions. — Quant aux tentes étrangères à l'azel, la commission nommée *ad hoc* devra constater à quelles tribus elles appartiennent et les renvoyer à ces tribus, si celles-ci peuvent les recevoir. Si, au contraire, les tribus n'ont pas assez de terres pour recevoir ces tentes, la commission devra donner à ces dernières, sur l'azel, les terrains qui leur sont nécessaires.

5. Disposer que la propriété personnelle, lorsqu'elle sera créée en exécution du sénatus-consulte du 22 avr. 1863, sera insaisissable aux créanciers, pour les dettes antérieures à la constitution de la propriété.

6. Comme à la fin de l'année prochaine presque tous les territoires azels auront été soumis à l'application du sénatus-consulte, dégrever en attendant, d'une partie de l'impôt, les douars qui ont affermé des azels anciennement cultivés par eux.

7. Déclarer que l'expropriation pour cause d'utilité publique ne pourra être faite qu'en vertu d'un décret de l'empereur, ainsi que cela se pratique en France.

8. Établir des registres de l'état civil aussitôt que les douars auront été constitués en communes et que les *djemaâs* seront organisés.

9. D'après le décr. du 7 avr. 1865, toutes les tribus organisées ont été replacées en territoire militaire, à l'exception d'une fraction de la tribu des Gharabas : il serait désirable de faire disparaître cette exception.

10. Restreindre les réserves forestières ; les reviser de manière que les Arabes ne soient pas privés du seul moyen qu'ils aient de faire paître leurs troupeaux.

11. Faire un partage d'attributions et de compétence entre les juridictions françaises et les juridictions musulmanes, de telle sorte que ces dernières ne connaissent que des affaires ressortissant de la loi religieuse, et que les autres procès soient déférés aux tribunaux français. Pour l'étude de cette grave question, former une commission où seront appelés des tolbas et des légistes musulmans. — Déclarer que le délai d'appel fixé par l'art. 30 du décr. de 1859 devra partir du jour de la notification du jugement prononcé par le cadi. — Les concussions des *adouls* sont un des maux de la justice arabe. Afin d'y mettre un terme, peut-être y aurait-il lieu d'assigner à ces officiers ministériels un traitement fixe en ne leur accordant des vacations que pour les transports. Le coût des actes serait versé au domaine, ce qui compenserait et au delà le nouveau sacrifice imposé au Trésor. — Suspendre pendant la guerre tous les délais de la procédure civile à l'égard des Arabes qui combattent sous nos drapeaux. — L'assistance judiciaire pour les Arabes indigents existe, mais ils n'en profitent pas. Leur faire comprendre les bienfaits de l'institution.

12. Organiser un consistoire musulman par province, et nommer un conseil de fabrique pour chaque mosquée de première classe. Le consistoire musulman remplirait pour le culte le même office que les consistoires protestant et israélite. Il serait, en outre, consulté sur les œuvres de bienfaisance et d'assistance publique intéressant les musulmans. Instituer également une commission, composée des mêmes éléments que le première, avec ad-

jonction de quelques personnages religieux, et lui demander son avis sur le projet d'organisation des consistoires. — Entourer de quelque solennité officielle la célébration des grandes fêtes musulmanes.

13. Etablir un *medjlès* par subdivision; en même temps étendre les ressorts des cadis; apporter une plus grande surveillance dans le choix de ces magistrats; régler l'admission et l'avancement dans la magistrature indigène.

14. Désigner un tribunal de première instance par province. auquel sera dévolu exceptionnellement le droit de prononcer souverainement sur les appels dans les affaires qui ne présenteront pas le caractère religieux défini plus haut, jusqu'à concurrence de 10,000 fr. au moins, en attendant que chaque province puisse être dotée d'une cour impériale.

15. Les *zaouïa* sont en général des écoles, des réunions de tolbas ou de gens prenant ce titre, qui se groupent autour d'une mosquée, vivant d'aumônes, des revenus des biens appartenant à l'établissement, des redevances que payent certaines tribus. Afin d'éviter les écarts possibles des directeurs de zaouïa, former dans chaque zaouïa une sorte de conseil d'administration sur lequel on essayerait d'agir pour donner à l'enseignement une bonne direction.

16. Ne déférer aux conseils de guerre que la connaissance des faits réputés crimes; attribuer aux commissions disciplinaires, établies dans chaque cercle, le jugement des délits. Aujourd'hui des délits commis à Tugurt, c'est-à-dire dans le désert, sont jugés à Constantine, et l'on oblige ainsi les inculpés et les témoins à un voyage de près de 400 lieues pour aller et revenir.

17. Constituer, le plus vite possible et sans attendre les opérations prescrites en exécution du sénatus-consulte, la *djemad* des tribus, conseil municipal non électif qui surveillera et contiendra le chef indigène, en l'assistant dans toutes les affaires intéressant la commune.

18. Autoriser les *douars* constitués à contracter des emprunts, en offrant leur communaux comme gage, jusqu'à ce que leurs ressources budgétaires soient régularisées.

19. Prendre en territoire militaire, pour l'assiette de l'impôt, la moyenne des contributions pendant les dix dernières années, en dégager un impôt unique, invariable pour dix ans, le répartir par tribu et par fraction de tribu bien délimitée (V. note 9) et le faire percevoir par les *djemads*.

20. Dans le territoire civil, convertir en un impôt unique, et fixé une fois pour toutes, les diverses contributions dues à la commune par l'Arabe admis dans un centre européen.

21. En territoire civil, élever le nombre des membres musulmans des conseils municipaux en proportion de la population. — Nommer un adjoint dans les communes où les indigènes sont en nombre suffisant.

22. Augmenter le nombre des membres indigènes pour les conseils des monts-de-piété, des caisses d'épargne, des prisons, de l'Académie, etc. — Choisir ces membres de préférence parmi les notables n'occupant pas d'emplois salariés, afin d'augmenter les rapports et les contacts entre les populations française et indigène.

23. Créer à Alger une école supérieure pour les études de législation musulmane.

24. Développer l'instruction publique musulmane dans les communes du territoire civil comme dans les villes. Suivre l'exemple de Cherchell, où les enfants des deux cultes fréquentent les mêmes écoles. — Réorganiser les écoles supérieures musulmanes, de façon à y recruter les agents de la justice musulmane et les secrétaires pour la langue arabe. Créer une école d'arts et métiers par province. (A l'instar de celle du Fort-Napoléon, qui sera ouverte dans quelques mois.) — Fonder des orphelinats musulmans pour les garçons et pour les filles dans chaque province.

25. Etablir des salles spéciales pour les indigènes dans les hôpitaux, et assurer le service du culte pour les morts.— Propager la vaccine; donner des consultations gratuites; créer des infirmeries indigènes dans les cercles où il n'existe pas d'hôpital; attacher à chaque bureau arabe un médecin pour donner des soins aux tribus.

26. Transformer les prisons centrales affectées aux indigènes en pénitenciers agricoles, un par province; assurer le service du culte et respecter, autant que possible, les tombes musulmanes. — Réunir en un lieu distinct les indigènes condamnés aux travaux forcés, le contact des condamnés européens achevant de les pervertir.

27. Ordonner que dans les villes ce qui reste entre les mains du domaine, de maisons provenant de *habbous* (communautés religieuses), soit respecté, et qu'elles soient louées aux indigents musulmans à bas prix, d'après l'intention des fondateurs qui ont constitué originairement ces habbous.

28. Proposer tous les ans, au 15 août, un état des condamnés auxquels il est possible de faire grâce. Y comprendre principalement ceux qui, frappés sévèrement par notre code, n'auraient encouru qu'une peine légère si on leur avait appliqué la loi musulmane.

29. Recommander à toutes les administrations de se défaire des formes brusques et souvent méprisantes avec lesquelles on accueille les indigènes qu'un intérêt amène dans les bureaux.

II. COLONISATION.

1. *Règles générales.* — On a beaucoup fait depuis trente-cinq ans en Algérie : cependant si la colonisation n'a pas prospéré autant qu'on pouvait le désirer, c'est qu'on n'a pas eu de plan d'ensemble, et qu'on s'est écarté des vrais principes de l'économie politique. — Quels sont ces principes?—La liberté dans les transactions commerciales et industrielles, l'organisation du crédit, la concentration de la population dans les lieux propices, la simplification dans l'administration, et le développement des travaux publics.

Or, tout en voulant fonder une grande colonie sur les bords de la Méditerranée, au lieu de lui ouvrir de larges communications avec le reste du monde, on y a transporté notre régime de douanes et de restrictions maritimes. Les institutions de crédit y ont été oubliées. La colonisation, qui aurait dû être concentrée sur le littoral, s'est éparpillée au loin sur toute la surface du territoire. La création artificielle de centres européens et les concessions gratuites l'ont découragée plutôt qu'elles ne l'ont excitée. Dans un pays nouveau, on a introduit les administrations nombreuses et compliquées que l'expansion des intérêts et la multiplicité des affaires ont seules rendues nécessaires en Europe. Enfin, de grands travaux ont été entrepris, mais beaucoup ont été faits avec trop de luxe et sont improductifs.

Reprenons une à une toutes ces questions.

2. *Liberté commerciale* — Lorsqu'un Européen arrive dans une colonie, il ne possède généralement pas de ressources suffisantes pour subvenir, par son simple travail, en peu d'années, à son entretien et à celui de sa famille. Il faut donc qu'il puisse trouver dans sa nouvelle patrie les objets de première nécessité au plus bas prix possible et les avances, à un taux modéré, qui lui permettent d'attendre le bénéfice que doit lui procurer son exploitation.

De ces considérations il découle naturellement que les ports de l'Algérie, déclarés *ports francs*, auraient dû être ouverts à toutes les marchandises du globe, et ceux de la métropole ouverts, sans droits, aux produits de la colonie. En outre, il était essentiel que la préoccupation du gouvernement se portât sur la création d'institutions de crédit à l'usage des colons et des Arabes, car tout pays, tout atelier, toute usine ne peut être mis en valeur qu'au moyen d'un outillage. Toute création d'outillage exige l'immobilisation d'un capital. Demander ce capital au temps et à l'épargne, c'est tourner dans un cercle vicieux, puisque l'épargne ne peut venir que du profit, et que le profit ne peut naître que d'un outillage bien entendu et d'un capital bien employé. Que faire donc? User du crédit, cette force des temps modernes, et associer pour la prospérité commune l'avenir au présent. En dehors de ce principe simple et vrai en Algérie comme partout ailleurs, il n'y a rien à tenter de grand, de profitable et de sensé.

3. *Emplacement de la colonisation.* — Quant au système de colonisation, il était indispensable de le bien définir, en le subordonnant aux exigences de la sécurité générale. — La colonisation en Algérie a précédé, en quelque sorte, l'affermissement du pouvoir militaire qu'elle devait suivre. Elle a marché avec nos colonnes, a établi des centres à 60 ou 100 lieues de la mer, au milieu des montagnes, au bord du désert, affaiblissant ainsi l'occupation militaire qu'elle paralysait, forçant l'armée, pour défendre ces établissements, à se répandre sur un espace immense, au lieu de se concentrer dans un seul but stratégique.

Les colons éloignés du littoral, sans voies de communication faciles, se sont trouvés dans des conditions précaires et n'ont pu vivre qu'à l'aide des ressources fournies par l'occupation militaire, réduits à la misère lorsque celle-ci venait à leur manquer. Prenons pour exemple Aumale. Cette petite ville n'est pas encore reliée avec Alger par une route commode : 500 colons résident dans ses murs, 900 en dehors; ils n'ont aucun débouché pour leurs denrées; tous les objets qu'ils tirent d'Alger leur coûtent excessivement cher (le transport d'une tonne d'Alger à Aumale coûte 60 fr.); ceux qu'ils produisent leur reviennent à des prix beaucoup plus élevés qu'aux Arabes qui, n'ayant pas les mêmes besoins et travaillant dans des conditions plus avantageuses, cultivent à meilleur marché; de sorte que dans plusieurs localités le travail des Européens est moins rémunérateur que celui des indigènes. — Dans l'espoir d'augmenter la population coloniale, on a eu recours à deux expédients également impuissants : la création artificielle de centres européens et les concessions gratuites. Aucun d'eux n'a tenu ce qu'on s'en était promis.

4. *Centres européens.* — La création artificielle de centres européens a amené bien des mécomptes. En effet, lorsque le gouvernement fonde un village et qu'il y appelle des colons, il prend l'engagement moral de les installer dans des conditions favorables à leur prospérité. Il ne suffit pas qu'il leur ait donné la terre et même la maison, il faut, pour être conséquent avec lui-même, qu'il leur procure l'eau, l'assainissement du sol, de bonnes routes pour écouler les produits, et les établissements nécessaires pour le culte et l'instruction; il faut surtout qu'il fournisse aux colons des avances ou des moyens de crédit, afin de leur permettre de vivre avant d'avoir retiré un certain produit de leur travail. S'il n'a pas fait tout cela, il a manqué de prévoyance, d'humanité, et je dirai même de bonne foi, car il n'a pas pu vouloir appeler en pays étranger des Européens, des Français pour les voir mourir de misère. Or ces obli-

gations que nous venons d'énumérer, le gouvernement ne peut les remplir sur une vaste échelle sans compromettre ses finances.

Ce que je viens de dire n'empêche pas de réserver des terres du domaine pour venir en aide à la formation des centres européens, lorsqu'ils éclôront, pour ainsi dire, spontanément, sans peine, du sein des populations attirées par la facilité des communications, la fertilité du sol, au milieu du travail et de l'aisance commune. En dehors de ce mode d'intervention, la main de l'État doit se retirer.

Il faut donc réunir tous les efforts de la colonisation autour des chefs-lieux des trois provinces et tâcher, par tous les moyens, de ramener dans ces zones, que je nommerai de colonisation, ceux qui se sont égarés au loin. En effet, si les populations européennes sont groupées, elles vivront par l'échange des produits et par cette foule de petites industries qui naissent dans les sociétés civilisées. Ainsi, l'agriculture ne sera pas la seule source de profits, et, à côté de leur champ, le cordonnier, le tailleur, le charron, le manouvrier, etc. trouveront un emploi lucratif de leur temps. L'élément européen, concentré et compacte, acquerra une grande consistance, une grande confiance en lui-même, et fera naître parmi les colons ce bien-être que l'humanité et la politique nous obligent de développer sans cesse; car les Européens ne se rendront en Afrique qu'attirés par l'exemple de ceux qui, établis depuis longtemps, y auront accru leur aisance. On se tromperait fort si l'on croyait que les Irlandais et les Allemands qui en Amérique y arrivent avec des capitaux et les moyens nécessaires pour acheter des terres. Ce qui les appelle dans ces pays, comme les Basques à la Plata, c'est l'élévation du prix de la main-d'œuvre. Tout homme valide, dans ces contrées du nouveau monde, est à même de gagner un salaire très-élevé en exerçant les métiers les plus humbles. Aussi, au bout de quelque temps, chacun peut amasser quelque argent, et alors devenir propriétaire.

5. *Concessions.* — Le système des concessions gratuites de terrains était également défectueux: le sol est la première richesse d'un pays, et donner pour rien ce que d'autres peuvent vendre, c'est déprécier la valeur territoriale, empêcher les transactions sérieuses, favoriser de stériles spéculations; c'est aussi décourager l'activité individuelle au lieu de l'exciter, car l'homme n'attache pas un grand prix à ce qu'il a obtenu sans peine. (Le trafic des concessions était devenu si ordinaire, qu'il n'était pas rare de voir des individus ne demander une concession que lorsqu'ils avaient trouvé un acquéreur.)

On avait d'ailleurs soumis les concessionnaires à des obligations gênantes dont la rigueur ne pouvait guère être maintenue, et il arrive que plusieurs d'entre eux conservent encore, depuis bien des années, leurs terres incultes, dans l'espoir de les vendre plus tard à un plus haut prix.

L'établissement de l'impôt foncier forcera les propriétaires à vendre ou à cultiver; il permettra en outre aux communes de mettre, au moyen de centimes additionnels, leurs ressources au niveau de leurs besoins et d'entrer plus complètement dans l'indépendance de la vie civile.

En général, les concessions de forêts de chêne-liège ne réussissent pas davantage. La raison en est bien simple: des conditions onéreuses d'exploitation sont imposées aux concessionnaires sous peine de déchéance; les choses ne sauraient se passer autrement. Mais les capitaux font défaut aux concessionnaires, ils ne peuvent se les procurer en empruntant sur les titres de concessions, le crédit leur est refusé; ils éprouvent de grandes difficultés pour satisfaire à leurs obligations, leurs opérations sont alors suspendues, et les forêts ne sont pas exploitées. (Il y a cependant une ou deux exploitations qui prospèrent.) Le gouvernement aurait tout avantage à réviser les concessions en diminuant leur étendue et en les convertissant en propriétés définitives.

6. *Difficultés de l'immigration.* — J'ai dit plus haut par l'application de quels principes la colonisation pourrait prospérer. Examinons cependant, pour la réfuter, une erreur trop accréditée et qui consiste à prétendre qu'une compagnie pourrait se charger d'introduire en Algérie de quarante à cinquante mille Irlandais ou Allemands. Il est clair qu'une compagnie ne se mettra à la tête d'une telle entreprise que pour y trouver un bénéfice. Ce bénéfice est-il réalisable? Le transport de cinquante mille émigrants coûterait au moins, de l'Irlande en Algérie, à raison de 100 fr. par individu, 5 millions. Il faudrait entretenir ces individus pendant trois ans, ce qui, en supposant la dépense pour chacun d'eux, en moyenne, à 500 fr., ferait 25 millions par an ou 75 millions pour trois ans. Il faudrait en outre, dès la première année, leur donner 500 fr. par tête pour acheter des instruments, des semences et des bestiaux. Tout cela s'élèverait à un total de 95 millions, que la compagnie aurait déboursés au bout de trois ans, sans compter les intérêts du capital engagé. Et encore j'ai supposé les conditions les plus avantageuses, puisque j'ai admis que la terre serait donnée gratuitement aux immigrants, et je n'ai compté ni le prix des maisons à construire, ni la mortalité, ni les déchets de toute sorte. Or, je le demande, croit-on qu'au bout de trois ans les immigrants pourraient être dans un état assez prospère pour verser à la compagnie un intérêt annuel de 8 ou 10 millions, somme à peine suffisante pour payer l'intérêt, l'amortissement, compenser les risques et rapporter un certain bénéfice? Le plus sûr moyen d'accroître la population d'une colonie, je le répète, n'est pas d'y attirer, à grands frais et par des promesses trop souvent irréalisables, de nombreux immigrants, mais d'encourager les efforts des colons déjà établis, de favoriser leur bien-être et d'assurer leur avenir. Le spectacle de cette prospérité est le plus magique appel qui puisse être fait à la confiance des étrangers. Des courants d'émigration ne tardent pas à faire affluer tous les jours des forces nouvelles vers un pays où les capitaux trouvent un heureux placement et le travail un emploi lucratif.

7. *Développement des villes.* — Il est indispensable que l'autorité supérieure mette des bornes aux exigences, louables d'ailleurs, des différents services, surtout à celles du génie militaire. Comme la guerre a été longtemps la première préoccupation en Afrique, tout a dû être subordonné aux nécessités de la défense. — Ainsi, il n'y a pas une ville de l'Algérie où l'on ne puisse signaler les faits suivants : La nature a tout préparé pour que des villes florissantes se développent dans des lieux favorisés par leur position au bord de la mer, par la beauté du climat et la richesse du sol; mais les administrations diverses sont venues s'y implanter avec leurs besoins multiples et leurs prévisions exagérées. Le génie militaire entoure la place de fortifications, en réalité ou en projet; les abords les plus convenables au développement de la ville sont frappés de servitudes; les terrains qui, dans la suite, pourraient acquérir une grande valeur, sont affectés à des services publics tels que les arsenaux, les casernes, la gendarmerie, les manutentions, les magasins de fourrages et de campement, les dépôts de remonte, les logements pour les états-majors et les fonctionnaires civils et militaires, de sorte qu'il ne reste plus de place pour de nouveaux habitants.

Je ne prétends pas détruire ce qui a été construit, mais on doit, partout où cela est possible, et sans nuire aux intérêts réels de la défense, restreindre les servitudes, livrer à la colonisation des terrains que l'administration s'est réservés et qui ont déjà acquis une grande valeur, en échange d'autres terrains où les établissements des administrations pourraient être installés à beaucoup meilleur marché. — Ainsi, à Constantine, j'ai réduit la servitude du côté de Coudiat-Ati, afin de permettre d'y bâtir une halle indispensable, près du marché; — A Oran, j'ai autorisé la suppression du mur d'enceinte de l'Est et de ses servitudes; — A Bône, j'ai promis que la vieille enceinte, condamnée par le génie, serait abandonnée à un prix modéré, par la guerre à la municipalité; — A Bougie, je me suis prononcé contre le système de fortifications qu'on avait adopté et qui entraînerait des dépenses considérables.

8. *Simplification de l'administration. Affranchissement de la commune.* — Il n'est pas non plus sans importance de simplifier les rouages administratifs et d'exiger des employés une solution prompte des affaires. — Il suffit de jeter les yeux sur l'*Annuaire administratif de l'Algérie* pour juger de la trop grande quantité de fonctionnaires dont se compose le gouvernement civil.

Dans toute l'Algérie, pour administrer 192,000 Européens répartis en 71 communes, il y a 3 préfets, 15 sous-préfets, 15 commissaires civils, total, 51 hauts fonctionnaires, non compris la nuée de chefs de bureau et d'employés divers. Certains arrondissements, en France, pour un chiffre égal de population, n'ont qu'un sous-préfet. Pourquoi ne pas supprimer en Algérie la plupart des sous-préfets et des commissaires civils, ainsi que la masse d'agents qui marchent à leur suite, sauf à leur trouver des positions équivalentes dans la métropole? Combien de fois, en France, n'a-t-on pas proposé la suppression des sous-préfets? N'est-il pas avantageux, en Algérie surtout, de ne pas mettre d'intermédiaires entre les maires et les préfets, puisque les premiers, en recevant du Trésor des frais de représentation, qui leur sont alloués aujourd'hui par les communes et qu'on pourrait augmenter, deviendraient des agents rétribués par l'État? Mais si l'on diminue le nombre des fonctionnaires, il est indispensable d'envoyer en Afrique les plus expérimentés, les plus habiles, les plus passionnés pour le bien, et de les convaincre qu'ils seront jugés et récompensés suivant les progrès accomplis, et suivant leurs efforts à s'affectionner la population indigène et à faire prospérer la colonisation européenne.

Les 71 communes se répartissent, en Algérie, de la façon suivante : 29 pour la province d'Alger; 18 pour celle d'Oran; 24 pour celle de Constantine. Le préfet de chaque département ne peut-il pas, avec ses nombreux bureaux, diriger un si petit nombre de communes, qui ne forment pas même un arrondissement de France?

Il y aurait lieu de supprimer les seize bureaux civils, qui coûtent plus de 120,000 fr. et qui ne sauraient plus rendre d'utiles services. Leurs agents ne peuvent se faire obéir que lorsque le pays est parfaitement tranquille. Le moindre refus de la part de leurs administrés les oblige à demander main-forte à l'autorité militaire, ce qui est arrivé plusieurs fois, et notamment à Tlemcen, en 1862. On remplacerait avec avantage les bureaux civils par la création, dans chaque mairie, d'un employé qui, connaissant la langue arabe, remplirait les fonctions d'interprète et serait chargé de la tenue des registres de l'état civil pour les musulmans.

Les services de la trésorerie, du domaine, des forêts, des bâtiments civils, des douanes, des travaux topographiques emploient un personnel beaucoup trop nombreux.

La composition des conseils municipaux par la voie de l'élection serait une bonne mesure. Mais je crois qu'il faut faire plus. Il est important, dans un pays nouveau, de créer la vie municipale et de procéder à l'émancipation de la commune en lui permettant d'emprunter et de se taxer à volonté.

Malgré le désir de simplifier l'administration, j'ai décidé qu'on aurait un évêché par province. Cette nouvelle institution m'a paru nécessaire, d'abord parce qu'il est impossible à l'évêque d'Alger, à cause de l'étendue de nos possessions, de visiter tout son diocèse, et ensuite parce qu'il est bon, en présence de tant de cultes divers, de relever l'importance des ministres du culte catholique.

Mesures proposées.

1. Déclarer la franchise de tous les ports de l'Algérie; supprimer ainsi toutes les douanes, et ne conserver l'octroi de mer que comme ressource pour les villes. Admettre en même temps dans la métropole, sans droits, tous les produits de l'Algérie. — Déjà, d'après l'avis du gouverneur général, j'ai décidé la suppression de la douane établie sur les frontières du Maroc : elle coûtait plus de 100,000 fr. et n'en rapportait que 8,000.

2. Créer dans chaque province un comptoir d'escompte, pouvant prêter aux colons, comme aux Arabes, à un taux modéré.

3. Tracer un périmètre à la colonisation autour des chefs-lieux des trois provinces.

Ainsi, dans la province d'Oran, le périmètre du territoire dans lequel les Européens pourront développer leurs intérêts sera circonscrit par une ligne qui, à l'ouest, partant de l'embouchure du Rio Salado, remontera ce cours d'eau jusqu'au territoire de Bou Tlélis, et, de là, se dirigera vers le sud en laissant intérieurement tous les établissements européens dans la direction d'Oran à Tlemcen, y compris le territoire d'Hennaya. Dans le sud, cette ligne, partant de Tlemcen, gagnera le territoire d'Hadjar Roum, en suivant le pied des montagnes, puis celui de Sidi Ali ben Youb, et ira jusqu'à Tenira pour revenir à Sidi bel Abbès. De là elle descendra le Sig jusqu'à Saint-Denis, embrassera Perregaux sur l'Habra, Bouguirat, l'Hillil, Relizane et les centres de population qui seront créés sur la ligne des chemins de fer dans la vallée du Chéliff, jusqu'à la limite des divisions d'Oran et d'Alger. Enfin la limite nord comprendrait le territoire de Mostaganem et remonterait la vallée du Chéliff.

Dans la province d'Alger, cette ligne renfermera les crêtes du petit Atlas qui entourent la Mitidja, laissant au nord tous les territoires européens qui s'étendent depuis Novi et Cherchell jusqu'à Dellys; de plus, une zone comprenant tous les centres déjà créés sur la route de Blidah à Orléansville et tous ceux à fonder dans la partie sud de la vallée du Chéliff, depuis Milianah jusqu'à la province d'Oran; enfin les établissements de Tenez et d'Orléansville.

Dans la province de Constantine, la limite nord devra comprendre, à partir de Sétif, les territoires déjà occupés ou à occuper sur la route de Sétif à Constantine jusqu'à l'Oued Decri; de là, gagner Milah pour redescendre dans la vallée de l'Oued Kebi jusqu'au territoire de Smendou, d'où elle atteindra Collo en suivant la vallée de l'Oued Guebbi. La limite sud laissera en dedans les centres de population établis entre Sétif et Hammam Grouss; de là elle joindra le territoire d'Aïn Milia, d'où elle se dirigera sur Aïn Ghoul; puis, laissant intérieurement le territoire de Guelma, elle décrira une courbe pour venir se relier avec Souk

Ahras, et remontera vers le nord jusqu'à Mondovi, d'où elle arrivera à la Calle.

Dans la province d'Oran, les territoires de Nemours, de Mascara et de Tiaret ne pourront prendre de nouveaux développements que lorsque les populations deviendront plus denses. Il en sera de même, dans la province d'Alger, pour le territoire d'Aumale; dans la province de Constantine, pour les postes de Bougie, Djidjelli, Collo et Batna. Quant aux postes de Maghnia, Sebdou, Daya, Saïda, Ammi Moussa, dans la province d'Oran; les postes de Teniet el Haâd, Boghar, Tizi Ouzou, Fort Napoléon, dans la province d'Alger; enfin, les postes de Bordj bou Aréridj, Biskra, Aïn Bélda et de Tebessa, dans la province de Constantine, ils devront rester dans l'état actuel, sans que leurs territoires puissent être augmentés. Toutefois, on viendra en aide par des subsides aux colons qui demanderont à rentrer dans les zones de colonisation.

4. Employer aux travaux suivants les 100 millions que le gouvernement de l'Algérie recevra en six ans : 50 millions pour les routes; 20 millions pour les ports; 50 millions pour les barrages, les canaux, les dessèchements de marais, les puits artésiens; 15 millions pour le reboisement des montagnes; 5 millions pour réintégrer dans les zones de colonisation les Européens qui végètent loin des côtes.

5. Confier le service de correspondances et de transport à l'industrie privée. Elle remplacerait avec avantage les bateaux de l'Etat qui n'étant pas emménagés pour ce service spécial, n'embarquent aucune espèce de marchandise, tandis que l'insuffisance des six places réservées aux passagers oblige tous les autres voyageurs à endurer sur le pont l'intempérie des saisons.

6. Dans l'exécution des travaux publics introduire la plus stricte économie. Il ne s'agit pas dans un pays nouveau de faire des œuvres d'art, mais de satisfaire de la manière la plus simple aux besoins impérieux de la colonisation. Recommander aux provinces de mettre la plus grande réserve dans la construction de leurs édifices. Suivre la même règle pour les constructions qui sont à la charge de l'Etat. Les établissements civils et militaires créés à Oran, à Tlemcen, à Aumale, à Batna, etc., sont hors de proportion avec les besoins et les ressources du pays.

7. Renoncer à toute espèce de concessions, même pour les forêts, ainsi que le prescrit le décr. du 31 déc. 1864, et changer les concessions en propriétés définitives, sauf à en réduire l'étendue.

8. Renoncer à la création de centres de population factices. Néanmoins réserver, sur le parcours des chemins de fer, des emplacements pour des villages, en adoptant un plan définitif.

9. En territoire civil, établir, le plus tôt possible, l'impôt sur les terres, en prenant pour base la qualité du sol, qu'il soit cultivé ou non, comme cela a lieu en France. Cette mesure, réclamée par les colons eux-mêmes, obligera les propriétaires à défricher ou à vendre.

10. Emanciper la commune en lui permettant de nommer les membres des conseils municipaux, de s'imposer pour ses besoins comme elle l'entendra et de contracter des emprunts.

11. Affranchir les colons du service militaire en France, l'alléger en Algérie, ainsi que cela sera expliqué dans le chapitre suivant.

12. Créer un évêché par province; élever l'évêché d'Alger au rang d'archevêché.

13. Réduire considérablement le personnel, et, par suite, les frais d'administration civile, lesquels montent chaque année à 8 millions et demi. Supprimer les seize bureaux arabes civils.

14. Désigner des auditeurs au conseil d'Etat

pour les attacher au conseil du gouvernement. Les auditeurs, après cinq années passées à Alger, auraient la faculté de rentrer au conseil d'État comme maîtres des requêtes.

15. Assurer la sincérité des délibérations des conseils généraux en exigeant dans ces assemblées l'introduction d'interprètes. Jusqu'à présent, à Oran, le conseil général n'a pas permis aux indigènes d'avoir un interprète, de sorte qu'ils restent étrangers à ce qui se passe dans le conseil. Il n'y a dans les conseils généraux que des indigènes rétribués par l'État (sauf peut-être une exception pour Alger). Il serait important d'y placer des notables indépendants et riches.

16. Publier un vocabulaire des noms arabes, dans le territoire civil, car ces noms sont d'une transcription difficile en caractères français; en les écrivant comme on croit les entendre prononcer, tout le monde ne les orthographie pas de la même manière; chacun suit un système différent de transcription. Ainsi, le même nom figure tantôt d'une façon, tantôt d'une autre, sur les registres de l'état civil, sur les matricules de l'impôt ou sur les sommiers du domaine, ou dans les dossiers du tribunal, ou sur les registres des greffes et des municipalités. Une orthographe uniforme et rigoureuse des noms est cependant indispensable pour les actes de l'état civil.

17. Chercher si l'on ne pourrait pas simplifier les procédures en matière civile, car une des choses qui lèsent le plus les Arabes, comme les colons, c'est la longueur des formes judiciaires et administratives. Il serait bon, d'ailleurs, de faire, en Afrique, l'essai de réformes qui pourraient plus tard être appliquées en France.

18. Veiller à ce que les journaux ne sèment pas la méfiance et la désaffection entre les indigènes et les Européens par des attaques exagérées ou sans fondement.

19. Examiner si le conseil du gouvernement ne pourrait pas, pour beaucoup d'affaires urgentes, se dispenser du renvoi au conseil d'État, cause de bien des longueurs.

III. Occupation militaire.

La principale préoccupation du gouvernement est de rechercher les moyens de diminuer les charges qui pèsent sur la métropole, sans compromettre cependant la sécurité de nos possessions. A cet effet, j'examinerai les questions suivantes : 1° L'emplacement des troupes; 2° les tribus frontières; 3° les colonnes mobiles; 4° les bureaux arabes; 5° les spahis et les smalas; 6° les régiments d'infanterie indigène; 7° les fortifications.

1. *Emplacement des troupes*. — Le chiffre élevé de l'armée d'Afrique est dû principalement à cette obligation d'avoir des garnisons dans 60 postes différents. De même qu'on a créé partout des centres civils, on a partout établi des centres militaires, sans donnée stratégique bien étudiée. — L'erreur a été surtout de construire dans tant d'endroits des établissements permanents considérables, qu'on est obligé d'occuper et de défendre, quand même l'intérêt serait de les abandonner. Ainsi, par exemple, il est question de transporter la subdivision de Sidi bel Abbès à Tiaret; si cette translation s'exécute, à quoi serviront les établissements militaires dispendieux faits dans la première ville?

A ce propos, il n'est pas inutile de rappeler la circulaire du maréchal Bugeaud, en date du 8 mai 1846 (*), parce qu'elle est pleine de ce bon sens pratique qui distinguait cet illustre capitaine :

« Les circonstances me conduisent à vous rappe-

_____
(* V. 1er vol. *Affaires arabes*, p. 70.

ler ce que j'ai souvent écrit et répété : qu'au milieu du calme le plus parfait, nos troupes et nos moyens de tout genre doivent être préparés, placés et disposés comme au temps où la guerre avait la plus grande activité, comme au temps où Abd el Kader pouvait réunir 12 à 15,000 hommes; car, ajoutais-je, la guerre peut renaître d'un moment à l'autre par le soulèvement du pays ou d'une fraction considérable. Que si, dans de pareilles circonstances, nous sommes décousus, éparpillés, mal approvisionnés dans nos postes, nous offririons à l'ennemi une foule d'occasions partielles de nous faire éprouver des échecs dont les résultats matériels et surtout moraux auraient les plus graves inconvénients.

« Vous savez combien aussi, souvent, je me suis élevé contre la multiplication des postes permanents vers lesquels la tendance était presque générale; on croyait en démontrer la nécessité absolue par une foule de motifs plus ou moins spécieux : il fallait un poste, disait-on, en tel ou tel endroit, pour surveiller le pays, pour l'administrer, pour en avoir des nouvelles et s'assurer si les chefs arabes remplissaient bien leurs obligations envers nous et envers leurs administrés; d'autres fois, c'était pour assurer telle ou telle communication, pour que les convois et même les voyageurs isolés pussent trouver quelques ressources alimentaires sur leur rout et un abri le soir contre les attaques nocturnes et les voleurs. On ne réfléchissait pas que, des besoins de cette nature se faisant sentir sur toute la surface de l'Algérie, il aurait fallu, pour être conséquent, y satisfaire partout, et qu'alors l'armée eût été immobilisée dans des postes permanents grands et petits.

« Serait-il encore nécessaire de répéter que les postes permanents, qui ne peuvent être que très-faibles, en raison de leur multiplicité, n'assurent pas les communications et n'ont aucune action sur le pays; qu'ils ne gardent réellement qu'un point; que l'action réelle, la véritable puissance est dans les troupes qui tiennent la campagne, lesquelles ne conservent leur force dominatrice qu'autant qu'elles ne se subdivisent pas trop et que chacune des fractions est capable de vaincre toutes les forces réunies de la contrée qu'elle est chargée de maintenir dans l'obéissance; que non-seulement les postes multipliés immobilisent une partie des forces de l'armée, affaiblissent numériquement les colonnes agissantes, mais encore qu'ils absorbent une partie de l'action des troupes restées mobiles, puisque celles-ci sont chargées du ravitailler, de satisfaire à leurs besoins, et souvent d'aller à leur secours, au lieu de faire des opérations utiles contre l'ennemi; que ces secours n'admettent pas de retard, qu'il faut souvent marcher par le temps le plus défavorable, et que de là peut naître une catastrophe; enfin que les postes qui ne sont pas démontrés d'une nécessité absolue doivent être soigneusement évités, car ils sont une source d'embarras, de faiblesse et de danger.

« Les postes-magasins ou de ravitaillement, qui sont indispensables pour favoriser la mobilité des colonnes, n'ayant qu'une faible garnison, ne sont chargés, à proprement parler, que de leur défense; ils ne doivent pas prétendre à la domination du pays qui les environne, car ils en sont parfaitement incapables.

« Tant que le pays est calme et obéissant, le chef de ces postes doit sans doute surveiller l'action des chefs indigènes, se faire faire par eux des rapports sur tous les points de leur administration, les faire venir de temps à autre auprès de lui pour se faire rendre compte avec détail de la disposition des esprits, de l'état des perceptions, de la police, des amendes, des bruits qui circulent, etc. Mais ce chef ne doit jamais sortir avec une fraction de son monde, soit pour rétablir l'ordre qui aurait été troublé, soit sous le prétexte de protéger le pays (*). Il peut tout au plus faire une sortie brusque et de nuit, à courte distance, pour arrêter des hommes signalés comme dangereux, ou pour tout autre coup de main partiel jugé nécessaire pour assurer la tranquillité du cercle; mais le détachement qui serait fait, dans ces cas fort rares, devrait être rentré au point du jour. S'il y a des actes à réprimer chez une tribu ou grosse fraction de tribu, il faut attendre, pour en demander compte, qu'une colonne vienne manœuvrer dans le pays; c'est alors qu'on pourra le faire avec efficacité et sans danger.

« La réunion en une seule colonne de tous les postes, qu'on échelonnerait, d'après la routine, sur une communication, l'assurera beaucoup mieux, si cette colonne manœuvre convenablement, que ne le ferait la division des forces des postes permanents. — Ces principes excluent-ils les postes d'une manière absolue ? Non, assurément; le principe de mobilité exige quelques postes de ravitaillement. Loin d'être contraire au système, ils le complètent, car ils favorisent singulièrement la mobilité des colonnes, quand ils sont convenablement placés. — Il faut quelques postes-magasins bien répartis, construits de manière à ce qu'ils puissent remplir leur objet, en n'exigeant qu'une garnison de 100 ou 150 hommes au plus, pour s'y défendre; malheureusement, c'est ce que nous n'avons pas su faire, et c'est ce à quoi il faut que nous arrivions, etc. »

Je suis bien aise de m'appuyer sur l'opinion du maréchal Bugeaud pour prouver qu'il est indispensable de réduire le nombre des postes occupés par l'armée; que les postes-magasins doivent être construits de manière à n'exiger qu'une très-faible garnison ; que les colonnes mobiles sont les seuls moyens efficaces pour réprimer une insurrection ; enfin, qu'en Afrique l'armée doit être toujours mobilisée.

On dit, il est vrai, que, par la circulaire précédente, le maréchal Bugeaud condamnait une foule de petits postes qui ont été abandonnés, tandis que les centres militaires existants ont été établis d'après ses indications. Mais je crois que le maréchal avait reconnu ceux-ci nécessaires à titre provisoire, pour achever l'œuvre de la conquête, et non pour une occupation définitive. Et, d'ailleurs, à mesure qu'on s'étend vers le Sud, il est clair qu'on peut supprimer les garnisons du littoral et celles qui s'en rapprochent le plus. Il faut reconnaître aussi que les centres militaires n'ont pas été formés, comme le voulait le maréchal, de manière à être défendus avec 100 ou 150 hommes, mais pour recevoir des garnisons six à huit fois plus nombreuses.

Quant aux postes de l'extrême Sud, ils ont été créés, d'une part, en vue de faciliter les relations commerciales avec le Soudan, et de l'autre, afin de maîtriser les populations turbulentes du Sahara. Dans la pensée de tous, la création des postes de Géryville, Laghouat, Delfa, devait ouvrir une ère nouvelle de prospérité à l'Algérie. En outre, tout désordre, toute tentative d'insurrection serait désormais impossible. Le Sud, disait-on, est le foyer des tempêtes; pour les prévenir, il faut occuper fortement le pays. Or, si l'occupation des postes méridionaux a facilité pendant longtemps la pacification et intimidé les nomades, elle ne nous a pas amené, comme on se l'était promis, le commerce des caravanes, qui s'était entretenu

que par celui des esclaves, et elle a eu l'inconvénient de nous entraîner à des expéditions bien coûteuses, sans empêcher les insurrections de s'avancer jusqu'au Tell. L'importance des postes du Sud repose tout entière sur l'influence morale qu'ils exercent : ce sont des sentinelles avancées chargées de surveiller le pays; ils doivent être constitués de manière à pouvoir se défendre d'eux-mêmes, sans aucun secours, pendant un an; mais ils ne sont pas destinés à servir de base d'opération qui permette de nous lancer à la poursuite d'un ennemi insaisissable. Car lorsque nous portons la plus grande partie de nos forces dans le Sud, l'ennemi, par nos derrières, pénètre dans le Tell, où alors l'insurrection devient générale, comme cela a failli arriver cette année même; notre Tell, complétement dégarni, est à la merci de tout homme venant du Sud à travers nos colonnes, d'un Si Lalla, par exemple, ou d'un derviche comme Bou Baria ou Boussif, descendu des montagnes et traînant à sa suite quelques milliers de Kabyles. Évidemment cette situation laisse la colonie européenne, comme nos tribus, à la merci des événements.

L'important est d'avoir toutes nos troupes régulières concentrées sur des points stratégiques bien choisis dans le Tell, de ces points qui commandent à la fois le Sahara et les débouchés des hauts plateaux; qu'elles soient organisées en colonnes mobiles prêtes à fondre à l'improviste sur l'ennemi; alors la frontière sud du Tell, parfaitement occupée par des troupes françaises appuyées de makhzen, devient un rempart solide et presque inexpugnable; nous sommes assurés partout en force; nous mettions à l'abri de tout contact dangereux les tribus soumises, dont la fidélité n'est pas douteuse, mais dont on ne peut méconnaître l'esprit mobile et ardent. Le passé renferme la leçon de l'avenir.

En conservant donc les postes avancés dans le Sud, il faut en restreindre la garnison au plus faible effectif possible ; il faut surtout écarter progressivement et sans secousse les colons qui végètent autour de ces postes, et sont pour nous une cause de sérieuses préoccupations et de grandes difficultés.

2. *Makhzen.* — Pour maintenir les frontières, je désire qu'on revienne, en l'améliorant, au système turc des makhzen, c'est-à-dire des tribus auxquelles on impose un service militaire sur la frontière en échange d'immunités qui leur sont accordées, telles qu'exemptions d'impôts, distinctions honorifiques, etc. — Le makhzen se composerait, dans chaque province, de plusieurs tribus. En temps ordinaire et en cas de désordre ou de refus d'impôt, elles seraient engagées les premières, et nous dispenseraient souvent de l'envoi de colonnes européennes. Le jour où la guerre éclaterait en Europe, où nos tirailleurs et nos spahis auraient été transportés sur le continent, nos tribus makhzen, compromises depuis longtemps, resteraient fidèles, comme l'ont été les douairs et les smélas de la province d'Oran, et comme l'a été dernièrement, au gouvernement tunisien, la tribu des Drids.

Nous empruntons à un mémoire du général Ducrot les détails suivants sur l'organisation des makhzen :

« Makhzen, dans le sens précis du mot, signifie *gouvernement* : le makhzen est l'homme du gouvernement, l'agent faisant partie de la colonne chargée du recouvrement de l'impôt annuel ; il était considéré à la fois comme agent du fisc et comme soldat.

« Le beylick du Titery, dont on a formé la

subdivision actuelle de Médéah, possédait deux tribus makhzen, appelées, comme dans les autres provinces, douaïrs et abid, ou smala, suivant la fraction.

« Leur fondation remonte à Kheïr ed Dîn Pacha, qui voulait, par leur établissement, se former une base solide et permanente de troupes auxiliaires, ayant à la fois l'influence politique du commandement et celle, toute militaire et stratégique, de la force, en même temps que créer, par les privilèges dont cette force était revêtue, une source constante d'antagonisme entre les tribus arabes.

« Dans le principe, tout chef de tente qui venait s'établir avec sa famille sur le territoire des Douaïrs ou des Abids était immédiatement inscrit comme cavalier du makhzen : il recevait un cheval et un fusil. La nourriture et le harnachement du cheval restaient à la charge de l'inscrit. A la mort du cavalier, s'il n'avait personne pour le remplacer dans son service effectif, son cheval et son fusil étaient repris par l'État. Le makhzeni était donc fixé à vie sur ce territoire, où il était attaché par les intérêts et retenu par les jalousies des tribus voisines ; et, à la longue, ces smalas, composées, dans le principe, d'éléments si hétérogènes, avaient fini par former de véritables tribus, parfaitement compactes et homogènes. Ainsi se sont formés les makhzen.

« Le gouvernement remplaçait tous les chevaux du makhzen morts ou hors de service. Les animaux nécessaires pour la remonte du beylick étaient fournis par les tribus raïa, soit à titre d'impôt, soit comme gada ou amende. Le makhzen, et c'était là la source de sa force et de sa prépondérance, était complétement exempt de corvée et de tous impôts, quels qu'ils fussent, rérama, achour, ou moûna, pour les cultures, récoltes, produits faits sur le territoire du gouvernement.

« On fournissait aux cavaliers nécessiteux les grains pour ensemencer leurs terres et pour nourrir leurs chevaux ; ils étaient tenus de réintégrer ces avances, dans les magasins de l'État, sur leurs premières récoltes. — Toutes les fois que le cavalier makhzeni était appelé à faire un service qui l'éloignait pour plus de 8 jours de la smala, il touchait la ration journalière d'homme et de cheval allouée au soldat régulier. En échange de ces prérogatives, le makhzeni rendait des services multipliés. Le cavalier makhzeni assistait, comme agent du fisc, le kaïd dans l'opération du recensement. Il percevait des impôts. Il était l'exécuteur des ordres de l'autorité, à laquelle il était en quelque sorte inféodé. Enfin, comme auxiliaire, il remplissait le premier rôle : un douar, une fraction de tribu refusaient-ils l'obéissance, aussitôt le bey dépêchait une petite colonne de makhzeni chargée de faire rentrer les récalcitrants dans le devoir. — On ménageait ainsi l'emploi décisif des troupes régulières. On épargnait ainsi tout échec à l'autorité supérieure, qui n'intervenait alors qu'en dernier ressort. En somme, l'institution des makhzeni constituait le principal moyen de l'autorité du bey ; c'était un moyen pratique et économique, politique et militaire de domination.

« Les Douaïrs et les Abids composaient, avons-nous dit, le makhzen de l'ancienne province du Titery. Les Douaïrs avaient été installés sur des terrains confisqués en partie aux Oulad Heddim et en partie aux Oulad Saïd, terres revenues au Bit el-Mal par droit de vacance. Les Abids occupaient le territoire des Hakoum, devenu vacant par l'extinction des possesseurs. Sous les derniers beys, ces tribus pouvaient fournir un effectif de 600 cavaliers, pendant l'absence desquels les fantassins, presque tous parents ou khammès des makhzeni, étaient chargés de la garde du terri-

toire des smalas. Les Abids avaient, en outre, l'honneur de fournir exclusivement les mekalia ou gardes du corps du bey. Ces cavaliers, au nombre de quinze, étaient commandés par les bach mekali.

« Dans le principe, les tribus makhzen étaient commandées par un seul agha. Plus tard, les beys en nommèrent deux dans les Douaïrs et deux dans les Abids. Le chaouch de l'agha était son khalifa. Le gouvernement avait établi en principe de renouveler très-fréquemment les aghas, tant pour surexciter les ambitions à bien servir l'État que pour récompenser les services de guerre. La position de l'agha du makhzen était très convoitée. Elle se payait jusqu'à 1,500 boudjous (le bechmak, ou droit d'investiture), sans compter les étrennes ou coutumes (douaïd) aux fonctionnaires du douar.

« Les tribus makhzen, outre leurs droits spéciaux, percevaient certaines redevances des fiefs qui leur avaient été concédés comme récompenses de services de guerre, redevances partagées entre les aghas et les makhzeni. — Si, à cette époque, nous avions su et pressenti ce qu'était la force redoutable des makhzeni ; si, et ils ne demandaient pas mieux, nous en avions fait un des points d'appui de notre conquête, nul doute qu'elle n'eût été plus solidement établie.

« La position faite aux tribus makhzen par nos prédécesseurs nous assurait leurs concours, et, en nous bornant à réformer des abus, nous nous serions établis avec moins d'hommes et moins d'argent, mais plus d'ordre et de stabilité dans l'ancienne régence d'Alger. — L'emploi de ces précieux irréguliers permettait de ménager l'emploi des troupes régulières, peu nombreuses d'ailleurs, dont disposaient les pachas. Composées presque exclusivement d'artilleurs, les troupes turques étaient éparses sur le territoire de la régence et formaient les garnisons d'un certain nombre de bordjs ou fortins, pour la plupart élevés sur les ruines et avec les matériaux des castella romains. — De solides murailles, quelques réduits, une fontaine, sept ou huit pièces d'artillerie et des approvisionnements pour trois mois en faisaient d'inexpugnables forteresses.

« Ce n'était qu'à la dernière extrémité que les yoldach et les zebantout sortaient de leurs murailles pour frapper des coups décisifs. Dans la plupart des razzia ou des colonnes, les makhzeni étaient seuls à donner, mais ils chargeaient l'ennemi avec d'autant plus d'audace qu'ils se sentaient soutenus par une infanterie aguerrie. Souvent, la plupart du temps même, les zebantout ne tiraient pas un coup de fusil. Ils ne donnaient que dans le cas fort rare où le makhzen était repoussé, ou bien lorsqu'il s'agissait de déloger l'ennemi de terrains inaccessibles à la cavalerie. Les garnisons des forts se ralliaient aux colonnes qui, au printemps, parcouraient les diverses outhan (V. note 10).

« Dans les cas de sortie des fantassins réguliers, et pour en tirer tout le parti possible dans ce pays, où la rapidité d'action est la première condition des opérations militaires, les Turcs avaient organisé de fortes réserves de bêtes de somme : mulets dans le Tell, chameaux dans le Sud. (Ainsi il y avait toujours 200 mulets à Berouaghia et 200 à Ben Chikao pour ce service spécial.) — Une insurrection, un mouvement éclataient-ils sur un point quelconque, les zebantout montaient immédiatement sur leurs bêtes, la troupe suivait le makhzen : non-seulement elle arrivait rapidement sur le théâtre de l'action ; mais elle y arrivait toute fraîche. Des agents spécialement chargés de ce soin accéléraient la marche des convois ; ces individus, véritables serre-files, étaient armés de longs bâtons, avec lesquels ils frappaient les animaux. Ils devaient, en outre, relever les zébantout maladroits qui se laissaient choir.

« On conçoit quelle action devait exercer une troupe combinée ainsi de makhzeni, de fantassins aux allures rapides et toujours prêts au combat. La garnison de chaque bordj se composait de trois seffra; chaque seffra comprenant réglementairement 25 hommes; on peut évaluer la moyenne des garnisons à 60 hommes. Ils étaient placés sous les ordres d'un agha ou caïd, aidé d'un kiaïa ou d'un krodja. — Ce fonctionnaire réunissait tous les pouvoirs en sa main. Il était chargé de la perception du meks sur les marchés, lesquels étaient un puissant moyen d'action entre les mains de l'autorité turque. Dans le beylick du Titery, le bordj de Berouaghia était occupé par deux seffra à l'extrémité est du Titery; celui de Sour er R'ozlan (Aumale) était occupé par trois seffra; le bordj Souari avait pour garnison des soldats du bey et non des yoldach.

« Comme application directe et immédiate, c'est la subdivision de Médéah que nous prendrons pour exemple. Hâtons-nous d'ajouter que les mesures suivantes sont également applicables aux subdivisions d'Aumale et d'Orléansville, à celles d'Oran et de Sidi bel Abbès. Nous nous bornons à ces citations, convaincus que nous sommes, que, sauf des modifications de détail, l'institution des makhzen et des smalas est partout excellente en principe.

« Dans la subdivision de Médéah, la tradition nous indique naturellement les tribus que recommandent d'ailleurs leur situation topographique sur la limite du Tell, l'excellent esprit qui les anime, et les preuves de dévouement qu'elles n'ont cessé de donner à la cause française. — Ces tribus sont au nombre de quatre : les Titteri, les Douaira, les Abida, les Oulad Ahmed ben-Saâd. — Comme base première et essentielle de ce projet sommaire, ces tribus seront exemptes de toute espèce d'impôts pour les terres et produits faisant partie du territoire affecté auxdites tribus. Elles seront également exemptes de toutes corvées ou réquisitions en hommes ou en animaux. — Il serait même opportun, sinon nécessaire, de les exempter du service des prestations, lesquelles seraient exécutées par les tribus raïa qui se trouveraient, par rapport aux caïds makhzen, dans la position où se trouvent placées aujourd'hui celles aux ordres des caïds El Kiad.

« En revanche, chacune de ces tribus nous devra, en tout temps, au premier appel : 100 cavaliers bien montés et convenablement harnachés; 100 fantassins jeunes et vigoureux. — Chaque cavalier recevra ses armes du gouvernement : un sabre, un pistolet, un fusil. Comme signe distinctif, et sans autre uniforme, ils porteront le zemdani ou burnous noir, et un cordon rouge enroulé avec la corde en poil de chameau qui ceint la tête. Chaque fantassin sera armé d'un fusil à silex. (Ce qui ne constituera pas, par conséquent, une bien grande charge pour nos arsenaux, qui fourniront des armes modèle 1822, que la dépense de transformation a empêché de modifier jusqu'ici. L'officier d'artillerie chargé des inspections d'armes dans la province s'assurera annuellement du bon état et de l'entretien de ces armes.) — Mais en temps de paix, les armes de ces derniers seront conservées dans des dépôts spéciaux : Berouaghia ou Moudjelam, par exemple. Elles ne seraient remises aux fantassins qu'en cas de troubles et d'éloignement des cavaliers makhzen, pour la garde des territoires de la tribu. — Les tribus makhzen seront tenues d'entretenir une réserve de cent cinquante mulets et chameaux, réservés spécialement soit pour le transport de nos fantassins, soit pour le besoin de nos ravitaillements ou de nos ambulances. — Deux fois par année, un officier des affaires indigènes, un vétérinaire, désignés à cet effet, s'assureront du bon état de ces animaux qui, d'ailleurs, étant la propriété des makhzen, seront utilisés à toute espèce de travaux dans la tribu. Dans le cas où l'on ne voudrait faire agir que des forces indigènes, ces mulets ou chameaux serviraient au transport des fantassins du makhzen lorsqu'ils voudraient agir de concert avec le goum (V. note 11).

« Les cavaliers et fantassins du makhzen doivent leurs services gratuitement, à première réquisition. Cependant, toutes les fois que les exigences du service nécessiteront leur absence du pays pour plus de six jours, les cavaliers toucheront 1 fr. par jour, une ration d'orge, une ration de biscuit et une ration de sucre et de café; les fantassins, 1 fr. par jour, une ration de biscuit, une ration de sucre et de café.

« Les tribus makhzen étant exemptes de tout impôt, leurs caïds toucheront, en remplacement du dixième de l'impôt, une solde de 100 fr. par mois; ils continueront à percevoir la part qui leur est afférente sur celles des amendes frappées par eux. Les dépenses du makhzen du Titery pourraient donc être évaluées à : — 1° 4 caïds à 1,200 fr., 4,800 fr.; — 2° 200 cavaliers, en moyenne (en calculant, pour les cavaliers, une moyenne de 60 jours de service par an, et, pour les fantassins, 30 jours), 120 fr. par an, 24,000 fr.; — 3° 400 fantassins à 45 fr. par an, 18,000 fr. — Formant un total de 46,800 fr.

« L'exemption d'impôts pour ces quatre tribus ne serait, en moyenne (cette moyenne est déduite du double impôt payé par ces tribus pendant les quatre dernières années), que de 53,311 fr. (achour et zekkat réunis)—total, 102,111 fr.; en ajoutant une somme égale pour le makhzen du Sud, nous arrivons à un total de 200,000 fr., avec lesquels nous pouvons entretenir 600 cavaliers et autant de fantassins. »

5. Colonnes mobiles. — Afin de pouvoir, par la suite, réduire le nombre des troupes que nous avons en Algérie, il faut non-seulement diminuer les postes, mais encore organiser en permanence des colonnes mobiles. Ces colonnes, au nombre de trois par province, seraient toujours sur le pied de guerre, et l'une d'entre elles aurait assez de mulets et de chevaux de bât pour pouvoir monter tous les fantassins et même les hommes du train; elles seraient composées chacune ainsi qu'il suit :
— 1 bataillon d'infanterie de ligne, 800 hommes.
— 1 bataillon de chasseurs, 800. — 1 section d'artillerie de montagne, 70. — 2 escadrons de cavalerie, 205. — Train et ambulances, 105. — 1 détachement du génie, 20. —Total, 1,800 hommes.—
Si une insurrection grave survenait, on augmenterait de deux ou trois le nombre des bataillons de la colonne. — Mais si l'on ne voulait pas se servir de ces mulets pour monter les troupes, ils seraient toujours d'une immense utilité comme réserve, et on ne serait plus obligé, comme dans la dernière insurrection, de lever, dans les tribus, des quantités aussi considérables de mulets, qui meurent sur les routes, parce qu'ils sont impropres au service, et d'imposer ainsi aux indigènes des charges énormes.

Cette organisation, je n'en doute pas, nous rendrait plus forts que nous ne le sommes aujourd'hui, car les colonnes mobiles de 1,800 hommes pourraient, dès le premier moment, étouffer toute tentative d'insurrection et atteindre l'ennemi à l'improviste. — Ces colonnes seraient toujours tenues en haleine, et elles parcourraient les endroits principaux de la province. On dira peut-être que ces 4 à 5,000 mulets causeront une dépense considérable; mais, grâce à ce système, l'effectif actuel de l'armée d'Afrique pourra être réduit de 50,000 hommes, les insurrections seront impossibles, et les expéditions coûteuses, comme celle de cette année, ne se reproduiront plus.

Un général qui est resté vingt-cinq ans en Afrique, me disait à ce sujet : « Le maintien de notre domination sur les Arabes est aujourd'hui une question de vitesse et d'à-propos bien plus que de force. Le principe de la permanence des colonnes mobiles est parfait. En temps ordinaire, les garnisons n'assurent pas la domination; elles sont d'ailleurs, par moments, surmenées. Les colonnes mobiles répartiront plus utilement l'emploi de nos troupes, elles sauveront les tribus des horreurs et des désastres des réquisitions, qui nous font tant d'ennemis et ruinent le pays. Rien n'égale le triste sort du requis, à la suite d'une colonne. Arraché à ses travaux, traité brutalement, point ou mal payé, pas nourri, couchant à la belle étoile, sa bête éreintée, que doit-il se passer dans le cœur de cet homme, quand il parvient à regagner sa tribu? »

L'armée d'Afrique serait donc ainsi composée : dans chaque province, trois colonnes mobiles de 1,800 hommes chacune, soit 5,400; de plus, pour tenir garnison dans l'intérieur, 7,900 hommes, ce qui, avec l'effectif des colonnes mobiles, donne 13,300 hommes pour chaque province. Total pour les trois provinces, 39,900 hommes. A ce chiffre il faut ajouter 10,000 hommes non combattants, comprenant la gendarmerie, les compagnies de discipline, les ouvriers, les infirmiers, les condamnés, etc. Le tout porterait l'armée d'occupation à environ 50,000 hommes.

4. *Bureaux arabes.* — L'organisation des bureaux arabes, qui a produit de si bons résultats, doit, en grande partie, la réputation dont elle jouit à la valeur et à l'intégrité des hommes employés dans ce service. En Algérie, plus que partout ailleurs, on peut dire : Tant vaut l'homme, tant vaut la chose. Si, dans nos sociétés nivelées, la valeur individuelle s'efface devant l'emploi, il n'en est pas de même dans la société arabe, où l'individu a bien plus d'autorité que la fonction. Là, pour longtemps encore, tel officier fera régner la tranquillité dans un territoire où tout autre déchaînerait le désordre et l'anarchie. Là surtout, nous devons nous préoccuper de la valeur des éléments qui forment le point de contact entre les Européens et les Arabes; nous assurer que, dans leur mission délicate, nos agents déploient les qualités indispensables au succès, c'est-à-dire qu'ils se montrent calmes, patients, équitables, indulgents pour les petites fautes d'un chef qui nous est dévoué; qu'ils encouragent dans la voie du bien ceux qui y sont engagés, frappent sans hésiter les fauteurs de désordre, se tiennent au courant des mouvements de l'opinion, et surtout ne froissent jamais l'orgueil de ces seigneurs de la tente, placés par les hasards de la conquête dans une position d'infériorité devant eux.

Il est important que les fonctions délicates de chefs de bureaux ne soient pas données à de jeunes officiers sans expérience. Il y a donc lieu de déclarer qu'on n'admettra à ces fonctions que des officiers du grade de capitaine. Les lieutenants ou sous-lieutenants rempliraient le poste d'adjoints ou de stagiaires. Je sais, d'une manière positive, que le langage et la conduite imprudente de quelques officiers, des bureaux arabes n'ont pas été sans influence sur l'esprit de certains chefs qu'ils ont poussés dans l'insurrection. Il faudrait admettre comme règle que tous les régiments de l'armée fourniront un officier aux bureaux arabes, sans en exclure les officiers des armes spéciales, dont les connaissances peuvent être très-utiles en Afrique et dont les occupations, en temps de paix,

sont moins importantes que dans les autres armes.

Les bureaux arabes ne sauraient être considérés comme une institution administrative ayant une action et une autorité propres. Les officiers qui les composent doivent tout à fait rentrer dans le commandement, mais il est essentiel que ce commandement, au lieu de recevoir d'eux l'impulsion, soit capable de la leur imprimer; qu'ils se bornent à transmettre les ordres des commandants supérieurs près desquels ils sont placés; qu'ils n'aient pas de cachet particulier; de plus, pour bien marquer cette dépendance, que toutes les lettres des chefs indigènes soient adressées aux commandants supérieurs. De cette manière, les officiers des bureaux arabes ne seront que les officiers d'état-major du commandement pour les affaires arabes; l'amour-propre de chefs considérables par leur naissance et par les fonctions qu'ils remplissent ne sera plus humilié par un jeune lieutenant, auquel ils paraissent être subordonnés aujourd'hui. Dans les revues ou réunions de goums, le commandement sera laissé au chef indigène le plus élevé en grade; les officiers des bureaux arabes se tiendront à côté de lui, et on ne verra plus un jeune sous-lieutenant donner des ordres, souvent mal compris, à des chefs blanchis à notre service.

Il importe d'exiger des bureaux arabes moins d'administration, s'il est possible, et plus de politique. En rendant aux chefs indigènes les détails administratifs et de simple police, on dégagera le service des affaires arabes d'occupations fastidieuses et qui ne sont pas sans inconvénients. Le chef du bureau politique, à Alger, ceux des directions divisionnaires, à Oran et à Constantine, ne quittent presque jamais le lieu de leur résidence, à moins d'insurrection, et c'est alors trop tard. Enfermés dans leurs bureaux, écrasés par la correspondance et par la centralisation du travail administratif, ils n'ont pas le temps de faire de la politique. Ce que je dis d'eux s'applique également, en grande partie, aux chefs de bureaux subdivisionnaires. C'est ainsi que la tâche délicate des relations permanentes avec les indigènes est confiée, la plupart du temps, aux officiers débutant dans les affaires arabes. Ces officiers remplissent leurs fonctions avec tout le zèle de la jeunesse, mais aussi avec son inexpérience des hommes et des choses. Ce sont leurs rapports qui nous tiennent au courant de l'état de l'opinion chez les indigènes, et les événements ont prouvé que nous n'avons pas été toujours bien renseignés. Il est donc nécessaire qu'ils soient sans cesse en contact avec les tribus, sans se mêler de l'administration locale; qu'ils visitent les chefs, écoutent leurs réclamations, leurs griefs; leur expliquent avec patience le but des mesures qui sont prises à leur égard, et qu'on dénature si souvent à dessein. Leur rôle consiste à transmettre aux populations les intentions, les conseils, les vues du commandement, et à faire connaître, en tout temps, à leur chef respectif, ce qui se dit, ce qui se prépare en pays arabe.

5. *Milice européenne.* — L'armée, aujourd'hui, ne peut trouver aucun appui auprès de la population virile des colons. Ceux-ci n'ont aucun esprit militaire, et ne sont pas exercés au maniement des armes. Dans l'idée de rendre la charge de la conscription moins lourde et cependant de créer en Algérie, au moyen des colons, une force militaire de quelque valeur, je croirais utile d'adopter la disposition suivante : Tous les Français, âgés de vingt ans, habitant l'Algérie depuis un certain nombre d'années, tireront au sort. Ceux qui, par leur numéro, seront appelés à servir, compteront pendant sept années dans la réserve, organisée comme en France; ils y recevront l'instruction militaire, l'uniforme, etc.; ils seront dispensés du

20

service actif. En cas de nécessité, les régiments de ligne résidant en Afrique pourront appeler dans leurs rangs les hommes faisant partie de cette réserve. L'exonération sera permise.

Les Français nés ou établis en Algérie jouiront ainsi de l'immense privilége de n'être employés que dans la réserve.

6. *Les turcos.* — Ce que l'Afrique peut produire de plus utile à la France, ce sont des soldats. En effet, cette race arabe si belliqueuse, habituée à vivre en plein air, peut fournir d'utiles contingents, alléger, alléger à la métropole, le poids de la conscription et compenser jusqu'à un certain point le nombre de soldats que nous sommes obligés d'entretenir en Afrique. Si nous y maintenons 50,000 Français et que, d'un autre côté, nous ayons, en temps de guerre, en Europe, 20,000 Africains, l'occupation de la colonie ne nous aura affaiblis que de 30,000 hommes.

Il s'agit donc d'augmenter, soit le nombre des régiments, soit celui des bataillons de turcos sans accroître les charges du budget de la guerre. Chaque Africain enrôlé viendrait ainsi, dans notre effectif général, diminuer le nombre des jeunes gens français enlevés à l'agriculture, et chaque rengagement compenserait une exonération. Pour atteindre ce but, il y a lieu d'augmenter l'effectif des troupes indigènes, en donnant une prime de 300 fr. pour le premier enrôlement, et pour tout rengagement la prime de 2,000 fr. Afin d'éviter un accroissement d'effectif et de dépenses, je retrancherais, des 100 régiments d'infanterie française existants, une compagnie du bataillon de dépôt.

Je n'ignore pas que beaucoup d'officiers qui ont servi en Afrique, et dont l'opinion est d'un grand poids à mes yeux, ne sont pas favorables à une augmentation des troupes indigènes et à l'établissement des makhzen. A n'envisager les choses que d'un point de vue exclusif, il est, sans contredit, plus avantageux de n'avoir que des troupes françaises en Algérie, car, sous tous les rapports, elles sont préférables aux autres. Mais là n'est pas toute la question : il s'agit principalement de trouver le moyen de maintenir nos possessions en dépensant le moins d'hommes et le moins d'argent possible, et le gouverneur général de l'Algérie doit toujours songer à l'éventualité, très-improbable aujourd'hui, mais que par prudence on doit prévoir, d'une guerre européenne qui nous fermerait la mer et le forcerait à défendre notre conquête avec les seules ressources de l'Afrique.

Il convient donc que de longue main il cherche à s'affectionner les populations, à les discipliner, afin de pouvoir, à un moment donné, employer toutes les forces du pays. L'habileté d'un général en chef est de faire en sorte que la guerre pour ainsi dire nourrisse la guerre, en sachant profiter de ce que la contrée où il a transporté son armée lui offre d'hommes et d'approvisionnements. Les exemples de l'histoire ne sont pas à dédaigner ; jamais un conquérant n'a pu avec les seuls moyens fournis par la métropole suffire aux besoins de ses expéditions. Si Annibal est resté dix-huit ans en Italie et a vaincu les armées romaines, c'est en joignant à ses Numides des Espagnols, des Gaulois, des Italiens même ; César a soumis les Gaules, en appuyant ses légions par des auxiliaires gaulois ; toute sa cavalerie était gauloise, et le peuple vaincu lui a fourni plus tard ses meilleurs soldats. Fernand Cortez a fait la conquête du Mexique avec quelques centaines d'Espagnols, secondé par des milliers d'Indiens qu'il avait su attirer à sa cause. Aux Indes, les Anglais ne pourraient conserver leur vaste empire sans le concours des troupes indigènes, et, malgré la défection des cipayes dans le dernier soulèvement, force

a été de les réorganiser après les avoir dissous. Toujours, lorsqu'on occupe un pays étranger, on doit savoir y trouver des hommes et des subsides.

L'Afrique a formé d'excellents généraux et d'excellents soldats ; mais, par sa position à quelques heures de Toulon, elle ne nous a peut-être pas assez habitués à chercher dans le pays même les éléments d'entretien de l'armée. Nous avons pu nous assurer de ce fait dans nos expéditions en Orient, en Italie, au Mexique. La première pensée des intendants a été de faire venir de France, à grands frais et avec superfluité, tous les objets nécessaires, et de les entasser dans une place du littoral, au lieu de chercher à exploiter le pays théâtre de la guerre. C'est qu'en effet il est bien plus commode de faire transporter par des bateaux à vapeur les approvisionnements nécessaires que de les trouver sur place ; mais aussi les expéditions deviennent ruineuses pour la métropole. L'application de ce système a augmenté considérablement les dépenses de la guerre de Crimée.

7. *Les spahis.* — Les trois régiments de spahis peuvent rendre de grands services, mais il importe qu'ils soient plus militairement organisés, et que les cultures des smalas, le service des bureaux arabes, ne viennent pas les distraire de leur métier de soldats. — L'institution des smalas de spahis me parut tout d'abord une idée excellente ; elle me souriait d'autant plus que, voulant l'appliquer à l'infanterie indigène, j'espérais ainsi établir sur la frontière du Tell une ligne de colonies militaires qui auraient pu venir efficacement en aide à la défense. — Mais comment ne pas se rendre à l'évidence des faits ? Il sera toujours très-difficile de rendre agriculteurs les indigènes qui s'engagent comme soldats, ceux-là surtout qui entrent dans la cavalerie. Un général me disait : « On veut enrôler dans les escadrons de smalas des hommes de grande tente, y faire venir des cavaliers, des jeunes gens de famille qui ont l'horreur innée du travail manuel, qui, par leur position, ne connaissent d'autres occupations que la chasse, les courses à cheval, les fantasias ; autant vaudrait, à Paris, enrôler les membres du Jockey-Club dans un escadron du train. » Aussi, dans les smalas qui ont réussi, on m'a assuré que les seuls travaux agricoles qui aient quelque importance ont été exécutés par des Européens.

L'agriculture, l'enseignement de nos pratiques rurales, sont une des bases sur lesquelles repose l'institution des smalas. Ces établissements devaient être pour les indigènes des fermes-écoles où on se proposait de les initier à nos méthodes agronomiques, à nos cultures perfectionnées, à l'usage de nos instruments aratoires ; mais, pour arriver à ce résultat, il fallait s'adresser à la population réellement agricole, aux fellahs et aux khammès, et non à des cavaliers qui ont pour le travail manuel la répugnance instinctive de toute aristocratie guerrière. A cette observation, on objecte que, si le spahi ne travaille pas lui-même, il fera travailler son khammès. Erreur plus forte encore, car les obligations du khammès sont parfaitement définies : elles se réduisent à un seul labeur, à la moisson et au dépiquage. Hors de là, ne demandez rien au khammès, il abandonne immédiatement la smala, sauf à y revenir si, dans sa tribu, on exige de lui quelque corvée. De là, nombre de réclamations pendantes entre les officiers chargés des affaires indigènes et les commandants des smalas, dont les attributions en pareil cas sont mal ou non définies. D'ailleurs le séjour du spahi ou de son khammès dans la smala est trop éphémère pour qu'il soit possible de l'attacher à cette œuvre. En effet, le spahi est lié par un engagement de trois ans, le khammès pour un an seulement ; quels avantages peut-on obtenir de

agriculture, en arboriculture surtout, dans un si court espace de temps? Le résultat général est une quantité d'abus, d'affaires litigieuses où, par suite du conflit des autorités, le commandement perd .jours un peu de son prestige, et la justice quelques-uns de ses droits.

Il y a pour les smalas, comme pour les colonies indigènes, dont j'avais eu l'idée, un grand empêchement : c'est le mélange, dans un même escadron, du cadre indigène et du cadre français. Les Arabes, habitués à vivre en tribu, sous la tente, dans des pays arides, peuvent, jusqu'à un certain point, se faire à une vie de privations et d'isolement. Ils ont, d'ailleurs, la faculté de se marier, et la famille remplace bien des choses; mais comprend-on l'officier français qui veut faire son éducation militaire et qui est relégué, comme dans la smala d'Aïn Touta, dans une caserne isolée, au milieu d'une plaine aride, en dehors de tout centre civilisé, n'ayant aucune occupation sérieuse, forcé de rester dans l'oisiveté, loin de tout contact européen? Il végète dans un isolement difficile à supporter, et son installation laisse beaucoup à désirer. Tous les bordjs sont mal construits, restent inachevés ou tombent en ruines. Il n'y a pas de routes pour y arriver; de là, la cherté des transports et les sommes considérables qu'ils ont coûtées. Les cadres, dégoûtés d'un service sans attraits, ne sont stimulés ni par un intérêt pécuniaire ni par l'espoir d'un avancement exceptionnel, et les officiers qui voudraient cependant faire quelque bien voient leurs bonnes intentions paralysées par le règlement du 1er mai 1862, si minutieux, si difficile dans son application, mettant tout le monde en suspicion, effrayant les honnêtes gens qui sont peu rompus à la comptabilité, et favorisant les habiles, qui échappent au contrôle par la complication des écritures.

Le remède à cet état de choses est difficile à trouver; mais, afin de rendre les smalas supportables, on pourrait peut-être n'exiger des cadres français qu'un service de semaine. — Il serait bon de créer dans chaque régiment de spahis un escadron composé d'hommes non mariés, qui s'engageraient à rester hors de l'Algérie pendant tout le temps de leur service. On en formerait un régiment de marche qui pourrait être détaché en France; en temps de guerre, il fournirait d'excellents éclaireurs.

En outre, il me paraît utile de séparer des régiments de spahis les hommes employés aux bureaux arabes, soit à titre permanent, soit à titre temporaire. Aujourd'hui, sur un effectif de 684 hommes du 5e spahis, par exemple, 181 sont employés dans les bureaux arabes; ils ne marchent jamais à leur tour de rôle, quoiqu'un registre tenu dans chaque bureau constate le contraire; ils ne font jamais de corvées, mais ils sont occupés aux missions qui rapportent. C'est à eux que sont généralement attribuées les récompenses. Aussi cette position est-elle très enviée : elle produit une quantité de petites intrigues et de petites jalousies, nuisibles au bien du service autant qu'à la discipline. Tant que les bureaux arabes auront la main sur les spahis, en s'abritant derrière la signature des commandants de subdivision, le commandement des chefs de corps sera toujours difficilement exercé.

Il faut donc réduire de 200 hommes environ l'effectif de chaque régiment de spahis et créer un corps à part, recruté au choix des commandants territoriaux, formant une espèce de gendarmerie (mokalis), exclusivement attachée aux bureaux arabes, portant le burnous bleu au lieu du burnous rouge. Les commandants territoriaux auront ainsi des gens à eux, qu'ils récompenseront à leur gré, sans que ce soit au détriment des régiments de spahis, et en dehors de l'action des chefs de corps.

8. *Fortifications.* — Il n'est pas douteux que le rôle du génie militaire est de chercher avec les ressources de son art à mettre les côtes et les places de l'Algérie dans le meilleur état de défense possible; mais tout est subordonné aux moyens dont la métropole peut disposer, et il y a lieu de considérer si l'utilité des travaux est en rapport avec la dépense. Or, en France, nous avons de grandes places à terminer; nous avons même, en raison de la nouvelle artillerie, des fortifications à refaire. Est-il donc possible de songer à fortifier également toutes les places de l'Algérie? D'ailleurs, il faut bien le reconnaître, si une guerre générale venait à éclater, les puissances maritimes chercheraient à soulever les Arabes et enverraient des flottes sur les côtes de l'Afrique; mais il n'y a aucune espèce de probabilité qu'elles y tentassent un débarquement. Tout ce qu'on peut donc désirer pour l'Algérie, c'est de mettre les trois chefs-lieux à l'abri d'un coup de main, et d'avoir des bâtiments cuirassés pour défendre les côtes; aujourd'hui les batteries, casematées ou non, me paraissent complètement insuffisantes contre une escadre cuirassée. Il est donc au moins superflu que le génie militaire fasse, même sur le papier, tous ces projets qui ne peuvent pas se réaliser, qui cependant engagent certaines dépenses et empêchent d'aviser à ce qui est indispensable. Je n'hésite pas à déclarer que, demander des crédits de plusieurs millions pour augmenter les fortifications d'Oran, d'Alger, ou de Bougie, etc., est une idée fausse, qui entraîne des servitudes nuisibles à la colonisation, et, pour la métropole, des sacrifices inutiles.

Mesures proposées.

1. Réduire le nombre des centres militaires.
2. Porter la plus grande partie des forces près de la lisière du Tell.
3. Diminuer insensiblement l'importance politique et militaire des postes de Géryville, de Laghouat, de Djelfa. Rattacher les tribus de ces cercles à celles de la lisière du Tell, chez lesquelles ces tribus viennent s'approvisionner. Rappeler de ces lieux tous les colons.
4. Créer sur la lisière du Tell des tribus makhzen.
5. Réduire peu à peu l'effectif de l'armée à 50,000 hommes et créer des colonnes mobiles montées de 1,800 hommes.
6. Apporter la plus grande attention dans lo choix des chefs des subdivisions militaires et des bureaux arabes. Éviter les mutations fréquentes parmi les chefs de ces bureaux, et les maintenir au même poste aussi longtemps que le permet l'intérêt de leur carrière militaire. N'appeler comme chefs de bureau que des capitaines; admettre dans ce service les officiers des armes spéciales; les réduire à n'être que les officiers d'état-major des commandants de subdivision. Recommander expressément de ménager en toute circonstance l'amour-propre des chefs arabes, et laisser à ces derniers le commandement lorsqu'on réunit les goums.
7. Organiser la milice européenne en exemptant les jeunes gens tombés au sort, du service en France, et les placer dans la réserve en Algérie, suivant les règles établies pour la constitution de la réserve dans la métropole.
8. Augmenter l'effectif et le nombre des bataillons de turcos, et retrancher, en France, une compagnie par régiment d'infanterie. Chaque rengagement de turcos compenserait une exonération en France.
9. Améliorer les smalas de spahis, créer un régiment de marche et former un corps spécial pour les bureaux arabes.

10. Simplifier le système des fortifications et des servitudes.

IV. Résumé.

D'après ce qui précède, j'aime mieux, vous le voyez, utiliser la bravoure des Arabes que de pressurer leur pauvreté; — rendre les colons riches et prospères, que d'importer à grands frais des émigrants étrangers; — maintenir nos soldats dans des positions salubres, que de les exposer au climat dévorant du désert. En réalisant ce programme nous obtiendrons, je l'espère, l'apaisement des passions et la satisfaction des intérêts. L'Algérie ne sera plus alors pour nous, comme je l'ai dit en commençant, un fardeau, mais un nouvel élément de force. Les Arabes, contenus et réconciliés, nous donneront ce qu'ils peuvent nous donner de mieux, des soldats; et la colonie, devenue florissante par le développement de ses richesses territoriales, créera un mouvement commercial éminemment favorable à la métropole.

Votre expérience et vos lumières, monsieur le maréchal, me sont un sûr garant du zèle que vous mettrez à réaliser tout ce qui peut concourir au bien de l'Algérie.

Sur ce, je prie Dieu, monsieur le maréchal, qu'il vous ait en sa sainte garde.

NAPOLÉON.

Fait au palais des Tuileries, le 20 juin 1865.

(Cette lettre a été imprimée, par ordre de l'Empereur, dix jours après son retour d'Algérie; elle n'avait pas été rendue publique, parce qu'il importait à Sa Majesté que toutes les questions qui y sont traitées fussent préalablement discutées par les ministres et le gouverneur général. C'est après avoir pesé toutes les objections et fait subir plusieurs changements au texte primitif que l'Empereur en a autorisé la publication.)

(Note de l'éditeur.)

NOTES.

(1) Arabes des villes, 87,896; population musulmane des campagnes et du territoire civil, 57,897; ensemble, 145,793. — Arabes des tribus, 2,374,091; — Arabes étrangers, 53,286; Juifs indigènes, 28,097; — Ces chiffres sont très-approximatifs. — Total, 2,580,267.

(2) La lettre suivante, écrite par une personne très-versée dans les affaires arabes, donne de précieux renseignements sur l'état de la population indigène :

« Sire,

« J'habite l'Algérie depuis vingt-huit ans, soit comme militaire, soit comme civil. J'ai passé plusieurs années auprès de l'émir Abd el Kader; je possède à un certain degré la confiance des Arabes, et j'exerce sur eux une influence incontestable. J'ai beaucoup étudié cette nation, qui fut jadis grande et noble, et qui, bien que dégénérée, conserve encore le souvenir de son ancienne splendeur. Je ne suis chargé d'aucune mission; c'est en mon nom personnel, et comme citoyen français, que je crois remplir un devoir en soumettant à Votre Majesté le résultat de mes observations.

« En 1861 et 1862, j'ai, sur l'ordre de M. le gouverneur général, et au moyen d'un subside qui m'a été alloué, parcouru une partie du Maroc et les ksours du Sud. Des circonstances fortuites, entièrement indépendantes de ma volonté, ne m'ont pas permis de pénétrer à Figuig; mais je n'en ai pas moins recueilli des renseignements utiles sous le double point de vue politique et commercial.

« Un fait digne de remarque, c'est que chez les populations indigènes la misère augmente en raison de leur rapprochement des grands centres européens. Les tribus sahariennes sont ruinées, et les Arabes du Tell sont ruinés. Dans ce brave makhzen d'Oran, si généreux, si dévoué, qui, depuis trente ans, a versé des flots de sang sous le drapeau de la France, on compte à peine dix familles ayant conservé leur patrimoine. Les mauvaises récoltes, l'usure, les frais de justice, telles sont les causes qui ont amené cet état de gêne d'abord, de misère ensuite, chez les plus anciens serviteurs de la France. Ce n'est pas sans éprouver une émotion pénible que je vois les fils des plus braves du makhzen, les descendants des premières familles arabes, réduits à la dernière extrémité, alors que des fortunes scandaleuses, dues à l'usure et à la fraude, se sont édifiées de leurs dépouilles. Il en est de même des Arabes du Tell, et ceux-ci n'auraient pas fait cause commune avec les insurgés du Sud, si le malaise matériel auquel ils sont en proie n'avait influé sur leur état moral et par suite sur leur état politique. Il faut, sire, attribuer la grande insurrection du Sud aux machinations des commerçants marocains en relations suivies avec Gibraltar, qui craignaient une concurrence, impossible de notre part, car, en échange de nos produits, le Sud ne peut nous offrir que des nègres et des dattes; aux dissensions de la famille Ben Beker, dont l'un des membres, Cheikh Ben Tayeb, ne suscite des embarras au gouvernement français que dans l'espoir, toujours déçu, d'obtenir un commandement important. Mais il faut attribuer l'insurrection du Tell à la détresse et à la crainte, crainte qui n'était que trop justifiée par les déclamations insensées de certains publicistes.

« Pendant le cours de mon voyage, j'ai trouvé des extraits des journaux algériens, traduits en arabe, et contenant les accusations les plus violentes contre l'autorité militaire, en même temps que les menaces les plus absurdes à l'adresse des populations indigènes. Les attaques systématiques d'une certaine partie de la presse, les menaces de dépossession, sont, avec la misère et l'usure, les principales causes de l'insurrection du Tell.

« Les Arabes aiment l'autorité militaire; il en est de même de la grande majorité des colons. Quelques hommes avides de popularité peuvent représenter à Votre Majesté les populations indigènes comme désirant vivre sous le régime civil : c'est une erreur; les indigènes, à très-peu d'exceptions près, et celles-là sont peu honorables, désirent rester sous le régime militaire, avec lequel ils sont en conformité de mœurs et de goût : l'Arabe, avant tout, est soldat par instinct.

« Votre Majesté a assuré à la population indigène la possession du sol; bientôt chaque Arabe sera propriétaire foncier. Sire, le lendemain du jour où les indigènes seront propriétaires, les neuf dixièmes de la population arabe seront expropriés et leurs biens passeront à leurs avides créanciers. — Je puis affirmer à Votre Majesté que les populations indigènes de la province d'Oran payent en intérêts usuraires aux Juifs prêteurs une somme

quadruple de celle qu'ils payent à la France à titre d'impôts. Pour sauvegarder à la fois les intérêts des indigènes et ceux de leurs créanciers, il
serait prudent de ne les constituer propriétaires
qu'après avoir pris des mesures de nature à les
mettre à l'abri des poursuites judiciaires, en conso-
lidant les créances, qui seraient alors productives
d'intérêts et remboursables par voie d'amortissement, ainsi que Sa Majesté Napoléon Iᵉʳ le fit jadis pour les paysans de l'Alsace et de la Lorraine.

« Que Votre Majesté daigne me permettre d'a-
jouter que, pour améliorer la position matérielle
des indigènes, les créations de fermes-modèles,
d'écoles arabes-françaises, d'écoles d'arts et métiers et d'institutions de crédit sont les meilleurs
moyens de colonisation et de civilisation. Sous le
point de vue politique, fractionner les grandes
tribus du Sud, augmenter le nombre des bureaux
arabes militaires, dont les services sont aussi
éminents qu'indispensables et qui forment la base
fondamentale de l'administration arabe. Seuls, les
bureaux arabes protègent les indigènes, tout en
les maintenant dans l'obéissance, et les nombreuses
attaques dont ils sont l'objet émanent de certains
hommes qui affichent la prétention de représenter
seuls les intérêts coloniaux, alors que les indigènes,
s'ils leur étaient abandonnés, ne seraient pour eux
que des gens taillables et corvéables à merci.
Conserver les grands chefs indigènes, qui, tous,
jouissent d'une influence réelle qu'ils pourraient
mettre demain au service de l'insurrection, si le
gouvernement de Votre Majesté ne se les attachait
pas; et cependant ces hommes ont aussi été l'objet
de bien des attaques.

« Puisse Votre Majesté excuser ma conduite
dans ce qu'elle pourrait lui paraître singulière!
mais Votre Majesté est venue en Algérie pour
tout voir et tout entendre, et je n'ai d'autre but
que l'intérêt que m'inspire la population indigène.

« Je suis, avec le plus profond respect, etc.

« Oran, 15 mai 1865. »

(5) La note suivante, sur le régime forestier,
faite pour la province d'Alger, explique quelle
doit être la règle de l'administration.

Bien que le code forestier n'ait point été régulièrement promulgué en Algérie, il s'y trouve cependant appliqué de fait depuis les premières années de la conquête. — Toutefois, il paraît essentiel, dans un pays où le contrôle de l'Etat, en
pareille matière, constitue une véritable innovation, d'apporter dans l'exécution des règlements
forestiers une modération et une prudence propres
à concilier les exigences administratives et les
intérêts de l'Etat avec les droits acquis et
les usages consacrés par les traditions locales.
L'administration ne peut oublier, en effet, qu'elle
se trouve en présence de populations habituées à
user avec la plus grande liberté, et même sans
aucun esprit de prévoyance, des ressources forestières que présente le sol; ressources que, par
son action réparatrice, la puissance exceptionnelle
de la végétation a suffi pour conserver. Elle doit,
dès lors, tenir largement compte des besoins et
même des coutumes de ces populations lors de la
prise de possession des cantons qui, en raison de
leur nature boisée, sont placés par la loi dans le
domaine de l'Etat; d'autre part, elle doit amener
graduellement les indigènes à respecter les réserves forestières comme une richesse précieuse
dont ils sont les premiers à profiter, tant au point
de vue de la satisfaction permanente de leurs besoins qu'en ce qui touche l'influence bienfaisante
de cette végétation sur le régime des eaux et sur
les conditions climatériques du pays. Mais on ne
peut songer à faire accepter sans hésitation, et

surtout sans recourir à l'aide du temps, des théories
économiques accueillies avec d'autant plus de méfiance qu'elles doivent apporter des restrictions à
l'exercice de droits séculaires et gêner les libres
allures d'un peuple jaloux de son indépendance.

Les besoins d'une sage politique et l'intérêt
même de notre domination exigent encore que le
service forestier n'étende point prématurément son
action et qu'il se dépouille de ses formes trop
rudes, qui sèment des rancunes et créent de sérieux obstacles à l'établissement progressif de
son autorité. Il est plus profitable de prévenir les
délits par les conseils bienveillants et par la persuasion que de les réprimer par les moyens rigoureux. — Il paraît donc opportun d'entrer largement dans cette voie, en empêchant surtout les
agents inférieurs de cette administration de dé-
ployer un zèle intempestif et dangereux. Le rôle
de ces agents modestes, et la plupart dévoués, est
considérable; mais il doit être bien compris.

Les règles, tant de fois posées en matière d'administration forestière, en Algérie, sont largement
suffisantes et ne présentent aucune lacune qui
puisse être invoquée pour excuser des fautes;
mais il faut que ces règles soient partout interpré-
tées dans un esprit de bienveillance, de conciliation, d'équité et de tolérance. Ainsi : — Tenir
grand compte des coutumes traditionnelles et des
nécessités d'existence d'une population pauvre qui,
dans certains quartiers, puise ses principaux
moyens d'alimentation dans le produit des forêts;
— Éclairer cette population sur l'étendue des droits
qui lui sont reconnus et l'aider de nos conseils sur
l'exercice de ces mêmes droits, qui doivent être
bien clairement définis; — Donner à tous les
besoins une satisfaction complète, qui prévienne
les délits, en les rendant sans profit et sans utilité; — Négliger les infractions légères et réprimer avec modération les délits de quelque importance, mais seulement lorsque les avertissements
préalables ont été impuissants; — Eviter avec le
plus grand soin les duretés et les menaces, et user
avec une extrême réserve des poursuites judiciaires; procéder presque exclusivement par voie de
transactions, contrôlées par les autorités administratives locales, au point de vue des antécédents,
de la position des inculpés et des circonstances
dans lesquelles le délit a été commis; — Enfin,
faire pénétrer peu à peu dans les habitudes des
indigènes l'observation de nos règlements forestiers, qu'ils comprendront et respecteront insensiblement, avec d'autant moins de résistance que
leur éducation aura été moins brusquement tentée
et, par cela même, plus sérieusement entreprise.

Quant à la reconnaissance successive et à la soumission au régime forestier des massifs boisés,
une circulaire de Son Excellence le maréchal gouverneur général, du 25 avr. dernier, détermine
d'une manière aussi simple que rationnelle, quelle
doit être la manière de procéder des commissions
chargées de l'application du sénatus-consulte et
auxquelles incombe, par suite, le soin de traiter
les questions de délimitation qui s'y rattachent. —
Ces instructions définissent nettement surtout les
intentions de l'autorité supérieure à l'égard des
vastes espaces peuplés de broussailles sans valeur
et dont le service forestier tend inconsidérément à
s'emparer comme faisant partie du sol boisé, au
grand détriment de l'agriculture.

La marche à suivre est donc tracée pour l'avenir; mais, en ce qui touche le domaine forestier
de l'Etat, dès à présent régulièrement reconnu,
un travail de révision est nécessaire en vue de retrancher, particulièrement en territoire civil, les
dépendances forestières impropres, par la nature
de leur peuplement, à une véritable régénération
et qui, tout en constituant une cause permanente

de délits pour les populations voisines, privent ces mêmes populations de pâturages pour leurs troupeaux et d'espaces improductifs interdits au libre parcours.

Le développement progressif des cultures, en restreignant de plus en plus les terrains de pâture qui existent sur les propriétés privées, aurait pour conséquence de paralyser la production du bétail, qui forme une des principales et des plus essentielles branches de la richesse agricole indigène. —Sur certains points, les effets de ce resserrement au profit du domaine forestier se manifestent visiblement par un malaise qui augmente au fur et à mesure que grandit la colonisation et que se généralise le progrès. — A l'administration appartient le soin de favoriser ce mouvement expansif de l'agriculture et d'aplanir les obstacles qu'un sentiment de prévoyance exagéré lui oppose pour la sauvegarde d'un intérêt secondaire. — Les communaux des villages doivent donc être agrandis par le prélèvement des parties de forêts couvertes de broussailles, et, sous ce rapport, voici quelle est la situation du département : — L'ensemble des forêts du territoire civil de la province d'Alger soumises au régime forestier embrasse une superficie totale de 13,156 hect., tant en futaies de diverses essences qu'en taillis simples et taillis sous futaie. — Sur cette étendue, il peut être distrait, sans aucun inconvénient au point de vue forestier, 2,000 hect. environ de broussailles de diverses essences, plus particulièrement propres au parcours, mais dont certaines parties pourraient cependant être livrées au défrichement. — Quant aux forêts reconnues et soumises actuellement au régime forestier en territoire militaire, pour une superficie totale de 85,188 hect., un notable prélèvement sera également praticable.

(4) *Rapport du chef de bureau arabe de Mostaganem au commandant de la subdivision.* — J'ai l'honneur de répondre à votre dépêche du 2 avr., n° 175, relative à l'inscription, sur les sommiers du domaine, du territoire de plusieurs tribus de la subdivision. Cette mesure, qui a atteint les deux tiers de la superficie des terres de culture et de parcours du cercle de Mostaganem, a constitué un fait très-grave, que le commandement local s'était efforcé de prévenir. J'ai retrouvé les traces de ces efforts énergiques et persévérants dans les registres de correspondance de mes prédécesseurs.

Dans une lettre du 15 janv. 1852, n° 47, M. le général de Luzy-Pellissac signalait à M. le commandant de la province, en les qualifiant sévèrement, les tendances du domaine à vouloir s'emparer de tout le sol. « Aujourd'hui, disait-il, M. le vérificateur des domaines, prétextant que, par spéculation, les indigènes quittent les terres arrosables pour se borner à la culture des territoires des tribus, s'est mis à leur poursuite, et inscrit, par l'intermédiaire de son géomètre, les sekkas qu'ils y cultivent. Je ne sais jusqu'où M. le vérificateur continuera ses opérations; s'il est conséquent avec lui-même, il devra jouer toute la subdivision. » C'est, en effet, le but que se propose désormais cet agent. Avec l'assistance d'un géomètre et sur les seules indications de ses soi-disant révélateurs arabes, il lève, inscrit et joue. Le commandant de la subdivision proteste contre cette singulière manière de procéder. Dans sa lettre du 27 mai 1853, il en rend compte en ces termes:

« On s'est contenté de courir sur aux Arabes labourant dans les plaines, de leur demander leurs noms, et de les porter tels qu'ils les donnaient sur les états de locations. » Et, un peu plus loin, il ajoute : « Ces états ont été établis dans un but purement fiscal : celui de faire ressortir, à tout

prix, un gros chiffre de locations, mais sans qu'on se soit inquiété aucunement des principes généraux et des instructions que renferme votre dépêche du 7 oct. 1852. »

Je crois utile, afin de vous éviter des recherches, de vous communiquer cette dépêche, à laquelle le service du domaine, qui l'a acceptée un instant, ne tarda pas à se soustraire. Voici, en effet, ce qu'on lit dans une lettre du commandant de la subdivision, en date du 20 août : « En vertu des instructions que vous m'avez notifiées le 7 oct. 1852, M. le chef du bureau arabe et M. le vérificateur, après s'être entendus, convinrent de constituer immédiatement en réserves domaniales toutes les terres arrosables de l'Habra, de l'Hillil et de la Mina. Il m'a été rendu compte de ces conventions auxquelles j'ai donné mon approbation. Plus tard, M. le vérificateur des domaines écrivit à M. le capitaine Arnaudau la lettre dont je joins ici copie, dans laquelle il déclare renoncer aux conventions établies. Je vous ai informé de cette façon si singulière d'agir de M. le vérificateur, et j'espérais qu'il serait immédiatement fait justice de ses prétentions. Aujourd'hui il poursuit ses mêmes errements et veut se transporter sur les lieux, pour arranger les obstacles qui se présenteraient à la perception, à l'aide du concours des kaïds. Il me semble difficile d'admettre que M. le vérificateur perçoive des prix de locations que lui seul a jugé convenable de faire, contrairement à toutes conventions acceptées précédemment par lui, et qu'il se pose en arbitre absolu de toutes les contestations.

« Je le répète, mon général, plusieurs tribus sont comprises sur les états de locations et n'ont pas d'autres terres de labour que celles que le domaine leur a louées. Cette position exceptionnelle faite à ces tribus est souverainement injuste, il ne leur reste plus qu'à déserter leur territoire pour aller se mêler à d'autres populations... Je prends la liberté de recommander très-vivement cette question à votre sollicitude. Je verrais avec le plus grand regret des tribus entières injustement victimes d'une étourderie de M. le vérificateur des domaines. »

Malheureusement cette étourderie, pour ne pas dire plus, devait avoir ses résultats. Les protestations du commandant de la subdivision ne firent qu'imposer un temps d'arrêt aux menées fiscales du domaine. Les locations qu'avait consenties M. le vérificateur, dans les conditions si étranges dont il a été parlé plus haut, furent mises à néant, sur la proposition du commandant de la province, par décision de M. le gouverneur général. L'autorité locale porta cette décision à la connaissance de M. le vérificateur, en lui écrivant, à la date du 50 oct. 1853: « M. le gouverneur général a mis à néant les locations que vous aviez faites, non pas comme vous le dites, après les avoir débattues contradictoirement avec les intéressés, mais de votre autorité privée, après avoir pris simplement les noms des indigènes qui cultivaient dans les plaines de l'Habra, de l'Hillil et de la Mina, sans consulter le bureau arabe, et sans même vous être informé si ces indigènes cultivaient dans des propriétés privées ou dans des terres *beylick*. »

Je bornerai là mes citations : celles que je pourrais encore faire n'ajouteraient aucun intérêt nouveau à la question. J'ai, du reste, prouvé surabondamment ce que j'avais en vue : à savoir, que le commandement local a constamment protesté contre les envahissements du domaine et la légèreté avec laquelle ce service a traité ce qui, après la religion, était le plus grave, le plus solennel, le plus délicat en pays arabe : la propriété. — La cause des fautes et des erreurs qu'il a commises, en se soustrayant subtilement aux instructions qui régis-

valent la matière, serait longue à établir. Beaucoup de *bens* *melk*, reconnus tels par des titres
authentiques, n'ont pas été à l'abri du fisc. Les
indigènes détenteurs de ces actes, après avoir vainement cherché à les faire admettre, les ont livrés,
de guerre lasse et à vil prix, à des agioteurs européens, devant lesquels le domaine, si impitoyable
envers les Arabes, faisait fléchir ses prétentions.
Il cédait le lendemain les terrains dont il refusait
de se dessaisir la veille, parce que les nouveaux
venus, plus familiers que les Arabes avec nos lois,
le menaçaient de poursuites judiciaires qu'il jugeait prudent d'éviter. Qu'est-il résulté d'un semblable état de choses? Ce spectacle scandaleux
d'indigènes dépossédés, pour quelques écus, du
patrimoine de leurs pères, au profit d'un certain
nombre d'Européens qui, habiles à exploiter les
circonstances et l'inexpérience des vaincus (le
terme était à la mode à l'époque), ont réalisé des
fortunes : j'en connais à Mostaganem même. Pouvait-on s'attendre à ce que le domaine, qui se
montrait si peu soucieux de la propriété particulière des indigènes, respectât les territoires collectifs ? Évidemment non. — Les anciennes tribus
makhzen du cercle de Mostaganem, en raison de
leur situation topographique, excitèrent sa convoi-
tise, et de là à l'inscription de la totalité de leur
territoire sur ses sommiers, il lui parut qu'il n'y avait
qu'un pas. Pour atteindre ce but, il avança que
sous la domination précédente, lesdites tribus n'é-
taient que locataires des terres qu'elles détenaient,
lorsqu'il était parfaitement prouvé, au contraire,
qu'elles n'avaient jamais été soumises par les Turcs,
en récompense du service militaire qu'elles faisaient, au payement d'une redevance territoriale
quelconque. Mais le domaine en avait jugé autrement ; il poursuivit son idée, et, en 1855, on le vit
louer de lui-même, à l'insu de l'autorité locale,
qui le contrariait dans ses projets, des territoires
entiers de tribus. Ces locations suscitèrent de vives
et nombreuses réclamations, et elles furent annu-
lées, en même temps que bien d'autres, par la décision déjà précitée de M. le gouverneur général.
Cette décision, qui portait la date du 18 oct. 1855,
n° 8560, est assez instructive pour que je croie
devoir en reproduire les termes.

« Considérant : 1° que le domaine a procédé
aux locations dont il s'agit sans la participation et
l'assistance du bureau arabe ; 2° que la plupart
des noms des indigènes inscrits sur les états de locations sont défigurés, et considérant qu'il serait
très-difficile de retrouver les individus auxquels
ils s'appliquent ; 3° qu'une partie des terres mises
en location par l'agent des domaines *avaient* été,
*de tout temps, occupées par les Arabes à titre de
sebga* ; il y a lieu de considérer comme nuls et
non avenus le travail préparé par le domaine et
l'approbation donnée primitivement à ces locations. »

Cette décision nette et précise donnait raison à
l'autorité locale, condamnait le service des domaines, et, ce qui est plus caractéristique encore,
elle reconnaissait *sebga* les territoires appréhen-
dés. On crut dès lors que ces territoires resteraient aux occupants, libres, comme par le passé,
de toute redevance. Mais le domaine n'abandonna
pas son œuvre ; il la continua avec un nouvel

acharnement, et il finit par obtenir, au mois d'oct.
1855, la consignation sur ses sommiers des terres
qu'il convoitait depuis trois ans. Si ses arguments,
après avoir été rejetés en 1855, furent accueillis
à cette époque, je ne puis l'attribuer qu'aux dé-
plorables idées qui avaient cours sur la propriété
arabe. N'allait-on pas jusqu'à prétendre que cette
propriété n'existait pas, et qu'il était loisible au
gouvernement d'en disposer, comme il l'entendait,
du sol arabe ? Et cette étrange théorie se produisait presque au lendemain d'une loi qui la condamnait hautement (*).

Je me résume en disant que, à aucune époque, le
commandement local n'a perçu, ni songé à percevoir un droit de location sur les tribus dont les territoires ont été inscrits sur les sommiers de consistance. C'est le domaine seul, et non l'autorité
politique, qui a fait naître la question et a provoqué la solution que nous lui connaissons. Après
s'être efforcés de prévenir celle-ci, mes prédécesseurs, comme moi-même, n'ont cessé d'appeler
l'attention sur une position fâcheuse faite à des
tribus qui, au point de vue du droit et des services
qu'elles nous avaient rendus, méritaient un meilleur sort.

J'ai eu l'honneur de vous faire connaître toute
ma pensée à ce sujet à l'occasion des opérations
entreprises en 1863 et 1864 chez les Bordjia et les
Abid Chéraga. Je n'ai rien à changer dans mes
conclusions. Je pense toujours qu'il faut se hâter
de restituer aux anciennes tribus makhzen du cercle de Mostaganem les terres qui ont été inscrites
indûment sur les sommiers de consistance ; ces
terres sont à peine suffisantes à leurs besoins, et,
quoi qu'on dise, quoi qu'on fasse, on ne pourra se
dispenser de les abandonner un jour. Que ce jour
soit aussi rapproché que possible, car la situation
actuelle est des plus sérieuses ; elle excite un mécontentement profond parmi les tribus intéressées
et jette la méfiance parmi les autres. *Nous ne sau-
rions la maintenir sans léser la justice, sans
faire perdre aux populations le peu d'espoir
qu'elles ont encore dans les promesses qui leur
ont été solennellement faites, de leur garantir la
propriété du sol qu'elles occupent depuis un temps
immémorial.*

Le passé ne prouve que trop qu'on ne s'est servi
de la loi de 1851 que pour en torturer les termes
et l'esprit. Il y aurait un véritable danger à ce
qu'il en fût de même à l'égard du sénatus-consulte
du 22 avr. 1863. La théorie des faits accomplis ne
peut, qu'avec certaines restrictions, être opposée à
l'exécution de cet acte public. *En agissant ainsi,
on consacrerait une fois de plus de grandes injustices qui, sans profit pour la colonisation,
ont beaucoup contribué à amener cette désaffection générale de notre cause que nous avons à
constater dans le pays.*

Si, ainsi que le rapportent les journaux, le gouverneur général, dans une récente tournée dans
le Sahel, a eu à déplorer le triste lot fait aux indigènes de cette région dans la répartition du sol,
S. Exc. serait peut-être plus péniblement affectée
encore si, venant dans la subdivision de Mostaganem, son attention se portait sur la fâcheuse situation territoriale dans laquelle se trouvent plusieurs
tribus dont le seul tort a été de servir fidèlement

(*) En 1852 et 1853, j'étais directeur des affaires arabes
de la province ; je me rappelle parfaitement les tendances
du domaine, les interprétations erronées et spoliatrices
qui avaient cours sur la loi du 16 juin 1851 (promulguée
pourtant dans un tout autre but). Je me rappelle encore
la résistance, non-seulement du commandement subdivisionnaire, mais encore celle de l'autorité provinciale. Ce
ne sont donc ni le commandement ni l'autorité politique
qui ont soulevé ces questions de propriété dont la lettre

de l'Empereur et le sénatus-consulte ont fait enfin justice.
Si, fatiguée par la lutte et sous l'influence des interprétations erronées qui avaient cours alors dans la colonie,
l'administration centrale a acquiescé un moment aux exigences du domaine, il convient, selon nous, de réparer
certains faits qui, ajoutés à la lèpre de l'usure et aux tentatives de démoralisation du peuple arabe, sont, à mon
avis, les principales causes du mécontentement des populations et de la triste situation actuelle.

dans nos rangs depuis l'époque de leur soumission.
« Je suis, etc. »

(5) En 1859, dans la province d'Oran, un jour de fête musulmane, tout un douar se met, sur son propre territoire et dans les broussailles, à chasser, sans permis, le lièvre au bâton : trois lièvres sont tués. Des poursuites ont lieu, et 53 Arabes sont condamnés chacun à 50 fr. d'amende, soit, pour tous : 2,650 fr., plus 156 fr. de frais. Le douar fut ruiné.

(6) En 1864, il a été payé par tête de bœuf ou de vache 5 fr. 55 c., centimes additionnels compris, par chameau 4 fr. et 4 fr. 75 c., centimes additionnels compris. Ce chiffre est trop élevé. Une diminution sensible s'est fait remarquer dans le chiffre du gros bétail en 1864. — La misère des populations y est pour quelque chose, les producteurs, malgré les bas prix du cours, ont dû se défaire de leur bétail; mais l'élévation de l'impôt y entre aussi pour beaucoup.

Le propriétaire d'un troupeau de gros bétail composé de 42 têtes, par exemple, au moment où se collecte l'impôt, aura à payer 147 fr. Son troupeau se compose, par tiers, de veaux, de vaches et de bœufs. — Les veaux valent en moyenne 17 fr. 50 c.; — Les vaches, 50 fr.; — Les bœufs, 75 fr. — La valeur totale du troupeau sera donc de 1,995 fr., et l'impôt presque du dixième de la valeur totale, tandis qu'il ne devrait être que du dixième du produit, c'est-à-dire d'environ 49 fr., en évaluant 10 fr. en moyenne le produit par an de chaque tête de gros bétail, chiffre déjà assez élevé.

Les Ségnia, comme toutes les tribus de la division de Constantine, ne payaient avant 1858 que l'impôt hokor et achour, fixé à 55 fr. par charrue : les rôles de 1845 n'ont pu être retrouvés.

En 1855, les Ségnia comptaient 1,085 charrues et payaient 59,675 fr.; — Soit par tête 4 fr. 51 c.; (centimes additionnels compris); — Soit par feu 25 fr. 45 c. (idem).

En 1858, on établit le zekkat au tarif suivant : — Chameau, 5 fr. 54 c. (centimes additionnels compris); — Bœuf, 2 fr. 56 c. (idem); — Mouton, 11 c. (idem); — Chèvre, 55 c. (idem).

L'achour et le hokor furent réduits à 45 fr. par charrue. En 1864, le tarif du zekkat fut fixé ainsi qu'il suit : — Chameau, 4 fr. 72 c. (centimes additionnels compris); — Bœuf, 3 fr. 34 c. (idem); — Mouton, 51 c. (idem); — Chèvre, 22 c. (idem).

Le zekkat et l'achour compris produisirent : — Par tête, 8 fr. 74 c. (centimes additionnels compris).; — Par feu 45 fr. 66 c. (idem).

Dans toute la subdivion la moyenne de l'impôt s'est élevée, en 1864, à : — Par tête, 7 fr. 20 c. (centimes additionnels compris); — Par feu, 55 fr. 99 c. (idem).

Sont exemptés de l'impôt les animaux nés depuis le 1er janv. de l'année.

Les tribus du cercle de Bougie, limitrophes de celui de Djidjelli ne payent que la lesma, impôt unique que se répartissent les djemââ, suivant les usages locaux. — Cet impôt, entièrement conforme aux mœurs kabiles, n'exige pas les recensements annuels, si pénibles aux populations. — La lesma se payait, avant 1858, dans le cercle de Djidjelli; elle a été supprimée par le général Gastu et remplacée par les impôts hokor, achour et zekkat. C'est pour ne pas diminuer la part que les conseils généraux prélèvent sur l'impôt arabe (les 5/10) qu'on a maintenu des chiffres exagérés pour le zekkat aussi bien que pour l'achour.

(7) On lit dans une brochure de M. Georges Voisin le passage suivant :

« De l'aveu du préfet (M. Levert, session du conseil général d'Alger, 1860), les populations arabes, kabyles et sahariennes fournissent l'impôt, et la population européenne le consomme. Dans la province d'Alger l'Européen est entretenu par l'Arabe à raison de 50 fr. par tête ; à Oran, à raison de 28 fr. ; à Alger, l'Européen ne reçoit que 18 fr. De là des plaintes amères contre le peu d'équité de cette répartition. Comment un conseil général nommé par l'administration, ne pouvant disposer que des fonds de subvention donnés par l'État, ne voulant pas payer d'impôts, peut-il compter pour une institution sérieuse ? Comment serait-il autre chose qu'un instrument dont l'administration peut faire usage beaucoup plus pour imposer ses idées et ses projets que pour connaître la véritable opinion publique ? »

(8) Voici comment on procède. Un indigène a besoin de 5,000 fr., par exemple. Il trouve, s'il offre des garanties par lui-même et les siens, à les emprunter pour six mois (durée moyenne des échéances). Mais avant de recevoir cette somme, il est obligé de se rendre auprès d'un notaire pour certifier qu'il reconnaît avoir touché 7,400 fr. en pièces sonnantes et ayant cours. Les 2,400 fr. qu'il prend de plus à sa charge représentent l'intérêt de l'argent réellement reçu, à raison de 0 fr. 50 c. pour 5 fr. par mois (taux moyen grevé dans la mémoire des indigènes), soit à 96 p. 100 par an. Mais ce n'est pas tout : le malheureux Arabe qui a contracté à des conditions aussi lourdes ne peut s'acquitter à l'époque convenue. Une citation lui parvient, et il accourt pour chercher à éviter des poursuites. On entre alors dans la période des atermoiements. Si le débiteur a des ressources, son créancier consent à attendre, non sans s'être fait donner préalablement, de la main à la main, en dehors de toute convention écrite, ou 150, ou 200 ou 300 fr. suivant l'importance de la dette. Le nouveau délai expire, et l'indigène imprévoyant n'est point encore en mesure de se libérer. Il lui faut, comme la première fois, calmer son créancier, toujours à l'aide de versements qu'il effectue en pure perte, car ils ne servent qu'à modérer des impatiences et nullement à éteindre la créance. Enfin, arrive le moment de l'épuisement. L'Arabe, qui ordinairement a payé plus qu'il n'a reçu, est sans argent, il n'a plus de crédit et ne possède que des bestiaux et quelques quintaux de grains ou de laine. L'usurier redouble de menaces à son égard et l'amène à lui livrer, à 20 ou 30 p. 100 de rabais sur le prix courant des marchés, les produits dont il dispose encore. Si la valeur de ces produits suffit, l'indigène est dégagé de ses obligations, mais il est complètement ruiné ; ou bien, si elle est insuffisante, et c'est le cas général, un jugement intervient contre l'Arabe ; l'usurier fait saisir jusqu'à sa dernière chèvre, sa dernière natte, et prend assurance sur ses biens futurs.

L'exposé qui précède s'applique plus particulièrement aux prêts individuels. En dehors des prêts, il y en a d'autres collectifs, dont le taux d'intérêt est encore plus élevé. En voici des exemples : — Au mois de novembre 1861, deux douars de la tribu des Djebala (aghalik de Mostaganem) atteints par plusieurs mauvaises années consécutives, n'avaient pas de grains de semence ; les principaux membres de ces douars, leur caïd en tête, eurent recours à un israélite de Mostaganem. Celui-ci consentit à leur livrer de l'orge au prix exorbitant de 36 fr. le quintal. Cette somme devait être restituée à la récolte suivante, non en argent, mais en nature, au prix courant des marchés. Or, au mois d'août 1862, l'orge valait 7 fr. le quintal, et les gens des Djebala durent rendre près de six quintaux pour un; c'est-à-dire qu'ils avaient emprunté à 600 p. 100. La pièce constatant cette con vention, usuraire s'il en fut, est passée sous les yeux du chef du bureau arabe en décembre 1862 ; elle avait été rendue au caïd zouaoui des Djebala, qui en était le détenteur, et, quand on l'a fait réclamer, pour le joindre au rapport adressé au chef de la subdivision, on n'a pu la retrouver.

Des transactions aussi scandaleuses produisent des effets désastreux. Elles ne sont pas l'œuvre exclusive des israélites indigènes ; quelques Européens y ont pris part, sans cesser pour cela de parler de rapprochement et de fusion.

(9) Cette fraction pourrait être la *ferka*, fraction parfaitement connue de chaque tribu ; elle se compose, en moyenne, d'une centaine de tentes réparties entre six ou huit douars, lesquels sont de création tout administrative et française. Il ne conviendrait pas de descendre au-dessous de la ferka, car le douar n'offre pas au trésor assez d'éléments de solidité et de garantie. Chaque ferka, connaissant son impôt fixe pour dix ans, désignerait les chefs des douars qui formeraient en même temps et la *djemmad* et le conseil des répartiteurs. Cette manière d'agir n'est pas nouvelle chez les Arabes : du temps des Turcs, l'impôt était fixe. Les *ferradine* ou répartiteurs *choisis* par les contribuables établissaient le compte de chacun avec une exactitude remarquable.

(10) Cette colonne ou *mehalla* était, dans le Titery, composée : 1° de l'agha, commandant en chef ; — 2° d'un chaouch, commandant la maison du sultan ; — 3° du kiaïa de l'agha ; — 4° d'un boulak-bach ou d'un oukil el-hardj ; — 5° de 15 tentes comprenant chacune 14 soldats, 2 azara (domestiques), 1 tobback (cuisinier), 1 beberak (enfant de troupe chargé du service intérieur de la tente).

(11) L'expérience a prouvé tous les avantages que nous pouvions retirer, au triple point de vue politique, militaire et économique, en n'employant dans le sud de nos possessions algériennes que des forces essentiellement indigènes. Il nous suffira de rappeler ici la razzia faite sur les Oulad Naïl par les mouvements combinés des goums du Titery et de Boghar ; l'expédition de Si Cherif bel Arch, avec ces mêmes Oulad Naïl, contre les fractions insurgées des Larbaa, qu'il poursuivit jusque dans les Beni Mzab ; plus récemment, la prise de Si Mohammed ben Abdallah par les goums de Si Bou Beckr dans les dunes de Metlili. On ménage ainsi et la santé et la vie de nos soldats ; en lançant les goums, nous n'engageons jamais notre drapeau, et nous nous réservons, chose précieuse, toute liberté d'action.

FIN DE L'APPENDICE.

TABLE ALPHABÉTIQUE DES MATIÈRES

CONTENUES DANS LE Ier ET LE IIe VOLUME.

———◦◦◦◦◦———

21

APPENDICE.

FIN DE LA TABLE ALPHABÉTIQUE.

TABLE CHRONOLOGIQUE

LES LOIS, ORDONNANCES, DÉCRETS, ARRÊTÉS ET DÉCISIONS

INSÉRÉS OU MENTIONNÉS AU I⁰ ET AU II⁰ VOLUME

DU DICTIONNAIRE DE LA LÉGISLATION ALGÉRIENNE.

1⁰ partie.

Actes du gouvernement concernant spécialement l'Algérie.

2⁰ partie.

Lois, décrets et ordonnances régissant la métropole qui ont été promulgués ou déclarés exécutoires
en Algérie avec ou sans modifications.

ABRÉVIATIONS SPÉCIALES A LA TABLE CHRONOLOGIQUE.

CG Circulaire du gouverneur.
CM Circulaire ministérielle.
DI Décision impériale.
DM Décision ministérielle.
IM Instruction ministérielle.

Nota. L'impression du mot de renvoi en lettres italiques, signifie que l'arrêté indiqué n'a pas été reproduit
textuellement, mais seulement par analyse ou simple mention.

PREMIÈRE PARTIE.

ACTES DU GOUVERNEMENT CONCERNANT SPÉCIALEMENT L'ALGÉRIE.

1830			Vol.	Pag.	**1830**			Vol.	Pag.
	5 juill.	Administration générale..	1	5	AG	29 —	Administration générale..	1	6
AG	6 —	Administration générale..	1	5	AG	30 —	Administration générale..	1	5
AG	15 —	Police.	1	533	AG	8 nov.	Domaine.	1	275
AG	9 août	Administration générale..	1	5	AG	14 —	Portefaix.	1	545
AG	1 sept.	Domaine.	1	278	A	16 —	Israélites.	1	380
AG	5 —	Douanes.	1	304	AG	7 déc.	Chambres de commerce..	1	156
AG	8 —	Séquestre.	1	616	AG	7 —	Domaine.	1	289
AG	9 —	Justice.	1	585	AG	7 —	État civil.	1	516
AG	17 —	Octroi.	1	472	AG	7 —	Justice.	1	584
AG	22 —	Octroi.	1	472	AG	14 —	Passage public.	1	525
AG	15 oct.	Justice militaire.	1	409	AG	14 —	Poids et mesures.	1	526
AG	16 —	Administration générale.	1	5	AG	14 —	Poudres.	1	549
AG	17 —	Octroi.	1	472	AG	21 —	Milice.	1	437
AG	22 —	Justice.	1	585	AG	51 —	Douanes.	1	299
AG	26 —	Expropriation.	1	524	AG	51 —	Séquestre.	1	616

23

DEUXIÈME PARTIE.

LOIS, DECRETS ET ORDONNANCES RÉGISSANT LA MÉTROPOLE QUI ONT ÉTÉ PROMULGUÉS OU DÉCLARÉS EXÉCUTOIRES EN ALGÉRIE AVEC OU SANS MODIFICATION.

Ont en outre été spécialement déclarés exécutoires en Algérie à mesure que les circonstances locales y ont permis l'introduction des institutions de la mère patrie, les décrets, lois, ordonnances, tarifs, instructions et règlements concernant les chambres de commerce, — les chemins de fer, — les contributions diverses, — les courtiers, — le crédit foncier, — les douanes, — l'école de médecine, — l'enregistrement, — les établissements insalubres, — les fabriques, — les inhumations, — les mines, — les notaires, — la garantie des objets d'or et d'argent, — les servitudes militaires, — le timbre, etc.